손해사정사 1차
한권으로 끝내기
보험계약법

끝까지 책임진다! 시대에듀!
QR코드를 통해 도서 출간 이후 발견된 오류나 개정법령, 변경된 시험 정보, 최신기출문제, 도서 업데이트 자료 등이 있는지 확인해 보세요!
시대에듀 합격 스마트 앱을 통해서도 알려 드리고 있으니 구글 플레이나 앱 스토어에서 다운받아 사용하세요.
또한, 파본 도서인 경우에는 구입하신 곳에서 교환해 드립니다.

편집진행 서정인 | **표지디자인** 하연주 | **본문디자인** 장성복·윤준하

2026 시대에듀 손해사정사 1차 보험계약법 한권으로 끝내기

Always with you

사람의 인연은 길에서 우연하게 만나거나 함께 살아가는 것만을 의미하지는 않습니다.
책을 펴내는 출판사와 그 책을 읽는 독자의 만남도 소중한 인연입니다.
시대에듀는 항상 독자의 마음을 헤아리기 위해 노력하고 있습니다. 늘 독자와 함께하겠습니다.

PROFILE

김명규
- 인하대학교 사학과 졸업
- 경희대학교 대학원 졸업(보험행정 전공)
- 現) 목원대학교 금융보험부동산학과 교수
- 現) 한국손해사정학회 상임 부회장
- (사)한국손해사정사회 기획실장, 사무국장, 사무총장 역임(1998~2014)
- 금융감독원 손해사정사 제도개선 TF팀(2013)
- 남북협력기금지급심의위원(2004~2014)
- 자동차사고과실비율인정기준 개정작업 위원(2014)
- 국민대학교 법무대학원 손해사정전공 외래교수
- 손해사정사 시험 출제 및 선정위원 역임
- 현대손해사정(주) 대표이사 역임
- 한국소비자원 보험전문상담위원 역임
- 중소기업제조물책임분쟁조정위원 역임

강문우
- 아주대학교 대학원 졸업(금융보험 전공) 경영학 석사
- 목원대학교 대학원 졸업(보험전공) 경영학 박사
- 現) 목원대학교 겸임교수
- 現) 명문손해사정법인 대표
- 現) 손해사정법인 CANA 재물사업팀장

김창영
- 한양대학교 경영학사(회계학전공)
- 목원대학교 대학원 경영학석사(금융보험전공)
- 現) 목원대학교 부동산금융보험학과 겸임교수
- 現) 미래보험교육원 재물손해사정사 전임교수
- 現) 가람종합손해사정(주) 대표이사
- 종합손해사정사(신체, 재물, 차량)
- KMAS(한국경영자문원) 경영지원본부장
- 한국손해사정학회 재무관리위원장
- 한국손해사정학회 종신회원
- 한국손해사정사회 이사 · 감사 · 서울지회장 역임
- 중부연합뉴스 · 어떠카지 TV · 데일리경제 칼럼니스트 역임

보다 깊이 있는 학습을 원하는 수험생들을 위한
시대에듀의 동영상 강의가 준비되어 있습니다.
www.sdedu.co.kr ➔ 회원가입(로그인) ➔ 강의 살펴보기

머리말 PREFACE

손해사정사 시험의 처음과 끝, 손해사정사 1차 보험계약법 한권으로 끝내기

손해사정사는 보험사고발생시 손해액 및 보험금의 산정업무를 전문적으로 수행하는 자로서 보험금 지급의 객관성과 공정성을 확보하여 보험계약자나 피해자의 권익을 침해하지 않도록 해주는 일을 하는 보험업계의 전문자격인 입니다.

손해사정사 시험은 2014년부터 대폭 변경되어 시행하고 있습니다. 즉 손해사정사의 종류를 1종에서 4종까지 업무영역에 따라 분류하던 방식에서 재물·차량·신체의 세 영역으로 새롭게 분류하였습니다. 손해사정사 1차 시험과목은 「보험업법」, 「보험계약법(상법 중 보험편)」, 「손해사정이론」으로 구성되어 있으며, 객관식 4지 선택형으로 치르게 됩니다.

본서는 과목별 실제시험에 출제될 가능성이 높은 '핵심이론'과 핵심이론을 학습한 후 그 내용을 확인할 수 있는 '기출유형문제'로 구성하였습니다. 또한 최근 10년간 출제된 중요 기출문제와 그 해설을 '기출분석문제 100選'으로 실어 수험생들이 실제 시험의 경향을 체감할 수 있도록 하였습니다. 더불어 '핵심이론 ➡ 기출유형문제 ➡ 기출분석문제 100選' 순으로 학습함으로써 총 세 번의 학습반복효과를 누릴 수 있도록 하였습니다.

수험생들이 시험 준비에 대한 시간과 노력을 줄이기 위해 방대한 학습내용을 한권에 담았으며, 구성과 내용면에서 더 나아질 수 있도록 노력하고 있습니다. 이 한권으로 손해사정사 시험에 합격한다는 것은 쉬운일은 아니지만 불가능한 일도 아닙니다. 이 책을 믿고 선택해주신 수험생들에게 감사의 마음을 전하며, 합격의 행운이 함께 하기를 기원합니다.

대표 편저자 씀

이 책의 구성과 특징 STRUCTURES

STEP 01 | 실전핵심 NOTE

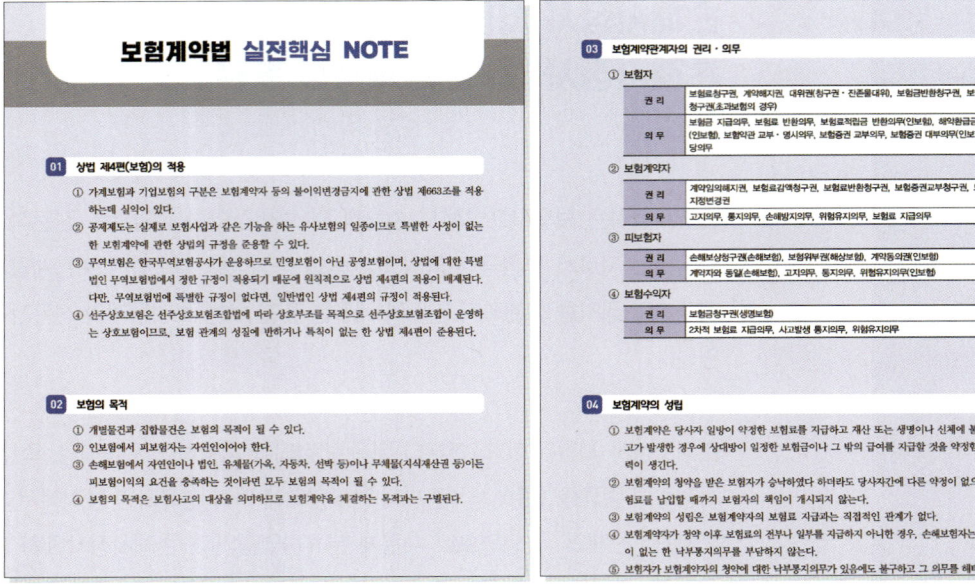

▶ 실제 시험에 나왔던 개념을 알기 쉽게 정리한 실전핵심 NOTE

STEP 02 | 핵심이론

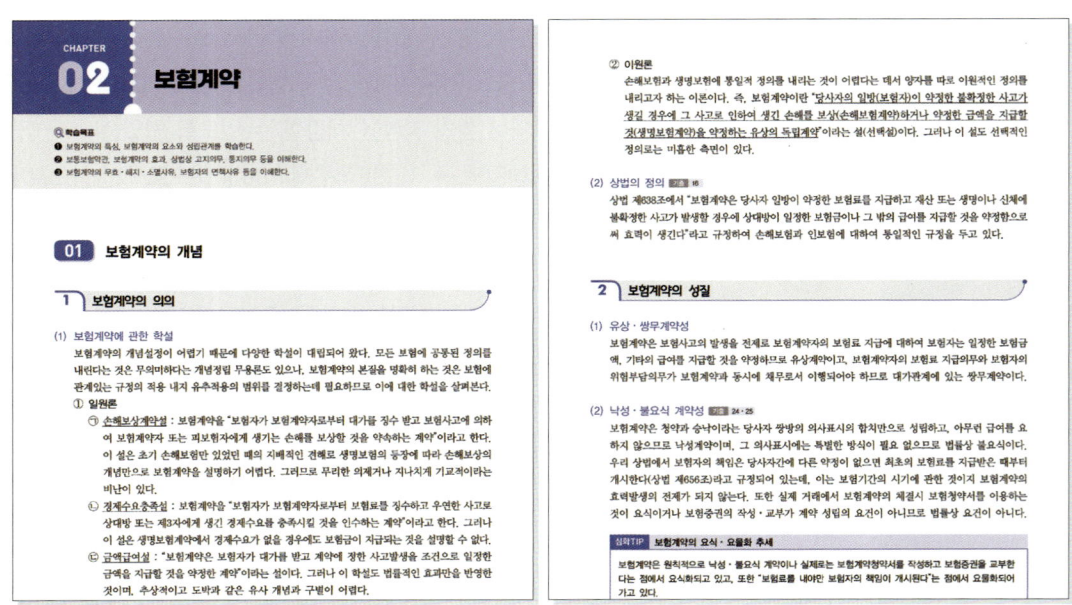

▶ 최근 10개년 기출문제 및 개정사항을 반영하여 꼼꼼하게 수록한 핵심이론

STEP 03 | 기출유형문제

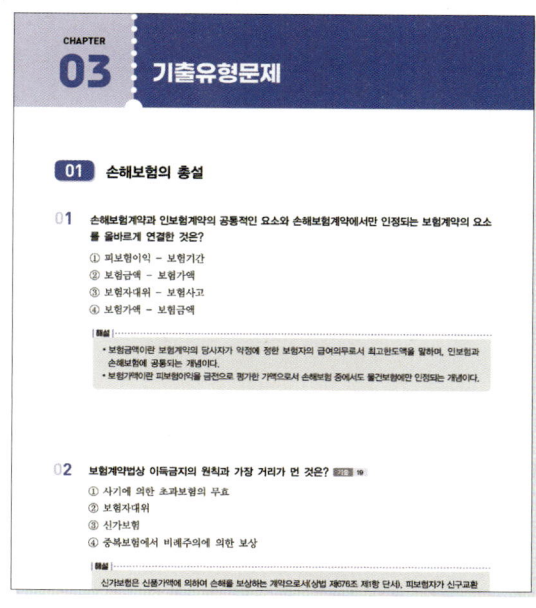
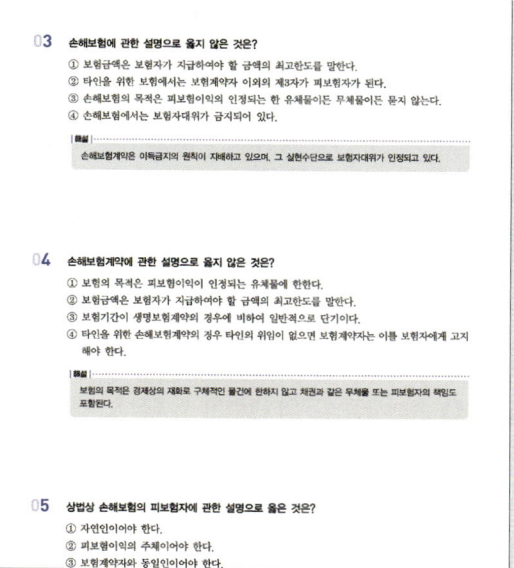

▶ 실전감각을 향상시킬 수 있는 기출유형문제

STEP 04 | 기출 키워드 분석 + 기출분석문제 100選

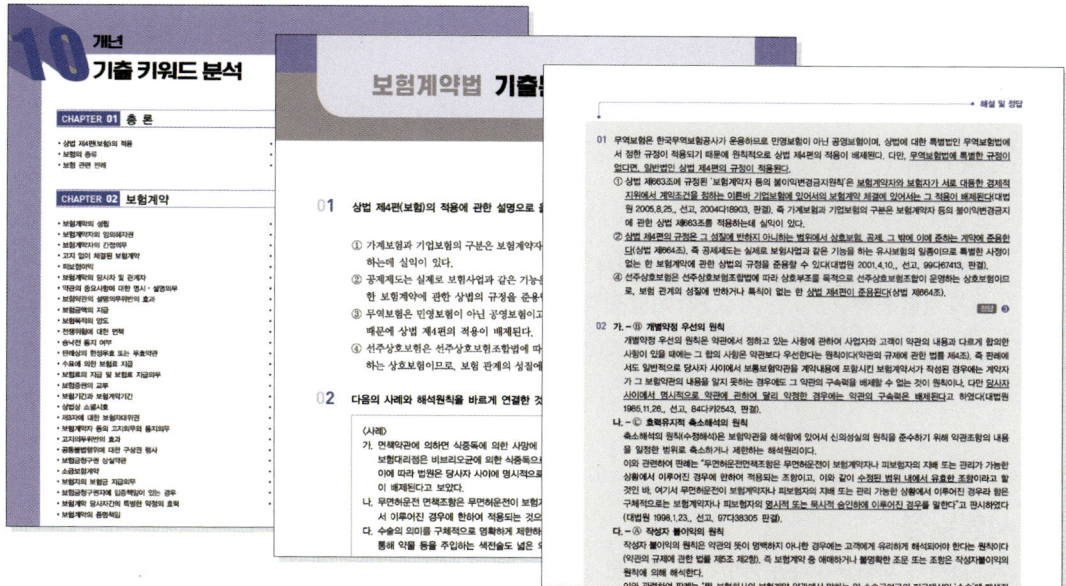

▶ 어떤 포인트가 출제되었는지 한눈에 확인할 수 있는 기출 키워드 분석 & 최근 10년간 출제된 중요 기출 문제만을 엄선하여 수록한 기출분석문제 100選

자격시험 소개 INTRODUCE

◉ 손해사정사란?

보험사고발생시 손해액 및 보험금의 산정업무를 전문적으로 수행하는 자로서 보험금 지급의 객관성과 공정성을 확보하여 보험계약자나 피해자의 권익을 침해하지 않도록 해주는 일, 즉 보험사고발생시 손해액 및 보험금을 객관적이고 공정하게 산정하는 자를 말합니다.

◉ 주요 업무

❶ 손해발생 사실의 확인
❷ 보험약관 및 관계법규 적용의 적정 여부 판단
❸ 손해액 및 보험금의 사정
❹ 손해사정업무와 관련한 서류작성, 제출 대행
❺ 손해사정업무 수행 관련 보험회사에 대한 의견 진술

◉ 손해사정사의 구분

업무영역에 따른 구분	재물손해사정사, 차량손해사정사, 신체손해사정사, 종합손해사정사
업무수행에 따른 구분	고용손해사정사, 독립손해사정사

※ 단, 종합손해사정사는 별도의 시험없이 재물·차량·신체손해사정사를 모두 취득하게 되면 등록이 가능합니다.

◉ 자격취득

손해사정사 1차 시험 합격 → 손해사정사 2차 시험 합격 → 실무실습 → 손해사정사 등록

◉ 시험일정

손해사정사 시험은 1차와 2차 각각 연 1회 실시됩니다. 1차 시험은 그 해의 상반기(4월)에 실시하고, 2차 시험은 그 해의 하반기(8월)에 실시합니다. 매해 시험일정이 상이하므로 상세한 시험일정은 보험개발원(www.insis.or.kr:8443)의 홈페이지에서 '시행계획공고'를 통하여 확인하시기 바랍니다.

1차 시험 소개 INFORMATION

시험과목 및 방법

구분	재물	차량	신체
시험과목	• 보험업법 • 보험계약법(상법 중 보험편) • 손해사정이론 • 영어(공인시험으로 대체)	• 보험업법 • 보험계약법(상법 중 보험편) • 손해사정이론	• 보험업법 • 보험계약법(상법 중 보험편) • 손해사정이론
시험방법	선택형(객관식 4지 선택형 택1)		
비고	재물손해사정사의 1차 시험과목 중 영어는 공인영어시험으로 대체됩니다.		

합격자 결정

1차 시험 합격자를 결정할 때에는 영어 과목을 제외한 나머지 과목에 대하여 매 과목 100점을 만점으로 하여 매 과목 40점 이상, 전 과목 평균 60점 이상 득점한 사람을 합격자로 결정합니다. 단, 한 과목이라도 과락이 발생하면 합격할 수 없습니다.

검정현황

❶ 재물

구분	2016년 제39회	2017년 제40회	2018년 제41회	2019년 제42회	2020년 제43회	2021년 제44회	2022년 제45회	2023년 제46회	2024년 제47회	2025년 제48회
접수(명)	131	150	153	157	193	170	194	247	290	438
합격(명)	65	55	91	95	101	82	117	143	159	227
합격률(%)	49.62	36.67	59.48	60.51	52.33	48.24	60.31	57.89	54.83	51.83

❷ 차량

구분	2016년 제39회	2017년 제40회	2018년 제41회	2019년 제42회	2020년 제43회	2021년 제44회	2022년 제45회	2023년 제46회	2024년 제47회	2025년 제48회
접수(명)	1,305	1,244	1,177	1,187	1,098	1,036	907	826	849	889
합격(명)	293	138	279	326	191	138	228	203	160	213
합격률(%)	22.45	11.09	23.70	27.46	17.40	13.32	25.14	24.58	18.85	23.96

❸ 신체

구분	2016년 제39회	2017년 제40회	2018년 제41회	2019년 제42회	2020년 제43회	2021년 제44회	2022년 제45회	2023년 제46회	2024년 제47회	2025년 제48회
접수(명)	4,351	4,926	4,947	4,583	5,221	5,217	4,809	5,238	6,022	6,913
합격(명)	1,224	825	1,644	1,667	1,405	1,485	1,795	1,717	1,908	2,423
합격률(%)	28.13	16.75	33.23	36.37	26.91	28.46	37.33	32.78	31.69	35.05

이 책의 차례 CONTENTS

| 실전핵심 NOTE |

| 핵심이론 + 기출유형문제 + 기출분석문제 100選 |

CHAPTER 01 총 론

01 보험제도	2
02 보험의 기능과 폐해	12
03 보험계약법의 기초	14
기출유형문제	18

CHAPTER 02 보험계약

01 보험계약의 개념	30
02 보험계약의 요소와 성립	34
03 보험계약의 체결	46
04 보험계약의 효과	63
05 보험계약의 무효ㆍ변경ㆍ소멸	82
06 보험자의 면책사유	90
07 타인을 위한 보험계약	94
기출유형문제	99

CHAPTER 03 손해보험

01 손해보험의 총설	200
02 손해보험계약의 효과	215
03 손해보험계약의 소멸과 변경	227
04 각종 손해보험	231
기출유형문제	270

CHAPTER 04 인보험

01 인보험의 개요	383
02 생명보험	388
03 상해보험 및 질병보험	405
04 단체보험	417
기출유형문제	421

기출분석문제 100選	482

손해사정사 1차
보험계약법
한권으로 끝내기

합격의 공식 시대에듀 www.sidaegosi.com

보험계약법

실전핵심 NOTE

실제 시험에 나왔던 개념을 알기 쉽게 정리한 NOTE!

보험계약법 실전핵심 NOTE

01 상법 제4편(보험)의 적용

① 가계보험과 기업보험의 구분은 보험계약자 등의 불이익변경금지에 관한 상법 제663조를 적용하는데 실익이 있다.
② 공제제도는 실제로 보험사업과 같은 기능을 하는 유사보험의 일종이므로 특별한 사정이 없는 한 보험계약에 관한 상법의 규정을 준용할 수 있다.
③ 무역보험은 한국무역보험공사가 운용하므로 민영보험이 아닌 공영보험이며, 상법에 대한 특별법인 무역보험법에서 정한 규정이 적용되기 때문에 원칙적으로 상법 제4편의 적용이 배제된다. 다만, 무역보험법에 특별한 규정이 없다면, 일반법인 상법 제4편의 규정이 적용된다.
④ 선주상호보험은 선주상호보험조합법에 따라 상호부조를 목적으로 선주상호보험조합이 운영하는 상호보험이므로, 보험 관계의 성질에 반하거나 특칙이 없는 한 상법 제4편이 준용된다.

02 보험의 목적

① 개별물건과 집합물건은 보험의 목적이 될 수 있다.
② 인보험에서 피보험자는 자연인이어야 한다.
③ 손해보험에서 자연인이나 법인, 유체물(가옥, 자동차, 선박 등)이나 무체물(지식재산권 등)이든 피보험이익의 요건을 충족하는 것이라면 모두 보험의 목적이 될 수 있다.
④ 보험의 목적은 보험사고의 대상을 의미하므로 보험계약을 체결하는 목적과는 구별된다.

03 보험계약관계자의 권리 · 의무

① 보험자

권리	보험료청구권, 계약해지권, 대위권(청구권 · 잔존물대위), 보험금반환청구권, 보험금액감액청구권(초과보험의 경우)
의무	보험금 지급의무, 보험료 반환의무, 보험료적립금 반환의무(인보험), 해약환급금 반환의무(인보험), 보험약관 교부 · 명시의무, 보험증권 교부의무, 보험증권 대부의무(인보험), 이익배당의무

② 보험계약자

권리	계약임의해지권, 보험료감액청구권, 보험료반환청구권, 보험증권교부청구권, 보험수익자 지정변경권
의무	고지의무, 통지의무, 손해방지의무, 위험유지의무, 보험료 지급의무

③ 피보험자

권리	손해보상청구권(손해보험), 보험위부권(해상보험), 계약동의권(인보험)
의무	계약자와 동일(손해보험), 고지의무, 통지의무, 위험유지의무(인보험)

④ 보험수익자

권리	보험금청구권(생명보험)
의무	2차적 보험료 지급의무, 사고발생 통지의무, 위험유지의무

04 보험계약의 성립

① 보험계약은 당사자 일방이 약정한 보험료를 지급하고 재산 또는 생명이나 신체에 불확정한 사고가 발생한 경우에 상대방이 일정한 보험금이나 그 밖의 급여를 지급할 것을 약정함으로써 효력이 생긴다.
② 보험계약의 청약을 받은 보험자가 승낙하였다 하더라도 당사자간에 다른 약정이 없으면 최초보험료를 납입할 때까지 보험자의 책임이 개시되지 않는다.
③ 보험계약의 성립은 보험계약자의 보험료 지급과는 직접적인 관계가 없다.
④ 보험계약자가 청약 이후 보험료의 전부나 일부를 지급하지 아니한 경우, 손해보험자는 다른 약정이 없는 한 낙부통지의무를 부담하지 않는다.
⑤ 보험자가 보험계약자의 청약에 대한 낙부통지의무가 있음에도 불구하고 그 의무를 해태한 때에는 당해 청약에 대하여 승낙한 것으로 본다.

05 보험계약의 당사자 및 관계자

① 보험중개사는 보험자와 보험계약자 사이의 보험계약의 성립을 중개하는 것을 영업으로 하는 독립된 상인이며(상법 제93조), 보험자의 사용인이나 대리인이 아니다.
② 보험계약의 당사자에는 보험자와 보험계약자가 있고, 보험계약의 이해관계자에는 피보험자와 보험수익자가 있다.
③ 보험계약자가 대리인에 의하여 보험계약을 체결한 경우에 대리인이 안 사유는 그 보험계약자가 안 것과 동일한 것으로 한다.
④ 보험설계사는 보험자에게 종속되어 보험자를 위하여 보험계약의 체결을 중개하는 자이며, 보험료수령권은 있지만 고지수령권과 보험계약체결권은 없다는 것이 통설 및 판례의 입장이다.

06 보험사고의 요건

① 우연한 사고이어야 한다.
② 발생가능한 사고이어야 한다.
③ 적법한 사고이어야 하므로 고의사고 등은 보험사고가 될 수 없다.
④ 사고의 발생에는 대상이 있어야 한다.
⑤ 사고의 범위가 한정(특정)되어야 한다.

07 보험약관의 해석원칙

① 보험약관의 내용은 개별적인 계약 체결자의 의사나 구체적 사정을 고려함 없이 평균적 고객의 이해가능성을 기준으로 그 문언에 따라 객관적이고 획일적으로 해석하여야 한다.
② 보험계약 당사자가 명시적으로 보험약관과 다른 개별약정을 하였다면 그 개별약정이 보통약관에 우선한다.
③ 보험약관은 신의성실의 원칙에 따라 공정하게 해석되어야 한다.
④ 보험약관의 뜻이 명백하지 아니한 경우에는 고객에게 유리하게 해석되어야 한다.
⑤ 보험자가 계속적 거래관계에서 종전 계약의 내용이 된 보험약관을 도중에 보험계약자에게 불리하게 변경하고, 그 약관변경 사실 및 내용의 고지 없이 다시 체결한 보험계약은 종전 약관에 따라 체결된 것으로 보아야 한다.

08 보험계약에서 증명책임

① 보험계약자나 피보험자의 고의 또는 중과실로 보험사고가 발생하였다는 사실은 보험자가 증명하여야 한다.
② 고지의무위반사실과 보험사고발생과의 인과관계가 부존재하다는 점에 관한 입증책임은 보험계약자 측에 있다.
③ 보험계약자가 이미 알고 있는 약관 내용과 같이 설명의무 등이 적용되지 않는 예외적 사항에 해당한다는 증명책임은 보험자가 부담한다.
④ 승낙 전 보험보호의 경우(상법 제638조의2), 청약을 거절할 사유의 존재에 대한 증명책임은 보험자가 부담한다.

09 이득금지의 원칙

① 사기에 의한 초과보험은 무효이다. 이는 보험을 통하여 이득을 얻으려고 인위적으로 초과보험을 체결하는 것을 방지하기 위한 규정이므로 이득금지의 원칙이 적용된다.
② 보험자대위는 보험자가 보험금을 지급 후 피보험자 또는 보험계약자가 보험의 목적 또는 제3자에 대하여 가지는 법률상의 권리를 취득하는 것으로 피보험자의 이중이득을 금지하는 수단이다.
③ 중복보험에서 비례주의에 의한 보상은 실제 손해 이상으로 중복 지급되는 것을 막기 위한 규정이므로 이득금지의 원칙을 실현하는 수단이다.

10 보험계약자 등의 불이익변경금지

① 상법 제663조의 보험계약자 등의 불이익변경금지원칙은 당사자간의 특약으로도 보험계약자나 피보험자 또는 보험수익자에게 불이익하게 변경하지 못한다는 원칙이다.
② 불이익변경금지원칙은 상대적 강행법규로 보험에 관한 지식이 부족한 보험계약자를 보호하는 데 입법취지가 있으며, 가계보험 전반에 적용되지만 재보험 및 해상보험, 기타 이와 유사한 보험에 대하여는 적용하지 않는다.

11 보험약관의 교부·설명의무

① 보험자는 보험계약 체결시 보험계약자에게 보험약관을 교부하고 그 약관의 중요한 내용을 설명하여야 하는데, 보험자가 이를 위반한 때에는 보험계약자는 보험계약이 성립한 날로부터 3월 내에 그 계약을 취소할 수 있다.
② 보험자가 보험계약자의 대리인과 보험계약을 체결하는 경우에는 그 대리인에게 보험약관을 설명하는 것으로 충분하다.
③ 약관의 규제에 관한 법률이 규정하는 약관의 명시·설명의무와 중복 적용될 수 있다.
④ 약관 조항 가운데 이미 법령에 의하여 정하여진 것을 되풀이 하거나 부연하는 정도에 불과한 사항이라면 이를 설명할 의무가 없다.
⑤ 보험청약서나 안내문의 송부만으로는 그 약관에 대한 보험자의 설명의무를 이행하였다고 추인하기에는 부족하다.

12 약관의 중요사항에 대한 명시·설명의무가 면제되는 경우

① 자동차보험계약의 보험계약자가 해당 약관상 주운전자의 나이나 보험경력 등에 따라 보험요율이 달라진다는 사실을 잘 알고 있는 경우
② 보험계약자 또는 피보험자가 보험금청구에 관한 서류 또는 증거를 위조하거나 변조한 경우 보험금청구권이 상실된다는 약관조항
③ 상법 제726조의4가 규정하는 자동차의 양도로 인한 보험계약상의 권리·의무의 승계조항을 풀어서 규정한 약관조항

13 보험약관의 설명의무위반의 효과

① 보험자가 보험약관의 설명의무에 위반하여 보험계약을 체결한 때 보험계약자가 그 약관에 규정된 고지의무를 위반한 경우 보험자는 이를 이유로 보험계약을 해지할 수 없다.
② 보험자가 약관의 설명의무를 위반한 경우 보험계약자는 일정한 기간 내에 보험계약을 취소할 수 있다.
③ 보험자의 보험약관 설명의무위반시 보험계약자가 보험계약을 취소하지 않았다고 하더라도 그 위반의 하자가 치유되는 것은 아니다.
④ 보험자가 보험계약자에게 설명하여야 할 부분은 약관 전체가 아니라, 그 약관의 중요한 내용을 설명하여야 한다.

14 손해방지의무위반의 효과

약관에서 보험계약자 등이 고의로 손해방지의무를 위반하여 손해를 증가시킨 경우에 이를 배상하도록 규정한 것은 보험계약자 등의 불이익변경금지원칙과 무관하며, 유효하다.
상법 제680조 제1항에는 "보험계약자와 피보험자는 손해의 방지와 경감을 위하여 노력하여야 한다"고 규정하고 있고, 대법원 판례는 "보험계약자와 피보험자가 고의 또는 중대한 과실로 손해방지의무를 위반한 경우에는 보험자는 손해방지의무위반과 상당인과관계가 있는 손해, 즉 의무위반이 없다면 방지 또는 경감할 수 있으리라고 인정되는 손해액에 대하여 배상을 청구하거나 지급할 보험금과 상계하여 이를 공제한 나머지 금액만을 보험금으로 지급할 수 있다(대법원 2016.1.14. 선고 2015다6302 판결)"고 판시하고 있다.

15 손해보험과 인보험에 공통으로 적용되는 보험원리

① 위험단체의 구성원이 지급한 보험료 총액과 보험자가 지급하는 보험금 총액이 서로 일치하여야 한다는 원리
② 동일한 위험에 놓여있는 다수의 경제주체가 하나의 공동준비재산을 형성하여 구성원 중에 우연하고도 급격한 사고를 입은 자에게 경제적 급부를 행한다는 원리
③ 보험사고의 발생을 장기간 대량 관찰하여 발견한 일정한 법칙에 따라 위험을 측정하여 보험료를 산출하는 기술적 원리

16 보험대리상의 권한

① 보험대리상은 보험계약자로부터 보험료를 수령하고, 보험자가 작성한 보험증권을 보험계약자에게 교부할 권한이 있다.
② 보험대리상은 보험계약자로부터 청약, 고지, 통지, 해지, 취소 등 보험계약에 관한 의사표시를 수령할 수 있는 권한이 있다.
③ 보험대리상은 보험계약자에게 보험계약의 체결, 변경, 해지 등 보험계약에 관한 의사표시를 할 수 있는 권한이 있다.
④ 보험자는 보험대리상의 권한 중 일부를 제한할 수 있다.

17 보험사고발생시 보험자의 면책사유

① 법정 면책사유
- 보험계약자·피보험자의 고의·중과실로 인하여 사고가 발생한 경우 보험자는 면책이다. 단, 사망보험과 책임보험계약의 경우 중과실은 보상책임이 있다.
- 전쟁 또는 기타 변란으로 인하여 사고가 발생한 경우 보험자는 면책이나 당사자간에 특약이 있는 경우는 예외이다.
- 보험목적의 성질, 하자 또는 자연소모로 인한 손해는 이미 그 자체가 객관적인 통상의 손해를 면책한다.
- 보험계약자, 피보험자 등의 의무위반으로 계약이 해지되거나 해지될 사유가 있을 때에는 그 효과로서 보험자는 책임을 지지 않는다.
- 보험계약 당시에 보험사고가 이미 발생한 것을 보험계약자, 피보험자만 알고 있는 경우에 보험금을 청구하지 못하므로 보험자는 책임이 없다.

② 약정 면책사유
약관상 명시된 면책사유로 보험자의 보상책임을 제한하고 있는데, 보험의 본질에 반하지 않고 공서양속, 신의성실의 원칙 또는 보험계약자 등 불이익변경 금지의 원칙에 반하지 않는 한 유효하다.

18 보험사고발생의 현저한 변경 또는 증가

① 자동차보험계약 체결 후 피보험자동차의 구조가 현저히 변경된 경우
② 화재보험의 목적인 공장건물에 대한 근로자의 점거, 농성이 장기간 계속되고 있는 경우
③ 화재보험계약 체결 후에 건물의 구조와 용도에 상당한 변경을 가져오는 증·개축 공사를 시행한 경우

19 피보험이익

① 상법에서는 피보험이익을 보험계약의 목적으로 정의하고 있다.
② 현존하는 이익뿐만 아니라 장래에 속하는 이익이나 조건부 이익이어도 보험사고발생 전까지 확정될 수 있다면 피보험이익으로 할 수 있다.
③ 동일한 보험의 목적에 대하여 여러 개의 피보험이익이 존재할 수 있으며, 각각의 피보험이익의 귀속 주체는 반드시 동일해야 하는 것은 아니다.
④ 손해보험계약에서 보험기간 중에 피보험이익이 소멸되면 보험계약도 종료된다.

⊃ 피보험이익의 요건

경제적 이익	피보험이익은 금전으로 산정할 수 있는 것이어야 한다.
적법한 이익	피보험이익은 법의 보호를 받을 수 있는 이익이어야 한다. 선량한 풍속이나 그 밖의 사회질서에 위반하는 경우에는 계약 자체가 무효로 된다.
확정적 이익	피보험이익은 보험계약의 체결 당시에 그 존재 및 소속이 확정되어 있거나 또는 적어도 사고발생시까지 확정할 수 있는 것이어야 한다.

20 보험가액

① 보험가액은 피보험이익의 금전적 평가액을 말한다.
② 보험가액은 보험자가 보상할 법률상의 최고한도액이다.
③ 계약 당사자간의 협정보험가액이 사고발생시의 가액을 현저하게 초과할 때에는 사고발생시의 가액을 보험가액으로 한다.
④ 운송물의 보험에 있어서는 발송한 때와 곳의 가액과 도착지까지의 운임 기타 비용을 보험가액으로 한다.
⑤ 선박의 보험에 있어서는 보험자의 책임이 개시될 때의 선박가액을 보험가액으로 한다.
⑥ 적하의 보험에 있어서는 선적한 때와 곳의 적하의 가액과 선적 및 보험에 관한 비용을 보험가액으로 한다.
⑦ 적하의 도착으로 인하여 얻을 이익 또는 보수의 보험에 있어서는 계약으로 보험가액을 정하지 아니한 때에는 보험금액을 보험가액으로 한 것으로 추정한다.

21 고지의무

① 고지의무는 간접의무에 해당한다.
② 상법상 고지의무는 보험계약자와 피보험자가 되는 것이 원칙이나, 경우에 따라서는 이들의 대리인이 고지의무를 이행할 수도 있다.
③ 상법에서 정한 중요한 사항에 대한 고지의무위반 여부에 대한 판단은 보험계약이 성립한 시점을 기준으로 한다.
④ 고지의무를 위반한 경우에 보험자는 그 이행을 강제할 수 없으며, 보험계약을 해지할 수 있을 뿐이다.
⑤ 한 건의 보험계약에서 보험금부정취득목적·고지의무위반·사기행위가 경합하는 경우 보험자는 어떤 권한을 행사할지를 선택할 수 있다.
⑥ 보험금을 부정 취득할 목적으로 다수의 보험계약이 체결된 경우에 보험자는 각각의 요건이 충족되었을 때에는 민법 제103조 위반으로 보험계약의 무효와 고지의무위반을 이유로 한 보험계약의 해지는 물론이고, 민법의 일반원칙에 따라 취소를 주장할 수도 있다.

22 고지의무의 대상이 되는 중요한 사항

① 중요한 사항이란, 객관적으로 보험자가 그 사실을 안다면 그 계약을 체결하지 아니하든가 또는 적어도 동일한 조건으로는 계약을 체결하지 아니하리라고 평가되는 사항을 말한다.
② 자동차임대업자가 피보험차량을 지입차주로 하여금 자신의 감독을 받지 않고 유상운송에 제공하도록 허용한 것은 중요한 사실에 해당하지 않는다.
③ 질문표가 아닌 보험청약서에 일정한 사항에 대한 답변을 구하는 취지가 포함되어 있다면 그 사항도 중요한 사항으로 추정된다.
④ 동일한 보험목적에 대하여 체결된 다른 보험계약의 존재는 손해보험에서는 고지의무의 대상이 되는 중요한 사항에 해당되지 않는다.

23 고지의무위반의 요건[보험계약자 측의 요건]

① 주관적 요건
보험계약자 또는 피보험자의 고의 또는 중대한 과실로 인한 것이어야 한다. 여기서 고의란 해의(害意)가 아니고 중요한 사실에 관하여 알면서 고지하지 아니하거나 허위인 줄 알면서 고지하지 않는 것을 말하며, 중대한 과실이란 보험계약자 등이 조금만 주위를 기울였다면 그 사실의 중요성과 고지의 당위성을 알았을 것을 부주의로 불고지, 부실고지를 한 것을 말한다.

② 객관적 요건
중요한 사실에 대한 불고지 또는 부실고지가 있어야 한다. 여기서 불고지란 중요한 사실을 알면서 알리지 않은 것으로 묵비를 말하며, 부실고지란 사실과 다르게 말하는 것으로 허위진술을 말한다. 또한 중요한 사실은 현재의 사실뿐만 아니라 과거의 사실, 장래에 일어날 확실한 사실도 포함하고 적극적 사실, 소극적 사실도 포함한다.

③ 인과관계
보험계약자가 고지의무를 위반하더라도 중요한 사항과 보험사고의 발생 사이에 인과관계가 없음을 입증하면 보험자는 책임을 면치 못한다.

24 고지의무위반의 효과

① 고지의무위반이 있는 경우 보험자는 그 사실을 안 날로부터 1월 내에, 계약을 체결한 날로부터 3년 내에 한하여 계약을 해지할 수 있다.
② 고지의무를 위반한 사실이 보험사고발생에 영향을 미치지 아니하였음이 증명된 경우 보험자는 보험금을 지급할 책임이 있다.
③ 고지의무위반과 보험사고발생 사이에 인과관계가 인정되지 아니하는 경우에도 보험자는 고지의무위반을 이유로 보험계약을 해지할 수 있고, 다만, 보험금 지급의무만을 부담하게 된다.
④ 판례에 따르면 보험자가 보험약관의 교부·설명의무를 위반한 경우에는 보험계약자 또는 피보험자의 고지의무위반을 이유로 보험계약을 해지할 수 없다고 한다.

25 보험계약자·피보험자의 손해방지의무

① 손해방지의무는 보험사고의 발생을 요건으로 하므로 보험계약자 등은 보험사고가 발생한 때부터 손해방지의무를 부담한다.
② 보험계약자와 피보험자가 고의 또는 중대한 과실로 손해방지의무를 위반한 경우에는 보험자는 손해방지의무 위반과 상당인과관계가 있는 손해, 즉 의무위반이 없다면 방지 또는 경감할 수 있으리라고 인정되는 손해액에 대하여 배상을 청구하거나 지급할 보험금과 상계하여 이를 공제한 나머지 금액만을 보험금으로 지급할 수 있으나, 경과실로 위반한 경우에는 그러하지 아니하다.
③ 보험자가 보상하는 비용은 손해의 방지와 경감을 위하여 지출한 '필요 또는 유익한 비용'과 보상액이 보험금액을 초과한 경우라도 보험자가 이를 부담한다.

26 보험자의 면책사유로서 보험계약자 등의 고의 또는 중과실

① 자동차대여업자가 무면허운전자에 대하여 위조된 면허증의 복사본을 제시받고 그 원본이나 주민등록증을 확인하지 아니한 것은 중과실에 해당한다.
② 중과실이란, 보험계약자 또는 피보험자가 통상인에게 요구되는 정도의 상당한 주의를 하지 아니하더라도 약간의 주의를 한다면 손쉽게 위법, 유해한 결과를 예견할 수 있음에도 불구하고 이를 간과한 경우로 고의에 가까운 현저한 주의를 결여한 상태를 말한다.
③ 피보험자의 심신미약 상태에서 발생한 사고로 인한 손해는 피보험자의 고의로 인한 손해라 할 수 없다.
④ 고의는 자신의 행위에 의하여 일정한 결과가 발생하리라는 것을 알면서 이를 행하는 심리 상태를 말하고, 여기에는 확정적 고의는 물론 미필적 고의도 포함된다.

27 보험자에 대한 통지의무

① 보험기간 중에 보험계약자, 피보험자가 사고발생의 위험이 현저하게 변경 또는 증가된 사실을 안 때에는 지체 없이 보험자에게 통지하여야 한다.
② 동일한 보험계약의 목적과 동일한 사고에 관하여 수 개의 보험계약을 체결하는 경우에 보험계약자는 각 보험자에 대하여 각 보험계약의 내용을 통지하여야 한다.
③ 책임보험에서 피보험자가 제3자로부터 배상청구를 받은 때에도 그 통지를 발송하여야 하고, 통지를 게을리하여 손해가 증가된 경우에도 보험자는 그 증가된 손해를 보상할 책임이 없다.
④ 책임보험에서 피보험자가 제3자에 대하여 변제, 승인, 화해 또는 재판으로 인하여 채무가 확정된 때에는 지체 없이 보험자에게 그 통지를 발송하여야 한다.

28 상법상 위험변경·증가

① 보험기간 중에 보험계약자 또는 피보험자가 사고발생의 위험이 현저하게 변경 또는 증가된 사실을 안 때에는 지체 없이 보험자에게 통지하여야 하는데, 만약 이를 해태한 경우에는 보험자는 그 사실을 안 날로부터 1개월 내에 보험계약을 해지할 수 있다.
② 보험기간 중에 보험계약자, 피보험자 또는 보험수익자의 고의 또는 중과실로 인하여 사고발생의 위험이 현저하게 증가된 때에는 보험자는 그 사실을 안 날로부터 1월 내에 보험계약을 해지할 수 있다.
③ 화재보험계약을 체결한 후에 피보험건물의 구조와 용도에 상당한 변경을 가져오는 증축 또는 개축공사를 허였다면 이는 위험변경·증가에 해당된다.
④ 보험계약자가 고지의무를 위반함으로써 보험계약 성립시 고지된 위험과 보험기간 중 객관적으로 존재하게 된 위험에 차이가 생기게 되었다는 사정만으로 보험기간 중 위험이 새롭게 변경 또는 증가된 것으로 볼 수 없다.

29 보험목적의 양도

① 보험목적의 양도가 있는 경우에 양수인은 보험계약상의 권리와 의무를 승계한 것으로 추정한다.
② 승계추정의 법리는 물건보험에 한하여 적용되는 것이 원칙이므로 자동차보험 중 자기신체보험에 대해서는 적용하지 않는다.
③ 보험목적의 양도는 유상이든 무상이든 묻지 않으나, 물권적 양도이어야 한다. 즉, 양도의 채권계약만이 있는 것으로는 부족하고, 소유권이 양수인에게 이전한 때에 보험관계가 이전하게 된다.
④ 손해보험에서 피보험자가 보험의 목적을 양도한 경우에 양도인 또는 양수인은 보험자에 대하여 지체 없이 그 사실을 통지하여야 한다.
⑤ 자동차보험의 경우에 보험자의 승낙을 얻은 경우에 한하여 보험계약으로 인하여 생긴 권리와 의무를 승계한다.
⑥ 선박을 보험에 붙인 경우에는 보험의 목적인 선박을 양도할 때 그 보험계약은 종료하나 보험자의 동의가 있는 때에는 그러하지 아니하다.

30 보험계약자의 임의해지권

① 보험사고가 발생하기 전에는 보험계약자는 언제든지 계약의 전부 또는 일부를 해지할 수 있다.
② 타인을 위한 보험계약의 경우에는 보험계약자는 그 타인의 동의를 얻지 아니하거나 보험증권을 소지하지 아니하면 그 계약을 해지하지 못한다.
③ 보험사고의 발생으로 보험자가 보험금액을 지급한 때에도 보험금액이 감액되지 아니하는 보험의 경우에는 보험계약자는 그 사고발생 후에도 보험계약을 해지할 수 있다.
④ 보험계약자가 임의해지권을 행사하는 경우에 당사자간에 다른 약정이 없으면 미경과보험료의 반환을 청구할 수 있다.

31 손해보험계약상 보험의 목적

① 피보험자가 경영하는 사업에 관한 책임을 보험의 목적으로 한 때에는 피보험자의 대리인 또는 그 사업감독자의 제3자에 대한 책임도 보험의 목적에 포함된 것으로 한다.
② 선박보험에서 선박의 속구, 연료, 양식 기타 항해에 필요한 모든 물건은 보험의 목적에 포함된 것으로 한다.
③ 책임보험에서 피보험자가 제3자의 청구를 방어하기 위해 지출한 재판상 또는 재판 외의 필요비용은 보험의 목적에 포함된 것으로 한다.
④ 화재보험에서 집합된 물건을 일괄하여 보험의 목적으로 한 때에는 피보험자의 가족과 사용인의 물건도 보험의 목적에 포함된 것으로 한다.

32 손해보험계약에서 실손보상원칙

① 손해보험계약에서는 피보험자가 이중이득을 얻는 것을 막기 위해 실손보상원칙이 철저히 준수된다.
② 약정보험금액을 아무리 고액으로 정한다 하더라도 지급되는 보험금은 보험가액을 초과할 수 없다.
③ 손해보험계약에 있어 제3자의 행위로 인하여 생긴 손해에 대하여 제3자의 손해배상에 앞서 보험자가 먼저 보험금을 지급한 때에는 피보험자의 제3자에 대한 손해배상청구권은 소멸되지 아니하고 지급된 보험금액의 한도에서 보험자에게 이전된다.
④ 보험계약을 체결할 당시 당사자 사이에 미리 보험가액에 대해 합의를 한 기평가보험이나 신가보험 등은 실손보상원칙의 예외에 해당한다.

33 실손보상원칙의 예외

① 기평가보험(사고발생시의 가액을 현저히 초과하지 아니하는 경우)
② 신가보험(재조달가 전액을 보상)
③ 선박보험에서의 보험가액불변경주의

34 책임보험

① 책임보험계약은 금전으로 산정할 수 있는 이익을 보험계약의 목적으로 하고 있다.
② 피보험자가 경영하는 사업에 관한 책임을 보험의 목적으로 한 때에는 피보험자의 대리인 또는 그 사업 감독자의 제3자에 대한 책임도 보험의 목적에 포함된 것으로 한다.
③ 책임보험의 피보험자는 제3자로부터 배상청구를 받았을 때에는 지체 없이 보험자에게 그 통지를 발송하여야 한다.
④ 책임보험에서 배상청구가 보험기간 내에 발생하면 배상청구의 원인인 사고가 보험기간 개시 전에 발생하더라도 보험자의 책임을 인정하는 배상청구기준 약관은 유효하다.
⑤ 책임보험 보험자의 방어의무란 피해자가 피보험자를 상대로 소를 제기한 경우 보험자가 이를 방어해야 할 의무이다. 이 의무를 위반하여 피보험자의 손해배상책임이 가중된 때에는 그 가중된 손해에 대해 보험자는 책임을 져야 한다.

35 책임보험에서 제3자의 직접청구권

① 피보험자가 책임을 질 사고로 입은 손해에 대하여 제3자가 보험자에게 직접 보상을 청구하는 경우, 보험자는 피보험자가 그 사고에 관하여 가지는 항변으로써 제3자에게 대항할 수 있다.
② 제3자는 피보험자에 대한 손해배상청구권과 책임보험자에 대한 직접청구권을 임의로 선택하여 행사할 수 있다.
③ 보험약관의 보험금 지급기준이 보험자의 책임한도액을 정한 것이 아니라 보험금 지급기준에 불과한 경우에는 보험자는 직접청구권을 행사하는 제3자에게 이 약관조항을 이유로 대항할 수 없다.
④ 특별한 기간의 약정이 없는 한 보험자는 피보험자로부터 제3자에 대한 채무확정의 통지를 받은 때 통지를 받은 날로부터 10일 내에 보험금액을 지급하여야 한다.

36 보험계약에서 발생하는 각종 채권의 소멸시효

① 책임보험에서 제3자의 직접청구권의 소멸시효기간은 3년이다.
② 자동차보험의 피보험자가 제3자의 불법행위로 인해 물적 손해를 입은 경우, 보험자가 이를 보상한 후 대위행사하는 손해배상청구권은 피보험자가 손해 및 가해자를 안 날로부터 3년, 불법행위를 한 날로부터 10년이 경과하면 시효로 소멸한다.
③ 책임보험에서 보험금청구권의 소멸시효는 원칙적으로 피보험자의 제3자에 대한 법률상의 손해배상책임이 변제, 승인, 화해 또는 재판의 방법 등에 의하여 확정됨으로써 그 보험금청구권을 행사할 수 있는 때로부터 진행된다.
④ 보험계약자의 보험료적립금 반환청구권의 소멸시효기간은 3년이다.

37 공동불법행위에 대한 구상권 행사

① 공동불법행위자 중의 1인에 대한 보험자로서 자신의 피보험자에게 손해방지비용을 모두 상환한 보험자는 다른 공동불법행위자의 보험자가 부담하여야할 부분에 대해 직접 구상권을 행사할 수 있다.
② 공동불법행위자들과 각각 보험계약을 체결한 보험자들은 각자 그 피보험자 또는 보험계약자에 대한 관계뿐만 아니라, 그와 보험계약관계가 없는 다른 공동불법행위자에 대한 관계에서도 그들이 지출한 손해방지비용의 상환의무를 부담한다.
③ 보험자들 상호간의 손해방지비용의 상환의무는 부진정연대책무의 관계에 있다.
④ 피보험자의 차량소유자의 관리상의 과실과 그 차량의 무단운전자의 과실이 경합되어 교통사고가 발생한 경우, 차량소유자인 피보험자의 보험자가 무단운전자의 부담 부분을 배상하면 보험자는 그 부담 부분의 비율에 따라 무단운전자에게 구상권을 행사할 수 있다.

38 보험증권

① 타인을 위한 보험계약의 경우에는 보험계약자는 그 타인의 동의를 얻거나 보험증권을 소지하면 그 계약을 해지할 수 있다.
② 보험증권은 원칙적으로 증거증권이므로 유가증권이나 유통증권이 아니라는 것이 일반적이다.
③ 단체보험계약이 체결된 때에는 보험자는 보험계약자에 대하여서만 보험증권을 교부한다.
④ 보험계약의 당사자 쌍방은 약관에서 정한 기간 안에 한하여 보험증권상의 기재내용의 정부(正否)에 관한 이의를 할 수 있고, 그 기간이 경과하면 보험증권상의 기재내용은 확정적인 효력을 가진다고 본다(통설).

39 손해보험증권의 기재사항

① 보험의 목적
② 보험사고의 성질
③ 보험금액
④ 보험료와 그 지급방법
⑤ 보험기간을 정한 때에는 그 시기와 종기
⑥ 무효와 실권의 사유
⑦ 보험계약자의 주소와 성명 또는 상호
⑧ 피보험자의 주소, 성명 또는 상호
⑨ 보험계약의 연월일
⑩ 보험증권의 작성지와 그 작성연월일

40 자동차보험

① 피보험자가 보험기간 중에 자동차를 양도한 때에는 양수인은 보험자의 승낙을 얻은 경우에 한하여 보험계약으로 인하여 생긴 권리와 의무를 승계한다.
② 보험자가 양수인으로부터 양수사실을 통지받은 때에는 지체 없이 낙부를 통지하여야 한다.
③ 보험자가 양수인으로부터 양수사실을 통지받은 날부터 10일 내에 낙부의 통지를 하지 않은 때에는 승낙한 것으로 본다.
④ 피보험자동차의 매수인이 매매대금을 모두 지급하고 차량을 인도받아 그 명의로 소유권이전등록까지 마친 경우 매수인은 승낙피보험자에 해당하지 않는다.

41 자동차보험계약상 기명피보험자

① 기명피보험자란 피보험자동차를 소유·사용·관리하는 자 중에서 보험계약자가 지정하여 보험증권의 기명피보험자란에 기재되어 있는 피보험자를 말한다.
② 실제 차주가 보험회사와 지입(持入)한 회사를 피보험자로 하여 보험계약을 체결하는 경우, 그 지입한 회사가 기명피보험자가 되고, 실제 차주는 승낙피보험자에 해당한다.
③ 경찰서 소속의 관용차량에 대한 보험계약 체결시 경찰서장을 피보험자로 기재하여 보험계약을 체결한 경우, 기명피보험자는 국가이고, 경찰서 직원은 승낙피보험자이다.
④ 자동차를 매매하고 소유권이전등록을 하지 않은 사이에 매도인이 가입했던 자동차보험계약의 보험기간이 만료되어, 매수인이 보험자와 자동차보험계약을 체결하면서 기명피보험자 명의를 보험자의 승낙을 얻어 자동차등록원부상의 소유명의인으로 하였다면 실질적인 피보험자는 매수인이다.

42 자동차보험에서 승낙피보험자

① 렌터카 회사로부터 차량을 빌린 경우 차량을 빌린 사람은 승낙피보험자이다.
② 자동차를 매수하고 소유권이전등록을 마치지 아니한 채 자동차를 인도받아 운행하면서 매도인과의 합의 아래 그를 피보험자로 한 자동차종합보험계약을 체결하였다면 매수인은 기명피보험자의 승낙을 얻어 자동차를 사용 또는 관리하는 승낙피보험자에 해당한다.
③ 승낙피보험자는 기명피보험자로부터 명시적·개별적 승낙을 받아야만 하는 것이 아니고, 묵시적·포괄적인 승낙이어도 무방하다.
④ 보험계약의 체결 후에 매매가 이루어져 기명피보험자인 매도인이 차량을 인도하고 소유권이전등록을 마친 경우 그 기명피보험자는 운행지배를 상실한 것이므로, 매수인이 기명피보험자의 승낙을 얻어서 자동차를 사용 또는 관리 중인 승낙피보험자로 볼 수 없다.

43 자동차손해배상보장법상 운행자

① 운행지배란 현실적인 지배에 한하며, 사회통념상 간접지배 내지는 지배가능성이 있다고 볼 수 있는 경우도 포함한다.
② 운행자란 자동차관리법의 적용을 받는 자동차와 건설기계관리법의 적용을 받는 건설기계를 자기의 점유·지배하에 두고 자기를 위하여 사용하는 자를 말한다.
③ 여관이나 음식점 등의 공중접객업소에서 주차 대행 및 관리를 위한 주차요원을 일상적으로 배치하여 이용객으로 하여금 주차요원에게 자동차와 시동열쇠를 맡기도록 한 경우에 위 자동차는 공중접객업소가 보관하는 것으로 보아야 하고, 위 자동차에 대한 자동차 보유자의 운행지배는 떠난 것으로 볼 수 있다.
④ 제3자가 무단히 자동차를 운전하다가 사고를 내었다 하더라도 그 운행에 있어 소유자의 운행지배와 운행이익이 완전히 상실되었다고 볼 만한 특별한 사정이 없는 경우 소유자는 그 사고에 대하여 자동차손해배상보장법상 소정의 운행자로서 책임을 부담한다.

44 해상보험

① 선박보험은 보험자의 책임이 개시될 때의 선박가액을 보험가액으로 한다.
② 적하의 보험에 있어서는 선적한 때와 곳의 적하의 가액과 선적 및 보험에 관한 비용을 보험가액으로 한다.
③ 적하의 도착으로 인하여 얻을 이익 또는 보수의 보험에 있어서는 계약으로 보험가액을 정하지 아니한 때에는 보험금액을 보험가액으로 한 것으로 추정한다.
④ 항해단위로 선박을 보험에 붙인 경우에는 보험기간은 하물 또는 저하의 선적에 착수한 때에 개시하고, 도착항에서 하물 또는 저하를 양륙한 때에 종료한다.

45 해상보험계약의 준거법약관

① 해상보험계약의 준거법약관은 해상보험의 보험금 분쟁에 대한 보험자의 책임 유무와 보험금 정산에 관한 사항은 영국의 법률과 관습에 따르도록 규정한 것이다.
② 해상보험계약의 준거법약관은 당사자 자치(party autonomy)의 원칙에 근거하고 있다.
③ 해상보험계약의 준거법약관을 통해 외국법을 준거법으로 지정한 경우, 「약관의 규제에 관한 법률」이 국제적 강행규정으로서 적용되는 것은 아니다.

46 해상보험자의 면책사유

① 선박 또는 운임을 보험에 붙인 경우에는 발항 당시 안전하게 항해를 하기에 필요한 준비를 하지 아니하거나 필요한 서류를 비치하지 아니함으로 인하여 생긴 손해
② 적하를 보험에 붙인 경우에는 용선자, 송하인 또는 수하인의 고의 또는 중대한 과실로 인하여 생긴 손해
③ 도선료, 입항료, 등대료, 검역료, 기타 선박 또는 적하에 관한 항해 중의 통상비용

47 해상보험의 피보험이익

① 선박보험에 있어 피보험이익은 선박소유자의 이익 외에 담보권자의 이익, 선박임차인의 사용이익도 포함되므로 선박임차인도 추가보험의 보험계약자 및 피보험자가 될 수 있다.
② 적하보험은 선박에 의하여 운송되는 화물에 대한 소유자 이익을 피보험이익으로 한다.
③ 운임보험은 운송인이 해상위험으로 인해 받을 수 없게 된 운임을 피보험이익으로 한다.
④ 선비보험은 선박의 의장, 기타 선박의 운항에 필요로 하는 모든 비용, 즉 선비에 대하여 가지는 피보험이익에 대한 보험을 말한다.

48 해상보험에서 보험위부

① 선박의 존부가 2월간 분명하지 아니한 때에는 그 선박의 행방이 불명한 것으로 하며, 이러한 경우에는 전손(全損)으로 추정한다.
② 보험의 목적 전부에 대하여 위부를 해야 하지만, 위부의 원인이 그 일부에 대하여 생긴 때에는 그 부분에 대하여서만 위부할 수 있다.
③ 선박이 보험사고로 인하여 심하게 훼손되어 이를 수선하기 위한 비용이 수선하였을 때의 가액을 초과하리라고 예상될 경우 선장이 지체 없이 다른 선박으로 적하의 운송을 계속한 때에는 피보험자는 그 적하를 위부할 수 없다.
④ 보험자가 위부를 승인하지 아니한 때에는 피보험자는 위부의 원인을 증명하여 보험금액의 지급을 청구할 수 있다.

49 해상보험에서 위험의 변경

① 선박이 보험계약에서 정하여진 발항항이 아닌 다른 항에서 출항하거나 또는 도착항이 아닌 다른 항을 향하여 출항한 경우 보험자는 책임을 지지 아니한다.
② 보험자의 책임이 개시된 후에 보험계약에서 정하여진 도착항이 변경된 경우에는 보험자는 그 항해의 변경이 결정된 때부터 책임을 지지 아니한다.
③ 피보험자가 정당한 사유없이 발항 또는 항해를 지연한 때에는 보험자는 발항 또는 항해를 지체한 이후의 사고에 대하여 책임을 지지 아니한다.
④ 적하보험의 경우 보험계약자 또는 피보험자의 책임있는 사유로 인하여 선박을 변경한 때에는 그 변경 후의 사고에 대하여 책임을 지지 아니한다.

50 소급보험

① 보험계약자가 소급기간 내에 사고가 발생한 것을 알고서 계약을 체결한 경우 보험계약의 효력은 무효이다.
② 소급보험의 경우 보험료 선급의 원칙이 적용된다.
③ 소급보험은 보험기간이 보험계약기간보다 장기이다.
④ 소급보험은 보험계약의 성립 이전의 일정한 시기를 보험기간의 시기로 한다.

51 예정보험

① 예정보험이란 계약 체결 당시에 보험계약의 주요 원칙에 대해서만 일단 합의를 하고 적하물의 종류나 이를 적재할 선박, 보험금액 등 보험증권에 기재되어야 할 보험계약 내용의 일부가 확정되지 않은 보험을 말한다.
② 화물을 적재할 선박이 미확정된 상태에서 보험계약을 체결한 후 보험계약자 또는 피보험자가 당해 화물이 선적되었음을 안 때에는 이를 지체 없이 보험자에 대하여 선박의 명칭, 국적과 화물의 종류, 수량과 가액의 통지를 발송하여야 한다.
③ 선박미확정의 적하예정보험에 있어 보험계약자 등이 통지의무를 위반한 때에 보험자는 그 사실을 안 날로부터 1월 내에 계약을 해지할 수 있다.
④ 포괄적 예정보험은 일정한 기간 동안 일정한 조건에 따라 정해지는 다수의 선적화물에 대해 포괄적・계속적으로 체결하는 보험이므로 선적할 때마다 그 명세를 보험자에게 통지하여 그 금액만큼 감액해 나가는 적하보험계약이다.

52 적하보험

① 보험기간은 하물(荷物)의 선적에 착수한 시점부터 개시하지만, 출하지를 정한 때에는 그 곳에서 운송에 착수한 때에 개시한다.
② 하물(荷物)의 선적에 착수한 후에 보험계약이 체결된 경우, 보험기간은 그 계약이 성립한 때에 개시한다.
③ 보험계약의 체결 당시 선박이 확정되지 않았을 경우에도 독립된 보험계약으로서 선박미확정의 적하예정보험계약을 체결할 수 있다. 즉 예정보험은 '보험계약의 예약'이 아니라 '독립된 보험계약'이다.
④ 보험계약 체결시 보험가액을 미리 정하지 않은 경우, 선적한 때와 곳의 적하의 가액과 선적 및 보험에 관한 비용을 보험가액으로 한다.

53 선박의 감항능력

① 선박 또는 운임을 보험에 붙인 경우에 발항 당시 안전하게 항해를 하기에 필요한 준비를 하지 아니하거나 필요한 서류를 비치하지 아니함으로써 인하여 생긴 손해에 대해 보험자는 면책된다.
② 적하보험의 경우에는 선박의 감항능력 흠결에 따른 면책이 적용되지 아니한다.
③ 감항능력은 특정한 항해에서 통상적인 위험을 견딜 수 있는 능력을 의미하며, 선박의 감항능력 판단에 있어 상대적인 개념이다.
④ 출항준비를 하는 자가 위험지역이 표시된 최신 해도를 비치하지 아니하였고, 이를 알고 있음에도 불구하고 그대로 출항하였다면 감항능력 결여로서 보험자는 면책된다.

54 보험계약의 무효

① 보험계약 당시에 보험사고가 이미 발생하였거나 또는 발생할 수 없는 것인 때에는 그 계약은 무효로 한다. 그러나 당사자 쌍방과 피보험자가 이를 알지 못한 때에는 그러하지 아니하다.
② 보험계약자의 사기 없이 보험금액이 보험가액을 현저하게 초과한 손해보험계약을 체결한 때에는 그 초과된 부분은 무효이므로 보험계약자는 무효인 부분에 대한 보험료의 반환을 청구할 수 있다.
③ 보험계약자의 사기로 보험금액이 보험가액을 현저하게 초과한 손해보험계약을 체결한 때에는 그 전부가 무효이므로 보험자는 그 사실을 안 때까지의 보험료를 청구할 수 없다.
④ 손해보험계약의 전부가 처음부터 무효인 경우 보험계약자는 그 무효인 사실을 알았더라도 보험자에 대하여 기 지급한 보험료 전부의 반환을 청구할 수 있다.

55　보험계약의 해지

① 보험사고가 발생하기 전에는 보험계약자는 언제든지 계약의 전부 또는 일부를 해지할 수 있다.
② 보험사고의 발생으로 보험자가 보험금을 지급한 때에도 보험금액이 감액되지 아니한 보험의 경우에는 보험계약자는 그 사고발생 후에도 보험계약을 해지할 수 있다.
③ 보험자가 파산선고를 받은 때에는 보험계약자는 계약을 해지할 수 있다.
④ 보험계약 당시에 보험계약자 또는 피보험자가 고의 또는 중대한 과실로 인하여 중요한 사항을 고지하지 아니하거나 부실의 고지를 한 때에는 보험자는 그 사실을 안 날로부터 1월내에, 계약을 체결한 날로부터 3년 내에 한하여 계약을 해지할 수 있다.
⑤ 보험계약자 또는 피보험자가 위험변경증가 통지의무를 해태한 때에는 보험자는 그 사실을 안 날로부터 1월 내에 한하여 계약을 해지할 수 있다.
⑥ 계속보험료가 약정한 시기에 지급되지 아니한 때에는 보험자는 상당한 기간을 정하여 보험계약자에게 최고하고 그 기간 내에 지급되지 아니한 때에는 그 계약을 해지할 수 있다.

56　보험계약의 부활

① 보험계약의 부활은 계속보험료를 납입하지 않아 보험계약이 해지되었으나, 해지환급금은 지급되지 않은 경우에 인정되는 제도이다.
② 보험계약자는 일정한 기간 내에 보험자에게 연체보험료에 약정이자를 붙여 지급하고 해당 보험계약의 부활을 청구할 수 있다.
③ 보험계약상의 일부 보험금에 관한 약정 지급사유가 발생한 후에 그 보험계약이 계속보험료 미납으로 해지 또는 실효되었다는 보험회사 직원의 말만 믿고 해지환급금을 수령하였다면 보험계약의 부활을 청구할 수 있다.

57　보험계약 부활의 요건

① 기존계약이 계속보험료의 부지급으로 인해 상법 제650조 제2항에 따라 최고의 절차를 거쳐 해지되어야 한다.
② 보험자가 보험계약자에게 해지환급금이 지급되지 않아야 한다.
③ 보험계약자가 부활청구기간 내에 청구해야 한다.
④ 보험계약자가 보험자에게 연체보험료와 이에 대한 약정이자를 지급해야 한다.
⑤ 보험자가 보험계약자의 부활청약에 대하여 승낙하여야 한다.

58 보험계약의 소멸사유

① 보험자가 파산선고를 받은 경우 보험계약자가 해지하지 않은 보험계약은 파산선고 후 3월을 경과한 때에는 그 효력을 잃는다.
② 보험기간 내에 보험사고가 발생하지 않았더라도 보험기간이 만료되면 보험계약은 당연히 소멸한다.
③ 보험의 목적이 보험기간 중 보험사고 이외의 원인으로 멸실되었다면 보험계약은 소멸한다.
④ 보험사고의 발생으로 보험금액이 지급되면 보험계약의 대상이 없어지므로 보험계약은 소멸한다.

59 보험계약자가 미경과보험료의 반환을 청구할 수 있는 경우

① 보험사고발생 전 보험계약자에 의한 계약 일부 해지시에 당사자간에 다른 약정이 없는 경우
② 보험자가 파산선고를 받아 보험계약자가 보험계약을 해지하는 경우
③ 보험자가 보험계약 체결 후 위험변경증가의 통지를 받고, 이를 이유로 보험계약을 해지하는 경우

60 보험료적립금의 반환

① 보험사고발생 전에 보험계약자에 의해 임의로 계약이 해지되는 경우에 일반보험에서 보험자는 원칙적으로 미경과보험료만 반환하면 되지만, 장기인 생명보험에서는 저축적 요소가 포함되어 보험료적립금 반환의 문제가 발생할 수 있다.
② 보험기간 중에 보험계약이 해지되어 보험자의 지급책임이 면제된 경우에 보험자는 보험수익자를 위하여 적립한 금액을 보험계약자에게 지급하여야 한다.
③ 보험료적립금 반환청구권은 3년간 행사하지 아니하면 시효의 완성으로 소멸한다.
④ 보험료적립금 반환사유 중에 보험사고가 보험계약자의 고의로 인해 발생하여 보험자가 보험금 지급책임을 면하게 된 때에 당사자간에 다른 약정이 없는 한, 보험자는 보험료적립금 반환의무를 부담하지 않는다.

61 보험계약에서 보험료

① 보험계약의 전부 또는 일부가 무효인 경우에 보험계약자와 피보험자가 선의이며 중대한 과실이 없는 때에는 보험자에 대하여 보험료의 전부 또는 일부의 반환을 청구할 수 있다.
② 보험계약자는 보험계약이 성립한 후 지체 없이 보험료의 전부 또는 제1회 보험료를 지급하여야 한다.
③ 보험회사를 대리하여 보험료를 수령할 권한이 부여되어 있는 보험대리점이 보험계약자에 대하여 보험료의 대납약정을 하였다면 그것으로 곧바로 보험계약자가 보험회사에 대하여 보험료를 지급한 것과 동일한 법적 효과가 발생하는 것이다.
④ 계속보험료의 미납으로 보험계약이 해지되었더라도 연체 이전에 발생한 보험사고에 대하여 지급한 보험금의 반환은 청구할 수 없다.

62 보험료 지급의무

① 보험료 지급의무는 보험계약의 당사자인 보험계약자가 부담하는 것이 원칙이다.
② 보험료 지급채무는 제3자도 변제할 수 있다.
③ 최초의 보험료를 지급하지 않은 경우 다른 약정이 없는 한 보험계약이 성립한 후 2월이 경과하면 계약이 해제된 것으로 본다.

63 보험료의 감액 또는 증액 청구

① 보험계약의 당사자가 특별한 위험을 예기하여 보험료의 액을 정한 경우에 보험기간 중 그 예기한 위험이 소멸한 때에는 보험계약자는 그 후의 보험료의 감액을 청구할 수 있다.
② 손해보험계약에서 보험금액이 보험가액을 현저하게 초과하거나 보험가액이 보험기간 중에 현저하게 감소된 경우 보험자 또는 보험계약자는 보험료와 보험금액의 감액을 청구할 수 있다.
③ 보험기간 중에 사고발생의 위험이 현저하게 변경·증가된 경우에는 보험자는 그 사실을 안 날로부터 1월 내에 보험료의 증액을 청구할 수 있다.
④ 보험사고가 발생하기 전에는 보험계약자는 언제든지 계약의 전부 또는 일부를 해지할 수 있다. 보험료의 감액은 장래에 대하여서만 그 효력이 있다.

64 보험료의 지급과 지체의 효과

① 보험계약자는 계약 체결 후 지체 없이 보험료의 전부 또는 제1회 보험료를 지급하여야 하며, 보험계약자가 이를 지급하지 아니하는 경우에는 다른 약정이 없는 한 계약 성립 후 2월이 경과하면 그 계약은 해제된 것으로 본다.
② 계속보험료가 약정한 시기에 지급되지 아니한 때에는 보험자는 상당한 기간을 정하여 보험계약자에게 최고하고 그 기간 내에 지급되지 아니한 때에는 그 계약을 해지할 수 있다.
③ 특정한 타인을 위한 보험의 경우에 보험계약자가 보험료의 지급을 지체한 때에는 보험자는 그 타인에게도 상당한 기간을 정하여 보험료의 지급을 최고한 후가 아니면 그 계약을 해제 또는 해지하지 못한다.
④ 해지예고부 최고는 보험료의 부지급을 정지조건으로 하여 미리 해지의 의사표시를 하는 것이다.

65 보험금액의 지급에 관한 규정

보험자는 보험금액의 지급에 관하여 약정기간이 있는 경우에는 그 기간 내에 약정기간이 없는 경우에는 통지를 받은 후 지체 없이 지급할 보험금액을 정하고 그 정하여진 날부터 10일 내에 피보험자 또는 보험수익자에게 보험금액을 지급하여야 한다(상법 제658조).

66 손해보험에서 손해액의 산정

① 보험사고로 인하여 상실된 피보험자가 얻을 이익이나 보수는 당사자간에 다른 약정이 없으면 보험자가 보상할 손해액에 산입하지 아니한다.
② 보험자가 보상할 손해액은 그 손해가 발생한 때와 곳의 가액에 의하여 산정하는 것을 원칙으로 한다. 그러나 당사자간에 다른 약정이 있는 때에는 그 신품가액에 의하여 손해액을 산정할 수 있다.
③ 보험자가 손해를 보상할 경우에 보험료의 지급을 받지 아니한 잔액이 있으면 그 지급기일이 도래하지 아니한 때라도 보상할 금액에서 이를 공제할 수 있다.
④ 보험의 목적에 관하여 보험자가 부담할 손해가 생겼는데 이후 그 목적이 보험자가 부담하지 않는 보험사고로 인하여 멸실된 경우, 보험자는 이미 생긴 손해를 보상할 책임을 진다.

67. 손해액의 산정기준

① 보험자가 보상할 손해액은 그 손해가 발생한 때와 곳의 가액에 의하여 산정한다.
② 손해액의 산정에 관한 비용은 보험자의 부담으로 한다.
③ 손해액의 산정에 관하여 당사자간에 별도의 약정이 있는 경우에는 신품가액에 의하여 산정할 수 있다.
④ 손해액의 산정에 관해서는 기본적으로 손해보험의 대원칙인 실손보상의 원칙이 적용된다.

68. 상법상 각종 비용의 부담

① 보험증권을 멸실 또는 현저하게 훼손한 때에는 보험계약자는 보험자에 대하여 증권의 재교부를 청구할 수 있다. 그 증권작성의 비용은 보험계약자의 부담으로 한다.
② 보험계약자와 피보험자는 손해의 방지와 경감을 위하여 노력하여야 한다. 그러나 이를 위하여 필요 또는 유익하였던 비용과 보상액이 보험금액을 초과한 경우라도 보험자가 이를 부담한다.
③ 해상보험자는 보험의 목적의 안전이나 보존을 위하여 지급할 특별비용을 보험금액의 한도 내에서 보상할 책임이 있다.
④ 피보험자가 제3자의 청구를 방어하기 위하여 지출한 재판상 또는 재판 외의 필요비용은 그 행위가 보험자의 지시에 의한 것인 경우에는 그 금액에 손해액을 가산한 금액이 보험금액을 초과하는 때에도 보험자가 이를 부담하여야 한다.

69. 손해방지비용

① 손해방지의무의 이행을 위해 필요 또는 유익하였던 비용과 보험계약에 따른 보상액의 합계액이 보험금액을 초과한 경우라도 보험자는 이를 부담한다.
② 보험사고발생 이전에 손해의 발생을 방지하기 위해 지출된 비용은 손해방지비용에 포함되지 않는다.
③ 보험사고발생시 또는 보험사고가 발생한 것과 같이 볼 수 있는 경우에 피보험자의 법률상 책임 여부가 판명되지 아니한 상태에서 피보험자가 손해확대방지를 위해 긴급한 행위로서 필요 또는 유익한 비용을 지출하였다면 이는 보험자가 부담하여야 한다.
④ 보험계약에 적용되는 보통약관에 손해방지비용과 관련한 별도의 규정을 두고 있다고 하더라도, 그 규정이 당연히 방어비용에 대하여도 적용된다고 할 수는 없다.

70 잔존물대위와 보험위부의 비교

① 목적물(잔존물)대위는 목적물에 대한 권리이전의 효과가 법률상 당연히 발생하지만, 보험위부는 보험의 목적이 전부 멸실한 것과 동일시되는 일정한 경우에 피보험자의 특별한 의사표시가 있어야 한다.
② 목적물(잔존물)대위의 경우에는 피보험자에게 지급한 보험금액 한도 내에서만 보험자가 소유하지만, 보험위부의 경우에는 위부된 목적물의 가액이 피보험자에게 지급한 보험금액을 초과하더라도 여전히 보험자의 소유가 된다는 점에서 차이가 있다.
③ 보험자에게 소유권이 이전되는 시점은 목적물(잔존물)대위의 경우에는 보험사고가 발생한 때이나 보험위부의 경우에는 위부의 통지가 보험자에게 도달한 때이다.

71 청구권대위

① 보험사고로 인한 피보험자의 손해가 제3자의 행위로 말미암은 것이어야 한다.
② 보험자가 대위권을 행사하기 위해서는 피보험자에게 보험금을 지급하여야 한다.
③ 제3자가 보험계약자 또는 피보험자와 생계를 같이 하는 가족인 경우에 그 가족의 고의사고를 제외하고는 보험자는 청구권대위를 행사하지 못한다.

72 보험수익자의 지정 또는 변경

① 보험수익자의 지정 또는 변경의 권리는 보험계약자에게 있다.
② 보험계약자가 보험수익자를 지정하는 경우에 지정시점에 보험수익자가 특정되어야 하는 것은 아니고, 보험사고발생 당시에 특정될 수 있는 것으로 충분하다.
③ 보험계약자가 보험수익자 지정권을 행사하지 아니하고 사망한 경우에는 피보험자를 보험수익자로 한다.
④ 보험수익자 변경권은 형성권으로서 보험계약자가 보험자나 보험수익자의 동의를 받지 않고 자유로이 행사할 수 있고, 그 행사에 의해 변경의 효력이 즉시 발생한다.
⑤ 보험수익자 변경행위는 상대방 없는 단독행위이므로, 보험수익자 변경의 의사표시가 보험자에게 도달하지 않았다고 하더라도 보험수익자 변경의 효과는 발생한다.
⑥ 보험계약자가 보험수익자 변경권을 행사하지 아니하고 사망한 경우에는 보험수익자의 권리가 확정된다.

73 보험금청구권자에게 입증책임이 있는 경우

① 위험변경증가시의 통지의무위반에 있어서 위험변경증가가 보험사고의 발생에 영향을 미치지 아니하였다는 사실
② 상해보험계약에 있어서 피보험자가 심신상실 등 자유로운 의사결정을 할 수 없는 상태에서 스스로 사망의 결과를 초래한 사실
③ 상해보험계약에 있어서 사고가 우연하게 발생하였다는 점 및 사고의 외래성과 상해라는 결과와의 사이에 인과관계가 있다는 사실

74 운송보험

① 운송보험계약의 보험자는 다른 약정이 없으면 운송인이 운송물을 수령한 때로부터 수하인에게 인도할 때까지 생길 손해를 보상할 책임이 있다.
② 운송물의 보험에 있어서는 발송한 때와 곳의 가액과 도착지까지의 운임 기타의 비용을 보험가액으로 한다.
③ 보험계약은 다른 약정이 없으면 운송의 필요에 의하여 일시운송을 중지하거나 운송의 노순 또는 방법을 변경한 경우에도 그 효력을 잃지 아니한다.
④ 보험사고가 송하인 또는 수하인의 고의 또는 중대한 과실로 인하여 발생한 때에는 보험자는 이로 인하여 생긴 손해를 보상할 책임이 없다.

75 재보험

① 재보험계약은 원보험계약의 효력에 영향을 미치지 아니한다.
② 책임보험에 관한 규정은 그 성질에 반하지 않는 범위 내에서 재보험계약에 준용된다.
③ 재보험자가 원보험계약자에게 보험금을 지급하면 지급한 재보험금의 한도 내에서 원보험자가 제3자에 대해 가지는 권리를 대위취득한다.
④ 원보험계약의 보험자가 보험금 지급의무를 이행하지 않을 경우 피보험자 또는 보험수익자는 재보험자에게 직접 보험금 지급청구권을 행사할 수 없다.
⑤ 재보험자가 보험자대위에 의하여 취득한 제3자에 대한 권리의 행사는 재보험자가 이를 직접하지 아니하고, 원보험자가 재보험자의 수탁자의 지위에서 자기명의로 권리를 행사하여 그로써 회수한 금액을 재보험자에게 재보험금의 비율에 따라 교부하는 방식으로 이루어지는 것이 상관습이다.

76 일부보험

① 당사자간에 다른 약정이 없는 때에는 보험자는 보험금액의 보험가액에 대한 비율에 따라 보상할 책임을 진다.
② 분손의 경우에 다른 약정이 없는 때에는 손해액에 부보비율을 곱하여 산출되는 금액을 지급한다.
③ 보험계약 체결 이후 보험의 목적의 물가 상승으로 보험금액이 보험가액에 미달하는 자연적 일부보험의 경우는 일부보험으로 다룰 수 없다는 견해가 있다.

77 초과보험

① 보험금액이 보험계약의 목적의 가액을 현저하게 초과한 때에는 보험자 또는 보험계약자는 보험료와 보험금액의 감액을 청구할 수 있다.
② 보험료의 감액은 장래에 대해서만 그 효력이 있다.
③ 초과보험의 보험가액은 계약 당시의 가액에 의하여 정한다.
④ 초과보험계약이 보험계약자의 사기로 인하여 체결된 때에는 그 계약은 무효로 한다.
⑤ 보험계약자의 사기로 초과보험계약이 체결된 경우, 초과보험 여부 및 보험계약자의 사기 여부에 대한 증명책임은 보험자가 부담한다.
⑥ 보험계약자가 초과보험 상태를 의도적으로 유발한 후 보험자에게 보험목적물의 가액을 묵비한 채 보험금을 청구하여 보험금을 받은 경우, 이는 형법상 사기죄의 기망행위에 해당한다.

78 중복보험

① 중복보험이란 수 개의 보험계약의 보험계약자가 동일할 필요는 없으나 피보험자는 동일해야 하며, 각 보험계약의 기간은 전부 공통될 필요는 없고 중복되는 기간에 한하여 중복보험으로 본다.
② 보험목적의 양수인이 그 보험목적에 대한 1차 보험계약과 피보험이익이 동일한 보험계약을 체결한 사안에서 1차 보험계약에 따른 보험금청구권에 질권이 설정되어 있어 보험사고가 발생할 경우에 보험금이 그 질권자에게 귀속될 가능성이 많아 1차 보험을 승계할 이익이 거의 없다면, 양수인이 체결한 보험은 중복보험에 해당하지 않는다.
③ 중복보험은 동일한 목적과 동일한 사고에 관하여 수 개의 보험계약이 체결된 경우를 말하므로, 산업재해보상보험과 자동차종합보험(대인배상보험)은 보험의 목적과 보험사고가 동일하다고 볼 수 없는 것이어서 사용자가 산업재해보상보험과 자동차종합보험에 가입하였다고 하더라도 중복보험에 해당하지 않는다.
④ 수 개의 손해보험계약이 동시 또는 순차로 체결된 경우에 그 보험금액의 총액이 보험가액을 초과한 때에는 중복보험 규정에 따라 보험자는 각자의 보험금액의 한도에서 연대책임을 지는데, 이러한 보험자의 보상책임 원칙은 강행규정으로 해석되지 않는다.

79 집합보험

① 집합보험에 관한 규정은 손해보험 통칙이 아니라 화재보험에 규정되어 있다.
② 집합된 물건을 일괄하여 보험의 목적으로 한 때에는 피보험자의 가족과 사용인의 물건도 보험의 목적에 포함된 것으로 한다.
③ 집합보험계약은 피보험자의 가족 또는 사용인을 위하여서도 체결한 것으로 본다.
④ 집합된 물건을 일괄하여 보험의 목적으로 한 때에는 그 목적에 속한 물건이 보험기간 중에 수시로 교체된 경우에도 보험사고의 발생시에 현존한 물건은 보험의 목적에 포함한 것으로 한다.

80 화재보험

① 집합된 물건을 일괄하여 보험의 목적으로 한 때에는 피보험자의 가족과 사용인의 물건도 보험의 목적에 포함된 것으로 한다. 이 경우에는 그 보험은 그 가족 또는 사용인을 위하여서도 체결한 것으로 본다.
② 집합된 물건을 일괄하여 보험의 목적으로 한 때에는 그 목적에 속한 물건이 보험기간 중에 수시로 교체된 경우에도 보험사고의 발생시에 현존한 물건은 보험의 목적에 포함된 것으로 한다.
③ 양도담보권자는 양도담보의 목적물이 화재로 소실된 경우, 양도담보 설정자의 화재보험금청구권에 대하여 압류 및 추심명령으로 추심권을 행사할 수 있다.
④ 화재의 소방 또는 손해의 감소에 필요한 조치를 하는 자에 대한 제한이 없으므로, 보험자는 소방관의 이러한 조치로 인하여 생긴 손해도 보상해야 한다.

81 상법상 인보험의 특징

① 인보험은 피보험자의 생명이나 신체에 관한 보험사고를 담보한다.
② 인보험은 생명보험, 상해보험, 질병보험으로 구분할 수 있다.
③ 인보험계약에 있어서 보험금은 당사자간의 약정에 따라 분할하여 지급할 수 있다.
④ 인보험에서는 원칙적으로 경제적 이익(피보험이익)의 관념이 존재하지 않기 때문에 초과·중복·일부보험 문제가 발생하지 않는다.
⑤ 상법 제729조에서 제3자에 대한 보험대위를 금지하고 있으나, 상해보험계약의 경우 "당사자간에 다른 약정이 있는 때에는 보험자는 피보험자의 권리를 해하지 않는 범위에서 그 권리를 대위하여 행사할 수 있다"고 하여 보험자대위에 관한 약정이 유효하다.
⑥ 사망보험, 상해보험 모두 보험계약자 또는 피보험자나 보험수익자의 중대한 과실로 인하여 보험사고가 발생한 경우에도 보험자는 보험금 지급책임이 있다.
⑦ 사망보험은 중복보험조항이 준용되지 않지만, 무보험자동차특약보험(= 손해보험형 상해보험)의 경우 중복보험조항이 준용된다.

82 인보험계약에서 중과실면책

① 피보험자가 비록 음주운전 중 보험사고를 당하였다고 하더라도 그 사고가 고의에 의한 것이 아닌 이상 보험자는 음주운전 면책약관을 내세워 보험금 지급을 거절할 수 없다.
② 사망보험의 중과실면책조항은 상해보험계약과 질병보험계약에도 준용된다.
③ 인보험계약 당사자가 보험계약자 등의 중과실로 인한 보험사고에 대해 보험자가 면책되도록 하는 약정을 하였다면 이러한 약정은 상법 제663조 불이익변경금지 위반으로 무효이다.
④ 무면허운전이 고의적인 범죄행위이기는 하나, 그 고의는 특별한 사정이 없는 한 무면허운전 자체에 관한 것이고, 직접적으로 사망이나 상해에 관한 것이 아니어서 그로 인한 손해보상을 해준다고 하여 그 정도가 보험계약에 있어서의 당사자의 선의성·윤리성에 반한다고는 할 수 없다.

83 인보험계약에서 보험자대위

① 생명보험계약의 보험자는 보험사고로 인해 발생한 보험계약자의 제3자에 대한 권리를 대위하여 행사하지 못한다.
② 인보험계약에서 피보험자 등은 자신이 제3자에 대해서 가지는 권리를 보험자에게 양도할 수 있다.
③ 인보험계약에서는 잔존물대위가 인정되지 않는다.
④ 상해보험계약의 경우 당사자간에 별도의 약정이 있는 경우에는 피보험자의 권리를 해하지 않는 범위 안에서 보험자에게 청구권대위가 인정된다.

84 본인 확인 및 위조·변조 방지에 대한 신뢰성을 갖춘 전자문서의 요건

① 전자문서에 보험금 지급사유, 보험금액, 보험계약자와 보험수익자의 신원, 보험기간이 적혀 있을 것
② 전자문서에 전자서명을 하기 전에 전자서명을 할 사람을 직접 만나서 전자서명을 하는 사람이 보험계약에 동의하는 본인임을 확인하는 절차를 거쳐 작성될 것
③ 전자문서에 전자서명을 한 후에 그 전자서명을 한 사람이 보험계약에 동의한 본인임을 확인할 수 있도록 지문정보를 이용하는 등 법무부장관이 고시하는 요건을 갖추어 작성될 것
④ 전자문서 및 전자서명의 위조·변조 여부를 확인할 수 있을 것

85 약관대출(또는 보험계약대출)

① 생명보험계약의 약관에 보험계약자는 보험계약의 해약환급금의 범위 내에서 보험회사가 정한 방법에 따라 대출을 받을 수 있다.
② 현행 생명보험표준약관 제33조에 약관대출규정이 있으나, 상법에는 규정이 없다.
③ 약관대출은 일반적인 대출과는 달리 소비대차로서의 법적 성격을 가지는 것은 아니라, 보험회사가 장차 지급하여야 할 보험금이나 해약환급금을 미리 지급하는 선급금과 같은 성격이라고 보아야 한다(다수의견).
④ 보험자의 약관대출금채권이 별도로 존재하지 않으므로, 양도·입질·압류·상계의 대상이 되지 않는다(다수의견).

86 질병보험

① 질병보험은 「상법」상 인보험이며, 「보험업법」상 제3보험이다.
② 질병보험에 대하여 그 성질에 반하지 아니하는 범위에서 생명보험 및 상해보험에 관한 규정을 준용한다.
③ 신체의 질병 등과 같은 내부적 원인에 기한 것은 상해보험이 아니라 질병보험 등의 대상이 된다.
④ 질병보험계약의 보험자는 피보험자의 질병에 관한 보험사고가 발생한 경우 보험금이나 기타 급여를 지급할 책임이 있다.
⑤ 질병보험계약에서 보험사고가 보험계약자 또는 피보험자나 보험수익자의 중대한 과실로 인하여 발생한 경우 보험자는 면책되지 않는다.
⑥ 둘 이상의 보험수익자 중 일부가 고의로 피보험자의 질병을 야기하였다면, 보험자는 다른 보험수익자에 대한 보험금 지급책임을 면하지 못한다.

87 상해보험

① 실손보장형(비정액형) 상해보험에 대하여 중복보험의 원리를 적용할 것인지 여부에 논란이 있으나, 판례는 중복보험의 법리를 준용하고 있다.
② 상해를 보험사고로 한 보험계약에서는 사고가 보험계약자 또는 피보험자나 보험수익자의 중대한 과실로 인하여 발생한 경우에도 보험자는 보험금을 지급할 책임을 면하지 못한다.
③ 당사자간에 다른 약정이 있는 때에는 보험자는 피보험자의 권리를 해하지 아니하는 범위 안에서 그 권리를 대위하여 행사할 수 있다.
④ 15세 미만자, 심신상실자 또는 심신박약자의 상해를 보험사고로 하는 상해보험계약은 유효하다.
⑤ 사고의 급격성, 우연성, 외래성 및 사고와 신체 손상과의 인과관계에 대한 증명책임은 보험금을 청구하는 자가 부담한다.
⑥ 태아를 피보험자로 하는 상해보험에서 보험기간이 개시된 이상 출생 전이라도 태아가 보험계약에서 정한 우연한 사고로 상해를 입었다면 이는 보험기간 중에 발생한 보험사고에 해당한다.
⑦ 부부싸움 중 극도의 흥분되고 불안한 정신적 공황상태에서 베란다 밖으로 몸을 던져서 사망한 경우, 이 사고는 피보험자의 고의에 의하지 않은 우발적인 사고에 해당한다.
⑧ 피보험자가 술을 마시고 잠을 자다가 구토를 하여 기도 폐색으로 질식해서 사망한 경우 사고의 외래성이 인정된다.
⑨ 외래의 사고와 피보험자의 기왕증이 공동원인이 되어 상해에 영향을 미친 경우에도 사고로 인한 상해와 그 결과인 후유장해 사이에 인과관계가 있다고 인정되면 보험금을 지급할 의무가 발생한다.
⑩ 자동차상해사망보험의 법적 성격은 상해보험이므로, 자동차상해보험 중 피보험자가 상해의 결과 사망에 이른 때에 지급되는 사망보험금을 분리하여 이를 생명보험에 속한다고 볼 수 없다.

88 무보험자동차에 의한 상해보험

① 무보험자동차에 의한 상해보험은 상해보험으로서의 성질과 함께 손해보험으로서의 성질도 갖고 있는 손해보험형 상해보험이다.
② 무보험자동차에 의한 상해보상 특약에 있어서 보험금액의 산정기준이나 방법은 보험약관의 중요한 내용이 아니어서 명시·설명의무의 대상에 해당하지 아니한다.
③ 무보험자동차에 의한 상해보험은 당사자 사이에 다른 약정이 있으면 보험자는 피보험자의 권리를 해하지 아니하는 범위 안에서 피보험자의 배상의무자에 대한 손해배상청구권을 대위행사할 수 있다.
④ 하나의 사고에 대해 수 개의 무보험자동차에 의한 상해보험계약이 체결되고 그 보험금액의 총액이 피보험자가 입은 실손해액을 초과하는 때에는 중복보험조항이 적용된다.

89 복수의 무보험자동차 상해보험이 중복보험에 해당하는 경우의 구상관계

① 중복보험의 합계금의 총액이 피보험자가 입은 하나의 사고로 인한 손해액을 초과하는 경우 보험자는 각자의 보험금액 한도에서 '부진정' 연대책임을 지고, 각 보험자는 각자의 보험금액에 따른 보상책임을 진다.
② 중복보험자 가운데 하나가 단독으로 피보험자에게 보험약관에서 정한 보험금 지급기준에 따라 정당하게 산정된 보험금을 지급하였다면 다른 보험자를 상대로 각자의 보험금액비율에 따른 분담금의 지급을 청구할 수 있다.
③ 단독으로 보험금을 지급한 보험자는 당사자간에 보험자대위에 동의하는 약정이 있는 때에 한하여 피보험자의 권리를 해하지 아니하는 범위 안에서 그 권리를 대위하여 행사할 수 있다.
④ 단독으로 보험금을 지급한 보험자는 보험자대위청구권과 중복보험 분담금청구권이 그 요건을 모두 갖춘 경우에는 한 어느 하나를 먼저 행사하여도 무방하고 양자를 동시에 행사할 수도 있다.

90 자기신체사고보험 및 자동차상해보험특약

① 자기신체사고보험은 '인보험'의 일종이다.
② 자동차상해보험 중 피보험자가 상해의 결과 사망하여 사망보험금 항목의 보험금이 지급되어도 그 부분이 생명보험이 되는 것은 아니다.
③ 음주운전면책조항은 자기신체사고보험에서 과실(중과실 포함)로 평가되는 행위로 인한 사고에 관한 한 무효이다.
④ 자동차상해보험특약은 자동차종합보험의 자기신체사고보험을 대체하여 피보험자가 보상받는 것을 주된 목적으로 한다.

91 보증보험

① 보증보험은 보험계약자의 계약상의 채무불이행 또는 법령상의 의무불이행으로 인하여 피보험자가 입은 손해를 담보하기 위한 보험이다.
② 보증보험은 손해보험계약의 일종이다.
③ 보증보험은 타인을 위한 보험이라는 점에서 자기를 위한 보험인 신용보험과 구별된다.
④ 보증보험자는 채권자에 대하여 최고·검색의 항변권을 행사할 수 없다.
⑤ 이행보증보험의 보험자는 보험계약자의 채권에 의한 상계로 피보험자에게 대항할 수 있고, 그 상계로 피보험자의 보험계약자에 대한 채권이 소멸되는 만큼 보험자의 피보험자에 대한 보험금 지급채무도 소멸된다.

92 보증보험에서 보상책임

① 보증보험자는 보험계약자의 채무불이행 등으로 인하여 피보험자가 입은 모든 손해를 보상하는 것이 아니라 약관에서 정한 절차에 따라 보험금액의 한도 내에서 피보험자가 실제로 입은 손해를 보상한다. 단, 정액보상에 대한 합의가 당사자 사이에 있는 경우에는 약정된 정액금을 지급한다.
② 보증보험계약 체결 당시에 이미 주계약상의 채무불이행 발생이 불가능한 경우에는 보증보험계약은 무효이므로 선의의 제3자라 하더라도 보증보험계약의 유효를 주장할 수 없다.
③ 피보험자가 정당한 이유 없이 사고발생을 통지하지 않거나 보험자의 협조요구에 응하지 않음으로 인해 손해가 증가되었다면 보험자는 이러한 사실을 입증함으로써 증가된 손해에 대한 책임을 면할 수 있다.

93 단체보험

① 단체보험이란 회사, 공장 등 일정한 단체의 구성원의 전부 또는 일부를 포괄적으로 피보험자로 하여 그의 생명·신체에 관한 사고를 보험사고로 하는 생명보험 또는 상해보험을 말한다.
② 보험계약자가 회사인 경우 그 회사에 대하여만 보험증권을 교부한다.
③ 단체 구성원의 전부를 피보험자로 하는 단체보험을 체결하는 경우 규약에 따라 타인의 서면동의를 받지 않아도 된다.
④ 단체보험계약에서 보험계약자가 피보험자 또는 그 상속인이 아닌 자를 보험수익자로 지정할 때에는 단체의 규약에서 명시적으로 정하는 경우 외에는 그 피보험자의 서면동의를 받아야 한다.
⑤ 단체보험에 관한 상법 규정은 단체생명보험뿐만 아니라 단체상해보험에도 적용된다.

94 타인을 위한 보험계약

① 타인을 위한 보험계약의 경우 타인은 보험계약자의 동의 없이도 보험금청구권을 행사할 수 있다.
② 타인을 위한 손해보험의 경우 타인의 위임이 없는 때에는 보험계약자는 이를 보험자에게 고지하여야 한다.
③ 보험계약자가 보험료의 지급을 지체한 때에는 보험수익자는 그 권리를 포기하지 아니하는 한 보험료를 지급할 의무가 있다.
④ 타인을 위한 인보험의 경우 그 타인을 구체적으로 특정하여야 하는 것은 아니다.

95 타인을 위한 생명보험계약

① 타인을 위한 생명보험계약은 보험계약자가 생명보험계약을 체결하면서 자기 이외의 제3자를 보험수익자로 지정한 계약을 말한다.
② 보험수익자를 수인의 상속인으로 지정한 경우 각 상속인은 특별한 사정이 없는 한 자신의 상속분에 상응하는 범위 내에서 보험자에 대하여 보험금을 청구할 수 있다.
③ 보험수익자를 상속인으로 지정한 경우 그 보험금청구권은 상속인의 고유재산에 속하게 된다.
④ 보험수익자를 상속인으로 기재하였다면 그 상속인이란 피보험자의 민법상 법정상속인을 의미한다.
⑤ 보험계약자는 보험자나 보험수익자의 동의를 받지 않고 보험수익자 변경권을 행사할 수 있고 그 행사에 의해 변경의 효력이 즉시 발생한다.

96 타인의 생명보험계약에서 피보험자의 동의

① 피보험자의 동의는 타인의 사망보험계약에서 도박보험의 위험성과 피보험자 살해의 위험성 및 공서양속 침해의 위험성을 배제하기 위하여 마련된 강행규정이며, 보험계약의 효력발생요건이다.
② 타인의 생명보험계약 체결시에 피보험자의 서면동의를 얻도록 규정한 것은 그 동의의 시기과 방식을 명확히 함으로써 분쟁의 소지를 없애려는 취지이므로, 피보험자의 동의는 서면으로 개별적으로 이루어져야 하며, 포괄적인 동의 또는 묵시적이거나 추정적 동의만으로는 부족하다.
③ 피보험자의 동의는 회사의 퇴사 등과 같이 서면동의의 전제가 되는 사정에 중대한 변경이 생긴 경우에는 그 동의를 철회할 수도 있다.
④ 피보험자의 동의요건에 관하여 보험자는 설명의무를 부담하며, 이러한 설명의무를 위반하여 피보험자의 동의 없이 체결된 타인의 사망보험계약에 대하여 보험계약자는 취소할 수 없고, 손해배상을 청구할 수 있을 뿐이다.
⑤ 보험자의 직원으로 근무하며 영업실적을 올리려고 자신의 배우자의 동의 없이 그를 보험계약자이자 피보험자로 하고 동료 직원으로 하여금 배우자를 대신하여 서명하게 하여 체결한 생명보험계약은 타인의 생명보험계약에 해당한다.

97 타인의 생명보험계약에서 피보험자의 동의의 철회

① 피보험자는 계약 성립 전까지 동의를 철회할 수 있다.
② 보험수익자와 보험계약자의 동의가 있을 경우 계약의 효력이 발생한 후에도 피보험자는 동의를 철회할 수 있다.
③ 피보험자가 서면동의를 할 때 전제가 되었던 사정에 중대한 변경이 있는 경우에는 피보험자는 동의를 철회할 수도 있다.
④ 동의 행위 자체에 흠결이 있었다면 민법의 원칙에 따라 그 동의에 대해 무효 또는 취소를 주장할 수 있다.

98 생명보험에서 보험수익자의 지정·변경

① 타인의 사망보험에서 보험수익자를 지정 또는 변경하려면 그 타인의 서면동의를 얻어야 한다.
② 보험수익자 변경의 의사표시가 객관적으로 확인되는 이상 그러한 의사표시가 보험자나 보험수익자에게 도달하지 않았다고 하더라도 보험수익자 변경의 효과는 발생한다.
③ 보험수익자가 보험존속 중에 사망하였고 보험계약자도 지정권을 행사하지 아니하고 사망한 때에는 보험수익자의 상속인을 보험수익자로 한다.
④ 보험계약자가 보험수익자 지정권을 행사하지 아니하고 사망한 때에는 피보험자를 보험수익자로 한다.

99 생명보험표준약관상 보험계약상의 권리

① 보험자는 피보험자에게 약정상의 보험사고가 발생한 경우에 보험수익자에게 약정한 보험금을 지급한다.
② 보험계약자는 해지환급금 범위 내에서 약관대출(보험계약대출)을 받을 수 있다.
③ 보험계약자는 계약이 소멸하기 전에 언제든지 계약을 해지할 수 있으며(다만, 연금보험의 경우 연금이 지급 개시된 이후에는 해지할 수 없다), 이 경우 회사는 해지환급금을 보험계약자에게 지급한다.
④ 보험자는 금융감독원장이 정하는 방법에 따라 보험자가 결정한 배당금을 보험계약자에게 지급한다.

100 동일인이 다수의 생명보험계약을 체결한 경우 그 사실에 대한 고지 또는 통지

① 보험자가 생명보험계약을 체결하면서 다른 보험계약의 존재 여부를 청약서에 기재하여 질문하였다고 하더라도 다른 보험계약의 존재 여부는 고지의무의 대상이 된다.
② 생명보험계약을 체결한 후 다른 생명보험계약을 다수 가입하였다는 사정만으로 보험계약자 또는 피보험자에게 위험변경증가에 대한 통지의무가 있다고 볼 수 없다.
③ 보험계약 체결 후 동일한 위험을 담보하는 보험계약을 체결할 경우에 이를 통지하도록 하고, 이 통지의무를 위반한 경우에 보험자는 그 보험계약을 해지할 수 있다는 약정은 유효하다.
④ 보험자가 다른 보험계약의 존재 여부에 관한 고지의무위반을 이유로 보험계약을 해지하려면 보험계약자 또는 피보험자가 다른 보험계약의 존재를 알고 있는 것 외에 그것이 고지를 요하는 중요한 사항에 해당한다는 사실을 알고도 또는 중대한 과실로 알지 못하여 고지의무를 다하지 아니한 사실을 입증하여야 한다.

보험계약법

핵심이론 + 기출유형문제 + 기출분석문제 100選

CHAPTER 01	총 론
CHAPTER 02	보험계약
CHAPTER 03	손해보험
CHAPTER 04	인보험

CHAPTER 01 총론

학습목표
① 보험제도의 개념과 원리, 보험의 종류와 그 유사제도를 파악한다.
② 보험의 기능과 폐해에 대해서 학습한다.
③ 보험계약법의 특성 및 법원 등 기초적인 개념을 학습한다.

01 보험제도

1 위험(Risk)

(1) 위험의 의의
인간은 일상생활 속에서 많은 위험에 노출되어 있다. 이는 개인이 속한 가정, 기업, 국가도 마찬가지이다. 보험은 이러한 위험을 전제로 한다. 보험은 인간의 경제생활을 위협하는 산물로서 생겨난 것이며, "위험이 없으면 보험도 없다"라는 말은 바로 이것을 말해 준다. 위험에 대한 정확한 정의는 없지만, 일반적으로 "사고나 손해발생의 불확실성 또는 가능성"으로 정의할 수 있다.

(2) 보험가입 대상이 되는 위험의 특성
모든 위험이 보험에 가입될 수 있는 것은 아니다. 많은 위험 중에서 보험가입 대상이 되는 위험은 다음과 같은 특성을 가진다.
① **다수의 동질적 위험**
유사한 특성을 가진 다수의 위험단위들이 필요하다.
② **우연한 사고의 발생**
손해의 발생 여부, 시기, 정도가 우연한 위험이어야 한다.
③ **명확하고 측정가능한 위험**
보험가입 대상이 되는 위험은 손해의 원인, 시간, 장소, 손실금액 등이 어느 정도 측정할 수 있는 위험이어야 한다.
④ **적당한 크기의 손실**
보험회사가 감당하기 어려울 정도의 거대한 손해가 아니어야 한다.

2 보험의 개요

(1) 보험의 의의
보험이란 경제생활의 불안을 제거할 목적으로, 동종의 우연한 사고발생의 위험에 처한 다수인(다수의 경제주체)이 결합하여 보험단체를 구성하고, 소액의 금전(보험료)을 갹출하여 기금(공동준비재산)을 형성한 뒤 사고를 당한 자가 이로부터 금전이나 기타 재산적 급여(보험금)를 받는 사회경제제도이다.

(2) 보험의 목적
보험은 사고발생의 적극적 방지가 아니라, 사고발생으로 인한 경제적 손실을 소극적으로 회복하는데 목적이 있다.

(3) 보험의 기본 특성
① 위험의 전가
위험의 전가는 피보험자가 일정한 보험료를 내고 위험부담을 보험자에게 전가하는 행위이다. 보험계약자는 위험의 정도에 따라 산출된 보험료를 보험자에게 납입하면서, 미래의 우발적으로 발생할지 모르는 손실위험을 보험자에게 전가하게 된다. 특히 손실의 빈도는 낮지만 손실의 규모가 커서 스스로 부담하기 어려운 위험을 보험회사에게 전가함으로써 개인이나 기업이 위험에 대해 보다 효과적으로 대응할 수 있게 해준다.

② 위험의 결합
보험자 입장에서 보험계약은 다수의 동질위험을 전가 받아 이들을 하나의 위험결합 집단으로 만드는 것이다. 위험의 결합은 일부 계약자들의 손실을 전체 계약자들이 공유함으로써 실제손실을 평균손실로 대체한다. 즉 손실이 발생하였을 경우 발생된 손실을 보험가입자 모두에게 분산시키는 효과를 갖는다. 다시 말하면 많은 보험가입자들이 평소 소액의 보험료를 내고 일종의 공동기금을 마련했다가 소수의 사람들이 사고를 당하게 되면 손실을 보상해 주는 것이다. 위험의 결합을 통해서 손실분산효과가 이루어지는데 가입자가 많으면 많을수록 크다고 할 수 있다(대수의 법칙).

③ 우연적 손실의 보상
보험의 특징은 손실에 대해서 보상을 하되 우연적이고 우발적인 손실만을 보상하는 것이다. 따라서 보험은 고의적이고 의도적인 사고에 의한 손실은 보상하지 않는다.

④ 실제 손실에 대한 보상
손실의 보상은 손실발생 전의 재정상태로 복원시키는 것으로, 실제 발생한 손실을 원상회복하거나 교체할 수 있는 금액으로 한정하며, 보상을 통해 이익을 보는 경우는 없다. 이러한 실손보상의 원칙은 중요한 보험의 원칙 중의 하나로 발생손실만큼만 보상받게 되면 보험사기행위와 같은 도덕적 위태를 줄일 수 있다.

3 보험의 종류

(1) 보험의 설정 목적에 따른 분류

① 공(公)보험
- ㉠ 국가 또는 공공단체가 보험사업의 경영주체가 되는 보험으로, 국가경제의 전체적 견지에서 행해지는 보험이다.
- ㉡ 공(公)보험은 대부분 비영리로 행해지며, 사회정책적인 입장에서 사회복지의 증진을 도모하고, 경제정책적 입장에서 특수산업을 보호하여 국민 경제의 유지·발전을 기하는데 그 목적이 있다.
- ㉢ 공(公)보험은 그 설정목적을 달성하기 위해서 강제보험 형식으로 운영되는 경우가 많으며, 보험자 역시 특별한 사정이 없는 한 계약의 체결을 거절하지 못한다.
- ㉣ 수지상등의 원칙이 적용되지 않으며, 국가나 지방자치단체로부터 공적 부조를 받는 경우도 있다.

공(公)보험의 종류

사회정책적 보험	산업재해보상보험, 국민건강보험, 고용보험, 선원보험, 군인보험
경제정책적 보험	수출보험, 예금보험, 어음보험

② 사(私)보험
- ㉠ 사(私)보험은 사적인 영리추구를 위해 영위되는 보험으로서 국내외 보험회사가 운영하는 각종의 손해보험, 생명보험, 상해보험 등이 전형적인 예이다.
- ㉡ 보험선택이 자유롭고, 가입이 임의적이며, 보험관계는 사법에 의해 규율되고 있다.

[공보험과 사보험의 비교]

구 분	공보험	사보험
보험관계 성립	강제적	임의적
보험료	소득비례	위험도나 보험급부 비례
보험료 부담	본인과 고용주	본인
보험료 산출	사회경제적 관계	과학적 통계
보험대상위험	질병, 산업재해, 분만, 사망 등	부보가능한 모든 위험
보험급부	법적으로 확정	보험계약조건에 의하여 결정
보험가입대상자	법적으로 제한 있음	제한 없음

(2) 보험사업 주체에 따른 분류

① 공영보험 기출 25
- ㉠ 공영보험은 그 본질이 사보험이며, 다만, 영리성이 충분히 보장되지 못하기 때문에 정책적으로 국가, 지방자치단체, 기타의 공공단체가 사업주체로서 보험업을 영위하는 것이다.

ⓒ 공보험이 강제보험인데 비해 공영보험은 강제보험이 아니다.
ⓒ 공영보험의 예 : 한국무역보험공사가 운영하는 수출보험, 우체국에서 운영하는 우체국보험 등
② 사영보험
사인(私人)이 사업주체가 되는 보험이다.

> 공보험은 동시에 공영보험인 경우가 많고, 사보험은 동시에 사영보험인 경우가 대부분이지만 반드시 그러한 것은 아니다.

(3) 보험가입을 강제하는가의 여부에 따른 분류
보험가입을 강제하는가의 여부에 따라서 강제보험과 임의보험으로 구분할 수 있다.
① 강제보험 기출 21
보험가입이 법률에 의해 강제되는 것으로서 대부분의 공보험이 여기에 속한다.
② 임의보험
임의보험은 보험가입이 강제되지 않는 것으로서 대부분의 영리 사보험이 여기에 속한다. 그러나 예외적으로 사보험 중에서 공공정책적 성격을 가지거나 사고로 인한 손해범위가 매우 크고 피해자가 광범위한 자동차배상책임보험, 항공보험, 일정규모 이상 건물의 화재보험 등은 보험의 가입을 법적으로 강제하고 있다.

> 일반적으로 공보험에서는 보험가입을 의무화하는 반면, 사보험에서는 보험가입을 개인의 자유의사에 따르게 하는 것이 원칙이다.

(4) 상법상 분류 기출 16
① 개 요
우리 상법 보험편(제4편)에서는 보험을 손해보험과 인보험으로 구분하고 있다. 손해보험에 있어서 "손해"는 보험사고발생의 결과를 의미하는데 반해, 인보험에서는 보험의 대상을 분류의 기준으로 하였다는 점에서 분류의 기준이 적절치 못하다. 실제로 상해보험이나 질병보험과 같은 중간보험이 존재한다. 상법상으로는 상해보험을 인보험으로 구분하고 있으나, 입원비와 치료비를 지불하는 경우 재산상의 손해전보가 이루어지기 때문에 손해보험이라고도 할 수 있다. 따라서 보험대상을 분류의 기준으로 한다면 인보험에 대응하여 물보험이나 재산보험으로 구분하는 것이 정확하다.

손해보험	인보험
화재보험(제683조 ~ 제687조) 운송보험(제688조 ~ 제692조) 해상보험(제693조 ~ 제718조) 책임보험(제719조 ~ 제726조) 자동차보험(제726조의2 ~ 제726조의4) 보증보험(제726조의5 ~ 제726조의7)	생명보험(제730조 ~ 제736조) 상해보험(제737조 ~ 제739조) 질병보험(제739조의2 ~ 제739조의3)

② 손해보험
  ㉠ 손해보험은 보험계약에서 정한 보험사고가 발생하여 보험가입자 측에 생긴 실제 재산상의 손해를 보상하는 보험이다.
  ㉡ 손해보험업이란 손해보험상품의 취급과 관련하여 발생하는 보험의 인수, 보험료 수수 및 보험금 지급 등을 영업으로 하는 것을 말한다(보험업법 제2조 제4호).
  ㉢ 손해보험의 종류

상법 보험편	화재보험, 운송보험, 해상보험, 책임보험, 자동차보험, 보증보험
보험업법	화재보험, 해상보험(항공·운송보험을 포함), 자동차보험, 보증보험, 재보험, 기타 보험(책임보험, 기술보험, 권리보험, 도난·유리·동물·원자력 보험, 비용보험, 날씨보험)

③ 인보험
  ㉠ 인보험은 보험사고발생의 객체가 사람인 보험으로서 사람의 생명과 신체에 관하여 보험사고발생한 경우에 보험계약이 정하는 바에 따라 보험금액 또는 기타의 급여를 지급하는 보험이다.
  ㉡ 인보험의 종류 : 생명보험, 상해보험(질병보험 포함)

> 인보험 중에서 상해보험과 질병보험은 보험계약자 측이 지출한 의료실비 등을 지급하게 되는 손해보험적 성격을 가지고 있기 때문에 보험을 손해보험과 인보험으로 단순히 구분하는 것은 문제가 있다.

(5) 보험사고의 대상에 따른 분류

보험의 목적이 사람인가 물건인가에 따른 분류이다. 사람에게 발생하는 사고에 대한 보험은 인보험이고, 물건 기타의 재산에 발생하는 사고에 대한 보험은 물보험이다. 하지만 사람과 물건의 양쪽을 다 같이 보험의 목적물로 하는 보험도 있고, 또 희망이익(希望利益) 등을 목적으로 하는 보험도 있으므로 인보험과 물보험(재산보험)으로 모든 보험을 분류하기에는 한계가 있다.

① 인보험
  사람의 생명·신체에 대해 보험사고발생시 약정한 금액을 지급할 것을 목적으로 하는 보험이다.
② 물보험
  가입자(피보험자)의 재화에 대한 보험사고발생시 그 손해를 보상하는 보험이다.

> **재산보험과 물건보험**
> - **재산보험** : 보험사고발생의 객체가 모든 재산을 대상으로 한 보험 예 책임보험
> - **물건보험** : 보험사고발생의 객체가 특정한 물건을 대상으로 한 보험 예 화재보험, 운송보험, 해상보험, 도난보험 등

(6) 보험금 지급방법에 따른 분류 기출 14

보험금을 주는 방법에 따른 분류이다. 보험사고가 발생한 때에 손해의 유무나 정도를 고려하지 아니하고 일정액의 보험금을 지급하는 보험을 "정액보험"이라 한다. 실제로 생긴 손해를 보상하는 것을 목적으로 하는 손해보험과 대립되는 보험이다.

① 정액보험

보험계약 당시 정한 금액을 보험사고발생시에 보험금으로 결정·지급하는 보험이다.

예 생명보험

② 부정액보험

보험사고에 의한 실제손해액에 따라 보험금(보상액)을 결정하는 보험이다.

예 손해보험, 재산보험

> 상해보험과 질병보험은 정액보험으로 운용할 수 있고, 부정액보험으로 운용할 수 있기 때문에 생명보험회사뿐만 아니라 손해보험회사도 판매하고 있다.

(7) 보험사고발생의 장소에 따른 분류

손해보험에 속하는 것이나, 보험사고가 발생하는 장소에 따른 분류이다.

① 육상보험

육상의 위험을 담보하는 보험이다.

② 해상보험

선박에 의한 항해에 의해 해상에서 일어나는 각종 사고를 담보하는 보험이다.

③ 항공보험

공중에 각종 위험을 담보하는 보험으로 대체로 항공기의 각종 사고로 인해 발생한 손해에 대한 보험이다.

(8) 보험목적의 범위에 따른 분류

보험목적의 수에 따른 분류이다. 개별보험은 개개의 사람이나 물건을 보험의 목적으로 하는 보험이고, 집합보험은 다수의 물건을 보험의 목적으로 하는 보험이다. 특히 보험의 목적이 물건의 집합이면 집합보험이라 하고, 사람의 집합이면 단체보험이라 한다.

① 개별보험

개개의 물건 또는 사람을 보험의 목적으로 하는 보험이다.

② 집합보험

다수의 물건 또는 사람의 집합체를 보험의 목적으로 하는 보험이다.

㉠ 특정보험 : 보험의 목적(객체)이 특정된 보험

㉡ 포괄보험 : 총괄보험이라고도 하며, 보험의 목적(객체)의 전부·일부가 특정되지 않고 보험기간 중 수시로 교체되는 것을 예상하고 체결하는 보험

③ 단체보험과 복합보험

㉠ 단체보험(group insurance) : 단체가 규약에 따라 구성원의 전부 또는 일부를 피보험자로 하는 1개의 생명 또는 상해보험

㉡ 복합보험(combined insurance) : 집합보험은 보험목적이 다수인데 반해, 동일한 보험목적에 대해 다수의 보험사고가 복합되어 있는 보험

(9) 보험인수의 순서에 따른 분류
① 원보험
  원수보험이라고도 하며, 보험가입자(계약자)와 보험자 사이의 보험관계로 최초 인수보험이다.
② 재보험
  보험자가 인수한 계약상의 책임의 전부·일부를 타보험자가 인수한 보험으로 원보험자와 재보험자 사이에 체결한 보험이다.

> 원보험과 재보험은 법률적으로 각각 독립된 보험계약으로, 원보험의 성질이 무엇이든간에 재보험은 항상 원보험자의 보험지급채무를 담보하게 되므로 책임보험의 성격을 가지는 손해보험이며, 기업보험이다.

(10) 보험가입 대상에 따른 분류 [기출 24]
① 기업보험
  기업자가 기업경영의 경제적 안정을 위해 가입하는 보험이다.
  [예] 해상보험, 항공보험, 재보험, 기업용건물이나 공장기계 등에 의한 화재보험 등
② 가계보험
  일반개인이 가계의 경제적 안정을 위해 가입하는 보험이다.
  [예] 생명보험, 화재보험, 자동차보험 등

> 가계보험과 기업보험은 보험자의 상대방인 보험계약자가 기업인지 또는 개인인지 여부를 기준으로 한 분류이다. 가계보험과 기업보험을 구분하는 이유는 상법 제663조(보험계약자 등의 불이익변경금지)의 원칙 적용 여부 때문이다. 가계보험(생명보험, 상해보험, 주택화재보험 등)은 보험자와 보험계약자의 경제적 교섭력 차이가 커서 보험계약자를 보호할 필요가 있다. 기업보험(재보험, 해상보험 등)은 기업인이 그의 기업경영활동에 따르는 위험에 대비하여 가입하는 보험이다. 기업보험의 보험계약자는 어느 정도 전문지식과 경험을 갖고 보험자와 대등한 위치에서 계약을 체결할 수 있으므로 법이 후견적 역할을 할 필요가 없다. 따라서 상법 제663조는 기계보험에 적용되고, 기업보험에는 적용되지 않는다.

4 보험과 유사제도

(1) 저 축
① 저축은 경제상의 불안정을 대비하기 위해 수입의 일부를 적립하는 제도이나 반드시 우발적인 사고에 대비하는 것이 아니다.
② 저축은 위험단체를 구성하거나 대수의 법칙에 따른 사고발생률을 계산하지 않는 반면, 보험은 특정한 우연한 사고를 대상으로 하고 보험단체의 구성을 전제로 한다.

(2) 상호부금과 계(契)

① 상호부금과 계는 일정한 수의 계좌와 부금을 정하고 다수의 가입자에게 부금(계금)을 납부하게 하여 총 기금을 마련하고 추첨 등의 방식에 의해 당첨된 가입자에게 일정한 금전을 지급하는 상호금융제도이다. 보험은 이러한 목적보다는 보험가입자의 경제적 불안을 상호 제거함에 있다.
② 부금 등이 대수의 법칙에 의해 산출된 것이 아니고 수지상등의 원칙이 개인별 가입자에게 성립된다는 점에서 보험과 차이가 있다.

(3) 자가보험

① 자가보험은 거대한 재산의 소유자가 자기재산에서 발생할 경제적 불안에 대비하여 보험제도를 이용하지 않고 일정한 금액을 별도로 적립하여 단독준비재산을 마련하는 제도이다.
② 자가보험은 대수의 법칙에 의한 손해의 개연율을 기초로 하여 적금을 하는 점에서 보험과 유사하나 보험단체를 구성하지 않는다는 점에서 보험과 다르다.

(4) 도박·복권

① 도박이나 복권은 요행을 기대하여 일확천금을 목적으로 한다는 점에서 우연한 사고의 발생에 따른 경제생활의 불안정을 제거하려는 보험과 구별된다.
② 도박이나 복권은 사행성을 띠고 있다는 점에서 보험과 유사하나, 피보험이익을 갖고 있지 않다는 점에서 보험과 다르다.
③ 도박이나 복권은 위험을 분산하고자 하는 위험단체의 개념이 없다.

(5) 보 증

① 보증은 제3자가 채권자에 대하여 주채무자의 이행을 담보하는 일종의 채권담보제도이다.
② 보증은 우연성의 존재라는 점에서 보험과 유사하나, 위험단체를 전제로 하지 않고 대수의 법칙을 응용하지 않는다는 점에서 보험과 구별된다.
③ 오늘날 보증은 채무불이행의 위험을 통계적 기초에 따라 확률로서 계산하고, 이를 통해 보험료를 산출하여 보험금을 지급하는 보증보험으로 발전하고 있다.

> **보증보험**
> 보증보험이란 보험단체에 의한 위험의 분산과 대수의 법칙을 적용하여 채무불이행이 발생할 확률을 계산하고, 이 위험을 부보함으로써 유상으로 보증을 인수하는 보험을 말한다.

(6) 공제

① 공제는 같은 직장, 직업 또는 지역에 속하는 사람들이 조합을 결성하여 조합원 또는 그 가족 등에게 길흉사가 있을 때 공제금을 지급함으로써 상호구제를 목적으로 하는 제도이다.
② 공제는 다수의 조합원이 위험단체를 구성하여 우연한 사고를 당한 사람들에게 공제금을 지급한다는 점에서 보험과 유사하나, 일정한 직장·직업 또는 지역적으로 한정하여 가입할 수 있다는 점에서 보험과 다르다.
③ 공제는 위험분산조직이 없어 폐쇄적이며, 급부·반대급부의 원칙이 적용되지 않는다.
④ 오늘날 화재공제, 가축공제, 어선공제, 자동차공제 등은 보험수리적 원리가 적용되고, 그 실체가 보험제도와 거의 동일하게 운영되어 일종의 보험(공제보험)이라 할 수 있다.

5 보험의 원리

(1) 의 의

손해보험과 인보험을 공통적으로 지배하는 원리에는 위험의 분담, 대수의 법칙, 급부·반대급부균등의 원칙, 수지상등의 원칙이 있다. 손해보험에만 있는 특유의 원리로는 이득금지의 원칙이 있다.

(2) 손해보험과 인보험의 공통지배원리

① 대수의 법칙(Law of large numbers)

장기간 사고발생을 대량으로 관찰하면 일정한 법칙을 발견하는데, 이것을 보험의 원리로 응용하여 위험을 측정하고 보험료를 산출하는데 이용할 수 있다.

n개의 사건 중에서 성질 A를 가지는 것이 r개 있으면, $\frac{r}{n}$는 A가 일어나는 비율로 생각할 수 있는데, 관찰하는 횟수 n을 크게 함에 따라 $\frac{r}{n}$는 일정한 값 P에 한없이 가까워진다. 이것이 대수의 법칙이다.

실제로 나타난 개개의 현상은 우연에 의해 지배되는 일이 많으며, 관찰한 몇 개의 현상 사이에는 아무런 관계가 없는 것처럼 보인다. 그러나 여러 번 관측하고 전체적인 경향을 살펴보면, 거기에서 어떤 일정한 규칙성을 발견할 수 있다. 예를 들면, 각 개인의 수명은 서로 달라 누가 몇 살에 죽을지는 불분명하지만, 그 수를 늘려 많은 사람에 대한 장기간에 걸친 통계를 살펴보면 인간의 평균수명과 각 연령층에서의 사망자의 비율이 거의 일정한 값에 가까워지는 것을 알 수 있다. 이러한 대수의 법칙을 이용한 전형적인 분야가 보험업이다. 즉, 인간의 수명이나 각 연령별 사망률을 통계적 확률(경험적 확률)로 구하고, 이것을 기초로 해서 보험금액·보험료율을 계산한다.

② 급부・반대급부균등의 원칙(Lexis의 원칙)

보험료를 산출하는 기술적 원리로서 위험단체 구성원이 지급하는 보험료는 지급보험금을 사고발생률에 곱한 것과 같다는 원칙이다.

즉, P(보험료) $= Z$(지급보험금) $\times W$(사고발생률)로 수지상등의 원칙과 밀접한 관계를 가지고 있다.

$$W(\text{사고발생률}) = \frac{r(\text{사고발생건수})}{n(\text{보험가입자수})}$$

③ 수지상등의 원칙(보험단체 자족의 원칙)

위험단체 구성원이 지급한 보험료 총액과 보험자가 지급하는 보험금 총액이 서로 일치해야 한다는 원리이다.

$$n(\text{보험가입자수}) \times P(\text{보험료}) = r(\text{사고발생건수}) \times Z(\text{지급보험금})$$

④ 신의성실의 원칙

보험은 우연한 사고의 발생으로 인하여 보험금이 지급되는 사행계약이므로 당사자간의 권리와 의무를 신의에 따라 성실하게 이행하여야 한다. 따라서 우리 상법은 고지의무, 통지의무, 손해방지의무 등을 보험계약자 측에 부과하고 있다.

⑤ 위험의 분담

보험의 정의에서처럼 동일한 위험에 놓여있는 다수의 경제주체가 하나의 공동준비재산을 형성하여 구성원 중에 우연하고도 급격한 사고를 입은 자에게 손해를 보상한다.

(3) 손해보험 특유의 원리(이득금지의 원칙)

① 손해보험은 손해보상보험으로서 보험자는 보험사고로 인하여 피보험자가 입은 실손해액 이상의 손해를 보상하지 않는데, 이는 <u>보험을 통하여 이득을 보아서는 안 된다</u>는 이득금지의 원칙이 지배하기 때문이다. 이 원칙은 보험에 의한 부당이득을 방지하고, 고의적 사고유발이 공서양속에 위배되기 때문에 인정된 것이다.

② 우리 상법은 피보험이익이 존재하고 이득금지의 원칙의 실현으로 초과보험・중복보험을 금지하고 있으며, 대위의 원칙을 인정하고 있다.

02 보험의 기능과 폐해

1 보험의 기능

(1) 사회보장적 기능
보험은 우연한 사고로 인한 경제적 불안을 보험자에게 전가시킴으로써 경제주체의 안정적인 경제생활을 도모한다.

(2) 자본축적의 기능
보험료 징수를 통한 자본의 축적으로 국민경제의 활성화에 이바지한다.

(3) 신용수단의 기능
신용보험, 보증보험, 저당보험 등을 통하여 이루어지는 사회신용수단의 기능을 말한다.

(4) 국제적인 기능
재보험을 통하여 위험을 국내에 한정하지 않고 국제적으로 분산시키는 기능을 한다.

(5) 고용기회증진의 기능
보험업이 활발해지면 인력의 고용효과를 가져와 실업문제 해결에 일익을 담당한다.

(6) 개인의 저축기능
근래에는 생명보험뿐만 아니라 손해보험 분야까지 장기저축성 보험의 출현으로 손해의 전보뿐만 아니라 저축의 기능도 갖는다.

> **보험의 존재 이유**
> 보험의 사회적 기능이 보험의 사회적 비용보다 크기 때문이다.

2 보험의 폐해

(1) 보험범죄

보험계약자 측에서 보험금을 받기 위하여 고의로 보험사고를 유발시킬 수 있다. 즉 생명보험에서 피보험자를 고의로 살인하는 행위나 화재보험에서 보험의 목적을 방화하고 사고발생에 대한 위증, 고지의무위반 등 비도덕적인 행위로 보험금을 사취하려는 행위가 생길 수 있다. 이러한 보험범죄로 인해 사회불만을 가중시키거나 조장할 수 있다.

(2) 역선택(inverse selection)

보험계약 체결시 위험은 보험자가 선택하게 되어 있으나, 보험계약자가 보험자에게 불리한 보험사고의 발생가능성이 높은 위험을 자진하여 선택하여 보험에 가입하는 경우를 말한다. 예를 들어 생명보험에서 건강에 자신이 없거나 치명적인 질병이 있는 자가 적극적으로 보험에 가입하는 경우가 역선택이다. 역선택에 의한 위험이 동일보험단체에 집중하게 되면 대수의 법칙에 의한 수지상등의 원칙이 무너져 보험사업 경영의 기초에 영향을 미치게 되므로 역선택의 방지는 매우 중요하다. 이러한 역선택을 방지하기 위해 법률상 보험계약자, 피보험자에게 고지의무 등을 부여하고 있다.

> **역선택과 레몬시장이론**
>
> 역선택이란 용어는 에컬로프(George A. Akerlof)의 '레몬시장이론(Market for Lemons)'이란 논문에서 처음 사용된 용어이다. 여기서 '레몬'이란 우리나라의 '빛 좋은 개살구'처럼 겉만 멀쩡한 물건을 가리킨다. 레몬시장이론은 정보의 비대칭이 존재하는 시장에서는 도리어 품질 낮은 상품이 선택되는 가격왜곡현상, 즉 역선택이 이루어져 전체 시장 자체가 붕괴될 수 있다는 것이다.

(3) 보험의 목적물에 대한 주의 태만

보험에 의하여 자기재산에 대하여 장래의 경제적 보장을 받게 되면 자기재산의 보호에 소홀하고 방심하여 사고발생을 유발시키거나 주의태만으로 위험을 증가시킬 수 있다.

03 보험계약법의 기초

1 보험법의 개념

(1) 넓은 의미
① 넓은 의미의 보험법은 보험관계 또는 보험제도를 규율하는 법규의 전체를 말하며, 보험공법과 보험사법이 포함된다. 즉, 넓은 뜻으로 보험법을 말할 경우에는 보험에 관한 사법과 공법(보험감독법과 공보험에 관한 법 포함) 전부를 포함한다. 우리나라에는 보험계약법이라는 명칭을 가진 법은 없고, 상법 제4편의 보험에 관한 규정이 보험계약법(형식적 의의의 보험계약법)에 해당된다.
② 보험감독법 또는 보험행정법이란 보험감독관청인 금융위원회와 금융감독원이 영리보험회사를 행정적으로 감독, 통솔하는 관계를 규율하는 법을 의미하는데, 우리나라의 보험업법에는 보험감독과 모집단속에 관한 규정이 포함되어 있다.

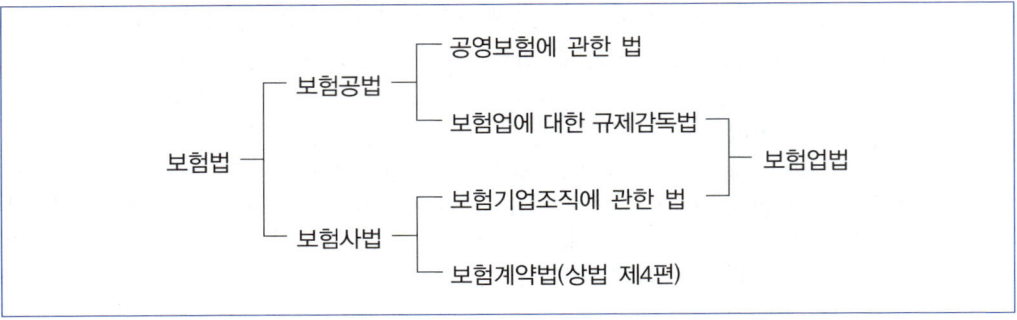

(2) 좁은 의미
좁은 의미의 보험법은 보험사법 중 보험계약법을 말한다. 보험계약법은 보험계약을 규율하는 법, 즉 사영보험에서 보험자와 보험계약자 등 사이에 생기는 법률관계를 규율하는 법이다. 상법 제4편 보험에 관한 규정이 보험계약법의 내용에 해당한다.

2 보험계약법의 특성

(1) 의 의
상법상 보험계약은 영업적 상행위의 일종이나, 보험제도가 동질상의 위험에 놓여 있는 다수의 경제주체가 대수의 법칙에 의한 공동준비재산을 형성하여 우연한 사고에 대비하는 기술적인 제도라는 점에서 일반 상행위와 다른 특이성을 지니고 있다.

(2) 사회성·공공성

현대 사회에 존재하는 다수의 구조적 위험과 그로 인한 대규모 피해 가능성으로 인해 개인이나 기업은 보험제도를 이용하지 않을 수 없으며, 이로 인해 보험은 보험회사의 영리사업임에도 불구하고 고도의 사회성과 공공성을 가지게 된다. 이에 따라 보험업법은 보험가입자를 보호하기 위하여 보험자의 자격을 제한하고, 보험을 이용하는 일반대중의 이익을 보호하기 위하여 보통보험약관에 대하여도 행정적인 감독을 요구하고 있으며, 특약에 의해서도 보험계약자 등의 이익을 침해하지 못하도록 하고 있다(상법 제663조).

(3) 단체성

보험계약은 보험자와 보험계약자 사이에 이루어지는 낙성·불요식의 개인적인 채권계약이며, 다른 보험계약자들간에는 아무런 법적인 관계가 없다. 그러나 보험계약은 동일한 위험에 놓여 있는 다수인으로 구성된 보험단체라는 추상적인 위험단체를 개념적으로 가지게 되고, 구성원 1인에게 보험사고가 발생한 경우 구성원 전체가 그 손해를 전보해 준다는 측면에서 보험계약법은 단체성을 가지게 된다. 보험계약법상의 고지의무제도(상법 제651조), 위험의 변경증가의 통지의무(상법 제652조), 위험유지의무(상법 제653조) 등도 이러한 단체성에 기인한 것이다.

(4) 상대적 강행법규성 [기출 21]

보험계약의 내용은 당사자가 임의로 정할 수 있으나, 일반대중의 이익을 보호하기 위하여 상법은 계약자유의 원칙을 적용하지 않고 보험계약자 등 불이익변경금지의 원칙을 두고 있다. 즉, 당사자간의 특약에 의해서도 보험계약자, 피보험자, 보험수익자 등에게 불이익하게 변경되어서는 안 된다(상법 제663조). 이 원칙으로 인해 상법 보험편은 상대적 강행법규가 되었다. 그러나 이 원칙은 가계보험 전반에 미치지만, 재보험 및 해상보험, 기타 이와 유사한 보험에 대하여는 적용하지 않고 있다(상법 제663조 단서).

> **판례** 대법원 1996.12.20., 선고, 96다23818, 판결
>
> 수산업협동조합중앙회에서 실시하는 어선공제사업은 항해에 수반되는 해상위험으로 인하여 피공제자의 어선에 생긴 손해를 담보하는 것인 점에서 해상보험에 유사한 것이라고 할 수 있으나, 그 어선공제는 수산업협동조합중앙회가 실시하는 비영리 공제사업의 하나로 소형 어선을 소유하며 연안어업 또는 근해어업에 종사하는 다수의 영세어민들을 주된 가입대상자로 하고 있어 공제계약 당사자들의 계약교섭력이 대등한 기업보험적인 성격을 지니고 있다고 보기는 어렵고 오히려 공제가입자들의 경제력이 미약하여 공제계약 체결에 있어서 공제가입자들의 이익보호를 위한 법적 배려가 여전히 요구된다 할 것이므로, 상법 제663조 단서의 입법취지에 비추어 그 어선공제에는 불이익변경금지원칙의 적용을 배제하지 아니함이 상당하다.

(5) 윤리성·선의성

보험제도는 위험단체를 전제로 동질적인 위험에 대비하기 위하여 이용되는 것이고, 보험계약은 바로 이러한 위험을 전제로 이루어지는 사행계약이다. 그러므로 이러한 보험계약이 투기 또는 도박 등의 목적으로 악용될 때에는 도덕적 위험이 생길 수 있다. 따라서 보험계약 당사자에게는 고도의 윤리성과 선의성이 요구된다.

우리 상법은 이러한 도덕적 위험을 막기 위한 규정을 두고 있는데, 보험사고의 객관적·주관적 확정의 효과(상법 제644조), 고지의무제도(상법 제651조), 위험변경증가의 통지의무제도(상법 제652조), 보험사고발생시 보험계약자의 통지의무(상법 제657조), 고의·중과실에 의한 보험사고에 대한 보험자의 면책(상법 제659조 제1항), 사기로 인한 초과·중복보험의 경우 무효(상법 제669조 제4항, 제672조 제3항), 손해방지의무(상법 제680조) 등을 들 수 있다.

(6) 기술성

보험제도는 대수의 법칙을 적용하여 보험사고에 대한 확률을 계산하고, 이를 기초로 해서 수지상등의 원칙을 구현하는 기술적 특성을 가진다. 이러한 보험의 기술적 특성이 보험계약법의 내용으로 나타난 것이 고지의무제도, 위험변경증가에 대한 통지의무, 보험료불가분의 원칙 등이다.

> **보험료불가분의 원칙**
> 보험료불가분의 원칙은 지급보험금과 보험료 총액과의 균형을 위한 것으로서 보험계약의 기술적 성격에서 요구된다. 보험료불가분의 원칙은 보험자가 보험료기간 중의 일부분이라도 위험부담을 한 경우에는 보험료기간의 중도에 보험계약이 해지되거나 실효 등으로 종료한 때에도 보험자는 그 보험료기간에 대응하는 보험료 전액을 취득할 수 있다는 것이다.

> **판례** 대법원 2008.1.31., 선고, 2005다57806, 판결
> 보험료불가분의 원칙이란 위험측정의 단위가 되는 보험료기간 도중에 보험계약의 효력이 소멸하더라도 보험자는 1년이란 보험료기간의 보험료를 전부 취득하는 것을 말한다. 이에 대한 우리 상법의 태도를 볼 때, 보험자가 피보험자 등으로부터 사고발생의 위험이 변경 또는 증가하였다는 통지를 받고 이를 이유로 보험계약을 해지하는 경우, 보험약관에서 미경과기간에 대한 보험료를 반환하도록 정하고 있다면 그 보험약관은 유효하다. 이는 보험기간 중에 보험사고가 발생하여도 보험계약이 종료하지 않고 원래 약정된 보험금액에서 위 보험사고에 관하여 지급한 보험금액을 감액한 잔액을 나머지 보험기간에 대한 보험금액으로 하여 보험계약이 존속하는 경우에도 마찬가지이다.

> **심화TIP** 사익추구성 또는 영리성
> 보험계약법은 사보험에 적용되며, 보험에서 계약자는 자신의 위험을 보험자에게 전가하고 보험자는 그 대가로 보험료를 받아 수지를 맞춘다. 따라서 사보험은 국가의 비용으로 경제적 약자를 대가없이 지원하는 사회보장적 성격을 지니는 보험이 아니다.

3. 보험계약법의 법원과 상법상 지위

(1) 보험계약법의 법원(法源)
보험계약법의 법원에는 문서화된 것과 문서화되지 않은 것이 있다.

① **성문법원**

보험계약법의 법원으로서 가장 중심이 되는 것은 상법 제4편(보험자와 보험계약자 사이의 보험계약관계를 규율하기 위한 계약법 규정)이다. 또한 보험계약법의 법원이 될 수 있는 보험관련 특별법으로는 보험업법, 자동차손해배상보장법, 원자력손해배상법, 무역보험법, 화재로 인한 재해보상과 보험가입에 관한 법률, 우체국예금보험에 관한 법률, 예금자보호법 등이 있고, 사회보험법으로는 산업재해보상보험법, 선원보험법, 국민건강보험법 등이 있다.

> **보험계약법의 법원으로서 보험업법**
> 보험업법은 크게 보험사업의 감독에 관한 사항과 보험계약에 관한 사항으로 구분되는데 보험사업의 감독에 관한 사항은 공법 규정으로서 보험계약법의 법원이라고 할 수 없다. 보험계약법의 법원이 되는 것은 보험계약에 관한 사항으로 보험모집에 관한 규정, 보험회사조직에 관한 규정 등이다.

② **불문법원**

보험에 관한 상관습법이 있으면 이것도 보험계약법의 법원이 될 수 있다. 그런데 상관습법과 사실인 상관습을 구별하는 것이 다수설이며, 판례의 태도이다. 우리나라에서는 보험계약에 관하여 관습법으로 인정된 것이 아직 없다고 해석하고 있다.

> **판례** 관습법과 사실인 관습(대법원 1983.6.14., 선고, 80다3231, 판결)
> 관습법이란 사회의 거듭된 관행으로 생성한 사회생활규범이 사회의 법적 확신과 인식에 의하여 법적 규범으로 승인·강행되기에 이른 것을 말하고, 사실인 관습은 사회의 관행에 의하여 발생한 사회생활규범인 점에서 관습법과 같으나 사회의 법적 확신이나 인식에 의하여 법적 규범으로서 승인된 정도에 이르지 않은 것을 말하는 바, 관습법은 바로 법원으로서 법령과 같은 효력을 갖는 관습으로서 법령에 저촉되지 않는 한 법칙으로서의 효력이 있는 것이며, 이에 반하여 사실인 관습은 법령으로서의 효력이 없는 단순한 관행으로서 법률행위의 당사자의 의사를 보충함에 그치는 것이다.

(2) 보험계약법의 상법상 지위

① **형식적 지위**

상법상 보험을 영업으로 하는 것은 기본적 상행위의 일종이며, 보험계약법은 형식적으로 상법의 일부로서 상행위법에 속한다.

② **실질적 지위** 기출 22

보험계약은 대중의 이해와 밀접한 관계를 가지며, 사회성·공공성, 단체성과 같은 특수한 성격 때문에 특별한 지위를 차지하여 상법상 독립한 제4편에 규정되어 있고 상호보험, 공제, 기타 이에 준하는 계약에도 준용하고 있다(상법 제664조).

CHAPTER 01 기출유형문제

01 우리 상법상 보험편의 입법취지와 거리가 먼 것은?

① 보험회사에 대한 제재강화
② 보험의 윤리성·선의성 강조
③ 보험거래 현실에 부적합한 규정정비
④ 보험산업의 대중화에 부응한 보험가입자의 보호

> **해설**
> **상법상 보험편의 입법취지**
> - 보험의 건전성 확보
> - 선량한 보험계약자 보호
> - 보험의 윤리성·선의성 강조
> - 보험의 사회성·공공성
> - 보험산업의 성장 및 변화된 현실 반영

02 보험에 관한 설명으로 옳지 않은 것은?

① 원보험의 성질이 무엇이든 재보험은 책임보험의 성격을 가지는 손해보험으로서 기업보험에 속한다.
② 영리보험은 보험가입자들이 직접적으로 위험단체를 구성한다.
③ 여러 개의 물건이나 사람을 집단으로 하여 1개의 보험계약을 체결하는 것을 집단보험이라 한다.
④ 집합된 보험의 목적이 보험기간 중 수시로 교체되는 것을 예상하고 체결하는 것을 총괄보험이라 한다.

> **해설**
> 영리보험의 경우 다수 보험가입자간의 실질적인 단체관계는 동일한 보험자를 중개로 하여 간접적으로 형성되고, 보험가입자 상호간에는 법적으로 아무런 관계가 없다.

03 다음 중 상법 제4편(보험)의 규정이 적용되거나 준용되는 경우가 아닌 것은? 기출 22

① 상호보험
② 무역보험
③ 자가보험
④ 공제

> **해설**
> 자가보험은 손실전보의 책임을 제3자에게 전가하지 않고 스스로 보유하는 제도로, 그 운용에 있어서 보험제도의 방식을 따르지만 보험계약이 아니기 때문에 상법 제4편(보험)의 규정을 적용하지 않는다.
> 상법 제4편(보험)의 규정은 그 성질에 반하지 아니하는 범위에서 상호보험, 공제, 그 밖에 이에 준하는 계약에 준용한다(상법 제664조).

04 상법 제4편의 적용에 대한 설명으로 옳지 않은 것은? 기출 16

① 상법 제4편의 규정은 영리보험 일반은 물론 그 성질에 반하지 아니하는 범위에서 상호보험과 공제에도 준용된다.
② 판례에 따르면 해상적하보험약관에 영국법 준거조항이 있는 경우에도 이것이 보험계약의 보험목적물 등 성립 여부에 관한 사항에까지 적용하기로 한 것으로는 볼 수 없다.
③ 2014년 개정된 상법 제4편의 규정은 법률불소급의 원칙에 따라 법 개정 전에 체결된 보험계약에는 전혀 그 적용이 없다.
④ 가계보험과 기업보험의 구분은 상법 제663조(불이익변경금지의 원칙)의 적용 여부와 관련하여 실익이 있다.

> **해설**
> 상법의 경우 개정된 신법의 소급효를 인정하는 경우가 많다. 즉 상법에서는 일반원칙에 대한 예외로서 특별한 규정이 없으면 상법 개정 전에 체결된 보험계약이라도 개정된 상법이 적용된다.
> ① 상법 제4편의 규정은 그 성질이 상반되지 아니하는 한도에서 상호보험에 준용한다(상법 제664조).
> ② 해상적하보험증권상 영국법 준거약관은 보험계약의 보험목적물이 무엇인지 여부에 관한 사항, 즉 보험계약의 성립 여부에 관한 사항에까지 영국의 법률과 실무에 따르기로 한 것으로는 볼 수 없으므로, 이와 같은 사항에는 우리나라의 법률이 적용되어야 한다(대법원 1998.7.14., 선고, 96다39707, 판결).
> ④ 상법 제663조 소정의 보험계약자 등의 불이익변경금지 원칙은 보험계약자와 보험자가 서로 대등한 경제적 지위에서 계약조건을 정하는 이른바 기업보험에 있어서의 보험계약의 체결에 있어서는 그 적용이 배제된다(대법원 2000.11.14., 선고, 99다52336, 판결).

정답 01 ① 02 ② 03 ③ 04 ③

05 자가보험에 관한 설명으로 옳지 않은 것은?

① 자가보험이란 공장 또는 건축물, 다수의 선박이나 자동차를 소유하는 회사나 개인이 자기가 가지고 있는 위험을 보험회사에 전가하지 아니하고 자기가 보유하는 형태이다.
② 자가보험은 위험의 자기보유의 한 유형이지만 보유방법에 있어서 위험을 다수 결합하여 통계적 확률에 의하여 산출된 기금을 적립하여 위험에 대비한다는 점에서 이러한 통계적 확률을 사용하지 않는 일반적 자기보유와는 구별된다.
③ 보험제도가 다수인 집단을 통한 위험의 전가 및 위험의 분산이라면 자가보험은 자기가 위험을 보유하면서 자기가 보유한 다수동질위험에 위험을 분산한다는 점에서 다르다.
④ 자가보험은 보험자와 보험계약자간의 계약관계이므로 상법 보험편의 규정이 적용된다.

| 해설 |
자가보험은 보험자와 보험계약자간의 계약관계가 아니기 때문에 상법 보험편의 규정이 적용되지 않는다.

06 다음 설명 중 옳지 않은 것은?

① 보험사법은 보험계약에 관한 내용으로만 구성되어 있다.
② 보험법은 보험공법과 보험사법을 포함한 것이다.
③ 보험사법은 넓은 의미에서 상법상의 상행위에 속한다.
④ 보험공법은 공보험에 관한 법규와 보험업의 규제·감독에 관한 법규이다.

| 해설 |
보험사법은 경영주체 조직에 관한 법(보험업법), 보험계약에 관한 법(상법 제4편 보험계약법)을 의미한다.

07 기업보험과 가계보험에 관한 설명으로 옳지 않은 것은?

① 기업보험에 대해서는 상법의 규정이 적용되지 않는다.
② 가계보험에 대해서는 국가의 후견적 역할이 필요하다.
③ 가계보험은 가계경제의 불안에 대비하여 이용하는 보험이다.
④ 기업보험은 기업자가 기업경영생활의 불안정에 대비하여 이용하는 보험이다.

| 해설 |
해상보험, 항공보험, 재보험 등의 기업보험은 상법 제4편 보험편에 적용된다. 그러나 제663조 보험계약자 등의 불이익변경금지 원칙은 보험계약자와 보험자가 서로 대등한 경제적 지위에서 계약조건을 정하는 이른바 기업보험에 있어서의 보험계약의 체결에 있어서는 그 적용이 배제된다(대법원 2000.11.14., 선고, 99다52336, 판결).

08 보험과 공제에 대한 다음 설명 중 옳은 것은?

① 보험과 공제는 명칭만 다를 뿐 기능면에서는 같다.
② 보험과 공제는 법률적 근거가 같다.
③ 보험과 공제는 가입대상자가 한정되어 있지 않다는 점에서 본질적인 차이가 없다.
④ 농업협동조합 등에서 실시하는 공제는 실제 목적에서 보험업과 다르다.

| 해설 |
보험과 공제는 우연한 사고에 대해 경제적 수요를 충족시켜준다는 점과 단체를 구성한다는 점에서 유사하며, 판례도 공제제도가 실제 보험사업과 동일한 기능을 하고 있고, 특별한 사정이 없는 한 상법 보험편이 준용될 수 있다고 해석한다.
② 공제사업에 대해서는 보험업법의 적용을 받지 않으므로 보험과 공제는 법률적 근거가 다르다.
③ 공제는 가입대상자가 일정 직장 또는 직업 등에 의해 한정되어 있다는 점에서 보험과 본질적인 차이가 있다.
④ 농업협동조합 등에서 실시하는 공제는 실제 목적에서 보험업과 거의 동일하게 운영되고 있어 이를 '유사보험' 또는 '공제보험'이라고 한다.

09 다음은 손해보험과 정액보험의 차이에 관한 설명이다. 옳지 않은 것은?

① 상해보험은 정액보험에 해당한다.
② 손해보험은 피보험이익을 필요로 한다.
③ 양자는 지급보험금의 차이에 따른 구분이다.
④ 손해보험은 보험사고의 발생에 의하여 생긴 실제의 손해액에 따라 보험금이 결정되는 보험이다.

| 해설 |
상해보험은 상법상 인보험에 속하지만 보험사고가 발생하여 입원비와 치료비를 지불하는 경우에 재산상의 손해전보가 이루어지는 것이기 때문에 손해보험과 인보험의 이중적 성질을 가진다고 할 수 있다.

10 다음 설명 중 옳은 것은?

① 형식적 의의의 보험법은 상법 제4편의 규정 및 보험업법을 가리킨다.
② 이론적으로 파악하는 넓은 의미의 보험법은 보험계약법만 가리킨다.
③ 상법 제4편의 규정은 영리보험의 경우에만 적용된다.
④ 보험관계법은 사보험법과 공보험법으로 구분된다.

정답 05 ④ 06 ① 07 ① 08 ① 09 ① 10 ④

> **해설**
> ① 형식적 의의의 보험법은 상법 제4편의 규정을 가리킨다.
> ② 보험계약법은 좁은 의미의 보험법이라고도 하고, 실정보험법으로서 상법의 대상이 된다.
> ③ 상법이 규정하는 보험계약법은 영리보험에 관한 것이나, 그 사회성·공공성, 단체성의 특성을 가진다는 점에서 상호보험, 공제 등에도 준용하고 있다.

11 다음 설명으로 옳지 않은 것은? 기출 21

① 재보험계약은 손해보험계약이지만, 그 재보험계약의 원보험계약은 생명보험계약일 수 있다.
② 자동차 운행에 따르는 위험을 담보하는 보험은 기업보험일수도 있고, 가계보험일 수도 있다.
③ 강제보험은 사업자의 배상자력을 확보하기 위한 것으로 모두 책임보험이며, 기업보험이다.
④ 사망보험은 정액보험이며, 변액보험도 자산운용성과에 따라 지급보험금이 달라질 뿐이므로 비정액보험은 아니다.

> **해설**
> 강제보험은 보험가입이 법률에 의해 강제되는 것으로서 책임보험이며, 대부분의 공보험이 여기에 속한다.
> **TIP** 배상자력(financial responsibility)
> • 타인에 대하여 손해를 끼칠 위험이 수반되는 행위를 수행하려는 자는 충분한 손해배상능력이 있음을 증명할 의무가 있다.
> • 손해배상능력을 증명하기 위해 반드시 보험을 가입할 필요는 없으나, 거래비용의 감소를 통해 사회의 효율성을 증진시킨다는 측면에서 의무보험의 논거로 사용될 수 있다.

12 보험계약법의 단체성과 가장 관련이 없는 것은?

① 고지의무
② 상대적 강행법규성
③ 위험의 변경·증가의 통지의무
④ 보험계약자 평등대우의 원칙

> **해설**
> 보험계약법의 단체성은 고지의무제도, 위험의 변경·증가의 통지의무, 신의성실의 원칙, 보험계약자 평등대우의 원칙 등과 관련이 있다. 보험계약법의 상대적 강행법규성은 일반대중의 이익을 보호하기 위하여 계약자유의 원칙을 적용하지 않고 보험계약자 등 불이익변경금지의 원칙을 두고 있다는 의미이다.

13 보험제도의 기술성에 기인한 보험계약법의 특성과 관련이 없는 것은?

① 보험가입자의 고지의무
② 보험계약자 등 불이익변경금지의 원칙
③ 위험의 변경·증가에 대한 통지의무
④ 보험료불가분의 원칙

| 해설 |
보험의 기술적 특성에 기인한 보험계약법의 내용은 고지의무제도, 위험의 변경·증가에 대한 통지의무, 보험료불가분의 원칙 등이다.

14 다음 중 보험료불가분의 원칙과 가장 관련이 없는 것은?

① 보험료기간 중의 위험불가분성
② 보험관계의 사회성·공공성
③ 보험사고발생 전의 보험계약해지와 미경과보험료의 반환
④ 특별위험의 소멸로 인한 보험계약자의 보험료 감액청구권

| 해설 |
보험료불가분의 원칙은 보험계약의 기술적 특성과 관련이 있다.

15 보험계약에 대한 설명으로 옳지 않은 것은?

① 상해보험에는 생명보험의 규정이 준용된다.
② 상호보험에는 상법의 규정이 준용되지 않는다.
③ 보험계약은 청약에 대해 승낙하여야 성립한다.
④ 손해보험계약관계자에는 보험자·보험계약자·피보험자가 있다.

| 해설 |
상법 제664조에서 보험편의 규정은 그 성질이 상반되지 아니하는 한도에서 상호보험, 공제, 그 밖에 이에 준하는 계약에 준용한다.

정답 11 ③ 12 ② 13 ② 14 ② 15 ②

16 다음의 보험계약의 요소 중 그 성질상 계약기간 중 변경이 인정되지 않는 것은?

① 보험료
② 보험금액
③ 손해보험의 피보험자
④ 인보험의 피보험자

> **해설**
> 인보험에서 피보험자란 생명이나 신체에 관하여 보험에 붙여진 자를 말한다. 즉, '보험의 목적'이므로 그 성질상 보험기간 중 그 변경이 인정되지 않는다.

17 보험계약자 등의 불이익변경금지의 원칙에 대한 설명으로 옳은 것은?

① 해상보험에도 적용된다.
② 보험계약자 등의 불이익변경금지를 위반한 약관은 효력이 없다.
③ 보험계약자 등의 불이익변경금지를 당사자의 합의로 배제할 수 있다.
④ 상법에서 보험계약자 등의 불이익변경금지의 원칙은 상법 전편에 적용된다.

> **해설**
> ① 기업보험(해상·항공·재보험)은 상법 제663조의 보험계약자 등의 불이익변경금지의 원칙이 적용되지 않는다.
> ③ 당사자간의 합의로 보험계약자 등의 불이익변경금지를 배제할 수 없다.
> ④ 상법 제663조의 단서조항에 의해 재보험 및 해상보험 기타 이와 유사한 보험의 경우에는 '불이익변경금지의 원칙'이 적용되지 않는다. 상법 제663조의 '불이익변경금지의 원칙'은 상법 제4편(보험편)을 상대적 강행규정으로 정하고 있다.

18 보험계약자 등의 불이익변경금지에 대한 설명으로 옳은 것은? 기출 19

① 보험계약자, 피보험자 및 보험수익자를 불이익하게 변경하는 것을 금지하고자 하는 목적이 있다.
② 상법은 이를 명시적으로 규정하고 있지 않지만, 이를 해석론을 통하여 도출하고 있다.
③ 개인보험에서 인정되는 것과 마찬가지로 해상보험의 경우에도 상대적 강행규정은 인정된다.
④ 보험계약자가 개인이 아닌 기업인 재보험의 경우에 상대적 강행규정은 적용된다.

> |해설|
> ①·② 상법 제663조 본문에서는 "당사자간의 특약으로 보험계약자 또는 피보험자나 보험수익자의 불이익으로 변경하지 못한다"고 하여 불이익변경금지의 규정을 두고 있다.
> ③·④ 상법 제663조의 '불이익변경금지의 원칙'은 상대적 강행규정으로 가계보험 전반에 미치지만, 재보험 및 해상보험, 기타 이와 유사한 보험에 대하여는 적용하지 않고 있다(상법 제663조 단서).

19 불이익변경금지조항에 관한 설명으로 옳지 않은 것은? (다툼이 있는 경우 판례에 의함)

기출 16

① 보험계약 당사자의 지위의 불균형이 존재하는 경우 가계보험계약자를 보호하기 위하여 인정되는 것으로 보험자에게 불이익하게 변경된 약관조항은 유효하다.
② 해상위험을 담보한 어선공제약관에 대하여는 계약 당사자가 대등한 경제적 지위에 있다고 볼 수 없어 상법 제663조의 불이익변경금지의 원칙을 적용한다.
③ 재보험 및 해상보험 기타 이와 유사한 이른바 기업보험의 경우에는 보험계약자의 이익보호를 위한 법의 후견적 보호보다는 사적 자치에 따른 이익조정이 가능하도록 상법 제663조의 적용을 배제한다.
④ 고지의무위반이 있는 때에는 보험자가 보험계약의 해지권을 행사할 수 있는 기간을 계약 체결일로부터 5년으로 한다는 약정은 유효하다.

> |해설|
> 고지의무위반으로 보험자가 보험계약의 해지권을 행사할 수 있는 기간은 계약을 체결한 날로부터 3년 이내(상법 제651조)이어야 하는데 5년으로 한다는 약정은 "보험계약자 또는 피보험자나 보험수익자의 불이익으로 변경하지 못한다"는 불이익변경금지 규정(상법 제663조)을 위반하게 되어 무효이다.
> ① 불이익변경금지원칙은 상대적으로 보험지식이 희박하고 보험에 대해 잘 알지 못하는 가계보험의 보험계약자에게만 적용되므로 보험계약자에게 불이익하게 변경된 약관조항은 무효이고, 보험자에게 불이익하게 변경된 약관조항은 유효하다.
> ② 어선공제는 수산업협동조합중앙회가 실시하는 비영리 공제사업의 하나로 소형 어선을 소유하며 연안어업 또는 근해어업에 종사하는 다수의 영세어민들을 주된 가입대상자로 하고 있어 공제계약 당사자들의 계약교섭력이 대등한 기업보험적인 성격을 지니고 있다고 보기는 어렵고 오히려 공제가입자들의 경제력이 미약하여 공제계약 체결에 있어서 공제가입자들의 이익보호를 위한 법적 배려가 여전히 요구된다 할 것이므로, 상법 제663조 단서의 입법취지에 비추어 그 어선공제에는 불이익변경금지원칙의 적용을 배제하지 아니한다(대법원 1996.12.20., 선고, 96다23818, 판결).
> ③ 해상보험, 재보험 이와 유사한 보험에서는 보험계약자와 보험자가 경제적, 교섭력에서 대등한 지위를 가지고 계약조건을 정하는 이른바 기업보험의 일종으로 보험계약의 체결에 있어서 보험계약자의 이익보호를 위한 법의 후견적 배려는 필요하지 않고 오히려 어느 정도 당사자 사이의 사적 자치에 맡겨 특약에 의하여 개별적인 이익조정을 꾀할 수 있도록 할 필요가 있기 때문에 상법 제663조의 불이익변경금지 적용을 배제한다(대법원 1996.12.20., 선고, 96다23818, 판결).

20 '보험계약자 등의 불이익변경금지의 원칙'에 관한 설명 중 틀린 것은? 기출 14

① 대법원 판례에 따르면, 수산업협동조합 중앙회에서 실시하는 어선공제사업은 피공제자의 어선에 생긴 손해를 담보하는 점에서 해상보험과 유사하여 이 원칙이 적용되지 아니한다.
② 건설회사와 보증보험회사가 체결하는 이행보증보험계약은 기업보험계약으로서 이 원칙이 적용되지 아니한다.
③ 보험계약에 관한 사항이기는 하지만 상법 제4편에 규정되어 있지 않고, 또한 상법 제4편의 규정을 유추적용도 할 수 없는 사항에 대해서는 이 원칙을 적용할 수 없다.
④ 이 원칙은 계약 당사자의 사적 자치를 제한하는 법적 수단에 해당한다.

| 해설 |
> 수산업협동조합중앙회에서 실시하는 어선공제사업은 항해에 수반되는 해상위험으로 인하여 피공제자의 어선에 생긴 손해를 담보하는 것인 점에서 해상보험에 유사한 것이라고 할 수 있으나, 그 어선공제는 수산업협동조합중앙회가 실시하는 비영리 공제사업의 하나로 소형 어선을 소유하며 연안어업 또는 근해어업에 종사하는 다수의 영세어민들을 주된 가입대상자로 하고 있어 공제계약 당사자들의 계약교섭력이 대등한 기업보험적인 성격을 지니고 있다고 보기는 어렵고 오히려 공제가입자들의 경제력이 미약하여 공제계약 체결에 있어서 공제가입자들의 이익보호를 위한 법적 배려가 여전히 요구된다 할 것이므로, 상법 제663조 단서의 입법취지에 비추어 그 어선공제에는 불이익변경금지원칙의 적용을 배제하지 아니함이 상당하다(대법원 1996.12.20., 선고, 96다23818, 판결).

21 상법상 보험계약자 등의 불이익변경금지의 원칙에 대한 설명으로 옳지 않은 것은? (다툼이 있는 경우 판례에 의함) 기출 21

① 이 원칙은 사적자치의 원칙에 대한 예외 규정으로 보아야 한다.
② 보험계약자 등의 불이익변경금지의 원칙에 위반하여 체결된 보험계약은 불이익하게 변경된 약관조항에 한하여 무효가 된다.
③ 수협중앙회가 실시하는 비영리 공제사업의 하나인 어선공제사업은 소형 어선을 소유하며 연안어업 또는 근해어업을 종사하는 다수의 영세어민을 주된 가입 대상으로 하고 있다면 불이익변경금지의 원칙의 적용 대상이 될 수 있다.
④ 불이익변경금지 원칙은 재보험에도 적용된다.

| 해설 |

보험계약자 등의 불이익변경금지 원칙은 재보험 및 해상보험 기타 이와 유사한 보험의 경우에는 적용하지 않는다(상법 제663조 단서).
① 보험계약법을 강행규정화 하는 것은 사적자치의 원칙에 제한을 둠으로써 보험에 대해서 잘 알지 못하는 보험가입자의 이익을 보호하기 위한 것이다.
② 상법 제663조는 보험계약자 등 불이익변경금지의 원칙이라는 상대적 강행법규성을 인정하여 약관의 내용이 상법의 규정보다 보험계약자 등에게 불이익한 조항을 두게 되면 그 한도 안에서 약관의 규정은 무효가 된다.
③ 수산업협동조합중앙회에서 실시하는 어선공제사업은 항해에 수반되는 해상위험으로 인하여 피공제자의 어선에 생긴 손해를 담보하는 것인 점에서 해상보험에 유사한 것이라고 할 수 있으나, 그 어선공제는 수산업협동조합중앙회가 실시하는 비영리 공제사업의 하나로 소형 어선을 소유하며 연안어업 또는 근해어업에 종사하는 다수의 영세어민들을 주된 가입대상자로 하고 있어 공제계약 당사자들의 계약교섭력이 대등한 기업보험적인 성격을 지니고 있다고 보기는 어렵고 오히려 공제가입자들의 경제력이 미약하여 공제계약 체결에 있어서 공제가입자들의 이익보호를 위한 법적 배려가 여전히 요구된다 할 것이므로, 상법 제663조 단서의 입법취지에 비추어 그 어선공제에는 불이익변경금지원칙의 적용을 배제하지 아니함이 상당하다(대법원 1996.12.20., 선고, 96다23818, 판결).

22 상법 제663조의 보험계약자 등의 불이익변경금지에 관한 설명으로 옳지 않은 것은? (다툼이 있는 경우 판례에 의함) 기출 18

① 상법 제663조는 상법 제정시부터 존재하는 규정이고, 1991년 상법 개정시에 재보험 및 해상보험 기타 이와 유사한 보험의 경우에 동 조항이 적용되지 않는다고 개정하였다.
② 불이익하게 변경된 약관인지 여부는 당해 특약의 내용으로만 판단할 것이 아니라 당해 특약을 포함하여 계약내용의 전체를 참작하여 상법의 규정과 비교 형량하여 종합적으로 판단한다.
③ 수출보험, 금융기관종합보험 등은 상법 제663조의 적용대상이라고 보지 않는다.
④ 상법 제663조에 의하면 상법 보험편의 규정은 당사자간의 특약으로 보험계약자나 피보험자에게 불이익한 것으로 변경하지 못하지만 보험수익자에게 불이익한 것으로 변경하는 것은 가능하다.

| 해설 |

상법 제663조에 의하면, 당사자간의 특약으로도 보험계약자나 피보험자 또는 보험수익자에게 불이익하게 이를 변경하지 못한다(대법원 1991.2.26., 선고, 90다카26270, 판결).
①·③ 상법 제663조의 보험계약자 등의 불이익변경금지원칙은 상대적 강행법규로 보험에 관한 지식이 부족한 보험계약자를 보호하는데 입법취지가 있으므로 가계보험 전반에 적용되지만 재보험 및 해상보험, 기타 이와 유사한 보험에 대하여는 적용하지 않는다(상법 제663조 단서).
② 고객에 대하여 부당하게 불리한 조항으로서 '신의성실의 원칙에 반하여 공정을 잃은 약관조항'이라는 이유로 무효라고 보기 위해서는, 약관조항이 고객에게 다소 불이익하다는 점만으로는 부족하고, 약관 작성자가 거래상의 지위를 남용하여 계약 상대방의 정당한 이익과 합리적인 기대에 반하여 형평에 어긋나는 약관조항을 작성·사용함으로써 건전한 거래질서를 훼손하는 등 고객에게 부당하게 불이익을 주었다는 점이 인정되어야 한다. 그리고 이와 같이 약관조항의 무효사유에 해당하는 '고객에게 부당하게 불리한 조항'인지는 약관조항에 의하여 고객에게 생길 수 있는 불이익의 내용과 불이익 발생의 개연성, 당사자들 사이의 거래과정에 미치는 영향, 관계 법령의 규정 등 모든 사정을 종합하여 판단하여야 한다(대법원 2017.4.13., 선고, 2016다274904, 판결).

23 다음 설명 중 옳은 것은? (다툼이 있는 경우 판례에 의함) 기출 20

① 보험계약은 청약과 승낙의 의사표시의 합치로 성립하며, 그 때부터 계약의 효력이 발생하고 다른 약정이 없다면 보험자의 보상책임이 개시된다.
② 상법에 따르면 보험계약자는 연체보험료에 약정이자를 붙여 지급하고, 그 계약의 부활을 청구할 수 있으므로 부활계약은 요물계약이다.
③ 계속적 보험거래관계에 있어서 약관이 보험계약자에게 불리하게 변경된 사실을 고지하지 않은 채 새로운 계약이 체결된 경우의 계약은 종전 약관에 따라 체결된 것으로 본다.
④ 상법에 "당사자간에 다른 약정이 없으면"이라는 표현이 있는 경우에 한하여 구체적인 당사자 간에 개별약정이 가능하다.

해설

동일한 보험계약 당사자가 일정한 기간마다 주기적으로 동종 계약을 반복 체결하는 계속적 거래관계에 있어서 종전 계약의 내용이 된 보험약관을 도중에 가입자에게 불리하게 변경하였다면 보험자로서는 새로운 보험계약 체결시 그와 같은 약관변경사실 및 내용을 가입자인 상대방에게 고지하여야 할 신의칙상의 의무가 있다고 봄이 상당하고, 이러한 고지 없이 체결된 보험계약은 과거와 마찬가지로 종전 약관에 따라 체결된 것으로 봄이 타당하다(대법원 1986.10.14., 선고, 84다카122, 판결).
① 보험계약은 청약과 승낙이라는 당사자 쌍방의 의사표시의 합치만으로 성립하고, 보험자의 책임은 당사자간에 다른 약정이 없으면 최초의 보험료를 지급받은 때부터 개시한다(상법 제656조).
② 상법 제650조의2에 의하면 "계속보험료 불지급으로 보험계약이 해지되고 해지환급금이 지급되지 아니한 경우에 보험계약자는 일정한 기간 내에 연체보험료에 약정이자를 붙여 보험자에게 지급하고, 그 계약의 부활을 청구할 수 있다"고 하여 보험계약의 부활을 규정하고 있다. 이 경우 상법 제638조의2(보험계약의 성립)의 규정을 준용한다.
보험계약자는 일정한 기간 내에 연체보험료에 약정이자를 붙여 보험자에게 지급하고, 그 계약의 부활을 청구할 수 있기 때문에 보험계약의 부활이 요물계약처럼 보이나, 보험계약의 부활도 계약이므로 본질적으로 보험계약자의 청약과 보험회사의 승낙에 의하여 성립하는 불요식 낙성계약이다.
④ 상법에 "당사자간에 다른 약정이 없으면"이라는 표현 외에도 보험사업자와 보험계약자가 약관에서 정하고 있는 사항에 관하여 약관의 내용과 다르게 합의한 때에는 개별 약정으로 정한 사항이 약관보다 우선해서 계약의 내용이 된다(약관법 제4조).

24 공인중개사협회는 중개업자의 거래당사자에 대한 손해배상책임을 보장하기 위한 공제사업을 하고 있다. 이 공제에 관한 설명 중 옳은 것은? (최근의 대법원 판례에 의함) 기출 14

① 이 공제는 보험업법에 의한 보험사업이 아니므로 보험업법상의 상호회사가 경영하는 상호보험과 유사한 성질을 갖고 있는 것으로 볼 수 없다.
② "공인중개사협회가 보상하는 금액은 공제가입금액을 한도로 한다"라는 공제약관상의 규정은 작성자불이익의 원칙에 의할 때 '공제기간 내에 발생한 공제사고 1건당의 보상한도를 공제가입금액으로 한다'는 뜻으로 풀이할 수 없고, '공제기간 내에 발생한 모든 공제사고에 대한 총 보상한도를 공제가입금액으로 한다'는 뜻으로 풀이해야 한다.
③ 중개업자가 공제계약을 갱신할 당시 장래 공제사고를 일으킬 의도를 가지고 있었다고 하더라도 그 당시에 공제사고의 발생 여부가 객관적으로 확정되었음을 이유로 갱신된 공제계약이 무효가 된다고 볼 수 없다.
④ 공인중개사협회가 공제약관에 따라 중개업자의 사기를 이유로 공제계약의 무효를 주장하는 경우에는 공제계약의 취소를 주장하는 경우와는 달리 그 무효로써 선의·무과실의 거래당사자에게 대항할 수 있다.

| 해설 |

① · ③ 공인중개사의 업무 및 부동산 거래신고에 관한 법률 제42조에 의하여 한국공인중개사협회(이하 '협회'라고 한다)가 운영하는 공제사업은 비록 보험업법에 의한 보험사업은 아닐지라도 성질에 있어서 상호보험과 유사하고 중개업자가 그의 불법행위 또는 채무불이행으로 거래당사자에게 부담하게 되는 손해배상책임을 보증하는 보증보험적 성격을 가진 제도로서 협회가 중개업자와 체결하는 공제계약은 기본적으로 보험계약의 본질을 갖고 있으므로, 적어도 공제계약이 유효하게 성립하기 위해서는 공제계약 당시에 공제사고의 발생 여부가 확정되어 있지 않아야 한다는 '우연성'과 '선의성'의 요건을 갖추어야 한다. 여기서 '우연성'이란 특정인의 의사와 관계없는 사고라는 의미의 우연성을 뜻하는 것이 아닐 뿐만 아니라, 특정인의 어느 시점에서의 의도와 장래의 실현 사이에 필연적·기계적인 인과관계가 인정되는 것도 아니므로, 중개업자가 장래 공제사고를 일으킬 의도를 가지고 공제계약을 체결하고 나아가 실제로 고의로 공제사고를 일으켰다고 하더라도, 그러한 사정만으로는 공제계약 당시 공제사고의 발생 여부가 객관적으로 확정되어 있다고 단정하여 우연성이 결여되었다고 보거나 공제계약을 무효라고 볼 수 없다(대법원 2012.8.17., 선고, 2010다93035, 판결).
② '협회가 보상하는 금액은 공제가입금액을 한도로 한다'라고 규정한 사안에서, 위 약관 규정을 '협회가 공제기간 동안 발생한 모든 공제사고에 대하여 보상하는 총 금액은 공제가입금액을 한도로 한다'라는 의미로 해석할 여지가 아주 없는 것은 아니지만, 약관 제2조 제1항의 규정을 '공제사고 1건당 보상한도'로 보는 해석에 객관성과 합리성도 인정되므로, <u>당해 약관의 뜻이 명백하지 아니한 경우 고객에게 유리하게 해석하여야 한다는 약관해석의 원칙에 따라 위 약관 규정은 '공제사고 1건당 보상한도'를 정한 것으로 해석함이 타당하다</u>(대법원 2012.8.17., 선고, 2010다93035, 판결).
④ 주채무자에 해당하는 중개업자가 공제계약을 체결하면서 협회를 기망하였다는 이유로 협회가 공제계약 체결의 의사표시를 취소하였다 하더라도, 거래당사자가 그와 같은 기망행위가 있었음을 알았거나 알 수 있었다는 등 특별한 사정이 있는 경우가 아니면 그 취소를 가지고 거래당사자에게 대항할 수 없다. 그리고 이러한 법리는 '공제계약에 관하여 공제가입자 또는 그 대리인의 사기가 있었을 때에는 무효로 한다'는 공제약관에 의하여 협회가 공제계약의 무효를 주장하는 경우에도 마찬가지로 적용된다(대법원 2012.8.17., 선고, 2010다93035, 판결).

CHAPTER 02 보험계약

🔍 **학습목표**
❶ 보험계약의 특성, 보험계약의 요소와 성립관계를 학습한다.
❷ 보통보험약관, 보험계약의 효과, 상법상 고지의무, 통지의무 등을 이해한다.
❸ 보험계약의 무효·해지·소멸사유, 보험자의 면책사유 등을 이해한다.

01 보험계약의 개념

1 보험계약의 의의

(1) 보험계약에 관한 학설

보험계약의 개념설정이 어렵기 때문에 다양한 학설이 대립되어 왔다. 모든 보험에 공통된 정의를 내린다는 것은 무의미하다는 개념정립 무용론도 있으나, 보험계약의 본질을 명확히 하는 것은 보험에 관계있는 규정의 적용 내지 유추적용의 범위를 결정하는데 필요하므로 이에 대한 학설을 살펴본다.

① 일원론

㉠ 손해보상계약설 : 보험계약을 "보험자가 보험계약자로부터 대가를 징수 받고 보험사고에 의하여 보험계약자 또는 피보험자에게 생기는 손해를 보상할 것을 약속하는 계약"이라고 한다. 이 설은 초기 손해보험만 있었던 때의 지배적인 견해로 생명보험의 등장에 따라 손해보상의 개념만으로 보험계약을 설명하기 어렵다. 그러므로 무리한 의제거나 지나치게 기교적이라는 비난이 있다.

㉡ 경제수요충족설 : 보험계약을 "보험자가 보험계약자로부터 보험료를 징수하고 우연한 사고로 상대방 또는 제3자에게 생긴 경제수요를 충족시킬 것을 인수하는 계약"이라고 한다. 그러나 이 설은 생명보험계약에서 경제수요가 없을 경우에도 보험금이 지급되는 것을 설명할 수 없다.

㉢ 금액급여설 : "보험계약은 보험자가 대가를 받고 계약에 정한 사고발생을 조건으로 일정한 금액을 지급할 것을 약정한 계약"이라는 설이다. 그러나 이 학설도 법률적인 효과만을 반영한 것이며, 추상적이고 도박과 같은 유사 개념과 구별이 어렵다.

㉣ 기술설 : "보험계약은 보험자가 우연한 사고발생의 개연율에 따라 산출된 보험료에 대하여 그 사고발생시 일정한 금액을 상대방에게 지급할 것을 약정하는 계약"이라는 설이다. 그러나 이 설은 보험계약의 내용을 무시한 형식적 정의이며, 법률상 정의로는 불충분하다는 비판을 받고 있다.

㉤ 재산급여설 : "보험계약은 특정한 우발적 사고가 발생한 경우에 약정한 취지에 따라 재산적 급여를 하기로 약정하는 계약"이라는 설로 금액급여설에서 현물보상을 설명하기 위한 설이다.

② 이원론

손해보험과 생명보험에 통일적 정의를 내리는 것이 어렵다는 데서 양자를 따로 이원적인 정의를 내리고자 하는 이론이다. 즉, 보험계약이란 "당사자의 일방(보험자)이 약정한 불확정한 사고가 생길 경우에 그 사고로 인하여 생긴 손해를 보상(손해보험계약)하거나 약정한 금액을 지급할 것(생명보험계약)을 약정하는 유상의 독립계약"이라는 설(선택설)이다. 그러나 이 설도 선택적인 정의로는 미흡한 측면이 있다.

(2) 상법의 정의 기출 16

상법 제638조에서 "보험계약은 당사자 일방이 약정한 보험료를 지급하고 재산 또는 생명이나 신체에 불확정한 사고가 발생할 경우에 상대방이 일정한 보험금이나 그 밖의 급여를 지급할 것을 약정함으로써 효력이 생긴다"라고 규정하여 손해보험과 인보험에 대하여 통일적인 규정을 두고 있다.

2 보험계약의 성질

(1) 유상·쌍무계약성

보험계약은 보험사고의 발생을 전제로 보험계약자의 보험료 지급에 대하여 보험자는 일정한 보험금액, 기타의 급여를 지급할 것을 약정하므로 유상계약이고, 보험계약자의 보험료 지급의무와 보험자의 위험부담의무가 보험계약과 동시에 채무로서 이행되어야 하므로 대가관계에 있는 쌍무계약이다.

(2) 낙성·불요식 계약성 기출 24·25

보험계약은 청약과 승낙이라는 당사자 쌍방의 의사표시의 합치만으로 성립하고, 아무런 급여를 요하지 않으므로 낙성계약이며, 그 의사표시에는 특별한 방식이 필요 없으므로 법률상 불요식이다. 우리 상법에서 보험자의 책임은 당사자간에 다른 약정이 없으면 최초의 보험료를 지급받은 때부터 개시한다(상법 제656조)라고 규정되어 있는데, 이는 보험기간의 시기에 관한 것이지 보험계약의 효력발생의 전제가 되지 않는다. 또한 실제 거래에서 보험계약의 체결시 보험청약서를 이용하는 것이 요식이거나 보험증권의 작성·교부가 계약 성립의 요건이 아니므로 법률상 요건이 아니다.

> **심화TIP** 보험계약의 요식·요물화 추세
>
> 보험계약은 원칙적으로 낙성·불요식 계약이나 실제로는 보험계약청약서를 작성하고 보험증권을 교부한다는 점에서 요식화되고 있고, 또한 "보험료를 내야만 보험자의 책임이 개시된다"는 점에서 요물화되어 가고 있다.

(3) 상행위성

보험의 인수는 영업으로 해야 하는 기본적 상행위이다. 즉, 상법 제46조에서는 기본적 상행위를 열거하면서 제17호에서 보험을 규정하므로 상행위에 속한다. 따라서 영업과 관계없이 개별적으로 체결하거나, 영업에 부수하여 체결하는 계약(예컨대, 운송인이 고율의 운임을 받고 위험을 인수하는 것)은 그 내용이 보험의 성격을 띠더라도 보험계약이 될 수 없다. 또한 상호보험회사가 체결하는 보험계약 역시 영업적 상행위가 아니고 다만, 상법의 규정은 그 성질이 상반되지 않는 한 상호보험, 공제, 그 밖에 이에 준하는 계약에 준용된다(상법 제664조).

(4) 사행계약성

사행계약은 계약 당사자가 이행하여야 할 급여의무 또는 급여내용의 전부 또는 일부가 계약 성립의 처음부터 불확실성에 의존하고 있는 계약을 말하는데, 보험계약은 우연한 사고의 발생으로 인하여 보험금액의 지급 또는 그 액수가 정하여지므로 이른바 사행계약이다. 여기서 우연한 사고, 즉 보험사고의 종류는 계약상 확정되어야 하지만 그 보험사고의 발생은 불확정하여야 한다. 여기서 불확정성은 보험사고의 발생 여부, 시기, 방법 중 어느 하나가 불확정하면 되고 반드시 객관적으로 확정될 필요가 없고 당사자의 주관에서 불확정하면 계약은 성립한다.

(5) 계속계약성

보험계약의 계속계약성으로 인해 보험계약자의 보험료 지급의무와 보험자의 보험금 지급의무가 일정 기간 동안 계속하여 존재한다. 그러므로 상법상 계약을 '해제'할 수 있는 경우는 거의 없고 장래에 향하여 '해지'할 수 있다. 다만, 보험계약자는 계약 체결 후 지체 없이 보험료의 전부 또는 제1회 보험료를 지급하여야 하는데, 보험계약자가 이를 지급하지 아니하는 경우에는 다른 약정이 없는 한 계약 성립 후 2월이 경과하면 그 계약은 해제된 것으로 본다(상법 제650조 제1항).

(6) 부합계약성

보험계약은 성질상 다수의 가입자를 상대로 대량으로 처리하므로 그 내용을 정형화해야 한다. 이러한 기술적 요청으로 인해 보험자가 미리 작성한 보통보험약관에 의하여 계약을 체결하므로 부합계약성을 띤다. 그러므로 보험계약자 측의 이익을 보호하기 위하여 상법은 보험계약자 등 불이익변경금지의 원칙(상법 제663조)을 규정하고, 또 보험약관은 금융위원회의 승인을 받아 사용하도록 하고 있다. 또한, 보험계약의 부합계약성으로 인하여 각 계약자를 평등하게 대우해야 하고, 특히 보험계약의 해석시 의문이 있는 경우 보험자의 불이익으로 해야 한다는 작성자불이익의 원칙이 지배한다.

> **심화TIP 부합계약**
>
> 부합계약이란 당사자 일방이 계약 내용을 설정하고 계약의 상대방은 그 내용에 자신의 의사가 일치할 때 체결되는 계약으로 상대방은 계약 내용의 설정에 일반적으로 영향을 미치지 못한다.

(7) 독립계약성

보험계약 자체가 독립하여 존재하는 것을 의미하므로 독립계약이다. 따라서 매매인 또는 운송인이 매매계약이나 운송계약에 부대하여 위험을 인수하는 것은 보험계약이 아니다.

(8) 선의계약성

보험계약이 사행계약이라는 특성에 따른 도박화를 방지하기 위해 보험계약에는 선의계약성이 요구된다. 보험계약의 선의계약성은 사법상의 신의성실의 원칙에 기초하고 있으며, 일반적인 선의보다도 더 강도 높은 선의성을 요구하기 때문에 보험계약은 '최대 선의의 계약'이라 불리고 있다.

(9) 단체계약성

보험은 동질의 위험이 다수 결합한 위험단체를 근거로 한 경제제도이다. 위험단체가 없다면 위험의 다수결합을 통한 위험분산화를 기할 수 없으며, 이와 같이 동질위험이 다수 결합된 성질을 보험의 단체성이라고 한다.

> **심화TIP** 보험에서 단체성이 필요한 이유
>
> - **대수의 법칙을 적용하기 위한 전제조건** : 보험에서 대수의 법칙을 적용하면 개인적으로 불확실하게 발생하는 보험사고도 일정기간 일정 다수를 측정하여 평균적인 사고발생률의 측정이 가능한데 이를 위해서는 동일한 다수의 위험이 필요하다.
> - **위험분산** : 대수의 법칙에 의해 측정된 위험률을 가지고 실제손실을 평균손실로 대체하기 위해서는 위험공동체의 형성이 필수적이다.

02 보험계약의 요소와 성립

1 보험계약의 요소

(1) 보험계약 관계자 `기출 25`

보험계약 관계자에는 보험계약의 당사자인 보험회사와 보험계약자가 있고, 보험계약에 대해 이해관계를 갖는 제3자인 피보험자와 보험수익자가 있다.

① 보험자
  ㉠ 의의 : 보험계약의 직접 당사자로서 보험사고의 발생시 일정한 금액, 기타 급여를 지급할 의무를 지는 자이다. 보험업법에서는 보험업은 금융위원회의 허가를 받아야 하고, 사업주체는 50억원 이상의 범위(보험업법 제4조 제1항에 따른 보험종목의 일부만을 취급하는 경우) 또는 300억원 이상의 자본금 또는 기금을 갖는 주식회사 또는 상호회사여야 한다.
  ㉡ 권리와 의무
      ⓐ 권리 : 보험료청구권, 계약해지권, 보험금반환청구권, 보험금액감액청구권, 대위권(손해보험)
      ⓑ 의무 : 보험금 지급의무, 보험증권 교부의무, 보험료 반환의무, 이익배당의무, 보험약관 교부·명시의무, 보험료적립금 반환의무(인보험), 해약환급금 반환의무(인보험), 보험증권 대부의무(인보험)

② 보험자의 보조자 `기출 14·19`
  ㉠ 보험설계사(보험모집인) : 보험설계사는 보험자의 사용인으로서 한 회사에 소속되어 보험에 가입할 자에 대하여 보험계약의 청약을 인수하는 자를 말한다. 보험설계사는 일정한 범위에서의 대리권을 가지고 영업상의 업무에 종사하는 자가 아니므로 상업사용인은 아니다. 피용자 신분으로 보험자를 위해 보험계약의 체결을 중개한다는 점에서 독립된 상인적 지위에서 보험계약의 체결을 대리하거나 중개하는 보험대리상과 다르다. 또한 특정 보험회사에 종속되지 않은 보험중개사와도 다르다. 보험설계사는 고지수령권, 보험료영수권, 통지수령권, 보험계약체결권이 없다. 다만, 보험계약자로부터 보험료를 수령할 수 있는 권한(보험자가 작성한 영수증을 보험계약자에게 교부하는 경우만 해당한다) 및 보험자가 작성한 보험증권을 보험계약자에게 교부할 수 있는 권한이 있다(상법 제646조의2 제3항). 보험회사 등은 소속 보험설계사가 되려는 자를 금융위원회에 등록하여야 한다.
  ㉡ 보험대리점 : 보험대리점은 일정한 보험회사를 위하여 보험계약의 체결을 중개 또는 대리를 영업으로 하는 독립된 상인을 말한다. 전자를 중개대리점, 후자를 체약대리점이라 한다. 이때, 체약대리점은 보험계약의 체결권을 가지는 반면, 중개대리점은 보험계약의 체결에 관한 대리권이 없고 단지 계약 체결을 중개하는데 그친다. 우리나라 보험업법 제2조 제10호에서 "보험대리점이란 보험회사를 위하여 보험계약의 체결을 대리하는 자"라고 하여 체약대리점만을 인정한다. 보험대리인이 되고자 하는 자는 개인과 법인을 구분하여 대통령령으로 정하는 바에 의하여 금융위원회에 등록해야 한다.

ⓒ 보험중개사 : 보험중개사는 보험회사와 보험계약자 사이의 보험계약의 성립을 중개하는 것을 영업으로 하는 독립된 상인이다(상법 제93조). 보험중개사가 되고자 하는 자는 금융감독원장이 실시하는 시험에 합격한 후 대통령령으로 정하는 바에 의하여 금융위원회에 등록하여야 한다. 계약 체결의 대리권이 없는 점에서 중개대리점과 같으나, 보험중개사의 경우는 불특정 보험회사를 위하여 독립적으로 계약 성립의 중개를 하는 점에서 일정한 보험회사를 위하여 중개하는 중개대리점과 다르다.

ⓓ 보험의 : 보험의는 인보험의 보조자로서 생명보험회사가 생명보험계약을 체결하는 경우에 피보험자의 신체 및 건강상태검사를 실시하여 위험측정자료를 파악하고, 의학적 전문지식을 보험자에게 제공해 주는 의사를 말한다. 보험의는 보험회사에 고용계약이 된 경우[사의(私醫)]가 있고, 또 위임계약인 경우[촉탁의(囑託醫)]도 있다.
보험의는 보험설계사와 마찬가지로 상업사용인이 아니므로 계약체결권이나 보험료수령권 등은 가지지 못하나, 고지수령권은 인정할 수 있다.

③ 보험대리상 등의 권한(상법 제646조의2) 기출 15·17·18·23
  ㉠ 보험대리상의 권한
    ⓐ 보험계약자로부터 보험료를 수령할 수 있는 권한
    ⓑ 보험자가 작성한 보험증권을 보험계약자에게 교부할 수 있는 권한
    ⓒ 보험계약자로부터 청약, 고지, 통지, 해지, 취소 등 보험계약에 관한 의사표시를 수령할 수 있는 권한
    ⓓ 보험계약자에게 보험계약의 체결, 변경, 해지 등 보험계약에 관한 의사표시를 할 수 있는 권한
  ㉡ 보험자는 보험대리상의 권한 중 일부를 제한할 수 있다. 다만, 보험자는 그러한 권한 제한을 이유로 선의의 보험계약자에게 대항하지 못한다.
  ㉢ 보험대리상이 아니면서 특정한 보험자를 위하여 계속적으로 보험계약의 체결을 중개하는 자는 '보험계약자로부터 보험료를 수령할 수 있는 권한(보험자가 작성한 영수증을 보험계약자에게 교부하는 경우만 해당한다)' 및 '보험자가 작성한 보험증권을 보험계약자에게 교부할 수 있는 권한'이 있다.
  ㉣ 피보험자나 보험수익자가 보험료를 지급하거나 보험계약에 관한 의사표시를 할 의무가 있는 경우에는 위 ㉠~㉢의 규정을 그 피보험자나 보험수익자에게도 적용한다.

심화TIP 보험자의 보조자와 그 권한

구 분	계약체결권	고지수령권	통지수령권	보험료영수권
보험대리점	○	○	○	○
보험중개사	×	×	×	×
보험설계사	×	×	×	×
보험의	×	○	×	×

④ 보험계약자
- ㉠ 의의 : 자기의 명의로 보험계약 체결을 하는 상대방 당사자로서 1차적으로 보험료 지급의무를 지는 자이다. 보험계약자의 자격에는 아무런 제한이 없고, 대리인을 시켜 계약의 체결이 가능하며 수 인이 공동으로 보험계약자가 되어도 상관없다.
- ㉡ 권리와 의무
    - ⓐ 권리 : 보험증권교부청구권, 보험료반환청구권, 보험료감액청구권, 계약임의해지권, 보험수익자지정변경권(인보험)
    - ⓑ 의무 : 보험료 지급의무, 고지의무, 통지의무, 위험유지의무, 손해방지의무(손해보험)

⑤ 피보험자 기출 16
- ㉠ 의의 : 피보험자란 손해보험에서 피보험이익의 주체로서 보험사고의 발생시 손해의 보상을 받을 권리가 있는 자를 말하고, 인보험에서는 생명이나 신체에 관하여 보험에 붙여진 자를 말한다.
- ㉡ 권리와 의무
    - ⓐ 권리 : 손해보상청구권(손해보험), 보험위부권(해상보험), 계약동의권(인보험)
    - ⓑ 의무 : 손해보험의 경우 보험계약자와 동일하고, 인보험의 경우 고지의무, 통지의무, 위험유지의무를 진다.

⑥ 보험수익자 기출 15
- ㉠ 의의 : 보험수익자란 보험사고발생시 보험금을 지급받을 자로서 인보험에서만 존재한다. 보험계약자는 보험수익자를 지정 또는 변경할 권리가 있는데, 지정권을 행사하지 아니하고 사망한 때에는 피보험자를 보험수익자로 하고, 변경권을 행사하지 아니하고 사망한 때에는 보험수익자의 권리가 확정된다. 또한 보험계약자가 지정권을 행사하기 전에 보험사고가 생긴 경우에는 피보험자 또는 보험수익자의 상속인을 보험수익자로 한다(상법 제733조).
- ㉡ 권리와 의무
    - ⓐ 권리 : 보험금청구권
    - ⓑ 의무 : 2차적 보험료 지급의무, 위험유지의무, 사고발생 통지의무

⑦ 보험계약 관계자의 권리·의무

구 분	권 리	의 무
보험자	• 보험료청구권 • 계약해지권 • 대위권(청구권·잔존물대위) • 보험금반환청구권 • 보험금액감액청구권(초과보험의 경우)	• 보험금 지급의무 • 보험료 반환의무 • 보험료적립금 반환의무(인보험) • 해약환급금 반환의무(인보험) • 보험약관 교부·명시의무 • 보험증권 교부의무 • 보험증권 대부의무(인보험) • 이익배당의무
보험계약자	• 계약임의해지권 • 보험료감액청구권 • 보험료반환청구권 • 보험증권교부청구권 • 보험수익자지정변경권(인보험)	• 고지의무 • 통지의무 • 손해방지의무(손해보험) • 위험유지의무 • 보험료 지급의무

피보험자	• 손해보험 : 손해보상청구권 • 해상보험 : 보험위부권 • 인보험 : 계약동의권	• 손해보험 : 보험계약자와 동일 • 인보험 : 고지의무, 통지의무, 위험유지의무
보험수익자	• 생명보험 : 보험금청구권	• 2차적 보험료 지급의무 • 사고발생 통지의무 • 위험유지의무

> **심화TIP 보험계약의 구별**
>
> 자기를 위한 보험계약(보험계약자와 보험금청구권자가 동일한 경우)과 타인을 위한 보험계약(보험계약자와 보험금청구권자가 서로 다른 경우), 그리고 자기의 생명의 보험계약(보험계약자와 피보험자가 동일한 생명보험계약의 경우)과 타인의 생명의 보험계약(보험계약자와 피보험자가 서로 다른 생명보험계약의 경우)로 구별한다.

(2) 보험의 목적

① 의 의

보험사고발생의 객체가 되는 경제상의 재화 또는 자연인(사람의 생명·신체)을 말한다. 즉, 손해보험의 경우 보험사고의 객체가 되는 물건이나 재산(책임보험의 경우)을 말하고, 인보험의 경우에는 보험이 붙여진 피보험자를 말한다. 이러한 보험의 목적은 손해보험에 있어서의 보험계약의 목적(상법 제668조)과는 구별된다. 보험계약의 목적은 보험사고의 발생 여부에 관하여 피보험자가 가지는 경제적 이해관계(피보험이익)를 말한다.

② 손해보험의 목적 기출 21·24

㉠ 경제상의 재화 : 가옥, 건물, 운송물, 선박, 기계 등과 같은 구체적인 물건은 물론 채권과 같은 무체물, 피보험자의 책임도 포함된다.

㉡ 집합보험의 목적 : 피보험자의 가족과 사용인의 물건도 보험의 목적에 포함된 것으로 한다(상법 제686조).

㉢ 총괄보험의 목적 : 보험의 목적에 속한 물건이 보험기간 중에 수시로 교체된 경우에도 보험사고의 발생시에 현존한 물건은 보험의 목적에 포함된 것으로 한다(상법 제687조).

㉣ 영업책임보험의 목적 : 피보험자의 대리인 또는 그 사업감독자의 제3자에 대한 책임도 보험의 목적에 포함된 것으로 한다(상법 제721조).

③ 인보험의 목적

㉠ 자연인 : 사람의 생명 또는 신체

㉡ 사망보험 : 15세 미만자, 심신상실자 또는 심신박약자는 피보험자로 할 수 없다. 다만, 심신박약자가 보험계약을 체결하거나 제735조의3에 따른 단체보험의 피보험자가 될 때에 의사능력이 있는 경우에는 그러하지 아니하다(상법 제732조).

㉢ 피보험자 범위 : 피보험자가 하나인 개인보험과 단체의 구성원이 모두 피보험자가 되는 단체보험이 있다.

④ 보험의 목적을 정한 이유
　　보험의 목적에 보험사고가 발생하면 보험자는 손해보상 및 일정한 보험금액을 지급할 책임을 진다. 그러나 보험자가 모든 사고에 대하여 책임을 지는 것이 아니라 보험계약의 체결시에 보험의 목적을 구체적으로 정하여야 한다. 보험의 목적을 정하게 되면 보험료의 산정을 용이하게 하고, 보험사고발생시 보험자의 책임 범위를 정함으로써 분쟁을 예방할 수 있다.

(3) 보험사고

① 의 의
　　보험사고란 손해보험에서 계약상 보험자의 보상의무를 구체화한 사고를 말하며, 인보험에서는 보험자의 보험금 지급의무를 구체화한 사고로, 피보험자의 생(生)과 사(死)의 사고를 말한다.

② 요 건
　　㉠ 불확정성(우연성) : 우연한 사고이어야 한다. 우연은 보험사고의 발생 여부, 시기, 방법 중 어느 하나만이라도 불확정하면 되고, 객관적으로 확정되었더라도 당사자의 입장에서 주관적으로 불확정하면 된다(상법 제644조 단서). 또한, 불확정성의 판단 시기는 보험계약 당시를 기준으로 판단한다(상법 제644조).

> **판례** 대법원 1998.8.21., 선고, 97다50091, 판결 기출 20
> 보험사고의 객관적 확정의 효과에 관하여 규정하고 있는 상법 제644조는 사고발생의 우연성을 전제로 하는 보험계약의 본질상 이미 발생이 확정된 보험사고에 대한 보험계약은 허용되지 아니한다는 취지에서 보험계약 당시 이미 보험사고가 발생하였을 경우에는 그 보험계약을 무효로 한다고 규정하고 있고, 암 진단의 확정 및 그와 같이 확진이 된 암을 직접적인 원인으로 한 사망을 보험사고의 하나로 하는 보험계약에서 피보험자가 보험계약일 이전에 암 진단이 확정되어 있는 경우에는 보험계약을 무효로 한다는 약관조항은 보험계약을 체결하기 이전에 그 보험사고의 하나인 암 진단의 확정이 있었던 경우에 그 보험계약을 무효로 한다는 것으로서 상법 제644조의 규정 취지에 따른 것이라고 할 것이므로, <u>상법 제644조의 규정 취지나 보험계약은 원칙적으로 보험가입자의 선의를 전제로 한다는 점에 비추어 볼 때, 그 약관조항은 그 조항에서 규정하고 있는 사유가 있는 경우에 그 보험계약 전체를 무효로 한다는 취지라고 보아야 할 것이지, 단지 보험사고가 암과 관련하여 발생한 경우에 한하여 보험계약을 무효로 한다는 취지라고 볼 수는 없다</u>

　　㉡ 발생가능성 : 발생가능한 사고이어야 한다. 보험계약 체결 당시 이미 보험사고가 발생했거나 발생할 수 없는 사고는 보험사고가 될 수 없다.
　　㉢ 특정성 : 사고의 범위가 한정(특정)되어야 한다. 각종 보험은 종류가 다양하고 보험사고 또한 다양하므로 보험계약 체결시에 보험사고의 범위를 구체적으로 한정하여야 한다.
　　㉣ 적법성 : 적법한 사고이어야 한다. 따라서 고의사고 등은 보험사고가 될 수 없다.
　　㉤ 보험사고의 대상 : 사고의 발생에는 대상이 있어야 한다.

③ 사고발생의 효과
　　보험사고의 발생시에 보험계약자 측은 사고발생의 통지의무 등을 이행하여야 하며, 이때 보험자의 책임이 구체화된다. 하지만 양로보험 등에서는 사고발생이 없어도 또는 보험기간이 자동적으로 종료하여도 보험금액을 지급한다고 약정할 수도 있다.

(4) 보험료 기출 15·25

① 의 의

보험료는 보험자가 위험을 인수한 대가로 보험계약자가 부담하는 보수이다. 보험료는 보험단체에서 대수의 법칙에 따라 보험사고의 발생률에 근거하여 계산하게 되는데, 이것은 순보험료와 부가보험료로 구성되어 있다.

> 영업보험료 = 순보험료 + 부가보험료

> **용어정리**
> - **최초보험료** : 보험자의 책임을 개시시키기 위한 보험료(최초보험료는 항상 제1회 보험료가 되지만 제1회 보험료는 항상 최초보험료가 되지 않음)
> - **제1회 보험료** : 처음으로 지급하는 보험료
> - **계속보험료** : 개시된 보험자의 책임을 계속 유지시키기 위해 지급되는 보험료
> - **일시납보험료** : 보험계약 체결시에 보험기간 전체에 대한 보험료를 한꺼번에 전부 납입하는 것
> - **분납보험료** : 장기보험의 경우 보험기간을 균등하게 몇 개의 보험기간으로 나누어 분할하여 계속하여 납입하는 것

② 보험료 지급의무자 기출 16

제1차적으로 보험계약자가 보험료 지급의무를 지지만, 타인을 위한 보험계약에서 계약자가 파산을 선고받거나 보험료의 지급을 지체하는 때에는 제2차적으로 보험수익자 또는 피보험자도 지급할 의무가 있다(상법 제639조 제2항, 제3항).

③ 청구권의 소멸시효

보험료청구권의 소멸시효는 2년이다(상법 제662조).

④ 감액청구와 반환청구 기출 18

㉠ 감액청구 : 보험계약자는 특별한 위험이 소멸(상법 제647조)하거나 보험금액이 보험가액을 현저하게 초과(상법 제669조)한 경우에 보험료의 감액을 청구할 수 있다.

㉡ 반환청구 : 보험계약의 전부 또는 일부가 무효인 경우에 보험계약자와 피보험자 및 보험수익자가 선의이며 중대한 과실이 없는 때에는 보험자에 대하여 보험료의 전부 또는 일부의 반환을 청구할 수 있다(상법 제648조).

⑤ 보험료의 지급과 지체의 효과 기출 20·22

보험계약자는 계약 체결 후 지체 없이 보험료의 전부 또는 제1회 보험료를 지급하여야 하며, 보험계약자가 이를 지급하지 아니하는 경우에는 다른 약정이 없는 한 계약 성립 후 2월이 경과하면 그 계약은 해제된 것으로 본다(상법 제650조 제1항).

> 보험회사를 대리하여 보험료를 수령할 권한이 부여되어 있는 보험대리점이 보험계약자에 대하여 <u>보험료의 대납약정을 하였다면 그것으로 곧바로 보험계약자가 보험회사에 대하여 보험료를 지급한 것과 동일한 법적 효과가 발생하는 것</u>이고, 실제로 보험대리점이 보험회사에 대납을 하여야만 그 효과가 발생하는 것은 아니다(대법원 1995.5.26., 선고, 94다60615, 판결).

⑥ 계속보험료의 지급이 되지 않는 경우 계약해지 기출 24

보험료가 약정한 시기에 지급되지 아니한 때에는 보험자는 상당한 기간을 정하여 보험계약자에게 최고하고, 그 기간 내에 지급되지 아니한 때에는 그 계약을 해지할 수 있다(상법 제650조 제2항).

> 해지예고부 최고는 보험료의 부지급을 정지조건으로 하여 미리 해지의 의사표시를 하는 것이다. 판례에서, 해지예고부 최고는 최고기간 내의 불이행을 정지조건으로 하는 해지의 의사표시로서 특별히 계약자에게 불이익을 주지 않으므로 유효하다고 하였다(대법원 1992.12.22., 선고, 92다28549, 판결).

⑦ 보험료 체납과 보상액의 공제

보험자가 보험사고의 발생으로 손해를 보상할 경우에 보험료의 지급을 받지 아니한 잔액이 있으면 그 지급기일이 도래하지 아니한 때라도 보험금액(보상할 금액)에서 이를 공제할 수 있다(상법 제677조).

⑧ 보험료의 지급과 보험자의 책임개시 기출 20

보험자의 책임은 당사자간에 다른 약정이 없으면 최초보험료의 지급을 받은 때로부터 개시한다(상법 제656조).

⑨ 보험료불가분의 원칙

보험료는 관념상 불가분의 것으로 인정하여 다른 약정이 없는 한 그 기간 중에 보험관계가 소멸하더라도 그 보험료기간에 해당하는 보험료는 전액 지급하여야 한다는 원칙을 보험료불가분의 원칙이라 한다.

(5) 보험금액(보험가입금액)

① 의 의

보험자가 보험을 인수하여 보험사고가 생긴 때에 피보험자 또는 보험수익자에게 지급할 금액으로 손해보험(부정액보험)과 정액보험(생명보험)에서 그 의미의 차이가 있다. 손해보험(부정액보험)에서는 당사자와 정한 보험가액의 한도 내에서 손해보상책임의 최고한도액이며, 현실적으로 보험사고발생시에 보험자가 지급하는 손해보상액을 말한다. 생명보험과 같은 정액보험(상해보험, 질병보험 제외)에서는 당사자간에 약정한 금액이다.

② 보험금액 지급의무자

보험자는 보험금액의 지급에 관하여 약정기간이 있는 경우에는 그 기간 내에, 약정기간이 없는 경우에는 보험계약자 또는 피보험자나 보험수익자의 통지를 받은 후 지체 없이 지급할 보험금액을 정하고 그 정하여진 날로부터 10일 내에 피보험자 또는 보험수익자에게 보험금액을 지급하여야 한다(상법 제658조). 하지만 피보험자의 사망을 보험사고로 한 보험계약에서는 사고의 발생 없이 보험기간이 종료한 때에도 보험금액을 지급할 것을 약정할 수 있다.

③ 소멸시효

보험금액청구권의 소멸시효는 3년이다(상법 제662조).

④ 면책사유

보험사고가 보험계약자 또는 피보험자나 보험수익자의 고의 또는 중대한 과실로 인하여 생긴 때에는 보험자는 보험금액을 지급할 책임이 없다(상법 제659조). 또한 보험사고가 전쟁, 기타의 변란으로 인하여 생긴 때에는 당사자간에 다른 약정이 없으면 보험자는 보험금액을 지급할 책임이 없다(상법 제660조).

⑤ 감액청구와 반환청구
  ㉠ 감액청구 : 보험금액이 보험계약의 목적의 가액(보험가액)을 현저하게 초과하는 초과보험의 경우 보험자는 보험금액의 감액을 청구할 수 있다(상법 제669조).
  ㉡ 반환청구 : 보험사고가 발생하였더라도 보험자의 면책사유가 생기면 이미 지급한 보험금액을 반환청구할 수 있다.
⑥ 보상액의 공제
  보험자가 보험금 지급의무가 발생하여도 체납보험료가 있거나 지급기일이 도래하지 아니한 보험료가 있으면 보험금액에서 공제할 수 있다(상법 제677조).
⑦ 보험가액, 보험금과의 구별
  ㉠ 보험가액은 손해보험에서 피보험이익의 가액으로서 보험자가 지급할 법률상 최고한도액을 말한다.
  ㉡ 보험금은 보험사고발생시 보험금액의 범위 내에서 보험자가 현실적으로 지급하는 금액으로 보험금액과 구별된다.

(6) 보험기간과 보험료기간 기출 18

① 보험기간
  ㉠ 의의 : 보험기간이란 보험자의 위험부담책임이 시작되는 시기부터 끝날 때까지의 기간으로, 이를 위험기간 또는 책임기간, 담보기간, 부보기간이라고도 한다. 따라서 이 기간 중에 생긴 보험사고에 대하여 보험자는 보험금 지급책임이 있으나, 그 보험기간 전 또는 후에 발생한 보험사고에 대하여는 보험자의 책임이 없다. 다만, 보험사고가 보험기간 중에 발생하고 그 기간 경과 후에 손해가 발생하더라도 보험자는 보험금 지급책임을 부담하게 된다.

> **보험기간의 예**
> - **화재보험의 경우** : 첫날 오후 4시부터 마지막날 오후 4시까지
> - **자동차보험의 경우** : 제1회 보험료를 낸 날의 다음날 오전 0시부터 보험계약이 끝나는 날 밤 12시까지

  ㉡ 보험계약기간과의 구별 : 보험기간은 보험계약이 유효하게 존속하는 기간인 보험계약기간과 구별되는데 양자는 일치하는 것이 보통이나 특약에 의하여 보험기간을 달리 설정할 수 있다.
    ⓐ 보험기간 < 보험계약기간 = 예정보험
    ⓑ 보험기간 > 보험계약기간 = 소급보험

② 보험료기간
  ㉠ 의의 : 보험자는 일정한 기간을 하나의 단위로 하고 그 기간의 평균적인 사고발생률을 기초로 하여 보험료를 산출하는데, 이러한 보험료를 산출하기 위한 위험측정의 단위기간을 보험료기간이라고 한다.
  ㉡ 보험기간과의 관계 : 보험자의 보상책임기간인 보험기간과 보험료기간은 손해보험의 경우 통상 일치하는 것이 보통이지만, 생명보험의 경우 1개의 보험기간 속에 수 개의 보험료기간이 존재한다.

(7) 피보험이익 기출 16·19

① 피보험이익의 위치

손해보험계약의 중심요소로서는 보험사고, 보험료, 보험금액 및 피보험이익이 있다. 특히 피보험이익은 적어도 손해보험계약에 있어서 중요한 위치를 차지하고 있으며, 손해보험계약은 원칙적으로 이를 전제로 하고 손해의 보상도 이 범위 내에서 이루어진다. 이것은 손해보험계약이 보험사고로 인하여 피보험자에게 어떤 이득을 주려는 것이 아니고, 현실적으로 발생한 손해를 보상하려는 데에 그 목적이 있기 때문이다.

② 상법상 피보험이익

상법 제668조에서는 피보험이익을 "보험계약의 목적"이라고 하여 금전적으로 산정할 수 있는 이익으로 한정하고 있다. 우리나라에서는 피보험이익의 존재를 전제로 하므로 절대주의, 객관주의를 채택하고 있다는 것이 통설이다.

2 보험계약의 성립

(1) 보험계약의 청약과 승낙 기출 25

보험계약은 낙성·불요식 계약으로 보험계약자의 청약과 보험자의 승낙이 있으면 보험계약은 성립하고 특별한 방식을 필요로 하지 않는다(상법 제638조의2). 그러나 실제 계약에 있어서는 보험설계사 등의 권유에 따라 보험계약자가 보험청약서에 일정한 사항을 기재하여 청약을 하고 보험자가 이를 검토하여 그 보험의 인수 여부를 결정하여 승낙 통지를 하는 것이 일반적이다. 이때, 보험자가 보험계약자로부터 보험계약의 청약과 함께 보험료의 전부 또는 일부를 받은 경우, 청약에 대한 승낙을 통지하기 전까지 승낙 없이 금전적 이익을 누리므로 상법은 이에 대하여 규정하고 있다.

> **판례** 대법원 1996.7.30., 선고, 95다1019, 판결
>
> 보험계약은 보험자와 보험계약자의 의사의 합치만으로 성립하고, 그 성립요건으로서 특별한 요식행위를 요하지 않는 '불요식 낙성계약'이다. 즉 보험계약은 당사자 사이의 의사합치에 의하여 성립되는 낙성계약으로서 별도의 서면을 요하지 아니한다.

(2) 승낙통지와 보험자의 책임

① **승낙의 통지** 기출 20·24

㉠ 손해보험의 경우 : 보험계약은 보험계약자의 청약과 보험자의 승낙이 있는 때에 성립하는데, 보험자가 보험계약자로부터 보험계약의 청약과 함께 보험료 상당액의 전부 또는 일부의 지급을 받은 때에는 다른 약정이 없는 한 30일 내에 그 상대방에 대하여 낙부의 통지를 발송해야 한다(상법 제638조의2 제1항).

> **상법상 '다른 약정'을 할 수 있도록 한 경우** 기출 16
>
> 상법 제638조의2 제1항은 "보험자가 보험계약자로부터 보험계약의 청약과 함께 보험료 상당액의 전부 또는 일부의 지급을 받은 때에는 다른 약정이 없으면 30일내에 그 상대방에 대하여 낙부의 통지를 발송하여야 한다"고 정하고 있다. 이와 같이 상법 조문에 '다른 약정이 없으면'이라는 표현을 사용하는 경우에는 당사자가 상호간에 다르게 정한 내용이 상법 보험편에서 규정하는 것보다 보험계약자에게 불리하더라도 불이익변경금지의 원칙은 적용되지 않는다.

㉡ 인보험의 경우 : 손해보험은 보험료 지급을 기간의 기산일로 하지만, 인보험계약에서는 피보험자가 신체검사를 받아야 하는 경우 신체검사를 받은 날로부터 기산한다(상법 제638조의2 제1항 단서).

② **통지의 해태** 기출 21

보험자가 상법규정에 의한 기간 내에 승낙 여부의 통지를 해태(懈怠)하여 보험계약자 측에 발송하지 않으면 승낙한 것으로 본다(상법 제638조의2 제2항).

③ **보험자의 책임** 기출 19

㉠ 소급보험의 의제 : 보험자가 보험계약자로부터 보험계약의 청약과 함께 보험료의 전부 또는 일부를 받은 경우, 그 청약을 승낙하기 전에 보험계약에서 정한 보험사고가 생긴 때에는 그 청약을 거절할 사유가 없는 한 보험자는 보험계약상 책임, 즉 보험금 지급의무가 있다(상법 제638조의2 제3항).

> **판례** 대법원 2008.11.27., 선고, 2008다40847, 판결
>
> 상법 제638조의2 제3항에 의하면 보험자가 보험계약자로부터 보험계약의 청약과 함께 보험료 상당액의 전부 또는 일부를 받은 경우(인보험계약의 피보험자가 신체검사를 받아야 하는 경우에는 그 검사도 받은 때)에 그 청약을 승낙하기 전에 보험계약에서 정한 보험사고가 생긴 때에는 그 청약을 거절할 사유가 없는 한 보험자는 보험계약상의 책임을 지는 바, 여기에서 청약을 거절할 사유란 보험계약의 청약이 이루어진 바로 그 종류의 보험에 관하여 해당 보험회사가 마련하고 있는 객관적인 보험인수기준에 의하면 인수할 수 없는 위험상태 또는 사정이 있는 것으로서 통상 피보험자가 보험약관에서 정한 적격 피보험체가 아닌 경우를 말하고, 이러한 청약을 거절할 사유의 존재에 대한 증명책임은 보험자에게 있다.

㉡ 인보험의 경우 예외 : 인보험계약의 경우 피보험자가 신체검사를 받아야 하는 경우에 그 검사를 받지 아니한 때에는 성립된 보험계약의 책임시기가 성립 전으로 소급되지 않는다(상법 제638조의2 제3항 단서). 이는 상법 제643조의 법리를 보험계약자의 이익을 보호하기 위하여 조정한 것이다.

(3) 승낙전 사고에 대한 보험자의 책임 [기출] 14·18

① 의의

청약과 함께 보험료의 전부 또는 일부가 납입된 경우 보험자가 승낙 전에 발생한 사고에 대해서 청약을 거절할 사유가 없는 한 보험자가 책임을 진다는 것이 승낙전 보험계약자 보호제도이다. 이러한 승낙전 보호제도는 보험계약의 부활에서도 적용되는데, 승낙전 사고로 인한 보험자의 담보책임은 보험계약 성립을 요건으로 하지 않기 때문에 계약상의 책임이 아니라 법정책임이다. 이러한 보험자의 책임은 부보가능성이 있는 보험계약에 대하여 승낙 전까지 일시적이나마 무보험상태에 있는 것을 배제함으로써 보험계약자 측의 합리적 기대에 부응하고자 하는 데에 그 목적이 있다.

② 승낙전 보호제도의 적용요건

㉠ 보험계약자의 청약이 있어야 한다. 따라서 보험계약자가 청약의 의사를 철회한 이후에 발생한 사고에 대해서는 설령 보험자가 보험료를 반환하기 전이라도 승낙전 보호제도를 적용하지 않는다.

㉡ 초회보험료의 전부 또는 일부가 납입되어야 한다. 초회보험료의 일부만 납입되어도 승낙전 보호제도가 적용된다고 본다.

㉢ 청약을 거절할 만한 사유가 없어야 한다.

(4) 소급보험 [기출] 17·19·21·22·23·24

① 의의

보험계약에서 보험계약의 성립 전의 어느 시기를 보험기간의 시기(始期)로 하는 보험을 소급보험이라 한다(상법 제643조). 가령 해상적하보험계약에서 이미 선박이 출항한 후 하물의 선적시로부터 보험자의 책임이 개시되는 것으로 하거나, 보험자가 보험계약자의 청약에 대해서 승낙하면서 그 청약시로부터 보험기간이 시작되는 것으로 하는 것이 그것이다. 보험계약에서 보험사고의 불확정성을 객관적인 것으로 요구하며, 이미 사고가 발생한 때에는 그 보험계약의 효력을 인정할 수 없으나, 주관적으로 불확정한 것이 되므로 소급보험을 인정할 수 있게 된다(상법 제644조).

② 보험자의 담보책임 발생요건

보험사고가 발생한 후에 보험에 가입하는 경우 보험계약은 무효이다. 하지만 소급보험은 보험사고의 발생 여부가 객관적으로 확정되어있다 하더라도 보험계약 당사자와 피보험자가 사고발생 사실을 알지 못한다면 보험계약은 유효하다. 또한 소급보험은 당사자간에 합의가 있어야 하고, 보험자의 승낙에 의한 보험계약의 성립을 전제로 하고 있기 때문에 보험자의 승낙이 없는 한 보험계약 체결 전 사고를 담보하지 않는다.

③ 소급보험의 효과

보험자의 책임은 계약의 성립 전 당사자간의 약정한 일자로 소급하여 개시되며, 피보험자나 당사자 중 1인이라도 보험계약의 체결시 보험사고의 발생을 안 경우 그 계약은 무효이다.

④ 소급보험과 승낙전 보호제도의 비교
  ㉠ 소급보험은 당사자의 합의에 의하여 보험계약 체결 전의 어느 시점부터 보험자가 책임을 지는 보험이고, 승낙전 보호제도는 청약과 함께 보험료의 전부 또는 일부가 납입된 경우 보험자가 승낙 전에 발생하는 사고에 대하여 청약을 거절할 사유가 없는 한 보험자가 책임을 지는 제도이다.
  ㉡ 약정소급보험은 당사자간의 합의에 의하여 성립되지만, 승낙전 보호제도는 법률규정에 의한 것이며 강행규정이므로 계약 당사자간의 특약으로 보험계약자에게 불이익하게 변경하지 못한다. 또한 승낙전 보호제도는 보험계약의 성립 여부와는 무관하며, 설령 보험자가 인수를 거절하여 보험계약이 성립되지 않았다고 하더라도 거절 전 사고를 보상하여야 한다는 점에서 보험계약이 성립되어야만 소급 적용되는 소급보험과는 다르다.
  ㉢ 약정소급보험은 청약시 보험사고의 발생사실을 보험계약자나 피보험자가 알지 못하였다면 계약이 유효하게 성립되지만, 승낙전 보호제도는 청약하기 전에 보험사고가 객관적으로 확정되었다면 계약 당사자의 부지(不知)에도 불구하고 그 사고는 보험자가 보상하지 않는다. 또한 약정소급보험에서는 주로 해상보험이나 운송보험 등에서 이용되고 있으나, 승낙전 보호제도는 모든 보험에서 적용된다.
  ㉣ 약정소급보험에서 소급되는 책임개시의 기간은 당사자간에 약정한 기간이어서 청약일 이전일 수 있지만, 승낙전 보호제도는 청약일 이전으로 소급되지 않는다.

03 보험계약의 체결

1 보통보험약관

(1) 총 설

① 의 의

약관은 당사자 사이의 계약 내용으로 규약, 조약이라고도 한다. 보험약관이란 보험자와 보험계약자 사이에 체결되는 보험계약의 내용에 관한 조항으로 여기에는 보통보험약관, 특별보통보험약관, 특별보험약관이 있다. 보통보험약관이란 "보험자가 미리 정한 보험계약의 내용을 이루는 정형적·일반적·보편적·표준적인 조항"으로서 기본적인 것을 말하며, 반대의 의사표시가 없는 한 계약 당사자 쌍방을 구속하는 보험계약상의 법원으로서 중요한 의미를 가진다.

> **심화TIP 특별보통보험약관, 특별보험약관**
>
> - **특별보통보험약관** : 보통보험약관만으로는 불충분하여 당사자가 다시 상세한 약정을 할 때가 있는데, 이를 특별보통보험약관 또는 부가약관이라 한다. 이것은 보통보험약관에 대하여 보충적으로 이용하며, 사실상 보통보험약관의 일부를 이룬다.
> - **특별보험약관** : 개개의 보험계약 체결시에 당사자가 보통보험약관에 의하지 않고 개별적인 사정에 따라 계약의 내용을 정하는 경우를 특별보험약관이라 한다. 이것은 해상보험 등 기업보험에서 보험단체의 이익을 해치지 아니하는 범위 안에서 예외적으로 이용되는 것으로, 보험계약 당사자의 개별적인 합의에 의하여 그 계약내용을 정하는 특별계약조항으로서 보통보험약관과는 구별된다.

② 보통보험약관의 존재이유

보통보험약관은 보험계약의 성질상 다수의 가입자를 상대로 대량으로 처리되어야 할 필요에서 그 내용을 정형화해야 한다는 기술적 요청과 보험단체 구성원을 개별적으로 다루지 않고 동일하게 취급하여야 한다는 단체성에서 보통보험약관의 존재이유를 찾을 수 있다.

③ 보험약관과 관계법규의 적용순위

보험계약에 관한 여러 법원의 적용순위는 ㉠ 당사자 약정, ㉡ 특별약관, ㉢ 보통약관, ㉣ 보험에 관한 특별법(보험업법 등), ㉤ 보험계약법, ㉥ 민법의 특별법(자배법, 국배법, 산재법), ㉦ 민법 등의 순위로 적용한다.

④ 보험약관의 필수기재사항(보험업감독규정 제7-59조)

㉠ 보험회사가 보험금을 지급하여야 할 사유
㉡ 보험계약의 무효사유
㉢ 보험회사의 면책사유
㉣ 보험회사의 의무의 범위 및 그 의무이행의 시기
㉤ 보험계약자 또는 피보험자가 그 의무를 이행하지 아니한 경우에 받는 손실

ⓑ 보험계약의 전부 또는 일부의 해지의 원인과 해지한 경우의 당사자의 권리의무
ⓐ 보험계약자·피보험자 또는 보험금액을 취득할 자가 이익 또는 잉여금의 배당을 받을 권리가 있는 경우에는 그 범위
ⓞ 적용이율 또는 자산운용 실적에 따라 보험금 등이 변동되는 경우 그 이율 및 실적의 계산 및 공시 방법 등
ⓩ 예금자보호 등 보험계약자 권익보호에 관한 사항

(2) 보통보험약관에 대한 규제와 교부
① 규제의 필요성

보통보험약관은 보험자가 일방적으로 작성하는 데에 반하여 보험계약자는 보험계약에 관한 법률적·기술적 지식 없이 다만 보험사고의 종류, 보험기간, 보험금액 정도만 알고 구체적인 내용의 고려 없이 계약을 체결하는 경우가 많다. 이에 보험자는 자기이익을 위해 보험약관에 부당한 내용을 삽입하여 보험계약자가 불리한 대우를 받을 우려가 있으므로 보통보험약관에 대해 실질적 감독주의를 채택하여 소비자를 보호하고 건전한 보험계약관계를 유지하고 있다.

② 입법적 규제
㉠ 보험계약자 등의 불이익변경금지 [기출 18·19]
ⓐ 상법 제663조 본문에서는 "이 편의 규정은 당사자간의 특약으로 보험계약자 또는 피보험자나 보험수익자의 불이익으로 변경하지 못한다"고 하여 불이익변경금지의 규정을 두고 있다. 즉, 상법 제663조는 보험계약자 등 불이익변경금지의 원칙이라는 상대적 강행법규성을 인정하여 약관의 내용이 상법의 규정보다 보험계약자 등에게 불이익한 조항을 두게 되면 그 한도 안에서 약관의 규정은 무효가 된다. 또한 약관의 규제에 관한 법률에서 불공정한 내용의 약관을 작성·통용하는 것을 방지하고 규제하여 건전한 거래질서를 확립함으로써 소비자의 보호를 꾀하고 있지만 이보다 상법과 보험업법이 우선한다.
ⓑ 불이익하게 변경된 약관인지 여부는 당해 특약의 내용으로만 판단할 것이 아니라, 당해 특약을 포함하여 계약내용의 전체를 참작하여 상법의 규정과 비교 형량하여 종합적으로 판단한다.

> **판례** 대법원 2017.4.13., 선고, 2016다274904, 판결
>
> 고객에 대하여 부당하게 불리한 조항으로서 '신의성실의 원칙에 반하여 공정을 잃은 약관조항'이라는 이유로 무효라고 보기 위해서는, 약관조항이 고객에게 다소 불이익하다는 점만으로는 부족하고, 약관 작성자가 거래상의 지위를 남용하여 계약 상대방의 정당한 이익과 합리적인 기대에 반하여 형평에 어긋나는 약관조항을 작성·사용함으로써 건전한 거래질서를 훼손하는 등 고객에게 부당하게 불이익을 주었다는 점이 인정되어야 한다. 그리고 이와 같이 약관조항의 무효사유에 해당하는 '고객에게 부당하게 불리한 조항'인지는 약관조항에 의하여 고객에게 생길 수 있는 불이익의 내용과 불이익 발생의 개연성, 당사자들 사이의 거래과정에 미치는 영향, 관계 법령의 규정 등 모든 사정을 종합하여 판단하여야 한다.

ⓒ 보험약관의 교부·설명 [기출 22·23·25]

상법 제638조의3 제1항은 "보험자는 보험계약을 체결할 때에 보험계약자에게 보험약관을 교부하고 그 약관의 중요한 내용을 설명하여야 한다"고 하여 보험자의 보험약관의 교부·설명의무를 규정하고 있다. 또한 동조 제2항은 "보험자가 이 의무를 위반한 때에는 보험계약자는 보험계약이 성립한 날부터 3개월 이내에 그 계약을 취소할 수 있다"고 함으로써 보험자의 의무이행을 확보하고 있다.

③ 행정적 사전규제
  ㉠ 보험사업의 허가를 받고자 하는 자는 신청서에 보험약관을 첨부하여 금융위원회에 제출하여야 하며, 변경인가의 경우에도 관련 감독관청의 인가를 받도록 하고 있다.
  ㉡ 보험업법에서는 보험계약의 체결 또는 모집에 종사하는 자가 보험계약자 또는 피보험자에게 보험계약의 계약조항 중 중요한 사항을 알리도록 하고 있으며, 보통보험약관에서는 보험자 및 보험계약자의 권리·의무에 관한 최소한도의 사항을 규정하도록 의무화하고 있다.

④ 사법적 규제
  ㉠ 법원은 약관의 해석을 통하여 간접적으로 보험사업을 규제하고 있다.
  ㉡ 보험약관이 감독관청의 인가를 받아 사용되고 있다 하더라도 법원은 그 약관의 내용이 불공정하거나 불합리한 경우에 강행법규나 사회질서 또는 신의칙에 어긋난다는 이유로 이를 무효로 풀이하여 통제를 가할 수 있다.
  ㉢ 약관의 해석과 관련하여 당사자간에 다툼이 발생한 경우에는 최종적으로 법원의 판단에 맡기게 된다.

⑤ 공정거래위원회에 의한 규제
공정거래위원회는 금융위원회의 인가를 받은 보험약관의 불공정성을 심사하여 그 효력의 유·무효를 결정하게 된다. 구체적인 계약관계를 전제로 하지 않고 특정약관 조항 자체의 불공정성을 심사함으로써 약관에 대해 추상적인 통제를 하게 된다.

(3) 보통보험약관의 구속력 근거

보통보험약관에 의하여 계약이 체결되면 보험계약 당사자는 계약내용의 인지 여부를 불문하고 계약내용에 구속되는데 구속력의 인정 근거는 다음 세 가지의 설이 있다.

① 의사설
계약 당사자 사이에 약관을 계약내용으로 한다는 합의, 즉 계약 당사자가 약관의 개개조항을 알고 계약을 체결하였기 때문에 약관이 당사자 사이에 구속력이 있다고 보는 것이다. 그리하여 당사자간에 명시적으로 다른 약정을 한 경우에만 약관의 구속력이 배제된다고 한다. 우리 대법원은 계약내용에 약관규정을 포함시키기로 합의하였기 때문에 구속력을 갖는다고 하여 의사설의 입장을 취하고 있으며, 따라서 약관과 다른 내용의 특별한 약정을 하였다면 그 다른 내용도 구속력을 인정하고 있다.

② 부합계약설
보험계약자가 계약을 체결한 이상 포괄적 승인을 한 것으로 추정하여 그 구속력을 인정한다는 견해이다. 그러나 보험계약자가 포괄적 승인을 했는지 불분명하므로 이러한 의제에 따라 보통보험약관의 구속력을 인정하는 것은 타당하지 않다.

③ 법규범설

약관 그 자체가 가지는 규범성에서 구속력의 근거를 찾는 견해이다. 즉 보통보험약관은 감독관청의 인가를 얻게 되어 있고 사회적으로도 합리성이 인정되고 있으므로 당사자의 구체적인 의사와 관계없이 일정거래권 내에서는 법규와 같은 규범력을 갖게 된다는 입장이다.

(4) 보통보험약관의 효력

① 일반적 구속력 기출 20·25

약관의 내용이 합리적이고 계약 당사자의 명백한 반대의 의사표시가 없는 한 약관은 계약 체결과 동시에 보험계약 관계자를 구속한다. 보통보험약관이 계약 당사자에 대하여 구속력을 갖는 것은 그 자체가 법규범 또는 법규범적 성질을 가진 계약이기 때문이 아니라, 보험계약 당사자 사이에서 계약내용에 포함시키기로 합의하였기 때문이라고 볼 수 있다(대법원 1985.11.26., 선고, 84다카2543, 판결). 그러나 약관의 내용이 상법 제663조의 규정에 반하여 보험계약자 등에게 불리한 때는 그 조항은 그 한도 내에서 무효가 된다. 한편 형평의 관점에서 이와 같은 일반적 구속력을 인정하려면 보험계약 체결시에 보험계약자에게 약관의 중요한 내용을 알려주어야 한다.

> **판례** 대법원 1986.10.14., 선고, 84다카122, 판결
>
> 동일한 보험계약 당사자가 일정한 기간마다 주기적으로 동종 계약을 반복 체결하는 계속적 거래관계에 있어서 종전 계약의 내용이 된 보험약관을 도중에 가입자에게 불리하게 변경하였다면 보험자로서는 새로운 보험계약 체결시 그와 같은 약관변경사실 및 내용을 가입자인 상대방에게 고지하여야 할 신의칙상의 의무가 있다고 봄이 상당하고, 이러한 고지없이 체결된 보험계약은 과거와 마찬가지로 종전 약관에 따라 체결된 것으로 봄이 타당하다.

② 보통보험약관의 개정과 소급효
   ㉠ 원칙 : 보험계약의 체결 후 금융위원회의 인가를 얻어 보통보험약관이 개정되어도 그 개정이 보험계약자에게 유·불리를 막론하고 당사자의 특별한 합의가 없는 한 개정한 약관의 효력은 개정전 계약에 영향을 미치지 않는다.
   ㉡ 예외 : 금융위원회는 보험계약자 측의 이익을 보호하기 위하여 특히 필요하다고 인정한 경우 그 약관의 변경인가시에 기존보험계약에 대하여도 장래에 향하여 그 변경의 효력을 미치게 할 수 있다.

③ 무인가(無認可)보험약관의 효력

인가를 받지 아니한 약관을 사용한 보험자가 보험업법상 제재를 받는 것은 당연하지만 인가를 받지 않은 보통보험약관에 의하여 보험계약이 체결된 경우 사법상 효력이 문제된다. 그러나 강행규정 및 공익에 반하지 않는 한 계약의 효력은 인정되는 것이 선의의 계약자에게도 유리하고 타당하다.

④ 약관내용을 인지하지 못하고 계약을 체결한 경우

보험계약자가 보험약관의 내용을 알지 못하고 계약을 체결한 경우 부합계약에서는 약관에 의하여 계약의 성립이 이루어졌다면 상관습에 따라 약관의 효력을 인정하는 것이 보통이다.

(5) 약관조항의 효력(사례) 기출 21

① 재해로 인한 사망사고와 암 진단의 확정 및 그와 같이 하는 보험계약에서 피보험자가 보험계약일 이전에 암 진단이 확정되어 있는 경우에는 보험계약이 무효라는 약관조항은 유효하다.

> **판례** 대법원 1998.8.21., 선고, 97다50091, 판결
>
> 보험사고의 객관적 확정의 효과에 관하여 규정하고 있는 상법 제644조는 사고발생의 우연성을 전제로 하는 보험계약의 본질상 이미 발생이 확정된 보험사고에 대한 보험계약은 허용되지 아니한다는 취지에서 보험계약 당시 이미 보험사고가 발생하였을 경우에는 그 보험계약을 무효로 한다고 규정하고 있고, 암 진단의 확정 및 그와 같이 확진이 된 암을 직접적인 원인으로 한 사망을 보험사고의 하나로 하는 보험계약에서 피보험자가 보험계약일 이전에 암 진단이 확정되어 있는 경우에는 보험계약을 무효로 한다는 약관조항은 보험계약을 체결하기 이전에 그 보험사고의 하나인 암 진단의 확정이 있었던 경우에 그 보험계약을 무효로 한다는 것으로서 상법 제644조의 규정 취지에 따른 것이라고 할 것이므로, 상법 제644조의 규정 취지나 보험계약은 원칙적으로 보험가입자의 선의를 전제로 한다는 점에 비추어 볼 때, 그 약관조항은 그 조항에서 규정하고 있는 사유가 있는 경우에 그 보험계약 전체를 무효로 한다는 취지라고 보아야 할 것이지, 단지 보험사고가 암과 관련하여 발생한 경우에 한하여 보험계약을 무효로 한다는 취지라고 볼 수는 없다.

② 보험기간 개시 전 사고로 신체장해가 있었던 피보험자에게 동일 부위에 상해사고로 새로운 후유장해가 발생한 경우에 최종 후유장해보험금에서 기존 신체장해에 대한 후유장해보험금을 차감하고 지급하기로 하는 약관조항은 유효하다.

> **판례** 대법원 2015.3.26., 선고, 2014다229917, 229924, 판결
>
> "특별약관의 보장개시 전의 원인에 의하거나 그 이전에 발생한 후유장해로서 후유장해보험금의 지급사유가 되지 않았던 후유장해가 있었던 피보험자의 동일 신체 부위에 또다시 후유장해가 발생하였을 경우에는 기존 후유장해에 대한 후유장해보험금이 지급된 것으로 보고 최종 후유장해상태에 해당되는 후유장해보험금에서 이미 지급받은 것으로 간주한 후유장해보험금을 차감한 나머지 금액을 지급한다"고 정한 약관조항은 유효하다.

③ 전문직업인 배상책임보험약관에서 해당 보험계약에 따른 보험금 지급의 선행조건으로서 피보험자가 제3자로부터 손해배상청구를 받은 경우 소정 기간 이내에 그 사실을 보험자에게 서면으로 통지하여야 한다는 약관조항은 유효하다.

> **판례** 대법원 2020.9.3., 선고, 2017다245804, 판결
>
> 甲 회계법인과 乙 보험회사가 체결한 회계사 전문직업배상책임 보험계약의 약관에서 보험금 지급조건으로 정한 "피보험자인 甲 법인에 대한 제3자의 손해배상청구는 보험기간 중 행해져야 한다"는 내용의 손해배상청구 조항과 "이러한 손해배상청구는 보험기간 중 보험자인 乙 회사에 서면으로 통지되어야 한다"는 내용의 서면통지 조항이 「약관의 규제에 관한 법률」제7조 제2호에 따라 무효인지 문제된 사안에서, 위 보험금 지급조건은 모두 상당한 이유 없이 보험자의 손해배상 범위를 제한한 것으로 볼 수 없으므로, 「약관의 규제에 관한 법률」 제7조 제2호에 따라 무효라고 볼 수 없다.

> **심화TIP** 면책조항의 금지(약관의 규제에 관한 법률 제7조)
>
> 계약 당사자의 책임에 관하여 정하고 있는 약관의 내용 중 다음 각 호의 어느 하나에 해당하는 내용을 정하고 있는 조항은 무효로 한다.
> 1. 사업자, 이행 보조자 또는 피고용자의 고의 또는 중대한 과실로 인한 법률상의 책임을 배제하는 조항
> 2. 상당한 이유 없이 사업자의 손해배상 범위를 제한하거나 사업자가 부담하여야 할 위험을 고객에게 떠넘기는 조항
> 3. 상당한 이유 없이 사업자의 담보책임을 배제 또는 제한하거나 그 담보책임에 따르는 고객의 권리행사의 요건을 가중하는 조항
> 4. 상당한 이유 없이 계약목적물에 관하여 견본이 제시되거나 품질·성능 등에 관한 표시가 있는 경우 그 보장된 내용에 대한 책임을 배제 또는 제한하는 조항

④ 계속보험료의 지급지체가 있는 경우에 상법 제650조상의 해지절차 없이 보험자가 보험계약에 대하여 실효 처리하는 실효예고부최고 약관규정은 무효이다.

> **판례** 대법원 1997.7.25., 선고, 97다18479, 판결
>
> 상법 제650조 제2항은 "계속보험료가 약정한 시기에 지급되지 아니한 때에는 보험자는 상당한 기간을 정하여 보험계약자에게 최고하고 그 기간 내에 지급되지 아니한 때에는 그 계약을 해지할 수 있다"라고 규정하고, 같은 법 제663조는 위의 규정은 당사자간의 특약으로 보험계약자 또는 피보험자나 보험수익자의 불이익으로 변경하지 못한다고 규정하고 있으므로, 분납보험료가 소정의 시기에 납입되지 아니하였음을 이유로 그와 같은 절차를 거치지 아니하고 곧바로 보험계약을 해지할 수 있다거나 보험계약이 실효됨을 규정한 약관은 상법의 위 규정에 위배되어 무효라 할 것이다.

(6) 보통보험약관의 해석원칙 기출 14 · 18 · 19 · 22

① 개별약정 우선의 원칙

약관에서 정하고 있는 사항에 관하여 사업자와 고객이 약관의 내용과 다르게 합의한 사항이 있을 때에는 그 합의 사항은 약관보다 우선한다(약관의 규제에 관한 법률 제4조).

> **판례** 대법원 1985.11.26., 선고, 84다카2543, 판결
>
> 판례에서도 일반적으로 당사자 사이에서 보통보험약관을 계약내용에 포함시킨 보험계약서가 작성된 경우에는 계약자가 그 보험약관의 내용을 알지 못하는 경우에도 그 약관의 구속력을 배제할 수 없는 것이 원칙이나, 다만 당사자 사이에서 명시적으로 약관에 관하여 달리 약정한 경우에는 약관의 구속력은 배제된다고 하였다.

② 신의성실의 원칙

약관은 신의성실의 원칙에 따라 공정하게 해석되어야 한다(약관의 규제에 관한 법률 제5조 제1항).

③ 객관적 해석의 원칙(공정성의 원칙)

약관은 고객에 따라 다르게 해석되어서는 아니 된다(약관의 규제에 관한 법률 제5조 제1항).

> **판례** 대법원 1996.6.25., 선고, 96다12009, 판결
>
> 보통거래약관의 내용은 개개 계약체결자의 의사나 구체적인 사정을 고려함이 없이 평균적 고객의 이해가능성을 기준으로 하되 약관거래단체 전체의 이해관계를 고려하여 객관적, 획일적으로 해석하여야 하고, 고객 보호의 측면에서 약관내용이 명백하지 못하거나 의심스러운 때에는 약관작성자에게 불리하게 제한해석하여야 한다.

④ 축소해석의 원칙(수정해석)

보험약관을 해석함에 있어서 신의성실의 원칙을 준수하기 위해 약관조항의 내용을 일정한 범위로 축소하거나 제한하는 해석원리이다.

> **판례** 대법원 1998.1.23., 선고, 97다38305, 판결
>
> 판례에서는 "무면허운전면책조항은 무면허운전이 보험계약자나 피보험자의 지배 또는 관리가 가능한 상황에서 이루어진 경우에 한하여 적용되는 조항이고, 이와 같이 수정된 범위 내에서 유효한 조항이라고 할 것인 바, 여기서 무면허운전이 보험계약자나 피보험자의 지배 또는 관리 가능한 상황에서 이루어진 경우라 함은 구체적으로는 보험계약자나 피보험자의 명시적 또는 묵시적 승인하에 이루어진 경우를 말한다."고 판시하였다.

⑤ 작성자불이익의 원칙

약관의 뜻이 명백하지 아니한 경우에는 고객에게 유리하게 해석되어야 한다(약관의 규제에 관한 법률 제5조 제2항). 즉 보험계약 중 애매하거나 불명확한 조문 또는 조항은 작성자불이익의 원칙에 의해 해석한다.

> **판례** 작성자불이익의 원칙 관련 판례
>
> - 대법원 2010.7.22., 선고, 2010다28208, 28215, 판결
>   판례에서는 "甲 보험회사의 보험계약 약관에서 말하는 암 수술급여금의 지급대상인 '수술'에 폐색전술이 해당하는지 여부가 문제된 사안에서, 乙이 받은 폐색전술은 보험계약 약관 제5조의 '수술'에 해당한다고 봄이 상당하고, 이러한 해석론이 약관 해석에 있어서의 작성자불이익의 원칙에도 부합하는 것"이라고 판시하였다.
> - 대법원 2016.5.12., 선고, 2015다243347, 판결
>   보험약관은 신의성실의 원칙에 따라 약관의 목적과 취지를 고려하여 공정하고 합리적으로 해석하되, 개개 계약 당사자가 기도한 목적이나 의사를 참작하지 않고 평균적 고객의 이해가능성을 기준으로 보험단체 전체의 이해관계를 고려하여 객관적·획일적으로 해석하여야 하며, 위와 같은 해석을 거친 후에도 약관조항이 객관적으로 다의적으로 해석되고 각각의 해석이 합리성이 있는 등 약관의 뜻이 명백하지 아니한 경우에는 고객에게 유리하게 해석하여야 한다. 즉 약관 조항 중 다의적으로 해석될 여지가 있을 경우 계약자 보호를 위하여 우선적으로 작성자불이익의 원칙에 의해 해석한다.

2 보험증권

(1) 의의

보험증권은 "보험계약이 성립한 때 보험계약의 내용을 증명하기 위하여 보험자가 발행하는 일종의 증거증권"이다. 이는 보험증권에 보험약관이 인쇄되어 있고 특약조항이 기입되어 있어서 보험계약의 내용을 증명하는 유력한 증거로 이용되므로 계약 성립과 동시에 당연히 보험증권이 작성·교부되고 있다. 하지만 보험계약은 요식계약이 아니라 낙성계약이다. 따라서 보험증권의 발행은 계약 당사자의 편의에 의한 것이지 계약의 성립요건도 아니고, 보험자만 기명날인·서명하므로 계약서도 아니다.

(2) 보험증권의 교부 기출 17·19·22

우리 상법은 보험계약이 성립한 때 지체 없이 보험증권을 작성·교부토록 하고 있다(상법 제640조 제1항). 그러나 보험계약자가 보험료의 전부 또는 최초의 보험료를 지급하지 않은 때에는 그러하지 아니한다(상법 제640조 제1항 단서)고 하여 보험계약의 성립 여부와 내용에 관한 분쟁을 미리 방지하고 있다. 또한 기존의 보험계약을 연장하거나 변경한 경우에는 그 사실을 그 보험증권에 기재함으로써 보험증권 교부에 갈음할 수 있도록 하였다(상법 제640조 제2항).

(3) 보험증권의 법적 성질 기출 16·24

① 요식증권성

보험증권은 일정한 사항을 기재(상법 제666조)하고 보험자가 기명날인 또는 서명하는 요식성을 가지나 그 요식성은 어음, 수표에 있어서와 같이 엄격한 것이 아니고 법정사항의 기재를 결(缺)하거나 그 밖의 사항을 기재하여도 그 효력에는 아무런 영향이 없다. 상법상 보험증권에는 <u>보험의 목적, 보험사고의 성질, 보험금액, 보험료와 그 지급방법, 보험기간을 정한 때에는 그 시기와 종기, 무효와 실권의 사유, 보험계약자의 주소와 성명 또는 상호, 피보험자의 주소, 성명 또는 상호 보험계약의 연월일, 보험증권의 작성지와 그 작성 연월일</u> 등을 기재해야 한다. 또한 상법은 위의 기본적 기재사항 이외에 화재보험증권(상법 제685조)·운송보험증권(상법 제690조)·해상보험증권(상법 제695조)·자동차보험증권(상법 제726조의3)·인보험증권(상법 제728조) 및 상해보험증권(상법 제738조) 등 보험의 종류에 따라 특별한 기재사항을 정하고 있다.

② 면책증권성

보험자가 보험금 또는 기타의 급여를 함에 있어서 증권을 제시하는 자의 자격을 조사할 권리는 있어도 의무는 없다.

③ 증거증권성

보험증권은 보험계약의 성립과 내용을 증명하기 위하여 보험자가 발행한 것이다. 보험계약자가 이의 없이 이를 받은 때에는 사실상 추정력을 가지고 있으므로 이것이 진실과 다르다는 것을 주장하는 자가 반증을 들 때까지는 증거력을 가지므로 증거증권이다.

④ 유가증권성

보험증권은 원칙적으로 증거증권이므로 유가증권이나 유통증권이 아니라는 것이 일반적이다. 그러나 보험증권은 기명식에 한하지 않고 지시식 또는 무기명식으로 발행할 것을 법으로 금지하지 않고 있으므로 이것을 발행할 수 있고, 또 실제로 이용되고 있다. 따라서 지시식 또는 무기명식 보험증권의 유가증권성이 문제가 되는데, 그 설은 다음과 같다.

㉠ 부정설 : 이 설은 보험금청구권이 그 성질상 증권 외의 사정, 즉 보험료의 지급, 기타 여러 가지의 의무이행에 걸려있다는 점과 또 손해보험에 있어 보험증권의 점유이전으로 인해 권리만 이전할 수 없고, 보험목적의 양도가 수반된다는 점(상법 제679조)에서 유가증권성을 부정한다. 일본의 통설이다.

㉡ 긍정설 : 이 설은 거래의 안전확보, 권리행사에 증권의 점유를 필요로 하므로 유가증권성을 전면적으로 긍정하는 설이다. 그러나 생명보험에 있어서는 그 성질상 또는 손해보험에 있어서는 보험의 목적이나 손해보상청구권만 따로 유통되는 것이 아니므로 유가증권성을 인정할 필요가 없고, 오히려 이를 인정함으로써 폐해가 생길 우려가 있다.

㉢ 일부긍정설 : 이 설은 운송보험증권과 해상보험증권, 특히 적하보험증권처럼 전전유통(轉轉流通)되어야 할 경제적 필요성이 있거나 증권의 배서 또는 교부에 의해 그 목적을 실현할 필요가 있기 때문에 인정하는 설로 최근 가장 유력해지고 있는 우리나라의 통설이라 할 수 있다. 그러나 보험증권은 문언증권이나 무인증권이 아니므로 보험자는 보험계약에 기한 항변으로써 그 소지인에게 대항할 수 있고 보험증권상 권리의 발생은 우연한 사고에 의하여 정해지므로 보험증권은 가장 불완전한 의미의 유가증권이라 할 수 있다.

(4) 보험증권의 이의신청 기출 20

상법 제641조에서 보험계약의 당사자는 보험증권의 교부가 있는 날로부터 1월을 내리지 않는 기간 안에 한하여 그 증권내용의 정부(正否)에 관한 이의를 신청할 수 있음을 약정할 수 있다고 정하고 있는데, 이를 정한 약관을 「이의약관」이라 한다.

보험증권은 증거증권으로써 사실상 추정력을 가지므로 그 증권 상의 기재내용이 실제계약과 다를 때에는 이를 정정하여 당사자 사이에 불필요한 분쟁을 막을 필요가 있다. 또한 그 기간을 부당하게 짧게 정하여 계약 당사자를 해할 염려가 있기 때문에 1개월 이하로는 정할 수 없게 하고 있다.

(5) 보험증권의 멸실·훼손·재교부

보험증권이 멸실·훼손되어도 다른 방법에 의하여 그 권리를 입증하여 보험금을 청구할 수 있으나 보험계약의 증거방법의 하나로 발행된 증서이기 때문에 소지하면 보험계약의 내용을 추정 받아 입증하기가 편리하다. 따라서 상법은 보험증권의 멸실·훼손이 현저할 때에는 보험계약자가 자기비용으로써 보험증권의 재교부를 청구할 수 있음을 정하고 있다(상법 제642조).

(6) 보험증권의 해석원칙

보험증권의 해석원칙이란 증권의 문언에 의문이 생긴 경우 어떠한 방침으로 그것을 해석할 것인가 하는 원칙을 말한다.

① **계약 당사자 의사존중의 원칙**

보험증권은 계약 당사자간의 합의표시이므로 해석시 당사자의 진의가 어디 있는지 발견하도록 하여야 한다. 또한 당사자 일방의 표시가 그 진의를 전달하는 데에 부적당하여 상대방이 진의와 다른 것을 진의로 믿고 행동한 경우 표시수령인 피보험자의 이익은 보호되어야 한다.

② **보통의미의 해석원칙(P.O.P 원칙)**

보험증권의 문언은 계약상 용어가 특별해석이 필요치 않으며 평이(plain)하고, 통상적(ordinary)이며, 통속적(popular)으로 해석한다.

③ **관습준거의 원칙**

보험증권의 문언이 오랜 관습에 의하여 확립된 특별한 뜻을 가진 경우에 그에 따라야 한다.

④ **동종제한의 원칙**

약관 중에 구체적 선행사항을 열거하고 최후에 "기타 이와 유사한 사고"와 같은 총괄적 어구는 선행 열거위험과 별개가 아니고 동일 또는 유사한 위험이며 문언표시가 곤란한 동종위험으로 해석하여야 한다.

⑤ **작성자불이익의 원칙**

보험증권의 문언이 애매하여 여러 가지로 해석할 수 있는 경우에는 작성자에게 불리하게 해석한다는 원칙을 말한다.

⑥ **특별약관우선의 원칙**

적용된 약관이 서로 모순되는 경우에는 정형화의 정도가 낮은 약관(예를 들면 특별약관)이 정형화의 정도가 높은 약관(예를 들면 보통약관)에 우선한다.

⑦ **수기우선의 원칙(필서우선의 원칙)**

보험증권상에 수기, 인쇄·타자 등의 문언이 모순되어 전체의 의미가 명료하지 않은 경우 수기문언이 우선한다.

⑧ **유효해석의 원칙**

두 가지 의미를 갖는 문구가 있을 경우에는 계약을 유효하게 하는 방향으로 해석한다.

⑨ **제한적 해석의 원칙**

면책약관의 해석시에 이를 제한적으로 해석하여야 한다는 원칙이다.

3 고지의무 기출 14·20

(1) 총설

① 의의

고지의무란 보험계약자와 피보험자가 보험계약 당시에 보험자에 대하여 중요한 사실을 고지하고 불고지, 부실고지를 아니할 의무를 지는 것을 말한다. 이것은 상법이 보험계약자 등에게 중요한 사실의 진실을 알릴 것을 전제로 하고 있으며, 계약의 효과로서 발생하는 통지의무와 구별된다(상법 제651조).

② 법적 근거

고지의무의 법적 근거로는 사행계약설, 최대선의설, 담보의무설, 위험측정설 등이 대립되고 있는데, 위험측정설이 통설이다. 즉, 보험자는 보험단체 내의 위험을 분산시키고 보험금과 대가관계에 있는 보험료를 산출하는 데에 있어서 위험측정을 가급적 정확하게 할 필요가 있는데, 보험자 스스로 모든 사항을 조사·수집할 수 없으므로 보험계약자 등의 협력을 구할 수밖에 없다는 데에 근거를 두고 있다.

③ 법적 성질

고지의무는 보험계약이 완전히 효력을 발생할 수 있도록 하는 전제조건이고, 피보험자나 보험계약자가 해지에 의한 불이익을 피하기 위하여 부담하는 일종의 간접의무이다. 따라서 보험자가 이행을 강제하거나 또는 불이행에 대하여 손해배상을 청구할 수 있는 것이 아니라, 의무위반의 효과에 따라 계약을 해지할 수 있을 뿐이다.

> **심화TIP 간접의무** 기출 21
>
> 간접의무는 보험자가 그 이행을 강제하거나 불이행에 대하여 손해배상을 청구할 수 있는 것이 아니라, 단지 보험계약을 해지를 통해 보험계약 관계를 종료시킬 수 있는 의무를 말한다.
> 예 고지의무, 위험변경증가의 통지의무, 위험유지의무 등

④ 존재이유

보험자는 다수와 보험계약을 체결함으로써 보험단체 내의 급부와 반대급부의 균형을 유지하고, 합리적인 보험기업의 운영을 기하기 위하여 보험계약자의 협력을 필요로 하는데, 이에 따라 법이 인정한 보험계약상 특유의 제도이다.

(2) 고지의무의 내용 기출 15·20

① 의무당사자

고지의무자는 보험계약자와 피보험자이며, 대리인에 의하여 체결되는 경우 그 대리인도 포함한다(상법 제646조). 또한 고지수령권자는 보험자이며, 보험자를 위하여 고지수령권이 있는 대리인도 포함된다. 따라서 보험회사와 보험대리점은 고지수령권이 있으며, 보험중개사는 고지수령권이 없다.

② **고지의 시기와 방법**

고지의 시기는 보험계약 당시(상법 제651조), 즉 계약의 성립시까지이며, 고지의 방법에는 법률상 제한이 없으므로 구두 또는 서면으로 가능하나 실무계약에서는 보험청약서상 질문란을 이용하는 것이 일반적이다.

③ **고지사항과 질문표** 기출 16 · 18 · 21 · 25

㉠ 중요한 사항 : 고지의무자가 보험자에 대하여 고지하여야 할 사항은 중요한 사항이다. 여기서 '중요한 사항'이란 보험자가 위험을 측정하여 보험의 인수 여부 및 보험료 산정의 표준이 되는 사항으로 보험자가 그 사실을 알았다면 계약을 체결하지 않거나 적어도 동일조건으로는 계약을 체결하지 않을 것이라고 객관적으로 생각되는 사실이다.

㉡ 질문표 : 고지의무에 있어서 일반 가입자는 무엇이 중요한 사항인지 잘 모르며 중요성의 판단은 서로 이해가 상반되고, 사고발생시 논쟁의 우려가 있으므로 이를 방지하기 위하여 보험자는 보험계약청약서 또는 이에 첨부할 서면에 보험계약자가 고지하여야 할 사항에 질문란을 만들어 그 회답을 요구하는 것이 질문표이다. 우리 상법은 보험자가 서면으로 질문한 사항을 중요한 사항으로 추정한다(상법 제651조의2). 이는 보험자가 명시적으로 질문하지 않은 사항에 관하여 고지의무위반을 이유로 보험금 지급을 거절하는 경우에는 보험자에게 입증책임을 전환하여 보험계약자를 보호하기 위함이다.

(3) 고지의무위반의 요건

① **보험계약자 측의 요건** 기출 17 · 19 · 22 · 25

㉠ 주관적 요건 : 보험계약자 또는 피보험자의 고의 또는 중대한 과실로 인한 것이어야 한다(상법 제651조). 여기서 고의란 해의(害意)가 아니고 중요한 사실에 관하여 알면서 고지하지 아니하거나 허위인 줄 알면서 고지하지 않는 것을 말하며, 중대한 과실이란 보험계약자 등이 조금만 주위를 기울였다면 그 사실의 중요성과 고지의 당위성을 알았을 것을 부주의로 불고지, 부실고지를 한 것을 말한다.

㉡ 객관적 요건 : 중요한 사실에 대한 불고지 또는 부실고지가 있어야 한다(상법 제651조). 여기서 불고지란 중요한 사실을 알면서 알리지 않은 것으로 묵비를 말하며, 부실고지란 사실과 다르게 말하는 것으로 허위진술을 말한다. 또한 중요한 사실은 현재의 사실뿐만 아니라 과거의 사실, 장래에 일어날 확실한 사실도 포함하고 적극적 사실, 소극적 사실도 포함한다.

㉢ 인과관계 : 보험계약자가 고지의무를 위반하더라도 중요한 사항과 보험사고의 발생 사이에 인과관계가 없음을 입증하면 보험자는 책임을 면치 못한다.

② **보험자의 주관적 요건**

보험계약 당시에 보험자의 악의 또는 중대한 과실이 없어야 한다. 보험계약자 측에 고지의무를 위반하여도 보험자가 계약 당시에 그 사실을 알았거나 중대한 과실로 인하여 알지 못한 때에는 계약을 해지하지 못한다(상법 제651조 단서).

> **고지의무위반 사례** 기출 17
> 보험가입 당시 유흥업소에서 일하던 가정주부가 생명보험 가입시 직업란에 '가정주부'라고만 기재한 것은 비록 가정주부의 지위를 겸하고 있었다고 하더라도 고지의무위반에 해당한다. 피보험자의 직업은 보험가입시 보험계약자가 신고하여야 할 중요한 사항이기 때문이다.

(4) 고지의무위반의 효과

① 고지의무위반의 승인 기출 22

보험자는 고지의무위반 사실에 대해 추가보험료를 받고 고지의무위반 사실을 승인할 수 있다. 그러나 보험자가 승인하기 전에 사고발생시 보험자는 고지의무위반을 입증하면 보상책임을 면하지만, 이러한 경우에 피보험자나 보험계약자가 고지의무위반과 사고발생 사이의 인과관계의 부존재를 입증하게 되면 보상책임을 진다.

② 해지권의 발생과 행사 기출 15·19·21

㉠ 해지권의 발생 : 보험계약자 등에게 고지의무위반이 있으면 당연 무효가 아닌 보험자가 계약을 해지할 수 있을 뿐이다. 해지권은 형성권의 일종으로 보험자가 고지의무위반 사실을 입증하고, 고지의무자에게 일방적 통고로 행사한다.

㉡ 해지권의 행사 : 해지권의 행사시기는 계약 성립과 동시이며, 보험사고발생 전후를 불문하고 계약해지가 가능하다. 그러나 고지의무위반 사실을 안 날로부터 1월 내에, 계약을 체결한 날로부터 3년 이내에 한하여 계약을 해지할 수 있다(상법 제651조).

③ 해지의 효과 기출 16·23

㉠ 보험사고발생 전 해지 : 보험자가 보험사고가 발생하기 전 해지할 때에 계약은 통지가 도달한 날로부터 장래에 향하여 효력을 상실한다. 따라서 보험자는 해지 전까지 이미 받은 보험료를 반환할 필요가 없고, 해지 때까지의 미수보험료를 청구할 수 있다.

㉡ 보험사고발생 후 해지 : 보험사고가 발생한 후에 보험자는 지나간 보험료기간의 보험료를 반환할 필요가 없고, 고지의무를 위반한 사실이 보험사고발생에 영향을 미치지 아니하였음이 증명되지 않는 한 보험금액을 지급할 책임도 없으며, 이미 지급한 보험금액이 있으면 그 반환을 청구할 수 있다(상법 제655조). 다만, 생명보험은 보험수익자를 위한 적립금을 보험계약자에게 지급하여야 한다(상법 제736조 제1항).

④ 해지권의 제한 기출 24·25

고지의무를 위반했더라도 보험자가 해지권을 행사할 수 없는 경우는 다음과 같다.

㉠ 제척기간의 경과 : 보험자가 고지의무위반사실을 안 날로부터 1월, 계약을 체결한 날로부터 3년이 경과한 때(상법 제651조), 즉 제척기간이 경과한 때

㉡ 보험자가 안 때 : 보험자가 계약 당시 그 사실을 알았거나 중대한 과실로 알지 못한 때(상법 제651조 단서)

㉢ 인과관계의 부존재 : 고지의무위반이 사고발생과 인과관계가 없음이 증명된 때. 이때 입증책임은 보험계약자에게 있다(상법 제655조).

> **판례** 대법원 1997.9.5., 선고, 95다25268, 판결
>
> 고지의무에 위반한 사실 또는 위험의 현저한 변경이나 증가된 사실과 보험사고발생과의 사이에 인과관계가 부존재한다는 점에 관한 주장·입증책임은 보험계약자 측에 있다.

　　㉣ 특약 : 당사자의 특약이 있을 때. 그러나 고지의무자에게 해의가 있는 경우 그 특약은 무효이다.
⑤ 해지권의 포기
　보험자의 이익을 위하여 보험자는 해지권을 포기할 수 있고, 포기의 의사표시는 명시, 묵시를 불문한다.

(5) 고지의무위반과 착오·사기와의 관계

고지의무위반시 착오, 사기의 요건을 갖추고 있을 때 민법의 일반원칙에 따라 그 계약을 취소(민법 제109조, 제110조)할 수 있느냐의 문제에서 여러 학설이 대립되고 있다.

① 민·상법적용설
　사기·착오시 민법을 적용하여 취소할 수 있다고 보는 견해이다.

② 상법적용설
　상법이 해지권을 인정하는 것은 고지의무위반이 있는 경우에 보험계약이 그 계약 체결 당시로 소급하여 무효가 되는 것을 피하려는 것이므로 민법의 적용을 배제하고 상법의 규정에 따라서만 해결하여야 한다는 입장이다. 이때, 착오의 경우 약관의 정함에 따라 이의를 제기할 수 있으나(상법 제641조), 사기의 경우에는 계약 그 자체를 무효로 하여야 할 것이다(상법 제669조 제4항).

③ 절충설
　보험자에게 착오가 있는 경우 상법상 해지권만을 행사하나, 보험계약자에게 사기가 있는 경우 제척기간이 경과한 후에 민법상 취소권을 행사할 수 있다는 견해이다.

> **판례** 고지의무 관련 판례
>
> - 대법원 2017.4.7., 선고, 2014다234827, 판결
>   보험계약을 체결하면서 중요한 사항에 관한 보험계약자의 고지의무위반이 사기에 해당하는 경우에는 보험자는 상법의 규정에 의하여 계약을 해지할 수 있음은 물론 보험계약에서 정한 취소권 규정이나 민법의 일반원칙에 따라 보험계약을 취소할 수 있다. 따라서 보험금을 부정취득할 목적으로 다수의 보험계약이 체결된 경우에 민법 제103조 위반으로 인한 보험계약의 무효와 고지의무위반을 이유로 한 보험계약의 해지나 취소는 그 요건이나 효과가 다르지만, 개별적인 사안에서 각각의 요건을 모두 충족한다면 위와 같은 구제수단이 병존적으로 인정되고, 이 경우 <u>보험자는 보험계약의 무효, 해지 또는 취소를 선택적으로 주장할 수 있다</u>.
> - 대법원 2011.11.10., 선고, 2009다80309, 판결 〔기출 21〕
>   甲이 자신을 기명피보험자로 하여 자동차보험계약을 체결하면서 피보험차량의 실제 소유자에 관하여 고지하지 않은 사안에서, 위 보험계약에서 기명피보험자인 甲이 피보험차량을 실제 소유하고 있는지는 상법 제651조에서 정한 '중요한 사항'에 해당한다고 볼 수 없고, 나아가 <u>甲이 자신을 기명피보험자로 하여 보험계약을 체결한 것이 피보험자에 관한 허위고지에 해당한다고 할 수 없다</u>.

- 대법원 2013.6.13., 선고, 2011다54631, 판결 기출 17 · 25
보험계약 당시에 보험계약자 또는 피보험자가 고의 또는 중대한 과실로 인하여 중요한 사항을 고지하지 아니하거나 부실의 고지를 한 때에는 보험자는 일정 기간 안에 그 계약을 해지할 수 있다(상법 제651조). 여기서 중대한 과실이란 현저한 부주의로 중요한 사항의 존재를 몰랐거나 중요성 판단을 잘못하여 그 사실이 고지하여야 할 중요한 사항임을 알지 못한 것을 의미한다 할 것이고, 그와 같은 과실이 있는지 여부는 보험계약의 내용, 고지하여야 할 사실의 중요도, 보험계약의 체결에 이르게 된 경위, 보험자와 피보험자 사이의 관계 등 제반 사정을 참작하여 사회통념에 비추어 개별적·구체적으로 판단하여야 하고, 그에 관한 증명책임은 고지의무위반을 이유로 보험계약을 해지하고자 하는 보험자에게 있다. 특히 피보험자와 보험계약자가 다른 경우에 피보험자 본인이 아니면 정확하게 알 수 없는 개인적 신상이나 신체상태 등에 관한 사항은, 보험계약자도 이미 그 사실을 알고 있었다거나 피보험자와의 관계 등으로 보아 당연히 알았을 것이라고 보이는 등의 특별한 사정이 없는 한, 보험계약자가 피보험자에게 적극적으로 확인하여 고지하는 등의 조치를 취하지 아니하였다는 것만으로 바로 중대한 과실이 있다고 할 것은 아니다. 더구나 보험계약서의 형식이 보험계약자와 피보험자가 각각 별도로 보험자에게 중요사항을 고지하도록 되어 있고, 나아가 피보험자 본인의 신상에 관한 질문에 대하여 '예'와 '아니오' 중에서 택일하는 방식으로 고지하도록 되어 있다면, 그 경우 <u>보험계약자가 '아니오'로 표기하여 답변하였더라도 이는 그러한 사실의 부존재를 확인하는 것이 아니라 사실 여부를 알지 못한다는 의미로 답하였을 가능성도 배제할 수 없는 것이므로</u>, 그러한 표기사실만으로 쉽게 고의 또는 중대한 과실로 고지의무를 위반한 경우에 해당한다고 단정할 것은 아니라 할 것이다.

- 대법원 2000.11.24., 선고, 99다42643, 판결
피보험자의 직업이나 직종에 따라 보험금 가입한도나 보상비율에 차등이 있는 생명보험계약에서 그 피보험자의 직업이나 직종에 관한 사항에 대하여 고지의무위반이 있어 실제의 직업이나 직종에 따른 보험금 가입한도나 보상비율을 초과하여 보험계약이 체결된 경우에 보험회사가 보험금 지급사유의 발생 여부와 관계없이 보험금을 피보험자의 실제 직업이나 직종에 따른 보험금 가입한도나 보상비율 이내로 감축하는 것은 실질적으로 당사자가 의도하였던 보험금 가입한도나 보상비율 중에서 실제 직업이나 직종에 따른 보험금 가입한도나 보상비율을 초과하는 부분에 관한 보험계약을 자동 해지하는 것이라고 할 것이므로, 그 해지에 관하여는 상법 제651조에서 규정하고 있는 해지기간, 고지의무위반 사실에 대한 보험자의 고의나 중과실 여부, 상법 제655조에서 규정하고 있는 고지의무위반 사실과 보험사고발생 사이의 인과관계 등에 관한 규정이 여전히 적용되어야 하고, 만일 이러한 규정이 적용될 여지가 없이 <u>자동적으로 원래 실제 직업이나 직종에 따라 가능하였던 가입한도나 보상비율 범위 이내로 지급하여야 할 보험금을 감축하는 취지의 약정이 있다면 이는 당사자의 특약에 의하여 보험계약자나 피보험자, 보험수익자에게 불리하게 위 상법의 규정을 변경한 것으로서 상법 제663조에 의하여 허용되지 않는다</u>고 할 것이며, 이러한 결론은 비록 보험회사가 보험계약자 측의 직업 또는 직종에 대한 고지의무위반이 있는 경우에 이로 인한 계약해지권을 포기하고 있다고 하여도 달리 볼 것은 아니다.

- 대법원 2012.11.29., 선고, 2010다38663, 38670, 판결 기출 20
甲이 손해보험업을 영위하는 乙 주식회사와 냉동창고건물에 관한 보험계약을 체결하였는데, 체결 당시 보험의 목적인 건물이 완성되지 않아 잔여공사를 계속하여야 한다는 사정을 乙 회사에 고지하지 않은 사안에서, 위 냉동창고건물은 형식적 사용승인에도 불구하고 냉동설비공사 등 주요 공사가 완료되지 아니하여 잔여공사를 계속하여야 할 상황이었고, 이러한 공사로 인하여 완성된 냉동창고건물에 비하여 현저히 높은 화재 위험에 노출되어 있었으며, 위험의 정도나 중요성에 비추어 甲은 보험계약을 체결할 때 <u>이러한 사정을 고지하여야 함을 충분히 알고 있었거나 적어도 현저한 부주의로 인하여 이를 알지 못하였다고 봄이 타당하다</u>는 이유로, 고지의무의 위반에 정당한 이유가 있다.

- 대법원 1996.4.12., 선고, 96다4893, 판결 [기출 25]
보험자 및 보험계약의 체결 또는 모집에 종사하는 자는 보험계약의 체결에 있어서 보험계약자 또는 피보험자에게 보험약관에 기재되어 있는 보험상품의 내용, 보험료율의 체계 및 보험청약서상 기재사항의 변동사항 등 보험계약의 중요한 내용에 대하여 구체적이고 상세한 명시ㆍ설명의무를 지고 있으므로, 보험자가 이러한 보험약관의 명시ㆍ설명의무에 위반하여 보험계약을 체결한 때에는 그 약관의 내용을 보험계약의 내용으로 주장할 수 없고, 보험계약자나 그 대리인이 그 약관에 규정된 고지의무를 위반하였다 하더라도 이를 이유로 보험계약을 해지할 수 없다.

- 대법원 2010.7.22., 선고, 2010다25353, 판결
보험자는 고지의무를 위반한 사실과 보험사고의 발생 사이의 인과관계를 불문하고 상법 제651조에 의하여 고지의무위반을 이유로 계약을 해지할 수 있다.

- 서울중앙지법 2004.10.28., 2004나21069, 판결 [기출 22ㆍ23]
보험계약자 측의 고지의무위반과 보험계약의 보험사고 사이에 인과관계가 존재하는지 여부에 관하여 원칙적으로 보험금의 지급을 청구하는 보험계약자 측이 보험금 지급의무의 발생요건인 인과관계가 존재하지 아니한다는 점을 입증할 책임이 있다고 할 것이나, 입증책임의 분배에 관하여 당사자 사이에 약관 등에 의하여 이를 미리 정하여 둔 경우에는 특별한 사정이 없는 한 그 입증책임계약은 유효하므로 이에 따라야 한다.

- 대법원 1989.2.14., 선고, 87다카2973, 판결 [기출 24]
생명보험계약에 있어서 고지의무위반을 이유로 한 해지의 경우에는 계약의 상대방 당사자인 보험계약자나 그의 상속인(또는 그들의 대리인)에 대하여 해지의 의사표시를 하여야 하고, 타인을 위한 보험에 있어서도 보험금 수익자에게 해지의 의사표시를 하는 것은 특별한 사정(보험약관상의 별도기재 등)이 없는 한 효력이 없다.

- 대법원 2011.4.14., 선고, 2009다103349, 103356, 판결
보험계약자나 피보험자가 보험계약 당시에 보험자에게 고지할 의무를 지는 상법 제651조에서 정한 '중요한 사항'이란, 보험자가 보험사고의 발생과 그로 인한 책임부담의 개연율을 측정하여 보험계약의 체결 여부 또는 보험료나 특별한 면책조항의 부가와 같은 보험계약의 내용을 결정하기 위한 표준이 되는 사항으로서, 객관적으로 보험자가 그 사실을 안다면 계약을 체결하지 않든가 적어도 동일한 조건으로는 계약을 체결하지 않으리라고 생각되는 사항을 말한다. 보험자가 고지의무위반을 이유로 보험계약을 해지하기 위해서는 보험계약자 또는 피보험자가 고지의무가 있는 사항에 대한 고지의무의 존재와 그러한 사항의 존재에 대하여 이를 알고도 고의로 또는 중대한 과실로 인하여 이를 알지 못하여 고지의무를 다하지 않은 사실이 증명되어야 한다. 여기서 '중대한 과실'이란 고지하여야 할 사실은 알고 있었지만 현저한 부주의로 인하여 그 사실의 중요성의 판단을 잘못하거나 그 사실이 고지하여야 할 중요한 사실이라는 것을 알지 못하는 것을 말한다.

- 대법원 1997.9.5., 선고, 95다25268, 판결
보험계약자나 피보험자가 보험계약 당시에 보험자에게 고지할 의무를 지는 상법 제651조에서 정한 '중요한 사항'이란, 보험자가 보험사고의 발생과 그로 인한 책임부담의 개연율을 측정하여 보험계약의 체결 여부 또는 보험료나 특별한 면책조항의 부가와 같은 보험계약의 내용을 결정하기 위한 표준이 되는 사항으로서, 객관적으로 보험자가 그 사실을 안다면 그 계약을 체결하지 않든가 적어도 동일한 조건으로는 계약을 체결하지 않으리라고 생각되는 사항을 말하고, 어떠한 사실이 이에 해당하는가는 보험의 종류에 따라 달라질 수밖에 없는 사실인정의 문제로서 보험의 기술에 비추어 객관적으로 관찰하여 판단되어야 한다.

- 대법원 1996.12.23., 선고, 96다27971, 판결
지입차주가 승합차를 렌터카 회사에 지입만 하여 두고 독자적으로 운행하여 일정 지역을 거점으로 통학 학생들을 등ㆍ하교시켜 주는 여객유상운송에 제공한 경우, 그 운행형태는 고지의무의 대상이 되는 중요한 사항에 해당하지 않을 뿐 아니라 이를 고지하지 않은 것에 중대한 과실이 없다.

- **대법원 2004.6.11., 선고, 2003다18494, 판결**
  보험자가 서면으로 질문한 사항은 보험계약에 있어서 중요한 사항에 해당하는 것으로 추정되고(상법 제651조의2), 여기의 서면에는 보험청약서도 포함될 수 있으므로, 보험청약서에 일정한 사항에 관하여 답변을 구하는 취지가 포함되어 있다면 그 사항은 상법 제651조에서 말하는 '중요한 사항'으로 추정된다.

04 보험계약의 효과

1 총설

보험계약자의 청약과 보험자의 승낙이 있으면 보험계약이 성립하고 일단 보험계약이 체결되면 그 효과로서 보험기간 중에 당사자는 일정한 권리와 의무를 부담하게 되는데, 손해보험과 인보험에 따라 조금씩 달리한다.

2 보험자의 의무

(1) 손해보험의 경우

① 보험약관의 교부·설명의무 [기출] 14·15·17·18·19·20·21·22·23·24·25

　㉠ 의의 : 보험자는 보험계약을 체결할 때에 보험계약자에게 보험약관을 교부하고 그 약관의 중요한 내용을 설명하여야 한다(상법 제638조의3 제1항). 보험자의 약관교부·설명의무는 보험계약자가 보험계약의 내용을 알고 계약을 체결하도록 함으로써 보험계약자가 선의의 불이익을 당하지 않도록 하기 위함이다.

　㉡ 교부·설명의무의 내용 : 보통보험약관은 보험자가 일방적으로 작성하여 금융위원회에 제출하는 정형적인 보험계약조항으로서 부동문자로 인쇄하여 두고 있다.
　　보험약관의 중요한 내용이 무엇이냐는 보험의 종류에 따라 다를 수 있으나, 보험계약의 중요한 요소 가운데 보험료와 그 지급방법, 보험금액, 보험기간, 특히 보험자의 책임개시 시기를 정한 경우에는 그 시기, 보험사고의 내용, 보험계약의 해지사유 또는 보험자의 면책사유 등을 들 수 있다. 그러므로 보험자는 보험계약자가 그러한 약관의 중요한 내용을 이해할 수 있도록 설명하여 주어야 한다(약관의 규제에 관한 법률 제3조 참조).

> **중요한 사항**
> 보험계약자의 입장에서 그 사항의 인지여부가 보험계약 체결에 영향을 미치는 사항을 중요한 사항이라고 한다. 그러나 ① 보험계약 거래에 있어서 일반적이고 공통된 것이어서 고객이 충분히 예상할 수 있는 사항, ② 이미 널리 보험계약자에게 알려져 있는 조항, ③ 보험계약법에 규정되어 있는 내용을 보험약관에서 원용한 내용의 경우에는 보험자가 보험계약자에게 설명하여야 할 중요한 사항이 아니다.

> **판례** 　보험약관 명시·설명의무 관련 판례

- 대법원 2010.3.25., 선고, 2009다91316, 91323, 판결
  보험약관조항에서 보험계약 체결 후 이륜자동차를 사용하게 된 경우에 보험계약자 또는 피보험자는 지체 없이 이를 보험자에게 알릴 의무를 규정하고 있는 사안에서, 위 약관조항의 내용이 단순히 법령에 의하여 정하여진 것을 되풀이하거나 부연하는 정도에 불과하다고 볼 수 없으므로, 위 약관조항에 대한 보험자의 명시·설명의무가 면제된다고 볼 수 없다.

- 대법원 2001.7.27., 선고, 99다55533, 판결 기출 23·25
  「약관의 규제에 관한 법률」제3조의 규정에 의하여 보험자는 보험계약을 체결할 때에 보험계약자에게 보험약관에 기재되어 있는 보험상품의 내용, 보험료율의 체계, 보험청약서상 기재사항의 변동 및 보험자의 면책사유 등 보험계약의 중요한 내용에 대하여 구체적이고 상세한 명시·설명의무를 지고 있으므로, 만일 보험자가 이러한 보험약관의 명시·설명의무에 위반하여 보험계약을 체결한 때에는 그 약관의 내용을 보험계약의 내용으로 주장할 수 없지만, 보험약관의 중요한 내용에 해당하는 사항이라 하더라도 보험계약자나 그 대리인이 그 내용을 충분히 잘 알고 있는 경우에는 당해 약관이 바로 계약 내용이 되어 당사자에 대하여 구속력을 가지므로 보험자로서는 보험계약자 또는 그 대리인에게 약관의 내용을 따로 설명할 필요가 없다고 볼 것인 바, 이 경우 보험계약자나 그 대리인이 그 약관의 내용을 충분히 잘 알고 있다는 점은 이를 주장하는 보험자 측에서 입증하여야 할 것이다.

- 대법원 1996.4.12., 선고, 96다4893, 판결
  보험자 및 보험계약의 체결 또는 모집에 종사하는 자는 보험계약의 체결에 있어서 보험계약자 또는 피보험자에게 보험약관에 기재되어 있는 보험상품의 내용, 보험료율의 체계 및 보험청약서상 기재사항의 변동사항 등 보험계약의 중요한 내용에 대하여 구체적이고 상세한 명시·설명의무를 지고 있으므로, 보험자가 이러한 보험약관의 명시·설명의무에 위반하여 보험계약을 체결한 때에는 그 약관의 내용을 보험계약의 내용으로 주장할 수 없고, 보험계약자나 그 대리인이 그 약관에 규정된 고지의무를 위반하였다 하더라도 이를 이유로 보험계약을 해지할 수 없다.

- 대법원 1998.11.27., 선고, 98다32564, 32567, 판결
  보험자에게 보험약관의 명시·설명의무가 인정되는 것은 어디까지나 보험계약자가 알지 못하는 가운데 약관에 정하여진 중요한 사항이 계약 내용이 되어 보험계약자가 예측하지 못한 불이익을 받게 되는 것을 피하고자 하는데 그 근거가 있다고 할 것이므로, 보험약관에 정하여진 사항이라고 하더라도 거래상 일반적이고 공통된 것이어서 보험계약자가 별도의 설명 없이도 충분히 예상할 수 있었던 사항이거나 이미 법령에 의하여 정하여진 것을 되풀이하거나 부연하는 정도에 불과한 사항이라면 그러한 사항에 대하여서까지 보험자에게 명시·설명의무가 인정된다고 할 수 없다.

- 대법원 1998.4.14., 선고, 97다39308, 판결
  상법 제638조의3에서 보험자의 약관설명의무를 규정한 것은 보험계약이 성립되는 경우에 각 당사자를 구속하게 될 내용을 미리 알고 보험계약의 청약을 하도록 함으로써 보험계약자의 이익을 보호하자는데 입법취지가 있고, 보험약관이 계약 당사자에 대하여 구속력을 갖는 것은 보험계약 당사자 사이에 그것을 계약 내용에 포함시키기로 합의하였기 때문이라는 점 등을 종합하여 보면, 보험계약자나 그 대리인이 약관의 내용을 충분히 잘 알고 있는 경우에는 그 약관이 바로 계약 내용이 되어 당사자에 대하여 구속력을 갖는다고 할 것이므로, 보험자로서는 보험계약자 또는 그 대리인에게 약관의 내용을 따로이 설명할 필요가 없다고 보는 것이 상당하다.

- 대법원 1999.3.9., 선고, 98다43342, 43359, 판결
  상법 제638조의3 제1항 및 약관의 규제에 관한 법률 제3조의 규정에 의하여 보험자는 보험계약을 체결할 때에 보험계약자에게 보험약관에 기재되어 있는 보험상품의 내용, 보험료율의 체계, 보험청약서상 기재 사항의 변동 및 보험자의 면책사유 등 보험계약의 중요한 내용에 대하여 구체적이고 상세한 명시·설명의무를 지고 있다고 할 것이어서, 만일 보험자가 이러한 보험약관의 명시·설명의무에 위반하여 보험계약을 체결한 때에는 그 약관의 내용을 보험계약의 내용으로 주장할 수 없다.

- **대법원 2013.6.28., 선고, 2012다107051, 판결**
  특정 질병 등을 치료하기 위한 외과적 수술 등의 과정에서 의료과실이 개입되어 발생한 손해를 보상하지 않는다는 것은 일반인이 쉽게 예상하기 어려우므로, 약관에 정하여진 사항이 보험계약 체결 당시 금융감독원이 정한 표준약관에 포함되어 시행되고 있었다거나 국내 각 보험회사가 위 표준약관을 인용하여 작성한 보험약관에 포함되어 널리 보험계약이 체결되었다는 사정만으로는 그 사항이 '거래상 일반적이고 공통된 것이어서 보험계약자가 별도의 설명 없이 충분히 예상할 수 있었던 사항'에 해당하여 보험자에게 명시·설명의무가 면제된다고 볼 수 없다.
- **대법원 2007.4.27., 선고, 2006다87453, 판결**
  피보험자동차의 양도에 관한 통지의무를 규정한 보험약관은 거래상 일반인들이 보험자의 개별적인 설명 없이도 충분히 예상할 수 있었던 사항인 점 등에 비추어 보험자의 개별적인 명시·설명의무의 대상이 되지 않는다.
- **대법원 2015.3.26., 선고, 2014다229917, 229924, 판결**
  정액보험인 상해보험에서는 기왕장해가 있는 경우에도 약정 보험금 전액을 지급하는 것이 원칙이고, 예외적으로 감액규정이 있는 경우에만 보험금을 감액할 수 있으므로, 위 기왕장해 감액규정과 같이 후유장해보험금에서 기왕장해에 해당하는 보험금 부분을 감액하는 것이 거래상 일반적이고 공통된 것이어서 보험계약자가 별도의 설명 없이도 충분히 예상할 수 있는 내용이라거나, 이미 법령에 정하여진 것을 되풀이하거나 부연하는 정도에 불과한 사항이라고 볼 수 없어, 보험계약자나 대리인이 내용을 충분히 잘 알고 있지 않는 한 보험자는 기왕장해 감액규정을 명시·설명할 의무가 있다.
- **대법원 2015.11.17., 선고, 2014다81542, 판결**
  연금보험에서 향후 지급받는 연금액은 당해 보험계약 체결 여부에 영향을 미치는 중요한 사항이므로, 연금보험계약의 체결에 있어 보험자 등은 보험계약자 등에게, 수학식에 의한 복잡한 연금계산방법 자체를 설명하지는 못한다고 하더라도, 대략적인 연금액과 함께 그것이 변동될 수 있는 것이면 그 변동가능성에 대하여 설명하여야 한다.
- **대법원 2021.8.26., 선고, 2020다291449, 판결** 기출 24
  '갑'과 '을' 보험회사가 체결한 보험계약의 약관에서 '이륜자동차를 계속적으로 사용하게 된 경우'를 보험계약 후 알릴 의무의 대상으로 규정하는 조항을 두고 있는데, 위 약관 조항에 대한 '을' 회사의 명시·설명의무가 면제되는지 문제된 사안에서, '갑'이 "이륜자동차를 계속적으로 사용하게 된 경우는 사고발생의 위험이 현저하게 변경 또는 증가된 경우에 해당하여 '을' 회사에 통지하여야 하고, 이를 이행하지 않을 경우 계약이 해지될 수 있다"는 사정까지 예상할 수는 없었고, 위 약관 조항의 내용이 단순히 법령에 의하여 정하여진 것을 되풀이하거나 부연하는 정도에 불과하다고 보기도 어려우므로, 위 약관 조항에 대한 '을' 회사의 명시·설명의무는 면제되지 않는다.

ⓒ 교부·설명 의무자와 상대방 : 보험약관의 교부·설명의무자는 보험자이나, 실거래에서 보험설계사, 보험대리점 또는 보험중개사를 통해서 보험모집이 이루어지는 경우에는 이들이 보험자를 대신하게 된다. 여기서 보험대리점 가운데 체약대리점은 직접 보험자를 대리하여 보험계약체결권을 가지고 있으므로 당연하며, 보험설계사, 보험중개대리점 또는 보험중개사의 경우 보험계약체결권은 없지만 보험계약자는 그들을 통해서 보험계약을 청약하고 보험료를 지급하고 있는 것이 일반적이다. 설명의 상대방은 피보험자나 보험수익자가 아닌 보험계약자이다.

> **심화TIP** 적합성의 원칙
>
> 적합성의 원칙이란 보험이나 기타 금융상품의 모집에 종사하는 자는 가입대상자의 제반 상황에 적합한 상품을 권유하여야 한다는 원칙을 말한다. 즉 보험회사나 보험모집종사자는 고객의 연령, 재산 및 소득상황, 사회적 경험, 보험가입의 목적 등에 비추어 투자성이 있는 보험이나 변액보험이 고객에게 적합하지 아니하다고 인정되면 그러한 보험계약의 체결을 권유하여서는 아니 된다. 이러한 적합성 원칙을 지키지 않은 채 과대한 위험성을 수반하는 보험계약의 체결을 권유함으로써 그 권유행위가 고객에 대한 보호의무를 저버려 위법성을 띤 행위로 평가되면, 그로 인하여 발생한 고객의 손해를 배상할 책임을 부담한다.

ㄹ) 설명의 방법과 입증책임 : 교부·설명의무를 이행하였다는 입증책임은 보험자에게 있다. 설명의 방법으로는 대면방식에 의한 구두설명과 청약서의 자필서명에 의하여 입증하는 방식과 전화에 의한 구두설명과 전화내용 녹취에 의한 입증방법도 사용된다. 서면에 의한 설명방식은 법원이 인정하지 않고 있다. 기출 20

ㅁ) 설명의 정도 : 보험계약자의 평균적 이해 수준을 기초로 약관의 전반적인 내용을 알리면 된다고 보며, 보험계약자의 주관적인 사정을 고려하여 보험계약자가 인지할 수 있는 정도까지 설명해야 하는 것은 아니다. 보험계약자의 의무가 존재한다는 것을 설명하는 것만으로는 부족하고 보험계약자가 의무불이행시 받을 불이익까지를 설명하도록 요구하고 있다.

> **판례** 설명의무의 대상(대법원 2003.5.30., 선고, 2003다15556, 판결)
>
> "계약자 또는 피보험자가 손해의 통지 또는 보험금청구에 관한 서류에 고의로 사실과 다른 것을 기재하였거나 그 서류 또는 증거를 위조하거나 변조한 경우"를 보험금청구권의 상실사유로 정한 보험약관이 설명의무의 대상이 아니다. 즉 약관의 사기적 청구조항은 거래상 일반인들이 당연히 예상할 수 있는 내용이어서 보험계약 체결시 보험자가 고객에게 설명하지 않아도 된다.

ㅂ) 설명의 시기 : 약관의 교부·설명의무의 이행 시기는 청약시까지 하여야 하나, 보험계약 체결시까지 의무이행을 하더라도 가능하다. 교부·설명의무는 원칙적으로 계약전 의무이다.

ㅅ) 교부·설명의무위반의 효과 기출 18·21·24

ⓐ 보험자가 보험계약을 맺을 때에 보험약관의 교부·설명의무를 위반한 때에는 보험계약자는 보험계약이 성립한 날로부터 3개월 이내에 그 계약을 취소할 수 있다(상법 제638조의3 제2항). 여기서 3개월의 기간은 제척기간이고, 보험계약자가 그 보험계약을 취소한 때에는 처음부터 그 계약은 무효로 되며(민법 제141조), 보험자는 보험계약자가 지급한 보험료를 모두 돌려주어야 한다(상법 제648조 참조). 따라서 보험계약 체결시에 보험자가 약관의 교부·설명의무를 위반한 때에는 보험계약자는 보험계약이 성립한 날로부터 3개월 이내에 보험계약을 취소하여 이미 지급한 보험료를 돌려받거나, 그 약관의 규정에 따라 보험계약 관계를 유지하여야 한다.

> 보험자가 보험계약을 체결할 때 보험약관의 교부·설명의무를 위반하는 경우에 보험계약자는 계약이 성립한 날부터 3개월 내에 계약을 취소할 수 있다(「보험업감독업무시행세칙」 별표 15. 생명보험표준약관 제18조 제3항). 위 취소사유에 해당하여 보험계약자가 계약을 취소하는 경우 보험회사는 보험계약자에게 이미 납입한 보험료를 돌려주어야 하며, 보험료를 받은 기간에 보험계약대출 이율을 연단위로 계산한 금액을 더해 지급해야 한다(「보험업감독업무시행세칙」 별표 15. 생명보험표준약관 제18조 제5항).

| 판례 | 보험약관의 설명의무위반의 효과(대법원 1996.4.12., 선고, 96다4893, 판결) |

상법 제638조의3 제2항에 의하여 보험자가 약관의 교부 및 설명의무를 위반한 때에 보험계약자가 보험계약 성립일로부터 1월 내에 행사할 수 있는 취소권은 보험계약자에게 주어진 권리일 뿐 의무가 아님이 그 법문상 명백하므로, 보험계약자가 보험계약을 취소하지 않았다고 하더라도 보험자의 설명의무위반의 법률효과가 소멸되어 이로써 보험계약자가 보험자의 설명의무위반의 법률효과를 주장할 수 없다거나 보험자의 설명의무위반의 하자가 치유되는 것은 아니다.

ⓑ 약관규제법 제3조는 "사업자가 교부·설명의무를 위반하여 계약을 체결한 경우에는 해당 약관을 계약의 내용으로 주장할 수 없다"고 규정하고 있다.

판례의 입장(중첩적용설, 흠결불치유설)

약관규제법 제3조는 특별법 우선적용을 규정한 것에 불과하므로 특별법에 없는 내용은 일반법이 적용될 수 있을 뿐만 아니라, 보험자가 상기 의무불이행시 취소권 제척 기간(3개월)이 경과하더라도 보험자의 의무불이행의 흠결이 치유되지 아니하므로 전 보험계약 기간을 통해 보험자는 보험약관 내용을 계약의 내용으로 주장할 수 없다고 한다.

| 판례 | 보험약관의 개정으로 인한 효력(대법원 2010.1.14., 선고, 2008다89514, 89521, 판결) 기출 18 |

보험계약이 일단 그 계약 당시의 보통보험약관에 의하여 유효하게 체결된 이상 그 보험계약관계에는 계약 당시의 약관이 적용되는 것이고, 그 후 보험자가 그 보통보험약관을 개정하여 그 약관의 내용이 상대방에게 불리하게 변경된 경우는 물론 유리하게 변경된 경우라고 하더라도, 당사자가 그 개정 약관에 의하여 보험계약의 내용을 변경하기로 하는 취지로 합의하거나 보험자가 구 약관에 의한 권리를 주장할 이익을 포기하는 취지의 의사를 표시하는 등의 특별한 사정이 없는 한 개정 약관의 효력이 개정 전에 체결된 보험계약에 미친다고 할 수 없다.

② 보험증권 교부의무

보험자는 보험계약이 성립하고 보험료의 전부 또는 최초의 보험료의 지급을 받은 때에는 지체 없이 보험증권을 작성하여 보험계약자에게 교부하도록 하고(상법 제640조 제1항), 기존의 보험계약을 연장하거나 변경한 경우에는 보험자는 이미 발행한 보험증권에 그 사실을 기재함으로써 보험증권의 교부에 갈음할 수 있도록 하고 있다(상법 제640조 제2항). 이것은 일반적으로 거래계약에서도 보험계약의 정형화에 따라 보험약관이 인쇄되어 있고 특약조항이 기입되어 있어 보험계약의 내용을 증명하는 가장 유력한 증거로서 이용되고 있다.

| 판례 | 보험증권 교부의무 위반(대법원 1999.2.9., 선고, 98다49104, 판결) |

상법 제640조의 규정에 의하면 보험자는 보험계약이 성립한 때에는 보험계약자가 보험료를 납부하지 아니하는 등의 특별한 사정이 없는 한 지체 없이 그 계약의 성립과 내용을 증명하는 보험증권을 작성하여 보험계약자에게 교부하여야 할 의무가 있으므로, 그 보험증권이 보험계약자의 의사에 반하여 보험계약자의 구상의무에 관하여 담보를 제공한 제3자에게 교부되었다면 이러한 의무가 이행되었다고 볼 수 없다. 즉 보험증권이 보험계약자의 의사에 반하여 보험계약자의 구상의무에 관하여 담보를 제공한 제3자에게 교부되었다면 보험자는 보험증권 교부의무 위반이 된다.

③ 보험금 지급의무 기출 14·15
  ㉠ 의의 : 보험계약은 유상·쌍무계약으로서 보험자는 보험계약자의 보험료 지급의 대가로 보험기간 내에 보험사고로 인하여 피보험자에게 손해가 발생한 경우 피보험자 또는 보험수익자에게 보험금을 지급할 의무를 진다(상법 제638조). 보험자의 보험금 지급의무는 보험계약에서 보험자가 지는 주된 의무로서 손해보험과 인보험에 따라 약간 차이가 있다. 여기서 보험금이란 손해보험에서는 보험자가 책임을 지기로 한 보험금액 한도 내에서 보험사고로 피보험자가 입은 재산상의 손해액이고, 생명보험과 같은 정액보험에서는 계약상 정한 보험금액을 말한다.
  ㉡ 보험금 지급책임의 발생요건 기출 20
    ⓐ 보험기간 중 보험사고의 발생 : 보험사고는 보험기간 안에 생긴 것이어야 한다. 또한 계약 체결 당시 보험사고가 이미 발생한 것을 당사자 쌍방과 피보험자가 알지 못하였거나, 사고는 보험기간 안에 발생하였으나 손해가 보험기간 후에 발생하여도 보험자가 책임을 진다.
    ⓑ 보험계약자의 보험료 지급 : 보험자의 위험부담책임은 당사자간에 약정이 없는 한 보험계약자로부터 최초의 보험료를 지급받은 때부터 개시된다(상법 제656조). 그러므로 보험사고가 보험기간 안에 생긴 것이라도 보험료를 지급받기 전에 생긴 것이면 보험자는 보험금 지급책임을 지지 않는다. 그러나 당사자간에 계약 체결 전 어느 시기를 보험기간의 시기로 한 소급보험의 경우 그 시기를 정한 때부터 보험자는 책임을 진다(상법 제643조).
    ⓒ 보험자의 담보조건 충족 : 보험자가 보험약관에서 약속한 담보요건이 충족되어야 한다. 보험자가 담보하기로 한 특정한 위험으로 사고가 발생하고, 보험자가 보상하기로 한 손해 등의 담보조건을 충족해야 하며, 각각의 경우 상당인과관계가 존재해야 한다.
    ⓓ 승낙전 사고 : 보험자의 책임은 보험계약이 성립하고 최초의 보험료를 받은 때로부터 개시되나(상법 제656조), 보험자가 보험계약자로부터 보험계약의 청약과 함께 보험료 상당액의 전부 또는 일부를 받은 경우에는 그 청약을 승낙하기 전에 보험사고가 생긴 때에는 그 청약을 거절할 사유가 없는 한 보험자는 보험계약상의 책임을 진다(상법 제638조의2 제3항).
    ⓔ 면책사유가 없는 것 : 보험자의 보상책임이 발생하였음에도 불구하고 일정한 위험으로 사고발생 또는 일정한 사유가 있을 경우에 보험자의 보상책임은 면한다. 이때 일정한 위험을 면책위험, 일정한 사유를 면책사유라 한다.
  ㉢ 보험금의 지급 기출 16·18·22·23·24
    ⓐ 보험금청구권자 : 보험사고발생시 보험자에게 보험금을 청구할 수 있는 자는 손해보험에서는 피보험자이고, 인보험에서는 보험수익자이다.
    ⓑ 보험금 지급시기와 방법 : 보험자의 보험금 지급은 당사자간에 약정이 있는 경우에는 그 기간 내에, 약정이 없으면 보험사고발생 통지를 받은 후 지체 없이 지급할 보험금액을 정하고 그 정해진 날부터 10일 이내에 피보험자 또는 보험수익자에게 보험금을 지급해야 한다(상법 제658조). 이때, 보험금 지급은 금전급부가 원칙이나 다른 약정이 있을 때에는 현물 또는 기타의 급여로 할 수 있다.
    ⓒ 보험금 지급장소 : 채권자인 피보험자 또는 보험수익자의 주소 또는 영업소가 원칙이나 약관에 따라 달리 정할 수 있다.

ⓓ 소멸시효 : 피보험자나 보험수익자가 보험금청구권과 보험료 또는 적립금의 반환청구권은 3년간, 보험료청구권은 2년간 행사하지 않으면 소멸시효는 완성된다(상법 제662조). 이때, 시효의 기산점은 보험사고가 발생할 때가 일반적이나 보험사고발생 통지를 한 때에는 보험자가 그 통지를 받은 후 보험금 지급 유예기간(10일)이 경과한 다음날부터 기산한다.

> **피보험자가 실종선고를 받은 경우 소멸시효의 기산일** 기출 17
> 실종기간이 만료되어 실종자가 사망한 것으로 간주되는 시점은 실종선고일이 아니라 실종기간 만료일이다(민법 제28조).

> **판례** 소멸시효 관련 판례 기출 23
>
> - 대법원 2021.7.22., 선고, 2019다277812, 전원합의체 판결
>   보험계약자가 다수의 계약을 통하여 보험금을 부정 취득할 목적으로 보험계약을 체결하여 그것이 민법 제103조에 따라 선량한 풍속 기타 사회질서에 반하여 무효인 경우 보험자의 보험금에 대한 부당이득반환청구권은 상법 제64조를 유추적용하여 <u>5년의 상사 소멸시효기간이 적용된다고 봄이 타당하다</u>.
> - 대법원 2011.3.24., 선고, 2010다92612, 판결
>   상법은 보험료반환청구권에 대하여 2년간 행사하지 아니하면 소멸시효가 완성한다는 취지를 규정할 뿐(제662조) 소멸시효의 기산점에 관하여는 아무것도 규정하지 아니하므로, 소멸시효는 민법 일반 법리에 따라 객관적으로 권리가 발생하고 그 권리를 행사할 수 있는 때로부터 진행한다. 그런데 상법 제731조 제1항을 위반하여 무효인 보험계약에 따라 납부한 보험료에 대한 반환청구권은 특별한 사정이 없는 한 보험료를 납부한 때에 발생하여 행사할 수 있다고 할 것이므로, 위 <u>보험료반환청구권의 소멸시효는 특별한 사정이 없는 한 각 보험료를 납부한 때부터 진행한다</u>.
> - 헌법재판소 2022.5.26., 선고, 2018헌바153, 전원재판부 결정
>   심판대상조항이 보험금청구권의 소멸시효 기산점을 명시하지 않은 결과 원칙적으로 보험사고가 발생한 때로부터 2년이 경과하면 소멸시효가 완성한다고 하더라도, 이는 객관적 사유에 의해 권리관계를 명확하고 신속하게 확정함으로써 안정적이고 효율적으로 보험재정을 운용하기 위한 것으로서 합리적인 이유가 있으며, 소멸시효 중단 또는 정지 규정이나 법원의 해석 등을 통하여 구체적인 사안에서 나타날 수 있는 불합리한 결과를 보완할 수 있다.
>   따라서 <u>심판대상조항에 규정된 소멸시효기간이 지나치게 단기간이거나 불합리하여 국민의 보험금청구를 현저히 곤란하게 만들거나 사실상 불가능하게 한다고 볼 수 없으므로, 심판대상조항이 입법형성의 한계를 넘어 재산권을 침해한다고 볼 수 없다</u>.

④ 보험료 반환의무 기출 18·20·21·22

㉠ <u>의의</u> : 보험자는 보험계약이 취소·무효 또는 해지된 경우에 보험계약자에게 일정보험료를 반환하여야 하는데, 이를 <u>보험자의 보험료 반환의무</u>라 한다.

㉡ <u>보험계약이 취소된 경우</u> : 보험자는 보험계약을 맺을 때에 보험약관의 교부·명시의무를 이행하지 아니함으로써 보험계약자가 보험계약이 성립한 후 3개월 이내에 그 계약을 취소하여 그 보험계약이 처음부터 무효로 된 때(상법 제638조의3, 민법 제141조)에는 보험자는 지급받은 보험료를 모두 보험계약자에게 반환하여야 한다.

ⓒ 보험계약이 무효인 경우 : 보험자는 보험계약의 전부 또는 일부가 무효인 경우에 보험계약자와 피보험자 또는 보험수익자가 선의이며 중대한 과실이 없는 때에는 보험료의 전부 또는 일부를 반환할 의무를 진다(상법 제648조). 따라서 보험계약자 측의 악의로 보험계약이 무효로 된 때에는 이를 제재하는 의미에서 보험자는 보험료 반환의무를 지지 않는다.

ⓓ 보험사고발생 전의 보험계약해지의 경우 : 보험자는 보험계약자가 보험사고의 발생 전에 보험계약의 전부 또는 일부를 해지한 경우에는 다른 약정이 없으면 미경과보험료를 반환하여야할 의무가 있고, 보험계약자는 이를 반환청구 할 수 있다(상법 제649조 제1항, 제3항). 여기서 미경과보험료란 계약이 해지될 때 보험료기간 이후의 기간에 해당하는 기간의 보험료를 말한다. 그러나 실보험거래에서 화재보험의 경우 보험계약이 해지된 때에는 일할로 계산하여 나머지 기간에 대한 보험료를 반환하고 있다. 그리고 생명보험의 경우 보험자는 보험계약이 해지된 때에 보험료적립금을 반환하여야 한다(상법 제736조).

> **판례** 미경과보험료 반환의무에 대한 일반론(서울고등법원 2005.8.25., 선고, 2004나46801, 판결)
>
> 보험료불가분의 원칙은 원래 해상보험에서 보험회사가 담보하는 항해 전체와 일치하는 보험료기간은 분할할 수 없이 일체가 된다는 것에서 출발한 강학상의 개념으로서, 보험료는 그 산출을 위한 위험 측정상의 단위가 되는 보험료기간에 생기는 위험률에 따라 산정되기 때문에 보험료기간에 해당하는 보험료는 관념적으로 하나가 되는 것이므로, 중도에 보험계약의 효력이 소멸하더라도 보험자는 보험료기간에 대한 보험료 전부를 취득하게 되고 따라서 미경과한 기간에 대한 보험료를 반환할 의무가 없다는 것을 뜻한다. 그런데, 상법에는 제649조에서 보험사고가 발생하기 전 또는 보험사고가 발생한 후에도 보험금액이 감액되지 않는 보험의 경우에는 보험계약자가 계약의 전부 또는 일부를 해지할 수 있고, 보험사고가 발생하기 전에 해지한 경우에는 당사자 사이에 다른 약정이 없으면 미경과보험료의 반환을 청구할 수 있다고 규정하는 등 일부 조항에서 이를 간접적으로 표현하고 있기는 하지만 보험료 환급과 관련하여 보험료불가분의 원칙에 관한 명시적인 규정은 존재하지 아니하며, 해상보험이라는 특수상황하에서 인정될 수 있는 보험료불가분의 원칙을 모든 보험에 적용되는 대원칙으로 받아들이는 것은 논리적으로나 보험기술적인 측면에서 보더라도 부당한 측면이 있으므로 우리 상법상으로는 보험료불가분의 원칙을 모든 보험에 적용되는 대원칙이라고 할 수는 없고, 결국 미경과보험료의 환급 문제는 보험계약의 형태, 약관의 규정 및 보험계약이 종료된 원인 등을 고려하여 합리적으로 판단하여야 할 것이다.

ⓔ 소멸시효 : 보험자의 보험료 반환의무는 보험계약자가 청구권을 3년간 행사하지 않으면 소멸한다(상법 제662조).

⑤ 이익배당의무

보험자가 약관으로서 그 이익의 일부를 보험계약자에게 배당할 것을 정한 경우 그 조항에 따라 이익배당을 할 의무를 부담한다. 이 경우 보험자는 그 지급을 위하여 준비금을 적립하여야 한다.

(2) 인보험의 경우

인보험은 보험약관의 교부·명시의무, 보험증권 교부의무, 보험금 지급의무, 보험료 반환의무, 이익배당의무 외에도 보험료적립금 반환의무(해약환급금 반환의무), 보험계약자 대부의무를 진다.

① 보험금 지급의무 기출 16·24
   ㉠ 의의 : 인보험계약의 보험자는 피보험자의 생명이나 신체에 관하여 보험사고가 발생할 경우에 보험계약으로 정하는 바에 따라 보험금이나 그 밖의 급여를 지급할 책임이 있다(상법 제727조). 이 경우 보험금은 당사자간의 약정에 따라 분할하여 지급할 수 있다.
   ㉡ 생명보험의 경우 : 생명보험계약의 보험자는 피보험자의 사망, 생존, 사망과 생존에 관한 보험사고가 발생할 경우에 약정한 보험금을 지급할 책임이 있다(상법 제730조).
   ㉢ 중과실로 인한 보험사고 : 피보험자의 사망을 보험사고로 한 보험계약에는 사고가 보험계약자 또는 피보험자나 보험수익자의 중대한 과실로 인해 생긴 경우에도 보험자는 보험금액을 지급할 책임을 면치 못한다(상법 제732조의2).

② 보험료적립금 반환의무 기출 21
   ㉠ 의의 : 생명보험계약이 해지된 때와 보험금액의 지급책임이 면제된 때에 보험자는 보험계약자에게 보험료적립금을 지급해야 한다(상법 제736조 제1항). 왜냐하면 생명보험계약은 장기보험계약으로서 저축성을 띠고 있고, 보험료는 생명표에 의하여 예정사망률과 예정이율에 따라 계산하여 매년 평균보험료를 지급하도록 하고 있기 때문이다.
   ㉡ 해약환급금의 반환 : 생명보험계약에서 보험자는 결산기마다 책임준비금을 계상하여야 하는데, 보험자가 계상하여야 할 책임준비금은 보험료적립금과 미경과보험료로 구분한다. 여기서 보험료적립금은 보험수익자를 위하여 적립한 금액을 말하며, 보험계약이 해지된 때에 보험자는 해약환급금으로서 보험계약자에게 보험료적립금을 지급하여야 한다.
   ㉢ 소멸시효 : 보험자의 보험료적립금 반환의무는 3년의 시효를 적용한다(상법 제662조).

③ 보험계약자 대부의무
   생명보험계약에서 보험계약자는 해약환급금의 범위 안에서 보험자가 정한 방법에 따라 보험증권을 제출하고 대부를 받을 수 있다. 이것을 '보험계약자 대부' 또는 '보험증권 대부'라 하고, 보험계약자의 청구가 있으면 보험자는 이에 따를 의무가 있다.

3 보험계약자, 피보험자, 보험수익자의 의무

(1) 손해보험의 경우

① 보험료 지급의무 [기출] 17・18・19

㉠ 의의

보험계약이 성립하면 보험계약자는 보험자의 위험부담의 대가로 보험료를 지급할 의무를 지는데, 이를 보험료 지급의무(상법 제638조)라 한다. 이때 보험료는 보험계약이 유상계약이라는 본질상의 필요에 따라 보험자의 위험인수, 즉 손해의 보상 또는 일정한 금액의 급부에 대한 대가로서의 성질을 가진다. 또한 보험료불가분의 원칙에 따라 보험료기간에 해당하는 보험료를 분할하여 지급하더라도 그것은 단지 보험계약자의 편의상 분할 지급하는 것이므로 그 기간 중간에 보험계약의 효력이 소멸한 때라도 보험료기간에 상당하는 전체 보험료를 지급해야 한다.

㉡ 보험료 지급의무자

보험료 지급의무는 보험계약의 당사자인 보험계약자가 1차적으로 지며, 타인을 위한 보험계약의 경우 보험계약자의 파산 또는 기타의 사유로 지급이 불가능한 경우 그 권리를 포기 않는 한 피보험자 또는 보험수익자가 2차적으로 의무를 지게 된다(상법 제639조 제3항). 또한 보험계약자가 수 인인 경우 각 보험계약자는 연대하여 그 보험료를 지급할 의무가 있다.

㉢ 보험료의 지급시기와 보험자의 책임

상법은 보험료의 지급시기를 규정한 바 없으나 보험자의 책임은 당사자간에 다른 약정이 없으면 최초의 보험료를 지급받은 때부터 개시되므로 보험계약 성립 후 지체 없이 보험료를 지급해야 한다(상법 제656조). 그러므로 보험자는 비록 보험계약이 성립하여 계약상 책임기간이 시작된 후라도 최초의 보험료를 받지 아니한 때에는 보험사고가 발생하여도 그 책임을 지지 않는다.

> **판례** 수표에 의한 보험료 지급에 관한 판례의 입장(대법원 1989.11.28., 선고, 88다카33367, 판결)
>
> 대법원은 "선일자수표는 그 발행자와 수취인 사이에 특별한 합의가 없었더라도 일반적으로 수취인이 수표상의 발행일 이전에는 자기나 양수인이 지급을 위한 제시를 하지 않을 것이라는 약속이 이루어져 발행된 것이라고 의사해석함이 합리적이며, 따라서 대부분의 경우 당해 발행일자 이후의 제시기간 내의 제시에 따라 결제되는 것이라고 보아야 한다"고 판시하여 수표의 결제 전의 보험사고에 대하여 보험자의 책임을 부정하고 있다. 판례에 찬성하는 입장은 "보험료의 지급을 위하여 어음이나 수표를 교부한 경우에는 보험료의 지급자체는 아니라하더라도 보험계약이 성립되고 보험자가 어음・수표에 의하여 보험료의 지급을 받은 때에는 그것을 제시할 수 있는 날에 제시하여 지급이 있는 것을 조건으로 그 책임을 인수한 것이라고 풀이한다. 그리하여 보험자가 보험계약자로부터 어음과 수표로서 보험료를 받은 때에는 그때로부터 보험자의 책임은 개시되고, 그것의 지급이 거절된 때에는 그때부터 다시 보험계약상의 책임을 지지 않는다고 풀이한다"라고 하면서도 "이것은 어디까지나 보험자가 그 청약을 승낙하고 보험료를 지급받은 때로부터 개시하는 것이므로 승낙전 사고에 대하여 보험자의 책임을 인정하는 예외적인 경우에까지 확대하는 것은 형평의 관념에 어긋난다"고 하였다.

㉣ 보험료의 지급방법 및 지급장소
보험료는 보험금액을 기초로 위험률에 따라 그 금액이 정해지며, 일시지급 또는 분할방법에 의하여 지급된다. 또한 상법은 보험료의 지급장소에 관하여 아무런 규정이 없으나, 실무에서는 보험자의 영업소에서 하고 있다.

㉤ 보험료의 감액과 반환청구
ⓐ 보험료의 감액청구 [기출 18]
- 특별히 예기한 위험이 소멸한 경우 : 보험계약의 당사자가 특별한 위험을 예기하여 보험료액을 정한 경우에 보험기간 중 그 예기한 위험이 소멸한 때에 보험계약자는 그 후의 보험료 감액을 청구할 수 있다(상법 제647조).
- 현저한 초과보험의 경우 : 보험계약 당시에 보험금액이 보험가액을 현저하게 초과한 때나 계약 체결 후 보험기간 중 보험가액이 감소된 경우는 보험료의 감액을 청구할 수 있다. 이 경우 보험가액은 계약 당시 보험가액을 기준으로 하며, 보험료의 감액은 장래에 향하여만 효력이 있다. 한편 보험자도 보험금액의 감액을 청구할 수 있다(상법 제669조).

ⓑ 보험료의 반환청구 [기출 17 · 21]
- 보험계약의 전부 또는 일부가 무효인 경우 : 보험계약자, 피보험자 또는 보험수익자가 선의이며 중대한 과실이 없을 때에는 보험자에 대하여 보험료의 전부 또는 일부의 반환을 청구할 수 있다(상법 제648조).
- 보험사고발생 전에 계약을 임의해지한 경우 : 보험사고발생 전에 보험계약자는 언제든지 계약의 전부 또는 일부를 해지할 수 있으며, 이 경우 당사자간에 다른 약정이 없으면 보험계약자는 미경과보험료의 반환을 청구할 수 있다(상법 제649조).

> **판례** 대법원 2018.9.13., 선고, 2016다255125, 판결
>
> 보험계약자가 다수의 보험계약을 통하여 보험금을 부정취득할 목적으로 보험계약을 체결한 경우, 이러한 목적으로 체결된 보험계약에 의하여 보험금을 지급하게 하는 것은 보험계약을 악용하여 부정한 이득을 얻고자 하는 사행심을 조장함으로써 사회적 상당성을 일탈하게 될 뿐만 아니라, 합리적인 위험의 분산이라는 보험제도의 목적을 해치고 위험발생의 우발성을 파괴하며, 다수의 선량한 보험가입자들의 희생을 초래하여 보험제도의 근간을 해치게 되므로, 이와 같은 보험계약은 민법 제103조 소정의 선량한 풍속 기타 사회질서에 반하여 무효라고 할 것이다.

㉥ 보험료 지급의무 지체의 효과 [기출 22 · 24]
ⓐ 최초보험료의 지급지체의 경우
- 보험자의 책임이 발생하지 않음 : 보험자의 책임을 당사자간에 다른 약정이 없는 한 최초의 보험료를 지급받은 때부터 개시한다(상법 제656조)고 하였으므로 최초의 보험료를 받지 아니한 때에는 보험사고가 발생하여도 그 책임을 지지 않는다.
- 보험계약의 해제의 의제 : 보험계약자는 계약 체결 후 지체 없이 보험료의 전부 또는 제1회의 보험료를 지급하여야 하는데, 이를 지급하지 아니한 경우에는 다른 약정이 없는 한 계약 체결 후 2월이 경과하면 그 계약은 해제된 것으로 본다(상법 제650조 제1항).
- 보험증권 교부의무가 발생하지 않음 : 보험자는 보험계약이 성립한 때에 지체 없이 보험증권을 작성하여 보험계약자에게 교부하여야 하는데, 보험계약자가 최초의 보험료를 지급하지 아니한 때에는 그러하지 아니하다(상법 제640조 제1항).

ⓑ 계속보험료의 지급지체의 경우 : 계속보험료가 약정한 시기에 지급되지 아니한 때에 보험자는 상당한 기간을 정하여 보험계약자에게 최고하고 그 기간 내에 지급되지 아니한 때에는 그 계약을 해지할 수 있다(상법 제650조 제2항). 다만, 특정한 타인을 위한 보험계약의 경우 보험계약자가 보험료의 지급을 지체한 때에 보험자는 그 타인에게도 상당한 기간을 정하여 보험료의 지급을 최고한 후가 아니면 그 계약을 해제 또는 해지하지 못한다(상법 제650조 제3항).

> **상법 제655조와의 관계**
>
> 상법 제655조는 "보험사고가 발생한 후라도 보험자가 제650조, 제651조, 제652조 및 제653조에 따라 계약을 해지하였을 때에는 보험자는 보험금을 지급할 책임이 없고, 이미 지급한 보험금의 반환을 청구할 수 있다"라고 규정하고 있다. 이를 법규대로 해석하면 보험금 지급 후 계속보험료의 미납으로 인해 보험자가 보험계약을 해지한 경우 이미 지급한 보험금에 대해 반환청구를 할 수 있는 것으로 해석될 여지가 있기는 하지만, 이러한 경우라도 해지예고부 최고에 따라 적법하게 해지되기 전까지 발생한 사고에 대하여 보험자는 보험금 지급책임을 부담하여야 한다. 따라서 이러한 경우에는 <u>보험자는 계속보험료 부지급을 이유로 이미 지급한 보험금의 반환을 청구할 수 없다.</u>

ⓐ 보험계약의 부활 [기출 18·19·21·23]

ⓐ 의의 : 계속보험료가 지급되지 않는 경우 보험자의 계약해지에 의하여 보험계약이 해지되고 해약환급금이 지급되지 아니한 경우에 보험계약자는 일정한 기간 내에 연체보험료에 약정이자를 붙여 보험자에게 지급하고 그 계약의 부활을 청구할 수 있는데, 이를 '보험계약의 부활'이라고 한다(상법 제650조의2). 이는 계약해지를 보험계약이 종료되었다 하더라도 보험계약자가 보험의 계속을 청약할 때에는 그 계약의 부활을 승낙함으로써 계약자의 피해를 방지하려는 것이다.

ⓑ 보험계약 부활의 요건
  • 기존계약이 계속보험료의 부지급으로 인해 상법 제650조 제2항에 따라 최고의 절차를 거쳐 해지되어야 한다.
  • 보험자가 보험계약자에게 해지환급금을 지급하지 않아야 한다.
  • 보험계약자가 부활청구기간 내에 청구해야 한다.
  • 보험계약자가 보험자에게 연체보험료와 이에 대한 약정이자를 지급해야 한다.
  • 보험자가 보험계약자의 부활청약에 대하여 승낙하여야 한다.

> **판례** 부산지방법원 2015.3.19., 선고, 2013가단232158, 판결 [기출 22]
>
> 부활계약의 청약시 보험자는 보험계약자에게 부활계약을 체결하더라도 실효되었던 종전의 계약의 효력이 되살아나는 것이 아니라, 새로운 보험계약이 체결된다는 점을 설명하고, 만일 약관에서 부활계약 체결 시를 기준으로 새로이 고지의무가 발생하는 것으로 정하였다면 이는 <u>부활계약 청약 여부를 결정함에 있어 가장 중요한 사항이므로 계약자나 피보험자에게 명확히 명시하고 설명하여야 한다</u>고 봄이 상당하다.

ⓒ 보험계약 부활의 효과 : 보험자는 보험계약자로부터 부활의 청구와 함께 연체보험료 및 약정이자를 지급받은 때에는 다른 약정이 없는 한 30일 내에 낙부의 통지를 발송해야 하고, 그 기간 내에 통지하지 아니하면 보험자의 승낙이 의제되며 통지기간의 경과 전에 보험사고가 발생한 때에는 부활의 청구를 거절할 사유가 없는 한 부활계약상의 책임을 진다(상법 제638조의2). 또한, 새로운 계약 체결의 경우처럼 보험계약자는 상법 제651조에 따라 부활청구시 고지의무를 이행하여야 하며, 부활청구에 대한 승낙 후 연체보험료 및 약정이자를 받은 경우에는 상법 제656조에 따라 보험자의 부활계약상의 책임은 최초의 보험료의 지급을 받은 때로부터 개시된다.

> **판례** 대법원 2002.7.26., 선고, 2000다25002, 판결
>
> 보험계약상의 일부 보험금에 관한 약정 지급사유가 발생한 이후에 그 보험계약이 해지, 실효되었다는 보험회사 직원의 말만을 믿고 해지환급금을 수령한 경우, 이를 보험계약을 해지하는 의사로써 한 행위라고 할 수 없다.

◎ 실효약관의 효력
ⓐ 의의 : 보험약관에 제2회 이후의 보험료는 그 납입 기일로부터 상당한 기간의 유예기간을 두고, 그 기간 안에 보험료 지급이 없으면 보험계약은 효력을 잃는다는 것이 일반적이다. 이와 같이 상법 제650조 제2항의 최고 후에 해지의 규정을 무시하고 "약관에 보험료 지급일로부터 상당한 유예기간을 정하여 두고, 그 기간 안에 보험료 지급이 없는 때에는 보험계약이 자동실효된다"는 보통보험약관의 조항을 '실효약관'이라 한다.
ⓑ 실효약관의 효력 : 상법 제663조는 보험계약자 등 불이익변경금지의 원칙을 두어 무지의 보험계약자 등의 이익을 보호하고 있는데, 실효약관은 상법 제650조 제2항의 해지절차인 '최고'와 '해지의 통지'를 무시하고 있어서 이와 관련하여 그 효력이 문제가 된다. 초기 판례에서는 상법 제663조는 일개의 보험계약자가 아닌 보험계약자 전체의 이익을 전제로 하므로 보험계약자 등의 귀책사유로 인한 보험료 부지급에 대해 일정기간 유예에도 불구하고 그 지급이 없으면 보험자가 그 해지의 절차를 밟지 않는다고 해서 상법의 규정에 저촉되는 것이 아니라고 판시하였다. 그러나 현재 법원은 보험계약자에게 상법 제650조의 최고절차를 무시하고 유예기간 경과 후에 보험계약이 자동실효 됨을 규정한 실효약관은 보험계약자 등에게 불이익하게 변경된 조항이기 때문에 무효임을 판시하고 있다. 그러므로 보험자는 상법 제650조의 최고절차를 이행해야 한다.
ⓒ 실효약관의 최고기간과 보험자 보상책임 : 보험자는 상법 제650조의 최고기간 중 발생한 보험사고에 대해 보상책임을 진다. 또한 최고절차를 충실히 이행함에 대한 입증책임을 져야 하고, 입증을 못하게 되면 보상책임을 면하지 못한다. 최고기간 경과 후 보험자가 해지를 한 이후에 발생한 보험사고는 면책한다. 해지 이후에 보험계약자는 일정기간(부활기간) 안에 보험계약의 부활을 청구할 수 있다.

ⓧ 보험료청구권의 소멸시효 기출 22

보험자의 보험료청구권은 2년간 행사하지 아니하면 시효가 소멸한다(상법 제662조). 따라서 보험자는 최초보험료를 보험계약이 성립한 날로부터 2년, 계속보험료는 그 지급기일로부터 2년 안에 청구권을 행사하여야 한다.

> **보험금청구권의 소멸시효**
> 상법은 보험금청구권에 관하여 단기소멸시효제도를 두고 있다. 구 상법 제662조에 따르면, 보험금청구권과 보험료 또는 적립금의 반환청구권은 2년간, 보험료의 청구권은 1년간 행사하지 아니하면 소멸시효가 완성한다. 위 상법 제662조는 1962.1.20. 법률 제1000호로 상법이 제정될 때부터 같은 내용으로 존속하다가, 2014.3.11. 법률 제12397호로 상법이 개정될 때 보험금청구권 및 보험료 또는 적립금의 반환청구권의 소멸시효가 2년에서 3년으로, 보험료청구권의 소멸시효가 1년에서 2년으로 연장되었다.

② 위험변경·증가의 통지의무 기출 15·20·23·24

보험계약자 또는 피보험자가 보험기간 중 위험이 현저하게 변경·증가된 그 사실을 안 때에는 지체 없이 보험자에게 통지해야 하는데, 이 의무를 해태한 경우 보험자는 1월 내에 계약을 해지할 수 있다(상법 제652조 제1항). 또한 의무이행시에 보험자는 1월 내에 보험료의 증액을 청구하거나 계약을 해지할 수 있다(상법 제652조 제2항).

> **판례** 통지의무 관련 판례
>
> • 대법원 2004.6.11., 선고, 2003다18494, 판결
>   상법 제652조 제1항 소정의 통지의무의 대상으로 규정된 '사고발생의 위험이 현저하게 변경 또는 증가된 사실'이라 함은 그 변경 또는 증가된 위험이 보험계약의 체결 당시에 존재하고 있었다면 보험자가 보험계약을 체결하지 아니하였거나 적어도 그 보험료로는 보험을 인수하지 아니하였을 것으로 인정되는 사실을 말하는 것이다.
> • 다수보험계약 체결 미통지의 통지의무위반 여부(대법원 2003.11.13., 선고, 2001다49630, 판결)
>   판례에 따르면 손해보험에 있어서 다른 보험계약을 체결한 것은 상법 제652조 및 제653조의 통지의무의 대상이 되는 사고발생의 위험이 현저하게 변경 또는 증가된 때에 해당되지 않는다.

③ 위험유지의무 기출 17·19·23

㉠ 보험기간 중에 보험계약자, 피보험자 또는 보험수익자는 보험자가 인수한 위험을 임의로 변경·증가시키지 않고 그대로 유지시켜야 할 위험유지의무를 부담한다. 보험계약자 등의 고의 또는 중대한 과실로 사고발생의 위험이 현저하게 변경·증가된 때에 보험자는 그 사실을 안 날로부터 1월 내에 보험료의 증액을 청구하거나 계약을 해지할 수 있다(상법 제653조).
㉡ 전쟁위험담보를 개별약정하거나 특약에 가입하는 보험계약자는 전쟁위험담보가 없는 보험계약자와 달리 추가보험료를 내야 한다.

④ 보험사고발생의 통지의무 기출 22

보험계약자 또는 피보험자나 보험수익자는 보험사고의 발생을 안 때에 지체 없이 보험자에게 통지할 의무(상법 제657조 제1항)를 지는데, 이 의무의 해태로 인하여 손해가 증가된 때에 보험자는 그 증가된 손해를 보상할 책임이 없다(상법 제657조 제2항).

⑤ 손해방지경감의무 기출 17

보험계약자와 피보험자는 피보험이익의 주체로 보험사고의 발생시에 손해의 방지와 경감을 위하여 노력할 의무가 있다. 이는 신의성실의 원칙과 공익상 요구에 근거를 두고 있다. 이 의무의 해태시 보험자는 확대된 손해를 보상하지 않으며, 이미 보험금을 지급한 경우에는 손해의 배상을 청구할 수 있다.

(2) 인보험의 경우

인보험에 있어서 보험계약자, 피보험자 또는 보험수익자는 손해보험과 같이 ① <u>보험료 지급의무</u>, ② <u>위험변경·증가의 통지의무</u>, ③ <u>위험유지의무</u>, ④ <u>보험사고발생의 통지의무</u>를 진다.

4 통지의무

(1) 통지의무의 의의

통지의무란 보험계약의 효과로 발생된 의무로서 보험기간 중에 일정한 사실의 발생을 보험자에게 알리는 보험계약자 측의 의무이다. 여기에는 위험의 변경·증가 통지의무와 보험사고발생의 통지의무 그리고 기타 재보험의 특수한 통지의무가 있다.

(2) 고지의무와 차이점

통지의무는 보험계약의 효과로 발생하는 의무인데 반하여, 고지의무는 보험계약의 체결 당시에 계약 전제조건의 의무라는 차이점이 있다.

심화TIP 고지의무와 통지의무의 비교 기출 14

구 분	고지의무	통지의무
의무자	보험계약자, 피보험자	보험계약자, 피보험자, 보험수익자
의무이행 시기	보험계약 체결 당시	보험계약기간 동안
의무이행 방법	질문표를 작성한다.	서면 또는 구두
의무위반의 효과	보험자는 위반사실을 안 날로부터 1월 내, 계약 체결일로부터 3년 내에 계약을 해지할 수 있다.	위험변경·증가 통지의무의 위반의 경우에 보험자는 그 사실을 안 후 1월 내에 한하여 계약을 해지할 수 있다.

(3) 위험의 현저한 변경·증가의 통지의무 기출 18·21·23·25

① 의 의

보험기간 중에 보험계약자 또는 피보험자가 사고발생의 위험이 현저하게 변경 또는 증가된 사실을 안 때에는 지체 없이 보험자에게 통지해야 하는데, 이를 '<u>위험의 현저한 변경·증가의 통지의무</u>'라 한다.

② 존재이유

위험을 측정하여 보험사고발생의 개연율을 산정하고 보험료를 산출하는 데에 영향을 미치는 위험의 변동을 보험자가 알아서 적절한 대응을 하여야 하기 때문에 보험계약의 선의성과 신의성실의 원칙에서 요구된다.

③ 법적 성질

보험계약 후에 생기므로 순수한 채무의 성질을 가진다는 견해도 있으나, 불이익한 결과를 피하기 위한 일종의 간접의무라는 설도 있다.

④ 통지의무의 발생요건

㉠ 위험의 변경 또는 증가는 보험기간 중에 생긴 것이어야 한다.

㉡ 위험의 변경 또는 증가가 현저한 것이어야 하고, 또 그 위험의 변경·증가가 보험계약자 또는 피보험자의 행위로 인한 것이 아니어야 한다.

㉢ 보험계약자 또는 피보험자가 그 위험의 현저한 변경이나 증가의 사실을 알았어야 한다.

> **판례** 대법원 2024.6.27., 선고, 2024다219766, 판결 [기출 25]
>
> 보험계약자 또는 피보험자가 고지의무를 위반함으로써 보험계약 성립시 고지된 위험과 보험기간 중 객관적으로 존재하게 된 위험에 차이가 생기게 되었다는 사정만으로는 보험기간 중 사고발생의 위험이 새롭게 변경 또는 증가되었다고 할 수 없다.

⑤ 통지의무의 내용

㉠ 통지의무자 : 보험계약자, 피보험자

㉡ 상대방의 당사자 : 보험자, 통지의 수령권이 있는 제3자

㉢ 통지의 시기·방법 : 통지할 사실을 안 때 지체 없이 통지하여야 하며, 서면이 원칙이나 구두 또는 유선도 가능하다.

㉣ 통지사항 : 사고발생의 위험이 현저하게 변경·증가된 사실을 통지하여야 하는데, '현저하게'란 그 정도의 위험이 있으면 보험자가 그 보험을 인수하지 않거나 적어도 동일한 보험료로는 인수하지 않았을 것으로 생각되는 정도를 말한다.

> **판례** 대법원 2000.7.4., 선고, 98다62909, 판결
>
> 화재보험에 있어서는 피보험 건물의 구조와 용도뿐만 아니라, 그 변경을 가져오는 증·개축에 따라 보험의 인수 여부와 보험료율이 달리 정하여지는 것이므로 화재보험계약의 체결 후에 건물의 구조와 용도에 상당한 변경을 가져오는 증·개축공사가 시행된 경우에는 그러한 사항이 계약 체결 당시에 존재하고 있었다면 보험자가 보험계약을 체결하지 않았거나 적어도 그 보험료로는 보험을 인수하지 않았을 것으로 인정되는 사실에 해당하여 상법 제652조 제1항 및 화재보험보통약관에서 규정한 통지의무의 대상이 된다고 할 것이고, 따라서 보험계약자나 피보험자가 이를 해태할 경우 보험자는 위 규정들에 의하여 보험계약을 해지할 수 있다.

⑥ 통지의무위반의 효과

보험계약자 또는 피보험자가 위험의 현저한 변경·증가를 알면서 보험자에게 알리지 않은 경우 통지의무위반이 되며, 보험자는 그 사실을 안 때로부터 1월 내에 한하여 계약을 해지할 수 있다(상법 제652조 제1항). 따라서 계약의 해지 후 보험사고가 발생하더라도 위험의 변경·증가 사실이 보험사고에 영향을 미치지 않음을 증명하지 않는 한 보험자는 보험금을 지급하지 않으며, 이미 지급한 보험금이 있을 때에는 그 반환을 청구할 수 있다(상법 제655조).

⑦ 통지의무이행의 효과 기출 24

보험자가 위험변경·증가의 통지를 받은 때에는 1월 내에 보험료의 증액을 청구하거나 계약을 해지할 수 있다(상법 제652조 제2항).

> **판례** 위험변경증가 통지의무 관련 판례 기출 25
>
> - 대법원 2006.6.30., 선고, 2006다19672, 19689, 판결
>   보험모집인은 특정 보험자를 위하여 보험계약의 체결을 중개하는 자일 뿐 보험자를 대리하여 보험계약을 체결할 권한이 없고 보험계약자 또는 피보험자가 보험자에 대하여 하는 고지나 통지를 수령할 권한도 없으므로, 보험모집인이 통지의무의 대상인 '보험사고발생의 위험이 현저하게 변경 또는 증가된 사실'을 알았다고 하더라도 이로써 곧 보험자가 위와 같은 사실을 알았다고 볼 수는 없다.
> - 대법원 1998.11.27., 선고, 98다32564, 판결
>   자동차보험에 있어서는 피보험자동차의 용도와 차종뿐만 아니라 그 구조에 따라서도 보험의 인수 여부와 보험료율이 달리 정하여지는 것이므로 보험계약 체결 후에 피보험자동차의 구조가 현저히 변경된 경우에는 그러한 사항이 계약 체결 당시에 존재하고 있었다면 보험자가 보험계약을 체결하지 않았거나 적어도 그 보험료로는 보험을 인수하지 않았을 것으로 인정되는 사실에 해당하여 상법 제652조 소정의 통지의무의 대상이 된다.

(4) 보험사고발생의 통지의무 기출 15

① 의 의

보험계약자 또는 피보험자나 보험수익자는 보험사고의 발생을 안 때에는 지체 없이 보험자에게 그 통지를 발송하여야 하는데, 이를 '보험사고발생의 통지의무'라 한다.

② 존재이유

보험계약자 등에게 의무를 부담시킨 것은 보험자로 하여금 사고발생의 상황을 명확히 파악하게 하고, 면·부책 여부를 확인하여 손해액을 산정하며, 손해의 확대를 방지하여 손해배상청구권을 보존하려는데 있다. 이는 신의성실의 원칙에 따른 의무라 할 수 있다.

③ 법적 성질

보험사고발생의 통지의무는 보험자의 책임을 묻기 위한 전제조건인 동시에 보험자에 대한 계약자 측의 진정한 의무이다.

④ 통지의무의 내용
  ㉠ 통지의무자 : 보험계약자, 피보험자, 보험수익자
  ㉡ 상대방의 당사자 : 보험자 또는 통지의 수령권이 있는 제3자
  ㉢ 통지의 시기·방법 : 사고발생을 안 때 지체 없이 통지하여야 하며, 서면이 원칙이나 구두 또는 유선도 가능하다.
  ㉣ 통지사항 : 상법의 규정은 없으나, 대체로 손해발생의 일시, 장소, 손해의 상황, 정도 및 원인, 증인의 성명 등을 통지한다.

⑤ 통지의무위반의 효과 기출 19
  보험사고발생의 통지의무위반의 경우 보험금 지급이 유예되며, 보험계약자 또는 피보험자나 보험수익자가 통지의무를 해태함으로써, 손해가 증가된 때에 보험자는 그 증가된 손해를 보상할 책임이 없다(상법 제657조 제2항). 따라서 보험자가 이미 보험금을 지급한 경우에는 그 손해를 통지의무자가 배상하여야 한다.

⑥ 통지의무이행의 효과
  보험계약자 등이 보험사고발생의 통지의무를 성실히 이행한 경우 보험자는 보험금액의 지급에 관하여 약정기간이 있으면 그 기간 내에, 약정기간이 없으면 지체 없이 지급할 보험금액을 정하고 그 정하여진 날부터 10일 내에 피보험자 또는 보험수익자에 보험금액을 지급하여야 한다(상법 제658조).

(5) 손해보험의 특수한 통지의무 기출 15

① 중복보험에서의 통지의무
  동일한 보험계약의 목적과 동일한 사고에 관하여 수 개의 보험계약을 체결하는 경우(병존보험도 포함)에 보험계약자는 각 보험자에 대하여 각 계약내용을 통지하여야 하며(상법 제672조 제2항), 이 의무를 해태시에 사기의 목적이 있는 것으로 보아 계약은 무효가 된다.

② 보험목적의 양도 통지의무
  피보험자가 보험의 목적을 양도한 때에는 보험계약상의 권리와 의무를 승계한 것으로 추정하며, 양도인 또는 양수인은 보험자에 대하여 지체 없이 그 사실을 통지하여야 한다(상법 제679조 제2항).

③ 자동차의 양도 통지의무
  피보험자가 보험기간 중 자동차를 양도한 때에는 양수인은 보험자에게 통지하여 승낙을 얻은 경우에 한하여 보험계약으로 인하여 생긴 권리와 의무를 승계한다(상법 제726조의4).

④ 책임보험에서의 통지의무 기출 24
  피보험자가 제3자로부터 손해배상청구를 받거나(상법 제722조), 제3자에 대하여 변제, 승인, 화해 또는 재판으로 인하여 채무가 확정된 때에는 즉시 보험자에게 통지하여야 한다(상법 제723조 제1항).
  ㉠ 책임보험에서 피보험자가 제3자로부터 배상청구를 받았을 때에는 지체 없이 보험자에게 그 통지를 발송하여야 한다. 피보험자가 통지를 게을리하여 손해가 증가된 경우 보험자는 그 증가된 손해를 보상할 책임이 없다(상법 제722조 제1항, 제2항).
  ㉡ 책임보험에서 피보험자가 제3자에 대하여 변제, 승인, 화해 또는 재판으로 인하여 채무가 확정된 때에는 지체 없이 보험자에게 그 통지를 발송하여야 한다(상법 제723조 제1항).

⑤ 선박미확정 적하예정보험에서의 통지의무

보험계약의 체결 당시에 적하를 적재할 선박을 지정하지 아니한 경우, 보험계약자 또는 피보험자가 그 하물(荷物)이 선적되었음을 안 때에는 지체 없이 보험자에 대하여 그 선박의 명칭, 국적과 하물(荷物)의 종류, 수량과 가액의 통지를 발송해야 한다(상법 제704조 제1항). 이 의무를 해태시 보험자는 그 사실을 안 날로부터 1월 내에 계약을 해지할 수 있다(상법 제704조 제2항).

⑥ 위부(委付)의 통지의무

해상보험 중 선박보험의 경우에 피보험자가 위부하고자 할 때에는 상당한 기간 내에 보험자에게 통지를 발송해야 한다(상법 제713조 제1항). 그리고 통지의 방법에는 특별한 제한이 없으나 서면으로 하는 것이 보통이다. 피보험자가 이 통지의무를 이행하지 않을 때에는 보험자는 보험금액의 지급을 거절할 수 있다.

(6) 생명보험의 보험수익자 지정·변경의 통지의무

생명보험의 경우 보험계약 체결 후 보험계약자가 보험수익자를 지정·변경시에는 보험자에게 통지하여야 하며, 이 의무를 해태하면 보험자에게 대항하지 못한다(상법 제734조).

05 보험계약의 무효·변경·소멸

1 총설

보험계약관계는 사행계약(射倖契約)으로 그 성질상 일정기간 동안 계속적 법률관계이고, 계약 체결 당시에 예견되지 않았던 사정의 변경이 생기는 경우가 있다. 무효란 보험계약이 성립하더라도 법률상 당연히 그 효력이 생기지 않는 것으로 계약 체결전의 상태로 소급하여 효력을 상실하는 것이다. 또한 보험계약관계의 변경이란 보험계약 내용상의 변경을 가져오는 것을 말하고, 보험계약의 소멸이란 보험계약관계가 끝나는 것을 말한다.

2 보험계약의 무효

(1) 보험계약이 취소된 경우

보험자는 보험계약을 체결할 때에 보험계약자에게 보험약관을 교부하고 그 약관의 중요한 내용을 알려주어야 할 의무를 지는데(상법 제638조의3 제1항), 보험자가 이를 게을리한 때에는 보험계약자는 보험계약이 성립한 날로부터 3개월 이내에 그 계약을 취소할 수 있다(상법 제638조의3 제2항). 따라서 계약이 취소되면 보험계약은 무효가 되고(민법 제141조), 보험자는 보험계약자에게 보험료 전부를 돌려주어야 한다(상법 제648조).

(2) 보험사고의 객관적 확정의 효과 기출 17·20·23

보험계약 당시에 보험사고가 이미 발생하였거나 또는 발생할 수 없는 것인 때에는 그 계약은 무효로 한다. 그러나 당사자 쌍방과 피보험자가 이를 알지 못한 때에는 그러하지 아니하다(상법 제644조). 예를 들어 해상보험계약을 체결할 때 보험계약자와 피보험자는 중요한 사항을 고지할 의무, 즉 부실고지를 하지 않을 의무를 진다. 만약 피보험자가 침몰사실을 알고 있었더라면 고지의무위반이 되며, 보험자는 보험계약을 취소할 수 있다.

> **판례** 대법원 2002.6.28., 선고, 2001다59064, 판결
>
> 보험계약이 체결되기 전에 보험사고가 이미 발생하였을 경우, 보험계약의 당사자 쌍방 및 피보험자가 이를 알지 못한 경우를 제외하고는 그 보험계약을 무효로 한다는 상법 제644조의 규정은, 보험사고는 불확정한 것이어야 한다는 보험의 본질에 따른 강행규정으로, 당사자 사이의 합의에 의해 이 규정에 반하는 보험계약을 체결하더라도 그 계약은 무효임을 면할 수 없다.

(3) 보험계약자의 사기에 의해 초과·중복보험이 체결된 경우 기출 16

초과보험, 중복보험에 있어서 보험계약이 보험계약자의 사기로 인하여 체결된 경우 그 보험계약은 초과부분뿐만 아니라 계약의 전부를 무효로 하고 있다(상법 제669조 제4항, 제672조 제3항).

(4) 타인의 생명보험의 경우 기출 16·17·20·22

타인의 사망을 보험사고로 하는 보험계약에서는 피보험자의 서면에 의한 동의를 얻지 못하면 무효가 된다는 명문 규정은 없으나, 동의를 얻지 못한 보험계약은 효력이 발생되지 않으므로 당연히 무효로 해석함이 타당하다(상법 제731조). 그리고 15세 미만자, 심신상실자, 심신박약자의 사망보험계약도 무효로 하고 있다.

다만, 심신박약자가 보험계약을 체결하거나 제735조의3에 따른 단체보험의 피보험자가 될 때에 의사능력이 있는 경우에는 그러하지 아니하므로 유효하다고 본다(상법 제732조).

(5) 보험계약자 등 불이익변경금지의 원칙에 반하는 계약

상법 제663조의 규정은 상대적 강행법규성이므로 이에 반하는 계약은 무효로 하고, 반대로 보험계약자 등에게 유리하게 체결된 계약은 유효라고 해석함이 타당하다.

3 보험계약관계의 변경

(1) 합의에 의한 변경

보험계약기간 중에 당사자의 합의에 의해 담보위험의 범위를 확대하거나 축소할 수 있고, 이에 따라 보험료도 증액 또는 감액할 수 있다. 보험기간의 연장도 가능하다.

(2) 특별위험의 소멸

보험계약의 당사자가 특별한 위험을 예기하여 보험료의 액을 정할 경우에 보험기간 중 그 예기한 위험이 소멸한 때에는 보험계약자는 그 후의 보험료의 감액을 청구할 수 있다(상법 제647조).

(3) 위험의 변경·증가 기출 24

① 위험의 변경·증가의 정도

보험계약 체결 후 그 계약의 전제가 되는 사고발생의 개연성이 양적으로 현저하게 변경·증가해야 하는데, 여기서 '현저하게'란 위험률에 따라 적용되는 보험료 또는 인수 조건이 달라지는 정도를 말한다. 즉, 그 정도의 위험이 계약 체결 당시에 존재하였더라면 보험자가 계약을 인수하지 않았거나 적어도 동일조건으로 인수하지 않았으리라 객관적으로 판단되는 위험의 변경·증가를 의미한다.

| 판례 | 보험사고발생의 현저한 변경 또는 증가 관련 판례 |

- **자동차보험계약 체결 후 피보험자동차의 구조가 현저히 변경된 경우**(대법원 1998.11.27., 선고, 98다32564, 판결)
  자동차보험에 있어서는 피보험자동차의 용도와 차종뿐만 아니라 그 구조에 따라서도 보험의 인수 여부와 보험료율이 달리 정하여지는 것이므로 보험계약 체결 후에 피보험자동차의 구조가 현저히 변경된 경우에는 그러한 사항이 계약 체결 당시에 존재하고 있었다면 보험자가 보험계약을 체결하지 않았거나 적어도 그 보험료로는 보험을 인수하지 않았을 것으로 인정되는 사실에 해당하여 상법 제652조 소정의 통지의무의 대상이 되고, 따라서 보험계약자나 피보험자가 이를 해태할 경우 보험자는 바로 상법 규정에 의하여 자동차보험계약을 해지할 수 있다.

- **화재보험의 목적인 공장건물에 대한 근로자의 점거, 농성이 장기간 계속되고 있는 경우**(대법원 1992.7.10., 선고, 92다13301, 92다13318, 판결)
  화재보험의 목적인 공장건물에 대한 근로자들의 점거, 농성이 장기간 계속되고 있음에도 그 사실을 보험자에게 통지하지 아니한 보험계약자(피보험자)의 행위가, 보험사고발생의 가능성이 증가한 경우로 인정하였다.

- **화재보험계약 체결 후에 건물의 구조와 용도에 상당한 변경을 가져오는 증·개축 공사를 시행한 경우**(대법원 2000.7.4., 선고, 98다62909, 62916, 판결)
  화재보험에 있어서는 피보험 건물의 구조와 용도뿐만 아니라 그 변경을 가져오는 증·개축에 따라 보험의 인수 여부와 보험료율이 달리 정하여지는 것이므로 화재보험계약의 체결 후에 건물의 구조와 용도에 상당한 변경을 가져오는 증·개축공사가 시행된 경우에는 그러한 사항이 계약 체결 당시에 존재하고 있었다면 보험자가 보험계약을 체결하지 않았거나 적어도 그 보험료로는 보험을 인수하지 않았을 것으로 인정되는 사실에 해당하여 상법 제652조 제1항 및 화재보험보통약관에서 규정한 통지의무의 대상이 된다고 할 것이고, 따라서 보험계약자나 피보험자가 이를 해태할 경우 보험자는 위 규정들에 의하여 보험계약을 해지할 수 있다.

- **영업용 자동차보험계약에서 보험가입자인 렌터카회사가 피보험차량을 지입차주로 하여금 렌터카회사의 감독을 받지 않고 독자적으로 렌터카 영업을 하도록 허용한 경우**(대법원 1997.9.5., 선고, 95다25268, 판결)
  렌터카 회사가 피보험차량을 지입차주로 하여금 렌터카회사의 감독을 받지 아니하고 독자적으로 렌터카 영업을 하는 것을 허용하는 형태로 차량임대사업을 영위한 때에는, 그 운행 형태는 대여자동차의 본래의 운행 형태와 거의 같은 것이어서 사고위험률이 현저히 높다고 볼 수 없는 점 등에 비추어 볼 때, 영업용 자동차보험계약에 있어 고지의무의 대상이 되는 중요한 사항, 또는 통지의무나 위험유지의무의 대상이 되는 '위험의 현저한 변경이나 증가된 사실'에 해당된다고 인정하기 어렵고, 달리 이를 인정할 자료도 없다.

② 객관적 위험의 변경·증가 기출 16·21

ⓐ 의의 : 보험기간 중에 보험계약자 또는 피보험자는 사고발생의 위험이 현저하게 변경·증가된 사실을 안 때에는 지체 없이 보험자에게 통지해야 하는데, 이를 위험의 현저한 변경·증가의 통지의무라 한다.

ⓑ 의무위반의 효과 : 보험계약자 또는 피보험자가 위험의 현저한 변경·증가를 알면서 통지를 해태한 때에는 보험자는 그 사실을 안 날로부터 1월 내에 한하여 계약을 해지할 수 있다(상법 제652조 제1항). 이때 보험자는 보험금을 지급할 책임이 없으며, 이미 지급한 보험금이 있을 때에는 그 반환을 청구할 수 있다. 그러나 위험의 변경·증가사실이 보험사고의 발생에 영향을 미치지 아니하였음이 증명된 때에는 그러하지 아니하다(상법 제655조).

ⓒ 의무이행 : 보험자가 위험의 변경·증가의 통지를 받은 때에는 1월 내에 한하여 보험료의 증액을 청구하거나 계약을 해지할 수 있다(상법 제652조 제2항).
③ 주관적 위험의 변경·증가
ⓐ 의의 : 보험계약자가 계약 당시에 인수한 위험을 보험기간 중 보험계약자나 피보험자 또는 보험수익자의 고의 또는 중대한 과실로 변경·증가시키지 아니하고 그대로 유지시켜야 하는데, 이를 '위험유지의무'라 한다.
ⓑ 의무위반의 효과 : 보험기간 중에 보험계약자 등의 고의·중대한 과실로 사고발생의 위험이 현저하게 변경·증가된 때에는 보험자는 그 사실을 안 날로부터 1월 내에 보험료의 증액을 청구하거나 계약을 해지할 수 있다(상법 제653조). 보험자가 계약을 해지한 경우 보험금을 지급할 책임이 없으며, 이미 지급한 보험금이 있으면 그 반환을 청구할 수 있다. 그러나 위험의 변경·증가 사실이 보험사고의 발생에 영향을 미치지 아니하였음이 증명된 때에는 그러하지 아니하다(상법 제655조).
④ 보험목적의 양도로 인한 위험의 변경·증가
피보험자가 변경되어 위험이 현저하게 변경·증가되었을 때에 보험계약은 실효되는 것이 아니라 보험료의 증액을 청구하거나 계약을 해지할 수 있다고 본다. 이는 양도로 인한 계약이 질적으로 변화되었기 때문이다.
⑤ 해상보험에서의 위험의 변경·증가 [기출 17·20·25]
ⓐ 항해의 변경 : 선박이 보험계약에서 정하여진 발항항이 아닌 다른 항에서 출항하거나 도착항이 아닌 다른 항을 향하여 출항한 때도 보험자는 책임을 지지 않는다(상법 제701조 제1항, 제2항). 또한 보험자의 책임이 개시된 후 보험계약에서 정해진 도착항이 변경된 경우에 보험자는 그 변경의 결정이 된 때부터 책임을 지지 않는다(상법 제701조 제3항).
ⓑ 항로의 이탈 : 선박이 정당한 사유 없이 보험계약에서 정한 항로를 이탈한 경우 보험자는 그때부터 책임을 지지 않는다. 선박이 손해발생 전의 원항로로 돌아온 경우도 같다(상법 제701조의2).
ⓒ 발항(發航) 또는 항해의 지연 : 피보험자가 정당한 사유 없이 발항 또는 항해를 지연한 때에는 보험자는 발항 또는 항해를 지체한 이후의 사고에 대하여 책임을 지지 않는다. 선박이 손해발생 전 원항로로 돌아온 경우도 같다(상법 제702조).
ⓓ 선박의 변경 : 적하를 보험에 붙인 경우 보험계약자 또는 피보험자의 책임 있는 사유로 인하여 선박을 변경한 때 보험자는 변경 후의 사고에 대해서는 책임을 지지 않는다(상법 제703조).
ⓔ 선박의 양도·선급, 관리변경 : 선박을 보험에 붙인 경우 보험자의 동의 없이 선박을 양도한 때, 선박의 선급을 변경한 때, 선박을 새로운 관리로 옮긴 때에는 보험계약은 종료한다. 그러나 보험자의 동의가 있을 때에는 그러하지 아니하다(상법 제703조의2).

(4) 당사자의 파산
① 보험자의 파산 [기출 16]
보험자가 파산선고를 받은 경우 보험계약자는 계약을 해지할 수 있으며(상법 제654조 제1항), 계약을 해지하지 아니한 때라도 파산선고 후 3월을 경과한 때(제척기간)에는 당연히 그 효력을 잃는다(상법 제654조 제2항).

② 보험계약자의 파산

보험계약자가 파산의 선고를 받은 경우, 자기를 위한 보험계약에 대해서는 상법상 특별한 규정이 없고, 타인을 위한 보험계약의 경우 그 타인이 보험계약상 권리를 포기하지 않는 한 그 타인도 보험료 지급의무를 부담하므로 보험자는 그 타인에게 보험료의 지급을 청구할 수 있다(상법 제639조 제3항).

(5) 위험유지의무와 위험증가 통지의무와의 비교

① 유사점

보험계약 체결 후의 의무라는 점과 위험의 증가와 관련이 있다는 점 그리고 의무위반의 효과와 해지권의 제한 및 인과관계의 부존재의 효과 등에서 동일한 면이 있다.

② 차이점

㉠ 위험유지의무는 주관적 위험의 증가, 즉 고의·중대한 과실에 의한 위험증가인 데에 반하여 위험증가 통지의무는 객관적 위험증가, 즉 자연발생적 위험증가나 타인에 의한 위험증가를 대상으로 한다. 전자는 보험계약자·피보험자·보험수익자가 고의·중대한 과실로 위험을 현저하게 증가시키지 아니할 의무인 데에 반하여, 후자는 증가된 위험에 대하여 통지의무만을 규정하고 있고, 통지의무를 지는 자는 보험계약자와 피보험자이며 보험수익자는 의무자가 아니다.

㉡ 위험유지의무는 의도적 위험증가이므로 위험증가 자체가 의무위반이 된다. 보험계약자가 이를 통지하거나 통지하지 않았거나 통지 여부에 관계없이 보험자가 위험의 현저한 증가를 안 경우 그로부터 1개월 이내에 추가보험료를 받고 위험의 현저한 증가를 승인하거나 보험계약을 해지할 수 있다. 해지의 경우 해지 전 사고를 보상하지 않는다. 위험증가를 통지한 경우에는 의무위반이 아니고, 통지하지 아니한 경우에만 의무위반이 된다. 통지한 경우나 통지하지 아니한 경우 보험자는 의무위반을 안 날로부터 1개월 이내에 위험의 현저한 증가를 승인하거나 해지할 수 있다.

4 보험계약의 소멸

(1) 보험사고의 발생 기출 22

보험사고의 발생으로 보험금액이 지급되면 보험계약의 대상이 없어지므로 종료한다. 다만, 손해보험계약에서 보험사고로 일부손해가 발생하여 보험금액의 일부만을 지급한 경우에는 그 나머지 보험금액의 한도 내에서 보험기간 동안 보험계약관계의 존속을 인정하기도 하고(보험금액 체감주의), 책임보험계약에서는 보험기간 중에 일어나는 사고발생건수를 제한하는 것이 아니므로 보험사고로 인하여 보험금액이 지급되더라도 보험기간 동안 보험계약관계는 그대로 유지된다(보험금액 전액주의).

(2) 보험기간의 만료
보험자의 책임기간은 자유로이 정할 수 있으나, 이 기간이 만료되면 보험계약은 당연히 소멸한다. 그러나 보통보험약관에서 보험기간의 만료시에 차기보험료를 지급받음으로써 보험계약이 계속될 수 있다.

(3) 보험계약의 실효 기출 15
① 보험자의 파산
보험자가 파산선고를 받은 때에 보험계약자는 계약을 해지할 수 있는데(상법 제654조 제1항), 해지하지 아니한 보험계약은 파산선고 후 3월을 경과하면 그 효력을 잃는다(상법 제654조 제2항).
② 보험의 목적의 양도 기출 20
피보험자가 보험의 목적을 양도한 때에는 양수인에게 보험계약상의 권리와 의무를 승계한 것으로 추정하므로(상법 제679조 제1항), 자기를 위한 보험계약은 타인을 위한 보험계약으로 변경되고 양도에 대하여 양수인이 반증한 경우 계약은 실효된다.
③ 잔존보험금액제도의 경우
잔존보험금액제도에서, 즉 보험금액 체감주의를 채택한 경우 보험가입금액이 일정금액 미만인 경우 보험계약의 효력을 상실하도록 규정된 때 실효된다.

(4) 보험료 부지급으로 인한 계약해제 기출 16·21
보험계약자는 보험계약 체결 후 지체 없이 보험료의 전부 또는 제1회 보험료를 지급하여야 하는데, 보험계약자가 아무런 약정 없이 계약 성립 후 2월이 지나도록 그 보험료를 지급하지 아니한 때에는 보험계약은 해제된 것으로 본다(상법 제650조 제1항). 따라서 계약 성립 후에 보험료의 지급이 2월이 지나도록 없을 때에는 보험계약은 보험자의 의사표시와 관계없이 효력을 잃는다. 다만, 특정한 타인을 위한 보험계약의 경우 보험자가 상당한 기간을 정하여 그 타인에게 보험료의 지급을 최고하여야 한다(상법 제650조 제3항).

(5) 당사자 의사에 따른 보험계약의 해지
① 보험자에 의한 보험계약의 해지 기출 15·16·17
㉠ 보험료의 부지급으로 인한 해지 : 계속보험료가 약정한 시기에 지급되지 아니한 때에 보험자는 상당한 기간을 정하여 보험계약자에게 최고하고, 그 기간 내에 지급되지 아니한 때에는 보험계약을 해지할 수 있다(상법 제650조 제2항).
㉡ 고지의무위반으로 인한 해지 : 보험계약 당시에 보험계약자 또는 피보험자가 고의 또는 중대한 과실로 인하여 중요한 사항을 고지하지 아니하거나 부실의 고지를 한 때에는 보험자는 그 사실을 안 날로부터 1월 내에 계약을 체결한 날로부터 3년 내에 한하여 계약을 해지할 수 있다(상법 제651조). 그러나 보험자가 계약 당시에 그 사실을 알았거나 중대한 과실로 인하여 알지 못한 때에는 그러하지 아니하다(상법 제651조 단서).

ⓒ 보험계약자 등의 위험변경·증가의 통지의무위반으로 인한 해지 : 보험기간 중에 보험계약자 또는 피보험자가 사고발생의 위험이 현저하게 변경 또는 증가된 사실을 안 때에는 보험자는 그 사실을 안 날로부터 1월 내에 한하여 계약을 해지할 수 있다(상법 제652조 제1항). 또한 보험자가 위험변경·증가의 통지를 받은 경우 1월 내에 보험료의 증액을 청구하거나 계약을 해지할 수 있다(상법 제652조 제2항).

ⓔ 위험유지의무위반으로 인한 해지 : 보험기간 중에 보험계약자, 피보험자 또는 보험수익자의 고의 또는 중대한 과실로 인하여 사고발생의 위험이 현저하게 변경 또는 증가된 때에는 보험자는 그 사실을 안 날로부터 1월 내에 보험료의 증액을 청구하거나 계약을 해지할 수 있다(상법 제653조).

ⓜ 선박미확정 적하예정보험에서 통지의무의 해태로 인한 해지 : 보험계약 체결시에 하물을 적재할 선박을 지정하지 아니한 경우 보험계약자 또는 피보험자는 그 하물이 선적되었음을 안 때에는 지체 없이 보험자에 대하여 선박의 명칭, 국적과 하물의 종류, 수량과 가액의 통지를 발송하여야 하는데, 그 통지를 해태한 때에 보험자는 그 사실을 안 날로부터 1월 내에 계약을 해지할 수 있다(상법 제704조 제1항, 제2항).

ⓗ 약관규정에 의한 해지 : 약관에 일정한 요건이 있는 경우에 보험자는 보험계약을 해지할 수 있다.

판례 대법원 2020.10.29., 선고, 2019다267020, 판결 **기출** 23

보험계약자 측이 입원치료를 지급사유로 보험금을 청구하거나 이를 지급받았으나, 그 입원치료의 전부 또는 일부가 필요하지 않은 것으로 밝혀진 경우, 입원치료를 받게 된 경위, 보험금을 부정 취득할 목적으로 입원치료의 필요성이 없음을 알면서도 입원을 하였는지 여부, 입원치료의 필요성이 없는 입원 일수나 그에 대한 보험금 액수, 보험금 청구나 수령 횟수, 보험계약자 측이 가입한 다른 보험계약과 관련된 사정, 서류의 조작 여부 등 여러 사정을 종합적으로 고려하여 보험계약자 측의 부당한 보험금 청구나 보험금 수령으로 인하여 보험계약의 기초가 되는 신뢰관계가 파괴되어 보험계약의 존속을 기대할 수 없는 중대한 사유가 있다고 인정된다면 보험자는 보험계약을 해지할 수 있고, 위 계약은 장래에 대하여 그 효력을 잃는다.

심화TIP 보험자가 보험계약을 해제 또는 해지 할 수 있는 사유

- **제1회 보험료 연체로 인한 해제** : 보험계약자는 계약 체결 후 지체 없이 보험료의 전부 또는 제1회 보험료를 지급하여야 하며, 보험계약자가 이를 지급하지 아니하는 경우에는 다른 약정이 없는 한 계약 성립 후 2월이 경과하면 그 계약은 해제된 것으로 본다(상법 제650조 제1항).
- **계속보험료의 연체로 인한 해지** : 계속보험료가 약정한 시기에 지급되지 아니한 때에는 보험자는 상당한 기간을 정하여 보험계약자에게 최고하고 그 기간 내에 지급되지 아니한 때에는 그 계약을 해지할 수 있다(상법 제650조 제2항).
- **위험변경·증가에 대한 통지의무위반으로 인한 해지** : 보험기간 중에 보험계약자 또는 피보험자가 사고발생의 위험이 현저하게 변경 또는 증가된 사실을 안 때에는 지체 없이 보험자에게 통지하여야 한다. 이를 해태한 때에는 보험자는 그 사실을 안 날로부터 1월 내에 한하여 계약을 해지할 수 있다(상법 제652조 제1항).
- **고의나 중과실로 위험변경·증가된 경우의 해지** : 보험기간 중에 보험계약자, 피보험자 또는 보험수익자의 고의 또는 중대한 과실로 인하여 사고발생의 위험이 현저하게 변경 또는 증가된 때에는 보험자는 그 사실을 안 날부터 1월 내에 보험료의 증액을 청구하거나 계약을 해지할 수 있다(상법 제653조).

② 보험계약자에 의한 보험계약의 해지 기출 15·16·20·22·23
　㉠ 임의해지
　　ⓐ 보험사고발생 전의 임의해지 : 보험사고가 발생하기 전에 보험계약자는 언제든지 계약의 전부 또는 일부를 해지할 수 있다. 그러나 타인을 위한 보험계약의 경우에 보험계약자는 그 타인의 동의를 얻지 아니하거나 보험증권을 소지하지 아니하면 그 계약을 해지하지 못한다(상법 제649조 제1항).
　　ⓑ 보험사고발생 후의 임의해지 : 보험사고의 발생으로 보험자가 보험금액을 지급한 때에도 보험금액이 감액되지 아니하는 보험의 경우에 보험계약자는 그 사고발생 후에도 보험계약을 해지할 수 있다(상법 제649조 제2항).

> **판례** 대법원 2008.1.31., 선고, 2005다57806, 판결 기출 23
>
> 보험료불가분의 원칙에 관한 우리 상법의 태도를 고려하여 볼 때, 상법 제652조 제2항에 따라 보험자가 피보험자 등으로부터 사고발생의 위험이 변경 또는 증가하였다는 통지를 받고 이를 이유로 보험계약을 해지하는 경우, 보험약관에서 미경과기간에 대한 보험료를 반환하도록 정하고 있다면 그 보험약관은 유효하다.

　㉡ 보험자의 파산 : 보험자가 파산의 선고를 받은 때에는 보험계약자는 계약을 해지할 수 있다(상법 제654조 제1항).

심화TIP 보험계약의 해지사유 기출 25

보험계약자의 해지사유	• 사고발생 전 임의해지(상법 제649조 제1항) • 사고발생 후 임의해지(상법 제649조 제2항) • 보험자의 파산(상법 제654조 제1항)
보험자의 해지사유	• 보험료 부지급(상법 제650조) • 고지의무위반(상법 제651조) • 보험계약자 등 위험변경·증가의 통지의무위반(상법 제652조 제2항) • 위험유지의무위반(상법 제653조) • 선박미확정 적하예정보험에서 통지의무위반(상법 제704조)

(6) 보험계약 및 상태의 종료 기출 15·25
① 보험계약의 종료
선박을 보험에 붙인 경우에 ㉠ 선박을 양도할 때, ㉡ 선박의 선급을 변경한 때, ㉢ 선박을 새로운 관리로 옮긴 때 보험계약은 종료한다(상법 제703조의2).
② 상태의 종료
특정한 상태, 즉 전쟁, 여행, 항해, 운송 등을 전제로 한 보험에서는 그 상태의 종료로 인하여 보험계약도 종료한다.

06 보험자의 면책사유

1 총설

(1) 면책사유의 의의
보험계약이 체결되면 보험자는 각종 의무를 부담하는데, 그 중에서 가장 중요한 것은 보험금 지급의무라 할 수 있다. 즉, 보험자는 보험계약에서 정한 불확정한 사고가 발생한 경우에도 보험금액 또는 기타의 급부를 할 의무를 지닌다. 그러나 보험계약법이나 보험약관은 보험기간 중에 보험사고가 발생하여도 일정한 사유가 있는 경우 보험자의 보험금 지급책임이 없음을 정하고 있는데, 이 사유를 '면책사유'라 한다. 이러한 보험자의 면책사유는 법정 면책사유와 약관상 면책사유로 구분하는데, 전자는 이를 일반적 면책사유, 특수한 면책사유로 분류한다.

(2) 면책의 인정이유
보험자는 급부·반대급부의 균형을 유지하면서 보험기업을 합리적으로 운영해야 한다. 그러나 보험계약자의 인위적 사고유발이나 전쟁 등 비정상적인 상태에서 보험사고가 발생하면 급부와 반대급부의 균형이 깨질 수 있다. 이런 경우 보험자의 보험금 지급의무를 면해줌으로써 보험계약자 등의 도덕적 위험을 방지하고 보험자를 보호하여 보험단체의 균형을 유지하기 위해 면책을 인정한다.

2 법정 면책사유

(1) 일반적 면책사유 기출 17·22·24·25
① 보험계약자 등의 고의·중과실로 인한 보험사고
  ㉠ 일반보험 : 보험사고가 보험계약자 또는 피보험자나 보험수익자의 고의 또는 중대한 과실로 인하여 생긴 때에는 보험자는 보험금을 지급할 책임이 없다(상법 제659조 제1항). 이는 보험사고로서의 우연성을 결할 뿐 아니라, 신의성실의 원칙과 선량한 풍속에도 반하기 때문에 이러한 경우까지의 보험계약자 등 행위를 보호할 필요가 없다고 보는 것이다.
  ㉡ 책임보험 : 피보험자의 고의에 의한 사고는 면책하고, 중과실로 인한 사고의 경우 보험자의 책임을 인정하는 것이 일반적이다. 그 이유는 중과실은 우연성을 결여한 고의와 다르고 중과실을 담보하여도 공서양속에 위배되는 것이 아니기 때문이다. 즉 보험사고의 대부분이 중과실에 의한 것이므로, 이를 면책한다면 보험사고가 존재하기 어렵고, 또한 중과실과 경과실의 구분도 어렵기 때문이다. 따라서 책임보험은 그 기능상 중과실에 의한 손해를 주로 담보하게 된다.
  ㉢ 생명보험 : 사망을 보험사고로 한 보험계약에는 사고가 보험계약자 또는 피보험자나 보험수익자의 중대한 과실로 인하여 생긴 경우에도 보험자는 보험금액을 지급할 책임을 면하지 못한다(상법 제732조의2)고 규정하고 있다. 그리고 상해보험의 경우에도 중과실로 인한 경우 준용한다고 규정하고 있으므로 보험자는 보험금의 지급책임이 있다.

ⓔ **대표자책임이론** : 보험계약자 등의 민사상 배상책임을 지는 자(가족이나 사용인)의 고의 또는 중과실로 보험사고가 발생한 때에는 보험자의 책임을 인정할 것인가 하는 문제가 생긴다. 이런 경우 독일에서는 보험자가 면책된다는 대표자책임이론이 주장되고 있으나, 우리나라의 경우 특별한 규정이 없는 한 이를 부정하여 보험자의 책임을 인정하고 있다. 다만, 보험계약자 등과 밀접한 생활관계가 있는 가족이나 사용인에 의한 보험사고의 발생이 보험계약자 등과 공모, 교사, 방조와 같은 책임 있는 사유가 있는 경우에는 보험자는 면책된다고 본다.

> **판례** 대법원 1984.1.17., 선고, 83다카1940, 판결
>
> 보험계약의 보통약관 중 "피보험자에게 보험금을 받도록 하기 위하여 피보험자와 세대를 같이 하는 친족 또는 고용인이 고의로 사고를 일으킨 손해에 대해서는 보험자가 보상하지 아니한다"는 내용의 면책조항은 그것이 제3자가 일으킨 보험사고에 피보험자의 고의 또는 중대한 과실이 개재되지 않은 경우에도 면책하고자 한 취지라면 상법 제659조, 제663조에 저촉되어 무효라고 볼 수 밖에 없으나, 동 조항은 피보험자와 밀접한 생활관계를 가진 친족이나 고용인이 피보험자를 위하여 보험사고를 일으킨 때에는 피보험자가 이를 교사 또는 공모하거나 감독상 과실이 큰 경우가 허다하므로 일단 그 보험사고 발생에 피보험자의 고의 또는 중대한 과실이 개재된 것으로 추정하여 보험자를 면책하고자 한 취지에 불과하다고 해석함이 타당하며, 이러한 추정규정으로 보는 이상 피보험자가 보험사고의 발생에 자신의 고의 또는 중대한 과실이 개재되지 아니하였음을 입증하여 위 추정을 번복할 때에는 위 면책조항의 적용은 당연히 배제될 것이므로 위 면책조항은 상법 제663조의 강행규정에 저촉된다고 볼 수 없다.

> **심화TIP** 대표자책임이론
>
> [학설]
> ① 대표자책임이론을 적용하여 보험자의 면책을 인정하는 견해
> ② 특별한 규정이 없는 한 대표자책임이론을 받아들일 수는 없으나, 보험계약자 등과 밀접한 생활관계에 있는 가족이나 고용인 등에 의한 보험사고의 발생에 보험계약자 등의 공모·교사 또는 방조와 같은 책임 있는 사유가 있는 경우에는 면책된다는 견해
> ③ 대표자책임이론의 적용을 부인하는 견해
>
> [우리나라 판례의 경우]
> 대표자책임이론은 보험사고가 보험계약자 또는 피보험자나 보험수익자와 법률상 또는 경제상 특별한 관계에 있는 자(가족이나 고용인 등)의 고의 또는 중대한 과실로 발생한 때에도 보험계약자 등의 고의 또는 중대한 과실과 동일시하여 보험자를 면책시키자는 이론이다. 대표자책임이론은 독일 판례에서 주장되고 있으나, 우리나라의 경우 판례는 특별한 규정이 없는 한 이를 부정하여 보험자의 책임을 인정하고 있다.

② **전쟁위험 등으로 인한 면책** 기출 18

보험사고가 전쟁, 기타의 변란으로 인하여 생긴 때에는 당사자간에 다른 약정이 없으면 보험자는 보험금액을 지급할 책임이 없다(상법 제660조). 이는 보험사고의 기초가 되는 통상의 사고가 아니며, 통상적인 보험료로는 막대한 손해를 보상할 수 없기 때문이다.

③ 보험계약자 등의 의무위반으로 인한 보험자의 계약해지 기출 20·24

보험계약자, 피보험자 및 보험수익자가 보험료 지급의무, 고지의무, 위험변경·증가의 통지의무 및 위험유지의무 등을 위반하여 보험계약을 해지한 때에는 보험금액을 지급할 책임이 없다(상법 제655조). 이것은 면책사유라고 하기보다는 보험계약의 해지의 효과로 인정된 것이라고 볼 수 있다.

> **보험사고의 객관적 확정의 효과**
> 상법 제644조에서는 보험계약 당시에 보험사고가 이미 발생하였거나 또는 발생할 수 없는 것인 때에는 그 계약은 무효로 하고 보험자는 보험금 지급책임을 면하게 되는데, 이를 '보험사고의 객관적 확정의 효과'라 한다. 하지만 이것은 보험자의 면책사유라기보다는 보험자의 책임 자체가 발생하지 않는다고 본다. 그러나 당사자 쌍방과 피보험자가 이를 알지 못한 때에는 그러하지 아니하지 아니하다.

(2) 특수한 면책사유

① 일반손해보험

일반손해보험의 목적물인 보험의 목적의 성질·하자 또는 자연소모로 인한 손해를 면책으로 하는데(상법 제678조), 이는 이미 객관적으로 위험의 발생이 확정되어 있는 것이므로 우연한 보험사고라 할 수 없다.

> **보험자의 무책사유**
> 초과보험(상법 제669조)과 중복보험(상법 제672조)의 경우 보험계약자의 사기로 인하여 계약이 체결되었다면 그 계약은 무효가 되고 초과부분뿐만 아니라 보험금액의 전체에 대하여 지급할 책임을 면하게 되므로 보험자의 책임 자체가 발생하지 않는데, 이를 '보험자의 무책사유'라 한다.

② 운송보험

운송보험에서 보험사고가 송하인 또는 수하인의 고의 또는 중대한 과실로 인하여 발생한 때에는 보험자는 면책되는데(상법 제692조), 이들은 운송보조자로서 보험계약상의 일정한 권리·의무를 가지므로 면책한 것이다.

③ 해상보험 기출 21·24·25

해상보험의 경우 보험자는 해상사업에 관한 사고로 인하여 생길 손해를 보상하는데, 해상보험의 특수성에 비추어 면책범위를 넓히고 있다.

㉠ 선박이 보험계약에 의하여 정하여진 발항항이 아닌 항에서 출항하거나 도착항이 아닌 다른 항을 향하여 출항한 때(상법 제701조 제1항, 제2항)
㉡ 보험자의 책임개시 후에 보험계약에서 정해진 도착항이 변경된 때(상법 제701조 제3항)
㉢ 선박이 정당한 사유 없이 보험계약에서 정해진 항로를 이탈한 경우와 선박이 손해발생 전에 원항로로 돌아온 경우(상법 제701조의2)
㉣ 피보험자가 정당한 사유 없이 발항 또는 항해를 지체한 경우(상법 제702조)
㉤ 적하를 보험에 붙인 경우 보험계약자 또는 피보험자의 책임 있는 사유로 선박을 변경할 때(상법 제703조)

ⓗ 선박보험, 운임보험에서 감항능력 결여로 인한 경우(상법 제706조 제1호)
ⓢ 적하보험에서 용선자와 송·수하인의 고의·중과실로 생긴 손해(상법 제706조 제2호)
ⓞ 도선료, 입항료, 등대료, 검역료, 기타 선박 또는 적하에 관한 항해중의 통상비용(상법 제706조 제3호)

3 약관상 면책사유 기출 15·20·23

각종 보험약관에서 법률상 면책사유 외에 보험종목에 따라 인수하기 어려운 위험에 대하여 보험자의 면책사유를 규정한 것을 면책약관이라 한다. 이 면책약관은 보험제도의 본질에 반하지 않고, 공서양속, 신의성실의 원칙과 상법 제663조에 반하지 않는 한 유효하다고 본다. 또한 고의와 같은 특약이 불가능한 절대적 면책사유 외에 중과실, 전쟁위험처럼 특약이 가능한 상대적 면책사유는 부보가 가능하다.

> **판례** 면책사유 관련 판례
>
> - 대법원 2000.5.30., 선고, 99다66236, 판결
>   약정 면책사유는 원칙적으로 설명의무의 대상이라는 점에서 법정 면책사유의 경우와 다르다. 상법 제638조의3 제1항 및 약관의 규제에 관한 법률 제3조의 규정에 의하여 보험자는 보험계약을 체결할 때에 보험계약자에게 보험약관에 기재되어 있는 보험상품의 내용, 보험료율의 체계, 보험청약서상 기재사항의 변동 및 보험자의 면책사유 등 보험계약의 중요한 내용에 대하여 구체적이고 상세한 명시·설명의무를 지고 있다.
> - 대법원 2007.6.14., 선고, 2007다10290, 판결
>   피보험자가 보험금을 청구하면서 실손해액에 관한 증빙서류 구비의 어려움 때문에 구체적인 내용이 일부 사실과 다른 서류를 제출하거나 보험목적물의 가치에 대한 견해 차이 등으로 보험목적물의 가치를 다소 높게 신고한 경우 등까지 이 사건 약관조항에 의하여 보험금청구권이 상실되는 것은 아니라고 해석함이 상당하다 할 것이다.

07 타인을 위한 보험계약

1 총설

(1) 타인을 위한 보험계약의 의의

보험계약자가 타인의 이익을 위하여 자기명의로 체결한 보험계약을 타인을 위한 보험계약(상법 제639조)이라고 한다. 여기서 '타인'이란 보험계약상의 이익을 받을 자로 손해보험에서는 피보험자, 인보험에서는 보험수익자를 말한다. 보험계약자가 동시에 피보험자 또는 보험수익자인 경우를 '자기를 위한 보험계약'이라 하고, 피보험자나 보험수익자를 특정하지 않고 보험계약을 체결할 수 있는데, 이를 '불특정 타인을 위한 보험계약'이라 한다.

> **타인을 위한 보험계약의 예**
> - 건물 임차인이 건물주를 피보험자로 하여 화재보험계약을 체결한 경우
> - 운송인이 운송물 소유자를 피보험자로 하여 보험계약을 체결한 경우
> - 보관자의 보관물의 소유자를 피보험자로 하여 보험계약을 체결한 경우
> - 단체의 대표자가 보험계약자이고 단체의 구성원을 피보험자와 보험수익자로 한 경우
> - 적하보험에서 송하인이 수하인을 피보험자로 하여 보험계약을 체결한 경우
> - 보험계약자의 채무불이행으로 발생한 채권자, 즉 피보험자의 손해를 보상하는 보증보험

(2) 타인을 위한 보험계약의 효용

타인을 위한 보험계약은 원래 해상보험에서 거래를 비밀리에 행하기 위하여 사용되어 왔으나, 오늘날에는 타인의 의사를 문제 삼지 않으므로 보험계약의 체결이 편리하여 손해보험뿐만 아니라 인보험 등 각종 보험에서 널리 이용되고 있다. 가령, 매도인이 매수인을 위해 운송보험계약을 체결하는 것, 기업주가 피용자를 위하여 상해보험계약을 체결하는 것, 아버지가 아들을 위하여 생명보험계약을 체결하는 것 등이 그 예이다. 또한 채권자를 피보험자로 하는 보증보험도 타인을 위한 보험계약에 속한다.

2. 타인을 위한 보험계약의 법적 성질과 성립요건

(1) 법적 성질

① 일반학설

타인을 위한 보험계약은 그 계약의 당사자가 아닌 피보험자 또는 보험수익자가 보험계약상의 이익을 받고 또는 일정한 의무를 지게 된다는 점에서 그 법적 성질이 무엇이냐는 다툼이 있다. 이에 대해 보험계약자를 보험수익자의 대리인이라는 직접대리설, 제3자의 대리인이라는 간접대리설, 제3자의 보험금청구권의 취득은 직접대리이고 보험계약자의 보험료 지급채무는 간접대리라는 절충설이 있으나, 오늘날 모두 인정되지 않고 있다.

② 제3자를 위한 계약설과 특수한 계약설

타인을 위한 보험계약은 피보험자와 보험수익자는 계약 당사자가 아닌 제3자이므로 '민법상 제3자를 위한 계약설'이 통설이고 법원 판례의 입장이다. 다만, 민법상 제3자를 위한 계약설에서는 제3자가 수익의 의사를 표시함으로써 권리가 발생하는데, 타인을 위한 보험계약에서는 의사표시 없이도 당연히 권리를 취득한다는 점에서 차이가 있다. 한편 이를 보험계약상의 특수한 계약으로 보아 특수한 계약설로 보는 견해, 제3자를 위한 특수한 계약이라는 견해도 있으나 보험계약의 성질상 특별한 사례로 보는 것이 옳다.

(2) 성립요건 기출 15·20·23·25

① '타인을 위한다'는 의사표시

보험계약 당사자 사이에 특정 또는 불특정 타인을 위한 보험계약이라는 의사표시의 합의가 있어야 한다. 그 의사표시는 명시, 묵시를 불문하고 관계없지만, 만일 의사표시가 불분명한 경우 '자기를 위한 보험계약'으로 추정한다. 또한, 타인은 계약 당시는 물론 계약 성립 후 사고발생 전에 정하여도 무방하며, 반드시 타인이 구체적으로 명시되어야 하는 것도 아니므로 보험사고의 발생시에 피보험이익의 주체가 되는 자를 피보험자로 하거나, 피보험자나 보험계약자의 상속인을 보험수익자로 하는 등의 이른바 '불특정 타인을 위한 보험계약'도 유효하다(상법 제639조 제1항).

② 타인의 위임 여부

보험계약자는 위임을 받거나, 위임을 받지 아니하고 특정 또는 불특정 타인을 위하여 보험계약을 체결할 수 있다(상법 제639조 제1항)고 하여 보험계약자가 계약 체결에 관한 권한을 타인으로부터 위임받았는가, 아닌가를 묻지 않는다.

③ 고지의무

손해보험계약의 경우 타인의 위임이 없으면 보험계약자는 이를 보험자에게 고지하여야 한다(상법 제639조 제1항 단서). 이는 보험자가 그 사실을 피보험자에게 알려줌으로써 보험금청구권이나 보험료 지급의무에 주의할 수 있도록 하기 위한 것이다. 만일 그 고지가 없는 때에는 타인이 그 보험계약이 체결된 사실을 알지 못하였다는 이유로 보험계약자는 보험자에게 대항하지 못한다(상법 제639조 제1항 단서).

3 타인을 위한 보험계약의 효과

(1) 개 요

타인을 위한 보험계약의 효과로서 피보험자 또는 보험수익자는 보험자에 대하여 보험금청구권을 갖는다. 즉, 이 경우에 보험계약자는 실질상의 이익을 갖지 아니하고 법은 제3자에게 모든 권리를 귀속시키고 있으며, 손해보험과 인보험에 따라 약간 차이를 보일 수 있다.

> **판례** 대법원 1989.4.25., 선고, 87다카1669, 판결
>
> 타인을 위한 손해보험계약은 타인의 이익을 위한 계약으로서 그 타인(피보험자)의 이익이 보험의 목적이지 여기에 당연히(특약없이) 보험계약자의 보험이익이 포함되거나 예정되어 있는 것은 아니므로, 피보험이익의 주체가 아닌 보험계약자는 비록 보험자와의 사이에서는 계약 당사자이고, 약정된 보험료를 지급할 의무자이지만 그 지위의 성격과 보험자대위 규정의 취지에 비추어 보면 보험자대위에 있어서 보험계약자와 제3자를 구별하여 취급할 법률상의 이유는 없는 것이며, 따라서 <u>타인을 위한 손해보험계약자가 당연히 제3자의 범주에서 제외되는 것은 아니다.</u>

(2) 보험계약자의 지위 기출 18·21

① 권 리

타인을 위한 보험계약의 성질상 보험계약자는 보험금, 그 밖의 급여청구권을 가지지 않으나, 손해보험계약의 경우 보험계약자가 그 타인에게 보험사고의 발생으로 생긴 손해의 배상을 한 때에는 보험계약자는 그 타인의 권리를 해하지 않는 범위 내에서 보험자에게 보험금액의 지급을 청구할 수 있다(상법 제639조 제2항). 이는 피보험자가 손해배상을 받고도 보험금을 지급받을 수 있는 <u>이중이득을 방지하기 위한 것</u>이다. 또한 보험증권교부청구권(상법 제640조), 보험료감액청구권(상법 제647조), 보험료반환청구권(상법 제648조), 보험계약해지권(상법 제649조), 인보험의 경우 보험수익자 지정·변경권(상법 제733, 제734조)을 갖는다. 다만, 보험계약해지권은 보험계약자가 그 타인의 동의를 얻거나 보험증권을 소지한 경우에 한하여 이를 행사할 수 있도록 하고 있다(상법 제649조 제1항 단서).

② 의 무

보험계약자는 자기의 이름으로 계약을 체결하는 자이므로 보험료 지급의무는 물론 고지의무(상법 제651조), 위험변경·증가의 통지의무(상법 제652조), 위험유지의무(상법 제653조), 보험사고발생의 통지의무(상법 제657조)를 지며, 손해보험은 손해방지경감의무(상법 제680조)를 진다.

(3) 피보험자·보험수익자의 지위 기출 23·24

① 권 리

피보험자 또는 보험수익자는 수익의 의사를 표시하지 않더라도 당연히 그 계약의 이익을 받으므로, 보험사고가 발생하면 직접 보험자에 대하여 보험금, 그 밖의 급여청구권을 갖는다(상법 제639조 제2항). 그러나 이 경우에 보험자는 보험계약에 기한사유(상법 제650조, 제651조, 제652조, 제653조 위반으로 인한 해지), 면책사유(상법 제659조, 제660조) 등으로 피보험자 또는 보험수익자에게 대항할 수 있다. 특히 인보험에서는 보험수익자 지정·변경권(상법 제733조)을 보험계약자가 가지므로 보험수익자의 권리는 그 한도에서 제한받는다.

> **판례** 피보험자·보험수익자의 권리 관련 판례
>
> - 대법원 1992.11.27., 선고, 92다20408, 판결
>   타인을 위한 보험계약에 있어서 피보험자는 직접 자기 고유의 권리로서 보험자에 대한 보험금지급청구권을 취득하는 것이므로 특별한 사정이 없는 한 <u>피보험자는 보험계약자의 동의가 없어도 임의로 권리를 행사하고 처분할 수 있다</u>.
> - 대법원 2006.11.9., 선고, 2005다55817, 판결
>   타인을 위한 인보험(상해보험)에서 <u>보험수익자는 그 지정행위 시점에 반드시 특정되어 있어야 하는 것은 아니고</u>, 보험사고 발생시에 특정될 수 있으면 충분하므로, 보험계약자는 이름 등을 통하여 특정인을 보험수익자로 지정할 수 있음은 물론 '배우자' 또는 '상속인'과 같이 보험금을 수익할 자의 지위나 자격 등을 통하여 <u>불특정인을 보험수익자로 지정할 수도 있다</u>.

② 의 무

보험계약자가 보험료 지급을 지체하거나, 파산선고를 받은 경우 피보험자 또는 보험수익자가 계약상의 권리를 포기하지 않는 한 보험료 지급의무가 있다(상법 제639조 제3항 단서). 그리고 피보험자 또는 보험수익자는 고지의무, 보험사고발생의 통지의무, 위험유지의무, 손해보험에서 손해방지경감의무를 부담한다.

> **판례** 대법원 2018.9.13., 선고, 2016다255125, 판결 기출 23
>
> 보험계약자가 타인의 생활상의 부양이나 경제적 지원을 목적으로 보험자와 사이에 타인을 보험수익자로 하는 생명보험이나 상해보험계약을 체결하여 보험수익자가 보험금청구권을 취득한 경우, 보험자의 보험수익자에 대한 급부는 보험수익자에 대한 보험자 자신의 고유한 채무를 이행한 것이다. 따라서 <u>보험자는 보험계약이 무효이거나 해제되었다는 것을 이유로 보험수익자를 상대로 하여 그가 이미 보험수익자에게 급부한 것의 반환을 구할 수 있고</u>, 이는 타인을 위한 생명보험이나 상해보험이 제3자를 위한 계약의 성질을 가지고 있다고 하더라도 달리 볼 수 없다.

4. 타인을 위한 보험계약의 해지권

(1) 개 요

우리 상법 제649조 제1항에서 보험사고의 발생 전에 보험계약자는 언제든지 계약의 전부 또는 일부를 해지할 수 있다고 하여 보험계약자의 이익을 보호하고 있는데, 이것을 타인을 위한 보험계약에서도 자기를 위한 보험계약의 경우처럼 그대로 적용할 수 있는지의 문제가 생긴다.

(2) 해지권의 적용 기출 20

타인을 위한 보험에서는 먼저 법적 성질이 민법상 제3자를 위한 계약이므로 민법을 적용하여 보험계약자에게 해지권이 없다고 보는 견해와 상법상 특수한 계약이므로 민법의 적용을 배제하여 보험계약자에게 해지권이 있다는 견해가 있다. 그러나 타인의 권리도 보호되어야 하므로 보험계약자는 그 타인의 동의를 얻거나 보험증권을 소지한 경우에만 그 계약을 해지할 수 있다(상법 제649조 제1항 단서)고 규정하고 있다. 이는 타인을 지정하지 않고 보험계약을 체결할 수 있고, 타인을 불특정인으로 정할 수도 있으므로 타인의 동의 또는 보험증권의 소지로 해지가 가능하도록 한 것이다.

CHAPTER 02 기출유형문제

01 보험계약의 개념

01 보험의 특성에 관한 설명으로 옳지 않은 것은?
① 보험은 동질의 우발적인 위험하에 다수의 경제주체가 단체적 조직을 이룬 것이다.
② 보험사고는 그 발생 여부가 확정적이지만 그 발생시기가 불확정적인 경우도 있다.
③ 보험사고의 위험이 보험관계자들 사이에서 주관적으로 불확정적인 경우에는 보험계약이 성립되지 않는다.
④ 보험은 위험에 대비하기 위한 것으로 반드시 위험을 전제로 한다.

> **해설**
> 보험사고의 불확정성은 반드시 객관적이어야 하는 것은 아니고 당사자 쌍방 및 피보험자에게 주관적으로 불확정한 것이면 된다(상법 제644조 단서).

02 보험계약에 관한 설명으로 옳은 것은?
① 보험계약은 초회보험료 납입시에 그 효력이 발생한다.
② 우리 상법은 보험계약의 의의를 손해보험과 인보험으로 구분하여 규정하고 있다.
③ 보험금의 지급은 보험사고의 발생을 조건으로 하므로 보험계약은 조건부계약이다.
④ 보험계약은 사행계약이고, 최대선의 계약이다.

> **해설**
> ① 보험계약은 보험계약자의 청약과 보험자의 승낙으로 성립하고, 보험자의 책임은 최초의 보험료를 지급받은 때로부터 개시된다.
> ② 우리 상법은 보험계약의 의의를 손해보험과 인보험에 대하여 통일적 규정을 두고 있다.
> ③ 보험금의 지급은 보험사고의 발생을 조건으로 할 수도 있고, 보험사고의 발생 없이 보험기간이 종료하여도 보험금액을 지급한다고 약정할 수도 있다(예 양로보험).

정답 01 ③ 02 ④

03 보험계약에 대한 설명으로 옳지 않은 것은?

① 보험계약은 불요식 낙성계약이다.
② 보험계약은 유상·쌍무계약이다.
③ 보험의 선의계약성은 사법의 신의성실성과 관계가 없다.
④ 보험계약은 우연한 사고의 발생으로 인하여 보험금액을 지급하는 계약이다.

> **해설**
> 신의성실의 원칙은 일반계약뿐만 아니라 보험계약에서도 그 지배원리로 작용한다. 특히 보험계약의 경우 도덕적 위험의 우려가 있으므로 그 계약 체결에 관하여 신의성실의 원칙에 기한 선의가 강하게 요구된다.

04 보험계약의 선의성에 대한 설명으로 옳지 않은 것은?

① 보험계약의 선의성은 고지의무 등에서 찾아볼 수 있다.
② 보험계약의 선의성은 가입자에 대하여만 요구되는 것이 아니다.
③ 보험계약의 선의성은 보험계약의 사행계약성에서 나오는 것이라고 할 수 있다.
④ 모든 계약에 대하여 신의성실의 원칙이 적용되기 때문에 보험계약의 선의성은 특별한 의미가 없다.

> **해설**
> 보험계약은 우연한 사고의 발생을 전제로 하므로 선의성이 더욱 강조된다.

05 다음 중 보험계약의 성질과 관련이 없는 것은?

① 낙성·요식계약성
② 유상·쌍무계약성
③ 부합계약성
④ 계속계약성

> **해설**
> 보험계약은 의사표시에 특별한 방식이 필요 없으므로 불요식계약에 해당한다.

06 보험계약에 관한 설명으로 옳지 않은 것은? 기출 24

① 보험계약의 체결은 별도의 형식을 필요로 하지 않는다.
② 보험계약은 부합계약성을 띤다.
③ 보험계약이 성립하기 위해서는 보험증권의 교부가 필요하다.
④ 보험자의 책임개시는 보험료의 납입을 전제로 하는 것이 원칙이다.

> **해설**
> 보험계약은 낙성·불요식 계약으로 <u>보험계약자의 청약과 보험자의 승낙이 있으면 보험계약은 성립</u>하고 특별한 방식을 필요로 하지 않는다(상법 제638조의2). 보험증권은 보험계약이 성립한 후 지체 없이 교부한다.
> ① 보험계약의 체결은 별도의 형식을 필요로 하지 않으므로 법률상 불요식이다.
> ② 보험계약은 보험자가 미리 작성한 보통보험약관에 의하여 계약을 체결하므로 부합계약성을 띤다.
> ④ 보험자의 책임은 당사자간에 다른 약정이 없으면 최초의 보험료를 지급받은 때부터 개시한다(상법 제656조).

정답 03 ③ 04 ④ 05 ① 06 ③

02 보험계약의 요소와 성립

01 보험계약의 직접적 당사자는?

① 보험계약자와 피보험자
② 보험계약자와 보험자
③ 보험계약자와 보험수익자
④ 보험계약자와 보험대리점

> |해설|
> 보험계약은 당사자(**보험계약자**) 일방이 약정한 보험료를 지급하고 재산 또는 생명이나 신체에 불확정한 사고가 발생할 경우에 상대방(**보험자**)이 일정한 보험금이나 그 밖의 급여를 지급할 것을 약정함으로써 효력이 생긴다(상법 제638조).

02 보험계약의 성립시기로 옳은 것은?

① 보험계약자의 청약과 제1회 보험료를 지급한 때
② 보험계약자의 청약에 대하여 보험자가 승낙한 때
③ 보험자가 보험증권을 교부한 때
④ 보험자가 보험료를 받은 때

> |해설|
> 보험계약은 낙성·불요식계약이므로 보험계약자의 청약을 보험자가 승낙함으로써 성립한다.

03 보험계약상 원칙적으로 보험자의 책임이 개시되는 시기는?

① 보험계약이 성립한 때
② 보험자가 보험증권을 교부한 때
③ 보험자가 최초의 보험료를 받은 때
④ 보험사고가 생긴 때

> |해설|
> 보험자의 책임은 당사자간에 다른 약정이 없으면 최초의 보험료를 받은 때로부터 개시된다(상법 제656조).

04 보험계약의 성립에 관한 설명으로 옳지 않은 것은? 기출 21

① 보험계약의 성립은 보험계약자의 보험료 지급과는 직접적인 관계가 없다.
② 보험자가 낙부통지의무를 해태한 경우 그 보험계약은 정상적으로 체결된 것으로 추정한다.
③ 손해보험계약의 경우 보험자가 보험계약자로부터 보험계약의 청약과 함께 보험료 상당액의 전부 또는 일부의 지급을 받는 경우에는 특별히 다른 약정이 없는 한 보험자는 30일 내에 보험계약자에게 낙부통지를 발송하여야 한다.
④ 보험계약의 청약을 받은 보험자가 승낙하였다 하더라도 당사자간에 다른 약정이 없으면 최초 보험료를 납입할 때까지 보험자의 책임은 개시되지 않는다.

| 해설 |
보험자는 청약과 함께 보험료의 일부 또는 전부를 받은 때에는 다른 약정이 없으면 30일 이내에 그 청약의 승낙 여부를 통지해야 하며, 통지를 하지 않고 30일이 경과하면 승낙한 것으로 간주한다. 즉 '~추정한다'가 아니라 '~간주한다'가 옳은 표현이다.
① 보험계약은 낙성·불요식 계약으로 보험계약자의 청약과 보험자의 승낙이 있으면 성립하고, 특별한 방식을 필요로 하지 않는다(상법 제638조의2). 따라서 보험료의 선지급이 없어도 보험계약은 유효하게 성립된다. 즉, 최초의 보험료 지급은 보험자의 책임이 개시되는 시기를 정한 것이고, 보험계약의 성립과는 관계없다.
③ 상법 제638조의2 제1항
④ 상법 제656조

05 보험계약의 성립에 관한 설명으로 옳지 않은 것은? 기출 18

① 보험계약은 당사자 일방이 약정한 보험료를 지급하고 재산 또는 생명이나 신체에 불확정한 사고가 발생한 경우에 상대방이 일정한 보험금이나 그 밖의 급여를 지급할 것을 약정함으로써 효력이 생긴다.
② 보험계약은 낙성·쌍무, 유상·불요식계약이라는 특성 외에 사행계약적 성격과 선의계약적 성격도 가지고 있다.
③ 보험자는 일정한 경우 승낙전 보험사고에 대해 보험계약상의 책임을 진다. 나아가 인보험계약의 피보험자가 신체검사를 받아야 하는 경우에 그 검사를 받지 아니한 경우에도 보험계약상의 책임을 부담한다.
④ 보험계약자의 청약에 대해 보험자는 승낙할지 여부를 자유롭게 결정할 수 있는 것이 원칙이다.

| 해설 |
보험자가 보험계약자로부터 보험계약의 청약과 함께 보험료 상당액의 전부 또는 일부를 받은 경우에 그 청약을 승낙하기 전에 보험계약에서 정한 보험사고가 생긴 때에는 그 청약을 거절할 사유가 없는 한 보험자는 보험계약상의 책임을 진다. 그러나 인보험계약의 피보험자가 신체검사를 받아야 하는 경우에 그 검사를 받지 아니한 때에는 보험계약상의 책임을 부담하지 않는다(상법 제638조의2 제3항).

정답 01 ② 02 ② 03 ③ 04 ② 05 ③

06 보험계약 체결에 관한 설명 중 옳은 것은? 기출 14

① 승낙 이후 보험증권 교부가 없으면 보험계약은 성립되지 않는다.
② 구술에 의한 보험계약 체결은 불가능하다.
③ 청약과 승낙의 의사의 합치가 없어도 보험계약이 성립한다.
④ 보험료 납부 전에도 보험사고발생시 보험금을 지급하기로 하는 당사자의 특약은 유효하다.

> **해설**
>
> ④의 경우 보험계약자에게 유리한 특약이므로 유효하다(예 소급보험).
> ① 보험계약은 보험계약자의 청약과 보험회사의 승낙으로 이루어지며, 보험증권이란 보험계약이 성립한 후 보험계약의 내용을 증명하기 위하여 보험자가 발행하는 것으로 보험계약 당사자 쌍방의 편리를 위한 것이지 증권의 발행·교부가 계약의 성립요건은 아니다.
> ② 청약의 의사표시는 특별한 형식을 요하지 않으며, 구두든 서면이든 청약의 효력에는 차이가 없으나, 실거래에 있어서는 거의 대부분 보험자가 미리 정한 양식, 즉 청약서의 작성을 통해 보험계약의 청약이 이루어진다. 청약에 대한 승낙도 특별한 형식이 없다. 즉 명시적이든 묵시적이든 승낙은 유효하다.
> ③ 보험계약은 보험계약자의 청약과 보험회사의 승낙의 합치로 이루진다.

07 보험계약의 성립에 관한 상법의 태도로 옳지 않은 것은? 기출 16

① 보험계약은 당사자 일방이 약정한 보험료를 지급하고 재산 또는 생명이나 신체에 불확정한 사고가 발생할 경우에 상대방이 일정한 보험금이나 그 밖의 급여를 지급할 것을 약정함으로써 효력이 생긴다.
② 보험계약자가 보험계약의 청약과 함께 중요사항에 대한 고지의무를 이행한 경우, 보험자는 20일 내에 그 상대방에 대하여 낙부의 통지를 발송하여야 한다.
③ 신체검사를 받아야 하는 인보험계약의 피보험자가 신체검사를 받지 않은 경우에는 보험자의 승낙 전에 보험사고가 발생하였더라도 보험자는 그 청약을 거절할 사유의 존재 여부에 관계없이 보상책임을 부담하지 않는다.
④ 보험자의 보상책임은 최초의 보험료의 지급을 받은 때로부터 개시되지만, 당사자의 약정으로 달리 정할 수 있다.

> **해설**
>
> 보험계약은 보험계약자의 청약과 보험자의 승낙이 있는 때에 성립하는데, 보험자가 보험계약자로부터 보험계약의 청약과 함께 보험료 상당액의 전부 또는 일부의 지급을 받은 때에는 다른 약정이 없는 한 30일 내에 그 상대방에 대하여 낙부의 통지를 발송해야 한다(상법 제638조의2 제1항).
> ① 상법 제638조
> ③ 상법 제638조의2 제3항
> ④ 상법 제656조

08 보험계약의 성립에 관한 설명으로 옳은 것은? 기출 22

① 보험계약의 체결을 원하는 보험계약자는 청약서를 작성하여 이를 보험자에게 제출하여야 하므로 보험계약은 요식계약성을 가진다.
② 보험자가 보험계약자로부터 보험계약의 청약을 받은 경우 보험료의 지급 여부와 상관없이 30일 내에 보험계약자에 대하여 그 청약에 대한 낙부의 통지를 발송하여야 한다.
③ 보험자가 청약에 대한 낙부통지의무를 부담하는 경우 정해진 기간 내에 낙부의 통지를 해태한 때에는 승낙한 것으로 추정된다.
④ 보험계약자가 보험자에게 보험료의 전부 또는 제1회 보험료를 지급하는 것은 보험자의 책임개시요건에 불과할 뿐 보험계약의 성립요건은 아니다.

| 해설 |

보험계약은 청약과 승낙이라는 당사자 쌍방의 의사표시의 합치만으로 성립하며, 보험계약자가 보험자에게 보험료의 전부 또는 제1회 보험료를 지급하는 것은 보험자의 책임개시요건에 불과할 뿐이다(상법 제650조 제1항).
① 보험계약의 의사표시에는 아무런 형식을 요하지 않으므로 <u>불요식계약성</u>을 가진다.
② 보험자가 보험계약자로부터 보험계약의 청약과 함께 보험료 상당액의 전부 또는 일부의 지급을 받은 때에는 다른 약정이 없으면 30일 내에 그 상대방에 대하여 낙부의 통지를 발송하여야 한다(상법 제638조의2 제1항).
③ 보험자가 청약에 대한 낙부통지의무를 부담하는 경우 정해진 기간 내에 낙부의 통지를 해태한 때에는 <u>승낙한 것으로 본다</u>(상법 제638조의2 제2항).

09 보험모집 종사자에 관한 설명 중 틀린 것은? (다툼이 있는 경우 대법원 판례에 의함)
기출 14

① 보험회사의 영업소장은 상법상의 표현지배인이 될 수 있다.
② 보험설계사는 상법상의 상업사용인에 해당한다고 할 수 없다.
③ 보험중개사는 특별한 사정이 없는 한 보험회사를 위한 어떠한 권한도 없다.
④ 보험회사는 그 임직원이 모집을 하면서 보험계약자에게 손해를 입힌 경우에는, 보험회사가 그 임직원에게 모집을 위탁하면서 상당한 주의를 하였고, 그 임직원이 모집과 관련하여 보험계약자에게 손해를 입히는 것을 막기 위하여 노력한 경우라도, 보험계약자에 대해 보험업법상의 손해배상책임을 져야 한다.

| 해설 |

보험회사의 영업소장은 상법 제14조의 <u>표현지배인에 해당되지 않는다</u>(대법원 1983.10.25., 선고, 83다107, 판결).
[판례] 표현지배인(대법원 1978.12.13., 선고, 78다1567, 판결)
표현지배인은 실제로는 지배인이 아니면서 지배인으로 오인될 만한 명칭을 사용하고 이로 인해 지배인과 동일한 권한이 있는 것으로 법에 의해 의제되는 사용인을 말한다. 단순히 본・지점의 지휘감독 아래 기계적으로 제한된 보조적 사무만을 처리하는 영업소는 상법상의 영업소라 볼 수 없으므로 동 영업소의 소장을 상법 제14조 제1항 소정의 표현지배인으로 볼 수 없다.

10 보험자의 보조자에 관한 설명 중 틀린 것은? (다툼이 있는 경우 대법원 판례에 의함)

기출 14

① 보험회사의 대리인이 피보험건물의 증개축 공사현장을 방문하면서 증개축공사로 인한 보험사고발생의 위험이 현저하게 증가된 사실을 알았거나 중대한 과실로 알지 못하였다면, 보험자는 보험계약자나 피보험자가 위험변경·증가의 통지를 하지 않았음을 이유로 보험계약을 해지할 수 없다.
② 보험회사의 대리인이 보험계약자와 사이에 보험계약을 체결하고 보험계약자로부터 2, 3회분 보험료에 해당하는 약속어음을 교부받은 후 이를 횡령한 경우에는 그 어음이 결제되더라도 보험료 납입의 효과가 생기지 않는다.
③ 보험대리점이 체약대리상인지 중개대리상인지 여부는 보험자와 보험대리상간에 체결하는 대리상계약의 내용에 따라 결정된다.
④ 보험설계사가 보험사고발생의 위험이 현저하게 변경 또는 증가된 사실을 알았다고 하더라도 이로써 보험자도 그 사실을 안 것으로 볼 수 없다.

| 해설 |

보험자의 대리인이 보험회사를 대리하여 보험계약자와 사이에 보험계약을 체결하고 그 보험료수령권에 기하여 보험계약자로부터 회분 보험료를 받으면서 2, 3회분 보험료에 해당하는 약속어음을 함께 교부받았다면 위 대리인이 그 약속어음을 횡령하였다고 하더라도 그 변제수령의 효과는 보험자에 미친다고 할 것이다. 위 <u>어음이 지급 결제됨으로써 보험료 납부의 효과가 생긴다</u>(대법원 1987.12.08., 선고, 87다카1793, 판결).

11 보험계약의 당사자 및 관계자에 관한 설명으로 옳은 것은? 기출 25

① 보험중개사는 보험자의 사용인이나 대리인이면서 보험자와 보험계약자 사이의 보험계약 체결을 중개하는 것을 영업으로 하는 독립된 상인이다.
② 보험계약의 당사자에는 보험자, 보험계약자, 피보험자, 보험수익자가 있다.
③ 보험계약자가 대리인에 의하여 보험계약을 체결한 경우에 대리인이 안 사유는 그 보험계약자가 안 것과 동일한 것으로 한다.
④ 보험설계사는 보험자에게 종속되어 보험자를 위하여 보험계약의 체결을 중개하는 자이며, 보험료수령권 및 고지수령권을 가지고 있다.

| 해설 |

③ 상법 제646조
① 보험중개사는 보험자와 보험계약자 사이의 보험계약의 성립을 중개하는 것을 영업으로 하는 독립된 상인이며(상법 제93조), <u>보험자의 사용인이나 대리인이 아니다</u>.
② 보험계약의 당사자에는 <u>보험자와 보험계약자</u>가 있고, 보험계약의 이해관계자에는 피보험자와 보험수익자가 있다.
④ 보험설계사는 보험자에게 종속되어 보험자를 위하여 보험계약의 체결을 중개하는 자이며, <u>보험료수령권은 있지만 고지수령권과 보험계약체결권은 없다</u>는 것이 통설 및 판례의 입장이다.

12 다음 설명 중 옳지 않은 것은? 기출 17

① 보험자는 일정한 보험상품을 특정하여 보험대리상의 보험증권 발행권한을 제한할 수 있다.
② 보험자는 보험대리상의 권한 제한을 이유로 그러한 제한이 있음을 알지 못하는 보험계약자에게 대항할 수 없다.
③ 보험대리상이 아니면서 특정한 보험자를 위하여 계속적으로 보험계약의 체결을 중개하는 자는 보험료수령권이 있으나, 이때 보험자가 작성한 영수증을 보험계약자에게 교부하여야 한다.
④ 보험중개사는 자신이 중개하는 보험계약의 제1회 보험료를 수령하여 보험자에게 전달하거나 보험자로부터 받을 중개수수료와 상계할 수 없다.

> **해설**
> 보험대리점은 보험자가 작성한 보험증권을 보험계약자에게 교부할 수 있는 권한이 있지만, 보험증권을 발행할 권한은 없다(상법 제646조의2 제1항 제2호).
> ② 보험자는 보험대리상의 권한 제한을 이유로 선의의 보험계약자에게 대항하지 못한다(상법 제646조의2 제2항).
> ③ 상법 제646조의2 제3항
> ④ 보험중개사는 보험을 모집할 권한, 보험계약에 대한 중개권 및 보험사업자에 대한 보험중개수수료의 청구권을 가지지만, 계약체결권, 고지수령권, 보험료수령권을 가지지 못한다. 즉 보험설계사는 보험계약의 제1회 보험료수령권이 인정되고 있으나, 보험중개사는 제1회 보험료수령권이 인정되고 있지 않으며, 보험자로부터 받을 중개수수료와 상계할 수 없다.

13 보험대리상에 대한 설명 중 옳지 않은 것은? 기출 23

① 보험대리상은 보험계약자로부터 보험료를 수령하고, 보험자가 작성한 보험증권을 보험계약자에게 교부할 권한이 있다.
② 보험대리상은 보험계약자로부터 청약, 고지, 통지, 해지, 취소 등 보험계약에 관한 의사표시를 수령할 수 있는 권한이 있다.
③ 보험대리상은 보험계약자에게 보험계약의 체결, 변경, 해지 등 보험계약에 관한 의사표시를 할 수 있는 권한이 있다.
④ 보험자는 보험대리상의 권한 중 일부를 제한할 수 있지만 보험대리상은 대리권을 전제로 하기 때문에 보험계약 체결의 대리권은 제한할 수 없다.

> **해설**
> 보험자는 보험대리상의 권한 중 일부를 제한할 수 있다. 즉 보험계약자에게 보험계약의 체결, 변경, 해지 등 보험계약에 관한 의사표시를 할 수 있는 권한을 제한할 수 있으므로, "보험계약 체결의 대리권은 제한할 수 없다"는 지문이 틀린 문장이다(상법 제646조의2 제1항 제4호, 제646조의2 제2항).

정답 10 ② 11 ③ 12 ① 13 ④

14 상법에서 규정하고 있는 보험대리상의 권한을 모두 고른 것은? 기출 15

> 가. 보험계약자로부터 보험료를 수령할 수 있는 권한
> 나. 보험자가 작성한 보험증권을 보험계약자에게 교부할 수 있는 권한
> 다. 보험계약자로부터 청약, 고지, 통지, 해지, 취소 등 보험계약에 관한 의사표시를 수령할 수 있는 권한
> 라. 보험계약자에게 보험계약의 체결, 변경, 해지 등 보험계약에 관한 의사표시를 할 수 있는 권한

① 나
② 가, 나
③ 가, 나, 다
④ 가, 나, 다, 라

| 해설 |

보험대리상 등의 권한(상법 제646조의2 제1항)
1. 보험계약자로부터 보험료를 수령할 수 있는 권한
2. 보험자가 작성한 보험증권을 보험계약자에게 교부할 수 있는 권한
3. 보험계약자로부터 청약, 고지, 통지, 해지, 취소 등 보험계약에 관한 의사표시를 수령할 수 있는 권한
4. 보험계약자에게 보험계약의 체결, 변경, 해지 등 보험계약에 관한 의사표시를 할 수 있는 권한

15 상법상 보험대리상이 아니면서 특정한 보험자를 위하여 계속적으로 보험계약의 체결을 중개하는 자의 권한으로 바르게 짝지어진 것은? 기출 18

> 가. 보험자가 작성한 영수증을 교부함으로써 보험계약자로부터 보험료를 수령할 수 있는 권한
> 나. 보험자가 작성한 보험증권을 보험계약자에게 교부할 수 있는 권한
> 다. 보험계약자로부터 청약의 의사표시를 수령할 수 있는 권한
> 라. 보험계약자에게 보험계약의 해지의 의사표시를 할 수 있는 권한

① 가, 나
② 가, 나, 다
③ 가, 나, 다, 라
④ 다, 라

| 해설 |

보험대리상이 아니면서 특정한 보험자를 위하여 계속적으로 보험계약의 체결을 중개하는 자는 보험계약자로부터 보험료를 수령할 수 있는 권한(보험자가 작성한 영수증을 보험계약자에게 교부하는 경우만 해당한다) 및 보험자가 작성한 보험증권을 보험계약자에게 교부할 수 있는 권한이 있다(상법 제646조의2 제3항).
다. 라.는 보험대리상의 권한에 해당된다(상법 제646조의2 제1항).

16 다음 설명으로 옳지 않은 것은? (다툼이 있는 경우 판례에 의함) [기출 18]

> 甲은 보험자와 보험대리점 위탁계약을 체결하고 있는 보험대리상이다. 乙은 독립적으로 보험계약의 체결을 중개하는 자이다. 丙은 보험자를 위하여 계속적으로 보험계약의 체결을 중개하는 자이다.

① 甲은 보험계약자 등으로부터 고지·통지의무를 수령 할 수 있는 권한이 있으나, 乙과 丙은 그러한 권한이 없고, 특별히 위임을 받은 경우에는 고지 및 통지를 수령할 수 있다.
② 甲은 보험계약의 체결을 대리하는 자라는 점에서 보험계약의 체결을 중개하는 乙 및 丙과는 다른 법적 지위를 갖는다.
③ 甲은 보험계약자에게 보험계약의 체결, 변경, 해지 등 보험계약에 관한 의사표시를 할 수 있는 권한을 가진다.
④ 乙과 丙은 독립된 사업자가 아니고 보험자의 피용자라는 점에서 동일한 법적 지위를 갖는다.

| 해설 |
> 甲은 보험대리점으로서 일정한 보험회사를 위하여 보험계약의 체결을 중개 또는 대리를 영업으로 하는 독립된 상인을 말한다. 보험계약자 등으로부터 고지·통지의무를 수령 할 수 있는 권한이 있으며, 보험계약의 체결, 변경, 해지 등 보험계약에 관한 의사표시를 할 수 있는 권한을 가진다.
> 乙은 보험중개사로서 보험회사와 보험계약자 사이의 보험계약의 성립을 중개하는 것을 영업으로 하는 독립된 상인이다.
> 丙은 보험설계사로서 보험자의 사용인으로서 한 회사에 소속되어 보험에 가입할 자에 대하여 보험계약의 청약을 인수하는 자이다.

17 보험수익자에 대한 설명으로 옳지 않은 것은?

① 보험수익자는 생명보험계약에서 보험사고가 발생한 경우에 보험금을 지급받는 자를 말한다.
② 손해보험에서는 보험계약자와 보험수익자가 동일인이면 자기를 위한 보험계약이 된다.
③ 생명보험에서 보험수익자는 행위무능력자라도 가능하다.
④ 손해보험에서 보험금청구권을 갖는 자가 피보험자이므로 보험수익자란 용어를 사용하지 않는다.

| 해설 |
> 보험수익자는 생명보험계약에서 보험사고가 발생한 경우에 보험금을 지급받는 자를 말한다. 손해보험에서는 보험금청구권을 갖는 자가 피보험자이므로 보험수익자란 용어를 사용하지 않는다. 그런데 사망보험에서 피보험자가 사망하면 그 자는 보험금을 수령할 수 없기 때문에 보험수익자를 두고 있다. 행위무능력자도 보험수익자가 될 수 있다. 손해보험에서 보험계약자와 피보험자가 동일인이거나 생명보험에서 보험계약자와 보험수익자가 동일인이면 자기를 위한 보험계약이 되고, 다른 사람이면 타인을 위한 보험계약이 된다.

정답 14 ④ 15 ① 16 ④ 17 ②

18 보험사고에 관한 설명으로 옳은 것은?

① 보험사고는 보험계약의 성립 당시에만 그 발생 여부가 불확실한 것이어도 된다.
② 보험사고는 객관적으로 그 발생 여부 또는 발생시기가 불확실한 것이어야 한다.
③ 보험사고에 의한 손해가 보험계약기간 중에 발생하여야 보험자의 보상의무가 인정된다.
④ 보험사고는 손해보험의 경우 피보험이익을 그 발생의 대상 또는 객체로 한다.

| 해설 |
①·② 보험사고는 보험자의 보험금 지급의무를 구체화시킨 사고로 손해보험에서는 약관상 보상키로 한 사고이다. 이는 보험계약 성립시에 사고발생이 가능하고 그 후에 사고의 발생이 불가능하게 되어도 계약은 성립하며, 보험사고발생 여부, 시기, 방법 중 어느 하나가 불확정하면 되는데 불확정성은 <u>객관적으로 확정될 필요가 없고, 당사자의 주관에서 불확정하면 된다.</u>
③ 보험사고는 보험계약기간 안에 발생하였으나, <u>손해가 보험계약기간 후에 발생하여도 보험자는 보상책임을 진다.</u>
④ 보험사고는 손해보험의 경우 피보험이익(보험계약의 목적)이 아니라, <u>보험의 목적</u>을 그 발생의 대상 또는 객체로 한다.

19 보험사고에 관한 설명으로 옳지 않은 것은?

① 보험사고는 보험계약의 불가결의 요소이다.
② 보험사고는 우연한 것이어야 한다.
③ 보험사고의 범위는 특정되어야 한다.
④ 보험사고는 반드시 객관적으로 불확정한 것이어야 한다.

| 해설 |
보험사고는 반드시 객관적으로 확정될 필요는 없고, 당사자의 주관에 불확정하면 된다.

20 보험료에 대한 설명으로 옳지 않은 것은?

① 보험금액을 기준으로 산출한다.
② 보험료의 지급은 보험계약의 성립요건이다.
③ 피보험자 또는 보험수익자가 보험료를 지급할 경우도 있다.
④ 보험자의 책임은 특별한 약정이 없는 한 최초의 보험료를 받은 때부터 발생한다.

| 해설 |
최초의 보험료 지급은 보험자의 책임 개시요건이며, 계약의 성립요건은 아니다.

21 보험료에 관한 설명으로 상법상 명시된 규정이 있지 않은 것은? 기출 22

① 보험계약의 당사자가 특별한 위험을 예기하여 보험료의 액을 정한 경우에 보험기간 중 그 예기한 위험이 소멸한 때에는 보험계약자는 그 후의 보험료의 감액을 청구할 수 있다.
② 보험계약의 전부 또는 일부가 무효인 경우에 보험계약자와 피보험자가 선의이며 중대한 과실이 없는 때에는 보험자에 대하여 보험료의 전부 또는 일부의 반환을 청구할 수 있다.
③ 보험사고가 발생하기 전 보험계약자가 보험계약을 임의해지하는 경우 당사자간에 다른 약정이 없으면 보험계약자는 미경과보험료의 반환을 청구할 수 있다.
④ 보험계약자 또는 피보험자가 고지의무를 위반하여 이를 이유로 보험자가 보험계약을 해지하는 경우 보험사고가 발생하기 전이라면 보험계약자는 보험료의 전부 또는 일부의 반환을 청구할 수 있다.

| 해설 |
상법 제651조(고지의무위반으로 인한 계약해지)의 규정에 의하여 보험계약이 해지된 경우 보험자는 보험수익자를 위하여 적립한 금액을 보험계약자에게 지급하여야 한다(보험적립금반환의무, 상법 제736조).
보험자에 대하여 보험료의 전부 또는 일부의 반환을 청구할 수 있는 경우는 보험계약의 전부 또는 일부가 무효인 경우에 보험계약자와 피보험자가 선의이며, 중대한 과실이 없는 때이다(상법 제648조).
① 상법 제647조
② 상법 제648조
③ 상법 제649조 제3항

22 보험료에 대한 설명으로 옳지 않은 것은?

① 보험료는 보험계약에서 보험자가 담보책임을 지는 대가로서 보험계약자가 지급하는 금액이다.
② 제1회 보험료란 첫 번째 지급되는 보험료를 말하고, 제2회 보험료란 그 이후에 지급되는 보험료를 말한다.
③ 당사자간의 특약에 의하여 초회보험료를 받지 아니한 상태에서 보험자의 책임이 개시되고 난 후 제1회 보험료 납입이 있게 되는 경우 이때의 제1회 납입은 초회보험료이다.
④ 초회보험료란 보험자의 책임을 시작하게 하는 보험료이고, 계속보험료란 일단 시작된 보험자의 책임을 계속 이어가게 하는 보험료이다.

| 해설 |
당사자간의 특약에 의하여 초회보험료를 받지 아니한 상태에서 보험자의 책임이 개시되고 난 후 제1회 보험료 납입이 있게 되는데, 이때의 제1회 납입은 초회보험료가 아니고 계속보험료이다. 따라서 당사자간의 특약에 의하여 보험자의 담보책임을 개시한 후 제회 보험료가 약속된 날에 지급되지 아니한 경우 보험자는 최고하고 해지하여야만 담보책임을 면할 수 있다.

정답 18 ① 19 ④ 20 ② 21 ④ 22 ③

23 다음 중 보험료 미지급에 관한 설명으로 옳지 않은 것은? 기출 20

① 다른 약정이 없는 한 계약 체결 후 보험료의 전부 또는 제1회 보험료의 지급 없이 2월이 경과하면 그 보험계약은 해제된 것으로 보기 때문에 보험자는 별도로 해제의 의사표시를 할 필요가 없다.
② 특정한 타인을 위한 보험의 경우에 보험계약자가 보험료의 지급을 지체한 때에는 보험자는 그 타인에게도 상당한 기간을 정하여 보험료의 지급을 최고한 후가 아니면 그 계약을 해제하지 못한다.
③ 계속보험료가 약정한 시기에 지급되지 아니한 때에는 보험자는 상당한 기간을 정하여 보험계약자에게 최고하고 그 기간 내에 지급되지 아니한 때에는 그 계약을 해지할 수 있다.
④ 제1회 보험료 부지급을 이유로 보험계약이 해제되는 경우 계약 성립 후 해제 전에 발생한 보험사고에 대하여 보험금을 지급하는 약정은 무효이다.

| 해설 |

보험계약자는 계약 체결 후 지체 없이 보험료의 전부 또는 제1회 보험료를 지급하여야 하는데, 보험계약자가 이를 지급하지 아니하는 경우에는 다른 약정이 없는 한 계약 성립 후 2월이 경과하면 그 계약은 해제된 것으로 본다(상법 제650조 제1항). 그런데 계약 성립 후 해제 전에 발생한 보험사고에 대하여 보험금을 지급하는 약정은 보험계약자에게 유리하므로 유효하다.
① 상법 제650조 제1항
② 상법 제650조 제3항
③ 상법 제650조 제2항

24 보험료의 지급과 지체의 효과에 관한 설명으로 옳지 않은 것은? 기출 22

① 보험계약자는 계약 체결 후 지체 없이 보험료의 전부 또는 제1회 보험료를 지급하여야 하며, 보험계약자가 이를 지급하지 아니하는 경우에는 다른 약정이 없는 한 계약 성립 후 1월이 경과하면 그 계약은 해제된 것으로 본다.
② 계속보험료가 약정한 시기에 지급되지 아니한 때에는 보험자는 상당한 기간을 정하여 보험계약자에게 최고하고 그 기간 내에 지급되지 아니한 때에는 그 계약을 해지할 수 있다.
③ 특정한 타인을 위한 보험의 경우에 보험계약자가 보험료의 지급을 지체한 때에는 보험자는 그 타인에게도 상당한 기간을 정하여 보험료의 지급을 최고한 후가 아니면 그 계약을 해제 또는 해지하지 못한다.
④ 판례에 따르면 계속보험료가 약정한 시기에 지급되지 아니한 때 일정한 유예기간이 경과하면 보험자의 최고나 해지의 의사표시 없이 자동적으로 계약의 효력이 상실되는 약관의 내용은 보험법의 상대적 강행법규성에 위배되어 무효라고 한다.

> **해설**
>
> 보험계약자는 계약 체결 후 지체 없이 보험료의 전부 또는 제1회 보험료를 지급하여야 하며, 보험계약자가 이를 지급하지 아니하는 경우에는 다른 약정이 없는 한 계약 성립 후 2월이 경과하면 그 계약은 해제된 것으로 본다(상법 제650조 제1항).
> ② 상법 제650조 제2항
> ③ 상법 제650조 제3항
> ④ 상법 제650조 제2항은 "계속보험료가 약정한 시기에 지급되지 아니한 때에는 보험자는 상당한 기간을 정하여 보험계약자에게 최고하고 그 기간 내에 지급되지 아니한 때에는 그 계약을 해지할 수 있다"라고 규정하고, 같은 법 제663조는 위의 규정은 당사자간의 특약으로 보험계약자 또는 피보험자나 보험수익자의 불이익으로 변경하지 못한다고 규정하고 있으므로, 분납보험료가 소정의 시기에 납입되지 아니하였음을 이유로 그와 같은 절차를 거치지 아니하고 곧바로 보험계약을 해지할 수 있다거나 보험계약이 실효됨을 규정한 약관은 상법의 위 규정에 위배되어 무효라 할 것이다(대법원 1997.7.25., 선고, 97다18479, 판결).

25. 보험계약자의 보험료 지급의무에 관한 설명 중 옳지 않은 것은? (다툼이 있는 경우 판례에 의함)

기출 19

① 보험계약자는 보험계약 체결 후 보험료의 전부 또는 제1회 보험료를 지급하지 아니한 경우에는 다른 약정이 없는 한 계약 성립 후 2월이 경과하면 그 계약은 해제된 것으로 본다.
② 보험자가 제1회 보험료로 선일자수표를 받고 보험료가수증을 준 경우에 선일자수표를 받은 날로부터 보험자의 책임이 개시된다.
③ 계속보험료의 지급이 없는 경우에 상당한 기간을 정하여 보험계약자에게 최고하지 않더라도 보험계약은 당연히 효력을 잃는다는 보험약관조항은 상법규정에 위배되어 무효이다.
④ 특정한 타인을 위한 보험의 경우에 보험계약자가 보험료의 지급을 지체한 때 보험자는 그 타인에 대하여 상당한 기간을 정하여 보험료의 지급을 최고한 후가 아니면 그 계약을 해제 또는 해지하지 못한다.

> **해설**
>
> 선일자수표는 대부분의 경우 당해 발행일자 이후의 제시기간 내의 제시에 따라 결제되는 것이라고 보아야 하므로 선일자수표가 발행 교부된 날에 액면금의 지급효과가 발생된다고 볼 수 없으니, 보험약관상 보험자가 제1회 보험료를 받은 후 보험청약에 대한 승낙이 있기 전에 보험사고가 발생한 때에는 제1회 보험료를 받은 때에 소급하여 그때부터 보험자의 보험금 지급책임이 생긴다고 되어 있는 경우에 있어서 보험모집인이 청약의 의사표시를 한 보험계약자로부터 제1회 보험료로서 선일자수표를 발행받고 보험료가수증을 해주었더라도 그가 선일자수표를 받은 날을 보험자의 책임발생 시점이 되는 제1회 보험료의 수령일로 보아서는 안 된다(대법원 1989.11.28., 선고, 88다카33367, 판결).
> ① 상법 제650조 제1항
> ③ 상법 제650조 제2항은 "계속보험료가 약정한 시기에 지급되지 아니한 때에는 보험자는 상당한 기간을 정하여 보험계약자에게 최고하고 그 기간 내에 지급되지 아니한 때에는 그 계약을 해지할 수 있다"라고 규정하고, 같은 법 제663조는 위의 규정은 당사자간의 특약으로 보험계약자 또는 피보험자나 보험수익자의 불이익으로 변경하지 못한다고 규정하고 있으므로, 분납보험료가 소정의 시기에 납입되지 아니하였음을 이유로 그와 같은 절차를 거치지 아니하고 곧바로 보험계약을 해지할 수 있다거나 보험계약이 실효됨을 규정한 약관은 상법의 위 규정에 위배되어 무효라 할 것이다(대법원 1997.7.25., 선고, 97다18479, 판결).
> ④ 상법 제650조 제3항

26 상법상 보험금액의 지급에 관한 규정이다. A, B에 들어갈 것을 모은 것으로 옳은 것은?

> 기출 22

> 보험자는 보험금액의 지급에 관하여 약정기간이 없는 경우에는 보험사고발생의 통지를 받은 후 (A) 지급할 보험금액을 정하고 그 정하여진 날부터 (B) 내에 피보험자 또는 보험수익자에게 보험금액을 지급하여야 한다.

① A – 지체 없이,   B – 10일
② A – 지체 없이,   B – 10영업일
③ A – 상당한 기간을 정하여, B – 10일
④ A – 상당한 기간을 정하여, B – 10영업일

| 해설 |
> 보험자는 보험금액의 지급에 관하여 약정기간이 있는 경우에는 그 기간 내에 약정기간이 없는 경우에는 통지를 받은 후 (**지체 없이**) 지급할 보험금액을 정하고 그 정하여진 날부터 (**10일**) 내에 피보험자 또는 보험수익자에게 보험금액을 지급하여야 한다(상법 제658조).

27 다음의 ( ) 안에 들어갈 기간이 순서에 따라 알맞게 짝지어진 것은? 기출 15·16

> • 보험금 지급에 대한 약정기간이 없는 경우 보험자는 보험사고의 통지를 받은 후 지체 없이 지급할 보험금액을 정하고 그 정하여진 날부터 (㉠) 내에 피보험자 또는 보험수익자에게 보험금액을 지급하여야 한다.
> • 보험자가 보험계약자로부터 보험계약의 청약과 함께 보험료 상당액의 전부 또는 일부의 지급을 받은 때에는 (㉡) 내에 그 상대방에 대하여 낙부의 통지를 발송하여야 한다.
> • 보험자가 보험기간 중 보험계약자로부터 사고발생 위험의 현저한 변경증가에 대한 통지를 받은 때에는 (㉢) 내에 보험료의 증액을 청구하거나 계약을 해지할 수 있다.
> • 보험자가 파산의 선고를 받은 때에 보험계약자가 계약을 해지하지 않고 (㉣)이 경과한 때에는 그 보험계약은 효력을 잃는다.

① 10일, 30일, 1월, 2월
② 1월, 1월, 30일, 3월
③ 1월, 20일, 2월, 1월
④ 10일, 30일, 1월, 3월

> **해설**
> - 보험자는 보험금액의 지급에 관하여 약정기간이 있는 경우에는 그 기간 내에 약정기간이 없는 경우에는 통지를 받은 후 지체 없이 지급할 보험금액을 정하고 그 정하여진 날부터 (**10일**) 내에 피보험자 또는 보험수익자에게 보험금액을 지급하여야 한다(상법 제658조).
> - 보험자가 보험계약자로부터 보험계약의 청약과 함께 보험료 상당액의 전부 또는 일부의 지급을 받은 때에는 다른 약정이 없으면 (**30일**) 내에 그 상대방에 대하여 낙부의 통지를 발송하여야 한다(상법 제638조의2 제1항).
> - 보험자가 위험변경증가의 통지를 받은 때에는 (**1월**) 내에 보험료의 증액을 청구하거나 계약을 해지할 수 있다(상법 제652조 제2항).
> - 해지하지 아니한 보험계약은 파산선고 후 (**3월**)을 경과한 때에는 그 효력을 잃는다(상법 제654조 제2항).

28 보험의 목적에 관한 설명으로 옳지 않은 것은? [기출 24]

① 개별물건과 집합물건은 보험의 목적이 될 수 있다.
② 인보험에서 피보험자는 자연인이어야 한다.
③ 지식재산권은 손해보험의 대상이 될 수 없다.
④ 보험의 목적은 보험사고의 대상을 의미하므로 보험계약을 체결하는 목적과는 구별된다.

> **해설**
> 손해보험에서 자연인이나 법인, 유체물(가옥, 자동차, 선박 등)이나 무체물(지식재산권 등)이든 피보험이익의 요건을 충족하는 것이라면 모두 보험의 목적이 될 수 있다.
> ① 개별보험은 개개의 사람이나 물건을 보험의 목적으로 하는 보험이고, 집합보험은 다수의 물건을 보험의 목적으로 하는 보험이다.
> ② 인보험에서 보험의 목적은 보험이 붙여진 피보험자(자연인)를 말한다.
> ④ 보험의 목적은 손해보험에 있어서의 보험계약의 목적(상법 제668조)과는 구별된다. 보험계약의 목적은 보험사고의 발생 여부에 관하여 피보험자가 가지는 경제적 이해관계(피보험이익)를 말한다.

29 다음은 보험의 목적과 보험계약의 목적과의 차이를 설명한 것이다. 옳지 않은 것은?

① 개개의 물건을 보험의 목적으로 붙일 수 있다.
② 물건의 집합체를 보험의 목적으로 붙일 수 있다.
③ 전자는 보험계약의 대상인 경제적 이익을 말하고, 후자는 경제상의 재화를 말한다.
④ 보험계약의 목적이 다르면 동일한 보험의 목적에 대하여도 별개의 계약을 체결할 수 있다.

> **해설**
> 보험의 목적은 보험계약의 대상인 재화를 말하고, 보험계약의 목적은 경제적 이해관계를 말한다.

정답 26 ① 27 ④ 28 ③ 29 ③

30 보험의 목적과 보험계약의 목적과의 차이점에 대한 내용으로 옳지 않은 것은?

① 손해보험에는 보험의 목적과 보험계약의 목적이 존재하지만 인보험에서는 보험의 목적만 존재할 뿐 보험계약의 목적은 존재하지 아니한다는 것이 우리나라 통설이다.
② 보험의 목적은 보험에 의하여 보호되는 재화를 말하며, 보험계약의 목적은 피보험이익을 말한다.
③ 손해보험에서 보험계약을 체결하는 자는 보험계약자이기 때문에 보험계약의 목적은 보험계약자에게 있어야 한다.
④ 단일한 보험의 목적에 단일한 보험계약의 목적만 존재하는 것이 아니다.

> **해설**
> 보험계약의 목적은 피보험이익이다. 보험계약의 목적, 즉 <u>피보험이익은 피보험자에게 존재하여야 한다</u>. 따라서 동일한 보험의 목적에 각기 다른 피보험이익을 가진 사람이 복수로 존재할 수 있다. 피보험이익은 손해보험에만 있다는 것이 우리나라 통설이다.

31 손해보험계약상 보험의 목적에 대한 설명으로 옳지 않은 것은? (다툼이 있는 경우 판례에 의함)

기출 23

① 영업책임보험에서 피보험자의 대리인의 제3자에 대한 책임은 보험의 목적에 해당하지 않는다.
② 선박보험에서 선박의 속구, 연료, 양식 기타 항해에 필요한 모든 물건은 보험의 목적에 포함된 것으로 한다.
③ 책임보험에서 피보험자가 제3자의 청구를 방어하기 위해 지출한 재판상 또는 재판 외의 필요비용은 보험의 목적에 포함된 것으로 한다.
④ 화재보험에서 집합된 물건을 일괄하여 보험의 목적으로 한 때에는 피보험자의 가족과 사용인의 물건도 보험의 목적에 포함된 것으로 한다.

> **해설**
> 피보험자가 경영하는 사업에 관한 책임을 보험의 목적으로 한 때에는 <u>피보험자의 대리인 또는 그 사업감독자의 제3자에 대한 책임도 보험의 목적에 포함된 것으로 한다</u>(상법 제721조).
> ② 상법 제696조 제2항
> ③ 상법 제720조 제1항
> ④ 상법 제686조

32 총괄보험에 관한 설명으로 옳은 것은? 기출 21

① 보험의 목적의 전부 또는 일부가 보험기간 중에 교체될 것이 예정된 특정보험이다.
② 보험계약 체결시 보험가액을 정하지 않는 것이 일반적이다.
③ 보험기간 중에 보험금액을 변경하지 않는 것이 원칙이다
④ 보험사고의 발생시에 현존하지 않은 물건도 보험의 목적에 포함될 수 있다.

> **해설**
> 총괄보험은 보험의 목적(객체)의 전부 또는 일부가 특정되지 않고, 보험기간 중 수시로 교체되는 것을 예상하고 체결하는 보험이다. 따라서 보험계약 체결시 보험가액을 정하지 않는다.
> ① 총괄보험은 특정보험이 아니라 예정보험의 일종이며, 특정보험은 보험의 목적이 특정된 보험이다.
> ③ 총괄보험은 집합된 보험의 목적이 보험기간 중 수시로 교체되는 것을 예상하고 체결하므로, 보험금액을 변동하는 것이 원칙이다.
> ④ 보험사고의 발생시에 현존하지 않은 물건은 보험의 목적에 포함될 수 없다.

33 다음 설명으로 옳지 않은 것은? 기출 18

① 보험기간은 보험계약기간보다 장기일 수 없다.
② 청약서를 작성하는 경우라 하더라도 보험계약은 불요식계약이다.
③ 당사자간에 특약이 있을 경우에는 초회보험료를 납입하지 않아도 보험기간이 개시될 수 있다.
④ 보험계약이 해지된 이후에 발생한 보험사고에 대하여 보험자는 보험금을 지급할 책임이 없다.

> **해설**
> 보험기간이란 보험자의 위험부담책임이 시작되는 시기부터 끝날 때까지의 기간으로, 이를 위험기간 또는 책임기간, 담보기간, 부보기간이라고도 한다. 보험기간은 보험계약이 유효하게 존속하는 기간인 보험계약기간과 구별되는데 양자는 일치하는 것이 보통이나, 특약에 의하여 보험기간을 달리 설정할 수 있다.
> • 보험기간 < 보험계약기간 = 예정보험
> • 보험기간 > 보험계약기간 = 소급보험
> ② 보험계약은 실제로 보험계약청약서를 작성하고 보험증권을 교부한다는 점에서 요식화되고 있으나, 원칙적으로 낙성·불요식계약이다.
> ③ 초회보험료란 보험자의 책임개시의 요건이 되는 보험료를 말하며, 당사자간에 특약이 있을 경우에는 초회보험료를 납입하지 않아도 보험기간이 개시될 수 있다.
> ④ 보험계약의 해지는 당사자의 일방적 의사표시에 의해 계속적 계약관계를 종료하는 것으로 보험계약이 해지된 이후에 발생한 보험사고에 대하여 보험자는 보험금을 지급할 책임이 없다.

정답 30 ③ 31 ① 32 ② 33 ①

34 보험기간, 보험계약기간에 관한 설명으로 옳지 않은 것은? (다툼이 있는 경우 판례에 의함)

기출 22

① 보험기간은 당사자의 약정에 의해 정하고 보험증권에 기재하여야 한다.
② 보험기간 내에 보험사고가 생긴 경우에는 보험기간이 지나 손해가 발생하였더라도 보험자가 보험금을 지급하여야 한다.
③ 보험계약기간은 보험계약이 성립하여 소멸할 때까지의 기간이다.
④ 소급보험계약은 보험계약기간이 보험기간보다 앞서 시작된다.

|해설|

소급보험이란 보험계약이 성립하기 이전의 어느 시점부터 보험기간이 시작되는 것으로 소급하여 정한 보험을 말한다(상법 제643조). 즉 보험기간의 시기(始期)를 보험계약의 성립시기 이전으로 소급하여 정한 보험이므로, 보험기간이 보험계약기간보다 앞서 시작된다.
① 보험기간은 당사자의 약정에 의해 정하고 그 시기와 종기를 보험증권에 기재하여야 한다(상법 제666조 제5호).
② 보험기간 전 또는 후에 발생한 보험사고에 대하여는 보험자의 책임이 없다. 다만, 보험기간 내에 보험사고가 생긴 경우에는 보험기간이 지나 손해가 발생하였더라도 보험자가 보험금을 지급하여야 한다.
③ 보험계약기간이란 '보험계약이 성립하여 존속하는 기간' 즉 보험계약의 성립시부터 그 종료시까지의 기간을 말한다.

35 보험계약에 대한 설명 중 옳지 않은 것은? (다툼이 있는 경우 판례에 의함) 기출 23

① 소급보험에서 보험계약 체결일 이전 보험기간 중에 발생한 보험사고에 대하여 보험자는 최초 보험료를 지급받기 전에도 보상할 책임이 있다.
② 보험자의 보험계약상 책임은 당사자간에 다른 약정이 없으면 최초의 보험료의 지급을 받은 때로부터 개시한다.
③ 가계보험의 경우 상법 보험편의 규정은 당사자간의 특약으로 보험계약자 또는 피보험자나 보험수익자의 불이익으로 변경하지 못한다.
④ 보험계약은 청약과 승낙에 의한 합의만으로 성립하는 불요식의 낙성계약이다.

|해설|

소급보험이란 보험계약이 체결되기 이전의 어느 시점부터 보험기간이 시작되는 것으로 소급하여 정한 보험을 말한다(상법 제643조). 즉 보험자의 책임개시 시기를 보험계약 체결 이전으로 소급시키는 보험을 말한다. 이처럼 소급보험이 되려면 보험기간의 시기를 보험계약의 성립 시기 이전으로 소급하여 정한다는 계약 당사자 사이의 약정이 있어야 한다. 보험자의 책임은 <u>최초의 보험료를 지급받은 때부터 개시하는 것이 원칙이므로</u>(상법 제656조), 소급보험의 경우도 보험계약이 체결되었다고 하더라도 <u>보험자의 소급적 책임개시를 위해서는 보험료의 지급이 있어야 한다.</u>
② 보험자의 책임은 당사자간에 다른 약정이 없으면 최초의 보험료의 지급을 받은 때로부터 개시한다(상법 제656조).
③ 상법 보험편의 규정은 당사자간의 특약으로 보험계약자 또는 피보험자나 보험수익자의 불이익으로 변경하지 못한다. 그러나 재보험 및 해상보험 기타 이와 유사한 보험의 경우에는 그러하지 아니하다(상법 제663조).
④ 보험계약은 청약과 승낙이라는 당사자 쌍방의 의사표시의 합의만으로 성립하고, 그 의사표시에는 특별한 방식이 필요 없으며, 아무런 급여를 요하지 않으므로 불요식 낙성계약이다.

36 상법상 보험계약에 대한 설명으로 옳지 않은 것은? 기출 19·21

① 소급보험계약에서는 보험기간이 보험계약기간보다 장기이다.
② 승낙전 보호제도가 적용될 경우 보험기간이 보험계약기간보다 장기이다.
③ 보험계약에서는 보험기간과 보험계약기간이 반드시 일치할 필요가 없다.
④ 소급보험계약에서는 다른 약정이 없는 한 초회보험료가 납입되기 전에도 청약 이전에 발생한 사고에 대해서 보상할 책임이 있다.

| 해설 |
소급보험은 보험계약이 성립하기 이전의 어느 시점부터 보험기간이 시작되는 것으로 소급하여 정한 보험을 말한다(상법 제643조). 보험자의 책임은 최초의 보험료의 지급을 받은 때로부터 개시하는 것이 원칙이므로, 소급보험의 경우도 보험계약이 체결되었다고 하더라도 최초보험료가 납입되기 전에 발생한 사고에 대해서는 보상할 책임이 없다.
①·② 소급보험계약과 승낙전 보호제도는 모두 보험기간이 보험계약기간보다 장기란 점에서 공통점이 있다.
③ 대부분의 경우 보험기간은 보험계약기간과 일치하지만, 양자가 반드시 일치하는 것은 아니다. 가령 일정한 면책기간을 설정하는 질병보험처럼 보험기간이 보험가입 후의 특정 시점부터 개시되는 경우 또는 보험에 가입하기 이전의 시점으로부터 보험기간이 개시되는 소급보험의 경우는 양자가 일치하지 않는다.

37 소급보험에 관한 설명으로 옳은 것은? 기출 24

① 보험계약자가 소급기간 내에 사고가 발생한 것을 알고서 계약을 체결한 경우라도 보험계약의 효력은 발생한다.
② 소급보험의 경우 보험료 선급의 원칙이 적용되지 않는다.
③ 소급보험은 보험계약기간이 보험기간보다 장기이다.
④ 소급보험은 보험계약의 성립 이전의 일정한 시기를 보험기간의 시기로 한다.

| 해설 |
보험계약에서 보험계약의 성립 이전의 어느 시기를 보험기간의 시기(始期)로 하는 보험을 '소급보험'이라 한다(상법 제643조).
① 보험계약자가 소급기간 내에 사고가 발생한 것을 알고서 계약을 체결한 경우에는 그 보험계약은 무효이다.
② 소급보험의 경우 보험료 선급의 원칙이 적용된다. 소급보험은 시간상으로 보험자의 책임개시 시점이 최초 보험료의 지급 시점보다 선행하므로 보험료 선급의 원칙이 적용되지 않는 것처럼 생각되지만, 이 경우에도 보험자의 책임은 최초보험료의 지급이 있어야 개시되고, 최초보험료의 지급이 없으면 보험자의 책임이 개시되지 않으므로, 보험료 선급의 원칙이 적용된다고 볼 수 있다.
③ 소급보험은 보험기간이 보험계약기간보다 장기이다(보험기간>보험계약기간).

38 다음은 승낙전 보험사고에 관한 내용이다. 옳은 것은?

① 제1회 보험료가 납입되지 않더라도 승낙전 보험사고의 경우 책임을 진다.
② 승낙전 보험사고의 경우 고지의무사항이 적용된다.
③ 직업상 가입한도금액을 초과하더라도 승낙전 보험사고인 경우 초과한 금액에 대해 책임을 진다.
④ 계약자가 회사에 알린 내용이 보험금 지급사유의 발생에 영향을 미쳤음을 회사가 증명하여도 보험금을 지급한다.

> | 해설 |
> ① 승낙 전에 보험사고에 대해서 보험자가 보험계약자로부터 <u>보험계약의 청약과 함께 보험료 상당액의 전부 또는 일부를 받은 경우</u>에 보험자는 보험계약상의 책임을 지게 되는데(상법 제638조의2 제3항), 제1회 보험료가 납입되지 않았으므로 보험자는 <u>책임을 지지 않는다</u>.
> ③ 계약청약서에 피보험자가 청약시에 직업 또는 직종별로 보험가입금액의 한도액이 명시되어 있음에도 그 한도액을 초과하여 청약을 하고 보험회사가 승낙하기 전에 보험사고가 발생한 경우 그 초과 청약액에 대해서는 <u>책임을 지지 않는다</u>.
> ④ 계약자 또는 피보험자가 보험회사에 알린 내용 또는 건강진단 내용이 보험금 지급사유의 발생에 영향을 미쳤음을 회사가 증명하는 경우 보험자가 <u>책임을 지지 않는다</u>.

39 소급보험과 승낙전 보호제도의 비교·설명으로 옳지 않은 것은?

① 약정소급보험에서 소급되는 책임개시의 기간은 당사자간의 약정한 기간이기 때문에 청약일 이전일 수 있지만 승낙전 보호제도는 청약일 이전으로 소급되지 않는다.
② 약정소급보험에서는 주로 해상보험이나 운송보험 등에서 이용되나, 승낙전 보호제도는 모든 보험에서 적용된다.
③ 승낙전 보호제도는 당사자간의 합의에 의하여 성립되므로 특약으로 조정할 수 있다.
④ 약정소급보험은 청약시 보험사고의 발생사실을 보험계약자나 피보험자가 알지 못하였다면 계약이 유효하게 성립된다.

> | 해설 |
> 약정소급보험은 당사자간의 합의에 의하여 성립되지만 승낙전 보호제도는 법률규정에 의한 것이며, 강행규정이므로 계약 당사자간의 특약으로 보험계약자에게 불이익하게 변경하지 못한다.

40 보험계약법상 청약거절사유에 대한 대법원 판례의 설명 중 옳지 않은 것은? 기출 19

① 청약거절사유란 보험계약의 청약이 이루어진 바로 그 종류의 보험에 관하여 해당 보험자가 마련하고 있는 객관적인 보험인수기준에 의해 인수할 수 없는 위험상태 또는 사정을 말한다.
② 승낙전 보험사고에 대하여 보험계약의 청약을 거절할 사유가 없어서 보험자의 보험계약상의 책임이 인정되면, 보험사고발생 사실을 보험자에게 고지하지 아니하였다는 사정은 청약을 거절할 사유가 될 수 없다.
③ 청약거절사유는 보험자가 위험을 측정하여 보험계약의 체결 여부 또는 보험료율을 결정하는 데 영향을 미치는 사실들을 의미한다.
④ 피보험자는 청약거절사유의 존재에 대하여 입증책임을 부담한다.

| 해설 |

① · ④ 상법 제638조의2 제3항에 의하면 보험자가 보험계약자로부터 보험계약의 청약과 함께 보험료 상당액의 전부 또는 일부를 받은 경우(인보험계약의 피보험자가 신체검사를 받아야 하는 경우에는 그 검사도 받은 때)에 그 청약을 승낙하기 전에 보험계약에서 정한 보험사고가 생긴 때에는 그 청약을 거절할 사유가 없는 한 보험자는 보험계약상의 책임을 지는 바, 여기에서 청약을 거절할 사유란 보험계약의 청약이 이루어진 바로 그 종류의 보험에 관하여 해당 보험회사가 마련하고 있는 객관적인 보험인수기준에 의하면 인수할 수 없는 위험상태 또는 사정이 있는 것으로서 통상 피보험자가 보험약관에서 정한 적격 피보험체가 아닌 경우를 말하고, 이러한 청약을 거절할 사유의 존재에 대한 증명책임은 보험자에게 있다(대법원 2008.11.27., 선고, 2008다40847, 판결).
② 승낙전 보험사고에 대하여 보험계약의 청약을 거절할 사유가 없어서 보험자의 보험계약상의 책임이 인정되면, 그 보험사고발생 사실을 보험자에게 고지하지 아니하였다는 사정은 청약을 거절할 사유가 될 수 없고, 보험계약 당시 보험사고가 이미 발생하였다는 이유로 상법 제644조에 의하여 보험계약이 무효로 된다고 볼 수도 없다(대법원 2008.11.27., 선고, 2008다40847, 판결).
③ '청약을 거절할 사유'란 보험자가 위험을 측정하여 보험계약의 체결 여부 또는 보험료액을 결정하는데 영향을 미치는 사실에 관한 것으로 봄이 상당하다(대전지방법원 2007.11.20., 선고, 2007가단24975, 판결).

41 승낙전 사고 담보의 요건에 관한 설명 중 틀린 것은? 기출 14

① 보험자가 보험계약자로부터 보험계약의 청약과 함께 보험료 상당액의 전부 또는 일부를 받아야 한다. 여기서 보험료 상당액의 전부 또는 일부는 일시납 보험료를 내는 경우에는 그 전액을 말하고, 보험료를 분할하여 내는 경우에는 제1회 보험료를 말한다.
② 청약을 거절할 사유가 없어야 한다. 여기서 청약을 거절할 사유는 보험계약의 청약이 이루어진 해당 보험에 관하여 보험자가 마련한 인수기준에 따라 인수할 수 없는 위험의 상태 또는 사정이 있는 것으로서, 인보험의 경우에는 피보험자가 적격 피보험체가 아닌 경우를 말한다.
③ 청약을 거절할 사유의 존재에 대한 증명책임은 보험자에게 있다.
④ 대법원 판례에 따르면, 승낙전 사고에 대하여 청약을 거절할 사유가 없어서 보험자의 책임이 인정되는 경우라도, 보험료 납부 이전의 사고발생사실을 보험자에게 고지하지 않은 것은 청약을 거절할 사유에 해당하고, 계약 당시에 사고가 이미 발생하였으므로 계약이 무효가 된다.

| 해설 |
승낙전 보험사고에 대하여 보험계약의 청약을 거절할 사유가 없어서 보험자의 보험계약상의 책임이 인정되면, 그 사고발생사실을 보험자에게 고지하지 아니하였다는 사정은 청약을 거절할 사유가 될 수 없고, 보험계약 당시 보험사고가 이미 발생하였다는 이유로 상법 제644조에 의하여 보험계약이 무효로 된다고 볼 수도 없다(대법원 2008.11.27., 선고, 2008다40847, 판결).

42 상법상 허용되지 아니하는 '다른 약정'은? 기출 16

① 보험사고가 보험계약자에 의하여 생긴 경우에도 보험자가 보험적립금 반환의무를 진다는 약정
② 보험사고가 전쟁 기타의 변란으로 인하여 생긴 때에도 보험자는 보험금 지급책임을 진다는 약정
③ 보험자가 보상할 손해액을 그 신품가액에 의하여 산정할 수 있다는 약정
④ 대리인에 의하여 보험계약을 체결하는 경우에 대리인이 안 사유를 그 본인이 안 것과 동일한 것으로 하지 않는다는 약정

| 해설 |
대리인에 의하여 보험계약을 체결한 경우에 대리인이 안 사유는 그 본인이 안 것과 동일한 것으로 한다(상법 제646조).
① 상법 제649조, 제650조, 제651조 및 제652조 내지 제655조의 규정에 의하여 보험계약이 해지된 때, 제659조와 제660조의 규정에 의하여 보험금액의 지급책임이 면제된 때에는 보험자는 보험수익자를 위하여 적립한 금액을 보험계약자에게 지급하여야 한다. 그러나 다른 약정이 없으면 제659조 제1항의 보험사고가 보험계약자에 의하여 생긴 경우에는 그러하지 아니하다(상법 제736조 제1항).
② 보험사고가 전쟁 기타의 변란으로 인하여 생긴 때에는 당사자간에 다른 약정이 없으면 보험자는 보험금액을 지급할 책임이 없다(상법 제660조).
③ 보험자가 보상할 손해액은 그 손해가 발생한 때와 곳의 가액에 의하여 산정한다. 그러나 당사자간에 다른 약정이 있는 때에는 그 신품가액에 의하여 손해액을 산정할 수 있다(상법 제676조 제1항).

03 보험계약의 체결

01 보통보험약관에 관한 설명으로 옳지 않은 것은?

① 금융위원회의 인가를 받지 아니한 보통보험약관은 언제나 무효이다.
② 보통보험약관과 수기문언(手記文言)이 상충하는 때에는 수기문언이 우선한다.
③ 약관의 내용이 불분명한 경우에는 보험계약자에게 유리하게 해석한다.
④ 보통보험약관은 보험자가 일방적으로 작성한 보험계약조항이다.

> **해설**
> 금융위원회의 인가를 받지 아니한 보통보험약관의 경우 보험자가 보험업법상 제재를 받는 것은 당연하지만 사법상 효력이 문제가 된다. 그러나 강행규정 및 공익에 반하지 않는 한 계약의 효력은 인정되는 것이 선의의 계약자에게도 유리하고 타당하다.

02 보험약관에 관한 설명으로 옳은 것은?

① 보험계약의 경우 보험약관이 널리 이용되는 이유는 보험계약의 사행계약성 때문이다.
② 보험약관은 그 해석을 통하여 사법적(司法的)인 규제의 대상이 된다.
③ 금융위원회의 인가를 받지 아니한 보험약관에 의한 해상보험계약, 기타의 기업보험에 관한 계약은 효력이 없다.
④ 부동문자로 인쇄된 약관은 고무도장이나 타자에 의한 약관에 우선한다.

> **해설**
> ① 보험계약의 경우 보험계약이 성질상 다수가입자를 상대로 대량적으로 처리되어야 할 필요에서 그 내용을 정형화해야 된다는 기술적 요청과 보험단체 구성원을 동일하게 취급하기 위한 합리적 조치로 보험약관이 사용된다.
> ③ 금융위원회의 인가를 받지 아니한 보험약관을 사용한 경우 보험자가 보험업법상 제재를 받는 것은 당연하지만 인가를 받지 않은 보험약관의 사법상 효력은 강행규정 및 공익에 반하지 않는 한 계약의 효력은 인정하는 것이 선의의 계약자에게도 유리하고 타당하다.
> ④ 고무도장이나 타자에 의한 보험약관은 부동문자로 인쇄된 약관에 우선한다.

정답 41 ④ 42 ④ / 01 ① 02 ②

03 보험약관의 구속력의 근거와 관련한 설명으로 옳지 않은 것은?

① 보험약관의 구속력을 인정하는 근거는 의사추정이론을 취하고 있다.
② 보험약관은 상법에 규정되어 있지 아니한 사항에 관한 조항도 설정할 수 있다.
③ 보험약관은 그 뜻이 명백하지 아니한 경우에는 보험자에게 유리하게 해석해야 한다.
④ 금융위원회의 인가를 받지 아니한 보험약관에 의한 보험계약도 반드시 무효가 되는 것이 아니다.

> **해설**
> 상법 제663조 보험계약자 등의 불이익변경금지에 따라 보험약관의 뜻이 명백하지 아니한 경우에는 보험계약자에게 유리하게 해석해야 한다.

04 보통보험약관의 본질에 관한 설명으로 우리나라 판례의 입장과 일치하는 것은?

① 보험약관은 상관습이기 때문에 당사자를 구속한다.
② 보험약관은 합의를 통하여 계약의 내용으로 편입될 때 비로소 당사자를 구속한다.
③ 보험약관은 회사의 정관과 마찬가지로 자치법규이기 때문에 보험계약자와 보험회사에 대하여 적용된다.
④ 보험업법의 수권(授權)에 의하여 보험회사가 작성한 약관은 법규범이 된다.

> **해설**
> 약관이 구속력을 갖는 근거는 그 자체가 법규범 또는 법규범적 성질을 갖기 때문이 아니고 계약 당사자가 이를 계약의 내용으로 하기로 하는 명시적 또는 묵시적 합의를 하였기 때문이라고 판시하였다(대법원 1986.10.14., 선고, 84다카122, 판결).

05 보통보험약관에 관한 설명으로 옳지 않은 것은?

① 보통보험약관은 보험계약 당사자를 구속하는 힘이 있다.
② 보통보험약관은 금융위원회의 인가를 받을 것이 요구된다.
③ 보통보험약관은 인가를 받지 아니하여도 그 효력이 인정된다.
④ 보통보험약관은 보험자와 보험계약자의 합의로 이루어진 계약조항이다.

> **해설**
> 보통보험약관이란 보험자가 미리 정한 보험계약의 내용을 이루는 정형적인 일반적, 보편적, 표준적인 조항이다.

06 보험약관에 대한 설명으로 옳은 것은?

① 보험계약자에게 유리한 보험약관조항은 상법의 보험통칙에 규정이 있는 경우에도 우선적으로 적용될 수 있다.
② 보통보험약관과 특별보험약관이 저촉되는 경우에는 전자가 우선한다.
③ 약관을 개정하려면 개정 전의 보험계약에 소급하여 적용하는 것이 일반적이다.
④ 보험자에게 유리한 약관조항이라도 금융위원회의 인가를 받지 않으면 효력이 없다.

| 해설 |
② 특별보험약관은 특별보통보험약관에 우선하며, 특별보통보험약관은 보통보험약관에 우선한다.
③ 약관이 개정되었다면 개정 전의 보험계약에 소급적용 되지 아니하나, 금융위원회가 보험계약자를 위하여 필요하다고 인정해 소급적용 명령을 한 경우에는 소급될 수 있다.
④ 계약은 사적 자유의 원칙이 적용되므로 그 약관이 보험계약법이나 약관의 규제에 관한 법률에 비추어 불이익하지 않으면 그 사법적 효력은 인정되어 보험계약자나 보험자에게 권리나 의무가 발생한다. 다만, 보험자가 인가받지 아니한 약관을 사용하였기 때문에 보험업법상 징계를 받을 뿐이다.

07 보험계약 당사자간의 다음의 특약이나 보험약관 조항 중 효력이 없는 것은?

① 최초의 보험료를 지급하기 전에 생긴 보험사고에 대해서도 보험자가 보상하기로 하는 것
② 당사자간의 특약으로 보험계약자 등의 고의로 인한 손해도 보험자의 책임을 인정하는 것
③ 보험자의 보험적립금의 반환의무에 관한 시효기간을 2년으로 하는 것
④ 전쟁으로 인한 보험사고를 보험자의 면책사유로 하는 것

| 해설 |
고의는 절대적 면책사유이므로 보험계약자 등의 고의(악의)로 일으킨 사고에 대해서 보험자의 책임을 인정하는 특약은 무효이다. 그러나 보험자의 책임범위를 확장하여 보험계약자 등의 이익을 보호하는 특약은 그 효력을 인정한다.

정답 03 ③ 04 ② 05 ④ 06 ① 07 ②

08 보험계약 당사자간에 다음과 같은 약정이 있는 경우에 현행 상법상 그 효력을 인정할 수 없는 것은? 기출 15

① 보험가액의 일부를 보험에 붙였으나 보험자가 보험가액의 한도 내에서 그 손해를 보상하기로 약정한 경우
② 인보험계약의 보험금을 분할하여 지급하기로 약정한 경우
③ 보험자의 책임개시 시기를 최초보험료의 지급을 받은 때보다 5일 전으로 약정하는 경우
④ 보험계약자의 고지의무위반이 있는 경우 보험자가 이를 안 날로부터 20일 내에 한하여 보험계약을 해지할 수 있는 것으로 약정하는 경우

> **해설**
> ① 보험가액의 일부를 보험에 붙인 경우에는 보험자는 보험금액의 보험가액에 대한 비율에 따라 보상할 책임을 진다. 그러나 당사자간에 다른 약정이 있는 때에는 보험자는 <u>보험금액의 한도</u> 내에서 그 손해를 보상할 책임을 진다(상법 제674조).
> ② 보험금은 당사자간의 약정에 따라 분할하여 지급할 수 있다(상법 제727조 제2항).
> ③ 보험자의 책임은 당사자간에 <u>다른 약정이 없으면</u> 최초의 보험료의 지급을 받은 때로부터 개시한다(상법 제656조). 즉 다른 약정(보험료의 지급을 받은 때로부터 5일전)이 있으면 이에 따른다.
> ④ 보험계약 당시에 보험계약자 또는 피보험자가 고의 또는 중대한 과실로 인하여 중요한 사항을 고지하지 아니하거나 부실의 고지를 한 때에는 <u>보험자는 그 사실을 안 날로부터 1월 내에, 계약을 체결한 날로부터 3년 내에 한하여 계약을 해지할 수 있다</u>(상법 제651조).

09 보험약관의 해석에 관한 설명으로 옳지 않은 것은? (다툼이 있는 경우 판례에 의함) 기출 22

① 보험자가 약관의 내용과 다른 설명을 하였다면 그 설명내용이 구두로 합의된 개별약정으로서 개별약정 우선의 원칙에 따라 보험계약의 내용이 된다.
② 약관의 내용은 획일적으로 해석할 것이 아니라, 개별적인 계약체결자의 의사나 구체적인 사정을 고려하여 주관적으로 해석해야 한다.
③ 약관조항의 의미가 명확하게 일의적으로 표현되어 있어 다의적인 해석의 여지가 없을 때에는 작성자불이익의 원칙이 적용될 여지가 없다.
④ 면책약관의 해석에 있어서는 제한적이고 엄격하게 해석하여 그 적용범위가 확대적용 되지 않도록 하여야 한다.

> **해설**
> 보통거래약관의 내용은 개개 계약체결자의 의사나 구체적인 사정을 고려함이 없이 평균적 고객의 이해가능성을 기준으로 하되 약관거래단체 전체의 이해관계를 고려하여 <u>객관적, 획일적으로 해석하여야 하고, 고객 보호의 측면에서 약관내용이 명백하지 못하거나 의심스러운 때에는 약관작성자에게 불리하게 제한해석하여야 한다</u>(대법원 1996.6.25., 선고, 96다12009, 판결).
> ① 약관의 규제에 관한 법률 제4조
> ③ 대법원 1991.12.24., 선고, 90다카23899, 전원합의체 판결
> ④ 보험약관을 해석함에 있어서 신의성실의 원칙을 준수하기 위해 약관조항의 내용을 일정한 범위로 축소하거나 제한하여 해석해야 한다(축소해석의 원칙).

10 보험약관의 해석과 적용에 관한 설명 중 틀린 것은? 기출 14

① 약관을 해석하여 적용하는 과정에서 그 의미를 정확하게 알 수 없을 때에는 우선적으로 작성자불이익의 원칙을 적용한다.
② 약관은 평균적 고객의 이해가능성을 기준으로 하되, 보험단체 전체의 이해관계를 고려하여 객관적, 획일적으로 해석해야 한다.
③ 보험대리점이나 보험설계사가 보험회사가 제시한 약관의 내용과 다르게 설명한 경우에는 보험회사가 약관의 설명의무를 위반한 것이 된다.
④ 보험회사가 제시한 약관의 내용과 보험체약대리점이 보험계약자와 약정한 내용이 상이한 경우에는 후자가 우선한다.

> **해설**
> 작성자불이익의 원칙이 적용되기 위해서는 다른 모든 해석원칙을 적용하여 보아도 명확한 의미규명이 불가능할 뿐만 아니라 법적으로 적어도 두 가지 이상의 해석이 가능한 경우를 요건으로 한다. 이 원칙은 모든 해석의 의문을 작성자에게 부담시키려는 것은 아니며, 일단 객관적 해석을 한 후에도 여전히 의문이 남는 경우에 그 위험을 작성자에게 부담시키려는 것이다. 따라서 <u>작성자불이익의 원칙은 보충적 해석수단이다.</u>

11 보험약관의 해석원칙에 관한 설명으로 옳지 않은 것은? 기출 19

① 보험약관의 내용은 개별적인 계약 체결자의 의사나 구체적 사정을 고려함 없이 평균적 고객의 이해가능성을 기준으로 그 문언에 따라 객관적이고 획일적으로 해석하여야 한다.
② 보험계약 당사자가 명시적으로 보험약관과 다른 개별 약정을 하였다면 그 개별약정이 보통약관에 우선한다.
③ 보험약관은 신의성실의 원칙에 따라 공정하게 해석되어야 한다.
④ 약관조항이 다의적으로 해석될 여지가 없더라도 계약자 보호의 필요성이 있을 때 우선적으로 작성자불이익의 원칙을 적용할 수 있다.

> **해설**
> 약관의 뜻이 명백하지 아니한 경우에는 고객에게 유리하게 해석되어야 한다(약관의 규제에 관한 법률 제5조 제2항). 즉 약관조항 중 <u>다의적으로 해석될 여지가 있을 경우</u> 계약자 보호를 위하여 우선적으로 작성자불이익의 원칙에 의해 해석한다.
> [판례] 대법원 2019.3.14., 선고, 2018다260930, 판결
> 보험약관은 신의성실의 원칙에 따라 해당 약관의 목적과 취지를 고려하여 공정하고 합리적으로 해석하되, 개개 계약 당사자가 기도한 목적이나 의사를 참작하지 않고 평균적 고객의 이해가능성을 기준으로 보험단체 전체의 이해관계를 고려하여 객관적·획일적으로 해석하여야 하며, 위와 같은 해석을 거친 후에도 <u>약관조항이 객관적으로 다의적으로 해석되고 그 각각의 해석이 합리성이 있는 등 해당 약관의 뜻이 명백하지 아니한 경우에는 고객에게 유리하게 해석하여야 한다.</u>

정답 08 ① 09 ② 10 ① 11 ④

12 보험증권에 관한 설명으로 옳지 않은 것은? (다툼이 있는 경우 판례에 의함) [기출 19]

① 보험증권은 증거증권성이 인정된다.
② 보험증권은 보험계약자의 청구에 의하여 보험계약자에게 교부된다.
③ 보험증권에는 무효와 실권사유를 기재하여야 한다.
④ 보험증권이 멸실 또는 현저하게 훼손된 경우 보험계약자는 자신의 비용으로 증권의 재교부를 청구할 수 있다.

| 해설 |

보험자는 보험계약이 성립한 때에는 지체 없이 보험증권을 작성하여 보험계약자에게 교부하여야 한다(상법 제640조 제1항). 즉 보험증권은 보험계약이 성립된 이후에 발행하는 증권으로, 보험계약자의 청구 여부와 관계없이 교부하여야 한다.
① 보험증권은 보험계약의 성립과 내용을 증명하기 위하여 보험자가 발행한 것으로 증거증권성이 인정된다.
③ 상법 제666조 제6호
④ 상법 제642조

13 보험증권에 관한 설명 중 틀린 것은? [기출 14]

① 보험증권은 어음・수표와 같은 엄격한 요식증권성을 갖는다.
② 보험계약의 성립 여부는 보험증권만이 아니라 계약 체결의 전후경위 등을 종합하여 인정할 수 있다.
③ 보험증권이 멸실 또는 훼손된 때에는 보험계약자는 보험자에 대하여 증권의 재교부를 청구할 수 있다. 그러나 그 비용은 보험계약자의 부담으로 한다.
④ 기존의 보험계약을 연장하거나 변경한 경우에는 보험자는 그 보험증권에 그 사실을 기재함으로써 보험증권의 교부에 갈음할 수 있다.

| 해설 |

보험증권은 기재사항이 법정화 되어 있는 요식증권이나, 엄격한 요식증권성은 없기 때문에 법정기재사항을 미기입한 경우도 보험증권의 효력에는 영향이 없고, 법정기재사항 이외의 사항도 추가로 기재할 수 있다.

14 보험증권에 대한 설명으로 옳은 것은? 기출 20

① 단체보험의 보험수익자가 단체구성원이나 그의 상속인인 경우에는 보험수익자에게 보험증권을 교부할 수 있다.
② 타인을 위한 보험계약의 보험계약자는 증권을 소지한 경우에는 그 타인의 동의 없이도 계약을 해지할 수 있다.
③ 적하보험증권은 완전유가증권이므로 상법이 열거한 해상보험증권의 기재사항을 모두 기재하여야 한다.
④ 약관상 이의기간이 경과하면 보험증권의 기재내용은 확정되므로 명백한 오기에 대하여도 이의할 수 없다.

| 해설 |

타인을 위한 보험계약의 경우에는 보험계약자는 그 타인의 동의를 얻거나 보험증권을 소지하면 그 계약을 해지할 수 있다(상법 제649조 제1항 단서).
① 단체보험계약이 체결된 때에는 보험자는 보험계약자에 대하여서만 보험증권을 교부한다(상법 제735조의3 제2항). 즉 단체보험의 보험수익자가 단체구성원이나 그의 상속인인 경우에는 보험수익자에게 보험증권을 교부할 수 없다.
③ 보험증권은 원칙적으로 증거증권이므로 유가증권이나 유통증권이 아니라는 것이 일반적이다. 그러나 보험증권은 기명식에 한하지 않고 지시식 또는 무기명식으로 발행할 것을 법으로 금지하지 않고 있으므로 이것을 발행할 수 있고, 또 실제로 이용되고 있다. 따라서 지시식 또는 무기명식 보험증권의 유가증권성이 문제가 된다. 적하보험증권은 일부긍정설에서 인정되며, 최근 가장 유력해지고 있는 우리나라의 통설이다.
④ 보험계약의 당사자 쌍방은 약관에서 정한 기간 안에 한하여 보험증권상의 기재내용의 정부(正否)에 관한 이의를 할 수 있고(상법 제641조), 그 기간이 경과하면 보험증권상의 기재내용은 확정적인 효력을 가진다고 본다(통설). 다만, 보험증권의 기재내용에 명백한 오기(誤記)·착오(錯誤)가 있는 경우에는 이의기간이 지나도 이를 다툴 수 있다고 본다.

15 보험증권에 대한 설명으로 옳은 것은? (다툼이 있는 경우 판례에 의함) 기출 17

① 보험계약자가 생명보험증권을 멸실 또는 현저히 훼손하거나 점유를 상실한 경우에 증권의 재교부를 받기 위해서는 공시최고절차를 밟아 제권판결을 받아야 한다.
② 보험증권이 보험계약자의 의사에 반하여 보험계약자의 구상의무에 관하여 담보를 제공한 제3자에게 교부되었다면 보험자는 보험증권 교부의무위반이 된다.
③ 단체보험계약에서 단체구성원 또는 그 유족을 보험수익자로 지정한 때에는 보험증권을 단체구성원 또는 그 유족에게 교부하여야 한다.
④ 보험증권 내용의 정부에 대하여 이의할 수 있음을 약정한 경우에 그 이의기간은 보험계약이 성립한 날로부터 1월을 내리지 못한다.

정답 12 ② 13 ① 14 ② 15 ②

| 해설 |

상법 제640조의 규정에 의하면 보험자는 보험계약이 성립한 때에는 보험계약자가 보험료를 납부하지 아니하는 등의 특별한 사정이 없는 한 지체 없이 그 계약의 성립과 내용을 증명하는 보험증권을 작성하여 보험계약자에게 교부하여야 할 의무가 있으므로, 그 보험증권이 보험계약자의 의사에 반하여 보험계약자의 구상의무에 관하여 담보를 제공한 제3자에게 교부되었다면 이러한 의무가 이행되었다고 볼 수 없다(대법원 1999.2.9., 선고, 98다49104, 판결).
① 유가증권성이 인정되는 보험증권(운송증권·선하증권·창고증권 등)의 경우 공시최고절차에 의한 제권판결을 받아야 증권의 재교부를 청구할 수 있지만, 인보험(생명보험)의 경우 유가증권성이 인정되지 않기 때문에 이러한 절차가 필요 없다(다수설).
③ 단체보험의 경우 수 개의 피보험자를 하나로 묶어서 1개의 계약을 체결하는 경우이므로 피보험자마다 여러 개의 보험증권을 발행하지 않고, 보험계약자에게 1개의 보험증권을 발행한다.
④ 보험계약의 당사자는 보험증권의 교부가 있은 날로부터 일정한 기간 내에 한하여 그 증권내용의 정부에 관한 이의를 할 수 있음을 약정할 수 있다. 이 기간은 1월을 내리지 못한다(상법 제641조).

16 보험증권에 대한 설명으로 옳지 않은 것은? 기출 16

① 보험증권을 멸실한 때에는 보험계약자는 자신의 비용부담으로 증권의 재교부를 청구할 수 있다.
② 보험료의 전부 또는 최초보험료의 지급이 있기 전까지 보험자는 증권의 교부를 거절할 수 있다.
③ 기존의 보험계약을 연장하는 경우에는 보험자는 그 보험증권에 그 사실을 기재함으로써 보험증권의 교부에 갈음할 수 있다.
④ 보험자가 보험증권의 교부의무를 위반한 경우에 보험계약자는 보험계약 성립일로부터 3월 내에 보험계약을 취소할 수 있다.

| 해설 |

보험자는 보험계약이 성립하면 지체 없이 보험증권을 교부하여야 한다는 규정만 있을 뿐 교부의무를 위반한 경우에 보험계약자가 보험계약을 취소할 수 있다는 규정은 없다. 참고로, 보험자가 보험약관의 교부·설명의무를 위반한 경우에 보험계약자는 보험계약 성립일로부터 3월 내에 보험계약을 취소할 수 있다(상법 제638조의3 제2항).

17 보험증권에 관한 설명으로 옳지 않은 것은? 기출 24

① 보험금청구권자가 보험증권을 제시하지 않았으나, 그가 정당한 권리자임을 입증한 경우 보험자는 보험금 지급책임이 있다.
② 보험증권은 보험계약자의 고지의무위반, 보험료의 부지급 등으로 인해 보험계약이 해지되면 증권소지인에게 영향을 미친다.
③ 보험증권은 보험계약의 성립을 증명하기 위하여 발행하는 증거증권이 아니라, 보험계약상의 권리의무가 발생하는 설권증권이다.
④ 타인을 위한 보험에서 그 타인의 동의를 얻거나 보험증권을 소지한 경우에 한하여 계약을 해지할 수 있다.

해설

보험증권은 보험계약의 성립을 증명하기 위하여 보험자가 발행하는 증거증권이며, 그것을 작성하여야만 비로소 보험계약상의 권리의무가 발생하는 설권증권이 아니다.

※ **설권증권** : 어음이나 수표처럼 증권을 작성함으로써 권리가 발생하는 유가증권

① 도난·분실 등의 사정으로 보험증권을 제출할 수 없는 경우에는 다른 방법으로 그 권리자임을 증명하여 보험금을 청구할 수 있다고 본다. 보험계약자로서는 보험약관·보험계약청약서·상품안내서·사업방법서 등의 다른 방법으로 보험계약의 내용을 증명하는 것이 가능하다.
② 보험증권은 보험계약자의 고지의무위반, 보험료의 부지급 등으로 인해 보험계약이 해지되면 증권소지인에게 영향을 미친다. 즉 보험증권은 보험계약이 무효 또는 실효되면 보험증권도 무효 또는 실효가 되므로 유인증권이다(유인증권성). 보험관계 자체에서 생기는 항변은 배서에 의하여 단절되지 아니하므로 보험증권 소지인에게 항변할 수 있다.
④ 타인을 위한 보험계약(상법 제639조)의 경우에는 보험계약자는 그 타인의 동의를 얻지 아니하거나 보험증권을 소지하지 아니하면 그 계약을 해지하지 못한다(상법 제649조 제1항 단서).

18 보험증권에 관한 설명으로 옳지 않은 것은? 기출 22

① 보험자는 보험계약이 성립한 때에는 지체 없이 보험증권을 작성하여 보험계약자에게 교부하여야 하며, 보험계약자가 보험료의 전부 또는 최초의 보험료를 지급하지 아니한 때에도 그러하다.
② 기존의 보험계약을 연장하거나 변경한 경우에는 보험자는 그 보험증권에 그 사실을 기재함으로써 보험증권의 교부에 갈음할 수 있다.
③ 보험계약의 당사자는 보험증권의 교부가 있은 날로부터 일정한 기간 내에 한하여 그 증권내용의 정부에 관한 이의를 할 수 있음을 약정할 수 있다. 이 기간은 1월을 내리지 못한다.
④ 보험증권을 멸실 또는 현저하게 훼손한 때에는 보험계약자는 보험자에 대하여 증권의 재교부를 청구할 수 있다. 그 증권작성의 비용은 보험계약자의 부담으로 한다.

| 해설 |
보험자는 보험계약이 성립한 때에는 지체 없이 보험증권을 작성하여 보험계약자에게 교부하여야 한다. 그러나 보험계약자가 보험료의 전부 또는 최초의 보험료를 지급하지 아니한 때에는 그러하지 아니하다(상법 제640조 제1항).
② 상법 제640조 제2항
③ 상법 제641조
④ 상법 제642조

19 고지의무에 관한 설명으로 옳은 것은?

① 질문표에 기재된 사항을 정직하게 고지하면 무조건 고지의무를 다한 것이 된다.
② 고지의무를 위반하면 보험계약자는 손해배상책임을 부담하여야 한다.
③ 고지의무는 보험계약 체결로 인하여 부담하는 의무이다.
④ 고지의무를 위반하면 보험자는 보험사고발생 후에도 계약을 해지할 수 있다.

| 해설 |
고지의무를 위반하면 보험사고발생의 전후를 불문하고 계약해지가 가능하다. 즉, 보험계약 당시에 보험계약자 또는 피보험자가 고의 또는 중대한 과실로 인하여 중요한 사항을 고지하지 아니하거나 부실의 고지를 한 때에는 보험자는 그 사실을 안 날로부터 1월 내에, 계약을 체결한 날로부터 3년 내에 한하여 계약을 해지할 수 있다(상법 제651조).
① 질문표상에 없는 사항이라도 보험계약자가 알고 있는 그 사실이 사고발생에 영향을 줄 수 있다고 인식하는 경우에는 고지의 대상이 될 수 있다.
② 고지의무는 간접의무이므로 이를 위반하더라도 손해배상책임이 발생하지 않는다.
③ 고지의무는 보험계약 성립시 부담하는 의무이다.

20 보험계약법상 고지의무에 대한 설명으로 옳지 않은 것은? 기출 19

① 고지의무는 간접의무에 해당한다.
② 고지의무를 위반한 경우에 보험자는 그 이행을 강제할 수 없다.
③ 고지의무를 위반한 경우에 보험자는 손해배상청구권을 행사할 수 있다.
④ 고지의무를 위반한 경우에 보험자는 보험계약을 해지할 수 있다.

| 해설 |
고지의무는 피보험자나 보험계약자가 해지에 의한 불이익을 피하기 위하여 부담하는 일종의 간접의무이다. 따라서 고지의무를 위반한 경우 보험자가 그 이행을 강제하거나 불이행에 대하여 손해배상을 청구할 수 있는 것이 아니라, 단지 보험계약을 해지할 수 있을 뿐이다.

21 상법상 고지의무제도에 대한 설명으로 옳지 않은 것은? 기출 16

① 타인을 위한 손해보험계약에서 보험계약의 체결을 알고 있는 피보험자는 고지의무를 진다.
② 상법상 고지의무제도는 수동적 응답의무로서, 보험계약자는 보험자가 서면으로 질문한 사항에 대하여 성실하게 응답한 경우라면 고지의무위반을 구성하지 않는다.
③ 판례에 의하면 고지의무자가 중요한 사항을 스스로 탐지하여 알려야 할 의무는 존재하지 않는다.
④ 판례에 의하면 보험계약자 등이 고지하여야 하는 중요한 사항이란 "객관적으로 보험자가 그 사실을 안다면 그 계약을 체결하지 않든가 또는 적어도 그런 조건으로는 계약을 체결하지 않으리라고 생각되는 사항"이다.

| 해설 |

상법상 고지의무제도는 <u>수동적 의무라기보다 자발적 의무</u>이지만 현재는 자발적인 의무에서 수동적인 응답의무로 전환되는 추세에 있다. 즉 과거에는 보험회사가 보험계약자가 제공하는 정보에 의존할 수 밖에 없었으나, 최근에는 정보통신의 발달과 보험업의 성장으로 정보수집능력이 보험계약자보다 보험회사의 능력이 더 강력하기 때문에 보험계약자 개인들의 자발적인 의무에서 보험자 자신의 의무로 받아들여지는 추세이다. 우리 상법은 보험회사가 서면으로 질문한 사항을 중요한 사항으로 추정(상법 제651조의2)하고 있기 때문에 보험회사가 명시적으로 질문한 사항에 관하여 보험계약자가 성실하게 답변한 경우라도 '중요한 사항'을 고지하지 않으면 고지의무위반이 된다.

22 고지의무에 관하여 우리 상법이 채택한 것은? 기출 20

① 고지의무 이행 방법으로 수동적 답변의무
② 고지의무위반의 효과로서 비례감액주의
③ 고지의무자에 피보험자 포함
④ 보험수익자에 대한 해지의 의사표시도 유효

| 해설 |

고지의무자는 <u>보험계약자와 피보험자</u>이며, 대리인에 의하여 체결되는 경우 그 <u>대리인도 포함한다</u>(상법 제646조).
① 상법상 고지의무제도는 <u>수동적 답변의무라기보다 자발적 답변의무</u>이지만, 현재는 자발적인 답변의무에서 수동적인 답변의무로 전환되는 추세에 있다. 즉 과거에는 보험회사가 보험계약자가 제공하는 정보에 의존할 수 밖에 없었으나, 최근에는 정보통신의 발달과 보험업의 성장으로 정보수집능력이 보험계약자보다 보험회사의 능력이 더 강력하기 때문에 보험계약자 개인들의 자발적인 의무에서 보험자 자신의 의무로 받아들여지는 추세이다.
② 고지의무위반의 제재적 효과로서 <u>비례감액주의를 도입하고자 하는 논의는 있었으나, 아직 우리 상법에는 도입되지 않고 있다.</u>
④ 계약해지의 의사표시도 보험계약자 또는 그 대리인에게 하여야 하며, <u>보험수익자에 대하여 한 계약해지의 의사표시는 효력이 없다.</u>

정답 19 ④ 20 ③ 21 ② 22 ③

23 보험계약자 등의 고지의무에 관한 설명으로 옳지 않은 것은? (다툼이 있는 경우 판례에 의함)

기출 24

① 보험자가 서면으로 질문한 사항은 중요한 사항으로 추정한다.
② 현저한 부주의로 중요한 사항임을 알지 못한 것에 대하여도 고지의무위반이 된다.
③ 고지의무위반으로 인하여 해지하는 경우 인보험자는 보험수익자를 위하여 적립한 금액을 지급하여야 한다.
④ 다른 사정이 없는 한 보험자가 보험수익자에게 해지의 통지를 한 경우 그 효력이 있다.

| 해설 |

생명보험계약에 있어서 고지의무위반을 이유로 한 해지의 경우에는 계약의 상대방 당사자인 보험계약자나 그의 상속인(또는 그들의 대리인)에 대하여 해지의 의사표시를 하여야 하고, 타인을 위한 보험에 있어서도 보험금 수익자에게 해지의 의사표시를 하는 것은 특별한 사정(보험약관상의 별도기재 등)이 없는 한 효력이 없다(대법원 1989.2.14., 선고, 87다카2973, 판결).
① 보험자가 서면으로 질문한 사항은 중요한 사항으로 추정한다(상법 제651조의2).
② 보험계약자나 피보험자가 보험계약 당시에 보험자에게 고지할 의무를 지는 상법 제651조에서 정한 '중요한 사항'이란, 보험자가 보험사고의 발생과 그로 인한 책임부담의 개연율을 측정하여 보험계약의 체결여부 또는 보험료나 특별한 면책조항의 부가와 같은 보험계약의 내용을 결정하기 위한 표준이 되는 사항으로서, 객관적으로 보험자가 그 사실을 안다면 계약을 체결하지 않든가 적어도 동일한 조건으로는 계약을 체결하지 않으리라고 생각되는 사항을 말한다. 보험자가 고지의무위반을 이유로 보험계약을 해지하기 위해서는 보험계약자 또는 피보험자가 고지의무가 있는 사항에 대한 고지의무의 존재와 그러한 사항의 존재에 대하여 이를 알고도 고의로 또는 중대한 과실로 인하여 이를 알지 못하여 고지의무를 다하지 않은 사실이 증명되어야 한다. 여기서 '중대한 과실'이란 고지하여야 할 사실은 알고 있었지만 현저한 부주의로 인하여 그 사실의 중요성의 판단을 잘못하거나 그 사실이 고지하여야 할 중요한 사실이라는 것을 알지 못하는 것을 말한다(대법원 2011.4.14., 선고, 2009다103349, 103356, 판결).
③ 고지의무위반(상법 제651조)으로 인하여 해지하는 경우 보험자는 보험수익자를 위하여 적립한 금액을 보험계약자에게 지급하여야 한다(상법 제736조 제1항).

24 상법상 고지의무에 대한 설명으로 옳지 않은 것은?

① 고지의무는 보험계약 체결시에 보험가입자가 지는 일종의 간접의무 또는 자기의무이다.
② 고지의무를 위반하면 보험자는 보험사고의 발생 전후를 묻지 아니하고 그 계약을 해지할 수 있다.
③ 고지의무의 위반에 따른 계약의 해지는 보험자가 그 사실을 안 날로부터 1월 내에 해야 한다.
④ 고지의무는 보험자가 서면으로 질문한 사항에 대해서만 대답하면 되는 의무이다.

| 해설 |

보험자가 서면으로 질문한 사항은 중요한 사항으로 추정하고(상법 제651조의2), 질문표에 기재되지 않은 사항이더라도 그것이 '중요한 사항'이면 고지를 해야 하며, 하지 않으면 고지의무위반이 된다.

25 다음은 고지의무에 관한 설명이다. 옳은 것은?

① 보험자는 고지수령권을 갖는다.
② 고지의 방법은 반드시 서면으로만 하여야 한다.
③ 보험계약자 등의 고지의무위반 사실의 입증은 보험계약자 자신에게 있다.
④ 대리인에 의한 보험계약의 경우에 그 보험계약자의 대리인은 고지의무가 없다.

> **해설**
> 고지수령권은 보험자와 보험대리점, 보험의 등에 있다.
> ② 고지의 방법은 구두·서면으로 가능하다.
> ③ 고지의무의 위반에 대한 입증은 보험자에게 있다.
> ④ 보험계약자의 대리인도 고지의무가 있다.

26 고지의무에 관한 다음 설명 중 옳은 것은? (다툼이 있는 경우 판례에 의함) 기출 15

① 질문표에 성실하게 응답하기만 하면 현행 상법상 충분한 고지의무 이행이 된다.
② 보험설계사는 고지를 수령할 권한이 있다.
③ 최근 개정된 상법은 고지의무를 수동화하면서 "서면으로 질문한 사항은 중요한 사항으로 추정한다"는 규정을 삭제하였다.
④ 계약 청약 후 승낙 이전에 발생한 중요사항도 고지 대상이 된다.

> **해설**
> 보험계약자나 피보험자가 보험계약 당시에 보험자에게 고지할 의무를 지는 상법 제651조에서 정한 '중요한 사항'이란, 보험자가 보험사고의 발생과 그로 인한 책임부담의 개연율을 측정하여 보험계약의 체결 여부 또는 보험료나 특별한 면책조항의 부가와 같은 보험계약의 내용을 결정하기 위한 표준이 되는 사항으로서, 객관적으로 보험자가 그 사실을 안다면 계약을 체결하지 않든가 적어도 동일한 조건으로는 계약을 체결하지 않으리라고 생각되는 사항을 말한다. 보험자가 고지의무위반을 이유로 보험계약을 해지하기 위해서는 보험계약자 또는 피보험자가 고지의무가 있는 사항에 대한 고지의무의 존재와 그러한 사항의 존재에 대하여 이를 알고도 고의로 또는 중대한 과실로 인하여 이를 알지 못하여 고지의무를 다하지 않은 사실이 증명되어야 한다(대법원 2011.4.14., 선고, 2009다103349, 103356, 판결). 따라서 계약 청약 후 승낙 이전에 발생한 중요사항도 고지 대상이 된다.
> ① 현재 질문표에 기재된 사항은 보험계약상 중요한 사항으로 추정하는 정도의 효력이 부여되고 있으므로, 현행 상법상 충분한 고지의무가 이행되었다고 볼 수 없다.
> ② 보험설계사는 원칙적으로 보험료 수령권한도 없다고 보는 것이 통설이고, 판례의 입장이다.
> ③ 상법은 "보험자가 서면으로 질문한 사항을 중요한 사항으로 추정한다"고 규정하고 있다(상법 제651조의2).

27 다음은 고지의무에 관한 설명이다. 옳은 것은?

① 고지의 방법은 반드시 서면으로 하여야 한다.
② 보험자는 고지의무위반을 이유로 보험계약을 해지하는 것과 별도로 손해배상청구를 할 수 있다.
③ 보험계약 체결일로부터 3년이 경과한 때에는 보험자는 고지의무위반을 이유로 보험계약을 해지할 수 없다.
④ 보험설계사는 고지수령권이 없으나, 보험중개사는 고지수령권이 있다.

| 해설 |
① 고지의 방법은 일반적으로 청약서를 사용하거나 구두로 하더라도 무방하다. 구두로 한 경우 고지의무를 이행하였음을 보험계약자 측에서 입증하여야 한다.
② 고지의무는 간접의무로서 보험계약자나 피보험자로 하여금 고지의무를 이행토록 직접강제 할 수 없으며, 고지의무 불이행을 이유로 손해배상을 청구할 수 없다.
④ 보험설계사나 보험중개사는 고지수령권이 없다.

28 고지의무에 관한 설명 중 옳은 것은? 기출 14

① 보험계약자나 피보험자의 탐지의무를 배제하는 견해에 의하면, 이들이 계약 체결 당시에 고지사항의 존재를 모르고 그 사항이 없다고 답변한 경우라도 원칙적으로 중대한 과실로 고지의무를 위반한 것으로 볼 수 있다.
② 고지의무가 수동화(受動化)되면, 질문표에서 물어보지 않은 사항에 관해서는 보험계약자의 사기로 인한 계약 체결이 인정될 수 없다.
③ 보험계약자나 피보험자가 고지의무를 위반한 경우에도 그 위반 사실과 보험사고간의 인과관계가 없음을 이유로 보험금을 지급하는 것이 고지의무의 기능을 약화시키게 된다는 점을 고려하면, 가능한 한 고지의무위반 사실과 보험사고간에 인과관계가 존재했던 것으로 인정해야 할 것이다.
④ 최근의 대법원 판례에 따르면, 피보험자와 지역적으로 떨어져 살고 있는 보험계약자와 그 대리인이 피보험자가 진단받은 사실을 모르고서 질문표에서 그 진단사실의 유무에 대한 답변으로 '아니오'라는 칸에 표기를 한 경우에는, 피보험자에게 전화 등을 통하여 쉽게 그 진단사실을 확인할 수 있었음에도 이를 확인하지 아니하였으므로, 그 표기만으로도 중대한 과실로 고지의무를 위반한 것으로 볼 수 있다.

> **해설**
>
> 보험계약을 체결함에 있어 중요한 사항의 고지의무를 위반한 경우 고지의무위반 사실이 보험사고의 발생에 영향을 미치지 아니하였다는 점, 즉 보험사고의 발생이 보험계약자가 불고지하였거나 불실고지한 사실에 의한 것이 아니라는 점이 증명된 때에는 상법 제655조 단서의 규정에 의하여 보험자는 위 불실고지를 이유로 보험계약을 해지할 수 없을 것이나, 위와 같은 고지의무위반 사실과 보험사고발생과의 인과관계가 부존재하다는 점에 관한 입증책임은 보험계약자 측에 있다 할 것이므로, 만일 그 인과관계의 존재를 조금이라도 규지할 수 있는 여지가 있으면 위 단서는 적용되어서는 안 될 것이다(대법원 1992.10.23., 선고, 92다28259, 판결).
> ① 보험계약자나 피보험자의 탐지의무를 배제하는 견해에 의하면, 이들이 계약 체결 당시에 고지사항의 존재를 모르고 그 사항이 없다고 답변한 경우라도 원칙적으로 중대한 과실로 고지의무를 위반한 것으로 볼 수 없다.
> ② 보험계약자가 보험자의 질문에 따라 고지하는 경우 그 질문에 성실하게 답하였으면 고지의무를 다한 것으로 되나, 그 질문사항 이외에 보험계약상 중요한 사항을 알고 있으면서 이를 고지하지 아니한 것은 악의의 묵비이고, 특별한 위험이 있다는 사실을 알면서 보험자가 질문하지 아니했다는 이유로 묵비한 것은 사기에 의한 고지의무위반이라고 해석한다.
> ④ 피보험자와 지역적으로 떨어져 살고 있는 보험계약자와 그 대리인이 피보험자가 진단받은 사실을 모르고서 질문표에서 그 진단사실의 유무에 대한 답변으로 '아니오'라는 칸에 표기를 한 경우에는, 이는 그러한 사실의 부존재를 확인하는 것이 아니라 사실 여부를 알지 못한다는 의미로 답하였을 가능성도 배제할 수 없으므로, 그러한 표기사실만으로 쉽게 고의 또는 중대한 과실로 고지의무를 위반한 경우에 해당한다고 단정할 것은 아니다(대법원 2013.6.13., 선고, 2011다54631, 54648, 판결).

29 고지의무에 관한 설명으로 옳은 것은?

① 고지의무는 보험계약자와 피보험자 및 보험수익자가 부담하는 의무이다.
② 보험자는 고지의무위반을 이유로 보험계약을 해지한 경우에는 해지 이후 생긴 보험사고에 대해서만 보상책임을 지지 않는다.
③ 보험자가 서면으로 질문한 사항은 중요한 사항으로 추정한다.
④ 보험자는 고지의무위반에 대하여 보험계약을 해지하는 것과는 별도로 손해배상청구를 할 수 있다.

> **해설**
>
> 보험자가 서면으로 질문한 사항은 중요한 사항으로 추정한다(상법 제651조의2).
> ① 고지의무자는 보험계약자, 피보험자 및 이들의 대리인이다.
> ② 보험자가 고지의무위반을 이유로 보험계약을 해지한 때에는 해지 이후에 생긴 사고는 물론 해지 이전에 생긴 사고라도 고지의무위반과 인과관계가 있는 손해는 보험자의 책임이 없다.
> ④ 보험자는 보험계약자에 대하여 고지의무의 이행을 강제하거나 손해배상을 청구할 수 없고, 불이행시에 보험계약을 해지할 수 있을 뿐이다.

30 고지의무에 관한 다음의 약관조항 중 상법상 그 효력이 인정되는 것은?

① 보험계약자 또는 피보험자는 보험계약의 성립 후 제1회 보험료의 지급시까지 생긴 중요한 사항을 고지하여야 한다.
② 보험계약자 또는 피보험자가 고의 또는 과실로 중요한 사항을 고지하지 아니한 때에는 보험자는 보험계약을 언제든지 해지할 수 있다.
③ 보험계약의 체결일로부터 3년 이상 경과된 때에는 보험자는 고지의무의 위반을 이유로 계약을 해지할 수 없다.
④ 고지의무의 위반을 이유로 보험계약을 해지한 때에는 보험자는 보험기간의 개시시(開始時)에 소급하여 보험금 지급의무를 지지 않는다.

| 해설 |
① 보험계약자 또는 피보험자는 보험계약 당시, 즉 보험계약의 성립시까지 생긴 중요한 사항을 고지하여야 한다.
②·③ 보험계약자 또는 피보험자는 고의 또는 중대한 과실로 중요한 사항을 고지하지 아니하거나 부실의 고지를 할 때에는 보험자는 그 사실을 안 날로부터 1월 내에, 계약을 체결한 날로부터 3년 내에 한하여 계약을 해지할 수 있다.
④ 고지의무위반을 이유로 보험계약을 해지한 때에는 그 계약은 통지가 도달한 날로부터 장래에 향하여 효력이 상실하므로 해지 이후의 사고에 대해서는 보험금을 지급할 필요가 없고, 이미 지급한 보험금이 있을 때에는 그 반환을 청구할 수 있다.

31 고지의무에 관한 설명으로 옳은 것은? (다툼이 있는 경우 판례에 의함) 기출 17

① 멀리 사는 출가한 딸을 피보험자로 하는 보험계약을 체결하면서 딸이 갑상선결절진단을 받은 사실을 알지 못하여 고지하지 못하였다는 사안에서, 딸에게 전화로라도 적극적으로 확인하지 아니하였다고 하여 중대한 과실이 있다고 단정할 수는 없다.
② 위 사안에서, '예'와 '아니오' 중에서 택일하는 방식으로 고지하도록 되어있다면, 보험계약자가 '아니오'에 표기하여 답변한 것은 질문 받은 사실의 부존재를 확인하는 것이라고 보아야 한다.
③ 청약서상 질문표의 질문에 정직하게 답변하였고 보험자가 보험계약 체결을 승낙한 이상 고지의무위반이 될 수 없으므로, 보험자는 "질병이 보험기간 개시 등의 일정시점 이후에 발생할 것"이라는 약관조항을 들어 보험금 지급을 거절할 수 없다.
④ 상법상 고지의무는 '보험계약 당시에' 이행하도록 규정되어 있으므로 보험계약자가 적격피보험체로서 전화로 청약하고 동시에 제1회 보험료를 송금한 후 승낙의제 전에 질병진단을 받았다면 그 사실을 숨긴 것은 고지의무위반이 아니다.

| 해설 |
① · ② 보험계약 당시에 보험계약자 또는 피보험자가 고의 또는 중대한 과실로 인하여 중요한 사항을 고지하지 아니하거나 부실의 고지를 한 때에는 보험자는 일정 기간 안에 그 계약을 해지할 수 있다(상법 제651조). 여기서 중대한 과실이란 현저한 부주의로 중요한 사항의 존재를 몰랐거나 중요성 판단을 잘못하여 그 사실이 고지하여야 할 중요한 사항임을 알지 못한 것을 의미한다 할 것이고, 그와 같은 과실이 있는지 여부는 보험계약의 내용, 고지하여야 할 사실의 중요도, 보험계약의 체결에 이르게 된 경위, 보험자와 피보험자 사이의 관계 등 제반 사정을 참작하여 사회통념에 비추어 개별적·구체적으로 판단하여야 하고, 그에 관한 증명책임은 고지의무위반을 이유로 보험계약을 해지하고자 하는 보험자에게 있다. 특히 피보험자와 보험계약자가 다른 경우에 피보험자 본인이 아니면 정확하게 알 수 없는 개인적 신상이나 신체상태 등에 관한 사항은, 보험계약자도 이미 그 사실을 알고 있었다거나 피보험자와의 관계 등으로 보아 당연히 알았을 것이라고 보이는 등의 특별한 사정이 없는 한, 보험계약자가 피보험자에게 적극적으로 확인하여 고지하는 등의 조치를 취하지 아니하였다는 것만으로 바로 중대한 과실이 있다고 할 것은 아니다. 더구나 보험계약서의 형식이 보험계약자와 피보험자가 각각 별도로 보험자에게 중요사항을 고지하도록 되어 있고, 나아가 피보험자 본인의 신상에 관한 질문에 대하여 '예'와 '아니오' 중에서 택일하는 방식으로 고지하도록 되어 있다면, 그 경우 보험계약자가 '아니오'로 표기하여 답변하였더라도 이는 그러한 사실의 부존재를 확인하는 것이 아니라 사실 여부를 알지 못한다는 의미로 답하였을 가능성도 배제할 수 없는 것이므로, 그러한 표기사실만으로 쉽게 고의 또는 중대한 과실로 고지의무를 위반한 경우에 해당한다고 단정할 것은 아니라 할 것이다(대법원 2013.6.13., 선고, 2011다54631, 판결).
③ 보험자는 "질병이 보험기간 개시 등의 일정시점 이후에 발생할 것"이라는 약관조항을 들어 보험금 지급을 거절할 수 있다.
④ 청약 후 승낙의제 전에 질병진단을 받았다면 이를 고지를 해야 하며, 그 사실을 숨겼다면 고지의무위반에 해당한다.

32 다음 설명 중 옳은 것은? (다툼이 있는 경우 판례에 따름) 기출 17

① 사용 중인 기계(중고가격 1천만원)가 멸실된 경우 새 기계를 구입할 비용을 손해액으로 산정하기로 약정하여 신품가격 1천5백만원을 보험금액으로 지급하는 것은 실손해 이상의 보상이어서 이득금지원칙에 반하는 것으로 무효이다.
② 상해보험은 상법상 인보험이므로 정액형 상품과 실손형 상품을 구별하지 않고, 생명보험에 관한 상법규정이 모두 준용된다.
③ 보험자는 약관에 없는 사항이라도 보험계약자가 알아야 할 중요사항은 보험계약 체결시에 설명하여야 하며, 그 근거는 보험업법이 아니라 상법상 약관의 교부·설명의무에 있다.
④ 보험가입 당시 유흥업소에서 일하던 가정주부가 생명보험 가입시 직업란에 '가정주부'라고만 기재한 것은 비록 가정주부의 지위를 겸하고 있었다고 하더라도 고지의무위반이다.

정답 30 ③ 31 ① 32 ④

> **해설**
>
> 피보험자의 직업은 보험가입시 보험계약자가 신고하여야 할 중요한 사항이기 때문에 보험가입 당시 유흥업소에서 일하던 가정주부가 직업란에 '가정주부'라고만 기재한 것은 고지의무위반에 해당한다.
> ① 신가보험(= 재조달가액보험)에 해당하는 것으로 사고발생시 실손해를 보상하는 것이 아니라 신조달가액을 보상한다. 즉 실제현존가치 이상의 재조달가액을 보험가액으로 함으로써 사고가 발생하면 재조달가액을 기준으로 손해액을 산정하므로 이득금지원칙의 예외이다.
> ② 상해보험에 관하여는 상법 제732조(15세 미만자 등에 대한 계약의 금지)를 제외하고 생명보험에 관한 규정을 준용한다(상법 제739조). 생명보험에 관한 모든 조항이 준용되는 것은 아니다.
> ③ 보험자가 보험계약자에게 설명하여야할 중요한 사항은 약관에 규정된 중요한 사항이다. 보험업법 제95조의2(설명의무 등), 상법 제638조의3(보험약관의 교부·설명 의무), 약관의 규제에 관한 법률 제3조(약관의 작성 및 설명의무 등)에 규정되어 있다. 다만, 보험자에게 이러한 약관의 명시·설명의무가 인정되는 것은 어디까지나 보험계약자가 알지 못하는 가운데 약관에 정하여진 중요한 사항이 계약 내용으로 되어 보험계약자가 예측하지 못한 불이익을 받게 되는 것을 피하고자 하는데 그 근거가 있다고 할 것이므로, 보험약관에 정하여진 사항이라고 하더라도 거래상 일반적이고 공통된 것이어서 별도의 설명 없이도 보험계약자가 충분히 예상할 수 있었던 사항이거나 이미 법령에 의하여 정하여진 것을 되풀이하거나 부연하는 정도에 불과한 사항이라면 그러한 사항에 대하여서까지 보험자에게 명시·설명의무가 있는 것은 아니다(대법원 2004.4.27., 선고, 2003다7302, 판결).

33 고지의무에 관한 설명으로 옳지 않은 것은? 기출 18

① 고지의무제도의 인정근거에 관하여 학설은 신의성실설, 최대선의설, 기술적 기초설 등 다양하게 대립하고 있다.
② 통설은 고지의무의 법적 성질을 간접의무로 해석한다.
③ 보험자가 서면으로 질문한 사항은 중요한 사항으로 추정한다.
④ 판례는 일관하여 인보험에서 다른 보험자와의 보험계약의 존재 여부에 대하여 서면으로 질문하였더라도 고지의무의 대상이 아니라고 보았다.

> **해설**
>
> 판례는 '다른 보험회사와 동종의 보험계약을 체결하고 있는 사실'을 '중요한 사항'의 사례로 인정하고 있으므로 고지의무의 대상이라고 보았다. 즉 보험회사가 생명보험계약을 체결함에 있어 다른 보험계약의 존재 여부를 보험청약서에서 기재하여 질문하였다면 이는 그러한 사정을 보험계약을 체결할 것인지의 여부에 관한 판단자료로 삼겠다는 의사를 명백히 한 것으로 볼 수 있고, 그러한 경우에는 다른 보험계약의 존재 여부가 고지의무의 대상이 된다고 판시하고 있다. 한편, 손해보험에 있어서는 이와 같이 동일한 보험계약의 목적(피보험이익)과 동일한 사고에 관하여 수 개의 보험계약을 체결하는 경우 상법 제672조 제2항에 의하여 보험회사에 수 개의 보험계약 체결 사실을 통지해야 할 의무가 인정된다(대법원 2001.11.27., 선고, 99다33311, 판결).

34 보험계약 부활과 고지의무에 관한 설명으로 옳지 않은 것은?

① 보험자가 알고 있는 사항을 고지하지 않더라도 고지의무위반이 되지 않는다.
② 기존 계약에서 고지의무를 위반한 내용을 부활계약에서도 다시 고지의무위반을 한 경우 보험자 해지권 제척기간의 기산점은 기존 계약시로 소급된다.
③ 기존 계약에서 고지의무위반이 있었으나, 부활 청구시 고지의무를 제대로 이행하였다면 기존 계약의 고지의무위반을 이유로 계약을 해지할 수 없다고 본다.
④ 부실고지한 사항을 부활 계약에서 다시 고지하지 않았다면 고지의무위반이 된다. 종전의 계약에서 존재하였던 계약상의 하자는 계약의 부활로 치유되지 않는다.

| 해설 |
기존 계약에서 고지의무를 위반한 내용을 부활 계약에서도 다시 고지의무위반을 한 경우 보험자 해지권 제척기간의 기산점은 <u>기존 계약시가 아니라 부활 계약시이다</u>.

35 고지의무의 법적 성질에 관한 설명으로 옳지 않은 것은?

① 고지의무는 보험자가 그 이행을 강요하거나 불이행시 손해배상을 청구할 수 없다.
② 고지의무에 대한 상법의 규정은 보험계약자 측에 불이익하게 변경할 수 없기 때문에 절대적 강행규정이다.
③ 위험에 관한 정보를 수집하는 것은 원래 보험자가 해야 할 일을 보험과 위험의 특성상 보험계약자에게 의무를 부여하고 있다는 점과 고지의무위반의 사실이 알려진 후에는 고지의무의 이행을 강제할 실익이 없다는 이유에서 고지의무를 간접의무로 해석하고 있다.
④ 보험계약이 성립되기 전에 존재하는 의무이기 때문에 계약의 효과로서 발생한 의무, 즉 계약상의 의무는 아니며 보험계약법에 근거한 의무이므로 법정의무이다.

| 해설 |
고지의무에 관한 상법의 규정은 보험계약자 측에 불이익하게 변경할 수 없기 때문에 <u>상대적 강행규정</u>이다.

정답 33 ④ 34 ② 35 ②

36 고지의무위반의 요건에 관한 설명으로 옳지 않은 것은? (다툼이 있는 경우 판례에 의함)

기출 22

① 고지의무위반이 되려면 보험계약자 또는 피보험자에게 고지의무위반에 대한 고의 또는 과실이 있어야 한다.
② 고지의무위반의 주관적 요건에 해당하는지 여부는 보험계약의 내용, 고지하여야 할 사실의 중요도, 보험계약의 체결에 이르게 된 경위, 보험자와 피보험자 사이의 관계 등 제반 사정을 참작하여 사회통념에 비추어 개별적·구체적으로 판단하여야 한다.
③ 보험계약자 또는 피보험자가 중요한 사항에 관하여 사실과 달리 고지한 것 이외에 중요한 사항에 관한 사실을 알리지 않은 것도 고지의무위반이 된다.
④ 고지의무위반의 요건에 해당한다는 입증책임은 고지의무위반을 이유로 계약을 해지하려는 보험자가 원칙적으로 부담한다.

| 해설 |

고지의무위반이 되려면 보험계약자 또는 피보험자에게 고지의무위반에 대한 <u>고의 또는 중대한 과실</u>이 있어야 한다(상법 제651조).
② 대법원 2013.6.13., 선고, 2011다54631, 54648, 판결
③ 중요한 사실에 대한 불고지 또는 부실고지가 있어야 고지의무위반이 된다(상법 제651조). 여기서 불고지란 중요한 사실을 알면서 알리지 않은 것으로 묵비를 말하며, 부실고지란 사실과 다르게 말하는 것으로 허위 진술을 말한다.
④ 상법 제651조에서 규정하고 있는 고지의무위반의 요건에 대한 입증책임은 이를 이유로 계약을 해지하려는 보험자 측에 있다.

37 상법상 고지의무에 대한 설명으로 옳지 않은 것은? (다툼이 있는 경우 판례에 의함) 기출 21

① 상법상 고지의무는 보험계약자와 피보험자가 되는 것이 원칙이나, 경우에 따라서는 이들의 대리인이 고지의무를 이행할 수도 있다.
② 보험금을 부정 취득할 목적으로 다수의 보험계약이 체결된 경우에 보험자는 각각의 요건이 충족되었을 때에는 민법 제103조 위반으로 보험계약의 무효와 고지의무위반을 이유로 한 보험계약의 해지는 물론이고, 민법의 일반원칙에 따라 취소를 주장할 수도 있다.
③ 상법에서 정한 중요한 사항에 대한 고지의무위반 여부에 대한 판단은 보험계약이 성립한 시점을 기준으로 한다.
④ 피보험차량의 실제 소유 여부는 중요한 사항에 해당되므로, 보험계약자가 이를 고지하지 않은 경우, 보험자는 고지의무위반을 이유로 보험계약을 해지할 수 있다.

| 해설 |

甲이 자신을 기명피보험자로 하여 자동차보험계약을 체결하면서 피보험차량의 실제 소유자에 관하여 고지하지 않은 사안에서, 위 보험계약에서 기명피보험자인 甲이 피보험차량을 실제 소유하고 있는지는 상법 제651조에서 정한 '중요한 사항'에 해당한다고 볼 수 없고, 나아가 甲이 자신을 기명피보험자로 하여 보험계약을 체결한 것이 피보험자에 관한 허위고지에 해당한다고 할 수 없다(대법원 2011.11.10., 선고, 2009다80309, 판결). 즉 피보험차량의 실제 소유 여부는 중요한 사항에 해당되지 않으므로, 보험계약자가 이를 고지하지 않은 경우, 보험자는 고지의무위반을 이유로 보험계약을 해지할 수 없다.

① 고지의무자는 보험계약자와 피보험자이며, 대리인에 의하여 체결되는 경우 그 대리인도 포함한다(상법 제646조).
② 보험계약자가 다수의 보험계약을 통하여 보험금을 부정 취득할 목적으로 보험계약을 체결한 경우 보험계약은 민법 제103조의 선량한 풍속 기타 사회질서에 반하여 무효이다(대법원 2017.4.7., 선고, 2014다234827, 판결).
③ 보험계약자 또는 피보험자는 상법 제651조에서 정한 '중요한 사항'이 있는 경우 이를 보험계약의 성립시까지 보험자에게 고지하여야 하고, 고지의무위반 여부는 보험계약 성립시를 기준으로 하여 판단하여야 한다(대법원 2012.8.23., 선고, 2010다78135, 78142, 판결).

38 보험계약자의 고지의무위반 사실이 보험사고발생에 영향을 미치지 아니하였음이 증명된 경우에 대한 설명으로 옳지 않은 것은? (다툼이 있는 경우 판례에 의함) 기출 23

① 보험자는 고지의무위반을 이유로 보험사고발생 후에도 보험계약을 해지할 수 있다.
② 보험자는 이미 발생한 보험사고에 대한 보험금을 지급하여야 한다.
③ 보험자는 보험사고발생시까지의 보험료를 청구할 수 없다.
④ 생명보험약관에서 보험자가 인과관계의 존재를 입증한다고 정하는 경우 그 약정은 유효하다.

| 해설 |

고지의무(告知義務)를 위반한 사실 또는 위험이 현저하게 변경되거나 증가된 사실이 보험사고발생에 영향을 미치지 아니하였음이 증명된 경우에는 보험금을 지급할 책임이 있으므로 보험자는 보험사고발생시까지의 보험료를 청구할 수 있다.

① 보험자는 고지의무를 위반한 사실과 보험사고의 발생 사이의 인과관계를 불문하고 상법 제651조에 의하여 고지의무위반을 이유로 계약을 해지할 수 있다(대법원 2010.7.22., 선고, 2010다25353, 판결).
② 고지의무(告知義務)를 위반한 사실 또는 위험이 현저하게 변경되거나 증가된 사실이 보험사고발생에 영향을 미치지 아니하였음이 증명된 경우에는 보험금을 지급할 책임이 있다(상법 제655조 단서).
④ 보험계약자 측의 고지의무위반과 보험계약의 보험사고 사이에 인과관계가 존재하는지 여부에 관하여 원칙적으로 보험금의 지급을 청구하는 보험계약자 측이 보험금 지급의무의 발생요건인 인과관계가 존재하지 아니한다는 점을 입증할 책임이 있다고 할 것이나, 입증책임의 분배에 관하여 당사자 사이에 약관 등에 의하여 이를 미리 정하여 둔 경우에는 특별한 사정이 없는 한 그 입증책임계약은 유효하므로 이에 따라야 한다(서울중앙지법 2004.10.28., 선고, 2004나21069, 판결).

정답 36 ① 37 ④ 38 ③

39 고지의무위반의 효과에 대한 설명으로 옳지 않은 것은?

① 보험자는 고지의무위반을 입증하고 사고발생 전후를 불문하여 계약을 해지할 수 있다.
② 보험자가 고지의무위반의 사실을 안 날로부터 1개월이 경과한 경우에는 해지할 수 없다.
③ 계약 체결일로부터 3년이 경과하면 고지의무를 위반한 자라고 하더라도 보험혜택을 받을 수 있다는 신뢰가 생기기 때문에 보험계약 체결 후 3년이 경과하면 해지권을 제한한다고 한다.
④ 보험자가 계약 체결 당시에 보험계약자나 피보험자의 불고지·부실고지를 알았거나 중대한 과실로 알지 못한 때라도 보험자는 해지권을 주장할 수 있음이 통설이고, 판례의 입장이다.

| 해설 |

보험자가 고지의무위반의 사실을 안 날로부터 1개월이 경과하거나 보험자가 계약 체결 당시에 보험계약자나 피보험자의 불고지·부실고지를 알았거나 중대한 과실로 알지 못한 때 보험자는 해지권을 주장할 수 없다. 보험자의 고의나 중대한 과실에는 보험자의 그것뿐만 아니라 보험자를 위하여 고지를 수령할 수 있는 지위에 있는 자, 즉 보험대리점, 보험의의 고의나 중대한 과실도 당연히 포함된다고 할 것이다.

40 보험계약자의 고지의무위반 사실과 보험사고발생 사실간에 인과관계가 없는 경우의 해결방법으로 옳지 않은 것은? (다툼이 있는 경우 판례에 의함) 기출 19

① 보험자는 보험계약을 해지할 수 있다.
② 보험자는 이미 발생한 보험사고에 대한 보험금을 지급하여야 한다.
③ 판례에 의하면 인과관계 부존재에 대한 증명책임은 당사자간에 달리 정한 바 없으면 보험계약자에게 있다.
④ 보험자는 이미 지급한 보험금에 대하여는 반환할 것을 청구할 수 있다.

| 해설 |

①·②·④ 고지의무위반과 보험사고발생 사이에 인과관계가 인정되지 아니하는 경우에도 보험자는 고지의무위반을 이유로 보험계약을 해지할 수 있고, 다만 보험금 지급의무만을 부담하게 된다(서울중앙지법 2004.10.28., 선고, 2004나21069, 판결 : 확정). 따라서 이미 지급한 보험금에 대하여는 반환할 것을 청구할 수 없다.
③ 보험계약을 체결함에 있어 중요한 사항의 고지의무를 위반한 경우 고지의무위반 사실이 보험사고의 발생에 영향을 미치지 아니하였다는 점, 즉 보험사고의 발생이 보험계약자가 불고지하였거나 불실고지한 사실에 의한 것이 아니라는 점이 증명된 때에는 상법 제655조 단서의 규정에 의하여 보험자는 위 불실고지를 이유로 보험계약을 해지할 수 없을 것이나, 위와 같은 고지의무위반 사실과 보험사고발생과의 인과관계가 부존재하다는 점에 관한 입증책임은 보험계약자 측에 있다(대법원 1992.10.23., 선고, 92다28259, 판결).

41 다음의 각 경우 증명책임(입증책임)을 부담하는 자와 그 내용에 대한 설명이 옳지 않은 것은? (견해의 대립이 있는 경우 판례에 의함) 기출 15

① 고지의무위반 사실과 보험사고발생과의 인과관계가 부존재하다는 점에 관한 증명책임은 보험계약자 측에 있다.
② 보험계약자나 그 대리인이 그 약관의 내용을 충분히 잘 알고 있어, 보험자의 약관설명의무의 대상이 되지 않는다는 점은 이를 주장하는 보험자 측에서 증명하여야 한다.
③ 승낙전 보험보호제도의 경우 청약을 거절할 사유의 부존재에 대한 증명책임을 보험계약자가 부담한다.
④ 피보험자의 자살을 보험자의 면책사유로 규정한 경우 보험자는 일반인의 상식에서 피보험자의 사망이 자살이 아닐 가능성에 대한 합리적 의심이 들지 않을 만큼 명백한 주위 정황을 입증하여야 한다.

| 해설 |

상법 제638조의2 제3항에 의하면 보험자가 보험계약자로부터 보험계약의 청약과 함께 보험료 상당액의 전부 또는 일부를 받은 경우(인보험계약의 피보험자가 신체검사를 받아야 하는 경우에는 그 검사도 받은 때)에 그 청약을 승낙하기 전에 보험계약에서 정한 보험사고가 생긴 때에는 그 청약을 거절할 사유가 없는 한 보험자는 보험계약상의 책임을 지는 바, 여기에서 청약을 거절할 사유란 보험계약의 청약이 이루어진 바로 그 종류의 보험에 관하여 해당 보험회사가 마련하고 있는 객관적인 보험인수기준에 의하면 인수할 수 없는 위험상태 또는 사정이 있는 것으로서 통상 피보험자가 보험약관에서 정한 적격피보험체가 아닌 경우를 말하고, 이러한 <u>청약을 거절할 사유의 존재에 대한 증명책임은 보험자에게 있다</u>(대법원 2008.11.27., 선고, 2008다40847, 판결).
① 보험계약자 측의 고지의무위반과 보험계약의 보험사고 사이에 인과관계가 존재하는지 여부에 관하여 원칙적으로 보험금의 지급을 청구하는 <u>보험계약자 측이 보험금 지급의무의 발생요건인 인과관계가 존재하지 아니한다는 점을 입증할 책임이 있다</u>(서울중앙지법 2004.10.28., 선고, 2004나21069, 판결).
② 보험약관의 중요한 내용에 해당하는 사항이라 하더라도 보험계약자나 그 대리인이 그 약관의 내용을 충분히 잘 알고 있다는 점에 대하여도 <u>이를 주장하는 보험자 측에 증명책임이 있다</u>(대법원 2001.7.27., 선고, 99다55533, 판결).
④ 보험계약의 보통보험약관에서 '피보험자가 고의로 자신을 해친 경우'를 보험자의 면책사유로 규정하고 있는 경우 <u>보험자가 보험금 지급책임을 면하기 위하여는 위 면책사유에 해당하는 사실을 입증할 책임이 있는 바</u>, 이 경우 자살의 의사를 밝힌 유서 등 객관적인 물증의 존재나, 일반인의 상식에서 자살이 아닐 가능성에 대한 합리적인 의심이 들지 않을 만큼 명백한 주위 정황사실을 입증하여야 한다(대법원 2002.3.29., 선고, 2001다49234, 판결).

42 甲은 2008년 7월 25일에 A보험회사의 보험설계사인 B와 전화로 상담을 한 후 乙을 피보험자로 하는 보험(신부전증 등의 발병에 대해 치료비를 지급하는 보험)에 가입하기로 하고, 같은 날 13시 39분경에 신용카드로 제1회 보험료를 지급하였다. 그 후 甲은 B로부터 보험청약서 등을 우편으로 배달받고, 보험청약서의 질문표에 乙이 최근 5년 이내에 고혈압 등으로 의사로부터 진단을 받았거나 투약 등을 받은 적이 없다고 기재하여 2008년 8월 6일경에 A보험회사에게 우송하였다. A보험회사는 2008년 8월 7일에 甲이 우송한 보험청약서 등을 토대로 보험계약의 심사를 완료하였다. 한편 乙은 2008년 7월 25일 16시 5분경에 의원에 내원하여 신장기능검사 등을 받고 고혈압이라는 진단 아래 혈압약을 처방받았고, 2008년 7월 31일에 다시 그 의원에 내원하여 검사결과를 확인하면서 고혈압성 신부전증 등의 소견을 듣고 이에 관한 약을 처방받았다. 이 경우 대법원 판례에 의할 때, 옳은 설명은? 기출 14

① A보험회사는 고지의무의 위반을 이유로 보험계약을 해지함으로써 보험금 지급의무를 면할 수 있다.
② A보험회사는 고지의무의 위반을 이유로 보험계약을 해지할 수 있지만 보험금은 지급해야 한다.
③ A보험회사는 고지의무의 위반을 이유로 보험계약을 해지할 수 없으므로 보험금을 지급해야 한다.
④ A보험회사는 甲으로부터 보험계약의 청약과 보험료를 받고 그 청약을 승낙하기 전에 보험사고가 발생하였으므로 보험금을 지급해야 한다.

| 해설 |
甲이 A보험회사에 피보험자를 乙로 하는 보험계약을 청약하고 보험청약서의 질문표에 乙이 최근 5년 이내에 고혈압 등으로 의사에게서 진찰 또는 검사를 통하여 진단을 받았거나 투약 등을 받은 적이 없다고 기재하여 A보험회사에 우송하였는데, 사실은 청약 당일 乙이 의사에게서 고혈압 진단을 받았고, 이에 甲이 상법 제651조에서 정한 중요한 사항에 대한 고지의무를 위반하였는지가 문제된 사안에서, 보험계약을 청약한 이후 보험계약이 성립하기 전에 乙이 고혈압 진단을 받았음에도 甲은 청약서의 질문표를 작성하여 A보험회사에 우송할 때에 고의 또는 중과실로 그러한 사실이 없다고 기재하는 등 고지의무를 위반하였고, 이를 이유로 한 A보험회사의 해지 의사표시에 따라 보험계약이 적법하게 해지되었으므로, 보험계약에 기한 A보험회사의 보험금 지급의무는 존재하지 아니한다(대법원 2012.8.23., 선고, 2010다78135, 판결).

04 보험계약의 효과

01 보험계약상 보험자가 지는 의무가 아닌 것은?

① 보험료 반환의무
② 보험증권 교부의무
③ 보험금 지급의무
④ 보험사고 예방의무

| 해설 |

보험자의 의무
- 보험금 지급의무
- 보험료 반환의무
- 보험료적립금 반환의무
- 보험약관 교부·설명의무
- 보험증권 교부의무
- 낙부통지의무
- 해약환급금 반환의무
- 이익배당의무

02 다음 중 보험계약자만이 지는 의무가 아닌 것은?

① 타인의 위임 고지의무
② 타보험계약의 통지의무
③ 선박미확정예정보험에서 선박확정통지의무
④ 위험증가의 통지의무

| 해설 |

보험계약자, 피보험자, 보험수익자의 의무
- **보험계약자와 피보험자의 의무** : 보험료 지급의무(타인을 위한 보험에서 피보험자, 보험수익자는 일정 조건 하에서 2차적으로 보험료 지급의무를 진다), 고지의무, <u>위험증가의 통지의무</u>, 위험유지의무, 사고발생 통지의무, 손해방지의무, 책임보험에서 배상청구의 통지의무, 제소통지의무, 채무확정의 통지의무 등이 있다.
- **보험계약자만이 지는 의무** : 타인의 위임 고지의무, 타보험계약의 통지의무, 선박미확정예정보험에서 선박확정통지의무 등이 있다.

정답 42 ① / 01 ④ 02 ④

03 상법상 보험계약자의 간접의무에 대한 설명으로 옳지 않은 것은? 기출 21

① 직접의무와 구별되는 의무에 해당한다.
② 간접의무를 위반한 경우에 상대방은 그 이행을 강제할 수 없다.
③ 간접의무를 위반한 경우에 상대방은 손해배상청구권을 행사할 수 있다.
④ 간접의무를 위반한 경우에 보험자는 계약 관계를 종료시킬 수 있다.

| 해설 |
간접의무는 보험자가 그 이행을 강제하거나 불이행에 대하여 손해배상을 청구할 수 있는 것이 아니라, 단지 보험계약을 해지를 통해 보험계약 관계를 종료시킬 수 있는 의무를 말한다.
예 고지의무, 위험변경증가의 통지의무, 위험유지의무 등

04 보험약관의 교부·설명의무에 관한 설명으로 옳지 않은 것은? 기출 18

① 보험약관은 계약의 상대방이 계약내용을 선택할 수 있는 자유를 제약하는 측면이 있다.
② 보험약관은 보험자가 일방적으로 작성한다는 측면 등을 고려하여 입법적, 행정적, 사법적 통제가 가해진다.
③ 보험계약이 체결되고 나서 보험약관의 개정이 이루어진 경우 그 변경된 약관의 규정이 당해 보험계약에 적용되는 것이 당연한 원칙이다.
④ 상법에 의하면 보험자가 보험약관의 교부·설명의무를 위반한 경우에는 보험계약자는 보험계약이 성립한 날부터 3개월 이내에 그 계약을 취소할 수 있다.

| 해설 |
보험계약이 일단 그 계약 당시의 보통보험약관에 의하여 유효하게 체결된 이상 그 보험계약관계에는 계약 당시의 약관이 적용되는 것이고, 그 후 보험자가 그 보통보험약관을 개정하여 그 약관의 내용이 상대방에게 불리하게 변경된 경우는 물론 유리하게 변경된 경우라고 하더라도, 당사자가 그 개정 약관에 의하여 보험계약의 내용을 변경하기로 하는 취지로 합의하거나 보험자가 구 약관에 의한 권리를 주장할 이익을 포기하는 취지의 의사를 표시하는 등의 특별한 사정이 없는 한 개정 약관의 효력이 개정 전에 체결된 보험계약에 미친다고 할 수 없다(대법원 2010.1.14., 선고, 2008다89514, 89521, 판결).
이 판례를 보면, 보험계약이 유효하게 체결된 이상 그 보험계약 관계에는 계약 당시의 약관이 적용되고(불소급의 원칙), 보험계약 체결 후 약관이 개정된 경우 개정약관의 효력은 개정된 약관 내용의 유·불리를 불문하고 기존계약에 소급적용 되지 않는다는 사실을 알 수 있다.

05 보험약관의 교부·설명의무에 관한 설명으로 옳지 않은 것은? (다툼이 있는 경우 판례에 의함)
기출 19

① 보험자가 약관의 설명의무를 위반한 경우 보험계약자는 일정한 기간 내에 보험계약을 취소할 수 있다.
② 설명의무위반시 보험자가 일정한 기간 내에 취소를 하지 아니하면 보험약관에 있는 내용이 계약의 내용으로 편입되는 것으로 본다.
③ 보험자는 보험계약 체결시 보험계약자에게 해당 보험약관을 교부하는 동시에 설명해야 할 의무를 부담한다.
④ 보험약관을 보험계약자에게 설명해야 할 부분은 약관 전체를 의미하는 것이 아니라, 약관의 중요한 내용을 설명하는 것으로 족하다.

> **|해설|**
> **보험자**가 일정한 기간 내에 취소를 하지 아니하면(×) → **보험계약자**가 일정한 기간 내에 취소를 하지 아니하면(○)
> 즉 상법 제638조의3 제2항은 보험자의 설명의무위반의 효과를 보험계약의 효력과 관련하여 보험계약자에게 계약의 취소권을 부여하는 것으로 규정하고 있다. 따라서 보험자의 설명의무위반시 보험계약자가 일정한 기간 내에 취소를 하지 아니하면 보험약관에 있는 내용이 계약의 내용으로 편입되는 것으로 볼 수 없다.

06 상법상의 '보험약관 설명의무', 보험업법상의 '설명의무'와 '적합성의 원칙' 등에 관한 설명 중 옳은 것은? 기출 14

① 상법상의 보험약관 설명의무가 이행되지 않더라도, 보험회사에게 보험업법상의 설명의무위반으로 인한 책임은 물을 수 없다.
② 상법상의 보험약관 설명의무가 이행되면, 보험업법상으로도 보험회사에게 설명의무위반으로 인한 책임을 물을 수 없다.
③ 최근의 대법원 판례에 따르면, 변액보험에 관해서는 보장되지 않는 고율의 수익률을 전제로 하여 계약의 내용을 설명했다고 하더라도 보험업법상의 설명의무의 위반이 되지 않는다.
④ 최근의 대법원 판례에 따르면, 보험업법상의 적합성 원칙의 위반에 따른 손해배상책임의 존재에 관한 증명책임은 보험계약자에게 있다.

> **|해설|**
> 적합성 원칙의 위반에 따른 손해배상책임의 존부는 고객의 연령, 재산 및 소득상황과 보험가입의 목적, 가입한 보험의 특성 등 여러 사정을 종합적으로 충분히 검토하여 판단하여야 하고, 이에 관한 주장·증명책임은 보험계약 체결을 권유받은 고객에게 있으므로, 단지 그 체결을 권유받은 변액보험상품에 높은 투자위험이 수반된다거나 소득에서 보험료 지출이 차지하는 비중이 높다는 단편적인 사정만을 들어 바로 적합성 원칙을 위반하여 위법한 권유행위를 하였다고 단정해서는 아니 된다(대법원 2013.6.13., 선고, 2010다34159, 판결).
> ① 상법상의 보험약관 설명의무가 이행되지 않은 경우, 보험회사에게 보험업법상의 설명의무위반으로 인한 책임은 물을 수 있다.
> ② 상법상의 보험약관 설명의무(법 제638조의3)가 이행되더라도, 보험업법상의 보험회사에게 설명의무위반(법 제95조의2)으로 인한 책임을 물을 수 있다.
> ③ 변액보험에 관하여는 보장되지 않는 고율의 수익률을 전제로 하여 보험계약의 내용을 설명함으로써 각 보험계약에 관한 설명의무를 위반한 것으로 판단하였다(대법원 2013.6.13., 선고, 2010다34159, 판결).

정답 03 ③ 04 ③ 05 ② 06 ④

07 대법원 판례에 의할 때, 약관의 내용 중 보험자가 설명하여야 할 사항은? 기출 14

① 어떤 면허를 가지고 운전하여야 무면허운전이 되지 않는지에 관한 사항
② 다른 자동차운전담보 특별약관에서 피보험자가 자동차취급업무상 수탁받은 자동차를 운전하던 중의 사고에 대한 보험자의 면책에 관한 사항
③ 무보험자동차에 의한 상해담보특약에서 보험금액 산정기준이나 방법에 관한 사항
④ 자동차의 구조변경으로 인한 위험변경·증가 통지에 관한 사항

| 해설 |
'다른 자동차운전담보 특별약관' 중 보상하지 아니하는 손해인 '피보험자가 자동차정비업, 주차장업, 급유업, 세차업, 자동차판매업 등 자동차 취급업무상 수탁받은 자동차를 운전하던 중 생긴 사고로 인한 손해' 조항이 보험계약의 중요한 내용에 대한 것으로서 설명의무의 대상이 된다(대법원 2001.9.18., 선고, 2001다14917, 판결).

08 상법상 보험약관의 교부·설명의무에 대한 기술로 옳은 것은? (다툼이 있는 경우에는 판례에 의함) 기출 15

① 보험자는 보험계약을 체결할 때에 피보험자에게 보험약관을 교부하고, 그 약관의 중요한 내용을 설명하여야 한다.
② 보험계약자의 고지의무나 통지의무도 보험자가 설명하여야 한다.
③ 보험자가 보험계약자의 대리인과 보험계약을 체결하는 경우에는 그 대리인에게 보험약관을 설명하는 것으로 충분하다.
④ 약관의 내용이 보험계약자에게 불리한 경우에는 그 내용이 이미 법령에 규정된 사항을 구체적으로 부연하는 정도에 불과한 경우라 할지라도 보험자의 설명의무는 면제되지 않는다.

| 해설 |
보험약관의 설명의무의 상대방은 반드시 보험계약자 본인에 국한되는 것이 아니라, 보험자가 보험계약자의 대리인과 보험계약을 체결할 경우에는 그 대리인에게 보험약관을 설명함으로써 족하다(대법원 2001.7.27., 선고, 2001다23973, 판결).
① 보험자는 보험계약을 체결할 때에 보험계약자에게 보험약관을 교부하고, 그 약관의 중요한 내용을 설명하여야 한다(상법 제638조의3 제1항).
② 보험계약자의 고지의무나 통지의무는 보험자에게 알리는 보험계약자 측의 의무이다.
④ 보험계약자에게 불리한 경우에도 그 내용이 이미 법령에 규정된 사항을 구체적으로 부연하는 정도에 불과한 경우라면 보험자의 설명의무가 인정된다고 볼 수가 없다(대법원 1998.11.27., 선고, 98다32564, 판결).

09 상법상 보험약관의 교부·설명의무에 관한 설명으로 옳지 않은 것은? (다툼이 있는 경우 판례에 의함) 기출 25

① 보험계약자는 보험자의 보험약관의 교부·설명의무위반이 있는 경우, 그 위반 사실을 안 날로부터 3개월 이내에 취소할 수 있다.
② 보험자는 보험약관의 기재 사항이 거래상 일반적이고 공통된 것이어서 보험계약자가 별도의 설명 없이도 충분히 예상할 수 있었던 사항에 대하여는 보험약관의 교부·설명의무가 없다.
③ 보험자가 보험약관의 교부·설명의무에 위반하여 보험계약을 체결한 경우, 보험자는 그 위반한 약관의 내용을 보험계약의 내용으로 주장할 수 없다.
④ 보험자는 보험계약자 본인 또는 그의 대리인에게 보험약관을 교부하거나 설명할 수 있다.

| 해설 |
①·④ 보험자는 보험계약을 체결할 때에 보험계약자에게 보험약관을 교부하고 그 약관의 중요한 내용을 설명하여야 하며, 보험자가 보험약관의 교부·설명의무를 위반한 경우 보험계약자는 <u>보험계약이 성립한 날부터 3개월 이내에</u> 그 계약을 취소할 수 있다(상법 제638조의3 제1항, 제2항).
② 보험약관에 정하여진 사항이라고 하더라도 거래상 일반적이고 공통된 것이어서 보험계약자가 이미 잘 알고 있는 내용이거나 별도의 설명 없이도 충분히 예상할 수 있었던 사항이거나 이미 법령에 의하여 정하여진 것을 되풀이하거나 부연하는 정도에 불과한 사항이라면, 그러한 사항에 대하여까지 보험자에게 명시·설명의무가 인정되는 것은 아니다(대법원 2014.7.24., 선고, 2013다217108, 판결).
③ 상법 제638조의3 제1항 및 약관의 규제에 관한 법률 제3조의 규정에 의하여 보험자는 보험계약을 체결할 때에 보험계약자에게 보험약관에 기재되어 있는 보험상품의 내용, 보험료율의 체계, 보험청약서상 기재사항의 변동 및 보험자의 면책사유 등 보험계약의 중요한 내용에 대하여 구체적이고 상세한 명시·설명의무를 지고 있다고 할 것이어서, 만일 보험자가 이러한 보험약관의 명시·설명의무에 위반하여 보험계약을 체결한 때에는 그 약관의 내용을 보험계약의 내용으로 주장할 수 없다(대법원 1999.3.9., 선고, 98다43342, 43359, 판결).에도 <u>그 내용이 이미 법령에 규정된 사항을 구체적으로 부연하는 정도에 불과한 경우라면 보험자의 설명의무가 인정된다고 볼 수 없다</u>(대법원 1999.3.9., 선고, 98다43342, 43359, 판결).

10 보험약관의 교부·설명의무에 관한 설명으로 옳지 않은 것은? 기출 22

① 보험자는 보험약관의 교부·설명의무를 부담하며, 보험자의 보험대리상도 이 의무를 부담한다.
② 보험계약자의 대리인과 보험계약을 체결한 경우에도 보험약관의 교부·설명은 반드시 보험계약자 본인에 대하여 하여야 한다.
③ 상법에 규정된 보험계약자의 통지의무와 동일한 내용의 보험약관에 대해서는 보험자가 별도로 설명할 필요가 없다.
④ 보험약관의 교부·설명의무를 부담하는 시기는 보험계약을 체결할 때이다.

정답 07 ② 08 ③ 09 ① 10 ②

> **해설**
> 보험계약자의 대리인과 보험계약을 체결한 경우 그 대리인에게 보험약관을 설명함으로써 족하다(대법원 2001.7.27., 선고, 2001다23973, 판결).
> ① 상법 제638조의3 제1항, 제646조의2 제1항
> ③ 대법원 1998.11.27., 선고, 98다32564, 판결
> ④ 보험자는 보험계약을 체결할 때에 보험계약자에게 보험약관을 교부하고, 그 약관의 중요한 내용을 설명하여야 한다(상법 제638조의3 제1항).

11 상법상 약관의 중요사항에 대한 명시·설명의무가 면제되는 경우가 아닌 것은? (다툼이 있는 경우 판례에 의함) 기출 20

① 자동차보험계약의 보험계약자가 해당 약관상 주운전자의 나이나 보험경력 등에 따라 보험요율이 달라진다는 사실을 잘 알고 있는 경우
② 보험계약자 또는 피보험자가 보험금청구에 관한 서류 또는 증거를 위조하거나 변조한 경우 보험금청구권이 상실된다는 약관조항
③ 보험가입 후 피보험자가 이륜자동차를 사용하게 된 경우에 보험계약자 또는 피보험자가 지체 없이 이를 보험자에게 알릴 의무가 있다는 약관조항
④ 상법 제726조의4가 규정하는 자동차의 양도로 인한 보험계약상의 권리·의무의 승계조항을 풀어서 규정한 약관조항

> **해설**
> 보험약관조항에서 보험계약 체결 후 이륜자동차를 사용하게 된 경우에 보험계약자 또는 피보험자는 지체 없이 이를 보험자에게 알릴 의무를 규정하고 있는 사안에서, 위 약관조항의 내용이 단순히 법령에 의하여 정하여진 것을 되풀이하거나 부연하는 정도에 불과하다고 볼 수 없으므로, 위 약관조항에 대한 보험자의 명시·설명의무가 면제된다고 볼 수 없다(대법원 2010.3.25., 선고, 2009다91316, 91323, 판결).
> ① 상법 제638조의3에서 보험자의 약관설명의무를 규정한 것은 보험계약이 성립되는 경우에 각 당사자를 구속하게 될 내용을 미리 알고 보험계약의 청약을 하도록 함으로써 보험계약자의 이익을 보호하자는데 입법취지가 있고, 보험약관이 계약 당사자에 대하여 구속력을 갖는 것은 보험계약 당사자 사이에 그것을 계약 내용에 포함시키기로 합의하였기 때문이라는 점 등을 종합하여 보면, 보험계약자나 그 대리인이 약관의 내용을 충분히 잘 알고 있는 경우에는 그 약관이 바로 계약 내용이 되어 당사자에 대하여 구속력을 갖는다고 할 것이므로, 보험자로서는 보험계약자 또는 그 대리인에게 약관의 내용을 따로이 설명할 필요가 없다고 보는 것이 상당하다(대법원 1998.4.14., 선고, 97다39308, 판결).
> ② 계약자 또는 피보험자가 손해의 통지 또는 보험금청구에 관한 서류에 고의로 사실과 다른 것을 기재하였거나 그 서류 또는 증거를 위조하거나 변조한 경우 보험금청구권이 상실된다는 내용을 일반인들이 거래상 당연히 예상할 수 있는 내용이므로, 보험금청구권의 상실사유로 정한 보험약관이 설명의무의 대상이 아니다(대법원 2003.5.30., 선고, 2003다15556, 판결).
> ④ 피보험자동차의 양도에 관한 통지의무를 규정한 보험약관은 거래상 일반인들이 보험자의 개별적인 설명 없이도 충분히 예상할 수 있었던 사항인 점 등에 비추어 보험자의 개별적인 명시·설명의무의 대상이 되지 않는다(대법원 2007.4.27., 선고, 2006다87453, 판결).

12 상법상 보험약관의 교부·설명의무에 대한 설명으로 옳지 않은 것은? (다툼이 있는 경우 판례에 의함) 기출 21

① 보험자는 보험계약자의 대리인에게 보험약관을 교부하거나 설명할 수도 있다.
② 약관의 규제에 관한 법률이 규정하는 약관의 명시·설명의무와 중복 적용될 수 있다.
③ 약관조항 가운데 이미 법령에 의하여 정하여진 것을 되풀이 하거나 부연하는 정도에 불과한 사항도 이를 설명하여야 한다.
④ 보험청약서나 안내문의 송부만으로는 그 약관에 대한 보험자의 설명의무를 이행하였다고 추인하기에는 부족하다.

> **해설**
>
> 약관에 정하여진 사항이라고 하더라도 거래상 일반적이고 공통된 것이어서 고객이 별도의 설명 없이도 충분히 예상할 수 있었던 사항이거나 이미 법령에 의하여 정하여진 것을 되풀이하거나 부연하는 정도에 불과한 사항이라면, 그러한 사항에 대하여서까지 사업자에게 설명의무가 있다고 할 수는 없다(대법원 2019.5.30., 선고, 2016다276177, 판결).
> ① 상법 제638조의3 제1항 및 약관의 규제에 관한 법률 제3조의 규정에 의하여 보험자는 보험계약을 체결할 때 보험계약자에게 보험약관에 기재되어 있는 보험상품의 내용, 보험료율의 체계, 보험청약서상 기재사항의 변동 및 보험자의 면책사유 등 보험계약의 중요한 내용에 대하여 구체적이고 상세한 명시·설명의무를 지고 있다고 할 것이어서, 만일 보험자가 이러한 보험약관의 명시·설명의무에 위반하여 보험계약을 체결한 때에는 그 약관의 내용을 보험계약의 내용으로 주장할 수 없다고 할 것임은 물론이라 할 것이나, 그 설명의무의 상대방은 반드시 보험계약자 본인에 국한되는 것이 아니라, 보험자가 보험계약자의 대리인과 보험계약을 체결할 경우에는 그 대리인에게 보험약관을 설명함으로써 족하다(대법원 2001.7.27., 선고, 2001다23973, 판결).
> ② 대법원은 "상법 제638조의3 제2항은 약관의 규제에 관한 법률 제16조에서 약관의 설명의무를 다하지 아니한 경우에도 원칙적으로 계약의 효력이 유지되는 것으로 하되 소정의 사유가 있는 경우에는 예외적으로 계약 전체가 무효가 되는 것으로 규정하고 있는 것과 모순·저촉이 있다고 할 수 있음은 별론으로 하고, 약관에 대한 설명의무를 위반한 경우에 그 약관을 계약의 내용으로 주장할 수 없는 것으로 규정하고 있는 약관의 규제에 관한 법률 제3조 제3항과의 사이에는 아무런 모순·저촉이 없다. 따라서 상법 제638조의3 제2항은 약관의 규제에 관한 법률 제3조 제3항과의 관계에서는 그 적용을 배제하는 특별규정이라고 할 수가 없으므로, 보험약관이 상법 제638조의3 제2항의 적용 대상이라 하더라도 약관의 규제에 관한 법률 제3조 제3항 역시 적용이 된다"고 판시하여 중첩적용설의 견해를 취하고 있다(대법원 1998.11.27., 선고, 98다32564, 판결).
> ④ 안내문과 청약서를 보험계약자에게 우송한 것만으로는 보험자의 면책약관에 관한 설명의무를 다한 것으로 볼 수 없다(대법원 1999.3.9., 선고, 98다43342, 판결).

13 약관상 면책사유의 하나로 "계약자 또는 피보험자가 손해의 통지 또는 보험금 청구에 관한 서류에 고의로 사실과 다른 것을 기재하였거나, 그 서류 또는 증거를 위조 또는 변조한 경우 피보험자는 손해에 대한 보험금청구권을 상실한다"는 규정을 두는 경우 이 조항의 효력은? (다툼이 있는 경우 판례에 의함) 기출 15

① 이 조항은 거래상 일반인들이 보험자의 설명 없이도 당연히 예상할 수 있었던 사항에 해당하여 설명의무의 대상이 아니다.
② 상법보다 보험계약자에게 불리하므로 상법 제663조에 의하여 무효이다.
③ 보험금 청구시 구체적인 내용이 일부 사실과 다른 서류를 제출하거나 보험목적물의 가치에 대한 견해 차이 등으로 보험목적물의 가치를 다소 높게 신고한 경우 등까지 이 조항에 의하여 보험금청구권이 상실되는 것이다.
④ 판례는 이 조항이 있는 경우라 하더라도 실제 발생한 손해에 대하여는 보상을 하도록 하고, 다만 신뢰관계의 붕괴를 원인으로 향후의 보험계약을 해지할 수 있을 뿐이라고 한다.

해설

① 보험자에게 약관의 명시·설명의무가 인정되는 것은 어디까지나 보험계약자가 알지 못하는 가운데 약관에 정하여진 중요한 사항이 계약 내용으로 되어 보험계약자가 예측하지 못한 불이익을 받게 되는 것을 피하고자 하는데 그 근거가 있다고 할 것이므로, 보험약관에 정하여진 사항이라고 하더라도 거래상 일반적이고 공통된 것이어서 보험계약자가 별도의 설명 없이도 충분히 예상할 수 있었던 사항이거나 이미 법령에 의하여 정하여진 것을 되풀이하거나 부연하는 정도에 불과한 사항이라면 그러한 사항에 대하여서까지 보험자에게 명시·설명의무가 인정된다고 할 수 없다(대법원 2003.5.30., 선고, 2003다15556, 판결).
② 면책약관의 취지와 근거 등에 비추어 위 면책조항이 보험계약자와 피보험자를 상법의 규정보다 더 불이익한 지위에 빠뜨리게 하는 것이 아니므로 상법 제663조에 위반되어 무효라고 볼 수도 없다.
③ 피보험자가 보험금을 청구하면서 실손해액에 관한 증빙서류 구비의 어려움 때문에 구체적인 내용이 일부 사실과 다른 서류를 제출하거나 보험목적물의 가치에 대한 견해 차이 등으로 보험목적물의 가치를 다소 높게 신고한 경우 등까지 이 사건 약관조항에 의하여 보험금청구권이 상실되는 것은 아니라고 해석함이 상당하다 할 것이다(대법원 2007.6.14., 선고, 2007다10290, 판결 참조).
④ 보험금청구권 상실 조항은 보험사고가 발생했음에도 불구하고 보험자로부터 보험금을 지급받을 수 없다는 점에서 면책사유나 고지의무위반 등으로 인한 해지의 경우와 유사하지만 보험계약 자체의 효력을 상실시키지 않는 점에서 보험계약의 해지와 다르다. 이 조항의 취지는 보험자가 보험계약상의 보상책임 유무의 판정, 보상액의 확정 등을 위하여 보험사고의 원인, 상황, 손해의 정도 등을 알 필요가 있으나 이에 관한 자료들은 계약자 또는 피보험자의 지배·관리영역 안에 있는 것이 대부분이므로 피보험자로 하여금 이에 관한 정확한 정보를 제공하도록 할 필요성이 크고, 이와 같은 요청에 따라 피보험자가 이에 반하여 서류를 위조하거나 증거를 조작하는 등으로 신의성실의 원칙에 반하는 사기적인 방법으로 과다한 보험금을 청구하는 경우에는 그에 대한 제재로서 보험금청구권을 상실하도록 하려는데 있다(대법원 2009.12.10., 선고, 2009다56603, 56610, 판결).

14 다음 중 보험계약에 대한 설명으로 옳지 않은 것은? (다툼이 있는 경우 판례에 의함)

기출 16

① 타인의 사망을 보험사고로 하는 보험계약에는 보험계약 체결시에 그 타인의 서면에 의한 동의를 얻어야 한다는 상법 제731조 제1항의 규정은 강행법규로서 이에 위반하여 체결된 보험계약은 무효이다.
② 위험의 현저한 증가나 변경시 보험계약자의 통지의무위반으로 인한 보험자의 해지권 행사기간의 기산점은 단순한 의심의 수준이 아니라 보험자가 조사·확인절차를 거쳐 보험계약자의 통지의무위반을 뒷받침하는 객관적인 근거를 확보함으로써 통지의무위반이 있음을 안 때에 비로소 진행한다.
③ 주피보험자의 호적상 또는 주민등록상 배우자만이 종피보험자로 가입할 수 있는 보험에서 "종피보험자가 보험기간 중 주피보험자의 배우자에 해당하지 아니하게 된 때에는 종피보험자의 자격을 상실한다"고 정한 약관조항은 거래상 일반적이고 공통적인 것이 아니어서 보험자의 명시·설명의무가 필요하다.
④ 피보험자가 정신질환 등으로 자유로운 의사결정을 할 수 없는 상태에서 사망의 결과를 발생케 한 경우에는 보험자의 면책사유로 규정된 '자살'에 해당하지 않는다.

|해설|
주피보험자의 호적상 또는 주민등록상 배우자만이 종피보험자로 가입할 수 있는 보험에서 "종피보험자가 보험기간 중 주피보험자의 배우자에 해당되지 아니하게 된 때에는 종피보험자의 자격을 상실한다"고 정한 약관조항은 <u>거래상 일반적이고 공통적인 것이어서</u> 보험자의 별도 설명 없이도 보험계약자나 피보험자가 충분히 예상할 수 있었던 사항이므로 <u>보험자에게 명시·설명의무가 없다</u>(대법원 2011.3.24., 선고, 2010다96454, 판결).
① 대법원 1996.11.22., 선고, 96다37084, 판결
② 대법원 2011.7.28., 선고, 2011다23743, 23750, 판결
④ 대법원 2011.4.28., 선고, 2009다97772, 판결

15 보험자의 보험금 지급의무와 관련된 내용으로 옳지 않은 것은?

① 당사자간의 특약이 없는 한 초회보험료 납입 이후 발생한 사고에 대해서만 보험자는 책임을 진다.
② 보험자가 보험료 납입을 유예하고 대신 보험자가 담보책임을 진다는 약정을 한 경우에는 초회보험료의 납입이 없는 경우라도 약정일 이후 사고에 대하여 보험자가 보상책임을 진다.
③ 보험사고는 보험기간 중에 발생하여야 한다. 소급보험이나 승낙전 보호제도는 보험계약기간 이전사고를 담보한다는 점에서 특징이 있으나, 이 역시 보험기간 중의 사고이다.
④ 보험자는 다른 약정이 없으면 보험사고발생 통지를 받은 후 지체 없이 보험자가 지급할 보험금액을 정하고 보험금액이 정해진 날로부터 30일 이내에 보상의무를 이행하여야 한다.

정답 13 ① 14 ③ 15 ④

> **해설**
> 보험자는 다른 약정이 없으면 보험사고의 발생 통지를 받은 후 지체 없이 보험자가 지급할 보험금액을 정하고 보험금액이 정해진 날로부터 10일 이내에 보상의무를 이행하여야 한다(상법 제658조). 동 조항은 다른 약정이 없는 경우에 적용되는 것이므로 임의규정이다. 따라서 당사자간의 약정에 의하여 보험계약법 규정과 달리 정할 수 있다.

16 보험료의 지급에 관한 설명으로 옳지 않은 것은?

① 보험료청구권의 소멸시효 기간은 2년이다.
② 보험료가 적당한 시기에 지급되지 아니하는 경우에 보험자는 즉시 계약을 해지할 수 있다.
③ 타인을 위한 보험계약에 있어서도 보험료 지급의무자는 보험계약자이다.
④ 보험료의 감액을 청구하더라도 그 효력은 차기 보험료 기간부터 발생하게 된다.

> **해설**
> 보험료 전부 또는 제1회 보험료가 지급되지 않는 경우에 계약은 해제되고 계속보험료가 지급되지 않는 경우의 계약은 해지된다. 그리고 보험료가 부지급된 경우 즉시 해지할 수 있는 것이 아니라 상당한 기간을 정하여 보험계약자에게 최고하고, 그 기간 안에 지급되지 아니한 때에는 그 계약을 해지할 수 있다(상법 제650조 제2항).

17 보험료 지급의무에 관한 설명으로 옳지 않은 것은? 기출 18

① 보험료 지급의무는 보험계약의 당사자인 보험계약자가 부담하는 것이 원칙이다.
② 보험료 지급채무는 제3자도 변제할 수 있다.
③ 보험료의 지급장소에 대해 상법은 보험자의 영업소라고 규정하고 있다.
④ 최초의 보험료를 지급하지 않은 경우 다른 약정이 없는 한 보험계약이 성립한 후 2월이 경과하면 계약이 해제된 것으로 본다.

> **해설**
> 보험료의 지급장소에 관하여 상법은 아무런 규정이 없으나, 실무에서는 원칙적으로 보험자의 영업소이다.
> ① 보험료 1차적 지급의무는 자기를 위한 보험계약은 물론 타인을 위한 보험계약의 경우에도 보험계약자가 부담한다(상법 제639조 제3항).
> ② 보험료 지급의무는 지참채무이므로, 제3자도 할 수 있다. 그러나 채무의 성질 또는 당사자의 의사표시로 제3자의 변제를 허용하지 아니하는 때에는 그러하지 아니하다(민법 제469조 제1항).
> ④ 보험계약자는 계약 체결 후 지체 없이 보험료의 전부 또는 제1회 보험료를 지급하여야 하며, 보험계약자가 이를 지급하지 아니하는 경우에는 다른 약정이 없는 한 계약 성립 후 2월이 경과하면 그 계약은 해제된 것으로 본다(상법 제650조 제1항).

18 다음은 보험료 지급의 지체 효과에 관한 설명이다. 상법의 규정에 부합하지 않는 것은?

① 보험계약자는 계약 성립 후 지체 없이 최초의 보험료를 지급하여야 한다.
② 계속보험료의 지급이 지체되면 일정한 절차를 거쳐 보험자는 계약을 해지할 수 있다.
③ 특정한 타인을 위한 보험계약에서 보험료 지급의 지체를 이유로 해약하기 위하여 보험계약자 외에 그 타인에 대하여도 보험료 지급의 최고절차를 밟아야 한다.
④ 보험계약자가 계약 성립 후 두 달이 넘도록 보험료를 지급하지 아니하면 보험계약은 자동적으로 해지된다.

> **해설**
> 보험계약자는 계약 체결 후 지체 없이 보험료의 전부 또는 제1회 보험료를 지급하여야 하며, 보험계약자가 이를 지급하지 아니하는 경우에는 다른 약정이 없는 한 계약 성립 후 2월이 경과하면 그 계약은 해제된 것으로 본다(상법 제650조 제1항).

19 보험료 지급에 대한 상법의 태도이다. 옳지 않은 것으로만 묶인 것은? 기출 16

> 보험료의 지급은 보험계약의 ㉠ 성립요건이다. 보험계약자는 계약 체결 후 ㉡ 지체 없이 보험료의 전부 또는 제1회 보험료를 지급하여야 한다. 이를 위반한 경우에는 다른 약정이 없으면 계약 성립 후 ㉢ 3월이 경과한 때에 그 계약은 ㉣ 해제된 것으로 본다. 계속보험료가 약정한 시기에 지급되지 아니한 때에는 보험자는 상당한 기간을 정하여 보험계약자에게 최고하고 그 기간 내에 지급하지 아니하면 그 계약을 ㉤ 해제할 수 있다. 보험계약의 당사자가 특별한 위험을 예기하여 보험료의 액을 정한 경우에 보험기간 중 그 예기한 위험이 소멸한 때에는 ㉥ 보험계약자는 그 후의 보험료의 감액을 청구할 수 있다.

① ㉠, ㉡, ㉥
② ㉠, ㉢, ㉤
③ ㉣, ㉤, ㉥
④ ㉠, ㉣, ㉥

> **해설**
> ㉠ 보험계약은 당사자 일방이 약정한 보험료를 지급하고 재산 또는 생명이나 신체에 불확정한 사고가 발생할 경우에 상대방이 일정한 보험금이나 그 밖의 급여를 지급할 것을 약정함으로써 효력이 생긴다(상법 제638조). 즉 보험계약은 보험계약자의 청약과 보험자의 승낙으로 성립된다.
> ㉢ 보험계약자는 계약 체결 후 지체 없이 보험료의 전부 또는 제1회 보험료를 지급하여야 하며, 보험계약자가 이를 지급하지 아니하는 경우에는 다른 약정이 없는 한 계약 성립 후 2월이 경과하면 그 계약은 해제된 것으로 본다(상법 제650 제1항).
> ㉤ 계속보험료가 약정한 시기에 지급되지 아니한 때에는 보험자는 상당한 기간을 정하여 보험계약자에게 최고하고 그 기간 내에 지급되지 아니한 때에는 그 계약을 해지할 수 있다(상법 제650조 제2항).

20 보험료 지급의무에 관한 설명으로 옳지 않은 것은? (다툼이 있는 경우 판례에 의함) 기출 17

① 보험계약자가 제1회 보험료를 지급하지 아니하는 경우에는 다른 약정이 없는 한 계약 성립 후 2월이 경과하면 그 계약은 해제된 것으로 보는데, 이때에 보험자는 따로 이행을 최고할 필요가 없다.
② 타인을 위한 보험계약에서 그 타인이 동거가족인 경우에도 보험자는 해지예고부 최고를 그 타인에게 따로 하여야 한다.
③ 타인을 위한 생명보험계약에서 오랫동안 피보험자가 실제로 보험료를 지급해왔다고 하여도 보험료 지급지체시의 해지예고부 최고는 보험계약자와 보험수익자에게 하여야 한다.
④ 피보험자가 타인의 명의를 빌려 보험계약을 체결한 후 보험료를 지급하여 왔다면 그 피보험자는 실질적인 보험계약자이므로 보험계약 해지시 해지환급금은 명의차용자에게 지급하여야 한다.

| 해설 |

피보험자가 타인의 명의를 빌려 보험계약을 체결한 후 보험료를 지급하여 왔다면 명의대여자가 실질적인 보험계약자이므로 보험계약 해지시 해지환급금은 명의대여자에게 지급하여야 한다.
① 보험계약자는 계약 체결 후 지체 없이 보험료의 전부 또는 제1회 보험료를 지급하여야 하며, 보험계약자가 이를 지급하지 아니하는 경우에는 다른 약정이 없는 한 계약 성립 후 2월이 경과하면 그 계약은 해제된 것으로 본다(상법 제650조 제1항).
②·③ 특정한 타인을 위한 보험의 경우에 보험계약자가 보험료의 지급을 지체한 때에는 보험자는 그 타인에게도 상당한 기간을 정하여 보험료의 지급을 최고한 후가 아니면 그 계약을 해제 또는 해지하지 못한다(상법 제650조 제3항).
상법 제650조 제3항에서의 '타인'은 손해보험계약에서는 피보험자이지만 인보험계약에서는 '보험수익자'의 의미이다. 따라서 인보험계약에서 보험계약자, 피보험자, 보험수익자가 서로 다른 경우 보험자는 보험수익자에게 지급을 최고하여야 한다. 설사 그동안 피보험자가 보험료를 실제로 부담해왔다고 하여도 피보험자에게 최고하는 것은 법적 의미가 없다(서울중앙지법 2005.12.23., 선고, 2005가합93098, 판결).

21 수표에 의한 보험료 지급에 관하여 판례가 취하고 있는 입장은? 기출 17

① 수표는 현금의 지급에 갈음하여 교부한 것이므로 수표를 받는 날부터 보험자의 책임은 개시되지만 이는 해제조건부대물변제이므로 부도시에는 보험료 지급효과도 소급하여 소멸한다.
② 보험자가 수표를 받은 것은 보험료 지급을 미루어준 것으로 수표교부시부터 보험자의 책임은 개시되지만 부도시에는 그때부터 보험자의 책임도 소멸한다.
③ 수표와 어음은 부도확률이 다르므로 달리 보아야 하며, 전자는 해제조건부대물변제설에 따르고, 후자는 유예설에 따라 보험자의 책임을 확정하여야 한다.
④ 수표가 보험료 지급에 갈음하여 교부되면 교부시부터 보험자 책임이 개시되지만 당사자간의 의사가 분명하지 않을 때에는 지급을 위하여 교부한 것으로 보아야 한다.

> **해설**
>
> 판례에 찬성하는 입장은 "보험료의 지급을 위하여 어음이나 수표를 교부한 경우에는 보험료의 지급 자체는 아니라하더라도 보험계약이 성립되고 보험자가 어음·수표에 의하여 보험료의 지급을 받은 때에는 그것을 제시할 수 있는 날에 제시하여 지급이 있는 것을 조건으로 그 책임을 인수한 것이라고 풀이한다. 그리하여 보험자가 보험계약자로부터 어음과 수표로서 보험료를 받은 때에는 그때로부터 보험자의 책임은 개시되고, 그것의 지급이 거절된 때에는 그때부터 다시 보험계약상의 책임을 지지 않는다고 풀이한다"라고 하면서도 "이것은 어디까지나 보험자가 그 청약을 승낙하고 보험료를 지급받은 때로부터 개시하는 것이므로 승낙전 사고에 대하여 보험자의 책임을 인정하는 예외적인 경우에까지 확대하는 것은 형평의 관념에 어긋난다"고 하였다.
>
> [판례] 대법원 1989.11.28., 선고, 88다카33367, 판결
> 대법원은 "선일자수표는 그 발행자와 수취인 사이에 특별한 합의가 없었더라도 일반적으로 수취인이 수표상의 발행일 이전에는 자기나 양수인이 지급을 위한 제시를 하지 않을 것이라는 약속이 이루어져 발행된 것이라고 의사해석함이 합리적이며, 따라서 대부분의 경우 당해 발행일자 이후의 제시기간 내의 제시에 따라 결제되는 것이라고 보아야 한다"고 판시하여 수표의 결제 전의 보험사고에 대하여 보험자의 책임을 부정하고 있다.
>
> ① 해제조건부대물변제설은 어음·수표가 교부되면 그 지급거절[不支給]을 해제조건으로 하여 어음·수표를 교부받은 때에 보험료의 대물변제가 행하여진 것으로 보는 학설이다. 즉 "어음·수표의 교부는 현금의 지급에 갈음하여 수수한 것으로 보아 어음·수표의 결제를 기다리지 않고 보험자가 어음·수표를 교부받은 때에 보험료가 지급된 것으로 보며, 다만 어음·수표는 부도(不渡)의 위험이 있으므로 그 지급은 부도를 해제조건으로 하는 것"이다. 이 학설은 판례에 반대하는 입장이다.
> ② 어음·수표 모두 부도시까지 보험료의 납입을 유예해 준 것으로 보는 유예설 입장이다. 즉 "어음·수표의 교부가 있는 때에 보험료의 지급이 있다고 볼 수 없고, 어음·수표의 지급이 있을 때까지 보험료의 지급이 유예되고 그 지급이 있을 때에 보험료의 지급이 있는 것으로 된다"고 한다.
> ③ 어음과 수표를 구분하여 어음의 경우에는 유예설, 수표의 경우에는 해제조건부대물변제설로 보아야 한다는 구분설 입장이다. 즉 "어음은 신용증권이므로 보험료의 지급이 유예된 것으로 보고, 또 수표는 지급증권이므로 부도를 해제조건으로 하여 보험자가 수표를 교부받은 때에 보험료가 지급된 것으로 본다"고 한다.

22 보험료적립금의 반환에 관한 설명으로 옳지 않은 것은? 기출 24

① 보험사고발생 전에 보험계약자에 의해 임의로 계약이 해지되는 경우에 일반보험에서 보험자는 원칙적으로 미경과보험료만 반환하면 되지만, 장기인 생명보험에서는 저축적 요소가 포함되어 보험료적립금 반환의 문제가 발생할 수 있다.
② 보험기간 중에 보험계약이 해지되어 보험자의 지급책임이 면제된 경우에 보험자는 보험수익자를 위하여 적립한 금액을 보험수익자에게 지급하도록 하고 있다.
③ 보험료적립금 반환청구권은 3년간 행사하지 아니하면 시효의 완성으로 소멸한다.
④ 보험료적립금 반환사유 중에 보험사고가 보험계약자의 고의로 인해 발생하여 보험자가 보험금 지급책임을 면하게 된 때에 당사자간에 다른 약정이 없는 한, 보험자는 보험료적립금 반환의무를 부담하지 않는다.

> | 해설 |
> 보험기간 중에 보험계약이 해지되어 보험자의 지급책임이 면제된 경우에 보험자는 보험수익자를 위하여 적립한 금액을 <u>보험계약자에게 지급하여야 한다</u>(상법 제736조 제1항).
> ① 보험자는 보험사고발생 전에 보험계약자에 의하여 보험계약이 임의 해지된 경우에 원칙적으로 미경과보험료만 반환(상법 제649조)하면 되지만, 생명보험은 장기보험으로서 저축기능이 포함되어 있으므로 계약이 해지된 때는 보험자는 보험계약자에게 보험료적립금을 지급해야 한다(상법 제736조 제1항).
> ③ 상법 제662조
> ④ 상법 제736조 제1항, 상법 제659조 제1항

23 보험적립금 반환의무에 관한 설명으로 옳은 것은? 기출 18

① 보험적립금 반환의무는 고지의무위반으로 계약이 해지된 경우에는 적용되지 아니한다.
② 보험적립금청구권은 2년의 시효로 소멸한다.
③ 계속보험료의 지급지체로 보험계약이 해지된 경우에는 보험자는 보험수익자를 위하여 적립한 금액을 보험계약자에게 지급하여야 한다.
④ 보험계약자의 고의로 인한 보험사고의 경우에도 보험자는 보험적립금 반환의무를 부담한다.

> | 해설 |
> ③ 상법 제736조 제1항
> ① 보험적립금 반환의무는 고지의무위반으로 계약이 해지된 경우(상법 제651조)에도 적용된다(상법 제736조 제1항).
> ② 적립금의 반환청구권은 3년간 행사하지 아니하면 시효의 완성으로 소멸한다(상법 제662조).
> ④ 보험사고가 보험계약자의 고의 또는 중대한 과실로 인하여 생긴 때에는 보험적립금 반환의무를 부담하지 않는다(상법 제736조 제1항, 단서).

24 보험계약의 무효로 인한 보험료반환청구에 관한 설명으로 옳지 않은 것은? 기출 18

① 인보험의 경우 보험계약자와 보험수익자가 선의이며 중대한 과실이 없을 경우에 인정된다.
② 손해보험의 경우 보험계약자와 피보험자가 선의이며 중대한 과실이 없을 경우에 인정된다.
③ 보험자가 보험계약을 체결할 때 보험약관의 교부·설명의무를 위반하여 보험계약자가 보험계약이 성립한 날부터 3개월 이내에 보험계약을 취소하는 경우에는 보험계약자에게 보험료반환청구권이 인정되지 아니한다.
④ 보험계약의 일부가 무효인 경우에도 보험료반환청구권이 발생할 수 있다.

| 해설 |

보험자가 보험계약을 체결할 때 보험약관의 교부·설명의무를 위반하는 경우에 보험계약자는 계약이 성립한 날부터 3개월 내에 계약을 취소할 수 있다(「보험업감독업무시행세칙」 별표 15. 생명보험표준약관 제18조 제3항). 위 취소사유에 해당하여 보험계약자가 계약을 취소하는 경우 보험회사는 보험계약자에게 이미 납입한 보험료를 돌려주어야 하며, 보험료를 받은 기간에 보험계약대출 이율을 연단위로 계산한 금액을 더해 지급해야 한다(「보험업감독업무시행세칙」 별표 15. 생명보험표준약관 제18조 제5항).
①·②·④ 보험계약의 전부 또는 일부가 무효인 경우에 보험계약자와 피보험자가 선의이며 중대한 과실이 없는 때에는 보험자에 대하여 보험료의 전부 또는 일부의 반환을 청구할 수 있다. 보험계약자와 보험수익자가 선의이며 중대한 과실이 없는 때에도 같다(상법 제648조).

25 보험계약자가 미경과보험료의 반환을 청구할 수 없는 경우는? 기출 20

① 보험사고발생 전 보험계약자에 의한 계약 일부 해지시에 당사자간에 다른 약정이 없는 경우
② 보험사고발생 전 보험료 지급지체를 이유로 보험자가 보험계약을 해지한 경우
③ 보험자가 파산선고를 받아 보험계약자가 보험계약을 해지하는 경우
④ 보험자가 보험계약 체결 후 위험변경증가의 통지를 받고, 이를 이유로 보험계약을 해지하는 경우

| 해설 |

보험료 지급지체를 이유로 보험자가 보험계약을 해지한 경우 보험계약자에게 책임을 물을 수 있으므로 미경과보험료의 반환을 청구할 수 없다.
① 보험사고발생 전에 보험계약자는 언제든지 계약의 전부 또는 일부를 해지할 수 있으며, 이 경우 당사자간에 다른 약정이 없으면 보험계약자는 미경과보험료의 반환을 청구할 수 있다(상법 제649조).
③ 보험자가 파산선고를 받은 경우에도 보험계약자가 보험계약을 해지할 수 있으며, 미경과보험료의 반환을 청구할 수 있다(상법 제654조 제1항).
④ 보험료불가분의 원칙에 관한 우리 상법의 태도를 고려하여 볼 때, 상법 제652조 제2항에 따라 보험자가 피보험자 등으로부터 사고발생의 위험이 변경 또는 증가하였다는 통지를 받고 이를 이유로 보험계약을 해지하는 경우, 보험약관에서 미경과기간에 대한 보험료를 반환하도록 정하고 있다면 그 보험약관은 유효하다(대법원 2008.1.31., 선고, 2005다57806, 판결).

정답 22 ② 23 ③ 24 ③ 25 ②

26 보험금반환 또는 보험료반환청구 등에 관한 설명이다. 옳지 않은 것은? (다툼이 있는 경우 판례에 의함) 기출 21

① 보험계약의 전부 또는 일부가 무효인 경우에 보험계약자와 피보험자가 선의이며, 중대한 과실이 없는 때에는 보험자에 대하여 보험료의 전부 또는 일부의 반환을 청구할 수 있다. 보험계약자와 보험수익자가 선의이며, 중대한 과실이 없는 때에도 같다.
② 보험계약자는 보험사고발생 전에는 언제든지 보험계약을 해지할 수 있는데, 이 경우에 보험계약자는 당사자간에 다른 약정이 없으면 미경과보험료의 반환을 청구할 수 있다.
③ 상법 제731조 제1항을 위반하여 무효인 보험계약에 따라 납부한 보험료에 대한 반환청구권은 특별한 사정이 없는 한 보험료를 납부한 때에 발생하여 행사할 수 있다고 할 것이므로, 이 보험료반환청구권의 소멸시효는 특별한 사정이 없는 한 각 보험료를 납부한 때부터 진행한다.
④ 보험계약자가 다수의 보험계약을 통하여 보험금을 부정 취득할 목적으로 보험계약을 체결한 경우, 보험수익자가 타인인 때에는 이미 보험수익자에게 급부한 보험금의 반환을 구할 수 없다.

| 해설 |

보험계약자가 다수의 보험계약을 통하여 보험금을 부정 취득할 목적으로 보험계약을 체결한 경우, 이러한 목적으로 체결된 보험계약에 의하여 보험금을 지급하게 하는 것은 보험계약을 악용하여 부정한 이득을 얻고자 하는 사행심을 조장함으로써 사회적 상당성을 일탈하게 될 뿐만 아니라, 합리적인 위험의 분산이라는 보험제도의 목적을 해치고 위험발생의 우발성을 파괴하며, 다수의 선량한 보험가입자들의 희생을 초래하여 보험제도의 근간을 해치게 되므로, 이와 같은 보험계약은 민법 제103조 소정의 선량한 풍속 기타 사회질서에 반하여 무효라고 할 것이다(대법원 2018.9.13., 선고, 2016다255125, 판결). 따라서 이미 보험수익자에게 급부한 보험금의 반환을 청구할 수 있다.
① 상법 제648조(보험계약의 무효로 인한 보험료반환청구)
② 상법 제649조 제1항, 제3항
③ 대법원 2011.3.24., 선고, 2010다92612, 판결

27 A와 B에 들어갈 것을 모은 것으로 옳은 것은? 기출 24

보험료청구권은 (A)년간, 보험금청구권은 (B)년간 행사하지 아니하면 시효의 완성으로 소멸한다.

① A : 1, B : 3
② A : 2, B : 3
③ A : 3, B : 3
④ A : 3, B : 2

| 해설 |

보험료청구권은 (2)년간, 보험금청구권은 (3)년간, 보험료 또는 적립금의 반환청구권은 3년간 행사하지 아니하면 시효의 완성으로 소멸한다(상법 제662조).

28 상법상 소멸시효 기간이 3년인 것을 모두 모은 것은? 기출 22

> 가. 보험금청구권
> 나. 보험료청구권
> 다. 보험료반환청구권
> 라. 적립금반환청구권

① 가, 나
② 가, 나, 다
③ 가, 다, 라
④ 가, 나, 다, 라

| 해설 |
나. 보험료청구권의 소멸시효 기간은 2년이다.
보험금청구권은 3년간, 보험료 또는 적립금의 반환청구권은 3년간, 보험료청구권은 2년간 행사하지 아니하면 시효의 완성으로 소멸한다(상법 제662조).

29 보험료반환청구권의 소멸시효에 대한 설명으로 옳지 않은 것은? (다툼이 있는 경우 판례에 의함) 기출 16

① 타인의 서면동의를 받지 않고 체결된 타인의 사망보험계약에 있어서는 보험자의 위법성이 강하여 보험료를 최종적으로 납부한 시점부터 보험료반환청구권의 소멸시효가 진행된다.
② 상법상 보험료반환청구권의 소멸시효의 기산점에 대한 규정은 없다.
③ 무효인 보험계약에 기한 보험료반환청구권의 소멸시효는 특별한 사정이 없는 한 각 보험료를 납부한 때에 각 보험료에 대한 반환청구권의 소멸시효가 진행한다.
④ 보험계약자의 보험료반환청구권은 3년간 행사하지 아니하면 시효의 완성으로 소멸한다.

| 해설 |
상법은 보험료반환청구권에 대하여 3년간 행사하지 아니하면 소멸시효가 완성한다는 취지를 규정할 뿐(상법 제662조) 소멸시효의 기산점에 관하여는 아무것도 규정하지 아니하므로, 소멸시효는 민법 일반 법리에 따라 객관적으로 권리가 발생하고 그 권리를 행사할 수 있는 때로부터 진행한다. 그런데 상법 제731조 제1항을 위반하여 무효인 보험계약에 따라 납부한 보험료에 대한 반환청구권은 특별한 사정이 없는 한 보험료를 납부한 때에 발생하여 행사할 수 있다고 할 것이므로, 보험료반환청구권의 소멸시효는 특별한 사정이 없는 한 각 보험료를 납부한 때부터 진행한다(대법원 2011.3.24., 선고, 2010다92612, 판결).

정답 26 ④ 27 ② 28 ③ 29 ①

30 보험금청구권의 소멸시효에 관한 설명으로 옳지 않은 것은? (다툼이 있는 경우 판례에 의함)

기출 17

① 보험금청구권의 소멸시효가 완성된 후라도 보험자가 시효완성을 주장하는 것이 신의칙에 반하는 특별한 사정이 있는 때에는 권리남용으로서 허용될 수 없다.
② 피보험자가 실종선고를 받은 경우 보험수익자의 보험금청구권의 소멸시효의 기산일은 피보험자가 사망한 것으로 보는 실종기간 만료일이 아니라 법원의 실종선고일이다.
③ 상해보험의 소멸시효의 기산점과 중단, 중단된 시효가 다시 진행하는 시기는 모두 민법규정이나 해석에 따라야 한다.
④ 상법에서 보험금액 지급유예기간을 명정하고 있지만 보험금청구권의 소멸시효는 이 지급유예기간이 경과한 다음날부터 진행하는 것은 아니다.

| 해설 |

실종기간이 만료되어 실종자가 사망한 것으로 간주되는 시점은 <u>실종선고일이 아니라 실종기간 만료일</u>이다(민법 제28조).
① 특별한 사정이 있는 경우에는 채무자가 소멸시효의 완성을 주장하는 것이 신의성실의 원칙에 반하여 권리남용으로서 허용될 수 없다(대법원 2002.10.25., 선고, 2002다32332, 판결).
③ 소멸시효에 관해 민법 제162조~제184조 규정에 따른다.
④ 보험약관 또는 상법 제658조에서 보험금 지급유예기간을 정하고 있더라도 보험금청구권의 소멸시효는 보험사고가 발생한 때로부터 진행하고, 위 지급유예기간이 경과한 다음날부터 진행한다고 볼 수는 없다(대법원 2005.12.23., 선고, 2005다59383, 판결).

31 소멸시효에 관한 설명으로 옳지 않은 것은? (다툼이 있는 경우 판례에 의함) 기출 18

① 보험사고가 발생하여 그 당시의 장해상태에 따라 산정한 보험금을 지급받은 후에 당초의 장해상태가 악화된 경우, 추가로 지급받을 수 있는 보험금청구권의 소멸시효는 당초의 보험사고가 발생한 때부터 진행한다.
② 보험료 및 적립금의 반환청구권은 3년간 행사하지 아니하면 시효의 완성으로 소멸한다.
③ 보험자의 소멸시효 주장이 신의칙에 반하거나 권리남용에 해당하는 경우에는 소멸시효의 주장을 할 수 없다.
④ 보험사고가 발생한 것인지 여부가 객관적으로 분명하지 아니하여 보험금청구권자가 과실없이 보험사고의 발생을 알 수 없었던 경우에는 보험사고의 발생을 알았거나 알 수 있었던 때로부터 소멸시효가 진행한다.

| 해설 |

보험사고가 발생하여 그 당시의 장해상태에 따라 산정한 보험금을 지급받은 후 당초의 장해상태가 악화된 경우 추가로 지급받을 수 있는 보험금청구권의 소멸시효는 그와 같은 <u>장해상태의 악화를 알았거나 알 수 있었을 때부터 진행한다</u>고 보아야 한다(대법원 2009.11.12., 선고, 2009다52359, 판결).
② 상법 제662조
③ 대법원 2002.10.25., 선고, 2002다32332, 판결
④ 대법원 2008.11.13., 선고, 2007다19624, 판결

32 보험계약의 부활에 관한 다음의 설명 중 옳은 것은? 기출 16

① 해지예고부 최고약관에 의하여 보험계약이 무효 또는 실효되는 경우에는 보험계약의 부활을 청구할 수 없다.
② 보험자가 보험료환급금을 반환한 경우에는 보험계약자는 환급의 날로부터 3년 내에 부활의 청약을 하여야 한다.
③ 보험계약의 부활은 당사자간의 합의에 의하여 종전의 보험계약을 다시 회복시키는 특수한 계약이므로, 종전 계약의 해지시점부터 부활시점 사이에 발생한 사고에 대하여 보험자에게 보상책임이 인정된다.
④ 보험자는 보험계약부활의 청약과 함께 보험료 상당액의 전부 또는 일부의 지급을 받은 때에는 다른 약정이 없으면 30일 내에 낙부의 통지를 발송하여야 한다.

> **해설**
> ④ 상법 제638조의2 제1항
> ① 해지예고부 최고약관에 의하여 보험계약이 무효 또는 실효되는 경우에도 보험계약의 부활을 청구할 수 있다.
> ② 보험자가 보험계약자에게 보험료환급금을 반환한 경우에는 보험관계가 완전히 종료하기 때문에 보험계약의 부활을 청구할 수 없다.
> ③ 종전 계약의 해지시점부터 부활시점 사이에 발생한 사고에 대하여는 보험자가 책임을 지지 않는다.

33 보험계약의 부활에 관한 설명으로 옳지 않은 것은? 기출 19

① 보험계약의 부활은 계속보험료의 부지급으로 인하여 계약이 해지된 경우에 발생한다.
② 보험계약자가 부활을 청구할 경우 연체보험료에 약정이자를 보험자에게 지급하여야 한다.
③ 보험계약이 부활되면 부활시점부터 계약의 효력이 발생한다.
④ 고지의무위반으로 보험계약이 해지된 경우에도 부활이 인정된다.

> **해설**
> 계속보험료가 약정한 시기에 지급되지 아니한 경우 보험계약이 해지되고, 해지환급금이 지급되지 아니한 경우에 보험계약자는 일정한 기간 내에 연체보험료에 약정이자를 붙여 보험자에게 지급하고 그 계약의 부활을 청구할 수 있다(상법 제650조의2). 보험계약의 부활시에도 고지의무에 관한 규정이 준용되고, 부활 전의 고지의무위반에 관한 사항도 원칙적으로 부활 후에도 그대로 존속하므로 고지의무위반으로 보험계약이 해지된 경우에는 부활이 인정되지 않는다.

34 보험계약의 부활에 관한 설명으로 옳지 않은 것은? 기출 18

① 보험계약의 부활은 계속보험료의 지급지체로 인하여 보험계약이 해지되거나 고지의무위반으로 인하여 보험계약이 해지된 경우에 한하여 인정된다.
② 보험계약의 부활이 되기 위해서는 보험계약이 해지된 후 해지환급금이 지급되지 않아야 한다.
③ 보험계약자는 보험계약이 해지된 후 일정한 기간 내에 연체보험료에 약정이자를 붙여 보험자에게 지급하고 계약의 부활을 청구할 수 있다.
④ 부활계약을 새로운 계약으로 볼 경우 보험계약자는 고지의무를 부담하게 된다.

| 해설 |
보험계약의 부활은 기존 계약이 계속보험료의 부지급으로 인해 상법 제650조 제2항(계속보험료가 약정한 시기에 지급되지 아니한 때에는 보험자는 상당한 기간을 정하여 보험계약자에게 최고하고 그 기간 내에 지급되지 아니한 때에는 그 계약을 해지할 수 있다)에 따라 최고의 절차를 거쳐 해지된 경우만 인정된다.

35 보험계약의 부활에 관한 설명으로 옳지 않은 것은? (다툼이 있는 경우 판례에 의함) 기출 23

① 계속보험료 부지급을 이유로 보험계약이 적법하게 해지되었지만 해지환급금이 지급되지 아니한 경우 보험계약자는 일정한 기간 내에 연체보험료에 약정이자를 붙여 보험자에게 지급하고, 그 계약의 부활을 청구할 수 있다.
② 보험계약자가 적법하게 보험계약의 부활을 청구하면 그 청구의 의사표시가 보험자에 도달하는 즉시 보험계약은 부활된다.
③ 보험약관의 "보험계약 실효 후 부활 전에 발생한 보험사고에 대하여는 보험금을 지급하지 않는다."는 조항은 상법 제663조의 불이익변경금지의 원칙에 반하지 않는다.
④ 보험계약 체결시의 보험약관이 법률에서 정한 내용과 달리 규정되어 부활 후에도 적용될 경우 보험자는 원칙적으로 해당 약관에 대하여 설명의무를 이행하여야 한다.

| 해설 |
보험계약의 부활은 상법 제638조의2(보험계약의 성립)의 규정을 준용하므로 새로운 계약의 체결의 경우와 같다(상법 제650조의2). 따라서 보험계약자의 부활청약에 대하여 보험자가 승낙하여야 보험계약의 부활이 성립한다.
① 계속보험료가 지급되지 않는 경우 보험자의 계약해지에 의하여 보험계약이 해지되고 해약환급금이 지급되지 아니한 경우에 보험계약자는 일정한 기간 내에 연체보험료에 약정이자를 붙여 보험자에게 지급하고 그 계약의 부활을 청구할 수 있다(상법 제650조의2).
③ 종전의 보험계약이 해지된 시점부터 부활청약 시점(연체보험료 등의 납입시점) 사이에 발생한 보험사고에 대하여 보험자는 책임을 지지 않으므로, 해당 약관조항은 상법 제663조의 불이익변경금지의 원칙에 반하지 않는다.
④ 보험계약 체결시의 보험약관이 법률에서 정한 내용과 달리 규정되어 부활 후에도 적용될 경우 보험자는 원칙적으로 해당 약관에 대하여 설명의무를 이행하여야 하며, 보험계약자는 상법 제651조에 따라 고지의무를 이행하여야 한다.

36 다음은 보험기간 중 위험증가 등에 관한 기술이다. 옳지 않은 것은? 기출 15

① 보험기간 중에 피보험자가 사고발생의 위험이 현저하게 변경된 사실을 안 때에는 지체 없이 보험자에게 통지하여야 한다.
② 통지의무 해태시 보험자는 일정한 기한 내에 계약을 해지할 수 있다.
③ 보험자가 위험변경의 통지를 받은 때에는 계약을 해지할 수 없다.
④ 보험기간 중에 보험수익자의 중대한 과실로 인하여 사고발생의 위험이 현저하게 증가된 경우 보험자는 보험료의 증액을 청구할 수 있다.

| 해설 |
보험자가 위험변경증가의 통지를 받은 때에는 1월 내에 보험료의 증액을 청구하거나 계약을 해지할 수 있다(상법 제652조 제2항).
①·② 상법 제652조 제1항
④ 상법 제653조

37 위험변경증가의 통지의무에 관한 다음 설명 중 옳지 않은 것은? (다툼이 있는 경우 판례에 의함) 기출 15

① 위험의 변경 또는 증가는 보험기간 중에 생긴 것이어야 한다.
② 위험의 변경 또는 증가는 현저한 것이어야 한다.
③ 보험계약 성립시부터 예견된 위험상태가 계속된 경우의 위험을 포함한다.
④ 그 통지는 서면에 의하든 구두에 의하든 상관이 없다.

| 해설 |
보험계약 성립시부터 예견된 위험상태가 계속된 경우의 위험을 포함하지 않는다.
위험의 변경 또는 증가는 보험기간 중에 생긴 것이어야 하고, 현저한 것이어야 하며, 그 위험의 변경·증가가 보험계약자 또는 피보험자의 행위로 말미암은 것이 아니어야 한다. 또한 보험계약자 또는 피보험자가 그 위험의 현저한 변경이나 증가의 사실을 알았어야 한다. 위험의 변경 또는 증가의 통지의 방법은 서면에 의하든 구두에 의하든 상관이 없다.
[판례] 대법원 2014.7.24., 선고, 2012다62318, 판결
보험기간 중에 보험계약자 또는 피보험자가 사고발생의 위험이 현저하게 변경 또는 증가된 사실을 안 때에는 지체 없이 보험자에게 통지하여야 한다(상법 652조 제1항). 여기서 '사고발생의 위험이 현저하게 변경 또는 증가된 사실'이란 변경 또는 증가된 위험이 보험계약의 체결 당시에 존재하고 있었다면 보험자가 계약을 체결하지 않았거나 적어도 그 보험료로는 보험을 인수하지 않았을 것으로 인정되는 사실을 말하고, '사고발생의 위험이 현저하게 변경 또는 증가된 사실을 안 때'란 특정한 상태의 변경이 있음을 아는 것만으로는 부족하고 그 상태의 변경이 사고발생 위험의 현저한 변경증가에 해당된다는 것까지 안 때를 의미한다.

38 상법상 제652조에서 규정한 위험의 현저한 변경증가에 대한 설명으로 옳은 것은? (다툼이 있는 경우 판례에 의함) 기출 16

① 화재보험에 가입된 공장건물에 대한 근로자들의 점거와 장기간의 농성은 사고발생 위험의 현저한 증가 또는 변경이라고 볼 수 없다.
② 화재보험약관에서 규정하고 있는 '사고발생 위험의 현저한 증가 또는 변경시 통지의무' 조항에 대하여 보험자는 약관 명시 · 설명의무를 부담한다.
③ 보험계약자가 위험의 현저한 변경증가 사실을 통지한 때에는 보험자는 통지를 받은 날로부터 2월 내에 계약을 해지할 수 있다.
④ 보험계약해지권 행사기간의 기산점은 보험계약자 등이 통지의무를 이행하지 아니한 사실을 보험자가 알게 된 날이다.

| 해설 |

화재보험보통약관에서 보험계약자가 계약 후 위험의 현저한 증가가 있음에도 보험자에게 그 사실을 지체 없이 통지할 의무를 이행하지 않았을 때 보험계약의 해지사유로 규정하는 한편 보험자가 그러한 사실을 안 날부터 1개월이 지났을 때에는 계약을 해지할 수 없도록 규정한 경우, 이는 보험자가 보험계약의 해지원인이 존재하고 해지하고자 하면 언제든지 해지할 수 있는 상태에 있음에도, 해지 여부를 결정하지 않은 상태를 지속시킴으로써 보험계약자를 불안정한 지위에 처하게 하는 것을 방지하려는 취지로서, 해지권 행사기간의 기산점은 보험자가 계약 후 위험의 현저한 증가가 있는 사실을 안 때가 아니라 보험계약자가 통지의무를 이행하지 아니한 사실을 보험자가 알게 된 날이라고 보아야 한다(대법원 2011.7.28., 선고, 2011다23743, 23750, 판결).
① 화재보험에 가입된 공장건물에 대한 근로자들의 점거와 장기간의 농성은 사고발생 위험의 현저한 증가 또는 변경이라고 볼 수 있다(대법원 1992.7.10., 선고, 92다13301, 판결).
② 위험증가 사실의 통지의무는 상법 제652조 제1항에서 규정하고 있는 통지의무를 되풀이하는 것에 불과하여 이에 관하여 보험자가 보험계약자에게 별도로 설명할 의무가 있다고 볼 수 없다(대법원 2011.7.28., 선고, 2011다23743, 23750, 판결).
③ 보험계약자가 위험의 현저한 변경증가 사실을 통지한 때에는 보험자는 통지를 받은 날로부터 1월 내에 계약을 해지할 수 있다(상법 제652조 제2항).

39 상법상 보험자에 대한 통지의무를 명시적으로 규정하고 있지 않은 것은? 기출 19

① 보험기간 중에 보험계약자, 피보험자가 사고발생의 위험이 현저하게 변경 또는 증가된 사실을 안 때에는 지체 없이 보험자에게 통지하여야 한다.
② 보험기간 중에 보험계약자, 피보험자 또는 보험수익자의 고의 또는 중대한 과실로 위험이 증가된 때에는 지체 없이 보험자에게 통지하여야 한다.
③ 동일한 보험계약의 목적과 동일한 사고에 관하여 수 개의 보험계약을 체결하는 경우에 보험계약자는 각 보험자에 대하여 각 보험계약의 내용을 통지하여야 한다.
④ 책임보험에서 피보험자가 제3자로부터 배상청구를 받은 때에는 지체 없이 보험자에게 그 통지를 발송하여야 한다.

| 해설 |

보험기간 중에 보험계약자, 피보험자 또는 보험수익자의 고의 또는 중대한 과실로 인하여 사고발생의 위험이 현저하게 변경 또는 증가된 때에는 보험자는 그 사실을 안 날부터 1월 내에 보험료의 증액을 청구하거나 계약을 해지할 수 있다고 규정되어 있다(상법 제653조). 즉 상법에서는 보험계약자 등의 고의 또는 중대한 과실로 인하여 사고발생의 위험이 현저하게 변경 또는 증가된 때에는 보험자에게 통지하여야 한다는 '통지의무'를 명시적으로 규정하고 있지 않다.
① 상법 제652조 제1항
③ 상법 제672조 제2항
④ 상법 제722조 제1항

40 보험계약과 관련된 통지의무에 관한 설명으로 옳지 않은 것은? 기출 24

① 보험계약자 또는 피보험자나 보험수익자는 보험사고의 발생을 안 때에 지체 없이 보험자에게 그 통지를 발송하여야 한다.
② 보험사고 통지의무를 해태함으로 인하여 손해가 증가된 때에는 보험자는 그 증가된 손해를 보상할 책임이 없다.
③ 책임보험에서 피보험자가 제3자로부터 배상청구를 받은 때에도 그 통지를 발송하여야 하고, 통지를 게을리하여 손해가 증가된 경우에도 보험자는 그 증가된 손해를 보상할 책임이 있다.
④ 책임보험에서 피보험자가 제3자에 대하여 변제, 승인, 화해 또는 재판으로 인하여 채무가 확정된 때에는 지체 없이 보험자에게 그 통지를 발송하여야 한다.

| 해설 |

책임보험에서 피보험자가 제3자로부터 배상청구를 받았을 때에는 지체 없이 보험자에게 그 통지를 발송하여야 한다. 피보험자가 통지를 게을리하여 손해가 증가된 경우 보험자는 그 증가된 손해를 보상할 책임이 없다(상법 제722조 제1항, 제2항).
① 상법 제657조 제1항
② 상법 제657조 제2항
④ 상법 제723조 제1항

정답 38 ④ 39 ② 40 ③

41 상법상 보험계약자 등이 보험사고발생을 안 때에는 지체 없이 보험자에게 그 통지를 발송할 의무가 있는데 이에 관한 설명으로 옳지 않은 것은? 기출 23

① 보험계약자 또는 피보험자나 보험수익자 중 어느 한 사람이라도 통지하면 의무를 이행한 것으로 본다.
② 보험계약자 등이 통지의무를 해태함으로써 손해가 증가된 경우에는 보험자는 그 증가된 손해를 보상할 책임이 없다.
③ 보험계약자 등이 통지의무를 해태한 경우 보험자는 그 사실을 안 날로부터 1월 내에 계약을 해지할 수 있다.
④ 보험자는 보험금액의 지급에 관하여 약정기간이 없는 경우에는 상법 제657조 제1항의 통지를 받은 후 지체 없이 지급할 보험금액을 정하고 그 정하여진 날부터 10일 내에 피보험자 또는 보험수익자에게 보험금을 지급하여야 한다.

> | 해설 |
> 이미 보험사고가 발생하였기 때문에 보험자는 보험사고발생의 통지의무를 해태한 보험계약자에게 보험료의 증액을 청구하거나 계약을 해지할 수 없다.
> ① 보험사고발생의 통지의무자는 손해보험의 경우에는 보험계약자 또는 피보험자이며, 인보험의 경우에는 보험계약자 또는 보험수익자이다. 통지의무자가 수인인 경우에는 그중 1인만 통지하면 의무를 이행한 것으로 본다.
> ② 보험계약자 또는 피보험자나 보험수익자가 통지의무를 해태함으로 인하여 손해가 증가된 때에는 보험자는 그 증가된 손해를 보상할 책임이 없다(상법 제657조 제2항).
> ④ 상법 제658조

42 보험계약자 또는 피보험자나 보험수익자는 보험사고의 발생을 안 때에는 지체 없이 보험자에게 그 통지를 발송하여야 한다. 이 의무위반의 효과는? 기출 15

① 상법에 규정이 없다.
② 이 의무는 고지의무와 같은 일종의 간접의무로서 보험자는 계약을 해지할 수 있다.
③ 보험자는 보험료의 증액 또는 계약을 해지할 수 있다.
④ 통지의무를 해태함으로 인하여 손해가 증가된 때에는 보험자는 그 증가된 손해를 보상할 책임이 없다.

> | 해설 |
> 보험사고발생의 통지의무위반의 경우 보험금 지급이 유예되며, 보험계약자 또는 피보험자나 보험수익자가 통지의무를 해태함으로써 손해가 증가된 때에는 보험자는 그 증가된 손해를 보상할 책임이 없다(상법 제657조 제2항).

43 의무위반의 효과로서 보험자가 그 보험계약을 해지할 수 있다고 상법상 명시하지 않은 것은?

기출 22

① 보험계약 당시에 보험계약자 또는 피보험자가 고의 또는 중대한 과실로 인하여 중요한 사항을 고지하지 아니하거나 부실의 고지를 한 경우
② 보험기간 중에 보험계약자 또는 피보험자가 사고발생의 위험이 현저하게 변경 또는 증가된 사실을 안 때에는 지체 없이 보험자에게 통지하여야 하는 의무를 해태한 경우
③ 보험계약자, 피보험자 또는 보험수익자가 보험사고의 발생을 안 때에는 지체 없이 보험자에게 그 통지를 발송하여야 하는 의무를 해태한 경우
④ 보험기간 중에 보험계약자, 피보험자 또는 보험수익자의 고의 또는 중대한 과실로 인하여 사고발생의 위험이 현저하게 변경 또는 증가된 경우

| 해설 |

보험계약자 또는 피보험자나 보험수익자는 보험사고의 발생을 안 때에는 지체 없이 보험자에게 그 통지를 발송하여야 하며(상법 제657조 제1항), 그 통지의무를 해태한 경우 보험계약을 해지할 수 있는 것이 아니라, "해태함으로 인하여 손해가 증가된 경우에 보험자는 그 증가된 손해를 보상할 책임이 없다"고 규정하고 있다(상법 제657조 제2항).
① 상법 제651조
② 상법 제652조 제1항
④ 상법 제653조

44 보험계약자 등의 위험변경증가에 대한 통지의무에 관한 설명으로 옳지 않은 것은? (다툼이 있는 경우 판례에 의함) 기출 23

① 위험변경증가는 일정상태의 계속적 존재를 전제로 하지만 일시적 위험변경의 경우에도 통지의무를 부담한다.
② 보험계약자 또는 피보험자가 위험변경증가 통지의무를 해태한 경우 보험자는 그 사실을 안 날로부터 1월 내에 한하여 보험계약을 해지할 수 있다.
③ 보험자는 위험변경증가의 통지를 받은 때에는 1월 내에 보험료의 증액을 청구하거나 계약을 해지할 수 있다.
④ 인보험계약을 체결한 후 다른 인보험계약을 다수 가입하였다는 사정만으로 보험계약자 또는 피보험자에게 위험변경증가에 대한 통지의무가 있다고 볼 수 없다.

| 해설 |

위험의 개념은 일정 상태의 계속적 존재를 전제로 하므로 일시적으로 위험이 변경·증가되는 경우는 위험의 현저한 변경·증가에 포함되지 않는다(대법원 1992.11.10., 선고, 91다32503, 판결).
② 상법 제652조 제1항
③ 상법 제652조 제2항
④ 상해보험계약 체결 후 다른 상해보험에 다수 가입하였다는 사정만으로 사고발생의 위험이 현저하게 변경 또는 증가된 경우에 해당한다고 할 수 없다(대법원 2004.6.11., 선고, 2003다18494, 판결).

정답 41 ③ 42 ④ 43 ③ 44 ①

45 통지의무에 관한 설명으로 옳지 않은 것은? (다툼이 있는 경우 판례에 의함) 기출 18

① 보험기간 중에 보험계약자, 피보험자나 보험수익자가 사고발생의 위험이 현저하게 변경 또는 증가된 사실을 안 때에는 지체 없이 보험자에게 통지하여야 한다.
② 보험기간 중에 보험계약자, 피보험자 또는 보험수익자의 고의 또는 중대한 과실로 인하여 사고발생의 위험이 현저하게 변경 또는 증가된 때에는 보험자는 그 사실을 안 날로부터 1월 내에 보험료 증액 등을 청구할 수 있다.
③ 위험변경증가는 일정상태의 계속적 존재를 전제로 하고, 일시적 위험의 증가에 그친 경우에는 통지의무를 부담하지 아니한다.
④ 화재보험에서 근로자들이 폐업신고에 항의하면서 공장을 상당기간 점거하여 외부인의 출입을 차단하고 농성하는 행위는 현저한 위험변경증가로 본다.

> **해설**
> 보험기간 중에 <u>보험계약자 또는 피보험자</u>가 사고발생의 위험이 현저하게 변경 또는 증가된 사실을 안 때에는 지체 없이 보험자에게 통지하여야 한다(위험변경증가 통지의무, 상법 제652조 제1항). 따라서 보험수익자는 해당되지 않는다.
> ② 보험계약자, 피보험자 또는 보험수익자의 '위험유지의무' 위반이다(상법 제653조).
> ③ 일시적으로 위험이 증가되는 경우는 약관에서 말하는 '위험의 현저한 증가'에 포함되지 않으므로 통지의무를 부담하지 아니한다(대법원 1992.11.10., 선고, 91다32503, 판결).
> ④ 피보험회사 근로자들이 회사의 폐업신고에 항의하면서 공장을 상당기간 점거하여 외부인의 출입을 차단하고 농성하는 행위가 화재보험약관상 실효사유인 보험목적건물에 대한 점유의 성질의 변경 또는 그에 영향을 줄 수 있는 사정의 변경이 있는 경우에 해당한다(대법원 1992.7.10., 선고, 92다13301, 92다13318, 판결).

46 중복보험의 통지의무에 관한 설명으로 옳지 않은 것은? (다툼이 있는 경우 판례에 의함) 기출 16

① 동일한 보험계약의 목적과 동일한 사고에 관하여 수 개의 보험계약을 체결하고 있는 경우에는 보험계약자는 각 보험자에 대하여 각 보험계약의 내용을 통지하여야 한다.
② 상법은 중복보험 통지의무의 위반효과로서 당해 보험계약을 해지할 수 있는 것으로 규정하고 있다.
③ 다수의 보험계약의 체결사실에 대하여 통지하도록 규정한 취지는 부당한 이득을 얻기 위한 사기에 의한 보험계약의 체결을 사전에 방지하고 보험자로 하여금 보험사고발생시 손해의 조사 또는 책임의 범위에 대한 결정을 다른 보험자와 공동으로 할 수 있도록 하기 위한 것이다.
④ 손해보험에 있어서 타보험 가입사실은 상법 제652조 및 제653조의 통지의무의 대상이 되는 사고발생의 위험이 현저하게 변경 또는 증가된 때에 해당하지 않는다.

| 해설 |

중복보험 통지의무위반에 대한 불이익이나 그 효과에 관하여 상법은 아무런 규정을 두고 있지 않다. 상법 제672조 제2항에서 손해보험에 있어서 동일한 보험계약의 목적과 동일한 사고에 관하여 수 개의 보험계약을 체결하는 경우에는 보험계약자는 각 보험자에 대하여 각 보험계약의 내용을 통지하도록 규정하고 있으므로, 이미 보험계약을 체결한 보험계약자가 동일한 보험목적 및 보험사고에 관하여 다른 보험계약을 체결하는 경우 기존의 보험계약의 보험자에게 새로이 체결한 보험계약에 관하여 통지할 의무가 있다고 할 것이나, 손해보험에 있어서 위와 같이 보험계약자에게 다수의 보험계약의 체결사실에 관하여 통지하도록 규정하는 취지는 부당한 이득을 얻기 위한 사기에 의한 보험계약의 체결을 사전에 방지하고 보험자로 하여금 보험사고 발생시 손해의 조사 또는 책임의 범위의 결정을 다른 보험자와 공동으로 할 수 있도록 하기 위한 것일 뿐, 보험사고발생의 위험을 측정하여 계약을 체결할 것인지 또는 어떤 조건으로 체결할 것인지 판단할 수 있는 자료를 제공하기 위한 것이라고는 볼 수 없으므로, 손해보험에 있어서 다른 보험계약을 체결한 것은 상법 제652조 및 제653조의 통지의무의 대상이 되는 사고발생의 위험이 현저하게 변경 또는 증가된 때에 해당되지 않는다(대법원 2003.11.13., 선고, 2001다49630, 판결).

47 상법상 보험계약자 등의 고지의무와 통지의무를 비교한 것으로서 옳은 것은? 기출 14

구 분	고지의무	통지의무
① 의무자	보험계약자, 피보험자, 보험수익자	보험계약자, 피보험자, 보험수익자
② 의무이행 시기	보험기간 동안	보험계약 성립 후
③ 의무이행 방법	질문표를 작성한다.	반드시 서면으로 통지하여야 한다.
④ 의무위반의 효과	보험자는 위반사실을 안 날로부터 1월 내, 계약 체결일로부터 3년 내에 계약을 해지할 수 있다.	위험변경・증가 통지의무의 위반의 경우에 보험자는 그 사실을 안 후 1월 내에 한하여 계약을 해지할 수 있다.

| 해설 |

고지의무와 통지의무의 비교

구 분	고지의무	통지의무
① 의무자	보험계약자, 피보험자	보험계약자, 피보험자, 보험수익자
② 의무이행 시기	보험계약 당시	보험계약기간 동안
③ 의무이행 방법	질문표를 작성한다.	서면 또는 구두
④ 의무위반의 효과	보험자는 위반사실을 안 날로부터 1월 내, 계약 체결일로부터 3년 내에 계약을 해지할 수 있다.	위험변경・증가 통지의무의 위반의 경우에 보험자는 그 사실을 안 후 1월 내에 한하여 계약을 해지할 수 있다.

정답 45 ① 46 ② 47 ④

05 보험계약의 무효 · 변경 · 소멸

01 보험계약의 무효사유가 아닌 것은?

① 사기에 의한 중복보험계약
② 보험자가 파산선고를 받은 경우
③ 보험계약 당시 보험사고의 주관적 확정
④ 피보험자의 동의 없이 체결된 타인의 생명보험(사망)계약

| 해설 |
보험자가 파산선고를 받은 경우 보험계약자는 <u>계약을 해지</u>할 수 있다.

02 상법상 보험계약이 무효가 되는 경우는?

① 피보험자의 사망
② 고지의무의 위반
③ 사기로 인한 중복보험
④ 위험의 주관적 변경 · 증가

| 해설 |
상법상 보험계약의 무효사유
- 보험사고의 객관적 확정의 효과(상법 제644조)
- 보험계약자의 <u>사기로 인하여 초과보험 · 중복보험계약이</u> 체결된 경우(상법 제669조 제4항, 제672조 제3항)
- 타인의 사망을 보험사고로 하는 보험계약에서는 피보험자의 서면에 의한 동의를 얻지 못한 경우(상법 제731조)
- 15세 미만의 자, 심신상실자, 심신박약자를 피보험자로 한 사망보험계약(상법 제732조)
- 보험계약자 등 불이익변경금지의 원칙에 반하는 계약(상법 제663조)

03 보험계약의 무효사유가 아닌 것은?

① 피보험이익이 적법하지 아니한 손해보험계약
② 심신상실자를 피보험자로 한 사망보험계약
③ 피보험자가 고의로 고지의무를 위반하여 체결한 보험계약
④ 보험계약자의 사기로 인하여 체결된 중복보험계약

| 해설 |
피보험자가 고의로 고지의무를 위반하여 체결한 보험계약은 <u>해지사유</u>이다.

04 보험계약의 무효에 관한 설명으로 옳지 않은 것은?

① 사망을 보험사고로 한 보험계약의 경우 보험계약의 체결 당시를 기준하여 피보험자가 미성년자, 심신상실자, 심신박약자를 피보험자로 한 사망보험은 무효이다.
② 타인의 사망보험에서 타인의 동의를 얻어야만 보험계약이 효력을 발생하므로 타인의 동의를 얻지 못한 경우 그 보험계약은 무효이다.
③ 보험계약자가 보험계약의 체결시부터 아내를 살해하고 보험금을 취득할 목적으로 보험계약을 체결한 경우 선량한 풍속, 기타 사회질서에 반하여 무효이다.
④ 보험계약자, 피보험자, 보험자가 사고발생 사실을 알지 못하고 보험계약이 장래보험인 경우 보험계약 체결 전에 전손사고가 발생한 경우 피보험이익이 부존재하기 때문에 보험계약은 무효가 된다.

| 해설 |
사망을 보험사고로 한 보험계약, 즉 사망보험에서 피보험자의 자격을 제한하고 있다. 보험계약의 체결 당시를 기준하여 피보험자가 **15세 미만자**, 심신상실자, 심신박약자를 피보험자로 한 사망보험은 무효이다.

05 다음 중 보험계약의 무효사유에 해당하는 것으로만 묶인 것은? 기출 16

가. 보험계약자가 보험사고를 가장하여 보험금을 취득할 목적으로 보험계약을 체결한 경우
나. 보험자가 파산선고를 받고 3월이 경과한 경우
다. 보험계약자가 고지의무를 위반한 경우
라. 사기로 인한 중복보험이 체결된 경우
마. 계속보험료가 최고기간 이후에도 지급되지 아니한 경우
바. 타인의 서면동의를 얻지 않고 그 타인의 사망보험계약을 체결한 경우

① 가, 나, 라
② 나, 다, 라
③ 가, 라, 바
④ 가, 나, 바

| 해설 |
가. 보험사고를 가장하여 보험금을 취득할 목적으로 체결한 보험계약은 민법 제103조 소정의 선량한 풍속 기타 사회질서에 반하여 무효이다(대법원 2005.7.28., 선고, 2005다23858, 판결).
나. 보험계약은 파산선고 후 3월을 경과한 때에는 그 <u>효력을 잃는다</u>(상법 제654조).
다. 보험계약자가 고지의무를 위반한 경우 <u>보험계약을 해지할 수 있다</u>(상법 제651조).
라. 중복보험에 있어서 보험계약이 보험계약자의 사기로 인하여 체결된 경우 그 계약의 전부를 무효로 하고 있다(상법 제672조 제3항).
마. 계속보험료가 최고기간 이후에도 지급되지 아니한 경우 그 <u>계약을 해지할 수 있다</u>(상법 제650조 제2항).
바. 타인의 사망을 보험사고로 하는 보험계약에서는 피보험자의 서면에 의한 동의를 얻지 못하면 무효가 된다는 명문 규정은 없으나, 동의를 얻지 못한 보험계약은 효력이 발생되지 않으므로 당연히 무효로 해석함이 타당하다(상법 제731조).

06 보험계약의 당연실효에 관한 내용으로 옳지 않은 것은?

① 사기에 의한 보험계약은 무효이다.
② 재물보험의 경우 보험의 목적이 전부 멸실되면 피보험이익이 상실되기 때문에 보험계약은 종료된다.
③ 보험자의 파산 후 보험계약자가 계약을 해지하지 않고 3개월이 경과하면 계약은 실효된다.
④ 보험기간 중에 사고발생 가능성, 즉 위험이 소멸된 경우에도 보험계약은 종료된다.

> **해설**
>
> **보험계약의 취소**
> - 사기에 의한 초과·중복보험은 무효이다. 그러나 초과·중복보험 이외의 경우로서 사기에 의한 보험계약은 취소할 수 있다. 사기에 의한 고지의무도 해지권 제척기간이 경과한 후라도 민법을 적용하여 취소할 수 있다는 것이 통설과 판례의 입장이다.
> - 민법에서는 계약 당사자의 착오의 경우 그 착오가 중대한 사항이며 착오를 일으킨 자의 중과실이 없다는 것을 입증하면 취소할 수 있다. 보험계약은 보험의 단체성 때문에 취소의 제척기간을 1개월로 제한하고 있다.

07 대법원이 한정무효 또는 무효로 판결한 약관이 아닌 것은? 기출 14

① 실효약관
② 해지예고부 최고약관
③ 상해보험의 음주운전 면책약관
④ 자동차보험의 산업재해보상 면책약관

> **해설**
>
> 해지예고부 최고약관은 상법 제650조 제2항 및 같은 법 제663조에 위배되어 무효라고 할 것이나, 상법의 규정의 취지가 보험자가 보험계약자에게 보험료 미납사실을 알려주어 이를 납부할 기회를 줌으로써 불측의 손해를 방지하고자 하는 것임에 비추어, 보험자가 보험계약을 해지하기 위해서는 반드시 최고와 해지의 의사표시를 별도로 하여야 한다고 볼 것은 아니고, 보험료의 납입을 최고하면서 보험료가 납입되지 않고 납입유예기간을 경과하면 별도의 의사표시 없이 보험계약이 해지된다는 취지의 통지(해지예고부 납입최고) 역시 그것이 상당한 기간을 정한 최고이고 그 최고기간의 종기가 약관이 정한 납입유예기간의 종기보다 앞선 것이 아니라면, 최고기간 내의 불이행을 정지조건으로 하는 해지의 의사표지로서 특별히 계약자에게 불이익을 주지 않으므로 유효하다(대법원 2003.4.11., 선고, 2002다69419, 판결).

08 보험계약의 해지에 대한 설명으로 옳지 않은 것은?

① 보험자는 계속보험료를 지급하지 않은 경우에 보험계약자에게 최고를 한 후 상당한 기간이 경과한 후 해지할 수 있다.
② 타인을 위한 보험의 경우에는 보험자는 타인에게 최고를 한 후 해지할 수 있다.
③ 보험사고가 발생하기 전에 보험계약을 해지할 수 있다.
④ 보험계약의 해지에는 소급효가 있다.

| 해설 |
보험계약의 해지는 <u>장래를 향하여</u> 효력을 상실한다.

09 보험계약의 해지에 관한 내용으로 옳지 않은 것은?

① 보험자와 보험계약자는 계약을 언제든지 임의해지 할 수 있다.
② 계속보험료가 부지급된 경우 보험자는 최고하고 최고기간에도 보험료가 납입되지 아니하면 보험자는 계약을 해지할 수 있다.
③ 해지는 장래를 향하여 보험계약의 효력을 상실시킴으로써 해지 전 사고에 대한 보험자의 보상책임에는 영향을 미치지 아니한다는 것이 일반원칙이다.
④ 고지의무위반, 위험유지의무위반, 위험증가의 통지의무위반이 있는 경우 해지 전에 발생한 사고에 대해서도 보험자가 보상책임을 지지 않는다.

| 해설 |
보험사고가 발생하기 전에는 보험계약자는 언제든지 계약의 전부 또는 일부를 해지할 수 있지만 보험자는 임의해지 할 수 없다(상법 제649조 제1항).

10 보험계약의 해지에 관한 다음 설명 중 옳지 않은 것은? 기출 15

① 보험사고가 발생하기 전에는 보험계약자는 언제든지 계약의 전부를 해지할 수는 있으나 일부만을 해지할 수는 없다.
② 타인을 위한 보험계약의 경우에는 보험계약자는 반드시 그 타인의 동의를 얻거나 보험증권을 소지해야만 그 계약을 해지할 수 있다.
③ 보험기간 중에 보험수익자의 중과실로 사고 위험이 현저하게 증가한 때 보험자는 계약을 해지할 수 있다.
④ 강행법규에 어긋나지 않는 한 약관상 계약해지사유가 있는 때 보험자는 이를 근거로 해지할 수 있다.

정답 06 ① 07 ② 08 ④ 09 ① 10 ①

| 해설 |

보험사고가 발생하기 전에 보험계약자는 언제든지 <u>계약의 전부 또는 일부를 해지할 수 있다</u>. 그러나 타인을 위한 보험계약의 경우에 보험계약자는 그 타인의 동의를 얻지 아니하거나 보험증권을 소지하지 아니하면 그 계약을 해지하지 못한다(상법 제649조 제1항).

11 상법상 보험자가 보험계약을 해지할 수 있는 사유로 옳지 않은 것은? 기출 19

① 계속보험료 미지급
② 보험계약자 또는 피보험자의 고의 또는 중과실에 의한 고지의무위반
③ 보험계약자의 고의 또는 중과실로 인한 위험의 현저한 변경·증가
④ 보험계약자 등의 보험사고 통지의무위반

| 해설 |

보험계약자 등의 보험사고발생의 통지의무위반 사항은 <u>보험금 지급이 유예되는 사항이며, 보험계약의 해지사유와 관련없다</u>. 보험계약자 또는 피보험자나 보험수익자가 보험사고발생의 통지의무를 해태함으로 인하여 손해가 증가된 때에는 보험자는 그 증가된 손해를 보상할 책임이 없다(상법 제657조 제2항). 보험계약자 등이 <u>위험변경·증가의 통지의무를 위반한 경우</u> 보험자는 그 사실을 안 날로부터 1월 내에 한하여 계약을 해지할 수 있다(상법 제652조 제1항).
① 계속보험료가 약정한 시기에 지급되지 아니한 때에는 보험자는 상당한 기간을 정하여 보험계약자에게 최고하고 그 기간 내에 지급되지 아니한 때에는 그 계약을 해지할 수 있다(상법 제650조 제1항).
② 보험계약 당시에 보험계약자 또는 피보험자가 고의 또는 중대한 과실로 인하여 중요한 사항을 고지하지 아니하거나 부실의 고지를 한 때에는 보험자는 그 사실을 안 날로부터 1월 내에, 계약을 체결한 날로부터 3년 내에 한하여 계약을 해지할 수 있다(상법 제651조).
③ 보험기간 중에 보험계약자, 피보험자 또는 보험수익자의 고의 또는 중대한 과실로 인하여 사고발생의 위험이 현저하게 변경 또는 증가된 때에는 보험자는 그 사실을 안 날부터 1월내에 보험료의 증액을 청구하거나 계약을 해지할 수 있다(상법 제653조).

12 상법상 보험계약의 해지에 대한 설명으로 옳지 않은 것은? 기출 21

① 자기를 위한 보험계약의 경우, 계약자는 보험사고발생 전에는 언제든지 보험계약의 전부를 해지할 수 있으며, 일부 해지도 가능하다.
② 계속보험료 지급지체시 보험자는 상당한 기간을 정하여 보험계약자에게 이행을 최고하고 그 기간 내에 보험료가 지급되지 아니한 때에는 해당 보험계약을 해지할 수 있다.
③ 보험계약 체결 당시에 보험계약자가 고의 또는 과실로 인하여 중요한 사항을 고지하지 않았다면 보험자는 그 사실을 안 날로부터 1월 내에, 계약을 체결한 날로부터 3년 내에 한하여 해당 보험계약을 해지할 수 있다.
④ 보험자가 파산선고를 받은 때에는 보험계약자는 계약을 해지할 수 있다.

| 해설 |

보험계약 당시에 보험계약자 또는 피보험자가 고의 또는 중대한 과실로 인하여 중요한 사항을 고지하지 아니하거나 부실의 고지를 한 때에는 보험자는 그 사실을 안 날로부터 1월 내에, 계약을 체결한 날로부터 3년 내에 한하여 계약을 해지할 수 있다(상법 제651조).
① 상법 제649조 제1항
② 상법 제650조 제2항
④ 상법 제654조 제1항

13 상법상 보험계약의 해지에 관한 설명으로 옳지 않은 것은? (당사자간에 다른 약정이 없다고 가정함) 기출 23

① 자기를 위한 보험에서 보험계약자는 보험사고가 발생하기 전에는 언제든지 계약의 전부 또는 일부를 해지할 수 있다.
② 보험사고의 발생으로 보험자가 보험금액을 지급한 때에도 보험금액이 감액되지 아니하는 보험의 경우에는 보험계약자는 그 사고발생 후에도 보험계약을 해지할 수 있다.
③ 보험계약자가 보험사고가 발생하기 전 계약을 해지한 경우 보험료불가분의 원칙에 따라 미경과보험료의 반환을 청구할 수 없다.
④ 타인을 위한 보험에서 보험계약자는 그 타인의 동의를 얻지 아니하거나 보험증권을 소지하지 아니하면 그 계약을 해지하지 못한다.

| 해설 |

보험사고가 발생하기 전에는 보험계약자는 언제든지 계약의 전부 또는 일부를 해지할 수 있으며, 보험계약자는 당사자간에 다른 약정이 없으면 미경과보험료의 반환을 청구할 수 있다(상법 제649조 제3항).
[판례] 대법원 2008.1.31., 선고, 2005다57806, 판결
보험료불가분의 원칙에 관한 우리 상법의 태도를 고려하여 볼 때, 상법 제652조 제2항에 따라 보험자가 피보험자 등으로부터 사고발생의 위험이 변경 또는 증가하였다는 통지를 받고 이를 이유로 보험계약을 해지하는 경우, 보험약관에서 미경과기간에 대한 보험료를 반환하도록 정하고 있다면 그 보험약관은 유효하다.

① · ④ 상법 제649조 제1항
② 상법 제649조 제2항

14 보험자가 계약을 해지할 수 있는 경우가 아닌 것은?

① 고지의무위반이 있는 경우
② 보험료의 지급이 없는 경우
③ 보험계약자의 중과실로 위험이 증가한 경우
④ 보험사고발생의 위험이 객관적으로 현저하게 증가한 경우

| 해설 |

위험이 현저하게 증가된 것만으로는 보험계약을 해지할 수 없고, 보험계약자 또는 피보험자가 사고발생의 위험이 현저하게 변경 또는 증가된 사실을 알고도 지체 없이 보험자에게 통지하지 아니하였거나, 보험계약자, 피보험자 또는 보험수익자의 고의 또는 중대한 과실로 인하여 사고발생의 위험이 현저하게 변경 또는 증가된 때에 계약을 해지할 수 있다.

15 상법상 보험계약자의 임의해지권에 관한 설명으로 옳지 않은 것은? 기출 16·22

① 보험사고가 발생하기 전에는 보험계약자는 언제든지 계약의 전부 또는 일부를 해지할 수 있다.
② 타인을 위한 보험계약의 경우에는 보험계약자는 그 타인의 동의를 얻지 아니하거나 보험증권을 소지하지 아니하면 그 계약을 해지하지 못한다.
③ 보험사고의 발생으로 보험자가 보험금을 지급한 후에 보험금액이 감액되는 보험의 경우에는 그 보험사고가 발생한 후에도 임의해지권을 행사할 수 있다.
④ 보험계약자가 임의해지권을 행사하는 경우에 당사자간에 다른 약정이 없으면 미경과보험료의 반환을 청구할 수 있다.

| 해설 |

보험사고의 발생으로 보험자가 보험금액을 지급한 때에도 보험금액이 감액되지 아니하는 보험의 경우에는 보험계약자는 그 사고발생 후에도 보험계약을 해지할 수 있다(상법 제649조 제2항).
① 상법 제649조 제1항
② 상법 제649조 제1항
④ 상법 제649조 제3항

16 다음 괄호 안에 들어갈 것으로 옳은 것만을 묶어 놓은 것은? 기출 15

> 보험계약 당시에 보험계약자 또는 (가)가 고의 또는 중대한 과실로 인하여 중요한 사항을 고지하지 아니하거나 부실의 고지를 한 때에는 보험자는 그 사실을 안 날로부터 (나) 내에, 계약을 체결한 날로부터 (다) 내에 한하여 계약을 (라)할 수 있다. 그러나 보험자가 계약당시에 그 사실을 알았거나 중대한 과실로 인하여 알지 못한 때에는 그러하지 아니하다.

	가	나	다	라
①	피보험자	1월	3년	해지
②	보험수익자	2월	1년	해지
③	피보험자	1월	3년	해제
④	보험수익자	2월	1년	해제

| 해설 |

보험계약 당시에 보험계약자 또는 (**피보험자**)가 고의 또는 중대한 과실로 인하여 중요한 사항을 고지하지 아니하거나 부실의 고지를 한 때에는 보험자는 그 사실을 안 날로부터 (**1월**) 내에, 계약을 체결한 날로부터 (**3년**) 내에 한하여 계약을 (**해지**)할 수 있다. 그러나 보험자가 계약 당시에 그 사실을 알았거나 중대한 과실로 인하여 알지 못한 때에는 그러하지 아니하다(상법 제651조).

17 보험계약 해지의 요건에 관한 내용으로 옳지 않은 것은?

① 계속보험료가 약정한 시기에 지급되지 않아야 한다. 그리고 보험료 부지급에 있어 보험자의 귀책사유가 없어야 한다.
② 보험자는 상당한 기간을 정하여 최고하여야 한다. 최고의 상대방은 보험료 지급의무자이어야 한다.
③ 최고에서 지정한 기간 내에 보험료의 지급이 없어야 한다. 최고기간은 최고의 통지가 보험계약자에게 발송한 날의 다음날에 시작하여 그 기간의 마지막 날이 경과할 때 종료된다.
④ 최고는 서면이든 구두이든 상관이 없으나, 최고했다는 사실과 최고의 내용을 보험자가 입증하여야 하기 때문에 통상 내용증명으로 최고하는 것이 일반적이다.

| 해설 |

최고에서 지정한 기간 내에 보험료의 지급이 없어야 하는데 최고기간은 최고의 통지가 보험계약자에게 도달한 날의 다음날에 시작하여 그 기간의 마지막 날이 경과할 때 종료된다. 최고기간은 실제로 보험계약자에게 도달할 때부터 기산되는 것이지 그 기산점을 보험료 납입기일로 고정해서는 안 된다.

정답 14 ④ 15 ③ 16 ① 17 ③

18 보험계약의 해지에 관한 설명으로 옳지 않은 것은? 기출 18

① 보험계약자는 보험사고의 발생 여부와 상관없이 언제든지 보험계약의 전부 또는 일부를 해지할 수 있다.
② 보험사고의 발생으로 보험자가 보험금을 지급한 때에도 보험금액이 감액되지 아니한 보험의 경우에는 보험계약자는 그 사고발행 후에도 보험계약을 해지할 수 있다.
③ 보험자가 파산선고를 받은 때에는 보험계약자는 계약을 해지할 수 있다.
④ 보험자가 고지의무위반 사실을 알았거나 중대한 과실로 인하여 알지 못한 경우에는 계약을 해지할 수 없다.

| 해설 |

보험사고가 발생하기 전에는 보험계약자는 언제든지 계약의 전부 또는 일부를 해지할 수 있다(상법 제649조 제1항).
② 상법 제649조 제2항(사고발생 전의 임의해지)
③ 상법 제654조 제1항(보험자의 파산선고와 계약해지)
④ 상법 제651조(고지의무위반으로 인한 계약해지)

19 보험계약이 종료되는 경우로서 옳지 않은 것은?

① 보험료가 적당한 시기에 지급되지 아니한 때
② 보험자가 파산선고를 받은 후 3월이 경과한 때
③ 보험의 목적물이 멸실되었을 때
④ 보험기간이 만료된 때

| 해설 |

보험계약의 종료
- 보험사고의 발생으로 보험목적물이 멸실된 때
- 보험기간의 만료
- 보험계약의 실효(보험자가 파산선고를 받은 후 3월이 경과한 때)
- 보험계약의 해지

20 보험계약의 해지에 관한 설명으로 옳은 것은? 기출 20

① 보험계약 당사자는 보험사고가 발생하기 전에는 언제든지 보험계약을 해지할 수 있다.
② 보험자가 보험계약자 등의 고지의무위반을 이유로 보험계약을 해지하는 경우, 보험사고가 발생한 후에는 보험계약을 해지할 수 없다.
③ 보험사고의 발생으로 보험자가 보험금액을 지급한 때에도 보험금액이 감액되지 아니하는 보험의 경우에는 보험계약자는 그 사고발생 후에도 보험계약을 해지할 수 있다.
④ 보험기간 중에 사고발생의 위험이 현저하게 변경 또는 증가된 사실을 보험계약자가 보험자에게 지체 없이 통지한 경우에는 보험자는 보험계약을 해지할 수 없다.

| 해설 |
보험사고의 발생으로 보험자가 보험금액을 지급한 때에도 보험금액이 감액되지 아니하는 보험의 경우에는 보험계약자는 그 사고발생 후에도 보험계약을 해지할 수 있다(상법 제649조 제2항).
① 보험계약 당사자 중 보험계약자는 보험사고가 발생하기 전에는 언제든지 보험계약을 해지할 수 있지만, 보험자는 임의해지할 수 없다(상법 제649조 제1항).
② 보험자가 보험계약자 등의 고지의무위반을 이유로 보험계약을 해지하는 경우, 보험사고가 발생한 후라도 보험계약을 해지할 수 있고, 보험자는 보험금을 지급할 책임이 없다. 또한 이미 지급한 보험금의 반환을 청구할 수 있다(상법 제655조).
④ 보험기간 중에 보험계약자 또는 피보험자가 사고발생의 위험이 현저하게 변경 또는 증가된 사실을 안 때에는 지체 없이 보험자에게 통지하여야 한다. 보험자가 위험변경증가의 통지를 받은 때에는 1월 내에 보험료의 증액을 청구하거나 계약을 해지할 수 있다(상법 제652조 제1항, 제2항).

21 보험자 또는 보험계약자가 보험사고의 발생 후에 보험계약을 해지할 수 있는 다음 경우 중 보험자의 보험금 지급의무가 소멸되지 않는 경우는?

① 고지의무위반인 경우의 계약해지
② 보험료 부지급인 경우의 계약해지
③ 보험자의 파산인 경우의 계약해지
④ 위험의 변경·증가에 관한 통지해태인 경우의 계약해지

| 해설 |
보험사고가 발생한 후라도 보험자가 제650조(보험료 지급과 지체의 효과), 제651조(고지의무위반으로 인한 계약해지), 제652조(위험변경증가의 통지와 계약해지) 및 제653조(보험계약자 등의 고의나 중과실로 인한 위험증가와 계약해지)에 따라 계약을 해지하였을 때에는 보험금을 지급할 책임이 없고 지급한 보험금의 반환을 청구할 수 있다(상법 제655조).
보험자가 파산의 선고를 받은 때에는 보험계약자는 계약을 해지할 수 있으며, 해지하지 아니한 보험계약은 파산선고 후 3월을 경과한 때에는 그 효력을 잃는다(상법 제654조 제1항, 제2항). 이 경우 보험자의 보험금 지급의무가 소멸되지 않는다.

정답 18 ① 19 ① 20 ③ 21 ③

22 보험계약의 소멸사유에 관한 설명으로 옳은 것은? 기출 22

① 보험자가 파산선고를 받은 경우 보험계약자가 해지하지 않은 보험계약은 파산선고 후 1월을 경과한 때에 소멸한다.
② 보험기간 내에 보험사고가 발생하지 않았다면 보험기간이 만료되어도 보험계약은 소멸하지 않는다.
③ 보험의 목적이 보험기간 중 보험사고 이외의 원인으로 멸실되었다면 보험계약은 소멸한다.
④ 보험사고가 발생하는 경우 보험금액이 지급되면 보험계약은 소멸한다.

| 해설 |

보험계약은 보험기간의 만료, 보험사고의 발생, <u>보험목적의 멸실</u>, 보험료의 부지급, 보험자의 파산 등의 사유로 당연히 소멸되고, 계약 당사자가 보험계약을 해지한 경우에도 소멸하게 된다. 보험목적이 보험사고 이외의 원인으로 멸실한 경우에는 <u>보험계약의 기본적인 요소인 위험이 존재하지 않게 되어 보험계약은 소멸하게 된다</u>.
① 보험자가 파산선고를 받은 경우 보험계약자가 해지하지 않은 보험계약은 파산선고 후 <u>3월을 경과한 때에는 그 효력을 잃는다</u>(상법 제654조 제2항).
② 보험기간 내에 보험사고가 발생하지 않았더라도 <u>보험기간이 만료되면 보험계약은 당연히 소멸한다</u>.
④ 보험사고의 발생으로 보험금액이 지급되면 <u>보험계약의 대상이 없어지므로 보험계약은 소멸한다</u>. 다만, 손해보험계약에서 보험사고로 일부손해가 발생하여 보험금액의 일부만을 지급한 경우에는 그 나머지 보험금액의 한도 내에서 보험기간 동안 보험계약관계의 존속을 인정하기도 하고(보험금액 체감주의), 책임보험계약에서는 보험사고로 인하여 보험금액이 지급되더라도 보험기간 동안 보험계약관계는 그대로 유지된다(보험금액 전액주의).

23 다음 중 상법상 보험계약을 해지할 수 있는 경우는 몇 개인가? 기출 15

> 가. 보험사고의 발생으로 보험금액을 지급한 때에도 보험금이 감액되지 아니하는 보험의 경우
> 나. 보험자가 파산선고를 받고 1년이 경과한 경우
> 다. 보험계약자의 고지의무위반이 보험사고의 발생에 영향을 주지 않은 경우
> 라. 타인의 사망을 보험사고로 하는 보험계약의 체결시에 그 타인의 서면동의를 받지 않은 경우
> 마. 쓰나미로 선박과 화물이 멸실된 것을 알면서 선박보험계약을 체결한 경우

① 2개
② 3개
③ 4개
④ 5개

해설

가와 다의 경우 보험계약을 해지할 수 있다.
가. 보험사고의 발생으로 보험자가 보험금액을 지급한 때에도 보험금액이 감액되지 아니하는 보험의 경우에는 보험계약자는 그 사고발생 후에도 보험계약을 해지할 수 있다(상법 제649조 제2항).
나. 보험자가 파산의 선고를 받은 때에는 보험계약자는 계약을 해지할 수 있으며, 해지하지 아니한 보험계약은 파산선고 후 3월을 경과한 때에는 그 효력을 잃는다(상법 제654조 제1항, 제2항).
다. 보험자는 고지의무를 위반한 사실과 보험사고의 발생 사이의 인과관계를 불문하고 상법 제651조에 의하여 고지의무위반을 이유로 계약을 해지할 수 있다(대법원 2010.7.22., 선고, 2010다25353, 판결). 다만, 고지의무를 위반한 사실 또는 위험이 현저하게 변경되거나 증가된 사실이 보험사고발생에 영향을 미치지 아니하였음이 증명된 경우에는 보험금을 지급할 책임이 있다(상법 제655조 단서).
라. 타인의 사망을 보험사고로 하는 보험계약에는 보험계약 체결시에 그 타인의 서면에 의한 동의를 얻어야 한다(상법 제731조)는 규정은 강행법규로서 이 규정에 위반하여 체결된 보험계약은 무효이다(대구고법 1998.4.30., 선고, 97나5153, 판결).
마. 선박과 화물이 멸실되어 피보험이익이 존재하지 않으면 사고가 발생해도 손해를 보지 않으므로 피보험이익이 없는 보험계약은 무효가 된다. 보험의 목적이 "멸실 여부를 불문함"이란 조건으로 보험에 가입될 수 있으나, 보험계약 체결시 피보험자가 손해발생의 사실을 알고, 보험자가 몰랐을 경우에는 그러하지 아니하다.

06 보험자의 면책사유

01 보험자의 면책사유에 관한 설명으로 옳지 않은 것은? 기출 18
① 면책사유란 보험자가 보상책임을 지기로 한 보험사고가 발생하였으나 일정한 원인으로 보험자가 면책되는 경우 그 원인을 말한다.
② 담보배제사유는 보험자가 보험계약에서 인수하지 않은 위험을 가리킨다는 점에서 면책사유와 구별된다.
③ 면책사유에는 법정 면책사유와 약정 면책사유가 있다.
④ 보험사고가 전쟁 기타의 변란으로 인하여 생긴 때에는 다른 약정이 있더라도 보험자는 보험금액을 지급할 책임이 없다.

| 해설 |
상법 제660조에서 보험사고가 전쟁 기타의 변란으로 인하여 생긴 때에는 당사자간에 다른 약정이 없으면 보험자는 보험금액을 지급할 책임이 없다고 규정되어 있다. 이는 임의규정이므로 이와 다른 약정이 있으면 보험자는 보험금액을 지급할 책임을 지게 된다.

02 보험자의 법정 면책사유가 아닌 것은?
① 피보험자의 중과실로 인한 상해
② 전쟁, 기타 변란으로 인한 보험사고
③ 적하보험에 있어 용선자의 중과실로 인한 손해
④ 손해보험에 있어서 보험목적의 하자로 인한 손해

| 해설 |
상해보험의 경우 인보험이므로 피보험자의 중과실에 대해서도 보상을 한다.

03 보험자의 면책사유가 아닌 것은?
① 보험사고가 변란으로 인하여 발생한 때
② 보험사고가 보험계약자의 실수로 인하여 발생한 때
③ 보험사고가 피보험자의 고의로 인하여 발생한 때
④ 보험사고가 보험수익자의 중과실로 인하여 발생한 때

| 해설 |
보험계약자 또는 피보험자나 보험수익자의 고의 또는 중대한 과실로 인하여 생긴 때에는 보험자는 보험금액을 지급할 책임이 없다(상법 제659조 제1항).

04 면책사유에 대한 다음 설명 중 옳은 것은?

① 변란은 당사자의 특약으로 면책사유에서 배제할 수 있다.
② 목적물 자체가 위험을 지니고 있는 것이 면책사유는 아니다.
③ 전쟁은 당사자의 특약에 의해서도 배제할 수 없는 당연한 면책사유이다.
④ 보험수익자의 중대한 과실로 보험사고가 발생한 경우 보험자는 면책되지 않는다.

> **해설**
> ①·③ 전쟁, 기타의 변란으로 인하여 생긴 보험사고에 대해서는 당사자간에 다른 약정이 없으면 보험자의 면책을 규정한 것이 통례이다(상법 제660조). 즉 당사자의 특약으로 면책사유에서 배제할 수 있다.
> ② 목적물 자체의 성질·하자 또는 자연소모로 인한 손해는 보험자가 이를 보상할 책임이 없다.
> ④ 보험수익자의 중대한 과실로 보험사고가 발생한 경우 보험자는 면책된다(상법 제659조).

05 다음 중 보험자의 보상책임이 없는 것은?

① 미평가보험의 경우 보험사고발생시에 보험금액이 보험가액을 초과하게 된 때
② 운송보험의 경우 송하인 또는 수하인의 중대한 과실로 인하여 보험사고가 발생한 때
③ 적하보험(해상화물보험)의 경우 해상운송인의 고의로 인하여 운송물에 손해가 생긴 때
④ 생명보험의 경우 보험계약자 또는 피보험자나 보험수익자의 중대한 과실로 인하여 피보험자가 사망한 때

> **해설**
> 보험사고가 송하인 또는 수하인의 고의 또는 중대한 과실로 인하여 발생한 때에는 보험자는 이로 인하여 생긴 손해를 배상할 책임이 없다(상법 제692조).

06 보험약관에서 정한 보험자의 면책사유로서 무효로 볼 수 있는 것은?

① 보험계약자의 고의로 생긴 손해
② 보험계약자의 과실로 생긴 손해
③ 보험계약자의 중과실로 생긴 손해
④ 피보험자의 중과실로 생긴 손해

> **해설**
> 상법 제659조 제1항에서 보험사고가 보험계약자 또는 피보험자나 보험수익자의 고의 또는 중대한 과실로 인하여 생긴 때에는 보험자는 보험금액을 지급할 책임이 없다고 규정하고 있다. 그런데 보험계약자의 과실로 생긴 손해를 약관상 면책시킨다면 상법 제663조의 보험계약자 등 불이익변경금지의 원칙에 위배되므로 무효가 된다.

정답 01 ④ 02 ① 03 ② 04 ① 05 ② 06 ②

07 상법상 피보험자의 중대한 과실로 생긴 사고에 대해서 보험자가 책임을 지는 보험은?

① 사망보험
② 화재보험
③ 생존보험
④ 선박보험

> **해설**
> 사망을 보험사고로 한 보험계약에는 사고가 보험계약자 또는 피보험자나 보험수익자의 중대한 과실로 인하여 생긴 경우에도 보험자는 보험금액을 지급할 책임을 면하지 못한다(상법 제732조의2 제1항).

08 보험자의 면책사유에 관한 설명으로 옳지 않은 것은? (다툼이 있는 경우 판례에 의함)

기출 22

① 법정면책사유가 약관에 규정되어 있는 경우는 그 내용이 법령에 규정되어 있는 것을 반복하거나 부연하는 정도에 불과하더라도 이는 설명의무의 대상이 된다.
② 보험사고발생 전에 보험자가 비록 보험금청구권 양도 승낙시나 질권설정 승낙시에 면책사유에 대한 이의를 보류하지 않았다 하더라도 보험자는 보험계약상의 면책사유를 양수인 또는 질권자에게 주장할 수 있다.
③ 영국해상보험법상 선박기간보험에 있어 감항능력 결여로 인한 보험자의 면책요건으로서 피보험자의 '악의(privity)'는 영미법상의 개념으로서 감항능력이 없다는 것을 적극적으로 아는 것뿐 아니라, 감항능력이 없을 수도 있다는 것을 알면서도 이를 갖추기 위한 조치를 하지 않고 그대로 내버려두는 것까지 포함한 개념이다.
④ 소손해면책은 분손의 경우에만 적용되며, 그 손해가 면책한도액을 초과하는 경우 보험자는 손해의 전부를 보상해야 한다.

> **해설**
> 약관에 정하여진 사항이라고 하더라도 거래상 일반적이고 공통된 것이어서 고객이 별도의 설명 없이도 충분히 예상할 수 있었던 사항이거나 <u>이미 법령에 의하여 정하여진 것을 되풀이하거나 부연하는 정도에 불과한 사항이라면</u>, 그러한 사항에 대하여서까지 사업자에게 설명의무가 있다고 할 수는 없다(대법원 2014.7.24., 선고, 2013다217108, 판결 / 대법원 2019.1.17., 선고, 2016다277200, 판결).
> ② 대법원 2002.3.29., 선고, 2000다13887, 판결
> ③ 대법원 2002.6.28., 선고, 2000다21062, 판결
> ④ 소손해면책은 손해액이 면책한도액 이하인 경우 보험자가 보상하지 않는 반면, 그 손해가 면책한도액을 초과하는 경우 보험자는 손해의 전부를 보상해야 한다.

09 보험자 면책에 관한 설명으로 옳지 않은 것은? (다툼이 있는 경우 판례에 의함) [기출 20]

① 손해보험의 경우 보험사고가 보험계약자 또는 피보험자의 고의 또는 중대한 과실로 생긴 때에는 보험자는 보험금액을 지급할 책임이 없다.
② 사망을 보험사고로 한 보험계약에서는 사고가 보험계약자 또는 피보험자나 보험수익자의 중대한 과실로 인하여 발생한 경우에 보험자는 지급의무를 부담한다.
③ 동일한 자동차 사고로 인해 피해자에 대하여 손해배상책임을 지는 피보험자가 복수로 존재하는 경우, 각 피보험자마다 면책조항의 적용 여부를 개별적으로 가려 보상책임 유무를 결정해야 한다.
④ 상법상 고의에 의한 보험사고는 면책사유이므로, 자유로운 의사결정으로 할 수 없는 상태에서 스스로 사망한 사고에 대하여 보상한다는 약관조항은 무효이다.

> **해설**
> 사망을 보험사고로 하는 보험계약에서 자살을 보험자의 면책사유로 규정하고 있는 경우에, 자살은 자기의 생명을 끊는다는 것을 의식하고 그것을 목적으로 의도적으로 자기의 생명을 절단하여 사망의 결과를 발생케 한 행위를 의미하고, 피보험자가 정신질환 등으로 자유로운 의사결정을 할 수 없는 상태에서 사망의 결과를 발생케 한 경우까지 포함하는 것은 아니므로, 피보험자가 자유로운 의사결정을 할 수 없는 상태에서 사망의 결과를 발생케 한 직접적인 원인행위가 외래의 요인에 의한 것이라면, 그 사망은 피보험자의 고의에 의하지 않은 우발적인 사고로서 보험사고인 사망에 해당할 수 있다(대법원 2015.6.23., 선고, 2015다5378, 판결).
> ① 상법 제659조 제1항
> ② 상법 제732조의2 제1항
> ③ 자동차종합보험에 있어서 동일 자동차 사고로 인하여 피해자에 대하여 보상책임을 지는 피보험자가 복수로 존재하는 경우에는 그 피보험이익도 피보험자마다 개별로 독립하여 존재하므로 각각의 피보험자마다 손해배상책임의 발생 요건이나 면책조항의 적용 여부 등을 개별적으로 가려서 보상책임의 유무를 결정하는 것이 원칙이다(대법원 1996.5.14., 선고, 96다4305, 판결).

10 보험자의 면책사유에 관한 설명으로 옳은 것은?

① 피보험자의 고의로 인한 사고를 보험자가 담보하기로 하는 특약은 무조건 효력이 없다.
② 보험계약자의 피용자의 고의로 인한 보험사고는 당연히 보험자의 면책사유가 된다.
③ 보험자는 전쟁위험으로 인한 보험사고를 절대적으로 담보할 수 있다.
④ 보험자의 면책사유로서 보험계약자의 고의·중과실은 보험자가 입증하여야 한다.

> **해설**
> 보험계약의 약관에서 "보험계약자나 피보험자의 고의 또는 중대한 과실로 발생한 손해에 대하여는 보상하지 아니한다"고 규정하고 있는 경우에 보험자가 보험금 지급책임을 면하기 위해서는 면책사유에 해당하는 사실을 증명할 책임이 있다(대법원 2009.12.10., 선고, 2009다56603, 56610, 판결).
> ① 보험계약자 등의 고의로 일으킨 사고에 대해서까지 확장하여 보험계약자 등의 이익을 보호하는 특약은 그 효력을 인정한다.
> ② 보험사고가 보험계약자 등의 민사상 배상책임을 지는 자(가족이나 사용인)의 고의 또는 중대한 과실로 발생한 때에는 우리나라의 경우 대표자책임이론이 적용되지 않아 보험자의 책임이 인정된다.
> ③ 보험사고가 전쟁, 기타 변란으로 인하여 생긴 때에는 당사자 사이에 특약이 없는 한 보험금을 지급할 책임이 없다. 따라서 보험자의 담보는 상대적이다.

11 보험계약자 등의 고의 또는 중대한 과실로 보험사고가 발생한 경우에 관한 설명이다. 옳지 않은 것은? (다툼이 있는 경우 판례에 의함) 기출 19

① 상법 보험편 통칙에 따르면 보험사고가 보험계약자 또는 피보험자나 보험수익자의 고의 또는 중대한 과실로 인하여 생긴 때에는 보험자는 보험금 지급책임이 없다.
② 피보험자의 자살은 고의에 의한 사고이므로 체약 후 일정한 기간이 도과한 후에 발생한 경우에 한해 보험자의 책임을 인정하는 약관은 민법 제103조 선량한 풍속 기타 사회질서에 반하여 무효이다.
③ 사망보험 또는 상해보험에서 보험사고가 보험계약자 또는 피보험자나 보험수익자의 중대한 과실로 발생한 경우에도 보험자는 보험금 지급책임이 있다.
④ 보증보험에서 보험계약자의 고의로 보험사고가 야기된 경우에도 피보험자가 공모한 바가 없으면 보증보험자는 보험금 지급책임이 있다.

> **해설**
>
> 상법 제659조 제1항은 "보험사고가 보험계약자 또는 피보험자나 보험수익자의 고의 또는 중대한 과실로 인하여 생긴 때에는 보험자는 보험금액을 지급할 책임이 없다"라고 규정하고 있다. 위 규정에 따르면 사망을 보험사고로 하는 보험계약에 있어서도 피보험자 등의 고의로 인하여 사고가 생긴 경우에 보험자는 보험금을 지급할 책임이 없다고 할 것이다. 이는 피보험자가 고의에 의하여 보험사고를 일으키는 것은 보험계약상의 신의성실의 원칙에 반할 뿐만 아니라, 그러한 경우에도 보험금이 지급된다고 한다면 보험계약이 보험금 취득 등 부당한 목적에 이용될 가능성이 있기 때문이다(대법원 2006.3.10., 선고, 2005다49713, 판결).
> 그런데 ⊙ 피보험자의 자살이 보험금 수령을 목적으로 한 것인지 여부를 중시하여 보장개시일부터 근접한 일정한 기간 내에는 보험금 수취 목적의 자살이 발생할 가능성이 상대적으로 높은 반면 어느 정도의 기간이 지난 뒤에는 그러한 위험성이 상대적으로 낮아진다는 점을 고려하여 그 기준시를 2년으로 정하고 위 기간 경과 후에는 자살의 경우에도 일률적으로 보험금을 지급하도록 정하고 있는 점, ⓒ 보험금 수령을 목적으로 하지 않은 자살에 대하여는 보험보호의 대상으로 인정하여 보험수익자를 보호할 필요성이 있고 유족의 생활보장을 위해서도 필요한 경우가 있는 점, ⓒ 자살이 보험금수령을 목적으로 한 자살인지 여부를 입증한다는 것이 사실상 어려우므로 정책적인 판단 아래 기간을 2년으로 설정하여 위 기간 내의 자살은 일률적으로 보험자가 면책되는 것으로 하고, 그 이후의 자살은 보험자가 보험금 지급의무를 부담하는 것으로 정한 것인 점 등을 고려하면 이 사건 <u>자살 면책제한조항과 같이 보험사기를 방지할 정도의 기간이 경과된 후의 자살일 경우 보험금을 지급하기로 당사자가 합의한다고 해서 이를 강행법규나 선량한 풍속 기타 사회질서에 위반된다고 보기 어렵고, 위와 같은 약관조항은 사적자치의 원칙상 유효하다고 볼 것이다</u>(대법원 2009.9.24., 선고, 2009다45351, 판결).
> ① 상법 제659조 제1항
> ③ 상법 제732조의2 제1항
> ④ 보증보험의 성질상 상법 제659조(보험자의 면책사유)의 규정은 보증보험계약이 보험계약자의 사기행위에 피보험자가 공모하였다든지 적극적으로 가담하지는 않았더라도 그러한 사실을 알면서도 묵인한 상태에서 체결되었다고 인정되는 경우를 제외하고는 원칙적으로 보증보험에는 그 적용이 없다(대법원 2001.2.13., 선고, 99다13737, 판결).

12 전쟁위험에 대한 설명으로 옳은 것은? (다툼이 있는 경우 판례에 의함) 기출 17

① 전속보험설계사와 보험계약자가 개별 약정한 경우에는 전쟁위험을 담보할 수 있으나, 그와 같은 약정이 없으면 보험자는 전쟁위험으로 인한 보험사고에 대하여 면책한다.
② 전쟁위험담보를 개별 약정하거나 특약에 가입하는 보험계약자는 전쟁위험담보가 없는 보험계약자와 달리 추가보험료를 내야 한다.
③ 보험기간 중 전쟁위험이 소멸한 때에는 보험자는 그 후의 보험금의 감액을 청구할 수 있으며, 그 청구권은 형성권이다.
④ 대학생들이 집회참가를 봉쇄하는 경찰의 저지선을 뚫기 위하여 경찰차 내에 화염병을 투척한 것은 보험자의 면책사유인 전쟁 기타 이와 유사한 사태에 해당한다.

| 해설 |

기본적인 보험조건(FPA, WA 등)에 추가하여 부가위험(전쟁, 동맹파업 등)을 추가로 담보할 때 기본보험요율 이외에 추가보험료를 부과한다.
① 전속보험설계사는 원칙적으로 보험3권인 보험계약체결권, 고지수령권, 보험료영수권(제1회 보험료영수권은 인정)이 없으므로 전쟁위험을 담보하는 보험을 보험계약자와 개별 약정을 할 수 없다.
③ '보험금의 감액'이 아니라 '보험료의 감액'을 청구할 수 있다. 즉 보험계약의 당사자가 특별한 위험을 예기하여 보험료의 액을 정한 경우에 보험기간 중 그 예기한 위험이 소멸한 때에는 보험계약자는 그 후의 보험료의 감액을 청구할 수 있다(상법 제647조).
④ 대학생들의 화염병 시위는 보험자의 면책사유인 전쟁 기타 이에 유사한 사태에 해당하지 아니한다(대법원 1994.11.22., 선고, 93다55975, 판결).

07 타인을 위한 보험계약

01 타인을 위한 보험에 관한 설명으로 옳지 않은 것은?

① 보험계약자는 위임을 받지 아니하면 타인을 위하여 보험계약을 체결하지 못한다.
② 보험계약자는 위임을 받지 아니하고 타인을 위하여 보험계약을 체결할 수 있다.
③ 보기 ②의 경우에 그 타인은 보험계약자의 동의 없이 보험금을 청구할 수 있다.
④ 보험계약자가 보험료의 지급을 지체한 때에는 그 타인이 권리를 포기하지 않는 한 보험료를 지급할 의무가 있다.

> **해설**
> 타인을 위한 보험계약은 보험계약자가 타인의 이익을 위하여 자기명의로 체결한 보험계약을 말한다. 이때 보험계약자는 <u>위임을 받거나 위임을 받지 아니하고</u> 특정 또는 불특정 타인을 위하여 보험계약을 체결할 수 있다.

02 타인을 위한 보험계약의 성립요건으로 옳지 않은 것은?

① 당사자간에 타인을 위하여 계약을 체결한다는 명시적 또는 묵시적 합의가 있어야 한다.
② 보험계약자가 계약을 체결함에 있어서 타인으로부터 위임을 받아야 한다.
③ 타인은 계약 당시에 정할 수도 있고 계약 성립 후 보험사고의 발생 전에 정해도 상관없다.
④ 손해보험의 경우 타인은 보험의 목적에 대하여 피보험이익을 갖고 있어야 한다.

> **해설**
> 타인을 위한 보험계약의 경우 보험계약자가 계약을 체결함에 있어서 <u>타인으로부터 위임을 받았는가 혹은 받지 않았는가에 대해서는 불문한다</u>. 즉, 타인의 위임이 없는 경우라도 손해보험에서 타인을 위한 계약을 체결할 수 있다.

03 타인을 위한 보험의 예로서 옳지 않은 것은?

① 건물 임차인이 건물주를 피보험자로 하여 화재보험계약을 체결한 경우
② 운송인이 운송물 소유자를 피보험자로 하여 보험계약을 체결한 경우
③ 단체의 대표자가 보험계약자 및 보험수익자가 되고 단체의 구성원을 피보험자로 한 경우
④ 보관자의 보관물의 소유자를 피보험자로 하여 보험계약을 체결한 경우

> **해설**
> 단체의 대표자가 보험계약자이고, 자기를 보험수익자로 한 경우는 '<u>자기를 위한 보험계약</u>'에 해당된다.

04 타인을 위한 보험계약에 대한 설명으로 옳지 않은 것은? 기출 16

타인을 위한 보험계약은 보험계약자가 ① 그 타인의 대리인으로서가 아니라 자기의 이름으로 계약을 체결하는 것으로서 타인의 위임이 없어도 그 보험계약을 체결할 수 있다. 다만 ② 손해보험계약의 경우에 그 타인의 위임이 없는 경우에는 보험계약자는 이를 보험자에게 고지하여야 하고, 그 고지가 없는 때에는 타인이 그 보험계약이 체결되었다는 사유로 보험자에게 대항하지 못한다. 타인을 위한 보험계약에서 그 타인은 당연히 그 계약의 이익을 받는다. 따라서 ③ 특별한 사정이 없는 한 그 타인은 보험계약자의 동의가 없어도 임의로 권리를 행사하고 처분할 수 있다. 그러나 손해보험계약의 경우에 ④ 보험계약자가 그 타인에게 보험사고의 발생으로 생긴 손해의 보상을 한 때에는 보험계약자는 그 타인의 권리를 해하지 아니하는 범위 안에서 보험자에게 보험금액의 지급을 청구할 수 있다.

| 해설 |
손해보험계약의 경우에 보험계약자가 그 타인에게 보험사고의 발생으로 생긴 **손해의 배상을** 한 때에는 보험계약자는 그 타인의 권리를 해하지 아니하는 범위 안에서 보험자에게 보험금액의 지급을 청구할 수 있다(상법 제639조 제2항).

05 타인을 위한 보험계약에 관한 설명으로 옳지 않은 것은?

① 보험수익자인 타인은 어떤 경우에도 보험료의 지급의무를 지지 않는다.
② 보험의 수익자는 자신이 보험자에 대하여 수익의 의사표시를 하지 아니하였더라도 당연히 보험금을 청구할 수 있다.
③ 손해보험의 경우 보험계약자는 피보험자의 위임을 받지 아니한 경우에도 계약을 체결할 수 있다.
④ 제3자, 즉 피보험자 또는 보험수익자는 계약 체결 당시에 정하지 않아도 무방하다.

| 해설 |
타인을 위한 보험계약에서 보험계약자는 보험자에 대하여 보험료를 지급할 의무가 있다. 그러나 보험계약자가 파산선고를 받거나 보험료의 지급을 지체한 때에는 그 타인이 그 권리를 포기하지 아니하는 한 그 타인도 보험료를 지급할 의무가 있다(상법 제639조 제3항).

정답 01 ① 02 ② 03 ③ 04 ④ 05 ①

06 타인을 위한 보험계약에 관한 설명으로 옳은 것은?

① 보험계약자가 타인을 피보험자로 하여 자기명의로 체결한 계약이다.
② 손해보험의 경우 보험계약자는 타인의 위임을 받은 때에만 계약을 체결할 수 있다.
③ 타인은 보험자에 대하여 수익의 의사표시를 하지 아니하였더라도 당연히 보험금의 지급을 청구할 수 있다.
④ 타인은 어떤 경우에도 보험료 지급의무를 지지 않는다.

> **| 해설 |**
> ③ 상법 제639조 제2항
> ① 타인을 위한 보험계약이란 보험계약자가 타인의 이익을 위하여 자기명의로 체결한 보험계약을 말하고, 여기서 타인이란 손해보험의 경우 피보험자, 인보험의 경우 보험수익자를 말한다.
> ② 보험계약자는 위임을 받거나 위임을 받지 아니하고 특정 또는 불특정 타인을 위하여 보험계약을 체결할 수 있다. 손해보험계약의 경우 타인의 위임이 없으면 보험계약자는 이를 보험자에게 고지해야 한다.
> ④ 보험계약자가 보험료 지급을 지체하거나 파산선고를 받는 경우 타인은 그 권리를 포기하지 않는 한 보험료 지급의무가 있다.

07 상법상 타인을 위한 손해보험계약에 관한 설명으로 옳지 않은 것은? 기출 25

① 피보험자인 타인은 보험계약 체결시에 특정되어야 하며, 보험사고발생 당시에 피보험이익이 귀속되는 자가 특정되도록 정할 수는 없다.
② 보험계약자가 그 타인에게 보험사고의 발생으로 생긴 손해의 배상을 한 경우, 보험계약자는 그 타인의 권리를 해하지 아니하는 범위 안에서 보험자에게 보험금액의 지급을 청구할 수 있다.
③ 보험계약자가 파산선고를 받거나 보험료의 지급을 지체한 때에는 그 타인이 그 권리를 포기하지 아니하는 한 그 타인도 보험료를 지급할 의무가 있다.
④ 타인의 위임이 없는 때에는 보험계약자는 이를 보험자에게 고지하여야 하고, 그 고지가 없는 때에는 타인이 그 보험계약이 체결된 사실을 알지 못하였다는 사유로 보험자에게 대항하지 못한다.

> **| 해설 |**
> 보험계약자가 타인의 이익을 위하여 자기명의로 체결한 보험계약을 '타인을 위한 보험계약'이라고 한다. 보험계약자는 위임을 받거나, 위임을 받지 아니하고 특정 또는 불특정 타인을 위하여 보험계약을 체결할 수 있다(상법 제639조 제1항). 따라서 피보험자인 타인은 보험계약 체결시에 구체적으로 특정할 필요는 없으므로, 보험사고발생 당시에 피보험이익이 귀속되는 자를 특정되도록 정할 수 있다.
> ② 상법 제639조 제2항
> ③ 상법 제639조 제3항
> ④ 상법 제639조 제1항

08 타인을 위한 보험에 관한 설명으로 옳지 않은 것은? 기출 18

① 타인을 위한 보험이란 타인이 보험금청구권자인 피보험자 또는 보험수익자가 되는 보험계약을 말한다.
② 타인을 위한 보험계약의 경우 그 타인의 수익의 의사표시가 있어야 보험계약이 성립한다.
③ 타인을 위한 손해보험에서 타인은 피보험이익을 가져야 한다.
④ 타인을 위한다는 의사표시가 분명하지 않은 경우에는 자기를 위한 보험계약으로 추정한다는 것이 통설이다.

| 해설 |
타인을 위한 보험계약의 경우 피보험자 또는 보험수익자는 수익의 의사를 표시하지 않더라도 당연히 그 계약의 이익을 받으므로, 보험사고가 발생하면 직접 보험자에 대하여 보험금, 그 밖의 급여청구권을 갖는다(상법 제639조 제2항).

09 상법상 타인을 위한 보험계약에 대한 설명으로 옳지 않은 것은? (다툼이 있는 경우 판례에 의함)
기출 20

① 보험계약 체결을 위임한 바 없는 타인도 수익의 의사표시 없이 당연히 권리를 취득한다.
② 계약 체결시점에서 타인을 위한다는 의사표시는 명시적으로 존재하여야 한다.
③ 보험자는 타인을 위한 보험계약에 기한 항변으로 타인에게 대항할 수 있다.
④ 손해보험계약의 경우 타인은 피보험이익을 가진 자이어야 한다.

| 해설 |
보험계약 당사자 사이에 특정 또는 불특정 타인을 위한 보험계약이라는 의사표시의 합의가 있어야 한다. 그 의사표시는 명시, 묵시를 불문하고 관계없다.
① 보험계약자는 위임을 받거나, 위임을 받지 아니하고 특정 또는 불특정 타인을 위하여 보험계약을 체결할 수 있다(상법 제639조 제1항)고 하여 보험계약자가 계약 체결에 관한 권한을 타인으로부터 위임받는가, 아닌가를 묻지 않는다.
③ 채무자인 보험자는 타인을 위한 보험계약에 기한 항변으로 타인에게 대항할 수 있다(민법 제542조).
④ '타인'이란 보험계약상의 이익을 받을 자로 손해보험에서는 피보험자, 인보험에서는 보험수익자를 말한다.

정답 06 ③ 07 ① 08 ② 09 ②

10 다음 중 타인을 위한 손해보험계약에서 피보험자의 권리가 될 수 있는 것은?

① 보험계약해지권
② 보험증권교부청구권
③ 손해보상청구권
④ 보험료감액청구권

> **해설**
> 손해보험에서 피보험자는 계약의 이익을 받는 자이므로 보험금청구권을 갖는다.
> ①, ②, ④는 보험계약자의 권리이다.

11 타인을 위한 보험계약에서 보험계약자가 갖는 권리 중 그 권리의 행사에 타인의 동의를 요한다는 논의가 있는 권리는?

① 보험료반환청구권
② 보험료감액청구권
③ 보험증권교부청구권
④ 보험계약해지권

> **해설**
> 타인을 위한 보험계약의 경우에는 보험계약자는 그 타인의 동의를 얻지 아니하거나 보험증권을 소지하지 아니하면 그 계약을 해지하지 못한다(상법 제649조 제1항).

12 다음은 타인을 위한 보험계약에 관한 기술이다. 옳지 않은 것은? 기출 15

① 보험계약자는 위임받지 않고 불특정 타인을 위한 보험계약을 체결할 수 있다.
② 손해보험계약의 경우 타인의 위임 없이는 타인을 위한 보험계약을 체결할 수 없다.
③ 타인을 위한 보험계약의 경우 그 타인은 당연히 그 계약의 이익을 받는다.
④ 보험계약자가 보험료 지급을 지체한 경우 그 타인도 보험료를 지급할 수 있다.

> **해설**
> 손해보험계약의 경우 타인의 위임 없이도 타인을 위한 보험계약을 체결할 수 있다. 즉 타인의 위임이 없는 때에는 보험계약자는 이를 보험자에게 고지하여야 하고, 그 고지가 없는 때에는 타인이 그 보험계약이 체결된 사실을 알지 못하였다는 사유로 보험자에게 대항하지 못한다(상법 제639조 제1항).

13 타인을 위한 보험계약에 관한 설명으로 옳은 것은?

① 보험계약자는 타인의 위임 없이는 계약을 체결할 수 없다.
② 타인은 수익의 의사표시를 행한 후 계약상의 이익을 받는다.
③ 보험계약자가 파산선고를 받은 때에는 그 타인도 원칙적으로 보험료 지급의무를 부담한다.
④ 보험계약자는 원칙적으로 그 타인의 동의 없이 계약을 임의로 해지할 수 있다.

| 해설 |

보험계약자가 파산선고를 받거나 보험료의 지급을 지체할 때에는 그 타인이 권리를 포기하지 않는 한 그 타인도 보험료를 지급할 의무를 진다.
① 보험계약자는 <u>타인의 위임 없이도</u> 계약을 체결할 수 있다.
② 타인은 수익의 <u>의사표시 없이</u> 당연히 계약상의 이익을 받는다.
④ 보험계약자는 그 <u>타인의 동의를 얻거나 보험증권을 소지한 경우</u>에만 그 계약을 해지할 수 있다.

14 타인을 위한 보험계약에 관한 설명으로 옳은 것은?

① 타인을 위한 보험계약은 타인의 위임을 받지 않으면 효력이 없다.
② 타인을 위한 보험계약의 경우, 타인은 보험계약자와 연대하여 보험료를 지급할 의무가 있다.
③ 타인을 위한 보험계약은 보험계약자와 피보험자가 다른 손해보험계약 또는 인보험계약을 말한다.
④ 타인을 위한 보험계약의 경우, 타인은 그 수익의 의사표시를 하지 않아도 당연히 계약의 이익을 받는다.

| 해설 |

상법 제639조 제2항의 규정에 따라 제3자(타인)는 수익의 의사표시를 필요로 하지 않고, 당연히 보험계약상의 이익을 받게 된다.
① 타인을 위한 보험계약은 <u>타인의 위임을 받았는가 받지 않았는가를 불문한다</u>.
② 보험계약자가 파산선고를 받거나 보험료의 지급을 지체할 때에는 <u>그 타인이 그 권리를 포기하지 않는 한 그 타인도 보험료를 지급할 의무가 있다</u>.
③ 손해보험계약에서는 보험계약자와 피보험자가 다른 경우이고, <u>인보험계약에서는 보험계약자와 보험수익자가 다른 경우이다</u>.

15 타인을 위한 보험계약에 관한 설명으로 옳은 것은?

① 보험수익자는 자신이 보험자에 대하여 수익의 의사표시를 하지 아니하였다면 당연히 보험금액을 청구할 수 없다.
② 손해보험의 경우 보험계약자는 피보험자의 위임을 받지 아니한 경우에도 계약을 체결할 수 있다.
③ 보험수익자인 타인은 어떤 경우에도 보험료 지급의무는 지지 않는다.
④ 제3자, 즉 피보험자 또는 보험수익자는 계약 체결 당시에 정해져 있어야 한다.

| 해설 |

② 상법 제639조 제1항
① 타인은 수익의 의사를 표시하지 않더라도 당연히 보험계약의 이익을 받는다.
③ 보험계약자가 보험금 지급을 지체하거나 파산선고를 받은 경우 피보험자 또는 보험수익자가 그 권리를 포기하지 않는 한 보험료 지급의무가 있다.
④ 타인은 계약 체결 당시는 물론 사고발생 전에 정해도 무방하다.

16 타인을 위한 손해보험계약에 관한 설명으로 옳지 않은 것은?

① 보험계약자는 보험증권을 소지하고 그 타인의 동의를 얻은 경우에 한하여 보험계약을 해지할 수 있다.
② 보험계약자가 예외적으로 보험금청구권을 취득할 수도 있다.
③ 보험계약자가 원칙적으로 보험료 지급의무를 부담한다.
④ 보험계약자와 피보험자가 서로 다른 손해보험계약이다.

| 해설 |

타인을 위한 보험계약의 경우에는 보험계약자는 그 타인의 동의를 얻지 아니하거나 보험증권을 소지하지 아니하면 그 계약을 해지하지 못한다. 즉 보험증권을 소지하거나 또는 그 타인의 동의를 얻은 경우에는 보험계약을 해지할 수 있다(상법 제649조).

17 타인을 위한 보험계약에 대한 설명으로 옳지 않은 것은? (다툼이 있는 경우 판례에 의함)

기출 21

① 타인을 위한 손해보험계약의 경우, 타인의 위임이 없더라도 성립할 수 있다.
② 보험계약자가 체결한 단기수출보험의 보험약관이 보상계약자의 수출대금회수불능에 따른 손실만을 보상하는 손실로 규정하고 있을 뿐이고, 보험금수취인이 입은 손실의 보상에 대해서는 아무런 규정이 없다면, 그 보험계약은 타인을 위한 보험계약으로 볼 수 없다.
③ 손해보험계약에서 보험의 목적물과 위험의 종류만 정해져 있을 뿐, 피보험자 및 피보험이익이 명확하지 않은 경우, 보험계약서 및 당사자간의 보험계약의 내용으로 삼은 약관의 내용, 보험계약 체결 경위와 과정, 보험회사의 실무처리 관행 등을 전반적으로 참작하여 타인을 위한 보험계약인지 여부를 결정하여야 한다.
④ 타인을 위한 손해보험계약에서 보험계약자는 청구권대위의 제3자가 될 수 없다.

해설

타인을 위한 손해보험계약은 타인의 이익을 위한 계약으로서 그 타인(피보험자)의 이익이 보험의 목적이지 여기에 당연히(특약없이) 보험계약자의 보험이익이 포함되거나 예정되어 있는 것은 아니므로, 피보험이익의 주체가 아닌 보험계약자는 비록 보험자와의 사이에서는 계약 당사자이고, 약정된 보험료를 지급할 의무자이지만 그 지위의 성격과 보험자대위 규정의 취지에 비추어 보면 보험자대위에 있어서 보험계약자와 제3자를 구별하여 취급할 법률상의 이유는 없는 것이며, 따라서 <u>타인을 위한 손해보험계약자가 당연히 제3자의 범주에서 제외되는 것은 아니다</u>(대법원 1989.4.25., 선고, 87다카1669, 판결).
① 타인을 위한 손해보험계약의 경우, 타인의 위임이 없더라도 성립할 수 있으며, 타인의 위임이 없으면 보험계약자는 이를 보험자에게 고지하여야 한다(상법 제639조 제1항 단서).
② 보험계약자가 체결한 단기수출보험의 보험약관이 보험계약자의 수출대금회수불능에 따른 손실만을 보상하는 손실로 규정하고 보험금수취인의 손실에 대해서는 아무런 언급이 없다면, 보험약관에 의한 보험계약으로 보험에 붙여진 피보험이익은 보험계약자의 이익, 즉 보험계약자가 수출계약 상대방의 채무불이행 등의 보험사고로 자신에게 귀속되는 수출물품의 대금채권이 멸손되어 장차 손해를 받을 지위에 있으나, 아직 손해를 받지 아니하는데 대하여 가지는 이익이 될 뿐, 보험금수취인의 이익은 그 피보험이익이 아니므로, 그 보험계약은 보험금수취인을 위한 타인을 위한 보험계약으로 볼 수 없다(대법원 1999.6.11., 선고, 99다489, 판결).
③ 대법원 2003.1.24., 선고, 2002다33496, 판결

CHAPTER 03 손해보험

🔍 **학습목표**
① 손해보험의 개념 및 원칙, 피보험이익, 보험금액과 보험가액, 초과·중복·일부보험에 관한 사항 등을 중심으로 학습한다.
② 보험자의 손해보상의무, 보험계약자 및 피보험자의 손해방지의무, 보험자대위, 손해보험계약의 변경·소멸, 보험의 목적과 양도 등을 이해한다.
③ 화재보험, 운송보험, 해상보험, 책임보험, 자동차보험, 재보험, 보증보험 등 각종 손해보험의 기본적인 개념을 학습한다.

01 손해보험의 총설

1 손해보험계약의 개념

(1) 손해보험계약의 정의
① 의 의
손해보험계약은 당사자 일방(보험계약자)이 약정한 보험료를 지급하고 상대방(보험자)이 재산에 관하여 불확정한 사고(보험사고)로 인하여 생기는 피보험자의 재산상의 손해를 보상할 책임이 있다고 약정함으로써 효력이 생기는 보험계약이다(상법 제638조, 제665조). 따라서 손해보험계약은 피보험자의 물건 또는 재산에 우연한 사고로 생기는 손해를 보상하는 것이므로, 사람의 생명 또는 신체에 생길 우연한 사고에 대비하는 인보험계약과 구별된다.

② 손해보상과 손해배상
손해보험계약에서 '손해'란 사법상의 손해배상법리에서 통용되는 손해와 같이 사고발생 전의 이익상태와 사고발생 후의 이익상태의 차이를 의미하며, 손해보상이나 손해배상은 그 손해를 원상회복하여 사고 전의 상태로 복구하는 기능을 가지고 있다.

㉠ 손해보상 : 손해보상이란 공법상 국가나 지방자치단체 또는 공공기관의 합법적 권리행사로 인해 발생한 손해를 전보하거나 사법상으로 적법한 행위임에도 발생한 손해를 보상해 주는 것을 말한다. 예를 들어 토지가 수용된 경우에 토지소유자에게 보상하는 경우나 소방관이 화재를 진압하기 위해 부득이 불난 집의 옆집 대문을 부수고 소방장비를 진입시켜 공무를 수행하는 경우 손해보상에 해당한다.

ⓒ 손해배상 : 손해배상이란 위법한 행위로 다른 사람에게 손해를 입힌 사람이 그 피해를 회복시켜 주는 것을 말한다. 채무를 이행하지 않아서 다른 사람에게 피해를 주거나 불법행위로 손해를 입힌 경우에 배상책임이 인정된다. 자기가 한 일에 대해 책임을 지는 것이기 때문에 고의 또는 과실이 있어야 한다. 대인배상보험이나 대물배상보험, 근로자재해배상책임보험 등은 제3자에게 피해를 입힌 손해를 전보하므로 손해배상의 성격을 가진다.
ⓒ 손해배상과 손해보상의 차이점 : 고의, 과실과 비교해보면 손해배상은 가해자의 위법이나 잘못이 입증돼야 하나, 손해보상은 가해자가 없는 경우나 가해자의 위법 또는 과실이 없는 경우에도 손해를 보상한다. 손해배상은 과실책임주의인 반면, 손해보상은 과실의 크고 작음은 물론 유무도 문제 삼지 않는 사회보장의 성격이 강하므로 무과실책임주의이다.

(2) 손해보상의 원칙(principle of indemnity, 실손보상의 원칙 = 이득금지의 원칙) 기출 19

① 의 의

손해보상의 원칙이란 손해보험에서 보험사고가 발생하였을 때 보험자는 피보험자에게 실손해액 이상으로 보험금을 지급할 수 없다는 원칙을 의미한다. 즉, 손해보험은 부정액보험으로서 보험사고의 발생시에 보험자의 보상책임 범위는 보험가액과 보험금액의 한도 내에서 피보험물의 실손해액에 따라 보상액이 결정된다는 것이다. 이는 피보험자가 보험을 통하여 결코 금전적 이득을 취할 수 없다는 손해보험 특유의 지배원리인 이득금지의 원칙이 지배하고 있기 때문이다.

② 인정이유

손해보상의 원칙은 피보험자 등이 보험을 통하여 이득을 얻게 되면 도덕적 위험이 뒤따르고 보험의 도박화, 인위적 사고를 유발하는 결과를 초래하게 되어 보험제도가 사회에 공헌하기보다는 사회의 불안 요소가 될 수 있기 때문이다.

③ 손해보상원칙의 내용과 법 규정 기출 21

㉠ 원칙의 내용 : 손해보험은 이득금지의 원칙에 따라 복구, 대체, 수리 등으로 이루어지며, 즉 원상회복하는 데에 있다. 이때 재축비, 재조달비 등의 대체비용에서 피해물의 감가분을 공제하고(감가상각) 복구, 대체, 수리 등으로 피해물의 가치가 증가되었다면 신구교환공제를 함으로써 이득을 금한다.

㉡ 상법의 규정

ⓐ 피보험이익 : 피보험이익은 상법상 "보험계약의 목적(상법 제668조)"이며, "보험사고의 발생 여부에 관하여 가지는 경제상의 이해관계"를 의미한다. 피보험이익은 손해발생 여부를 판단하는 기준으로서 손해보험에서는 피보험이익의 가액을 한도로 보상한다. 즉, 피보험이익은 보험자의 책임범위를 결정하고, 보험의 도박화, 인위적 위험초래의 방지 및 초과보험·중복보험의 판정기준이 된다. 또한 일부보험에서 손해가 피보험이익의 일부에 대해서만 발생한 때에는 피보험이익의 가액을 기준으로 보상액이 결정된다.

ⓑ 보험자대위 : "보험자가 보험금을 지급 후 피보험자 또는 보험계약자가 보험의 목적 또는 제3자에 대하여 가지는 법률상의 권리를 취득하는 것(상법 제681조, 제682조)"을 의미하며, 손해보험에서만 인정한다(단, 인보험 중 상해보험의 경우에 당사자간에 다른 약정이 있는 때에는 피보험자의 권리를 해하지 아니하는 범위 안에서 인정한다).

따라서 피보험자의 실손해만 보험자가 보상하더라도 피보험자에게 잔존물이나 제3자에 대한 권리가 남아 있으면 부당이득을 취득하는 결과가 되므로 법은 보험자에게 대위권의 취득을 인정하여 피보험자에게 이중이득을 금지하고 있다.

ⓒ 타보험계약 : 동일한 보험계약의 목적과 동일한 사고에 대하여 2개 이상의 계약에 체결되어 있을 때(중복보험, 병존보험의 경우) 그중 어떤 보험계약에 대하여 나머지 다른 계약을 '타보험계약(other insurance clause)'이라고 한다. 이 경우에 각 보험자에게 각 보험계약의 내용을 통지하도록 하고 있으며, 이를 해태시에 사기로 보아 보험계약을 무효로 하도록 하여 이중이득을 방지한다.

④ 손해보상원칙의 적용예외 기출 19·22·23

㉠ 인보험 중 생명보험 : 생명보험에서는 이득금지의 원칙이 적용되지 않으므로 실손보상의 원칙이 적용되지 않는다. 다만, 상해·질병보험의 경우 치료에 소요되는 의료실비(입원비·진단비·치료비 등)는 부정액보험으로서 손해보험의 성격을 가지므로 당사자의 특약으로 이득금지의 원칙을 적용할 수 있다.

㉡ 신가보험 : 신가보험은 신품가액에 의하여 손해를 보상하는 계약으로서(상법 제676조 제1항 단서) 피보험자가 신구교환차익을 얻으므로 손해보상의 원칙에 어긋나지만, 이는 공서양속과 보험의 본래 목적에 위배되지 않으므로 예외적으로 인정하고 있다.

㉢ 전손시 협정보험가액 : 당사자 사이에 미리 보험가액을 협정한 기평가보험의 경우(상법 제670조) 보험가액이 실제가액보다 많은 경우에도 그 차이가 미세하면 협정보험가액으로 보상한다.

㉣ 손해방지비용 : 손해방지비용이란 손해의 방지 또는 경감을 위하여 필요하거나 유익하였던 비용을 말하는 것으로, 손해액과 비용의 합계액이 보험금을 초과하더라도 보험자가 이를 부담한다(상법 제680조). 이는 보험자의 보상책임이 아니라, 단지 비용으로 보상액과 합산하여 지급할 뿐이다. 또한 비용은 피보험자가 지출한 금액에서 통상적이고 필요 타당한 경우에 인정하며, 적정해야 한다.

(3) 손해보험의 종류

① 우리 상법은 손해보험을 <u>화재보험, 운송보험, 해상보험, 책임보험, 자동차보험, 보증보험의 6종류로 규정</u>하고 있다. 이 중 화재보험·운송보험·해상보험은 전통적인 손해보험에 속하고, 책임보험은 기계문명의 발달 또는 도로교통의 증대로 급속히 발전하는 새로운 보험이며, 자동차보험은 자동차의 증대와 교통사고의 위험으로 오늘날 가장 중요한 보험분야로 나타나고 있다. 보증보험은 보험의 성격과 보증의 성격을 규정하는 전형계약이라 할 수 있다.

② 해상보험에서 시작된 손해보험은 경제의 발전과 더불어 사회생활이 복잡해짐에 따라 새로운 종류의 보험이 나날이 늘어나고 있고, 그 구분의 표준에 따라 여러 가지로 나눌 수 있다.

③ 상법규정 외에도 <u>근로자재해보상보험, 생산물배상책임보험, 도난보험, 유리보험, 동물보험, 원자력보험, 조립보험, 건설공사보험, 항공보험</u> 등 각종의 손해보험이 영위되고 있다. 그리고 상해보험은 인보험에 속하나 손해보험의 한 상품으로 판매되고 있으며, 오늘날 인간생활의 복잡화로 각종의 위험을 종합적으로 담보하는 보험의 수요가 꾸준히 증가하고 있다.

2 피보험이익

(1) 피보험이익의 개념

① 의 의

손해보험계약의 중심요소로는 보험사고, 보험료, 보험금액 및 피보험이익이 있다. 특히 피보험이익은 손해보험계약에 있어서 중요한 위치를 차지하고 있다. 손해보험계약은 원칙적으로 피보험이익을 전제로 하고 있으며, 손해의 보상도 피보험이익의 범위 내에서 이루어진다. 이는 손해보험계약이 보험사고로 인하여 피보험자에게 어떤 이득을 주려는 것이 아니고 현실적으로 발생한 손해를 보상하려는 데에 그 목적이 있기 때문이다. 우리 상법 제668조에서는 피보험이익을 "보험계약의 목적"이라고 하여 금전적으로 산정할 수 있는 이익으로 한정하고 있다.

② 학 설

피보험이익의 개념정립에는 이익설과 관계설이 대립하고 있다.

  ㉠ 이익설 : 피보험이익은 보험사고가 발생하면 피보험자에게 재산적 손실을 일으키는 관계가 있기 때문에 사고가 발생하지 아니하는 동안에 그 피보험자는 경제적 이익을 가지며, 이 경우에 "피보험자가 보험의 목적에 대하여 가지는 이익(vorteil) 또는 가치(wert)이다"라고 하는 설이다. 하지만 이 설은 손해의 개념을 전제로 이익을 설명하는 순환논법이라는 비판을 받고 있다.

  ㉡ 관계설 : 피보험이익은 "피보험자가 일정한 목적에 대하여 보험사고가 발생하면 손해를 입게 되는 경우에 피보험자와 그 목적과의 관계이다"라고 하는 설로서, 이것도 표현방식만 다를 뿐 순환논법이라는 점에서 이익설과 다를 바 없다. 따라서 피보험이익의 개념에 대하여 어느 설을 취하든 그 결과와 실익에는 차이가 없고 피보험이익의 요건을 명확히 하면 충분하다고 본다. 따라서 피보험이익을 "보험사고발생 여부에 대하여 가지는 경제상의 이해관계"라고 풀이할 수 있다.

③ 보험의 목적과의 구별 기출 21

피보험이익은 보험의 목적과 구별되는데, 보험의 목적(상법 제666조 제1호, 제675조, 제678조, 제679조)은 보험계약의 대상인 재화를 말하며, 피보험이익은 그 목적에 대하여 가지고 있는 경제적 이해관계를 말한다. 그러므로 동일한 목적에 대하여 경제적인 이해관계가 다름에 따라 수 개의 피보험이익이 있을 수 있고, 피보험이익이 다르면 동일한 목적물에 대한 보험계약이라도 별개의 보험계약이 된다.

④ 피보험이익의 지위

피보험이익은 손해보험계약의 중심요소로서 어떠한 지위에 있느냐는 절대적인 지위를 차지한다는 절대설과 보험계약의 도박화를 방지하기 위하여 정책적으로 인정되는 상대적인 것으로 보는 상대설로 구분할 수 있다. 한편, 피보험이익의 무용론이 주장되기는 하나 "이익이 없으면 보험도 없다"라고 할 만큼 손해보험계약의 절대적 불가결한 요소라는 것이 통설이다. 즉, 우리나라 손해보험에서는 피보험이익의 존재를 전제로 하므로 절대주의 · 객관주의를 채택하고 있다. 또한 손해보험계약 특유의 개념으로 인보험 중 생명보험계약에서는 이를 인정할 여지가 없는 것이 통설이다.

(2) 피보험이익의 요건 기출 24

① 경제적 이익

피보험이익은 금전으로 산정할 수 있는 것이어야 한다(상법 제668조). 금전적으로 산정할 수 있는 것이란 객관적 평가가 가능함을 의미한다. 이는 금전적으로 산정할 수 없는 한 손해의 산정은 사실상 불가능하고, 또 피보험자는 보험을 남용하여 실손해 이상의 손해보상을 받을 염려가 있기 때문이다. 경제적 이익으로 인한 경제적 가치를 가지지 않는 감정적 이익, 기호이익은 피보험이익이 될 수 없다. 또한 법률상 관계이든, 사실상 이해관계이든, 적극적이든, 소극적이든, 현실적으로 입은 손해이든, 상실이익이든 묻지 않는다.

② 적법한 이익

피보험이익은 법의 보호를 받을 수 있는 이익이어야 한다. 그러므로 선량한 풍속이나 그 밖의 사회질서에 위반하는 경우에는 계약 자체가 무효로 된다(민법 제103조). 따라서 탈세, 절도, 도박으로 인하여 받을 이익과 같은 불법한 것은 피보험이익이라 볼 수 없다. 피보험이익의 적법성은 당사자의 선의·악의를 묻지 않고 객관적인 표준에 따라 결정하여야 하고, 피보험자의 인적상태와 관계가 없다. 그러므로 피보험자가 전쟁개시로 적국인이 되더라도 사법관계에 속하는 범위에서는 보험계약의 효력에 영향을 미치지 않는다.

③ 확정적 이익

피보험이익은 보험계약의 체결 당시에 그 존재 및 소속이 확정되어 있거나 또는 적어도 사고발생 시까지 확정할 수 있는 것이어야 한다. 그러므로 이익은 확정할 수 있으면 현재의 이익뿐만 아니라 장래의 이익, 조건부 이익 등도 보험계약의 목적으로 할 수 있고, 또 장래의 영업이익 그 밖에 전혀 장래에 속하는 이익이라도 상관없다. 즉, 포괄보험(상법 제687조), 희망이익보험(상법 제689조 제2항, 제698조)이 그 예이다.

(3) 피보험이익의 효용(기능)

① 보험자의 책임범위의 결정

보험자는 보험사고가 발생할 경우 피보험이익을 금전적으로 산정한 가액, 즉 보험가액을 한도로 부담하게 되는데 보험자의 책임범위는 피보험이익의 평가액, 즉 보험가액을 법정 최고한도로 한다.

② 도박화, 인위적 위험의 방지

도박과 보험계약은 사행성을 가진다는 점에서 유사하나 보험은 피보험이익을 가진다는 점에서 도박화를 방지한다. 또한, 피보험이익은 보험자의 책임범위를 한정하므로 피보험자 등이 인위적으로 보험사고를 야기하는 것을 방지할 수 있다.

③ 초과·중복보험의 규제

손해보험계약은 불로소득이나 이익을 주려는 제도가 아니므로 초과보험이나 중복보험에 대해 특별히 규정을 따로 두고 규제를 하고 있다. 피보험이익의 가액, 즉 보험가액은 초과보험과 중복보험의 판정 기준으로서 기능을 하고 결과적으로 도박보험이나 초과·중복보험 등을 방지하여 보험계약의 사행성을 방지한다.

④ 일부보험의 보상액의 결정 기출 19

일부보험에서 보험자의 보상액은 보험금액의 보험가액에 대한 비율에 따라 보상하므로 보험가액이 확정됨으로써 보상액이 조정된다(상법 제674조).

⑤ 보험계약의 동일성을 구별하는 표준

보험계약의 동일성을 구별하는 표준은 피보험이익이며, 피보험이익이 다르면 동일한 보험의 목적에 수 개의 보험계약을 체결할 수 있다.

(4) 피보험이익의 구성

① 소유자이익

소유자이익이란 보험의 목적의 소유자가 그 재물에 대하여 가지는 이익을 말한다. 즉, 적극적 재산이익 중에 그 재물의 처분에 의하여 얻어질 수 있는 교환가치를 내용으로 하는 이익만을 지칭한다.

② 담보이익

담보이익이란 보험의 목적에 대하여 저당권, 질권, 유치권 등을 소유하는 자의 피보험이익을 말한다.

㉠ 공동해손, 구조료분담의 채무와 같이 채무가 물적 유한책임이기 때문에 담보물의 멸실로 인해 소멸되는 채권에 수반하는 것

㉡ 담보물의 멸실로 인해 소멸되지 않는 채무에 수반되는 것으로 채무불이행이 발생하였을 때 담보물의 처분으로 우선변제 받는 이익을 상실하는 것

> 여기서, ㉠은 그 주(主)되는 채권을 피보험이익으로 부보하는 것이 보통이며, 담보이익에 관한 것이면 ㉡을 지칭한다고 보아도 무방하다. 담보권자는 자기의 이런 종류의 이익을 자기의 채권의 금액을 한도로 하여 단독으로 부보가 가능하다.

③ 사용이익

사용이익이란 보험의 목적인 재물을 자기의 계산하에 사용함으로써 생기는 경제적 이익에 대한 피보험이익을 말하며, 보험의 목적을 타인에게 대여 받음으로써 얻는 수익에 상대되는 개념이다. 사용이익은 보험의 목적이 자기소유 여부를 불문하고 그 사용이 법률관계에 준거하건 단순한 사실관계에 있건 불문한다. 한편, 소유자이익은 소유자의 재물의 교환가치를 내용으로 하는 보험이지만 사용이익은 사용가치에 대한 보험이다.

④ 수익이익

수익이익이란 보험의 목적인 물건을 소유하여 얻는 자체의 사용이익을 허가함으로써 얻게 되는 이익을 말한다. 예를 들면 건물, 선박 등을 타인에게 대여함으로써 얻는 임대료, 용선료 등이다. 또 보험의 목적인 물건에 대해 용역을 제공하는 자가 그 물건이 무사함으로써 생기는 이익(가득이익)을 말한다. 예를 들면 선원의 급료, 도착할 재물의 매매를 중개하는 자의 수수료 등이다.

⑤ 대상이익

대상이익이란 어느 대상의 취득을 목적으로 비용이 지출되었을 경우 보험사고로 인해 그 대상의 취득이 방해되는데 대한 피보험이익을 말한다. 즉, 희망이익을 위하여 장래에 지급할 것이 아니고 미리 지급한 비용이다. 선비, 운임은 결정적으로 지출된 이상 보험사고의 발생으로 잃게 될 성질이 아니다. 잃을 우려가 있는 것은 선비의 대상으로서 취득이 기대되는 증가가치에 있음을 선비, 운임의 보험으로 부보하는 것이다. 운임을 취득할 목적으로 또는 지출되는 선비운송에 의한 화물의 증가가치를 취득할 목적으로 하주로부터 지출되는 운임 등이 그 예이다.

⑥ 비용이익

손해보험에서는 원칙적으로 보험가액이 보상한도가 되지만 신가보험의 경우 재축 또는 재조달가액과 시가와의 차액부분을 비용으로 보고 있다.

⑦ 책임이익

책임이익이란 어떤 사실의 발생으로 피보험자가 제3자에 대하여 손해를 입혔을 경우 제3자에게 재산적 급부를 하게 되는 피보험이익을 말한다.

⑧ 희망이익

희망이익이란 화물이 무사히 목적지에 도착하면 매각, 중개 등에 의하여 얻을 수 있는 것으로 기대되는 이익을 말한다. 화주의 희망이익은 화물 자체의 보험과 일괄하여 적하보험으로 부보되는 일이 많다. 보통 송장가격의 10%에 상당하는 금액을 송장가격에 가산한 것을 화물의 협정보험가액으로 한다.

착선 인도가격의 조건에 의한 화물의 매수인이 이익을 붙여 전매할 계약을 하고 있는 경우 만일 화물이 도착하지 않거나, 손상을 입고 도착하면 그 전매에 의한 이익을 잃게 되므로 그러한 희망이익에 대하여는 단독으로 부보할 필요가 있다. 매매계약의 중개에 관한 이익도 마찬가지이다. 이들을 보험계약의 목적으로 하는 손해보험을 희망이익보험이라 한다.

3 보험금액과 보험가액의 관계

(1) 보험금액

보험금액은 보험자가 발생한 손해의 보상을 위하여 지급하기로 한 금액의 최고한도를 말하는데, 이는 보험계약을 체결할 때에 당사자간의 약정에 의하여 정한다. 이것은 손해발생시에 실제로 피보험자에게 지급되는 금액과 구별하기 위하여 약정보험금액이라고도 한다.

(2) 보험가액 기출 21

① 의 의

보험가액이란 피보험이익을 금전으로 평가한 가액을 말한다. 보험가액은 원칙적으로 언제나 일정한 것이 아니고, 경기의 변동에 따라 수시로 변동하는 피보험이익의 가액이고, 물건보험에서만 존재한다.

② 보험가액의 평가

손해보험계약은 보험사고로 인한 피보험이익상의 손해를 보상할 것을 목적으로 한다. 그러므로 피보험이익을 정확하게 평가하는 것은 매우 중요하며, 피보험이익의 평가액을 보험가액이라고 한다. 하지만 보험가액은 보험기간 중에 변동하므로 당사자간에 다툼의 소지가 있어서 우리 상법은 그 평가에 대하여 다음과 같이 규정하고 있다.

㉠ 기평가보험의 경우 기출 16·17·18

ⓐ 의의 : 기평가보험(valued policy)이란 보험계약을 체결함에 있어서 당사자 사이에 미리 피보험이익의 가액에 대하여 합의가 이루어진 보험을 말한다.

ⓑ 인정이유 : 우리 상법은 당사자 사이의 협정에 의하여 미리 보험계약을 평가하는 기평가보험제도를 인정하고 있다. 그 이유는 보험사고의 발생시에 피보험이익의 평가를 둘러싸고 당사자간에 일어날 분쟁을 막는 데에 있기 때문이다.

ⓒ 보험증권의 기재 : 기평가보험에 있어서 보험가액에 대한 합의는 명시적이어야 하고, 이것은 각종 손해보험증권에 기재하여야 한다(상법 제685조, 제690조, 제695조). 이러한 보험가액의 기재가 있는 보험증권을 기평가보험증권이라 하고, 그렇지 않은 것을 미평가보험증권이라 한다.

ⓓ 기평가보험의 효과 : 보험가액에 대하여 당사자 사이에 합의를 하였을 때에는 보험사고발생시의 가액으로 정한 것으로 추정하여 보험자는 보험사고가 발생하면 그 약정한 보험가액에 따라 산정한 손해를 보상할 책임을 진다(상법 제670조). 그러나 약정한 보험가액이 보험사고 발생시의 가액을 현저하게 초과할 때에는 사고발생시의 가액을 보험가액으로 한다(상법 제670조 단서). 여기서 '현저하게'라 함은 객관적인 표준에 의한 거래의 통념에 따라 결정할 문제이고, 그 '현저한 초과'에 대한 입증책임은 보험자에게 있다. 이 경우 보험계약자에게 사기의 목적이 있을 때에는 그 계약 전체가 무효로 된다고 본다(상법 제669조 제4항).

판례 보험가액의 결정(대법원 1988.2.9., 선고, 86다카2933, 판결) 기출 17

손해보험에 있어서 보험사고의 발생에 의하여 피보험자가 불이익을 받게 될 이해관계의 평가액인 보험가액은 보험목적의 객관적인 기준에 따라 평가되어야 하나, 보험사고가 발생한 후 그 평가를 둘러싸고 보험자와 피보험자 사이에 분쟁이 발생하는 것을 미리 예방하고 신속한 보상을 할 수 있도록 하기 위하여 상법 제670조에서 기평가보험에 있어 보험가액에 관한 규정을 두고 있는 바, 이러한 기평가보험계약에 있어서도 당사자는 추가보험계약으로 평가액을 감액 또는 증액할 수 있다.

㉡ 미평가보험의 경우 기출 15

ⓐ 의의 : 미평가보험(unvalued or open policy)이란 보험계약의 체결 당시 당사자 사이에 피보험이익의 가액에 대하여 아무런 평가를 하지 아니한 보험을 말한다.

ⓑ 보험가액산정의 일반원칙 : 우리 상법은 당사자 사이에 보험가액을 정하지 아니한 때에는 사고발생시의 가액을 보험가액으로 한다(상법 제671조). 이와 같이 보험가액산정의 시점만을 규정하고 있어서 시가의 장소가 문제될 수 있으나, 사고발생시의 장소에 있어서 사회통념에 의한 객관적인 가액을 표준으로 하고 있다.

ⓒ 보험가액 불변경주의 기출 24
- 의의 : 일반적으로 보험기간이 짧고 시간적으로 보험가액의 변동이 비교적 적으며, 또한 손해발생의 때와 곳을 결정하기가 어려운 해상·운송보험에서는 평가가 용이한 시점의 가액을 표준으로 전보험기간을 통하여 보험가액으로 정하고 있다. 이를 보험가액산정의 특칙으로서 '보험가액 불변경주의'라 한다.
- 인정이유 : 보험제도가 수리·통계적인 기술적 성격을 가지고 있으나, 운송·해상보험의 경우 운송물이나 선박 또는 적하물이 수시로 변경되어 손해가 발생한 때와 곳을 정하기 어려우며, 특히 미평가보험에서는 보험가액의 평가가 더욱 어려워 어느 시점의 가액을 보험가액으로 하여야 하기 때문이다.
- 효용 : 보험가액에 문제가 생긴 경우 그 진실한 가액 여하에 불구하고 언제나 평가가 용이한 시점의 가액을 기준으로 하기 때문에 분쟁의 여지가 적고 보험료 산정이 용이하다.
- 상법상 운용

운송보험	운송물을 발송한 때와 곳의 가액과 도착지까지의 운임 및 기타의 비용을 보험가액으로 한다(상법 제689조 제1항).
선박보험	보험자의 책임이 개시될 때의 선박가액을 보험가액으로 한다(상법 제696조 제1항).
적하보험	적하를 선적한 때와 곳의 가액에 선적 및 보험에 관한 비용을 가산한 것을 보험가액으로 한다(상법 제697조). 기출 20
희망이익보험	적하의 도착으로 인하여 도착지에서 얻을 이익과 보수를 계약으로 정하지 않은 때에는 보험금액을 보험가액으로 한 것으로 추정한다(상법 제698조).
초과보험	초과보험의 유무를 결정하는 때의 보험가액은 계약 당시의 가액에 의하도록 하고 있다(상법 제669조 제2항).

(3) 보험금액과 보험가액의 관계
① 손해보험은 일종의 손해보상계약으로서 보험자는 보험사고로 인하여 피보험자에게 적극적으로 어떤 이득을 주려는 것이 아니기 때문에 보험자가 보상할 손해액은 보험가액에 의하여 최고한도가 정해지고 보험금액에 의하여 그 범위가 제한된다. 여기서 <u>보험금액은 보험사고의 발생시에 보험자가 지급할 금액의 계약상의 최고한도액이고, 보험가액은 피보험이익의 가액으로 피보험이익을 금전평가한 가액으로 법률상의 최고한도액이다.</u> 즉, 보험금액은 보험자가 지급할 보험금의 "계약상의 최고한도"이며, 보험가액은 "법률상의 최고한도"이다.
② 보험금액은 손해보험과 인보험의 공통된 개념이나 보험가액은 손해보험에만 있는 개념으로 보험금액과 보험가액과의 관계는 손해보험에서만 문제되고 있다.
③ 보험금액과 보험가액은 서로 일치되는 것을 기대하지만 그 개념이 다르고, 또한 보험가액은 항상 가변성을 띠고 있어서 계약 체결시에 당사자가 정한 보험금액과 일치하지 않는 경우가 생기는데, 일치하는 경우를 전부보험이라 하고, 일치하지 않는 경우를 초과보험, 중복보험, 일부보험의 형태로 구분한다.

(4) 전부보험(full insurance)
보험금액과 보험가액이 일치하는 보험을 전부보험이라고 한다. 그러나 보험가액의 산정이 어렵고 수시로 변동하므로 현실적으로 전부보험이 존재하기가 어렵다. 보험자는 전부보험인 경우 소손해 부담보 등 특약이 없는 한 실손해액 전부를 보상한다.

(5) 초과보험(over insurance) 기출 19·23·25

① 의 의

초과보험이란 보험금액이 보험가액을 현저하게 초과하는 보험(상법 제669조 제1항)을 말하며, 보험계약 체결 당시에 당사자에 의하여 보험가액 이상으로 정해진 때에 생기거나 보험기간 중에 물가의 하락으로 보험가액이 현저하게 감소된 때에도 생긴다.

② 성립요건

㉠ 현저한 초과 : 보험금액이 보험가액을 현저하게 초과하여야 하는데(상법 제669조 제1항), '현저하게'란 사실문제로 사회거래의 통념에 따라 결정하여야 한다.

㉡ 보험가액의 산정시기 : 초과보험을 결정하는 보험가액의 산정은 계약 당시에 의하여 정한다(상법 제669조 제2항). 그러나 물가의 하락으로 보험가액이 보험기간 중에 현저하게 감소된 때에는 그때를 기준으로 한다(상법 제669조 제3항).

㉢ 사기가 없을 것 : 보험계약자에게 사기가 없어야 하는데, 사기인 경우 그 계약은 무효가 된다(상법 제669조 제4항).

> 보험계약자의 사기로 초과보험계약이 체결된 경우, 초과보험 여부 및 보험계약자의 사기 여부에 대한 증명책임은 보험자가 부담한다.

③ 효 과

초과보험을 그대로 인정하면 보험의 도박화나 인위적인 사고를 일으킬 우려가 있어서 각 나라에서는 초과보험을 제한하고 있다.

㉠ 입법주의 : 각 나라의 초과보험에 관한 규제는 주관주의와 객관주의로 크게 나누어 볼 수 있다.

ⓐ 주관주의는 보험금액이 보험가액을 초과하는 경우에 단순한 것 또는 사기적인 것에 따라 그 효력을 달리하는 것으로 전자의 경우에는 당사자에게 보험금액과 보험료의 감액청구권을 인정하고, 후자의 경우에는 보험계약 자체를 무효로 하는 것으로 우리 상법도 이에 따르고 있다.
우리 상법에서도 초과보험을 제한하고 있는데, 당연히 무효로 하지 않고 보험계약자의 선의, 악의에 따라 효력을 달리하는 주관주의를 채택하고 있다.

ⓑ 객관주의는 초과보험의 경우에 그 초과부분을 당연히 무효로 하는 것으로 일본 상법이 이에 속한다(일본 상법 제631조).

㉡ 선의인 경우 : 당사자의 선의인 경우 보험자 또는 보험계약자는 보험금액과 보험료의 감액을 청구할 수 있다. 그러나 보험료의 감액은 보험료불가분의 원칙에 따라 장래를 향하여만 효력이 있다(상법 제669조 제1항). 따라서 보험자가 보험계약이 초과보험이란 사실을 보험사고의 발생 후에 손해사정과정에서 비로소 알게 된 경우에, 보험계약 체결시부터 초과보험이라 하더라도 약관에 반대의 약정이 없는 한 그 초과부분의 보험료를 소급하여 반환할 의무는 없으며, 그 보험료기간에 대한 보험료는 그대로 청구할 수 있다. 이것은 보험가액이 보험기간 중에 현저하게 감소하여 초과보험이 된 경우에도 마찬가지이다(상법 제669조 제3항).

ⓒ 악의인 경우 : 초과보험이 보험계약자의 사기로 인하여 체결된 때에는 초과부분뿐만 아니라 계약의 전부를 무효로 한다. 그러나 보험자는 그 사실을 안 때까지의 보험료를 청구할 수 있다(상법 제669조 제4항). 이는 보험계약의 선의성·윤리성에 따라 보험의 도박화와 고의적인 보험사고의 유발을 방지하고 사기적인 보험계약자를 응징하기 위함이다.

> **판례** 대법원 2015.7.23., 선고, 2015도6905, 판결
>
> 보험계약자가 보험계약 체결시 보험금액이 목적물의 가액을 현저하게 초과하는 초과보험 상태를 의도적으로 유발한 후 보험사고가 발생하자 초과보험 사실을 알지 못하는 보험자에게 목적물의 가액을 묵비한 채 보험금을 청구하여 보험금을 교부받은 경우, 보험자가 보험금액이 목적물의 가액을 현저하게 초과한다는 것을 알았더라면 같은 조건으로 보험계약을 체결하지 않았을 뿐만 아니라 협정보험가액에 따른 보험금을 그대로 지급하지 아니하였을 관계가 인정된다면, 보험계약자가 초과보험 사실을 알지 못하는 보험자에게 목적물의 가액을 묵비한 채 보험금을 청구한 행위는 사기죄의 실행행위로서의 기망행위에 해당한다.

(6) 중복보험(Double Insurance) 기출 15·16·17·18·19·20·21·25

① 개 요

동일한 보험계약의 목적(피보험이익)과 동일한 보험사고에 관하여 수 개의 보험계약이 체결될 수 있다. 예컨대, 수 인의 보험자가 보험계약자의 위험을 분담·공동으로 보험을 인수하는 "공동보험(mitversicherung)", 보험자 사이에 서로 연결 없이 보험가액 한도 내에서 보험을 인수하는 "병존보험(nebenversicherung)", 보험금액의 총액이 보험가액을 초과하여 수 인의 보험자와 개별적으로 보험계약을 체결하는 "중복보험"이 있다.

따라서 병존보험에서도 각 보험자는 위험관리, 보험자대위, 손해방지비용부담 등에 관하여 이해관계를 가지고 있으므로 각자가 인수한 위험을 어떤 보험자가 어떤 조건으로 인수하였는가를 알 필요가 있다. 여기서 우리 상법은 보험계약자의 통지의무 범위를 "동일한 보험계약의 목적과 동일한 사고에 관하여 수 개의 보험계약이 체결되는 경우"라 하여 중복보험 이외에 병존보험도 포함되도록 규정하고 있다.

② 의 의

동일한 보험계약의 목적과 동일한 사고에 관하여 수 개의 보험계약이 수 인의 보험자와 동시에 또는 순차로 체결된 경우에 그 보험금액의 총액이 보험가액을 초과한 경우로서 초과보험의 특수한 형태이다(상법 제672조 제1항). 따라서 수 개의 보험계약이 동시에 또는 차례차례 체결되어서 동시중복보험과 이시중복보험이 발생할 수 있다. 이때 보험자는 각자의 보험금액 한도에서 연대책임을 지고, 각 보험자의 보상책임은 각자의 보험금액의 비율에 따르므로(상법 제672조 제1항) 연대주의의 원칙에 비례주의를 첨가하고 있다.

> **판례** 대법원 2005.4.29., 선고, 2004다57687, 판결
>
> 중복보험이라 함은 <u>동일한 보험계약의 목적과 동일한 사고에 관하여 수 개의 보험계약이 동시에 또는 순차로 체결되고 그 보험금액의 총액이 보험가액을 초과하는 경우</u>를 말하므로 보험계약의 목적, 즉 피보험이익이 다르면 중복보험으로 되지 않으며, 한편 수 개의 보험계약의 보험계약자가 동일할 필요는 없으나 피보험자가 동일인일 것이 요구되고, 각 보험계약의 보험기간은 전부 공통될 필요는 없고 중복되는 기간에 한하여 중복보험으로 보면 된다.

③ 형 태
  ㉠ 고가품, 기타 보험계약의 목적이 고액인 경우의 보험에 있어서 보험계약자 측이 단일보험자와의 보험계약으로는 보험자의 자력면에서 불안할 때
  ㉡ 보험계약자가 자기를 위한 보험계약을 체결하였을 때에 제3자가 그 보험계약자를 위한 이른바 타인을 위한 보험계약을 체결한 경우
  ㉢ 보험계약자나 피보험자가 중복을 모르고 다른 보험자와 계약을 체결하는 경우
  ㉣ 보험금의 사취목적 등

④ 요 건
  ㉠ <u>수 개의 보험계약</u> : 동일한 피보험이익에 대하여 수 개의 보험계약이 수 인의 보험자와 체결되어야 한다. 수 인의 보험자와 보험계약을 체결하는 한 동시에 체결하든, 순차로 체결하든 상관이 없다.
  ㉡ <u>보험계약 요소의 중복</u> : 동일한 보험의 목적에 피보험자, 피보험이익(보험계약의 목적) 및 보험사고가 동일하고 보험기간도 동일하거나 중복되어야 한다.
  ㉢ <u>보험가액의 초과</u> : 수 개의 보험계약의 합계액이 보험가액을 초과하여야 한다. 그렇지 않은 경우 수 개의 유효한 일부보험이 병존하게 된다.

⑤ 효 과
  ㉠ <u>입법주의</u> : 손해보험은 실손해액 이상으로 보상하는 것이 아니므로, 중복보험의 경우 보험자의 손해보상방법에 관하여 정할 필요가 있고, 입법주의로 다음 세 가지가 있다.
    ⓐ 우선주의 : 동시, 이시를 구별하여 동시중복보험의 경우 각 보험자의 부담은 각 보험금액의 총 보험금액에 대한 비율로 부담(비례분담주의)하고, 이시중복보험의 경우 선계약이 우선 부담하고 후계약이 부족부분에 대하여 부담(선보험우선주의)한다.
    ⓑ 비례주의 : 동시, 이시의 구별 없이 각 보험자는 각자의 보험금액의 비율에 따라 보상책임을 진다.
    ⓒ 연대주의 : 동시, 이시의 구별 없이 각 보험자가 보험금액을 한도로 연대하여 책임을 진다.
  ㉡ <u>보험자의 보상책임</u> : 우리 상법은 동시, 이시를 불문하고 각 보험자는 각자의 보험금액의 한도에서 연대책임을 지고, 각 보험자의 보상책임은 각자의 보험금액의 비율에 따른다(상법 제672조 제1항)고 하여 연대주의를 원칙으로 하고 비례주의를 첨가하고 있다.

> **판례** 대법원 2002.5.17., 선고, 2000다30127, 판결 [기출 22]
>
> 수 개의 손해보험계약이 동시 또는 순차로 체결된 경우에 그 보험금액의 총액이 보험가액을 초과한 때에는 상법 제672조 제1항의 규정에 따라 보험자는 각자의 보험금액의 한도에서 연대책임을 지고 이 경우 각 보험자의 보상책임은 각자의 보험금액의 비율에 따르는 것이 원칙이라 할 것이나, 이러한 상법의 규정은 강행규정이라고 해석되지 아니하므로, <u>각 보험계약의 당사자는 각개의 보험계약이나 약관을 통하여 중복보험에 있어서의 피보험자에 대한 보험자의 보상책임 방식이나 보험자들 사이의 책임 분담방식에 대하여 상법의 규정과 다른 내용으로 규정할 수 있다.</u>

　　ⓒ <u>보험자 1인에 대한 권리의 포기</u> : 보험자 1인에 대한 권리포기는 다른 보험자의 권리, 의무에 영향을 미치지 아니한다(상법 제673조). 이는 피보험자가 한 보험자와 통모하여 다른 보험자를 해치는 것을 방지하기 위한 것이다. 그러므로 피보험자가 어떤 보험자 1인에 대하여 보험금청구권을 포기하였을 때에는 그 보험자의 부담부분에 대하여는 다른 보험자도 책임을 면하고, 이미 다른 보험자가 피보험자에게 보상하였을 때는 그 보험자의 부담부분에 대한 구상권을 행사할 수 있다.

　　ⓔ <u>보험계약자의 통지의무</u> : 보험계약자는 동일한 보험계약의 목적과 동일한 사고에 대하여 수 개의 보험계약을 체결하는 경우 각 보험자에 대하여 각 보험계약 내용을 통지하여야 한다(상법 제672조 제2항)고 하여 중복보험뿐만 아니라 병존보험도 포함시키고 있다. 이 통지의무를 해태하면 악의로 추정받아 그 계약은 모두 무효로 보아야 할 것이다. 통지의 방법에는 제한이 없으므로 구두, 서면 모두 상관없으나 각 보험자의 명칭, 보험금액을 밝혀야 한다.

　　ⓜ <u>보험금액과 보험료의 감액청구</u> : 중복보험에 의하여 보험금액이 보험가액을 현저하게 초과한 때에는 보험자 또는 보험계약자는 보험금액과 보험료의 감액을 청구할 수 있다. 보험료 감액은 장래에 대하여만 효력이 생기므로 초과보험의 경우와 같다.

　　ⓗ <u>보험계약자의 사기로 인한 경우</u> : 중복보험계약이 사기로 인한 경우 초과부분뿐만 아니라 그 계약의 전부가 무효이고, 보험자는 보험계약자가 사기로 인한 중복보험임을 안 때까지의 보험료청구권을 행사할 수 있다(상법 제672조 제3항, 제669조 제4항). 중복보험도 초과보험과 같이 보험계약자의 선의, 악의에 따라 효과를 달리하므로 주관주의를 취하고 있다.

⑥ 중복보험의 법리(法理)의 확장 [기출 17·21]
　　㉠ <u>의의</u> : 중복보험의 법리는 원칙적으로 보험가액의 개념이 있는 물건보험에서만 인정된다. 그러나 우리 상법은 책임보험에 대해서도 물건보험에 있어서의 중복보험의 법리에 따르도록 명문화하였다.

　　㉡ <u>책임보험에의 확장</u> : 피보험자가 동일한 사고로 제3자에게 배상책임을 짐으로써 입은 손해를 보상하는 수 개의 책임보험계약이 동시 또는 순차로 체결된 경우에, 그 <u>보험금액의 총액이 피보험자의 제3자에 대한 손해배상액을 초과한 때에는 중복보험의 법리를 그대로 적용한다</u>(상법 제725조의2). 따라서 피보험자는 각 보험자에 대하여 중복보험의 사실을 통지할 의무를 지고, 보험자의 보상책임도 연대책임 및 비례보상의 원칙에 따라 결정된다. 그 밖에 보험금액과 보험료의 감액청구, 사기적인 경우의 효력 등도 물건 보험과 동일하다.

판례 사기로 인한 중복보험(대법원 2000.1.28., 선고, 99다50712, 판결) 기출 17

사기로 인하여 체결된 중복보험계약이란 보험계약자가 보험가액을 넘어 위법하게 재산적 이익을 얻을 목적으로 중복보험계약을 체결한 경우를 말하는 것이므로, 통지의무의 해태로 인한 사기의 중복보험을 인정하기 위하여는 보험자가 통지의무가 있는 보험계약자 등이 통지의무를 이행하였다면 보험자가 그 청약을 거절하였거나 다른 조건으로 승낙할 것이라는 것을 알면서도 정당한 사유 없이 위법하게 재산상의 이익을 얻을 의사로 통지의무를 이행하지 않음을 입증하여야 할 것이고, 단지 통지의무를 게을리 하였다는 사유만으로 사기로 인한 중복보험계약이 체결되었다고 추정할 수는 없다.

(7) 일부보험(under insurance) 기출 14·15·20·24

① 의 의

일부보험이란 보험금액이 보험가액에 미달하는 경우, 즉 보험가액의 일부를 보험에 붙인 물건보험을 말하고 전부보험의 상대적 개념이다. 일부보험은 피보험자의 주의력의 해이를 방지하거나 보험료를 절감하기 위하여 의식적으로 체결하는 경우(의식적 일부보험)도 있고, 계약 성립 후 물가의 오름으로 보험가액이 높아짐으로써 자연적으로 발생하는 경우(자연적 일부보험)도 있다. 따라서 일부보험은 초과보험과는 달리 도덕적 위험(moral risk)의 폐해는 적다. 그러나 보험가액이 존재하지 않는 책임보험의 경우는 일부보험이 성립될 수 없으나, 재보험가액이 존재하는 재보험의 경우에는 일부보험이 성립될 수 있다.

② 요 건

보험금액이 보험가액에 미달하여야 한다. 이 경우 보험가액의 산정은 당사자간에 협정이 있으면 원칙적으로 그에 따르고(상법 제670조), 협정이 없으면 보험사고발생시의 가액에 의한다(상법 제671조).

비율보험은 보험가액의 일정한 비율로 보험금액이 되는 전액보험이라는 점에서 일부보험과 구별된다.
기출 24

③ 효과
　㉠ 비례부담의 원칙 : 일부보험의 경우 보험자는 보험금액의 보험가액에 대한 비율로 보상할 책임이 있다는 것이(상법 제674조) 원칙이다. 이를 '비례부담의 원칙'이라 한다. 따라서 보험의 목적이 전손이 된 경우 보험금액의 전액을 지급하고, 분손의 경우 손해액의 일부분은 보험자가 보상하고, 그 나머지는 피보험자가 부담한다. 이것을 공식화하면 다음과 같다.

$$보험자의\ 보상액 = 손해액 \times \frac{보험금액}{보험가액}$$

　㉡ 제1차 위험보험 : 일부보험의 경우 당사자간의 특약으로 분손(分損)의 경우에도 보험금액의 범위 내에서 전부보험의 경우와 마찬가지로 손해액의 전부를 보상하기로 약정할 수 있는데(상법 제674조 단서), 이를 '실손보상계약', '제1차 위험보험'이라고 한다. 이는 피보험자에게 피보험이익을 초과하여 부당이득을 줄 염려가 없고 보험 본래의 취지에 부응하기 때문에 인정된다. 따라서 보험자는 비례보상책임을 지지 않고 보험금액에 달할 때까지는 분손의 경우라도 전부 보상한다.

　㉢ 부보비율 조건부 실손보상(coinsurance Ⅱ) : 보험계약자가 보험금액을 보험자가 요구하는 일정비율에 맞는 금액으로 설정했을 때 제1차 위험보험, 즉 실손보상을 한다. 이는 보험자의 보험료 확보와 보험계약자간의 형평성 유지를 위함이다.

> **심화TIP** 일부보험의 효과
> - 사고예방의 동기부여
> - 도덕적 위태 감소
> - 보험료 인하 등

02 손해보험계약의 효과

1 보험자의 손해보상의무

(1) 의 의

손해보험계약은 유상·쌍무계약으로 보험자는 보험계약자의 보험료 지급의 대가로 보험기간 내에 보험사고가 발생한 경우 피보험자의 재산상 손해를 보상할 책임을 지는데, 이것은 손해보험에서 가장 중요한 보험자의 손해보상의무이다. 이러한 보험자의 보상책임(위험부담)은 당사자간에 다른 약정이 없는 한 최초의 보험료를 지급받은 때부터 개시되고(상법 제656조), 소급보험의 경우 당사자간에 정한 시기로부터 책임을 진다(상법 제643조).

(2) 손해보상책임의 발생요건

① 보험기간 안에 보험사고발생

보험사고는 보험계약에서 정한 우연한 사고를 말하며, 보험계약의 체결 당시에 보험사고가 이미 발생한 것을 당사자 쌍방과 피보험자가 알지 못한 경우(상법 제644조)와 보험사고가 보험기간 안에 발생하였으나 손해가 보험기간 후에 발생한 경우도 보험자는 책임을 진다.

② 피보험자에게 재산상 손해발생

손해란 피보험자가 입은 경제상의 불이익으로서 재산상 손해를 말하며, 정신적 손해는 포함되지 않는다. 따라서 보험사고로 생긴 재산상 손해라 하더라도 면책사유, 소손해면책조항(franchise clause)에 해당하는 손해와 같은 보험자가 담보하지 않는 손해는 포함되지 않는다.

③ 상당인과관계

피보험자가 직접 입은 재산상의 손해와 보험사고는 상당인과관계가 있어야 한다(통설).

> **판례** 대법원 1999.10.26., 선고, 99다37603, 37610, 판결 [기출 22]
>
> 보험자가 벼락 등의 사고로 특정 농장 내에 있는 돼지에 대하여 생긴 보험계약자의 손해를 보상하기로 하는 손해보험계약을 체결한 경우, 농장 주변에서 발생한 벼락으로 인하여 그 농장의 돈사용 차단기가 작동하여 전기공급이 중단되고 그로 인하여 돈사용 흡배기장치가 정지하여 돼지들이 질식사하였다면, <u>위 벼락사고는 보험계약상의 보험사고에 해당</u>하고 위 벼락과 돼지들의 질식사 사이에는 <u>상당인과관계가 인정된다</u>.

(3) 보험자의 면책사유 [기출 15·16·24·25]

보험자의 보상책임 발생요건을 만족시키더라도 다음의 경우와 같은 면책사유에 해당하면 보상하지 않는다.

① 법정 면책사유

㉠ 보험계약자·피보험자의 <u>고의·중과실로 인하여 사고가 발생한 경우</u> 보험자는 면책된다(상법 제659조). 단, 사망보험과 책임보험계약의 경우 중과실은 보상책임이 있다.

      ⓒ 전쟁 또는 기타 변란으로 인하여 사고가 발생한 경우 보험자는 면책이나 당사자간에 특약이 있는 경우는 예외이다(상법 제660조).
      ⓒ 보험목적의 성질, 하자 또는 자연소모로 인한 손해는 보험자가 이를 보상할 책임이 없다(상법 제678조).
      ⓔ 보험계약자, 피보험자 등의 의무위반으로 계약이 해지되거나 해지될 사유가 있을 때에는 그 효과로서 보험자는 책임을 지지 않는다.
      ⓜ 보험계약 당시에 보험사고가 이미 발생한 것을 보험계약자, 피보험자만 알고 있는 경우에 보험계약은 무효가 되므로 보험자는 책임이 없다.
  ② 약정 면책사유
      약관상 명시된 면책사유로 보험자의 보상책임을 제한하고 있다. 보험의 본질에 반하지 않고 공서양속, 신의성실의 원칙 또는 보험계약자 등 불이익변경금지의 원칙(상법 제663조)에 반하지 않는 한 유효하다.

> **판례** 보험계약자 등의 고의 또는 중과실 관련 판례
>
> - 대법원 2010.1.28., 선고, 2009다72209, 판결
>   고의라 함은 자신의 행위에 의하여 일정한 결과가 발생하리라는 것을 알면서 이를 행하는 심리 상태를 말하고, 여기에는 확정적 고의는 물론 미필적 고의도 포함된다고 할 것이다.
> - 대법원 2008.6.12., 선고, 2007다83700, 판결
>   중대한 과실이란 통상인에게 요구되는 정도의 상당한 주의를 하지 아니하더라도 약간의 주의를 한다면 손쉽게 위법, 유해한 결과를 예견할 수 있는데도 불구하고 만연히 이를 간과함과 같은 거의 고의에 가까운 현저한 주의를 결여한 상태를 의미한다고 할 것이다.
> - 대법원 2001.4.24., 선고, 2001다10199, 판결
>   피보험자가 사고 당시 심신미약의 상태에 있었던 경우, 사고로 인한 손해가 '피보험자의 고의로 인한 손해'에 해당하지 아니하여 보험자가 면책되지 아니한다.
> - 대법원 1994.8.26., 선고, 94다4073, 판결
>   자동차운전자가 자동차대여업자로부터 자동차를 대여 받음에 있어 도로교통법 제77조에 의하여 운전하는 때에 반드시 지녀야 할 운전면허증이나 이에 갈음하는 증명서가 아닌 운전면허증 사본을 제시한다는 것은 극히 이례적인 일이라고 할 것이므로 자동차대여업자로서는 조금만 주의를 기울여 그 원본이나 주민등록증의 제시를 요구하는 등의 방법으로 확인하였더라면 쉽게 그 진위를 가려볼 수 있었을 것인데도 이를 태만히 한 것은 중대한 과실에 속한다고 볼 수 있다.

(4) 손해의 산정과 보상
  ① 손해액의 산정 [기출 18·19·25]
      보험자가 보상할 손해액은 손해가 발생한 때와 정도의 가액에 의한 것이 원칙이다(상법 제676조 제1항). 기평가보험(상법 제670조)의 경우 또는 보험가액 불변경주의를 취하는 해상·운송보험의 경우는 협정보험가액 또는 일정시점의 가액을 기준으로 손해액을 산정한다. 또한 손해액 산정비용은 보험자가 부담한다(상법 제676조 제2항).
  ② 손해보상의 방법
      손해보험의 손해보상의 방법은 특별한 규정이 없으나, 금전급여를 원칙으로 한다. 다만, 약관에 따라 현물보상을 정한 경우 손해의 전부 또는 일부를 현물로 보상할 수 있다.

③ 손해보상의 범위
  ㉠ 보험자의 손해보상범위는 개별적인 보험계약에서 정한 보험금액 한도 내에서 피보험자가 보험사고로 입은 실손해액을 보상한다. 단, 신가보험의 경우 보험목적의 신조달가액을 보상하고(상법 제676조 제1항 단서), 이 밖에 손해방지비용을 부담하는데 그 비용과 보상액의 합계액이 보험금액을 초과하더라도 보상한다.

  > 보험사고로 인하여 상실된 피보험자가 얻을 이익이나 보수는 당사자간에 다른 약정이 없으면 보험자가 보상할 손해액에 산입하지 아니한다(상법 제667조). 기출 18·20

  ㉡ 물건보험의 경우 보험자가 보상할 손해액은 보험금액에 의하여 그 범위가 정해지고 보험가액에 의해 최고한도가 정해지는데, 그 내용은 다음과 같다.
    ⓐ 전부보험에서는 피보험자가 입은 손해, 즉 실손해액을 보상한다.
    ⓑ 일부보험에서는 보험금액의 보험가액에 대한 비율, 즉 비례보상을 하지만 실손보상제를 채택한 제1차 위험보험의 경우 보험금액의 한도 내에서 실손해액을 보상한다.
    ⓒ 초과보험에서는 보험가액을 한도로 실손해액의 전액을 보상한다.
    ⓓ 중복보험에서는 각 보험자의 보험금액의 비율에 따라 보험가액 한도 내에서 보상한다.
    ⓔ 공동보험에서는 보험증권상 확인된 자기인수분을 한도로 비례보상한다.

(5) 손해보상의무의 이행 기출 16
보험자의 손해보상의무는 보험사고에 의하여 손해가 발생한 때 구체화되고 다른 약정이 없는 한 사고발생 통지를 받은 후 지체 없이 지급할 보험금액을 정하고 그 정해진 날부터 10일 이내에 지급하여야 한다(상법 제658조). 또한, 보험자의 손해보상금 지급의무는 3년의 단기시효로 소멸한다.

2 보험계약자·피보험자의 손해방지·경감의무

(1) 개 요
  ① 의 의 기출 16·19
  손해방지·경감의무란 손해보험계약에서 보험사고의 발생시에 보험계약자와 피보험자가 손해의 방지와 경감을 위하여 노력하여야 할 의무를 말한다(상법 제680조 제1항). 보험계약자 또는 피보험자는 보험사고발생 전에 위험변경·증가의 통지의무와 위험유지의무를 지고 있으나, 일단 보험사고의 발생시에는 그 손해의 방지와 경감을 위하여 합리적인 조치를 강구할 의무가 있다.
  ② 근 거
  보험계약은 일종의 사행계약으로서 도덕적 위험의 우려가 있으므로 보험자에 대한 신의성실의 원칙과 공익상의 요청에 의하여 우리 상법은 보험계약자 측에 손해방지·경감의무를 부여하고 있다.

③ 법적 성질

손해방지·경감의무는 보험계약의 사행계약적 성질에 비추어 보험의 목적에 대한 관리자이며, 보험계약상의 이익을 받고 있는 보험계약자 또는 피보험자에게 형평의 견지에서 법이 특히 인정한 의무라고 할 수 있다.

(2) 손해방지·경감의무의 내용

① 의무자

손해방지·경감의무를 지는 자는 보험계약자와 피보험자이다(상법 제680조). 또한 이들을 위하여 대리권이 있는 대리인과 지배인(상법 제11조), 그리고 선장(상법 제773조)도 손해방지·경감의무자에 속한다.

② 손해방지·경감의무의 발생시기 기출 18

우리 상법은 손해방지·경감의무만 규정하고 있으며, 의무의 이행시기에 대하여 아무런 규정이 없다. 하지만 일반적으로 보험사고가 발생한 때부터 이 의무를 진다고 본다. 또 책임보험의 경우 피보험자가 제3자에게 배상책임을 지는 원인 사고가 발생한 때부터 이 의무를 진다.

③ 손해방지·경감의무의 범위

보험의 목적에 사고가 발생하였어도 손해방지·경감의무는 보험자가 담보하고 있는 보험사고가 발생한 경우에만 생긴다. 따라서 전손만 담보한 경우 분손의 위험이 발생하면 이 의무는 생기지 않는다.

④ 손해방지·경감행위의 종류와 정도

손해의 발생을 방지할 뿐만 아니라 발생한 손해의 확대를 방지하는 행위도 포함한다. 직접적이든, 간접적이든 묻지 않으며 효과의 유무를 묻지 않는다. 또한 그 목적물에 취하여야 할 노력의 정도는 보험에 붙이지 아니한 자기물건에 대한 주의정도면 족하다.

⑤ 보험자의 지시를 따를 의무

보험계약자나 피보험자는 사정이 허락하는 한 보험자의 지시를 받아 가급적 그에 따를 것이 요구된다. 즉, 보험자가 보험사고의 발생에 관한 통지(상법 제657조)를 받고 손해방지에 관한 지시를 한 때에는 피보험자는 그에 따라야 할 의무가 있다고 풀이한다.

(3) 손해방지·경감의무 해태의 효과 기출 24

보험계약자 또는 피보험자가 손해방지·경감의무를 게을리한 경우의 효과는 상법에 규정한 바가 없다. 그러나 의무를 위반한 때에는 방지 또는 경감할 수 있으리라고 인정되는 손해액을 보험자가 지급할 보험금에서 상계·공제하여 나머지를 손해보상액으로 지급한다는 데에는 이론이 없다. 그리고 보험계약자와 피보험자가 고의 또는 중대한 과실로 손해방지의무를 게을리한 때에도 의무자의 불이행에 의한 불법행위로 보아 의무위반과 상당인과관계에 있는 손해에 대하여는 당연히 손해배상을 청구할 수 있다.

판례 대법원 2016.1.14., 선고, 2015다6302, 판결

보험계약자와 피보험자가 고의 또는 중대한 과실로 손해방지의무를 위반한 경우에는 보험자는 손해방지의무 위반과 상당인과관계가 있는 손해, 즉 의무위반이 없다면 방지 또는 경감할 수 있으리라고 인정되는 손해액에 대하여 배상을 청구하거나 지급할 보험금과 상계하여 이를 공제한 나머지 금액만을 보험금으로 지급할 수 있으나, 경과실로 위반한 경우에는 그러하지 아니하다.

심화TIP 손해방지의무위반의 효과

보험계약자나 피보험자가 손해방지의무를 게을리한 경우의 효과에 대해서는 상법에 아무런 규정이 없다. 학설로는, 의무자의 의무위반을 경과실로 인한 의무위반의 경우와 고의 또는 중대한 과실로 인한 의무위반의 경우로 구분하여, ① <u>경과실로 인한 의무위반의 경우에는 채무불이행에 관한 일반원칙에 따라 보험자는 그로 인한 손해의 배상을 청구하거나 보험금에서 손해액을 공제하면 되고</u>, ② <u>고의 또는 중대한 과실로 인한 의무위반의 경우에는 보험자가 보상책임을 면한다는 견해와 경과실의 경우는 제외하고 의무자의 고의 또는 중대한 과실로 인한 의무위반의 경우에만 보험자는 지급할 보험금에서 보험계약자 또는 피보험자가 손해방지의무를 이행하였을 때에 방지 또는 경감할 수 있었으리라고 인정되는 손해액을 공제 또는 상계하여 지급하면 된다는 견해</u>가 대립하고 있다.

(4) 손해방지·경감비용의 부담 [기출 23·25]

① 비용의 부담

손해방지·경감비용이란 보험계약자 또는 피보험자가 보험사고로 인한 손해의 방지 또는 경감을 위하여 필요하고도 유익한 비용을 말하는데, 이 <u>비용과 보상액의 합계액이 보험금액을 초과한 경우라도 보험자가 부담한다</u>(상법 제680조 제1항 단서). 이는 공익적 이유와 보험자의 이익을 위해서도 필요하다는 데에 근거를 두고 있다. 또 일부보험의 경우 그 비용은 보험자가 손해보상액의 비율에 따라 부담하고 나머지 부분은 보험계약자 등이 부담한다.

② 비용상환의무배제약관의 효력

우리 상법은 손해방지·경감비용을 전액 보험자가 부담하도록 하고 있으나, 보험약관에서 손해방지·경감비용을 전혀 부담하지 않거나 보험금액의 한도 내에서 부담한다고 규정하는 경우가 있는데, 그 약관의 효력을 인정할 것이냐에는 다툼이 있다. 이러한 비용상환의무배제약관의 규정이 무효라는 "무효설"과 손해방지비용은 별개의 비용보험의 부보대상이므로 약관을 유효하다고 보는 "유효설", 그리고 보험금액을 한도로 부담한다는 약관의 효력을 인정하는 "제한적 유효설"이 있다. 그러나 <u>우리 상법의 규정을 상대적 강행규정으로 하고 있으므로 상법 제680조에 반하여 비용을 보험자가 부담하지 않는다고 제한하는 약관은 상법 제663조에 의하여 무효라고 보는 것이 타당하다.</u>

| 판례 | 손해방지・경감의무 관련 판례 |

- **대법원 2022.3.31., 선고, 2021다201085(본소), 2021다201092(반소), 판결** 기출 22・25
상법 제680조 제1항은 "보험계약자와 피보험자는 손해의 방지와 경감을 위하여 노력하여야 한다. 그러나 이를 위하여 필요 또는 유익하였던 비용과 보상액이 보험금액을 초과한 경우라도 보험자가 이를 부담한다"라고 정하고 있다. 여기에서 '손해방지비용'이란 보험자가 담보하고 있는 보험사고가 발생한 경우에 보험사고로 인한 손해의 발생을 방지하거나 손해의 확대를 방지함은 물론 손해를 경감할 목적으로 하는 행위에 필요하거나 유익하였던 비용을 말하는 것으로서, 원칙적으로 보험사고의 발생을 전제로 한다. 누수 부위나 원인은 즉시 확인하기 어려운 경우가 많고, 그로 인한 피해의 형태와 범위도 다양하다. 또한 누수와 관련하여 실시되는 방수공사에는 누수 부위나 원인을 찾는 작업에서부터 누수를 임시적으로 막거나 이를 제거하는 작업, 향후 추가적인 누수를 예방하기 위한 보수나 교체 작업 등이 포함된다. 따라서 방수공사의 세부 작업 가운데 누수가 발생한 후 누수 부위나 원인을 찾는 작업과 관련된 탐지비용, 누수를 직접적인 원인으로 해서 제3자에게 손해가 발생하는 것을 미리 방지하는 작업이나 이미 제3자에게 발생한 손해의 확대를 방지하는 작업과 관련된 공사비용 등은 손해방지비용에 해당할 수 있다.

- **대법원 2006.6.30., 선고, 2005다21531, 판결** 기출 23
상법 제680조 제1항에 규정된 '손해방지비용'은 보험자가 담보하고 있는 보험사고가 발생한 경우에 보험사고로 인한 손해의 발생을 방지하거나 손해의 확대를 방지함은 물론 손해를 경감할 목적으로 행하는 행위에 필요하거나 유익하였던 비용을 말하는 것이고, 같은 법 제720조 제1항에 규정된 '방어비용'은 피해자가 보험사고로 인적・물적 손해를 입고 피보험자를 상대로 손해배상청구를 한 경우에 그 방어를 위하여 지출한 재판상 또는 재판 외의 필요비용을 말하는 것으로서, 위 두 비용은 서로 구별되는 것이므로, 보험계약에 적용되는 보통약관에 손해방지비용과 관련한 별도의 규정을 두고 있다고 하더라도, 그 규정이 당연히 방어비용에 대하여도 적용된다고 할 수는 없다.

- **대법원 2018.9.13., 선고, 2015다209347, 판결** 기출 23
상법 제680조 제1항 본문은 "보험계약자와 피보험자는 손해의 방지와 경감을 위하여 노력하여야 한다"라고 정하고 있다. 위와 같은 피보험자의 손해방지의무의 내용에는 손해를 직접적으로 방지하는 행위는 물론이고 간접적으로 방지하는 행위도 포함된다. 그러나 그 손해는 피보험이익에 대한 구체적인 침해의 결과로서 생기는 손해만을 뜻하는 것이고, 보험자의 구상권과 같이 보험자가 손해를 보상한 후에 취득하게 되는 이익을 상실함으로써 결과적으로 보험자에게 부담되는 손해까지 포함된다고 볼 수는 없다.

- **대법원 2002.6.28., 선고, 2002다22106, 판결**
상법 제680조 제1항이 규정한 손해방지비용이라 함은 보험자가 담보하고 있는 보험사고가 발생한 경우에 보험사고로 인한 손해의 발생을 방지하거나 손해의 확대를 방지함은 물론 손해를 경감할 목적으로 행하는 행위에 필요하거나 유익하였던 비용을 말하는 것으로서, 이는 원칙적으로 보험사고의 발생을 전제로 하는 것이므로, 보험사고발생 이전에 손해의 발생을 방지하기 위해 지출된 비용은 손해방지비용에 포함되지 않는다.

- **대법원 2003.6.27., 선고, 2003다6958, 판결**
보험사고발생시 또는 보험사고가 발생한 것과 같이 볼 수 있는 경우에 피보험자의 법률상 책임 여부가 판명되지 아니한 상태에서 피보험자가 손해확대방지를 위한 긴급한 행위를 하였다면 이로 인하여 발생한 필요・유익한 비용도 상법 제680조 제1항의 규정에 따라 보험자가 부담하여야 한다.

- **서울고등법원 1999.2.3., 선고, 98나36360, 판결**
상법 제680조에 규정된 피보험자의 손해방지의무의 내용에는 손해를 직접적으로 방지하는 행위는 물론이고 간접적으로 방지하는 행위도 포함된다고 할 것이나, 그 '손해'는 피보험이익의 구체적인 침해의 결과로서 생기는 손해만을 의미하는 것으로 보아야 할 것이고, 보험자의 대위권 또는 구상권과 같이 보험자가 손해보상 후에 취득하게 되는 이익을 상실하게 됨으로써 결과적으로 보험자에게 부담되는 손해까지도 포함되는 것으로 보기는 어렵다.

3 보험자대위

(1) 개요
① 의의

손해보험계약은 일종의 손해보상계약으로서 보험자는 보험사고로 인한 실제손해액 이상의 보험금을 지급할 수 없다는 "이득금지의 원칙"이 지배하고 있으며, 이 원칙의 구체적인 이행보장을 위한 법의 후견적 배려로 대위의 원칙이 인정되고 있다. 보험자대위(subrogation)란 <u>보험사고로 인한 피보험자의 손해를 보상해 준 보험자가 보험금을 지급한 경우에 그 피보험자 또는 보험계약자가 보험의 목적이나 제3자에 대하여 가지는 권리를 법률상 당연히 취득하는 것</u>을 말한다. '보험의 목적'의 경우 목적물(잔존물)대위, '제3자에 대하여 가지는 권리'를 청구권대위라고도 한다. 보험자대위는 손해보험에서만 인정되고 인보험에서는 금지하는 것이 원칙이다. 그러나 인보험 중 상해보험의 경우 당사자간에 특약이 있는 때에는 보험자가 피보험자의 권리를 해하지 아니한 범위 내에서 인정되고 있다(상법 제729조 단서).

② 보험자대위의 근거

  ㉠ <u>손해보상계약성에서 찾는 입장</u> : 손해보험은 일종의 손해보상계약으로 보험사고로 인하여 피보험자에게 어떤 이득을 주려는 것이 아니고, 손해의 보상만을 목적으로 한다는 입장이다. 피보험자에게 이중이득을 주지 않으려는 데에 그 근거를 두고 있다는 입장으로 우리나라에서는 지배적인 견해이다.

  ㉡ <u>정책적인 견지에서 찾는 입장</u> : 이 견해는 보험계약의 피보험자에 의한 사고유발이나, 도박의 부정행위에 악용될 위험을 방지하기 위한 수단으로 인정된 것이라는 입장이다. 오늘날 신가보험을 인정하고 손해보험의 성격을 띤 인보험에 있어서도 보험자대위를 금지한다든가 또는 이를 허용하는 것 등을 미루어 보아 이 설이 타당하다는 견해도 있다.

③ 보험자대위의 법적 성질

보험자대위는 당사자의 의사표시에 따른 양도행위의 효과가 아니라 법률상 인정한 당연한 효과로서, 대위의 요건이 충족되면 <u>당사자의 의사표시와 상관없이 당연히 권리가 보험자에게 이전된다</u>. 따라서 목적물(잔존물)대위에서 인도·등기를 요하는 물권변동의 절차(민법 제186조, 제188조)나 청구권대위에서 지명채권양도의 대항요건(민법 제450조)의 절차가 없어도 채무자 또는 그 밖의 제3자에게 대항할 수 있다.

④ 소멸시효

보험자대위는 상법 제662조가 적용되지 않고, 불법행위로 인한 것이면 안 날로부터 3년, 발생일부터 10년이며, 물건운송계약의 경우에는 단기시효 1년을 적용한다.

(2) 보험의 목적에 대한 보험자대위(= 잔존물대위) 기출 15·16
① 의의

보험의 목적이 전부 멸실한 경우에 보험금액의 전부를 지급한 보험자는 그 목적에 대한 피보험자의 권리를 취득하는데(상법 제681조), 이를 <u>'보험의 목적에 관한 보험자대위' 또는 '목적물대위'</u>, <u>'잔존물대위'</u>라 한다. 그러므로 보험자가 보험금을 지급함으로써 대위의 효과가 생기기 전까지 피보험자 등은 제3자에 대한 권리를 행사하거나 처분할 수 있으며, 그 부분에 대하여 보험자가 이를 대위할 수 없다고 본다.

② 인정이유

보험의 목적이 전부 멸실한 경우 잔존물가액을 공제하고 보상한다면 계산을 위한 시간과 비용이 더 들고 빠른 시일 내에 피보험물에 투하한 자본을 회수하기를 원하는 피보험자의 이익을 보호할 수 없다. 그리하여 이런 경우 전손으로 보아 보험금액을 전부 지급한 보험자에게 그 잔존물에 대한 권리의 취득을 인정하고 있는 것이다.

③ 보험위부와의 차이 기출 18

보험의 목적에 관한 보험자대위(잔존물대위)는 목적물에 대한 권리이전의 효과가 법률상 당연히 발생하지만, 보험위부는 보험의 목적이 전부 멸실한 것과 동일시되는 일정한 경우에 피보험자의 특별한 의사표시가 있어야 한다. 그리고 목적물(잔존물)대위의 경우에는 피보험자에게 지급한 보험금액 한도 내에서만 보험자가 소유하지만, 보험위부의 경우에는 위부된 목적물의 가액이 피보험자에게 지급한 보험금액을 초과하더라도 여전히 보험자의 소유가 된다는 점에서 차이가 있다. 또한 보험자에게 소유권이 이전되는 시점은 목적물(잔존물)대위의 경우에는 보험사고가 발생한 때가 아니고 보험금액을 전부 지급한 때이고, 보험위부의 경우에는 위부의 통지가 보험자에게 도달한 때이다.

④ 보험의 목적에 대한 보험자대위의 요건

㉠ 보험의 목적의 전부 멸실 : 보험사고로 보험의 목적의 전부가 멸실되어야 한다(상법 제681조). 여기서 전부 멸실이란 보험계약의 체결 당시에 보험의 목적이 지닌 형태의 멸실을 의미하고, 일부 잔존물이 있어도 경제적 가치가 전부 멸실하였으면 전손으로 본다. 따라서 이것은 잔존물의 회복능력과 회복가치의 유무로 판단할 수 있다. 그리고 당사자 사이의 특약에 의해서 전손에 가까운 손해, 예를들어 그 목적의 4분의 3 이상의 손해를 전손으로 정하는 것은 유효하다.

㉡ 보험금액의 전부 지급 : 보험자가 보험금액의 전부를 피보험자에게 지급하여야 한다(상법 제681조). 보험금액의 전부 지급이란 보험의 목적이 입은 손해액뿐만 아니라 보험자가 부담하는 손해방지 비용(상법 제680조 단서)이나 기타의 비용(상법 제676조 제2항)까지 지급한 것을 말한다. 따라서 일부 지급시에 그 지급부분에 대해서 권리가 이전하는 것은 아니다.

⑤ 대위의 효과

㉠ 보험의 목적에 관한 권리의 이전

ⓐ 이전되는 권리내용 : 보험자는 피보험자가 보험의 목적에 대하여 가졌던 모든 권리를 취득한다. 따라서 보험자는 피보험자 또는 제3자에게 그 권리를 주장할 수 있고, 이에 따라 피보험자는 그 목적에 대하여 특약이 없는 한 아무런 권리도 없고 임의로 처분하지 못한다.

ⓑ 이전되는 권리범위 : 피보험자가 보험의 목적에 대하여 가지는 모든 권리에는 보험 목적의 소유권뿐만 아니라 채권 등도 포함한다.

ⓒ 권리이전의 시기 : 보험자가 보험금을 전부지급한 때부터 그 권리가 이전한다. 따라서 피보험자가 보험금을 지급받기 전에 그 목적물을 임의로 처분하였을 때 지급보험금에서 그 부분만큼 공제할 수 있고, 보험금을 지급받은 후에 이를 처분한 때에는 보험자는 피보험자에게 그에 대한 손해배상을 청구할 수 있다고 본다.

㉡ 일부보험의 경우 : 일부보험은 보험자가 보험금액의 보험가액에 대한 비율에 따라 보상할 책임을 지므로(상법 제674조) 보험자가 보험금액의 전부를 지급하면 보험금액의 보험가액에 대한 비율에 따라 피보험자 보험의 목적에 대하여 가지는 권리를 취득한다(상법 제681조 단서).

ⓒ 피보험자의 협조의무 : 보험자의 권리행사를 위하여 피보험자의 협조를 요구하고 있다. 이는 보험의 목적을 피보험자가 점유하는 것이 일반적이고, 또한 그 내용을 잘 알고 있는 위치에 있기 때문에 손해감소를 위한 조치나 필요한 통지 등 보험자의 권리행사에 협력해야 한다.
ⓔ 목적물에 대한 부담과 대위권의 포기 : 보험자는 그 대위권에 의하여 보험의 목적에 관한 소유권을 취득함으로써 그 목적물에 부수하는 의무를 부담하지 않으면 안 되는 경우가 있다. 즉, 대위권에 의한 권리취득이 오히려 잔존물 제거의무 등 보험자에게 불이익할 때는 대위권을 포기하고 보험의 목적에 따른 공법상, 사법상의 부담을 피보험자에게 귀속시킬 수 있다.

(3) 제3자에 대한 보험자대위(= 청구권대위) 기출 15·16·17·18·23·25

① 의 의
ⓐ 손해가 제3자의 행위로 인하여 발생한 경우에 보험금을 지급한 보험자는 그 지급한 금액의 한도에서 그 제3자에 대한 보험계약자 또는 피보험자의 권리를 취득한다. 다만, 보험자가 보상할 보험금의 일부를 지급한 경우에는 피보험자의 권리를 침해하지 아니하는 범위에서 그 권리를 행사할 수 있다.
ⓑ 보험계약자나 피보험자의 권리가 그와 생계를 같이 하는 가족에 대한 것인 경우 보험자는 그 권리를 취득하지 못한다. 다만, 손해가 그 가족의 고의로 인하여 발생한 경우에는 그러하지 아니하다.

② 인정이유
제3자의 불법행위로 인하여 보험사고의 발생시에 피보험자는 제3자에 대한 손해배상청구권과 보험계약에 따른 보험금청구권을 동시에 취득하게 되는데, 이 경우 피보험자는 양 청구권의 행사로 이중이득을 취하게 되면 보험을 악용할 염려가 있고, 또한 보험자의 보험금 지급에 의하여 제3자가 채무를 면하게 되므로 형평의 관념상 부당하게 된다. 그래서 우리 상법은 보험금을 지급한 보험자에게 제3자에 대한 피보험자의 권리를 행사할 수 있도록 하고 있다.

③ 제3자에 대한 보험자대위의 요건 기출 17
ⓐ 제3자에 의한 보험사고와 손해발생 : 보험사고로 인한 피보험자의 손해가 제3자의 행위로 말미암은 것이어야 한다. 여기서 제3자의 행위란 불법행위뿐만 아니라 채무불이행으로 인한 손해배상의무를 부담하는 경우를 포함하고, 또한 그 밖의 적법행위로 인한 경우도 포함한다. 그리고 제3자란 보험계약자와 피보험자 이외의 자로서 그 제3자가 1인이든, 수 인이든 상관없고 손해를 일으킨 자와 채무를 부담하는 자가 반드시 동일인임을 요하지 않는다.
ⓑ 보험자의 보험금 지급 : 보험자가 피보험자에게 보험금을 지급하여야 한다. 따라서, 보험금을 일부 지급하여도 그 지급한 범위 안에서 대위권을 행사할 수 있는 것이 목적물대위와 다르다.
ⓒ 제3자에 대한 피보험자의 권리의 존재 : 청구권대위는 보험계약자나 피보험자의 제3자에 대한 손해배상청구권 등의 권리가 있음을 전제로 하여 지급한 보험금액의 한도에서 그 청구권을 취득하는 것이다. 따라서 피보험자가 보험금을 지급받기 전에 제3자에 대한 권리를 행사하거나 처분한 경우 또는 제3자의 권리가 이미 시효로 소멸한 경우에는 피보험자는 그 한도에서 보험자에 대한 청구권을 상실하게 되고 보험자의 대위권도 존재하지 않게 된다. 보험자가 대위권에 의하여 행사할 수 있는 피보험자 등의 제3자에 대한 권리는 피보험자가 직접 가지고 있는 것이든 또는 그들의 승계인이 가지고 있는 것이든 모두 포함되며, 또한 보험사고로 직접 발생한 것이든 간접적으로 발생한 것이든 상관없다.

> **판례** 대법원 1991.11., 26., 선고, 90다10063 판결
>
> [1] 상법 제682조 소정의 보험자대위는 보험사고로 인한 손해가 보험계약자 또는 피보험자 아닌 제3자의 행위로 인하여 생긴 경우에 보험금액을 지급한 보험자가 보험계약자 또는 피보험자의 그 제3자에 대한 권리를 취득하는 제도이므로, 보험계약의 해석상 보험사고를 일으킨 자가 위 법 소정의 '제3자'가 아닌 '피보험자'에 해당될 경우에는 보험자는 그 보험사고자에 대하여 보험자대위권을 행사할 수 없는 것이다.
> [2] 자동차종합보험의 보통약관에서 보험증권에 기재된 피보험자 이외에 그 '피보험자를 위하여 자동차를 운전 중인 자'도 위의 피보험자의 개념에 포함시키고 있으므로 자동차종합보험에 가입한 차주의 피용운전사는 '피보험자'일 뿐, 상법 제682조에서 말하는 '제3자'에 포함되는 자가 아니다.

④ 청구권대위의 효과 `기출 15·19`

㉠ 피보험자 권리의 이전 : 제3자의 행위로 인하여 보험사고의 발생시에 보험금액을 지급한 보험자는 그 지급한 금액의 한도에서 그 제3자에 대한 보험계약자 또는 피보험자의 권리를 취득한다(상법 제682조). 여기서 보험계약자가 제3자에 대하여 가지는 권리를 포함시킨 것은 타인의 물건을 보관하는 자가 그 타인을 위하여 보험계약 체결을 한 경우 그 물건이 제3자의 행위로 멸실한 때 보관하던 보험계약자가 그 제3자에 대하여 손해배상청구권을 가지게 될 것을 예상한 것이다. 그러므로 제3자는 피보험자에 대한 항변으로서 보험자에게 대항할 수 있음은 물론 그 채권의 소멸시효도 그 권리의 이전과 함께 그대로 진행한다.

> **판례** 대법원 2019.11.14., 선고, 2019다216589, 판결
>
> 상법 제682조 제1항 본문은 "손해가 제3자의 행위로 인하여 발생한 경우 보험금을 지급한 보험자는 그 지급한 금액의 한도에서 그 제3자에 대한 보험계약자 또는 피보험자의 권리를 취득한다"라고 하여 보험자대위에 관하여 규정하고 있다. 위 규정의 취지는 피보험자가 보험자로부터 보험금액을 지급받은 후에도 제3자에 대한 청구권을 보유·행사하게 하는 것은 피보험자에게 손해의 전보를 넘어서 오히려 이득을 주게 되는 결과가 되어 손해보험제도의 원칙에 반하게 되고 또 배상의무자인 제3자가 피보험자의 보험금 수령으로 인하여 책임을 면하게 하는 것도 불합리하므로 이를 제거하여 보험자에게 이익을 귀속시키려는 데 있다.

㉡ 권리행사의 범위 : 보험자대위권의 범위는 지급한 보험금액의 한도 내에서 피보험자 또는 보험계약자가 제3자에 대하여 가지는 권리로 지급한 보험금액을 초과할 수 없다.

㉢ 피보험자의 협조의무 : 피보험자는 제3자에 대한 권리내용, 보전방법을 잘 알고 있는 위치에 있으므로 보험금을 지급받은 후 보험자가 권리를 행사할 수 있도록 협조할 의무가 있다. 만일, 피보험자가 정당한 이유 없이 보험자의 권리행사에 협조하지 아니한 때에는 보험자가 그 대위권 행사로서 얻을 수 있었을 금액 가운데 취득하지 못한 금액이 있으면 피보험자는 그에 대한 손해배상책임이 있다.

㉣ 피보험자에 의한 권리처분 : 보험자의 보험금 지급에 의하여 보험자대위의 효과가 발생하면 보험계약자, 피보험자는 보험금을 지급받은 한도 내에서 그 권리를 잃게 되므로 제3자에 대한 권리를 행사하거나 처분할 수 없고 보험자만이 그 권한을 갖는다. 그러므로 만약 피보험자 등이 제3자에 대한 권리를 타인에게 양도·포기한 때에는 그것이 보험금 지급 전이면 그 금액을 지급할 보험금에서 공제할 수 있고, 보험금 지급 후이면 보험자대위로서 얻을 수 있는 금액에 관하여 피보험자에게 손해배상을 청구할 수 있다.

> **판례** 대법원 1998.12.22., 선고, 98다40466, 판결 `기출 23`
>
> 공동불법행위의 경우 공동불법행위자들과 각각 보험계약을 체결한 보험자들은 각자 그 공동불법행위의 피해자에 대한 관계에서 상법 제724조 제2항에 의한 손해배상채무를 직접 부담하는 것이므로, 이러한 관계에 있는 보험자들 상호간에는 공동불법행위자 중의 1인과 사이에 보험계약을 체결한 보험자가 피해자에게 손해배상금을 보험금으로 모두 지급함으로써 공동불법행위자들의 보험자들이 공동면책되었다면 그 <u>손해배상금을 지급한 보험자는 다른 공동불법행위자들의 보험자들이 부담하여야 할 부분에 대하여 직접 구상권을 행사할 수 있다.</u>

⑤ 대위권행사의 제한 `기출 18`
  ㉠ <u>보험금의 일부를 지급한 경우</u> : 보험자가 보상할 보험금액의 일부를 지급한 때에는 피보험자의 권리를 해하지 않는 범위 내에서만 그 권리를 행사할 수 있다(상법 제681조 단서).
  ㉡ <u>일부보험의 경우</u> : 상법은 일부보험의 경우 보험자대위에 관하여 아무런 규정을 두고 있지 않다. 일부보험의 경우에 보험자는 보험금액의 보험가액에 대한 비율에 따라 보상책임을 지는 것(상법 제674조)이 원칙이므로 보험자가 지급한 보험금액의 범위 내에서 그 권리가 보험자에게 이전하여, 보험자와 피보험자는 제3자에 대한 권리를 분할하게 되고 그 행사에 있어서도 경합하게 된다. 그러나 피보험자가 제3자로부터 완전한 손해배상을 받을 수 없는 경우에 보험자대위에 의하여 취득하는 금액에 대하여 보험자와 피보험자 사이에 그것을 어떻게 분배할 것인지가 문제된다. 이에 관한 학설로는 <u>절대설</u>(보험자는 보험금액의 지급한도에서 먼저 우선적으로 배정을 받고 나머지가 있을 때에만 피보험자에게 돌려주어야 한다는 견해), <u>상대설</u>(보험자와 피보험자가 부보비율에 따라 분배하여야 한다는 견해), <u>피보험자우선설</u>(차액설 ; 보험자는 피보험자의 손해액을 우선 충당하고 남은 손해배상액, 즉 그 차액에 대해서만 청구권대위를 할 수 있다는 견해) 등이 있으며, 차액설이 통설이다.

(4) 재보험자의 보험자대위 `기출 20·21`

재보험계약은 어떤 보험자가 인수한 보험계약상의 책임의 전부 또는 일부를 다른 보험자에게 인수시키는 보험계약이다(상법 제661조). 이러한 재보험의 경우 원수보험자가 제3자에 대한 보험자대위권을 가지고 있을 때에, 재보험자는 원보험자에게 원보험금을 지급한 한도 내에서 피보험자가 제3자에 대한 권리를 취득하나, 상관습상 재보험자가 직접 청구하지 않고 원보험자에게 위탁하여 원보험자의 명의로 제3자에 대한 권리를 행사할 수 있다는 것을 인정하고 있다.

> **판례** 재보험자의 보험자대위 관련 판례
>
> - 대법원 2015.6.11., 선고, 2012다10386, 판결 `기출 20`
>   재보험자가 보험자대위에 의하여 취득한 제3자에 대한 권리의 행사는 재보험자가 이를 직접 하지 아니하고, 원보험자가 재보험자의 수탁자의 지위에서 자기 명의로 권리를 행사하여 그로써 회수한 금액을 재보험자에게 재보험금의 비율에 따라 교부하는 방식에 의하여 이루어지는 것이 상관습이다.
> - 대법원 2015.6.11., 선고, 2012다10386, 판결 `기출 21`
>   재보험자의 보험자대위에 의한 권리는 원보험자가 제3자에 대한 권리행사의 결과로 취득한 출자전환 주식에 대하여도 미친다.

(5) 인보험자의 보험자대위 기출 22·23

인보험계약은 손해보험계약과 달리 보험자는 보험사고로 인하여 생긴 보험계약자 또는 보험수익자의 제3자에 대한 권리를 대위하여 행사하지 못한다(상법 제729조)고 하여 원칙적으로 보험자대위를 금지하고 있다. 이는 보험의 목적인 사람의 신체 또는 생명은 보험가액을 산정할 수 없고, 또 실손해액과 관계없이 계약 당시에 약정한 금액을 지급받기 때문이다. 그러나 상해보험계약의 경우에 당사자간에 다른 약정(특약)이 있는 때에는 보험자는 피보험자의 권리를 해하지 아니하는 범위 안에서 그 권리를 대위하여 행사할 수 있다(상법 제729조 단서).

> **판례** 인보험자의 보험자대위 관련 판례 기출 23
>
> - 대법원 2002.3.29., 선고, 2000다18752, 판결
>   상해보험의 경우 보험금은 보험사고발생에 의하여 바로 그 지급조건이 성취되고, <u>보험자와 보험계약자 또는 피보험자 사이에 피보험자의 제3자에 대한 권리를 대위하여 행사할 수 있다는 취지의 약정이 없는 한, 피보험자가 제3자로부터 손해배상을 받더라도 이에 관계없이 보험자는 보험금을 지급할 의무가 있고, 피보험자의 제3자에 대한 권리를 대위하여 행사할 수도 없다.</u>
>
> - 대법원 2001.9.7., 선고, 2000다21833, 판결
>   자기신체사고 자동차보험은 피보험자가 피보험자동차를 소유·사용·관리하는 동안에 생긴 피보험자동차의 사고로 인하여 상해를 입었을 때에 약관이 정하는 바에 따라 보험자가 보험금을 지급할 책임을 지는 것으로서 인보험의 일종이기는 하나, 피보험자가 급격하고도 우연한 외부로부터 생긴 사고로 인하여 신체에 상해를 입은 경우에 그 결과에 따라 정해진 보상금을 지급하는 보험이어서 그 성질상 상해보험에 속한다고 할 것이므로, 그 보험계약상 타 차량과의 사고로 보험사고가 발생하여 피보험자가 상대차량이 가입한 자동차보험 또는 공제계약의 대인배상에 의한 보상을 받을 수 있는 경우에 자기신체사고에 대하여 약관에 정해진 보험금에서 위 대인배상으로 보상받을 수 있는 금액을 공제한 액수만을 지급하기로 약정되어 있어 결과적으로 보험자대위를 인정하는 것과 같은 효과를 초래한다고 하더라도, 그 계약 내용이 위 상법 제729조를 피보험자에게 불이익하게 변경한 것이라고 할 수는 없다.
>
> - 대법원 2007.4.26., 선고, 2006다54781, 판결
>   상법 제729조 전문이나 보험약관에서 보험자대위를 금지하거나 포기하는 규정을 두고 있는 것은, 손해보험의 성질을 갖고 있지 아니한 인보험에 관하여 보험자대위를 허용하게 되면 보험자가 보험사고발생 시 보험금을 피보험자나 보험수익자(이하 '피보험자 등'이라고 한다)에게 지급함으로써 피보험자 등의 의사와 무관하게 법률상 당연히 피보험자 등의 제3자에 대한 권리가 보험자에게 이전하게 되어 피보험자 등의 보호에 소홀해질 우려가 있다는 점 등을 고려한 것이므로, 피보험자 등의 제3자에 대한 권리의 양도가 법률상 금지되어 있다거나 상법 제729조 전문 등의 취지를 잠탈하여 피보험자 등의 권리를 부당히 침해하는 경우에 해당한다는 등의 특별한 사정이 없는 한, <u>상법 제729조 전문이나 보험약관에서 보험자대위를 금지하거나 포기하는 규정을 두고 있다는 사정만으로 피보험자 등이 보험자와의 다른 원인관계나 대가관계 등에 기하여 자신의 제3자에 대한 권리를 보험자에게 자유롭게 양도하는 것까지 금지된다고 볼 수는 없다.</u>
>
> - 대법원 2015.6.11., 선고, 2012다10386, 판결
>   보험자가 피보험자에게 보험금을 지급하면 보험자대위의 법리에 따라 피보험자가 보험사고의 발생에 책임이 있는 제3자에 대하여 가지는 권리는 지급한 보험금의 한도에서 보험자에게 당연히 이전되고(상법 제682조), 이는 재보험자가 원보험자에게 재보험금을 지급한 경우에도 마찬가지이다. 따라서 재보험관계에서 <u>재보험자가 원보험자에게 재보험금을 지급하면 원보험자가 취득한 제3자에 대한 권리는 지급한 재보험금의 한도에서 다시 재보험자에게 이전된다.</u>

03 손해보험계약의 소멸과 변경

1 손해보험계약의 소멸·변경

(1) 개 요
손해보험계약은 보험기간 중에 보험사고로 인하여 생긴 피보험자의 재산상의 손해를 보상하는 것을 목적으로 한다. 이때 계약관계는 계속적인 법률관계를 유지하고 계약 체결 당시 예기치 않았던 사정의 변경이 생기는 경우가 있다. 즉, 보험계약의 변경에는 특별위험의 소멸, 위험의 변경·증가, 당사자 파산의 경우가 있고, 보험계약의 소멸에는 보험사고의 발생, 보험기간의 만료, 보험계약의 실효, 보험계약의 해지, 상태의 종료 등이 있다. 손해보험계약에서는 다음과 같은 변경·소멸이 있다.

(2) 피보험이익의 소멸
손해보험 특유의 개념인 피보험이익(보험계약의 목적)이 없으면 보험이 존재하지 않으므로, 이것이 소실되면 보험계약은 실효되어 계약관계는 당연히 종료한다. 다만, 보험자의 책임이 개시하기 전에 보험계약자와 피보험자의 선의이며 중대한 과실의 행위로 인하지 않거나, 사고발생 전의 임의해지의 경우에 피보험이익이 소멸하면 보험료를 보험계약자에 반환하여야 한다. 전자는 보험자가 수수료를 제외한 보험료를 반환하여야 하고, 후자는 보험계약자는 당사자간에 다른 약정이 없으면 미경과보험료의 반환을 청구 할 수 있다(상법 제648조, 제649조). 또한 보험자의 책임개시 후에 피보험이익이 소멸한 때에도 계약은 실효되지만 보험자는 보험료불가분의 원칙에 의하여 이미 경과한 보험료는 물론 보험료기간의 보험료를 반환할 필요가 없다.

(3) 보험목적의 양도 기출 16·19
피보험자가 보험의 목적을 양도한 때에는 양수인은 보험계약상의 권리와 의무를 승계한 것으로 추정하므로(상법 제679조 제1항), 자기를 위한 보험계약은 타인을 위한 보험계약으로 변경되고 양도에 대하여 양수인의 명백한 반증이 있는 경우 계약은 실효된다. 따라서 손해보험계약관계는 변경된다.

(4) 보험가액의 변동
보험계약 당시의 보험가액이 보험기간 중에 현저하게 감소하여 초과보험이 된 때에는 보험자와 보험계약자는 상대방에게 보험료와 보험금액의 감액을 청구할 수 있다. 그러나 보험료와 보험금액의 감액은 장래에 향하여만 그 효력이 있다(상법 제669조). 또한 계약 당시의 보험가액이 보험기간 중에 현저하게 증가하여 일부보험이 된 때에는 보험자는 비례보상을 하거나 당사자 약정에 의하여 손해를 보상할 수도 있다(상법 제674조).

(5) 보험금청구권의 양도
① 의 의
보험금청구권의 양도는 보험목적의 양도와 달리 보험계약에 의하여 생긴 피보험자의 권리만을 양도하는 것을 말하며, 그 결과 피보험자와 보험금청구권자가 별도로 존재하게 된다.

② 보험금청구권의 양도의 효과
보험금청구권의 양도는 피보험자의 교체가 아니고 보험금의 채권만의 양도이기 때문에 피보험자는 그 후에도 여전히 통지의무, 손해방지의무 등 피보험자로서의 의무를 진다.

③ 보험사고발생 전의 양도
보험사고가 발생하기 전에 채권의 보전을 위하여 미필적 보험금청구권에 대한 질권 설정의 경우, 보험의 목적과 피보험이익을 분리하여 양도할 수 있는가가 의문이다. 그러나 선량한 풍속 및 기타 사회질서에 반하지 않는 한 유효하게 해석하는 것이 타당하며, 대항요건으로는 민법 제450조의 통지 및 승낙이 필요하다.

④ 보험사고발생 후의 양도
보험의 목적에 이미 보험사고가 발생하여 보험금청구권이 구체화된 후에는 그것이 보통의 채권에 불과하므로 일반채권의 경우와 같이 양도, 질권 등의 처분을 할 수 있다.

2 보험목적의 양도

(1) 개 요
① 의 의
보험목적의 양도란 <u>손해보험계약에서 피보험자가 보험계약의 대상으로 되어있는 목적물을 그 의사표시에 의하여 타인에게 양도하는 것</u>을 말한다. 보험목적의 양도는 보통 매매, 증여의 형태로 나타나며, 개별적 양도라는 점에서 보험의 목적과 보험계약상의 권리와 의무가 포괄적으로 승계되는 '상속이나 합병'과 구별되고, 피보험자의 지위를 승계한다는 점에서 단순한 채권양도인 '보험금청구권의 양도'와 구별된다.

② 보험목적의 양도를 인정하는 이유
손해보험계약에서 피보험이익과 피보험자의 동일성은 바로 그 보험계약의 동일성을 나타내며, 피보험자가 달라지면 보험계약의 효력도 달라지게 된다. 따라서 보험의 목적을 양도하면 피보험이익은 소멸하고, 양수인은 보험자와 아무런 관계가 아니므로 그 보험관계를 종료시키는 것이 원칙이다. 그러나 이렇게 되면 양도인이 지급한 보험료는 헛일이 되고, 새로운 보험계약을 체결할 때까지 피보험이익은 일시적으로 무보험상태에 놓일 위험이 있으므로, 이들의 불이익을 피하기 위하여 양수인이 승계하는 것이 일반적이고, 또한 당사자의 의사에 적합하다. 그래서 우리 상법은 <u>피보험자가 보험의 목적을 양도한 때에는 양수인은 보험계약상의 권리와 의무를 승계한 것으로 추정한다(상법 제679조 제1항)</u>고 하여, 양수인에게 보험계약의 승계를 인정하고 있다. 그러나 상호보험의 경우 보험목적이 양도되면 양수인은 보험단체의 승인을 얻어야만 승계를 인정하고 있다.

(2) 양도와 권리·의무승계추정의 요건
① 양도 당시 유효한 보험계약관계 기출 22

보험의 목적이 양도될 때 양도인과 보험자 사이에 유효한 보험계약이 존속하여야 하는데, 유효한 보험계약이 존속하는 한 해지사유와 면책사유가 있더라도 보험계약은 일단 양수인에게 이전하고 보험자는 양수인에 대하여 보험계약의 해지와 면책을 주장할 수 있다.

② 보험의 목적이 물건일 것

보험의 목적이 물건이어야 한다. 여기서 물건이란 동산, 부동산뿐만 아니라 유가증권 등 무체재산도 포함하는데 반드시 특정화·개별화되어야 한다. 따라서 집합보험(상법 제686조, 제687조)에서 물건의 일부를 양도하거나 일정한 지위를 담보하는 전문직업인책임보험은 그 지위가 양도되어도 보험계약은 이전하지 않는다. 그리고 선박보험에서 선박의 양도는 보험자의 동의가 없으면 보험계약이 종료되고(상법 제703조의2), 자동차보험에서 자동차의 양도는 보험자의 승낙을 얻은 경우에 한하여 보험계약상의 권리와 의무를 승계하도록 하고 있으므로(상법 제726조의4 제1항), 선박과 자동차의 양도의 경우는 상법 제679조를 적용하지 않는다.

③ 보험의 목적이 물권적 양도일 것

양도는 유상이든 무상이든 묻지 않으나 물권적 양도이어야 한다. 즉, 양도의 채권계약만이 있는 것으로는 부족하고 소유권이 양수인에게 이전한 때에 보험관계가 이전하게 된다. 그러므로 목적물의 소유자가 단순히 목적물을 임대하거나 담보권을 설정한 것은 양도가 아니다.

> **판례** 서울고등법원 2009.4.30., 선고, 2008나78868, 판결 기출 21
>
> 상법 제679조 제1항에 의하여 보험의 목적의 양수인이 종전 보험계약상의 권리와 의무를 승계한 것으로 추정되기 위하여는 목적물을 물권적으로 이전할 것을 요하고, 양도에 관한 채권계약이 체결된 것만으로는 추정적 효력은 생기지 않는다.

④ 양수인의 반대의사의 부존재

양도에 대하여 양수인의 명백한 반대의사가 존재하지 않아야 한다. 구(舊)상법은 양도인과 양수인의 반대의사가 없으면 보험관계가 이전하는 것으로 추정하였는데, 우리 상법은 양도인의 의사를 추정하는 것이 아니라, 양수인의 보험계약상의 권리와 의무를 승계하는 것으로 추정하고 있다.

(3) 양도의 효과
① 보험계약상 권리·의무의 이전

피보험자가 보험의 목적을 양도한 때에는 양수인은 보험계약상의 권리와 의무를 승계한 것으로 추정한다(상법 제679조 제1항). 이때 양수인은 보험계약상의 권리와 의무만 승계하는가 아니면 피보험자의 지위뿐만 아니라, 보험계약자로서의 지위까지 승계하느냐의 문제가 있다.

㉠ 타인을 위한 보험계약의 경우에는 그 계약의 특성상 양수인은 피보험자의 지위를 승계하여 보험금청구권 및 위험변경증가의 통지의무(상법 제652조), 위험유지의무(상법 제653조), 사고발생의 통지의무(상법 제657조), 손해방지의무(상법 제680조)를 진다.

ⓛ 자기를 위한 보험계약의 경우에는 그 목적의 양도로 타인을 위한 보험계약이 되고 양도인이 보험료를 지급하지 않음으로써 보험계약이 해지될 우려가 있으므로 양수인은 피보험자의 지위 뿐만 아니라 보험계약자의 지위를 승계하며, 이외에도 보험료 반환청구권(상법 제648조), 계약 해지권(상법 제649조) 및 보험료 지급의무(상법 제650조)도 진다.

② 권리·의무의 승계추정과 보험계약관계

우리 상법은 보험의 목적의 양도의 경우 양수인은 보험계약상 권리와 의무를 승계한 것으로 추정 (상법 제679조 제1항)하므로 양수인의 명백한 반대의사가 있을 때에는 그 효과가 생기지 않고 계약은 실효된다.

③ 양도의 통지의무 기출 16·25

㉠ 통지의무 : 보험의 목적의 양도시에 종래에는 민법 제449조, 제450조를 유추적용하여 양도인의 통지나 보험자의 승낙을 대항요건으로서 갖추어야 하는가에 관해 여러 학설이 있었으나, 우리 상법은 대항요건으로서가 아닌 통지의 의무를 규정하였다. 즉, 피보험자가 보험의 목적을 양도한 때에는 양도인 또는 양수인은 보험자에 대하여 지체 없이 그 사실을 통지하여야 한다(상법 제679조 제2항)고 규정하고 있다.

㉡ 의무이행시의 계약관계 : 양도인이나 양수인의 보험의 목적을 양도한 때에는 보험자는 피보험자의 변경으로 인한 위험의 증감에 따라 보험료를 증액하거나 감액할 수 있고, 또한 계약을 해지할 수 있다(상법 제652조 제2항).

㉢ 의무위반의 효과 : 양도인이나 양수인이 통지를 하지 않은 때에는 위험의 변경·증가가 있는 경우에 한하여 보험자는 양도사실을 안 날로부터 1월 내에 계약을 해지할 수 있다(상법 제652조 제1항).

> **판례** 대법원 1996.7.26., 선고, 95다52505, 판결
>
> 화재보험의 목적물이 양도된 경우 그 양도로 인하여 현저한 위험의 변경 또는 증가가 있고 동시에 보험계약자 또는 피보험자가 양도의 통지를 하지 않는 경우에는 보험자는 통지의무위반을 이유로 당해 보험계약을 해지할 수 있으나, 보험목적의 양도로 인하여 현저한 위험의 변경 또는 증가가 없는 경우에는 양도의 통지를 하지 않더라도 통지의무위반을 이유로 당해 보험계약을 해지할 수 없다고 봄이 상당하다.

(4) 자동차보험의 보험목적의 양도 기출 20·21

자동차보험에 있어서 피보험자가 보험기간 중에 자동차를 양도한 때에는 양수인은 보험자의 승낙을 얻은 경우에 한하여 보험계약으로 인하여 생긴 권리와 의무를 승계한다. 이때 보험자가 양수인으로부터 양수 사실을 통지받은 때에는 지체 없이 낙부를 통지하여야 하고, 통지받은 날부터 10일 내에 낙부의 통지가 없을 때에는 승낙한 것으로 본다(상법 제726조의4).

04 각종 손해보험

1 화재보험

(1) 개념 및 의의
① 개 념

화재보험은 육상의 건물 등에 발생하는 재해에 관한 보험이다.
  ㉠ 협의의 의미 : 건물과 그 수용물에 발생한 화재로 인하여 생긴 손해를 보상하는 보험이다.
  ㉡ 광의의 의미 : 담보하는 위험으로 낙뢰(번개・벼락)・파열・폭발 등을 포함하고 나아가서 비용손해도 보상하며, 특약에 의해 담보범위가 확대되고 종합화한 것까지 화재보험으로 본다.

② 화재보험계약의 의의

화재보험계약(contract of fire insurance)이란 화재로 인하여 생긴 손해의 보상으로서 보험금을 지급할 것을 목적으로 하는 손해보험계약이다(상법 제683조).

(2) 화재보험계약의 요소
① 계약 당사자

화재보험의 경우 보험계약의 당사자는 다른 손해보험과 같이 보험자와 보험계약자이다. 자기를 위한 보험은 보험계약자인 동시에 피보험자이지만, 타인을 위한 보험의 경우 보험계약자와 피보험자가 분리된다.

② 보험사고

화재보험에서 보험사고는 '화재'인데, 화재란 일반사회통념에 의하여 화재로 인정할 수 있는 성질과 동일한 규모를 가진 화력의 연소작용에 의하여 생긴 재해라고 할 수 있다. 따라서 스스로의 연소력이 없는 불에 의한 손해는 화재보험의 대상이 되지 않는다. 즉, 피보험자의 재산에 실질적인 발화가 요구된다.

③ 보험의 목적

상법 제685조에서 건물과 동산을 예상하였지만 그 대상을 한정한 것이 아니므로 계약에 의하여 보험의 목적의 범위를 정할 수 있다. 따라서 화재보험의 목적은 보험사고의 객체로 동산뿐만 아니라 부동산도 그 대상에 포함될 수 있다.

④ 피보험이익(보험계약의 목적) 기출 16

화재보험의 피보험이익은 그 목적물은 동일하더라도 피보험자의 지위에 따라 소유자이익, 임차인이익, 담보권자이익이 될 수 있으며, 피보험이익이 명확하지 않으면 소유자의 피보험이익으로 본다.

⑤ 보험기간

현행 화재보험표준약관에 의하면 보험자의 보장개시와 관련하여 계약의 청약을 보험자가 승낙하고 제1회 보험료 등을 받은 때부터 약관이 정한 바에 따라 보상한다. 또한 보험자가 보험계약자로부터 계약의 청약과 함께 제1회 보험료 등을 받은 경우에 그 청약을 승낙하기 전에 계약에서 정한 보험금 지급사유가 생긴 때에 보험자는 계약에서 정한 보상책임을 부담한다.

⑥ 화재보험증권 기출 19
　㉠ 화재보험증권 작성·교부 : 화재보험계약을 체결하는 경우에도 다른 종류의 보험계약과 마찬가지로 보험계약이 성립한 때에 보험자는 지체 없이 화재보험증권을 작성하여 보험계약자에게 교부하여야 한다(상법 제640조).
　㉡ 화재보험증권의 기재사항 기출 15·25
　　화재보험증권에는 보험증권일반에 관한 기재사항(상법 제666조) 이외에 다음의 사항을 기재하여야 한다(상법 제685조).
　　　ⓐ 건물을 보험의 목적으로 한 때에는 그 소재지·구조·용도
　　　ⓑ 동산을 보험의 목적으로 한 때에는 존치한 장소의 상태와 용도
　　　ⓒ 보험가액을 정한 때에는 그 가액

> **심화TIP 손해보험증권의 기재사항(상법 제666조)** 기출 23
>
> 손해보험증권에는 다음의 사항을 기재하고 보험자가 기명날인 또는 서명하여야 한다.
> 1. 보험의 목적
> 2. 보험사고의 성질
> 3. 보험금액
> 4. 보험료와 그 지급방법
> 5. 보험기간을 정한 때에는 그 시기와 종기
> 6. 무효와 실권의 사유
> 7. 보험계약자의 주소와 성명 또는 상호
> 7의2. 피보험자의 주소, 성명 또는 상호
> 8. 보험계약의 연월일
> 9. 보험증권의 작성지와 그 작성연월일

(3) 화재보험자의 손해보상책임

① 위험보편의 원칙
　보험의 목적에 화재로 인하여 손해가 생긴 때에는 그 화재의 원인 여하에 불구하고, 보험자는 그 손해를 보상할 책임이 있다(상법 제683조). 건물을 보험의 목적으로 한 때 그 보험가액의 일부를 보험에 붙인 경우에 보험자는 보험금액의 보험가액에 대한 비율에 따라 보상할 책임을 진다. 그러나 당사자간에 다른 약정이 있는 때에는 보험자는 보험금액의 한도 내에서 그 손해를 보상할 책임을 진다(상법 제674조).

② 화재보험자의 면책사유
　화재보험에서 사고로 인한 손해가 ㉠ 전쟁, 기타의 변란(상법 제660조), ㉡ 목적물의 성질, 하자, 자연소모(상법 제678조), ㉢ 피보험자 등의 고의·중과실(상법 제659조 제1항) 등의 법정 면책사유로 인하여 발생한 때에는 보상책임을 지지 않는다. 다만, ㉠, ㉡의 사유로 인하여 손해가 생긴 경우에는 보험자가 책임을 진다는 약관은 유효하며, ㉢의 경우에도 피보험자 등의 중대한 과실로 인하여 발생한 손해에 대하여 보상책임을 진다는 특약은 유효하다고 본다. 그러나 <u>피보험자 등의 '고의'로 인하여 발생한 손해에 대하여 보험자가 책임을 진다는 특약은 선량한 풍속과 사회질서 및 공익에 반하므로 무효라고 본다.</u>

③ **화재보험자의 손해보상범위** 기출 18·22·23·25

화재보험자는 화재의 소방 또는 손해의 감소에 필요한 조치로 인하여 생긴 손해를 보상할 책임이 있다(상법 제684조). 이 규정은 상법 제680조에 손해방지·경감을 위한 비용을 보험자가 부담하는 것과 같은 취지이다. 그러나 그 내용에 있어서 손해방지·경감을 위한 비용은 보험자가 보험금액을 초과한 경우에도 이를 부담하지만(상법 제680조 제1항), 소방으로 인한 손해는 보험금액의 범위 내에서 보상하는 것에서 차이가 있다. 그 이유는 비용의 보상과 손해의 보상은 그 성질이 다르기 때문이다. 이 경우에 보험자가 보상책임을 지는 손해는 화재와 상당인과관계가 있는 모든 손해를 포함한다는 것이 통설이다. 그러므로 보험자는 화재로 인한 직접적인 손해뿐만 아니라, 인과관계가 있는 간접손해에 대하여도 책임을 진다.

> **판례** 화재보험자의 손해보상책임 관련 판례 기출 23
>
> - 대법원 2009.12.10., 선고, 2009다56603, 56610, 판결
> "계약자 또는 피보험자가 손해통지 또는 보험금청구에 관한 서류에 고의로 사실과 다른 것을 기재하였거나 그 서류 또는 증거를 위조 또는 변조한 경우에는 피보험자는 손해에 대한 보험금청구권을 잃게 된다"고 규정하고 있는 화재보험 약관조항의 취지는 보험자가 보험계약상의 보상책임 유무의 판정, 보상액의 확정 등을 위하여 보험사고의 원인, 상황, 손해의 정도 등을 알 필요가 있으나, 이에 관한 자료들은 계약자 또는 피보험자의 지배·관리영역 안에 있는 것이 대부분이므로 피보험자로 하여금 이에 관한 정확한 정보를 제공하도록 할 필요성이 크고, 이와 같은 요청에 따라 피보험자가 이에 반하여 서류를 위조하거나 증거를 조작하는 등으로 신의성실의 원칙에 반하는 사기적인 방법으로 과다한 보험금을 청구하는 경우에는 그에 대한 제재로서 보험금청구권을 상실하도록 하려는데 있다. 다만, 위와 같은 약관조항을 문자 그대로 엄격하게 해석하여 조금이라도 약관에 위배하기만 하면 보험자가 면책되는 것으로 보는 것은 본래 피해자 다중을 보호하고자 하는 보험의 사회적 효용과 경제적 기능에 배치될 뿐만 아니라 고객에 대하여 부당하게 불리한 조항이 된다는 점에서 이를 합리적으로 제한하여 해석할 필요가 있으므로, 위 약관조항에 의한 보험금청구권의 상실 여부는 그 취지를 감안하여 보험금청구권자의 청구와 관련한 부당행위의 정도 등과 보험의 사회적 효용 내지 경제적 기능을 종합적으로 비교·교량하여 결정하여야 한다.
>
> - 대법원 2007.2.22., 선고, 2006다72093, 판결
> 독립한 여러 물건을 보험목적물로 하여 체결된 화재보험계약에서 피보험자가 그중 일부의 보험목적물에 관하여 실제 손해보다 과다하게 허위의 청구를 한 경우에 허위의 청구를 한 당해 보험목적물에 관하여 위 약관 조항에 따라 보험금청구권을 상실하게 되는 것은 당연하다. 그러나 만일 위 약관 조항을 피보험자가 허위의 청구를 하지 않은 다른 보험목적물에 관한 보험금청구권까지 한꺼번에 상실하게 된다는 취지로 해석한다면, 이는 허위 청구에 대한 제재로서의 상당한 정도를 초과하는 것으로 고객에게 부당하게 불리한 결과를 초래하여 신의성실의 원칙에 반하는 해석이 되므로, 위 약관에 의해 피보험자가 상실하게 되는 보험금청구권은 피보험자가 허위의 청구를 한 당해 보험목적물의 손해에 대한 보험금청구권에 한한다고 해석함이 상당하다.
>
> - 대법원 2023.11.2., 선고, 2023다244895, 판결
> 객실을 비롯한 숙박시설은 특별한 사정이 없는 한 숙박기간 중에도 고객이 아닌 숙박업자의 지배 아래 놓여 있다고 보아야 한다. 그렇다면 임차인이 임대차기간 중 목적물을 직접 지배함을 전제로 한 임대차 목적물 반환의무 이행불능에 관한 법리는 이와 전제를 달리하는 숙박계약에 그대로 적용될 수 없다. 고객이 숙박계약에 따라 객실을 사용·수익하던 중 발생 원인이 밝혀지지 않은 화재로 인하여 객실에 발생한 손해는 특별한 사정이 없는 한 숙박업자의 부담으로 귀속된다고 보아야 한다.

- 대법원 2017.5.18., 선고, 2012다86895(본소), 2012다86901(반소), 전원합의체 판결
  임대차 목적물이 화재 등으로 인하여 소멸됨으로써 임차인의 목적물 반환의무가 이행불능이 된 경우에, 임차인은 이행불능이 자기가 책임질 수 없는 사유로 인한 것이라는 증명을 다하지 못하면 목적물 반환의무의 이행불능으로 인한 손해를 배상할 책임을 지며, <u>화재 등의 구체적인 발생 원인이 밝혀지지 아니한 때에도 마찬가지이다</u>. 또한 이러한 법리는 임대차 종료 당시 임대차 목적물 반환의무가 이행불능 상태는 아니지만 반환된 임차 건물이 화재로 인하여 훼손되었음을 이유로 손해배상을 구하는 경우에도 동일하게 적용된다.
- 대법원 2017.5.18., 선고, 2012다86895(본소), 2012다86901(반소), 전원합의체 판결(다수의견)
  임차 외 건물 부분이 구조상 불가분의 일체를 이루는 관계에 있는 부분이라 하더라도, 그 부분에 발생한 손해에 대하여 임대인이 임차인을 상대로 채무불이행을 원인으로 하는 배상을 구하려면, 임차인이 보존·관리의무를 위반하여 화재가 발생한 원인을 제공하는 등 화재 발생과 관련된 임차인의 계약상 의무위반이 있었고, 그러한 의무위반과 임차 외 건물 부분의 손해 사이에 상당인과관계가 있으며, <u>임차 외 건물 부분의 손해가 의무위반에 따라 민법 제393조에 의하여 배상하여야 할 손해의 범위 내에 있다는 점에 대하여 임대인이 주장·증명하여야 한다</u>.

(4) 집합보험과 총괄보험

① **집합보험** 기출 17·20

   ㉠ 의의 : 우리 상법은 제686조와 제687조에서 집합된 물건을 일괄하여 보험의 목적으로 담보하는 보험에 대하여 규정하고 있는데, 이를 '집합보험'이라 한다. 이와 같은 집합보험은 화재보험 이외에도 운송보험, 적하해상보험 등 다른 물건보험이나 인보험의 단체보험에서도 있을 수 있으나, 동산화재보험에서 가장 많이 이용된다.

   ㉡ 집합보험의 범위 : 집합보험은 운송 중에 있는 화물, 집안 살림살이처럼 보험의 목적이 특정되어 있는 것을 담보하는 <u>특정보험</u>과 창고에 들어있는 물건이나 가게의 상품과 같이 보험의 목적이 특정되어 있지 아니하고 수시로 교체되는 것을 예정하고 있는 <u>총괄보험</u>으로 나뉜다. 또한 집합된 물건을 일괄하여 보험의 목적으로 한 때에는 피보험자의 가족과 사용인의 물건도 이를 포함한 것으로 하고, 그 보험은 그 가족 또는 사용인을 위해서도 체결한 것으로 본다(상법 제686조). 여기서 '가족과 사용인'이란 피보험자의 가족 및 고용관계에 있는 자로서 통상 피보험자와 동거하고 있는 자만을 말한다. 따라서 가족 또는 사용인의 물건에 대해서 타인을 위한 보험을 인정하는 것이며, 그 가족과 사용인은 당연히 그 계약의 이익을 받는다(상법 제639조 제1항).

② **총괄보험** 기출 21

   ㉠ 의의 : 집합된 물건을 일괄하여 보험의 목적으로 한 때에는 그 목적에 속한 물건이 보험기간 중에 수시로 교체된 경우에도 사고발생시에 현존하는 물건은 보험의 목적에 포함된 것으로 한다(상법 제687조). 총괄보험의 경우 수시로 교체되는 보험의 목적물은 보험계약에서 정한 범위 안에 드는 것이어야 하며, 보험사고발생시에 보험자는 그 물건에 대한 손해를 보상할 책임을 진다.

   ㉡ 특 징
      ⓐ 특정보험이 아니라 <u>예정보험</u>의 일종이다.
      ⓑ 보험의 목적(객체)의 전부 또는 일부가 특정되지 않고, 보험기간 중 수시로 교체되는 것을 예상하고 체결하는 보험이다. 따라서 보험계약 체결시 보험가액을 정하지 않는다.

ⓒ 집합된 보험의 목적이 보험기간 중 수시로 교체되는 것을 예상하고 체결하므로, 보험금액을 변동하는 것이 원칙이다.
ⓓ 보험사고의 발생시에 현존하지 않은 물건은 보험의 목적에 포함될 수 없다.

> **심화TIP** 예정보험 기출 24
>
> 1. 의 의
>   예정보험이란 보험증권에 기재할 보험계약의 내용의 일부 또는 전부가 계약 당시에 확정되어 있지 않은 보험계약을 말한다. 이러한 예정보험은 해상·운송·재보험에서 그 효용을 볼 수 있으며 또 화재보험에 있어서도 총괄(포괄)보험의 경우 이용된다.
> 2. 보험계약의 예약(豫約)과 구별
>   예정보험계약은 그 불확정한 사항이 확정된 때에 보험자가 당연히 위험을 담보하는 것으로 보험계약의 예약이 아니고 독립된 계약이다. 이것은 미확정된 부분이 확정된 때에 보험계약자는 보험자에게 통지할 의무를 비롯한 제(諸)효과를 발생시키는 데서 보험계약의 예약과는 다르고 통지에 의해서 비로소 보험계약이 성립하는 것도 아니다.
> 3. 효 용
>   예정보험은 신속한 보험계약의 체결을 위하여 편리할 뿐만 아니라, 계속적으로 거래되는 상품과 그 운송에 관한 포괄보험계약의 방법으로 적하보험에서 주로 이용되며, 재보험의 경우에도 많이 볼 수 있다.
> 4. 종 류
>   - 개별적 예정보험계약 : 보험의 목적이 개별적으로 체결되는 예정보험을 말한다.
>   - 포괄적 예정보험계약 : 일정한 표준에 따라서 정해지는 다수보험의 목적에 대하여 포괄적으로 체결되는 계속적 예정보험계약, 예정재보험 등을 말한다.

2 운송보험

(1) 운송보험계약의 의의 기출 15

운송보험계약(contract of transport insurance)은 육상운송의 목적인 운송물을 보험의 목적으로 하여 보험계약자가 보험료를 지급하고 보험자는 운송물의 운송에 관한 사고로 인하여 생길 피보험자가 입은 재산상의 손해를 보상하는 것을 내용으로 하는 손해보험계약이다(상법 제638조, 제688조). 일반적으로 운송보험은 해상운송보험도 포함되지만 이에 대하여는 별도 규정이 있으므로(상법 제693조 이하), 운송보험이라 할 때는 육상운송보험만을 대상으로 한다. 즉, 운송보험은 육상 또는 하천, 항만에서 물건 또는 여객의 운송을 영업으로 하는 것을 운송업이라 하고, 이를 담보한다(상법 제125조).

(2) 운송보험계약의 요소

① 보험의 목적

운송보험의 목적은 운송물이다. 따라서 여객의 생명·신체에 대한 사고에 대비하는 보험은 운송보험에 속하지 않으며, 생명보험·상해보험으로서 인보험에 속한다.

② 보험사고

운송보험의 보험사고는 운송물의 운송 중에 생길 수 있는 모든 사고로서 그 종류와 양상이 다양한데, 충돌·탈선과 같은 운송 특유의 사고 외에도 도난·파손·화재·침수 등 운송물에 손해를 미치는 모든 위험을 포함한다.

③ 피보험이익

운송보험의 경우 많은 피보험이익이 있을 수 있으며, 피보험이익이 자기냐 타인이냐도 관계없다. 운송물의 소유자이익 외에도 운송물이 도착함으로써 얻게 될 희망이익(상법 제689조 제2항)과 운송인의 운임에 대한 이익 등이 있으며, 또 운송인이 송하인 또는 수하인에게 지게 될 손해배상책임에 대한 손해(책임보험)도 피보험이익이 될 수 있다.

④ 보험가액

당사자간에 보험가액에 대한 다른 약정(특약)이 있으면 그 가액을 인정하고(상법 제670조), 협정이 없으면 보험가액 불변경주의에 따라 운송물을 발송한 때와 곳의 가액과 도착지까지의 운임, 기타의 비용(보험비용 등)의 합계액을 보험가액으로 한다(상법 제689조 제1항).

⑤ 보험기간

보험자의 보상책임이 발생하는 보험기간은 운송인이 운송물을 수령한 때로부터 수하인에게 인도할 때까지로 한다. 따라서 특약이 없는 한 운송물이 운송인의 보관 중에 있는 기간으로 한다(상법 제688조).

⑥ 운송보험증권 기출 17

운송보험증권에는 상법 제666조의 일반적 기재사항 외에도 다음 사항을 기재하여야 한다(상법 제690조).
   ㉠ 운송의 노순(路順)과 방법
   ㉡ 운송인의 주소와 성명 또는 상호
   ㉢ 운송물의 수령과 인도의 장소
   ㉣ 운송기간을 정한 때에는 그 기간
   ㉤ 보험가액을 정한 때에는 그 가액

(3) 운송보험자의 손해보상책임 기출 25

① 보상책임의 시기

운송보험자는 다른 약정이 없으면 운송인이 운송물을 받은 때로부터 수하인에게 인도할 때까지 생긴 손해를 피보험자에게 보상할 책임을 진다(상법 제688조).

② 보험자의 면책사유

보험자는 보험계약자 또는 피보험자의 고의 또는 중대한 과실로 생긴 사고(상법 제659조) 등 일반면책사유(상법 제660조, 제678조) 이외에 보험사고가 송하인 또는 수하인의 고의 또는 중대한 과실로 인하여 발생한 때에는 이로 인한 손해를 보상할 책임이 없다(상법 제692조).

송하인이나 수하인은 비록 보험계약자 또는 피보험자가 아닐지라도 운송계약상 일정한 권리와 의무를 지므로(상법 제139조~제141조), 이들의 고의·중과실로 인한 보험사고의 발생은 보험계약자 또는 피보험자에 의한 것과 동일하게 취급하여 보험자의 면책사유로 한 것이다.

(4) 운송의 중지·변경과 계약 효력 기출 15·20

육상운송보험에서 보험자는 그 운송과 관련되는 모든 위험을 담보하는데, 필요에 따라 운송의 일시적인 중지, 노선 등의 변경이 생겨날 수 있다. 우리 상법은 그러한 변경이 있는 경우에도 보험계약의 효력을 그대로 인정하고 있다. 즉 보험계약은 다른 약정이 없으면 운송의 필요에 의하여 일시 운송을 중지하거나 운송의 노순 또는 방법을 변경한 경우에도 그 효력을 잃지 아니한다(상법 제691조).

3 해상보험

(1) 해상보험계약의 의의

해상보험계약(contract of marine insurance)이란 해상사업과 관련된 사고로 인한 선박이나 적하의 손해를 담보하기 위하여 이용되는 것으로서 보험계약자가 보험료를 지급하고, 보험자는 해상사업과 관련된 우연한 사고로 보험의 목적에 입은 피보험자의 재산상의 손해를 보상할 것을 내용으로 하는 손해보험계약이다(상법 제638조, 제693조).

(2) 해상보험의 종류

① 피보험이익에 의한 구분 기출 22·23
  ㉠ 선박보험 : 「해상법」상 선박은 상행위, 기타 영리를 목적으로 항해에 사용하는 선박을 말하며(상법 제740조), 선박보험의 대상은 「해상법」상의 선박으로 한정하는 것이 아니라, 선박 자체 이외에 선박의 속구, 연료, 양식, 기타 항해에 필요한 모든 물건은 보험의 목적에 포함된 것으로 한다(상법 제696조 제2항). 따라서 선박보험은 선박소유자로서 선박에 대한 피보험이익에 관한 보험이다.
  ㉡ 적하보험 : 적하보험은 해상물건운송의 대상인 운송물(화물로 경제적 가치가 있는 모든 물건으로서 생동물도 포함)을 보험의 목적으로 하여 그 적하에 대한 이익을 피보험이익으로 한 보험이다(상법 제697조).
  ㉢ 운임보험 : 운송인이 운송의 대가로서 받는 운임은 해상위험으로 운송물이 멸실될 때 청구할 수 없는데(상법 제134조, 제812조), 이렇게 받을 수 없게 되는 운임을 피보험이익으로 한 보험을 말한다.
  ㉣ 희망이익보험 : 희망이익은 거래상 매수인이 물건매각이익을 얻을 것이라 기대하는 이익으로 적하가 목적지에 무사히 도착하면 수하인이 얻으리라고 기대되는 이익을 말하고, 이러한 희망이익에 관한 보험이 희망이익보험이다(상법 제698조).
  ㉤ 선비보험 : 선비는 운임의 취득으로 회수하는 것이고, 보통 선비에 대한 피보험이익은 운임보험에 포함시키나 선비만 따로 보험계약이 가능하다. 즉 선비보험이란 선박의 의장, 기타 선박의 운항(運航)에 필요로 하는 모든 비용, 즉 선비에 대하여 가지는 피보험이익에 대한 보험을 말한다.

ⓑ 불가동손실보험 : 선박이 해난사고로 인해 가동할 수 없게 된 경우에 선박 소유자가 그 선박의 불가동기간 중에 지급해야할 선박경상비 또는 손실된 운임, 기타의 용선료의 손실을 보상하는 보험이다.
ⓢ 선주책임보상보험 : 선박보험계약이 보상하지 않는 비용손해 및 제3자에 대한 배상책임을 담보하기 위하여 선박소유자, 선박임차인, 용선자 기타 선박운항업자 등이 선주상호보험조합(P & I Club)을 결성하여 운영하는 비영리 상호보험이다.

② 보험기간에 의한 구분
  ㉠ 항해보험 : 항해보험은 출항에서 도착할 때까지 또는 하물 운송의 시작부터 하물의 인도까지 등 특정한 항해를 표준으로 하여 보험기간을 정하는 보험으로 적하보험에서 많이 이용한다.
  ㉡ 정시보험(기간보험) : 정시보험이란 선박보험에서 많이 이용하는데 일정한 기간을 표준으로 보험자의 책임이 정하여지는 보험을 말한다.
  ㉢ 혼합보험 : 항해와 기간을 표준으로 보험자의 책임을 정하는 보험이다.

(3) 해상보험계약의 요소

① 보험의 목적 기출 19
  육상운송보험에서는 운송물만을 보험의 목적으로 하고 있으나, 해상보험의 경우 적하는 물론 운송용구인 선박도 보험의 목적이 된다(상법 제696조). 선박인 이상 영리선(상법 제740조) 뿐 아니라 국·공유의 선박이나 건조 중의 선박(상법 제874조)도 보험의 목적이 될 수 있다. 또 희망이익(상법 제698조), 적하 및 선비도 보험의 목적으로 할 수 있다. 다만, 항해와 관련하여 생긴 인적 손해를 담보하는 것은 상해보험에 속하므로 여객은 해상보험의 목적이 될 수 없다.

② 보험사고
  우리 상법은 보험사고를 '해상사업에 관한 사고'라고 규정하여(상법 제693조) 포괄적 의미인 포괄책임주의를 취하고 있다. 여기서 '해상사업에 관한 사고'란 해상의 모든 위험으로 예측하지 않은 우연한 사고를 말하며, 그 범위는 침몰, 좌초, 충돌, 악천후 등 해상고유의 위험(perils of the sea)뿐 아니라, 화재, 해적, 도난, 포획, 압류, 투하, 선원의 악행(barratry) 등도 포함한다.

> **선박의 행방불명(상법 제711조)** 기출 24
> 선박의 존부가 2월간 분명하지 아니한 때에는 그 선박의 행방이 불명한 것으로 한다. 이 경우에는 전손으로 추정한다.

③ 보험기간 기출 25
  ㉠ 선박보험 : 항해단위의 선박보험은 보험자의 책임은 하물 또는 저하의 선적에 착수한 때에 개시하고 또 하물 또는 저하의 선적에 착수한 후에 보험계약을 체결한 때에는 그 계약이 성립한 때에 개시한다(상법 제699조 제1항, 제3항).
  ㉡ 적하보험 : 적하보험의 경우에는 보험자의 책임은 그 하물의 선적에 착수한 때에 개시된다. 또한, 이미 하물의 선적에 착수한 후에 보험계약을 체결한 때에는 계약이 성립한 때에 그 책임이 개시된다(상법 제699조 제2항, 제3항).

④ 보험가액
　㉠ 기평가보험 : 당사자간에 보험가액을 정한 때에는 그 가액은 사고발생시의 가액으로 정한 것으로 추정하며, 그 가액이 사고발생시의 가액을 현저하게 초과할 때에는 사고발생시의 가액을 보험가액으로 한다(상법 제670조).
　㉡ 미평가보험 : 당사자간에 보험가액을 정하지 아니한 때에는 사고발생시의 가액을 보험가액으로 한다(상법 제671조). 다만, 해상보험의 경우 '보험가액 불변경주의'에 따라 대개 보험자의 책임이 개시되는 때를 기준으로 한다.
　　ⓐ 선박보험 : 선박보험의 보험가액은 다른 약정이 없는 한 보험자의 책임이 개시될 때의 선박의 가액으로 한다(상법 제696조 제1항). 따라서 선박소유자의 피보험이익의 평가에 있어서는 기간보험인 경우에 그 계약에서 정한 보험기간의 시기이고, 항해보험의 경우에는 하물 또는 저하의 선적에 착수한 때(상법 제699조 제1항)를 기준으로 한다.
　　ⓑ 적하보험 : 적하보험의 보험가액은 선적한 때와 곳의 적하의 가액과 선적 및 보험에 관한 비용으로 한다(상법 제697조).
　　ⓒ 운임보험 : 적하보험에 있어서 적하보험의 보험가액 산정은 운임을 포함시키지 않으므로 별도의 운임보험을 체결할 수 있다. 보험법은 운임보험의 보험가액에 관하여는 규정하고 있지 않다.
　　ⓓ 희망이익보험 : 희망이익보험은 적하보험과 분리하지 않고 그 보험가액은 당사자 사이에 가액을 정하는 것이 보통이나, 정하지 아니한 때에는 보험금액을 보험가액으로 한 것으로 추정한다(상법 제698조). 여기서 희망이익은 적하의 도착으로 얻을 이익 또는 보수이고, 이 이익은 적하의 가액의 일정한 비율에 따라 정하여 적하보험에 부수하여 함께 보험에 붙이는 것이 일반적이다.
⑤ 해상보험증권
　㉠ 의의 : 해상보험증권은 해상보험계약이 체결된 후에 보험계약의 내용을 증명하기 위해 보험자가 발행하는 증권이다. 전 세계적으로 영국에서 발행되는 해상보험증권이 널리 사용되고 있다. 상법상 해상보험증권도 다른 보험증권과 마찬가지로 보험계약이 성립한 후 지체 없이 보험자가 작성하여 보험계약자에게 교부하여야 한다(상법 제640조).
　㉡ 해상보험증권의 기재사항 기출 15·18
　　해상보험증권에는 상법 제666조의 기재사항 이외에 다음 사항을 기재하여야 한다(상법 제695조).
　　ⓐ 선박보험에서는 선박의 명칭·국적과 종류 및 항해의 범위
　　ⓑ 적하보험에서는 선박의 명칭·국적과 종류·선적항·양륙항 및 출하지와 도착지를 정한 때에는 그 지명
　　ⓒ 보험가액을 정한 때에는 그 가액

(4) 해상보험자의 손해보상책임

① 보상하는 손해 기출 15·19
  ㉠ 공동해손에 의한 손해
    ⓐ 공동해손의 의의 : 공동해손(general average)이란 선장이 선박과 적하의 공동위험을 면하기 위하여 선박이나 적하에 대한 처분으로 인하여 생긴 손해와 비용(상법 제832조) 또는 이러한 손해와 비용을 이해관계인에게 분담시키려는(상법 제833조) 해상운송에 있어서 특유의 제도를 말한다.
    ⓑ 보험자의 보상책임 : 피보험자가 공동해손으로 인한 분담액에 대하여 보험자는 당연히 보상책임을 진다(상법 제694조).
  ㉡ 해난구조료 : 해난구조(salvage)란 해난에 부딪친 선박 또는 적하를 구조하는 것을 말하며, 당사자 사이에 구조계약이 있는 경우와 계약이 없거나 의무가 없이 구조하는 경우까지 포함한다. 우리 상법은 피보험자가 보험사고로 인하여 발생하는 손해를 방지하기 위하여 지급할 구조료를 보험자가 보상할 책임이 있다(상법 제694조의2)고 규정하고 있다.
  ㉢ 특별비용(손해방지비용) : 보험의 목적에 대하여 안전·보존을 위해 지급하는 특별비용도 보험사고와 관련비용이므로 보험자가 보험금액 한도 내에서 보상할 책임이 있다(상법 제694조).
  ㉣ 선박충돌로 인한 손해 : 선박의 충돌로 인한 피보험선박에 생긴 손해는 보험자가 당연히 보상한다. 다른 선박에 손해가 생긴 때에 대하여는 상법에 명문규정은 없으나, 실거래에서는 충돌약관에 의한 특약에 의해 보험자의 책임을 인정하는 경우가 있는데, 이는 책임보험에 속한다고 할 수 있다.

② 보험자의 손해보상범위 기출 16·18
  ㉠ 선박·적하의 일부손해
    ⓐ 선박의 일부손해의 보상
      • 선박의 일부가 훼손된 때, 그 훼손부분의 전부수선의 경우에는 보험자는 수선비를 1회의 사고에 대하여 보험금액을 한도로 보상할 책임이 있다(상법 제707조의2 제1항).
      • 선박의 일부가 훼손된 때, 일부수선의 경우에는 수선비와 수선하지 아니함으로써 생긴 감가액을 보상할 책임이 있다(상법 제707조의2 제2항).
      • 선박의 일부가 훼손된 때, 미수선의 경우에는 수선하지 아니함으로써 생긴 감가액을 보상할 책임이 있다(상법 제707조의2 제3항). 다만, 일부수선과 미수선의 경우의 보상액은 전부수선의 경우의 수선비를 초과할 수 없다고 본다.
    ⓑ 적하의 일부손해의 보상 : 보험의 목적인 적하가 훼손되어 양륙항에 도착한 때에는 보험자는 그 훼손된 상태의 가액(훼손가액)과 훼손되지 아니한 상태의 가액(건전가액)과의 비율에 따라 보험가액의 일부에 대한 손해를 보상할 책임이 있다(상법 제708조).
  ㉡ 적하의 매각으로 인한 손해보상 기출 19
    ⓐ 항해 도중에 불가항력으로 보험의 목적인 적하를 매각한 때에는 보험자는 그 대금에서 운임, 기타의 필요한 비용을 공제한 금액과 보험가액과의 차액을 보상하여야 한다(상법 제709조 제1항).
    ⓑ 또한 매수인이 대금을 지급하지 아니한 때에는 보험자는 그 금액을 지급하여야 한다. 이때 지급을 한 보험자는 피보험자의 매수인에 대한 권리를 취득한다(상법 제709조 제2항). 그리고 일부보험의 경우는 일반원칙에 따라서 보상액을 정해야 할 것이다(상법 제674조).

③ 보험자의 면책사유 `기출` 17・18・25

해상보험에 있어서 일반보험계약과 마찬가지로 상법 제659조 제1항, 제660조, 제678조의 면책사유가 있는 경우 보험자의 보상책임을 면하고, 다음과 같은 사유로 면책하고 있다.

㉠ 선박보험 또는 운임보험의 경우에 발항 당시 안전하게 항해를 하기에 필요한 준비를 하지 아니하거나 필요한 서류를 비치하지 아니함으로 인하여 생긴 손해(상법 제706조 제1호)

㉡ 적하보험의 경우에 용선자, 송하인 또는 수하인의 고의 또는 중과실로 인하여 생긴 손해(상법 제706조 제2호)

㉢ 도선료, 입항료, 등대료, 검역료, 기타 선박 또는 적하에 관한 항해 중의 통상비용(상법 제706조 제3호)

> **심화TIP** 감항능력 주의의무 `기출` 21
>
> 1. 보험증권에 영국의 법률과 관습에 따르기로 하는 규정과 아울러 감항증명서 발급을 담보한다는 내용의 명시적 규정이 있는 경우, 이 규정에 따라야 한다.
> 2. 당사자들이 약정을 통해 감항능력 주의의무위반과 손해 사이에 인과관계가 없더라도 보험자가 면책된다고 합의하였다면, 그 합의 내용은 효력을 갖는다.
> 3. 보험자는 선박 또는 운임을 보험에 붙인 경우에는 발항 당시 안전하게 항해를 하기에 필요한 준비를 하지 아니하거나 필요한 서류를 비치하지 아니함으로 인하여 생긴 손해와 비용을 보상할 책임이 없다(상법 제706조 제1호).
> 4. 선박보험, 운임보험에서 감항능력 주의의무위반으로 생긴 손해의 경우 보험자는 면책되지만(상법 제706조 제1호), 적하보험의 경우에는 적용되지 않는다.

> **판례** 선박보험의 감항능력 관련 판례 `기출` 23
>
> - 대법원 2002.6.28., 선고, 2000다21062, 판결
>   영국 해상보험법상의 법리에 의하면, 해상보험의 경우 감항성 또는 감항능력(seaworthiness)은 '특정의 항해에서 통상적인 위험에 견딜 수 있는 능력(at the time of the insurance able to perform the voyage unless any external accident should happen)'을 의미하는 상대적인 개념으로서, 어떤 선박이 감항성을 갖추고 있느냐의 여부를 확정하는 확정적이고 절대적인 기준은 없고, 특정 항해에서의 특정한 사정에 따라 상대적으로 결정되어야 한다.
> - 대법원 2005.11.10., 선고, 2003다31299, 2003다31305, 판결
>   선박기간보험에 있어 감항능력 결여로 인한 보험자의 면책요건으로서 영국해상보험법 제39조 제5항 후문에서 정한 피보험자의 악의(privity)는 영미법상의 개념으로서 피보험자가 선박의 감항능력 결여의 원인이 된 사실뿐 아니라, 그 원인된 사실로 인해 해당 선박이 통상적인 해상위험을 견디어 낼 수 없게 된 사실, 즉 감항능력이 결여된 사실을 알고 있는 것을 의미하는 것으로서, 감항능력이 없다는 것을 적극적으로 아는 것(positive knowledge of unseaworthiness)뿐 아니라, 감항능력이 없을 수도 있다는 것을 알면서도 이를 갖추기 위한 조치를 하지 않고 그대로 내버려두는 것(turning the blind eyes to unseaworthiness)까지 포함하는 개념이고(대법원 2002.6.28. 선고 2000다21062 판결), 여기에서 피보험자 자신의 악의뿐만 아니라 그의 분신(alter ego)으로 간주될 수 있는 자의 악의도 포함된다.

(5) 선박미확정의 적하예정보험
① 적하예정보험의 의의

선박미확정의 적하예정보험은 보험계약의 체결 당시에 하물을 적재할 선박을 지정하지 아니한 보험을 말한다(상법 제704조 제1항). 보험계약의 체결장소와 선적지가 다르거나, 선적시와 보험계약 체결시가 동일하지 않을 경우에도 선박만을 지정하지 아니하고 유효한 보험계약을 체결하게 함으로써 보험계약자의 무보험상태로 인한 위험을 없애고, 또한 현대적 상업수요에도 적응시키는 제도이다.

② 적하예정보험계약의 효과
  ㉠ 선박확정의 통지의무 : 보험계약의 체결 당시에 하물을 적재할 선박을 지정하지 아니한 경우에 보험계약자 또는 피보험자가 그 하물이 선적되었음을 안 때에는 지체 없이 보험자에 대하여 그 선박의 명칭, 국적과 하물의 종류, 수량과 가액의 통지를 발송하여야 한다(상법 제704조 제1항).
  ㉡ 확정통지의 시기 : 통지는 보험계약자 또는 피보험자가 그 화물이 선적되었음을 안 때에 지체 없이 하여야 한다. 그리고 보험계약자가 통지사항을 순차적으로 알게 된 경우에는 선적의 사실을 알게 된 순서에 따라 지체 없이 통지를 하면 된다.

③ 통지의무해태의 효과

보험계약자와 피보험자는 하물의 선적사실을 안 때에는 지체 없이 선박확정의 통지를 발송할 의무를 지는데, 이 의무를 게을리한 때에는 보험자는 그 사실을 안 날로부터 1월 내에 계약을 해지할 수 있다(상법 제704조 제2항).

(6) 보험위부(abandonment) 기출 21·24
① 개 요
  ㉠ 의의 : 보험위부란 보험의 목적이 전부 멸실한 것과 동일시 할 수 있는 일정한 사유가 있는 경우 피보험자가 보험목적에 대한 모든 권리를 보험자에게 위부하고 보험자에 대하여 보험금액의 전부를 청구할 수 있는 해상보험 특유의 제도이다.
  ㉡ 인정이유 : 해상기업에 있어서의 항해 위험의 특이성을 고려하여 보험관계자간의 계산관계를 신속·간편하게 하고 해상기업에 투하한 자본의 사장을 방지하기 위하여 인정한다.
  ㉢ 보험자대위와의 구별 : 당사자간의 특별한 의사표시 없이 권리를 당연히 취득하는 보험자대위와 달리 의사표시를 요하는 보험위부는 구별된다.
  ㉣ 법적 성질 : 보험위부는 불요식 법률행위로 보험자의 승낙을 요하지 않는 단독행위이며 일단 위부 이후에는 임의로 철회하지 못한다.

② 보험위부의 원인 기출 25
  ㉠ 선박·적하의 점유상실 : 피보험자가 보험사고로 인하여 자기의 선박 또는 적하의 점유를 상실하여 이를 회복할 가능성이 없거나, 회복하기 위한 비용이 회복하였을 때의 가액을 초과하리라고 예상될 경우(상법 제710조 제1호)
  ㉡ 선박수선비의 과다 : 선박이 보험사고로 인하여 심하게 훼손되어 이를 수선하기 위한 비용이 수선하였을 때의 가액을 초과하리라고 예상될 경우(상법 제710조 제2호). 단, 이 경우 선장이 지체 없이 다른 선박으로 적하의 운송을 계속한 때에는 피보험자는 그 적하를 위부할 수 없다(상법 제712조).

ⓒ 적하수선비·운송비용의 과다 : 적하가 보험사고로 인하여 심하게 훼손되어서 이를 수선하기 위한 비용과 그 적하를 목적지까지 운송하기 위한 비용과의 합계액이 도착하는 때의 적하의 가액을 초과하리라고 예상될 경우(상법 제710조 제3호)

③ 보험위부의 요건
　ⓐ 위부의 통지 : 피보험자가 위부를 하고자 할 때에는 상당한 기간 내에 보험자에 대하여 그 통지를 발송하여야 한다(상법 제713조 제1항).
　ⓑ 위부의 무조건성 : 위부는 무조건이어야 한다(상법 제714조 제1항).
　ⓒ 위부의 범위 : 위부는 보험의 목적의 전부에 대하여 이를 하여야 한다(상법 제714조 제2항). 그러므로 위부의 원인이 그 일부에 대하여 생긴 때에는 그 부분에 대하여서만 위부한다. 일부보험의 경우는 보험금액의 보험가액에 대한 비율에 따라서만 이를 할 수 있다.
　ⓓ 다른 보험계약들에 관한 통지 : 피보험자가 위부를 함에 있어서는 보험자에 대하여 보험의 목적에 관한 다른 보험계약과 그 부담에 속한 채무의 유무와 그 종류 및 내용을 통지하여야 한다(상법 제715조 제1항).

④ 보험위부의 효과 기출 17
　ⓐ 보험자에 대한 효력 : 보험자는 위부로 인하여 그 보험의 목적에 관한 피보험자의 모든 권리를 취득한다(상법 제718조 제1항). 또한 일부보험의 경우 보험금액의 보험가액에 대한 비율에 따라 권리를 취득한다(상법 제714조 제3항).
　ⓑ 피보험자에 대한 효력 : 피보험자는 보험의 목적을 보험자에게 위부하고 보험금액의 전부를 청구할 수 있다(상법 제710조). 위부의 원인이 보험목적의 일부에 대하여 생긴 때에는 그 부분에 대한 보험금액의 전부를 청구할 수 있다(상법 제714조 제2항 단서).
　그리고 일부보험의 경우 보험금액의 보험가액에 대한 비율로 청구할 수 있다(상법 제714조 제3항).

⑤ 위부의 승인, 불승인의 효력 기출 16
　ⓐ 승인의 경우 : 보험자가 위부를 승인한 후에는 그 위부에 대하여 이의를 하지 못한다(상법 제716조).
　ⓑ 불승인의 경우 : 보험자가 위부를 승인하지 아니한 때에는 피보험자는 위부의 원인을 증명하지 아니하면 보험금액의 지급을 청구하지 못한다(상법 제717조).

⑥ 보험위부와 추정전손 기출 21
　ⓐ 의의 : 보험증권에 명시된 특약의 경우를 제외하고는 보험목적물이 현실전손을 피하기 어려울 정도로 손해가 심각하여 종래 그 목적물이 갖는 용도로 사용할 수 없게 되었을 때와 그 수선 및 수리비가 수선 후 그 목적물이 갖는 시가보다 클 때에는 추정전손(Constructive Total loss ; CTL)으로 간주한다. 해상손해가 추정전손으로 인정되는 경우 피보험자는 그 피보험물에 대하여 갖는 일체의 권리를 보험자에게 이전하고 현실전손과 마찬가지로 보험금액 전액을 청구할 수 있는데, 이것을 '보험위부(abandonment)'라고 한다.
　ⓑ 추정전손의 판단
　　ⓐ 추정전손의 판단 기준시점은 위부통지시의 사실관계가 아니고, 보험금 청구소송의 제소시에 존재하는 사실관계에 의하여 그 여부가 판단된다.

> **판례** 대법원 2002.6.28., 선고, 2000다21062, 판결

추정전손에 해당하는지 여부에 대한 판단의 기준시점은 보험자가 피보험자로 하여금 위부통지 혹은 그 통지에 대한 거절시점에서 소송이 제기된 것과 같은 지위에 있게 되는 것에 명시적으로 동의하지 않는 이상, <u>위부통지시의 사실관계가 아니고, 보험금 청구소송의 제소시(at the commencement of the action)에 존재하는 사실관계에 의하여 그 여부가 판단된다.</u>

   ⓑ 추정전손을 판단하는 주요 근거로의 선박수리비는 해당 보험사고로 인하여 발생한 손해에 한정되어야 하며, 보험사고로 인하여 발생하지 않은 수리비는 제외된다.

> **판례** 대법원 2002.6.28., 선고, 2000다21062, 판결

영국 해상보험법 제55조 제1항이 "보험자는 보험증권에서 달리 약정하지 않는 한, 부보위험(付保危險)에 근인(近因)하여 발생한 손해(loss proximately caused by a peril against)에 대하여서만 책임을 지고, 부보위험에 근인하여 발생하지 아니한 손해에 대하여는 책임을 지지 아니한다"고 규정하고 있는 취지와 피보험자가 입은 재산상의 손해는 보험사고와 상당인과관계가 있는 것이어야 한다는 원칙에 비추어, <u>선박의 수리비는 해당 보험사고로 인하여 발생한 손해에 한정되어야 하고, 보험사고로 인하여 발생하지 않은 수리비는 제외되어야 할 것이다.</u>

   ⓒ 선박이 좌초 후 선원들이 하선으로 인해 원주민이 선박을 약탈하는 손해가 발생한 경우, 원주민의 약탈은 선행하는 주된 보험사고인 좌초에 기인하여 발생한 것이 아닌 선원의 부주의에 의한 별건의 손해로서 추정전손의 계산에 포함된다.

> **판례** 대법원 1989.9.12., 선고, 87다카3070, 판결

선박 좌초 후 선원의 이선으로 인해 원주민이 선박을 약탈한 경우, 원주민의 약탈은 선행의 주된 보험사고라 할 수 있는 좌초의 기회에, 좌초에 기인하여 발생한 것이라는 점에서 좌초와 약탈을 단일사고, 특히 이 사건 보험약관 제12.2조 후단의 <u>동일한 사고로부터 생기는 일련의 손해(Sequence of damages arising from the same accident)에 해당한다.</u>

(7) 해상보험계약의 준거법약관 기출 21

① 해상보험계약의 준거법약관은 해상보험의 보험금 분쟁에 대한 보험자의 책임 유무와 보험금 정산에 관한 사항은 영국의 법률과 관습에 따르도록 규정한 것이다.

> **판례** 대법원 1991.5.14., 선고, 90다카25314, 판결

해상보험증권 아래에서 야기되는 일체의 책임문제는 영국의 법률 및 관습에 의하여야 한다는 영국법준거약관은 오랜 기간 동안에 걸쳐 해상보험업계의 중심이 되어온 영국의 법률과 관습에 따라 당사자간의 거래관계를 명확하게 하려는 것으로서 우리나라의 공익규정 또는 공서양속에 반하는 것이라거나 보험계약자의 이익을 부당하게 침해하는 것이라고 볼 수 없으므로 유효하다.

② 해상보험계약의 준거법약관은 당사자 자치(party autonomy)의 원칙에 근거하고 있으며, '불이익 변경금지의 원칙'이 적용되지 않는다.
③ 해상보험계약의 준거법약관을 통해 외국법을 준거법으로 지정한 경우, 「약관의 규제에 관한 법률」이 국제적 강행규정으로서 적용되는 것은 아니다. 즉 「약관의 규제에 관한 법률」의 입법 목적을 고려하면, 외국법을 준거법으로 하여 체결된 모든 계약에 관하여 당연히 약관의 규제에 관한 법률을 적용할 수 있는 것은 아니다(대법원 2010.8.26., 선고, 2010다28185, 판결).
④ 영국법의 적용을 받는 영국 런던 보험자협회에서 규정한 갑판적재약관(On-Deck Clause)의 담보 범위에 관한 내용은 「약관의 규제에 관한 법률」 제3조 제3항 및 제4항의 입법 취지에 따라, 고객이 약관의 내용을 충분히 알고 있다 하더라도 고객에게 약관의 내용을 따로 설명할 필요가 없다.

> **판례** 대법원 2016.6.23., 선고, 2015다5194, 판결
>
> 「약관의 규제에 관한 법률」 제3조 제3항이 사업자에 대하여 약관에 정하여져 있는 중요한 내용을 고객이 이해할 수 있도록 설명할 의무를 부과하고, 제4항이 이를 위반하여 계약을 체결한 경우에는 해당 약관을 계약의 내용으로 주장할 수 없도록 한 것은, 고객으로 하여금 약관을 내용으로 하는 계약이 성립되는 경우에 각 당사자를 구속하게 될 내용을 미리 알고 약관에 의한 계약을 체결하도록 함으로써 예측하지 못한 불이익을 받게 되는 것을 방지하여 고객을 보호하려는데 입법 취지가 있다. 따라서 고객이 약관의 내용을 충분히 잘 알고 있는 경우에는 약관이 바로 계약내용이 되어 당사자에 대하여 구속력을 가지므로, 사업자로서는 고객에게 약관의 내용을 따로 설명할 필요가 없다.

(8) 해상보험의 워런티(warranty) 기출 22·23

영국해상보험법상 워런티(warranty)는 확약담보, 즉 피보험자가 어떤 특정한 일이 행하여지거나 행하여지지 않을 것 또는 어떤 조건이 충족될 것을 약속하거나 또는 특정한 사실상태의 존재를 긍정하거나 부정하는 내용의 담보를 의미한다.

① 선박이 발항 당시 감항능력을 갖추고 있을 것을 조건으로 하여 보험자가 해상위험을 인수하였다는 것이 명백한 경우, 보험사고가 그 조건의 결여 이후에 발생한 경우에는 보험자는 조건 결여의 사실, 즉 발항 당시의 불감항 사실만을 입증하면 그 조건 결여와 손해발생 사이의 인과관계를 입증할 필요 없이 보험금 지급책임이 없다.

> **판례** 대법원 1995.9.29., 선고, 93다53078, 판결
>
> 선박이 발항 당시 감항능력을 갖추고 있을 것을 조건으로 하여 보험자가 해상위험을 인수한다는 취지임이 문언상 명백하므로, 보험사고가 그 조건의 결여 이후에 발생한 경우에는 보험자는 조건 결여의 사실, 즉 발항 당시의 불감항 사실만을 입증하면 그 조건 결여와 손해발생(보험사고) 사이의 인과관계를 입증할 필요 없이 보험금 지급책임을 부담하지 않게 된다.

② 보험증권에 그 준거법을 영국의 법률과 관습에 따르기로 하는 규정과 아울러 감항증명서의 발급을 담보한다는 내용의 명시적 규정이 있는 경우, 부보선박이 특정 항해에 있어서 그 감항성을 갖추고 있음을 인정하는 감항증명서는 매 항해시마다 발급받아야 비로소 그 담보조건이 충족된다.

> **판례** 대법원 1996.10.11., 선고, 94다60332, 판결 기출 22
>
> 보험증권에 그 준거법을 영국의 법률과 관습에 따르기로 하는 규정과 아울러 감항증명서의 발급을 담보한다는 내용의 명시적 규정이 있는 경우, 이는 영국 해상보험법 제33조 소정의 명시적 담보에 관한 규정에 해당하고, 명시적 담보는 위험의 발생과 관련하여 중요한 것이든 아니든 불문하고 정확하게(exactly) 충족되어야 하는 조건(condition)이라 할 것인데, 해상보험에 있어서 감항성 또는 감항능력이 '특정의 항해에 있어서의 통상적인 위험에 견딜 수 있는 능력(at the time of the insurance able to perform the voyage unless any external accident should happen)'을 의미하는 상대적인 개념으로서 어떤 선박이 감항성을 갖추고 있느냐의 여부를 확정하는 확정적이고 절대적인 기준은 없으며, 특정 항해에 있어서의 특정한 사정에 따라 상대적으로 결정되어야 하는 점 등에 비추어 보면, <u>부보선박이 특정 항해에 있어서 그 감항성을 갖추고 있음을 인정하는 감항증명서는 매 항해 시마다 발급받아야 비로소 그 담보조건이 충족된다</u>.

③ 2015년 영국보험법(The Insurance Act 2015)에 따르면 보험자는 워런티(warranty) 위반일로부터 장래를 향해 자동적으로 보험자의 보상책임이 면제되는 것이 아니라 위반 내용의 치유시까지만 면책된다. 즉 워런티(warranty) 위반시 보험자의 보험금 지급의무가 위반일로부터 장래를 향해 자동적으로 면책된다는 기존의 법리를 폐지하고, 위반일로부터 치유될 때까지 한시적으로 정지시키는 것으로 변경되었다.

④ 2015년 영국보험법(The Insurance Act 2015)에 따르면 보험자는 보험계약자가 워런티(warranty)의 불이행과 보험사고발생 사이에 인과관계가 없었음을 증명한 때에는 보험금 지급책임이 있다. 즉 워런티 위반과 보험사고발생 사이에 인과관계를 요구하는 조건이 신설되어 보험계약자가 워런티의 불이행과 보험사고발생 사이에 인과관계가 없었음을 증명한 때에 보험자는 보험금 지급책임이 있다.

4 책임보험

(1) 개요

① **책임보험계약의 의의**
책임보험계약은 피보험자가 보험기간 중에 사고로 제3자에게 손해를 배상할 책임을 진 경우 보험자가 이를 보상할 것을 목적으로 하는 손해보험계약을 말한다(상법 제719조). 이는 직접 피보험자에게 발생한 손해를 보상하는 것이 아니라, 제3자에게 배상책임을 짐으로써 입은 손해를 보상하는 간접손해를 보상한다는 점에서 일반손해보험과 다르다.

② **책임보험의 효용(기능)**
㉠ 피보험자(가해자) 보호 : 책임보험의 제1차적인 기능은 가해자인 피보험자의 보호이다. 즉 피보험자의 제3자에 대한 책임을 보험자에게 전가시킴으로써 자위수단의 기능을 하고 피해자인 제3자에 대한 손해보상액의 확보로 경제생활의 안정을 도모할 수 있는 사회보장적 기능을 수행한다.
㉡ 피해자 보호 : 책임보험제도를 통해 피해자는 충분하고 확실하게 보상을 받을 수 있다. 또한 피해자의 직접청구권을 인정함으로써 피해자를 보다 강력하게 보호하고 있다.

ⓒ 역기능 : 책임보험은 피보험자 자신이 야기한 보험사고에 대한 보상책임을 보험자에게 전가시 킨다는 점에서 자기책임을 무너뜨리고 피보험자의 도덕적 해이를 가져올 수 있다.
③ 책임보험계약의 성질
　　ⓘ 손해보험성 : 책임보험은 보험자가 피보험자의 제3자에 대한 배상책임으로 인한 손해를 보상하는 보험이므로 손해보험성을 가진다.
　　ⓒ 재산보험성 : 책임보험은 특정한 물건에 발생한 손해가 아니고, 피보험자의 전 재산에서 지출하게 되는 손해를 보상하는 재산보험성을 가진다.
　　ⓒ 소극보험성 : 책임보험은 피보험자에게 직접 발생한 손해를 보상하는 것이 아니고, 피보험자가 제3자에 대하여 부담하는 배상책임으로 인한 손해를 보상하는 소극보험성을 가진다.
④ 책임보험의 종류
　　ⓘ 피보험자의 배상책임의 객체에 따른 분류
　　　ⓐ 대인배상책임보험 : 타인의 인적 손해(사망, 상해 등)에 대한 피보험자의 배상책임을 대상으로 하는 경우
　　　　예 자동차보험 중의 대인배상책임보험, 근로자재해보상책임보험
　　　ⓑ 대물배상책임보험 : 피보험자가 타인의 물건이나 기타 재산상의 손해에 대한 배상책임을 지게 되는 경우에 이를 보상하는 책임보험
　　　　예 자동차보험 중의 대물배상책임보험
　　ⓒ 피보험자에 따른 분류
　　　ⓐ 영업책임보험 : 피보험자가 영업을 영위하는 자로서 그러한 영업으로 인해 타인에게 배상책임을 부담하는 경우에 이를 보상하는 책임보험
　　　　예 제조물책임보험, 원자력손해배상책임보험, 승강기책임보험, 영업용자동차보험
　　　ⓑ 전문인책임보험 : 피보험자가 전문직에 종사하는 자로서 그 직업과 관련하여 타인에게 부담하는 배상책임에 적용하는 책임보험
　　　　예 임원배상책임, 건축사 및 기술사배상책임, 의료과실배상책임보험
　　　ⓒ 개인책임보험 : 일반 개인이 일상생활에서 타인에게 인적 또는 물적 손해를 가함으로써 부담하게 되는 법률상의 손해배상책임을 적용대상으로 하는 책임보험
　　　　예 자가용자동차의 운전자책임보험, 개인용자동차보험
　　ⓒ 보험금액의 한도 유무에 따른 분류
　　　ⓐ 유한배상책임보험 : 피해자 1인당 또는 사고당 보험자의 보상책임 한도액이 미리 정해져 있는 책임보험
　　　ⓑ 무한배상책임보험 : 피보험자가 사고로 인해 타인에게 부담하는 모든 손해를 보상하는 책임보험
　　ⓔ 가입의 강제성 유무에 따른 분류
　　　ⓐ 임의책임보험 : 자동차종합보험, 제조물책임보험
　　　ⓑ 강제책임보험 : 자동차손해배상책임보험, 산업재해보상보험, 원자력손해배상보험

(2) 책임보험계약의 요소

① **보험의 목적** 기출 16·23

책임보험은 피보험자의 배상책임으로 인한 손해를 보상하는 소극보험이라는 점에서 그 보험의 목적은 특정한 재화가 아니고 피보험자가 제3자에게 지는 배상책임이며, 그 배상책임의 담보가 되는 것이 피보험자의 전 재산이므로 피보험자가 제3자의 청구를 막기 위하여 지출한 재판상, 재판의 필요비용은 피보험자가 배상책임을 지지 않을 경우에도 보험의 목적에 포함되는 것으로 하고 있다. 또한 영업책임보험의 경우 피보험자의 대리인, 그 사업감독자의 제3자에 대한 배상책임도 보험의 목적에 포함되는 것으로 하고 있다(상법 제721조)고 하여 보험의 목적의 범위를 확대하고 있다.

② **피보험이익**

㉠ 의의 : 책임보험은 손해보험에 속하고 있으나, 물건보험과 달리 금전적으로 산정할 수 있는 이익을 가지고 있는 것은 아니므로 피보험이익의 관념을 인정할 수 있느냐의 의문이 있다. 이에 대해 긍정설과 부정설이 대립하고 있으나, 책임보험에 있어서도 피보험자는 제3자에 대한 배상책임을 보험자에게 돌려 배상책임을 짐으로써 입은 경제적 손해를 벗어날 수 있는 이익을 가지고 있으므로 피보험이익의 관념을 인정하는 것이 타당하다고 본다.

㉡ 책임보험에 있어서의 피보험이익 : 책임보험에 있어서의 피보험이익은 피보험자가 제3자에 대한 재산적 급여를 하는 책임을 지는 사고가 생기지 아니하는 것에 관하여 가지는 경제적 이익이라 할 수 있다.

㉢ 보험금액과 보험가액과의 관계 : 책임보험계약에 있어서는 일반손해보험에서와 같은 보험가액이 존재하지 않기 때문에 초과·중복·일부보험의 문제는 생기지 않고 손해배상액은 단순히 보험금액과 손해액의 범위에서 결정된다. 다만, 보관자책임보험의 경우(상법 제725조) 목적물이나 보상한도액이 제한되므로 보험가액이 측정되어 초과·중복·일부보험이 인정된다. 그러나 보통 책임보험에서도 보상한도액을 정하여 보험자의 급부를 제한하고 있다.

③ **보험사고**

책임보험에서는 일반손해보험과는 달리 보험사고의 원인이 사고에 의해서 먼저 손해를 입은 피보험자 이외의 제3자인 피해자가 있고, 이에 대해 피보험자의 배상책임 유무와 그 정도를 어떻게 할 것인가가 결정되어야만 비로소 피보험자인 가해자의 손해를 생각할 수 있다는 점에서 구체적으로 어떠한 때를 기준으로 보험사고로 할 것인가에 이론적 다툼이 있다.

㉠ 손해사고설 : 피보험자가 제3자에 대하여 배상책임을 부담하는 원인이 되는 사고가 발생한 때를 보험사고로 보는 입장이다(다수설). 기출 21

㉡ 손해배상청구설 : 제3자가 피보험자에게 사고로 인해 발생한 손해에 대한 손해배상을 청구한 시점을 보험사고발생 시점으로 보는 견해이다. 피보험자가 피해자인 제3자로부터 배상청구를 받게 되면 지체 없이 보험자에게 통지하도록 규정하는 것과 관련 있다.

㉢ 책임부담설 : 피보험자가 법률상 손해배상책임을 부담하는 것을 보험사고로 보는 입장이다.

㉣ 채무확정설 : 피보험자가 제3자에 대하여 부담할 채무가 확정된 것을 보험사고로 보는 입장이다.

㉤ 손해배상의무이행설 : 피보험자가 피해자에 대한 손해배상의무를 이행한 것을 보험사고로 보는 입장이다.

이상의 설이 대립하나 "손해사고설"이 통설이다. 왜냐하면 책임보험은 피보험자의 손해를 보상하지만 기능적으로 피보험자가 아닌 피해자를 위한 보험이고 보험자가 지급하는 보험금이 결국에 피해자에게 귀속되기 때문이다. 이것은 제3자에게 직접청구권을 인정하고 있는 것과 보험기간 중의 사고(상법 제719조)의 의미와도 부합된다고 할 수 있다.

④ 피보험자의 손해배상책임

책임보험은 피보험자의 제3자에 대한 배상책임을 전제로 하여 성립하는 보험계약이므로 책임보험의 중심을 이루는 것은 손해배상책임이다. 이 책임은 법률상 책임, 계약상 책임, 불법행위 또는 채무불이행을 모두 포함하나, 민사상 책임에 한하여 특별한 경우에 법률상 손해배상책임으로 한정한다. 일반적으로 민사상 손해배상책임은 특히 무과실책임을 지는 경우를 제외하고 행위자의 고의·과실로 말미암아 발생한 손해에 대하여 배상책임을 지는데, 책임보험에서 보험자가 지는 책임은 피보험자가 제3자에게 부담하는 모든 책임을 담보하는 것이 아니라, 피보험자의 고의로 인한 손해는 보험자의 면책으로 하고 있다.

> **심화TIP** 공동불법행위에 대한 구상권 행사 기출 21
>
> 1. 공동불법행위자 중의 1인에 대한 보험자로서 자신의 피보험자에게 손해방지비용을 모두 상환한 보험자는 다른 공동불법행위자의 보험자가 부담하여야할 부분에 대해 직접 구상권을 행사할 수 있다.
> 2. 공동불법행위자들과 각각 보험계약을 체결한 보험자들은 각자 그 피보험자 또는 보험계약자에 대한 관계뿐만 아니라, 그와 보험계약관계가 없는 다른 공동불법행위자에 대한 관계에서도 그들이 지출한 손해방지비용의 상환의무를 부담한다.
> 3. 보험자들 상호간의 손해방지비용의 상환의무는 부진정연대책무의 관계에 있다.
> 4. 피보험자의 차량소유자의 관리상의 과실과 그 차량의 무단운전자의 과실이 경합되어 교통사고가 발생한 경우, 차량소유자인 피보험자의 보험자가 무단운전자의 부담부분을 배상하면 보험자는 그 부담 부분의 비율에 따라 무단운전자에게 구상권을 행사할 수 있다.

> **판례** 구상권 관련 판례 기출 25
>
> - 대법원 1998.9.18., 선고, 96다19765, 판결
>   공동불법행위자의 1인을 피보험자로 하는 보험계약의 보험자가 보험금을 지급하고 상법 제682조에 의하여 취득하는 피보험자의 다른 공동불법행위자에 대한 구상권은 피보험자의 부담 부분 이상을 변제하여 공동의 면책을 얻게 하였을 때에 다른 공동불법행위자의 부담 부분의 비율에 따른 범위에서 성립하는 것이고(대법원 2006.2.9., 선고, 2005다28426, 판결), 공동불법행위자들과 각각 보험계약을 체결한 보험자들은 각자 그 공동불법행위의 피해자에 대한 관계에서 상법 제724조 제2항에 의한 손해배상채무를 직접 부담하는 것이므로, 이러한 관계에 있는 보험자가 그 부담 부분을 넘어 피해자에게 손해배상금을 보험금으로 지급함으로써 공동불법행위자들의 보험자들이 공동면책되었다면 그 손해배상금을 지급한 보험자는 다른 공동불법행위자들의 보험자들이 부담하여야 할 부분에 대하여 직접 구상권을 행사할 수 있다.
> - 대법원 1997.10.10., 선고, 95다46265, 판결
>   보험계약자인 채무자의 채무불이행으로 인하여 채권자가 입게 되는 손해의 전보를 보험자가 인수하는 것을 내용으로 하는 보증보험계약은 손해보험으로, 형식적으로는 채무자의 채무불이행을 보험사고로 하는 보험계약이나 실질적으로는 보증의 성격을 가지고 보증계약과 같은 효과를 목적으로 하므로, 민법의 보증에 관한 규정, 특히 민법 제441조 이하에서 정한 보증인의 구상권에 관한 규정이 보증보험계약에도 적용된다.

(3) 책임보험의 효과

① 보험자의 의무

㉠ 보험자의 보상의무 `기출 19`

ⓐ 보상책임 발생요건
- 보험기간 중의 사고로 제3자가 손해를 입을 것 : 손해사고가 보험기간 중 생긴 것이어야 하고, 보험기간 중 생겼다 하더라도 그것이 불가항력, 피해자의 자해행위로 말미암은 경우 등은 보상책임이 발생하지 않는다.
- 피보험자가 그 사고로 제3자에게 손해배상책임을 질 것 : 제3자가 손해를 입은 사고가 발생한 때를 보험사고로 보는 손해사고설이 통설이다.

ⓑ 면책사유 : 법정 및 약관면책사유로 생긴 때 보험자는 보상책임을 지지 않는다. 단, 책임보험의 경우 상법 제659조 제1항의 고의 또는 중과실면책에서 중과실로 인한 손해를 약관상 부책할 수 있다.

ⓒ 손해보상책임의 범위 `기출 17·19·20·21·24`
- 피보험자가 제3자에 대하여 변제, 승인, 화해 또는 재판으로 확정된 채무와 피보험자가 지출한 방어비용, 담보의 제공, 공탁비용을 부담한다(상법 제720조 제1항, 제2항). 이는 일반손해보험에서 손해방지비용에 해당하는 것으로 그것이 보험자의 지시에 의한 때에는 그 비용과 손해액을 가산한 금액이 보험금액을 초과하더라도 보험자는 이를 부담해야 한다(상법 제720조 제3항).
- 영업책임보험의 경우 피보험자의 대리인, 그 사업감독자의 제3자에 대한 책임으로 인한 손해도 보상해야 하는데, 이는 책임보험의 성질상 당연한 것이다(상법 제721조). 또한 피보험자가 보험자의 동의 없이 제3자에 대하여 변제·승인 또는 화해를 한 경우에는 보험자가 그 책임을 면하게 되는 합의가 있는 때에도 그 행위가 현저하게 부당한 것이 아니면 보험자가 보상책임을 면하지 못한다(상법 제723조 제3항)고 하여 보험자의 손해배상 범위를 넓히고 있다.

> **판례** 대법원 2002.6.28., 선고, 2002다22106, 판결
>
> 피보험자가 지급한 소송비용, 변호사비용, 중재, 화해 또는 조정에 관한 비용을 보험자의 사전동의 없이 지급한 경우에 피보험자의 방어비용으로 볼 수 없다는 약관조항은 불이익변경을 금지한 상법 제663조에 의하여 무효이다.

ⓓ 보상시기 : 보험자는 특별한 약정이 없는 한 피보험자의 채무확정통지를 받은 날로부터 10일 내에 보험금액을 지급하는 것이 원칙(상법 제723조 제2항)이다. 그러나 보험자는 피보험자가 제3자에 대해 배상하기 전에는 피보험자에게 보험금을 지급하지 않는다(상법 제724조 제1항).

㉡ 방어의무 : 보험자의 방어의무란 피해자가 피보험자를 상대로 소(訴)를 제기한 경우 보험자가 이를 방어해야 할 의무를 말한다. 이 의무를 위반하여 피보험자의 손해배상책임이 가중된 때에는 그 가중된 손해에 대해 보험자는 책임을 져야 한다.

② 피보험자의 의무 기출 15·17·21
  ㉠ 통지의무 : 피보험자가 제3자로부터 배상청구를 받은 때(상법 제722조)와 제3자에 대하여 변제·승인·화해 또는 재판으로 인하여 채무가 확정된 때(상법 제723조 제1항)에는 지체 없이 보험자에게 그 통지를 발송하여야 한다. 이는 일반보험계약에서 보험사고발생 통지의무(상법 제657조)와 같은 성질을 규정한 것이고, 피보험자는 배상책임을 지게 될 원인이 되는 사고에 대하여도 통지의무를 지게 된다는 것을 의미한다. 피보험자가 배상청구를 받은 사실의 통지를 게을리하여 손해가 증가된 경우 보험자는 그 증가된 손해를 보상할 책임이 없다. 다만, 피보험자가 보험사고발생의 통지를 발송한 경우에는 그러하지 아니하다.
  ㉡ 보험자에 대한 협조의무 : 책임보험계약에서 보험자에 대한 피보험자의 협조의무란 피보험자가 보험사고로 인해 제3자에게 배상책임을 지는 경우 그 사고처리와 관련하여 보험자와 협조하여야 한다는 것을 말한다. 우리 상법에서 피보험자는 보험자의 요구가 있을 때에는 필요한 서류, 증거의 제출, 증언 또는 증인의 출석에 협조하여야 한다(상법 제724조 제4항)고 하여 규정하고 있다. 만약 피보험자가 정당한 이유 없이 협조의무를 해태한 경우 보험자는 협조를 통해 얻을 수 있는 이익 가운데 취득하지 못한 이익이 있으면 피보험자에 대해 손해배상을 청구할 수 있다고 본다(진정한 의무).

③ 보험자와 제3자와의 관계
  ㉠ 의의 : 책임보험계약은 피보험자를 위한 계약이므로 피해자인 제3자는 보험자에 대하여 아무런 권리와 의무를 가지지 않으나, 책임보험에 있어서 보험자는 피보험자가 제3자에 대한 재산적 급여로 인한 손해의 보상을 목적으로 하므로 그 한도 내에서 관계가 있다.
  ㉡ 제3자에 대한 보험금의 지급 : 보험자는 피보험자가 책임을 질 사고로 인하여 생긴 손해에 대하여 제3자가 그 배상을 받기 전에는 보험금액의 전부 또는 일부를 피보험자에게 지급하지 못한다(상법 제724조 제1항). 이는 피보험자에게 지급된 보험금을 다른 용도로 사용하지 못하게 하려는 취지이다.
  ㉢ 보험금 직접청구권 기출 16·18·20·21·23·24·25
    ⓐ 의의 : 상법에서 제3자는 피보험자가 책임을 질 사고로 입은 손해에 대하여 보험금액의 한도 내에서 보험자에게 직접보상을 청구할 수 있음을 정하고 있는데(상법 제724조 제2항), 이를 '직접청구권'이라고 한다.
    ⓑ 보험자의 항변권과 통지의무 : 제3자의 직접청구권이 인정되더라도 보험자는 피보험자가 그 사고에 관하여 가지는 항변으로써 제3자에게 대항할 수 있다(상법 제724조 제2항 단서). 또한 제3자로부터 직접청구를 받게 되면 보험자는 이중지급을 방지하기 위해 지체 없이 피보험자에게 통지하여야 한다(상법 제724조 제3항).
    ⓒ 피보험자의 협조의무 : 제3자의 직접청구권이 인정된 경우에 피보험자는 보험자의 요구가 있을 때에는 필요한 서류, 증거의 제출, 증언 또는 증인의 출석에 협조하여야 한다(상법 제724조 제4항).
    ⓓ 소멸시효 : 보험금청구권은 3년의 시효로 소멸(상법 제662조)하며, 제3자가 직접 청구를 하는 때에도 피보험자와 제3자 사이에 채무가 확정된 때로부터 3년이 지나면 시효로 소멸한다고 본다. 다만, 제3자는 피보험자에 대한 채권을 전제로 직접 청구하는 것이므로 그 전제가 되는 채권이 시효로 소멸한 때에도 보험금청구권은 소멸한다.

책임보험에서 배상청구가 보험기간 내에 발생하면 배상청구의 원인인 사고가 보험기간 개시 전에 발생하더라도 보험자의 책임을 인정하는 배상청구기준 약관은 유효하다. 기출 21

판례 대법원 2010.5.27., 선고, 2010다7577, 판결 기출 22

불법행위로 인한 손해배상청구권의 단기소멸시효의 기산점이 되는 민법 제766조 제1항의 '손해 및 가해자를 안 날'이라고 함은 손해의 발생, 위법한 가해행위의 존재, 가해행위와 손해의 발생과의 사이에 상당인과관계가 있다는 사실 등 불법행위의 요건사실에 대하여 현실적이고도 구체적으로 인식하였을 때를 의미한다. 나아가 피해자 등이 언제 위와 같은 <u>불법행위의 요건사실을 현실적이고도 구체적으로 인식한 것으로 볼 것인지는 개별적 사건에 있어서의 여러 객관적 사정을 참작하고 손해배상청구가 사실상 가능하게 된 상황을 고려하여 합리적으로 판단하여야 한다.</u>

심화TIP 책임보험에서 피해자 직접청구권 기출 21

1. 직접청구권의 법적 성질은 보험자가 피보험자의 피해자에 대한 손해배상채무를 병존적으로 인수한 것으로서 피해자가 보험자에 대하여 가지는 손해배상청구권이고, 이에 대한 지연손해금에 관하여는 상사법정이율이 아닌 민사법정이율이 적용된다.
2. 책임보험에서 보험자의 채무인수는 피보험자의 부탁에 따라 이루어지는 것이므로, 보험자의 손해배상채무와 피보험자의 손해배상채무는 연대채무관계에 있다.
3. 피해자의 직접청구권에 따라 보험자가 부담하는 손해배상채무는 보험계약을 전제로 하는 것으로서 보험계약에 따른 보험자의 책임한도액의 범위 내에서 인정되어야 한다.
4. 피해자의 직접청구권에 따라 보험자가 부담하는 <u>손해배상채무는 보험계약을 전제로 하는 것으로서 피해자의 손해액을 산정함에 있어서도 약관상의 지급기준에 구속되는 것은 아니다.</u>

판례 보험금청구권 관련 판례 기출 20·25

- 대법원 1999.4.9., 선고, 98다19011, 판결[상법 제724조 제2항(피해자의 직접청구권) 적용 여부]
공탁보증보험에서 부당한 가압류 등으로 피보험자가 손해를 입은 경우 피보험자가 보험약관이 정한 채무명의 없이도 보험자에 대하여 직접청구권을 취득하는지와 관련하여, 보증보험계약이 실질적으로는 보증의 성격을 가지고 보증계약과 같은 효과를 목적으로 하는 것이어서 보험자는 보험계약자가 주계약에 따른 채무를 이행하지 아니함으로써 피보험자가 입게 되는 손해를 보상하는 것이라 할지라도 그 보상은 보험약관이 정하는 바에 따라 그 보험금액의 범위 내에서 보상하는 것이므로, <u>보증보험계약의 보증성에서 곧바로 피보험자가 보험약관이 정한 채무명의 없이도 보험자에 대하여 직접청구권을 취득한다고 볼 수는 없다.</u>
- 대법원 2005.12.23., 선고, 2005다59383, 판결
보험금청구권은 보험사고가 발생하기 전에는 추상적인 권리에 지나지 아니할 뿐 보험사고의 발생으로 인하여 구체적인 권리로 확정되어 그때부터 그 권리를 행사할 수 있게 되는 것이므로, <u>특별한 다른 사정이 없는 한 원칙적으로 보험금액청구권의 소멸시효는 보험사고가 발생한 때로부터 진행한다고 해석해야 할 것이다.</u>
- 대법원 1994.1.14., 선고, 93다25004, 판결 기출 22
보험회사와 피보험자 사이에 체결된 보험계약의 보험약관에 의하면 보험회사는 피해자와 피보험자 사이에 판결에 의하여 확정된 손해액은 그것이 피보험자에게 법률상 책임이 없는 부당한 손해라는 등의 특단의 사유가 없는 한 원본이든 지연손해금이든 모두 <u>피해자에게 지급할 의무가 있다.</u>

- **대법원 2005.10.7., 선고, 2003다6774, 판결**
  상법 제724조 제2항에 의하여 피해자가 보험자에게 갖는 직접청구권은 보험자가 피보험자의 피해자에 대한 손해배상채무를 병존적으로 인수한 것으로서 피해자가 보험자에 대하여 가지는 손해배상청구권이므로, 민법 제766조 제1항에 따라 피해자 또는 그 법정대리인이 그 손해 및 가해자를 안 날로부터 3년간 이를 행사하지 아니하면 시효로 인하여 소멸한다.

- **대법원 2016.9.30., 선고, 2016다218713, 218720, 판결**
  채무자의 소멸시효에 기한 항변권의 행사도 우리 민법의 대원칙인 신의성실의 원칙과 권리남용금지의 원칙의 지배를 받으므로, 채무자가 시효완성 전에 채권자의 권리행사나 시효중단을 불가능 또는 현저히 곤란하게 하였거나 그러한 조치가 불필요하다고 믿게 하는 행동을 하였거나, 객관적으로 채권자가 권리를 행사할 수 없는 사실상의 장애사유가 있었거나, 일단 시효완성 후에 채무자가 시효를 원용하지 아니할 것 같은 태도를 보여 채권자로 하여금 그와 같이 신뢰하게 하였거나, 채권자를 보호할 필요성이 크고 같은 조건의 그 채권자들 중 일부가 이미 채무의 변제를 수령하는 등 채무이행의 거절을 인정함이 현저히 부당하거나 불공평하게 되는 등의 특별한 사정이 있는 경우에는, 채무자가 소멸시효의 완성을 주장하는 것이 신의성실의 원칙에 반하여 권리남용으로서 허용될 수 없다.

- **대법원 2014.7.24., 선고, 2013다27978, 판결**
  보증보험계약 약관에 의하면 상대방은 보험금을 청구하기에 앞서 도급계약을 해제하여야 하므로, 보험금청구권의 소멸시효는 계약자가 약정 준공기한 내에 공사를 마치지 못하여 보험사고가 발생한 때부터 진행하는 것이 아니라, 상대방이 상당한 기간 내에 도급계약을 해제하였다면 그때부터, 그렇지 않다면 도급계약을 해제할 수 있었던 상당한 기간이 경과한 때부터 진행한다고 할 것이다.

- **대법원 2019.4.11., 선고, 2018다300708, 판결**
  상법 제724조 제2항에 의하여 피해자에게 인정되는 직접청구권의 법적 성질은 보험자가 피보험자의 피해자에 대한 손해배상채무를 병존적으로 인수한 것으로서 피해자가 보험자에 대하여 가지는 손해배상청구권이고, 피보험자의 보험자에 대한 보험금청구권의 변형 내지 이에 준하는 권리는 아니다. 이러한 피해자의 직접청구권에 따라 보험자가 부담하는 손해배상채무는 보험계약을 전제로 하는 것으로서 보험계약에 따른 보험자의 책임한도액의 범위 내에서 인정되어야 한다는 취지일 뿐, 법원이 보험자가 피해자에게 보상하여야 할 손해액을 산정하면서 자동차종합보험약관의 지급기준에 구속될 것을 의미하는 것은 아니다.

- **대법원 2002.9.6., 선고, 2002다30206, 판결**
  책임보험의 성질에 비추어 피보험자가 보험자에게 보험금청구권을 행사하려면 적어도 피보험자가 제3자에게 손해배상금을 지급하였거나 상법 또는 보험약관이 정하는 방법으로 피보험자의 제3자에 대한 채무가 확정되어야 할 것이고, 상법 제662조가 보험금의 청구권은 2년간 행사하지 아니하면 소멸시효가 완성한다는 취지를 규정하고 있을 뿐, 책임보험의 보험금청구권의 소멸시효의 기산점에 관하여는 상법상 아무런 규정이 없으므로, "소멸시효는 권리를 행사할 수 있는 때로부터 진행한다."고 소멸시효의 기산점에 관하여 규정한 민법 제166조 제1항에 따를 수밖에 없는 바, 약관에서 책임보험의 보험금청구권의 발생시기나 발생요건에 관하여 달리 정한 경우 등 특별한 다른 사정이 없는 한 원칙적으로 책임보험의 보험금청구권의 소멸시효는 피보험자의 제3자에 대한 법률상의 손해배상책임이 상법 제723조 제1항이 정하고 있는 변제, 승인, 화해 또는 재판의 방법 등에 의하여 확정됨으로써 그 보험금청구권을 행사할 수 있는 때로부터 진행된다고 봄이 상당하다.

- **대법원 2008.11.13., 선고, 2007다19624, 판결**
  보험금청구권은 보험사고가 발생하기 전에는 추상적인 권리에 지나지 않고 보험사고가 발생하면 구체적인 권리가 되어 그때부터 권리를 행사할 수 있으므로, 보험금청구권의 소멸시효는 특별한 다른 사정이 없는 한 보험사고가 발생한 때부터 진행하는 것이 원칙이다.

(4) 영업책임보험

① 의 의 [기출 20]

피보험자가 경영하는 사업에 관하여 보험기간 중 사고로 인해 제3자에게 손해배상책임을 진 경우에 보험자가 이로 인한 손해를 보상할 것을 목적으로 하는 보험을 말한다(상법 제721조).

② 효 용

영업책임보험은 영업주가 사업에 관련하여 발생하는 각종의 위험으로 인한 제3자에 대한 배상책임을 보험자에게 전가함으로써 기업유지의 안전을 꾀하고 나아가서 사업주, 그의 대리인, 사업감독자 및 피해자인 제3자의 이익을 조정하여 합리적인 분쟁해결에 효용을 높이는데 있다.

③ 보험의 목적

책임보험에서 보험의 목적이 피보험자의 배상책임이라면, 영업책임보험에서는 피보험자의 배상책임 이외에 피보험자의 대리인 또는 그 사업감독자의 제3자에 대한 책임도 보험의 목적에 포함시켜 보험자의 담보범위를 확장하고 있다(상법 제721조). 이때 피보험자의 대리인 또는 사업감독자의 제3자에 대한 책임은 피보험자가 경영하는 사업에 관하여 발생한 것에 한한다.

(5) 보관자책임보험 [기출 21]

① 의 의

가옥의 임차인이나 타인의 물건을 보관하는 보관자가 보험기간 중에 고의 또는 과실로 보관 또는 사용 중인 물건에 손해를 입힘으로써 입은 손해를 보험자가 보상할 것을 목적으로 하는 보험이다. <u>보관자책임보험은 물건의 소유자를 피보험자로 하는 타인을 위한 보험이 아니라, 보관자 자신을 피보험자로 하는 자기를 위한 책임보험이다.</u> 그러나 물건의 소유자는 보험자에게 직접 그 손해의 보상을 청구할 수 있다(상법 제725조)고 규정하여 타인인 소유자를 보호하고 있으므로 타인을 위한 보험의 기능을 하고 있다.

② 요 건

㉠ 보관자가 자신을 위하여 보험계약을 체결해야 한다.
㉡ 보험계약자가 타인의 물건을 보관해야 한다.

③ 효 과

㉠ <u>소유자 직접청구권</u> : 보관자책임보험에서 물건의 소유자는 보험자에게 직접 그 손해의 보상을 청구할 수 있다(상법 제725조). 보관자책임보험은 보관자 자신을 피보험자로 하는 보험이지만 보관자의 무자력, 파산 등으로 소유자가 손해배상을 받지 못하게 되는 경우가 생길 수 있다. 따라서 상법 제724조에서 제3자에게 보험금의 직접청구권을 인정한 것과 같은 취지로 소유자의 이익을 보호하기 위하여 소유자 직접청구권을 인정한 것이다.

㉡ <u>보관자 보험금청구권과 소유자 직접청구권의 경합</u> : 보관자책임보험에서 보관자의 보험금청구권과 소유자의 직접청구권이 병존하나, 피보험자인 보관자는 소유자에게 배상하기 전에는 보험자로부터 보험금을 지급받을 수 없으므로(상법 제724조 제1항), 소유자 직접청구권이 우선한다(소유자청구권우선설).

5 재보험

(1) 재보험의 의의
재보험이란 보험계약상의 책임의 전부 또는 일부를 다른 보험자에게 인수시키는 보험으로 이 경우 제1의 보험자를 원보험자(原保險者) 또는 원수보험자(元受保險者)라고 하며, 다음 보험자를 재보험자라고 한다. 원보험자는 재보험에 따라 재보험자에게 위험을 전가시킬 수 있고, 원보험료와 재보험료와의 차액을 이득으로 할 수 있다. 원보험과 재보험은 전혀 별개의 독립적인 계약이며, 재보험 자체는 원보험이 무엇이냐를 불문하고 책임보험이므로 책임보험에 관한 규정을 적용한다. 재보험에 의하여 보험은 국경을 초월하여 이용되고 있다. 이 경우 국내 보험회사가 해외 보험사에 재보험을 드는 것을 '출재(出再)', 반대로 해외 보험회사가 국내 보험회사에 재보험을 드는 것을 '수재(受再)'라고 한다. 우리나라의 손해보험회사는 자산규모가 작아서 출재가 많기 때문에 재보험거래에서의 수지역조현상이 만성적으로 나타나고 있다.

(2) 재보험계약의 의의
재보험계약이란 원보험자가 인수한 보험계약상의 책임의 일부 또는 전부를 재보험자에게 인수시키기 위한 원보험자와 재보험자간의 보험계약을 말한다. 보험자는 원보험이 손해보험이든 인보험이든 불문하고 보험사고로 인하여 부담할 책임의 전부 또는 일부에 대하여 다른 보험자와 재보험계약을 체결할 수 있다.

(3) 재보험계약의 법적 성질
재보험계약은 원보험자의 원보험계약에 의한 보험금 지급책임을 보장하기 위한 보험이므로 책임보험의 일종으로서 손해보험계약에 속한다는 것이 통설이다. 우리 상법은 책임보험에 관한 규정을 그 성질이 반하지 않는 범위 내에서 재보험계약에 준용하도록 하고 있다.

(4) 재보험계약의 법률관계
① 재보험자와 원보험자의 관계 [기출 18·19·21]
   ㉠ 책임보험에 관한 규정의 준용 : 재보험계약은 책임보험의 일종으로 책임보험에 관한 규정이 준용된다(상법 제726조). 재보험자는 책임보험의 보험자로서 권리·의무를 가지게 되고, 원보험자는 책임보험의 보험계약자(겸 피보험자)로서의 권리·의무를 가지게 된다. 이 경우 재보험의 특성과 관련하여 재보험자의 손해보상의무의 발생시기와 재보험자의 제3자에 대한 대위권행사가 주로 문제된다.
      ⓐ 재보험자의 손해보상의무의 발생시기 : 원보험자가 현실적으로 보험금을 지급한 때라고 보는 원보험금 지급시설과 원보험계약상의 보험사고가 발생하여 그 피보험자에게 보험금 지급의무를 부담한 때라고 보는 원보험자책임부담설이 있으나, 원보험자책임부담설이 다수설이고 타당하다.

ⓑ 재보험자의 제3자에 대한 대위권행사 : 손해가 제3자의 행위로 인하여 발생한 경우에 보험금을 지급한 보험자는 그 지급한 금액의 한도에서 그 제3자에 대한 보험계약자 또는 피보험자의 권리를 취득한다(상법 제682조). 이때 대위권의 행사에 있어서 상관습에 의해 재보험자는 대위권을 자신의 명의로 행사하지 않고, 원보험자가 원보험자의 명의로 행사하여 회수한 금액을 재보험자에게 교부하는데, 유효하다고 본다.

> **판례** 대법원 2015.6.11., 선고, 2012다10386, 판결
>
> 재보험관계에서 재보험자가 원보험자에게 재보험금을 지급하면 원보험자가 취득한 제3자에 대한 권리는 지급한 재보험금의 한도에서 다시 재보험자에게 이전된다.

ⓒ 원보험계약과 재보험계약의 독립성 : 재보험계약은 법률상으로 원보험계약과는 구별되는 독립된 계약이므로, 재보험계약은 원보험계약의 효력에 영향을 미치지 아니한다(상법 제661조 후단). 따라서 원보험자는 원보험료의 지급이 없음을 이유로 재보험료의 지급을 거절할 수 없고, 또 재보험자의 재보험금의 지급불이행을 이유로 보험금의 지급을 거절할 수 없다. 마찬가지로 재보험자도 재보험료의 지급이 없다고 하더라도 원보험계약자에 대하여 보험료 지급을 청구할 수 없다.

ⓒ 특약조항 : 보험관계자간에 보험계약의 신의칙은 매우 중요하다. 이러한 신의칙에 기반을 둔 적용범위의 설정기준이 되는 특약에는 다음과 같은 것이 있다.

ⓐ Follow the Fortunes Clause(운명추종조항) : 재보험자는 원보험자의 운명과 처리에 따른다는 조항이다. 즉 재보험자는 원보험자가 보상하는 대로 보상한다는 조항이다.

ⓑ Errors and Omissions Clause(오기 및 탈루조항) : 재보험계약에서 출재회사의 단순한 사무적 과실로 인한 오기 또는 탈루 때문에 재보험 책임에 영향을 미칠 수 없다는 것을 규정한 조항이다.

② 재보험자와 원보험계약의 피보험자의 관계

재보험계약에는 책임보험에 관한 규정이 준용되고(상법 제726조), 책임보험에서 피해자는 보험자에게 보험금을 직접 청구할 수 있는 권리가 인정된다. 즉 재보험약관에 원보험계약의 피보험자가 재보험자를 상대로 직접 보험금청구권을 행사할 수 있다는 조항이 있는 경우에는 직접청구권이 인정될 수 있다. 다만, 이러한 약관조항에 따라 원보험계약의 피보험자가 재보험자에게 직접 보험금청구권을 행사할 경우 재보험자는 원보험자에게 대항할 수 있는 항변으로써 원보험자의 피보험자에게 대항할 수 있다.

③ 재보험자와 원보험계약의 보험계약자와의 관계

재보험자와 원보험의 보험계약자간에도 직접적인 법률관계가 없으므로, 재보험자는 원보험의 보험계약자에게 재보험료의 지급을 청구할 수 없다. 따라서 원보험의 보험계약자는 재보험자에 대하여 직접 재보험료를 지급할 의무는 없으나, 원보험의 보험계약자가 원보험료를 지급하지 않음으로 인하여 재보험자가 재보험료를 지급하지 않으면, 재보험자는 민법의 채권자대위에 관한 규정(민법 제404조)에 의하여 원보험자의 보험료청구권을 대위행사할 수는 있다고 본다(통설).

> **Cut Through Clause(직접지급조항)**
> 재보험계약은 원보험계약과는 독립된 계약이므로 피보험자와 재보험자 사이에는 어떠한 법률적 관계도 없으나 출재사의 파산시 재보험자가 피보험자에게 직접 클레임(claim)을 지급할 수 있도록 규정한 조항이다.

(5) 재보험의 기능
① 재보험은 보험자의 인수능력을 증가시킨다.
② 재보험은 대형재해로부터 보험자를 보호하는 역할을 한다.
③ 재보험은 수익의 안정성을 가져올 수 있다.
④ 재보험은 미경과보험료 적립금에 따른 재정적 부담을 줄인다.
⑤ 재보험은 영업종목의 일부 또는 전부를 중지하는 데에 사용된다.

(6) 재보험수수료 및 이익수수료
① 비례적 재보험에 있어서는 일반적으로 재보험수수료와 이익수수료를 재보험자에게 지급할 의무가 있다. 재보험자는 원보험자로부터 받는 보험료의 일정부분을 재보험수수료로서 원보험자에게 지급해야 한다.
② 재보험수수료는 원보험에서 사용된 모집비와 사무비 등의 간접비용을 재보험자가 원보험자에게 보상하기 위한 것이다.
③ 이익수수료는 원보험자가 특약운용을 효율적으로 한 결과 그 이익에 대하여 재보험자가 원보험자에게 보너스 형식으로 지급하는 것이다.

(7) 재보험의 방법
① 임의재보험
　㉠ 정의 : 임의재보험이란 개개의 원보험에 관하여 개개의 재보험계약을 체결하는 방법이다. 이러한 임의재보험은 특약재보험의 한도액을 초과하는 대형위험을 출재할 때 이용되며, 또한 특약재보험에서 제외되는 위험을 출재하는 때 이용된다.
　㉡ 임의재보험의 장점
　　ⓐ 원보험자가 계약에 따라 보유한도를 임의로 조정할 수 있어서 원보험자에게 유리한 보유한도를 결정할 수 있다.
　　ⓑ 특약에서 제외되는 대형위험 등을 계약 당사자간의 합의에 의해 자유롭게 계약을 체결할 수 있다.
　　ⓒ 출재사의 재보험자에 대한 적절한 인수이익 제공이라는 부담감을 해소시키고, 재보험자는 유리한 계약을 선별적으로 수재할 수 있다.
　㉢ 임의재보험의 단점
　　ⓐ 매 계약마다 새로운 계약을 체결해야 하므로 많은 시간과 경비가 지출된다.
　　ⓑ 원보험자는 재보험에 출재될 때까지 모든 위험을 부담해야 하고, 재보험교환제도의 성립이 어렵다.

ⓔ 절차 : 임의재보험은 원수보험자가 재보험청약서를 작성하여 재보험자에게 제출하면 재보험자는 재보험인수증을 원수보험자에게 교부하게 된다. 원수보험자는 재보험계약과정에서 일부 계약조건이 변경되는 경우가 있는데, 이때 원수보험자는 최종적으로 확정된 계약조건을 재보험자에게 통지해야 한다.

② 특약재보험
　ⓐ 정의 : 특약재보험이란 원수보험자가 일정기간 내에 인수한 모든 원보험에 관하여 재보험관계를 성립시키기 위하여 한 개의 재보험계약을 체결하고, 그 특약에 해당하는 원보험계약이 체결되면 자동적으로 재보험이 이루어지는 방법이다.
　ⓑ 특약재보험의 장점
　　ⓐ 원수보험자가 원수보험계약 즉시 출재가 이루어지므로 비용부담이 줄어들고 위험부담도 줄어든다.
　　ⓑ 재보험자는 재보험물건을 미리 확보하므로 안정적인 경영이 가능하다.
　ⓒ 특약재보험의 단점
　　ⓐ 담보범위가 한정되어 있기 때문에 원수보험자는 담보범위에서 제외된 계약에 대해 임의재보험에 가입해야 한다.
　　ⓑ 재보험자는 위험을 선택할 수 없어 보험기간 동안 큰 손해를 볼 수 있다.

③ 임의 · 의무재보험
　ⓐ 정의 : 임의 · 의무재보험은 원수보험자가 출재의 자유가 있으나, 재보험자는 수재의 자유가 없이 출재된 위험을 의무적으로 인수해야만 하는 재보험방법이다. 원수보험자가 위험부담이 큰 위험을 부보하기 위하여 이용하는 방법으로 미리 신뢰를 쌓아 둔 재보험자를 이용하는 방법이다.
　ⓑ 장점 : 출재사가 유리한 보험의 선택과 자유로운 출재로 수익을 높일 수 있다
　ⓒ 단점 : 수재사가 선택의 자유가 없어 거대사고의 발생과 역선택의 위험을 부담하게 된다.

④ 재보험 풀(pool)
　여러 보험자가 재보험을 목적으로 결합하여 수재한 계약을 사전에 정한 일정한 비율에 따라 책임을 지게 되는 재보험방법으로 규모가 큰 대형위험을 부보대상으로 한다.

6 자동차보험

(1) 자동차보험의 의의 〔기출〕 18 · 21 · 23 · 25

자동차보험계약은 피보험자가 자동차를 소유·사용·관리하는 동안에 발생한 사고로 인하여 생긴 손해의 보상을 목적으로 하는 손해보험계약이다(상법 제726조의2).

① 기명피보험자란 피보험자동차를 소유·사용·관리하는 자 중에서 보험계약자가 지정하여 보험증권의 기명피보험자란에 기재되어 있는 피보험자를 말한다(자동차보험표준약관 제1조 제13호 가목).

> **판례** 대법원 1994.10.25., 선고, 93다39942, 판결
>
> 자동차보험보통약관상 "보험증권에 기재된 피보험자 또는 그 부모, 배우자 및 자녀가 죽거나 다친 경우에는 보상하지 아니합니다"라는 면책조항은 피보험자나 그 배우자 등이 사고로 손해를 입은 경우에는 그 가정 내에서 처리함이 보통이고 손해배상을 청구하지 않는 것이 사회통념에 속한다고 보아 규정된 것으로서, 그러한 사정은 사실혼관계의 배우자에게도 마찬가지라 할 것이므로, 여기서 "배우자"라 함은 반드시 법률상의 배우자만을 의미하는 것이 아니라, 관행에 따른 결혼식을 하고 결혼생활을 하면서 아직 혼인신고만 되지 않고 있는 사실혼관계의 배우자도 이에 포함된다고 봄이 상당하다.

② 기명피보험자로부터 피보험자동차를 임대받아 운행하는 자는 피보험자동차를 사용 또는 관리하는 자에 해당한다.

> **판례** 대법원 2000.10.6., 선고, 2000다32840, 판결
>
> 기명피보험자로부터 피보험자동차를 임대받아 운행하는 자는 영업용자동차보험 보통약관상 "기명피보험자로부터 허락을 얻어 피보험자동차를 운행하는 자"에 해당한다. 즉 승낙피보험자에 해당한다.

③ 대리운전의 경우 자동차보유자와 대리운전업자 모두 운행자성이 인정될 수 있다.

> **판례** 대법원 1994.4.15., 선고, 94다5502, 판결
>
> 자동차의 소유자 또는 보유자가 주점에서의 음주 기타 운전장애 사유 등으로 인하여 일시적으로 타인에게 자동차의 열쇠를 맡겨 대리운전을 시킨 경우, 위 대리운전자의 과실로 인하여 발생한 차량사고의 피해자에 대한 관계에서는 자동차의 소유자 또는 보유자가 객관적, 외형적으로 위 자동차의 운행지배와 운행이익을 가지고 있다고 보는 것이 상당하다.

심화TIP 자동차손해배상보장법상 운행자 [기출 22]

1. 운행자란 자동차관리법의 적용을 받는 자동차와 건설기계관리법의 적용을 받는 건설기계를 자기의 점유·지배하에 두고 자기를 위하여 사용하는 자를 말한다.
2. 자동차손해배상보장법 제3조에서 자동차 사고에 대한 손해배상책임을 지는 자로 규정하고 있는 '자기를 위하여 자동차를 운행하는 자'란 사회통념상 당해 자동차에 대한 운행을 지배하여 그 이익을 향수하는 책임주체로서의 지위에 있다고 할 수 있는 자를 말하고, 이 경우 <u>운행의 지배는 현실적인 지배에 한하지 아니하고 사회통념상 간접지배 내지는 지배가능성이 있다고 볼 수 있는 경우도 포함한다</u>(대법원 1998.10.27., 선고, 98다36382, 판결).
3. 여관이나 음식점 등의 공중접객업소에서 주차 대행 및 관리를 위한 주차요원을 일상적으로 배치하여 이용객으로 하여금 주차요원에게 자동차와 시동열쇠를 맡기도록 한 경우에 위 자동차는 공중접객업소가 보관하는 것으로 보아야 하고, <u>위 자동차에 대한 자동차 보유자의 운행지배는 떠난 것으로 볼 수 있다</u>(대법원 2009.10.15., 선고, 2009다42703, 42710, 판결).
4. 제3자가 무단히 자동차를 운전하다가 사고를 내었다 하더라도 그 운행에 있어 소유자의 운행지배와 운행이익이 완전히 상실되었다고 볼 만한 특별한 사정이 없는 경우 <u>소유자는 그 사고에 대하여 자동차손해배상보장법상 소정의 운행자로서 책임을 부담한다</u>(대법원 1989.3.28., 선고, 88다카2134, 판결).

판례 자동차손해배상보장법 제3조의 운행자성 관련 판례 [기출 23·25]

- **대법원 1988.10.25., 선고, 86다카2516, 판결**
  호텔이나 유흥음식점에서의 차량 보관 등을 하는 경우 업소에 맡긴 차량을 주차관리자가 차량소유자의 승낙 없이 운전하다가 사고를 야기한 경우 차량과 시동열쇠를 맡겨 주차를 의뢰한 후 시동열쇠를 반환받을 때까지는 주차관리자가 차량을 보관하고 있고, <u>차량소유자의 차량에 대한 운행지배는 떠난 것으로 볼 수 있다.</u>

- **대법원 1998.6.23., 선고, 98다10380, 판결**
  절취운전의 경우에는 자동차 보유자는 원칙적으로 자동차를 절취당하였을 때에 <u>운행지배와 운행이익을 잃어버렸다고 보아야 할 것이고,</u> 다만 예외적으로 자동차 보유자의 차량이나 시동열쇠 관리상의 과실이 중대하여 객관적으로 볼 때에 자동차 보유자가 절취운전을 용인하였다고 평가할 수 있을 정도가 되고, 또한 <u>절취운전 중 사고가 일어난 시간과 장소 등에 비추어 볼 때에 자동차 보유자의 운행지배와 운행이익이 잔존하고 있다고 평가할 수 있는 경우에 한하여 자동차를 절취당한 자동차 보유자에게 운행자성을 인정할 수 있다.</u>

- **대법원 1994.4.15., 선고, 94다5502, 판결**
  자동차의 소유자 또는 보유자가 주점에서의 음주 기타 운전장애사유 등으로 인하여 일시적으로 타인에게 자동차의 열쇠를 맡겨 대리운전을 시킨 경우, 위 대리운전자의 과실로 인하여 발생한 차량사고의 피해자에 대한 관계에서는 <u>자동차의 소유자 또는 보유자가 객관적, 외형적으로 위 자동차의 운행지배와 운행이익을 가지고 있다고 보는 것이 상당하고,</u> 대리운전자가 그 주점의 지배인 기타 종업원이라 하여 달리 볼 것은 아니다.

- 대법원 2005.2.25., 선고, 2004다66766, 판결
  야간에 소형화물차를 운전하던 자가 편도 1차로의 도로상에 미등이나 차폭등이 꺼진 채 우측 가장자리에 역방향으로 불법주차된 덤프트럭을 지나쳐 가다가 덤프트럭 뒤에서 길을 횡단하려고 갑자기 뛰어나온 피해자를 충격하여 상해를 입힌 사안에서, 위 덤프트럭 운전자의 불법주차와 위 교통사고 사이에 상당인과관계가 있다.
- 대법원 2000.1.21., 선고, 99다41824, 판결
  자동차에 타고 있다가 사망하였다 하더라도 그 사고가 자동차의 운송수단으로서의 본질이나 위험과는 전혀 무관하게 사용되었을 경우까지 자동차의 운행 중의 사고라고 보기는 어렵다.
- 대법원 2004.7.9., 선고, 2004다20340, 20357, 판결
  구급차로 환자를 병원에 후송한 후 구급차에 비치된 들것(간이침대)으로 환자를 하차시키던 도중 들것을 잘못 조작하여 환자를 땅에 떨어뜨려 상해를 입게 한 경우, 이는 자동차의 운행으로 인하여 발생한 사고에 해당한다.
- 대법원 1993.4.27., 선고, 92다8101, 판결
  인부가 정차 중인 화물차량에 통나무를 내려놓는 충격으로 인하여 지면과 적재함 후미 사이에 걸쳐 설치된 발판이 떨어지는 바람에 발판을 딛고 적재함으로 올라가던 다른 인부가 땅에 떨어져 입은 상해는 운행 중 사고에 해당하지 않는다.

(2) 자동차책임보험 [기출 23]

① 의 의

자동차책임보험은 보험기간 중에 자동차의 사고로 말미암아 제3자가 입은 손해를 피보험자가 배상하여 줌으로써 생긴 재산상의 손해를 보험자가 보상하는 책임보험이다. 이러한 자동차책임보험은 보험자가 보상책임을 지는 사고의 객체에 따라 자동차대인배상책임보험과 자동차대물배상책임보험으로 나뉘고, 또 그 보험의 가입이 법률상 강제되느냐 아니냐에 따라 자동차강제책임보험과 자동차임의책임보험으로 구분한다.

② 자동차손해배상책임보험(대인배상Ⅰ)

㉠ 의의 : 자동차손해배상책임보험은 피보험자가 보험기간 중 자동차의 운행으로 '다른 사람'이 사망하거나 부상당함으로써 피해자에게 배상책임을 진 경우에 보험자가 일정한 보험금을 지급하기로 하는 책임보험으로 자동차손해배상보장법에 의한 강제(의무)보험이다.

> **판례** 대법원 2004.4.28., 선고, 2004다10633, 판결
>
> 자동차손해배상보장법 제3조의 '다른 사람'이란 자기를 위하여 자동차를 운행하는 자 및 당해 자동차의 운전자를 제외한 그 이외의 자를 지칭하는 것이다.

ⓒ 보험의 성질
  ⓐ 강제(의무)책임보험
  ⓑ 사회보험성

> **판례** 자동차보험에서 승낙피보험자 관련 판례 기출 23
>
> - **대법원 1994.6.14., 선고, 94다15264, 판결**
>   자동차를 매수하고 소유권이전등록을 마치지 아니한 채 자동차를 인도받아 운행하면서 매도인과의 합의 아래 매도인을 피보험자로 한 자동차종합보험계약을 체결하였다면, 그 매수인은 자동차종합보험계약의 약관에 따른 기명피보험자의 승낙을 얻어 자동차를 사용 또는 관리중인 자, 즉 승낙피보험자에 해당된다.
> - **대법원 1993.1.19., 선고, 92다32111, 판결**
>   자동차종합보험 보통약관에서 피보험자를 보험증권에 기재된 기명피보험자, 기명피보험자의 승낙을 얻어 피보험자동차를 사용·관리중인 승낙피보험자 등으로 열거하여 규정하고 있는 경우 승낙피보험자는 기명피보험자로부터의 명시적·개별적 승낙을 받아야만 하는 것이 아니고 묵시적·포괄적인 승낙이어도 무방하나, 그 승낙은 기명피보험자로부터의 승낙임을 요하고, 기명피보험자로부터의 승낙인 이상 승낙피보험자에게 직접적으로 하건 전대를 승낙하는 등 간접적으로 하건 상관이 없다.
> - **대법원 1996.7.30., 선고, 96다6110, 판결**
>   차량 매수인이 매도인의 승낙을 얻어 기명피보험자를 매도인으로 하고 주운전자를 매수인으로 하여 보험회사와 사이에 체결한 자동차종합보험계약이 유효하게 성립하였다 하더라도, 매도인이 차량에 대한 운행지배 관계 및 피보험이익을 상실한 것으로 인정되는 경우에 있어서는 매수인을 약관에 정한 기명피보험자의 승낙을 얻어 자동차를 사용 또는 관리중인 자로 볼 수 없고, 매도인이 매수인에게 차량을 인도하였을 뿐 아니라 당해 차량사고 이전에 그 소유명의까지 이전해 주었다면, 특별한 사정이 없는 한 매도인은 사고 당시 차량에 대한 운행지배 및 피보험이익을 상실한 것으로 보아야 한다.

③ 자동차대인배상책임보험(대인배상Ⅱ)
  ㉠ 의의 : 자동차대인배상책임보험은 피보험자가 자동차의 사고로 남을 죽게 하거나 다치게 하여 법률상 손해배상책임을 짐으로써 입은 손해를 보상받기 위하여 임의로 보험에 든 책임보험이다. 이 보험은 임의책임보험으로서 손해액이 자동차손해배상책임보험(강제보험)에 의한 보험금을 초과하는 경우에 한하여 그 초과액만을 지급한다. 보험자가 보험금액의 한도 안에서 보상책임을 지느냐 아니냐에 따라 유한배상책임보험과 무한배상책임보험으로 나뉜다.
  ㉡ 자동차보험표준약관의 주요사항
    ⓐ 자동차보험의 종목 : 자동차보험은 개인용자동차, 업무용자동차, 영업용자동차, 이륜자동차, 농기계보험으로 구분한다.
    ⓑ 자동차보험의 구성 : 보험회사가 판매하는 자동차보험은 「대인배상Ⅰ」, 「대인배상Ⅱ」, 「대물배상」, 「자기신체사고」, 「무보험자동차에 의한 상해」, 「자기차량손해」의 6가지 보장종목과 특별약관으로 구성되어 있다.
    ⓒ 피보험자와 피해자의 보호규정 : 사고가 발생한 때에 피보험자와 피해자와의 절충, 합의, 중재 또는 소송에 대한 보험자의 협조, 합의소송대행, 피해자의 직접청구권 등을 규정하여 피보험자와 피해자의 보호를 동시에 꾀하고 있다.

ⓒ 대물배상책임보험 : 피보험자가 자동차의 사고로 타인의 재물을 멸실, 파손 또는 오손하여 피해자에게 생긴 직접손해에 대하여 법률상 손해배상책임을 짐으로써 입은 손해를 보험자가 보상하는 책임보험이다.

> **대물배상책임보험** 기출 17
> 대물배상책임보험의 경우 과거에는 임의적 성격이었으나, 2005년 2월 이후 1,000만원(현재는 2,000만원)까지는 대물보험 가입이 의무화되어 「자동차손해보장법」이 적용되면서 의무보험적 성격을 가지게 되었다.

> **심화TIP** 대물배상책임보험에서 보상하지 않는 손해(자동차보험표준약관 제8조 제3항)
> 1. 피보험자 또는 그 부모, 배우자나 자녀가 소유·사용·관리하는 재물에 생긴 손해
> 2. 피보험자가 사용자의 업무에 종사하고 있을 때 피보험자의 사용자가 소유·사용·관리하는 재물에 생긴 손해
> 3. 피보험자동차에 싣고 있거나 운송중인 물품에 생긴 손해
> 4. 다른 사람의 서화, 골동품, 조각물, 그 밖에 미술품과 탑승자와 통행인의 의류나 휴대품에 생긴 손해
> 5. 탑승자와 통행인의 분실 또는 도난으로 인한 소지품에 생긴 손해(그러나 훼손된 소지품에 한하여 피해자 1인당 200만원의 한도에서 실제 손해를 보상함)

> **판례** 자동차상해보험 관련 판례
>
> • 대법원 2004.7.9., 선고, 2003다29463, 판결 기출 25
> 자동차상해보험은 피보험자가 피보험자동차를 소유·사용·관리하는 동안에 생긴 피보험자동차의 사고로 인하여 상해를 입었을 때에 보험자가 보험약관에 정한 사망보험금이나 부상보험금 또는 후유장해보험금 등을 지급할 책임을 지는 것으로서 인보험의 일종이기는 하나, 피보험자가 급격하고도 우연한 외부로부터 생긴 사고로 인하여 신체에 상해를 입은 경우에 그 결과에 따라 보험약관에 정한 보상금을 지급하는 보험이어서 그 성질상 <u>상해보험에 속한다</u>.
> • 대법원 1998.12.22., 선고, 98다35730, 판결 기출 24
> 자기신체사고 자동차보험(자손사고보험)은 피보험자의 생명 또는 신체에 관하여 보험사고가 생길 경우에 보험자가 보험계약이 정하는 보험금을 지급할 책임을 지는 것으로서 그 성질은 <u>인보험의 일종</u>이라고 할 것이므로, 그와 같은 인보험에 있어서의 <u>음주운전 면책약관이 보험사고가 전체적으로 보아 고의로 평가되는 행위로 인한 경우뿐만 아니라 과실(중과실 포함)로 평가되는 행위로 인한 경우까지 포함하는 취지라면 과실로 평가되는 행위로 인한 사고에 관한 한 무효라고 보아야 한다</u>.

(3) 차량보험(자기차량손해보험)

① 의 의

차량보험은 보험자가 보험계약자로부터 보험료를 받고 보험기간 중에 충돌, 접촉, 추락, 전복, 도난, 화재, 폭발, 낙뢰, 기타 이와 유사한 사고로 인하여 자동차에 생긴 직접손해를 보상하기로 하는 물건보험이다.

② 차량보험의 목적

차량보험의 목적은 자동차와 그 부속품과 부속기계장치이다.

심화TIP 용어정리

- **자기신체사고보험**
  피보험자가 피보험자동차를 소유, 사용, 관리하는 동안에 생긴 피보험자동차의 사고로 인하여 죽거나 다친 때 그로 인한 손해를 보상하는 상해보험의 일종이다.

- **무보험자동차에 의한 상해**
  피보험자가 무보험자동차에 의하여 생긴 사고로 죽거나 다쳤을 때에, 그 손해에 대하여 <u>배상의무자</u>가 있을 경우 자동차보험약관에서 정한 바에 따라 보상하는 보험이다.
  * 배상의무자 : 자동차보험의 무보험자동차에 의한 상해에서 무보험자동차의 사고로 인하여 피보험자를 죽게 하거나 다치게 함으로써 피보험자에게 입힌 손해에 대하여 법률상 책임을 지는 사람을 말한다.

판례 무보험자동차 상해보험 관련 판례

- 대법원 2023.6.1., 선고, 2019다237586, 판결 [기출 24]
  하나의 사고에 관하여 여러 개의 무보험자동차에 의한 상해담보특약이 체결되고 그 보험금액의 총액이 피보험자가 입은 손해액을 초과하는 때에는 손해보험에 관한 상법 제672조 제1항이 준용되어 보험자는 각자의 보험금액의 한도에서 연대책임을 지고, 이 경우 각 보험자 사이에서는 각자의 보험금액의 비율에 따른 보상책임을 진다. 이러한 경우 <u>중복보험자 중 1인이 단독으로 피보험자에게 보험약관에서 정한 보험금 지급기준에 따라 정당하게 산정된 보험금을 지급하였다면 상법 제672조 제1항에 근거하여 다른 중복보험자를 상대로 각자의 보험금액의 비율에 따라 산정한 분담금의 지급을 청구할 수 있다. 그리고 이러한 청구권은 상법 제729조 단서에 근거하여 당사자 사이에 다른 약정이 있어 피보험자의 권리를 해하지 아니하는 범위 안에서 피보험자에 대한 배상의무자를 상대로 행사할 수 있는 보험자대위에 의한 청구권과 별개의 권리이므로, 그 중복보험자는 각 청구권의 성립 요건을 개별적으로 충족하는 한 어느 하나를 먼저 행사하여도 무방하고 양자를 동시에 행사할 수도 있다. 따라서 보험금을 단독으로 지급한 중복보험자가 다른 중복보험자로부터 분담금 전부 또는 일부를 지급받아 만족을 얻었다고 하더라도 피보험자에 대한 배상의무자를 상대로 보험자대위에 의한 청구권을 행사할 수 있고, 다만, 그 범위는 보험약관에 따라 정당하게 산정되어 지급된 보험금 중 그 보험금에서 위와 같이 만족을 얻은 부분을 제외한 나머지 금액의 비율에 상응하는 부분으로 축소된다고 봄이 타당하다.</u>

> • 대법원 2024.2.15., 선고, 2023다272883, 판결)
> 하나의 사고에 관하여 여러 개의 무보험자동차특약 보험계약이 체결되고 그 보험금액의 총액이 피보험자가 입은 손해액을 초과하는 때에는 손해보험에 관한 상법 제672조 제1항이 준용되어 <u>보험자는 각자의 보험금액의 한도에서 연대책임을 지고</u>, 이 경우 각 보험자 사이에서는 각자의 보험금액의 비율에 따른 보상책임을 진다.
> 위와 같이 <u>상법 제672조 제1항이 준용됨</u>에 따라 여러 보험자가 각자 보험금액 한도에서 연대책임을 지는 경우 특별한 사정이 없는 한 그 보험금 지급책임의 부담에 관하여 각 보험자 사이에 주관적 공동관계가 있다고 보기 어려우므로, 각 보험자는 그 보험금 지급채무에 대하여 <u>부진정연대관계</u>에 있다. 이때 피보험자는 여러 보험자 중 한 보험자에게 그 보험금액 한도에서 보험금 지급을 청구할 수 있고, 그 보험자는 그 청구에 따라 피보험자에게 보험금을 지급한 후 부진정연대관계에 있는 다른 보험자에게 그 부담부분 범위 내에서 구상권을 행사할 수 있다.

(4) 자동차보험증권의 기재사항(상법 제726조의3) 기출 15·16·20

자동차보험증권에는 보험증권 일반에 관한 기재사항(상법 제666조) 이외에 다음의 사항을 기재하여야 한다.
① 자동차 소유자와 그 밖의 보유자 성명과 생년월일 또는 상호
② 피보험자동차의 등록번호, 차대번호, 차형연식과 기계장치
③ 차량가액을 정한 때에는 그 가액

(5) 자동차의 양도(상법 제726조의4) 기출 16·20·25

자동차보험에 있어서 피보험자가 보험기간 중에 자동차를 양도한 때에는 양수인은 보험자의 승낙을 얻은 경우에 한하여 보험계약으로 인하여 생긴 권리와 의무를 승계한다. 이때 보험자가 양수인으로부터 양수 사실을 통지받은 때에는 지체 없이 낙부를 통부하여야 하고 통지받은 날로부터 10일 내에 낙부의 통지가 없을 때에는 승낙한 것으로 본다.

7 보증보험

(1) 보증보험의 의의 및 특성

① 보증보험의 의의

보증보험은 상거래와 계약거래에서 채무자의 신용을 보장해줌으로써 신용거래를 가능하게 하고 이를 통해 경제활동을 촉진시키기 위한 제도이다.

보증보험계약은 계약상의 채무불이행이나 법령상의 의무불이행으로 인한 손해를 보상할 것을 목적으로 하는 보험으로 보증보험은 상법상의 보험이 아니라 보험업법상의 보험이다.

보증보험은 채권자에겐 채무자가 채무를 이행하지 않는 경우 그 손해를 보상하므로 담보적 기능을 하고, 채무자에게는 채권담보의 보증금을 납입하여야 하는 부담이 없으므로 신용보완적 기능을 한다.

② 보증보험의 특징 기출 25

㉠ 보증보험계약에 있어서 보험계약 당사자는 이해관계가 다른 제3자로서의 피보험자의 존재가 반드시 필요하다.

㉡ 보증보험의 보험사고는 불법행위 또는 채무와 의무의 불이행으로 발생되며, 그 불법행위 또는 채무 등의 불이행은 보험계약자의 고의 또는 과실에 의하여 인위적으로 발생하게 된다.

㉢ 보증보험계약의 경우 동일한 보험계약자에 대한 채무불이행을 담보함으로써 특정한 보증계약에 보험사고가 발생하면 다른 보증계약까지도 동시에 다발적으로 발생한다.

㉣ 보증보험의 경우 채권자와 채무자거래에 있어서 채무자의 부족한 신용을 보증보험이 보충하는 기능을 갖고 있으므로 보증보험 가입자의 보험사고를 전제로 하지 않는다.

㉤ 보증보험의 책임은 연대보증채무이다.

㉥ 보험계약자의 계약해지권이 없다. 다만, 채권자인 피보험자의 동의가 있거나, 채권자의 고의, 중과실로 인한 경우에 한해서 허용된다.

㉦ 보증보험회사는 주채무자인 보험계약자에 대하여 구상권을 갖게 되며, 채권자의 권리를 대위하는 대위권을 갖게 된다.

(2) 보증보험의 주요 내용 기출 15·23

① 보증보험은 타인을 위한 보험형식으로 이용되므로 보증보험계약에 있어서는 계약 당사자인 보험자, 보험계약자 이외에 별도의 피보험자가 존재한다. 민사보증은 채권자와 보증인 사이에 체결되는 계약인데 반하여 보증보험계약은 채무자와 보증보험회사간에 체결된다.

② 보증보험은 보험계약자의 채무불이행으로 피보험자가 입은 손해를 담보하기 때문에 손해보험의 성격을 갖는다. 채무이행자가 보험계약자이며, 보험계약자의 채무불이행으로 손해를 볼 수 있는 사람을 피보험자로 하고 있기 때문에 타인을 위한 보험이다.

③ 보증보험에서 담보하는 보험사고는 보험계약자의 채무불이행이다. 이러한 채무불이행은 대부분 고의, 즉 채무불이행의 사실을 알면서 채무불이행하는 고의사고인데, 고의사고를 담보하지 않는다면 보증으로서의 기능을 달성할 수 없게 된다. 따라서 보증보험은 보험계약자의 고의사고를 담보한다는 점에서 상법 제659조(보험자의 면책사유) 제1항의 규정을 적용하지 않는 특징이 있다. 보험자는 보험계약자의 사기를 이유로 보증보험계약을 취소하는 경우에도 피보험자가 그와 같은 기망행위가 있었음을 알 수 있었던 경우 등과 같이 특별한 사정이 없는 한 보험자는 보험계약의 취소로서 피보험자에게 대항할 수 없다.

> **판례** 대법원 2001.2.13., 선고, 99다13737, 판결
>
> 보증보험의 성질상 상법 제659조의 규정은 보증보험계약이 보험계약자의 사기행위에 피보험자가 공모하였다든지 적극적으로 가담하지는 않았더라도 그러한 사실을 알면서도 묵인한 상태에서 체결되었다고 인정되는 경우를 제외하고는 원칙적으로 보증보험에는 그 적용이 없다.

④ 보험계약자의 채무이행에 대하여 채권자가 의도적으로 채무이행을 방해하여 보험자로부터 보험금을 수령하는 것은 신의성실의 원칙에 반하며, 보험이 도박화 될 우려가 있기 때문에 면책으로 하고 있다. 보증보험에서는 피보험자의 책임 있는 사유로 보험계약자가 채무불이행이 되는 것도 면책으로 규정하고 있는데, 이 규정에 대하여 대법원은 유효하다는 입장이다.

⑤ 보증보험에서는 보험계약자의 채무불이행이 보험사고이므로 피보험자는 그 채무불이행의 사실을 입증하여야 한다. 또한 보험사고의 발생시 보험계약자나 피보험자는 손해방지에 노력하여야 한다. 민법상 보증은 무상을 원칙으로 하는데, 보증보험은 유상계약이고 상행위이며, 보험자는 민법상 보증에서와 달리 최고·검색의 항변권을 갖지 않는다.

> **심화TIP** 보증인의 최고·검색의 항변권
>
> 채권자가 주채무자에게 이행을 청구하지 않고 곧바로 보증인에게 채무이행을 청구한 때에 보증인이 주채무자에게 변제능력이 있다는 사실과 그 집행이 용이하다는 사실을 증명하여 먼저 주채무자에게 청구할 것(최고의 항변권)과 주채무자의 재산에 대하여 집행할 것(검색의 항변권)을 항변할 수 있는 권리를 말한다.

> **판례** 대법원 1968.9.24., 선고, 68다1271, 판결
>
> 민법 제437조 본문에 의하면 채권자가 보증인에게 채무의 이행을 청구한 때에는 보증인은 주채무자의 변제자력이 있는 사실 및 그 집행이 용이할 것을 증명하여 먼저 주채무자에게 청구할 것과 그 재산에 대하여 집행할 것을 항변할 수 있다고 규정하므로 보증인의 최고와 검색의 항변권은 보증인이 주채무자에게 변제자력이 있고 집행이 용이한 사실을 입증할 때에 성립될 수 있고, 단순히 주채무자에게 먼저 청구할 것을 항변할 수 없다 할 것이다.

(3) 보증보험자의 책임(상법 제726조의5) 기출 18
보증보험계약의 보험자는 보험계약자가 피보험자에게 계약상의 채무불이행 또는 법령상의 의무불이행으로 입힌 손해를 보상할 책임이 있다.

(4) 적용 제외(상법 제726조의6) 기출 17
① 보증보험계약에 관하여는 제639조 제2항 단서(타인을 위한 보험계약)를 적용하지 아니한다.
② 보증보험계약에 관하여는 보험계약자의 사기, 고의 또는 중대한 과실이 있는 경우에도 이에 대하여 피보험자에게 책임이 있는 사유가 없으면 제651조(고지의무위반으로 인한 계약해지), 제652조(위험변경증가의 통지와 계약해지), 제653조(보험계약자 등의 고의나 중과실로 인한 위험증가와 계약해지) 및 제659조 제1항(보험자의 면책사유)을 적용하지 아니한다.

(5) 준용규정(상법 제726조의7) 기출 16 · 19 · 24
보증보험계약에 관하여는 그 성질에 반하지 아니하는 범위에서 보증채무에 관한 「민법」의 규정을 준용한다.

> **판례 보증보험 관련 판례** 기출 18 · 23 · 24 · 25
>
> - 대법원 1998.3.10., 선고, 97다20403, 판결
>   보험계약자의 고의 또는 중과실로 인한 보험사고의 경우 보험자의 면책을 규정한 상법 제659조 제1항은 <u>보증보험의 경우에는 특별한 사정이 없는 한 그 적용이 없다.</u>
> - 대법원 2010.4.15., 선고, 2009다81623, 판결
>   보증보험계약의 주계약이 통정허위표시로서 무효인 때에는 보험사고가 발생할 수 없는 경우에 해당하므로 그 보증보험계약은 무효이다. 이때 보증보험계약이 무효인 이유는 보험계약으로서의 고유한 요건을 갖추지 못하였기 때문이므로, 보증보험계약의 보험자는 주계약이 통정허위표시인 사정을 알지 못한 <u>제3자에 대하여도 보증보험계약의 무효를 주장할 수 있다.</u>
> - 대법원 2002.10.25., 선고, 2000다16251, 판결
>   이행보증보험은 보험계약자인 채무자의 주계약상 채무불이행으로 인하여 피보험자인 채권자가 입게 되는 손해의 전보를 보험자가 인수하는 것을 내용으로 하는 손해보험으로서 실질적으로는 보증의 성격을 가지고 보증계약과 같은 효과를 목적으로 하는 점에서 보험자와 채무자 사이에는 민법상의 보증에 관한 규정이 준용되므로, <u>이행보증보험의 보험자는 민법 제434조를 준용하여 보험계약자의 채권에 의한 상계로 피보험자에게 대항할 수 있고, 그 상계로 피보험자의 보험계약자에 대한 채권이 소멸되는 만큼 보험자의 피보험자에 대한 보험금 지급채무도 소멸된다.</u>
> - 대법원 1999.2.9., 선고, 98다49104, 판결
>   이행보증보험은 채무자인 보험계약자가 채권자인 피보험자에게 계약상의 채무를 이행하지 아니함으로써 손해를 입힌 경우에 보험자가 그 손해의 전보를 인수하는 것을 내용으로 하는 손해보험으로서 보험계약자의 피보험자에 대한 계약상의 채무이행을 담보하는 것이므로, 이행보증보험계약에 의하여 보험자가 피보험자에게 담보하는 채무이행의 내용은 채권자와 채무자 사이에서 체결된 주계약에 의하여 정하여지고, 이러한 주계약을 전제로 이행보증보험계약이 성립하지만, <u>그 주계약이 반드시 이행보증보험계약을 체결할 당시 이미 확정적으로 유효하게 성립되어 있어야 하는 것은 아니고, 장차 체결된 주계약을 전제로 하여서도 유효하게 이행보증보험계약이 체결될 수 있다.</u>

- 대법원 1997.10.10., 선고, 95다46265, 판결
  보험계약자인 채무자의 채무불이행으로 인하여 채권자가 입게 되는 손해의 전보를 보험자가 인수하는 것을 내용으로 하는 보증보험계약은 손해보험으로, 형식적으로는 채무자의 채무불이행을 보험사고로 하는 보험계약이나 실질적으로는 보증의 성격을 가지고 보증계약과 같은 효과를 목적으로 하므로, 민법의 보증에 관한 규정, 특히 민법 제441조 이하에서 정한 보증인의 구상권에 관한 규정이 보증보험계약에도 적용된다.

- 대법원 1999.6.8., 선고, 98다53707, 판결
  보증보험은 채무자의 채무불이행으로 인하여 채권자가 입게 될 손해의 전보를 보험자가 인수하는 것을 내용으로 하는 손해보험으로서 형식적으로는 채무자의 채무불이행을 보험사고로 하는 보험계약이나 실질적으로는 보증의 성격을 가지고 보증계약과 같은 효과를 목적으로 하므로 민법의 보증에 관한 규정이 준용되고, 따라서 보증보험이 담보하는 채권이 양도되면 당사자 사이에 다른 약정이 없는 한 보험금청구권도 그에 수반하여 채권양수인에게 함께 이전된다고 보아야 한다.

- 대법원 2012.2.23., 선고, 2011다62144, 판결
  보증보험이란 피보험자와 어떠한 법률관계를 가진 보험계약자(주계약상의 채무자)의 채무불이행으로 인하여 피보험자(주계약상의 채권자)가 입게 될 손해의 전보를 보험자가 인수하는 것을 내용으로 하는 손해보험으로서, 형식적으로는 채무자의 채무불이행을 보험사고로 하는 보험계약이나 실질적으로는 보증의 성격을 가지고 보증계약과 같은 효과를 목적으로 하는 것이므로, 민법의 보증에 관한 규정, 특히 보증인의 구상권에 관한 민법 제441조 이하의 규정이 준용된다.

- 대법원 2021.2.25., 선고, 2020다248698, 판결
  보증보험증권에 보험기간이 정해져 있는 경우에는 보험사고가 그 기간 내에 발생한 때에 한하여 보험자가 보험계약상의 책임을 지는 것이 원칙이지만, 보증보험계약의 목적이 주계약의 하자담보책임기간 내에 발생한 하자에 대하여 보험계약자의 하자보수의무 불이행으로 인한 손해를 보상하기 위한 것임에도 보험기간을 주계약의 하자담보책임기간과 동일하게 정한 경우 특단의 사정이 없으면 위 보증보험계약은 그 계약의 보험기간, 즉 하자담보책임기간 내에 발생한 하자에 대하여는 비록 보험기간이 종료한 후 보험사고가 발생하였다고 하더라도 보험자로서 책임을 지기로 하는 내용의 계약이라고 해석함이 타당하다.

- 대법원 2002.11.8., 선고, 2000다19281, 판결
  보증보험계약에 있어서 보험계약자의 고지의무위반을 이유로 한 해지의 경우에 계약의 상대방 당사자인 보험계약자나 그의 상속인(또는 그들의 대리인)에 대하여 해지의 의사표시를 하여야 하고, 보험금 수익자에게 해지의 의사표시를 하는 것은 특별한 사정(보험약관상의 별도기재 등)이 없는 한 효력이 없다고 할 것이며, 이러한 결론은 그 보증보험계약이 상행위로 행하여졌다거나 혹은 보험계약자의 소재를 알 수 없다는 이유만으로 달라지지는 않는다.

- 대법원 1995.7.14., 선고, 94다10511, 판결
  보증보험계약에 관하여는 보험계약자의 사기, 고의 또는 중대한 과실이 있는 경우에도 이에 대하여 피보험자에게 책임이 있는 사유가 없으면 제651조(고지의무위반으로 인한 계약해지), 제652조(위험변경증가의 통지와 계약해지), 제653조(보험계약자 등의 고의나 중과실로 인한 위험증가와 계약해지) 및 제659조 제1항(보험자의 면책사유)을 적용하지 아니한다(상법 제726조의6 제2항). 따라서 피보험자가 보험계약자의 사기행위에 공모하였다든지 그러한 사실을 알면서도 묵인한 상태에서 계약이 체결된 경우를 제외하면, 보험계약자의 고의나 중과실에 의한 보험자 면책규정(상법 제659조)은 보증보험에 적용되지 않는다.

CHAPTER 03 기출유형문제

01 손해보험의 총설

01 손해보험계약과 인보험계약의 공통적인 요소와 손해보험계약에서만 인정되는 보험계약의 요소를 올바르게 연결한 것은?

① 피보험이익 – 보험기간
② 보험금액 – 보험가액
③ 보험자대위 – 보험사고
④ 보험가액 – 보험금액

> **해설**
> - 보험금액이란 보험계약의 당사자가 약정에 정한 보험자의 급여의무로서 최고한도액을 말하며, 인보험과 손해보험에 공통되는 개념이다.
> - 보험가액이란 피보험이익을 금전으로 평가한 가액으로서 손해보험 중에서도 물건보험에만 인정되는 개념이다.

02 보험계약법상 이득금지의 원칙과 가장 거리가 먼 것은? [기출 19]

① 사기에 의한 초과보험의 무효
② 보험자대위
③ 신가보험
④ 중복보험에서 비례주의에 의한 보상

> **해설**
> 신가보험은 신품가액에 의하여 손해를 보상하는 계약으로서(상법 제676조 제1항 단서), 피보험자가 신구교환차익을 얻으므로 이득금지의 원칙에 대한 예외 규정이다.
> ① 사기에 의한 초과보험은 무효이다. 이는 보험을 통하여 이득을 얻으려고 인위적으로 초과보험을 체결하는 것을 방지하기 위한 규정이므로 이득금지의 원칙이 적용된다.
> ② 보험자대위는 보험자가 보험금을 지급 후 피보험자 또는 보험계약자가 보험의 목적 또는 제3자에 대하여 가지는 법률상의 권리를 취득하는 것으로 피보험자의 이중이득을 금지하는 수단이다.
> ④ 중복보험에서 비례주의에 의한 보상은 실제 손해 이상으로 중복 지급되는 것을 막기 위한 규정이므로 이득금지의 원칙을 시현하는 수단이다.

03 손해보험에 관한 설명으로 옳지 않은 것은?

① 보험금액은 보험자가 지급하여야 할 금액의 최고한도를 말한다.
② 타인을 위한 보험에서는 보험계약자 이외의 제3자가 피보험자가 된다.
③ 손해보험의 목적은 피보험이익의 인정되는 한 유체물이든 무체물이든 묻지 않는다.
④ 손해보험에서는 보험자대위가 금지되어 있다.

> **해설**
> 손해보험계약은 이득금지의 원칙이 지배하고 있으며, 그 실현수단으로 보험자대위가 인정되고 있다.

04 손해보험계약에 관한 설명으로 옳지 않은 것은?

① 보험의 목적은 피보험이익이 인정되는 유체물에 한한다.
② 보험금액은 보험자가 지급하여야 할 금액의 최고한도를 말한다.
③ 보험기간이 생명보험계약의 경우에 비하여 일반적으로 단기이다.
④ 타인을 위한 손해보험계약의 경우 타인의 위임이 없으면 보험계약자는 이를 보험자에게 고지해야 한다.

> **해설**
> 보험의 목적은 경제상의 재화로 구체적인 물건에 한하지 않고 채권과 같은 무체물 또는 피보험자의 책임도 포함된다.

05 상법상 손해보험의 피보험자에 관한 설명으로 옳은 것은?

① 자연인이어야 한다.
② 피보험이익의 주체이어야 한다.
③ 보험계약자와 동일인이어야 한다.
④ 보험계약의 성립 당시에 특정하여야 한다.

> **해설**
> 손해보험에서 피보험자는 피보험이익의 주체이어야 하며, 보험사고발생시 손해의 보상을 받을 권리가 있는 자로서 자연인이든 법인이든 상관이 없고, 보험계약자와 동일인일 수도 있고 양자가 각각 다를 수도 있다. 또한 보험계약 성립 당시에 반드시 특정할 필요가 없고 사고발생 전에 정하여도 무방하다.

정답 01 ② 02 ③ 03 ④ 04 ① 05 ②

06 손해보험에 관한 설명으로 옳지 않은 것은? 기출 16

① 손해보험은 물건이나 재산상의 손해를 보상하는 측면에서 보상금액을 미리 정할 수 없는 부정액보험의 성격을 가진다.
② 상법상 손해보험의 종류에는 화재보험, 운송보험, 해상보험, 책임보험, 재보험, 자동차보험, 보증보험이 있다.
③ 손해보험은 원칙적으로 재산상 손해를 보험금액의 한도 내에서 실제로 발생한 손해만을 보상하는 실손보상적 성질을 가진다.
④ 손해보험에서 피보험자는 보험의 객체로서 보험금청구권을 가지는 자이다.

| 해설 |
피보험자란 손해보험에서 <u>피보험이익의 주체</u>로서 보험사고의 발생시 손해의 보상을 받을 권리가 있는 자를 말하고, 인보험에서는 생명이나 신체에 관하여 보험에 붙여진 자를 말한다.

07 손해보험계약에서 실손보상의 원칙을 구현하기 위한 내용으로 옳은 것을 모두 묶은 것은? 기출 21

가. 선의의 중복보험에서 비례주의
나. 신가보험
다. 손해보험계약에서 잔존물대위
라. 선의의 초과보험
마. 기평가보험

① 가, 다
② 가, 나, 라
③ 가, 다, 라
④ 가, 나, 다, 라

| 해설 |
가. **중복보험에서 비례주의** : 중복보험 가입시 보험자는 보험금액의 한도 내에서 연대책임과 비례주의에 의해 이중으로 보상되지 않도록 하고 있다(이득금지원칙의 실현).
나. **신가보험** : 신가보험은 감가상각이 반영된 실제 손해를 보상하는 것이 아니라, 재조달가 전액을 보상하게 되므로 <u>실손보상원칙의 예외</u>가 된다.
다. **잔존물대위** : 상법에서는 보험자가 보험의 목적에 대해 권리를 취득하는 잔존물대위와 보험계약자 또는 피보험자가 제3자에 갖는 권리를 취득하는 청구권대위를 통해서 이중의 이득을 얻지 못하도록 하고 있다(이득금지원칙의 실현).
라. **선의의 초과보험** : 선의의 초과보험의 경우 보험금액 및 보험료 감액청구권을 인정하고 이러한 감액하기 전에 사고가 발생한 경우 보험금은 보험금액이 아니라, 보험가액을 기준하여 산정하는 것도 실손보상원칙의 실현이다.
마. **기평가보험** : 기평가보험계약에서는 협정보험가액이 사고발생 시의 가액을 초과하더라도 사고발생 시의 가액을 기준으로 하여 손해액을 산정하지 아니하고, 협정보험가액을 기준으로 손해액을 산정하므로, <u>실손보상원칙의 예외</u>가 된다.

08 손해보험과 인보험에 공통으로 적용되는 보험원리의 설명으로 옳지 않은 것은? 기출 19

① 보험사고가 발생한 경우 보험자는 보험계약자가 실제로 입은 손해를 보상하여야 한다는 원칙으로 고의사고 유발을 방지하기 위한 수단적 원리
② 위험단체의 구성원이 지급한 보험료의 총액과 보험자가 지급하는 보험금 총액이 서로 일치하여야 한다는 원리
③ 동일한 위험에 놓여있는 다수의 경제주체가 하나의 공동준비재산을 형성하여 구성원 중에 우연하고도 급격한 사고를 입은 자에게 경제적 급부를 행한다는 원리
④ 보험사고의 발생을 장기간 대량 관찰하여 발견한 일정한 법칙에 따라 위험을 측정하여 보험료를 산출하는 기술적 원리

| 해설 |
①의 경우 실손보상의 원칙(= 이득금지의 원칙)으로 인보험에서는 원칙적으로 적용되지 않고, 손해보험 특유의 원리이다.
② 수지상등의 원칙에 대한 설명이다.
③ 보험의 원리 중 위험의 분담에 대한 설명이다.
④ 대수의 법칙에 대한 설명이다.

09 기평가보험에 대한 설명으로 옳은 것은?

① 보험계약 체결시 보험계약 당사자간에 협정한 협정보험가액에 의하여 체결된 보험을 말한다. 협정보험가액은 사고발생시의 가액으로 확정하기 때문에 일부보험, 초과보험, 중복보험의 판단기준이 되고, 손해액산정의 기준이 된다.
② 협정보험가액이 사고발생시의 가액을 초과한 경우 사고발생시의 가액이 보험가액이 된다.
③ 협정보험가액은 당사자간의 협의에 의하여 추후평가액을 감액하거나 증액할 수 있다.
④ 협정보험가액이 사고발생시의 가액을 현저하게 초과한 경우 보험금액이 협정보험가액에 미달하지만 사고발생시의 가액을 초과한 경우 일부보험이 된다.

| 해설 |
기평가보험이란 보험계약을 체결함에 있어 당사자간에 미리 피보험이익의 가액에 관하여 합의한 협정보험가액으로 이루어진 보험을 말한다. 협정보험가액은 당사자간의 협의에 의하여 추후평가액을 증액하거나 감액할 수 있다.
① 협정보험가액은 전 보험기간을 통하여 사고발생시의 가액으로 추정한다. 보험가액의 평가시기는 보험계약의 체결시로만 한정하지 아니하며, 사고발생 전에 보험가액에 대하여 합의한 경우에도 기평가보험이 될 수 있다. 협정보험가액이 사고발생시의 가액으로 추정되기 때문에 일부보험, 초과보험, 중복보험 평가의 기준이 된다. 또한 보험자는 협정보험가액을 기준으로 손해액 및 지급보험을 산정한다.
② 협정보험가액이 사고발생시의 가액을 '현저하게' 초과하는 경우에는 사고발생시의 가액을 보험가액으로 하며, '현저하다'는 것은 보험자가 입증하여야 한다.
④ 보험금액이 협정보험가액에 미달하지만 사고발생시의 가액을 초과한 경우 초과보험이 된다.

10 미평가보험에 대한 설명으로 옳지 않은 것은?

① 보험가액에 대하여 미리 협정하지 않았기 때문에 보험가액의 평가에 대한 다툼을 방지하기 위하여 보험가액의 평가시기를 법률에서 정하고 있다.
② 당사자간의 특약에 의하여 보험가액의 평가시기와 장소를 달리 정할 수 있다. 보험가액의 평가시기와 장소를 법률규정과 달리 정하였다고 하여 기평가보험이 되는 것은 아니다.
③ 미평가보험의 경우 화재·운송·적하보험 등에서는 보험가액을 평가하기 용이한 시점의 보험가액을 보험기간 전 기간을 통하여 보험가액으로 하기도 한다.
④ 우리 보험계약법 미평가보험에 관한 조항에서 보험가액 평가시기에 관한 조항만을 두고 있을 뿐 장소에 관한 규정은 없다. 학설은 사고가 발생한 때와 장소에서의 객관적 가치를 보험가액으로 한다.

| 해설 |

운송·선박·적하보험은 실무에서 기평가보험으로 사용하지만 미평가보험의 경우 보험기간이 짧고 보험의 목적이 장소적 이동을 하여 사고가 발생한 때와 곳에서 보험가액을 평가하기가 곤란하기 때문에 평가가 용이한 시점에서 평가하도록 한다. 이 경우 보험가액이 불변경된다고 보고 보험기간 전 기간에 동일한 보험가액을 적용하는 예외를 규정하고 있다. 이를 '보험가액 불변경주의'라 한다.
하지만 화재보험에서는 보험가액 불변경주의가 적용되지 않는다.

11 협정보험가액이 사고발생시의 가액을 현저하게 초과하는 경우에 관한 설명 중 틀린 것은? (다툼이 있는 경우 대법원 판례에 의함) 기출 14

① 현저한 초과 여부에 대한 증명책임은 보험자에게 있다.
② 보험자의 고의나 과실로 인하여 협정보험가액이 사고발생시의 가액을 현저하게 초과하게 된 경우라도 사고발생시의 가액을 보험가액으로 해야 한다.
③ 협정보험가액이 계약을 체결할 당시의 가액을 현저하게 초과함으로 인해 보험자 또는 보험계약자가 초과보험의 경우처럼 보험료와 보험금액의 감액을 청구할 수 있는 경우에는 사고발생시의 가액을 보험가액으로 해야 한다.
④ 협정보험가액이 사고발생시의 가액을 현저하게 초과하는 경우에는 그 초과 원인이 무엇이냐에 따라 사고발생시의 가액을 보험가액으로 할 것인지의 여부가 달라지게 된다.

| 해설 |

상법 제670조 단서에서는 당사자 사이에 보험가액을 정한 기평가보험에 있어서 협정보험가액이 사고발생시의 가액을 현저하게 초과할 때에는 사고발생시의 가액을 보험가액으로 하도록 규정하고 있는 바, 양자 사이에 현저한 차이가 있는지의 여부는 거래의 통념이나 사회의 통념에 따라 판단하여야 하고, 보험자는 협정보험가액이 사고발생시의 가액을 현저하게 초과한다는 점에 대한 입증책임을 부담한다(대법원 2002.3.26., 선고, 2001다6312, 판결).

12 다음의 설명으로 옳지 않은 것은? 기출 18

① 타인을 위한 손해보험계약의 경우에 그 타인의 위임이 없는 때에는 보험계약자는 이를 보험자에게 고지하여야 하고, 이를 고지하지 않은 경우 타인이 그 보험계약이 체결된 사실을 알지 못하였다는 사유로 보험자에게 대항하지 못한다.
② 계속보험료의 미납으로 보험자가 보험계약을 해지하였으나 해지환급금이 지급되지 않은 경우라면 보험계약자는 일정한 기간 내에 연체보험료에 약정이자를 붙여 보험자에게 지급하고 그 계약의 부활을 청구할 수 있다.
③ 보험자는 보험금액의 지급에 관하여 약정기간이 없는 경우에는 보험계약자 또는 피보험자의 보험사고발생의 통지를 받은 후 지체 없이 지급할 보험금액을 정하고 그 정하여진 날부터 10일 이내에 보험금액을 지급하여야 한다.
④ 당사자간에 보험가액을 정한 때에는 그 가액은 사고발생시의 가액으로 정한 것으로 본다.

| 해설 |
기평가보험으로 당사자간에 보험가액을 정한 때에는 그 가액은 사고발생시의 가액으로 정한 것으로 <u>추정</u>한다. 그러나 그 가액이 사고발생시의 가액을 현저하게 초과할 때에는 사고발생시의 가액을 보험가액으로 한다(상법 제670조).
① 상법 제639조(타인을 위한 보험)
② 상법 제650조의2(보험계약의 부활)
③ 상법 제658조(보험금액의 지급)

13 피보험이익에 관한 설명으로 옳은 것은?

① 피보험이익은 보험계약에 있어서 불가결의 요소이다.
② 피보험이익은 현재의 이익이든 장래의 이익이든 상관없다.
③ 피보험이익은 계약 체결 당시에 확정되어야 한다.
④ 피보험이익은 곧 보험의 목적이다.

| 해설 |
① 손해보험은 손해의 전보를 목적으로 하기 때문에 피보험이익의 존재가 당연히 필요하나, <u>생명보험은 사람의 생사에 관한 보험이므로 피보험이익의 개념 자체가 없다.</u>
③ 피보험이익은 <u>손해발생시까지</u> 금전적 손해 및 이를 수취할 피보험자가 확정되면 된다.
④ 상법 제668조에서는 피보험이익을 '<u>보험계약의 목적</u>'이라고 하여 금전적으로 산정할 수 있는 이익으로 한정하고 있다.

정답 10 ③ 11 ④ 12 ④ 13 ②

14 피보험이익과 관련된 설명으로 옳은 것은? 기출 19

① 보험계약은 금전으로 산정할 수 있는 이익에 한하여 피보험이익으로 할 수 있다.
② 피보험이익은 적법한 이익이어야 하고, 계약 체결시에 확정할 수 있는 것이어야 한다.
③ 물건보험에서 피보험이익에 대한 평가가액은 보험계약 체결시에 정하여야 한다.
④ 상법은 보험계약자가 타인의 생명보험계약을 체결하는 경우에 피보험자에 대한 피보험이익의 존재를 요한다.

> **해설**
> 상법 제668조에서는 피보험이익을 "보험계약의 목적"이라고 하여 금전적으로 산정할 수 있는 이익으로 한정하고 있다.
> ② 피보험이익은 적법한 이익이어야 하고, 보험계약의 체결 당시에 그 존재 및 소속이 확정되어 있거나 또는 <u>적어도 사고발생시까지 확정할 수 있는 것이어야 한다</u>.
> ③ 당사자간에 보험가액을 정하지 아니한 미평가보험의 경우에는 <u>사고발생시의 가액을 보험가액으로 한다</u>(상법 제671조). 또한 당사자간에 보험가액을 정한 기평가보험의 경우에도 그 가액은 사고발생시의 가액으로 정한 것으로 추정한다. 그러나 그 가액이 사고발생시의 가액을 현저하게 초과할 때에는 사고발생시의 가액을 보험가액으로 한다(상법 제670조).
> ④ 인보험은 사람의 사망, 생존, 상해, 질병에 대해 금전적인 평가가 현실적으로 어렵다는 점에서 <u>피보험이익을 인정할 수 없다고 해석하는 것이 통설이다</u>. 우리 상법은 보험계약자가 타인의 생명보험계약을 체결하는 경우에 피보험자에 대한 피보험이익의 존재를 요하지 않으며, 단지 피보험자의 동의를 얻도록 하고 있을 뿐이다(상법 제731조, 제733조).

15 피보험이익에 관한 설명으로 옳은 것은?

① 피보험이익은 장래의 이익이어야 한다.
② 피보험이익은 계약 체결 당시에 확정되어야 한다.
③ 피보험이익은 금전으로 산정할 수 있는 경제적 이익이어야 한다.
④ 피보험이익은 모든 보험계약에 있어서 불가결의 요소이다.

> **해설**
> 손해보험에서 피보험이익은 <u>금전으로 산정할 수 있는 경제적 이익</u>이어야 한다. 법률상 관계이든 사실상 이해관계이든, 적극적인 것이든 소극적인 것이든, 현재의 이익이든 장래의 이익이든, 현실적으로 입은 손실이든 상실한 이익이든 묻지 않는다.
>
> **TIP** 피보험이익의 요건
> - **경제적 이익** : 금전으로 산정할 수 있는 이익이어야 한다.
> - **적법한 이익** : 법의 금지규정에 위반하거나 공공질서와 선량한 풍속에 반하지 않아야 한다.
> - **확정적 이익** : 계약 체결 당시 그 존재 및 소속이 확정되어 있거나 적어도 사고발생시까지는 확정할 수 있는 것이어야 한다.

16 피보험이익에 관한 설명으로 옳은 것은?

① 피보험이익은 상법상 보험의 목적으로 규정되어 있다.
② 피보험이익은 경제적 이익이 있음으로써 충분하며 반드시 적법하여야 하는 것은 아니다.
③ 미등기건물에 대하여도 피보험이익은 인정된다.
④ 동일한 건물의 소유자와 전세권자가 화재보험계약을 체결한 경우에는 피보험이익을 같이 한다.

| 해설 |
① 피보험이익은 상법상 '보험계약의 목적'이라고 규정하고 있다. '보험의 목적'은 보험에 의하여 보호되는 재물 또는 생명을 말한다.
② 피보험이익은 경제적 이익 · 적법한 이익 · 확정적 이익이어야 한다.
④ 피보험이익이 다르면 동일한 보험의 목적에 수 개의 보험계약을 체결할 수 있다.

17 피보험이익에 관한 설명으로 옳지 않은 것은?

① 피보험이익은 객관적 평가가 가능하다.
② 피보험이익은 상법에 보험의 목적으로 규정되어 있다.
③ 피보험이익은 적법성을 요건으로 하므로, 탈세에 의한 이익은 피보험이익이 될 수 없다.
④ 상실이익도 피보험이익이 될 수 있으나, 당사자간의 특약이 없으면 보험자의 손해보상액에 산입하지 않는다.

| 해설 |
피보험이익은 '보험계약의 목적'(상법 제668조)으로 규정되어 있으며, 보험의 목적과 그 개념이 다르다.

18 피보험이익과 관련한 설명으로 옳지 않은 것은? (다툼이 있는 경우 판례에 의함) 기출 23

① 피보험이익이란 보험의 목적에 대하여 보험사고의 발생 여부에 따라 피보험자가 가지게 되는 경제적 이익 또는 이해관계를 의미한다.
② 무보험자동차에 의한 상해를 담보하는 보험은 상해보험의 성질을 가지고 있으므로, 이 경우에는 중복보험의 법리가 적용되지 않는다.
③ 상법상 생명보험에서는 피보험이익 및 보험가액은 존재하지 않기 때문에 중복보험의 문제가 발생하지 않는다.
④ 상법은 손해보험에 관하여 피보험이익을 인정하는 규정을 두고 있는 반면, 인보험에서는 별도의 규정이 없다.

정답 14 ① 15 ③ 16 ③ 17 ② 18 ②

| 해설 |

피보험자가 무보험자동차에 의한 교통사고로 인하여 상해를 입었을 때에 손해에 대하여 배상할 의무자가 있는 경우 보험자가 약관에 정한 바에 따라 피보험자에게 손해를 보상하는 것을 내용으로 하는 무보험자동차에 의한 상해담보특약(이하 '무보험자동차특약보험'이라 한다)은 상해보험의 성질과 함께 손해보험의 성질도 갖고 있는 손해보험형 상해보험이므로, 하나의 사고에 관하여 여러 개의 무보험자동차특약보험계약이 체결되고 보험금액의 총액이 피보험자가 입은 손해액을 초과하는 때에는 손해보험에 관한 <u>상법 제672조 제1항(중복보험)이 준용되어 보험자는 각자의 보험금액의 한도에서 연대책임을 지고, 이 경우 각 보험자 사이에서는 각자의 보험금액의 비율에 따른 보상책임을 진다</u>(대법원 2016.12.29., 선고, 2016다217178, 판결)
① 피보험이익이란 보험의 목적에 대하여 보험사고의 발생 여부에 따라 피보험자가 가지게 되는 경제적 이익 또는 이해관계를 의미하며, 보험계약의 목적이라고도 한다.
③ 상법상 생명보험에서는 피보험이익 및 보험가액은 존재하지 않기 때문에 초과・중복・일부보험 문제는 발생하지 않는다.
④ 상법은 손해보험에 관하여 피보험이익을 인정(상법 제668조)하지만, 인보험에서는 보험의 목적이 사람이기 때문에 피보험이익을 인정하지 않는다.

19 피보험이익에 대한 설명으로 옳지 않은 것은? 기출 21

① 손해보험계약에서 보험기간 중에 피보험이익이 소멸되면 보험계약도 종료된다.
② 현존하는 이익뿐만 아니라 장래에 속하는 이익이나 조건부 이익이어도 보험사고발생 전까지 확정될 수 있다면 피보험이익으로 할 수 있다.
③ 동일한 보험의 목적에 대하여 여러 개의 피보험이익이 존재할 수 있으나, 각각의 피보험이익의 귀속 주체는 동일해야 한다.
④ 상법에서는 피보험이익을 보험계약의 목적으로 정의하고 있다.

| 해설 |

동일한 보험의 목적에 대하여 여러 개의 피보험이익이 존재할 수 있으며, <u>각각의 피보험이익의 귀속 주체는 반드시 동일해야 하는 것은 아니다.</u>
① 손해보험계약에서 피보험이익이 없으면 보험계약은 무효이다.
② 피보험이익은 보험계약의 체결 당시에 그 존재 및 소속이 확정되어 있거나 또는 적어도 사고발생시까지 확정할 수 있는 것이어야 한다.
④ 상법 제668조

20 피보험이익에 관한 설명으로 옳지 않은 것은? (다툼이 있는 경우 판례에 의함) 기출 16

① 피보험이익은 상법 제668조에서 보험계약의 목적이라고 표현하고 있으며, 보험계약의 대상인 보험의 목적과 구별된다.
② 우리나라에서 피보험이익은 손해보험에 특유한 것으로 인보험에서는 인정되지 않는다.
③ 화재보험계약에서 동산양도담보 설정자는 그 물건에 대한 보험사고가 발생한 경우 그 목적물에 관하여 피보험이익을 갖지 못한다.
④ 손해보험에서 피보험이익은 피보험자가 보험의 목적물에 대하여 가지는 경제적 이해관계를 의미하는 것으로 소유 이익에 한하지 아니하고 담보이익, 사용수익이익 등도 포함한다.

| 해설 |
동산양도담보 설정자는 담보목적물인 동산의 소유권을 채권자에게 이전해 주지만 이는 채권자의 우선변제권을 확보해 주기 위한 목적에 따른 것으로, 양도담보 설정자는 여전히 그 물건에 대한 사용·수익권을 가지고 변제기에 이르러서는 채무 전액을 변제하고 소유권을 되돌려 받을 수 있으므로, 그 물건에 대한 보험사고가 발생하는 경우에는 그 물건에 대한 사용·수익 등의 권능을 상실하게 될 뿐 아니라 양도담보권자에 대하여는 그 물건으로써 담보되는 채무를 면하지 못하고 나아가 채무를 변제하더라도 그 물건의 소유권을 회복하지 못하는 경제적인 손해를 고스란히 입게 된다. 따라서 양도담보 설정자에게 그 목적물에 관하여 체결한 화재보험계약의 피보험이익이 없다고 할 수 없다(대법원 2009.11.26., 선고, 2006다37106, 판결).

21 보험가액에 관한 설명으로 옳지 않은 것은? 기출 21

① 보험가액은 피보험이익의 금전적 평가액을 말한다.
② 보험가액은 보험자가 보상할 법률상의 최고한도액이다.
③ 사고발생시의 가액이 계약 당사자간의 협정보험가액을 현저하게 초과하는 때에는 사고발생시의 가액을 보험가액으로 한다.
④ 운송보험의 보험가액은 운송물을 발송한 때와 곳의 가액 외에 도착지까지의 운임, 기타 비용도 포함한다.

| 해설 |
계약 당사자간의 협정보험가액이 사고발생시의 가액을 현저하게 초과할 때에는 사고발생시의 가액을 보험가액으로 한다(상법 제670조 단서).

22 다음은 보험가액에 대한 설명이다. 옳지 않은 것은?

① 피보험이익을 평가한 가액을 말한다.
② 보험금액과 보험가액은 일치하여야 한다.
③ 보험금액이 보험가액을 초과하는 경우가 있다.
④ 보험가액은 보험자가 지급할 법률상의 최고한도이다.

> |해설|
> 보험가액은 항상 가변성을 띠고 있어서 계약 체결시에 당사자가 정한 금액과 일치하지 않은 경우가 생기는데, 일치하는 경우는 전부보험, 일치하지 않는 경우는 초과보험, 중복보험, 일부보험 등이 있다.

23 보험가액에 관한 설명으로 옳지 않은 것은?

① 당사자간에 보험가액을 협정하지 않은 경우에는 사고발생시의 가액을 보험가액으로 한다.
② 보험가액은 피보험이익의 가액이다.
③ 협정보험가액은 보험증권에 기재하여야 한다.
④ 협정보험가액이 사고발생시의 가액을 초과할 때에는 언제나 사고발생시의 가액을 보험가액으로 한다.

> |해설|
> 협정보험가액이 사고발생시의 가액을 '현저하게' 초과할 때에는 사고발생시의 가액을 보험가액으로 한다(상법 제670조).

24 보험가액에 대한 우리 상법의 태도로 옳지 않은 것은? 기출 15

① 운송보험과 해상보험의 경우에는 일정 시점에서의 보험가액을 전(全) 보험기간에 걸쳐 고정된 보험가액으로 정하는 보험가액 불변경주의에 따른다.
② 운송물의 보험에 있어서 운송물의 도착으로 인하여 얻을 이익은 당사자간 약정이 있는 때에 한하여 보험가액 중에 산입한다.
③ 당사자간에 보험가액을 정하지 아니한 때에는 사고발생시의 가액을 보험가액으로 한다.
④ 해상보험계약상 그 운송물의 도착으로 얻을 희망이익보험의 경우 미평가보험에 있어서는 보험금액을 보험가액으로 정한 것으로 본다.

> |해설|
> 희망이익보험의 경우 보험가액을 정하지 아니한 때에는 보험금액을 보험가액으로 한 것으로 추정한다(상법 제698조).

25 다음은 보험금액과 보험가액이 일치하지 않는 경우이다. 옳은 설명은?

① 초과보험은 비례주의를 원칙으로 한다.
② 일부보험에서 전손의 경우는 보험금액 전액을 지급한다.
③ 중복보험의 경우 각 보험자는 보험가액의 한도에서 연대하여 책임을 진다.
④ 보험자 1인에 대한 권리의 포기는 다른 권리의무자의 권리의무에 영향을 미친다.

> |해설|
> 일부보험에서 전손의 경우는 보험금액 전액을 지급하며, 분손의 경우는 보험금액의 보험가액에 대한 비율에 따라 보상한다. 그러나 당사자간에 다른 약정이 있는 경우 보험금액의 한도 내에서 손해액을 보상한다.
> ① 초과보험은 보험계약자의 선의, 악의에 따라 효력을 달리하는 주관주의를 채택하고 있다.
> ③ 중복보험의 경우 각 보험자는 자기의 보험금액의 한도에서 연대하여 책임을 진다.
> ④ 보험자 1인에 대한 권리의 포기는 다른 보험자의 권리의무에 영향을 미치지 않는다.

26 보험가액에 관한 설명으로 옳지 않은 것은?

① 당사자간에 보험가액을 정하지 않은 경우에는 사고발생시의 가액을 보험가액으로 한다.
② 당사자간에 보험가액이 확정된 이상 꼭 보험가액을 보험증권에 기재하여야 하는 것은 아니다.
③ 협정보험가액이 사고발생시의 가액을 현저하게 초과할 때에는 사고발생시의 가액을 보험가액으로 한다.
④ 보험가액이 정해진 경우에는 그 가액은 사고발생시의 가액으로 정한 것으로 추정한다.

> |해설|
> 기평가보험에 있어서 보험가액에 대한 합의는 명시적이어야 하고, 이것을 각종 손해보험증권에 기재하여야 하며, 이러한 보험가액의 기재가 있는 보험증권을 기평가보험증권이라 한다(상법 제685조, 제690조, 제695조).

27 손해보험에서 보험가액과 보험금액의 관계에 대한 설명으로 옳지 않은 것은? 기출 16

① 기평가보험으로 인정되기 위한 당사자 사이의 보험가액의 합의는 명시적인 것이어야 하고, 동시에 반드시 협정가액 또는 약정가액이라는 용어를 사용하여야 한다.
② 초과보험은 보험금액이 보험계약의 목적의 가액을 현저하게 초과하는 보험을 말한다.
③ 동일한 보험계약의 목적과 동일한 사고에 관하여 수 개의 보험계약이 동시 또는 순차로 체결된 경우 그 보험금액의 총액이 보험가액을 초과하는 보험을 중복보험이라 한다.
④ 일부보험이란 보험가액의 일부를 보험에 붙인 보험을 말한다.

| 해설 |
> 기평가보험으로 인정되기 위한 당사자 사이의 보험가액에 대한 합의는 명시적인 것이어야 하기는 하지만 반드시 보험증권에 협정보험가액 혹은 약정보험가액이라는 용어 등을 사용하여야만 하는 것은 아니고 당사자 사이에 보험계약을 체결하게 된 제반 사정과 보험증권의 기재 내용 등을 통하여 당사자의 의사가 보험가액을 미리 합의하고 있는 것이라고 인정할 수 있으면 충분하다(대법원 2003.4.25., 선고, 2002다64520, 판결).

28 상법상 보험가액에 관한 설명으로 옳지 않은 것은? 기출 20

① 운송물의 보험에 있어서는 발송한 때와 곳의 가액과 도착지까지의 운임 기타 비용을 보험가액으로 한다.
② 선박의 보험에 있어서는 보험자의 책임이 개시될 때의 선박가액을 보험가액으로 한다.
③ 적하의 보험에 있어서는 도착할 때와 곳의 적하의 가액과 선적 및 보험에 관한 비용을 보험가액으로 한다.
④ 적하의 도착으로 인하여 얻을 이익 또는 보수의 보험에 있어서는 계약으로 보험가액을 정하지 아니한 때에는 보험금액을 보험가액으로 한 것으로 추정한다.

| 해설 |
> 적하의 보험에 있어서는 선적한 때와 곳의 적하의 가액과 선적 및 보험에 관한 비용을 보험가액으로 한다(상법 제697조).
> ① 상법 제689조 제1항
> ② 상법 제696조 제1항
> ④ 상법 제698조

29 손해보험에서 보험가액의 결정에 관한 설명으로 옳지 않은 것은? (다툼이 있는 경우 판례에 의함) 기출 17

① 당사자간에 보험가액을 정한 때에는 그 가액을 사고발생시의 가액으로 정한 것으로 추정한다.
② 운송보험, 선박보험, 적하보험 등은 보험가액 불변경주의를 택하고 있다.
③ 보상최고한도액을 기재한 것만으로는 기평가보험이 되지 않는다.
④ 기평가보험계약의 경우에는 추가보험계약으로 평가액을 감액 또는 증액할 수 없다.

> **해설**
>
> 손해보험에 있어서 보험사고의 발생에 의하여 피보험자가 불이익을 받게 될 이해관계의 평가액인 보험가액은 보험목적의 객관적인 기준에 따라 평가되어야 하나, 보험사고가 발생한 후 그 평가를 둘러싸고 보험자와 피보험자 사이에 분쟁이 발생하는 것을 미리 예방하고 신속한 보상을 할 수 있도록 하기 위하여 상법 제670조에서 기평가보험에 있어 보험가액에 관한 규정을 두고 있는 바, 이러한 기평가보험계약에 있어서도 당사자는 추가 보험계약으로 평가액을 감액 또는 증액할 수 있다(대법원 1988.2.9., 선고, 86다카2933, 판결).
> ① 상법 제670조
> ② 일반적으로 보험기간이 짧으며 시간적으로 보험가액의 변동이 비교적 적고, 또한 손해발생의 때와 곳을 결정하기가 어려운 선박·운송보험에서는 평가가 용이한 시점의 가액을 표준으로 전보험기간을 통하여 보험가액으로 정하고 있는데, 이를 '보험가액 불변경주의'라 한다.
> ③ 기평가보험이란 보험계약을 체결함에 있어서 당사자 사이에 미리 피보험이익의 가액에 대하여 합의가 이루어진 보험을 말한다. 기평가보험으로 인정되기 위해서는 당사자간에 보험가액에 대한 합의가 명시적이어야 하며, 그 협정보험가액은 보험증권에 기재하여야 한다.

30 보험가액 불변동주의와 무관한 것은? 기출 24

① 운송보험 ② 신가보험
③ 선박보험 ④ 적하보험

> **해설**
>
> **보험가액 불변경(동)주의**
> 운송보험이나 해상보험과 같이 보험의 목적인 선박이나 화물운송품이 광범위하게 이동하는 보험에서는 손해발생의 때와 장소에 있어서의 보험가액을 산정하는 것이 곤란한 경우가 있을 뿐만 아니라 손해발생의 때와 장소 그 자체가 불명확한 경우도 적지 않다. 이에 대하여 평가가 용이한 시점의 보험가액을 전 보험기간에 걸치는 고정적인 보험가액으로 정하고 있다. 이를 '보험가액 불변경(동)주의'라 한다.
> [예] **상법상 운용보험** : 운송보험, 선박보험, 적하보험, 희망이익보험, 초과보험

31 보험가액이 12억원인 건물에 대하여 보험금액을 5억원, 10억원, 15억원으로 하는 보험계약을 갑, 을, 병 보험회사와 각각 체결하고, 사고 당시에도 이러한 보험계약이 유효하게 유지되고 있다면 상법에 의할 때 각 보험자가 분담하는 보험금액으로 옳은 것은? (보험계약자는 선의이고, 보험가액은 사고 당시에도 변화가 없음) 기출 16

① 갑 : 2억원, 을 : 4억원, 병 : 6억원
② 갑 : 3억원, 을 : 5억원, 병 : 4억원
③ 갑 : 3억원, 을 : 4억원, 병 : 5억원
④ 갑 : 2억원, 을 : 5억원, 병 : 5억원

정답 28 ③ 29 ④ 30 ② 31 ①

| 해설 |
- 갑 보험회사 : 12억원 × (5억원 / 30억원) = 2억원
- 을 보험회사 : 12억원 × (10억원 / 30억원) = 4억원
- 병 보험회사 : 12억원 × (15억원 / 30억원) = 6억원

32 일부보험에 대한 설명으로 옳지 않은 것은?

① 보험금액이 보험가액에 미달되는 경우를 말한다.
② 상법에서는 일부보험의 효과에 대해서만 규정하고 있고, 그 판정시기에 대해서는 언급이 없다.
③ 일부보험의 경우 보험자는 보험금액의 보험가액에 대한 비율에 따라 보상할 책임을 진다.
④ 일부보험의 발생은 보험계약자가 보험료를 절약하기 위하여 의도적으로 가입할 수 있는 경우 뿐이다.

| 해설 |
일부보험의 발생은 보험계약자가 보험료를 절약하기 위하여 의도적으로 일부보험에 가입할 수 있고, 또한 사고발생의 위험이 높거나 도덕적 위험이 높다고 판단하여 사고발생시 손해액의 일부를 피보험자에게 부담시 킴으로써 피보험자로 하여금 위험관리를 유도할 목적으로서 보험자가 의도적으로 일부보험에 가입할 수도 있다. 그리고 보험기간 중에 물가의 변동으로 보험가액이 높아져 일부보험이 된 경우도 있다.

33 다음 중 일부보험에 관한 비례보상의 원칙 또는 비례주의가 적용되지 않는 경우는?

① 손해방지비용의 부담
② 제3자에 대한 보험자대위
③ 보험의 목적에 관한 보험대위
④ 기평가보험에 있어서의 분손의 보상

| 해설 |
비례보상의 원칙이란 보험금액의 보험가액에 대한 비율에 따라 손해를 보상한다는 원칙이다. 그러나 손해가 제3자의 행위로 인하여 생긴 경우에 보험자는 지급한 보험금액의 한도 내에서 대위권을 가지며, 보험자가 보상할 보험금액의 일부를 지급한 때에는 피보험자의 권리를 해하지 아니하는 범위 내에서 대위권을 가지므로 비례보상의 원칙이 적용되지 않는다. 즉 제3자에 대한 보험자대위는 책임보험계약에서 많이 이용되므로 일부보험에는 적용되지 않는다.

34 보험가액 2,000만원 및 보험금액 1,000만원의 일부보험에서 70%의 분손이 발생한 경우에 상법상 보험자가 보상하여야 할 금액은?

① 350만원
② 700만원
③ 1,000만원
④ 1,400만원

| 해설 |

2,000만원(보험가액) × 70% = 1,400만원(손해액)

비례보상하므로 1,400만원 × $\dfrac{1,000만원}{2,000만원}$ = 700만원

만일, 일부보험에서 실손보상특약에 가입했다면 보험금은 1,000만원이다.

35 초과보험에 관한 설명으로 옳지 않은 것은? 기출 18

① 보험가액이 보험기간 중에 현저하게 감소된 때에는 보험자 또는 보험계약자는 보험료와 보험금액의 감액을 청구할 수 있다.
② 중복보험으로 보험금액이 현저하게 보험가액을 초과하는 경우에 초과보험이 된다.
③ 현저한 초과는 보험료 및 보험금액의 감액에 영향을 줄 정도의 초과를 의미한다.
④ 보험료감액 청구 후 보험료의 감액은 소급효가 인정된다.

| 해설 |

보험료의 감액은 <u>장래에 대하여서만</u> 그 효력이 있다(상법 제669조 제1항 단서).

36 초과보험에 대한 설명으로 옳지 않은 것은? 기출 19

① 보험금액이 보험계약의 목적의 가액을 현저하게 초과한 때에는 보험자 또는 보험계약자는 보험료와 보험금액의 감액을 청구할 수 있다.
② 보험료의 감액은 장래에 대해서만 그 효력이 있다.
③ 초과보험인지를 판단하는 보험가액은 보험사고발생 당시의 가액에 의하여 정한다.
④ 초과보험계약이 보험계약자의 사기로 인하여 체결된 때에는 그 계약은 무효로 한다.

| 해설 |

초과보험의 보험가액은 <u>계약 당시의 가액</u>에 의하여 정한다(상법 제669조 제2항).
① 상법 제669조 제1항
② 상법 제669조 제1항 단서
④ 상법 제669조 제4항

37 초과보험에 관한 설명으로 옳지 않은 것은?

① 보험자 또는 피보험자는 보험료와 보험금액의 감액을 청구할 수 있다.
② 보험가액이 보험기간 중에 현저하게 감소한 때에도 초과보험이 될 수 있다.
③ 사기로 인한 초과보험은 언제나 무효이다.
④ 초과보험을 결정하는 보험가액의 산정시기는 계약 당시이다.

| 해설 |
보험료감액청구권은 보험계약자가 갖는 권리이다. 보험금액이 보험가액을 현저하게 초과한 때에는 보험자 또는 보험계약자는 보험료와 보험금액의 감액을 청구할 수 있다(상법 제669조 제1항).

38 초과보험에 관한 설명으로 옳지 않은 것은?

① 초과보험의 효과에 관하여 우리 상법은 주관주의를 채택하고 있다.
② 보험금액이 보험가액을 약간 초과하는 것은 우리 상법상 초과보험이 되지 않는다.
③ 보험계약자의 사기에 의한 초과보험은 그 초과한 부분만이 무효이다.
④ 보험가액 불변경주의가 인정되는 범위 내에서도 초과보험은 성립될 수 있다.

| 해설 |
초과보험이 보험계약자의 사기로 인하여 체결된 경우에는 초과한 부분뿐만 아니라 전부 무효이고, 보험자는 그 사실을 안 때까지의 보험료를 청구할 수 있다.

39 초과보험에 관한 설명으로 옳은 것은?

① 초과보험의 계약은 언제나 무효이다.
② 초과보험계약은 보험금액이 보험가액을 초과하는 부분만 무효이다.
③ 초과보험에 대한 보험계약자의 보험료감액청구는 장래에 대하여만 그 효력이 있다.
④ 보험기간 중에 물가가 하락하여 피보험이익의 가액이 현저하게 감소한 경우에도 초과보험이 되지 않는다.

| 해설 |
보험료불가분의 원칙에 따라 보험료의 감액은 장래에 대하여만 그 효력이 있다(상법 제669조 제1항 단서).
①·② 초과보험의 경우 우리 상법은 초과보험을 당연 무효로 하지 않고, 보험계약자의 선의, 악의에 따라 효력을 달리하는 주관주의를 채택하고 있다. 사기로 인하여 체결된 때에는 초과한 부분뿐만 아니라 그 계약 전부를 무효로 한다.
④ 보험기간 중에 물가가 하락하여 피보험이익의 가액이 현저하게 감소한 경우에도 초과보험이 된다.

40 중복보험에 대한 설명으로 옳지 않은 것은?

① 2개 이상의 보험의 보험기간이 중복되어야 한다. 보험금액의 합이 보험가액을 초과하여야 한다.
② 보험사고가 동일하여야 한다. 담보하는 사고의 범위까지 동일해야 하는 것은 아니다.
③ 보험계약자가 동일하여야 한다. 보험의 목적, 피보험자, 피보험이익이 동일하더라도 보험계약자가 다르면 중복보험이 되지 않는다.
④ 중복보험에서 2개 이상의 보험계약이 보험의 목적, 피보험자, 피보험이익이 동일하여야 한다. 보험목적의 범위까지 동일하여야 하는 것은 아니다.

| 해설 |

중복보험의 요건
- **피보험이익이 동일할 것** : 동일한 피보험자가 동일한 보험의 목적에 피보험이익이 동일한 보험계약이 2개 이상 있어야 한다. 보험의 목적이 동일하더라도 피보험이익이 다르면 중복보험이 아니다. 보험목적은 그 범위까지 동일하여야 하는 것은 아니다. 또한 중복보험에 있어 피보험자는 동일하여야 하지만 보험계약자까지 동일인이어야 하는 것은 아니다.
- **보험사고가 동일할 것** : 한 사고로 인하여 양 보험에서 보험금이 지급되면 보험사고가 동일한 것이다. 보험자가 담보하는 보험사고의 범위까지 동일해야 하는 것은 아니기 때문에 제1보험계약은 열거책임방식이고, 제2보험계약은 포괄책임방식이라도 상관없다.
- **보험기간이 동일하거나 중복되는 2개 이상의 보험계약이 있어야 할 것** : 보험의 목적이 양도되면 보험계약이 승계추정된다. 보험의 목적을 양도받은 양수인이 동일한 보험의 목적에 동일한 보험계약을 체결한 경우 이는 전 계약을 승계하지 않겠다는 의사로 보아 중복보험이 되지 아니한다고 판시하고 있다.
- **보험금액의 합이 보험가액을 초과할 것** : 보험가액의 개념이 없는 책임보험에서는 중복보험의 개념이 있을 수 없다. 보험금액의 합이 보험가액을 초과하지 아니한 경우에는 병존보험이라고 한다. 또한 하나의 보험계약이 초과보험이면서 2개의 보험계약이 중복보험인 경우를 초과중복보험이라고 한다.

41 중복보험에 관한 설명으로 옳지 않은 것은?

① 중복보험이 되려면 수 인(數人)의 보험자와 수 개의 보험계약이 동시에 체결되어야 한다.
② 중복보험이 되려면 각 계약의 보험금액의 합계가 보험가액을 초과하여야 한다.
③ 보험자는 각자의 보험금액의 비율에 따라 보험금액의 한도에서 보상하여야 한다.
④ 각 보험자가 지는 보상책임은 연대책임이다.

| 해설 |

중복보험이란 동일한 보험계약의 목적과 동일한 사고에 관하여 수 개의 보험계약이 수 인(數人)의 보험자와 동시 또는 순차로 체결된 경우에 그 보험금액의 총액이 보험가액을 초과한 경우로서 초과보험의 특수한 형태이다. 수 인의 보험자와 체결하는 한 동시에 하든, 순차로 체결하든 상관없다.

정답 37 ① 38 ③ 39 ③ 40 ③ 41 ①

42 다음 중복보험과 관련된 설명으로 옳지 않은 것은?

① 우리 상법은 손해보험계약에서만 타보험계약 통지의무를 부여하고 있다.
② 수 인의 보험자 중 1인의 보험자에 대한 권리의 포기는 다른 보험자의 권리·의무에 영향을 미치게 된다.
③ 상법에서는 중복보험뿐만 아니라 동일한 보험계약의 목적과 동일한 사고에 관하여 수 개의 보험계약을 체결한 경우에 보험계약자는 각 보험자에 대하여 각 보험계약의 내용을 통지하여야 한다.
④ 중복보험이 아닌 병존보험에서도 통지의무를 부여하고 있다.

| 해설 |

우리 상법에서 수 인의 보험자 중 1인의 보험자에 대한 권리의 포기는 다른 보험자의 권리·의무에 영향을 미치지 아니한다고 규정하고 있다. 즉, 피보험자가 보험자 1인에게 권리를 포기한 경우 포기한 부분에 해당하는 보험금을 다른 보험자에게 청구할 수 없다는 의미이다. 피보험자가 보험자 1인에게 권리를 포기한 경우 이 사실을 안 보험자는 다른 보험자가 분담하여야 할 부분을 제외한 자기 분담부분에 한하여 피보험자에게 보상책임이 있다.

43 중복보험에 관한 설명으로 옳은 것은? (다툼이 있는 경우 판례에 의함) 기출 17

① 중복보험이 성립하려면 동일한 보험계약의 목적에 관하여 보험사고 및 피보험자, 그리고 보험기간이 완전히 일치하여야 한다.
② 중복보험계약을 체결한 수 인의 보험자 중 그 1인에 대한 권리의 포기는 다른 보험자의 권리의무에 영향을 미친다.
③ 보험계약자가 통지의무를 게을리 하였다는 사유만으로 사기로 인한 중복보험계약이 체결되었다고 추정되지 않는다.
④ 중복보험이 성립되면 각 보험자는 보험가액의 한도에서 연대책임을 부담한다.

| 해설 |

사기로 인하여 체결된 중복보험계약이란 보험계약자가 보험가액을 넘어 위법하게 재산적 이익을 얻을 목적으로 중복보험계약을 체결한 경우를 말하는 것이므로, 통지의무의 해태로 인한 사기의 중복보험을 인정하기 위하여는 보험자가 통지의무가 있는 보험계약자 등이 통지의무를 이행하였다면 보험자가 그 청약을 거절하였거나 다른 조건으로 승낙할 것이라는 것을 알면서도 정당한 사유 없이 위법하게 재산상의 이익을 얻을 의사로 통지의무를 이행하지 않았음을 입증하여야 할 것이고, 단지 통지의무를 게을리 하였다는 사유만으로 사기로 인한 중복보험계약이 체결되었다고 추정할 수는 없다(대법원 2000.1.28., 선고, 99다50712, 판결).
① 동일한 보험계약의 목적에 관하여 보험사고 및 피보험자, 그리고 보험기간이 동일하거나 중복되어야 하며, 완전히 일치하여야 하는 것은 아니다.
② 중복보험계약을 체결한 수 인의 보험자 중 그 1인에 대한 권리의 포기는 다른 보험자의 권리의무에 영향을 미치지 않는다(상법 제673조).
④ 각 보험자는 각자의 보험금액의 한도에서 연대책임을 진다(상법 제672조 제1항).

44 중복보험에 관한 설명으로 옳지 않은 것은?

① 수 개의 보험계약을 수 인(數人)의 보험자와 체결하고 보험기간이 동일하거나 중복되어야 한다.
② 보험계약자의 사기로 인한 중복보험은 무효이다.
③ 중복보험에 있어서 보험계약자는 각 보험자에 대하여 보험계약의 내용을 통지하여야 한다.
④ 중복보험의 보험자는 보험금액의 비율에 따라 책임을 지기만 하면 된다.

| 해설 |
중복보험의 경우 우리 상법은 동시(同時)·이시(異時)를 불문하고 각 보험자는 각자의 보험금액의 한도에서 연대책임을 지고, 각 보험자의 보상책임은 각자의 보험금액의 비율에 따른다(상법 제672조 제1항)고 규정하여 연대주의를 원칙으로 하고 비례주의를 첨가하고 있다.

45 중복보험에 관한 설명으로 옳지 않은 것은?

① 보험자는 각자의 보험금액의 한도에서 연대책임을 진다.
② 각 보험자의 보상책임은 각자의 보험금액의 비율에 따른다.
③ 보험계약자의 사기(詐欺)로 인하여 체결된 때에는 그 계약은 취소할 수 있으나, 보험자는 그 사실을 안 때까지의 보험료를 청구할 수 있다.
④ 보험자 1인에 대한 권리의 포기는 다른 보험자의 권리의무에 영향을 미치지 않는다.

| 해설 |
계약이 보험계약자의 사기로 인하여 체결된 때에는 그 계약은 무효로 한다. 그러나 보험자는 그 사실을 안 때까지의 보험료를 청구할 수 있다(상법 제669조 제4항).

정답 42 ② 43 ③ 44 ④ 45 ③

46 중복보험에 관한 설명으로 옳지 않은 것은? (다툼이 있는 경우 판례에 의함) 기출 18

① 수 개의 보험계약의 보험계약자가 동일할 필요는 없으나 피보험자가 동일인일 것이 요구된다.
② 각 보험계약의 보험기간은 전부 공통될 필요는 없고 중복되는 기간이 존재하면 중복보험이 인정될 수 있다.
③ 중복보험에 관한 상법의 규정은 강행규정이 아니므로, 각 보험계약의 당사자는 각개의 보험계약이나 약관을 통하여 중복보험에 있어서의 피보험자에 대한 보험자의 보상책임 방식이나 보험자들 사이의 책임분담방식에 대하여 상법의 규정과 다른 내용으로 약정할 수 있다.
④ 중복보험이 성립되면 각 보험자는 보험가액의 한도에서 연대책임을 부담한다.

| 해설 |

중복보험이 성립되면 각 보험자는 각자의 보험금액 한도에서 연대책임을 지고, 각 보험자의 보상책임은 각자의 보험금액의 비율에 따른다(상법 제672조 제1항).
①·② 중복보험이라 함은 동일한 보험계약의 목적과 동일한 사고에 관하여 수 개의 보험계약이 동시에 또는 순차로 체결되고 그 보험금액의 총액이 보험가액을 초과하는 경우를 말하므로 보험계약의 목적, 즉 피보험이익이 다르면 중복보험으로 되지 않으며, 한편 수 개의 보험계약의 보험계약자가 동일할 필요는 없으나 피보험자가 동일인일 것이 요구되고, 각 보험계약의 보험기간은 전부 공통될 필요는 없고 중복되는 기간에 한하여 중복보험으로 보면 된다(대법원 2005.4.29., 선고, 2004다57687, 판결).
③ 수 개의 손해보험계약이 동시 또는 순차로 체결된 경우에 그 보험금액의 총액이 보험가액을 초과한 때에는 상법 제672조 제1항의 규정에 따라 보험자는 각자의 보험금액의 한도에서 연대책임을 지고, 이 경우 각 보험자의 보상책임은 각자의 보험금액의 비율에 따르는 것이 원칙이라 할 것이나, 이러한 상법의 규정은 강행규정이라고 해석되지 아니하므로, 각 보험계약의 당사자는 각개의 보험계약이나 약관을 통하여 중복보험에 있어서의 피보험자에 대한 보험자의 보상책임방식이나 보험자들 사이의 책임분담방식에 대하여 상법의 규정과 다른 내용으로 규정할 수 있다(대법원 2002.5.17., 선고, 2000다30127, 판결).

47 중복보험에 관한 다음 설명 중 옳은 것은? (다툼이 있으면 판례에 따름)

① 중복보험이 되려면 동일한 보험자와 수 개의 보험계약을 체결하여야 한다.
② 중복보험이 되려면 보험금액의 합계가 보험가액과 같아야 한다.
③ 보험자는 특약이 있는 경우에는 각자의 보험금액의 한도 내에서 연대책임을 진다.
④ 보험자는 각자의 보험금액의 비율에 따라 보험금액의 한도에서 보상하여야 한다.

| 해설 |

① 수 인의 보험자가 보험계약을 체결하여야 한다.
② 보험금액의 합계가 보험가액을 초과하여야 한다.
③ 수 개의 손해보험계약이 동시 또는 순차로 체결된 경우에 그 보험금액의 총액이 보험가액을 초과한 때에는 상법 제672조 제1항의 규정에 따라 보험자는 각자의 보험금액의 한도에서 연대책임을 지고, 이 경우 각 보험자의 보상책임은 각자의 보험금액의 비율에 따르는 것이 원칙이라 할 것이나, 이러한 상법의 규정은 강행규정이라고 해석되지 아니하므로, 각 보험계약의 당사자는 각개의 보험계약이나 약관을 통하여 중복보험에 있어서의 피보험자에 대한 보험자의 보상책임방식이나 보험자들 사이의 책임분담방식에 대하여 상법의 규정과 다른 내용으로 규정할 수 있다(대법원 2002.5.17., 선고, 2000다30127, 판결).

48 중복보험에 관한 설명으로 옳지 않은 것은? (다툼이 있는 경우 판례에 의함) 기출 22

① 중복보험이란 수 개의 보험계약의 보험계약자가 동일할 필요는 없으나 피보험자는 동일해야 하며, 각 보험계약의 기간은 전부 공통될 필요는 없고 중복되는 기간에 한하여 중복보험으로 본다.

② 보험목적의 양수인이 그 보험목적에 대한 1차 보험계약과 피보험이익이 동일한 보험계약을 체결한 사안에서 1차 보험계약에 따른 보험금청구권에 질권이 설정되어 있어 보험사고가 발생할 경우에 보험금이 그 질권자에게 귀속될 가능성이 많아 1차 보험을 승계할 이익이 거의 없다면, 양수인이 체결한 보험은 중복보험에 해당하지 않는다.

③ 중복보험은 동일한 목적과 동일한 사고에 관하여 수 개의 보험계약이 체결된 경우를 말하므로, 산업재해보상보험과 자동차종합보험(대인배상보험)은 보험의 목적과 보험사고가 동일하다고 볼 수 없는 것이어서 사용자가 산업재해보상보험과 자동차종합보험에 가입하였다고 하더라도 중복보험에 해당하지 않는다.

④ 수 개의 손해보험계약이 동시 또는 순차로 체결된 경우에 그 보험금액의 총액이 보험가액을 초과한 때에는 중복보험 규정에 따라 보험자는 각자의 보험금액의 한도에서 연대책임을 지는데, 이러한 보험자의 보상책임 원칙은 강행규정으로 보아야 한다.

| 해설 |

수 개의 손해보험계약이 동시 또는 순차로 체결된 경우에 그 보험금액의 총액이 보험가액을 초과한 때에는 상법 제672조 제1항의 규정에 따라 보험자는 각자의 보험금액의 한도에서 연대책임을 지고, 이 경우 각 보험자의 보상책임은 각자의 보험금액의 비율에 따르는 것이 원칙이라 할 것이나, <u>이러한 상법의 규정은 강행규정이라고 해석되지 아니하므로, 각 보험계약의 당사자는 각개의 보험계약이나 약관을 통하여 중복보험에 있어서의 피보험자에 대한 보험자의 보상책임방식이나 보험자들 사이의 책임분담방식에 대하여 상법의 규정과 다른 내용으로 규정할 수 있다</u>(대법원 2002.5.17., 선고, 2000다30127, 판결).
① 대법원 2005.4.29., 선고, 2004다57687, 판결
② 대법원 1996.5.28., 선고, 96다6998, 판결
③ 대법원 1989.11.14., 선고, 88다카29177, 판결

49 보험계약자이자 피보험자인 A는 건물에 대하여 보험가액을 1억원으로 하여 甲 보험회사와 보험금액을 1억원, 乙 보험회사와 보험금액을 6천만원, 丙 보험회사와 보험금액을 4천만으로 하는 화재보험계약을 각각 체결하였다. 그 후 화재로 인하여 해당 건물에 5천만원의 손해가 발생하였다. 보험계약자인 A가 위 3건의 보험계약을 사기로 체결하지 않았고, 당사자간 다른 약정이 없다고 가정하였을 경우, 각 보험회사가 A에게 지급하여야 하는 보험금으로 옳은 것은? 기출 21

① 甲 : 25,000,000원, 乙 : 15,000,000원, 丙 : 10,000,000원
② 甲 : 25,000,000원, 乙 : 13,000,000원, 丙 : 12,000,000원
③ 甲 : 50,000,000원, 乙 : 50,000,000원, 丙 : 40,000,000원
④ 甲 : 100,000,000원, 乙 : 60,000,000원, 丙 : 40,000,000원

해설

동일한 보험계약의 목적과 동일한 사고에 관하여 수 개의 보험계약이 동시에 또는 순차로 체결된 경우에 그 보험금액의 총액이 보험가액을 초과한 때에는 보험자는 각자의 보험금액의 한도에서 연대책임을 진다. 이 경우에는 각 보험자의 보상책임은 각자의 보험금액의 비율에 따른다(상법 제672조 제1항).

$$甲\ 보험회사의\ 분담액 = 손해액 \times \frac{甲\ 보험회사의\ 보험금액}{甲,\ 乙,\ 丙\ 보험회사의\ 보험금액\ 합계}$$

- 甲 보험회사의 분담액 = $50,000,000원 \times \frac{100,000,000원}{200,000,000원} = 25,000,000원$

- 乙 보험회사의 분담액 = $50,000,000원 \times \frac{60,000,000원}{200,000,000원} = 15,000,000원$

- 丙 보험회사의 분담액 = $50,000,000원 \times \frac{40,000,000원}{200,000,000원} = 10,000,000원$

50 갑은 보험가액 1,000만원의 소유가옥에 대하여, 먼저 보험금액 900만원으로 하여 A보험회사와 화재보험계약을 체결하고, 그 후에 B보험회사와도 보험금액 600만원으로 한 화재보험계약을 체결하였는데, 이 가옥이 화재로 전손(1,000만원의 손해)을 입었다. 이 경우의 보상관계는?

① 갑은 A회사에 대하여 600만원만을, 그리고 B회사에 대하여 400만원만을 청구할 수 있다.
② 갑은 A회사와 B회사 중 어느 회사에 대하여도 1,000만원의 보상을 청구할 수 있다.
③ 갑은 A회사에 대하여 900만원의 범위 내에서 그리고 B회사에 대하여 600만원의 범위 내에서 임의로 청구할 수 있되, A·B 양 회사로부터 지급받는 금액은 1,000만원을 넘지 못한다.
④ 갑은 A회사에 대하여 900만원을, 그리고 B회사에 대하여 100만원만을 청구할 수 있다.

| 해설 |

보험금액의 총액이 보험가액을 초과하는 중복보험에 해당되므로, 보험자는 각자의 보험금액의 한도에서 연대책임을 진다. 이 경우에는 각 보험자의 보상책임은 각자의 보험금액의 비율에 따른다. 화재보험표준약관에 의하면, 동일한 계약의 목적과 동일한 사고에 관하여 보험금을 지급하는 다른 계약이 있고 이들의 보험금액의 합계액이 보험가액보다 클 경우에 지급보험금 계산은 다음과 같다.

1. 다른 계약이 이 계약과 지급보험금의 계산방법이 같은 경우
   손해액 × 보험금액 / 다른 계약이 없는 것으로 하여 각각 계산한 보험금액의 합계액
2. 다른 계약이 이 계약과 지급보험금의 계산방법이 다른 경우
   손해액 × 보험금 / 다른 계약이 없는 것으로 하여 각각 계산한 보험금의 합계액

02 손해보험계약의 효과

01 손해방지의무에 관한 설명으로 옳지 않은 것은?

① 손해방지의무는 보험사고의 발생을 요건으로 하므로 보험계약자 등은 보험사고가 발생한 때부터 이 의무를 부담한다.
② 상법상 손해방지의무를 부담하는 자는 보험계약자, 피보험자 및 피해자이다.
③ 손해방지의무란 손해의 방지와 손해의 경감을 위하여 노력하는 것을 말한다.
④ 손해방지를 위하여 필요 또는 유익하였던 비용과 보상액이 보험금액을 초과한 경우라도 보험자가 이를 부담한다.

> **해설**
> 상법상 손해방지의무를 부담하는 자는 보험계약자와 피보험자이며, 피해자는 해당되지 않는다(상법 제680조).

02 손해보험에서 보험자의 손해보상의무에 관한 설명으로 옳지 않은 것은?

① 보험의 목적에 관하여 보험자가 부담할 손해가 생긴 경우에는 그 후 그 목적이 보험자가 부담하지 아니하는 보험사고의 발생으로 인하여 멸실된 때에도 보험자는 이미 생긴 손해를 보상할 책임을 면하지 못한다.
② 보험계약자에게 현실적으로 손해가 생기는 이상, 당사자간에 다른 약정이 없으면 상실이익도 보상해야 한다.
③ 보험자가 손해를 보상할 경우에 보험료의 지급을 받지 아니한 잔액이 있으면 그 지급기일이 도래하지 아니한 때라도 보상할 금액에서 이를 공제할 수 있다.
④ 보험의 목적의 성질, 하자 또는 자연소모로 인한 손해는 보험자가 이를 보상할 책임이 없다.

> **해설**
> 보험사고로 인하여 상실된 피보험자가 얻을 이익이나 보수는 당사자간에 다른 약정이 없으면 보험자가 보상할 손해액에 산입하지 아니한다(상법 제667조). 즉 보상하지 않는다.
> ① 상법 제675조
> ③ 상법 제677조
> ④ 상법 제678조

03 손해방지의무에 관한 설명으로 옳지 않은 것은?

① 이 의무는 보험사고가 생긴 때부터 지는 의무이다.
② 손해방지를 위하여 필요하였던 비용이라도 손해의 방지 또는 경감의 효과가 생긴 경우에만 보험자에게 청구할 수 있다.
③ 보험계약자 또는 피보험자는 이 의무의 이행을 위해서는 보험에 들지 않았을 경우에 자신의 이익을 위해 요구되는 정도의 주의를 기울여야 한다.
④ 보험계약자 또는 피보험자가 고의 또는 중대한 과실로 이 의무를 이행하지 않은 경우에 보험자는 방지 또는 경감할 수 있었던 금액을 보험금에서 공제할 수 있다.

> **해설**
> 상법 제680조에서 손해방지의무자인 보험계약자 또는 피보험자가 손해방지 및 그 경감을 위하여 지출한 필요하고 유익한 비용은 보험금액을 초과한 경우라도 보험자가 이를 부담하도록 규정하고 있다. 손해방지 또는 경감의무의 방법 및 노력은 피보험자가 보험계약이 존재하지 아니하는 경우에 자신의 이익을 위하여 손해의 방지를 위해 기울이는 것과 동일한 정도의 노력을 기울여야 한다는 것이 일응의 기준이 된다고 보아야 할 것이며, <u>반드시 손해의 방지 또는 경감의 효과가 생겨야만 하는 것이 아니다</u>.

04 손해방지의무에 관한 설명으로 옳은 것은? (다툼이 있는 경우 판례에 의함) `기출 18`

① 해상보험에서 보험자는 보험의 목적의 안전과 보존을 위하여 지급할 특별비용을 보험가액의 한도에서 보상하여야 한다.
② 손해방지의무는 보험사고가 발생하면 개시된다.
③ 보험계약자와 피보험자가 경과실 또는 중과실로 손해방지의무를 위반한 경우 보험자는 그 의무위반이 없다면 방지 또는 경감될 수 있으리라고 인정되는 손해에 대하여 배상을 청구하거나 지급할 보험금과 상계하여 이를 공제한 나머지 금액만을 보험금으로 지급할 수 있다.
④ 손해방지비용은 손해의 방지와 경감을 위한 비용을 의미하므로, 보험자가 보상하는 비용은 필요비에 한정한다.

> **해설**
> 손해방지의무는 보험사고의 발생을 요건으로 하므로 보험계약자 등은 <u>보험사고가 발생한 때부터 손해방지의무를 부담한다</u>.
> ① 보험자는 보험의 목적의 안전이나 보존을 위하여 지급할 특별비용을 <u>보험금액의 한도</u> 내에서 보상할 책임이 있다(상법 제694조의3).
> ③ 보험계약자와 피보험자가 고의 또는 중대한 과실로 손해방지의무를 위반한 경우에는 보험자는 손해방지의무위반과 상당인과관계가 있는 손해, 즉 의무위반이 없다면 방지 또는 경감할 수 있으리라고 인정되는 손해액에 대하여 배상을 청구하거나 지급할 보험금과 상계하여 이를 공제한 나머지 금액만을 보험금으로 지급할 수 있으나, <u>경과실로 위반한 경우에는 그러하지 아니하다</u>(대법원 2016.1.14., 선고, 2015다6302 판결).
> ④ 보험자가 보상하는 비용은 손해의 방지와 경감을 위하여 지출한 '<u>필요 또는 유익한 비용</u>'과 보상액이 보험금액을 초과한 경우라도 보험자가 이를 부담한다(상법 제680조).

05 손해방지의무에 관한 설명으로 옳지 않은 것은?

① 손해방지의무의 정도는 사고의 종류, 상태와 사고발생시에 있어서 보험계약자 등의 상태를 참작하여 결정할 문제이나 보험에 가입되어 있지 아니한 물건에 대한 주의 정도이면 된다.
② 손해의 방지와 감소는 행위의 목적으로서 존재하면 되고, 그 효과가 반드시 생겨야 되는 것은 아니다.
③ 손해방지의무는 보험사고발생의 위험이 있을 때 이를 방지하는 것까지도 포함된다.
④ 손해방지의무는 보험자가 보상책임을 지는 보험사고가 발생한 경우에만 부담한다.

| 해설 |

손해방지의무는 보험자가 보상책임을 지는 보험사고가 발생한 경우에만 부담한다. 따라서 보험사고발생의 위험이 있을 때 이를 방지하는 것까지는 포함하지 않으며, 이러한 비용은 보험자가 부담하지 않는다. 또한 손해방지의무의 정도는 사고의 종류, 상태와 사고발생시에 있어서 보험계약자 등의 상태를 참작하여 결정할 문제이나 보험에 가입되어 있지 아니한 물건에 대한 주의 정도이면 된다. 손해의 방지와 감소는 행위의 목적으로서 존재하면 되고, 그 효과가 반드시 생겨야 되는 것은 아니다.

06 보험계약자와 피보험자의 손해방지·경감의무에 관한 설명으로 옳지 않은 것은? (다툼이 있는 경우 판례에 의함) 기출 22

① 손해의 방지와 경감을 위해 소요된 필요 또는 유익한 비용과 보험자가 사고손해에 대해 지급한 손해액의 합계액이 약정보험금을 초과한 경우라도 보험자는 이를 부담한다.
② 정액보험의 경우에는 약정된 보험사고가 발생하면 손해의 크기를 산정할 필요 없이 약정된 보험금액을 지급하면 되기 때문에 손해방지의무가 적용되지 않는다.
③ 약관에 손해방지비용을 보험자가 부담하지 않기로 하거나 제한을 두는 것은 불이익변경금지의 원칙에 위배되지 아니하며, 유효하다.
④ 보험계약자와 피보험자가 고의 또는 중과실로 손해방지의무를 위반한 경우 보험자는 손해방지의무 위반과 상당인과관계가 있는 손해에 대하여 배상을 청구하거나 지급할 보험금과 상계하여 이를 공제한 나머지 금액만을 보험금으로 지급할 수 있다.

| 해설 |

약관에 손해방지비용을 보험자가 부담하지 않기로 하거나 제한을 두는 것은 불이익변경금지의 원칙에 위배되어 무효라고 해석해야 한다. 상법 제680조 제1항은 "보험계약자와 피보험자는 손해의 방지와 경감을 위하여 노력하여야 한다. 그러나 이를 위하여 필요 또는 유익하였던 비용과 보상액이 보험금액을 초과한 경우라도 보험자가 이를 부담한다"라고 정하고 있다. 여기에서 '손해방지비용'이란 보험자가 담보하고 있는 보험사고가 발생한 경우에 보험사고로 인한 손해의 발생을 방지하거나 손해의 확대를 방지함은 물론 손해를 경감할 목적으로 하는 행위에 필요하거나 유익하였던 비용을 말하는 것으로서, 원칙적으로 보험사고의 발생을 전제로 한다[대법원 2022.3.31., 선고, 2021다201085(본소), 2021다201092(반소), 판결]
① 상법 제680조 제1항
② 손해방지의무는 비정액보험인 손해보험에 적용되며, 생명보험과 같은 정액보험의 경우에는 적용되지 않는다.
④ 대법원 2016.1.14., 선고, 2015다6302, 판결

07 손해보험에서 보험계약자와 피보험자의 손해방지·경감의무에 관한 설명으로서 옳지 않은 것은? (다툼이 있는 경우 판례에 의함) 기출 17

① 보험자가 손해방지비용을 부담하지 아니한다는 비용상환의무배제약관조항이나 손해방지비용과 보상액의 합계액이 보험금액을 넘지 않는 한도 내에서만 보상한다는 약관조항은 상법 제680조에 위배되어 무효이다.
② 피보험자의 보험자에 대한 소송통지의무는 피보험자의 손해방지·경감의무에 해당하며, 이는 보험자에게 소송에 관여할 기회를 주기 위한 것으로, 보험자는 적정 손해액 이상의 손해액에 대하여는 보상의무가 없다.
③ 손해방지·경감의무를 부담하는 시기에 관하여 명문의 규정이 없다면, 약관에 의하여 대체로 보험사고가 생긴 때와 이와 동일시할 수 있는 상태가 발생한 때부터 이를 부담한다.
④ 보험사고가 발생하였다 하더라도 피보험자의 법률상 책임 여부가 판명되지 아니한 상태에서는 피보험자는 손해확대방지를 위한 긴급한 행위를 하여서는 아니 되며, 비록 손해방지비용이 발생하였다 하더라도 보험자는 손해방지비용을 부담하지 아니한다.

| 해설 |

손해보험의 일종인 책임보험에 있어서 보험자가 보상책임을 지지 아니하는 사고에 대하여는 손해방지의무가 없고, 따라서 이로 인한 보험자의 비용부담 등의 문제도 발생할 수 없다 할 것이나, 다만 사고발생시 피보험자의 법률상 책임 여부가 판명되지 아니한 상태에서 피보험자가 손해확대방지를 위한 긴급한 행위를 하였다면 이로 인하여 발생한 필요·유익한 비용도 보험자가 부담하는 것으로 해석함이 상당하다(대법원 2002.6.28., 선고, 2002다22106, 판결).
① 우리 상법의 규정을 상대적 강행규정으로 하고 있으므로, 상법 제680조에 반하여 비용을 보험자가 부담하지 않는다고 제한하는 약관은 상법 제663조(보험계약자 등의 불이익변경금지)에 의하여 무효라고 보는 것이 타당하다.
② 피보험자의 의무해태로 인하여 적정 손해액 이상으로 판결에서 인용된 손해액에 대하여는 보험회사에게 보상의무가 없다고 봄이 상당하다(대법원 1994.8.12., 선고, 94다2145, 판결).
③ 우리 상법은 손해방지·경감의무만 규정하고 있으며, 의무의 이행시기에 대하여 아무 규정이 없지만, 일반적으로 보험사고가 발생한 때부터 이 의무를 진다고 본다.

08 다음의 설명으로 옳지 않은 것은? 기출 18

① 동일한 보험계약의 목적과 동일한 사고에 관하여 수 개의 보험계약을 체결하는 경우에 보험계약자는 각 보험자에게 보험계약의 내용을 통지하여야 한다.
② 보험사고로 인하여 상실된 피보험자가 얻을 이익이나 보수는 당사자간에 다른 약정이 없으면 보험자가 보상할 손해액에 산입한다.
③ 당사자간에 보험가액을 정하지 아니한 때에는 사고발생시의 가액을 보험가액으로 한다.
④ 운송보험계약의 경우 보험사고가 운송보조자의 고의 또는 중대한 과실로 인하여 발생한 때에는 이로 인한 손해에 대하여 보험자는 면책이다.

> **해설**
> 보험사고로 인하여 상실된 피보험자가 얻을 이익이나 보수는 당사자간에 다른 약정이 없으면 <u>보험자가 보상할 손해액에 산입하지 아니한다</u>(상법 제667조).
> ① 중복보험(상법 제672조 제2항)
> ③ 미평가보험(상법 제671조)
> ④ 운송보험계약의 면책규정(상법 제692조)

09 상법상 손해보험에서 손해액의 산정에 관한 설명으로 옳은 것은? 기출 25

① 보험사고로 인하여 상실된 피보험자가 얻을 이익이나 보수는 당사자간에 다른 약정이 없으면 보험자가 보상할 손해액에 산입한다.
② 보험자가 보상할 손해액은 당사자간에 다른 약정이 없는 때에는 그 손해가 발생한 때와 곳의 신품가액에 의하여 산정하는 것을 원칙으로 한다.
③ 보험자가 손해를 보상할 경우에 보험료의 지급을 받지 아니한 잔액이 있으면 그 지급기일이 도래한 때에 한하여 보상할 금액에서 이를 공제할 수 있다.
④ 보험의 목적에 관하여 보험자가 부담할 손해가 생겼는데 이후 그 목적이 보험자가 부담하지 않는 보험사고로 인하여 멸실된 경우, 보험자는 이미 생긴 손해를 보상할 책임을 진다.

> **해설**
> 보험의 목적에 관하여 보험자가 부담할 손해가 생긴 경우에는 그 후 그 목적이 보험자가 부담하지 아니하는 보험사고의 발생으로 인하여 멸실된 때에도 <u>보험자는 이미 생긴 손해를 보상할 책임을 면하지 못한다</u>(상법 제675조).
> ① 보험사고로 인하여 상실된 피보험자가 얻을 이익이나 보수는 당사자간에 다른 약정이 없으면 보험자가 <u>보상할 손해액에 산입하지 아니한다</u>(상법 제667조).
> ② 보험자가 보상할 손해액은 그 손해가 발생한 때와 곳의 가액에 의하여 산정하는 것을 원칙으로 한다. 그러나 <u>당사자간에 다른 약정이 있는 때에는 그 신품가액에 의하여 손해액을 산정할 수 있다</u>(상법 제676조 제1항).
> ③ 보험자가 손해를 보상할 경우에 보험료의 지급을 받지 아니한 잔액이 있으면 그 <u>지급기일이 도래하지 아니한 때라도 보상할 금액에서 이를 공제할 수 있다</u>(상법 제677조).

10 손해액 산정기준에 관한 설명으로 옳지 않은 것은? 기출 18

① 보험자가 보상할 손해액은 그 손해가 발생한 때와 곳의 가액에 의하여 산정한다.
② 손해액의 산정에 관한 비용은 보험자 및 보험계약자의 공동부담으로 한다.
③ 손해액의 산정에 관하여 당사자간에 별도의 약정이 있는 경우에는 신품가액에 의하여 산정할 수 있다.
④ 손해액의 산정에 관해서는 기본적으로 손해보험의 대원칙인 실손보상의 원칙이 적용된다.

| 해설 |
손해액의 산정에 관한 비용은 <u>보험자의 부담</u>으로 한다(상법 제676조 제2항).
①·③ 상법 제676조 제1항
④ 손해보험에서 보험사고가 발생하였을 때 보험자는 피보험자에게 실손해액 이상으로 보험금을 지급할 수 없다는 손해보상의 원칙(= 실손보상의 원칙 = 이득금지의 원칙)이 적용된다.

11 손해보험에서 손해액의 산정기준에 관한 설명으로 옳지 않은 것은? 기출 19

① 보험자가 보상할 손해액은 그 손해가 발생한 때와 곳의 가액을 기준으로 한다.
② 보험자가 보상할 손해액을 산정할 때 이익금지의 원칙에 따라 신품가액에 의한 손해액은 인정되지 아니한다.
③ 손해액의 산정에 관한 비용은 보험자가 부담한다.
④ 보험가액불변경주의를 적용하여야 하는 보험에서는 상법상의 손해액의 산정기준에 관한 규정이 적용되지 아니한다.

| 해설 |
①·② 보험자가 보상할 손해액은 그 손해가 발생한 때와 곳의 가액에 의하여 산정한다. 그러나 당사자간에 다른 약정이 있는 때에는 그 <u>신품가액에 의하여 손해액을 산정할 수 있다</u>(상법 제676조 제1항).
③ 상법 제676조 제2항
④ 보험가액불변경주의를 적용하여야 하는 보험(운송보험, 선박보험, 적하보험 등)에서는 상법상의 손해액의 산정기준(상법 제676조)을 적용하지 아니하고, 별도로 상법에서 정한 규정을 적용한다.

12 상법상 손해보험자가 보상할 손해액에 관한 설명으로 옳지 않은 것은? 기출 20

① 보험자가 보상할 손해액은 그 손해가 발생한 때와 곳의 가액에 의하여 산정한다.
② 보험계약 당사자간에 약정이 있는 때에는 그 신품가액에 의하여 보험자가 보상할 손해액을 산정할 수 있다.
③ 보험사고로 인하여 상실된 피보험자가 얻을 이익이나 보수는 보험자가 보상할 손해액에 산입한다.
④ 보험자가 보상할 손해액의 산정에 관한 비용은 보험자의 부담으로 한다.

| 해설 |
보험사고로 인하여 상실된 피보험자가 얻을 이익이나 보수는 당사자간에 다른 약정이 없으면 보험자가 보상할 손해액에 산입하지 아니한다(상법 제667조).
① · ② 보험자가 보상할 손해액은 그 손해가 발생한 때와 곳의 가액에 의하여 산정한다. 그러나 당사자간에 다른 약정이 있는 때에는 그 신품가액에 의하여 손해액을 산정할 수 있다(상법 제676조 제1항).
④ 상법 제676조 제2항

13 손해방지비용에 관한 설명으로 옳지 않은 것은?

① 손해방지비용을 보험금액의 한도 내에서 인정한다는 당사자간의 특약이 있다면 그 특약은 유효하다.
② 배상책임보험에서 방어비용도 손해방지의무와 그 취지나 성격이 동일하다고 보는 것이 통설이다.
③ 일부보험인 경우 손해방지비용은 보험자가 손해보상액의 비율, 즉 보험가액에 대한 보험금액의 비율에 따라 부담한다.
④ 손해방지비용에 관한 규정에는 공익적 고려가 포함되어 있다.

| 해설 |
손해방지비용은 보험자가 부담하지 아니한다는 보험약관조항이나 보험금액 한도 내에서 인정한다는 보험약관조항은 보험계약자 등의 불이익변경금지의 원칙에 위배되기 때문에 무효가 된다. 그러나 해상보험, 재보험 등 기업보험에서는 그러하지 아니하다.

14 손해방지비용의 부담요건으로 옳지 않은 것은?

① 손해방지의무가 발생하여야 한다.
② 보험자가 담보하지 아니한 위험으로 보험의 목적에 생길 손해의 방지에 지출한 비용도 포함된다.
③ 계약상의 하자나 면책사유가 없어야 한다.
④ 손해방지 행위가 필요하거나 필요하지 않았더라도 적어도 유익하면 된다.

| 해설 |

손해방지비용의 부담요건
- **손해방지의무가 발생할 것** : 보험자가 담보한 위험으로 발생한 손해를 방지하거나 경감한 비용이어야 한다. 따라서 보험자가 담보하지 아니한 위험으로 보험의 목적에 생길 손해의 방지에 지출한 비용은 보험자가 부담하지 않는다. 배상책임보험에서는 담보위험에 의하여 피보험자에게 법률상 손해배상책임이 발생하여야만 보험자에게 보상책임이 발생한다.
- **계약상의 하자나 면책사유가 없을 것** : 계약상의 하자나 면책사유가 있는 것을 알지 못하고 비용의 지급을 동의한 경우에는 이 동의는 보험자의 보상책임이 존재한다는 것을 조건으로 하는 동의이기 때문에 그 비용을 보험자가 부담하지 않는다.
- **손해방지행위의 필요성ㆍ유익성** : 손해방지행위가 필요하거나 필요하지 않았더라도 적어도 유익하면 되고 반드시 그 효과가 발생하여야 되는 것은 아니다. 따라서 손해방지비용도 필요하거나 유익한 의무의 이행으로 발생한 것이면 된다.
- **비용의 합리성** : 비용은 통상적인 것으로 합리적이고 적절하게 발생한 것이어야 한다.

15 보험자대위에 관한 설명으로 옳은 것은?

① 일부보험의 경우에는 성질상 잔존물대위가 성립될 수 없다.
② 보험자대위는 모든 보험에 인정되는 보험법상의 제도이다.
③ 제3자에 대한 보험자대위는 보험자가 보험금의 일부라도 지급하면 성립된다.
④ 대위에 의한 보험자의 권리취득은 당사자간의 의사표시에 의한 것이다.

| 해설 |

① 손해보험에서는 잔존물대위와 청구권대위가 모두 인정된다.
② 보험자대위는 손해보험에서 인정되고 있으며, 인보험에서는 상해보험에서만 인정된다.
④ 보험자대위에 의한 보험자의 권리취득은 법률상 당연히 취득되는 것이다.

정답 12 ③ 13 ① 14 ② 15 ③

16 보험자대위에 관한 설명으로 옳지 않은 것은?

① 실손보상의 원칙을 구현하기 위한 제도이다.
② 일부보험의 경우에도 잔존물대위가 인정된다.
③ 잔존물대위는 보험의 목적의 일부가 멸실한 경우에도 성립한다.
④ 보험금을 일부 지급한 경우 피보험자의 권리를 해하지 않는 범위 내에서 청구권대위가 인정된다.

> **해설**
> 보험의 목적의 전부가 멸실한 경우에 보험금액의 전부를 지급한 보험자는 그 목적에 대한 피보험자의 권리를 취득한다(상법 제681조). 즉 잔존물대위는 보험의 목적이 <u>전부 멸실</u>, 즉 전손되어야 한다.

17 보험자대위에 대한 설명으로 옳지 않은 것은?

① 보험자대위라 함은 보험자가 보험사고로 인한 손실을 피보험자에게 보상해 주고 피보험자 또는 보험계약자가 보험의 목적이나 제3자에게 갖는 권리를 법률상 당연히 취득하는 것을 말한다.
② 보험자대위는 민법상 손해배상자의 대위의 규정과 같은 성질이다.
③ 보험자대위는 원칙적으로 손해보험에서만 인정된다.
④ 정액보험 방식을 취하는 보험에서도 보험자대위를 인정한다.

> **해설**
> 보험자대위는 원칙적으로 손해보험에서만 인정되고, 인보험에서는 인정되지 않는다. 그러나 예외적으로 상해보험의 경우에 당사자간의 특약이 있을 때에는 피보험자의 권리를 해하지 않는 범위 내에서 보험자대위를 인정한다. <u>인보험 중 사망보험은 정액보험으로만 운영되기 때문에 보험자대위권이 인정되지 않는다. 상해보험의 경우라도 정액보험으로 운영되는 경우 보험자대위가 인정되지 않는다.</u> 상해보험에서 보험자대위가 인정되려면 실손보험, 즉 부정액보험으로 운영되어야 한다.
>
> **TIP** 손해배상자의 대위(민법 제399조)
> 채권자가 그 채권의 목적인 물건 또는 권리의 가액전부를 손해배상으로 받은 때에는 채무자는 그 물건 또는 권리에 관하여 당연히 채권자를 대위한다.

18 보험자대위에 관한 다음 설명 중 옳지 않은 것은? (다툼이 있는 경우 판례에 의함) 기출 15

① 보험자가 보험약관에 정하여져 있는 중요한 내용에 해당하는 면책약관에 대한 설명의무를 위반하여 약관의 규제에 관한 법률에 따라 해당 면책약관을 계약의 내용으로 주장하지 못하고 보험금을 지급하게 되었더라도, 이는 보험자가 피보험자에게 보험금을 지급할 책임이 있는 경우에 해당하므로 보험자는 보험자대위를 할 수 있다.

② 보험자가 보험약관에 따라 면책되거나 피보험자에게 보험사고에 대한 과실이 없어 보험자가 피보험자에게 보험금을 지급할 책임이 없는 경우에는 보험자대위를 할 수 없다.

③ 보험계약자나 피보험자와 생계를 같이 하는 가족은 보험자대위권의 객체인 제3자가 되지 않는다. 다만, 손해가 그 가족의 고의 또는 중과실로 인하여 발생한 경우에는 그러하지 아니하다.

④ 손해보험계약에 있어 제3자의 행위로 인하여 생긴 손해에 대하여 제3자의 손해배상에 앞서 보험자가 먼저 보험금을 지급한 때에는 그 보험금의 지급에도 불구하고 피보험자의 제3자에 대한 손해배상청구권은 소멸되지 아니하고 지급된 보험금액의 한도에서 보험자에게 이전될 뿐이며, 이러한 법리는 손해를 야기한 제3자가 타인을 위한 손해보험계약의 보험계약자인 경우에도 마찬가지이다.

> **해설**
>
> 보험계약자나 피보험자의 권리가 그와 생계를 같이 하는 가족에 대한 것인 경우 보험자는 그 권리를 취득하지 못한다. 다만, 손해가 그 가족의 고의로 인하여 발생한 경우에는 그러하지 아니하다(상법 제682조 제2항). 판례는 피보험자의 동거친족에 대하여 피보험자가 배상청구권을 취득한 경우, 통상은 피보험자는 그 청구권을 포기하거나 용서의 의사로 권리를 행사하지 않은 상태로 방치할 것으로 예상되는 바, 이러한 경우 피보험자에 의하여 행사되지 않는 권리를 보험자가 대위 취득하여 행사하는 것을 허용한다면 사실상 피보험자는 보험금을 지급받지 못한 것과 동일한 결과가 초래되어 보험제도의 효용이 현저히 해하여진다 하여, 제3자의 범위에 포함되지 않는다고 봄이 타당하다고 하였다(대법원 2002.9.6., 선고, 2002다32547, 판결). 따라서 손해를 야기한 제3자가 보험계약자 또는 피보험자와 생계를 같이하는 가족인 경우 손해가 그 가족의 고의로 인하여 발생한 경우를 제외하고는 보험자대위권을 행사할 수 없도록 규정하였다.

19 보험자대위(잔존물대위)의 효과에 대한 설명으로 옳지 않은 것은?

① 보험자대위는 사고발생시에 발생한다.
② 잔존물대위에서 전부보험에서 보험금을 전부 지급한 경우 잔존물에 대한 피보험자의 권리는 소멸되고 잔존물에 대한 권리는 보험자에게 이전된다.
③ 보험금이 전부 지급되기 전에는 피보험자가 소유권을 갖고 있기 때문에 잔존물 매매계약은 유효하고 잔존물 매수인은 소유권을 갖게 된다.
④ 일부보험의 경우 보험가액에 대한 보험금액의 비율에 따라 보험자가 보험목적에 대하여 갖는 권리를 취득한다.

| 해설 |

보험자대위는 <u>사고발생시에 발생하는 것이 아니라 보험금을 지급한 때</u> 발생한다. 보험자가 잔존물을 취득한 경우 잔존물에 대한 권리나 의무, 즉 잔존물처리비용도 보험자가 부담한다. 잔존물처리비용은 보험금액 한도 내에서 지급하는 것이 아니라, 잔존물가액과 잔존물인수 및 처리비용을 비교하여 보험자에게 이득이 생긴 경우에만 보험자가 잔존물을 대위한다. 오히려 잔존물인수 및 처리비용이 잔존물가액을 초과하는 경우 보험자는 대위권을 포기할 수 있고, 이 경우 잔존물처리비용은 피보험자가 부담하여야 한다.

20 보험자대위에 관한 설명으로 옳지 않은 것은?

① 대위에 의한 보험자의 권리취득에는 당사자간의 의사표시가 있어야 한다.
② 보험의 목적에 대한 보험자대위는 보험의 목적이 전부 멸실된 때에만 성립된다.
③ 재보험자도 보험금을 지급한 때에는 그 대위권을 취득한다.
④ 제3자에 대한 보험자대위는 보험자가 보험금의 일부만 지급한 경우에도 인정된다.

| 해설 |

보험자대위는 당사자의 의사표시에 따른 양도행위의 효과가 아니라 <u>법률상 인정한 당연한 효과</u>이다. 그러므로 대위의 요건이 충족되면 <u>당사자의 의사표시와 상관없이</u> 당연히 권리가 보험자에게 이전되는 것이다.

21 보험자대위에 관한 설명으로서 옳지 않은 것은? (다툼이 있는 경우 판례에 의함) 기출 17

① 보험자가 대위에 의하여 취득한 권리는 상법 제662조의 소멸시효가 적용되지 아니하고 개별 채권의 소멸시효에 관한 규정이 적용된다.
② 상법 제682조 소정의 "제3자의 행위"란 피보험이익에 대하여 손해를 일으키는 행위를 의미하며, 제3자의 고의·과실은 묻지 아니한다.
③ 자동차종합보험 보통약관에 "피보험자를 위하여 자동차를 운전 중인 자"도 피보험자의 개념에 포함시킨다는 규정이 있다 하더라도 자동차종합보험에 가입한 피보험자의 피용운전기사는 상법 제682조의 제3자에 해당한다.
④ 상법 제682조 소정의 "제3자의 행위"란 불법행위뿐만 아니라 채무불이행 또는 적법행위도 포함한다.

> **해설**
> 자동차보험에서 피보험차량의 소유자로부터 주차관리를 위탁받아 관리 중에 있는 자나 기명피보험자인 회사를 위하여 피보험차량을 운전하는 피용자는 보험자의 보험자대위권을 행사할 수 있는 상법 제682조의 제3자에 해당하지 않는다(대법원 2000.9.29., 선고, 2000다33331, 판결).
> "제3자"란 보험계약자와 피보험자 이외의 자로서 그 제3자가 1인이든, 수 인이든 상관없고 손해를 일으킨 자와 채무를 부담하는 자가 반드시 동일인을 요하지 않는다. 상법 제682조 소정의 "제3자의 행위"란 불법행위뿐만 아니라 채무불이행으로 인한 손해배상의무를 부담하는 경우를 포함하고, 또한 그 밖의 적법행위로 인한 경우도 포함한다.

22 보험의 목적에 관한 보험자대위에 대한 설명으로 옳지 않은 것은?

① 보험의 목적이 전부 멸실되어야 한다.
② 재물보험의 경우 사고가 피보험자가 아닌 제3자의 과실로 인하여 발생한 경우 피보험자가 제3자에게 갖는 손해배상청구권을 보험자가 대위한다.
③ 손해액이 일정한 일정금액 이상이면 전손으로 보아 잔존물대위권이 발생한다.
④ 일부보험에서 잔존물회수비용은 보험자가 전액 부담한다.

> **해설**
> 일부보험의 경우 보험자는 보험가액에 대한 보험금액의 비율에 따라 피보험자가 보험의 목적에 대하여 갖는 권리를 취득하기 때문에 잔존물회수비용은 보험자와 피보험자가 분담하게 된다.

23 보험목적에 관한 보험대위에 대한 설명으로 옳지 않은 것은?

① 상법상 보험목적에 대한 보험대위는 보험목적의 일부 멸실로는 발생하지 아니하고, 보험목적물이 전부 멸실한 경우에 발생한다.
② 보험가액의 일부를 보험에 붙인 경우에는 보험자가 취득할 권리는 보험금액의 보험가액에 대한 비율에 따라 이를 정한다.
③ 보험자가 해당 보험금 및 기타 보험급부를 전부 지급한 때에 발생한다.
④ 일부보험의 경우 보험금 전액을 지급한 보험자라 하더라도 일부보험의 특성상 보험목적에 관한 보험대위가 불가능하다.

| 해설 |
일부보험은 보험자가 보험금액의 보험가액에 대한 비율에 따라 보상할 책임을 지므로(상법 제674조), 보험자가 보험금액의 전부를 지급하면 보험금액의 보험가액에 대한 비율에 따라 피보험자가 보험의 목적에 대하여 가지는 권리를 취득한다(상법 제681조 단서).

24 보험의 목적에 관한 보험대위에 대한 설명으로 옳은 것은?

① 보험자가 보험의 목적에 관한 권리를 취득하려면 보험목적의 전부 또는 일부가 멸실되어야 한다.
② 보험자가 일부보험에서 보험금액의 전부를 지급한 경우에는 보험금액의 보험가액에 대한 비율에 따라 보험의 목적에 관한 권리를 취득한다.
③ 보험자가 취득하는 보험의 목적에 관한 권리란 그 잔존물의 소유권이다.
④ 보험자의 보험의 목적에 관한 권리취득의 시기는 보험사고가 발생한 때이다.

| 해설 |
① 보험자가 보험의 목적에 관한 권리를 취득하려면 보험의 목적의 전부가 멸실하여야 하고, 보험자가 보험금액의 전부를 피보험자에게 지급하여야 한다.
③ 보험자가 취득하는 권리는 피보험자가 보험의 목적에 대하여 가지는 모든 권리로 보험의 목적의 소유권뿐만 아니라 저당보험에서 채권 등도 포함된다.
④ 권리이전의 시기는 보험자가 보험금을 전부 지급한 때부터이다.

25 제3자에 대한 보험자대위권에 관한 설명으로 옳지 않은 것은?

① 보험자가 취득하는 권리의 범위는 보험자가 지급한 금액의 한도로 제한된다.
② 보험자가 취득하는 권리는 제3자에 대한 피보험자 또는 보험수익자의 권리이다.
③ 보험자의 대위권은 피보험자나 제3자의 그 대위권의 존재에 대한 선의·악의를 불문하고 보험금을 지급한 때에 생긴다.
④ 보험자에게 이전되는 권리의 소멸시효기간은 그 이전과 상관없이 계속해서 진행되고, 그 이전과 함께 새로이 시작되지 않는다.

| 해설 |
손해가 제3자의 행위로 인하여 발생한 경우에 보험금을 지급한 보험자는 그 지급한 금액의 한도에서 그 제3자에 대한 보험계약자 또는 피보험자의 권리를 취득한다(상법 제682조 제1항).

26 제3자에 대한 보험자대위(청구권대위)에 관한 설명으로 옳지 않은 것은?

① 제3자는 피보험자에 대한 항변으로 보험자에 대하여 대항할 수 있다.
② 보험자가 제3자에 대한 청구권을 취득하기 위하여는 민법상 지명채권양도의 절차에 의한 대항요건을 갖추어야 한다.
③ 보험자는 지급한 보험금액의 한도 내에서 제3자에 대한 청구권을 대위한다.
④ 청구권대위가 일어난 후 제3자의 피보험자에 대한 변제는 원칙적으로 변제로서의 효력이 없다.

| 해설 |
상법 제682조(제3자에 대한 보험대위)의 보험자의 청구권대위 규정은 "손해가 제3자의 행위로 인하여 발생한 경우에 보험금을 지급한 보험자는 그 지급한 금액의 한도에서 그 제3자에 대한 보험계약자 또는 피보험자의 권리를 취득한다"라고 규정하고 있다. 따라서 손해가 제3자에 의하여 발생하고 보험금을 지급한 보험자는 피보험자의 권리를 해하지 않는 범위 내에서 피보험자로부터 채권양도의 통지가 필요 없이 법률상 당연히 피보험자의 권리를 취득하게 되어 있으므로 지명채권양도의 절차가 필요 없다.

정답 23 ④ 24 ② 25 ② 26 ②

27 보험자의 청구권대위에 관한 설명으로 옳지 않은 것은?

① 보험자가 제3자에 대한 권리를 취득하려면 손해가 제3자의 행위로 인하여 발생하여야 한다.
② 보험자가 제3자에 대한 권리를 행사하려면 보험자가 피보험자에게 보험금액을 지급하여야 한다.
③ 보험자가 취득하는 권리는 제3자에 대한 보험계약자 또는 피보험자의 권리이다.
④ 보험자가 제3자에 대한 권리를 취득하는 시기는 보험자가 보험금의 지급청구를 받은 때이다.

| 해설 |
제3자에 대한 권리를 취득하는 시기는 보험자가 보험금의 지급청구를 받은 때가 아니고 지급했을 때이다. 즉 보험자가 보험금을 지급하였을 때 제3자에 대한 권리를 취득할 수 있다.

28 청구권대위에 관한 설명으로 옳은 것은? (다툼이 있는 경우 판례에 의함) 기출 19

① 보험자가 대위권을 행사하기 위해서는 제3자의 행위로 인하여 보험사고가 발생하여야 한다. 이때 제3자의 행위는 불법행위에 한한다.
② 보험자가 대위권을 행사하기 위해서는 적법한 보험금의 지급이 있어야 하고, 이 보험금액의 지급은 전부 지급하여야 한다.
③ 타인을 위한 보험계약에서 보험계약자도 제3자에 포함되는지 여부에 관하여 판례는 보험계약자가 제3자에 포함되지 않는다고 본다.
④ 제3자가 보험계약자 또는 피보험자와 생계를 같이 하는 가족인 경우에 그 가족의 고의사고를 제외하고는 보험자는 청구권대위를 행사하지 못한다.

| 해설 |
④ 상법 제682조 제2항
① 보험사고로 인한 피보험자의 손해가 제3자의 행위로 말미암은 것이어야 한다. 여기서 제3자의 행위란 불법행위뿐만 아니라 채무불이행으로 인한 손해배상의무를 부담하는 경우를 포함하고, 또한 그 밖의 적법행위로 인한 경우도 포함한다.
② 보험자가 대위권을 행사하기 위해서는 피보험자에게 보험금을 지급하여야 한다. 청구권대위는 보험금을 일부 지급하여도 그 지급한 범위 안에서 대위권을 행사할 수 있는 것(상법 제682조 제1항 단서)이 잔존물(목적물)대위와 다르다.
③ 타인을 위한 손해보험계약은 타인의 이익을 위한 계약으로서 그 타인(피보험자)의 이익이 보험의 목적이지 여기에 당연히(특약없이) 보험계약자의 보험이익이 포함되거나 예정되어 있는 것은 아니므로 피보험이익의 주체가 아닌 보험계약자는 비록 보험자와의 사이에서는 계약 당사자이고 약정된 보험료를 지급할 의무자이지만, 그 지위의 성격과 보험자대위 규정의 취지에 비추어 보면 보험자대위에 있어서 보험계약자와 제3자를 구별하여 취급할 법률상의 이유는 없는 것이며, 따라서 타인을 위한 손해보험계약자가 당연히 제3자의 범주에서 제외되는 것은 아니다(대법원 1989.4.25., 선고, 87다카1669, 판결).

29 보험자의 청구권대위에 관한 설명으로 옳지 않은 것은? (다툼이 있는 경우 판례에 의함)

기출 18

① 보험자의 청구권대위를 인정하는 이유는 이득금지원칙의 실현, 부당한 면책의 방지에 있다.
② 인보험은 청구권대위가 적용되지 않으므로, 상해보험의 경우 당사자의 약정이 있더라도 청구권대위가 적용되지 아니한다.
③ 청구권대위는 보험금을 손익상계로 공제하지 않는 것을 전제로 한다.
④ 청구권대위가 성립하기 위해서는 제3자의 가해행위가 있어야 하고, 그로 인해 손해가 발생하고, 보험자가 피보험자에게 보험금을 지급하여야 한다.

| 해설 |
인보험은 손해보험과 달리 보험자는 보험사고로 인하여 생긴 보험계약자 또는 보험수익자의 청구권대위를 행사하지 못한다. 그러나 상해보험의 경우에 당사자간에 다른 약정(특약)이 있는 때에는 보험자는 피보험자의 권리를 해하지 아니하는 범위 안에서 청구권대위를 행사할 수 있다(상법 제729조).

30 제3자에 대한 보험대위에서 제3자의 범위에 속하는 자를 모두 고른 것은? (다툼이 있는 경우 판례에 의함) 기출 16

가. 자동차보험에서 승낙피보험자
나. 주택화재보험에서 피보험자와 생계를 같이 하는 가족
다. 타인을 위한 보험에서 보험계약자
라. 피보험자나 보험계약자와 생계를 같이 하는 가족의 고의로 인한 사고에서 그 가족

① 가
② 가, 나
③ 나, 다
④ 다, 라

| 해설 |
제3자란 보험자, 보험계약자, 피보험자 이외의 자를 말한다. 피보험자와 생계를 같이 하는 가족은 제3자에 해당되지 않는다. 판례에 따르면 타인을 위한 보험에서 보험계약자는 제3자에 포함된다.
다. 타인을 위한 손해보험계약은 타인의 이익을 위한 계약으로서 그 타인(피보험자)의 이익이 보험의 목적이지 여기에 당연히(특약 없이) 보험계약자의 보험이익이 포함되거나 예정되어 있는 것은 아니므로 피보험이익의 주체가 아닌 보험계약자는 비록 보험자와의 사이에서는 계약 당사자이고 약정된 보험료를 지급할 의무자이지만 그 지위의 성격과 보험자대위 규정의 취지에 비추어 보면 보험자대위에 있어서 보험계약자와 제3자를 구별하여 취급할 법률상의 이유는 없는 것이며, 따라서 타인을 위한 손해보험계약자가 당연히 제3자의 범주에서 제외되는 것은 아니다(대법원 1989.4.25., 선고, 87다카1669, 판결).
라. 보험계약자나 피보험자의 권리가 그와 생계를 같이 하는 가족에 대한 것인 경우 보험자는 그 권리를 취득하지 못한다. 다만, 손해가 그 가족의 고의로 인하여 발생한 경우에는 그러하지 아니하다(상법 제682조 제2항).

정답 27 ④ 28 ④ 29 ② 30 ④

31 제3자에 대한 보험자의 대위권에 관한 설명 중 옳은 것은? (다툼이 있는 경우 판례에 의함)

기출 14

① 최근의 대법원 판례에 따르면, 甲이 자동차종합보험약관상의 '승낙피보험자'로부터 구체적·개별적인 승낙을 받고 그 승낙피보험자를 위하여 운전을 한 경우에는, 甲은 '기명피보험자'의 의사와는 상관없이 자동차종합보험약관상의 '운전피보험자'에 해당하므로, 보험자는 甲에게 대위권을 행사할 수 없다.
② 최근의 대법원 판례에 따르면, 보험자가 손해액의 산정을 위하여 지출한 비용은 보험계약자 또는 피보험자를 대위하여 가해자를 상대로 그 비용 상당의 손해배상을 청구할 수 없다.
③ 보험자가 보험금의 전액을 지급한 경우에는 피보험자의 제3자에 대한 권리에 우선하여 제3자에게 대위권을 행사할 수 있다.
④ 제3자가 피보험자에게 변제, 승인 또는 화해를 할 때에 보험자에게 권리가 이전되어 있음을 안 경우라도, 일단 변제, 승인 또는 화해가 이루어진 이상, 보험자는 피보험자에게 부당이득의 반환을 청구할 수 있을 뿐 제3자에게 대위권을 행사할 수 없다.

| 해설 |

상법 제676조 제2항은 "손해액의 산정에 관한 비용은 보험자의 부담으로 한다"고 규정하고 있는 바, 보험자가 보험금의 지급 범위를 확인하기 위하여 지출한 비용은 보험자의 이익을 위한 것일 뿐 보험계약자 또는 피보험자가 입은 손해라고 할 수 없으므로, 그 비용을 지출한 보험자가 보험계약자 또는 피보험자를 대위하여 가해자를 상대로 그 비용 상당의 손해배상을 구할 수는 없다(대법원 2013.10.24., 선고, 2011다13838, 판결).
① 승낙피보험자로부터 구체적·개별적인 승낙을 받고 그 승낙피보험자를 위하여 자동차운전을 하였다고 하더라도, 그것이 기명피보험자의 의사에 명백히 반하는 것으로 볼 수 있는 경우에는 그 운전자를 운전피보험자에 해당한다고 볼 수는 없다. 따라서 그러한 운전자가 피보험자동차를 운전하던 중 일으킨 사고로 인한 손해에 대해서 보험금을 지급한 보험자는 상법 제682조에 따라 기명피보험자를 대위하여 운전자를 상대로 손해배상청구를 할 수 있다(대법원 2013.9.26., 선고, 2012다116123, 판결).
③ 보험금액이 보험가액에 달하지 않는 일부보험의 보험자가 보험금 전액을 피보험자에게 지급한 경우라도 피보험자의 제3자에 대한 채권이 남아 있으면, 그 남아 있는 채권에 대하여는 피보험자가 보험자에 우선하여 처분할 수 있다(상법 제682조 단서).
④ 제3자가 피보험자에게 변제, 승인 또는 화해를 할 때에 보험자에게 권리가 이전되어 있음을 안 경우라면, 일단 변제, 승인 또는 화해가 이루어진 경우라도 보험자는 피보험자에게 부당이득의 반환을 청구할 수 있을 뿐 아니라 제3자에게 대위권을 행사할 수도 있다.

03 손해보험계약의 소멸과 변경

01 보험목적의 양도에 관한 설명으로 옳지 않은 것은? (다툼이 있는 경우 판례에 의함) 기출 22

① 조건이나 기한 등의 제한으로 인해 보험계약의 효력이 발생하지 않더라도 보험목적의 양도 규정은 유효하게 적용된다.
② 보험자가 보험계약에 대해 취소권이나 해지권을 가지고 있는 경우 보험의 목적이 양도된 후에도 보험자는 양수인에 대하여 취소권과 해지권을 행사할 수 있다.
③ 보험목적의 양도 규정은 유상양도이든 무상양도이든 불문하고 적용되지만, 양도에 의한 채권계약만으로는 부족하고 특정승계의 방법(개별적 의사표시)으로 보험의 목적에 대한 소유권이 양수인에게 이전되어야(물권적 양도) 보험계약관계가 양수인에게 이전된다.
④ 화재보험의 목적물이 양도된 경우 보험자는 보험목적의 양도로 인하여 보험목적물에 현저한 위험의 변경 또는 증가가 없다면 비록 보험계약자 또는 피보험자가 양도의 통지를 하지 않더라도 통지의무위반을 이유로 당해 보험계약을 해지할 수 없다.

| 해설 |
보험의 목적이 양도될 때 양도인과 보험자 사이에 유효한 보험계약이 존속하여야 하는데, 조건이나 기한 등의 제한으로 인해 보험계약의 효력이 발생하지 않으면 보험목적의 양도 규정은 유효하지 않게 된다.
② 양도인과 보험자 사이에 유효한 보험계약이 존속하는 한 취소사유와 해지사유가 있더라도 보험계약은 일단 양수인에게 이전하고 보험자는 양수인에 대하여 취소권과 해지권을 행사할 수 있다.
③ 보험목적의 양도는 유상양도이든 무상양도이든 불문하나, 물권적 양도방법에 의하여 양도되어야 한다. 즉 양도의 채권계약만 있는 것으로는 부족하고, 목적물의 소유권이 양수인에게 이전한 때에 비로소 보험계약상의 권리와 의무가 이전하게 된다.
④ 화재보험의 목적물이 양도되었으나 그 소유자만 변경되었을 뿐 보험요율의 결정요소인 영위직종과 영위작업, 건물구조 및 작업공정이 양도 전후에 동일한 경우, 보험목적물의 양도로 인하여 위험의 현저한 증가 또는 변경이 있었다고 볼 수 없으므로 그 통지의무위반을 이유로 보험계약을 해지할 수는 없다(대법원 1996.7.26., 선고, 95다52505, 판결).

02 상법상 보험목적의 양도에 관한 설명으로 옳지 않은 것은? 기출 20

① 손해보험에서 피보험자가 보험의 목적을 양도한 때에는 양수인은 보험계약상의 권리와 의무를 승계한다.
② 손해보험에서 피보험자가 보험의 목적을 양도한 경우에 양도인 또는 양수인은 보험자에 대하여 지체 없이 그 사실을 통지하여야 한다.
③ 선박을 보험에 붙인 경우에는 보험의 목적인 선박을 양도할 때 그 보험계약은 종료하나 보험자의 동의가 있는 때에는 그러하지 아니하다.
④ 자동차보험에서 피보험자가 보험기간 중에 자동차를 양도한 때에는 양수인은 보험자의 승낙을 얻은 경우에 한하여 보험계약으로 인하여 생긴 권리와 의무를 승계한다.

> |해설|
> 피보험자가 보험의 목적을 양도한 때에는 양수인은 보험계약상의 권리와 의무를 승계한 것으로 추정한다(상법 제679조 제1항).
> ② 상법 제679조 제2항
> ③ 상법 제703조의2 제1호
> ④ 상법 제726조의4 제1항

03 보험의 목적이 양도된 경우의 효과이다. 다음 설명 중 옳지 않은 것은? 기출 15

① 피보험자가 보험기간 중에 자동차를 양도한 때에는 양수인은 보험자의 승낙을 얻은 경우에 한하여 보험계약으로 인하여 생긴 권리와 의무를 승계한다. 보험자가 양수인으로부터 양수사실을 통지받은 때에는 지체 없이 낙부를 통지하여야 하고, 통지 받은 날부터 10일 내에 낙부의 통지가 없을 때에는 승낙한 것으로 본다.
② 보험목적의 양도로 인해 보험사고의 발생 위험이 현저하게 증가한 경우 보험자는 보험료의 증액을 청구하거나 계약을 해지할 수 있다.
③ 선박을 보험에 붙인 경우에 선박이 양도되었을 때에는 보험계약은 종료한다. 그러나 보험자의 동의가 있는 때에는 그러하지 아니하다.
④ 피보험자가 보험의 목적을 양도한 때에는 양수인은 보험계약상의 권리와 의무를 승계한 것으로 본다. 이 경우에 보험의 목적의 양도인 또는 양수인은 보험자에 대하여 지체 없이 그 사실을 통지하여야 한다.

> |해설|
> 피보험자가 보험의 목적을 양도한 때에는 양수인은 보험계약상의 권리와 의무를 승계한 것으로 추정한다(상법 제679조 제1항).
> ① 상법 제726조의4
> ② 상법 제652조 제2항
> ③ 상법 제703조의2

04 보험목적의 양도에 대한 설명으로 옳은 것은?

① 피보험자가 보험의 목적을 양도한 때에는 동시에 보험계약에 의하여 생긴 권리와 의무가 양수인에게 승계된 것으로 간주한다.
② 보험목적의 양도통지의무를 지는 자는 양수인과 양도인이다. 보험목적의 양도통지의무이행으로 보험계약의 승계는 확정된다.
③ 보험목적의 양도란 피보험자가 보험의 대상인 목적물이 그 의사표시에 의하여 타인에게 양도되는 경우에 한정한다.
④ 보험목적의 양도로 인해 위험이 증가한 경우 보험자는 보험료의 증액을 청구하거나 계약의 해지를 청구할 수 있다.

> **해설**
> ① 피보험자가 보험의 목적을 양도한 때에는 보험계약에 의하여 생긴 권리와 의무가 양수인에게 승계된 것으로 <u>추정한다</u>. 추정은 당사자간의 반대의 의사표시가 있으면 추정의 효과는 소멸되지만, 간주는 반증을 허락하지 않는다.
> ② 보험목적의 양도통지의무는 양도사실에 대한 통지일 뿐이므로 양도인 또는 양수인이 할 수 있다. 보험목적의 양도사실을 통지하였다고 하더라도 <u>보험계약의 승계가 확정되는 것은 아니다</u>.
> ③ 양도조항의 적용은 경매, 법률에 의한 소유권 이전에도 적용된다. 따라서 <u>당사자간의 의사표시에 의한 양도에만 한정되는 것이 아니다</u>.

05 보험목적의 양도에 대한 상법 제679조에 관한 설명으로 옳지 않은 것은? (다툼이 있는 경우 판례에 의함) 기출 16

① 보험의 목적의 양도인 또는 양수인은 보험자에 대하여 보험목적의 양도사실을 지체 없이 통지하여야 한다.
② 보험목적의 양도란 보험의 대상인 목적물을 개별적으로 타인에게 양도하는 것이다.
③ 피보험자가 보험의 목적을 양도한 때에는 양수인은 보험계약상의 권리와 의무를 승계한 것으로 추정한다.
④ 보험목적의 양도에 관한 상법 제679조의 규정은 강행규정이다.

> **해설**
> 피보험자가 보험의 목적을 양도한 때에는 양수인은 보험계약상의 권리와 의무를 승계한 것으로 추정한다고 한 상법 제679조 제1항 규정은 <u>임의규정</u>이다.

06 물건보험에서 보험목적의 양도에 관한 설명으로 옳지 않은 것은? 기출 21

① 보험목적의 양도가 있는 경우에 양수인은 보험계약상의 권리와 의무를 승계한 것으로 추정한다.
② 보험목적에 대한 매매계약 체결만으로는 권리와 의무의 승계 추정을 받지 못한다.
③ 보험목적의 양도에 관한 규정은 물건보험에 한하여 적용되는 것이 원칙이므로, 자동차보험 중 자기신체보험에 대해서는 적용되지 않는다.
④ 자동차보험의 경우에 자동차의 양도와 함께 보험계약관계도 양수인에게 승계된다.

| 해설 |

자동차보험에 있어서 피보험자가 보험기간 중에 자동차를 양도한 때에는 양수인은 <u>보험자의 승낙을 얻은 경우에 한하여</u> 보험계약으로 인하여 생긴 권리와 의무를 승계한다.
① 상법 제679조 제1항
② 상법 제679조 제1항에 의하여 보험의 목적의 양수인이 종전 보험계약상의 권리와 의무를 승계한 것으로 추정되기 위하여는 목적물을 물권적으로 이전할 것을 요하고, 양도에 관한 채권계약이 체결된 것만으로는 추정적 효력은 생기지 않는다(서울고등법원 2009.4.30., 선고, 2008나78868, 판결).
③ 보험목적의 양도에 관한 규정은 유상이든 무상이든 묻지 않으나, 물권적 양도이어야 한다.

07 보험목적의 양도에 관한 설명으로 옳지 않은 것은?

① 보험의 목적이 양도되면 양수인은 보험계약상의 권리와 의무를 승계한 것으로 추정한다.
② 보험의 목적의 양도에는 피보험자의 사망으로 인한 상속도 포함된다.
③ 보험의 목적이 양도되면 양도인은 피보험이익을 잃는다.
④ 보험의 목적의 양도인 또는 양수인은 보험자에 대하여 지체 없이 양도사실을 통지하여야 한다.

| 해설 |

보험목적의 양도란 손해보험계약에서 보험계약의 대상으로 되어 있는 그 목적물을 의사표시에 의하여 타인에게 양도하는 것을 말하고 보통 매매·증여의 형태로 나타난다. 이는 개별적 양도라는 점에서 보험의 목적과 보험계약상 권리와 의무가 포괄적으로 승계되는 <u>상속이나 합병은 포함되지 않으며</u>, 피보험자의 지위를 승계한다는 점에서 단순한 채권양도인 보험금청구권의 양도와도 구별된다.

08 보험목적의 양도에 관한 설명으로 옳지 않은 것은? 기출 19

① 보험목적의 양도가 있는 경우에 양수인은 보험계약상의 권리와 의무를 승계한 것으로 추정한다.
② 물건보험의 목적에 대한 매매계약 체결만으로 보험계약상의 권리와 의무의 승계추정을 받는다.
③ 승계추정의 법리는 물건보험에 한하여 적용되는 것이 원칙이므로 자동차보험 중 자기신체보험에 대해서는 적용되지 않는다.
④ 자동차보험의 경우에 보험자의 승낙을 얻으면 자동차의 양도와 함께 보험계약관계도 승계된다.

> **해설**
> 보험목적의 양도는 유상이든 무상이든 묻지 않으나, 물권적 양도이어야 한다. 즉, <u>양도의 채권계약만으로는 부족하고, 소유권이 양수인에게 이전한 때에 보험관계가 이전하게 된다</u>. 그러므로 목적물의 소유자가 단순히 목적물을 임대하거나 담보권을 설정한 것은 양도가 아니다.
> ① 상법 제679조 제1항
> ③·④ 보험의 목적은 원칙적으로 물건이어야 한다. 여기서 물건이란 동산, 부동산뿐만 아니라 유가증권 등 무체재산도 포함하는데 반드시 특정화·개별화되어야 한다. 따라서 <u>자동차보험 중 자기신체보험에 대해서는 승계추정의 법리가 적용되지 않는다</u>. 자동차보험에 있어서 <u>피보험자가 보험기간 중에 자동차를 양도한 때에는 양수인은 보험자의 승낙을 얻은 경우에 한하여 보험계약으로 인하여 생긴 권리와 의무를 승계하며</u>(상법 제726조의4 제1항), 상법 제679조를 적용하지 않는다.

09 보험의 목적의 양도에 관한 설명으로 옳은 것은?

① 보험의 목적의 양도에는 상속에 의한 보험목적의 승계도 포함한다.
② 보험의 목적이 양도되면 양도인은 피보험이익을 잃어버린다.
③ 보험의 목적의 양도의 효과로 우리 상법은 당연이전주의에 입각하고 있다.
④ 강제경매의 경우에는 보험의 목적의 양도의 효과가 발생하지 않는다.

> **해설**
> ① 보험목적의 양도는 매매, 증여의 형태로 나타나고 보험계약상 권리와 의무가 포괄적으로 승계되는 <u>상속이나 합병과 구별된다</u>.
> ③ 우리 상법은 피보험자가 보험의 목적을 양도한 때에는 양수인은 보험계약상 권리와 의무를 승계한 것으로 추정한다고 하여 <u>추정주의</u>를 취하고 있다.
> ④ 양도는 의사표시에 의한 물권적 양도를 의미하나, <u>강제경매도 포함하는 것으로 해석하는 것이 일반적이다</u>.

10 양도조항의 적용범위와 적용배제에 관한 내용으로 옳지 않은 것은?

① 배상책임보험에서도 원칙적으로 보험의 목적 양도조항이 적용된다.
② 인보험에서 보험의 목적은 피보험자의 신체나 생명이고, 이는 양도대상이 되지 아니하기 때문에 양도조항이 적용되지 않는다.
③ 선박의 경우 보험자의 동의가 없으면 선박의 양도로 보험계약이 종료된다.
④ 자동차 양도의 경우 보험자의 승인이 있는 경우에 한하여 보험계약상의 권리와 의무가 승계된다고 규정하고 있다.

| 해설 |

배상책임보험에서 보험의 목적은 피보험자의 전 재산이기 때문에 보험계약 체결시 보험의 목적은 특정될 수 없으며, 사고의 대상도 아니다. 따라서 배상책임보험에서는 원칙적으로 보험의 목적 양도조항이 적용되지 않는다. 더구나 직업배상책임보험에서는 피보험자의 인적 사항에 따라 보험료가 결정되기 때문에 직위에서 생기는 책임을 담보하는 배상책임에서는 그 지위가 양도되어도 보험계약이 이전되지 않는다.

04 각종 손해보험

01 화재보험에 관한 설명으로 옳지 않은 것은? 기출 18

① 보험자는 화재손해 감소에 필요한 조치로 인하여 생긴 손해에 대하여는 다른 약정이 있는 경우에 한하여 보상할 책임이 있다.
② 보험자는 화재의 소방에 필요한 조치로 인하여 생긴 손해를 보상할 책임이 있다.
③ 건물을 보험의 목적으로 한 화재보험증권에는 그 소재지뿐만 아니라 그 구조와 용도도 기재하여야 한다.
④ 집합된 물건을 일괄하여 화재보험의 목적으로 한 때에는 피보험자의 사용인의 물건도 보험의 목적에 포함된 것으로 한다.

|해설|
화재보험자는 화재의 소방 또는 손해의 감소에 필요한 조치로 인하여 생긴 손해를 보상할 책임이 있다(상법 제684조). 이 규정은 상법 제680조에 손해방지·경감을 위한 비용을 보험자가 부담하는 것과 같은 취지로 '다른 약정이 있는 경우'에 한하여 보상하는 것이 아니다.
② 상법 제684조(소방 등의 조치로 인한 손해의 보상)
③ 상법 제685조 제1호(화재보험증권 기재사항)
④ 상법 제686조(집합보험의 목적)

02 화재보험에 대한 설명으로 옳지 않은 것은? (다툼이 있는 경우 판례에 의함) 기출 16

① 화재보험계약의 보험자는 화재로 인하여 생길 손해를 보상할 책임을 부담한다.
② 집합된 물건을 일괄하여 보험의 목적으로 한 때에는 그 목적에 속한 물건이 보험기간 중에 수시로 교체된 경우에도 보험사고의 발생시에 현존한 물건은 보험의 목적에 포함된 것으로 한다.
③ 집합된 물건을 일괄하여 보험의 목적으로 한 때에는 피보험자의 가족과 사용인의 물건도 보험의 목적에 포함된 것으로 한다.
④ 화재보험목적물의 소유자와 담보권자의 피보험이익은 항상 보험목적물의 가액 전체에 미친다.

|해설|
화재보험의 피보험이익은 그 목적물은 동일하더라도 피보험자의 지위에 따라 소유자이익, 임차인이익, 담보권자이익이 될 수 있다. 즉 각각 다른 피보험이익을 가지고 있으므로 각자 별개의 보험계약을 체결할 수 있다. 소유자의 피보험이익은 보험목적물의 가액 전체에 미치지만 담보권자의 피보험이익은 피담보채권액 한도에서만 인정된다.
① 상법 제683조
② 상법 제687조
③ 상법 제686조

03 화재보험계약에 관한 설명으로 옳은 것은?

① 보험자는 소방 또는 손해의 감소에 필요한 조치로 인하여 생긴 손해도 보상한다.
② 건물이 아닌 교량이나 입목(立木)은 화재보험의 목적이 될 수 없다.
③ 가스폭발사고로 화재가 발생하여 생긴 손해는 보상하지 않는다.
④ 지진이나 벼락으로 입은 손해에 대해서도 보험자는 보상책임이 있다.

| 해설 |
② 교량이나 입목, 산림 등은 <u>부동산도 보험의 목적으로 할 수 있으며</u>, 보험의 목적에 관하여 화재로 인하여 손해가 생긴 이상 그 화재의 원인 여하를 불문하고 보험금을 지급하는 것을 원칙으로 한다.
③ 가스폭발사고로 화재가 발생하여 생긴 손해는 <u>보상한다</u>.
④ 지진, 분화 또는 전쟁, 혁명, 내란, 사변, 폭동, 소요, 기타 이들과 유사한 사태로 생긴 화재 및 연소 또는 그 밖의 손해는 <u>보상하지 않는다</u>.

04 화재보험에 관한 설명으로 옳은 것은?

① 화재보험계약에서 피보험이익을 명확하게 하지 않은 경우에는 손해배상책임을 담보하는 소극적 이익을 피보험이익으로 본다.
② 동산보험의 경우 통화, 귀금속, 귀중품 등은 보험증권에 기재해야 보험의 목적으로 한다.
③ 부동산보험의 경우 미등기건물은 보험의 목적으로 될 수 있으나, 건축 중인 건물은 보험의 목적으로 될 수 없다.
④ 화재의 소방 또는 손해의 감소에 필요한 조치로 생긴 손해도 보상하는데, 이는 손해방지의무자인 보험계약자 또는 피보험자의 조치로 생긴 손해만을 말한다.

| 해설 |
① 화재보험에서 피보험이익이 명확하지 않을 경우에는 <u>소유자의 소유권을 피보험이익으로 하는</u> 물건보험으로 본다.
③ <u>건축 중인 건물도 피보험이익이 존재하므로 화재보험의 담보대상이 된다.</u> 공사보험의 경우 건축 중인 공사물이 담보대상이 되는 것처럼 건축 중인 건물이라도 화재보험에서 담보 불가능할 이유가 없다.
④ 화재의 소방 또는 손해의 감소를 위하여 필요한 조치로서 생긴 손해에서 <u>이러한 행위가 반드시 보험계약자나 피보험자가 하는 것은 아니다.</u> 오히려 소방관들이 화재의 소방활동을 하는 것이 일반적이다.

05 화재보험에 관한 설명으로 옳지 않은 것은? 기출 17

① 화재보험자는 화재의 소방 또는 손해의 감소에 필요한 조치로 인하여 생긴 손해를 보상할 책임이 있다.
② 집합된 물건을 일괄하여 보험의 목적으로 한 때에는 그 목적에 속한 물건이 보험기간 중에 수시로 교체된 경우에도 보험계약의 체결시에 현존한 물건은 보험의 목적에 포함된 것으로 한다.
③ 화재보험증권에는 무효와 실권의 사유를 기재하여야 한다.
④ 보험자가 보상할 손해의 범위에 관하여는 화재와 손해와의 사이에 상당인과관계가 있어야 한다는 것이 통설이다.

> **| 해설 |**
> 집합된 물건을 일괄하여 보험의 목적으로 한 때에는 그 목적에 속한 물건이 보험기간 중에 수시로 교체된 경우에도 <u>보험사고의 발생시에</u> 현존한 물건은 보험의 목적에 포함된 것으로 한다(상법 제687조).
> ① 상법 제684조
> ③ 상법 제666조 제6호
> ④ 보험자가 보상책임을 지는 손해는 화재와 상당인과관계가 있는 모든 손해를 포함한다는 것이 통설이다. 그러므로 보험자는 화재로 인한 직접적인 손해뿐만 아니라, 인과관계가 있는 간접손해에 대하여도 책임을 진다.

06 화재보험증권에 기재하여야 할 사항으로 옳은 것을 모두 고른 것은? 기출 19

> 가. 보험의 목적
> 나. 피보험자의 주소, 성명, 상호
> 다. 보험계약 체결의 장소
> 라. 동산을 보험의 목적으로 한 때에는 그 존치한 장소의 상태와 용도
> 마. 보험계약자의 주민등록번호

① 가, 나, 라
② 가, 나, 마
③ 나, 다, 마
④ 나, 라, 마

> **| 해설 |**
> 화재보험증권에는 <u>상법 제666조에 게기한 사항</u>(가, 나) 외에 다음의 사항을 기재하여야 한다.
> 1. 건물을 보험의 목적으로 한 때에는 그 소재지, 구조와 용도
> 2. <u>동산을 보험의 목적으로 한 때에는 그 존치한 장소의 상태와 용도</u>
> 3. 보험가액을 정한 때에는 그 가액

정답 03 ① 04 ② 05 ② 06 ①

07 다음은 상법 제666조 손해보험증권에 반드시 기재되어야 하는 사항을 나열한 것이다. 이에 해당하지 않은 것으로 묶인 것은? 기출 23

> 가. 보험사고의 성질
> 나. 보험기간을 정한 때에는 그 시기와 종기
> 다. 무효와 실권의 사유
> 라. 보험자의 상호와 주소
> 마. 보험목적의 소재지, 구조와 용도
> 바. 보험가액을 정한 때에는 그 가액

① 가, 다, 라
② 나, 다, 마
③ 다, 라, 바
④ 라, 마, 바

| 해설 |

손해보험증권의 기재사항(상법 제666조)
1. 보험의 목적
2. 보험사고의 성질 (가)
3. 보험금액
4. 보험료와 그 지급방법
5. 보험기간을 정한 때에는 그 시기와 종기 (나)
6. 무효와 실권의 사유 (다)
7. 보험계약자의 주소와 성명 또는 상호
8. 피보험자의 주소, 성명 또는 상호
9. 보험계약의 연월일
10. 보험증권의 작성지와 그 작성연월일

08 상법상 화재보험증권의 기재사항으로서 기재에 관한 정함이 없더라도 반드시 기재해야 하는 사항은 모두 몇 개인가? 기출 25

> 가. 보험사고의 성질
> 나. 보험가액
> 다. 무효와 취소의 사유
> 라. 보험기간
> 마. 피보험자의 주소
> 바. 동산 화재보험에서 그 동산이 존치한 장소의 상태

① 1개
② 2개
③ 3개
④ 4개

| 해설 |

가. 보험사고의 성질(○) : 상법 제666조 제2호
나. 보험가액(×) ⇒ **보험가액을 정한 때에는 그 가액** : 상법 제685조 제3호
다. 무효와 취소의 사유(×) ⇒ **무효와 실권의 사유** : 상법 제666조 제6호
라. 보험기간(×) ⇒ **보험기간을 정한 때에는 그 시기와 종기** : 상법 제666조 제5호
마. 피보험자의 주소(○) : 상법 제666조 제7의2호
바. 동산 화재보험에서 그 동산이 존치한 장소의 상태(○) : 상법 제685조 제2호

09 화재보험에 관한 다음 설명 중 옳은 것은? 기출 15

① 집합된 물건을 일괄하여 보험의 목적으로 한 때에도 피보험자의 사용인의 물건은 보험의 목적에 포함된 것으로 하지 않는다.
② 동산을 보험의 목적으로 한 때에는 존치한 장소의 상태와 용도를 보험증권에 기재하여야 한다.
③ 집합된 물건을 일괄하여 보험의 목적으로 한 때에는 그 목적에 속한 물건이 보험기간 중에 수시로 교체된 경우에도 보험계약의 체결시에 현존한 물건은 보험의 목적에 포함된 것으로 한다.
④ 보험자는 화재의 소방 또는 손해의 감소에 필요한 조치로 인하여 생긴 손해는 보상할 책임이 없다.

| 해설 |

② 상법 제685조 제2호
① 집합된 물건을 일괄하여 보험의 목적으로 한 때에는 피보험자의 가족과 사용인의 물건도 보험의 목적에 포함된 것으로 한다(상법 제686조).
③ 집합된 물건을 일괄하여 보험의 목적으로 한 때에는 그 목적에 속한 물건이 보험기간 중에 수시로 교체된 경우에도 보험사고의 발생시에 현존한 물건은 보험의 목적에 포함된 것으로 한다(상법 제687조).
④ 보험자는 화재의 소방 또는 손해의 감소에 필요한 조치로 인하여 생긴 손해를 보상할 책임이 있다(상법 제684조).

정답 07 ④ 08 ③ 09 ②

10 화재보험에서 보험자의 보상책임에 대한 설명으로 옳지 않은 것은?

① 위험보편의 원칙이란 선행위험이 면책위험이 아닌 한 담보위험의 후행위험이 무엇이든지 관계없이 보험자가 보상한다는 원칙이다.
② 면책위험이 선행되면 그 후행위험이 담보위험이 오더라도 이는 면책위험의 결과이므로 이 모든 손해를 면책위험으로 인한 손해로 보아서 보험자가 면책한다.
③ 담보위험의 후행위험으로 면책위험이 오든지 비담보위험이 오는 경우 이 모든 손해가 담보위험으로 인한 손해로 보험자가 보상한다.
④ 비담보위험으로 손해가 발생하고 비담보위험의 후행위험으로 담보위험이 올 경우 비담보위험 때문에 발생한 손해와 담보위험으로 인한 손해 모두 면책이다.

| 해설 |

비담보위험으로 손해가 발생하고 비담보위험의 후행위험으로 담보위험이 올 경우 비담보위험 때문에 발생한 손해는 면책이지만 담보위험으로 인한 손해는 보상한다.

TIP 위험보편의 원칙

선행위험	후행위험	담보 여부
면책위험	후행위험의 종류에 무관하게	면책
담보위험	후행위험의 종류에 무관하게	부책
비담보위험	후행위험이 비담보위험·면책위험	면책
	후행위험이 담보위험인 경우	부책

11 화재보험에서 보험자가 보상해야 하는 경우는? (단, 특약이나 특별한 사정이 없는 경우)

① 자연발화로 연소된 다른 보험의 목적에 생긴 손해
② 화재가 발생했을 때 생긴 도난 또는 분실로 생긴 손해
③ 변압기의 전기적 사고로 생긴 손해
④ 화재에 기인되지 않는 수도관의 파열로 생긴 손해

| 해설 |

보상하지 않는 주요 손해
1. 계약자, 피보험자 또는 이들의 법정대리인의 고의 또는 중대한 과실
2. 화재가 발생했을 때 생긴 도난 또는 분실로 생긴 손해
3. 보험의 목적의 발효, 자연발열, 자연발화로 생긴 손해(자연발열 또는 자연발화로 연소된 다른 보험의 목적에 생긴 손해는 보상)
4. 화재에 기인되지 않는 수도관, 수관 또는 수압기 등의 파열로 생긴 손해
5. 발전기, 여자기(정류기 포함), 변류기, 변압기, 전압조정기, 축전기, 개폐기, 차단기, 피뢰기, 배전반 및 그 밖의 전기기기 또는 장치의 전기적 사고로 생긴 손해(그 결과로 생긴 화재손해는 보상)
6. 원인의 직접, 간접을 묻지 않고 지진, 분화 또는 전쟁, 혁명, 내란, 사변, 폭동, 소요, 노동쟁의, 기타 이들과 유사한 사태로 생긴 화재 및 연소 또는 그 밖의 손해
7. 핵연료물질 또는 핵연료물질에 의하여 오염된 물질의 방사성, 폭발성 그 밖의 유해한 특성 또는 이들의 특성에 의한 사고로 인한 손해
8. 위 제7호 이외의 방사선을 쬐는 것 또는 방사능 오염으로 인한 손해
9. 국가 및 지방자치단체의 명령에 의한 재산의 소각 및 이와 유사한 손해

12 상법상 집합보험에 관한 설명으로 옳지 않은 것은? 기출 20

① 집합보험에 관한 규정은 손해보험 통칙에 규정되어 있다.
② 집합된 물건을 일괄하여 보험의 목적으로 한 때에는 피보험자의 가족과 사용인의 물건도 보험의 목적에 포함된 것으로 한다.
③ 집합보험계약은 피보험자의 가족 또는 사용인을 위하여서도 체결한 것으로 본다.
④ 집합된 물건을 일괄하여 보험의 목적으로 한 때에는 그 목적에 속한 물건이 보험기간 중에 수시로 교체된 경우에도 보험사고의 발생시에 현존한 물건은 보험의 목적에 포함한 것으로 한다.

| 해설 |

집합보험에 관한 규정은 손해보험 통칙이 아니라 화재보험에 규정되어 있다(상법 제686조).
집합된 물건을 일괄하여 보험의 목적으로 한 때에는 피보험자의 가족과 사용인의 물건도 보험의 목적에 포함된 것으로 한다. 이 경우에는 그 보험은 그 가족 또는 사용인을 위하여서도 체결한 것으로 본다(상법 제686조).
집합된 물건을 일괄하여 보험의 목적으로 한 때에는 그 목적에 속한 물건이 보험기간 중에 수시로 교체된 경우에도 보험사고의 발생시에 현존한 물건은 보험의 목적에 포함된 것으로 한다(상법 제687조).

정답 10 ④ 11 ① 12 ①

13 甲은 자신소유의 보험가액 10억원 건물에 대해 보험료의 절감을 위해 보험금액을 5억원으로 정하고 특약으로 1차 위험담보조항(실손보상 특약)을 내용으로 보험자인 乙과 화재보험계약을 체결하였다. 그런데 화재보험기간 중 보험목적물에 화재가 발생하였고, 4억원의 손해가 발생하였다. 이때 乙이 甲에게 지급하여야 하는 보험금은 얼마인가? 기출 22

① 5억원 ② 4억원
③ 2억 5천만원 ④ 2억원

| 해설 |

보험가액 10억원 건물에 대해 보험료의 절감을 위해 보험금액을 5억원으로 정하고(일부보험에 해당), 특약으로 1차 위험담보조항(실손보상 특약)을 내용으로 화재보험계약을 체결하였으므로, 보험(가입)금액 한도 내에서 실손보상한다.
따라서 보험목적물에 4억원의 손해가 발생하였으므로, 4억원을 전액 보상한다.

14 피보험자인 甲은 보험자와 보험가액이 1억원인 자신소유의 건물에 대하여 보험금액을 6천만원으로 하는 화재보험에 가입하였다. 그러나 제3자인 乙의 방화로 6천만원의 손해가 발생하였다. 이에 따라 보험자는 일부보험 법리에 따라 보험가액 비율(6/10)인 3천6백만원을 甲에게 지급하였다. 그런데 乙의 변제자력이 4천만원인 경우를 가정하였을 때 피보험자우선설(차액설)에 따라 보험자가 乙에게 청구할 수 있는 금액은 얼마인가? 기출 18

① 1천 6백만원 ② 2천 4백만원
③ 3천만원 ④ 4천만원

| 해설 |

피보험자우선설(차액설)
피보험자 甲이 제3자인 乙로부터 우선적으로 손해배상을 받고, 나머지가 있으면 보험자가 이를 대위를 할 수 있다는 견해이다(통설). 즉 보험자는 피보험자의 손해액을 우선 충당하고 남은 손해배상액, 즉 그 차액에 대해서만 청구권대위를 할 수 있다는 견해이다.
따라서, 문제에서 피보험자 甲은 보험자로부터 3천 6백만원을 지급받았으므로 乙에 대해 취득하는 청구권 금액은 2천 4백만원이다.
乙의 변제자력이 4천만원이므로 보험자가 乙에게 청구할 수 있는 금액은,
4천만원 － 2천 4백만원 ＝ 1천 6백만원이다.

15 甲은 자신이 운영하는 점포에 대해서 자신을 피보험자로 하는 화재보험계약을 乙보험회사와 체결하였다. 그 후 그 점포에 LPG를 공급하는 丙의 과실이 경합하여 화재가 발생하고 甲은 총 1,000만원의 손해를 입었다. 乙 보험회사는 甲에게 800만원의 보험금을 지급하였다. 이 화재에 대한 甲의 과실은 40%이었고, 丙의 과실은 60%이었다. 이 경우 대법원 판례에 따를 때 甲과 乙 보험회사는 각각 얼마씩을 丙에게 청구할 수 있는가? 기출 14

① 甲과 乙보험회사는 균분하여 300만원씩을 청구할 수 있다.
② 甲은 120만원, 乙 보험회사는 480만원을 청구할 수 있다.
③ 甲은 200만원, 乙 보험회사는 400만원을 청구할 수 있다.
④ 甲은 청구할 수 없고, 乙 보험회사만 600만원을 청구할 수 있다.

| 해설 |
보험사고가 피보험자와 제3자의 과실이 경합되어 발생한 경우 피보험자가 제3자에 대하여 그 과실분에 상응하여 청구할 수 있는 손해배상청구권 중 피보험자의 전체 손해액에서 보험자로부터 지급받은 보험금을 공제한 금액만큼은 여전히 피보험자의 권리로 남는 것이고, 그것을 초과하는 부분의 청구권만이 보험자가 보험자대위에 의하여 제3자에게 직접 청구할 수 있게 된다고 할 것이다(대법원 2012.8.30., 선고, 2011다100312, 판결). 판례에 따를 경우 1,000만원에 대한 甲과 丙의 과실비율에 따라 甲은 丙에 대하여 600만원의 손해배상청구권을 갖게 된다. 손해배상청구권 중 피보험자의 전체 손해액(**1,000만원**)에서 보험자로부터 지급받은 보험금(**800만원**)을 공제한 금액(**200만원**)만큼은 여전히 피보험자 甲의 권리로 남는 것이고, 그것을 초과하는 부분의 청구권(**400만원**)만이 보험자가 보험자대위에 의하여 제3자(丙)에게 직접 청구할 수 있게 된다.

16 보험계약자와 피보험자가 동일인인 A는 건물의 화재보험가입을 위해 보험가액을 1억원으로 하여 甲보험회사에 보험금액을 1억원, 乙보험회사에는 보험금액을 6천만원, 丙보험회사에 보험금액을 4천만원으로 하는 계약을 체결하였다. 보험가입 후 해당 건물에 화재가 발생하였고 건물이 전손되었다. 각 보험자가 A에게 지급하여야 하는 보험금으로 옳게 묶은 것은? (위 3건의 보험계약은 사기로 체결되지 않았고, 당사자간에 다른 약정이 없다고 가정함) 기출 23

① 甲 : 5천만원,   乙 : 2천 5백만원, 丙 : 2천 5백만원
② 甲 : 5천만원,   乙 : 3천만원,   丙 : 2천만원
③ 甲 : 4천만원,   乙 : 4천만원,   丙 : 2천만원
④ 甲 : 3천 5백만원, 乙 : 3천 5백만원, 丙 : 3천만원

| 해설 |
건물의 보험가액 1억원에 대하여 전손사고가 발생하였으므로 손해액은 1억원이 된다. 각 보험회사는 손해액에 대하여 보험금액의 합계액에 대한 보험금액의 비율에 따라 보상책임을 진다.
- 보험회사 甲 : 손해액 1억원×1억원 / 2억원 = **5천만원**
- 보험회사 乙 : 손해액 1억원×6천만원 / 2억원 = **3천만원**
- 보험회사 丙 : 손해액 1억원×4천만원 / 2억원 = **2천만원**

정답 13 ② 14 ① 15 ③ 16 ②

17 다음 각 경우에 상법이 인정하는 효과가 바르게 연결되지 않은 것은? 기출 15

① 보험기간 중 당사자가 예기한 특별한 위험이 소멸한 경우 – 보험계약자의 그 후의 보험료감액청구권
② 피보험자가 보험기간 중 사고발생의 위험이 현저하게 증가 또는 변경된 사실을 알고도 이를 통지하지 않은 경우 – 그 사실을 안 날로부터 1월 내 보험자의 보험계약해지권
③ 운송의 필요에 의하여 일시운송을 중지하거나 운송의 노순 또는 방법을 변경한 경우 – 운송보험계약의 종료
④ 선박이 보험사고로 인하여 심하게 훼손되어 이를 수선하기 위한 비용이 수선하였을 때의 가액을 초과하리라고 예상되나 선장이 지체 없이 다른 선박으로 적하의 운송을 계속한 때 – 그 적하에 대한 피보험자의 위부권 행사 불가

| 해설 |

보험계약은 다른 약정이 없으면 운송의 필요에 의하여 일시운송을 중지하거나 운송의 노순 또는 방법을 변경한 경우에도 그 효력을 잃지 아니한다(상법 제691조).
① 상법 제647조
② 상법 제652조 제1항
④ 상법 제712조

18 운송보험에 관한 설명으로 옳은 것은?

① 운송주선인의 중과실로 인한 사고는 운송보험자의 면책사유가 되지 않는다.
② 운송수단으로서의 화물자동차도 운송보험의 목적이다.
③ 보험기간 중 운송노순(運送路順)의 변경이 있으면 보험계약은 그 효력을 상실한다.
④ 운송보험에서는 보험가액 불변경주의가 적용되지 않는다.

| 해설 |

운송보험에서는 송하인 또는 수하인의 고의 또는 중대한 과실로 인한 손해를 보험자의 면책으로 하고 있다(상법 제692조). 즉, 운송주선인의 중과실로 인한 사고는 운송보험업자의 면책사유가 되지 아니한다.
② 운송보험에서 보험의 목적은 운송물이며, 운송에 이용되는 용구 자체(운송수단 등)는 해상보험과 달리 운송보험에 포함되지 않는다.
③ 운송의 노순 또는 방법을 변경한 경우에도 보험계약은 그 효력을 잃지 않는다.
④ 운송보험에서는 보험가액 불변경주의에 따라 운송물을 발송한 때와 곳의 가액과 도착지까지의 운임 및 기타 비용을 보험가액으로 한다.

19 운송보험에 관한 설명으로 옳지 않은 것은? 기출 17

① 운송보험계약의 보험기간은 운송인이 운송물을 수령한 때로부터 수하인에게 인도될 때까지이다.
② 운송보험증권은 요식증권이기 때문에 상법에 규정된 기재사항의 일부를 기재하지 않으면 보험계약은 무효이다.
③ 운송보험계약 중 보험계약자나 피보험자의 고의 또는 중대한 과실로 위험이 현저하게 변경·증가되었음이 입증된 때에는 보험자는 계약을 해지할 수 있다.
④ 운송보험계약은 다른 약정이 없으면 운송의 필요에 의하여 일시 운송을 중지하거나 운송의 노순 또는 방법을 변경하더라도 보험계약은 유효하다.

| 해설 |
운송보험증권은 일정 사항을 기재하여야 한다는 의미에서 요식증권의 성격을 갖지만, 그 요식성은 엄격한 것이 아니고 법정사항의 기재를 결하거나 그 밖의 사항을 기재하여도 그 효력에는 아무런 영향이 없다. 즉 법정 기재사항의 일부를 기재하지 않는다고 해서 보험계약이 무효로 되는 것은 아니다.
① 상법 제688조
③ 상법 제692조
④ 상법 제691조

20 운송보험에 대한 설명으로 옳지 않은 것은?

① 운송보험은 운송물에 관하여 그 운송에 관한 사고에 의하여 생길 손해의 보상을 목적으로 하는 손해보험이다.
② 운송보험의 목적은 운송물이며, 운송에 이용되는 용구 자체나 승객은 운송보험에서 담보되는 보험의 목적이 아니다.
③ 상법상 운송보험계약이란 운송 중 운송물에 발생한 사고로 운송인이 지는 손해배상책임을 담보하는 배상책임보험이다.
④ 운송보험자는 다른 약정이 없으면 운송인이 운송물을 수령한 때로부터 수하인에게 인도할 때까지 생긴 모든 손해를 보상할 책임을 진다.

| 해설 |
상법상 운송보험계약이란 육상운송에 있어서의 운송물에 관한 사고로 인하여 발생할 손해 보상을 목적으로 하는 손해보험계약만을 의미한다. 우리 상법에서 운송인은 육상, 하천, 호수, 항만에서 운송업을 하는 자로 규정하고, 운송보험은 운송인이 송하인으로부터 화물을 인수할 때부터 수하인에게 인도할 때까지의 보험사고를 담보한다고 규정하고 있다. 보험약관에서 운송보험의 영역은 육상(하천이나 호수 도함)으로 되어 있어 항만사고는 운송보험약관에서 담보하지 아니하고 있다. 항만사고는 해상보험의 담보영역이다.

21 상법상 운송보험에 관한 설명으로 옳지 않은 것은? 기출 20

① 운송보험계약의 보험자는 다른 약정이 없으면 운송인이 운송물을 수령한 때로부터 수하인에게 인도할 때까지 생길 손해를 보상할 책임이 있다.
② 운송물의 보험에 있어서는 발송한 때와 곳의 가액과 도착지까지의 운임 기타의 비용을 보험가액으로 한다.
③ 운송보험계약은 다른 약정이 없으면 운송의 노순 또는 방법을 변경한 경우 그 효력을 잃는다.
④ 보험사고가 송하인 또는 수하인의 고의 또는 중대한 과실로 인하여 발생한 때에는 보험자는 이로 인하여 생긴 손해를 보상할 책임이 없다.

> **해설**
> 보험계약은 다른 약정이 없으면 운송의 필요에 의하여 일시운송을 중지하거나 운송의 노순 또는 방법을 변경한 경우에도 그 효력을 잃지 아니한다(상법 제691조).
> ① 상법 제688조
> ② 상법 제689조 제1항
> ④ 상법 제692조

22 손해보험에 관한 다음의 기술 중 옳지 않은 것은? 기출 15

① 손해보험의 목적인 과일이나 생선이 부패하여 생긴 손해에 대해 보험자는 면책된다.
② 운송보험은 다른 약정이 없으면 육상운송의 운송물과 운송용구를 보험의 목적으로 한다.
③ 보험계약자는 물론이고 피보험자도 손해의 방지와 경감을 위하여 노력하여야 한다.
④ 손해방지를 위해 필요 또는 유익했던 비용과 보상액이 보험금액을 초과해도 보험자가 부담한다.

> **해설**
> 운송보험의 목적물은 육상운송의 운송물이며, 운송용구(運送用具)는 포함되지 않는다.
> ① 과일이나 생선이 부패하여 생긴 손해는 우연성이 없기 때문에 면책된다.
> ③·④ 보험계약자와 피보험자는 손해의 방지와 경감을 위하여 노력하여야 한다. 그러나 이를 위하여 필요 또는 유익하였던 비용과 보상액이 보험금액을 초과한 경우라도 보험자가 이를 부담한다(상법 제680조 제1항).

23 운송보험에 관한 내용으로 옳지 않은 것은?

① 운송보험의 보험사고는 운송물의 운송 중에 생길 수 있는 모든 사고로서 그 종류와 양상에 따라 다르다.
② 차량의 충돌, 추락, 전복 등 운송의 고유한 사고로 인한 운송물의 멸실·훼손에 한정되고 화재·폭발·도난·수해, 기타의 사고 등은 배제된다.
③ 운송보험의 운송물은 보험계약자나 피보험자의 지배를 떠나 운송인의 지배에 있어 보험목적에 대한 관리가 어려울 뿐만 아니라 사고원인의 입증도 곤란하기 때문에 면책위험을 제외한 모든 위험으로 인한 사고를 담보하는 포괄위험담보방식을 취하고 있다.
④ 운송보험에서는 보험계약의 당사자 사이에 그 가액에 대한 합의가 있으면 그에 따르나 합의가 없으면 운송물을 발송할 때와 곳의 그 가액과 도착지까지의 운임, 기타의 비용 등을 보험가액으로 한다.

| 해설 |
운송보험은 차량의 충돌, 추락, 전복 등 운송의 고유한 사고로 인한 운송물의 멸실·훼손뿐만 아니라 화재·폭발·도난·수해, 기타의 모든 사고를 포함한다.

24 운송보험의 손해보상책임에 관한 설명으로 옳지 않은 것은?

① 보험자는 일반적인 면책사유 이외에 보험사고가 송하인 또는 수하인의 고의 또는 중대한 과실로 인하여 발생한 때에는 이로 인한 손해를 보상할 책임이 없다.
② 보험사고가 운송인의 고의 또는 중대한 과실로 인한 사고는 보상한다.
③ 운송보험약관에서는 핵연료물질 등으로 인한 사고, 동맹파업, 태업, 억류, 압류, 지진, 분화로 인한 손해에 대해서는 보상책임이 없다.
④ 운송지연 중에 발생한 사고나 운송지연으로 발생한 사고로 인한 손해, 운송지연으로 인한 손해 등을 보상한다.

| 해설 |
운송지연 중에 발생한 사고나 운송지연으로 발생한 사고로 인한 손해는 보상하지만, 운송지연으로 인한 손해는 보상하지 않는다.

정답 21 ③ 22 ② 23 ② 24 ④

25 운송보험의 손해보상책임에 관한 설명으로 옳지 않은 것은?

① 보험의 목적이 야적되거나 덮개 없는 차, 완전히 덮여지지 아니한 운송용구에 적재된 경우 보상하지 않는다.
② 보험의 목적을 덮개 있는 차, 완전히 덮인 운송용구에 적재하였을 때 발생된 손해는 보상한다.
③ 보험계약은 다른 약정이 없으면 운송의 필요에 의하여 일시 운송을 중지하거나 운송의 노선 또는 방법을 변경한 경우 그 효력이 상실된다.
④ 운송보험약관에서는 핵연료물질 등으로 인한 사고, 동맹파업, 태업, 억류, 압류, 지진, 분화로 인한 손해에 대해서도 보상책임이 없다.

> **해설**
> 보험계약은 다른 약정이 없으면 운송의 필요에 의하여 일시 운송을 중지하거나 운송의 노선 또는 방법을 변경한 경우에도 그 효력은 상실되지 않는다(상법 제691조). 이는 노선의 변경이 위험의 현저한 변경이나 증가를 초래하지 않는다고 보기 때문이다. 항로변경이나 이로의 경우 보상책임을 면하는 해상보험과는 대조적이다.

26 예정보험에 관한 설명으로 옳지 않은 것은?

① 예정보험계약은 일종의 보험계약의 예약이라고 할 수 있다.
② 예정보험은 적하보험이나 운송보험에서 많이 이용되고 있다.
③ 보험계약에서 미확정부분이 확정된 때에는 보험자에게 이를 통지하여야 한다.
④ 예정보험에서의 통지의무는 간접의무로 보는 것이 통설이다.

> **해설**
> 예정보험이란 보험계약의 주요내용의 일부, 즉 보험의 목적, 보험금액, 적하보험의 경우 선적할 선박을 미확정한 채 그 범위를 개괄적으로 정하여 체결한 보험계약을 말한다. 보험계약이 성립되었기 때문에 보험계약의 예약과는 다르며, 또한 보험계약의 성립시 그 내용이 모두 확정되어 있는 확정보험과도 구분된다. 보험계약에서 미확정부분이 확정된 때에 보험자에게 이를 통지하여야 한다. 이 통지에 의하여 계약의 내용이 확정되며, 이러한 통지의무는 간접의무로 보는 것이 통설이다. 예정보험은 적하보험이나 운송보험에서 많이 이용되고 있다.

27 예정보험에 대한 설명으로 옳지 않은 것은? (다툼이 있는 경우 판례에 의함) 기출 23

① 예정보험이란 계약 체결 당시에 보험계약의 주요 원칙에 대해서만 일단 합의를 하고 적하물의 종류나 이를 적재할 선박, 보험금액 등 보험증권에 기재되어야 할 보험계약 내용의 일부가 확정되지 않은 보험을 말한다.
② 화물을 적재할 선박이 미확정된 상태에서 보험계약을 체결한 후 보험계약자 또는 피보험자가 당해 화물이 선적되었음을 안 때에는 이를 지체 없이 보험자에 대하여 선박의 명칭, 국적과 화물의 종류, 수량과 가액의 통지를 발송하여야 한다.
③ 선박미확정의 적하예정보험에 있어 보험계약자 등이 통지의무를 위반한 때에 보험자는 그 사실을 안 날로부터 1월 내에 계약을 해지할 수 있다.
④ 포괄적 예정보험은 일정한 기간 동안 일정한 조건에 따라 정해지는 다수의 선적화물에 대해 포괄적·계속적으로 보험의 목적으로 하므로 화주는 개개 화물의 운송의 경우라 하더라도 그 명세를 보험자에게 통지할 필요가 없다.

> **해설**
> 포괄적 예정보험은 일정한 기간 동안 일정한 조건에 따라 정해지는 다수의 선적화물에 대해 포괄적·계속적으로 체결하는 적하보험계약이다. 보험자의 연간 보상액을 미리 설정하고, 실제로 선적할 때마다 그 명세를 보험자에게 통지하여 그 금액만큼 감액해 나가는 적하보험계약을 말한다.
> ① 예정보험이란 보험증권에 기재할 보험계약의 내용의 일부 또는 전부가 계약 당시에 확정되어 있지 않은 보험계약을 말한다. 예정보험은 보험계약의 예약과는 다르며, 이미 성립된 독립적인 보험계약이다. 우리 상법은 예정보험에 관한 일반규정을 두고 있지 않다.
> ② 상법 제704조 제1항
> ③ 상법 제704조 제2항

28 상법상 적하보험에 관한 설명으로 옳은 것은?

① 선적시점의 적하의 가액과 선적비용을 보험가액으로 한다.
② 하물 또는 적하의 선적착수시점에서부터 하물의 양륙종료시점까지를 보험기간으로 한다.
③ 항해변경이 있으면 보험자는 책임을 지지 않는다.
④ 선박이 정당한 사유 없이 항로를 이탈한 때에는 그 계약은 효력을 잃는다.

> **해설**
> ① 적하보험에 있어서는 적하를 선적한 때와 곳의 가액과 선적 및 보험에 관한 비용을 보험가액으로 한다.
> ② 적하를 보험에 붙인 경우에는 보험기간은 하물의 선적에 착수한 때 개시하고(상법 제699조 제2항) 양륙항 또는 도착지에서 하물을 인도한 때에 종료한다(상법 제700조).
> ④ 선박이 정당한 사유 없이 보험계약에서 정하여진 항로를 이탈한 경우 보험자는 그때부터 책임을 지지 아니한다(상법 제701조 제2항).

29 상법상 적하보험에 관한 설명으로 옳은 것은? 기출 25

① 보험기간은 하물(荷物)의 선적에 착수한 시점부터 개시하지만, 출하지를 정한 때에는 그 곳에서 운송에 착수한 때에 개시한다.
② 하물(荷物)의 선적에 착수한 후에 보험계약이 체결된 경우, 보험기간은 그 계약이 성립되고 운항을 시작한 때로부터 개시한다.
③ 보험계약의 체결 당시 선박이 확정되지 않았을 경우에도 보험계약의 예약으로서 선박미확정의 적하예정보험계약을 체결할 수 있다.
④ 보험계약 체결시 보험가액을 미리 정하지 않은 경우, 사고가 발생한 때와 곳의 적하의 가액과 선적 및 보험에 관한 비용을 보험가액으로 한다.

| 해설 |

① 적하를 보험에 붙인 경우에는 보험기간은 하물의 선적에 착수한 때에 개시한다. 그러나 출하지를 정한 경우에는 그 곳에서 운송에 착수한 때에 개시한다(상법 제699조 제2항).
② 하물(荷物)의 선적에 착수한 후에 보험계약이 체결된 경우, 보험기간은 그 계약이 성립한 때에 개시한다(상법 제699조 제3항).
③ 보험계약의 체결 당시 선박이 확정되지 않았을 경우에도 독립된 보험계약으로서 선박미확정의 적하예정보험계약을 체결할 수 있다. 즉 예정보험은 '보험계약의 예약'이 아니라 '독립된 보험계약'이다.
④ 보험계약 체결시 보험가액을 미리 정하지 않은 경우, 선적한 때와 곳의 적하의 가액과 선적 및 보험에 관한 비용을 보험가액으로 한다(상법 제697조).

30 해상보험에 대한 설명으로 옳지 않은 것은? (다툼이 있는 경우 판례에 의함) 기출 23

① 선박보험에 있어 피보험이익은 선박소유자의 이익 외에 담보권자의 이익, 선박임차인의 사용이익도 포함되므로 선박임차인도 추가보험의 보험계약자 및 피보험자가 될 수 있다.
② 적하보험에 있어 적하는 해상운송의 객체가 될 수 있는 것으로서 경제적 가치가 있어야 하며, 살아있는 동물은 운송계약에 있어 면책사유에 해당하므로 운송은 가능하나 적하에 포함되지 않는다.
③ 선비보험이란 선박의 의장 기타 선박의 운항에 요하는 모든 비용에 대해 가지는 피보험이익에 대한 보험이다.
④ 불가동손실보험은 해난사고로 인해 선박소유자 등이 입게 되는 간접손해가 선박보험에 의해 담보되지 않으므로 이를 보상하기 위한 보험이다.

> **해설**
> 적하보험이란 보험의 목적인 적하(운송물)의 소유자로서의 피보험이익에 관한 보험을 말한다. 적하(積荷)는 해상운송의 객체가 될 수 있는 <u>경제적 가치가 있는 모든 물건으로서 살아있는 동물도 이에 포함된다</u>.
> ① 선박보험에 있어 피보험이익은 선박소유자의 이익 외에 담보권자의 이익, 선박임차인의 사용이익도 포함되므로 선박임차인도 추가보험의 보험계약자 및 피보험자가 될 수 있다(대법원 1988.2.9., 선고, 86다카2933, 판결).
> ③ 선비보험이란 선박의 의장, 기타 선박의 운항(運航)에 필요로 하는 모든 비용, 즉 선비에 대하여 가지는 피보험이익에 대한 보험을 말한다.
> ④ 불가동손실보험은 선박이 해난사고로 인해 가동할 수 없게 된 경우에 선박 소유자가 그 선박의 불가동기간 중에 지급해야할 선박경상비 또는 손실된 운임, 기타의 용선료의 손실을 보상하는 보험이다.

31 해상보험에 관한 다음 설명 중 옳은 것은? 기출 19

① 선박보험은 보험자의 책임이 개시될 때의 선박가액을 보험가액으로 한다.
② 적하보험은 선적한 때와 곳의 적하의 가액과 선적 및 보험에 관한 비용을 보험가액으로 추정한다.
③ 적하의 도착으로 인하여 얻을 이익 또는 보수의 보험은 계약으로 보험가액을 정하지 아니한 때에는 보험금액을 보험가액으로 정한 것으로 본다.
④ 항해단위로 선박을 보험에 붙인 경우에는 보험기간은 하물 또는 저하의 선적에 착수한 때 개시되고, 인도한 때 종료된다.

> **해설**
> ① 상법 제696조 제1항
> ② 적하의 보험에 있어서는 선적한 때와 곳의 적하의 가액과 선적 및 보험에 관한 비용을 <u>보험가액으로 한다</u>(상법 제697조). '~추정한다'가 틀린 문장이다.
> ③ 적하의 도착으로 인하여 얻을 이익 또는 보수의 보험에 있어서는 계약으로 보험가액을 정하지 아니한 때에는 보험금액을 보험가액으로 한 것으로 <u>추정한다</u>(상법 제698조). '~정한 것으로 본다'가 틀린 문장이다.
> ④ 항해단위로 선박을 보험에 붙인 경우에는 보험기간은 하물 또는 저하의 선적에 착수한 때에 개시하고, <u>도착항에서 하물 또는 저하를 양륙한 때에 종료한다</u>(상법 제698조 제1항, 제700조).

32 해상보험의 피보험이익에 관한 설명으로 옳지 않은 것은? (다툼이 있는 경우 판례에 의함)

기출 22

① 선박보험에 있어 피보험이익은 선박소유자의 이익 외에 담보권자의 이익, 선박임차인의 사용이익도 포함되므로 선박임차인도 추가보험의 보험계약자 및 피보험자가 될 수 있다.
② 적하보험은 선박에 의하여 운송되는 화물에 대한 소유자이익을 피보험이익으로 한다.
③ 운임보험은 운송인이 해상위험으로 인해 받을 수 없게 된 운임을 피보험이익으로 한다.
④ 선비보험은 선박의 운항에 필요한 비용, 즉 도선료, 입항료, 등대료 등의 비용을 피보험이익으로 한다.

> **해설**
> 선비보험이란 선박의 의장, 기타 선박의 운항에 필요로 하는 모든 비용, 즉 선비에 대하여 가지는 피보험이익에 대한 보험을 말한다. <u>도선료, 입항료, 등대료, 검역료 기타 선박 또는 적하에 관한 항해 중의 통상비용에 대해 보험자는 면책된다</u>(상법 제706조).
> ① 대법원 1988.2.9., 선고, 86다카2933, 판결
> ② 적하보험은 해상물건운송의 대상인 운송물(화물로 경제적 가치가 있는 모든 물건으로서 생동물도 포함)을 보험의 목적으로 하여 그 적하에 대한 이익을 피보험이익으로 한 보험이다(상법 제697조).
> ③ 운송인이 운송의 대가로서 받는 운임은 해상위험으로 운송물이 멸실될 때 청구할 수 없는데(상법 제134조, 제812조), 운임보험은 운송인이 해상위험으로 인해 받을 수 없게 된 운임을 피보험이익으로 한다.

33 다음 내용 중 옳지 않은 것은?

① 선박이 보험계약에서 정해진 발항항이 아닌 다른 항에서 출발한 때에는 보험자는 책임을 지지 않는다.
② 선박이 정당한 사유 없이 보험계약에서 정해진 항로를 이탈한 경우에는 보험자는 그때부터 책임을 지지 않는다.
③ 피보험자가 정당한 사유 없이 발항 또는 항해를 지체한 때에는 발항 또는 항해를 지체한 이후의 사고에 대하여 책임을 지지 않는다.
④ 적하를 보험에 붙인 경우 보험계약자 또는 피보험자의 책임 있는 사유로 인하여 선박을 변경한 때에는 보험계약은 효력을 잃는다.

> **해설**
> 적하를 보험에 붙인 경우에 보험계약자 또는 피보험자의 책임 있는 사유로 인하여 선박을 변경한 때에는 보험자는 <u>그 변경 후의 사고에 대하여 책임을 지지 아니한다</u>(상법 제703조).

34 해상보험에 있어서 적하의 매각으로 인한 손해보상과 관련하여 옳은 것은? 기출 19

① 항해 도중에 송하인의 고의 또는 중과실로 적하를 매각한 경우 보험자는 그 대금에서 운임 기타 필요비용을 공제한 금액과 보험가액과의 차액을 보상하여야 한다.
② 항해 도중에 송하인의 지시에 따라 적하를 매각한 경우 보험자는 그 대금에서 운임 기타 필요비용을 공제한 금액과 보험가액과의 차액을 보상하여야 한다.
③ 항해 도중에 불가항력으로 적하를 매각한 경우 보험자는 그 대금에서 운임 기타 필요비용을 공제한 금액과 보험가액과의 차액을 보상하여야 한다.
④ 항해 도중에 적하의 가격폭락 우려가 있어 적하를 매각한 경우 보험자는 그 대금에서 운임 기타 필요비용을 공제한 금액과 보험가액과의 차액을 보상하여야 한다.

| 해설 |

항해 도중에 **불가항력으로** 보험의 목적인 적하를 매각한 때에는 보험자는 그 대금에서 운임 기타 필요한 비용을 공제한 금액과 보험가액과의 차액을 보상하여야 한다(상법 제709조 제1항).

35 상법상 선박보험계약의 종료사유와 관련하여, (   )에 해당하지 않는 것은? 기출 15·25

보험계약자가 선박을 보험에 붙인 경우에 (   )의 사유가 있을 때에는 보험계약은 종료한다. 그러나 보험자의 동의가 있는 때에는 그러하지 아니하다.

① 선박을 양도할 때
② 선박에 저당권을 설정한 때
③ 선박의 선급을 변경한 때
④ 선박을 새로운 관리로 옮긴 때

| 해설 |

선박을 보험에 붙인 경우에 다음의 사유가 있을 때에는 보험계약은 종료한다. 그러나 보험자의 동의가 있는 때에는 그러하지 아니하다(상법 제703조의2).
 1. 선박을 양도할 때
 2. 선박의 선급을 변경한 때
 3. 선박을 새로운 관리로 옮긴 때

정답 32 ④ 33 ④ 34 ③ 35 ②

36 상법상 해상보험에서 위험의 변경에 관한 설명으로 옳지 않은 것은? 기출 25

① 선박이 보험계약에서 정하여진 발항항이 아닌 다른 항에서 출항하거나 또는 도착항이 아닌 다른 항을 향하여 출항한 경우 보험자는 책임을 지지 아니한다.
② 보험자의 책임이 개시된 후에 보험계약에서 정하여진 도착항이 변경된 경우에는 보험자는 그 계약이 성립된 때부터 책임을 지지 아니한다.
③ 피보험자가 정당한 사유없이 발항 또는 항해를 지연한 때에는 보험자는 발항 또는 항해를 지체한 이후의 사고에 대하여 책임을 지지 아니한다.
④ 적하보험의 경우 보험계약자 또는 피보험자의 책임있는 사유로 인하여 선박을 변경한 때에는 그 변경 후의 사고에 대하여 책임을 지지 아니한다.

> **해설**
> 보험자의 책임이 개시된 후에 보험계약에서 정하여진 도착항이 변경된 경우에는 보험자는 그 항해의 변경이 결정된 때부터 책임을 지지 아니한다(상법 제701조 제3항).
> ① 상법 제701조 제1항, 제2항
> ③ 상법 제702조
> ④ 상법 제703조

37 해상보험에 있어 항해의 변경과 항로의 변경에 관한 설명 중 옳지 않은 것은? 기출 17

① 선박보험계약에서 정한 발항항을 변경하는 경우에 보험자는 면책된다.
② 선박보험계약에서 책임개시 후 보험계약에서 정하여진 도착항이 보험계약자의 책임 없는 사유인 전쟁이나 항구의 봉쇄로 변경된 경우 보험자는 그 후의 사고에 대하여 면책된다.
③ 선박이 인명구조나 불가항력 없이 보험계약에서 정하여진 항로를 이탈한 경우에 보험자는 그 때부터 면책된다.
④ 적하보험에서 선박을 변경한 경우에 그 변경이 보험계약자 또는 피보험자의 책임 있는 사유로 인한 경우에는 보험자는 그 변경 후의 사고에 대하여 면책된다.

> **해설**
> 전쟁이나 항구의 봉쇄와 같이 보험계약자의 책임 없는 사유로 도착항이 변경된 경우에는 변경 후의 사고에 대해서 보험자의 책임이 면책되지 않는다.
> ① 상법 제701조 제1항
> ③ 상법 제701조의2
> ④ 상법 제703조

38 피보험자의 감항능력 주의의무에 대한 설명으로 옳지 않은 것은? (다툼이 있는 경우 판례에 의함)

기출 21

① 보험증권에 영국의 법률과 관습에 따르기로 하는 규정과 아울러 감항증명서 발급을 담보한다는 내용의 명시적 규정이 있는 경우, 이 규정에 따라야 한다.
② 당사자들이 약정을 통해 감항능력 주의의무위반과 손해 사이에 인과관계가 없더라도 보험자가 면책된다고 합의하였다면, 그 합의 내용은 효력을 갖는다.
③ 선박 또는 운임을 보험에 붙인 경우, 보험자는 발항 당시에 안전하게 항해를 하기에 필요한 준비를 하지 않거나 필요한 서류를 비치하지 않음으로써 발생한 손해에 대해 면책된다.
④ 적하보험의 경우, 보험자는 선박의 감항능력 주의의무위반으로 생긴 손해에 대해 면책된다.

| 해설 |

선박보험, 운임보험에서 감항능력 주의의무위반으로 생긴 손해의 경우 보험자는 면책되지만(상법 제706조 제1호), 적하보험의 경우에는 적용되지 않는다.
① 대법원 1996.10.11., 선고, 94다60332, 판결
② 상법 제663조 단서 규정에 의하면 해상보험에 있어서는 보험계약자 등의 불이익변경금지의 원칙이 적용되지 아니하여 해상보험 약관으로 상법의 규정과 달리 규정하더라도 그와 같은 약관규정은 유효하다(대법원 1995.9.29., 선고, 93다53078, 판결).
③ 보험자는 선박 또는 운임을 보험에 붙인 경우에는 발항 당시 안전하게 항해를 하기에 필요한 준비를 하지 아니하거나 필요한 서류를 비치하지 아니함으로 인하여 생긴 손해와 비용을 보상할 책임이 없다(상법 제706조 제1호).

39 해상보험에 관한 설명으로 옳지 않은 것은? 기출 18

① 보험자는 피보험자가 선박의 일부가 훼손되었음에도 불구하고, 이를 수선하지 아니하였다면 그로 인한 선박의 감가액을 보상할 책임은 없다.
② 보험의 목적인 적하에 일부손해가 생긴 경우 보험자는 그 손해가 생긴 상태의 가액과 정상가액과의 차액의 정상가액에 대한 비율을 보험가액에 곱하여 산정한 금액에 대해 보상책임을 부담한다.
③ 항해 도중에 불가항력으로 보험의 목적인 적하를 매각한 때에는 보험자는 그 대금에서 운임 기타 필요한 비용을 공제한 금액과 보험가액과의 차액을 보상하여야 한다.
④ 보험계약의 체결 당시에 하물을 적재할 선박을 지정하지 아니한 경우에 보험계약자 또는 피보험자가 그 하물이 선적되었음을 안 때에는 지체 없이 보험자에 대하여 그 선박의 명칭, 국적과 하물의 종류, 수량과 가액의 통지를 발송하여야 한다.

| 해설 |

선박의 일부가 훼손되었으나 이를 수선하지 아니한 경우에는 보험자는 그로 인한 감가액을 보상할 책임이 있다(상법 제707조의2 제3항).
② 상법 제708조(적하의 일부손해의 보상)
③ 상법 제709조 제1항(적하매각으로 인한 손해의 보상)
④ 상법 제704조 제1항(선박미확정의 적하예정보험)

정답 36 ② 37 ② 38 ④ 39 ①

40 다음 중 해상보험자의 면책사유가 아닌 것은?

① 도선료, 입항료, 기타 선박 또는 적하에 관한 항해 중의 통상비용
② 적하보험에서의 용선자의 고의·중과실로 인한 손해
③ 선박의 감항능력의 결여로 인한 손해
④ 선장의 고의·중과실로 인한 손해

> |해설|
> 해상보험자의 면책사유(상법 제706조)
> 1. 선박 또는 운임을 보험에 붙인 경우에는 발항 당시 안전하게 항해를 하기에 필요한 준비를 하지 아니하거나 필요한 서류를 비치하지 아니함으로 인하여 생긴 손해
> 2. 적하를 보험에 붙인 경우에는 용선자, 송하인 또는 수하인의 고의 또는 중대한 과실로 인하여 생긴 손해
> 3. 도선료, 입항료, 등대료, 검역료, 기타 선박 또는 적하에 관한 항해 중의 통상비용

41 별도의 특약이 없는 한 해상보험자의 보상책임의 범위에 속하지 않는 손해는? 기출 19

① 선박충돌로 발생한 피보험자의 제3자에 대한 손해배상책임
② 보험의 목적이나 보존을 위해 지급할 특별비용
③ 피보험자가 부담하는 해난구조료 분담액
④ 피보험자가 지급하여야 할 공동해손 분담액

> |해설|
> 선박의 충돌로 인한 피보험선박에 생긴 손해는 보험자가 당연히 보상한다. 다른 선박에 손해가 생긴 때에 대하여는 상법에 명문규정은 없으나, 실거래에서는 충돌약관에 의한 특약에 의해 보험자의 책임을 인정하는 경우가 있다.
> ② 보험자는 보험의 목적의 안전이나 보존을 위하여 지급할 특별비용을 보험금액의 한도 내에서 보상할 책임이 있다(상법 제694조의3).
> ③ 보험자는 피보험자가 보험사고로 인하여 발생하는 손해를 방지하기 위하여 지급할 구조료를 보상할 책임이 있다(상법 제694조의2).
> ④ 보험자는 피보험자가 지급할 공동해손의 분담액을 보상할 책임이 있다(상법 제694조).

42 해상보험계약에 있어 보험자가 책임을 지지 아니하는 사유에 해당하지 않는 것은? 기출 18

① 항해변경
② 이로
③ 선박의 변경
④ 선장의 변경

> **해설**
> 해상보험계약에 있어 '**선장의 변경**'은 보험자의 면책사유가 아니다.
> ① 선박이 보험계약에서 정하여진 발항항이 아닌 다른 항에서 출항한 때에는 보험자는 책임을 지지 아니한다(상법 제701조 제1항).
> ② 선박이 정당한 사유 없이 보험계약에서 정하여진 항로를 이탈한 경우에는 보험자는 그때부터 책임을 지지 아니한다(상법 제701조의2).
> ③ 적하를 보험에 붙인 경우에 보험계약자 또는 피보험자의 책임 있는 사유로 인하여 선박을 변경한 때에는 그 변경 후의 사고에 대하여 책임을 지지 아니한다(상법 제703조).

43 해상보험계약상 보험자의 면책사유에 관한 설명으로 옳지 않은 것은? 기출 17

① 선박 또는 운임을 보험에 붙인 경우에는 발항 당시 안전하게 항해를 하기에 필요한 준비를 하지 아니하거나 필요한 서류를 비치하지 않음으로 생긴 손해
② 적하를 보험에 붙인 경우에는 용선자, 송하인 또는 수하인의 고의 또는 중대한 과실로 생긴 손해
③ 적하보험에서 운송인의 감항능력 주의의무위반으로 생긴 손해
④ 보험약관상 공제소손해면책약관이 규정되어 있다면 보험사고로 인하여 생긴 손해가 보험가액의 일정한 비율 또는 일정한 금액 이하인 소손해

> **해설**
> 선박보험, 운임보험에서 감항능력 결여로 인한 손해의 경우 보험자는 면책되지만(상법 제706조 제1호), <u>적하보험의 경우에는 적용되지 않는다</u>.
> ① 상법 제706조 제1호
> ② 상법 제706조 제2호
> ④ 공제소손해면책약관에 의해 보험사고로 인하여 생긴 손해가 보험가액의 일정한 비율 또는 일정한 금액 이하인 소손해의 경우 보험자의 면책을 인정하고 있다.

정답 40 ④ 41 ① 42 ④ 43 ③

44 상법상 해상보험의 면책사유에 관한 설명으로 옳지 않은 것은? 기출 20

① 선박이 보험계약에서 정하여진 발항항이 아닌 다른 항에서 출항한 때에는 보험자는 책임을 지지 아니한다.
② 선박이 보험계약에서 정하여진 도착항이 아닌 다른 항을 향하여 출항한 때에는 보험자는 책임을 지지 아니한다.
③ 선박이 정당한 사유 없이 보험계약에서 정하여진 항로를 이탈한 경우에는 보험자는 그때부터 책임을 지지 아니한다. 다만, 선박이 손해발생 전에 원항로로 돌아온 경우에는 그러하지 아니하다.
④ 피보험자가 정당한 사유 없이 발항 또는 항해를 지연한 때에는 보험자는 발항 또는 항해를 지체한 이후의 사고에 대하여 책임을 지지 아니한다.

| 해설 |
선박이 정당한 사유없이 보험계약에서 정하여진 항로를 이탈한 경우에는 보험자는 그때부터 책임을 지지 아니한다. 선박이 손해발생 전에 원항로로 돌아온 경우에도 같다(상법 제701조의2).
① 상법 제701조 제1항
② 상법 제701조 제2항
④ 상법 제702조

45 상법상 해상보험에 대한 설명으로 옳지 않은 것은? 기출 16

① 해상보험의 보험자는 피보험자가 지급할 공동해손의 분담액을 보상할 책임이 있다. 그러나 보험의 목적의 공동해손분담가액이 보험가액을 초과할 때에는 그 초과액에 대한 분담액은 보상하지 아니한다.
② 보험자는 피보험자가 보험사고로 인하여 발생하는 손해를 방지하기 위하여 지급할 구조료를 보상할 책임이 있다. 그러나 보험의 목적물의 구조료분담가액이 보험가액을 초과할 때에는 그 초과액에 대한 분담액은 보상하지 아니한다.
③ 선박의 일부가 훼손되었으나, 이를 수선하지 아니한 경우에는 보험자는 그로 인한 감가액을 보상할 책임이 없다.
④ 해상보험의 보험자는 보험의 목적의 안전이나 보존을 위하여 지급할 특별비용을 보험금액의 한도 내에서 보상할 책임이 있다.

| 해설 |
선박의 일부가 훼손되었으나, 이를 수선하지 아니한 경우에는 보험자는 그로 인한 감가액을 보상할 책임이 있다(상법 제707조의2 제3항).

46 해상보험증권의 기재사항에 해당하지 않는 것은? 기출 15

① 보험사고의 성질
② 무효와 실권의 사유
③ 운송기간을 정한 때에는 그 기간
④ 적하보험에 있어서는 선박의 명칭·국적과 종류, 선적항, 양륙항

| 해설 |

해상보험증권의 기재사항(상법 제695조)
해상보험증권에는 제666조에 게기한 사항 외에 다음의 사항을 기재하여야 한다.
1. 선박을 보험에 붙인 경우에는 그 선박의 명칭, 국적과 종류 및 항해의 범위
2. 적하를 보험에 붙인 경우에는 선박의 명칭·국적과 종류, 선적항, 양륙항 및 출하지와 도착지를 정한 때에는 그 지명
3. 보험가액을 정한 때에는 그 가액

47 다음 빈칸에 들어갈 것을 모은 것으로 옳은 것은? 기출 24

선박의 존부가 (   ) 분명하지 아니한 때에는 그 선박의 행방이 불명한 것으로 한다. 이 경우에는 (   )으로 (   )한다.

① 2월간 - 분손 - 추정
② 2월간 - 전손 - 추정
③ 3월간 - 분손 - 간주
④ 3월간 - 전손 - 간주

| 해설 |

선박의 행방불명(상법 제711조)
선박의 존부가 (**2월간**) 분명하지 아니한 때에는 그 선박의 행방이 불명한 것으로 한다. 이 경우에는 (**전손**)으로 (**추정**)한다.

48 다음 설명 중 옳지 않은 것은? 기출 17

① 소급보험은 보험계약 성립 이전의 어느 시기부터 보험기간이 시작되는 것으로 약정한 것이며 최초보험료 지급 여부는 상관없다.
② 보험계약 당시에 이미 출항한 선박이 침몰한 사실을 보험자와 보험계약자가 알지 못한 채 적하보험계약을 체결하였다면 비록 피보험자가 침몰사실을 알고 있더라도 보험계약은 유효하다.
③ 보험계약자가 이미 전소한 사실을 알면서 건물을 다시 화재보험에 붙이는 계약은 보험사고가 이미 발생한 것이어서 무효이다.
④ 저당권자인 은행이 저당물을 화재보험에 가입할 것을 요구하여, 대출채무자가 존재하지 아니하는 가공의 건물을 보험에 붙인다면 그 보험계약은 보험사고가 발생할 수 없어 무효이다.

> **해설**
> 보험계약 당시에 보험사고가 이미 발생하였거나 또는 발생할 수 없는 것인 때에는 그 계약은 무효로 한다. 그러나 당사자 쌍방과 피보험자가 이를 알지 못한 때에는 그러하지 아니하다(상법 제644조). 즉 해상보험계약을 체결할 때 보험계약자와 피보험자는 중요한 사항을 고지할 의무, 즉 부실고지를 하지 않을 의무를 진다. 따라서 피보험자가 침몰사실을 알고 있었더라면 고지의무위반이 되며, 보험자는 보험계약을 해지할 수 있다.
> ① 소급보험은 당사자간에 합의가 있어야 한다. 즉 최초보험료 지급이 없어도 책임을 개시한다는 당사자간의 특약이 있으면 상관없다.
> ③ 피보험이익(보험계약의 목적)이 없는 화재보험계약은 무효이다.
> ④ 가공의 건물을 보험에 붙인다면 보험목적이 존재하지 않으므로 보험계약은 무효이다.

49 해상보험과 관련된 설명으로서 옳지 않은 것은? (다툼이 있는 경우 판례에 의함) 기출 15

① 보험자는 피보험자가 지급할 공동해손의 분담액을 보상할 책임이 있다.
② 보험자는 보험의 목적물의 구조료분담가액이 보험가액을 초과할 때 그 초과액에 대한 분담액을 보상할 책임이 있다.
③ 보험자는 항해에 필요한 서류를 비치하지 않아 생긴 손해에 대하여는 면책된다.
④ 영국해상보험법상 화물이 선박과 함께 행방불명된 경우에는 현실전손으로 추정한다.

> **해설**
> 보험자는 피보험자가 보험사고로 인하여 발생하는 손해를 방지하기 위하여 지급할 구조료를 보상할 책임이 있다. 그러나 보험의 목적물의 구조료분담가액이 보험가액을 초과할 때에는 그 초과액에 대한 분담액은 보상하지 아니한다(상법 제694조의2).
> ① 상법 제694조
> ③ 상법 제706조 제1호
> ④ 영국해상보험법 및 영국법원의 판례에 의하면 화물이 선박과 함께 행방불명된 경우에는 현실전손으로 추정된다(영국해상보험법 제58조).

50 상법상 해상보험에서 위부에 대한 설명으로 옳지 않은 것은? 기출 16

① 선박의 행방불명은 전손으로 추정되나, 보험위부의 원인은 아니다.
② 보험위부는 피보험자의 일방적 의사표시에 의하여 행사되는 형성권이므로 보험자의 승인은 위부의 요건이 아니다.
③ 보험자가 위부를 승인한 때에도 피보험자는 위부의 원인을 증명하지 아니하면 보험금액의 지급을 청구하지 못한다.
④ 피보험자가 위부를 함에 있어서는 보험자에 대하여 보험의 목적에 관한 다른 보험계약과 그 부담에 속한 채무의 유무와 그 종류 및 내용을 통지하여야 한다.

| 해설 |
보험자가 위부를 승인한 후에는 그 위부에 대하여 이의를 하지 못하며(상법 제716조), 보험자가 위부를 승인하지 아니한 때에는 피보험자는 위부의 원인을 증명하지 아니하면 보험금액의 지급을 청구하지 못한다(상법 제717조).

51 잔존물대위와 보험위부의 비교에 관한 설명으로 옳지 않은 것은? 기출 18

① 잔존물대위의 경우 보험의 목적 전부가 멸실된 경우 보험금액의 전부를 피보험자에게 지급한 보험자가 보험목적에 대한 피보험자의 권리를 취득한다.
② 잔존물대위의 경우 보험의 목적이 물리적으로 멸실하거나 또는 본래의 경제적 가치를 상실할 정도로 훼손된 경우에도 전손으로 볼 수 있다.
③ 보험위부의 경우 선박의 존부가 1개월간 분명하지 않은 때 그 선박의 행방이 불명한 것으로 하고 이를 전손으로 추정한다.
④ 보험위부에서 보험자가 위부를 승인하지 아니한 때에 피보험자는 위부의 원인을 증명하지 아니하면 보험금액의 지급을 청구하지 못한다.

| 해설 |
선박의 존부가 2개월간 분명하지 아니한 때에는 그 선박의 행방이 불명한 것으로 하고 이를 전손으로 추정한다(상법 제711조).

52 '보험위부'와 '보험목적에 관한 보험대위'에 대한 설명으로 잘못된 것은? 기출 15

① 보험자가 위부를 승인하지 않으면 보험계약자가 위부 원인을 증명하여야 한다.
② 보험자의 보험목적에 대한 보험대위는 손해보험 일반에 적용되는 것이지만 보험위부는 특약이 없는 한 해상보험에서만 인정된다.
③ 보험목적에 대한 보험대위를 하기 위해서는 보험의 목적의 전부가 멸실하여 보험자가 보험금액의 전부를 지급하는 것만으로 족하지만, 보험위부를 하기 위해서는 상법규정상의 위부의 원인이 존재하여야 하며 위부의 통지를 하여야 한다.
④ 보험위부는 무조건이어야 하며, 형성권이다.

| 해설 |
보험자가 위부를 승인하지 아니한 때에는 피보험자는 위부의 원인을 증명하지 아니하면 보험금액의 지급을 청구하지 못한다(상법 제717조). 즉 피보험자가 위부 원인을 증명하여야 한다.
② 보험자대위는 "보험자가 보험금을 지급 후 피보험자 또는 보험계약자가 보험의 목적 또는 제3자에 대하여 가지는 법률상의 권리를 취득하는 것(상법 제681조, 제682조)"으로 손해보험에서만 인정한다. 반면 보험위부는 피보험자가 보험목적에 대한 모든 권리를 보험자에게 위부하고 보험자에 대하여 보험금액의 전부를 청구할 수 있는 해상보험 특유의 제도이다.
③ 상법 제681조, 상법 제713조
④ 상법 제714조 제1항

53 보험위부에 관한 설명으로 옳지 않은 것은? 기출 17

① 보험위부가 이루어지면 보험자는 그 보험의 목적에 관한 피보험자의 모든 권리를 취득하며, 일부보험의 경우에도 같다.
② 위부에 대한 보험자의 승인은 입증상의 문제일 뿐 위부의 요건이 아니다.
③ 선박이 보험사고로 인하여 심하게 훼손되어 이를 수선할 경우에 그 비용이 보험가액을 초과하리라고 예상될 때에는 피보험자는 보험의 목적을 보험자에게 위부하고 보험금액의 전부를 청구할 수 있다.
④ 위부는 어떤 조건이나 기한을 정할 수 없다.

| 해설 |
보험자는 그 보험의 목적에 관한 피보험자의 모든 권리를 취득하며(상법 제718조 제1항), 일부보험의 경우는 보험금액의 보험가액에 대한 비율에 따라서만 이를 할 수 있다(상법 제714조 제3항).
② 위부의 승인은 위부원인의 증명에 관한 문제이다(상법 제716조).
③ 상법 제710조 제1호
④ 상법 제714조 제1항

54 상법상 해상보험에서 보험위부에 관한 설명으로 옳지 않은 것은? 기출 25

① 선박의 존부가 2월간 분명하지 아니한 때에는 그 선박의 행방이 불명한 것으로 하며, 이러한 경우에는 전손(全損)으로 추정한다.
② 보험의 목적 전부에 대하여 위부를 해야 하지만, 위부의 원인이 그 일부에 대하여 생긴 때에는 그 부분에 대하여서만 위부할 수 있다.
③ 선박이 보험사고로 심하게 훼손되어 그 수선비용이 수선 후의 가액을 초과할 것으로 예상되는 경우, 선장이 지체 없이 다른 선박으로 그 적하의 운송을 계속한 때라도 피보험자는 그 적하를 위부할 수 있다.
④ 보험자가 위부를 승인하지 아니한 때에는 피보험자는 위부의 원인을 증명하여 보험금액의 지급을 청구할 수 있다.

> **해설**
> 선박이 보험사고로 인하여 심하게 훼손되어 이를 수선하기 위한 비용이 수선하였을 때의 가액을 초과하리라고 예상될 경우 선장이 지체 없이 다른 선박으로 적하의 운송을 계속한 때에는 피보험자는 그 적하를 위부할 수 없다(상법 제712조).
> ① 상법 제711조 제1항, 제2항
> ② 상법 제714조 제2항
> ④ 상법 제717조

55 보험위부에 관한 설명으로 옳지 않은 것은?

① 피보험자는 보험의 목적의 일부에 대해서도 위부할 수 있다.
② 위부의 효력의 발생에는 추정전손 외에 반드시 위부통지가 있어야 한다.
③ 보험의 목적에 관한 다른 보험계약이 있는 경우 그 다른 보험계약의 통지는 위부의 유효요건이 아니다.
④ 보험자가 위부를 승인한 때에는 피보험자는 위부의 원인을 증명하지 아니하고도 보험금액의 지급을 청구할 수 있다.

> **해설**
> 피보험자가 위부를 함에 있어서는 보험자에 대하여 보험의 목적에 관한 다른 보험계약과 그 부담에 속한 채무의 유무와 그 종류 및 내용을 통지하여야 한다(상법 제715조 제1항).

56 보험위부에 관한 설명으로 옳은 것은?

① 보험위부에는 보험자와 피보험자의 합의가 있어야 한다.
② 선박이 좌초된 것만 가지고는 위부의 원인이 되지 않는다.
③ 보험위부는 보험의 목적에 대한 대위와 그 성질을 같이 한다.
④ 보험의 목적의 일부에 대하여 위부원인이 발생한 경우에도 보험의 목적의 전부를 위부하여야 한다.

> **해설**
> 선박의 경우 선박이 침몰 또는 좌초되어 구조될 가능성이 없거나 다시 운행하게 하는데 필요한 비용이 선박의 가액을 초과하는 경우에 위부의 원인이 되며(상법 제710조 제1호), 선박이 좌초된 것만 가지고는 위부의 원인이 되지 않는다.
> ① 보험위부는 <u>불요식의 단독행위</u>이며, 일방적 의사표시에 의하여 법률효력을 발생시키는 형성권이다.
> ③ 보험자가 보험의 목적에 대한 피보험자의 권리를 취득한다는 점에서 보험위부는 보험의 목적에 대한 보험자대위와 유사하지만, 보험자대위는 법률의 규정에 의한 당연한 권리의 취득인데 반하여 보험위부는 피보험자의 의사표시에 따른 권리의 취득이라는 점에서 구별된다.
> ④ 위부는 보험의 목적의 전부에 대하여 하여야 한다. 그러나 <u>위부의 원인이 그 일부에 대하여 생긴 때에는 그 부분에 하여서만 위부할 수 있다</u>. 일부보험의 경우 보험금액의 보험가액에 대한 비율에 따라서만 할 수 있다.

57 상법상 보험위부의 원인이 아닌 것은?

① 피보험자가 보험사고로 인하여 자기의 선박 또는 적하의 점유를 상실하여 이를 회복할 가능성이 없거나 회복하기 위한 비용이 회복하였을 때의 가액을 초과하리라고 예상될 경우
② 선박이 보험사고로 인하여 심하게 훼손되어 이를 수선하기 위한 비용이 수선하였을 때의 가액을 초과하리라고 예상될 경우
③ 적하가 보험사고로 인하여 심하게 훼손되어서 이를 수선하기 위한 비용과 그 적하를 목적지까지 운송하기 위한 비용과 합계액이 도착하는 때의 적하의 가액을 초과하리라고 예상될 경우
④ 선박의 존부(存否)가 2월간 분명하지 아니한 때

> **해설**
> 위부의 원인은 우리 상법에서 ①, ②, ③으로 하고 있으며, 선박의 존부가 2월간 분명하지 아니할 때에는 그 선박의 행방이 불명한 것으로 하고, 이 경우에는 전손으로 추정한다(상법 제711조).
>
> **TIP** 보험위부의 원인
> - <u>선박적하의 점유상실</u> : 피보험자가 보험사고로 인하여 자기의 선박 또는 적하의 점유를 상실하여 이를 회복할 가능성이 없거나 회복하기 위한 비용이 회복하였을 때의 가액을 초과하리라고 예상될 경우
> - <u>선박의 수선비용</u> : 선박이 보험사고로 인하여 심하게 훼손되어 이를 수선하기 위한 비용이 수선하였을 때의 가액을 초과하리라고 예상될 경우
> - <u>적하의 수선불능</u> : 적하가 보험사고로 인하여 심하게 훼손되어서 이를 수선하기 위한 비용과 그 적하를 목적지까지 운송하기 위한 비용과의 합계액이 도착하는 때의 적하의 가액을 초과하리라고 예상될 경우

58 보험위부에 대한 설명으로 옳은 것은?

① 위부에 대한 보험자의 승인을 요하므로 위부권은 일방적으로 행사될 수 없다.
② 피보험자는 선박의 존부가 2개월 이상 분명하지 아니한 경우에도 위부할 수 있다.
③ 피보험자는 위부의 원인이 생긴 일정한 날로부터 2개월 안에 보험자에게 이를 통지하여야 한다.
④ 보험목적에 대한 권리는 위부의 의사표시가 보험자에게 도달하는 때에 이전한다.

> **해설**
> 위부의 효력은 위부의 통지가 보험자에게 도달할 때 발생한다.
> ① 위부는 단독행위이고 형성권이기 때문에 <u>일방적으로 행사될 수 있다</u>.
> ② 선박의 행방불명은 위부의 원인이 아니라 <u>추정전손으로 규정하고 있다</u>.
> ③ 피보험자가 위부를 하고자 할 때에는 <u>상당한 기간 내에 보험자에 대하여 위부의 통지를 하여야 한다</u>고 규정되어 있다(상법 제713조). 2개월로 한정하고 있지는 않다.

59 책임보험에 관한 설명으로 옳지 않은 것은? 기출 18

① 책임보험계약은 보험사고가 보험기간 중에만 발생하면 약관에 따라 보험금청구는 보험기간이 종료한 이후에도 가능하다.
② 피보험자가 동일한 사고로 제3자에게 배상책임을 짐으로써 입은 손해를 보상하는 수 개의 책임보험계약이 동시 또는 순차로 체결된 경우에 그 보험금액의 총액이 피보험자의 제3자에 대한 손해배상액을 초과하는 때에는 중복보험의 규정이 준용된다.
③ 제3자는 피보험자가 책임을 질 사고로 입은 손해에 대하여 보험금액의 한도 내에서 보험자에게 직접 보상을 청구할 수 있으며, 이 경우 보험자는 피보험자가 그 사고에 관하여 가지는 항변으로써 제3자에게 대항할 수 없다.
④ 피보험자가 제3자에 대하여 변제, 승인, 화해 또는 재판으로 인하여 채무가 확정된 때에는 지체 없이 보험자에게 이를 통지하여야 한다.

> **해설**
> 제3자는 피보험자가 책임을 질 사고로 입은 손해에 대하여 보험금액의 한도 내에서 보험자에게 직접 보상을 청구할 수 있으며, 제3자의 직접청구권이 인정되더라도 <u>보험자는 피보험자가 그 사고에 관하여 가지는 항변으로써 제3자에게 대항할 수 있다</u>(상법 제724조 제2항).
> ① 보험사고가 보험기간에 발생하면 보험기간이 종료한 후에도 보험금청구권이 소멸되지 않는 한 보험자가 보험금 지급책임을 진다.
> ② 상법 제725조의2(수 개의 책임보험)
> ④ 상법 제723조 제1항(피보험자의 변제 등의 통지와 보험금액의 지급)

60 상법상 방어비용에 관한 설명 중 옳지 않은 것은? (다툼이 있는 경우 판례에 의함) 기출 17·24

① 피보험자가 피해자인 제3자의 청구를 방어하기 위하여 지출한 재판상 또는 재판 외의 필요비용은 보험의 목적에 포함된 것으로 하며, 피보험자는 그 선급을 청구할 수 있다.
② 피보험자가 담보의 제공 또는 공탁으로써 재판의 집행을 면할 수 있는 경우에는 보험자에 대하여 보험금액의 한도 내에서 그 담보의 제공 또는 공탁을 청구할 수 있다.
③ 재판 또는 담보제공행위가 보험자의 지시에 의한 것인 경우에는 그 금액에 손해액을 가산한 금액이 보험금액을 초과하는 때에도 보험자가 이를 부담하여야 한다.
④ 방어비용에 관한 상법 규정은 임의규정으로서 약관에서 어떤 경우에나 피보험자의 방어비용을 전면적으로 부정하는 것으로 해석되는 규정을 두는 것도 가능하다.

| 해설 |
피보험자의 방어비용을 전면적으로 부정하는 것으로 해석되는 규정을 두는 것은 <u>피보험자의 방어비용을 보험의 목적에 포함된 것으로 일반적으로 인정하고 있는 상법 제720조 제1항의 규정을 피보험자에게 불이익하게 변경하는 것에 해당하고, 따라서 이러한 제한규정을 둔 위 약관조항은 상법 제663조에 반하여 무효라고 볼 것이다</u>(대법원 2002.6.28., 선고, 2002다22106, 판결).
① 상법 제720조 제1항
② 상법 제720조 제2항
③ 상법 제720조 제3항

61 책임보험에서 방어비용에 관한 설명 중 옳은 것은?

① 피보험자는 제3자에 대한 배상책임이 없음을 소명해야 보험자에게 방어비용의 선급을 청구할 수 있다.
② 보험자가 방어비용을 부담하는 것은 보험관계와 책임관계를 분리하는 이른바 분리주의와는 일치하지 않는 것이다.
③ 피보험자가 재판의 집행을 면할 필요가 있는 경우에는 보험자에게 보험금액을 초과한 담보의 제공 또는 공탁을 청구할 수 있다.
④ 방어비용의 지출이 보험자의 지시에 의한 것인지를 불문하고 보험자는 그 비용에 손해액을 가산한 금액이 보험금액을 초과하더라도 부담한다.

| 해설 |
분리주의란 피보험자의 피해자에 대한 책임관계와 보험자와 피보험자의 보험관계를 분리하는 주의로서 피보험자의 손해배상의 방어에 보험자가 개입하지 않는 것을 말한다. 방어비용은 이러한 분리주의의 예외이다.
① 보험자에게 방어비용의 선급을 청구할 때 <u>제3자에 대한 배상책임이 없음을 소명할 필요가 없다</u>(상법 제720조 제1항).
③ 피보험자가 담보의 제공 또는 공탁으로써 재판의 집행을 면할 수 있는 경우에는 보험자에 대하여 <u>보험금액의 한도 내에서</u> 그 담보의 제공 또는 공탁을 청구할 수 있다(상법 제720조 제2항).
④ <u>보험자의 지시에 의한 것인 경우에는</u> 그 금액에 손해액을 가산한 금액이 보험금액을 초과하는 때에도 보험자가 이를 부담하여야 한다(상법 제720조 제3항).

62 책임보험에 있어서 보험자의 보상책임에 관한 설명으로 옳지 않은 것은?

① 보험자는 피보험자가 제3자의 청구를 방어하기 위하여 지급한 재판 외의 비용도 전부 보상하여야 한다.
② 보험자는 피보험자가 재판의 집행을 면하기 위하여 필요한 공탁비용을 지급한 경우에는 보험금액의 한도 내에서 보상하면 된다.
③ 보험자는 피보험자의 채무확정의 통지를 받은 때로부터 30일 내에 보험금액을 지급하여야 한다.
④ 보험자는 피보험자가 제3자에 대하여 배상을 하기 전에는 보험금액을 지급하지 못한다.

| 해설 |
책임보험계약에서 보험자는 특별한 약정이 없는 한 피보험자의 채무확정통지를 받은 날로부터 10일 내에 보험금액을 지급하는 것이 원칙이다(상법 제723조 제2항).

63 책임보험계약에 관한 설명으로 옳은 것은?

① 책임보험계약은 오직 피해자를 보호하기 위하여 인정되는 것이다.
② 피보험자의 변제 등으로 제3자에 대한 채무가 확정된 때에는 보험자는 그 통지를 받은 날로부터 1월 내에 보험금을 지급하여야 한다.
③ 제3자는 피보험자가 책임을 질 사고로 입은 손해에 대하여 보험금액 한도 내에서 보험자에게 직접보상을 청구할 수 있다.
④ 상법상 피해자에게는 언제나 보험자에 대한 보험금의 직접청구권이 인정된다.

| 해설 |
① 책임보험계약은 피보험자의 자위수단의 기능과 피해자에 대한 사회보장적 기능을 가진다.
② 보험자는 특별한 약정이 없는 한 채무확정통지를 받은 날로부터 10일 내에 보험금액을 지급하는 것이 원칙이다(상법 제723조 제2항).
③·④ 제3자는 피보험자가 책임을 질 사고로 입은 손해에 대하여 보험금액 한도 내에서 보험자에게 직접청구권을 행사할 수 있다(상법 제724조 제2항).

64 상법상 책임보험계약에 관한 설명으로 옳지 않은 것은?

① 보험자는 피보험자가 책임을 질 사고로 인하여 생긴 손해에 대하여 피해자인 제3자가 배상을 받기 전에는 보험금액을 지급하지 못하는 것을 원칙으로 한다.
② 보험자는 피보험자에게 통지를 하고 피해자인 제3자에게 보험금액을 직접 지급할 수 있다.
③ 보험자는 피보험자의 청구가 있는 때에는 피해자인 제3자에게 보험금액을 직접 지급할 수 있다.
④ 타인의 물건에 관한 보관자의 책임보험의 경우 그 물건의 소유자는 피보험자의 동의를 얻어 보험자에 대하여 그 손해의 보상을 청구할 수 있다.

정답 60 ④ 61 ② 62 ③ 63 ③ 64 ④

> **해설**
> 임차인, 기타 타인의 물건을 보관하는 자가 그 지급할 손해배상을 위하여 그 물건을 보험에 붙인 경우에는 그 물건의 소유자는 <u>보험자에 대하여 직접 그 손해의 보상을 청구할 수 있다</u>(상법 제725조). 즉 피보험자의 동의 여부와는 상관이 없다.

65 책임보험에 대한 설명으로 옳지 않은 것은?

① 책임보험계약의 보험자는 피보험자가 보험기간 중의 사고로 인하여 제3자에게 배상할 책임을 진 경우에 이를 보상할 책임이 있다.
② 책임보험은 가해자와 피해자를 보호하는 기능을 동시에 갖고 있다.
③ 피보험자가 담보의 제공 또는 공탁으로써 재판의 집행을 면할 수 있는 경우에는 보험자에 대하여 보험금액의 한도 내에서 그 담보의 제공 또는 공탁을 청구할 수 있다.
④ 피보험자가 경영하는 사업에 관한 책임을 보험의 목적으로 한 때에는 피보험자의 대리인 또는 그 사업감독자의 제3자에 대한 책임은 보험의 목적이 되지 못한다.

> **해설**
> 영업책임보험의 경우 피보험자의 대리인, 그 사업감독자의 제3자에 대한 배상책임도 보험의 목적에 포함된 것으로 하고 있다(상법 제721조).

66 약관에서 책임보험의 보험금청구권의 발생시기나 발생요건에 관하여 달리 정한 경우 등 특별한 다른 사정이 없는 한 원칙적으로 책임보험의 보험금청구권의 소멸시효는 대법원 판례에 따르면 언제인가? 기출 14

① 제3자가 손해를 입은 사고가 발생한 때
② 피보험자가 제3자로부터 그 책임에 관하여 재판상 또는 재판 외의 배상청구를 받은 때
③ 피보험자의 제3자에 대한 법률상의 손해배상책임이 변제, 승인, 화해 또는 재판의 방법 등에 의하여 확정된 때
④ 피보험자가 피해자에게 배상의무를 현실적으로 이행한 때

> **해설**
> 약관에서 책임보험의 보험금청구권의 발생시기나 발생요건에 관하여 달리 정한 경우 등 특별한 다른 사정이 없는 한 원칙적으로 책임보험의 보험금청구권의 소멸시효는 피보험자의 제3자에 대한 법률상의 손해배상책임이 상법 제723조 제1항이 정하고 있는 <u>변제, 승인, 화해 또는 재판의 방법 등에 의하여 확정됨으로써 그 보험금청구권을 행사할 수 있는 때로부터 진행된다</u>고 봄이 상당하다(대법원 2002.9.6., 선고, 2002다30206, 판결).

67 책임보험에 관한 설명으로 옳은 것은?

① 책임보험은 피보험자가 보험사고로 직접 입은 손해를 보상하는 손해보험이다.
② 책임보험은 보험의 목적이 자동차 등 물건이다.
③ 책임보험은 피보험자뿐만 아니라 피해자의 보호기능을 가지고 있다.
④ 책임보험은 피해자 1인에 대한 책임한도액이 정해진 경우에는 정액보험으로 한다.

> **해설**
> 책임보험은 피보험자가 제3자에 대해 재산적 급여를 함으로써 입은 손해를 보상함으로써 피보험자를 보호하는 기능뿐만 아니라 제3자(피해자)를 보호하는 기능을 갖고 있다.
> ① 책임보험은 피보험자가 보험기간 중 사고로 제3자에게 손해를 배상할 책임을 진 경우, 보험자가 이를 보상할 것을 목적으로 하는 손해보험계약이다. 이는 피보험자에게 발생한 직접 손해를 보상하는 것이 아니라 제3자에게 배상책임을 짐으로써 입은 손해를 보상하는 간접손해를 보상한다는 점에서 일반손해보험과 다르다.
> ② 보험의 목적은 특정 개개의 재화나 물건이 아니고 피보험자가 지는 배상책임이며, 그 배상책임의 담보가 되는 피보험자의 모든 재산이다.
> ④ 책임보험은 일반적으로 부정액보험으로 한다.

68 책임보험에 있어 피보험자의 변제 등의 통지와 보험금액의 지급에 관한 설명으로 옳지 않은 것은?

기출 17

① 피보험자가 제3자에 대하여 변제, 승인, 화해 또는 재판으로 인하여 채무를 이행한 때에는 지체 없이 보험자에게 그 통지를 발송하여야 한다.
② 피보험자가 보험자의 동의 없이 독자적으로 제3자에 대하여 변제, 승인 또는 화해를 한 경우에 그 행위가 현저하게 부당한 것이 아니면 보험자는 면책되지 아니한다.
③ 보험자는 특별한 기간의 약정이 없으면, 피보험자가 제3자와의 채무확정을 통지 받은 날로부터 10일 이내에 보험금액을 지급하여야 한다.
④ 보험자는 피보험자가 제3자와 채무확정시 보험금액의 지급에 관하여 약정기간이 있는 경우에는 그 기간 내에 보험금액을 지급하여야 한다.

> **해설**
> 피보험자가 제3자에 대하여 변제, 승인, 화해 또는 재판으로 인하여 채무가 확정된 때에는 지체 없이 보험자에게 그 통지를 발송하여야 한다(상법 제723조 제1항).
> ② 상법 제723조 제3항
> ③ 상법 제723조 제2항
> ④ 상법 제658조

69 책임보험에 관한 설명으로 옳은 것은? 기출 17

① 책임보험의 경우에도 중복보험에 관한 상법규정이 준용됨으로 피보험자가 동일한 사고로 제3자에게 배상책임을 짐으로써 입은 손해를 보상하는 수 개의 책임보험계약이 동시 또는 순차적으로 체결된 경우에 그 보험금액의 총액이 피보험자의 제3자에 대한 손해배상액을 초과하는 경우, 각 보험자는 보험금액의 범위 내에서 연대책임을 부담한다.
② 피보험자가 보험자의 지시에 의하여 제3자의 청구를 방어하기 위하여 지출한 재판상 또는 재판 외의 필요비용에 손해액을 가산한 금액이 보험가액을 초과하는 때에도 보험자는 이를 부담한다.
③ 보험자는 피보험자가 책임을 질 사고로 인하여 생긴 손해에 대하여 제3자가 그 배상을 받기 전이라도 제3자의 피해구제를 위해 보험금액의 전부 또는 일부를 피보험자에게 지급할 수 있다.
④ 제3자는 피보험자가 책임을 질 사고로 입은 손해에 대하여 보험가액의 한도 내에서 보험자에게 직접 보상을 청구할 수 있다.

| 해설 |
① 상법 제725조의2(수 개의 책임보험)
② 피보험자가 보험자의 지시에 의하여 제3자의 청구를 방어하기 위하여 지출한 재판상 또는 재판 외의 필요비용에 손해액을 가산한 금액이 보험금액을 초과하는 때에도 보험자는 이를 부담하여야 한다(상법 제720조 제3항).
③ 보험자는 피보험자가 책임을 질 사고로 인하여 생긴 손해에 대하여 제3자가 그 배상을 받기 전에는 보험금액의 전부 또는 일부를 피보험자에게 지급하지 못한다(상법 제724조 제1항).
④ 제3자는 피보험자가 책임을 질 사고로 입은 손해에 대하여 보험금액의 한도 내에서 보험자에게 직접 보상을 청구할 수 있다(상법 제724조 제2항).

70 책임보험에 관한 설명으로 옳지 않은 것은?

① 제3자는 피보험자가 책임을 질 사고로 입은 손해에 대하여 보험금액의 한도 내에서 보험자에게 직접 보상을 청구할 수 있다.
② 제3자가 직접 청구권을 행사하는 경우 보험자는 피보험자가 그 사고에 관하여 가지는 항변으로서 제3자에게 대항할 수 있다.
③ 보험자는 제3자로부터 직접 청구를 받은 경우 지체 없이 피보험자에게 이를 통지하여야 한다.
④ 보험자는 제3자가 배상을 받기 전에 보험금액의 전부 또는 일부로 피보험자에게 지급할 수 있다.

| 해설 |
보험자는 피보험자가 책임을 질 사고로 인하여 생긴 손해에 대하여 제3자가 그 배상을 받기 전에는 보험금액의 전부 또는 일부를 피보험자에게 지급하지 못한다(상법 제724조 제1항).

71 책임보험에 있어서 보험자의 보상책임에 관한 설명으로 옳은 것은?

① 보험자는 제3자에 대하여 배상을 받기 전에는 피보험자에게 보험금액을 지급하지 못한다.
② 보험자는 피보험자의 채무확정의 통지를 받은 때로부터 30일 내에 보험금액을 지급하여야 한다.
③ 보험자는 피보험자의 제3자의 청구를 방어하기 위하여 지급한 재판 외의 비용까지도 전부 보상할 필요는 없다.
④ 피보험자가 담보의 제공 또는 공탁으로써 재판의 집행을 면할 수 있는 경우에는 보험금액이 초과되더라도 보험자에게 그 담보의 제공 또는 공탁을 청구할 수 있다.

| 해설 |
② 보험자는 피보험자가 채무확정통지를 받은 때로부터 10일 이내에 보험금액을 지급하여야 한다.
③ 피보험자가 제3자의 청구를 방어하기 위하여 지급한 재판상 또는 재판 외의 필요비용은 보험의 목적에 포함하여 보상하여야 하고, 피보험자는 보험자에 대하여 그 비용의 선급을 청구할 수 있다.
④ 피보험자가 담보의 제공 또는 공탁으로써 재판의 집행을 면할 수 있는 경우에는 보험자에 대하여 보험금액의 한도 내에서 그 담보의 제공 또는 공탁을 청구할 수 있다.

72 상법상 각종 비용의 부담에 관한 설명으로 옳지 않은 것은? 기출 20

① 보험계약자가 보험자에 대하여 보험증권의 재교부를 청구한 경우 그 증권작성의 비용은 보험계약자의 부담으로 한다.
② 손해보험계약의 보험계약자와 피보험자가 손해의 방지와 경감을 위하여 지출한 필요 또는 유익하였던 비용은 보험금액을 초과한 경우라도 보험자가 이를 부담한다.
③ 해상보험자는 보험계약자와 피보험자가 보험의 목적의 안전이나 보존을 위하여 지급할 특별비용을 보험금액의 한도 내에서 보상할 책임이 있다.
④ 책임보험계약에서 피보험자가 제3자의 청구를 방어하기 위하여 지출한 재판상 또는 재판 외의 필요비용은 그 행위가 보험자의 지시에 의하지 아니한 경우에도 그 금액에 손해액을 가산한 금액이 보험금액을 초과하는 때에도 보험자가 이를 부담하여야 한다.

| 해설 |
피보험자가 제3자의 청구를 방어하기 위하여 지출한 재판상 또는 재판 외의 필요비용은 그 행위가 보험자의 지시에 의한 것인 경우에는 그 금액에 손해액을 가산한 금액이 보험금액을 초과하는 때에도 보험자가 이를 부담하여야 한다(상법 제720조 제1항, 제3항).
① 보험증권을 멸실 또는 현저하게 훼손한 때에는 보험계약자는 보험자에 대하여 증권의 재교부를 청구할 수 있다. 그 증권작성의 비용은 보험계약자의 부담으로 한다(상법 제642조).
② 보험계약자와 피보험자는 손해의 방지와 경감을 위하여 노력하여야 한다. 그러나 이를 위하여 필요 또는 유익하였던 비용과 보상액이 보험금액을 초과한 경우라도 보험자가 이를 부담한다(상법 제680조).
③ 해상보험자는 보험의 목적의 안전이나 보존을 위하여 지급할 특별비용을 보험금액의 한도 내에서 보상할 책임이 있다(상법 제694조의3).

정답 69 ① 70 ④ 71 ① 72 ④

73 상법상 책임보험자의 보험책임이 인정되는 손해의 범위에 관한 설명으로 옳지 않은 것은?

① 피보험자가 제3자에게 배상한 손해액의 전부
② 피보험자가 제3자의 청구를 방어하기 위하여 지급한 소송비용의 전부
③ 피보험자가 제3자의 청구를 방어하기 위하여 지급한 재판 외의 비용의 전부
④ 재판의 집행을 면하기 위하여 필요한 공탁비용의 전부

> **해설**
> 책임보험은 피보험자의 제3자에 대한 배상책임을 전제로 하여 성립하는 계약이므로 책임보험의 중심을 이루는 것은 손해배상책임이다. 이 책임은 민사상 책임에 한하며, 특별한 경우 법률상 손해배상책임도 포함한다. 그러므로 피보험자가 제3자에게 배상한 손해액 전부를 보상하는 것이 아니라, 피보험자가 제3자에 대하여 변제·승인·화해 또는 재판으로 확정된 채무를 부담한다.

74 상법상 책임보험에 관한 설명으로 옳지 않은 것은? 기출 20

① 책임보험계약은 금전으로 산정할 수 있는 이익을 보험계약의 목적으로 하고 있다.
② 피보험자가 경영하는 사업에 관한 책임을 보험의 목적으로 한 때에는 피보험자의 대리인 또는 그 사업 감독자의 제3자에 대한 책임도 보험의 목적에 포함된 것으로 한다.
③ 책임보험의 피보험자는 제3자로부터 배상청구를 받았을 때에는 지체 없이 보험자에게 그 통지를 발송하여야 한다.
④ 책임보험계약은 피보험자가 보험기간 중의 사고로 인하여 제3자에게 배상할 책임을 그 보험가액으로 한다.

> **해설**
> 책임보험계약의 보험자는 피보험자가 보험기간 중의 사고로 인하여 제3자에게 배상할 책임을 진 경우에 이를 보상할 책임이 있다(상법 제721조). 이 경우 책임보험계약은 일반손해보험에서와 같은 보험가액이 존재하지 않기 때문에 초과·중복·일부보험의 문제는 생기지 않고, 손해배상액은 단순히 보험금액과 손해액의 범위에서 결정된다.
> ① 상법 제668조
> ② 상법 제721조
> ③ 상법 제722조 제1항

75 책임보험계약의 보험자와 제3자와의 관계에 관하여 상법상 명시적으로 규정하고 있지 않은 것은?

기출 20

① 보험자는 피보험자가 책임을 질 사고로 인하여 생긴 손해에 대하여 제3자가 그 배상을 받기 전에는 보험금액의 전부 또는 일부를 피보험자에게 지급하지 못한다.
② 제3자는 피보험자가 책임을 질 사고로 입은 손해에 대하여 보험금액의 한도 내에서 보험자에게 직접 보상을 청구할 수 있다.
③ 제3자가 보험자에게 직접보상을 청구할 경우 보험자는 피보험자가 그 사고에 관하여 가지는 항변으로써 제3자에게 대항할 수 있다.
④ 제3자가 보험자에게 직접보상을 청구할 경우 보험자는 피보험자에 대하여 가지는 항변으로써 제3자에게 대항 할 수 있다.

| 해설 |

상법 제724조 제2항에 "제3자는 피보험자가 책임을 질 사고로 입은 손해에 대하여 보험금액의 한도 내에서 보험자에게 직접 보상을 청구할 수 있다. 그러나 보험자는 피보험자가 그 사고에 관하여 가지는 항변으로써 제3자에게 대항할 수 있다"고 규정하고 있다. 즉 피해자(제3자)는 가해자인 피보험자에 대한 손해배상청구권을 전제로 직접청구권을 가지므로(판례), 보험자는 피보험자가 제3자에 항변으로써 제3자에게 대항할 수 있다. 그런데, 보험자는 피보험자에 대하여 가지는 항변으로써 제3자에게 대항 할 수 있다는 규정은 상법에 명시적으로 없지만 보험이론상 인정되는 항변사유이다. 여기서, 항변사유란 피보험자에게 보험금청구권이 발생하였지만 보험자가 보험금 지급을 거절하거나 감액할 수 있는 사유로서 계약상의 하자, 조건의 미성취, 면책사유 등이다.
① 상법 제724조 제1항
②·③ 상법 제724조 제2항

76 책임보험에 있어 제3자의 직접청구권에 대한 설명으로 옳지 않은 것은? (다툼이 있는 경우 판례에 의함) 기출 23

① 책임보험에서 피해자의 직접청구권은 약관에서 이를 인정하는 경우에 한하여 인정된다.
② 피해자의 직접청구권에 따라 보험자가 부담하는 손해배상채무는 보험계약을 전제로 하는 것으로서 보험계약에 따른 보험자의 책임 한도액의 범위 내에서 인정된다.
③ 피해자에게 인정되는 직접청구권의 법적 성질은 피해자가 보험자에 대하여 가지는 손해배상청구권이지 피보험자의 보험자에 대한 보험금청구권의 변형 내지는 이에 준하는 권리가 아니다.
④ 직접청구권의 소멸시효기간은 피해자의 손해배상청구권의 소멸시효기간과 동일하다.

| 해설 |
①·② 피해자의 직접청구권에 따라 <u>보험자가 부담하는 손해배상채무는 보험계약을 전제로 하는 것으로서 보험계약에 따른 보험자의 책임한도액의 범위 내에서 인정되어야 한다는 취지일 뿐, 법원이 보험자가 피해자에게 보상하여야 할 손해액을 산정하면서 자동차종합보험약관의 지급기준에 구속될 것을 의미하는 것은 아니다</u>(대법원 2019.4.11., 선고, 2018다300708, 판결).
③ 상법 제724조 제2항에 의하여 피해자에게 인정되는 직접청구권의 법적 성질은 보험자가 피보험자의 피해자에 대한 손해배상채무를 병존적으로 인수한 것으로서 피해자가 보험자에 대하여 가지는 손해배상청구권이고, 피보험자의 보험자에 대한 보험금청구권의 변형 내지는 이에 준하는 권리는 아니다(대법원 2019.4.11., 선고, 2018다300708, 판결).
④ 상법 제724조 제2항에 의하여 피해자가 보험자에게 갖는 직접청구권은 보험자가 피보험자의 피해자에 대한 손해배상채무를 병존적으로 인수한 것으로서 피해자가 보험자에 대하여 가지는 <u>손해배상청구권이므로, 민법 제766조 제1항에 따라 피해자 또는 그 법정대리인이 그 손해 및 가해자를 안 날로부터 3년간 이를 행사하지 아니하면 시효로 인하여 소멸한다</u>(대법원 2005.10.7., 선고, 2003다6774, 판결).

77 책임보험에서 피해자 직접청구권에 대한 설명으로 옳지 않은 것은?

① 제3자가 보험자에게 직접 보상을 청구한 경우에 보험자는 피보험자가 그 사고에 관하여 가지는 항변으로써 제3자에게 대항할 수 없다.
② 보험자는 피보험자가 책임을 질 사고로 인하여 생긴 손해에 대하여 제3자가 그 배상을 받기 전에는 보험금액의 전부 또는 일부를 피보험자에게 지급하지 못한다.
③ 보험자가 피해자로부터 보상청구를 받은 때에는 지체 없이 피보험자에게 이를 통지하여야 한다.
④ 피보험자는 보험자의 요구가 있을 때에는 필요한 서류·증거의 제출, 증언 또는 증인의 출석에 협조할 의무가 있다.

| 해설 |
제3자의 직접청구권이 인정되더라도 보험자는 피보험자가 그 사고에 관하여 가지는 항변으로써 제3자에게 대항할 수 있다(상법 제724조 제2항 단서).

78 책임보험계약상 피해자의 직접청구권에 관한 설명으로 옳지 않은 것은? 기출 24

① 직접청구권을 인정한 상법 제724조 제2항은 강행규정이므로 직접청구권을 부인하거나 그 행사를 어렵게 하는 약관조항은 무효이다.
② 피해자는 피보험자에 대한 손해배상청구권을 전제로 직접청구권을 가지므로 직접청구권은 부종성이 있으며, 보험자는 피해자에게 책임관계상 항변을 원용할 수 있다.
③ 피해자가 피보험자로부터 배상을 받지 못한 상태에서 보험자가 보험금을 임의로 지급한 경우에 그 지급 자체는 유효하고 보험자는 피해자에게 보험금 지급 사실을 들어 항변할 수 있다.
④ 다수의 피해자가 존재하고 총 피해액의 합계가 책임보험 한도액을 초과하는 경우, 다수의 직접청구권자들 사이에는 권리의 우선순위가 없으므로 피해자 각자가 자기 권리의 전부를 주장할 수 있고, 보험자는 누구에게라도 유효한 변제를 할 수 있다.

| 해설 |
피해자가 피보험자로부터 배상을 받지 못한 상태에서 보험자가 보험금을 임의로 지급한 경우에 보험자는 피보험자에게 보험금을 지급했다는 사실을 가지고 직접청구권을 가지는 피해자에게 대항할 수 없다. 따라서 보험자는 피해자가 피보험자로부터 배상을 받기 전에는 상법 제724조 제1항의 규정을 이유로 피보험자의 보험금 지급청구를 거절할 수 있다.

79 책임보험에서 피해자 직접청구권에 관한 설명으로 옳지 않은 것은? (다툼이 있는 경우 판례에 의함) 기출 21

① 직접청구권의 법적 성질은 보험자가 피보험자의 피해자에 대한 손해배상채무를 병존적으로 인수한 것으로서 피해자가 보험자에 대하여 가지는 손해배상청구권이고, 이에 대한 지연손해금에 관하여는 상사법정이율이 아닌 민사법정이율이 적용된다.
② 책임보험에서 보험자의 채무인수는 피보험자의 부탁에 따라 이루어지는 것이므로, 보험자의 손해배상채무와 피보험자의 손해배상채무는 연대채무관계에 있다.
③ 피해자의 직접청구권에 따라 보험자가 부담하는 손해배상채무는 보험계약을 전제로 하는 것으로서 보험계약에 따른 보험자의 책임한도액의 범위 내에서 인정되어야 한다.
④ 피해자의 직접청구권에 따라 보험자가 부담하는 손해배상채무는 보험계약을 전제로 하는 것으로서 피해자의 손해액을 산정함에 있어서도 약관상의 지급기준에 구속된다.

| 해설 |
상법 제724조 제2항에 의하여 피해자에게 인정되는 직접청구권의 법적 성질은 보험자가 피보험자의 피해자에 대한 손해배상채무를 병존적으로 인수한 것으로서 피해자가 보험자에 대하여 가지는 손해배상청구권이고, 피보험자의 보험자에 대한 보험금청구권의 변형 내지 이에 준하는 권리는 아니다. 이러한 피해자의 직접청구권에 따라 보험자가 부담하는 손해배상채무는 보험계약을 전제로 하는 것으로서 보험계약에 따른 보험자의 책임한도액의 범위 내에서 인정되어야 한다는 취지일 뿐, 법원이 보험자가 피해자에게 보상하여야 할 손해액을 산정하면서 자동차종합보험약관의 지급기준에 구속될 것을 의미하는 것은 아니다(대법원 2019.4.11., 선고, 2018다300708, 판결).

80 책임보험에서의 피해자 직접청구권에 관한 설명으로 옳지 않은 것은? (다툼이 있는 경우 판례에 의함) 기출 19

① 직접청구권의 법적 성질에 관하여 최근 대법원은 보험자가 피보험자의 피해자에 대한 손해배상채무를 병존적으로 인수한 것으로 본다.
② 보험자는 피보험자가 사고에 대하여 가지는 항변사유로써 제3자(피해자)에게 대항할 수 있다.
③ 보험자가 피보험자에 대해 보험금을 지급하면 피해자의 직접청구권은 발생하지 아니하므로 보험자가 피보험자와의 관계에서 보험금 상당액을 집행공탁하였다면 피해자의 직접청구권은 소멸된다.
④ 공동불법행위자의 보험자 중 일부가 피해자의 손해배상금을 보험금으로 모두 지급함으로써 공동으로 면책되었다면, 그 손해배상금을 지급한 보험자가 다른 공동불법행위자의 보험자에게 직접 구상권을 행사할 수 있다.

| 해설 |

상법 제724조 제1항은, 피보험자가 상법 제723조 제1항, 제2항의 규정에 의하여 보험자에 대하여 갖는 보험금청구권과 제3자가 상법 제724조 제2항의 규정에 의하여 보험자에 대하여 갖는 직접청구권의 관계에 관하여, 제3자의 직접청구권이 피보험자의 보험금청구권에 우선한다는 것을 선언하는 규정이므로, 보험자로서는 제3자가 피보험자로부터 배상을 받기 전에는 피보험자에 대한 보험금 지급으로 직접청구권을 갖는 피해자에게 대항할 수 없다. 그런데 피보험자가 보험계약에 따라 보험자에 대하여 가지는 보험금청구권에 관한 가압류 등의 경합을 이유로 한 집행공탁은 피보험자에 대한 변제공탁의 성질을 가질 뿐이므로, 이러한 집행공탁에 의하여 상법 제724조 제2항에 따른 제3자의 보험자에 대한 직접청구권이 소멸된다고 볼 수는 없으며, 따라서 집행공탁으로써 상법 제724조 제1항에 의하여 직접청구권을 가지는 제3자에게 대항할 수 없다(대법원 2014.9.25., 선고, 2014다207672, 판결).
① 상법 제724조 제2항에 의하여 피해자가 보험자에게 갖는 직접청구권은 보험자가 피보험자의 피해자에 대한 손해배상채무를 병존적으로 인수한 것으로서 피해자가 보험자에 대하여 가지는 손해배상청구권이므로 민법 제766조 제1항에 따라 피해자 또는 그 법정대리인이 그 손해 및 가해자를 안 날로부터 3년간 이를 행사하지 아니하면 시효로 인하여 소멸한다(대법원 2005.10.7., 선고, 2003다6774, 판결).
② 상법 제724조 제2항
④ 공동불법행위자의 보험자들 상호간에 있어서는 공동불법행위자 중의 1인과 사이에 보험계약을 체결한 보험자가 피해자에게 손해배상금을 보험금으로 모두 지급함으로써 공동불법행위자들의 보험자들이 공동면책 되었다면 그 손해배상금을 지급한 보험자는 다른 공동불법행위자들의 보험자들이 부담하여야 할 부분에 대하여 직접 구상권을 행사할 수 있다(대법원 1998.7.10., 선고, 97다17544, 판결).

81 상법상 보험계약에서 발생하는 각종 채권의 소멸시효에 관한 설명으로 옳지 않은 것은? (다툼이 있는 경우 최근 판례에 의함) 기출 25

① 책임보험에서 제3자의 직접청구권의 소멸시효기간은 2년이다.
② 자동차보험의 피보험자가 제3자의 불법행위로 인해 물적 손해를 입은 경우, 보험자가 이를 보상한 후 대위행사하는 손해배상청구권은 피보험자가 손해 및 가해자를 안 날로부터 3년, 불법행위를 한 날로부터 10년이 경과하면 시효로 소멸한다.
③ 책임보험에서 보험금청구권의 소멸시효는 원칙적으로 피보험자의 제3자에 대한 법률상의 손해배상책임이 변제, 승인, 화해 또는 재판의 방법 등에 의하여 확정됨으로써 그 보험금청구권을 행사할 수 있는 때로부터 진행된다.
④ 보험계약자의 보험료적립금 반환청구권의 소멸시효기간은 3년이다.

> **해설**
> ① 상법 제724조 제2항에 의하여 피해자가 보험자에게 갖는 직접청구권은 보험자가 피보험자의 피해자에 대한 손해배상채무를 병존적으로 인수한 것으로서 피해자가 보험자에 대하여 가지는 손해배상청구권이므로 민법 제766조 제1항에 따라 피해자 또는 그 법정대리인이 그 손해 및 가해자를 안 날로부터 3년간 이를 행사하지 아니하면 시효로 인하여 소멸한다(대법원 2005.10.7., 선고, 2003다6774, 판결).
> ② 자동차보험의 피보험자가 제3자의 불법행위로 인해 물적 손해를 입은 경우, 보험자가 이를 보상한 후 대위행사하는 손해배상청구권은 피보험자가 손해 및 가해자를 안 날로부터 3년, 불법행위를 한 날로부터 10년이 경과하면 시효로 소멸한다(민법 제766조 제1항, 제2항).
> ③ 약관에서 책임보험의 보험금청구권의 발생시기나 발생요건에 관하여 달리 정한 경우 등 특별한 다른 사정이 없는 한 원칙적으로 책임보험의 보험금청구권의 소멸시효는 피보험자의 제3자에 대한 법률상의 손해배상책임이 상법 제723조 제1항이 정하고 있는 변제, 승인, 화해 또는 재판의 방법 등에 의하여 확정됨으로써 그 보험금청구권을 행사할 수 있는 때로부터 진행된다고 봄이 상당하다(대법원 2002.9.6., 선고, 2002다30206, 판결).
> ④ 보험금청구권은 3년간, 보험료 또는 적립금의 반환청구권은 3년간, 보험료청구권은 2년간 행사하지 아니하면 시효의 완성으로 소멸한다(상법 제662조).

82 보관자의 책임보험에 대한 설명으로 옳지 않은 것은? 기출 21

① 임차인 기타 타인의 물건을 보관하는 자가 그 지급할 손해배상을 위하여 그 물건을 보험에 붙인 경우를 말한다.
② 보험자가 보험계약자가 되고 소유자를 피보험자로 하는 계약이다.
③ 물건의 소유자는 보험자에 대하여 직접 그 손해의 보상을 청구할 수 있다.
④ 보관자책임보험은 자기를 위한 보험계약이다.

> **해설**
> 보관자책임보험은 타인의 물건의 <u>보관자가 피보험자</u>가 된다. 즉 보험계약자 또는 피보험자는 타인의 물건을 보관하는 자이어야 한다.
> ① 보관자책임보험은 가옥의 임차인이나 타인의 물건을 보관하는 보관자가 보험기간 중에 고의 또는 과실로 보관 또는 사용 중인 물건에 손해를 입힘으로써 입은 손해를 보험자가 보상할 것을 목적으로 하는 보험이다.
> ③ 물건의 소유자는 보험자에게 직접 그 손해의 보상을 청구할 수 있다(상법 제725조).
> ④ 보관자책임보험은 물건의 소유자를 피보험자로 하는 타인을 위한 보험이 아니라, 보관자 자신을 피보험자로 하는 자기를 위한 책임보험이다.

83 피보험자 등이 보험금을 허위로 과다청구하는 경우에는 보험금청구권을 상실한다는 취지의 약관조항에 관한 설명 중 옳은 것은? (다툼이 있는 경우 대법원 판례에 의함) [기출 14]

① 피보험자가 증빙서류 구비의 어려움 때문에 일부 사실과 다른 서류를 제출하거나, 보험목적물의 가치에 대한 견해 차이로 보험목적물의 가치를 다소 높게 신고한 경우에는 이 조항을 적용할 수 없다.
② 이 조항은 보험계약자 등에게 상법의 규정보다 불리하여 무효이다.
③ 보험자는 이 조항이 약관에 존재하지 않는 경우에도 피보험자의 허위 과다청구를 이유로 보험금 전액의 지급을 거절할 수 있다.
④ 독립한 여러 개의 물건에 대해서 체결된 화재보험계약에서 피보험자가 일부의 물건에 관하여 과다하게 허위의 청구를 한 경우에는, 이 조항에 따라 허위의 청구를 하지 않은 다른 물건에 관한 보험금청구권까지 상실하게 된다.

> **해설**
> ① 피보험자가 보험금을 청구하면서 실손해액에 관한 증빙서류 구비의 어려움 때문에 구체적인 내용이 일부 사실과 다른 서류를 제출하거나 보험목적물의 가치에 대한 견해 차이 등으로 보험목적물의 가치를 다소 높게 신고한 경우 등까지 이 사건 약관조항에 의하여 보험금청구권이 상실되는 것은 아니라고 해석함이 상당하다 할 것이다(대법원 2007.6.14., 선고, 2007다10290, 판결).
> ② 이 조항이 보험계약자 등의 보험금청구권을 상실한다고 해석한다고 하여 그것이 <u>상법 제663조의 불이익변경금지원칙에 반하는 것이라고 할 수는 없다</u>(대법원 2007.6.14., 선고, 2007다10290, 판결).
> ③·④ 독립한 여러 물건을 보험목적물로 하여 체결된 화재보험계약에서 피보험자가 그중 일부의 보험목적물에 관하여 실제 손해보다 과다하게 허위의 청구를 한 경우에 <u>허위의 청구를 한 당해 보험목적물에 관하여 위 약관조항에 따라 보험금청구권을 상실하게 되는 것은 당연하다</u>. 그러나 만일 위 약관 조항을 피보험자가 허위의 청구를 하지 않은 다른 보험목적물에 관한 보험금청구권까지 한꺼번에 상실하게 된다는 취지로 해석한다면, 이는 허위 청구에 대한 제재로서의 상당한 정도를 초과하는 것으로 고객에게 부당하게 불리한 결과를 초래하여 신의성실의 원칙에 반하는 해석이 되므로, <u>위 약관에 의해 피보험자가 상실하게 되는 보험금청구권은 피보험자가 허위의 청구를 한 당해 보험목적물의 손해에 대한 보험금청구권에 한한다고 해석함이 상당하다</u>(대법원 2007.2.22., 선고, 2006다72093, 판결).

84 약관조항의 효력에 관한 설명으로 옳지 않은 것은? (다툼이 있는 경우 판례에 의함) 기출 21

① 재해로 인한 사망사고와 암 진단의 확정 및 그와 같이 하는 보험계약에서 피보험자가 보험계약일 이전에 암 진단이 확정되어 있는 경우에는 보험계약이 무효라는 약관조항은 유효하다.
② 보험기간 개시 전 사고로 신체장해가 있었던 피보험자에게 동일 부위에 상해사고로 새로운 후유장해가 발생한 경우에 최종 후유장해보험금에서 기존 신체장해에 대한 후유장해보험금을 차감하고 지급하기로 하는 약관조항은 유효하다.
③ 전문직업인 배상책임보험약관에서 해당 보험계약에 따른 보험금 지급의 선행조건으로서 피보험자가 제3자로부터 손해배상청구를 받은 경우 소정 기간 이내에 그 사실을 보험자에게 서면으로 통지하여야 한다는 약관조항은 약관의 규제에 관한 법률 제7조 제2호에 의하여 무효이다.
④ 계속보험료의 지급지체가 있는 경우에 상법 제650조상의 해지절차 없이 보험자가 보험계약에 대하여 실효 처리하는 실효예고부최고 약관규정은 무효이다.

해설

甲 회계법인과 乙 보험회사가 체결한 회계사 전문직업 배상책임보험계약의 약관에서 보험금 지급조건으로 정한 "피보험자인 甲 법인에 대한 제3자의 손해배상청구는 보험기간 중 행해져야 한다"는 내용의 손해배상청구 조항과 "이러한 손해배상청구는 보험기간 중 보험자인 乙 회사에 서면으로 통지되어야 한다"는 내용의 서면통지 조항이 약관의 규제에 관한 법률 제7조 제2호에 따라 무효인지 문제된 사안에서, 위 보험금 지급조건은 모두 상당한 이유 없이 보험자의 손해배상 범위를 제한한 것으로 볼 수 없으므로, 약관의 규제에 관한 법률 제7조 제2호에 따라 무효라고 볼 수 없다(대법원 2020.9.3., 선고, 2017다245804, 판결).

TIP 면책조항의 금지(약관의 규제에 관한 법률 제7조)

계약 당사자의 책임에 관하여 정하고 있는 약관의 내용 중 다음 각 호의 어느 하나에 해당하는 내용을 정하고 있는 조항은 무효로 한다.
1. 사업자, 이행 보조자 또는 피고용자의 고의 또는 중대한 과실로 인한 법률상의 책임을 배제하는 조항
2. 상당한 이유 없이 사업자의 손해배상 범위를 제한하거나 사업자가 부담하여야 할 위험을 고객에게 떠넘기는 조항
3. 상당한 이유 없이 사업자의 담보책임을 배제 또는 제한하거나 그 담보책임에 따르는 고객의 권리행사의 요건을 가중하는 조항
4. 상당한 이유 없이 계약목적물에 관하여 견본이 제시되거나 품질·성능 등에 관한 표시가 있는 경우 그 보장된 내용에 대한 책임을 배제 또는 제한하는 조항

85 보험금청구자가 서류 또는 증거를 위조 또는 변조하여 과도한 보험금 지급을 청구하는 경우에 대한 설명으로 옳은 것은? (다툼이 있는 경우 판례에 의함) 기출 17

① 상법은 이 경우 모든 보험금청구권이 아니라, 피보험자가 허위청구를 한 당해 보험목적물에 대한 청구권만 상실하는 것으로 규정한다.
② 약관의 사기적 청구조항은 거래상 일반인들이 당연히 예상할 수 있는 내용이어서 보험계약 체결시 보험자가 고객에게 설명하지 않아도 된다.
③ 피보험자가 실손해액에 관한 증빙서류 구비의 어려움 때문에 구체적인 내용이 일부 사실과 다른 내용을 제출한 경우도 실손 이상으로 청구하면 사기적 청구로 본다.
④ 표준약관에 따르면 보험사기방지특별법에 의하여 형사처벌을 받은 자의 유죄판결의 기초가 된 청구는 사기적 청구로 간주된다.

| 해설 |

"계약자 또는 피보험자가 손해의 통지 또는 보험금청구에 관한 서류에 고의로 사실과 다른 것을 기재하였거나 그 서류 또는 증거를 위조하거나 변조한 경우"를 보험금청구권의 상실사유로 정한 보험약관은 설명의무의 대상이 아니다(대법원 2003.5.30., 선고, 2003다15556, 판결).

① 현행 상법 보험편에는 사기에 의한 보험금청구와 관련된 조항이 없다. 판례에 따르면, "보험계약자 또는 피보험자가 손해의 통지 또는 보험금청구에 관한 서류에 고의로 사실과 다른 것을 기재하였거나 그 서류 또는 증거를 위조하거나 변조한 경우 피보험자는 손해에 대한 보험금청구권을 잃게 된다"고 규정하고 있는 보험계약의 약관조항의 취지는 피보험자 등이 서류를 위조하거나 증거를 조작하는 등 신의성실의 원칙에 반하는 사기적인 방법으로 과다한 보험금을 청구하는 경우에는 그에 대한 제재로서 보험금청구권을 상실하도록 하려는데 있고, 독립한 여러 물건을 보험목적물로 하여 체결된 화재보험계약에서 피보험자가 그중 일부의 보험목적물에 관하여 실제 손해보다 과다하게 허위의 청구를 한 경우에 허위의 청구를 한 당해 보험목적물에 관하여 위 약관조항에 따라 보험금청구권을 상실하게 되는 것은 당연하다. 그러나 만일 위 약관조항을 피보험자가 허위의 청구를 하지 않은 다른 보험목적물에 관한 보험금청구권까지 한꺼번에 상실하게 된다는 취지로 해석한다면, 이는 허위 청구에 대한 제재로서의 상당한 정도를 초과하는 것으로 고객에게 부당하게 불리한 결과를 초래하여 신의성실의 원칙에 반하는 해석이 되므로, 위 약관에 의해 피보험자가 상실하게 되는 보험금청구권은 피보험자가 허위의 청구를 한 당해 보험목적물의 손해에 대한 보험금청구권에 한한다고 해석함이 상당하다(대법원 2007.2.22., 선고, 2006다72093, 판결).
③ 피보험자가 실손해액에 관한 증빙서류 구비의 어려움 때문에 구체적인 내용이 일부 사실과 다른 내용을 제출한 경우까지 보험금청구권을 상실시키거나 보험목적물 중 일부목적물에 대하여 허위청구가 있다 하여 전체의 보험금청구권을 상실시키는 것은 아니다(대법원 2007.6.14., 선고, 2007다10290, 판결).
④ 형사판결에서 피보험자의 보험금청구가 사기적 청구로 판단되어 사기죄로 처벌받은 경우 보험금청구의 사기적 청구로 추정된다.

86 A 보험회사와 甲은 피보험자를 甲, 乙, 丙으로 하여 손해배상책임보험계약을 체결하였다. 甲과 乙은 부부이고 丙은 이들의 자녀이다. 이 보험계약이 체결된 후에 丙이 고의로 불을 내어 타인에게 손해를 입혔고, 甲과 乙은 자녀 丙에 대한 감독의무를 소홀히 하였음을 이유로 민법상 손해배상책임을 지게 되었다. 이 보험의 면책약관에는 보험계약자 또는 피보험자의 고의를 원인으로 하여 생긴 손해는 보상하지 아니한다고 규정되어 있었다. 최근의 대법원 판례에 따를 때 옳은 설명은? 기출 14

① 丙이 고의로 보험사고를 일으켰으므로, A 보험회사는 면책약관에 따라 보험금의 지급책임을 지지 않게 된다.
② 甲과 乙은 丙과 함께 고의로 인한 공동불법행위책임을 지게 되므로, A 보험회사는 면책약관에 따라 보험금의 지급책임을 지지 않게 된다.
③ 甲과 乙은 과실로 인한 손해배상책임을 지게 되므로, A 보험회사는 면책약관의 적용을 주장할 수 없고 보험금의 지급책임을 지게 된다.
④ 甲과 乙은 과실로 인한 손해배상책임을 지고 丙은 고의로 인한 손해배상책임을 지게 되므로, A 보험회사는 丙에 대해서만 면책약관을 적용할 수 있고, 따라서 보험가입금액의 2/3를 한도로 보험금의 지급책임을 지게 된다.

| 해설 |

손해배상책임보험에 있어서 동일한 사고로 인하여 피해자에 대하여 배상책임을 지는 피보험자가 복수로 존재하는 경우에는 그 피보험이익도 피보험자마다 개별로 독립하여 존재하는 것이므로 각각의 피보험자마다 손해배상책임의 발생요건이나 면책조항의 적용 여부 등을 개별적으로 가려서 보상책임의 유무를 결정하는 것이 원칙이다. 따라서 손해배상책임보험약관에 정한 보험사고 해당 여부나 보험자 면책조항의 적용 여부를 판단함에 있어서는 특별한 사정이 없는 한 그 약관에 피보험자 개별적용조항을 별도로 규정하고 있지 않더라도 각 피보험자별로 손해배상책임의 발생요건이나 보험자 면책조항의 적용 여부를 가려 보험사고 해당 여부 또는 면책 여부를 결정하여야 하고, 그 약관의 규정 형식만으로 복수의 피보험자 중 어느 한 사람에 대하여 보험사고에 해당하지 아니하거나 면책조항에 해당한다고 하여 보험자의 모든 피보험자에 대한 보상책임이 성립하지 아니하거나 모든 피보험자에 대한 보상책임을 면하는 것으로 해석할 것은 아니다(대법원 1998.4.23., 선고, 97다19403, 전원합의체 판결 등 참조). 그리고 이와 같은 법리는 특별한 사정이 없는 한 손해배상책임보험약관에서 보상하는 손해로 우연한 사고로 타인의 신체의 장해 또는 재물의 손해에 대한 법률상의 배상책임을 부담함으로써 입은 손해를 규정하고 있거나 보상하지 아니하는 손해로 피보험자의 고의를 원인으로 하여 생긴 손해를 규정하고 있는 경우에도 마찬가지로 적용된다.
A 보험회사와 甲이 피보험자를 甲, 乙, 丙으로 하여 손해배상책임보험을 체결하였는데, 피보험자인 甲과 乙이 방화를 저지른 자녀 丙에 대한 감독의무를 소홀히 하였음을 이유로 민법 제750조의 책임을 부담하게 된 사안에서, 甲, 乙의 책임은 과실에 의한 불법행위책임이므로 A 보험회사는 여전히 보험금 지급의무가 있고, 나아가 보험계약자 또는 피보험자의 고의를 원인으로 하여 생긴 손해는 보상하지 아니한다고 규정한 특별약관 면책사유에도 해당하지 않는다(대법원 2012.12.13., 선고, 2012다1177, 판결).

87 재보험에 관한 설명으로 옳지 않은 것은? 기출 18

① 재보험계약은 원보험계약의 효력에 영향을 미치지 아니한다.
② 책임보험에 관한 규정은 그 성질에 반하지 아니하는 범위에서 재보험계약에 준용될 수 있다.
③ 재보험자가 원보험계약자에게 보험금을 지급하면 지급한 재보험금의 한도 내에서 원보험자가 제3자에 대해 가지는 권리를 대위취득한다.
④ 원보험계약의 보험자가 보험금 지급의무를 이행하지 않을 경우 피보험자 또는 보험수익자는 재보험자에게 직접 보험금 지급청구권을 행사할 수 있다.

| 해설 |
재보험계약은 법률상으로 원보험계약과는 구별되는 독립된 계약이므로, 원보험계약의 보험자가 보험금 지급의무를 이행하지 않을 경우 피보험자 또는 보험수익자는 재보험자에게 직접 보험금 지급청구권을 행사할 수 없다(상법 제661조 후단).

88 재보험에 관한 다음의 설명 중 옳지 않은 것은? 기출 19

① 원보험자는 손해보험계약이든 인보험계약이든 보험계약자의 동의없이 다른 보험자와 재보험계약을 체결할 수 있다.
② 원보험자는 인수위험에 대하여 일정액을 초과하는 부분에 대하여 재보험에 부보할 수도 있고, 일정비율로 부보할 수도 있다.
③ 재보험자는 원보험료 미지급을 이유로 재보험금의 지급을 거절할 수 있다.
④ 재보험자가 보험자대위에 의하여 취득한 제3자에 대한 권리행사는 재보험자가 이를 직접 행사하지 아니하고 원보험자가 수탁자의 지위에서 자기명의로 권리를 행사하여 그 회수한 금액을 재보험자에게 재보험금 비율에 따라 교부하는 방식에 의하여 이루어지는 것이 상관습이다.

| 해설 |
재보험계약은 법률상으로 원보험계약과는 구별되는 독립된 계약이므로, 재보험계약은 원보험계약의 효력에 영향을 미치지 아니한다(상법 제661조 후단). 따라서 원보험자는 원보험료의 지급이 없음을 이유로 재보험료의 지급을 거절할 수 없고, 또 재보험자의 재보험금의 지급불이행을 이유로 보험금의 지급을 거절할 수 없다.

89 재보험에 관한 설명으로 옳지 않은 것은? (다툼이 있는 경우 판례에 의함)

① 재보험에 대하여도 제3자에 대한 보험자대위가 적용된다.
② 재보험은 원보험자가 인수한 위험의 전부 또는 일부를 분산시키는 기능을 한다.
③ 재보험계약은 원보험계약의 효력에 영향을 미친다.
④ 재보험자는 손해보험의 원보험자와 재보험계약을 체결할 수 있다.

> **해설**
> 재보험계약은 원보험계약의 효력에 영향을 미치지 아니한다(상법 제661조).
> ① 재보험자가 원보험자에게 재보험금을 지급하면 원보험자가 취득한 제3자에 대한 권리는 지급한 재보험금의 한도에서 다시 재보험자에게 이전된다(대법원 2013.2.14., 선고, 2010다94908, 판결).
> ② 재보험은 어떤 보험자가 인수한 보험계약상의 책임의 전부 또는 일부를 다른 보험자에게 인수시키는 보험이다(상법 제661조).
> ④ 보험자는 원보험이 손해보험이든 인보험이든 불문하고 보험사고로 인하여 부담할 책임의 전부 또는 일부에 대하여 다른 보험자와 재보험계약을 체결할 수 있다.

90 재보험에 관한 설명으로 옳지 않은 것은? (다툼이 있는 경우 판례에 의함) 기출 20

① 원보험계약과 재보험계약은 법률상 독립된 별개의 계약이므로 재보험계약은 원보험계약의 효력에 영향을 미치지 아니한다.
② 책임보험에 관한 규정은 그 성질에 반하지 아니하는 범위 내에서 재보험계약에 준용한다.
③ 재보험자가 원보험자에게 재보험금을 지급하면 그 지급한 금액의 범위 내에서 원보험자의 보험자대위권이 재보험자에 이전한다.
④ 보험자대위에 의하여 취득한 제3자에 대한 권리는 재보험자가 이를 직접 자기 명의로 그 권리를 행사하며, 이를 통하여 회수한 금액을 원보험자와 비율에 따라 교부하는 방식으로 이루어지는 것이 상관습이다.

> **해설**
> 재보험자가 보험자대위에 의하여 취득한 제3자에 대한 권리의 행사는 재보험자가 이를 직접 하지 아니하고, 원보험자가 재보험자의 수탁자의 지위에서 자기 명의로 권리를 행사하여 그로써 회수한 금액을 재보험자에게 재보험금의 비율에 따라 교부하는 방식에 의하여 이루어지는 것이 상관습이다(대법원 2015.6.11., 선고, 2012다10386, 판결).
> ① 상법 제661조 후단
> ② 상법 제726조
> ③ 보험자가 피보험자에게 보험금을 지급하면 보험자대위의 법리에 따라 피보험자가 보험사고의 발생에 책임이 있는 제3자에 대하여 가지는 권리는 지급한 보험금의 한도에서 보험자에게 당연히 이전되고(상법 제682조), 이는 재보험자가 원보험자에게 재보험금을 지급한 경우에도 마찬가지이다. 따라서 재보험관계에서 재보험자가 원보험자에게 재보험금을 지급하면 원보험자가 취득한 제3자에 대한 권리는 지급한 재보험금의 한도에서 다시 재보험자에게 이전된다(대법원 2015.6.11., 선고, 2012다10386, 판결).

91 재보험계약의 법률관계에 대한 설명으로 옳지 않은 것은?

① 원보험계약상의 보험사고가 발생하여 그 피보험자에게 보험금 지급의무를 부담한 때라고 보는 원보험자책임부담설이 다수설이다.
② 오기 또는 탈루 때문에 재보험 책임에 영향을 미칠 수 없다는 것을 규정한 조항은 follow the fortune clause이다.
③ 재보험계약은 법률상으로 원보험계약과는 구별되는 독립된 계약이므로, 재보험계약은 원보험계약의 효력에 영향을 미치지 아니한다.
④ 원보험계약의 피보험자가 재보험자에게 직접 보험금청구권을 행사할 경우 재보험자는 원보험자에게 대항할 수 있는 항변으로써 원보험자의 피보험자에게 대항할 수 있다.

| 해설 |
> follow the fortune clause는 재보험자는 원보험자의 운명과 처리에 따른다는 조항이며, errors and omissions clause는 오기 또는 탈루 때문에 재보험 책임에 영향을 미칠 수 없다는 것을 규정한 조항이다.

92 상법상 자동차보험에 관한 설명으로 옳지 않은 것은? (다툼이 있는 경우 판례에 의함) 기출 25

① 피보험자가 보험기간 중에 자동차를 양도한 때에는 양수인은 보험자의 승낙 여부와 무관하게 보험계약으로 인하여 생긴 권리와 의무를 승계한다.
② 보험자가 양수인으로부터 양수사실을 통지받은 때에는 지체 없이 낙부를 통지하여야 한다.
③ 보험자가 양수인으로부터 양수사실을 통지받은 날부터 10일 내에 낙부의 통지를 하지 않은 때에는 승낙한 것으로 본다.
④ 피보험자동차의 매수인이 매매대금을 모두 지급하고 차량을 인도받아 그 명의로 소유권이전 등록까지 마친 경우 매수인은 승낙피보험자에 해당하지 않는다.

| 해설 |
> 피보험자가 보험기간 중에 자동차를 양도한 때에는 양수인은 보험자의 승낙을 얻은 경우에 한하여 보험계약으로 인하여 생긴 권리와 의무를 승계한다(상법 제726조의4 제1항).
> ②·③ 보험자가 양수인으로부터 양수사실을 통지받은 때에는 지체 없이 낙부를 통지하여야 하고 통지받은 날부터 10일 내에 낙부의 통지가 없을 때에는 승낙한 것으로 본다(상법 제726조의4 제2항).
> ④ 보험차량의 매수인이 매매대금을 모두 지급하고 차량을 인도받아 그 명의로 소유권이전 등록까지 마친 경우에는 매수인을 자동차종합보험약관에 규정된 '기명피보험자의 승낙을 얻어 자동차를 사용 또는 관리 중인 자(승낙피보험자)'에 해당한다고 볼 수 없다(대법원 1991.7.26., 선고, 91다14796, 판결).

93 자동차보험계약상 기명피보험자에 대한 설명으로 옳지 않은 것은? (다툼이 있는 경우 판례에 의함) 기출 21

① 기명피보험자란 피보험자동차를 소유, 사용, 관리하는 자중에서 보험계약자가 지정하여 보험증권의 기명피보험자란에 기재되어 있는 피보험자를 말한다.
② 실제 차주가 지입한 회사를 피보험자로 하여 보험계약을 체결하는 경우 실제 차주가 기명피보험자이고, 지입한 회사는 승낙피보험자이다.
③ 경찰서 소속의 관용차량에 대한 보험계약 체결시 경찰서장을 피보험자로 기재하여 보험계약을 체결한 경우 기명피보험자는 국가이고, 경찰서 직원은 승낙피보험자이다.
④ 자동차를 매매하고 소유권이전등록을 하지 않은 사이에 매도인이 가입했던 자동차보험계약의 보험기간이 만료되어 매수인이 보험자와 자동차보험계약을 체결하면서 기명피보험자 명의를 보험자의 승낙을 얻어 자동차등록원부상의 소유명의인으로 하였다면 실질적인 피보험자는 매수인이다.

| 해설 |

기명피보험자란 보험증권의 기명피보험자란에 기재되어 있는 피보험자를 말한다. 지입차량에 관하여 실제 차주가 보험회사와 지입(持入)한 회사를 피보험자로 하여 보험계약을 체결하는 경우, 그 지입한 회사가 기명피보험자가 되고, 실제 차주는 승낙피보험자에 해당한다.
① 자동차보험표준약관 제1조 제13호 가목
③ 경찰서 소속의 관용차량에 관하여 경찰서장을 기명피보험자로 표시하여 자동차보험을 체결한 경우 기명피보험자는 국가이고, 그 차량을 사용하는 경찰서 직원은 승낙피보험자이다.
④ 자동차종합보험계약의 약관에 따르면 기명피보험자의 승낙을 얻어 자동차를 사용 또는 관리 중인 자도 피보험자에 포함되는 바, 자동차를 매수하고 소유권이전등록을 마치지 아니한 채 자동차를 인도받아 운행하면서 매도인과의 합의 아래 그를 피보험자로 한 자동차종합보험계약을 체결하였다면, 매수인은 위 약관에서 말하는 기명피보험자의 승낙을 얻어 자동차를 사용 또는 관리 중인 자에 해당한다(대법원 1993.2.23., 선고, 92다24127, 판결).

94 자동차보험에 대한 설명으로 옳지 않은 것은? (다툼이 있는 경우 판례에 의함) 기출 16

① 보험자가 보험계약자의 대리인과 자동차보험계약을 체결하는 경우에는 그 대리인에게 보험약관을 설명함으로써 족하다.
② 피보험자가 보험기간 중에 자동차를 양도한 때에는 양수인은 보험자의 승낙을 얻은 경우에 한하여 보험계약으로 인하여 생긴 권리와 의무를 승계한다.
③ 보험자가 양수인으로부터 양수사실을 통지받은 때에는 지체 없이 낙부를 통지하여야 하고, 통지받은 날부터 14일 내에 낙부의 통지가 없을 때에는 승낙한 것으로 본다.
④ 자동차보험계약의 보험자는 피보험자가 자동차를 소유, 사용 또는 관리하는 동안에 발생한 사고로 인하여 생긴 손해를 보상할 책임이 있다.

정답 91 ② 92 ① 93 ② 94 ③

> **해설**
> 보험자가 양수인으로부터 양수사실을 통지받은 때에는 지체 없이 낙부를 통지하여야 하고, 통지받은 날부터 10일 내에 낙부의 통지가 없을 때에는 승낙한 것으로 본다(상법 제726조의4 제2항).
> ① 대법원 2001.7.27., 선고, 2001다23973, 판결
> ② 상법 제726조의4 제1항
> ④ 상법 제726조의2

95 자동차보험에 대한 설명으로 옳지 않은 것은? 기출 17

① 대물배상책임보험이란 피보험자가 자동차의 사고로 타인의 재화에 손해를 일으켜 제3자에게 배상책임을 짐으로써 입은 손해를 보험자가 보상하는 책임보험이고, 여기에는 자동차에 싣고 있는 물건 또는 운송 중인 물건에 생긴 손해도 포함된다.
② 대인배상책임보험이란 자동차의 운행 또는 소유·사용·관리 중에 있는 제3자에게 사망 또는 상해를 입힌 사고로 말미암아 피보험자가 제3자에게 배상책임을 짐으로써 입은 손해를 보험자가 보상하는 책임보험이다.
③ 자동차보험계약이라 함은 피보험자가 자동차를 소유, 사용 또는 관리하는 동안에 발생한 사고로 인하여 생길 손해의 보상을 목적으로 하는 손해보험계약이다.
④ 무보험자동차상해보험은 자동차보험의 대인배상 II에 가입되지 아니하거나, 대인배상 II에 의하여 보호되지 아니하는 자동차 사고로 손해를 입은 피보험자를 보호하기 위한 보험이다.

> **해설**
> 대물배상책임보험은 피보험자가 자동차의 사고로 타인의 재물을 멸실, 파손 또는 오손하여 피해자에게 생긴 직접손해에 대하여 법률상 손해배상책임을 짐으로써 입은 손해를 보험자가 보상하는 책임보험이다. 피보험자동차에 싣고 있거나 운송 중인 물품에 생긴 손해는 보상하지 않는다(자동차보험표준약관 제8조 제3항 제3호).
>
> **TIP** 대물배상책임보험에서 보상하지 않는 손해(자동차보험표준약관 제8조 제3항)
> 1. 피보험자 또는 그 부모, 배우자나 자녀가 소유·사용·관리하는 재물에 생긴 손해
> 2. 피보험자가 사용자의 업무에 종사하고 있을 때 피보험자의 사용자가 소유·사용·관리하는 재물에 생긴 손해
> 3. 피보험자동차에 싣고 있거나 운송 중인 물품에 생긴 손해
> 4. 다른 사람의 서화, 골동품, 조각물, 그 밖에 미술품과 탑승자와 통행인의 의류나 휴대품에 생긴 손해
> 5. 탑승자와 통행인의 분실 또는 도난으로 인한 소지품에 생긴 손해(그러나 훼손된 소지품에 한하여 피해자 1인당 200만원의 한도에서 실제 손해를 보상함)

96 자동차보험에 관한 설명으로 옳지 않은 것은? (다툼이 있는 경우 판례에 의함) [기출 18]

① 기명피보험자란 피보험자동차를 소유·사용·관리하는 자 중에서 보험계약자가 지정하여 보험증권의 기명피보험자란에 기재되어 있는 피보험자를 말한다.
② 전혼이 사실상 이혼상태에 있는 등 특별한 사정이 있더라도 사실혼 배우자는 친족피보험자에 포함되지 아니한다.
③ 기명피보험자로부터 피보험자동차를 임대받아 운행하는 자는 피보험자동차를 사용 또는 관리하는 자에 해당한다.
④ 대리운전의 경우 자동차보유자와 대리운전업자 모두 운행자성이 인정될 수 있다.

| 해설 |

자동차보험보통약관상 "보험증권에 기재된 피보험자 또는 그 부모, 배우자 및 자녀가 죽거나 다친 경우에는 보상하지 아니합니다"라는 면책조항은 피보험자나 그 배우자 등이 사고로 손해를 입은 경우에는 그 가정 내에서 처리함이 보통이고 손해배상을 청구하지 않는 것이 사회통념에 속한다고 보아 규정된 것으로서, 그러한 사정은 사실혼관계의 배우자에게도 마찬가지라 할 것이므로, 여기서 "배우자"라 함은 반드시 법률상의 배우자만을 의미하는 것이 아니라, 관행에 따른 결혼식을 하고 결혼생활을 하면서 아직 혼인신고만 되지 않고 있는 사실혼관계의 배우자도 이에 포함된다고 봄이 상당하다(대법원 1994.10.25., 선고, 93다39942 판결).
① 자동차보험 표준약관 제1조 제13호 가목
③ 기명피보험자로부터 피보험자동차를 임대받아 운행하는 자는 영업용 자동차보험보통약관상 "기명피보험자로부터 허락을 얻어 피보험자동차를 운행하는 자"에 해당한다(대법원 2000.10.6., 선고, 2000다32840, 판결). 즉 승낙피보험자에 해당한다.
④ 자동차의 소유자 또는 보유자가 주점에서의 음주 기타 운전장애사유 등으로 인하여 일시적으로 타인에게 자동차의 열쇠를 맡겨 대리운전을 시킨 경우, 위 대리운전자의 과실로 인하여 발생한 차량사고의 피해자에 대한 관계에서는 자동차의 소유자 또는 보유자가 객관적, 외형적으로 위 자동차의 운행지배와 운행이익을 가지고 있다고 보는 것이 상당하다(대법원 1994.4.15., 선고, 94다5502, 판결).

97 다음 중 자동차보험증권에 반드시 기재해야 하는 사항을 모두 모아놓은 것은? [기출 16·20]

가. 자동차소유자와 그 밖의 보유자의 성명과 생년월일 또는 상호
나. 자동차운전자의 성명과 생년월일
다. 피보험자동차의 등록번호, 차대번호, 차형년식과 기계장치
라. 차량가액을 정한 때에는 그 가액

① 가, 나, 다
② 가, 다, 라
③ 나, 다, 라
④ 가, 나, 다, 라

> **해설**
> 나. 자동차보험증권에는 보험계약자의 주소와 성명 또는 상호, 피보험자의 주소, 성명 또는 상호가 기재되며, 자동차운전자의 성명과 생년월일은 기재사항이 아니다.
>
> **TIP** 자동차보험증권의 기재사항(상법 제726조의3)
> 자동차보험 증권에는 보험증권 일반에 관한 기재사항(상법 제666조) 이외에 다음의 사항을 기재하여야 한다.
> 1. 자동차소유자와 그 밖의 보유자의 성명과 생년월일 또는 상호
> 2. 피보험자동차의 등록번호, 차대번호, 차형년식과 기계장치
> 3. 차량가액을 정한 때에는 그 가액

98. 다음은 자동차보험에 관한 기술이다. 옳지 않은 것은? [기출 15]

① 자동차보험계약의 보험자는 피보험자가 자동차를 관리 중 발생한 사고도 손해보상해야 한다.
② 차량가액은 자동차보험증권에 기재할 절대적 기재사항이다.
③ 피보험자가 보험기간 중 자동차를 양도한 때에는 양수인은 보험자의 승낙을 얻은 경우에 한하여 보험계약으로 인하여 생긴 권리와 의무를 승계한다.
④ 보험자가 양수인으로부터 양수사실을 통지받은 때에는 지체 없이 낙부를 통지하여야 한다.

> **해설**
> 자동차보험증권에는 손해보험증권의 기재사항(상법 제666조) 이외에 자동차소유자와 그 밖의 보유자의 성명과 생년월일 또는 상호, 피보험자동차의 등록번호·차대번호·차형연식과 기계장치, 차량가액을 정한 때에는 그 가액을 기재하여야 한다(상법 제726조의3).
> 즉, 차량가액은 자동차보험증권에 반드시 기재할 절대적 기재사항이 아니다.

99. 자동차손해배상보장법상 운행자에 관한 설명으로 옳지 않은 것은? (다툼이 있는 경우 판례에 의함) [기출 22]

① 운행지배란 현실적인 지배에 한하며, 사회통념상 간접지배 내지는 지배가능성이 있다고 볼 수 있는 경우는 포함되지 아니한다.
② 운행자란 자동차관리법의 적용을 받는 자동차와 건설기계관리법의 적용을 받는 건설기계를 자기의 점유·지배하에 두고 자기를 위하여 사용하는 자를 말한다.
③ 여관이나 음식점 등의 공중접객업소에서 주차 대행 및 관리를 위한 주차요원을 일상적으로 배치하여 이용객으로 하여금 주차요원에게 자동차와 시동열쇠를 맡기도록 한 경우에 위 자동차는 공중접객업소가 보관하는 것으로 보아야 하고, 위 자동차에 대한 자동차 보유자의 운행지배는 떠난 것으로 볼 수 있다.
④ 제3자가 무단히 자동차를 운전하다가 사고를 내었다 하더라도 그 운행에 있어 소유자의 운행지배와 운행이익이 완전히 상실되었다고 볼 만한 특별한 사정이 없는 경우 소유자는 그 사고에 대하여 자동차손해배상보장법상 소정의 운행자로서 책임을 부담한다.

| 해설 |

자동차손해배상보장법 제3조에서 자동차 사고에 대한 손해배상책임을 지는 자로 규정하고 있는 '자기를 위하여 자동차를 운행하는 자'란 사회통념상 당해 자동차에 대한 운행을 지배하여 그 이익을 향수하는 책임주체로서의 지위에 있다고 할 수 있는 자를 말하고, 이 경우 운행의 지배는 현실적인 지배에 한하지 아니하고 사회통념상 간접지배 내지는 지배가능성이 있다고 볼 수 있는 경우도 포함한다(대법원 1998.10.27., 선고, 98다36382, 판결).
② 운행자란 자동차관리법의 적용을 받는 자동차와 건설기계관리법의 적용을 받는 건설기계를 자기의 점유·지배하에 두고 자기를 위하여 사용하는 자를 말하며, 자배법상 손해배상책임의 주체이다.
③ 대법원 2009.10.15., 선고, 2009다42703, 42710, 판결
④ 대법원 1989.3.28., 선고, 88다카2134, 판결

100 자동차손해배상보장법 제3조의 운행자성에 대한 설명으로 옳지 않은 것은? (다툼이 있는 경우 판례에 의함) 기출 23

① 절취운전의 경우 자동차 보유자는 원칙적으로 자동차를 절취 당하였을 때 운행지배와 운행이익을 잃어버린다.
② 자동차의 보유자가 음주 기타 운전 장애사유 등으로 인하여 일시적으로 타인에게 대리운전을 시킨 경우, 대리운전자의 과실로 인하여 발생한 차량사고의 피해자에 대한 관계에서는 자동차의 보유자가 객관적, 외형적으로 운행지배와 운행이익을 가지고 있다.
③ 절취운전 중 사고가 일어난 시간과 장소 등에 비추어 볼 때에 자동차 보유자의 운행지배와 운행이익이 잔존하고 있다고 평가할 수 있는 경우라면 자동차를 절취당한 자동차보유자에게 운행자성을 인정할 수 있다.
④ 호텔이나 유흥음식점에서의 차량 보관 등을 하는 경우 업소에 맡긴 차량을 주차관리자가 차량소유자의 승낙 없이 운전하다가 사고를 야기한 경우, 차량소유자는 차량에 대한 운행지배를 상실하지 않는다.

| 해설 |

호텔이나 유흥음식점에서의 차량 보관 등을 하는 경우 업소에 맡긴 차량을 주차관리자가 차량소유자의 승낙 없이 운전하다가 사고를 야기한 경우 차량과 시동열쇠를 맡겨 주차를 의뢰한 후 시동열쇠를 반환받을 때까지는 주차관리자가 차량을 보관하고 있고, 차량소유자의 차량에 대한 운행지배는 떠난 것으로 볼 수 있다(대법원 1988.10.25., 선고, 86다카2516, 판결).
①·③ 절취운전의 경우에는 자동차 보유자는 원칙적으로 자동차를 절취당하였을 때에 운행지배와 운행이익을 잃어버렸다고 보아야 할 것이고, 다만 예외적으로 자동차 보유자의 차량이나 시동열쇠 관리상의 과실이 중대하여 객관적으로 볼 때에 자동차 보유자가 절취운전을 용인하였다고 평가할 수 있을 정도가 되고, 또한 절취운전 중 사고가 일어난 시간과 장소 등에 비추어 볼 때에 자동차 보유자의 운행지배와 운행이익이 잔존하고 있다고 평가할 수 있는 경우에 한하여 자동차를 절취한 자동차 보유자에게 운행자성을 인정할 수 있다(대법원 1998.6.23., 선고, 98다10380, 판결).
② 자동차의 소유자 또는 보유자가 주점에서의 음주 기타 운전장애사유 등으로 인하여 일시적으로 타인에게 자동차의 열쇠를 맡겨 대리운전을 시킨 경우, 위 대리운전자의 과실로 인하여 발생한 차량사고의 피해자에 대한 관계에서는 자동차의 소유자 또는 보유자가 객관적, 외형적으로 위 자동차의 운행지배와 운행이익을 가지고 있다고 보는 것이 상당하고, 대리운전자가 그 주점의 지배인 기타 종업원이라 하여 달리 볼 것은 아니다(대법원 1994.4.15., 선고, 94다5502, 판결).

101 자기신체사고보험 및 자동차상해보험특약에 관한 설명으로 옳지 않은 것은? (다툼이 있는 경우 판례에 의함) 기출 24

① 자기신체사고보험은 '인보험'의 일종이다.
② 자동차상해보험 중 피보험자가 상해의 결과 사망하여 사망보험금 항목의 보험금이 지급되어도 그 부분이 생명보험이 되는 것은 아니다.
③ 음주운전면책조항은 자기신체사고보험에서 유효한 것과 달리 피해자의 구제를 강조하는 자동차상해보험특약에서는 무효이다.
④ 자동차상해보험특약은 자동차종합보험의 자기신체사고보험을 대체하여 피보험자가 보상받는 것을 주된 목적으로 한다.

| 해설 |

①·③ 자기신체사고 자동차보험(자손사고보험)은 피보험자의 생명 또는 신체에 관하여 보험사고가 생길 경우에 보험자가 보험계약이 정하는 보험금을 지급할 책임을 지는 것으로서 그 성질은 인보험의 일종이라고 할 것이므로, 그와 같은 인보험에 있어서의 음주운전 면책약관이 보험사고가 전체적으로 보아 고의로 평가되는 행위로 인한 경우뿐만 아니라 과실(중과실 포함)로 평가되는 행위로 인한 경우까지 포함하는 취지라면 과실로 평가되는 행위로 인한 사고에 관한 한 무효라고 보아야 한다(대법원 1998.12.22., 선고, 98다35730, 판결).
② 자동차상해보험은 피보험자가 피보험자동차를 소유·사용·관리하는 동안에 생긴 피보험자동차의 사고로 인하여 상해를 입었을 때 보험자가 보험약관에 정한 사망보험금이나 부상보험금 또는 후유장해보험금 등을 지급할 책임을 지는 것으로서 인보험의 일종이기는 하나, 피보험자가 급격하고도 우연한 외부로부터 생긴 사고로 인하여 신체에 상해를 입은 경우에 그 결과에 따라 보험약관에 정한 보상금을 지급하는 보험이어서 그 성질상 상해보험에 속한다(대법원 2004.7.9., 선고, 2003다29463, 판결).
④ 자기신체사고보험은 부상을 입었을 경우 해당 급수별 한도 내에서 실제 발생된 치료비만 보상된다. 반면 자동차상해보험은 상해급수와 상관없이 보험가입금액 한도 내에서 실제 발생된 치료비 외에 위자료와 휴업손해액을 보상받는다. 또한 과실 여부와 상관없이 보험가입금액 한도 내에서 보상받는다.

102 자동차보험에서 자동차의 양도에 관한 설명으로 옳지 않은 것은? 기출 20

① 피보험자가 보험기간 중에 자동차를 양도한 때에는 양수인은 보험자의 승낙을 얻은 경우에 한하여 보험계약으로 인하여 생긴 권리와 의무를 승계한다.
② 피보험자가 보험기간 중에 자동차를 양도한 때에는 그 양수인은 보험자에게 지체 없이 양수사실을 통지하여야 한다.
③ 보험자가 양수인으로부터 양수사실을 통지받은 때에는 지체 없이 낙부를 통지하여야 한다.
④ 보험자가 양수인으로부터 양수사실을 통지받은 날부터 10일 내에 낙부의 통지가 없을 때에는 승낙한 것으로 본다.

| 해설 |

자동차보험에 있어서 피보험자가 보험기간 중에 자동차를 양도한 때에는 양수인은 보험자의 승낙을 얻은 경우에 한하여 보험계약으로 인하여 생긴 권리와 의무를 승계한다. 이때 보험자가 양수인으로부터 양수 사실을 통지받은 때에는 지체 없이 낙부를 통부하여야 하고, 통지받은 날로부터 10일 내에 낙부의 통지가 없을 때에는 승낙한 것으로 본다(상법 제726조의4). 양수인은 보험자에게 지체 없이 양수사실을 통지하여야 한다는 상법상 규정은 없다.

103 자동차의 양도에 따른 보험관계의 승계에 관한 설명 중 옳은 것은? 기출 14

① 상법에 의하면, 보험자가 자동차의 양수사실을 통지받고 그 양수에 대한 낙부(諾否)의 통지를 게을리 하면 그의 승낙이 의제되므로, 양수의 사실이 보험자에게 통지된 자동차의 경우에는 무보험(無保險)상태가 생겨나지 않는다.

② 자동차손해배상보장법에 의하면, 자동차의 양도일부터 자동차소유권 이전등록 신청기간이 끝나는 날 또는 그 전에 양수인이 새로운 책임보험 등의 계약을 체결한 날까지의 기간에 대해서는 자동차의 양수인이 그 기간에 해당하는 의무보험의 보험료를 양도인에게 지급하기 전이라도 의무보험에 관한 양도인의 권리·의무를 승계한다.

③ 최근의 대법원 판례에 따르면, 甲이 자동차를 乙에게 양도하고, 乙이 자동차소유권 이전등록 신청기간 내에 이전등록을 하지 않고 자동차를 다시 丙에게 양도한 경우에는 丙은 乙에게 부여된 자동차소유권 이전등록 신청기간 중에서 乙이 이전등록을 하지 않고 경과한 기간을 뺀 나머지 기간 동안만 자동차손해배상보장법에 따라 甲이 가입한 의무보험에 관한 권리·의무를 승계할 수 있다.

④ 최근의 대법원 판례에 따르면, 자동차의 양도인이 가입한 A 보험회사가 양수인이 새로 B 보험회사의 자동차보험에 가입한 사실을 모르고 그 자동차가 무보험차로 된 것으로 오인하여 그 자동차 양도 후의 사고로 인한 피해자에게 자동차손해배상보장사업에 따른 금액을 지급한 경우라도 피해자의 B 보험회사에 대한 책임보험금청구권이 시효로 소멸된 경우에는 A 보험회사는 B 보험회사에 대하여 구상권을 행사할 수 없다.

> **해설**
>
> ② 자동차손해배상보장법 제26조
> ① 보험자가 양수인으로부터 양수 사실을 통지받은 때에는 지체 없이 낙부를 통부하여야 하고, 통지받은 날로부터 10일 이내에 낙부의 통지가 없을 때에는 승낙한 것으로 본다. 하지만 양수의 사실이 보험자에게 통지된 자동차의 경우에도 보험자가 승낙하기 전까지는 무보험상태가 된다.
> ③ 개인용 자동차보험 특별약관에서 보험회사는 피보험자동차가 양도된 날로부터 15일째 되는 날의 24시까지 그 자동차를 '대인배상Ⅰ'의 피보험자동차로 간주하고 양수인을 보험계약자 및 기명피보험자로 본다고 규정한 경우, 위 특별약관에서 정한 '자동차의 양도'에 자동차에 대한 사실상의 운행지배를 취득한 양수인이 자동차관리법 제12조의 규정에 따른 자동차소유권 이전등록을 하지 아니한 채 다시 제3자에게 이를 양도하고 현실적으로 자동차 점유를 이전함으로써 운행지배를 상실한 경우도 포함하며(대법원 2012.4.26., 선고, 2010다60769, 판결), 따라서 양도기간 동안 자동차손해배상보장법에 따라 甲이 가입한 의무보험에 관한 권리·의무를 승계할 수 있다.
> ④ A 보험회사는 B 보험회사에 대하여 구상권을 행사할 수 있고, 구상권의 소멸시효기간은 10년이 된다(대법원 1998.12.22., 선고, 98다40466, 판결).

104 자동차 종합보험과 관련된 판례의 입장이 아닌 것은? 기출 15

① 보험자는 기명피보험자의 승낙을 얻은 자가 일으킨 사고에 대하여 보상책임을 부담하지 않는다.
② 경찰서 경비과장은 기명피보험자인 국가의 승낙을 얻어 자동차를 사용 또는 관리 중인 자에 해당하므로, 그가 일으킨 사고에 대하여 보험자는 보상책임이 있다.
③ 기명피보험자인 매도인이 승낙을 받은 매수인으로부터 다시 자동차 사용승낙을 받은 경우는 승낙피보험자에 해당한다고 볼 수 없다.
④ 21세 이상 한정운전 특별약관부 자동차보험의 기명피보험자인 렌터카회사의 영업소장이 자동차면허가 없는 자를 임차인으로 하여 자동차를 대여하여준 경우, 위 약관 소정의 도난 운전에 대한 기명피보험자의 묵시적 승인이 있으므로, 보험자는 보험금 지급책임이 있다.

해설

피보험자라 함은 보험증권에 기재된 피보험자, 즉 기명피보험자 외에 기명피보험자의 승낙을 얻어 피보험자동차를 사용 또는 관리중인 자 등을 피보험자로 명시하고 있다(대법원 1997.3.14., 선고, 95다48728, 판결). 따라서, 보험자는 기명피보험자의 승낙을 얻은 자가 일으킨 사고에 대하여 보상책임을 부담한다.
② 경찰서 경비과장이 경찰서장의 승낙을 받아 자동차를 운전하다가 사고가 일어난 경우, 경찰서 경비과장은 기명피보험자인 국가의 승낙을 얻어 자동차를 사용 또는 관리중인 자에 해당하거나 국가를 위하여 자동차를 운전 중인 자에 해당하여 보험계약에 있어서 피보험자의 범주에 속한다고 할 것이다(대법원 1992.2.25., 선고, 91다12356, 판결).
③ 기명피보험자의 승낙은 특단의 사정이 없는 한 기명피보험자로부터의 직접적인 승낙이어야 하므로 비록 매수인으로부터 자동차를 인도받고 사용을 승낙 받았다 하더라도 기명피보험자인 매도인으로부터 자동차의 사용 또는 관리에 대한 직접적인 승낙을 받지 아니하였으면 약관에서 말하는 승낙피보험자에 해당한다고 볼 수 없다(대법원 1993.2.23., 선고, 92다24127, 판결).
④ 21세 이상 한정운전 특별약관부 자동차종합보험의 기명피보험자인 렌터카회사의 영업소장이 운행자격이 없는 만 21세 미만자 또는 자동차 운전면허가 없는 자를 임차인으로 하여 자동차를 대여해 준 경우, 도난운전에 대한 기명피보험자의 묵시적 승인이 있다고 보았다(대법원 2000.2.25., 선고, 99다40548, 판결). 즉 보험자는 보험금 지급책임이 있다.

105 A와 B는 부부로서, A가 A와 B를 피보험자로 하여 C 보험회사의 자동차책임보험에 가입하였다. 그 후 B가 미혼의 아들인 K를 조수석에 태우고 운전하던 중 운전을 잘못하여 K가 사망하였다. 이 사례에 관한 설명 중 틀린 것은? (다툼이 있는 경우 대법원 판례에 의함) 기출 14

① A는 K의 손해배상청구권에 대한 지분을 상속하면 그 지분에 관하여 C 보험회사에 대해 보험금을 청구할 수 있다.
② B는 K의 손해배상청구권에 대한 지분을 상속하더라도 그 지분에 관하여 C 보험회사에 대해 보험금을 청구할 수 없다.
③ B가 상속을 포기하더라도 A가 C 보험회사에 대해 보험금의 전액을 청구할 수 없다.
④ B가 상속을 포기하는 것은 C 보험회사에 대하여 신의칙에 반하는 행위로서 무효가 된다고 할 수 없다.

| 해설 |

상속포기는 자기를 위하여 개시된 상속의 효력을 상속개시 시로 소급하여 확정적으로 소멸시키는 제도로서(민법 제1019조 제1항, 제1042조 등) 피해자의 사망으로 상속이 개시되어 가해자 B가 피해자 K의 자신에 대한 손해배상청구권을 상속함으로써 위의 법리에 따라 그 손해배상청구권과 이를 전제로 하는 직접청구권이 소멸하였다고 할지라도 가해자 B가 적법하게 상속을 포기하면 그 소급효로 인하여 위 손해배상청구권과 직접청구권은 소급하여 소멸하지 않았던 것으로 되어 다른 상속인 A에게 귀속되고, 그 결과 위에서 본 '가해자가 피해자의 상속인이 되는 등 특별한 경우'에 해당하지 않게 되므로 위 손해배상청구권과 이를 전제로 하는 직접청구권은 소멸하지 않는다고 할 것이다. 그리고 상속포기는 상속의 효과로서 당연승계제도를 채택한 우리 민법하에서 상속인을 보호하기 위하여 마련된 제도로서 상속포기로 인하여 당해 상속인에게 발생하였던 포괄적인 권리의무의 승계의 효력을 소멸시키는 결과 만약 상속포기를 하지 아니하였더라면 혼동으로 소멸하였을 개별적인 권리가 소멸하지 않는 효과가 발생하였더라도 이는 상속포기로 인한 부수적 결과에 불과한 것이어서 이를 이유로 신의칙 등 일반조항을 들어 전체적인 상속포기의 효력을 부정하는 것은 상당하지 아니하다는 점, 나아가 이 사건에서 B의 상속포기로 인하여 B의 상속지분은 A에게 귀속되었는데 A는 원래의 공동상속인 중 하나로서 피해자의 아버지이기 때문에 A에게 책임보험에 의한 혜택을 부여하여 보호할 사회적 필요성을 부정하기 어렵다는 점 등에 비추어 볼 때 이 사건에서 상속포기가 신의칙에 반하여 무효라고 할 수도 없다고 할 것이다(대법원 2005.1.14., 선고, 2003다38573, 판결). 즉, B가 상속을 포기하면 A는 C 보험회사에 대해 보험금의 전액을 청구할 수 있다.

106 다음 설명 중 상법과 대법원 판례의 태도가 아닌 것은? 기출 15

① 보험증권의 작성지(作成地)는 「상법」 제666조에 의한 손해보험증권의 기재사항이다.
② 10년 무사고 자동차보험의 피보험자의 경우, 납부한 보험료에 대한 대가가 전혀 없으므로 쌍무계약이 아니라 편무계약으로 보아야 한다.
③ 화재보험에서 화재가 발생한 경우에는 일단 우연성의 요건을 갖춘 것으로 추정되고, 다만 화재가 보험계약자나 피보험자의 고의 또는 중과실에 의하여 발생하였다는 사실을 보험자가 증명하는 경우에는 위와 같은 추정이 번복되는 것으로 보아야 한다.
④ 양도담보 설정자에게 그 목적물에 관하여 체결한 화재보험계약의 피보험이익이 없다고 할 수 없다.

| 해설 |

보험계약은 보험사고의 발생을 전제로 보험계약자의 보험료 지급에 대하여 보험자는 일정한 보험금액, 기타의 급여를 지급할 것을 약정하므로 유상계약이고, 보험계약자의 보험료 지급채무와 보험자의 위험부담채무가 보험계약과 동시에 채무로서 이행되어야 하므로 <u>대가관계에 있는 쌍무계약으로 보아야 한다</u>.
① 「상법」 제666조에 따르면 <u>손해보험증권의 기재사항에 보험증권의 작성지가 포함된다</u>.
③ 「상법」 및 「화재보험약관」 규정의 형식 및 취지, 화재가 발생한 경우에 보험자에게 면책사유가 존재하지 않는 한 소정의 보험금을 지급하도록 함으로써 피보험자로 하여금 신속하게 화재로 인한 피해를 복구할 수 있게 하려는 화재보험제도의 존재의의에 비추어 보면, <u>화재보험에서 화재가 발생한 경우에는 일단 우연성의 요건을 갖춘 것으로 추정되고, 다만 화재가 보험계약자나 피보험자의 고의 또는 중과실에 의하여 발생하였다는 사실을 보험자가 증명하는 경우에는 위와 같은 추정이 번복되는 것으로 보아야 한다</u>(대법원 2009.12.10., 선고, 2009다56603,56610, 판결).
④ 동산 양도담보 설정자는 담보목적물인 동산의 소유권을 채권자에게 이전해 주지만 이는 채권자의 우선변제권을 확보해 주기 위한 목적에 따른 것으로, 양도담보 설정자는 여전히 그 물건에 대한 사용·수익권을 가지고 변제기에 이르러서는 채무 전액을 변제하고 소유권을 되돌려 받을 수 있으므로, 그 물건에 대한 보험사고가 발생하는 경우에는 그 물건에 대한 사용·수익 등의 권능을 상실하게 될 뿐 아니라 양도담보권자에 대하여는 그 물건으로써 담보되는 채무를 면하지 못하고 나아가 채무를 변제하더라도 그 물건의 소유권을 회복하지 못하는 경제적인 손해를 고스란히 입게 된다. 따라서 <u>양도담보 설정자에게 그 목적물에 관하여 체결한 화재보험계약의 피보험이익이 없다고 할 수 없다</u>(대법원 2009.11.26., 선고, 2006다37106, 판결).

107 보증보험계약에 대한 설명으로 옳지 않은 것은? 기출 17

① 보증보험계약의 경우에 보험계약자가 그 타인에게 보험사고의 발생으로 생긴 손해의 배상을 한 때에는 보험계약자는 그 타인의 권리를 해하지 아니하는 범위 안에서 보험자에게 보험금액의 지급을 청구할 수 있다.
② 보증보험계약의 보험자는 보험계약자가 피보험자에게 계약상의 채무불이행 또는 법령상의 의무불이행으로 입힌 손해를 보상할 책임이 있다.
③ 보증보험계약은 그 성질에 반하지 아니하는 한 보증채무에 관한 「민법」의 규정을 준용한다.
④ 보증보험계약은 보험계약자에게 사기, 고의 또는 중대한 과실이 있는 경우에도 이에 대하여 피보험자에게 책임 있는 사유가 아닌 한 보험자는 보험금액의 지급책임을 면하지 못한다.

| 해설 |

보증보험계약에 관하여는 제639조 제2항 단서를 적용하지 아니한다(상법 제726조의6 제1항). 즉 보험계약자가 그 타인에게 보험사고의 발생으로 생긴 손해의 배상을 한 때에는 보험계약자는 그 타인의 권리를 해하지 아니하는 범위 안에서 보험자에게 보험금액의 지급을 <u>청구할 수 없다</u>.
② 상법 제726조의5
③ 상법 제726조의7
④ 상법 제726조의6 제2항

108 보증보험에 관하여 적용 또는 준용되는 규정이 아닌 것은? 기출 16

① 「상법」상 책임보험계약상 피해자의 직접청구권
② 「민법」상 주채무자에 대한 보험자의 구상권
③ 보험자가 행사할 「민법」상 변제자 대위권
④ 「민법」상 보증인과 주채무자간 상계권

| 해설 |

「상법」 제724조 제2항에서 "제3자는 피보험자가 책임을 질 사고로 입은 손해에 대하여 보험금액의 한도 내에서 보험자에게 직접 보상을 청구할 수 있다"라고 하여 피해자의 직접청구권을 규정하고 있다. 이는 <u>배상책임보험에서 적용되는 규정</u>이다.
②·③·④ 보증보험계약에 관하여는 그 성질에 반하지 아니하는 범위에서 보증채무에 관한 「민법」의 규정을 준용한다(상법 제726조의7).

109 보증보험에 있어 보상책임에 대한 설명으로 옳지 않은 것은? (다툼이 있는 경우 판례에 의함)

기출 23

① 보증보험자는 보험계약자의 채무불이행 등으로 인하여 피보험자가 입은 모든 손해를 보상하는 것이 아니라 약관에서 정한 절차에 따라 보험금액의 한도 내에서 피보험자가 실제로 입은 손해를 보상한다. 단, 정액보상에 대한 합의가 당사자 사이에 있는 경우에는 약정된 정액금을 지급한다.

② 보증보험계약 체결 당시에 이미 주계약상의 채무불이행 발생이 불가능한 경우에는 보증보험계약은 무효이므로 선의의 제3자라 하더라도 보증보험계약의 유효를 주장할 수 없다.

③ 보증보험에 있어서의 보험사고는 불법행위 또는 채무불이행 등으로 발생하는 것이고 불법행위나 채무불이행 등은 보험계약자의 고의 또는 과실을 그 전제로 하나, 보험계약자에게 고의 또는 중대한 과실이 있는 경우 보험자의 면책을 규정한 상법의 규정은 보증보험에도 적용된다.

④ 피보험자가 정당한 이유 없이 사고발생을 통지하지 않거나 보험자의 협조요구에 응하지 않음으로 인해 손해가 증가되었다면 보험자는 이러한 사실을 입증함으로써 증가된 손해에 대한 책임을 면할 수 있다.

해설

보험계약자의 고의 또는 중과실로 인한 보험사고의 경우 보험자의 면책을 규정한 상법 제659조 제1항은 <u>보증보험의 경우에는 특별한 사정이 없는 한 그 적용이 없다</u>(대법원 1998.3.10., 선고, 97다20403, 판결).

① 보증보험계약의 보험자는 보험계약자가 피보험자에게 계약상의 채무불이행 또는 법령상의 의무불이행으로 입힌 손해를 보상할 책임이 있다(상법 제726조의5). 보증보험은 손해보험계약의 성질을 갖기 때문에 보상금액은 다른 손해보험과 마찬가지로 보험금액의 한도 내에서 결정된다.

② 보증보험계약의 주계약이 통정허위표시로서 무효인 때에는 보험사고가 발생할 수 없는 경우에 해당하므로 그 보증보험계약은 무효이다. 이때 보증보험계약이 무효인 이유는 보험계약으로서의 고유한 요건을 갖추지 못하였기 때문이므로, 보증보험계약의 보험자는 주계약이 통정허위표시인 사정을 알지 못한 <u>제3자에 대하여도 보증보험계약의 무효를 주장할 수 있다</u>(대법원 2010.4.15., 선고, 2009다81623, 판결).

④ 피보험자가 정당한 이유 없이 사고발생을 통지하지 않거나 보험자의 손해조사에 협조하지 않음으로써 손해가 증가된 때에는 보험자는 그 사실을 입증하여 증가된 손해에 대한 책임을 면할 수 있다.

110 보증보험에 관한 다음 설명 중 옳지 않은 것은? (다툼이 있는 경우 판례에 의함) 기출 15

① 이행보증보험의 보험자는 「민법」 제434조를 준용하여 보험계약자의 채권에 의한 상계로 피보험자에게 대항할 수 있고, 그 상계로 피보험자의 보험계약자에 대한 채권이 소멸되는 만큼 보험자의 피보험자에 대한 보험금 지급채무도 소멸된다.
② 보증보험계약에 관하여는 그 성질에 반하지 아니하는 범위에서 보증채무에 관한 「민법」의 규정을 준용한다.
③ 면책에 관한 「상법」 제659조 제1항은 리스보증보험계약이 보험계약자의 사기행위에 피보험자인 리스회사가 공모하였다든지 적극적으로 가담하지는 않았더라도 그러한 사실을 알면서도 묵인한 상태에서 체결되었다고 인정되는 경우를 제외하고는 원칙적으로 그 적용이 없다.
④ 보증보험은 독립된 계약이므로, 보증보험이 담보하는 채권이 양도되는 경우라도 당사자 사이에 다른 약정이 없는 한 보험금청구권도 그에 수반하여 채권양수인에게 함께 이전된다고 볼 수는 없다.

| 해설 |

보증보험은 채무자의 채무불이행으로 인하여 채권자가 입게 되는 손해의 전보를 보험자가 인수하는 것을 내용으로 하는 손해보험으로서 형식적으로는 채무자의 채무불이행을 보험사고로 하는 보험계약이나 실질적으로는 보증의 성격을 가지고 보증계약과 같은 효과를 목적으로 하므로, 「민법」의 보증에 관한 규정이 준용되고, 따라서 보증보험이 담보하는 채권이 양도되면 당사자 사이에 다른 약정이 없는 한 보험금청구권도 그에 수반하여 채권양수인에게 함께 이전된다고 보아야 한다(대법원 2002.5.10., 선고, 2000다70156, 판결).
① 대법원 2002.10.25., 선고, 2000다16251, 판결
② 상법 제726조의7
③ 대법원 1995.9.29., 선고, 93다3417, 판결

111 보증보험에 관한 설명으로 옳지 않은 것은? (다툼이 있는 경우 판례에 의함) 기출 18

① 보증보험은 보험계약자의 계약상의 채무불이행 또는 법령상의 의무불이행으로 인하여 피보험자가 입은 손해를 담보하기 위한 보험이다.
② 보증보험은 손해보험계약의 일종이다.
③ 이행보증보험의 보험자는 민법 제434조를 준용하여 보험계약자의 채권에 의한 상계로 피보험자에게 대항할 수 있고, 그 상계로 피보험자의 보험계약자에 대한 채권이 소멸되는 만큼 보험자의 피보험자에 대한 보험금 지급채무도 소멸된다.
④ 이행보증보험계약에 의하여 보험자가 피보험자에게 담보하는 채무이행의 내용은 채권자와 채무자 사이에서 체결된 주계약에 의하여 정하여지고, 이러한 주계약을 전제로 이행보증보험계약이 성립되므로, 그 주계약은 반드시 이행보증보험계약을 체결할 당시 확정적으로 유효하게 성립되어 있어야 한다.

| 해설 |

이행보증보험은 채무자인 보험계약자가 채권자인 피보험자에게 계약상의 채무를 이행하지 아니함으로써 손해를 입힌 경우에 보험자가 그 손해의 전보를 인수하는 것을 내용으로 하는 손해보험으로서 보험계약자의 피보험자에 대한 계약상의 채무이행을 담보하는 것이므로, 이행보증보험계약에 의하여 보험자가 피보험자에게 담보하는 채무이행의 내용은 채권자와 채무자 사이에서 체결된 주계약에 의하여 정하여지고, 이러한 주계약을 전제로 이행보증보험계약이 성립하지만, 그 <u>주계약이 반드시 이행보증보험계약을 체결할 당시 이미 확정적으로 유효하게 성립되어 있어야 하</u>는 것은 아니고, 장차 체결된 주계약을 전제로 하여서도 유효하게 이행보증보험계약이 체결될 수 있다(대법원 1999.2.9., 선고, 98다49104, 판결).
① 상법 제726조의5(보증보험자의 책임)
② 보증보험은 보험계약자의 채무불이행으로 피보험자가 입은 손해를 담보하기 때문에 손해보험계약의 성격을 갖는다.
③ 이행보증보험은 보험계약자인 채무자의 주계약상 채무불이행으로 인하여 피보험자인 채권자가 입게 되는 손해의 전보를 보험자가 인수하는 것을 내용으로 하는 손해보험으로서 실질적으로는 보증의 성격을 가지고 보증계약과 같은 효과를 목적으로 하는 점에서 보험자와 채무자 사이에는 민법상의 보증에 관한 규정이 준용되므로, 이행보증보험의 보험자는 민법 제434조를 준용하여 <u>보험계약자의 채권에 의한 상계로 피보험자에게 대항할 수 있고, 그 상계로 피보험자의 보험계약자에 대한 채권이 소멸되는 만큼 보험자의 피보험자에 대한 보험금 지급채무도 소멸된다</u>(대법원 2002.10.25., 선고, 2000다16251, 판결).

112. 보증보험에 관한 설명으로 옳지 않은 것은? (다툼이 있는 경우 판례에 의함) 기출 19

① 보증보험계약의 보험자는 보험계약자가 피보험자에게 계약상의 채무불이행 또는 법령상의 의무불이행으로 입힌 손해를 보상할 책임이 있다.
② 보증보험이 담보하는 채권이 양도되면 당사자 사이에 다른 약정이 없는 한 보험금청구권도 그에 수반하여 채권양수인에게 함께 이전된다.
③ 보증보험계약에 관하여는 보험계약자의 사기, 고의 또는 중대한 과실로 인한 고지의무위반이 있는 경우에도 이에 대하여 피보험자의 책임이 있는 사유가 없으면 보험자는 고지의무위반을 이유로 보험계약의 해지권을 행사할 수 없다.
④ 보증보험의 보험자는 보험계약자에 대하여 민법 제441조의 구상권을 행사할 수 없다.

> **해설**
>
> 보험계약자인 채무자의 채무불이행으로 인하여 채권자가 입게 되는 손해의 전보를 보험자가 인수하는 것을 내용으로 하는 보증보험계약은 손해보험으로, 형식적으로는 채무자의 채무불이행을 보험사고로 하는 보험계약이나 실질적으로는 보증의 성격을 가지고 보증계약과 같은 효과를 목적으로 하므로, 민법의 보증에 관한 규정, 특히 민법 제441조 이하에서 정한 보증인의 구상권에 관한 규정이 보증보험계약에도 적용된다(대법원 1997.10.10., 선고, 95다46265, 판결).
>
> **TIP** 민법 제441조(수탁보증인의 구상권)
> 주채무자의 부탁으로 보증인이 된 자가 과실 없이 변제 기타의 출재로 주채무를 소멸하게 한 때에는 주채무자에 대하여 구상권이 있다.
>
> ① 상법 제726조의5
> ② 보증보험은 채무자의 채무불이행으로 인하여 채권자가 입게 될 손해의 전보를 보험자가 인수하는 것을 내용으로 하는 손해보험으로서 형식적으로는 채무자의 채무불이행을 보험사고로 하는 보험계약이나 실질적으로는 보증의 성격을 가지고 보증계약과 같은 효과를 목적으로 하므로 민법의 보증에 관한 규정이 준용되고, 따라서 보증보험이 담보하는 채권이 양도되면 당사자 사이에 다른 약정이 없는 한 보험금청구권도 그에 수반하여 채권양수인에게 함께 이전된다고 보아야 한다(대법원 1999.6.8., 선고, 98다53707, 판결).
> ③ 상법 제726조의6 제2항

113 甲과 乙이 통모하여 은행으로부터 대출을 받기 위하여 허위로 甲을 임대인, 乙을 임차인으로 하는 임대차계약서를 작성한 후, 甲이 보증보험회사와 이 임대차계약을 주계약으로 삼아, 임대인이 임대차보증금반환의무를 불이행하는 보험사고가 발생할 경우 보증보험회사가 보험금수령권자로 지정된 은행에 직접 보험금을 지급하기로 하는 내용의 보증보험계약을 체결하였다. 그 후 은행은 乙로부터 이 보증보험계약에 따른 이행보증보험증권을 담보로 제공받고 乙에게 대출을 하였다. 이 경우 틀린 설명은? (다툼이 있는 경우 판례에 의함) 기출 14

① 보증보험계약은 보험계약으로서의 본질을 갖고 있으므로 계약이 유효하게 성립하기 위해서는 원칙적으로 계약 당시에 보험사고의 발생 여부가 확정되어 있지 않아야 한다.
② 보험계약은 그 계약 당시에 보험사고가 발생할 수 없는 것으로 확정된 경우라도 보험계약 관련자 모두가 선의인 경우에는 유효한 것으로 볼 수 있다.
③ 민법의 보증계약에 관한 규정은 보증보험계약에도 적용될 수 있으므로 甲과 보증보험회사간의 보증보험계약이 보험계약으로서 무효가 되더라도 보증계약으로서의 효력은 지닐 수 있다.
④ 甲과 보증보험회사간의 보증보험계약은 그 계약이 성립할 당시 주계약인 임대차계약이 통정허위표시에 의한 것으로서 보험사고가 발생할 수 없는 것으로 확정된 경우라고 할 수 있다.

| 해설 |
보증보험계약은 성립할 당시 주계약인 임대차계약이 통정허위표시로서 아무런 효력이 없어 보험사고가 발생할 수 없는 경우에 해당하므로 상법 제644조에 따라 무효라고 본다. 민법의 보증에 관한 규정은 그 성질에 반하지 않는 한 보증보험계약에도 적용되기는 하나, 이는 성질상 허용되는 범위 내에서 보증의 법리가 보증보험에도 적용될 수 있다는 것에 불과할 뿐, 이로써 보험계약이 민법상 순수한 보증계약과 같게 된다거나 보증계약으로 전환된다는 의미로 볼 수는 없다. 따라서 보증보험계약이 보험계약으로서 효력이 없다면 이는 그 자체로 무효이고, 이를 보증계약으로나마 유효하다고 할 수는 없다(대법원 2010.4.15., 선고, 2009다81623, 판결).

CHAPTER 04 인보험

학습목표
❶ 인보험의 의의와 특성을 학습한다.
❷ 인보험의 종류 중 생명보험·상해 및 질병보험·단체보험의 기본적인 개념과 특성 등을 학습한다.

01 인보험의 개요

1 인보험의 의의와 종류

(1) 의의
인보험은 보험자가 보험계약자로부터 보험료를 받고 피보험자의 생명이나 신체에 관하여 우연한 사고가 생길 경우에 계약의 정하는 바에 따라 보험금이나 그 밖의 급여를 지급하기로 하는 보험계약을 말한다.

① 인보험계약의 보험자는 <u>피보험자의 생명이나 신체에 관하여 보험사고가 발생할 경우</u>에 보험계약으로 정하는 바에 따라 보험금이나 그 밖의 급여를 지급할 책임이 있다(상법 제727조 제1항). 보험금은 당사자간의 약정에 따라 분할하여 지급할 수 있다(상법 제727조 제2항).
② 인보험계약은 <u>낙성·불요식 계약</u>이며, <u>유상·쌍무계약</u>이다.

(2) 인보험의 종류
우리 상법은 손해보험과 인보험으로 구분하고, 인보험은 생명보험과 상해보험으로 나누고 있다.

> 「보험업법」에서는 생명보험을 생명보험업의 한 종목으로, 상해보험을 제3보험업의 한 종목으로 구분하고 있다(보험업법 제2조 제1호 가목 및 다목).

심화TIP 손해보험과 인보험의 비교 기출 19

구 분	손해보험	인보험
계약관계자	• 피보험자 : 피보험이익의 주체로서 손해보상을 받을 자	• 피보험자 : 보험의 목적 • 보험수익자 : 보험금지급청구권자
보험의 목적	• 경제상의 재화 • 양도의 인정	• 자연인 • 사망보험의 경우 제한
보험사고	매우 다양	사람의 생사(生死) · 상해
피보험이익	인정	인정하지 않음
보험가액	보험금액과 보험가액이 존재하여 양자의 관계에 따라 전부·초과·일부·중복보험이 존재하고 법적 규제가 있음	존재하지 않음
보험금액	당사자와 정한 보험가액 한도 내에서 손해보상책임의 최고한도액	생명보험은 보험사고발생시 일정한 금액을 지급하는 정액보험이지만 상해보험은 보험사고 발생시 일정한 금액을 지급하는 정액보험과 실손보상하는 부정액보험으로 구성됨
보험기간	단기	장기
보험자대위	인정	인정하지 않음(단, 상해보험의 경우 인정하는 경우도 있음)

2 인보험의 특성

(1) 인보험의 목적 기출 16·23

손해보험은 물건, 기타 재산을 보험의 목적으로 한 반면에 인보험의 목적은 사람이고, <u>사람의 생명·신체를 그 대상으로 하고 있다는 점</u>이 다르다.

(2) 보험사고

손해보험에서 보험사고는 물건, 기타 재산에 손해가 발생하는 사고인 데에 반하여 인보험의 보험사고는 사람의 생존, 사망, 상해 및 질병 등이며, 이중 <u>상해와 질병은 손해보험의 보험사고와 마찬가지로 그 발생 여부, 시기 등이 모두 불확정한 것이나, 사망은 그 발생 시기만 불확정하다는 점에서 서로 다르다.</u>

(3) 정액보험과 부정액보험의 이원화 기출 22

인보험에서 생명보험은 보험사고가 발생하면 보험자는 보험계약자에서 정한 일정한 보험금액을 지급하여야 하는 정액보험으로 대부분 영위되고 있으나, 상해·질병보험은 그 성질상 반드시 정액보험으로 다룰 수 있는 것은 아니다. 상해·질병보험의 경우 상해의 정도나 치료일수에 의해 일정액의 급여를 하는 정액보험으로 할 수도 있고, 의료비 등 피보험자가 상해나 질병으로 인하여 입은 경제적인 손실을 보상하는 부정액보험으로 계약을 체결할 수 있으므로 인보험의 경우는 정액보험과 부정액보험이 양립한다.

(4) 피보험이익 기출 23

손해보험의 경우와 달리 인보험계약에서는 보험의 목적이 사람이고, 보험사고가 사람의 생명과 신체에 관하여 발생한다. 따라서 인보험은 사람의 사망, 생존, 상해, 질병에 대해 금전적인 평가가 현실적으로 어렵다는 점에서 피보험이익을 인정할 수 없다고 해석하는 것이 통설이다.

우리 보험법은 타인의 사망을 보험사고로 하거나 보험계약자가 보험수익자를 지정 또는 변경할 때 경제적 이해관계(피보험이익)의 존재를 요구하지 않으며, 단지 피보험자의 동의를 얻도록 하고 있을 뿐이다(상법 제731조, 제733조). 이러한 입법태도는 인보험에서 피보험이익을 인정하지 않는 통설적인 견해에 기초한 것으로 보인다.

> **판례** 대법원 2016.12.29., 선고, 2016다217178, 판결 기출 23
>
> 피보험자가 무보험자동차에 의한 교통사고로 인하여 상해를 입었을 때에 손해에 대하여 배상할 의무자가 있는 경우 보험자가 약관에 정한 바에 따라 피보험자에게 손해를 보상하는 것을 내용으로 하는 무보험자동차에 의한 상해담보특약은 상해보험의 성질과 함께 손해보험의 성질도 갖고 있는 손해보험형 상해보험이므로, 하나의 사고에 관하여 여러 개의 무보험자동차특약보험계약이 체결되고 보험금액의 총액이 피보험자가 입은 손해액을 초과하는 때에는 손해보험에 관한 상법 제672조 제1항(중복보험)이 준용되어 보험자는 각자의 보험금액의 한도에서 연대책임을 지고, 이 경우 각 보험자 사이에서는 각자의 보험금액의 비율에 따른 보상책임을 진다.

(5) 중과실면책금지 기출 23

사망을 보험사고로 한 보험계약에서는 사고가 보험계약자 또는 피보험자나 보험수익자의 중대한 과실로 인하여 발생한 경우에도 보험자는 보험금을 지급할 책임을 면하지 못한다(상법 제732의2). 이 조항은 상해보험계약에도 준용된다. 보험계약자 측의 중과실로 인한 사고에 있어서 보험자의 면책을 인정하지 않는 이유는 인보험의 보험계약자 측, 특히 생명보험의 보험수익자가 되는 유족의 생활보장을 도모하려는 인도적 목적이 있기 때문이다.

> **판례** 중과실면책 관련 판례 [기출] 23·25

- 대법원 1998.3.27., 선고, 97다27039, 판결
  상법상 생명보험과 상해보험 같은 인보험에 관하여는 보험자의 면책사유를 제한하여 비록 중대한 과실로 인하여 생긴 것이라 하더라도 보험금을 지급하도록 규정하고 있는 점이나, 인보험이 책임보험과 달리 정액보험으로 되어 있는 점에 비추어 볼 때 인보험에 있어서의 무면허 면책약관의 해석이 책임보험에 있어서의 그것과 반드시 같아야 할 이유가 없으며, 무면허운전의 경우에는 면허 있는 자의 운전이나 운전을 하지 아니하는 자의 경우와 달리 보험사고발생의 가능성이 많을 수도 있으나, 그 정도의 사고발생 가능성에 관한 개인차는 보험에 있어서 구성원간의 위험의 동질성을 해칠 정도는 아니고, 또한 무면허운전이 고의적인 범죄행위이기는 하나, 그 고의는 특별한 사정이 없는 한 무면허운전 자체에 관한 것이고 직접적으로 사망이나 상해에 관한 것이 아니어서 그로 인한 손해보상을 해준다고 하여 그 정도가 보험계약에 있어서의 당사자의 선의성·윤리성에 반한다고는 할 수 없으므로, 인보험에 해당하는 상해보험에 있어서의 무면허운전 면책약관이 보험사고가 전체적으로 보아 고의로 평가되는 행위로 인한 경우뿐만 아니라 과실(중과실 포함)로 평가되는 행위로 인한 경우까지 포함하는 취지라면 과실로 평가되는 행위로 인한 사고에 관한 한 무효라고 보아야 한다.

- 대법원 1998.3.27., 선고, 97다48753, 판결
  상법 제732조의2, 제739조, 제663조의 규정에 의하면 사망이나 상해를 보험사고로 하는 인보험에 관하여는 보험사고가 고의로 인하여 발생한 것이 아니라면 비록 중대한 과실에 의하여 생긴 것이라 하더라도 보험금을 지급할 의무가 있다고 할 것인데, 음주운전에 관하여 보면, 음주운전의 경우는 술을 먹지 않고 운전하는 자의 경우에 비하여 보험사고발생의 가능성이 많음은 부인할 수 없는 일이나 그 정도의 사고발생 가능성에 관한 개인차는 보험에 있어서 구성원간의 위험의 동질성을 해칠 정도는 아니라고 할 것이고, 또한 음주운전이 고의적인 범죄행위이기는 하나 그 고의는 특별한 사정이 없는 한 음주운전 자체에 관한 것이고 직접적으로 사망이나 상해에 관한 것이 아니어서 그 정도가 결코 그로 인한 손해보상을 가지고 보험계약에 있어서의 당사자의 신의성·윤리성에 반한다고는 할 수 없으므로, 상해보험 약관 중 "피보험자가 음주운전을 하던 중 그 운전자가 상해를 입은 때에 생긴 손해는 보상하지 아니한다"고 규정한 음주운전 면책약관이 보험사고가 전체적으로 보아 고의로 평가되는 행위로 인한 경우뿐만 아니라 과실(중과실 포함)로 평가되는 행위로 인한 경우까지 보상하지 아니한다는 취지라면 과실로 평가되는 행위로 인한 사고에 관한 한 무효라고 보아야 한다.

- 서울지법 1995.8.3., 선고, 95가합9025, 판결
  사망 또는 상해를 보험사고로 하는 인보험계약의 보험자는 상법 제732조의2 및 제739조에 따라 보험사고가 고의로 인하여 발생한 것이 아니라면 비록 중대한 과실에 의하여 생긴 것이라 하더라도 보험금을 지급하여야 하고, 같은 법 제663조는 당사자간의 특약으로 위 각 규정을 보험계약자 또는 피보험자나 보험수익자에게 불이익하게 변경하지 못하도록 되어 있으므로, 사망 또는 상해를 보험사고로 하는 인보험계약의 약관이 피보험자의 무면허운전을 면책사유로 규정하고 있는 경우 그 무면허운전 면책약관이 전체적으로 보아 고의 또는 고의에 준하는 행위로 인한 경우뿐만 아니라 중과실을 포함한 과실로 평가되는 행위로 인한 경우까지 면책된다는 취지라면, 그 보험계약의 무면허운전 면책약관은 그 사고가 피보험자의 고의 또는 고의에 준하는 행위로 인한 것이 아닌 과실(중과실 포함)로 평가되는 행위로 인한 사고에 관한 한 같은 법 제732조의2, 제739조 및 제663조에 반하여 무효이다.

(6) 제3자에 대한 보험자대위의 금지

① 원 칙 기출 16·19

우리 상법 제729조 본문에서 "보험자는 보험사고로 인하여 생긴 보험계약자 또는 보험수익자의 제3자에 대한 권리를 대위하여 행사하지 못한다"고 규정함으로써 인보험에 있어서의 보험자대위를 원칙적으로 금지하고 있다.

② 예 외 기출 21·23·25

우리 상법은 "상해보험계약의 경우에 당사자간에 다른 약정이 있는 때에는 보험자는 피보험자의 권리를 해하지 아니하는 범위 안에서 그 권리를 대위하여 행사할 수 있다(상법 제729조 단서)"고 규정하여 보험약관의 정함에 따라 상해보험자의 대위권을 인정할 수 있도록 하고 있다. 이것은 상해보험에서 상해로 말미암아 소요되는 의료비와 약품대를 지급하는 경우에는 일종의 손해보험의 성질을 가지고 있는 것이며, 보험자대위의 근거를 손해보험계약의 손해보상계약성에서 찾는다면 손해보험의 성격을 가지고 있는 인보험에 있어서도 제3자의 행위로 인하여 보험사고가 발생한 때에는 보험금을 지급한 보험자에게 그 대위권을 인정하여야 하기 때문이다.

3 인보험증권

인보험증권에는 보험증권 일반에 관한 사항(상법 제666조) 이외에도 다음과 같은 사항을 기재하여야 한다(상법 제728조). 기출 22

① 보험계약의 종류
② 피보험자의 주소·성명 및 생년월일
③ 보험수익자를 정한 때에는 그 주소·성명 및 생년월일

02 생명보험

1 총설

(1) 생명보험의 의의와 기능

① **생명보험의 의의** [기출 19]

생명보험계약은 보험자가 피보험자의 사망, 생존, 사망과 생존에 관한 보험사고가 발생할 경우에 약정한 보험금을 지급할 책임이 있는 인보험계약이다(상법 제730조).

> 생명보험은 사람의 생존과 사망을 보험사고로 한다는 점에서 상해를 보험사고로 하는 상해보험과는 차이가 있고, 또한 손해에 대한 개념이 없으므로 손해 여부를 불문하고 정해진 금액을 지급한다는 점에서 실손보상방식의 손해보험과는 차이가 있다.

② **생명보험의 기능**

생명보험은 개별적인 보험계약으로 저축성과 보장성의 2가지 기능을 지니고 있는데, 뜻밖의 사고에 대비한다는 보장적 기능이 그 중심을 이루고 있다.

㉠ 저축적 기능 : 생명보험은 사람의 생존과 사망을 보험사고로 하는 보험으로 보험자는 생명표에 나타난 연령별 사망률을 근거로 계산한 보험료율에 의하여 개별적인 보험계약을 체결하고, 각 보험계약자가 지급한 보험료에 의하여 축적된 자산의 운용을 통하여 금융기관 내지는 기관투자가로서의 기능을 하고 있다.

㉡ 보장적 기능 : 보험계약자가 생명보험계약을 체결하고 보험료를 지급하여 보험자의 책임이 개시되면 그 계약에서 정한 보험금액이 확보되어 경제생활의 보장이 이루어진다. 따라서 생명보험은 우연한 사고로 말미암은 경제적 수요를 충족시켜 주고자 하는 보장적 기능이 그 중심이 되고 있다.

(2) 생명보험의 특징 [기출 16·17·18]

① 생명보험은 피보험자의 생명에 보험사고가 발생하게 되면 그로 인한 손해발생 유무나 손해의 크기를 불문하고 약정된 금액을 지급하는 정액보험이다.
② 통설에 따르면 생명보험계약에서 피보험이익은 인정되지 않으며, 따라서 피보험이익의 유무는 계약의 성립이나 효력에 영향을 미치지 않는다.
③ 보험가액의 개념이 없기 때문에 초과·중복·일부보험 문제는 발생하지 않는다.

(3) 생명보험의 종류

① 보험사고에 따른 분류
   ㉠ 사망보험 : 사망보험은 피보험자의 사망을 보험사고로 하여 보험금을 지급하기로 한 생명보험
       이다. 예 종신보험, 정기보험
   ㉡ 생존보험 : 생존보험은 피보험자가 보험기간이 끝날 때까지 생존한 때에 보험금을 지급하기로
       하는 생명보험이다. 예 교육보험, 퇴직보험, 생명연금보험

② 피보험자의 수에 따른 분류
   ㉠ 개인보험 : 피보험자 1인의 생존과 사망을 보험사고로 하는 생명보험으로 단독보험이라고도
       한다.
   ㉡ 다수생명보험(joint insurance, 연생보험) : 부부나 형제와 같이 피보험자 2인으로 하여 그중
       1인의 사망을 보험사고로 하여 다른 1인이 보험금액을 지급받기로 하는 생명보험을 말한다.
   ㉢ 단체보험 : 직장이나 단체에 속하는 자를 포괄적으로 피보험자로 하여 그 생사(生死)를 보험사
       고로 하는 생명보험이다.

> **심화TIP 단체생명보험** 기출 21
> 1. 단체가 규약에 따라 구성원의 전부를 피보험자로 하는 단체생명보험계약을 체결하는 경우, 단체 구성원의
>   사망을 보험사고로 하는 보험계약에서도 타인의 서면동의를 받지 않아도 된다(상법 제735조의3 제1항).
> 2. 단체생명보험의 경우 보험계약자가 회사일 때에는 그 회사에 대하여만 보험증권을 교부한다(상법 제
>   735조의3 제2항).
> 3. 보험계약의 체결 이후에 보험수익자를 지정 또는 변경하는 경우, 단체규약에 명시적으로 정한 경우 외
>   에는 피보험자의 개별적 서면동의를 받아야 한다(상법 제735조의3 제3항).
> 4. 15세 미만자, 심신상실자 또는 심신박약자의 사망을 보험사고로 한 보험계약은 무효로 한다. 다만, <u>심
>   신박약자가 보험계약을 체결하거나 제735조의3에 따른 단체보험의 피보험자가 될 때에 의사능력이 있
>   는 경우에는 그 보험계약은 유효하다</u>(상법 제732조).

③ 보험금 지급방법에 따른 분류
   ㉠ 일시금 보험 : 보험사고가 발생한 때에 약정 보험금액의 전부를 한꺼번에 지급하는 방식이다
       (원칙).
   ㉡ 연금보험 : 피보험자의 생명에 관한 보험사고가 생긴 때에 보험자가 보험금을 일시에 지급하지
       않고 약정에 따라 보험금액을 연금으로 분할하여 순차적으로 지급하는 방식이다.
   ㉢ 변액생명보험 : 인플레이션으로 인한 보험금액의 가치가 감소되는 것을 상쇄하기 위해 보험계
       약자로부터 받는 보험료를 다른 자산과 구별하여 주식이나 사채 등의 유가증권에 투자, 운용하
       여 생기는 투자수익을 보험계약자에게 배분하는 보험상품이다.

(4) 생명보험자의 면책사유 [기출] 24 · 25

① 사망보험계약에서 자살을 면책사유로 규정한 경우, 그 자살은 사망자가 자기의 생명을 끊는다는 것을 의식하고 그것을 목적으로 의도적으로 자기 생명을 절단하여 사망의 결과를 발생케 한 행위를 의미한다.

② 생명보험에서 피보험자가 정신질환 등으로 자유로운 의사 결정을 할 수 없는 상태에서 사망의 결과를 발생케 한 경우에는 보험자는 면책되지 않는다.

> **판례** 대법원 2011.4.28., 선고, 2009다97772, 판결
>
> 상법 제659조 제1항 및 제732조의2의 입법 취지에 비추어 볼 때, 사망을 보험사고로 하는 보험계약에서 자살을 보험자의 면책사유로 규정하고 있는 경우, 그 <u>자살은 사망자가 자기의 생명을 끊는다는 것을 의식하고 그것을 목적으로 의도적으로 자기의 생명을 절단하여 사망의 결과를 발생케 한 행위를 의미하고, 피보험자가 정신질환 등으로 자유로운 의사결정을 할 수 없는 상태에서 사망의 결과를 발생케 한 경우는 포함되지 않는다</u>.

③ 생명보험약관에서 '피보험자가 고의로 자신을 해친 경우'를 보험자의 면책사유로 규정하고 있는 경우, 보험자가 보험금 지급책임을 면하기 위해서는 면책사유에 해당하는 사실을 입증할 책임이 있다.

> **판례** 대법원 2002.3.29., 선고, 2001다49234, 판결
>
> 보험계약의 보통보험약관에서 '피보험자가 고의로 자신을 해친 경우'를 보험자의 면책사유로 규정하고 있는 경우 보험자가 보험금 지급책임을 면하기 위하여는 위 면책사유에 해당하는 <u>사실을 입증할 책임이 있는 바</u>, 이 경우 자살의 의사를 밝힌 유서 등 객관적인 물증의 존재나, 일반인의 상식에서 자살이 아닐 가능성에 대한 합리적인 의심이 들지 않을 만큼 명백한 주위 정황사실을 입증하여야 한다.

④ 보험사고의 발생에 기여한 복수의 원인이 존재하는 경우, 그중 하나가 피보험자 등의 고의행위임을 주장하여 보험자가 면책되기 위해서는 피보험자 등의 고의행위가 보험사고 발생의 유일하거나 결정적 원인이었음을 입증하여야 한다.

> **판례** 대법원 2004.8.20., 선고, 2003다26075, 판결
>
> 보험약관에서 '피보험자 등의 고의에 의한 사고'를 면책사유로 규정하고 있는 경우 여기에서의 '고의'라 함은 자신의 행위에 의하여 일정한 결과가 발생하리라는 것을 알면서 이를 행하는 심리 상태를 말하는 것으로서 그와 같은 내심의 의사는 이를 인정할 직접적인 증거가 없는 경우에는 사물의 성질상 고의와 상당한 관련성이 있는 간접사실을 증명하는 방법에 의하여 입증할 수밖에 없고, 무엇이 상당한 관련성이 있는 간접사실에 해당할 것인가는 사실관계의 연결상태를 논리와 경험칙에 의하여 합리적으로 판단하여야 할 것임은 물론이지만, 보험사고의 발생에 기여한 복수의 원인이 존재하는 경우, 그중 하나가 <u>피보험자 등의 고의행위임을 주장하여 보험자가 면책되기 위하여는 그 행위가 단순히 공동원인의 하나이었다는 점을 입증하는 것으로는 부족하고 피보험자 등의 고의행위가 보험사고 발생의 유일하거나 결정적 원인이었음을 입증하여야 할 것이다</u>.

2 타인의 생명보험

(1) 타인의 생명보험의 의의
생명보험계약에서 보험계약의 당사자인 보험계약자가 자기 이외의 제3자를 피보험자로 하는 보험을 '타인의 생명보험'이라 하며, 이것은 보험계약자 자신을 피보험자로 하는 '자기의 생명보험'의 상대적 개념이다.

(2) 타인의 생명보험의 제한
생명보험계약도 사행계약성을 가지고 있으므로 '자기의 생명보험'은 별문제가 없으나, 타인의 사망을 보험사고로 한 보험을 무제한으로 인정한다면, 도박목적의 악용이나 고의로 피보험자의 생명을 해할 우려가 있어서 이를 제한할 필요성이 있다.

> **판례** 대법원 2010.2.11., 선고, 2009다74007, 판결
>
> 상법 제731조 제1항은 타인의 사망을 보험사고로 하는 보험계약에 있어서 도박보험의 위험성과 피보험자 살해의 위험성 및 선량한 풍속 침해의 위험성을 배제하기 위하여 마련된 강행규정인 바, 제3자가 타인의 동의를 받지 않고 타인을 보험계약자 및 피보험자로 하여 체결한 생명보험계약은 보험계약자 명의에도 불구하고 실질적으로 타인의 생명보험계약에 해당한다.

① 이익주의
   영미에서는 피보험자인 타인의 생사에 관하여 어떠한 이익을 가지는 자만이 그 보험계약을 체결할 수 있다는 주의이다.
② 동의주의
   독일, 프랑스, 스위스에서는 보험계약자가 타인의 사망을 보험사고로 하는 보험계약을 체결하는 경우에는 피보험자인 타인의 동의를 요한다는 주의이다.
③ 우리 상법의 태도 [기출 16]
   우리나라는 동의주의를 취하여 타인의 사망의 보험사고를 담보하는 보험은 계약 외에도 권리의 양도의 경우 피보험자의 동의를 요하며(상법 제731조), 15세 미만자, 심신상실자 또는 심신박약자 등의 사망보험은 허용하지 않고 있다(상법 제732조). 다만, 심신박약자가 보험계약을 체결하거나 제735조의3에 따른 단체보험의 피보험자가 될 때에 의사능력이 있는 경우에는 그러하지 아니하다(상법 제732조 단서).

(3) 타인의 생명보험과 피보험자의 동의
① 피보험자의 동의를 얻어야 하는 경우 [기출] 17 · 18 · 19 · 20 · 21 · 23 · 25
   ㉠ 타인의 사망보험 : 보험계약자가 타인의 사망을 보험사고로 하는 보험계약에는 계약 체결시에 그 <u>타인의 서면에 의한 동의를 얻어야 한다</u>(상법 제731조 제1항). 또한 보험계약으로 인하여 생긴 권리를 피보험자가 아닌 자에게 양도하는 경우에도 동일하다(상법 제731조 제2항). 단체보험의 경우에는 단체의 대표자가 보통 취업규칙이나 단체협약에 의하여 일괄하여 구성원을 피보험자로 하여 전부 또는 일부를 생명보험계약을 체결하는 경우에 개별적인 피보험자의 동의를 얻을 필요는 없다(상법 제735조의3 제1항).

> **판례** 대법원 2006.9.22., 선고, 2004다56677, 판결
>
> 상법 제731조 제1항에 의하면 타인의 생명보험에서 피보험자가 서면으로 동의의 의사표시를 하여야 하는 시점은 '보험계약 체결시까지'이고, 이는 강행규정으로서 이에 위반한 보험계약은 무효이므로, <u>타인의 생명보험계약 성립 당시 피보험자의 서면동의가 없다면 그 보험계약은 확정적으로 무효가 되고</u>, 피보험자가 이미 무효가 된 보험계약을 추인하였다고 하더라도 그 보험계약이 유효로 될 수는 없다.

> **심화TIP** 타인의 동의서면에 포함되는 전자문서의 요건 [기출] 20
>
> 상법 제731조 제1항에 따른 본인 확인 및 위조 · 변조 방지에 대한 신뢰성을 갖춘 전자문서는 다음 각 호의 요건을 모두 갖춘 전자문서로 한다(상법 시행령 제44조의2).
> 1. 전자문서에 보험금 지급사유, 보험금액, 보험계약자와 보험수익자의 신원, 보험기간이 적혀 있을 것
> 2. 전자문서에 법 제731조 제1항에 따른 전자서명을 하기 전에 전자서명을 할 사람을 직접 만나서 전자서명을 하는 사람이 보험계약에 동의하는 본인임을 확인하는 절차를 거쳐 작성될 것
> 3. 전자문서에 전자서명을 한 후에 그 전자서명을 한 사람이 보험계약에 동의한 본인임을 확인할 수 있도록 지문정보를 이용하는 등 법무부장관이 고시하는 요건을 갖추어 작성될 것
> 4. 전자문서 및 전자서명의 위조 · 변조 여부를 확인할 수 있을 것

   ㉡ 보험수익자의 지정 · 변경 : 타인의 사망보험계약을 체결한 후 보험계약자가 보험수익자를 지정 · 변경하는 경우에도 피보험자를 보험수익자로 하지 않는 한 피보험자의 동의를 얻어야 한다(상법 제734조 제2항). 보험수익자는 보험사고가 발생할 경우 <u>수익의 의사표시 없이도</u> 보험금청구권을 갖는다.
② 동의의 성질
   타인의 생명보험에서 피보험자의 동의는 그 보험계약에 이의가 없는 것을 표현하는 피보험자의 의사표시이고, 그 법적 성질은 준법률행위이다. 이것은 당사자 사이의 특약으로도 배제할 수 없는 강행법적 성질을 가진다.
③ 동의의 방식과 시기 및 철회 [기출] 15 · 23
   ㉠ 동의의 방식 : 우리 상법은 서면에 의한 동의를 요구하고 있으므로(상법 제731조 제1항), 구두 또는 묵시적인 동의는 인정되지 않으며, 서면에 의한 명시적인 동의만이 그 효력이 있다.
   ㉡ 동의의 시기 : 우리 상법은 보험계약의 체결 시로 하고 있다(상법 제731조 제1항). 따라서 타인의 생명보험은 계약 성립 전이나 적어도 계약 성립시까지 피보험자의 동의가 이루어져야 한다. 그리고 보험기간 중에 보험계약으로 인한 권리의 양도(상법 제731조 제2항)와 보험수익자의 지정 · 변경(상법 제734조 제2항)의 경우에도 그 행위가 있을 때에 피보험자의 동의가 있어야 한다.

ⓒ 동의의 철회 : 피보험자의 서면동의는 계약 성립 전에는 철회할 수 있지만, 일단 서면으로 동의하여 계약의 효력이 생긴 후에는 임의로 철회할 수 없다. 다만, 보험수익자와 보험계약자의 동의가 있으면 철회가 가능한 것으로 해석된다.

④ 동의능력의 한계

우리 상법상 15세 미만자, 심신상실자 또는 심신박약자의 사망을 보험사고로 한 보험계약은 무효(상법 제732조)로 하고 있으므로, 이들은 유효한 동의를 할 수 없을 뿐 아니라 그들의 동의에 의한 사망보험계약은 당연히 무효이다.

> **판례** 타인의 생명보험계약에서 피보험자의 동의 관련 판례 기출 21·23·24
>
> - 대법원 1996.11.22., 선고, 96다37084, 판결
>   [1] 타인의 사망을 보험사고로 하는 보험계약에는 보험계약 체결시에 그 타인의 서면에 의한 동의를 얻어야 한다는 상법 제731조 제1항의 규정은 강행법규로서 이에 위반하여 체결된 보험계약은 무효이다.
>   [2] 상법 제731조 제1항의 입법취지에는 도박보험의 위험성과 피보험자 살해의 위험성 외에도 피해자의 동의를 얻지 아니하고 타인의 사망을 이른바 사행계약상의 조건으로 삼는 데서 오는 공서양속의 침해의 위험성을 배제하기 위한 것도 들어있다고 해석되므로, 상법 제731조 제1항을 위반하여 피보험자의 서면동의 없이 타인의 사망을 보험사고로 하는 보험계약을 체결한 자 스스로가 무효를 주장함이 신의성실의 원칙 또는 금반언의 원칙에 위배되는 권리 행사라는 이유로 이를 배척한다면, 그와 같은 입법취지를 완전히 몰각시키는 결과가 초래되므로 특단의 사정이 없는 한 그러한 주장이 신의성실 또는 금반언의 원칙에 반한다고 볼 수는 없다.
> - 대법원 2006.9.22., 선고, 2004다56677, 판결
>   상법 제731조 제1항에 의하면 타인의 생명보험에서 피보험자가 서면으로 동의의 의사표시를 하여야 하는 시점은 '보험계약 체결시까지'이고, 이는 강행규정으로서 이에 위반한 보험계약은 무효이므로, 타인의 생명보험계약 성립 당시 피보험자의 서면동의가 없다면 그 보험계약은 확정적으로 무효가 되고, 피보험자가 이미 무효가 된 보험계약을 추인하였다고 하더라도 그 보험계약이 유효로 될 수는 없다.
> - 대법원 2007.9.6., 선고, 2007다30263, 판결
>   타인의 사망을 보험사고로 하는 보험계약의 체결에 있어서 보험모집인은 보험계약자에게 피보험자의 서면동의 등의 요건에 관하여 구체적이고 상세하게 설명하여 보험계약자로 하여금 그 요건을 구비할 수 있는 기회를 주어 유효한 보험계약이 체결되도록 조치할 주의의무가 있고, 그럼에도 보험모집인이 위와 같은 설명을 하지 아니하는 바람에 위 요건의 흠결로 보험계약이 무효가 되고 그 결과 보험사고의 발생에도 불구하고 보험계약자가 보험금을 지급받지 못하게 되었다면 보험자는 보험업법 제102조 제1항에 기하여 보험계약자에게 그 보험금 상당액의 손해를 배상할 의무가 있다.
> - 대법원 2015.10.15., 선고, 2014다204178, 판결
>   타인의 생명보험계약 체결시에 피보험자의 서면동의를 얻도록 규정한 것은 그 동의의 시기와 방식을 명확히 함으로써 분쟁의 소지를 없애려는 취지이므로, 피보험자의 동의는 서면으로 개별적으로 이루어져야 하며, 포괄적인 동의 또는 묵시적이거나 추정적 동의만으로는 부족하다.
> - 서울고등법원 2011.11.3., 선고, 2011나24373, 판결
>   피보험자의 동의는 회사의 퇴사 등과 같이 서면동의의 전제가 되는 사정에 중대한 변경이 생긴 경우에는 그 동의를 철회할 수도 있다.

- 대법원 2008.8.21., 선고, 2007다76696, 판결
  타인의 사망을 보험사고로 하는 보험계약의 체결에 있어서 보험설계사는 보험계약자에게 피보험자의 서면동의 등의 요건에 관하여 구체적이고 상세하게 설명하여 보험계약자로 하여금 그 요건을 구비할 수 있는 기회를 주어 유효한 보험계약이 성립하도록 조치할 주의의무가 있고, 보험설계사가 위와 같은 설명을 하지 아니하는 바람에 위 요건의 흠결로 보험계약이 무효가 되고, 그 결과 보험사고의 발생에도 불구하고 보험계약자가 보험금을 지급받지 못하게 되었다면 보험자는 보험업법 제102조 제1항에 기하여 보험계약자에게 그 보험금 상당액의 손해를 배상할 의무를 진다.
- 대법원 2013.11.14., 선고, 2011다101520, 판결
  상법 제731조, 제734조 제2항의 취지에 비추어 보면, 보험계약자가 피보험자의 서면동의를 얻어 타인의 사망을 보험사고로 하는 보험계약을 체결함으로써 보험계약의 효력이 생긴 경우, 피보험자의 동의 철회에 관하여 보험약관에 아무런 규정이 없고 계약 당사자 사이에 별도의 합의가 없었다고 하더라도, 피보험자가 서면동의를 할 때 기초로 한 사정에 중대한 변경이 있는 경우에는 보험계약자 또는 보험수익자의 동의나 승낙 여부에 관계없이 피보험자는 그 동의를 철회할 수 있다.
- 대법원 2006.12.21., 선고, 2006다69141, 판결
  타인의 사망을 보험사고로 하는 보험계약에 있어 피보험자인 타인의 동의는 각 보험계약에 대하여 개별적으로 서면에 의하여 이루어져야 하고 포괄적인 동의 또는 묵시적이거나 추정적 동의만으로는 부족하나, 피보험자인 타인의 서면동의가 그 타인이 보험청약서에 자필 서명하는 것만으로 의미하지는 않으므로, 타인으로부터 특정한 보험계약에 관하여 서면동의를 할 권한을 구체적·개별적으로 수여받았음이 분명한 사람이 권한 범위 내에서 타인을 대리 또는 대행하여 서면동의를 한 경우에도 그 타인의 서면동의는 적법한 대리인에 의하여 유효하게 이루어진 것이다.

3 타인을 위한 생명보험

(1) 타인을 위한 생명보험의 의의 기출 16

보험계약자가 타인을 보험수익자로 하여 보험자와 보험계약을 맺는 보험을 '타인을 위한 생명보험'이라고 한다. 따라서 보험계약자는 '자기의 생명보험'이나 '타인의 생명보험'에 있어서 타인을 보험수익자로 하여 타인을 위한 생명보험계약을 체결할 수 있는데, 타인의 생명보험에서 피보험자 이외의 제3자를 보험수익자로 지정하는 경우에는 그 피보험자의 동의를 얻어야 한다(상법 제734조 제2항).

(2) 보험수익자의 지위

보험수익자는 보험사고가 발생할 경우 수익의 의사표시 없이도 보험금청구권을 직접 행사하여 보험금을 수령할 자이다. 반드시 1인이어야 하는 것은 아니며, 수 인으로 지정해도 상관없다.

① 보험수익자의 권리

타인을 위한 생명보험계약에서 보험수익자는 당연히 보험계약상의 이익을 받는다(상법 제639조 제2항). 따라서 보험수익자는 생명보험계약상의 이익을 받는 자로서 보험사고가 발생한 때에 보험자에 대하여 직접 보험금청구권을 행사할 수 있다.

② 보험수익자의 의무

보험수익자는 보험사고의 발생을 안 때에는 지체 없이 보험자에게 그 보험사고의 발생 사실을 통지를 발송하여야 한다(상법 제657조 제1항).

(3) 보험계약자의 보험수익자의 지정·변경 기출 15·17·21·22·23·25

① 보험수익자의 지정·변경권의 의의와 성질

보험계약자는 사정에 따라 보험수익자를 지정 또는 변경할 수 있는데(상법 제733조 제1항), 이를 '보험수익자의 지정·변경권'이라고 한다. 이는 보험자의 동의를 요하지 않고 보험계약자의 일방적 의사표시만 있으면 되므로 형성권이며 단독행위이다. <u>보험수익자 변경은 상대방 없는 단독행위이며, 보험수익자 변경의 의사표시가 객관적으로 확인되는 이상 그러한 의사표시가 보험자나 보험수익자에게 도달하지 않았다고 하더라도 보험수익자 변경의 효과는 발생한다</u>(대법원 2020.2.27., 선고, 2019다204869, 판결).

② 보험수익자의 지정·변경과 대항요건

㉠ <u>지정·변경</u> : 보험수익자의 지정·변경의 방법에 대하여 제한이 없으므로 서면에 의하든 구두로 하든 관계없다.

㉡ <u>대항요건</u> : 보험계약자가 보험계약 체결 후에 보험수익자의 지정·변경권을 행사한 때에는 보험자에 대하여 그 통지를 하지 않으면 보험자에게 대항하지 못한다(상법 제734조 제1항). 이것은 보험자가 보험금의 이중지급에 따르는 위험을 방지하기 위한 것이다.

③ 보험수익자의 지정·변경과 그 지위 기출 18·20

㉠ <u>보험계약자가 지정권을 행사하지 않고 사망한 때에는 피보험자를 보험수익자로 하며, 변경권을 행사하지 않고 사망한 때에는 보험수익자의 권리가 확정된다. 그러나 보험계약자가 사망한 경우에는 그 승계인이 권리를 행사할 수 있다는 약정이 있는 경우에는 그러하지 아니하다</u>(상법 제733조 제2항).

㉡ 보험수익자가 보험존속 중에 사망한 경우 보험계약자는 다시 보험수익자를 지정할 수 있다. 이 경우 <u>보험계약자가 지정권을 행사하지 아니하고 사망한 때에는 보험수익자의 상속인을 보험수익자로 한다</u>(상법 제733조 제3항).

㉢ <u>보험계약자가 지정권을 행사하기 전에 보험사고가 생긴 경우 피보험자 또는 보험수익자의 상속인을 보험수익자로 한다</u>(상법 제733조 제4항).

> **판례** 대법원 2025.2.20., 선고, 2022다306048, 2022다306055, 2022다306062, 판결
>
> 생명보험에서 보험계약자는 보험수익자를 지정·변경할 권리를 가지고 있고(상법 제733조 제1항), 지정된 보험수익자(이하 '지정 보험수익자'라 한다)가 보험존속 중 사망한 경우 보험계약자는 다시 보험수익자를 지정할 수 있되 보험계약자가 지정권을 행사하지 아니하고 사망하거나 보험계약자가 지정권을 행사하기 전에 보험사고가 생긴 때에는 지정 보험수익자의 상속인을 보험수익자로 한다(상법 제733조 제3항, 제4항). 상법 제733조 제3항, 제4항은 보험계약자가 재지정권을 행사하지 못하여 보험수익자에 흠결이 생긴 경우 보험계약자가 지정 보험수익자에게 보험금청구권을 취득하도록 한 원래의 의사를 우선 고려하고자 하는 취지이다.
>
> 이러한 상법 제733조 제3항, 제4항의 법 문언과 규정 취지를 고려하면, 지정 보험수익자 사망 후 보험계약자가 재지정권을 행사하기 전에 보험계약자가 사망하거나 보험사고가 발생하고, <u>보험계약자 사망 또는 보험사고 발생 당시 지정 보험수익자의 상속인이 생존하고 있지 아니한 경우에는 그 상속인의 상속인을 비롯한 순차 상속인으로서 보험계약자 사망 또는 보험사고발생 당시 생존한 자가 보험수익자가 된다고 봄이 타당하다. 또한 보험수익자가 되는 상속인이 여럿인 경우 그 상속인들은 법정상속분 비율로 보험금청구권을 취득한다.</u>

④ 권리행사의 시기와 방법

보험수익자 지정·변경권은 계약 체결 후에 또는 사고발생 전에 한하여 행사할 수 있고, 지정·변경권 행사에는 특별한 방식이 필요 없으므로 명시적·묵시적이든 상관없다.

⑤ 타인의 사망보험

타인의 사망을 보험사고로 하는 보험계약에서는 보험계약자가 그 타인의 서면에 의한 동의를 얻어야만 지정·변경권을 행사할 수 있다(상법 제731조).

4 생명보험계약의 성립과 효과

(1) 생명보험계약의 성립 기출 17·21·23

① 피보험자의 확정과 제한

생명보험은 사람의 생존과 사망을 보험사고로 하는 보험이고, 피보험자는 사고발생의 객체가 되는 자연인이므로 계약 체결시 피보험자가 누구인가 확정하여야 한다. 즉, 보험계약자가 자기의 생명을 보험에 붙였을 때에는 '자기의 생명보험'이고, 타인을 피보험자로 하면 '타인의 생명보험'이다. 물론 후자의 경우 그 타인의 동의를 요한다(상법 제731조 제1항). 또한 우리 상법은 사망보험의 악용으로 인한 도덕적 위험을 방지하기 위하여 15세 미만자, 심신상실자 또는 심신박약자의 사망을 보험사고로 한 보험계약은 무효로 하여 피보험자를 제한하고 있다(상법 제732조).

② 피보험자의 신체검사

생명보험계약에서 사망사고는 보통 피보험자의 건강상태와 밀접한 연관이 있다. 그리하여 사망보험에 있어서 보험금액을 표준으로 일정액 이상의 고액보험인 경우에는 보험계약자 등의 고지의무(상법 제651조) 이외에 보험의(保險醫)를 통해서 피보험자의 신체검사를 거치도록 하는 것이 일반적이다. 이러한 생명보험이 바로 진단보험이다. 따라서 신체검사를 요하는 생명보험은 보험계약자가 보험계약 청약시에 1회 보험료를 지급하였다 할지라도 피보험자가 신체검사를 받기 전에는 보험자는 보험인수 절차를 밟을 수 없고, 또 사망한 경우에도 보험료 지급을 이유로 보험의 보호를 받을 수 없다(상법 제638조의2 제3항).

③ 보험료와 보험금액

㉠ 보험료 : 생명보험은 사람의 사망과 생존을 보험사고로 하므로 보험료는 피보험자의 연령에 따른 예정사망률을 기초로 하여 산정된다. 사람의 예정사망률은 피보험자의 나이가 많을수록 높아지고, 이에 따라 보험료도 증가하게 되는 것이 원칙이다. 생명보험의 경우 이렇게 자연증가 하는 자연보험료에 의하지 아니하고, 보험기간을 통해서 동일보험료로 정하는 평균보험료의 방식을 취하고 있다. 또 생명보험은 장기보험이 보통이므로 보험료의 지급도 일시지급보다는 보험료 지급기일을 정하여 연 또는 월로 나누어 분할지급하기로 약정하는 것이 일반적이다.

ⓒ 보험금액 : 생명보험은 정액보험이므로 보험자는 보험사고의 발생과 상관없이 계약에서 정한 보험금액을 지급할 책임을 지게 된다. 그러나 생명보험계약에서도 보험사고가 발생한 기간이나 사고의 원인에 따라 보험자가 지급한 보험금액에 차이를 두는 경우가 있다. 그리고 생명보험에서는 보험가액의 관념이 없으므로 보험금액은 보험자와 보험계약자의 개별적인 합의에 의하여 정한다. 따라서 생명보험계약에서는 초과보험이 존재할 수 없으나, 보험금액을 과다하게 정하는 것은 인위적 사고를 일으킬 우려가 있으므로 보험금액의 최고한도를 설정하여 그 한도에서만 보험인수를 하도록 하는 것이 일반적이다.

④ 보험기간

생명보험에서도 보험기간은 일반적으로 보험계약이 성립하여 보험자가 최초보험료를 받은 때로부터 개시한다(상법 제656조). 하지만 생명보험계약의 보험기간은 보험자가 제1회 보험료를 받고 보험계약의 청약을 승낙한 경우에는 제1회 보험료를 받은 때 또는 진단보험에 있어서는 건강진단을 끝냈을 때부터 그 책임이 개시되는 것으로 하고 있다.

(2) 생명보험계약의 효과

① 보험자의 보험금 지급의무 [기출 17]

생명보험자는 보험기간 중에 피보험자의 생명에 관한 보험사고가 생길 경우에 약정한 보험금액을 지급할 의무를 진다(상법 제730조).

ⓐ 보험자의 책임개시 시기 : 보험자의 책임은 보험계약의 청약에 대하여 승낙한 후 다른 약정이 없으면 최초의 보험료의 지급을 받은 때로부터 개시한다(상법 제656조). 따라서 생명보험표준약관 제23조 제1항은 "회사는 계약의 청약을 승낙하고 제1회 보험료를 받은 때부터 이 약관이 정한 바에 따라 보장을 합니다"라고 규정하고 있다.

ⓑ 승낙전의 사고와 보험자의 책임 : 우리 상법 제638조의2 제3항은 "보험자가 보험계약자로부터 보험계약의 청약과 함께 보험료 상당액의 전부 또는 일부를 받은 경우에 그 청약을 승낙하기 전에 보험계약에서 정한 보험사고가 생긴 때에는 그 청약을 거절할 사유가 없는 한 보험자는 보험계약상 책임을 진다. 그러나 인보험계약의 피보험자가 신체검사를 받아야 하는 경우에 그 검사를 받지 아니한 때에는 그러하지 아니하다"라고 규정하고 있다. 따라서 생명보험에서 보험자가 승낙전의 사고에 대해서 책임을 지는 것은 첫째, 보험계약자가 청약시에 제1회 보험료 상당액의 지급이 있었고, 둘째, 신체검사를 받아야 하는 보험의 경우에는 신체검사를 마치고, 셋째, 피보험자가 피보험적격체로서 보험인수를 거절할 사유가 없을 것을 요건으로 하고 있다.

② 중과실로 인한 보험사고 등(상법 제732조의2) [기출 19·20·21·22·23·24]

ⓐ 사망을 보험사고로 한 보험계약에서는 사고가 보험계약자 또는 피보험자나 보험수익자의 중대한 과실로 인하여 발생한 경우에도 보험자는 보험금을 지급할 책임을 면하지 못한다.

ⓑ 둘 이상의 보험수익자 중 일부가 고의로 피보험자를 사망하게 한 경우 보험자는 다른 보험수익자에 대한 보험금 지급 책임을 면하지 못한다.

③ 보험료적립금 반환의무 [기출 18·21·24]

ⓐ 의의 : 보험회사는 결산기마다 책임준비금을 계상하여야 하고(보험업법 제120조 제1항), 보험자가 계상하여야 할 책임준비금은 보험료적립금과 미경과보험료로 구분한다. 여기서 보험수익자를 위하여 적립한 금액이란 보험료적립금에 해당하는 것이고, 보험자는 보험계약이 해지된 때에 해약환급금으로서 보험계약자에게 보험료적립금을 지급하여야 한다(상법 제736조 제1항).

ⓒ 보험료적립금 반환의무가 있는 경우 : 보험료적립금을 보험자가 보험계약자에게 지급하는 경우는 보험사고발생 전의 보험계약자에 의한 보험계약의 임의해지(상법 제649조), 보험료 부지급으로 인한 계약해지(상법 제650조), 고지의무위반으로 인한 계약해지(제651조), 위험의 변경·증가로 인한 계약해지(상법 제652조, 제653조), 보험자의 파산으로 인한 계약해지(상법 제654조)와 보험자의 면책사유(상법 제659조, 제660조) 등으로 보험금액의 지급책임이 면제된 때이다.
ⓒ 보험료적립금 반환의무가 없는 경우 : 보험계약자가 고의 또는 중대한 과실로 보험사고를 일으킨 경우에는 보험자는 보험료적립금 반환의무를 지지 아니한다(상법 제736조 제1항 단서).
ⓔ 소멸시효 : 보험자의 보험료적립금 반환의무도 보험금 지급의무나 보험료 반환의무와 마찬가지로 3년이 지나면 소멸시효가 완성된다(상법 제662조).

심화TIP 약관대출(보험계약대출) 기출 17·20·21

- 생명보험계약의 약관에 보험계약자는 보험계약의 해약환급금의 범위 내에서 보험회사가 정한 방법에 따라 대출을 받을 수 있다.
- 현행 생명보험표준약관 제33조에 약관대출규정이 있으나, 상법에는 규정이 없다.
- 약관에 따른 대출계약은 약관상의 의무의 이행으로 행하여지는 것으로서 보험계약과 별개의 독립된 계약이 아니라 보험계약과 일체를 이루는 하나의 계약이라고 보아야 한다.
- 약관대출은 비록 '대출'이라는 용어를 사용하고 있더라도 이는 일반적인 대출과는 달리 소비대차로서의 법적 성격을 가지는 것은 아니라, 보험회사가 장차 지급하여야 할 보험금이나 해약환급금을 미리 지급하는 선급금과 같은 성격이라고 보아야 한다(다수의견).
- 보험자의 약관대출금채권이 별도로 존재하지 않으므로, 양도·입질·압류·상계의 대상이 되지 않는다(다수의견).

판례 계약자배당금(대법원 2005.12.9., 선고, 2003다9742, 판결)

주식회사인 보험회사가 판매한 배당부 생명보험의 계약자배당금은 보험회사가 이자율과 사망률 등 각종 예정기초율에 기반한 대수의 법칙에 의하여 보험료를 산정함에 있어 예정기초율을 보수적으로 개산한 결과 실제와의 차이에 의하여 발생하는 잉여금을 보험계약자에게 정산·환원하는 것으로서 이익잉여금을 재원으로 주주에 대하여 이루어지는 이익배당과는 구별되는 것이므로, 계약자배당전 잉여금의 규모가 부족한 경우에도 이원(利源)의 분석 결과에 따라 계약자배당준비금을 적립하는 것이 그 성질상 당연히 금지된다고는 할 수 없는 것이나, 사차익(死差益)이나 이차익(利差益) 등 이원(利源)별로 발생한 이익이 있다 하여 보험계약자들에게 구체적인 계약자배당금청구권이 당연히 발생하는 것이라고는 볼 수 없고, 보험회사가 약관에서 정한 바에 따라 그 지급률을 결정하여 계약자배당준비금으로 적립한 경우에 한하여 인정되는 것이며, 계약자배당전 잉여금의 규모와 적립된 각종 준비금 및 잉여금의 규모 및 증감 추세를 종합하여 현재 및 장래의 계약자들의 장기적 이익 유지에 적합한 범위 내에서 계약자배당이 적절하게 이루어지도록 하기 위한 감독관청의 규제나 지침이 있는 경우, 보험회사로서는 위 규제나 지침을 넘어서면서까지 계약자배당을 실시할 의무는 없는 것이다.

5 생명보험계약의 무효·변경

(1) 생명보험계약의 무효 기출 23

① 보험자의 승낙 전에 피보험자의 사망

생명보험계약은 피보험자의 생존과 사망을 보험사고로 하므로, 피보험자가 보험자의 승낙 전에 사망한 때에는 보험자와 보험계약자가 그 사실을 알지 못하였다 하더라도 그 보험계약은 보험사고의 객체가 없으므로 무효로 한다(상법 제644조). 다만, 보험계약자가 보험계약의 청약과 함께 보험료의 전부 또는 일부를 보험자에게 지급한 때에는 보험자의 책임을 인정하는 경우가 있다(상법 제638조의2 제3항).

② 15세 미만자, 심신상실자, 심신박약자의 사망보험 기출 22

15세 미만자, 심신상실자 또는 심신박약자의 사망을 보험사고로 한 보험계약은 무효로 한다. 다만, 심신박약자가 보험계약을 체결하거나 상법 제735조의3에 따른 단체보험의 피보험자가 될 때에 의사능력이 있는 경우에는 그러하지 아니하다(상법 제732조).

> **판례** 대법원 2013.4.26., 선고, 2011다9068, 판결
>
> 상법 제732조는 15세 미만자 등의 사망을 보험사고로 한 보험계약은 무효라고 정하고 있다. 위 법 규정은 통상 정신능력이 불완전한 15세 미만자 등을 피보험자로 하는 경우 그들의 자유롭고 성숙한 의사에 기한 동의를 기대할 수 없고, 그렇다고 해서 15세 미만자 등의 법정대리인이 이들을 대리하여 동의할 수 있는 것으로 하면 보험금의 취득을 위하여 이들이 희생될 위험이 있으므로, 그러한 사망보험의 악용에 따른 도덕적 위험 등으로부터 15세 미만자 등을 보호하기 위하여 둔 효력규정이라고 할 것이다. 따라서 <u>15세 미만자 등의 사망을 보험사고로 한 보험계약은 피보험자의 동의가 있었는지 또는 보험수익자가 누구인지와 관계없이 무효가 된다.</u>

(2) 생명보험계약의 변경 기출 19

① 특별한 위험의 소멸

생명보험계약에 있어서도 피보험자의 특별위험을 예기(豫期)하여 보험료액을 높게 정한 경우에 보험기간 중에 그 예기한 위험이 소멸한 때에는 보험계약자는 그 후의 보험료의 감액을 청구할 수 있다(상법 제647조).

② 약관상 사유에 의한 변경

보통 생명보험표준 보통보험약관은 보험기간 중에 보험계약자는 보험자의 승낙을 얻어 ㉠ 보험종목, ㉡ 보험기간, ㉢ 보험료의 납입주기, 납입방법 및 납입기간, ㉣ 보험가입금액, ㉤ 계약자, ㉥ 기타 계약의 내용을 변경할 수 있음을 정하고 있다(생명보험표준약관 제20조). 여기서 보험수익자의 변경은 보험계약자가 그 권리를 유보한 경우에만 할 수 있는 것이고, 따라서 보험자의 승낙을 필요로 하는 것은 아니다(상법 제733조).

> **생명보험증권** 기출 17
> - 생명보험증권은 보험계약에 관한 증거증권에 해당한다.
> - 생명보험증권에는 보험계약의 종류가 기재되어야 한다.
> - 생명보험증권에 보험수익자를 정한 경우 그 주소, 성명 및 생년월일을 개재해야 한다(상법 제666조, 제728조).
> - 생명보험계약이 체결된 후 보험계약자가 보험료를 지급하지 아니하면 보험자는 보험증권을 교부할 필요가 없다.

③ 보험수익자의 지정·변경 기출 22·24
- ㉠ 보험수익자의 지정·변경권은 보험자의 동의를 요하지 않고 보험계약자의 일방적 의사표시만 있으면 되므로 형성권이며, 단독행위이다(대법원 2020.2.27., 선고, 2019다204869, 판결).
- ㉡ 보험계약자가 보험수익자의 지정권을 행사하지 아니하고 사망한 경우에는 특별한 약정이 없는 한 피보험자가 보험수익자가 된다(상법 제733조 제2항).
- ㉢ 보험수익자가 사망한 후 보험계약자가 보험수익자를 지정하지 아니하고 사망한 경우에는 보험수익자의 상속인을 보험수익자로 한다(상법 제733조 제3항).
- ㉣ 보험계약자가 지정권을 행사하기 전에 보험사고가 생긴 경우에는 피보험자 또는 보험수익자의 상속인을 보험수익자로 한다(상법 제733조 제4항).

> **판례** 보험수익자의 지정·변경 관련 판례 기출 23
>
> - 대법원 2020.2.6., 선고, 2017다215728, 판결
>   보험계약자가 피보험자의 상속인을 보험수익자로 하여 맺은 생명보험계약이나 상해보험계약에서 피보험자의 상속인은 피보험자의 사망이라는 보험사고가 발생한 때에는 보험수익자의 지위에서 보험자에 대하여 보험금 지급을 청구할 수 있고, 이 권리는 보험계약의 효력으로 당연히 생기는 것으로서 상속재산이 아니라 상속인의 고유재산이다. 이때 보험수익자로 지정된 상속인 중 1인이 자신에게 귀속된 보험금 청구권을 포기하더라도 그 포기한 부분이 당연히 다른 상속인에게 귀속되지는 아니한다. 이러한 법리는 단체보험에서 피보험자의 상속인이 보험수익자로 인정된 경우에도 동일하게 적용된다.
> - 대법원 2020.2.27., 선고, 2019다204869, 판결
>   보험수익자의 지정·변경의 방법에 대하여 제한이 없으므로 서면에 의하든 구두로 하든 관계없다. 보험수익자의 지정·변경권은 보험자의 동의를 요하지 않고 보험계약자의 일방적 의사표시만 있으면 되므로 형성권이며 단독행위이다. 보험수익자 변경은 상대방 없는 단독행위이며, 보험수익자 변경의 의사표시가 객관적으로 확인되는 이상 그러한 의사표시가 보험자나 보험수익자에게 도달하지 않았다고 하더라도 보험수익자 변경의 효과는 발생한다.
> - 대법원 2006.11.9., 선고, 2005다55817, 판결
>   보험계약자는 자유롭게 특정 또는 불특정의 타인을 보험수익자로 지정할 수 있다. 보험수익자는 그 지정행위 시점에 반드시 특정되어야 하는 것은 아니고, 보험사고발생시에 특정될 수 있으면 충분하므로, 보험계약자는 이름 등을 통해 특정인을 보험수익자로 지정할 수 있음은 물론 배우자 또는 상속인과 같이 보험금을 수익할 자의 지위나 자격 등을 통해 불특정인을 보험수익자로 지정할 수 있다.

- 대법원 2017.12.22., 선고, 2015다236820(본소), 2015다236837(반소), 판결
  상해의 결과로 피보험자가 사망한 때에 사망보험금이 지급되는 상해보험에서 보험계약자가 보험수익자를 단지 피보험자의 '법정상속인'이라고만 지정한 경우, 특별한 사정이 없는 한 그와 같은 지정에는 장차 상속인이 취득할 보험금청구권의 비율을 상속분에 의하도록 하는 취지가 포함되어 있다고 해석함이 타당하다. 따라서 보험수익자인 상속인이 여러 명인 경우, <u>각 상속인은 특별한 사정이 없는 한 자신의 상속분에 상응하는 범위 내에서 보험자에 대하여 보험금을 청구할 수 있다.</u>
- 대법원 2004.7.9., 선고, 2003다29463, 판결
  보험수익자의 지정에 관한 상법 제733조는 상법 제739조에 의하여 상해보험에도 준용되므로, 결국 상해의 결과로 사망한 때에 사망보험금이 지급되는 상해보험에 있어서 보험수익자가 지정되어 있지 않아 위 법률규정에 의하여 피보험자의 상속인이 보험수익자가 되는 경우에도 보험수익자인 <u>상속인의 보험금청구권은 상속재산이 아니라, 상속인의 고유재산으로 보아야 한다.</u>

심화TIP 생명보험표준약관상 보험계약상의 권리 기출 20

- 보험자는 피보험자에게 약정상의 보험사고가 발생한 경우에 보험수익자에게 약정한 보험금을 지급한다(약관 제3조).
- 보험계약자는 계약이 소멸하기 전에 언제든지 계약을 해지할 수 있으며(다만, 연금보험의 경우 연금이 지급개시된 이후에는 해지할 수 없다), 이 경우 회사는 해지환급금을 보험계약자에게 지급한다(약관 제29조 제1항).
- 보험계약자는 해지환급금 범위 내에서 약관대출(보험계약대출)을 받을 수 있다(약관 제33조 제1항).
- 보험자는 금융감독원장이 정하는 방법에 따라 보험자가 결정한 배당금을 보험계약자에게 지급한다(약관 제34조 제1항).

판례 생명보험 관련 판례 기출 17·19·20·23·24

- 대법원 2015.11.17., 선고, 2014다81542, 판결
  보험자 또는 보험계약의 체결 또는 모집에 종사하는 자는 보험계약을 체결할 때에 보험계약자 또는 피보험자에게 보험약관에 기재되어 있는 보험상품의 내용, 보험료율의 체계 및 보험청약서상 기재사항의 변동사항 등 보험계약의 중요한 내용에 대하여 구체적이고 상세하게 설명할 의무를 지고, 보험자가 이러한 보험약관의 설명의무를 위반하여 보험계약을 체결한 때에는 약관의 내용을 보험계약의 내용으로 주장할 수 없다(상법 제638조의3 제1항, 약관의 규제에 관한 법률 제3조 제3항, 제4항). 이와 같은 <u>설명의무위반으로 보험약관의 전부 또는 일부의 조항이 보험계약의 내용으로 되지 못하는 경우 보험계약은 나머지 부분만으로 유효하게 존속하고, 다만 유효한 부분만으로는 보험계약의 목적 달성이 불가능하거나 그 유효한 부분이 한쪽 당사자에게 부당하게 불리한 경우에는 그 보험계약은 전부 무효가 된다</u>(약관의 규제에 관한 법률 제16조). 그리고 나머지 부분만으로 보험계약이 유효하게 존속하는 경우에 보험계약의 내용은 나머지 부분의 보험약관에 대한 해석을 통하여 확정되어야 하고, 만일 보험계약자가 확정된 보험계약의 내용과 다른 내용을 보험계약의 내용으로 주장하려면 보험자와 사이에 다른 내용을 보험계약의 내용으로 하기로 하는 합의가 있었다는 사실을 증명하여야 한다(약관의 규제에 관한 법률 제4조).

- 대법원 2016.10.27., 선고, 2013다90891, 90907, 판결
  甲이 乙 보험회사와 체결한 보험계약의 보통약관에서 같은 사고로 2가지 이상의 후유장해가 생긴 경우 후유장해 지급률을 합산하는 것을 원칙으로 하면서 동일한 신체부위에 2가지 이상의 장해가 발생한 경우에는 그중 높은 지급률을 적용하되, '하나의 장해와 다른 장해가 통상 파생하는 관계가 인정되거나, 신경계의 장해로 인하여 다른 신체부위에 장해가 발생한 경우 그중 높은 지급률만 적용한다'는 취지로 정하였는데, 甲이 계단에서 미끄러져 넘어지는 사고로 추간판탈출증을 입고, 그 외에 신경계 장해인 경추척수증 및 경추척수증의 파생 장해인 우측 팔, 우측 손가락, 좌측 손가락의 각 운동장해를 입은 사안에서, 위 약관조항의 의미는 하나의 장해와 다른 장해 사이에 통상 파생하는 관계가 인정되거나 신경계의 장해로 인하여 다른 신체부위에 장해가 발생한 경우에 그러한 관계가 인정되는 장해 사이에 지급률을 비교하여 그중 높은 지급률만 적용한다는 것일 뿐이고, 신경계의 장해로 인하여 서로 다른 신체부위에 2가지 이상의 후유장해가 발생한 경우에는 특별한 사정이 없는 한 그들 신체부위 장해 사이에는 통상 파생하는 관계에 있다고 보기 어려워, 이 경우에는 신경계의 장해와 그로 인하여 발생한 다른 신체부위 장해들 사이에서 그중 가장 높은 지급률만 위 각 장해 전체의 후유장해 지급률로 적용할 것이 아니라, 파생된 후유장해의 지급률을 모두 평가해 이를 합산한 것을 신경계 장해의 지급률과 비교하여 그중 높은 지급률을 신경계의 장해와 거기서 파생된 후유장해들의 후유장해 지급률로 적용하는 것이 타당하므로, 위 사고로 인한 갑의 후유장해 지급률은 우측 팔, 우측 손가락 및 좌측 손가락 운동장해의 합산 지급률과 신경계 장해인 경추척수증의 지급률 중 더 높은 지급률을 구한 다음, 그 지급률에 추간판탈출증의 지급률을 합하여 산정하여야 한다.
- 서울고법 2015.11.13., 선고, 2014나2043005, 판결
  甲이 乙 보험회사와 체결한 보험계약의 재해사망특약 약관에서 보험금을 지급하지 아니하는 보험사고로 '피보험자가 고의로 자신을 해친 경우'를 규정하면서 단서에서 '특약의 보장개시일로부터 2년이 경과된 후에 자살한 경우에는 그러하지 아니하다'(이하 '자살 면책제한조항'이라 한다)고 규정하고 있는데, 甲이 보장개시일로부터 2년이 지난 후 아파트 옥상에서 투신하여 사망한 사안에서, 약관은 원칙적으로 고의에 의한 자살은 특약에서 정한 보험사고인 '재해'에 해당하지 않는다고 정하면서도 예외적으로 자살 면책제한조항을 둠으로써 피보험자가 특약의 보장개시일로부터 2년이 경과된 후 자살한 경우는 특별히 보험사고에 포함시켜 재해사망보험금 지급사유로 본다고 해석하는 것이 합리적이고 약관 해석에서 작성자 불이익의 원칙에도 부합하므로, 乙 보험회사는 甲의 상속인들에게 재해사망보험금을 지급할 의무가 있다.
- 대법원 2001.11.27., 선고, 99다33311, 판결
  보험자가 생명보험계약을 체결함에 있어 다른 보험계약의 존재 여부를 청약서에 기재하여 질문하였다면 이는 그러한 사정을 보험계약을 체결할 것인지의 여부에 관한 판단자료로 삼겠다는 의사를 명백히 한 것으로 볼 수 있고, 그러한 경우에는 다른 보험계약의 존재 여부가 고지의무의 대상이 된다고 할 것이다. 그러나 그러한 경우에도 보험자가 다른 보험계약의 존재 여부에 관한 고지의무위반을 이유로 보험계약을 해지하기 위하여는 보험계약자 또는 피보험자가 그러한 사항에 관한 고지의무의 존재와 다른 보험계약의 존재에 관하여 이를 알고도 고의로 또는 중대한 과실로 인하여 이를 알지 못하여 고지의무를 다하지 않은 사실이 입증되어야 할 것이다. 그러나 그러한 경우에도 보험자가 다른 보험계약의 존재 여부에 관한 고지의무위반을 이유로 보험계약을 해지하기 위하여는 보험계약자 또는 피보험자가 그러한 사항에 관한 고지의무의 존재와 다른 보험계약의 존재에 관하여 이를 알고도 고의로 또는 중대한 과실로 인하여 이를 알지 못하여 고지의무를 다하지 않은 사실이 입증되어야 할 것이다.

- 대법원 2007.9.28., 선고, 2005다15598, 전원합의체 판결(보험금)
생명보험계약의 약관에 보험계약자는 보험계약의 해약환급금의 범위 내에서 보험회사가 정한 방법에 따라 대출을 받을 수 있고, 이에 따라 대출이 된 경우에 보험계약자는 그 대출 원리금을 언제든지 상환할 수 있으며, 만약 상환하지 아니한 동안에 보험금이나 해약환급금의 지급사유가 발생한 때에는 위 대출 원리금을 공제하고 나머지 금액만을 지급한다는 취지로 규정되어 있다면, 그와 같은 약관에 따른 대출계약은 약관상의 의무의 이행으로 행하여지는 것으로서 보험계약과 별개의 독립된 계약이 아니라 보험계약과 일체를 이루는 하나의 계약이라고 보아야 하고, 보험약관대출금의 경제적 실질은 보험회사가 장차 지급하여야 할 보험금이나 해약환급금을 미리 지급하는 선급금과 같은 성격이라고 보아야 한다. 따라서 위와 같은 약관에서 비록 '대출'이라는 용어를 사용하고 있더라도 이는 일반적인 대출과는 달리 소비대차로서의 법적 성격을 가지는 것은 아니며, 보험금이나 해약환급금에서 대출 원리금을 공제하고 지급한다는 것은 보험금이나 해약환급금의 선급금의 성격을 가지는 위 대출 원리금을 제외한 나머지 금액만을 지급한다는 의미이므로 민법상의 상계와는 성격이 다르다.

- 대법원 2018.7.12., 선고, 2017다235647, 판결
생명보험계약에서 보험계약자의 지위를 변경하는데 보험자의 승낙이 필요하다고 정하고 있는 경우, 보험계약자가 보험자의 승낙이 없는데도 일방적인 의사표시만으로 보험계약상의 지위를 이전할 수는 없다. 보험계약자의 지위 변경은 피보험자, 보험수익자 사이의 이해관계나 보험사고 위험의 재평가, 보험계약의 유지 여부 등에 영향을 줄 수 있다. 이러한 이유로 생명보험의 보험계약자 지위 변경에 보험자의 승낙을 요구한 것으로 볼 수 있다.

- 대법원 2016.5.12., 선고, 2015다243347, 판결
甲이 乙 보험회사와 주된 보험계약을 체결하면서 별도로 가입한 재해사망특약의 약관에서 피보험자가 재해를 직접적인 원인으로 사망하거나 제1급의 장해상태가 되었을 때 재해사망보험금을 지급하는 것으로 규정하면서, 보험금을 지급하지 않는 경우의 하나로 "피보험자가 고의로 자신을 해친 경우. 그러나 피보험자가 정신질환상태에서 자신을 해친 경우와 계약의 책임개시일부터 2년이 경과된 후에 자살하거나 자신을 해침으로써 제1급의 장해상태가 되었을 때는 그러하지 아니하다."라고 규정한 사안에서, 위 조항은 고의에 의한 자살 또는 자해는 원칙적으로 우발성이 결여되어 재해사망특약의 약관에서 정한 보험사고인 재해에 해당하지 않지만, 예외적으로 단서에서 정하는 요건, 즉 피보험자가 정신질환상태에서 자신을 해친 경우와 책임개시일부터 2년이 경과된 후에 자살하거나 자신을 해침으로써 제1급의 장해상태가 되었을 경우에 해당하면 이를 보험사고에 포함시켜 보험금 지급사유로 본다는 취지로 이해하는 것이 합리적이고, 약관 해석에 관한 작성자 불이익의 원칙에 부합한다.

| 판례 | 피보험자의 사망사고 관련 판례 | 기출 20·23 |

- **대법원 2008.8.21., 선고, 2007다76696, 판결**
  보험계약의 피보험자가 술에 취한 나머지 판단능력이 극히 저하된 상태에서 신병을 비관하는 넋두리를 하고 베란다에서 뛰어내린다는 등의 객기를 부리다가 마침내 음주로 인한 병적인 명정으로 인하여 <u>심신을 상실한 나머지 자유로운 의사결정을 할 수 없는 상태에서 충동적으로 베란다에서 뛰어내려 사망한 사안에서, 이는 우발적인 외래의 사고로서 보험약관에서 재해의 하나로 규정한 '추락'에 해당하여 사망보험금의 지급대상</u>이 된다.

- **대법원 2016.5.12., 선고, 2015다243347, 판결**
  일반적인 사망을 보험사고로 하는 주계약과 재해로 인한 사망을 보험사고로 하는 특약으로 이루어진 보험에서 주계약과 특약에 각각 '피보험자가 고의로 자신을 해친 경우에는 보험금을 지급하지 아니하나, 피보험자가 책임개시일부터 2년이 경과한 후 자살한 경우에는 그러하지 아니하다'라는 약관조항을 두고 있는 경우, 위 약관조항은 '고의에 의한 자살 또는 자해는 원칙적으로 우발성이 결여되어 특약이 정한 보험사고인 재해에 해당하지 않지만, 예외적으로 <u>피보험자가 책임개시일부터 2년이 경과된 후에 자살한 경우에 해당하면 이를 보험사고에 포함시켜 보험금 지급사유로 본다</u>'는 취지로 해석하여야 한다.

- **대법원 2001.11.9., 선고, 2001다55499, 55505, 판결**
  피보험자가 술에 취한 상태에서 출입이 금지된 지하철역 승강장의 선로로 내려가 지하철을 통과하는 전동열차에 부딪혀 사망한 경우, <u>피보험자에게 판단능력을 상실 내지 미약하게 할 정도로 과음을 한 중과실이 있더라도 보험약관상의 보험사고인 우발적인 사고에 해당한다.</u>

- **대법원 2010.12.21., 2010다66835, 판결**
  보험계약 체결 당시 피보험자가 이미 근긴장성 근이양증(이하 '근이양증'이라고 함)의 증세를 보였고, 근이양증이 발병한 이상 보험사고인 제1급 장해의 발생을 피할 수 없으며, 근이양증으로 인하여 건강상태가 일반적인 자연속도 이상으로 급격히 악화되어 사망에 이를 개연성이 매우 높다는 이유로 보험계약이 무효라고 판단한 원심을 파기한 사례로서, <u>보험금 지급이 뻔히 예상되더라도 실제 사고가 나기 전에 보험계약을 맺었다면 계약은 유효한 것이다.</u>

- **대법원 2015.6.23., 선고, 2015다5378, 판결**
  사망을 보험사고로 하는 보험계약에서 자살을 보험자의 면책사유로 규정하고 있는 경우에, 자살은 자기의 생명을 끊는다는 것을 의식하고 그것을 목적으로 의도적으로 자기의 생명을 절단하여 사망의 결과를 발생케 한 행위를 의미하고, 피보험자가 정신질환 등으로 자유로운 의사결정을 할 수 없는 상태에서 사망의 결과를 발생케 한 경우까지 포함하는 것은 아니므로, <u>피보험자가 자유로운 의사결정을 할 수 없는 상태에서 사망의 결과를 발생케 한 직접적인 원인행위가 외래의 요인에 의한 것이라면, 그 사망은 피보험자의 고의에 의하지 않은 우발적인 사고로서 보험사고인 사망에 해당할 수 있다.</u>

- **인천지방법원 2016.4.7., 선고, 2015나54837(본소), 2015나11335(반소), 판결**
  자살재해사망보험금청구권은 특별한 사정이 없는 한 <u>보험사고발생일부터 2년이 경과함으로써 소멸시효의 완성으로 소멸하고, 보험회사가 자살재해사망보험금 지급의무가 있음에도 불구하고 그 지급을 거절하였다는 사정만으로는 보험회사의 소멸시효 항변이 권리남용에 해당하지 않는다.</u>

- **대법원 2000.2.11., 선고, 99다49064, 판결**
  피보험자를 살해하여 보험금을 편취할 목적으로 체결한 생명보험계약은 사회질서에 위배되는 행위로서 무효이고, 따라서 피보험자를 살해하여 보험금을 편취할 목적으로 피보험자의 공동상속인 중 1인이 상속인을 보험수익자로 하여 생명보험계약을 체결한 후 피보험자를 살해한 경우, 다른 공동상속인은 자신이 고의로 보험사고를 일으키지 않았다고 하더라도 보험자에 대하여 보험금을 청구할 수 없다.

- **대법원 2004.8.20., 선고, 2003다26075, 판결**
  자신이 유발한 교통사고로 중상해를 입은 동승자를 병원으로 후송하였으나, <u>동승자에 대한 수혈을 거부함으로써 사망에 이르게 한 경우, 수혈거부가 사망의 유일하거나 결정적인 원인이었다고 단정할 수 없다면 수혈거부 행위가 사망의 중요한 원인 중 하나이었다는 점만으로는 보험회사가 보험금의 지급책임을 면할 수 없다.</u>

03 상해보험 및 질병보험

1 상해보험

(1) 상해보험의 의의 및 특성 [기출] 23

우리 상법은 보험을 손해보험과 인보험으로 구분하고, 인보험은 다시 생명보험과 상해보험으로 구분한다. 이때 손해보험업과 인보험업은 원칙적으로 겸업을 금지하나, 예외적으로 상해보험은 겸영을 허용하고 있다.

① 상해보험계약의 의의 [기출] 20

상해보험계약(contract personal accident insurance)이라 함은 보험자가 피보험자의 신체의 상해에 관한 보험사고가 생길 경우에 보험금액, 기타의 급여를 할 책임을 지기로 하는 인보험계약이다(상법 제737조).

> 여기서 보험사고, 즉 상해는 급격하고도 우연한 외래의 사고를 의미한다. 또한 상법 제659조에서는 고의 또는 중과실 사고를 면책으로 규정하고 있지만, 상해보험에서는 담보하는 상해사고 자체가 피보험자의 부주의로 인해 발생하는 경우가 많은 관계로 중과실로 인한 사고도 담보하고 있다.

② 상해보험계약의 특성 [기출] 18·19·25
  ㉠ 인보험 : 상해보험은 보험의 객체가 사람이라는 점에서 생명보험과 더불어 인보험에 속하고, 피보험자의 물건이나 재산상에 생긴 손해를 보상할 것을 목적으로 하는 손해보험과는 다르다.
  ㉡ 정액보험과 손해보험의 이중적 성질 : 우리 상법 제739조는 "상해보험에 관하여는 제732조를 제외하고 생명보험에 관한 규정을 준용한다"라고 규정하고 있다. 즉, 상해보험을 생명보험과 같이 정액보험으로 다루고 있다. 하지만 상해보험은 피보험자의 상해의 결과에 따라 보험금액 급여에 차이를 두지 않을 수 없으므로 생명보험과 같이 언제나 정액보험으로 다룰 수도 없다. 또한 상해로 인하여 피보험자가 일정한 기간 치료 또는 입원 등을 필요로 하는 경우에 그 치료비 또는 입원비 등을 부담하게 되는데, 이는 보험자가 손해보상 및 비용지급책임을 지는 일종의 손해보험의 성질을 띠게 된다. 따라서 상해보험계약에서 보험자가 정액보상책임을 지느냐 부정액보상책임을 지느냐는 상해라는 보험사고의 결과에 따라 정해지는 것으로, 상해보험은 정액보험과 손해보험의 중간적인 성질을 가지게 된다.

(2) 상해보험의 종류

상해보험계약도 보험금의 지급방법, 피보험자의 수, 보험기간의 장단 또는 담보위험에 따라 여러 가지로 구분할 수 있다.

① 보통상해보험

상해보험의 기본적인 것으로 보험기간 중에 피보험자의 일상생활에서 상해를 입은 때에 보험금을 지급하는 보험이다.

② 교통상해보험
  피보험자가 교통용구에 타고 있거나, 타고 내릴 때 또는 보행 중에 생긴 모든 교통사고로 말미암은 상해만을 보험사고로 하는 상해보험이다.
③ 단체상해보험
  단체구성원을 피보험자로 하여 그 단체활동과 관련하여 생긴 상해를 담보하는 보험이다.
④ 여행상해보험
  피보험자가 여행하는 중에 발생한 사고로 상해를 입은 경우에 보험금을 지급하기로 한 보험이다.

(3) 상해보험계약의 요소

① 피보험자 기출 15·16·19·25
  피보험자는 보험사고의 객체가 되는 사람이다. 상해보험계약에서 보험사고인 상해는 피보험자의 상해사망을 포함하고 있지만 피보험자의 연령 등에는 제한이 없다(상법 제739조, 제732조). 그러므로 15세 미만의 미성년자, 심신상실자 또는 심신박약자도 상해보험의 피보험자로 할 수 있다.

② 보험금액
  상해보험은 인보험으로 보험가액의 개념이 없으므로 보험금액은 계약 당사자의 합의에 의하여 정해지고, 그 보험금은 사망보험금, 장해급여금 및 만기축하금으로 구분된다.

③ 보험사고 기출 21
  상해보험에서 보험사고는 피보험자의 신체의 상해이며, 상해를 원인으로 하는 사망은 이에 포함되나, 질병이나 그 밖의 원인으로 인한 사망은 보험자의 책임범위에 포함되지 않는다. 여기서 상해의 요건은 급격하고도 우연한 외래의 사고에 의한 피보험자의 신체손상이라고 본다. 즉, 상해보험의 보험사고의 요건은 우연성·외래성·급격성을 요한다.

> **판례** 우발적 사고 관련 판례
>
> - **대법원 2001.11.9., 선고, 2001다55499, 55505, 판결**
>   피보험자가 술에 취한 상태에서 출입이 금지된 지하철역 승강장의 선로로 내려가 지하철역을 통과하는 전동열차에 부딪혀 사망한 경우, 피보험자에게 판단능력을 상실 내지 미약하게 할 정도로 과음을 한 중과실이 있더라도 보험약관상의 보험사고인 우발적인 사고에 해당한다.
> - **상해보험의 외래성(서울중앙지방법원 2005.6.21., 선고, 2004가합57361, 판결)** 기출 17
>   보험약관상의 '외래의 사고'란 상해 또는 사망의 원인이 피보험자의 신체적 결함, 즉 질병이나 체질적 요인 등에 기인한 것이 아닌 외부적 요인에 의해 초래된 모든 것을 의미한다. 따라서 만취상태에서 잠을 자다가 구토 중에 구토물이 기도를 막아 피보험자가 사망한 경우에, 상해보험의 외래성이 인정된다.
> - **대법원 2001.7.24., 선고, 2000다25965, 판결** 기출 22
>   피보험자가 욕실에서 페인트칠 작업을 하다가 평소 가지고 있던 고혈압 증세가 악화되어 뇌교출혈을 일으켜 장애를 입게 된 보험사고는 보험계약에서 정한 우발적인 외래의 사고가 아니므로 보험금 지급대상에서 제외된다.
> - **대법원 2001.8.21., 선고, 2001다27579, 판결**
>   상해보험에서 담보되는 위험으로서 상해란 외부로부터의 우연한 돌발적인 사고로 인한 신체의 손상을 말하는 것이므로, 그 사고의 원인이 피보험자의 신체의 외부로부터 작용하는 것을 말하고 신체의 질병 등과 같은 내부적 원인에 기한 것은 제외되며, 이러한 사고의 외래성 및 상해 또는 사망이라는 결과와 사이의 인과관계에 관해서는 보험금청구자에게 그 입증책임이 있다.

- **대법원 2015.6.23., 선고, 2015다5378, 판결**
  부부싸움 중 극도의 흥분되고 불안한 정신적 공황상태에서 베란다 밖으로 몸을 던져 사망한 경우 그 사망은 피보험자의 고의에 의하지 않은 우발적인 사고로서 보험사고인 사망에 해당한다.
- **대법원 1998.8.21., 선고, 97다50091, 판결**
  보험사고의 객관적 확정의 효과에 관하여 규정하고 있는 상법 제644조는 사고 발생의 우연성을 전제로 하는 보험계약의 본질상 이미 발생이 확정된 보험사고에 대한 보험계약은 허용되지 아니한다는 취지에서 보험계약 당시 이미 보험사고가 발생하였을 경우에는 그 보험계약을 무효로 한다고 규정하고 있고, <u>암 진단의 확정 및 그와 같이 확정이 된 암을 직접적인 원인으로 한 사망을 보험사고의 하나로 하는 보험계약에서 피보험자가 보험계약일 이전에 암 진단이 확정되어 있는 경우에는 보험계약을 무효로 한다는 약관조항은 보험계약을 체결하기 이전에 그 보험사고의 하나인 암 진단의 확정이 있었던 경우에 그 보험계약을 무효로 한다는 것으로서 상법 제644조의 규정 취지에 따른 것이라고 할 것이므로</u>, 상법 제644조의 규정 취지나 보험계약은 원칙적으로 보험가입자의 선의를 전제로 한다는 점에 비추어 볼 때, 그 약관조항은 그 조항에서 규정하고 있는 사유가 있는 경우에 그 보험계약 전체를 무효로 한다는 취지라고 보아야 할 것이지, 단지 <u>보험사고가 암과 관련하여 발생한 경우에 한하여 보험계약을 무효로 한다는 취지</u>라고 볼 수는 없다.

(4) 상해보험증권
① 상해보험증권은 손해보험증권 기재사항(상법 제666조)에서 정하고 있는 사항과 인보험증권 기재사항(상법 제728조)을 기재하면 된다.
② 상해보험의 경우에 피보험자와 보험계약자가 동일인이 아닐 때에는 그 보험증권 기재사항 중 피보험자의 주소·성명 및 생년월일(상법 제728조 제2호에 게기한 사항)에 갈음하여 피보험자의 직무 또는 직위만을 기재할 수 있다(상법 제738조).

(5) 생명보험규정의 준용
① 상해보험은 상법 제732조(15세 미만자 등에 대한 계약의 금지)를 제외하고는 생명보험규정이 준용된다. 그러므로 타인의 생명보험에 관한 상법 제731조는 타인의 상해사망을 보험사고로 하는 계약에는 준용되지만, 상해만을 보험사고로 하는 계약에서는 그 적용이 제외된다. 또한 중과실로 인한 사고의 경우에도 보험금을 지급하여야 하는 조항(상법 제732조의2 제1항) 및 다수의 보험수익자 중 일부가 피보험자를 사망하게 한 경우 다른 보험수익자에 대해서는 보험금을 지급하여야 하는 조항(상법 제732조의2 제2항)도 준용된다.
② 다만, 상법 제729조에서는 "당사자간에 다른 약정이 있는 때에는 보험자는 피보험자의 권리를 해하지 않는 범위에서 그 권리를 대위하여 행사할 수 있다"고 규정하고 있는데, 이는 생명보험과는 구분되는 특징이다.

판례 | 상해보험 관련 판례 [기출] 17·19·20·22·23·25

- **대법원 2024.11.14. 선고 2024다238392 판결**
  상해보험은 신체의 상해에 관한 보험사고가 생길 경우에 보험금액 기타의 급여를 지급하는 보험으로서(상법 제737조) 상해보험에 관하여는 <u>상법 제732조를 제외하고 생명보험에 관한 규정이 준용된다</u>(상법 제739조). 상법 제731조 제1항은 "타인의 사망을 보험사고로 하는 보험계약에는 보험계약 체결시에 그 타인의 서면에 의한 동의를 얻어야 한다"고 규정하고 있다. 상법 제731조 제1항은 도박보험의 위험성이나 피보험자에 대한 위해의 우려 또는 피보험자의 동의 없이 타인의 사망 또는 신체 상해를 사행계약의 조건으로 삼는 데서 오는 공서양속 침해의 위험 등을 배제하고자 하는 데에 그 입법취지가 있다.
  이러한 상법 규정의 문언과 입법취지를 고려하면, 타인의 신체 상해를 보험사고로 하는 이른바 '타인의 상해보험계약'을 체결하는 경우에는 보험계약 체결시에 그 타인의 서면동의를 얻어야 한다. 나아가 상법 제731조 제1항은 강행법규로서, 보험계약자가 이를 위반하여 타인의 상해보험계약을 체결하면서 보험계약 체결시에 그 타인의 서면동의를 얻지 않았다면 그 보험계약은 무효로 보아야 한다. 그리고 피보험자의 서면동의 없이 타인의 신체 상해를 보험사고로 하는 보험계약을 체결한 사람 스스로 보험계약의 무효를 주장하는 것이 신의성실의 원칙 또는 금반언의 원칙에 위반되는 권리 행사라는 이유로 이를 배척한다면 위와 같은 입법취지를 완전히 몰각시키는 결과가 초래되므로, 특단의 사정이 없는 한 그러한 주장이 신의성실 또는 금반언의 원칙에 반한다고 볼 수 없다.

- **대법원 2023.2.2., 선고, 2022다272169, 판결**
  甲 보험회사가 乙과 체결한 보험계약 중 상해사망 담보는 피보험자인 乙이 보험기간 중 상해사고로 사망한 경우 보험가입금액을 지급하는 것을 보장 내용으로 하고, 면책약관으로 '선박승무원, 어부, 사공, 그 밖에 선박에 탑승하는 것을 직무로 하는 사람(이하 이들을 통틀어 '선박승무원 등'이라고 한다)이 직무상 선박에 탑승하고 있는 동안 상해 관련 보험금 지급사유가 발생한 때에는 보험금을 지급하지 않는다'는 내용을 규정하고 있는데, 乙이 선박에 기관장으로 승선하여 조업차 출항하였다가 선박의 스크루에 그물이 감기게 되자 선장의 지시에 따라 잠수장비를 착용하고 바다에 잠수하여 그물을 제거하던 중 사망한 사안에서, 위 면책약관은 선박의 경우 다른 운송수단에 비하여 운행 과정에서의 사고발생 위험성이나 인명피해 가능성이 높은 점을 고려하여 규정된 것으로, '선박승무원 등이 직무상 선박에 탑승하고 있는 동안'을 면책사유로 정하고 있을 뿐 특정한 행위를 면책사유로 정하고 있지 않고, 이러한 면책약관의 문언이나 목적, 취지 등을 종합하여 보면, 선박승무원 등이 선박에 탑승한 후 선박을 이탈하였더라도 선박의 고장 수리 등과 같이 선박 운행을 위한 직무상 행위로 일시적으로 이탈한 경우로서 이탈의 목적과 경위, 이탈 거리와 시간 등을 고려할 때 전체적으로 선박에 탑승한 상태가 계속되고 있다고 평가할 수 있는 경우에는 면책약관이 적용될 수 있으며, 위 사고는 <u>선원인 乙이 선박에 탑승하고 있는 동안 발생한 선박의 고장 혹은 이상 작동을 점검·수리하기 위하여 선장의 지시에 따라 일시적으로 선박에서 이탈하여 선박 스크루 부분에서 작업을 하다가 발생한 것으로 전체적으로 乙이 직무상 선박에 탑승하고 있는 동안 발생한 사고라고 할 것이므로 면책약관이 적용된다고 볼 여지가 충분하다.</u>

- **대법원 2005.10.27., 선고, 2004다52033, 판결**
  상해보험은 피보험자가 보험기간 중에 급격하고 우연한 외래의 사고로 인하여 신체에 손상을 입는 것을 보험사고로 하는 인보험으로서, 일반적으로 외래의 사고 이외에 피보험자의 질병 기타 기왕증이 공동원인이 되어 상해에 영향을 미친 경우에도 사고로 인한 상해와 그 결과인 사망이나 후유장해 사이에 인과관계가 인정되면 보험계약 체결시 약정한 대로 보험금을 지급할 의무가 발생하고, 다만, <u>보험약관에 계약 체결 전에 이미 존재한 신체장해, 질병의 영향에 따라 상해가 중하게 된 때에는 그 영향이 없었을 때에 상당하는 금액을 결정하여 지급하기로 하는 내용이 있는 경우에는 지급될 보험금액을 산정함에 있어서 그 약관 조항에 따라 피보험자의 체질 또는 소인 등이 보험사고의 발생 또는 확대에 기여하였다는 사유를 들어 보험금을 감액할 수 있다.</u>

- **대법원 1992.5.22., 선고, 91다39320, 판결**
  교통사고로 인한 피해자의 후유증이 그 사고와 피해자의 기왕증이 경합하여 나타난 것이라면, 그 사고가 후유증이라는 결과발생에 대하여 기여하였다고 인정되는 정도에 따라 그에 상응한 배상액을 부담케 하는 것이 손해의 공평한 부담이라는 견지에서 타당하고, 법원은 <u>그 기여도를 정함에 있어서 기왕증의 원인과 정도, 기왕증과 후유증과의 상관관계, 피해자의 연령과 직업, 그 건강상태 등 제반 사정을 고려하여 합리적으로 판단하여야 할 것이다.</u>

- **대법원 1992.5.22., 선고, 91다41880, 판결**
  피해자가 부상을 입은 때로부터 상당한 기간이 지난 뒤에 후유증이 나타나 그 때문에 수상시에는 의학적으로도 예상치 아니한 치료방법을 필요로 하고 의외의 출비가 불가피하였다면 위의 치료에 든 비용에 해당하는 손해에 대하여서는 그러한 사태가 판명된 시점까지 손해배상청구권의 시효가 진행하지 아니하고, 따라서 <u>후유장해의 발생으로 인한 손해배상청구권에 대한 소멸시효는 후유장해로 인한 손해가 발생한 때로부터 진행된다고 할 것이고, 그 발생시기는 소멸시효를 주장하는 자가 입증하여야 한다.</u>

- **대법원 1998.10.13., 선고, 98다28114, 판결**
  '급격하고도 우연한 외래의 사고'를 보험사고로 하는 상해보험에 가입한 피보험자가 술에 취하여 자다가 구토로 인한 구토물이 기도를 막음으로써 사망한 경우, 보험약관상의 급격성과 우연성은 충족되고, 나아가 보험약관상의 '외래의 사고'란 상해 또는 사망의 원인이 피보험자의 신체적 결함, 즉 질병이나 체질적 요인 등에 기인한 것이 아닌 외부적 요인에 의해 초래된 모든 것을 의미한다고 보는 것이 상당하므로, 위 사고에서 <u>피보험자의 술에 만취된 상황은 피보험자의 신체적 결함, 즉 질병이나 체질적 요인 등에서 초래된 것이 아니라, 피보험자가 술을 마신 외부의 행위에 의하여 초래된 것이어서, 이는 외부적 요인에 해당한다고 할 것이고, 따라서 위 사고는 위 보험약관에서 규정하고 있는 '외래의 사고'에 해당하므로 보험자로서는 수익자에 대하여 위 보험계약에 따른 보험금을 지급할 의무가 있다.</u>

- **대법원 2010.9.30., 선고, 2010다12241, 12258, 판결**
  [1] 피보험자가 원룸에서 에어컨을 켜고 자다 사망한 경우, 최근의 의학적 연구와 실험 결과 등에 비추어 망인의 <u>사망 원인이 에어컨에 의한 저체온증이라거나 망인이 에어컨을 켜 둔 채 잠이 든 것과 사망 사이에 상당한 인과관계가 있다고 볼 수 없고,</u> 이 경우 의사의 사체 검안만으로 망인의 사망원인을 밝힐 수 없음에도 부검을 반대하여 사망의 원인을 밝히려는 증명책임을 다하지 않은 유족이 그로 인한 불이익을 감수해야 한다.
  [2] 보험약관에서 정한 보험사고의 요건인 '급격하고도 우연한 외래의 사고' 중 '외래의 사고'라는 것은 <u>상해 또는 사망의 원인이 피보험자의 신체적 결함, 즉 질병이나 체질적 요인 등에 기인한 것이 아닌 외부적 요인에 의해 초래된 모든 것을 의미하고, 이러한 사고의 외래성 및 상해 또는 사망이라는 결과와 사이의 인과관계에 관하여는 보험금청구자에게 그 증명책임이 있다.</u>

- **대법원 2010.8.19., 선고, 2008다8491, 78507, 판결**
  지역병원에서 실시한 복부CT촬영결과 후복막강에서 종괴가 발견되어 대학병원에 입원하여 후복막악성신생물 진단을 받아 종양절제수술을 받았다가 감염으로 인하여 상세불명의 패혈증과 폐렴을 원인으로 피보험자가 사망한 경우, <u>보험자가 보상하지 아니하는 질병인 암의 치료를 위한 개복수술로 인하여 증가된 감염의 위험이 현실화됨으로 발생한 것이므로, 이 사건 사고 발생에 병원 의료진의 의료과실이 기여하였는지 여부와는 무관하게 이 사건 보험자는 면책된다.</u>

- **대법원 2004.4.27., 선고, 2003다7302, 판결**
  무보험자동차에 의한 상해보상특약의 보험자는 피보험자의 실제 손해액을 기준으로 위험을 인수한 것이 아니라 보통약관에서 정한 보험금 지급기준에 따라 산정된 금액만을 제한적으로 인수하였을 뿐이다. <u>무보험자동차에 의한 상해보상특약에 있어서 보험금액의 산정기준이나 방법은 보험약관의 중요한 내용이 아니어서 명시·설명의무의 대상에 해당하지 아니한다.</u>

- **대법원 2003.12.26., 선고, 2002다61958, 판결**
  피보험자가 무보험자동차에 의한 교통사고로 인하여 상해를 입었을 때에 그 손해에 대하여 배상할 의무자가 있는 경우 보험자가 약관에 정한 바에 따라 피보험자에게 그 손해를 보상하는 것을 내용으로 하는 무보험자동차에 의한 상해담보특약은 손해보험으로서의 성질과 함께 상해보험으로서의 성질도 갖고 있는 손해보험형 상해보험으로서, 상법 제729조 단서의 규정에 의하여 당사자 사이에 다른 약정이 있는 때에는 보험자는 피보험자의 권리를 해하지 아니하는 범위 안에서 피보험자의 배상의무자에 대한 손해배상청구권을 대위행사할 수 있다.

- **대법원 2007.10.25., 선고, 2006다25356, 판결**
  하나의 사고에 관하여 여러 개의 무보험자동차에 의한 상해담보특약보험(이하 '무보험자동차특약보험'이라 한다)이 체결되고 그 보험금액의 총액이 피보험자가 입은 손해액을 초과하는 때에는, 중복보험에 관한 상법 제672조 제1항의 법리가 적용되어 보험자는 각자의 보험금액의 한도에서 연대책임을 지고 피보험자는 각 보험계약에 의한 보험금을 중복하여 청구할 수 없다.

- **대법원 2019.3.28., 선고, 2016다211224, 판결**
  상해보험계약을 체결할 때 약관 또는 보험자와 보험계약자의 개별 약정으로 태아를 상해보험의 피보험자로 할 수 있다. 그 이유는 다음과 같다. 상해보험은 피보험자가 보험기간 중에 급격하고 우연한 외래의 사고로 인하여 신체에 손상을 입는 것을 보험사고로 하는 인보험이므로, 피보험자는 신체를 가진 사람(人)임을 전제로 한다(상법 제737조). 그러나 상법상 상해보험계약 체결에서 태아의 피보험자 적격이 명시적으로 금지되어 있지 않다. 인보험인 상해보험에서 피보험자는 '보험사고의 객체'에 해당하여 그 신체가 보험의 목적이 되는 자로서 보호받아야 할 대상을 의미한다. 헌법상 생명권의 주체가 되는 태아의 형성 중인 신체도 그 자체로 보호해야 할 법익이 존재하고 보호의 필요성도 본질적으로 사람과 다르지 않다는 점에서 보험보호의 대상이 될 수 있다. 이처럼 약관이나 개별 약정으로 출생 전 상태인 태아의 신체에 대한 상해를 보험의 담보범위에 포함하는 것이 보험제도의 목적과 취지에 부합하고 보험계약자나 피보험자에게 불리하지 않으므로 상법 제663조에 반하지 아니하고 민법 제103조의 공서양속에도 반하지 않는다. 따라서 계약자유의 원칙상 태아를 피보험자로 하는 상해보험계약은 유효하고, 그 보험계약이 정한 바에 따라 보험기간이 개시된 이상 출생 전이라도 태아가 보험계약에서 정한 우연한 사고로 상해를 입었다면 이는 보험기간 중에 발생한 보험사고에 해당한다.

- **대법원 2014.4.30., 선고, 2012다76553, 판결**
  종합건강검진을 위하여 전신마취제인 프로포폴을 투여받고 수면내시경 검사를 받던 중 검사 시작 5분 만에 프로포폴의 호흡억제 작용으로 호흡부전 및 의식불명 상태가 되어 사망한 사건에서, 질병 등을 치료하기 위한 외과적 수술 등에 기한 상해가 아니라 건강검진 목적으로 수면 내시경 검사를 받다가 마취제로 투여된 프로포폴의 부작용으로 사망사고가 발생한 것으로 보아 보험자의 면책이 인정되지 않는다.
  ※ 질병·상해보험 표준약관의 개정 전(2010년 1월 29일) 면책조항이 있는 보험에 가입했더라도 건강검진 목적으로 수면내시경 검사를 받다가 사망한 경우 보험금을 받을 수 있다.

- **대법원 2021.10.14., 선고, 2018다279217, 판결**
  원고가 보험회사인 피고를 상대로 후유장해 보험금 지급사유인 '심한 추간판탈출증'에 해당하는 보험금의 지급을 구한 사건에서, 장해분류표 '총칙'의 정의 조항과 '장해분류별 판정기준' 중 추간판탈출증과 관련한 여러 조항을 포함하여 약관의 전체적인 논리적 맥락 속에서 '심한 추간판탈출증'을 정한 약관 조항의 의미를 살펴보면, '추간판을 2마디 이상 수술'한 것만으로도 그에 해당하는 것으로 규정하고 있다고 해석할 여지는 없고, '추간판을 2마디 이상 수술하고 하지의 현저한 마비 또는 대소변의 장해가 있는 경우'에 '심한 추간판탈출증'에 해당한다고 일의적으로 해석할 수밖에 없다는 이유로, 약관 조항의 뜻이 명백하지 않은 경우라고 보아 피보험자인 원고에게 유리하게 원고가 '추간판을 2마디 이상 수술'하였다는 사정만으로 '심한 추간판탈출증'에 해당한다고 판단한 원심을 파기환송한 사안이다.

- 대법원 2015.3.26., 선고, 2014다229917,229924, 판결
  甲 보험회사와 乙이 체결한 상해보험의 특별약관에 '특별약관의 보장개시 전의 원인에 의하거나 그 이전에 발생한 후유장해로서 후유장해보험금의 지급사유가 되지 않았던 후유장해가 있었던 피보험자의 동일 신체 부위에 또다시 후유장해가 발생하였을 경우에는 기존 후유장해에 대한 후유장해보험금이 지급된 것으로 보고 최종 후유장해상태에 해당되는 후유장해보험금에서 이미 지급받은 것으로 간주한 후유장해보험금을 차감한 나머지 금액을 지급한다'고 정한 사안에서, 정액보험인 상해보험에서는 기왕장해가 있는 경우에도 약정 보험금 전액을 지급하는 것이 원칙이고, 예외적으로 감액규정이 있는 경우에만 보험금을 감액할 수 있으므로, 위 기왕장해 감액규정과 같이 후유장해보험금에서 기왕장해에 해당하는 보험금 부분을 감액하는 것이 거래상 일반적이고 공통된 것이어서 보험계약자가 별도의 설명 없이도 충분히 예상할 수 있는 내용이라거나, 이미 법령에 정하여진 것을 되풀이하거나 부연하는 정도에 불과한 사항이라고 볼 수 없어, 보험계약자나 대리인이 내용을 충분히 잘 알고 있지 않는 한 보험자인 甲 보험회사는 기왕장해 감액규정을 명시·설명할 의무가 있다.
- 서울동부지법 2011.3.18., 선고, 2010가합14573, 판결 : 항소
  상해보험에서 담보되는 위험으로서 상해란 외부로부터의 우연한 돌발적인 사고로 인한 신체의 손상을 말하는 것이므로, 그 사고의 원인이 피보험자의 신체의 외부로부터 작용하는 것을 말하고 신체의 질병 등과 같은 내부적 원인에 기한 것은 제외되며, 이러한 사고의 외래성 및 상해 또는 사망이라는 결과와 사이의 인과관계에 관해서는 보험금청구자에게 그 증명책임이 있다.
- 대법원 1992.2.25., 선고, 91다30088, 판결
  농작업 중 과로로 지병인 고혈압이 악화되어 뇌졸중으로 사망한 경우 약관상 공제금 지급대상인 "외부의 급격하고도 우발적인 사고"에 해당한다고 볼 수 없고, 재해사고의 제외항목인 "과로 및 격렬한 운동으로 인한 것"에 해당되어 약관 규정에 따른 공제금 지급대상에서 제외된다.
- 대법원 2014.9.4., 선고, 2012다204808, 판결
  보험사고 발생시의 상황에 있어 피보험자에게 안전띠 미착용 등 법령위반의 사유가 존재하는 경우를 보험자의 면책사유로 약관에 정한 경우에도 그러한 법령위반행위가 보험사고의 발생원인으로서 고의에 의한 것이라고 평가될 정도에 이르지 아니하는 한 상법 규정들에 반하여 무효이므로, 보험자는 보험금을 지급할 의무가 있다.
- 대법원 1998.10.20., 선고, 98다34997, 판결
  자동차상해보험계약에서 보험사고가 보험계약자, 피보험자 또는 보험수익자의 고의로 인한 경우만 면책으로 하며, 중대한 과실로 해석되는 음주운전, 무면허운전 등으로 인하여 생긴 때에는 보험자는 보험금을 지급할 의무가 있다.
- 대법원 2006.3.10., 선고, 2005다49713, 판결
  부부싸움 중 극도의 흥분되고 불안한 정신적 공황상태에서 베란다 밖으로 몸을 던져 사망한 경우, 위 사고는 자유로운 의사결정이 제한된 상태에서 망인이 추락함으로써 사망의 결과가 발생하게 된 우발적인 사고로서 보험약관상 보험자의 면책사유인 '고의로 자신을 해친 경우'에 해당하지 않는다.
- 대법원 2006.11.9., 선고, 2005다55817, 판결
  정액보험형 상해보험의 경우 보험계약자가 보험수익자를 지정한 결과 피보험자와 보험수익자가 일치하지 않게 되었다고 하더라도, 그러한 이유만으로 보험수익자 지정행위가 무효로 될 수는 없다.
- 대법원 2010.5.13., 선고, 2010다6857, 판결
  사고의 우발성과 외래성 및 상해 또는 사망이라는 결과와 사이의 인과관계에 관해서는 보험금청구자에게 그 증명책임이 있다.

2 질병보험

(1) 상법상 규정

① 질병보험자의 책임(상법 제739조의2)

질병보험계약의 보험자는 피보험자의 질병에 관한 보험사고가 발생할 경우 보험금이나 그 밖의 급여를 지급할 책임이 있다.

> **판례** 서울고등법원 2005.8.12., 선고, 2004나72688, 판결 기출 25
>
> 상법 제659조에서는 보험사고가 피보험자 등의 고의 또는 중대한 과실로 인하여 생긴 때에는 보험자가 면책되는 것으로 규정하고 있으나, 한편 상법 제732조의2는 "사망을 보험사고로 한 보험계약에는 사고가 보험계약자 또는 피보험자나 보험수익자의 중대한 과실로 인하여 생긴 경우에도 보험자는 보험금액을 지급할 책임을 면하지 못한다"고 규정하여 사망보험의 경우에는 위 상법 제659조의 적용을 배제하고 사고가 피보험자의 중과실로 인한 경우라도 면책되지 않는 것으로 규정하고 있다.

② 질병보험에 대한 준용규정(상법 제739조의3) 기출 15 · 16 · 23 · 25

질병보험에 관하여는 그 성질에 반하지 아니하는 범위에서 생명보험 및 상해보험에 관한 규정을 준용한다.

> **보험업법상 규정(보험업법 제4조 제1항 제3호)** 기출 18
>
> 질병보험은 상법상 인보험이며, 보험업법상 제3보험이다. 상법은 인보험의 하나로 신체의 상해에 관한 보험사고를 대상으로 하는 상해보험에 관하여 규정하고 있다. 그리고 보험업법은 보험상품을 '위험보장을 목적으로 우연한 사건 발생에 관하여 금전 및 그 밖의 급여를 지급할 것을 약정하고 대가를 수수(授受)하는 계약(국민건강보험법에 따른 건강보험, 고용보험법에 따른 고용보험 등 보험계약자의 보호 필요성 및 금융거래 관행 등을 고려하여 대통령령으로 정하는 것은 제외한다)'으로서 생명보험상품, 손해보험상품, 제3보험상품을 말한다고 규정하고, 제3보험상품의 보험종목을 상해보험, 질병보험, 간병보험 등으로 규정하고 있다.

(2) 질병보험의 의의 기출 22

① 신체의 질병 등과 같은 내부적 원인에 기한 것은 상해보험이 아니라 질병보험 등의 대상이 된다.

> **판례** 대법원 2001.8.21., 선고, 2001다27579, 판결
>
> 상해보험에서 담보되는 위험으로서 상해란 외부로부터의 우연한 돌발적인 사고로 인한 신체의 손상을 뜻하므로, 그 사고의 원인이 피보험자의 신체의 외부로부터 작용하는 것을 말하고, 신체의 질병 등과 같은 내부적 원인에 기한 것은 상해보험에서 제외되고 질병보험 등의 대상이 된다.

② 피보험자의 질병으로 인한 진단, 수술, 입원, 요양 등의 위험보장 또는 활동불능, 인식불능 등 타인의 간병을 필요로 하는 상태 및 이로 인한 치료 등의 위험보장을 목적으로 하는 보험을 말한다.
③ 질병사망(암사망, 특정질병사망 포함)은 특약으로만 가입이 가능하다.
④ 질병보험은 상해의 정도나 치료일수에 의해 일정액의 급여를 하는 정액방식으로 할 수도 있고, 의료비 등 피보험자가 상해나 질병으로 인하여 입은 경제적인 손실을 보상하는 부정액방식으로 운용할 수 있다.

(3) 질병보험의 종류

질병보험의 종류로는 건강보험, 암보험, 치명적 질병보험(CI 보험), 소득보상보험(DI 보험), 실손의료보험, 해외여행 실손의료보험, 질병보험 특별약관 등이 있다.

(4) 질병보험의 특징

① 계약의 무효
  ㉠ 질병사망을 담보하는 계약시 15세 미만자, 심신상실자, 심신박약자를 피보험자로 한 경우

  ※ 질병치료비를 담보하는 계약에서는 무효가 아니다.

  ㉡ 타인의 사망을 보험사고로 하는 계약에서 계약 체결시까지 피보험자의 서면에 의한 동의를 얻지 아니한 경우(규약에 의해 가입하는 단체보험은 제외)
  ㉢ 계약 체결시 계약에서 정한 피보험자(보험대상자)의 나이에 미달되었거나 초과되었을 경우. 다만, 회사가 나이의 착오를 발견하였을 때 이미 계약 나이에 도달한 경우에는 그러하지 아니하나, 15세 미만자에 관한 예외가 인정되는 것은 아니다.
② 계약연령의 계산
  ㉠ 피보험자의 계약연령은 계약일 현재 만 연령으로 계산하고, 1년 미만의 단수가 있을 경우에는 6개월 미만은 버리고 6개월 이상은 1년으로 계산한다.
  ㉡ 계산착오로 피보험자의 실제연령과 차이가 있는 경우에는 보험료 변경시 변경에 따른 소정의 보험료를 정산한다.

③ 대기기간(면책기간)의 설정
  ㉠ 보험계약자의 역선택이 가능한 특정질병의 경우에는 제1회 보험료 납입일 이후 일정기간 동안 보장하지 아니하는 기간(대기기간)을 설정할 수 있다.

구 분	대기기간(면책기간)
질병보험(건강보험)	제1회 보험료 납입일부터 보상
암·CI보험	보험계약일부터 90일
간병보험(생명보험)	• **일상생활장해보장개시일** : 보험계약일[부활(효력회복)일]부터 그 날을 포함하여 90일이 지난날의 다음 날 • **중증치매보장개시일** : 보험계약일[부활(효력회복)일]부터 그 날을 포함하여 만 2년이 지난날의 다음 날

  ㉡ 암을 담보하는 계약에서 대기기간(90일) 중 암 진단이 확정되는 경우에는 이미 납입한 보험료를 환급한다.

④ 사망보험금의 지급
  ㉠ 실제로 사망하지 않더라도 1급 장해시에도 사망으로 간주하여 사망보험금을 지급한다.
  ㉡ 상해보험에서는 후유장해 100%시에도 사망으로 간주하지 않는다.

> **심화TIP** 입원 및 수술 등 용어 정의
>
> • **입원**
> 의사, 치과의사, 한의사의 자격을 가진 자에 의하여 암 등의 질병의 치료가 필요하다고 인정된 경우로서 자택 등에서 치료가 곤란하여「의료법」에서 정한 병원, 의원 또는 이와 동등하다고 회사가 인정하는 의료기관에 입실하여 의사의 관리하에 치료에 전념하는 것을 말한다.
>
> • **암 등의 질병의 치료를 직접적인 목적으로 한 입원**
> 의사에 의해 질병으로 진단이 된 질병의 치료 중에 발병된 합병증 또는 새로이 발견된 질병의 치료가 병행되는 때에는 의사의 소견에 따라 질병을 입원치료의 주된 목적으로 하는 경우에만 질병의 치료를 목적으로 한 입원으로 본다. 다만, 질병명 미상에 의한 입원으로서 입원 후 최초로 질병으로 진단된 경우에는 이는 질병치료를 목적으로 한 동일한 입원으로 본다.
>
> • **계속입원**
> 입원치료의 목적으로 진단되었던 동일한 질병으로 계속하여 입원하는 것을 말한다. 그러나 동일한 질병에 대한 입원이라도 입원급여금이 지급된 최종입원의 퇴원일로부터 180일이 경과하여 개시한 입원은 새로운 입원으로 본다.
>
> • **수술**
> 의사에 의하여 치료가 필요하다고 인정된 경우로서 의사의 관리하에 질병치료를 직접적인 목적으로 의료기구를 사용하여 생체에 절단, 절제 등의 조작을 가하는 것을 말하며, 흡인, 천자 등의 조치 및 신경차단 등은 제외한다.

> **판례** 대법원 2022.8.25., 선고, 2019다229202, 전원합의체 판결 [기출 24]

보험자는 이른바 임의비급여 진료를 받은 피보험자들에게 지급한 보험금에 대하여 해당 진료비를 받은 병원을 상대로 채권자대위소송을 통해 부당이득반환을 받을 수 없다(다수의견). 대법원 2022.8.25., 선고, 2019다229202, 전원합의체 판결에서 대법원은 대위청구를 각하하였다.

[다수의견]
피보험자가 임의비급여 진료행위에 따라 요양기관에 진료비를 지급한 다음 실손의료보험계약상의 보험자에게 청구하여 진료비와 관련한 보험금을 지급받았는데, 진료행위가 위법한 임의비급여 진료행위로서 무효인 동시에 보험자와 피보험자가 체결한 실손의료보험계약상 진료행위가 보험금 지급사유에 해당하지 아니하여 보험자가 피보험자에 대하여 보험금 상당의 부당이득반환채권을 갖게 된 경우, 채권자인 보험자가 금전채권인 부당이득반환채권을 보전하기 위하여 채무자인 피보험자를 대위하여 제3채무자인 요양기관을 상대로 진료비 상당의 부당이득반환채권을 행사하는 형태의 채권자대위소송에서 채무자가 자력이 있는 때에는 보전의 필요성이 인정된다고 볼 수 없다. 구체적인 이유는 다음과 같다.

(가) 채무자인 피보험자가 자력이 있는 경우라면, 특별한 사정이 없는 한 채권자인 보험자가 채무자의 요양기관에 대한 부당이득반환채권을 대위하여 행사하지 않으면 자신의 채무자에 대한 부당이득반환채권의 완전한 만족을 얻을 수 없게 될 위험이 있다고 할 수 없다. 나아가 피보전채권인 보험자의 피보험자에 대한 부당이득반환채권과 대위채권인 피보험자의 요양기관에 대한 부당이득반환채권 사이에는 피보전채권의 실현 또는 만족을 위하여 대위권리의 행사가 긴밀하게 필요하다는 등의 밀접한 관련성을 인정할 수도 없다. 만약 채무자인 피보험자의 자력이 있는데도 보전의 필요성을 인정한다면, 이는 채권자인 보험자에게 사실상의 담보를 취득하게 하는 특권을 부여하고, 법적 근거 없이 직접청구권을 인정하는 위험을 야기하며, 다른 채권자보다 우선하여 보험자의 채권만족이 실현되어 채권자평등주의에 기반한 민사집행법 체계와 조화를 이루지 못할 우려가 있다.

(나) 보험자가 요양기관의 위법한 임의 비급여 진료행위가 무효라는 이유로 자력이 있는 피보험자의 요양기관에 대한 권리를 대위하여 행사하는 것은 피보험자의 자유로운 재산관리행위에 대한 부당한 간섭이 될 수 있다.

[대법관 김재형, 대법관 박정화, 대법관 안철상, 대법관 이동원, 대법관 이흥구의 반대의견]
요양기관의 피보험자에 대한 진료행위가 위법한 임의비급여 진료행위에 해당하는 경우 그 계약은 효력이 없다. 이러한 경우 보험자가 피보험자에 대하여 갖는 보험금 상당의 부당이득반환채권과 피보험자가 요양기관에 대하여 갖는 진료비 상당의 부당이득반환채권 사이에는 밀접한 관련성이 있다. 채권자인 보험자가 자신의 부당이득반환채권을 보전하기 위하여 채무자인 피보험자를 대위하여 제3채무자인 요양기관을 상대로 진료비 상당의 부당이득반환채권을 청구하는 채권자대위권 행사는 채권의 현실적 이행을 위한 유효·적절한 수단으로서 채무자의 자유로운 재산관리행위에 대한 부당한 간섭에 해당한다고 볼 수 없다. 따라서 채무자의 자력 유무와 관계없이 채권자대위권 행사요건인 보전의 필요성이 인정된다고 봄이 타당하다.

심화TIP 임의비급여 진료 사건에서 보험자의 채권자대위권 행사 가부
(대법원 2022.8.25., 선고, 2019다229202, 전원합의체 판결)

[사실관계]
원고 보험사는 다수의 보험계약자들과 실손의료보험계약을 체결하였다. 피고 병원은 위 실손의료보험계약의 피보험자들에게 임의비급여 진료행위에 해당하는 진료를 하고 진료비를 지급받았다. 원고 보험사는 실손의료보험 계약의 보험계약자 또는 피보험자의 청구에 따라 피보험자에게 진료비에 해당하는 보험금을 지급하였다.

그런데 이러한 임의비급여 진료행위는 기존 대법원 판결에 따라 무효에 해당하므로, 원고 보험사는 피고 병원에 대하여 채권자대위 소송을 제기하였는데, 이는 피보험자들에 대한 보험금상당의 부당이득반환채권을 피보전채권으로 피보험자들을 대위하여 피고 병원을 상대로 진료비 상당의 부당이득반환을 구하는 채권자대위 소송이다.

[2심법원의 판단]
이 사건 채권자대위소송의 경우에 피보전채권이 금전채권이지만 채무자의 무자력 요건을 엄격하게 적용할 필요가 없는 경우에 해당하므로 원고청구를 인용하였다. 즉 보험사의 의료기관에 대한 부당이득 반환청구를 인용하였다.

[다수의견]
채권자인 보험자가 금전채권인 부당이득반환채권을 보전하기 위하여 채무자인 피보험자를 대위하여 제3채무자인 요양기관을 상대로 진료비 상당의 부당이득반환채권을 행사하는 형태의 채권자대위소송에서 채무자가 자력이 있는 때에는 보전의 필요성이 인정된다고 볼 수 없다. 즉 원고 보험사의 청구를 받아들이지 아니한다.

[소수의견]
채권자인 보험자가 금전채권인 부당이득반환채권을 보전하기 위하여 채무자인 피보험자를 대위하여 제3채무자인 요양기관을 상대로 진료비 상당의 부당이득반환채권을 행사하는 형태의 채권자대위소송에서 채무자의 자력 유무와 관계없이 채권자대위권 행사요건인 보전의 필요성이 인정된다고 봄이 타당하다. 즉 원고 보험사의 청구를 받아들이는 것이 합당하다.

04 단체보험

1. 단체보험의 의의

(1) 단체보험의 정의

단체보험이란 단체가 규약에 따라 구성원의 전부 또는 일부를 피보험자(배우자 및 자녀 포함)로 하는 보험을 말한다. 단체보험은 단체의 대표자가 보험계약자가 되고, 단체의 구성원이 피보험자가 되기 때문에 '타인의 생명보험'에 해당한다.

(2) 개인보험과의 차이점

개인보험과 달리 단체 소속원 전원이 하나의 계약으로 일괄해서 가입하며, 또 소속원 개인을 대상으로 하는 것이 아니라 단체 그 자체를 위험 선택의 단위로 하고 있다. 단체보험은 보험료가 개인보험에 비해 저렴하고, 비용을 줄일 수 있어 규모의 수익이 존재하며, 개인보험에 비해 예측가능성이 크다는 것 때문에 보험자에게 유리한 조건으로 받아들여진다. 한편, 적은 보험료와 가입시 건강진단을 받거나 불확실성을 보완하기 위한 다른 보증서류를 제출하지 않아도 되기 때문에 피보험자에게도 유리하다. 그리고 피보험자가 소속된 단체를 떠날 경우에도 이를 개인보험증권으로 전환시켜 보험계약을 계속 유지할 수 있다는 장점이 있다.

2. 단체보험의 특징 기출 14·15·24

(1) 1개의 보험증권 발행

단체보험의 경우 수 개의 피보험자를 하나로 묶어서 1개의 계약을 체결하는 경우이므로 피보험자마다 여러 개의 보험증권을 발행하지 않고, 보험계약자에게 1개의 보험증권을 발행한다.

(2) 단체선택의 원리 적용

단체보험은 인적 집단을 대상으로 부보가능성을 판정하여 인수 여부를 결정하는 단체선택의 원리가 적용된다. 즉, 구성원 개개인의 위험을 고려하지 않고, 그 단체의 평균위험률 혹은 경험위험률을 기준하여 보험료를 산정하며, 원칙적으로 피보험자의 개별적인 신체검사를 하지 않고 무진단으로 보험을 인수한다.

(3) 보험료 할인

단체보험은 다수의 피보험자를 일괄하여 보험계약을 체결하므로 보험계약에 따르는 비용을 절감할 수 있어 보험료가 할인된다. 단체보험계약의 보험료 할인은 부가보험료에 대한 것이고, 순보험료에 대한 것이 아니므로 보험계약자 평등대우원칙이나 특별이익금지조항에 반하는 것이라고 볼 수 없다.

(4) 보험계약자 = 단체의 대표자

단체 내부에서 대표자가 보험료의 전부를 부담하든지 대표자와 구성원이 일부분씩 부담하든지 관계없이 보험계약자가 대표자이다. 이것은 단체 또는 피보험단체가 보험계약자라는 의미이다. 따라서 동일한 피보험단체의 대표자 변경은 보험계약의 승계가 아니므로 피보험자의 동의가 필요하지 않다.

(5) 해지권자 = 단체의 대표자

단체보험의 경우 해지권은 보험계약자인 단체의 대표자로 귀속된다. 대표자는 일괄하여 보험증권을 소지하므로 구성원을 보험수익자로 한 경우에도 그의 동의 없이 계약을 해지할 수 있다.

(6) 피보험자가 퇴직 등으로 인한 탈퇴 기출 22·23

피보험자의 퇴직 등으로 인하여 피보험단체를 탈퇴하는 경우에는 개별계약으로 취급하여 보험계약을 계속 유지할 수 있다. 그러나 단체 또는 단체의 대표자가 보험료를 전액 부담하는 경우에는 피보험자가 퇴직 등의 사유로 피보험단체를 탈퇴하는 경우 보험계약자는 피보험자를 변경할 수 있다.

> **판례** 대법원 2007.10.12., 선고, 2007다42877, 42884, 판결
>
> [1] 피보험자가 보험사고 이외의 사고로 사망하거나 퇴직 등으로 단체의 구성원으로서의 자격을 상실하면 그에 대한 단체보험계약에 의한 보호는 종료되고, 구성원으로서의 자격을 상실한 종전 피보험자는 보험약관이 정하는 바에 따라 자신에 대한 개별계약으로 전환하여 보험 보호를 계속 받을 수 있을 뿐이다.
> [2] 단체보험 계약자 회사의 직원이 퇴사한 후에 사망하는 보험사고가 발생한 경우, 회사가 퇴사 후에도 계속 위 직원에 대한 보험료를 납입하였더라도 퇴사와 동시에 단체보험의 해당 피보험자 부분이 종료되는데 영향을 미치지 아니한다.

(7) 타인의 서면동의를 받지 않음 기출 17·20

단체보험의 보험계약자는 단체의 대표이고 피보험자는 단체의 구성원이므로 '타인의 생명보험'이다. 그런데 현행 보험계약법은 단체가 규약에 따라 구성원의 전부 또는 일부를 피보험자로 하는 생명보험계약을 체결하는 경우에는 타인의 동의를 요하지 아니한다고 규정하고 있다(상법 제735조의3 제1항).

> **판례** 대법원 1999.5.25., 선고, 98다59613, 판결
>
> 단체보험의 경우 보험수익자의 지정에 관하여는 상법 등 관련 법령에 별다른 규정이 없으므로 보험계약자는 단체의 구성원인 피보험자를 보험수익자로 하여 타인을 위한 보험계약으로 체결할 수도 있고, 보험계약자 자신을 보험수익자로 하여 자기를 위한 보험계약으로 체결할 수도 있을 것이며, 단체보험이라고 하여 당연히 타인을 위한 보험계약이 되어야 하는 것은 아니므로 보험수익자를 보험계약자 자신으로 지정하는 것이 단체보험의 본질에 반하는 것이라고 할 수 없다.

(8) 피보험자의 서면동의를 받는 경우 기출 18·25

① 단체보험계약에서 보험계약자가 피보험자 또는 그 상속인이 아닌 자를 보험수익자로 지정할 때에는 단체의 규약에서 명시적으로 정하는 경우 외에는 그 피보험자의 서면동의를 받아야 한다(상법 제735조의3 제3항). 따라서 단체보험에서 취업규칙이나 노사간의 협약에 의하여 단체보험가입 등이 명시된 경우, 즉 단체적 동의가 있는 경우라도 보험수익자를 피보험자나 피보험자의 상속인 이외의 자로 지정할 경우에는 피보험자의 동의를 받아야 한다. 다만, 단체의 규약에서 보험수익자 지정에 관한 사항까지 단체적 동의가 있는 경우에는 피보험자의 개별적인 동의를 필요로 하지 않는다.

② 단체가 구성원의 전부 또는 일부를 피보험자로 하는 생명보험계약을 체결함에 있어서, 상법 제735조의3에서 규정하고 있는 '규약'을 구비하지 못한 경우, 피보험자의 서면동의가 있었던 시점부터 보험계약으로서의 효력이 발생한다.

> **판례** 대법원 2006.4.27., 선고, 2003다60259, 판결
>
> 제735조의3은 단체가 규약에 따라 구성원의 전부 또는 일부를 피보험자로 하는 생명보험계약을 체결하는 경우에는 제731조를 적용하지 아니한다고 규정하고 있으므로 위와 같은 단체보험에 해당하려면 위 법조 소정의 규약에 따라 보험계약을 체결한 경우이어야 하고, 그러한 규약이 갖추어지지 아니한 경우에는 강행법규인 상법 제731조의 규정에 따라 <u>피보험자인 구성원들의 서면에 의한 동의를 갖추어야 보험계약으로서의 효력이 발생한다</u>.

③ 상법 제735조의3에서 단체보험의 유효요건으로 요구하는 '규약'의 의미는 단체협약, 취업규칙, 정관 등 그 형식을 막론하고 단체보험의 가입에 관한 단체내부의 협정에 해당하는 것으로서, 반드시 당해 보험가입과 관련한 상세한 사항까지 규정하고 있을 필요는 없다.

> **판례** 대법원 2006.4.27., 선고, 2003다60259, 판결
>
> 상법 제735조의3에서 단체보험의 유효요건으로 요구하는 '규약'의 의미는 단체협약, 취업규칙, 정관 등 그 형식을 막론하고 단체보험의 가입에 관한 단체내부의 협정에 해당하는 것으로서, <u>반드시 당해 보험가입과 관련한 상세한 사항까지 규정하고 있을 필요는 없고, 그러한 종류의 보험가입에 관하여 대표자가 구성원을 위하여 일괄하여 계약을 체결할 수 있다는 취지를 담고 있는 것이면 충분하다</u> 할 것이지만, 위 규약이 강행법규인 상법 제731조 소정의 피보험자의 서면동의에 갈음하는 것인 이상 취업규칙이나 단체협약에 근로자의 채용 및 해고, 재해부조 등에 관한 일반적 규정을 두고 있다는 것만으로는 이에 해당한다고 볼 수 없다.

④ 타인의 사망을 보험사고로 하는 단체보험계약에 있어서, 보험계약의 유효요건으로서 피보험자가 서면으로 동의의 의사를 표시하거나 그에 갈음하는 규약의 작성에 동의하여야 하는 종기는 보험계약 체결시까지이다.

> **판례** 대법원 2006.4.27., 선고, 2003다60259, 판결
>
> 타인의 사망을 보험사고로 하는 보험계약에 있어서 피보험자가 서면으로 동의의 의사표시를 하거나 그에 갈음하는 규약의 작성에 동의하여야 하는 시점은 상법 제731조의 규정에 비추어 보험계약 체결시까지이다.

⑤ 상법 제735조의3에서 규정하고 있는 규약이나 상법 제731조에서 규정하고 있는 서면동의 없이 단체보험계약을 체결한 자가 그 보험계약의 무효를 주장하는 것은 신의칙 또는 금반언의 원칙에 반한다고 볼 수 없다.

> **판례** 서면동의와 신의칙 또는 금반언의 원칙 관련 판례
>
> - **대법원 2020.2.6., 선고, 2017다215728, 판결**
>   단체의 규약으로 피보험자 또는 그 상속인이 아닌 자를 보험수익자로 지정한다는 명시적인 정함이 없음에도 피보험자의 서면동의 없이 단체보험계약에서 피보험자 또는 그 상속인이 아닌 자를 보험수익자로 지정하였다면 그 보험수익자의 지정은 구 상법 제735조의3 제3항에 반하는 것으로 효력이 없고, 이후 적법한 보험수익자 지정 전에 보험사고가 발생한 경우에는 피보험자 또는 그 상속인이 보험수익자가 된다.
>
> - **대법원 2006.4.27., 선고, 2003다60259, 판결**
>   타인의 사망을 보험사고로 하는 보험계약에 피보험자의 서면동의를 얻도록 되어 있는 상법 제731조 제1항이나 단체가 구성원의 전부 또는 일부를 피보험자로 하는 생명보험계약을 체결하는 경우 피보험자의 개별적 동의에 갈음하여 집단적 동의에 해당하는 단체보험에 관한 단체협약이나 취업규칙 등 규약의 존재를 요구하는 상법 제735조의3의 입법 취지에는 이른바 도박보험이나 피보험자에 대한 위해의 우려 이외에도 피해자의 동의 없이 타인의 사망을 사행계약상의 조건으로 삼는 데서 오는 공서양속의 침해의 위험성을 배제하고자 하는 고려도 들어 있다 할 것인데, 이를 위반하여 위 법조 소정의 규약이나 서면동의가 없는 상태에서 단체보험계약을 체결한 자가 위 요건의 흠결을 이유로 그 무효를 주장하는 것이 신의성실의 원칙 또는 금반언의 원칙에 위배되는 권리행사라는 이유로 이를 배척한다면 위 입법 취지를 몰각시키는 결과를 초래하므로 특단의 사정이 없는 한 그러한 주장이 신의성실 등의 원칙에 반한다고 볼 수는 없다.
>
> - **대법원 1996.11.22., 선고, 96다37084, 판결** 기출 21
>   타인의 사망을 보험사고로 하는 보험계약에는 보험계약 체결시에 그 타인의 서면에 의한 동의를 얻어야 한다는 상법 제731조 제1항의 규정은 강행법규로서 이에 위반하여 체결된 보험계약은 무효이다. 상법 제731조 제1항의 입법취지에는 도박보험의 위험성과 피보험자 살해의 위험성 외에도 피해자의 동의를 얻지 아니하고 타인의 사망을 이른바 사행계약상의 조건으로 삼는 데서 오는 공서양속의 침해의 위험성을 배제하기 위한 것도 들어있다고 해석되므로, 상법 제731조 제1항을 위반하여 피보험자의 서면동의 없이 타인의 사망을 보험사고로 하는 보험계약을 체결한 자 스스로가 무효를 주장함이 신의성실의 원칙 또는 금반언의 원칙에 위배되는 권리 행사라는 이유로 이를 배척한다면, 그와 같은 입법취지를 완전히 몰각시키는 결과가 초래되므로 특단의 사정이 없는 한 그러한 주장이 신의성실 또는 금반언의 원칙에 반한다고 볼 수는 없다.

CHAPTER 04 기출유형문제

01 손해보험과 인보험에 대한 비교 설명 중 옳은 것은?

① 양자 모두 유상·편무계약이다.
② 인보험의 경우에 초과보험이 문제되지 않는다.
③ 인보험과 손해보험은 모두 보험자대위가 가능하다.
④ 인보험의 경우 보험의 목적은 자연인에 한하지 않는다.

> **해설**
> 초과보험, 중복보험, 일부보험은 보험가액과 보험금액의 불일치에서 생겨나므로 손해보험에서만 발생한다. 인보험은 보험가액의 개념이 없기 때문에 초과보험이 문제되지 않는다.
> ① 양자 모두 유상·쌍무계약이다.
> ③ 손해보험에는 잔존물대위와 청구권대위가 모두 인정되는 반면, 인보험에서는 보험자대위가 원칙적으로 금지된다(상법 제729조). 다만, 상해보험계약의 경우 제3자에 대한 보험자대위를 인정할 것을 당사자간의 약정으로 정할 수는 있다.
> ④ 인보험의 경우 보험의 목적은 피보험자로서 자연인에 한한다.

02 인보험에 관한 설명으로 옳지 않은 것은? 기출 23

① 보험자가 피보험자의 생명 또는 신체에 관하여 보험사고가 생길 경우에 보험계약으로 정하는 바에 따라 보험금이나 기타 급여를 지급하고, 이에 대하여 상대방은 보험료를 지급할 것을 약정하는 보험계약이다.
② 생명보험은 정액보험의 형태로만 운영되고, 상해·질병보험은 부정액보험의 형태로도 운영될 수 있다.
③ 보험금은 일시지급 또는 분할지급으로 할 수 있다.
④ 모든 자연인은 보험의 목적이 될 수 있다.

> **해설**
> 인보험의 목적은 사람의 생명·신체이므로 자연인에 한한다. 다만, 사망보험의 경우 15세 미만자, 심신상실자, 의사능력이 없는 심신박약자는 보험의 목적인 피보험자가 될 수 없다(상법 제732조).
> ① 인보험계약의 보험자는 피보험자의 생명이나 신체에 관하여 보험사고가 발생할 경우에 보험계약으로 정하는 바에 따라 보험금이나 그 밖의 급여를 지급할 책임이 있다(상법 제727조 제1항).
> ② 생명보험은 보험사고가 발생하면 보험자는 보험계약자에서 정한 일정한 보험금액을 지급하여야 하는 정액보험의 형태로 운영되고 있으나, 상해·질병보험의 경우 상해의 정도나 치료일수에 의해 일정액의 급여를 하는 정액보험으로 할 수도 있고, 의료비 등 피보험자가 상해나 질병으로 인하여 입은 경제적인 손실을 보상하는 부정액보험으로 운영할 수 있다.
> ③ 보험금은 당사자간의 약정에 따라 분할하여 지급할 수 있다(상법 제727조 제2항).

정답 01 ② 02 ④

03 인보험의 특징으로 옳지 않은 것은?

① 인보험은 보험가액의 개념이 없다.
② 인보험은 원칙적으로 실손보상제도를 취하고 있지 않다.
③ 상해보험의 경우에 있어서 정액보험금에 해당하는 부분에 대해서는 보험자대위를 할 수 있다.
④ 인보험에는 일부보험, 초과보험, 중복보험의 개념이 없다.

| 해설 |
①·④ 인보험은 피보험이익이 존재하지 않는다는 것이 통설이므로 보험가액의 개념이 없으며, 당연히 일부보험, 초과보험, 중복보험의 개념도 없다.
②·③ 인보험에서는 원칙적으로 실손보상의 원칙이나 이득금지의 원칙이 적용되지 않으므로 보험자대위가 인정되지 않는다. 그러나 인보험 중 실손보상을 취하는 상해보험에서는 당사자간에 다른 약정이 있는 때에는 보험자는 피보험자의 권리를 해하지 아니하는 범위 내에서 그 권리를 대위할 수 있다. 상해보험의 경우에 있어서 정액보험금에 해당하는 부분에 대해서는 보험자대위를 할 수 없다. 인보험은 보험의 목적이 사람의 생명 또는 신체이므로 잔존물대위가 존재하지 않는다.

04 인보험에 관한 설명으로 옳지 않은 것은? (다툼이 있는 경우 판례에 의함) 기출 22

① 인보험계약의 보험자는 피보험자의 생명 또는 신체에 관하여 보험사고가 발생할 경우 보험금을 지급한다.
② 인보험계약에서 보험금은 당사자간의 약정에 따라 분할지급이 가능하다.
③ 무보험자동차에 의한 상해담보특약에서 당사자간에 별도 약정이 있는 경우 보험자는 피보험자의 권리를 해하지 않는 범위 내에서 피보험자의 배상의무자에 대한 손해배상청구권을 대위 행사 할 수 있다.
④ 인보험증권에는 상법 제666조에 게기된 사항 외에 보험계약의 종류, 피보험자 및 보험계약자의 직업과 성별을 기재하여야 한다.

| 해설 |
인보험증권에는 상법 제666조에 게기한 사항 외에 보험계약의 종류, 피보험자의 주소·성명 및 생년월일, 보험수익자를 정한 때에는 그 주소·성명 및 생년월일을 기재하여야 한다(상법 제728조).
① 상법 제727조 제1항
② 상법 제727조 제2항
③ 상법 제729조 단서, 대법원 2003.12.26., 선고, 2002다61958, 판결

05 인보험에 관한 설명으로 옳은 것은? 기출 17

① 인보험계약의 보험사고는 상해와 질병이며, 보험사고가 발생할 경우에 보험금 지급책임이 있다.
② 단체생명보험의 경우 구성원이 단체에서 탈퇴하면, 그 구성원에 대한 보험관계는 자동으로 개인보험으로 전환된다.
③ 상해보험계약은 당사자간의 다른 약정이 있더라도 보험자의 제3자에 대한 보험대위를 인정하지 아니한다.
④ 타인의 사망을 보험사고로 하는 보험계약에서 피보험자의 서면동의를 얻도록 한 상법의 규정은 강행규정이다.

| 해설 |
보험계약자가 타인의 사망을 보험사고로 하는 보험계약에는 계약 체결시에 그 타인의 서면에 의한 동의를 얻어야 한다(상법 제731조 제1항). 피보험자의 동의에 관한 규정은 강행규정으로서 동의가 없는 보험계약은 무효이며, 피보험자의 동의를 배제하는 특약도 무효이다.
① 인보험계약의 보험사고는 <u>사람의 생존, 사망, 상해 및 질병</u> 등이다.
② 피보험자가 퇴직 등으로 인하여 피보험단체를 탈퇴하는 경우에는 개별계약으로 취급하여 보험계약을 계속 유지할 수 있으나, <u>개인보험으로 자동 전환되지는 않는다</u>.
③ 보험자는 보험사고로 인하여 생긴 보험계약자 또는 보험수익자의 제3자에 대한 권리를 대위하여 행사하지 못한다. 그러나 상해보험계약의 경우에 당사자간에 다른 약정이 있는 때에는 보험자는 피보험자의 권리를 해하지 아니하는 범위 안에서 그 권리를 대위하여 행사할 수 있다(상법 제729조).

06 상법상 인보험에 관한 설명으로 옳지 않은 것은? 기출 18

① 인보험은 피보험자의 생명이나 신체에 관한 보험사고를 담보한다.
② 인보험은 생명보험, 상해보험, 질병보험으로 구분할 수 있다.
③ 인보험계약에 있어 보험금은 당사자간의 약정에 따라 분할하여 지급할 수 있다.
④ 생명보험에는 중복보험에 관한 규정이 존재한다.

| 해설 |
생명보험에는 피보험이익이 인정되지 않기 때문에 초과보험, 중복보험, 일부보험의 문제가 발생하지 않는다.

07 다음 중 인보험계약에 관한 설명으로 옳지 않은 것은? 기출 17

① 보험계약자 등의 고의로 인한 사고에 대해서 생명보험자는 책임을 부담하지 않는다.
② 피보험자가 자살한 경우에 보험금을 지급하는 생명보험약관 규정은 보험계약자 등의 불이익변경금지원칙에 반하는 것이 아니다.
③ 승낙전 사고 담보의 요건과 관련하여, 인보험의 경우 피보험자가 적격피보험체가 아니라는 사실은 청약을 거절할 사유에 해당되지 않는다.
④ 사망을 보험사고로 하는 인보험계약에서 사고가 보험수익자의 중대한 과실로 인한 경우에는 보험자면책이 인정되지 않는다.

정답 03 ③ 04 ④ 05 ④ 06 ④ 07 ③

> **해설**
> 생명보험에서 보험자가 승낙 전의 사고에 대해서 책임을 지는 것은 첫째, 보험계약자가 청약시에 제1회 보험료상당액의 지급이 있었고, 둘째, 신체검사를 받아야 하는 보험의 경우에는 신체검사를 마치고, 셋째, 피보험자가 피보험적격체로서 보험인수를 거절할 사유가 없을 것을 요건으로 하고 있다.
> ① 생명보험약관에서는 피보험자가 고의로 자신을 해친 경우, 보험수익자가 고의로 피보험자를 해친 경우, 계약자가 고의로 피보험자를 해친 경우에 보험자 면책을 인정한다(생명표준약관 제5조).
> ② 생명보험약관에서는 피보험자가 계약의 책임개시일 또는 부활(효력회복)청약일부터 2년이 경과된 후에 자살하거나 자신을 해친 경우와 정신질환 등으로 자유로운 의사결정을 할 수 없는 상태에서 자신을 해친 경우도, 보험금을 지급하는 것으로 규정하여 면책사유에서 제외하고 있다(생명보험표준약관 제5조).
> ④ 사망을 보험사고로 한 보험계약에서는 사고가 보험계약자 또는 피보험자나 보험수익자의 중대한 과실로 인하여 발생한 경우에도 보험자는 보험금을 지급할 책임을 면하지 못한다(상법 제732조의2 제1항).

08 인보험에 관한 설명 중 틀린 것은? (다툼이 있는 경우 대법원 판례에 의함) 기출 14

① 상해보험약관에 피보험자의 기왕증으로 인해 상해가 중하게 된 때에는 보험금을 감액한다는 규정이 있더라도, 상해보험은 정액보험성을 지니고 있으므로 보험금을 감액하여 지급할 수 없다.
② 타인의 생명보험에서 계약 체결시까지 피보험자의 서면동의를 얻어야 한다는 것은 강행법규이므로, 피보험자의 계약 체결 후의 서면동의로 무효인 계약이 추인되는 것으로 볼 수 없다.
③ 상해보험에서 사고의 외래성 및 사고와 상해·사망간의 인과관계에 관한 증명책임은 보험금 청구자에게 있다.
④ 보험기간 개시 전에 발생한 신체장애가 있는 사람도 계약 당사자간의 약정으로 상해보험의 피보험자로 할 수 있다.

> **해설**
> 상해보험약관에서 계약 체결 전에 이미 존재한 신체장애 또는 질병의 영향으로 상해가 중하게 된 때에 보험자가 그 영향이 없었을 때에 상당하는 금액을 결정하여 지급하기로 하는 내용의 약관이 있는 경우에는 그 약관에 따라 보험금을 감액하여 지급할 수 있다(대법원 2002.10.11., 선고, 2002다564, 판결).

09 인보험에 관한 설명이다. 사망보험, 상해보험 모두에 해당하는 경우로 옳은 것은? (다툼이 있는 경우 판례에 의함) 기출 21

① 도덕적 위험, 보험의 도박화 등에 대처하기 위하여 피보험자가 보험목적에 대하여 일정한 경제적 이익을 가질 것을 요한다.
② 보험계약자 또는 피보험자나 보험수익자의 중대한 과실로 인하여 보험사고가 발생한 경우에 보험자는 보험금 지급책임이 있다.
③ 보험계약 당사자간에 보험자대위에 관한 약정이 유효하다.
④ 중복보험의 규정을 준용할 수 있다.

| 해설 |

상해보험은 상법 제732조(15세 미만자 등에 대한 계약의 금지)를 제외하고는 생명보험규정이 준용된다. 또한 중과실로 인한 사고의 경우에도 보험금을 지급하여야 하는 조항(상법 제732조의2 제1항) 및 다수의 보험수익자 중 일부가 피보험자를 사망하게 한 경우 다른 보험수익자에 대해서는 보험금을 지급하여야 하는 조항(상법 제732조의2 제2항)도 준용된다.
① 인보험에서는 원칙적으로 경제적 이익(피보험이익)의 관념이 존재하지 않는다.
③ 상법 제729조에서 제3자에 대한 보험대위를 금지하고 있으나, 상해보험계약의 경우 "당사자간에 다른 약정이 있는 때에는 보험자는 피보험자의 권리를 해하지 않는 범위에서 그 권리를 대위하여 행사할 수 있다"고 하여 보험자대위에 관한 약정이 유효하다.
④ 사망보험은 중복보험조항이 준용되지 않지만, 무보험자동차특약보험(= 손해보험형 상해보험)의 경우 중복보험조항이 준용된다. 즉 최근의 판례는 무보험자동차특약보험을 '손해보험형 상해보험'이라고 정의하면서, 약관에 중복보험에 관한 규정이 존재하지 않는 경우에도 손해보험에 관한 상법의 중복보험 규정이 적용가능하다고 판시하고 있다.

10 인보험에 관한 설명으로 옳은 것은? 기출 16

① 인보험은 정액보험이므로 자산운용성과에 따라 보험금액이 바뀌는 변액보험은 인보험이 아니라 펀드형 투자상품이다.
② 보험수익자가 피보험자의 유족인 때에는 인보험의 보험자는 피살된 피보험자의 사망보험금 지급 후, 유족이 가해자에 대하여 갖는 불법행위로 인한 손해배상청구권을 대위행사 할 수 있다.
③ 보험금 지급청구권의 소멸시효는 보험사고발생시에 기산하는 것이 원칙이며, 시효의 중단이나 정지가 인정되지 아니한다.
④ 상해보험계약에서 보험자는 당사자간에 약정이 있는 때에는 피보험자의 권리를 해하지 아니하는 범위 안에서 그 권리를 대위행사 할 수 있다.

| 해설 |

상해보험계약의 경우에 당사자간에 다른 약정이 있는 때에는 보험자는 피보험자의 권리를 해하지 아니하는 범위 안에서 그 권리를 대위하여 행사할 수 있다(상법 제729조 단서).
① 인보험 중 상해·질병보험의 경우 상해의 정도나 치료일수에 의해 일정액의 급여를 하는 정액보험일 수도 있고, 또한 의료비 등 피보험자가 상해나 질병으로 인하여 입은 경제적인 손실을 보상하는 부정액보험일 수도 있다.
② 인보험에서는 보험자대위가 원칙적으로 금지되므로, 유족이 가해자에 대하여 갖는 손해배상청구권을 대위행사 할 수 없다.
③ 보험금 지급청구권의 소멸시효는 시효의 중단이나 정지가 인정된다.

11 인보험의 보험대위에 관한 설명으로 옳지 않은 것은? (다툼이 있는 경우 판례에 의함)

기출 19

① 인보험에서는 제3자에 대한 보험대위가 금지되는 것이 원칙이다.
② 손해보험형 상해보험계약에서 보험대위의 약정이 없는 경우 피보험자가 제3자로부터 손해배상을 받았다면 보험자는 보험금을 지급할 의무가 없다.
③ 보험약관으로 상해보험의 제3자에 대한 청구권대위를 인정할 수 있다.
④ 잔존물대위를 인정할 여지가 없다.

| 해설 |

교통상해 의료비 담보와 같이 손해보험으로서의 성질과 함께 상해보험으로서의 성질도 갖고 있는 손해보험형 상해보험에 있어서는 보험자와 보험계약자 또는 피보험자 사이에 피보험자의 제3자에 대한 권리를 대위하여 행사할 수 있다는 취지의 약정이 없는 한, 피보험자가 제3자로부터 손해배상을 받더라도 이에 관계없이 보험자는 보험금을 지급할 의무가 있다(대법원 2003.11.28., 선고, 2003다35215, 35222, 판결).
① · ④ 상법 제729조 본문에서 "보험자는 보험사고로 인하여 생긴 보험계약자 또는 보험수익자의 제3자에 대한 권리를 대위하여 행사하지 못한다"고 규정함으로써 인보험에 있어서의 보험대위를 원칙적으로 금지하고 있다.
③ "상해보험계약의 경우에 당사자간에 다른 약정이 있는 때에는 보험자는 피보험자의 권리를 해하지 아니하는 범위 안에서 그 권리를 대위하여 행사할 수 있다(상법 제729조 단서)"고 규정하여 보험약관의 정함에 따라 상해보험자의 대위권을 인정할 수 있도록 하고 있다.

12 인보험계약에서 보험자대위에 관한 설명으로 옳지 않은 것은? (다툼이 있는 경우 판례에 의함)

기출 22

① 생명보험계약의 보험자는 보험사고로 인해 발생한 보험계약자의 제3자에 대한 권리를 대위하여 행사하지 못한다.
② 인보험계약에서 피보험자 등은 자신이 제3자에 대해서 가지는 권리를 보험자에게 양도할 수 없다.
③ 인보험계약에서는 잔존물대위가 인정되지 않는다.
④ 상해보험계약의 경우 당사자간에 별도의 약정이 있는 경우에는 피보험자의 권리를 해하지 않는 범위 안에서 보험자에게 청구권대위가 인정된다.

| 해설 |

피보험자 등의 제3자에 대한 권리의 양도가 법률상 금지되어 있다거나, 상법 제729조 전문 등의 취지를 잠탈하여 피보험자 등의 권리를 부당히 침해하는 경우에 해당한다는 등의 특별한 사정이 없는 한, 상법 제729조 전문이나 보험약관에서 보험자대위를 금지하거나 포기하는 규정을 두고 있다는 사정만으로 피보험자 등이 보험자와의 다른 원인관계나 대가관계 등에 기하여 자신의 제3자에 대한 권리를 보험자에게 자유롭게 양도하는 것까지 금지된다고 볼 수는 없다(대법원 2007.4.26., 선고, 2006다54781, 판결).
① 상법 제729조
③ · ④ 인보험계약에서는 보험목적물의 멸실이 있을 수 없으므로 잔존물대위가 인정되지 않지만, 상해보험계약의 경우 당사자간에 별도의 약정이 있는 경우에는 피보험자의 권리를 해하지 않는 범위 안에서 제3자에 대한 보험대위(청구권대위)가 인정될 수 있다(상법 제729조 단서).

13 인보험에서 보험자대위에 관한 설명으로 옳은 것은? (다툼이 있는 경우 판례에 의함) 기출 23

① 인보험에서 보험자는 보험사고로 인하여 생긴 보험계약자 또는 보험수익자의 제3자에 대한 권리를 대위하여 행사할 수 있다.

② 자기신체사고 자동차보험은 그 성질상 상해보험에 속한다고 할 것이므로, 그 보험계약상 타 차량과의 사고로 보험사고가 발생하여 피보험자가 상대차량이 가입한 자동차보험 또는 공제계약의 대인배상에 의한 보상을 받을 수 있는 경우에 자기신체사고에 대하여 약관에 정해진 보험금에서 대인배상으로 보상받을 수 있는 금액을 공제한 액수만을 지급하기로 약정되어 있어 결과적으로 보험자대위를 인정하는 것과 같은 결과가 초래하는 바, 이 계약은 제3자에 대한 보험대위를 금지한 상법 제729조를 피보험자에게 불이익하게 변경한 것이다.

③ 상해보험의 경우 보험자와 보험계약자 또는 피보험자 사이에 피보험자의 제3자에 대한 권리를 대위하여 행사할 수 있다는 취지의 약정이 없는 한, 피보험자가 제3자로부터 손해배상을 받더라도 이에 관계없이 보험자는 보험금을 지급할 의무가 있고, 피보험자의 제3자에 대한 권리를 대위하여 행사할 수도 없다.

④ 제3자에 대한 보험대위를 금지한 상법 제729조 본문의 규정 취지상 정액보상 방식의 인보험에서 피보험자 등은 보험자와의 다른 원인관계나 대가관계 등에 의하여 자신의 제3자에 대한 권리를 보험자에게 양도하는 것은 불가능하다.

|해설|

상해보험의 경우 보험금은 보험사고발생에 의하여 바로 그 지급조건이 성취되고, 보험자와 보험계약자 또는 피보험자 사이에 피보험자의 제3자에 대한 권리를 대위하여 행사할 수 있다는 취지의 약정이 없는 한, 피보험자가 제3자로부터 손해배상을 받더라도 이에 관계없이 보험자는 보험금을 지급할 의무가 있고, 피보험자의 제3자에 대한 권리를 대위하여 행사할 수도 없다(대법원 2002.3.29., 선고, 2000다18752, 판결).

① 상법 제729조 본문에서 "보험자는 보험사고로 인하여 생긴 보험계약자 또는 보험수익자의 제3자에 대한 권리를 대위하여 행사하지 못한다"고 규정함으로써 인보험에서는 보험자대위를 원칙적으로 금지하고 있다.

② 자기신체사고 자동차보험은 피보험자가 피보험자동차를 소유·사용·관리하는 동안에 생긴 피보험자동차의 사고로 인하여 상해를 입었을 때에 약관이 정하는 바에 따라 보험자가 보험금을 지급할 책임을 지는 것으로서 인보험의 일종이기는 하나, 피보험자가 급격하고도 우연한 외부로부터 생긴 사고로 인하여 신체에 상해를 입은 경우에 그 결과에 따라 정해진 보상금을 지급하는 보험이어서 그 성질상 상해보험에 속한다고 할 것이므로, 그 보험계약상 타 차량과의 사고로 보험사고가 발생하여 피보험자가 상대차량이 가입한 자동차보험 또는 공제계약의 대인배상에 의한 보상을 받을 수 있는 경우에 자기신체사고에 대하여 약관에 정해진 보험금에서 위 대인배상으로 보상받을 수 있는 금액을 공제한 액수만을 지급하기로 약정되어 있어 결과적으로 보험자대위를 인정하는 것과 같은 효과를 초래한다고 하더라도, 그 계약 내용이 위 상법 제729조를 피보험자에게 불이익하게 변경한 것이라고 할 수는 없다(대법원 2001.9.7., 선고, 2000다21833, 판결).

④ 상법 제729조 전문이나 보험약관에서 보험자대위를 금지하거나 포기하는 규정을 두고 있는 것은, 손해보험의 성질을 갖고 있지 아니한 인보험에 관하여 보험자대위를 허용하게 되면 보험자가 보험사고발생시 보험금을 피보험자나 보험수익자(이하 '피보험자 등'이라고 한다)에게 지급함으로써 피보험자 등의 의사와 무관하게 법률상 당연히 피보험자 등의 제3자에 대한 권리가 보험자에게 이전하게 되어 피보험자 등의 보호에 소홀해질 우려가 있다는 점 등을 고려한 것이므로, 피보험자 등의 제3자에 대한 권리의 양도가 법률상 금지되어 있다거나 상법 제729조 전문 등의 취지를 잠탈하여 피보험자 등의 권리를 부당히 침해하는 경우에 해당한다는 등의 특별한 사정이 없는 한, 상법 제729조 전문이나 보험약관에서 보험자대위를 금지하거나 포기하는 규정을 두고 있다는 사정만으로 피보험자 등이 보험자와의 다른 원인관계나 대가관계 등에 기하여 자신의 제3자에 대한 권리를 보험자에게 자유롭게 양도하는 것까지 금지된다고 볼 수는 없다(대법원 2007.4.26., 선고, 2006다54781, 판결).

14 인보험에서 보험자대위에 관한 설명으로 옳지 않은 것은? (다툼이 있는 경우 판례에 의함)

기출 24

① 생명보험계약에서는 잔존물대위나 청구권대위가 인정되지 않는다.
② 상해보험계약의 경우 당사자 사이의 약정에 의하여 보험자는 피보험자의 권리를 해하지 않는 범위 안에서 보험사고로 인하여 생긴 보험계약자 또는 보험수익자의 제3자에 대한 권리를 대위하여 행사할 수 있다.
③ 자기신체사고 자동차보험에서 타 차량의 사고로 보험사고가 발생하여 피보험자가 상대 차량 자동차보험에 의한 보상을 받을 수 있는 경우에 약관에 정한 보험금에서 상대 차량 자동차보험 대인배상에서 보상받을 수 있는 금액을 공제한 액수만 지급하기로 한 약정은 결과적으로 보험자대위를 인정하는 것과 같은 결과를 초래하여 효력이 없다.
④ 상해보험의 경우 대위권에 관한 약정이 없는 한, 피보험자가 제3자로부터 손해배상을 받더라도 이에 관계없이 보험자는 보험금을 지급할 의무가 있고, 피보험자의 제3자에 대한 권리를 대위하여 행사할 수도 없다.

해설

자기신체사고에 대하여, 약관에 정한 보험금에서 상대방 차량이 가입한 자동차보험 등의 대인배상으로 보상받을 수 있는 금액을 공제한 액수만을 지급하기로 한 약관 조항은 <u>상법 제729조 및 약관의 규제에 관한 법률 제6조에 위배되지 않는다</u>(대법원 2004.11.25., 선고, 2004다28245, 판결). 즉 자기신체사고 자동차보험은 피보험자가 피보험자동차를 소유·사용·관리하는 동안에 생긴 피보험자동차의 사고로 인하여 상해를 입었을 때에 약관이 정하는 바에 따라 보험자가 보험금을 지급할 책임을 지는 것으로서 인보험의 일종이기는 하나, 피보험자가 급격하고도 우연한 외부로부터 생긴 사고로 인하여 신체에 상해를 입은 경우에 그 결과에 따라 정해진 보상금을 지급하는 보험이어서 그 성질상 상해보험에 속한다고 할 것이므로, 그 보험계약상 <u>타 차량과의 사고로 보험사고가 발생하여 피보험자가 상대차량이 가입한 자동차보험 또는 공제계약의 대인배상에 의한 보상을 받을 수 있는 경우에 자기신체사고에 대하여 약관에 정해진 보험금에서 위 대인배상으로 보상받을 수 있는 금액을 공제한 액수만을 지급하기로 약정되어 있어 결과적으로 보험자대위를 인정하는 것과 같은 효과를 초래한다고 하더라도, 그 계약 내용이 위 상법 제729조를 피보험자에게 불이익하게 변경한 것이라고 할 수는 없다</u>(대법원 2001.9.7., 선고, 2000다21833, 판결).
① 손해보험에는 잔존물대위와 청구권대위가 모두 인정되지만, 인보험에서는 보험자대위가 원칙적으로 금지된다(상법 제729조). 다만, 상해보험계약의 경우 제3자에 대한 보험자대위를 인정할 것을 당사자간의 약정으로 정할 수는 있다. 그러나 생명보험계약에서는 잔존물대위나 청구권대위가 인정되지 않는다.
② 상해보험계약의 경우 당사자 사이의 약정에 의하여 보험자는 피보험자의 권리를 해하지 않는 범위 안에서 보험사고로 인하여 생긴 보험계약자 또는 보험수익자의 제3자에 대한 권리를 대위하여 행사할 수 있다(상법 제729조 단서).
④ 상해보험의 경우 보험금은 보험사고발생에 의하여 바로 그 지급조건이 성취되고, 보험자와 보험계약자 또는 피보험자 사이에 피보험자의 제3자에 대한 권리를 대위하여 행사할 수 있다는 취지의 약정이 없는 한, 피보험자가 제3자로부터 손해배상을 받더라도 이에 관계없이 보험자는 보험금을 지급할 의무가 있고, 피보험자의 제3자에 대한 권리를 대위하여 행사할 수도 없다(대법원 2002.3.29., 선고, 2000다18752, 판결).

15 보험계약자, 피보험자, 보험수익자에 관한 설명으로 옳지 않은 것은? 기출 22

① 보험계약자가 대리인에 의하여 보험계약을 체결한 경우에 대리인이 안 사유는 그 본인이 안 것과 동일한 것으로 한다.
② 만 15세인 미성년자를 피보험자로 하는 사망보험계약은 그의 서면동의를 받은 경우에도 당연 무효이다.
③ 타인을 위한 손해보험계약에서 피보험자는 원칙적으로 보험료 지급의무를 지지 아니하지만, 보험계약자가 파산선고를 받거나 보험료의 지급을 지체한 때에는 피보험자가 보험계약상 권리를 포기하지 아니하는 한 그 보험료를 지급할 의무가 있다.
④ 타인을 위한 생명보험계약에서 보험수익자는 원칙적으로 보험료 지급의무를 지지 아니하지만, 보험계약자가 파산선고를 받거나 보험료의 지급을 지체한 때에는 보험수익자가 보험계약상 권리를 포기하지 아니하는 한 그 보험료를 지급할 의무가 있다.

> **해설**
> 15세 미만자, 심신상실자 또는 심신박약자의 사망을 보험사고로 한 보험계약은 무효로 한다(상법 제732조). 따라서 만 15세인 미성년자를 피보험자로 하는 사망보험계약은 그의 서면동의를 받은 경우에는 유효이다(상법 제731조).
> ① 상법 제646조
> ③·④ 상법 제639조 제3항

정답 14 ③ 15 ②

16 생명보험계약 관계자에 관한 설명으로 옳지 않은 것은? (다툼이 있는 경우 판례에 의함)

기출 23

① 생명보험계약의 당사자는 보험자와 보험계약자이다.
② 생명보험계약에서 보험계약자의 지위를 변경하는데 보험자의 승낙이 필요하다고 정하고 있는 경우, 보험계약자는 보험자의 승낙이 없는 한 일방적인 의사표시만으로 보험계약상의 지위를 이전할 수는 없다.
③ 피보험자는 자연인이어야 하며, 계약 체결시부터 확정되어 있을 필요는 없다.
④ 보험수익자는 추상적으로 지정될 수도 있고, 상법상 수익자가 될 수 있는 특별한 자격이 있는 것도 아니다.

| 해설 |
생명보험계약에서 피보험자는 보험사고의 객체로서 자신의 생명(생존과 사망)과 신체를 보험에 붙인 자연인을 말한다. 피보험자가 누구인지는 계약 체결시부터 확정되어 있어야 한다.
① 생명보험계약의 당사자는 보험자와 보험계약자이다. 보험자는 보험사고가 발생한 때에 약정된 보험금을 지급하는 회사이고, 보험계약자는 보험자와 계약을 체결하고 보험료를 납입할 의무를 지는 자를 말한다.
② 생명보험은 피보험자의 사망, 생존 또는 사망과 생존을 보험사고로 하는 보험으로(상법 제730조), 오랜 기간 지속되는 생명보험계약에서는 보험계약자의 사정에 따라 계약 내용을 변경해야 하는 경우가 있다. 생명보험계약에서 보험계약자의 지위를 변경하는데 보험자의 승낙이 필요하다고 정하고 있는 경우, 보험계약자가 보험자의 승낙이 없는데도 일방적인 의사표시만으로 보험계약상의 지위를 이전할 수는 없다(대법원 2018.7.12., 선고, 2017다235647, 판결).
④ 보험계약자는 자유롭게 특정 또는 불특정의 타인을 보험수익자로 지정할 수 있다. 보험수익자는 그 지정행위 시점에 반드시 특정되어야 하는 것은 아니고, 보험사고발생시에 특정될 수 있으면 충분하므로, 보험계약자는 이름 등을 통해 특정인을 보험수익자로 지정할 수 있음은 물론 배우자 또는 상속인과 같이 보험금을 수익할 자의 지위나 자격 등을 통해 불특정인을 보험수익자로 지정할 수 있다(대법원 2006.11.9., 선고, 2005다55817, 판결).

17 생명보험에 관한 설명으로 옳지 않은 것은?

① 타인의 생명보험에 있어서 피보험자의 동의는 보험계약의 효력발생요건이다.
② 타인의 생존을 보험사고로 하는 생명보험계약에는 피보험자의 동의를 필요로 하지 않는다.
③ 타인을 위한 생명보험계약에 있어서 보험수익자가 사망한 때에는 피보험자가 보험수익자가 된다.
④ 타인을 위한 타인의 생명의 보험에 있어서 피보험자가 아닌 자를 보험수익자로 변경하려면 피보험자의 동의가 있어야 한다.

| 해설 |
보험수익자가 보험존속 중에 사망한 때에는 보험계약자는 다시 보험수익자를 지정할 수 있다. 이 경우에 보험계약자가 지정권을 행사하지 아니하고 사망한 때에는 보험수익자의 상속인을 보험수익자로 한다(상법 제733조 제3항).

18 생명보험계약에 관한 설명으로 옳은 것은?

① 보험계약의 성립시기는 청약에 대한 승낙이 있고, 제1회 보험료를 지급한 때이다.
② 보험수익자의 동의를 얻지 아니한 타인을 위한 보험계약은 무효이다.
③ 15세 미만자나 심신상실자 또는 심신박약자의 사망을 보험사고로 한 보험계약은 무효로 한다.
④ 피보험자는 보험수익자를 지정 또는 변경할 권리가 있다.

> **해설**
> 15세 미만자, 심신상실자 또는 심신박약자의 사망을 보험사고로 한 보험계약은 무효로 한다. 다만, 심신박약자가 보험계약을 체결하거나 단체보험의 피보험자가 될 때에 의사능력이 있는 경우에는 그러하지 아니하다(상법 제732조).
> ① 보험계약의 성립시기는 보험자의 승낙시점이 된다.
> ② 보험수익자의 동의가 없는 경우라도 타인을 위한 보험계약은 유효하며, 따라서 보험수익자는 보험금청구권을 행사할 수 있다.
> ④ 보험수익자를 지정 또는 변경할 권리는 보험계약자가 가진다.

19 상법상 생명보험계약에 관한 설명으로 옳은 것은?

① 생명보험계약의 성립에는 보험계약청약서의 작성과 보험증권의 교부가 있어야 한다.
② 피보험자의 동의를 얻지 아니한 타인을 위한 보험계약은 무효이다.
③ 15세 미만자나 심신상실자 또는 심신박약자도 보험수익자가 될 수 있다.
④ 생존보험의 경우에는 보험자대위가 인정되지만, 사망보험의 경우에는 보험자대위가 인정되지 않는다.

> **해설**
> ① 보험계약은 보험계약자의 청약이 있고, 이를 보험자가 승낙하면 계약이 성립된다. 보험증권의 교부는 계약의 성립조건이 아니며, 우리 상법은 계약이 성립된 후 지체 없이 보험증권을 교부해야 한다고 규정하고 있다.
> ② 보험계약자는 위임을 받거나 위임을 받지 아니하고 타인을 위하여 보험계약을 체결할 수 있다(상법 제639조 제1항 전단). 그러나 타인의 사망을 사고로 하는 보험계약에는 피보험자의 서면에 의한 동의를 얻어야 한다(상법 제731조). 이를 위반하면 보험계약이 무효가 된다는 명문규정은 없으나, 동의를 얻지 못한 보험계약은 효력이 발생하지 않으므로 당연히 무효로 해석함이 타당하다.
> ④ 인보험에서 보험자는 보험사고로 인하여 생긴 보험계약자 또는 보험수익자의 제3자에 대한 권리를 대위하여 행사하지 못한다(상법 제729조). 즉 생존보험과 사망보험의 경우 모두 보험자대위가 인정되지 않는다.

20 다음의 설명 중 옳지 않은 것은? 기출 19

① 손해보험의 보장대상은 재산상의 손해를 그 대상으로 한다.
② 생명보험의 보장대상은 사람의 사망을 그 대상으로 하는 것이지, 생존을 대상으로 하는 것이 아니다.
③ 상해보험은 발생한 손해를 보상한다는 측면에서 손해보험적인 요소를 가지고 있다.
④ 생명보험은 정해진 급부만을 대상으로 한다는 측면에서 정액보험에 해당한다.

| 해설 |
생명보험계약은 보험자가 피보험자의 사망, 생존, 사망과 생존에 관한 보험사고가 발생할 경우에 약정한 보험금을 지급할 책임이 있는 인보험계약이다(상법 제730조). 즉 생명보험은 사람의 생존과 사망을 보험사고로 한다는 점에서 상해를 보험사고로 하는 상해보험과는 차이가 있고, 또한 손해 여부를 불문하고 정해진 금액을 지급한다는 정액보험이란 점에서 실손보상방식의 손해보험과는 차이가 있다.

21 다음 중 유효한 계약은? 기출 16

① 사망을 보험사고로 하는 보험계약에서 심신상실자가 보험계약 체결시에 피보험자로 되는 데에 동의한 경우
② 15세 미만자가 의사능력을 갖고 자신을 피보험자로 하는 사망보험계약에 서면동의한 후 보험사고발생시에는 이미 성년에 이른 경우
③ 심신박약자가 보험계약 체결시 의사능력을 갖고 계약 체결에 동의하였으나, 계약 체결 직후부터 의사능력이 없는 상태에서 보험사고가 발생한 경우
④ 태아를 피보험자로 하여 태아의 사산을 보험사고로 하는 보험계약이 친권자 전원의 동의하에 체결된 경우

| 해설 |
①·③ 우리 상법은 15세 미만자, 심신상실자 또는 심신박약자의 사망을 보험사고로 한 보험계약은 무효로 하고 있다. 다만, 심신박약자가 보험계약을 체결하거나 제735조의3에 따른 단체보험의 피보험자가 될 때에 의사능력이 있는 경우에는 무효로 되지 않는다(상법 제732조).
② 15세 미만자가 의사능력을 갖고 자신을 피보험자로 하는 사망보험계약에 서면동의를 하였더라도 보험계약은 무효이다.
④ 태아는 법적으로 인격(人格)을 갖지 못하여 인보험의 보호대상이 될 수 없으므로, 태아의 사산을 보험사고로 하는 보험계약은 무효이다.

22 생명보험계약에 관한 설명으로 옳지 않은 것은? 기출 17

① 사망과 생존에 관한 보험사고가 발생한 경우 보험금액을 지급해야 할 의무가 있는 자는 생명보험자이다.
② 생명보험자에 대하여 보험료를 지급해야 할 의무가 있는 자는 자연인으로서 보험계약자이어야 한다.
③ 생명보험에서 피보험자는 생존이나 사망에 관하여 보험이 붙여진 자로 자연인만을 의미한다.
④ 생명보험에서 보험금청구권을 행사하는 자는 보험수익자로서 그 수에 제한이 없는 것이 원칙이다.

| 해설 |
생명보험자에 대하여 보험료를 지급해야 할 의무가 있는 자는 보험계약자로서 자격 제한이 없다. 즉 자연인이든 법인이든 상관없다.

23 다음은 생명보험에 관한 기술이다. 옳지 않은 것은? 기출 15

① 생명보험계약의 보험자는 약정한 피보험자의 사망과 생존에 관한 보험사고발생시 보험금 지급책임을 진다.
② 타인의 사망을 보험사고로 하는 보험계약에는 보험계약 체결시에 그 타인의 서면에 의한 동의를 얻어야 한다.
③ 보험계약으로 발생한 권리를 피보험자가 아닌 자에게 양도하는 경우 명시적 또는 묵시적 동의가 필요하다.
④ 심신박약자가 보험계약을 체결하는 경우 의사능력이 있다면 그의 사망을 보험사고로 하는 보험계약은 유효하다.

| 해설 |
보험계약으로 발생한 권리를 피보험자가 아닌 자에게 양도하는 경우 우리 상법은 서면에 의한 동의를 요구하고 있으므로(상법 제731조 제1항), 구두 또는 묵시적인 동의는 인정되지 않으며, 서면에 의한 명시적인 동의만이 그 효력이 있다.

24 생명보험자의 면책사유에 관한 설명으로 옳지 않은 것은? (다툼이 있는 경우 판례에 의함)

① 사망보험계약에서 자살을 면책사유로 규정한 경우, 그 자살은 사망자가 자기의 생명을 끊는다는 것을 의식하고 그것을 목적으로 의도적으로 자기 생명을 절단하여 사망의 결과를 발생케 한 행위를 의미한다.
② 생명보험에서 피보험자가 정신질환 등으로 자유로운 의사 결정을 할 수 없는 상태에서 사망의 결과를 발생케 한 경우에는 보험자는 면책되지 않는다.
③ 보험사고의 발생에 기여한 복수의 원인이 존재하는 경우, 그중 하나가 피보험자 등의 고의행위임을 주장하여 보험자가 면책되기 위해서는 그 행위가 공동원인의 하나이었다는 점을 증명하면 족하다.
④ 생명보험약관에서 '피보험자가 고의로 자신을 해친 경우'를 보험자의 면책사유로 규정하고 있는 경우, 보험자가 보험금 지급책임을 면하기 위해서는 면책사유에 해당하는 사실을 입증할 책임이 있다.

| 해설 |

보험약관에서 '피보험자 등의 고의에 의한 사고'를 면책사유로 규정하고 있는 경우 여기에서의 '고의'라 함은 자신의 행위에 의하여 일정한 결과가 발생하리라는 것을 알면서 이를 행하는 심리 상태를 말하는 것으로서 그와 같은 내심의 의사는 이를 인정할 직접적인 증거가 없는 경우에는 사물의 성질상 고의와 상당한 관련성이 있는 간접사실을 증명하는 방법에 의하여 입증할 수밖에 없고, 무엇이 상당한 관련성이 있는 간접사실에 해당할 것인가는 사실관계의 연결상태를 논리와 경험칙에 의하여 합리적으로 판단하여야 할 것임은 물론이지만, 보험사고의 발생에 기여한 복수의 원인이 존재하는 경우, 그중 하나가 <u>피보험자 등의 고의행위임을 주장하여 보험자가 면책되기 위하여는 그 행위가 단순히 공동원인의 하나이었다는 점을 입증하는 것으로는 부족하고 피보험자 등의 고의행위가 보험사고 발생의 유일하거나 결정적 원인이었음을 입증하여야 할 것이다</u>(대법원 2004.8.20., 선고, 2003다26075, 판결).

①·② 상법 제659조 제1항 및 제732조의2의 입법 취지에 비추어 볼 때, 사망을 보험사고로 하는 보험계약에서 자살을 보험자의 면책사유로 규정하고 있는 경우, 그 <u>자살은 사망자가 자기의 생명을 끊는다는 것을 의식하고 그것을 목적으로 의도적으로 자기의 생명을 절단하여 사망의 결과를 발생케 한 행위를 의미하고, 피보험자가 정신질환 등으로 자유로운 의사결정을 할 수 없는 상태에서 사망의 결과를 발생케 한 경우는 포함되지 않는다</u>(대법원 2011.4.28., 선고, 2009다97772, 판결).

④ 보험계약의 보통보험약관에서 '피보험자가 고의로 자신을 해친 경우'를 보험자의 면책사유로 규정하고 있는 경우 보험자가 보험금 지급책임을 면하기 위하여는 위 <u>면책사유에 해당하는 사실을 입증할 책임이 있는 바</u>, 이 경우 자살의 의사를 밝힌 유서 등 객관적인 물증의 존재나, 일반인의 상식에서 자살이 아닐 가능성에 대한 합리적인 의심이 들지 않을 만큼 명백한 주위 정황사실을 입증하여야 한다(대법원 2002.3.29., 선고, 2001다49234, 판결).

25 생명보험계약에서 피보험자의 사망사고에 관한 설명으로 옳지 않은 것은? (다툼이 있는 경우 판례에 의함) 기출 17

① 자살면책기간이 경과한 후 피보험자가 자살한 경우에 생명보험약관에 따르면 피보험자의 자살이 고의로 인한 보험사고일지라도, 보험자는 보험금 지급책임을 진다.
② 피보험자가 술에 취한 나머지 판단능력이 극히 저하된 상태에서 신병을 비관하는 넋두리를 하고 베란다에서 뛰어내린다는 등의 객기를 부리다가 마침내 음주로 인한 병적인 명정으로 인하여 충동적으로 베란다에서 뛰어내려 사망한 경우에 이는 보험약관상 재해에 해당하지 않아 사망보험금의 지급대상이 되지 않는다.
③ 판단능력을 상실 내지 미약하게 할 정도로 술에 취한 피보험자가 출입이 금지된 지하철역 승강장의 선로로 내려가 지하철역을 통과하는 전동열차에 부딪혀 사망한 경우, 이러한 피보험자의 사망은 보험사고에 해당한다.
④ 피보험자가 자살 전날 우울증 진단을 받았고 평소 정신과 치료를 받은 적은 없지만 유서 등을 미리 준비한 경우라 하면, 자유로운 의사결정을 할 수 있는 상태에서 자살한 것으로 볼 수 있다.

| 해설 |

보험계약의 피보험자가 술에 취한 나머지 판단능력이 극히 저하된 상태에서 신병을 비관하는 넋두리를 하고 베란다에서 뛰어내린다는 등의 객기를 부리다가 마침내 음주로 인한 병적인 명정으로 인하여 심신을 상실한 나머지 자유로운 의사결정을 할 수 없는 상태에서 충동적으로 베란다에서 뛰어내려 사망한 사안에서, 이는 우발적인 외래의 사고로서 보험약관에서 재해의 하나로 규정한 '추락'에 해당하여 사망보험금의 지급대상이 된다(대법원 2008.8.21., 선고, 2007다76696, 판결).

① 일반적인 사망을 보험사고로 하는 주계약과 재해로 인한 사망을 보험사고로 하는 특약으로 이루어진 보험에서 주계약과 특약에 각각 "피보험자가 고의로 자신을 해친 경우에는 보험금을 지급하지 아니하나, 피보험자가 책임개시일부터 2년이 경과한 후 자살한 경우에는 그러하지 아니하다"라는 약관조항을 두고 있는 경우, 위 약관조항은 "고의에 의한 자살 또는 자해는 원칙적으로 우발성이 결여되어 특약이 정한 보험사고인 재해에 해당하지 않지만, 예외적으로 피보험자가 책임개시일부터 2년이 경과된 후에 자살한 경우에 해당하면 이를 보험사고에 포함시켜 보험금 지급사유로 본다"는 취지로 해석하여야 한다(대법원 2016.5.12., 선고, 2015다243347, 판결).
③ 피보험자가 술에 취한 상태에서 출입이 금지된 지하철 승강장의 선로로 내려가 지하철을 통과하는 전동열차에 부딪혀 사망한 경우, 피보험자에게 판단능력을 상실 내지 미약하게 할 정도로 과음을 한 중과실이 있더라도 보험약관상의 보험사고인 우발적인 사고에 해당한다(대법원 2001.11.9., 선고, 2001다55499, 55505, 판결).
④ 우울증을 앓다 자살했더라도 유서에 채무내역 등을 상세히 기재했다면 자유로운 의사결정을 할 수 있는 상태였다고 추단할 수 있으므로 보험금 지급대상이 아니다[서울고등법원 2015.4.29., 선고, 2013나2031173 (본소), 2013나2031180 (반소), 판결].

26 생명보험표준약관상 보험계약상의 권리에 관한 설명으로 옳지 않은 것은? 기출 20

① 보험자는 피보험자에게 약정상의 보험사고가 발생한 경우에 보험수익자에게 약정한 보험금을 지급한다.
② 보험계약자는 해지환급금 범위 내에서 약관대출(보험계약대출)을 받을 수 있다.
③ 보험계약자는 계약이 소멸하기 전에 언제든지 계약을 해지할 수 있으며, 이 경우 보험자는 해지환급금을 보험수익자에게 지급한다.
④ 보험자는 금융감독원장이 정하는 방법에 따라 보험자가 결정한 배당금을 보험계약자에게 지급한다.

> **해설**
> 보험계약자는 계약이 소멸하기 전에 언제든지 계약을 해지할 수 있으며(다만, 연금보험의 경우 연금이 지급개시된 이후에는 해지할 수 없다), 이 경우 회사는 해지환급금을 보험계약자에게 지급한다(생명보험표준약관 제29조 제1항).
> ① 생명보험표준약관 제3조
> ② 생명보험표준약관 제33조 제1항
> ④ 생명보험표준약관 제34조 제1항

27 대법원 전원합의체의 약관대출에 대한 설명으로 옳은 것은? 기출 17

① 대출금에 대하여 이자계산이 이루어지고 보험기간 내에 변제가 이루어지므로 특수한 금전소비대차계약이다.
② 대출금의 경제적 실질은 보험자가 장차 지급하여야 할 보험금이나 해약환급금을 미리 지급하는 것이므로 선급에 해당한다.
③ 보험계약자를 대상으로 이루어지지만 모든 보험계약자가 약관대출을 실행하는 것은 아니므로 보험계약과는 별개의 독립된 계약이다.
④ 상법의 규정보다 엄격한 대출 및 상환조건을 약관에서 정하는 경우 보험계약자에게 불이익변경이 될 수 있다.

> **해설**
> 보험약관대출금의 경제적 실질은 보험회사가 장차 지급하여야 할 보험금이나 해약환급금을 미리 지급하는 선급금과 같은 성격이라고 보아야 한다(대법원 2007.9.28., 선고, 2005다15598, 전원합의체 판결).
> ① 약관에서 비록 '대출'이라는 용어를 사용하고 있더라도 이는 일반적인 대출과 달리 소비대차로서의 법적 성격을 가지는 것은 아니다.
>   **TIP** 소비대차 : 당사자 일방이 금전 기타 대체물의 소유권을 상대방에게 이전할 것을 약정하고, 상대방은 그와 같은 종류, 품질 및 수량으로 반환할 것을 약정함으로써 성립하는 계약을 말한다.
> ③ 약관에 따른 대출계약은 약관상의 의무의 이행으로 행하여지는 것으로서 보험계약과 별개의 독립된 계약이 아니라 보험계약과 일체를 이루는 하나의 계약이라고 보아야 한다.
> ④ 보험약관에서 상법의 규정보다 보험계약자에게 불이익한 내용을 정한 때에는 그 약관의 효력은 상실된다(보험계약자 등의 불이익변경금지의 원칙).

28 다음 중 약관대출(또는 보험계약대출)에 관한 설명으로 옳은 것은 몇 개인가? (다툼이 있는 경우 판례에 의함) 기출 20

> - 대출은 보험계약자가 낸 지급보험료 합계액 범위 내에서 실행될 수 있다.
> - 현행 생명보험표준약관의 약관대출규정은 상법규정을 그대로 수용한 것이다.
> - 약관대출의 법적 성질은 소비대차가 아니라, 장차 지급할 보험금 등의 선급으로 본다.
> - 보험자의 약관대출금채권은 양도·입질·압류·상계의 대상이 된다.

① 1개 ② 2개
③ 3개 ④ 4개

| 해설 |

- (×) 생명보험계약의 약관에 보험계약자는 보험계약의 해약환급금의 범위 내에서 보험회사가 정한 방법에 따라 대출을 받을 수 있다.
- (×) 현행 생명보험표준약관 제33조에 약관대출규정이 있으나, 상법에는 규정이 없다.
- (○) 약관대출은 일반적인 대출과는 달리 소비대차로서의 법적 성격을 가지는 것이 아니라, 보험회사가 장차 지급하여야 할 보험금이나 해약환급금을 미리 지급하는 선급금과 같은 성격이라고 보아야 한다(다수의견).
- (×) 보험자의 약관대출금채권이 별도로 존재하지 않으므로, 양도·입질·압류·상계의 대상이 되지 않는다(다수의견).

〈자료출처〉 보험약관대출의 법적 성격에 관한 연구, 한기정, 2008

[판례] 보험금(대법원 2007.9.28., 선고, 2005다15598, 전원합의체 판결)
생명보험계약의 약관에 보험계약자는 보험계약의 해약환급금의 범위 내에서 보험회사가 정한 방법에 따라 대출을 받을 수 있고, 이에 따라 대출이 된 경우에 보험계약자는 그 대출 원리금을 언제든지 상환할 수 있으며, 만약 상환하지 아니한 동안에 보험금이나 해약환급금의 지급사유가 발생한 때에는 위 대출 원리금을 공제하고 나머지 금액만을 지급한다는 취지로 규정되어 있다면, 그와 같은 약관에 따른 대출계약은 약관상의 의무의 이행으로 행하여지는 것으로서 보험계약과 별개의 독립된 계약이 아니라 보험계약과 일체를 이루는 하나의 계약이라고 보아야 하고, 보험약관대출금의 경제적 실질은 보험회사가 장차 지급하여야 할 보험금이나 해약환급금을 미리 지급하는 선급금과 같은 성격이라고 보아야 한다. 따라서 위와 같은 약관에서 비록 '대출'이라는 용어를 사용하고 있더라도 이는 일반적인 대출과는 달리 소비대차로서의 법적 성격을 가지는 것이 아니며, 보험금이나 해약환급금에서 대출 원리금을 공제하고 지급한다는 것은 보험금이나 해약환급금의 선급금의 성격을 가지는 위 대출 원리금을 제외한 나머지 금액만을 지급한다는 의미이므로 민법상의 상계와는 성격이 다르다.

29 생명보험계약에서 보험자가 보험료적립금 반환의무를 부담하지 않게 되는 경우는? (단, 보험료적립금의 반환에 관하여 특별한 약정이 없다고 가정함) 기출 21

① 보험사고의 발생 전에 보험계약자가 보험계약을 임의 해지한 경우
② 보험계약자의 고의에 의하여 보험사고가 발생하여 보험자가 면책된 경우
③ 피보험자 또는 보험수익자의 고의에 의하여 보험사고가 발생하여 보험자가 면책된 경우
④ 고지의무위반을 이유로 보험자가 보험계약을 해지한 경우

정답 26 ③ 27 ② 28 ① 29 ②

| 해설 |

보험적립금 반환의무(상법 제736조 제1항)
제649조(사고발생 전의 임의해지), 제650조(보험료의 지급과 지체의 효과), 제651조(고지의무위반으로 인한 계약해지) 및 제652조(위험변경증가의 통지와 계약해지) 내지 제655조(계약해지와 보험금청구권)의 규정에 의하여 보험계약이 해지된 때, 제659조(보험자의 면책사유)와 제660조(전쟁위험 등으로 인한 면책)의 규정에 의하여 보험금액의 지급책임이 면제된 때에는 보험자는 보험수익자를 위하여 적립한 금액을 보험계약자에게 지급하여야 한다. 그러나 다른 약정이 없으면 상법 제659조 제1항(<u>보험사고가 보험계약자 또는 피보험자나 보험수익자의 고의 또는 중대한 과실로 인하여 생긴 때에는 보험자는 보험금액을 지급할 책임이 없다</u>)의 보험사고가 <u>보험계약자에 의하여 생긴 경우에는 보험료적립금 반환의무를 부담하지 않는다.</u>

30 상해보험계약의 보험수익자에 대한 설명으로 옳지 않은 것은? (다툼이 있는 경우 판례에 의함)

기출 16

① 보험계약자가 보험계약 체결시에 상해보험의 수익자를 '상속인'이나 '배우자' 등으로 지정한 것은 유효하다.
② 보험계약자가 보험수익자를 지정하지 않고 사망한 때에는 그 승계인이 지정·변경권을 행사할 수 있다는 약정이 없는 한 피보험자를 보험수익자로 한다.
③ 보험수익자 지정 없이 상속인이 보험수익자로 되는 경우의 보험금청구권은 상속재산을 구성하므로 피상속인의 채무변제를 위한 책임재산이 된다.
④ 보험수익자가 보험존속 중에 사망한 때에는 보험계약자는 다시 보험수익자를 지정할 수 있으나, 지정권을 행사하기 전에 보험사고가 생긴 경우에는 피보험자 또는 보험수익자의 상속인을 보험수익자로 한다.

| 해설 |

상해보험에 있어서 보험수익자가 지정되어 있지 않아 피보험자의 상속인이 보험수익자가 되는 경우에도 보험수익자인 상속인의 보험금청구권은 상속재산이 아니라, <u>상속인의 고유재산</u>이라고 보아야 할 것이다(대법원 2004.7.9., 선고, 2003다29463, 판결).
① 타인을 위한 상해보험에서 보험수익자는 그 지정행위 시점에 반드시 특정되어 있어야 하는 것은 아니고 보험사고발생시에 특정될 수 있으면 충분하므로, 보험계약자는 이름 등을 통하여 특정인을 보험수익자로 지정할 수 있음은 물론 '<u>배우자</u>' 또는 '<u>상속인</u>'과 같이 보험금을 수익할 자의 지위나 자격 등을 통하여 <u>불특정인을 보험수익자로 지정할 수도 있다</u>(대법원 2006.11.9., 선고, 2005다55817, 판결).
② 보험계약자가 지정권을 행사하지 아니하고 사망한 때에는 피보험자를 보험수익자로 하고 보험계약자가 변경권을 행사하지 아니하고 사망한 때에는 보험수익자의 권리가 확정된다. 그러나 <u>보험계약자가 사망한 경우에는 그 승계인이 권리를 행사할 수 있다는 약정이 있는 때에는 그러하지 아니하다</u>(상법 제733조 제2항).
④ 보험수익자가 보험존속 중에 사망한 때에는 보험계약자는 다시 보험수익자를 지정할 수 있다. 이 경우에 보험계약자가 지정권을 행사하지 아니하고 사망한 때에는 보험수익자의 상속인을 보험수익자로 한다. <u>보험계약자가 지정권을 행사하기 전에 보험사고가 생긴 경우에는 피보험자 또는 보험수익자의 상속인을 보험수익자로 한다</u>(상법 제733조 제3항, 제4항).

31 보험수익자의 지정 또는 변경에 관한 설명으로 옳지 않은 것은? 기출 18

① 보험수익자의 지정 또는 변경의 권리는 보험계약자에게 있다.
② 보험계약자가 보험수익자 지정권을 행사하지 아니하고 사망한 경우에는 피보험자를 보험수익자로 한다.
③ 보험계약자가 보험수익자 변경권을 행사하지 아니하고 사망한 경우에는 보험수익자의 권리가 확정된다.
④ 보험수익자가 보험존속 중에 사망한 경우에는 보험계약자는 다시 보험수익자를 지정할 수 있다. 이 경우에 보험계약자가 지정권을 행사하지 아니하고 사망한 때에는 보험계약자의 상속인을 보험수익자로 한다.

> **해설**
> 보험수익자가 보험존속 중에 사망한 때에는 보험계약자는 다시 보험수익자를 지정할 수 있다. 이 경우에 보험계약자가 지정권을 행사하지 아니하고 사망한 때에는 <u>보험수익자의 상속인을 보험수익자로 한다</u>(상법 제733조 제3항).
> ① 상법 제733조 제1항
> ②·③ 상법 제733조 제2항

32 보험수익자의 지정·변경에 관한 설명으로 옳지 않은 것은? 기출 22

① 보험수익자의 지정·변경권은 보험계약자가 자유롭게 행사할 수 있는 형성권이며, 상대방 없는 단독행위이다.
② 보험계약자가 보험수익자의 지정권을 행사하지 아니하고 사망한 경우에는 특별한 약정이 없는 한 피보험자가 보험수익자가 된다.
③ 보험계약자가 보험수익자의 지정권을 행사하기 이전에 피보험자가 사망한 경우에는 보험계약자의 상속인이 보험수익자가 된다.
④ 보험수익자가 사망한 후 보험계약자가 보험수익자를 지정하지 아니하고 사망한 경우에는 보험수익자의 상속인을 보험수익자로 한다.

> **해설**
> 보험계약자가 지정권을 행사하기 전에 보험사고가 생긴 경우에는 <u>피보험자 또는 보험수익자의 상속인을 보험수익자로 한다</u>(상법 제733조 제4항).
> ① 보험수익자의 지정·변경권은 보험자의 동의를 요하지 않고 보험계약자의 일방적 의사표시만 있으면 되므로 <u>형성권이며, 단독행위이다</u>(대법원 2020.2.27., 선고, 2019다204869, 판결).
> ② 상법 제733조 제2항
> ④ 상법 제733조 제3항

33 생명보험계약상 보험계약자의 보험수익자 지정·변경권을 설명한 것으로 옳지 않은 것은? (다툼이 있는 경우 판례에 의함) 기출 19

① 보험수익자는 그 지정행위 시점에 반드시 특정되어 있어야 하는 것은 아니고 보험사고발생시에 특정될 수 있으면 충분하다.
② 사망보험에서 보험수익자를 지정 또는 변경하는 경우 타인의 서면동의를 받지 않으면, 해당 보험계약은 무효가 된다.
③ 보험수익자가 보험존속 중 사망한 때에 보험계약자는 다시 보험수익자를 지정할 수 있지만, 피보험자가 사망하면 재지정권을 행사할 수 없다.
④ 보험계약자가 타인을 피보험자로 하고 자신을 보험수익자로 지정한 상태에서 보험존속 중 보험수익자가 사망한 경우 보험수익자의 상속인이 보험수익자로 된다.

|해설|

타인의 사망보험에서 보험수익자를 지정 또는 변경하는 경우 타인의 서면동의를 받지 않으면, 해당 보험계약이 무효가 되는 것이 아니라 보험수익자 지정행위만 무효가 된다.

[판례] 울산지방법원 2014.9.4., 선고, 2013가합4186, 판결
보험계약자가 계약 체결 후에 보험수익자를 지정 또는 변경할 때, 그것이 타인의 사망을 보험사고로 하는 보험계약인 때에는 피보험자의 서면에 의한 동의를 얻어야 하고(상법 제734조 제2항, 제1항, 제731조 제1항), 이는 상해보험에도 준용된다(상법 제739조). 그런데, 상법 제731조 제1항을 강행규정으로 보는 근거들은(대법원 2003.7.22., 선고, 2003다24451, 판결) 위 조항을 준용하는 타인의 사망을 보험사고로 하는 보험계약의 보험수익자 변경시에도 공통하여 고려되어야 하는 내용들이라서 그 경우에 피보험자의 서면동의를 얻도록 하는 위 조항들 역시 모두 강행규정이라고 볼 것이다. 그러므로 이러한 동의 없이 이루어진 보험수익자 변경은 무효이다.

① 타인을 위한 상해보험에서 보험수익자는 그 지정행위 시점에 반드시 특정되어 있어야 하는 것은 아니고 보험사고발생시에 특정될 수 있으면 충분하므로, 보험계약자는 이름 등을 통하여 특정인을 보험수익자로 지정할 수 있음은 물론 '배우자' 또는 '상속인'과 같이 보험금을 수익할 자의 지위나 자격 등을 통하여 불특정인을 보험수익자로 지정할 수도 있고, 후자와 같이 보험수익자를 추상적 또는 유동적으로 지정한 경우에 보험계약자의 의사를 합리적으로 추측하여 보험사고발생시 보험수익자를 특정할 수 있다면 그러한 지정행위는 유효하다(대법원 2006.11.9., 선고, 2005다55817, 판결).
③ 상법 제733조 제3항
④ 상법 제733조 제4항

34 보험수익자의 지정·변경권에 관한 설명으로 옳은 것은? 기출 23

① 보험계약자가 보험수익자를 지정·변경하는 것은 반드시 서면에 의하여야 한다.
② 보험계약자가 보험수익자 지정권을 행사하지 않고 사망한 경우에는 피보험자를 보험수익자로 한다.
③ 보험계약자가 수익자를 지정한 후에 변경권을 행사하지 않고 사망한 경우에는 보험계약자의 상속인이 보험수익자가 된다.
④ 보험존속 중 지정된 보험수익자가 사망하는 경우 보험계약자는 보험수익자를 재지정할 수 있는데, 이 경우 보험계약자가 지정권을 행사하지 않고 사망한 경우에는 보험계약자의 상속인을 보험수익자로 한다.

> |해설|
> ②·③ 보험계약자가 보험수익자의 지정권을 행사하지 아니하고 사망한 때에는 피보험자를 보험수익자로 하고, 보험계약자가 보험수익자의 변경권을 행사하지 아니하고 사망한 때에는 보험수익자의 권리가 확정된다. 그러나 보험계약자가 사망한 경우에는 그 승계인이 보험수익자의 권리를 행사할 수 있다는 약정이 있는 때에는 그러하지 아니하다(상법 제733조 제2항).
> ① 보험수익자의 지정·변경의 방법에 대하여 제한이 없으므로 서면에 의하든 구두로 하든 관계없다. 보험수익자의 지정·변경권은 보험자의 동의를 요하지 않고 보험계약자의 일방적 의사표시만 있으면 되므로 형성권이며 단독행위이다. 보험수익자 변경은 상대방 없는 단독행위이며, 보험수익자 변경의 의사표시가 객관적으로 확인되는 이상 그러한 의사표시가 보험자나 보험수익자에게 도달하지 않았다고 하더라도 보험수익자 변경의 효과는 발생한다(대법원 2020.2.27., 선고, 2019다204869, 판결).
> ④ 보험수익자가 보험존속 중에 사망한 때에는 보험계약자는 다시 보험수익자를 지정할 수 있다. 이 경우에 보험계약자가 지정권을 행사하지 아니하고 사망한 때에는 보험수익자의 상속인을 보험수익자로 한다(상법 제733조 제3항).

35 상법상 보험수익자의 지정·변경에 관한 설명으로 옳지 않은 것은? 기출 20

① 보험계약자는 보험수익자 지정 또는 변경할 권리를 가지고, 이 권리는 형성권으로서 보험자의 동의를 요하지 않는다.
② 사망보험에서 보험수익자를 지정 또는 변경할 때에는 보험자에게 통지하지 않으면 이로써 보험자에게 대항하지 못하고, 피보험자의 서면동의를 얻어야 한다.
③ 보험계약자가 보험수익자를 지정하고 변경권을 행사하지 않은 채 사망하면 특별한 약정이 없는 한 보험수익자의 권리가 확정된다.
④ 보험수익자가 보험존속 중에 사망한 때에는 보험수익자의 상속인이 보험수익자로 확정되며, 이때에 보험수익자의 상속인의 지위는 승계취득이 아니라 원시취득이다.

정답 33 ② 34 ② 35 ④

| 해설 |

보험수익자가 보험존속 중에 사망한 때에는 보험수익자의 상속인이 보험수익자로 바로 확정되는 것이 아니라, 보험계약자가 다시 보험수익자를 지정할 수 있으며, 이 경우에 보험계약자가 지정권을 행사하지 아니하고 사망한 때에 보험수익자의 상속인을 보험수익자로 한다(상법 제733조 제3항).
① 보험계약자는 보험자의 동의를 요하지 않고 자유로이 보험수익자를 지정 또는 변경할 수 있으므로, 이 권리는 일종의 형성권으로서 단독행위이다.
② 보험계약자가 계약 체결 후에 보험수익자를 지정 또는 변경할 때에는 보험자에 대하여 그 통지를 하지 아니하면 이로써 보험자에게 대항하지 못하며, 타인의 사망보험에서 피보험자의 서면동의를 얻어야 한다(상법 제734조 제1항, 제2항).
③ 보험계약자가 지정권을 행사하지 아니하고 사망한 때에는 피보험자를 보험수익자로 하고 보험계약자가 변경권을 행사하지 아니하고 사망한 때에는 보험수익자의 권리가 확정된다(상법 제733조 제2항).

36 보험수익자 지정·변경에 관한 설명으로 옳지 않은 것은? (다툼이 있는 경우 판례에 의함)

기출 21

① 보험계약자가 보험수익자를 지정하는 경우에 지정시점에 보험수익자가 특정되어야 하는 것은 아니고, 보험사고발생 당시에 특정될 수 있는 것으로 충분하다.
② 보험계약자는 특정인을 지정할 수 있을 뿐만 아니라, 불특정인을 지정할 수도 있다.
③ 보험수익자 변경권은 형성권으로서 보험계약자가 보험자나 보험수익자의 동의를 받지 않고 자유로이 행사 할 수 있고, 그 행사에 의해 변경의 효력이 즉시 발생한다.
④ 보험수익자 변경행위는 상대방 있는 단독행위이므로, 보험수익자 변경의 의사표시가 보험자에게 도달하여야 보험수익자 변경의 효과는 발생한다.

| 해설 |

③·④ 보험계약자는 보험수익자를 변경할 권리가 있다(상법 제733조 제1항). 이러한 보험수익자 변경권은 형성권으로서 보험계약자가 보험자나 보험수익자의 동의를 받지 않고 자유로이 행사할 수 있고, 그 행사에 의해 변경의 효력이 즉시 발생한다. 다만, 보험계약자는 보험수익자를 변경한 후 보험자에 대하여 이를 통지하지 않으면 보험자에게 대항할 수 없다(상법 제734조 제1항). 이와 같은 보험수익자 변경권의 법적 성질과 상법 규정의 해석에 비추어 보면, 보험수익자 변경은 상대방 없는 단독행위라고 봄이 타당하므로, 보험수익자 변경의 의사표시가 객관적으로 확인되는 이상 그러한 의사표시가 보험자나 보험수익자에게 도달하지 않았다고 하더라도 보험수익자 변경의 효과는 발생한다(대법원 2020.2.27., 선고, 2019다204869, 판결).
①·② 보험계약자는 자유롭게 특정 또는 불특정의 타인을 보험수익자로 지정할 수 있다. 보험수익자는 그 지정행위 시점에 반드시 특정되어야 하는 것은 아니고, 보험사고발생시에 특정될 수 있으면 충분하므로, 보험계약자는 이름 등을 통해 특정인을 보험수익자로 지정할 수 있음은 물론 배우자 또는 상속인과 같이 보험금을 수익할 자의 지위나 자격 등을 통해 불특정인을 보험수익자로 지정할 수 있다(대법원 2006.11.9., 선고, 2005다55817, 판결).

37 보험수익자의 지정·변경에 관한 설명 중 틀린 것은? 기출 14

① 보험계약자가 보험수익자의 지정권을 행사하지 아니하고 사망한 때에는 보험계약자의 승계인이 그 지정권을 행사할 수 있다는 약정이 없는 한, 피보험자를 보험수익자로 한다.
② 보험기간 중에 보험수익자가 먼저 사망하고, 그 후에 보험계약자가 보험수익자의 지정권을 행사하기 전에 피보험자가 사망한 경우에는 피보험자의 상속인을 보험수익자로 한다.
③ 보험기간 중에 보험수익자가 먼저 사망하고, 그 후에 보험계약자가 보험수익자의 지정권을 행사하지 않고 사망한 경우에는 보험수익자의 상속인을 보험수익자로 한다.
④ 보험계약자가 계약 체결 후에 보험수익자를 지정 또는 변경하고, 이를 보험자에 대하여 통지하지 않은 경우에는 그 지정 또는 변경된 보험수익자는 보험자에 대해서는 자신이 보험수익자임을 주장할 수 없지만, 보험계약자나 종전의 보험수익자에 대해서는 자신이 보험수익자임을 주장할 수 있다.

> **해설**
> 보험수익자가 보험존속 중에 사망한 때에는 보험계약자는 다시 보험수익자를 지정할 수 있다. 이 경우에 보험계약자가 지정권을 행사하지 아니하고 사망한 때에는 <u>보험수익자의 상속인</u>을 보험수익자로 한다(상법 제733조 제3항).

38 甲은 남편 乙을 피보험자로, 아들 丙을 보험수익자로 하는 생명보험계약을 보험자와 체결하였다. 이 보험계약의 보험수익자에 관한 설명으로 옳지 않은 것은? (다른 약정이나 가정은 전제하지 않고, 상법 제733조만 적용함) 기출 24

① 甲이 丙을 보험수익자로 지정하고 변경권을 행사하지 아니하고 사망하면 丙의 보험수익자로서의 권리가 확정된다.
② 丙이 보험존속 중에 사망하고, 甲이 재지정권을 행사하지 아니하고 사망하면 丙의 상속인이 보험수익자가 된다.
③ 丙이 보험존속 중에 사망한 때에는 丙의 상속인이 보험수익자가 된다.
④ 丙이 보험존속 중에 사망하고 甲이 재지정권을 행사하기 전에 乙이 사망한 경우에는 丙의 상속인이 보험수익자가 된다.

> **해설**
> 보험수익자(丙)가 보험존속 중에 사망한 때에는 보험계약자(甲)는 다시 보험수익자(丙)를 지정할 수 있다. 이 경우에 <u>보험계약자(甲)가 지정권을 행사하지 아니하고 사망한 때에는 보험수익자(丙)의 상속인을 보험수익자로 한다</u>(상법 제733조 제3항).
> ① 상법 제733조 제2항
> ② 상법 제733조 제3항
> ④ 상법 제733조 제4항

39 甲은 乙을 피보험자로, 丙과 丁을 보험수익자로 지정하여 보험회사와 생명보험계약을 체결하였다. 다음 설명 중 옳지 않은 것은? (다툼이 있는 경우 판례에 의함) 기출 22

① 甲이 처음부터 乙을 살해할 목적으로 보험계약을 체결한 후 乙을 살해하였을 경우 보험회사는 보험금 지급의무가 없다.
② 丙이 고의로 乙을 살해한 경우 丙과 丁은 보험금을 지급받을 수 없다.
③ 생명보험표준약관에 따르면 乙이 보험계약의 보장개시일로부터 2년이 경과한 이후에 자살한 경우 丙과 丁은 보험금을 지급받을 수 있다.
④ 乙이 甲과 부부싸움 중 극도의 흥분되고 불안한 정신적 공황상태에서 베란다 밖으로 몸을 던져 사망한 경우 丙과 丁은 보험금을 지급받을 수 있다.

| 해설 |

상속인인 수 인의 보험수익자 중 1인(丙)이 피보험자(乙)를 고의 살해하였다고 할지라도 나머지 보험수익자(丁)에 대해서는 보험자의 보험금 지급책임이 면책되지 않는다(상법 제732조의2 제2항, 생명보험표준약관 제5조 제2호 단서). 즉 丁은 보험금을 지급받을 수 있다.
① 보험계약자(甲)가 처음부터 피보험자(乙)를 살해할 목적으로 보험계약을 체결한 후 피보험자(乙)를 살해하였을 경우 반사회적인 범죄행위로서 당연히 보험자는 면책된다. 다만, 보험계약자의 중대한 과실로 인하여 발생한 경우에 보험자는 면책되지 않는다(상법 제732조의2 제1항).
③ 피보험자(乙)가 보험계약의 보장개시일로부터 2년이 경과한 이후에 자살한 경우 보험수익자 丙과 丁은 보험금을 지급받을 수 있다(생명보험표준약관 제5조 제1호 나목).
④ 피보험자(乙)가 보험계약자(甲)와 부부싸움 중 극도의 흥분되고 불안한 정신적 공황상태에서 베란다 밖으로 몸을 던져 사망한 경우 그 사망은 피보험자의 고의에 의하지 않은 우발적인 사고로서 보험사고인 사망에 해당하므로 보험수익자 丙과 丁은 보험금을 지급받을 수 있다(대법원 2015.6.23., 선고, 2015다5378, 판결).

40 甲은 보험회사와 자신을 피보험자로 하는 사망보험계약을 체결하였다. 보험계약 당시 甲은 보험수익자란에 단순히 '법정상속인'으로만 기재하였다. 甲에게는 배우자 乙과 미성년의 자녀 丙이 있다. 다음의 각 경우 상법에 따른 보험수익자의 결정방법으로 틀린 것은? (다툼이 있는 경우 판례에 따름) 기출 15

① 甲은 자신의 사망 전에는 언제라도 보험수익자를 특정인으로 지정하거나 변경할 수 있다.
② 甲이 乙과 이혼하였으나 보험수익자를 변경하지 않고 있던 중 사망하였다면, 보험계약 체결 시 보험수익자의 지위가 확정되므로 보험자는 乙과 丙을 보험수익자로 보고 보험금 지급 사무를 처리하여야 한다.
③ 그 후 甲은 보험자에게 통지하고 乙을 보험수익자로 특정하였으나, 보험기간 중에 甲과 乙이 비행기 사고로 동시에 사망한 경우라면 보험수익자의 상속인인 丙이 보험수익자가 된다.
④ 그 후 甲이 보험수익자를 제3자로 지정하였으나, 이를 보험자에게 통지하지 않았다면, 甲의 법정상속인을 보험수익자로 보고 보험금을 지급한 보험자에게 대항하지 못한다.

| 해설 |
보험계약자가 지정권을 행사하지 아니하고 사망한 때에는 피보험자를 보험수익자로 하고, 보험계약자가 변경권을 행사하지 아니하고 사망한 때에는 보험수익자의 권리가 확정된다(상법 제733조 제2항).
사망보험계약 당시 보험수익자란에 단순히 '법정상속인'으로만 기재하였다면, 甲이 乙과 이혼하였으므로, 甲의 법정상속인은 자녀 丙이 된다. 그런데 자녀 丙은 미성년자이므로 乙이 자녀의 친권자로서 이를 대리하게 된다.

> **TIP** 사망보험금의 법정상속인 순위
> 피보험자 사망시 수익자 지정하지 않고 '법정상속인'으로 되어 있을 경우 상속순위는 다음과 같다.
> • 제1순위 : 배우자(법률상 배우자에 한함)와 직계비속(자녀)
> • 제2순위 : 직계비속이 없는 경우 배우자와 직계존속(부모)
> • 제3순위 : 직계존·비속 모두 없으면 배우자 단독상속
> • 제4순위 : 배우자도 없으면 피보험자의 형제, 자매
> • 제5순위 : 형제자매도 없다면 피보험자의 4촌 이내의 방계혈족

41 甲은 배우자 乙을 피보험자로, 피보험자의 법정상속인을 보험수익자로 지정한 생명보험계약을 체결하였다. 다음의 설명 중 옳지 않은 것은? [기출 19]

① 甲이 乙의 서면동의 없이 생전증여의 대용수단으로 '법정상속인'을 보험수익자로 한 생명보험계약의 체결은 무효이다.
② 甲은 보험존속 중에 보험수익자를 변경할 수 있다.
③ 법정상속인 중 1인의 고의로 피보험자 乙이 사망한 경우에 보험자는 다른 법정상속인(수익자)에게 보험금 지급을 거부할 수 있다.
④ 甲이 보험사고발생 전에 보험수익자를 법정상속인이 아닌 제3자로 변경하였으나, 이를 보험자에게 통지하지 아니하였다면 보험자가 법정상속인에게 보험금을 지급하였다 하더라도 보험계약자는 보험자에 대하여 대항하지 못한다.

| 해설 |
둘 이상의 보험수익자 중 일부가 고의로 피보험자를 사망하게 한 경우 보험자는 다른 보험수익자에 대한 보험금 지급 책임을 면하지 못한다(상법 제732조의2 제2항). 즉 <u>다른 법정상속인인 보험수익자에게 보험금 지급을 거부할 수 없다.</u>
① 상법 제731조 제1항에 의하면 타인의 생명보험에서 피보험자가 서면으로 동의의 의사표시를 하여야 하는 시점은 '보험계약 체결시까지'이고, 이는 강행규정으로서 이에 위반한 보험계약은 무효이다.
② 상법 제733조 제1항
④ 상법 제734조 제1항

42 甲은 배우자 乙을 피보험자로, '상속인'을 보험수익자로 하여 보험자 丙과 생명보험계약을 체결하였다. 그 후 甲은 乙을 살해하였다. 이 경우에 관한 설명 중 옳은 것은? (다툼이 있는 경우 판례에 의함) 기출 20

① 甲이 보험수익자를 '상속인'과 같이 추상적으로 지정하는 경우에는 보험수익자의 보험금청구권은 상속재산이나, 상속인 중 일부를 구체적으로 성명을 특정하여 지정하는 경우에는 고유재산이 된다.
② 丙은 甲을 포함한 모든 상속인에게 보험금 전액을 지급하여야 한다.
③ 丙은 지급보험금의 범위 내에서 甲에 대하여 보험대위를 행사할 수 있다.
④ 丙은 甲을 제외한 나머지 상속인에 대한 보험금 지급책임을 면하지 못한다.

| 해설 |

②·④ 보험사고가 보험계약자 또는 피보험자나 보험수익자의 고의 또는 중대한 과실로 인하여 생긴 때에는 보험자는 보험금액을 지급할 책임이 없다(상법 제659조 제1항). 그러나 사망을 보험사고로 한 보험계약에서는 사고가 보험계약자 또는 피보험자나 보험수익자의 중대한 과실로 인하여 발생한 경우에도 보험자는 보험금을 지급할 책임을 면하지 못한다(상법 제732조의2 제1항). 이는 중과실 여부에 대한 입증이 곤란하므로 보험수익자의 이익을 보호하기 위하여 고의로 인한 보험사고만을 면책사유로 한 것이다. 또한, 둘 이상의 보험수익자 중 일부가 고의로 피보험자를 사망하게 한 경우 보험자는 다른 보험수익자에 대한 보험금 지급책임을 면하지 못한다(상법 제732조의2 제2항)고 규정하고 있는데 이는 피보험자의 사망과 관계없는 다른 보험수익자에 대해서는 보험자의 보험금 지급책임을 인정한 것이다.
① 보험수익자의 지정에 관한 상법 제733조는 상법 제739조에 의하여 상해보험에도 준용되므로, 결국 상해의 결과로 사망한 때에 사망보험금이 지급되는 상해보험에 있어서 보험수익자가 지정되어 있지 않아 위 법률규정에 의하여 피보험자의 상속인이 보험수익자가 되는 경우에도 보험수익자인 상속인의 보험금청구권은 상속재산이 아니라, 상속인의 고유재산으로 보아야 한다(대법원 2004.7.9., 선고, 2003다29463, 판결).
③ 생명보험계약에서 보험자는 보험사고로 인하여 생긴 보험계약자 또는 보험수익자의 제3자에 대한 권리를 대위하여 행사하지 못한다(상법 제729조). 즉 甲에 대하여 보험대위를 행사할 수 없다.

43 동일인이 다수의 보험계약을 체결한 경우에 관한 설명으로 옳지 않은 것은? (다툼이 있는 경우 판례에 의함) 기출 20

① 보험계약자가 다수의 보험계약을 통하여 보험금을 부정 취득할 목적으로 생명보험계약을 체결하였다면 선량한 풍속 기타 사회질서에 반하여 무효이다.
② 보험자가 생명보험계약을 체결하면서 다른 보험계약의 존재 여부를 청약서에 기재하여 질문하였다 하더라도 다른 보험계약의 존재 여부 등 계약적 위험은 고지의무의 대상이 아니다.
③ 손해보험계약에 있어서 동일한 보험계약의 목적과 동일한 사고에 관하여 수 개의 보험계약을 체결하는 경우에 보험계약자는 각 보험자에 대하여 각 보험계약의 내용을 통지하여야 한다.
④ 손해보험계약에 있어서 중복보험계약을 체결한 사실은 고지의무의 대상인 중요한 사항에 해당되지 않는다.

> **해설**
>
> 보험자가 생명보험계약을 체결함에 있어 다른 보험계약의 존재 여부를 청약서에 기재하여 질문하였다면 이는 그러한 사정을 보험계약을 체결할 것인지의 여부에 관한 판단자료로 삼겠다는 의사를 명백히 한 것으로 볼 수 있고, 그러한 경우에는 다른 보험계약의 존재 여부가 고지의무의 대상이 된다고 할 것이다. 그러나 그러한 경우에도 보험자가 다른 보험계약의 존재 여부에 관한 고지의무위반을 이유로 보험계약을 해지하기 위하여는 보험계약자 또는 피보험자가 그러한 사항에 관한 고지의무의 존재와 다른 보험계약의 존재에 관하여 이를 알고도 고의로 또는 중대한 과실로 인하여 이를 알지 못하여 고지의무를 다하지 않은 사실이 입증되어야 할 것이다(대법원 2001.11.27., 선고, 99다33311, 판결).
>
> ① 보험계약자가 다수의 보험계약을 통하여 보험금을 부정 취득할 목적으로 보험계약을 체결한 경우, 이러한 목적으로 체결된 보험계약에 의하여 보험금을 지급하게 하는 것은 보험계약을 악용하여 부정한 이득을 얻고자 하는 사행심을 조장함으로써 사회적 상당성을 일탈하게 될 뿐만 아니라, 합리적인 위험의 분산이라는 보험제도의 목적을 해치고 위험발생의 우발성을 파괴하며 다수의 선량한 보험가입자들의 희생을 초래하여 보험제도의 근간을 해치게 되므로, 이와 같은 보험계약은 민법 제103조 소정의 선량한 풍속 기타 사회질서에 반하여 무효라고 할 것이다(대법원 2018.9.13., 선고, 2016다255125, 판결).
> ③ 손해보험계약에 있어서 동일한 보험계약의 목적과 동일한 사고에 관하여 수 개의 보험계약을 체결하는 경우에 보험계약자는 각 보험자에 대하여 각 보험계약의 내용을 통지하여야 한다(상법 제672조 제2항).
> ④ 상법 제672조 제2항에서 손해보험에 있어서 동일한 보험계약의 목적과 동일한 사고에 관하여 수 개의 보험계약을 체결하는 경우에는 보험계약자는 각 보험자에 대하여 각 보험계약의 내용을 통지하도록 규정하고 있으므로, 이미 보험계약을 체결한 보험계약자가 동일한 보험목적 및 보험사고에 관하여 다른 보험계약을 체결하는 경우 기존의 보험계약에 관하여 고지할 의무가 있다고 할 것이나, 손해보험에 있어서 위와 같이 보험계약자에게 다수의 보험계약의 체결 사실에 관하여 고지 및 통지하도록 규정하는 취지는, 손해보험에서 중복보험의 경우에 연대비례보상주의를 규정하고 있는 상법 제672조 제1항과 사기로 인한 중복보험을 무효로 규정하고 있는 상법 제672조 제3항, 제669조 제4항의 규정에 비추어 볼 때, 부당한 이득을 얻기 위한 사기에 의한 보험계약의 체결을 사전에 방지하고 보험자로 하여금 보험사고발생시 손해의 조사 또는 책임의 범위의 결정을 다른 보험자와 공동으로 할 수 있도록 하기 위한 것일 뿐, 보험사고발생의 위험을 측정하여 계약을 체결할 것인지 또는 어떤 조건으로 체결할 것인지 판단할 수 있는 자료를 제공하기 위한 것이라고 볼 수는 없으므로 중복보험을 체결한 사실은 상법 제651조의 고지의무의 대상이 되는 중요한 사항에 해당되지 아니한다(대법원 2003.11.13., 선고, 2001다49623, 판결).

44 타인을 위한 생명보험계약에 관한 설명으로 옳지 않은 것은? (다툼이 있는 경우 판례에 의함)

기출 22

① 타인을 위한 생명보험계약은 보험계약자가 생명보험계약을 체결하면서 자기 이외의 제3자를 보험수익자로 지정한 계약을 말한다.
② 보험수익자를 수 인의 상속인으로 지정한 경우 각 상속인은 균등한 비율에 따라 보험금청구권을 가진다.
③ 보험수익자를 상속인으로 지정한 경우 그 보험금청구권은 상속인의 고유재산에 속하게 된다.
④ 보험수익자를 상속인으로 기재하였다면 그 상속인이란 피보험자의 민법상 법정상속인을 의미한다.

정답 42 ④　43 ②　44 ②

| 해설 |

상해의 결과로 피보험자가 사망한 때에 사망보험금이 지급되는 상해보험에서 보험계약자가 보험수익자를 단지 피보험자의 '법정상속인'이라고만 지정한 경우, 특별한 사정이 없는 한 그와 같은 지정에는 장차 상속인이 취득할 보험금청구권의 비율을 상속분에 의하도록 하는 취지가 포함되어 있다고 해석함이 타당하다. 따라서 보험수익자인 상속인이 여러 명인 경우, 각 상속인은 특별한 사정이 없는 한 자신의 상속분에 상응하는 범위 내에서 보험자에 대하여 보험금을 청구할 수 있다[대법원 2017.12.22., 선고, 2015다236820(본소), 2015다236837(반소), 판결].

① 타인을 위한 생명보험계약은 보험계약자가 생명보험계약을 체결하면서 자기 이외의 제3자를 보험수익자로 지정한 계약을 말하며, 보험계약자와 보험수익자가 서로 다르다는 특징이 있다.
③ 보험수익자의 지정에 관한 상법 제733조는 상법 제739조에 의하여 상해보험에도 준용되므로, 결국 상해의 결과로 사망한 때에 사망보험금이 지급되는 상해보험에 있어서 보험수익자가 지정되어 있지 않아 위 법률규정에 의하여 피보험자의 상속인이 보험수익자가 되는 경우에도 보험수익자인 상속인의 보험금청구권은 상속재산이 아니라, 상속인의 고유재산으로 보아야 한다(대법원 2004.7.9., 선고, 2003다29463, 판결).
④ 별도로 보험수익자를 지정하지 않는 경우 보험수익자는 피보험자의 법정상속인으로 한다. 법정상속인이라 함은 피상속인의 사망에 의하여 민법에서 정한 상속의 순위(1순위 : 피상속인의 직계비속·배우자, 2순위 : 피상속인의 직계존속·배우자, 3순위 : 피상속인의 형제자매, 4순위 : 피상속인의 4촌 이내의 방계혈족)에 따라 상속받는 자를 말한다.

45 타인의 사망보험계약에 대한 설명으로 옳은 것은? (다툼이 있는 경우 판례에 의함) 기출 16

① 피보험자가 보험계약 체결시 서면동의를 하면서 앞으로 1주일 이내에 체결되는 사망보험계약에 한하여 동의한다고 기재한 경우, 그 기간 내의 사망보험계약에 대하여는 따로 동의가 필요 없다.
② 청약시 피보험자가 휴대전화를 걸어와 동의한 후 보험계약 체결 다음날에 건강진단서를 제출하는 등 동의의사를 확실히 확인할 수 있는 때에는 동의로 인정된다.
③ 보험설계사가 서면동의에 대하여 설명하지 아니하여, 서면동의 없이 체결된 계약이라면 동의요건은 계약의 내용에 편입되지 않으므로 보험사고발생시에 보험금을 지급하여야 한다.
④ 피보험자는 그가 동의할 때 기초로 한 사정에 중대한 변경이 있는 경우에는 보험계약자가 승낙하지 않는 때에도 동의를 철회할 수 있다.

| 해설 |

상법 제731조, 제734조 제2항의 취지에 비추어 보면, 보험계약자가 피보험자의 서면동의를 얻어 타인의 사망을 보험사고로 하는 보험계약을 체결함으로써 보험계약의 효력이 생긴 경우, 피보험자의 동의 철회에 관하여 보험약관에 아무런 규정이 없고 계약 당사자 사이에 별도의 합의가 없었다고 하더라도, 피보험자가 서면동의를 할 때 기초로 한 사정에 중대한 변경이 있는 경우에는 보험계약자 또는 보험수익자의 동의나 승낙 여부에 관계없이 피보험자는 그 동의를 철회할 수 있다(대법원 2013.11.14., 선고, 2011다101520, 판결).
① 피보험자인 타인의 동의는 각 보험계약에 대하여 개별적으로 서면에 의하여 이루어져야 하며, 포괄적인 동의 또는 묵시적이거나 추정적 동의만으로는 부족하다(대법원 2003.7.22., 선고, 2003다24451, 판결).
② 우리 상법은 서면에 의한 동의를 요구하고 있으므로(상법 제731조 제1항), 구두 또는 묵시적인 동의는 인정되지 않으며, 서면에 의한 명시적인 동의만이 그 효력이 있다.
③ 타인의 사망보험에서 피보험자의 동의는 그 보험계약에 이의가 없는 것을 표현하는 피보험자의 의사표시이고, 그 법적 성질은 준법률행위이다. 이것은 당사자 사이의 특약으로도 배제할 수 없는 강행법적 성질을 가진다. 따라서 동의요건은 계약의 내용에 편입된다.

46 타인의 생명보험에서 피보험자의 동의와 관련된 내용으로 옳지 않은 것은?

① 타인의 사망보험에서는 타인의 서면에 의한 동의가 필요하다.
② 피보험자의 동의를 얻어 성립된 보험계약상의 권리, 즉 보험금청구권의 양도에는 피보험자의 동의가 요구된다.
③ 피보험자의 동의를 얻어 성립된 보험계약에서 사고발생 후에 보험금청구권의 양도시에도 피보험자의 동의가 필요하다.
④ 보험계약의 체결 후 보험수익자를 지정·변경한 때에도 피보험자의 동의가 필요하다.

| 해설 |

피보험자의 동의를 요하는 경우
- **보험계약의 체결시** : 타인의 사망보험에서는 타인의 서면에 의한 동의가 필요하다. 사망보험에는 생존보험이 포함되지 않는다. 그러므로 생존보험에서는 타인의 동의가 불필요하다.
- **보험금청구권의 양도시** : 피보험자의 동의를 얻어 성립된 보험계약상의 권리, 즉 보험금청구권의 양도에는 피보험자의 동의가 요구된다. 해지환급금 등 보험료적립금 등을 양도한 경우에도 피보험자의 동의가 필요하다는 판례가 있다. 사고발생 후에 보험금청구권의 양도에는 동의가 필요하지 않다.
- **보험수익자의 지정·변경시** : 타인의 사망보험계약에서 보험기간 중 보험계약자가 피보험자 이외의 자를 보험수익자로 지정하는 경우, 피보험자와 보험수익자가 동일인이기 때문에 본래 동의를 필요로 하지 않는 경우에도 보험계약자가 피보험자가 아닌 다른 자로 보험수익자를 변경한 경우, 제3자가 보험수익자로 되어 있는 보험계약을 피보험자가 아닌 다른 제3자로 보험수익자를 변경한 경우 동의가 필요하다.

47 타인의 생명보험과 피보험자의 동의에 관한 설명으로 옳지 않은 것은? 기출 23

① 타인의 생명보험이란 보험계약자가 제3자를 피보험자로 하여 체결한 생명보험계약이다.
② 타인의 생명보험계약이 성립한 후 보험수익자를 새롭게 지정·변경하려면 피보험자의 동의가 필요하다.
③ 타인의 생명보험에서 피보험자의 동의방식으로는 서면동의 외에도 전자서명법 및 동법 시행령에 따른 전자서명이나 전자문서도 포함된다.
④ 피보험자의 동의를 얻어 성립된 보험계약으로 인한 권리를 피보험자가 아닌 제3자에게 양도하는 경우에는 피보험자의 동의가 필요 없다.

| 해설 |

타인의 사망을 보험사고로 하는 보험계약에는 보험계약 체결시에 그 타인의 서면에 의한 동의를 얻어야 한다. 보험계약으로 인하여 생긴 권리를 피보험자가 아닌 자에게 양도하는 경우에도 같다(상법 제731조 제1항, 제2항). 즉 피보험자의 동의를 얻어야 한다.
① 생명보험계약에서 보험계약의 당사자인 보험계약자가 자기 이외의 제3자를 피보험자로 하는 보험을 '타인의 생명보험'이라 한다.
② 타인의 사망보험계약을 체결한 후 보험계약자가 보험수익자를 지정·변경하는 경우에도 피보험자를 보험수익자로 하지 않는 한 피보험자의 동의를 얻어야 한다(상법 제734조 제2항).
③ 타인의 사망을 보험사고로 하는 보험계약에는 보험계약 체결시에 그 타인의 서면(「전자서명법」 제2조 제2호에 따른 전자서명이 있는 경우로서 대통령령으로 정하는 바에 따라 본인 확인 및 위조·변조 방지에 대한 신뢰성을 갖춘 전자문서를 포함한다)에 의한 동의를 얻어야 한다(상법 제731조 제1항).

48 타인의 사망보험계약에 대한 설명으로 옳지 않은 것은? (다툼이 있는 경우 판례에 의함)

기출 20

① 타인의 사망을 보험사고로 하는 보험계약에는 보험계약 체결시에 그 타인의 서면에 의한 동의를 얻어야 하나, 단체보험의 경우에는 일정한 경우에 타인의 개별적 서면동의를 요하지 아니한다.
② 타인의 사망보험계약 체결시 청약서상에 보험모집인이 피보험자의 서명을 대신한 경우에 이 보험계약은 무효이다.
③ 피보험자의 서면동의 없는 사망보험계약은 무효이지만, 무효인 보험계약도 피보험자가 추인하면 소급하여 효력이 인정된다.
④ 타인의 동의는 각 보험계약에 개별적으로 서면에 의하여야 하고, 포괄적 동의 또는 묵시적이거나 추정적 동의만으로는 부족하다.

| 해설 |

상법 제731조 제1항에 의하면 타인의 생명보험에서 피보험자가 서면으로 동의의 의사표시를 하여야 하는 시점은 '보험계약 체결시까지'이고, 이는 강행규정으로서 이에 위반한 보험계약은 무효이므로, 타인의 생명보험계약 성립 당시 피보험자의 서면동의가 없다면 그 보험계약은 확정적으로 무효가 되고, 피보험자가 이미 무효가 된 보험계약을 추인하였다고 하더라도 그 보험계약이 유효로 될 수는 없다(대법원 2006.9.22., 선고, 2004다56677, 판결).

① 타인의 사망을 보험사고로 하는 보험계약에는 보험계약 체결시에 그 타인의 서면에 의한 동의를 얻어야 하지만(상법 제731조 제1항), 단체가 규약에 따라 구성원의 전부 또는 일부를 피보험자로 하는 생명보험계약을 체결하는 경우에는 상법 제731조를 적용하지 아니한다(상법 제735조의3).
② 타인의 사망을 보험사고로 하는 보험계약을 체결할 당시 보험모집인이 그 타인의 서면에 의한 동의를 얻어야 하는 사실을 모르고 보험계약자에게 이를 고지하지 아니하였고, 또한 피보험자의 동의를 얻었다는 보험계약자의 말만 믿고 임의로 피보험자 동의란에 서명을 대신 하였으며, 영업소장 역시 그 사실을 알고도 방치한 경우 이 보험계약은 무효이다(대법원 1998.11.27., 선고, 98다23690, 판결).
④ 상법 제731조 제1항이 타인의 사망을 보험사고로 하는 보험계약의 체결시 그 타인의 서면동의를 얻도록 규정한 것은 동의의 시기와 방식을 명확히 함으로써 분쟁의 소지를 없애려는데 취지가 있으므로, 피보험자인 타인의 동의는 각 보험계약에 대하여 개별적으로 서면에 의하여 이루어져야 하고 포괄적인 동의 또는 묵시적이거나 추정적 동의만으로는 부족하다(대법원 2006.9.22., 선고, 2004다56677, 판결).

49 타인의 사망을 보험사고로 하는 보험계약에서 타인의 동의서면에 포함되는 전자문서의 요건으로 옳지 않은 것은? 기출 20

① 전자문서에 보험금 지급사유, 보험금액, 보험수익자의 신원, 보험기간이 적혀 있을 것
② 전자서명을 하기 전에 전자서명을 할 사람을 직접 만나서 전자서명을 하는 사람이 보험계약에 동의하는 본인임을 확인하는 절차를 거쳐 작성될 것
③ 전자문서 및 전자서명의 위조·변조 여부를 확인할 수 있을 것
④ 전자문서에 전자서명을 한 후에 그 전자서명을 한 사람이 보험계약에 동의한 본인임을 확인할 수 있도록 공인전자서명 등 금융위원장이 고시하는 요건을 갖추어 작성될 것

| 해설 |
타인의 사망을 보험사고로 하는 보험계약에는 보험계약 체결시에 그 타인의 서면(「전자서명법」제2조 제2호에 따른 전자서명이 있는 경우로서 대통령령으로 정하는 바에 따라 본인 확인 및 위조·변조 방지에 대한 신뢰성을 갖춘 전자문서를 포함한다)에 의한 동의를 얻어야 한다(상법 제731조 제1항).
상법 제731조 제1항에 따른 본인 확인 및 위조·변조 방지에 대한 신뢰성을 갖춘 전자문서는 다음 각 호의 요건을 모두 갖춘 전자문서로 한다(상법 시행령 제44조의2).
1. 전자문서에 보험금 지급사유, 보험금액, 보험계약자와 보험수익자의 신원, 보험기간이 적혀 있을 것
2. 전자문서에 법 제731조 제1항에 따른 전자서명을 하기 전에 전자서명을 할 사람을 직접 만나서 전자서명을 하는 사람이 보험계약에 동의하는 본인임을 확인하는 절차를 거쳐 작성될 것
3. 전자문서에 전자서명을 한 후에 그 전자서명을 한 사람이 보험계약에 동의한 본인임을 확인할 수 있도록 지문정보를 이용하는 등 법무부장관이 고시하는 요건을 갖추어 작성될 것
4. 전자문서 및 전자서명의 위조·변조 여부를 확인할 수 있을 것

50 甲은 乙을 피보험자로 하여 그의 서면동의를 받아 보험회사와 보험계약을 체결하였다. 다음 설명 중 옳지 않은 것은? 기출 22

① 법정대리인의 동의 없이 만 15세인 甲이 성년인 乙을 피보험자로 하여 사망보험계약을 체결한 경우 그 보험계약은 무효가 된다.
② 甲이 사망보험계약을 체결할 당시 乙이 심신상실자 였다면 그 보험계약은 무효가 된다.
③ 甲이 사망보험계약을 체결할 당시 乙이 의사능력이 없는 심신박약자였다면 그 보험계약은 무효가 된다.
④ 甲이 사망보험계약을 체결할 당시 乙이 만 14세였다면 그 보험계약은 무효가 된다.

정답 48 ③ 49 ④ 50 ①

| 해설 |

상법 제732조에서 규정한 15세 미만자 등의 사망을 보험사고로 한 보험계약은 피보험자의 동의가 있었는지 또는 보험수익자가 누구인지와 관계없이 무효가 되지만(대법원 2013.4.26., 선고, 2011다9068, 판결), 법정대리인의 동의 없이 만 15세인 甲이 성년인 乙을 피보험자로 하여 사망보험계약을 체결한 경우 <u>상법 규정에 어긋나지 않으므로 그 보험계약은 유효하다.</u>
②·③·④ <u>15세 미만자</u>, <u>심신상실자</u> 또는 <u>심신박약자</u>의 사망을 보험사고로 한 보험계약은 무효로 한다(상법 제732조).

[판례] 15세 미만자 등의 사망을 보험사고로 한 보험계약은 무효라고 정한 상법 제732조가 효력규정인지 여부(대법원 2013.4.26., 선고, 2011다9068, 판결)
상법 제732조는 15세 미만자 등의 사망을 보험사고로 한 보험계약은 무효라고 정하고 있다. 위 법 규정은 통상 정신능력이 불완전한 15세 미만자 등을 피보험자로 하는 경우 그들의 자유롭고 성숙한 의사에 기한 동의를 기대할 수 없고, 그렇다고 해서 15세 미만자 등의 법정대리인이 이들을 대리하여 동의할 수 있는 것으로 하면 보험금의 취득을 위하여 이들이 희생될 위험이 있으므로, 그러한 사망보험의 악용에 따른 도덕적 위험 등으로부터 15세 미만자 등을 보호하기 위하여 둔 효력규정이라고 할 것이다. 따라서 <u>15세 미만자 등의 사망을 보험사고로 한 보험계약은 피보험자의 동의가 있었는지 또는 보험수익자가 누구인지와 관계없이 무효가 된다.</u>

51 甲은 乙을 피보험자, 자신을 보험수익자로 하는 생명보험계약을 보험자 丙과 체결하였다. 乙의 서면동의가 필요없다는 보험모집인 丁의 설명을 듣고 乙의 서면동의 없이 보험자와 이 생명보험계약을 체결하였다. 아래의 설명 중 옳은 것만으로 묶인 것은? (다툼이 있는 경우 판례에 의함)

기출 19

가. 丁의 잘못된 설명은 보험계약의 내용으로 편입되어 당해 생명보험계약은 유효하다.
나. 乙의 서면동의가 없으므로 당해 보험계약은 무효이다.
다. 만약 乙이 사망한다면 甲은 보험자 丙에게 보험금 지급청구를 할 수 있다.
라. 甲은 丙에 대하여 丁의 불법행위로 인한 손해배상청구를 할 수 있다.

① 가, 다 ② 나, 라
③ 가, 다, 라 ④ 나

| 해설 |

가. (×) 타인의 생명보험계약 성립 당시 피보험자의 서면동의가 없다면 그 보험계약은 확정적으로 무효가 되고, 피보험자가 이미 무효가 된 보험계약을 추인하였다고 하더라도 그 보험계약이 유효로 될 수는 없다(대법원 2006.9.22., 선고, 2004다56677, 판결).
나. (○) 보험계약자가 타인의 사망을 보험사고로 하는 보험계약에는 계약 체결시에 그 타인의 서면에 의한 동의를 얻어야 한다(상법 제731조 제1항). 이는 강행규정으로서 이에 위반한 보험계약은 무효이다.
다. (×) 피보험자의 동의가 없는 타인의 생명보험계약은 무효이고, 보험계약의 보험수익자로 되어 있는 피고이든 망인의 상속인인 원고들이든 보험금을 받을 권리를 취득할 수 없다(대법원 1992.11.24., 선고, 91다47109, 판결).
라. (○) 타인의 사망을 보험사고로 하는 보험계약의 체결에 있어서 보험설계사는 보험계약자에게 피보험자의 서면동의 등의 요건에 관하여 구체적이고 상세하게 설명하여 보험계약자로 하여금 그 요건을 구비할 수 있는 기회를 주어 유효한 보험계약이 성립하도록 조치할 주의의무가 있고, 보험설계사가 위와 같은 설명을 하지 아니하는 바람에 위 요건의 흠결로 보험계약이 무효가 되고, 그 결과 보험사고의 발생에도 불구하고 보험계약자가 보험금을 지급받지 못하게 되었다면 보험자는 보험업법 제102조 제1항에 기하여 보험계약자에게 그 보험금 상당액의 손해를 배상할 의무를 진다(대법원 2008.8.21., 선고, 2007다76696, 판결).

52 타인을 위한 생명보험계약에 대한 설명으로 옳지 않은 것은? 기출 17

① 타인을 위한 생명보험은 보험계약자가 자신을 피보험자로 하여 계약을 체결하는 자기의 생명보험계약으로 할 수 있다.
② 타인을 위한 생명보험계약에서 그 타인의 권리가 발생하기 위해서는 수익의 의사표시를 필요로 한다.
③ 타인을 위한 생명보험은 보험계약자가 자신이 아닌 타인을 피보험자로 하여 계약을 체결하는 타인의 생명보험계약으로 할 수 있다.
④ 타인을 위한 생명보험도 보험료 지급의무는 보험계약자가 부담하는 것이 원칙이지만, 피보험자 또는 보험수익자는 보험료를 지급해야 하는 경우도 있다.

| 해설 |

보험계약자가 타인을 보험수익자로 하여 보험자와 보험계약을 맺는 보험을 타인을 위한 생명보험이라고 한다. 따라서 보험계약자는 자기의 생명보험이나 타인의 생명보험에 있어서 타인을 보험수익자로 하여 타인을 위한 생명보험계약을 체결할 수 있으며, 타인의 생명보험에서 피보험자 이외의 제3자를 보험수익자로 지정하는 경우에는 그 피보험자의 동의를 얻어야 한다(상법 제734조 제2항). 보험수익자는 보험사고가 발생할 경우 수익의 의사표시 없이도 보험금청구권을 갖는다.

53 타인의 생명보험계약에서 피보험자의 동의에 관한 설명으로 옳지 않은 것은? (다툼이 있는 경우 판례에 의함) 기출 21

① 피보험자의 동의는 타인의 사망보험계약에서 도박보험의 위험성과 피보험자 살해의 위험성 및 공서양속 침해의 위험성을 배제하기 위하여 마련된 강행규정이며, 보험계약의 효력발생요건이다.
② 타인의 생명보험계약 체결시에 피보험자의 서면동의를 얻도록 규정한 것은 그 동의의 시기과 방식을 명확히 함으로써 분쟁의 소지를 없애려는 취지이므로, 피보험자의 동의는 서면으로 개별적으로 이루어져야 하며, 포괄적인 동의 또는 묵시적이거나 추정적 동의만으로는 부족하다.
③ 피보험자의 동의는 회사의 퇴사 등과 같이 서면동의의 전제가 되는 사정에 중대한 변경이 생긴 경우에는 그 동의를 철회할 수도 있다.
④ 피보험자의 동의요건에 관하여 보험자는 설명의무를 부담하며, 이러한 설명의무를 위반하여 피보험자의 동의 없이 체결된 타인의 사망보험계약에 대하여 보험계약자는 취소할 수 있다.

| 해설 |

타인의 사망을 보험사고로 하는 보험계약의 체결에 있어서 보험설계사는 보험계약자에게 피보험자의 서면동의 등의 요건에 관하여 구체적이고 상세하게 설명하여 보험계약자로 하여금 그 요건을 구비할 수 있는 기회를 주어 유효한 보험계약이 성립하도록 조치할 주의의무가 있고, 보험설계사가 위와 같은 설명을 하지 아니하는 바람에 위 요건의 흠결로 보험계약이 무효가 되고, 그 결과 보험사고의 발생에도 불구하고 보험계약자가 보험금을 지급받지 못하게 되었다면 보험자는 보험업법 제102조 제1항에 기하여 보험계약자에게 그 보험금 상당액의 손해를 배상할 의무를 진다(대법원 2008.8.21., 선고, 2007다76696, 판결). 즉 보험계약자는 취소할 수 없고, 손해배상을 청구할 수 있을 뿐이다.
① 대법원 1996.11.22., 선고, 96다37084, 판결
② 대법원 2015.10.15., 선고, 2014다204178, 판결
③ 서울고등법원 2011.11.3., 선고, 2011나24373, 판결

54 타인의 생명보험에 관한 설명 중 옳은 것은? 기출 14

① 피보험자가 계약의 체결시에 서면동의를 한 경우에는 그 후에 보험계약자가 피보험자가 아닌 자를 보험수익자로 지정하거나 변경할 때에는 다시 피보험자의 서면동의를 얻을 필요가 없다.
② 심신상실자는 정신능력의 결여로 스스로 서면동의를 할 수 없으므로 그의 법정대리인이 그를 대리하여 서면동의를 한 경우에만 그를 피보험자로 하는 계약이 유효하게 체결될 수 있다.
③ 최근의 대법원 판례에 따르면, 회사가 임직원이 재직 중의 사고로 사망할 경우에 그 유가족에게 지급할 위로금을 마련하기 위하여 임직원의 서면동의를 얻어 회사를 보험수익자로 하여 계약을 체결한 경우에는 회사는 보험수익자로서 계약상의 권리를 가지게 되므로, 그 임직원은 퇴사를 하게 된 경우라도 회사의 동의를 얻은 경우에만 자신의 서면동의를 철회할 수 있다.
④ 최근의 대법원 판례에 따르면, 甲이 피보험자를 자신의 만 7세 아들인 丙으로 하고 보험수익자를 자신으로 하여 丙이 재해로 사망하였을 때는 사망보험금을 지급하기로 하고, 재해로 장애가 생겼을 때는 소득상실보조금 등을 지급하기로 하는 내용의 보험계약을 보험회사와 체결한 경우에는 이 계약은 재해사망에 대한 부분을 제외하고 나머지 부분만을 유효한 것으로 볼 수 있다.

| 해설 |

원고(甲)와 피고(보험회사)가 이 사건 보험계약을 체결할 당시 15세 미만자인 아들을 피보험자로 함으로써 이 사건 보험계약 중 재해로 인한 사망을 보험금 지급의 사유로 하는 부분이 상법 제732조에 의하여 무효라는 사실을 알았다고 하더라도, 이를 제외한 나머지 보험금 지급사유 부분에 관한 보험계약을 체결하였을 것으로 봄이 상당하다. 따라서 <u>이 사건의 보험계약은 그 부분에 관하여는 여전히 유효하다고 할 것이다</u>(대법원 2013.4.26., 선고, 2011다9068, 판결).
① 다시 <u>피보험자의 서면동의를 얻어야 한다</u>(상법 제731조 제2항).
② 심신상실자를 피보험자로 한 보험계약은 <u>무효이다</u>(상법 제731조).
③ 회사가 임직원 등이 재직 중 보험사고를 당할 경우 유가족에게 지급할 위로금 등을 마련하기 위하여 임직원 등을 피보험자로 한 보험계약을 체결하고 임직원 등이 보험계약 체결에 동의한 사안에서, 임직원 등이 회사에 계속 재직한다는 점은 보험계약에 대한 동의의 전제가 되는 사정이므로 <u>임직원 등이 회사에서 퇴직함으로써 보험계약의 전제가 되는 사정에 중대한 변경이 생긴 이상 임직원 등은 보험계약에 대한 동의를 철회할 수 있다고 본다</u>(대법원 2013.11.14., 선고, 2011다101520, 판결).

55 타인의 사망보험에 관한 설명으로 옳지 않은 것은? (다툼이 있는 경우 판례에 의함) 기출 18

① 타인의 사망을 보험사고로 하는 보험계약에 있어서 보험설계사가 보험계약자에게 피보험자인 타인의 서면동의를 얻어야 하는 사실에 대한 설명의무를 위반하여 보험계약이 무효로 된 경우, 보험회사는 보험업법 제102조 제1항에 따라 보험계약자에게 보험금 상당액의 손해배상책임을 부담한다.
② 보험계약자가 보험계약 체결 당시 보험계약청약서 및 약관의 내용을 검토하여 피보험자의 서면동의를 받았어야 할 주의의무를 게을리 하였다면, 과실상계가 적용될 수 있다.
③ 피보험자의 서면동의 없이 체결된 타인의 사망을 보험사고로 하는 보험계약은 무효이다. 그러나 피보험자의 추인으로 보험계약이 유효로 될 여지는 있다.
④ 타인의 사망을 보험사고로 하는 보험계약에서 요구되는 피보험자인 타인의 동의에 포괄적 동의, 묵시적 동의 및 추정적인 동의는 제외된다.

|해설|

상법 제731조 제1항에 의하면 타인의 생명보험에서 피보험자가 서면으로 동의의 의사표시를 하여야 하는 시점은 '보험계약 체결시까지'이고, 이는 강행규정으로서 이에 위반한 보험계약은 무효이므로, 타인의 생명보험계약 성립 당시 피보험자의 서면동의가 없다면 그 보험계약은 확정적으로 무효가 되고, 피보험자가 이미 무효가 된 보험계약을 추인하였다고 하더라도 그 보험계약이 유효로 될 수는 없다(대법원 2006.9.22., 선고, 2004다56677, 판결).
① 대법원 1998.11.27., 선고, 98다23690, 판결 / 2006.6.29., 선고, 2005다11602, 11619, 판결
② 대법원 2006.6.29., 선고, 2005다11602, 판결
④ 대법원 2003.7.22., 선고, 2003다24451, 판결

56 보험계약과 관련된 설명으로 옳지 않은 것은? (다툼이 있는 경우 판례에 의함) 기출 19

① 보험모집종사자가 설명의무를 위반하여 고객이 보험계약의 중요사항에 관하여 제대로 이해하지 못한 채 착오에 빠져 보험계약을 체결한 경우, 그러한 착오가 동기의 착오에 불과하더라도 그러한 착오를 일으키지 않았더라면 보험계약을 체결하지 않았을 것이 명백하다면, 이를 이유로 보험계약을 취소할 수 있다.
② 타인을 위한 생명보험이나 상해보험계약은 제3자를 위한 계약의 일종으로 보며, 이 경우 특별한 사정이 없는 한 보험자가 이미 제3자에게 급부한 것이 있더라도 보험자는 계약 무효 등에 기한 부당이득을 원인으로 제3자를 상대로 그 반환을 청구할 수 있다.
③ 생명보험계약에서 보험계약자의 지위를 변경하는데 보험자의 승낙이 필요하다고 정하고 있는 경우 보험계약자는 보험자의 승낙 없이 일방적인 의사표시인 유증을 통하여 보험계약상의 지위를 이전할 수 있다.
④ 보험금의 부정취득을 목적으로 다수의 보험계약이 체결된 경우에 민법 제103조 위반으로 인한 보험계약의 무효와 고지의무위반을 이유로 한 보험계약의 해지나 취소가 각각의 요건을 충족하는 경우 보험자가 보험계약의 무효, 해지 또는 취소를 선택적으로 주장할 수 있다.

> **해설**
>
> 생명보험계약에서 보험계약자의 지위를 변경하는데 보험자의 승낙이 필요하다고 정하고 있는 경우, 보험계약자가 보험자의 승낙이 없는데도 일방적인 의사표시만으로 보험계약상의 지위를 이전할 수는 없다. 보험계약자의 지위 변경은 피보험자, 보험수익자 사이의 이해관계나 보험사고 위험의 재평가, 보험계약의 유지 여부 등에 영향을 줄 수 있다. 이러한 이유로 생명보험의 보험계약자 지위 변경에 보험자의 승낙을 요구한 것으로 볼 수 있다. 유증은 유언으로 수증자에게 일정한 재산을 무상으로 주기로 하는 단독행위로서 유증에 따라 보험계약자의 지위를 이전하는 데에도 보험자의 승낙이 필요하다고 보아야 한다(대법원 2018.7.12., 선고, 2017다235647, 판결).
> ① 보험회사 또는 보험모집종사자가 설명의무를 위반하여 고객이 보험계약의 중요사항에 관하여 제대로 이해하지 못한 채 착오에 빠져 보험계약을 체결한 경우, 그러한 착오가 동기의 착오에 불과하다고 하더라도 그러한 착오를 일으키지 않았다면 보험계약을 체결하지 않았거나 아니면 적어도 동일한 내용으로 보험계약을 체결하지 않았을 것이 명백하다면, 위와 같은 착오는 보험계약의 내용의 중요부분에 관한 것에 해당하므로 이를 이유로 보험계약을 취소할 수 있다(대법원 2018.4.12., 선고, 2017다229536, 판결).
> ② 보험계약자가 타인의 생활상의 부양이나 경제적 지원을 목적으로 보험자와 사이에 타인을 보험수익자로 하는 생명보험이나 상해보험계약을 체결하여 보험수익자가 보험금청구권을 취득한 경우, 보험자의 보험수익자에 대한 급부는 보험수익자에 대한 보험자 자신의 고유한 채무를 이행한 것이다. 따라서 보험자는 보험계약이 무효이거나 해제되었다는 것을 이유로 보험수익자를 상대로 하여 그가 이미 보험수익자에게 급부한 것의 반환을 구할 수 있고, 이는 타인을 위한 생명보험이나 상해보험이 제3자를 위한 계약의 성질을 가지고 있다고 하더라도 달리 볼 수 없다(대법원 2018.9.13., 선고, 2016다255125, 판결).
> ④ 보험금을 부정 취득할 목적으로 다수의 보험계약이 체결된 경우에 민법 제103조 위반으로 인한 보험계약의 무효와 고지의무위반을 이유로 한 보험계약의 해지나 취소는 그 요건이나 효과가 다르지만, 개별적인 사안에서 각각의 요건을 모두 충족한다면 위와 같은 구제수단이 병존적으로 인정되고, 이 경우 보험자는 보험계약의 무효, 해지 또는 취소를 선택적으로 주장할 수 있다(대법원 2017.4.7., 선고, 2014다234827, 판결).

57 상해보험에 관한 설명으로 옳지 않은 것은? 기출 18

① 상해보험에서는 보험사고의 시기와 보험사고의 발생 여부가 불확정적이다.
② 15세 미만자, 심신상실자 또는 심신박약자의 상해를 보험사고로 한 보험계약은 무효이다.
③ 상해보험계약의 보험자는 신체의 상해에 관한 보험사고가 발생할 경우에 보험금액 기타의 급여를 지급할 책임이 있다.
④ 상해보험에 있어서 피보험자와 보험계약자가 동일인이 아닐 경우에는 보험증권의 기재사항 중에서 피보험자의 주소·성명 및 생년월일에 갈음하여 피보험자의 직무 또는 직위만을 기재할 수 있다.

> **해설**
>
> 상해보험에 관하여는 상법 제732조(15세 미만자 등에 대한 계약의 금지)를 제외하고, 생명보험에 관한 규정을 준용한다(상법 제739조). 즉 15세 미만의 미성년자, 심신상실자 또는 심신박약자도 상해보험의 피보험자로 할 수 있다.
> ① 상해보험에서는 보험사고의 시기와 보험사고의 발생 여부가 불확정적이라는 점에서 손해보험과 유사하다.
> ③ 상법 제737조(상해보험자의 책임)
> ④ 상법 제738조(상해보험증권)

정답 55 ③ 56 ③ 57 ②

58 우리 상법상 상해보험계약에 대한 설명으로 옳은 것은?

① 보험자대위권을 인정한다.
② 보험계약으로 인한 권리양도시 피보험자의 동의를 얻어 양도할 수 있다.
③ 심신박약자를 피보험자로 할 수 없다.
④ 타인을 위한 보험계약시에는 피보험자의 동의가 있어야 한다.

> **해설**
> 보험계약으로 인하여 생긴 권리를 피보험자가 아닌 자에게 양도하는 경우에도 피보험자의 서면에 의한 동의를 얻어야 한다(상법 제731조).
> ① 상해보험에서는 제3자에 대한 보험자대위만 인정된다.
> ③ 15세 미만자, 심신상실자, 심신박약자를 피보험자로 할 수 없는 것은 인보험 중 사망보험에 한하며, 상해보험의 경우 적용되지 않는다.
> ④ 타인의 사망을 보험사고로 하는 보험계약의 경우에는 피보험자의 동의를 요하지만, 타인을 위한 보험계약에는 피보험자의 동의가 필요 없다.

59 다음 중 피보험자의 자격제한에 대한 설명으로 옳지 않은 것은? 기출 15

① 손해보험의 피보험자는 보험의 목적에 대하여 피보험이익을 가지는 자라면 자연인이든 법인이든 관계없다.
② 사망보험에서는 자기의 사망보험인 경우에도 피보험자가 15세 미만자, 심신상실자인 경우 효력이 없다.
③ 사망보험계약 체결 당시 피보험자가 15세 미만이었다면, 비록 보험사고발생시에 15세 이상이었다 할지라도 보험계약은 무효이다.
④ 상법상의 준용규정에 따라 사망보험에 있어서의 피보험자에 대한 자격제한은 상해보험의 경우에도 해당된다.

> **해설**
> 상해보험계약에서 보험사고인 상해는 피보험자의 상해사망을 포함하고 있지만 피보험자의 연령 등에는 제한이 없다(상법 제739조, 제732조). 따라서 15세 미만의 미성년자, 심신상실자 또는 심신박약자는 상해보험의 피보험자가 될 수 있다.

60 상해보험계약의 보험사고에 관한 설명으로 옳지 않은 것은? (다툼이 있는 경우 판례에 의함)

기출 21

① 상해보험에서는 급격하고도 우연한 외래의 사고로 신체에 상해를 입은 경우를 보험사고로 한다.
② 피보험자가 술에 취한 상태에서 지하철역 승강장의 선로로 내려가 지하철역을 통과하는 전동열차에 부딪혀 사망한 경우에는 피보험자의 중과실로 인한 사고로 상해사고의 우연성이 인정되지 않는다.
③ 피보험자가 농작업 중 과로로 지병인 고혈압이 악화되어 뇌졸중으로 사망한 경우에는 상해사고에 해당되지 않는다.
④ 사고의 급격성, 외래성 및 사고와 신체손상과의 인과관계에 관한 증명책임은 보험금청구권자가 부담한다.

| 해설 |

피보험자가 술에 취한 상태에서 출입이 금지된 지하철역 승강장의 선로로 내려가 지하철역을 통과하는 전동열차에 부딪혀 사망한 경우, 피보험자에게 판단능력을 상실 내지 미약하게 할 정도로 과음을 한 중과실이 있더라도 보험약관상의 보험사고인 우발적인 사고에 해당한다(대법원 2001.11.9., 선고, 2001다55499, 55505, 판결).
① 상해보험계약의 보험자는 신체의 상해에 관한 보험사고가 생길 경우에 보험금액 기타의 급여를 할 책임이 있다(상법 제737조). 여기서 보험사고, 즉 상해는 급격하고도 우연한 외래의 사고를 의미한다.
③ 농작업 중 과로로 지병인 고혈압이 악화되어 뇌졸중으로 사망한 경우 약관상 공제금 지급대상인 "외부의 급격하고도 우발적인 사고"에 해당한다고 볼 수 없고, 재해사고의 제외항목인 "과로 및 격렬한 운동으로 인한 것"에 해당되어 약관 규정에 따른 공제금 지급대상에서 제외된다(대법원 1992.2.25., 선고, 91다30088, 판결).
④ 상해보험에서 담보되는 위험으로서 상해란 외부로부터의 우연한 돌발적인 사고로 인한 신체의 손상을 말하는 것이므로, 그 사고의 원인이 피보험자의 신체의 외부로부터 작용하는 것을 말하고 신체의 질병 등과 같은 내부적 원인에 기한 것은 제외되며, 이러한 사고의 외래성 및 상해 또는 사망이라는 결과와 사이의 인과관계에 관해서는 보험금청구자에게 그 증명책임이 있다(서울동부지법 2011.3.18., 선고, 2010가합14573, 판결 : 항소).

61 보험자의 면책에 관한 설명으로 옳지 않은 것은? (다툼이 있는 경우 판례에 의함) 기출 23

① 사망을 보험사고로 한 보험계약에서는 사고가 보험계약자 또는 피보험자나 보험수익자의 중대한 과실로 인하여 발생한 경우 보험자는 면책되지 않는다.
② 생명보험에서 보험계약자가 처음부터 피보험자를 살해하여 보험금을 편취할 목적으로 보험계약을 체결한 경우라면 이러한 보험계약은 반사회질서 법률행위로서 무효가 된다.
③ 둘 이상의 보험수익자 중 일부가 고의로 피보험자를 사망하게 한 경우에는 다른 보험수익자에 대한 보험금 지급책임도 면책된다.
④ 피보험자가 타인의 졸음운전으로 인하여 중상해를 입고 병원에 후송되었으나 피보험자가 수혈을 거부함으로써 사망에 이른 경우, 수혈거부 행위가 사망의 유일한 원인 중 하나였다는 점만으로는 보험자가 그 보험금의 지급책임을 면할 수는 없다.

정답 58 ② 59 ④ 60 ② 61 ③

> **해설**
> 둘 이상의 보험수익자 중 일부가 고의로 피보험자를 사망하게 한 경우 보험자는 다른 보험수익자에 대한 보험금 지급책임을 면하지 못한다(상법 제732조의2 제2항).
> ① 사망을 보험사고로 한 보험계약에서는 사고가 보험계약자 또는 피보험자나 보험수익자의 중대한 과실로 인하여 발생한 경우에도 보험자는 보험금을 지급할 책임을 면하지 못한다(상법 제732조의2 제1항).
> ② 피보험자를 살해하여 보험금을 편취할 목적으로 체결한 생명보험계약은 사회질서에 위배되는 행위로서 무효이고, 따라서 피보험자를 살해하여 보험금을 편취할 목적으로 피보험자의 공동상속인 중 1인이 상속인을 보험수익자로 하여 생명보험계약을 체결한 후 피보험자를 살해한 경우, 다른 공동상속인은 자신이 고의로 보험사고를 일으키지 않았다고 하더라도 보험자에 대하여 보험금을 청구할 수 없다(대법원 2000.2.11., 선고, 99다49064, 판결).
> ④ 자신이 유발한 교통사고로 중상해를 입은 동승자를 병원으로 후송하였으나, 동승자에 대한 수혈을 거부함으로써 사망에 이르게 한 경우, 수혈거부가 사망의 유일하거나 결정적인 원인이었다고 단정할 수 없다면 수혈거부 행위가 사망의 중요한 원인 중 하나이었다는 점만으로는 보험회사가 보험금의 지급책임을 면할 수 없다(대법원 2004.8.20., 선고, 2003다26075 판결).

62 "외과적 수술, 그 밖의 의료처치로 인한 손해를 보상하지 아니한다. 그러나 보험회사가 부담하는 상해로 인한 경우에는 보상한다"라는 상해보험약관상의 면책조항에 관한 설명 중 옳은 것은? (다툼이 있는 경우 대법원 판례에 의함) 기출 14

① 생명보험약관에서의 재해와 상해보험약관에서의 상해는 다른 것으로 보아야 하는 것은 아니다.
② 질병을 치료하기 위한 외과적 수술에서 의료과실로 상해가 발생하면 보험자는 면책될 수 없다.
③ 보험자가 책임져야 할 상해사고로 인한 외과적 수술에서는 의료과실 없이 상해가 발생한 경우에만 보험자는 면책될 수 있다.
④ 이 면책조항은 보험거래상 일반적이고 공통된 것이어서 보험계약자가 별도의 설명 없이 충분히 예상할 수 있으므로 보험자의 설명의무가 면제된다.

> **해설**
> 상해보험약관의 보험보호범위와 생명보험약관의 그것에 차이가 생길 수 있으나, 이는 위 면책조항의 존부에 따라 발생하는 차이일 뿐 생명보험약관에서의 재해와 상해보험약관에서의 보험사고인 상해를 달리 해석한 결과가 아니므로, 위와 같은 사정만으로 달리 볼 것은 아니다(대법원 2013.6.28., 선고, 2012다107051, 판결).
> ② 질병 등을 치료하기 위한 외과적 수술 기타 의료처치('외과적 수술 등'이라고 한다)가 행하여지는 경우, 피보험자는 일상생활에서 노출된 위험에 비하여 상해가 발생할 위험이 현저히 증가하므로 그러한 위험은 처음부터 보험보호의 대상으로부터 배제된다(대법원 2013.6.28., 선고, 2012다107051, 판결).
> ③ 보험회사가 보상하는 보험사고인 상해를 치료하기 위한 외과적 수술 등의 과정에서 의료과실에 의하여 상해가 발생하였는지는 특별한 사정이 없는 한 위 면책조항의 적용 여부를 결정하는데 있어서 고려할 요소가 되지 않는다(대법원 2013.6.28., 선고, 2012다107051, 판결).
> ④ 특정 질병 등을 치료하기 위한 외과적 수술 등의 과정에서 의료과실이 개입되어 발생한 손해를 보상하지 않는다는 것은 일반인이 쉽게 예상하기 어려우므로, 약관에 정하여진 사항이 보험계약 체결 당시 금융감독원이 정한 표준약관에 포함되어 시행되고 있었다거나 국내 각 보험회사가 위 표준약관을 인용하여 작성한 보험약관에 포함되어 널리 보험계약이 체결되었다는 사정만으로는 그 사항이 '거래상 일반적이고 공통된 것이어서 보험계약자가 별도의 설명 없이 충분히 예상할 수 있었던 사항'에 해당하여 보험자에게 명시·설명의무가 면제된다고 볼 수 없다(대법원 2013.6.28., 선고, 2012다107051, 판결).

63 상해보험계약은 일반적으로 상해로 인한 사망보험, 상해로 인한 후유장해보험, 상해로 인한 치료비 등 실비를 지급하는 치료비보험으로 구성된다. 이에 관한 설명으로 옳지 않은 것은? (다툼이 있는 경우 판례에 의함) 기출 21

① 상해보험계약의 경우에 보험자대위권을 인정하는 당사자간의 약정은 무효이다.
② 상해사망보험(정액형)에서는 보험계약자 또는 피보험자나 보험수익자의 중대한 과실로 인하여 보험사고가 발생한 경우에 보험자는 보험금 지급책임이 있다.
③ 치료비보험은 실손보장형(비정액형)보험으로서 이에 관하여는 중복보험의 원리를 준용한다.
④ 만 15세 미만자, 심신상실자 또는 심신박약자의 치료비 보험계약은 유효이다.

| 해설 |

보험자는 보험사고로 인하여 생긴 보험계약자 또는 보험수익자의 제3자에 대한 권리를 대위하여 행사하지 못한다. 그러나 <u>상해보험계약의 경우에 당사자간에 다른 약정이 있는 때에는 보험자는 피보험자의 권리를 해하지 아니하는 범위 안에서 그 권리를 대위하여 행사할 수 있다</u>(상법 제729조).
② 사망 또는 상해를 보험사고로 하는 인보험계약의 보험자는 상법 제732조의2 및 제739조에 따라 보험사고가 고의로 인하여 발생한 것이 아니라면 비록 중대한 과실에 의하여 생긴 것이라 하더라도 보험금을 지급하여야 한다(서울지법 1995.8.3., 선고, 95가합9025, 판결).
③ 실손보장형(비정액형) 상해보험에 대하여 중복보험의 원리를 적용할 것인지 여부에 논란이 있으나, 판례는 중복보험의 법리를 준용하고 있다.
④ 상해보험에 관하여는 제732조(15세 미만자, 심신상실자 또는 심신박약자의 사망을 보험사고로 한 보험계약은 무효로 한다)를 제외하고 생명보험에 관한 규정을 준용한다. 따라서 15세 미만자, 심신상실자 또는 심신박약자 등을 피보험자로 하는 상해보험은 무효가 되지 않는다.

64 다음의 설명으로 옳지 않은 것은? (다툼이 있는 경우 판례에 의함) 기출 22

① 외국법을 준거법으로 정함으로써 공서양속에 반하는 경우 또는 보험계약자의 이익을 부당하게 침해하는 경우에는 외국법 준거약관의 효력을 부인할 수 있다.
② 자동차손해배상보장법 제3조의 '다른 사람(타인)'이란 '자기를 위하여 자동차를 운행하는 자 및 당해 자동차의 운전자를 제외한 그 이외의 자'를 지칭하므로, 자동차를 현실로 운전하거나 운전의 보조에 종사한 자는 이에 해당하지 않는다.
③ 무보험자동차에 의한 상해담보특약은 상해보험의 성질과 함께 손해보험의 성질도 갖고 있는 손해보험형 상해보험이지만 하나의 사고에 관하여 여러 개의 무보험상해담보특약이 체결되고 그 보험금액의 총액이 피보험자의 손해액을 초과하였다하더라도 중복보험 규정은 준용되지 아니한다.
④ 정액보험형 상해보험에서 기왕장해가 있는 경우에도 약정 보험금 전액을 지급하는 것이 원칙이고 예외적으로 감액규정이 있는 경우에만 보험금을 감액할 수 있으므로, 기왕장해 감액규정과 같이 후유장해보험금에서 기왕장해에 해당하는 보험금 부분을 감액하는 약관 내용은 보험자의 설명의무가 인정된다.

> **해설**
> 피보험자가 무보험자동차에 의한 교통사고로 인하여 상해를 입었을 때에 손해에 대하여 배상할 의무자가 있는 경우 보험자가 약관에 정한 바에 따라 피보험자에게 손해를 보상하는 것을 내용으로 하는 무보험자동차에 의한 상해담보특약은 상해보험의 성질과 함께 손해보험의 성질도 갖고 있는 손해보험형 상해보험이므로, 하나의 사고에 관하여 여러 개의 무보험자동차특약보험계약이 체결되고 보험금액의 총액이 피보험자가 입은 손해액을 초과하는 때에는 손해보험에 관한 <u>상법 제672조 제1항(중복보험)이 준용되어 보험자는 각자의 보험금액의 한도에서 연대책임을 지고, 이 경우 각 보험자 사이에서는 각자의 보험금액의 비율에 따른 보상책임을 진다</u>(대법원 2016.12.29., 선고, 2016다217178, 판결).
> ① 대법원 1997.9.9., 선고, 96다20093, 판결
> ② 대법원 2002.12.10., 선고, 2002다51654, 판결
> ④ 대법원 2015.3.26., 선고, 2014다229917, 229924, 판결

65 무보험자동차에 의한 상해보험에 관한 설명이다. 옳지 않은 것은? (다툼이 있는 경우 판례에 의함)

기출 19

① 무보험자동차에 의한 상해보험은 상해보험으로서의 성질과 함께 손해보험으로서의 성질도 갖고 있는 손해보험형 상해보험이다.
② 무보험자동차에 의한 상해보험에서 보험금 산정기준과 방법은 보험자의 설명의무의 대상이다.
③ 무보험자동차에 의한 상해보험은 손해보험형 상해보험이므로 당사자 사이에 다른 약정이 있으면 보험자는 피보험자의 권리를 해하지 아니하는 범위 안에서 피보험자의 배상의무자에 대한 손해배상청구권을 대위행사할 수 있다.
④ 하나의 사고에 대해 수 개의 무보험자동차에 의한 상해보험계약이 체결되고 그 보험금액의 총액이 피보험자가 입은 실손해액을 초과하는 때에는 중복보험조항이 적용된다.

> **해설**
> 무보험자동차에 의한 상해보상특약의 보험자는 피보험자의 실제 손해액을 기준으로 위험을 인수한 것이 아니라 보통약관에서 정한 보험금 지급기준에 따라 산정된 금액만을 제한적으로 인수하였을 뿐이다. <u>무보험자동차에 의한 상해보상특약에 있어서 보험금액의 산정기준이나 방법은 보험약관의 중요한 내용이 아니어서 명시·설명의무의 대상에 해당하지 아니한다</u>(대법원 2004.4.27., 선고, 2003다7302, 판결).
> ①·③ 피보험자가 무보험자동차에 의한 교통사고로 인하여 상해를 입었을 때에 그 손해에 대하여 배상할 의무자가 있는 경우 보험자가 약관에 정한 바에 따라 피보험자에게 그 손해를 보상하는 것을 내용으로 하는 <u>무보험자동차에 의한 상해담보특약은 손해보험으로서의 성질과 함께 상해보험으로서의 성질도 갖고 있는 손해보험형 상해보험으로서, 상법 제729조 단서의 규정에 의하여 당사자 사이에 다른 약정이 있는 때에는 보험자는 피보험자의 권리를 해하지 아니하는 범위 안에서 피보험자의 배상의무자에 대한 손해배상청구권을 대위행사할 수 있다</u>(대법원 2003.12.26., 선고, 2002다61958, 판결).
> ④ 하나의 사고에 관하여 여러 개의 무보험자동차에 의한 상해담보특약보험(이하 '무보험자동차특약보험'이라 한다)이 체결되고 그 보험금액의 총액이 피보험자가 입은 손해액을 초과하는 때에는, 중복보험에 관한 상법 제672조 제1항의 법리가 적용되어 보험자는 각자의 보험금액의 한도에서 연대책임을 지고 피보험자는 각 보험계약에 의한 보험금을 중복하여 청구할 수 없다(대법원 2007.10.25., 선고, 2006다25356, 판결).

66 상해보험에 관한 설명 중 옳은 설명으로만 묶인 것은? (다툼이 있는 경우 판례에 의함)

기출 19

> 가. 실손보장형(비정액형) 상해보험에 대하여 중복보험의 원리를 적용할 것인지 여부에 논란이 있으나, 판례는 중복보험의 법리를 준용하고 있다.
> 나. 상해를 보험사고로 하는 상해보험계약에서 사고가 보험계약자 또는 피보험자나 보험수익자의 중대한 과실로 인하여 발생한 경우에 보험자는 보험금 지급 책임이 없다.
> 다. 상해보험은 인보험에 속하기 때문에 보험자대위권을 인정하는 당사자간의 약정은 무효이다.
> 라. 15세 미만자, 심신상실자 또는 심신박약자의 상해를 보험사고로 하는 상해보험계약은 유효이다.

① 가, 라
② 나, 다
③ 가, 다
④ 나, 라

해설

가. (○) 상해보험은 보험의 객체가 자연인이라는 점에서 생명보험과 공통점이 있고, 상법의 규정상 인보험으로 분류되지만 실제로는 손해보험적인 성격이 강조되는 추세이다. 판례에 따를 때 무보험자동차특약보험의 경우에는 약관규정의 존재 여부와 관계없이 중복보험의 법리가 준용된다.

[판례] 대법원 2006.11.10., 선고, 2005다35516, 판결
피보험자가 무보험자동차에 의한 교통사고로 인하여 상해를 입었을 때에 그 손해에 대하여 배상할 의무자가 있는 경우 보험자가 약관에 정한 바에 따라 피보험자에게 그 손해를 보상하는 것을 내용으로 하는 무보험자동차에 의한 상해담보특약(이하 '무보험자동차특약보험'이라 한다)은 상해보험의 성질과 함께 손해보험의 성질도 갖고 있는 손해보험형 상해보험이므로(대법원 2000.2.11., 선고, 99다50699, 판결 / 대법원 2003.12.26., 선고, 2002다61958, 판결), 하나의 사고에 관하여 여러 개의 무보험자동차특약보험계약이 체결되고 그 보험금액의 총액이 피보험자가 입은 손해액을 초과하는 때에는 손해보험에 관한 상법 제672조 제1항이 준용되어 보험자는 각자의 보험금액의 한도에서 연대책임을 지고, 이 경우 각 보험자 사이에서는 각자의 보험금액의 비율에 따른 보상책임을 진다.

나. (×) 보험사고가 보험계약자 또는 피보험자나 보험수익자의 고의 또는 중대한 과실로 인하여 생긴 때에는 보험자는 보험금액을 지급할 책임이 없다(상법 제659조 제1항). 하지만 상해를 보험사고로 한 보험계약에서는 사고가 보험계약자 또는 피보험자나 보험수익자의 중대한 과실로 인하여 발생한 경우에도 보험자는 보험금을 지급할 책임을 면하지 못한다(상법 제732조의2 제1항).

다. (×) 보험자는 보험사고로 인하여 생긴 보험계약자 또는 보험수익자의 제3자에 대한 권리를 대위하여 행사하지 못한다. 그러나 상해보험계약의 경우에 당사자간에 다른 약정이 있는 때에는 보험자는 피보험자의 권리를 해하지 아니하는 범위 안에서 그 권리를 대위하여 행사할 수 있다(상법 제729조 단서).

라. (○) 상해보험에 관하여는 '15세 미만자, 심신상실자 또는 심신박약자의 사망을 보험사고로 한 보험계약은 무효로 한다(상법 제732조)'는 규정을 제외하고 나머지 생명보험에 관한 규정을 준용한다(상법 제739조). 즉 15세 미만자, 심신상실자 또는 심신박약자의 상해를 보험사고로 한 보험계약은 유효하다.

67 상해보험에 관한 설명으로 옳지 않은 것은? (다툼이 있는 경우 판례에 의함) 기출 22

① 상해보험계약의 보험자는 피보험자의 신체의 상해에 관하여 보험사고가 생길 경우에 보험금액 기타의 급여를 할 책임이 있다.
② 주로 질병이나 내부적 원인에 기인한 것은 상해보험의 보험사고에서 제외되므로, 피보험자가 농작업 중 과로로 인하여 지병인 고혈압이 악화되어 뇌졸중으로 사망하였다면 이는 상해보험의 보장대상으로 볼 수 없다.
③ 피보험자가 술에 만취하여 지하철 승강장 아래 선로에 서서 선로를 따라 걸어가다가 승강장 안으로 들어오는 전동차에 부딪혀 사망한 경우, 이는 상해보험의 보험사고의 요건인 우발적인 사고로 볼 수 있다.
④ 출생 전의 태아는 상해보험의 피보험자가 될 수 없다.

| 해설 |

상해보험계약을 체결할 때 약관 또는 보험자와 보험계약자의 개별 약정으로 태아를 상해보험의 피보험자로 할 수 있다. ~ (중간 생략) ~ 약관이나 개별 약정으로 출생전 상태인 태아의 신체에 대한 상해를 보험의 담보범위에 포함하는 것이 보험제도의 목적과 취지에 부합하고 보험계약자나 피보험자에게 불리하지 않으므로 상법 제663조에 반하지 아니하고 민법 제103조의 공서양속에도 반하지 않는다. 따라서 계약자유의 원칙상 태아를 피보험자로 하는 상해보험계약은 유효하고, 그 보험계약이 정한 바에 따라 보험기간이 개시된 이상 출생 전이라도 태아가 보험계약에서 정한 우연한 사고로 상해를 입었다면 이는 보험기간 중에 발생한 보험사고에 해당한다(대법원 2019.3.28., 선고, 2016다211224, 판결).
① 상법 제737조
② 대법원 1992.2.25., 선고, 91다30088, 판결
③ 대법원 2001.11.9., 선고, 2001다55499, 55505, 판결

68 상해보험계약에서 보험자의 보험금 지급의무가 발생하지 않는 경우에 해당하는 것을 모두 고른 것은? (다툼이 있는 경우 판례에 의함) 기출 22

> 가. 피보험자가 욕실에서 페인트칠 작업을 하다가 평소 가지고 있던 고혈압 증세가 악화되어 뇌교출혈을 일으켜 장애를 입게 된 보험사고
> 나. 피보험자가 만취된 상태에서 건물에 올라갔다가 구토 중에 추락하여 발생한 보험사고
> 다. 자동차상해보험계약에서 피보험자의 중대한 과실로 해석되는 무면허로 인하여 발생한 보험사고
> 라. 자동차상해보험계약에서 피보험자의 중대한 과실로 해석되는 안전띠 미착용으로 인하여 발생한 보험사고

① 가
② 가, 나
③ 가, 나, 다
④ 가, 나, 다, 라

해설

가. 피보험자가 욕실에서 페인트칠 작업을 하다가 평소 가지고 있던 고혈압 증세가 악화되어 뇌교출혈을 일으켜 장애를 입게 된 보험사고는 보험계약에서 정한 우발적인 외래의 사고가 아니므로 보험금 지급대상에서 제외된다(대법원 2001.7.24., 선고, 2000다25965, 판결).

나. 피보험자가 만취된 상태에서 건물에 올라갔다가 구토 중에 추락하여 발생한 보험사고는 보험약관상의 급격성과 우연성은 충족되고, 피보험자가 술을 마신 외부의 행위에 의하여 초래된 것이어서, 이는 외부적 요인에 해당한다고 할 것이고, 따라서 위 사고는 보험약관에서 규정하고 있는 '외래의 사고'에 해당하므로 보험계약에 따른 보험금 지급의무가 있다(대법원 1998.10.13., 선고, 98다28114, 판결).

다. 자동차상해보험계약에서 보험사고가 보험계약자, 피보험자 또는 보험수익자의 고의로 인한 경우만 면책으로 하며, 중대한 과실로 해석되는 음주운전, 무면허운전 등으로 인하여 생긴 때에는 보험자는 보험금을 지급할 의무가 있다(상법 제732조의2 제1항, 대법원 1998.10.20., 선고, 98다34997, 판결).

라. 보험사고발생시의 상황에 있어 피보험자에게 안전띠 미착용 등 법령위반의 사유가 존재하는 경우를 보험자의 면책사유로 약관에 정한 경우에도 그러한 법령위반행위가 보험사고의 발생원인으로서 고의에 의한 것이라고 평가될 정도에 이르지 아니하는 한 상법 규정들에 반하여 무효이므로, 보험자는 보험금을 지급할 의무가 있다(대법원 2014.9.4., 선고, 2012다204808, 판결).

69 상해보험과 관련된 내용 중 옳지 않은 것은? (다툼이 있는 경우 판례에 의함) 기출 17

① 피보험자가 원룸에서 에어컨을 켜고 자다 사망한 경우, 최근의 의학적 연구와 실험 결과 등에 비추어 망인의 사망 원인이 에어컨에 의한 저체온증이라거나 망인이 에어컨을 켜 둔 채 잠이 든 것과 사망 사이에 상당한 인과관계가 있다고 볼 수 없고, 이 경우 의사의 사체 검안만으로 망인의 사망원인을 밝힐 수 없음에도 부검을 반대하여 사망의 원인을 밝히려는 증명책임을 다하지 않은 유족이 그로 인한 불이익을 감수해야 한다.

② 종합건강검진을 위하여 전신마취제인 프로포폴을 투여받고 수면내시경 검사를 받던 중 검사 시작 5분만에 프로포폴의 호흡억제작용으로 호흡부전 및 의식불명 상태가 되어 사망한 사건에서, 질병 등을 치료하기 위한 외과적 수술 등에 기한 상해가 아니라 건강검진 목적으로 수면내시경 검사를 받다가 마취제로 투여된 프로포폴의 부작용으로 사망사고가 발생한 것으로 보아 보험자의 면책이 인정되지 않는다.

③ 지역병원에서 실시한 복부CT촬영 결과 후복막강에서 종괴가 발견되어 대학병원에 입원하여 후복막악성신생물 진단을 받아 종양절제수술을 받았다가 감염으로 인하여 상세불명의 패혈증과 폐렴을 원인으로 피보험자가 사망한 경우, 보험자가 보상하지 아니하는 질병인 암의 치료를 위한 개복수술로 인하여 증가된 감염의 위험이 현실화됨으로 발생한 것이므로, 이 사건 사고 발생에 병원 의료진의 의료과실이 기여하였는지 여부와는 무관하게 이 사건 보험자는 면책된다.

④ 외래의 사고라는 것은 상해 또는 사망의 원인이 피보험자의 신체적 결함, 즉 질병이나 체질적 요인 등에 기인한 것이 아닌 외부적 요인에 의해 초래된 모든 것을 의미하고, 이러한 사고의 외래성 및 상해 또는 사망이라는 결과와 사이의 인과관계에 대하여는 보험자가 증명책임을 부담해야 한다.

| 해설 |

④의 경우 사고의 외래성 및 상해 또는 사망이라는 결과와 사이의 인과관계에 관해서는 <u>보험금청구자에게 그 증명책임이 있다</u>(서울동부지법 2011.3.18. 선고, 2010가합14573, 판결).
① 대법원 2010.9.30., 선고, 2010다12241, 12258, 판결
② 대법원 2014.4.30., 선고, 2012다76553, 판결
  ※ 질병·상해보험표준약관의 개정 전(2010년 1월 29일) 면책조항이 있는 보험에 가입했더라도 건강검진 목적으로 수면내시경 검사를 받다가 사망한 경우 보험금을 받을 수 있다.
③ 대법원 2010.8.19., 선고, 2008다8491, 78507, 판결

70 상법은 질병보험에 관하여는 그 성질에 반하지 아니하는 범위에서 (   )에 관한 규정을 준용한다고 규정한다. (   )에 들어갈 용어 중 옳은 것은? 기출 15

① 생명보험
② 상해보험
③ 생명보험 및 상해보험
④ 손해보험 및 상해보험

| 해설 |
질병보험에 관하여는 그 성질에 반하지 아니하는 범위에서 <u>생명보험 및 상해보험에 관한 규정을 준용한다</u>(상법 제739조의3).

71 질병보험에 관한 설명으로 옳지 않은 것은? (다툼이 있는 경우 판례에 의함) 기출 23

① 질병보험계약의 보험자는 피보험자의 질병에 관한 보험사고가 발생할 경우 보험금이나 그 밖의 급여를 지급할 책임이 있다.
② 질병보험은 보험의 목적이 신체라는 점에서 생명보험과 유사하지만 보험사고가 불확정적이고 부정액방식으로 운영도 가능하다는 점에서는 손해보험의 성격도 가지고 있다.
③ 상해보험에서 담보되는 위험으로서 상해란 외부로 부터의 우연한 돌발적인 사고로 인한 신체의 손상을 뜻하므로, 그 사고의 원인이 피보험자의 신체의 외부로부터 작용하는 것을 말하고, 신체의 질병 등과 같은 내부적 원인에 기한 것은 상해보험에서 제외되고 질병보험 등의 대상이 된다.
④ 질병보험에 관하여는 그 성질에 반하지 않는 한 생명보험 및 상해보험뿐만 아니라 손해보험에 관한 규정을 준용한다.

| 해설 |
질병보험에 관하여는 그 성질에 반하지 아니하는 범위에서 <u>생명보험 및 상해보험에 관한 규정을 준용한다</u>(상법 제739조의3).
① 질병보험계약의 보험자는 피보험자의 질병에 관한 보험사고가 발생할 경우 보험금이나 그 밖의 급여를 지급할 책임이 있다(상법 제739조의2).
② 질병보험은 보험의 목적이 신체라는 점에서 생명보험과 유사하지만 반드시 정액보험은 아니고, 상해의 정도나 치료일수에 따라 일정액의 급여를 하거나 피보험자가 질병으로 인하여 입은 경제적인 손실(의료비 등)을 보상하는 부정액보험으로 운영할 수도 있으므로 손해보험의 성격도 가지고 있다
③ 상해보험에서 담보되는 위험으로서 상해란 외부로부터의 우연한 돌발적인 사고로 인한 신체의 손상을 뜻하므로, 그 사고의 원인이 피보험자의 신체의 외부로부터 작용하는 것을 말하고, 신체의 질병 등과 같은 내부적 원인에 기한 것은 상해보험에서 제외되고 질병보험 등의 대상이 된다(대법원 2001.8.21., 선고, 2001다27579, 판결, 대법원 2003.7.25., 선고, 2002다57287, 판결 등 참조).

72 질병보험에 관한 설명으로 옳지 않은 것은? 기출 22

① 질병보험은 보험사고의 원인이 신체의 질병과 같은 내부적 원인에 기인하는 것을 담보한다.
② 질병보험에 관하여는 그 성질에 반하지 않는 한 생명보험 및 상해보험의 일부 규정을 준용한다.
③ 질병보험의 보험금 지급은 정액방식으로만 가능하다.
④ 질병보험은 상법상 인보험에 속하며, 보험업법상으로는 제3보험에 속한다.

> | 해설 |
> 질병보험은 상해의 정도나 치료일수에 의해 일정액의 급여를 하는 정액방식으로 할 수도 있고, 의료비 등 피보험자가 상해나 질병으로 인하여 입은 경제적인 손실을 보상하는 부정액방식으로 운용할 수 있다.
> ① 대법원 2001.8.21., 선고, 2001다27579, 판결 / 대법원 2003.7.25., 선고, 2002다57287, 판결
> ② 상법 제739조의3
> ④ 상법 4편(보험) 제3장(인보험) 제4절(질병보험), 보험업법 제4조 제1항 제3호

73 질병보험에 관한 설명으로 옳지 않은 것은? (다툼이 있는 경우 판례에 의함) 기출 18

① 질병보험은 상법상 제3보험이다.
② 질병보험에 대하여 그 성질에 반하지 아니하는 범위에서 생명보험 및 상해보험에 관한 규정을 준용한다.
③ 신체의 질병 등과 같은 내부적 원인에 기한 것은 상해보험이 아니라 질병보험 등의 대상이 된다.
④ 질병보험계약의 보험자는 피보험자의 질병에 관한 보험사고가 발생한 경우 보험금이나 기타 급여를 지급 할 책임이 있다.

> | 해설 |
> 질병보험은 상법상 인보험이며, 보험업법상 제3보험이다(보험업법 제4조 제3항).
> 상법은 인보험의 하나로 신체의 상해에 관한 보험사고를 대상으로 하는 상해보험에 관하여 규정하고 있다. 그리고 보험업법은 보험상품을 '위험보장을 목적으로 우연한 사건 발생에 관하여 금전 및 그 밖의 급여를 지급할 것을 약정하고 대가를 수수(授受)하는 계약(국민건강보험법에 따른 건강보험, 고용보험법에 따른 고용보험 등 보험계약자의 보호 필요성 및 금융거래 관행 등을 고려하여 대통령령으로 정하는 것은 제외한다)'으로서 생명보험상품, 손해보험상품, 제3보험상품을 말한다고 규정하고, 제3보험상품의 보험종목을 상해보험, 질병보험, 간병보험 등으로 규정하고 있다(대법원 2014.4.10., 선고, 2013다18929, 판결).
> ② 상법 제739조의3(질병보험의 준용규정)
> ③ 상해보험에서 담보되는 위험으로서 상해란 외부로부터의 우연한 돌발적인 사고로 인한 신체의 손상을 뜻하므로, 그 사고의 원인이 피보험자의 신체의 외부로부터 작용하는 것을 말하고, 신체의 질병 등과 같은 내부적 원인에 기한 것은 상해보험에서 제외되고 질병보험 등의 대상이 된다(대법원 2001.8.21., 선고, 2001다27579, 판결 / 대법원 2003.7.25., 선고, 2002다57287, 판결 등 참조).
> ④ 상법 제739조의2(질병보험자의 책임)

74 질병보험에 관한 설명으로 옳지 않은 것은? (다툼이 있는 경우 판례에 의함) 기출 16

① 상해사고를 통하여 발병한 때에는 상해보험을 통하여 보상이 가능하므로 질병보험은 상해보험의 일종이다.
② 질병보험에 관하여는 그 성질에 반하지 아니하는 범위에서 생명보험에 관한 규정을 준용한다.
③ 질병보험에 관하여는 그 성질에 반하지 아니하는 범위에서 상해보험에 관한 규정을 준용한다.
④ 질병보험의 보험사고를 계약 체결 후에 발병한 경우에 한정한다는 약관조항은 유효하다.

| 해설 |

질병은 원칙상 상해보험의 보상대상이 아니므로 상해보험의 일종이라고 할 수 없다. 다만, 상해사고로 인하여 질병이 발생한 경우 상해사고와 질병 사이에 인과관계가 인정되면 상해보험에서 보상이 가능하다.
②·③ 질병보험에 관하여는 그 성질에 반하지 아니하는 범위에서 생명보험 및 상해보험에 관한 규정을 준용한다(상법 제739조의3).
④ 대법원은 "보험약관이 질병으로 인해 입원 또는 통원치료를 받는 경우 보험회사가 입원의료비 또는 통원의료비를 보상한다고 정하고 있을 뿐이라면 질병이 보험기간 중에 발생했는지 여부와 관계없이 질병으로 인해 입원 또는 통원치료를 받은 이상, 보상대상으로 삼는 것이 약관취지에 부합한다"고 판시하고 있다(대법원 2013.7.26., 선고, 2011다70794, 판결).

75 상해보험과 질병보험에 관한 설명 중 틀린 것은? 기출 14

① 장애등급표에 따라 장애보험금을 지급하는 경우에는 상해보험은 준정액보험(準定額保險)에 해당한다.
② 원칙적으로 상해로 인한 사망은 상해보험의 보험사고에 해당하고, 질병으로 인한 사망은 질병보험의 보험사고에 해당한다.
③ 민사 분쟁에서의 인과관계는 의학적·자연과학적 인과관계가 아니라 사회적·법적 인과관계이므로, 그 인과관계가 반드시 의학적·자연과학적으로 명백히 증명되어야 하는 것은 아니다.
④ 대법원 판례에 따르면, 의사의 사체 검안만으로 망인의 사망 원인을 밝힐 수 없었음에도 유족의 반대로 부검이 이루어지지 않은 경우에는 사망 원인을 밝히려는 증명책임을 다하지 못한 유족에게 부검을 통해 사망 원인이 명확히 밝혀진 경우보다 더 유리하게 사망 원인을 추정할 수는 없다.

| 해설 |

질병보험은 질병에 대한 치료비를 보장할 것을 목적하는 보험을 말하며, 질병으로 인한 사망은 사망보험의 보험사고에 해당한다.

76 상해보험과 질병보험에 관한 설명으로 옳지 않은 것은? (다툼이 있는 경우 판례에 의함)

기출 17

① 만취상태에서 잠을 자다가 구토 중에 구토물이 기도를 막아 피보험자가 사망한 경우에, 상해보험의 외래성이 인정되지 않는다.
② 상해보험에서 담보되는 위험으로서 상해는 그 사고의 원인이 피보험자 신체의 외부로부터 작용하는 것을 말하고, 신체의 질병 등과 같은 내부적 원인에 기한 것은 질병보험의 대상이 된다.
③ 피보험자가 방안에서 술에 취한 채 선풍기를 틀어놓고 자다가 사망한 경우에, 주취와 선풍기를 틀고 잔 것은 모두 외래의 사고로 해석한다.
④ 질병보험에 관하여는 상해보험과 유사하다는 점을 고려하여 상해보험의 규정을 일부 준용토록 하고 있다.

> **해설**
>
> 보험약관상의 '외래의 사고'란 상해 또는 사망의 원인이 피보험자의 신체적 결함, 즉 질병이나 체질적 요인 등에 기인한 것이 아닌 외부적 요인에 의해 초래된 모든 것을 의미한다. 따라서 <u>만취상태에서 잠을 자다가 구토 중에 구토물이 기도를 막아 피보험자가 사망한 경우에, 상해보험의 외래성이 인정된다</u>(서울중앙지방법원 2005.6.21., 선고, 2004가합57361, 판결).
> ② 상법 제737조, 상법 제739조의2
> ③ 술에 만취된 것과 선풍기를 틀고 잔 사유는 모두 외인에 해당한다(대법원 1991.6.25., 선고, 90다12373, 판결).
> ④ 상법 제739조의3

77 다음 예문의 해석으로 옳은 것은? (다툼이 있는 경우 판례에 의함) 기출 20

> 사망 또는 제1급 장해의 발생을 보험사고로 하는 보험계약의 피보험자 甲은 보험계약 체결 직전에 이미 근긴장성 근이양증 진단을 받았다. 이 병은 제1급 장해발생을 필연적으로 야기하고, 또한 건강상 태가 일반적인 자연적 속도 이상으로 급격히 악화되어 사망에 이를 개연성이 매우 높다.

① 보험사고는 계약 체결시에 불확정적이어야 하는데 甲은 필연적으로 사망 또는 제1급 장해로 이어질 질병의 확정진단을 이미 받았으므로 보험계약은 무효이다.
② 甲은 자신의 병에 대하여 알았으나, 보험자가 피보험자의 질병사실을 알지 못하였다면 보험사고의 주관적 불확정으로 소급보험이 인정된다.
③ 보험계약 체결시에 보험사고 그 자체가 발생한 것은 아니므로 보험계약은 유효하고, 다만 고지의무위반만 문제될 수 있다.
④ 甲의 질병은 보험기간 중에 진행되었으므로 보험자는 보험사고가 보험기간 경과 후에 발생한 때에도 보험금 지급책임을 진다.

| 해설 |

①·③ 문제의 예문은 보험계약 체결 당시 피보험자가 이미 근긴장성 근이양증(이하 '근이양증'이라고 함)의 증세를 보였고, 근이양증이 발병한 이상 보험사고인 제1급 장해의 발생을 피할 수 없으며, 근이양증으로 인하여 건강상태가 일반적인 자연속도 이상으로 급격히 악화되어 사망에 이를 개연성이 매우 높다는 이유로 보험계약이 무효라고 판단한 원심을 파기한 사례로서, 보험금 지급이 뻔히 예상되더라도 실제 사고가 나기 전에 보험계약을 맺었다면 계약은 유효한 것이다(대법원 2010.12.21., 2010다66835, 판결).
상법 제644조는 "보험계약 당시 보험사고가 이미 발생한 때에 그 계약을 무효로 한다"고 규정하고 있으므로, 설사 시간의 경과에 따라 보험사고의 발생이 필연적으로 예견된다고 하더라도 보험계약 체결 당시 이미 보험사고가 발생하지 않은 이상 상법 제644조를 적용하여 보험계약을 무효로 할 것은 아니라는 취지로 해석된다.
② 소급보험이 인정되기 위해서는 보험계약을 체결할 당시에 보험계약자와 보험자 및 피보험자 모두가 이미 보험사고의 발생 또는 불발생을 알고 있어서는 안 된다(상법 제644조 참조).
④ 질병은 보험기간 중에 진행되었더라도 보험사고가 보험기간 경과 후에 발생한 때에는 보험자는 보험금 지급책임을 지지 않는다.

78 인보험에 대한 설명으로 옳지 않은 것은? 기출 17

① 질병보험계약의 보험자는 피보험자의 질병에 관한 보험사고가 발생할 경우에 보험금이나 그 밖의 급여를 지급할 책임이 있다.
② 상법의 규정에 따르면 상해보험에 관하여는 상법 제732조를 제외하고 생명보험에 관한 규정을 준용한다.
③ 사망을 보험사고로 한 보험계약에서는 사고가 보험계약자 등의 중대한 과실로 인하여 발생한 경우에도 보험자는 보험금 지급책임이 있다.
④ 단체보험계약은 반드시 그 구성원인 피보험자 전원의 서면동의가 있어야 효력이 발생한다.

| 해설 |

단체보험의 보험계약자는 단체의 대표이고 피보험자는 단체의 구성원이므로 타인의 생명보험이다. 그런데 현행 보험계약법은 단체가 규약에 따라 구성원의 전부 또는 일부를 피보험자로 하는 생명보험계약을 체결하는 경우에는 타인의 동의를 요하지 아니한다고 규정하고 있다(상법 제735조의3 제1항).
① 상법 제739조의2
② 상법 제739조
③ 상법 제732조의2 제1항

79 상법상 단체보험에 관한 설명으로 옳은 것은? (다툼이 있는 경우 판례에 의함) 기출 25

① 단체보험은 생명보험만 가능하므로 단체상해보험은 존재하지 않는다.
② 단체보험 중 타인의 사망보험의 경우 규약에 정함이 없으면 타인의 개별적 서면동의를 받아야 한다.
③ 단체가 규약에 따라 구성원의 일부를 피보험자로 하는 생명보험계약을 체결한 때에는 보험자는 피보험자인 그 일부 구성원들에게 보험증권을 교부하여야 한다.
④ 단체보험의 유효요건으로 요구하는 '규약'은 단체협약, 정관 등 형식을 불문하나, 당해 보험에의 가입과 관련하여 상세한 사항을 규정하고 있을 것을 요한다.

| 해설 |

상법 제735조의3은 단체가 규약에 따라 구성원의 전부 또는 일부를 피보험자로 하는 생명보험계약을 체결하는 경우에는 제731조를 적용하지 아니한다고 규정하고 있으므로 위와 같은 단체보험에 해당하려면 위 법조 소정의 규약에 따라 보험계약을 체결한 경우이어야 하고, 그러한 규약이 갖추어지지 아니한 경우에는 강행법규인 상법 제731조의 규정에 따라 <u>피보험자인 구성원들의 서면에 의한 동의를 갖추어야 보험계약으로서의 효력이 발생한다</u>(대법원 2006.4.27. 선고 2003다60259 판결).

① 단체보험이란 회사, 공장 등 일정한 단체의 구성원의 전부 또는 일부를 포괄적으로 피보험자로 하여 그의 생명·신체에 관한 사고를 보험사고로 하는 생명보험 또는 상해보험을 말한다. 따라서 <u>단체보험은 생명보험뿐만 아니라 상해보험도 가능하다</u>.
③ 단체가 규약에 따라 구성원의 전부 또는 일부를 피보험자로 하는 생명보험계약을 체결하는 경우에는 보험자는 <u>보험계약자에 대하여서만 보험증권을 교부한다</u>(상법 제735조의3 제2항).
④ 상법 제735조의3에서 단체보험의 유효요건으로 요구하는 '규약'의 의미는 단체협약, 취업규칙, 정관 등 그 형식을 막론하고 단체보험의 가입에 관한 단체내부의 협정에 해당하는 것으로서, 반드시 <u>당해 보험가입과 관련한 상세한 사항까지 규정하고 있을 필요는 없고 그러한 종류의 보험가입에 관하여 대표자가 구성원을 위하여 일괄하여 계약을 체결할 수 있다는 취지를 담고 있는 것이면 충분하다</u> 할 것이다(대법원 2006.4.27. 선고 2003다60259 판결).

80 단체보험에 관한 설명 중 틀린 것은? (다툼이 있는 경우 대법원 판례에 의함) 기출 14

① 단체가 구성원의 전부 또는 일부를 피보험자로 하는 생명보험계약을 체결하는 경우에는 단체의 규약이 있어야 하고, 이 규약이 없는 경우에는 구성원들의 서면동의를 얻어야 보험계약이 유효하게 된다.
② 구성원의 일부가 고지의무를 위반한 경우에 단체보험은 1개의 계약으로 체결된 것이므로, 보험자는 원칙적으로 구성원 전부에 대한 계약관계를 해지할 수 있다.
③ 단체는 보험계약자로서 구성원의 동의 없이 자신을 보험수익자로 지정할 수 있다.
④ 단체의 규약은 단체협약, 취업규칙, 정관 등 그 형식을 불문하며, 대표자가 구성원에 대해서 일괄하여 어떠한 종류의 보험계약을 체결할 수 있다는 취지를 담고 있는 것으로 충분하다.

| 해설 |
②의 경우 원칙적으로 구성원 전부에 대한 계약관계를 해지할 수 없다.
①·③·④ 대법원 2006.4.27., 선고, 2003다60259, 판결

81 단체보험에 관한 다음 설명 중 옳지 않은 것은? (다툼이 있는 경우 판례에 의함) 기출 15

① 단체보험계약이 체결된 때 보험자는 보험계약자에 대하여서만 보험증권을 교부한다.
② 단체보험계약에서 보험계약자가 피보험자 또는 그 상속인이 아닌 자를 보험수익자로 지정할 때에는 단체의 규약에서 명시적으로 정하는 경우 외에는 그 피보험자의 서면동의를 받아야 한다.
③ 상법 제735조의3에서 단체보험의 유효요건으로 요구하는 '규약'은 취업규칙이나 단체협약에 근로자의 채용 및 해고, 재해부조 등에 관한 일반적 규정으로 이해된다.
④ 규약을 구비하지 못한 단체보험의 유효요건으로서의 피보험자의 동의의 방식은 강행법규인 상법 제731조가 정하는 대로 서면에 의한 동의만이 허용될 뿐이다.

| 해설 |
상법 제735조의3에서 단체보험의 유효요건으로 요구하는 '규약'의 의미는 단체협약, 취업규칙, 정관 등 그 형식을 막론하고 단체보험의 가입에 관한 단체내부의 협정에 해당하는 것으로서, 반드시 당해 보험가입과 관련한 상세한 사항까지 규정하고 있을 필요는 없고, 그러한 종류의 보험가입에 관하여 대표자가 구성원을 위하여 일괄하여 계약을 체결할 수 있다는 취지를 담고 있는 것이면 충분하다 할 것이지만, 위 규약이 강행법규인 상법 제731조 소정의 피보험자의 서면동의에 갈음하는 것인 이상 취업규칙이나 단체협약에 근로자의 채용 및 해고, 재해부조 등에 관한 일반적 규정을 두고 있다는 것만으로는 이에 해당한다고 볼 수 없다(대법원 2006.4.27., 선고, 2003다60259, 판결).

82 인보험에서 단체보험에 대한 설명으로 옳지 않은 것은? (다툼이 있는 경우 판례에 의함)

기출 19

① 단체보험의 경우 보험계약자가 회사인 경우 그 회사에 대하여만 보험증권을 교부한다.
② 단체구성원의 전부를 피보험자로 하는 단체보험을 체결하는 경우 규약에 따라 타인의 서면동의를 받지 않아도 된다.
③ 단체보험계약에서 보험계약자가 피보험자 또는 그 상속인이 아닌 자를 보험수익자로 지정할 때에는 단체규약에서 정함이 없어도 그 피보험자의 동의를 받을 필요가 없다.
④ 단체보험에 관한 상법 규정은 단체생명보험뿐만 아니라 단체상해보험에도 적용된다.

| 해설 |

단체보험계약에서 보험계약자가 피보험자 또는 그 상속인이 아닌 자를 보험수익자로 지정할 때에는 <u>단체의 규약에서 명시적으로 정하는 경우 외에는 그 피보험자의 서면동의를 받아야 한다</u>(상법 제735조의3 제3항).
① 상법 제735조의3 제2항
② 상법 제735조의3 제1항
④ 단체보험이란 회사, 공장 등 일정한 단체의 구성원의 전부 또는 일부를 포괄적으로 피보험자로 하여 그의 생명·신체에 관한 사고를 보험사고로 하는 생명보험 또는 상해보험을 말하므로, 단체보험에 관한 상법 규정은 단체생명보험뿐만 아니라 단체상해보험에도 적용된다.

83 다음 중 상법상 보험계약자 등의 불이익변경금지원칙과 관련하여 허용되지 아니하는 것은? (표준약관의 규정은 고려하지 않음) 기출 17

① 항공기기체보험에서 고지의무위반시의 계약해지권 행사 기간을 2년으로 규정한 약관조항
② 자살은 고의사고이므로 보험계약 체결시부터 자살할 의도가 명백하였던 피보험자가 자살한 때에는 보험효력발생일로부터 2년이 경과하여 자살한 때에도 보험금을 지급하지 아니하겠다는 생명보험 약관조항
③ 단체가 사망보험계약을 체결할 당시 피보험자인 15세 미만의 자가 단체보험의 구성원으로서 의사능력이 있었다면 사망사고 발생시점에서 15세를 넘어 선 경우에는 당해 보험계약은 유효한 것으로 본다는 약관조항
④ 생명보험계약자가 보험증권의 멸실 또는 현저한 훼손으로 인하여 증권의 재교부를 청구할 때에 증권작성의 비용을 보험자가 부담하겠다는 취지의 약관조항

정답 80 ② 81 ③ 82 ③ 83 ③

| 해설 |

15세 미만자, 심신상실자 또는 심신박약자의 사망을 보험사고로 한 보험계약은 무효로 한다. 즉 15세 미만의 자가 단체보험의 구성원으로서 의사능력이 있고, 사망사고 발생시점에서 15세를 넘어 선 경우에도 당해 보험계약은 확정적 무효이다. 다만, 심신박약자가 보험계약을 체결하거나 제735조의3에 따른 단체보험의 피보험자가 될 때에 의사능력이 있는 경우에는 그러하지 아니하다(상법 제732조).
① 상법의 규정보다 보험계약자에게 유리하게 정한 것은 유효하다. 계약해지권 행사 기간을 3년에서 2년으로 규정하였기 때문에 보험계약자에게 유리한 약관조항이다.
② 보험약관에는 피보험자가 고의로 자신을 해친 경우 보험금을 지급하지 않는다고 규정하고 있으나, 보험계약자 등의 고의로 인한 사고에 대해서도 보험금을 지급한다는 약관규정은 보험계약자 등의 불이익변경금지원칙과 무관하게 해당 약관은 무효로 인정된다. 따라서 보험계약 체결 당시부터 자살 의도가 명백한 경우 보험효력발생일로부터 2년이 경과하여 자살한 때에도 보험금을 지급하지 아니하겠다는 생명보험 약관조항은 유효하다고 본다.
④ 증권작성의 비용을 보험자가 부담하겠다는 취지의 약관조항도 보험계약자에게 유리하므로 유효하다.

84 단체생명보험에 대한 설명으로 옳지 않은 것은? 기출 21

① 단체생명보험의 경우 보험계약자가 회사일 때에는 그 회사에 대하여만 보험증권을 교부한다.
② 보험계약의 체결 이후에 보험수익자를 지정 또는 변경하는 경우, 단체규약에 명시적으로 정한 경우 외에는 피보험자의 개별적 서면동의를 받아야 한다.
③ 단체가 규약에 따라 구성원의 전부를 피보험자로 하는 단체생명보험계약을 체결하는 경우, 단체구성원의 사망을 보험사고로 하는 보험계약에서도 타인의 서면동의를 받지 않아도 된다.
④ 심신상실자 또는 심신박약자가 단체생명보험의 피보험자가 될 경우, 보험계약 체결시 의사능력이 있는 경우에 그 보험계약은 유효하다.

| 해설 |

15세 미만자, 심신상실자 또는 심신박약자의 사망을 보험사고로 한 보험계약은 무효로 한다. 다만, 심신박약자가 보험계약을 체결하거나 제735조의3에 따른 단체보험의 피보험자가 될 때에 의사능력이 있는 경우에는 그 보험계약은 유효하다(상법 제732조).
① 상법 제735조의3 제2항
② 상법 제735조의3 제3항
③ 상법 제735조의3 제1항

85 단체생명보험에 관한 설명으로 옳지 않은 것은? (다툼이 있는 경우 판례에 의함) `기출 20`

① 단체생명보험은 단체가 구성원의 전부 또는 일부를 피보험자로 하여 체결하는 생명보험이다.
② 보험계약자가 회사인 경우 보험증권은 회사에 대하여만 교부되지만, 회사는 보험수익자가 되지 못한다.
③ 구성원이 단체를 퇴사하면 보험료를 계속 납입하였더라도 피보험자의 지위는 상실한다.
④ 회사의 규약에 따라 단체생명보험계약이 체결되면 피보험자의 개별적 서면동의가 필요 없지만, 규약이 갖추어지지 않으면 피보험자인 구성원의 서면동의를 갖추어야 보험계약으로서 효력이 발생한다.

> **해설**
> 단체보험의 경우 단체(회사) 또는 그 대표자가 보험계약자이므로, 보험증권은 보험계약자에게만 교부된다(상법 제735조의3 제2항). 또한 회사의 대표자가 구성원의 복리후생을 위하여 보험료를 부담하고 보험계약을 체결하므로 '타인을 위한 보험계약' 형태가 일반적이다. 그러나 보험계약자 자신을 보험수익자로 하여 '자기를 위한 보험계약'으로도 체결할 수 있다.
> ① 상법 제735조의3 제1항
> ③ 단체보험 계약자 회사의 직원이 퇴사한 후에 사망하는 보험사고가 발생한 경우, 회사가 퇴사 후에도 계속 위 직원에 대한 보험료를 납입하였더라도 퇴사와 동시에 단체보험의 해당 피보험자 부분이 종료되는데 영향을 미치지 아니한다(대법원 2007.10.12., 선고, 2007다42877, 판결).
> ④ 상법 제735조의3은 단체가 규약에 따라 구성원의 전부 또는 일부를 피보험자로 하는 생명보험계약을 체결하는 경우에는 제731조를 적용하지 아니한다고 규정하고 있으므로, 위와 같은 단체보험에 해당하려면 위 법조 소정의 규약에 따라 보험계약을 체결한 경우이어야 하고, 그러한 규약이 갖추어지지 아니한 경우에는 강행법규인 상법 제731조의 규정에 따라 피보험자인 구성원들의 서면에 의한 동의를 갖추어야 보험계약으로서 효력이 발생한다(대법원 2006.4.27., 선고, 2003다60259, 판결).

86 단체생명보험에 관한 설명으로 옳지 않은 것은? (다툼이 있는 경우 판례에 의함) `기출 22`

① 피보험자인 직원이 퇴사한 이후에 사망한 경우, 만약 회사가 그 직원의 퇴사 후에도 보험료를 계속 납입하였다면 피보험자격은 유지된다.
② 단체의 규약에 따라 구성원을 피보험자로 하는 생명보험계약을 체결한 때에는 보험자는 보험계약자에게만 보험증권을 교부하면 된다.
③ 단체규약에 단순히 근로자의 채용 및 해고, 재해부조 등에 관한 사항만 규정하고 있고, 보험가입에 관하여는 별다른 규정이 없는 경우에는 피보험자의 동의를 받아야 한다.
④ 단체생명보험은 타인의 생명보험계약이다.

| 해설 |

단체보험계약자 회사의 직원이 퇴사한 후에 사망하는 보험사고가 발생한 경우, 회사가 퇴사 후에도 계속 위 직원에 대한 보험료를 납입하였더라도 퇴사와 동시에 단체보험의 해당 피보험자 부분이 종료되는데 영향을 미치지 아니한다(대법원 2007.10.12., 선고, 2007다42877, 판결). 즉 피보험자격은 종료된다.
② 상법 제735조의3 제2항
③ 상법 제735조의3에서 단체보험의 유효요건으로 요구하는 '규약'의 의미는 단체협약, 취업규칙, 정관 등 그 형식을 막론하고 단체보험의 가입에 관한 단체내부의 협정에 해당하는 것으로서, 반드시 당해 보험가입과 관련한 상세한 사항까지 규정하고 있을 필요는 없고, 그러한 종류의 보험가입에 관하여 대표자가 구성원을 위하여 일괄하여 계약을 체결할 수 있다는 취지를 담고 있는 것이면 충분하다 할 것이지만, 위 규약이 강행법규인 상법 제731조 소정의 피보험자의 서면동의에 갈음하는 것인 이상 취업규칙이나 단체협약에 근로자의 채용 및 해고, 재해부조 등에 관한 일반적 규정을 두고 있다는 것만으로는 이에 해당한다고 볼 수 없다(대법원 2006.4.27., 선고, 2003다60259, 판결). 즉 보험가입에 관하여는 별다른 규정이 없는 경우에는 피보험자의 동의를 받아야 한다.
④ 단체생명보험의 경우 단체(회사)의 대표자가 구성원의 복리후생을 위하여 보험료를 부담하고 보험계약을 체결하므로 '타인의 생명보험계약' 형태가 일반적이다.

87 단체보험에 관한 설명으로 옳지 않은 것은? (다툼이 있는 경우 판례에 의함) 기출 23

① 단체생명보험은 어느 특정회사 또는 공장 등의 단체구성원 전부 또는 일부를 포괄적으로 피보험자로 하여 그의 생사를 보험사고로 하는 보험계약을 말한다.
② 단체보험에서는 구성원이 단체에 가입·탈퇴함으로써 당연히 피보험자의 자격을 취득하거나 상실한다.
③ 단체생명보험은 타인의 생명보험계약의 일종으로 볼 수 있다.
④ 회사의 직원이 퇴사한 후에 사망하는 보험사고가 발생한 경우 회사가 퇴사한 후에도 직원에 대한 보험료를 계속 납입하였다면 원칙적으로 단체보험의 해당 피보험자 자격은 유지된다.

| 해설 |

단체보험계약자 회사의 직원이 퇴사한 후에 사망하는 보험사고가 발생한 경우, 회사가 퇴사 후에도 계속 위 직원에 대한 보험료를 납입하였더라도 퇴사와 동시에 단체보험의 해당 피보험자 부분이 종료되는데 영향을 미치지 아니한다(대법원 2007.10.12., 선고, 2007다42877, 판결).
① 단체생명보험은 직장이나 단체에 속하는 자를 포괄적으로 피보험자로 하여 그 생사(生死)를 보험사고로 하는 생명보험이다.
② 단체보험은 어느 특정회사 또는 공장 등의 단체 구성원을 포괄적으로 피보험자로서 1개의 보험계약을 체결하는 집합보험 또는 총괄보험이다. 그 단체의 가입 또는 탈퇴에 따라서 당연히 피보험자의 자격을 취득 또는 상실한다.
③ 단체보험은 단체의 대표자가 보험계약자가 되고, 단체의 구성원이 피보험자가 되기 때문에 '타인의 생명보험'에 해당한다.

보험계약법

기출분석문제 100選

10개년 기출 키워드 분석

최근 10년간(2016~2025) 시험에 출제된 기출 키워드를 각 CHAPTER별로 정리한 자료입니다.

CHAPTER 01 총론

- 상법 제4편(보험)의 적용
- 보험의 종류
- 보험 관련 판례
- 보험의 특성
- 보험계약자, 피보험자, 보험수익자
- 보험자의 면책사유

CHAPTER 02 보험계약

- 보험계약의 성립
- 보험계약자의 임의해지권
- 보험계약자의 간접의무
- 고지 없이 체결된 보험계약
- 피보험이익
- 보험계약의 당사자 및 관계자
- 약관의 중요사항에 대한 명시·설명의무
- 보험약관의 설명의무위반의 효과
- 보험금액의 지급
- 보험목적의 양도
- 전쟁위험에 대한 면책
- 승낙전 통지 여부
- 판례상의 한정무효 또는 무효약관
- 수표에 의한 보험료 지급
- 보험료의 지급 및 보험료 지급의무
- 보험증권의 교부
- 보험기간과 보험계약기간
- 상법상 소멸시효
- 제3자에 대한 보험자대위권
- 보험계약자 등의 고지의무와 통지의무
- 고지의무위반의 효과
- 공동불법행위에 대한 구상권 행사
- 보험금청구권 상실약관
- 소급보험계약
- 보험자의 보험금 지급의무
- 보험금청구권자에 입증책임이 있는 경우
- 보험계약 당사자간의 특별한 약정의 효력
- 보험계약의 증명책임
- 보험계약의 해지에 관한 상법상 규정
- 보험계약의 청약자를 보호하기 위한 규정
- 보험계약의 무효와 취소, 소멸사유
- 보험약관의 해석원칙과 적용
- 상법상 보험가액
- 타인을 위한 보험계약
- 보험대리상의 권한
- 보험약관의 교부·설명의무
- 이득금지의 원칙
- 보험자의 면책사유
- 대표자책임이론
- 승낙전 사고담보의 요건
- 보험계약자 등의 불이익변경금지의 원칙
- 상법상 보험료에 관한 규정
- 보험료 지급과 지체의 효과
- 보험료의 감액 또는 증액 청구
- 보험료적립금의 반환
- 보험금청구권의 소멸시효
- 상법상 위험변경·증가
- 고지의무위반의 요건
- 고지의무의 대상이 되는 중요한 사항
- 고지의무위반사실과 보험사고발생 사실간에 인과관계
- 보험수익자의 지정·변경
- 보험료반환청구
- 위험변경증가에 대한 통지의무
- 보험계약의 해지사유 및 부활
- 미경과보험료의 반환

CHAPTER 03 손해보험

- 손해보험과 인보험에 공통으로 적용되는 보험원리
- 협정보험가액
- 손해방지·경감의무
- 실손보상의 원칙 및 예약
- 화재보험과 피보험자 및 제3자의 과실경합
- 타인을 위한 손해보험계약
- 책임보험에서 제3장의 직접청구권
- 책임보험계약상 보험자의 손해보상의무
- 중복보험·초과보험·일부보험
- 피보험자우선설(차액설)
- 보험자대위 및 보험위부
- 집합보험, 총괄보험, 보증보험, 재보험
- 손해방지비용
- 화재보험계약에서의 보험금 산정
- 해상보험에서 보험자의 면책사유
- 해상보험에 있어서 적하의 매각으로 인한 손해보상
- 해상보험계약의 준거법약관
- 선박의 행방불명
- 선박보험계약의 종료사유
- 자동차책임보험과 손해배상청구권의 상속
- 자동차손해배상보장법상 운행자
- 자동차보험에서 승낙피보험자
- 보험목적의 양도
- 보험가액 불변동주의
- 보험의 목적이 확장되는 경우
- 중복보험에서의 보상책임
- 손해방지의무위반의 효과
- 보험사고와 손해 사이의 상당인과관계
- 실손보상의 원칙을 구현하기 위한 내용
- 손해액 산정기준
- 책임보험
- 제3자의 직접청구권의 소멸시효
- 보관자의 책임보험
- 면책약관
- 잔존물대위와 보험위부의 비교
- 상법상 각종 비용, 방어비용
- 공제조합
- 화재보험, 운송보험, 해상보험, 적하보험
- 화재 및 선박보험증권의 기재사항
- 해상보험의 워런티(warranty)
- 해상보험의 피보험이익
- 피보험자의 감항능력 주의의무
- 선박의 감항능력
- 자동차보험증권의 기재사항
- 자동차보험계약상 기명피보험자
- 보험의 목적
- 포괄적 예정보험

CHAPTER 04 인보험

- 인보험의 특징
- 상법상 손해보험과 인보험
- 실손보장형(비정액형) 상해보험
- 상해보험과 질병보험
- 무보험자동차에 의한 상해담보특약
- 채권자대위소송을 통한 부당이득반환
- 상해보험계약에서 보험자의 보험금 지급의무
- 인보험증권의 기재사항
- 면책조항의 금지
- 약관대출(보험계약대출)과 계약자배당
- 보험적립금 반환의무
- 타인의 생명보험
- 생명보험계약에서 다른 보험계약의 존재 여부
- 생명보험계약에서 서면 동의
- 생명보험계약에서 보험수익자의 지정·변경
- 생명보험표준약관상 보험계약상의 권리
- 생명보험계약에서 보험수익자에 대한 보험금 지급책임
- 생명보험자의 면책사유
- 단체생명보험
- 보험사고의 우연성
- 인보험계약에서 보험자대위권 및 구상권
- 피보험자의 자살, 피보험자 살해
- 상해보험약관의 면책조항
- 상해보험계약의 보험사고
- 자기신체사고보험 및 자동차상해보험특약
- 타인의 동의서면에 포함되는 전자문서의 요건
- 보험관관조항의 효력
- 대물·대인배상책임보험
- 보험금반환 또는 보험료반환청구
- 사망보험계약의 효력 여부
- 타인을 위한 생명보험
- 생명보험증권
- 생명보험계약에서 보험계약자의 지위 변경
- 인보험계약에서 중과실면책
- 상해보험계약에서 보험자의 책임
- 타인의 생명보험에서 피보험자의 동의 및 동의의 철회
- 생명보험계약 관계자
- 단체생명보험에서 피보험자의 동의

보험계약법 기출분석문제 100選

01 상법 제4편(보험)의 적용에 관한 설명으로 옳지 않은 것은? (다툼이 있는 경우 판례에 의함)
기출 25

① 가계보험과 기업보험의 구분은 보험계약자 등의 불이익변경금지에 관한 상법 제663조를 적용하는데 실익이 있다.
② 공제제도는 실제로 보험사업과 같은 기능을 하는 유사보험의 일종이므로 특별한 사정이 없는 한 보험계약에 관한 상법의 규정을 준용할 수 있다.
③ 무역보험은 민영보험이 아닌 공영보험이고, 특별법인 무역보험법에서 정한 규정이 적용되기 때문에 상법 제4편의 적용이 배제된다.
④ 선주상호보험은 선주상호보험조합법에 따라 상호부조를 목적으로 선주상호보험조합이 운영하는 상호보험이므로, 보험 관계의 성질에 반하거나 특칙이 없는 한 상법 제4편이 준용된다.

02 다음의 사례와 해석원칙을 바르게 연결한 것은? (다툼이 있는 경우 판례에 의함) 기출 18

〈사례〉
가. 면책약관에 의하면 식중독에 의한 사망에 대해 보상하지 아니한다고 규정하고 있었다. 그런데 보험대리점은 비브리오균에 의한 식중독으로 사망한 경우에도 보험금이 지급된다고 설명하였다. 이에 따라 법원은 당사자 사이에 명시적으로 약관의 내용과 달리 약정한 경우에는 약관의 구속력이 배제된다고 보았다.
나. 무면허운전 면책조항은 무면허운전이 보험계약자나 피보험자의 지배 또는 관리가 가능한 상황에서 이루어진 경우에 한하여 적용되는 것으로 수정해석 할 필요가 있다.
다. 수술의 의미를 구체적으로 명확하게 제한하지 않고 있으므로, 가는 관을 대동맥에 삽입하여 이를 통해 약물 등을 주입하는 색전술도 넓은 의미의 수술에 포함될 수 있다.

〈해석원칙〉
Ⓐ 작성자 불이익의 원칙
Ⓑ 개별약정 우선의 원칙
Ⓒ 효력유지적 축소해석의 원칙

① 가 – Ⓐ, 나 – Ⓑ, 다 – Ⓒ
② 가 – Ⓑ, 나 – Ⓐ, 다 – Ⓒ
③ 가 – Ⓑ, 나 – Ⓒ, 다 – Ⓐ
④ 가, 나 – Ⓒ, 다 – Ⓑ

해설 및 정답

01 무역보험은 한국무역보험공사가 운용하므로 민영보험이 아닌 공영보험이며, 상법에 대한 특별법인 무역보험법에서 정한 규정이 적용되기 때문에 원칙적으로 상법 제4편의 적용이 배제된다. 다만, 무역보험법에 특별한 규정이 없다면, 일반법인 상법 제4편의 규정이 적용된다.
① 상법 제663조에 규정된 '보험계약자 등의 불이익변경금지원칙'은 보험계약자와 보험자가 서로 대등한 경제적 지위에서 계약조건을 정하는 이른바 기업보험에 있어서의 보험계약 체결에 있어서는 그 적용이 배제된다(대법원 2005.8.25., 선고, 2004다18903, 판결). 즉 가계보험과 기업보험의 구분은 보험계약자 등의 불이익변경금지에 관한 상법 제663조를 적용하는데 실익이 있다.
② 상법 제4편의 규정은 그 성질에 반하지 아니하는 범위에서 상호보험, 공제, 그 밖에 이에 준하는 계약에 준용한다(상법 제664조). 즉 공제제도는 실제로 보험사업과 같은 기능을 하는 유사보험의 일종이므로 특별한 사정이 없는 한 보험계약에 관한 상법의 규정을 준용할 수 있다(대법원 2001.4.10., 선고, 99다67413, 판결).
④ 선주상호보험은 선주상호보험조합법에 따라 상호부조를 목적으로 선주상호보험조합이 운영하는 상호보험이므로, 보험 관계의 성질에 반하거나 특칙이 없는 한 상법 제4편이 준용된다(상법 제664조).

정답

02 가. - ⓑ 개별약정 우선의 원칙
개별약정 우선의 원칙은 약관에서 정하고 있는 사항에 관하여 사업자와 고객이 약관의 내용과 다르게 합의한 사항이 있을 때에는 그 합의 사항은 약관보다 우선한다는 원칙이다(약관의 규제에 관한 법률 제4조). 즉 판례에서도 일반적으로 당사자 사이에서 보통보험약관을 계약내용에 포함시킨 보험계약서가 작성된 경우에는 계약자가 그 보험약관의 내용을 알지 못하는 경우에도 그 약관의 구속력을 배제할 수 없는 것이 원칙이나, 다만 당사자 사이에서 명시적으로 약관에 관하여 달리 약정한 경우에는 약관의 구속력은 배제된다고 하였다(대법원 1985.11.26., 선고, 84다카2543, 판결).

나. - ⓒ 효력유지적 축소해석의 원칙
축소해석의 원칙(수정해석)은 보험약관을 해석함에 있어서 신의성실의 원칙을 준수하기 위해 약관조항의 내용을 일정한 범위로 축소하거나 제한하는 해석원리이다.
이와 관련하여 판례는 "무면허운전면책조항은 무면허운전이 보험계약자나 피보험자의 지배 또는 관리가 가능한 상황에서 이루어진 경우에 한하여 적용되는 조항이고, 이와 같이 수정된 범위 내에서 유효한 조항이라고 할 것인 바, 여기서 무면허운전이 보험계약자나 피보험자의 지배 또는 관리 가능한 상황에서 이루어진 경우라 함은 구체적으로는 보험계약자나 피보험자의 명시적 또는 묵시적 승인하에 이루어진 경우를 말한다"고 판시하였다 (대법원 1998.1.23., 선고, 97다38305 판결).

다. - ⓐ 작성자 불이익의 원칙
작성자 불이익의 원칙은 약관의 뜻이 명백하지 아니한 경우에는 고객에게 유리하게 해석되어야 한다는 원칙이다 (약관의 규제에 관한 법률 제5조 제2항). 즉 보험계약 중 애매하거나 불명확한 조문 또는 조항은 작성자불이익의 원칙에 의해 해석한다.
이와 관련하여 판례는 "甲 보험회사의 보험계약 약관에서 말하는 암 수술급여금의 지급대상인 '수술'에 폐색전술이 해당하는지 여부가 문제된 사안에서, 乙이 받은 폐색전술은 보험계약 약관 제5조의 '수술'에 해당한다고 봄이 상당하고, 이러한 해석론이 약관 해석에 있어서의 작성자 불이익의 원칙에도 부합하는 것"이라고 판시하였다(대법원 2010.7.22., 선고, 2010다28208, 28215, 판결).

정답

03 상법 제663조(보험계약자 등의 불이익변경금지)에 관한 설명으로 옳은 것은? (다툼이 있는 경우 판례에 의함) 기출 24

① 보험계약자가 보험증권 멸실로 인하여 증권의 재교부를 청구하는 경우 증권작성의 비용을 보험자가 부담한다는 약관조항은 보험계약자 등의 불이익변경금지에 해당한다.
② 어선공제는 해상보험과 유사하므로 어선공제약관은 보험계약자 등의 불이익변경금지 원칙의 적용 대상에 해당하지 않는다.
③ 판례는 기업보험과 가계보험을 구분하는 기준을 보험계약자의 종류에서 구하고 있다.
④ 항공기기체보험에서 고지의무위반시 계약해지권 행사기간을 계약 체결일로부터 5년으로 규정한 약관조항은 불이익변경금지에 해당된다.

04 보험약관에 관한 설명으로 옳지 않은 것은? (다툼이 있는 경우 판례에 의함) 기출 25

① 보통보험약관 그 자체는 법규범 또는 법규범적 성질을 갖고 있기 때문에 계약 당사자에 대하여 구속력을 갖는다.
② 계약 당사자가 보험약관과 다른 개별 약정을 하였다면 그 개별 약정은 보험약관에 우선하는 효력을 갖는다.
③ 보험자가 계속적 거래관계에서 종전 계약의 내용이 된 보험약관을 도중에 보험계약자에게 불리하게 변경하고, 그 약관변경 사실 및 내용의 고지 없이 다시 체결한 보험계약은 종전 약관에 따라 체결된 것으로 보아야 한다.
④ 보험약관이 인가 절차를 거쳤다고 하여 그 보험약관의 유효성이 의제되는 것은 아니다.

03 가계보험과 기업보험은 보험자의 상대방인 보험계약자가 기업인지 또는 개인인지 여부를 기준으로 한 분류이다. 가계보험과 기업보험을 구분하는 이유는 상법 제663조(보험계약자 등의 불이익변경금지)의 원칙 적용 여부 때문이다. 가계보험(생명보험, 상해보험, 주택화재보험 등)은 보험자와 보험계약자의 경제적 교섭력 차이가 커서 보험계약자를 보호할 필요가 있다. 기업보험(재보험, 해상보험 등)은 기업인이 그의 기업경영활동에 따르는 위험에 대비하여 가입하는 보험이다. 기업보험의 보험계약자는 어느 정도 전문지식과 경험을 갖고 보험자와 대등한 위치에서 계약을 체결할 수 있으므로 법이 후견적 역할을 할 필요가 없다. 따라서 상법 제663조는 가계보험에 적용되고, 기업보험에는 적용되지 않는다.

① 상법 제642조에는 "보험계약자가 보험증권 멸실로 인하여 증권의 재교부를 청구하는 경우 증권작성의 비용을 보험계약자가 부담한다"고 규정하고 있다. 그런데 증권작성의 비용을 보험자가 부담한다는 약관조항은 보험계약자에게 유리한 조항이므로 보험계약자 등의 불이익변경금지에 해당하지 않는다.

② 수산업협동조합중앙회에서 실시하는 어선공제사업은 항해에 수반되는 해상위험으로 인하여 피공제자의 어선에 생긴 손해를 담보하는 것인 점에서 해상보험에 유사한 것이라고 할 수 있으나, 그 어선공제는 수산업협동조합중앙회가 실시하는 비영리 공제사업의 하나로 소형 어선을 소유하며 연안어업 또는 근해어업에 종사하는 다수의 영세어민들을 주된 가입대상자로 하고 있어 공제계약 당사자들의 계약교섭력이 대등한 기업보험적인 성격을 지니고 있다고 보기는 어렵고 오히려 공제가입자들의 경제력이 미약하여 공제계약 체결에 있어서 공제가입자들의 이익보호를 위한 법적 배려가 여전히 요구된다 할 것이므로, 상법 제663조 단서의 입법취지에 비추어 그 어선공제에는 불이익변경금지원칙의 적용을 배제하지 아니함이 상당하다(대법원 1996.12.20., 선고, 96다23818, 판결).

④ 상법 제651조에는 "고지의무위반시 계약해지권 행사기간을 계약을 체결한 날로부터 3년 내에 한하여 계약을 해지할 수 있다"고 규정하고 있다. 그런데 계약해지권 행사기간을 계약 체결일로부터 5년으로 규정한 약관조항은 보험계약자에게 유리한 조항이므로 보험계약자 등의 불이익변경금지에 해당하지 않는다.

정답 ❸

04 보통보험약관이 계약 당사자에 대하여 구속력을 갖는 것은 그 자체가 법규범 또는 법규범적 성질을 가진 계약이기 때문이 아니라, 보험계약 당사자 사이에서 계약내용에 포함시키기로 합의하였기 때문이라고 볼 수 있다(대법원 1985.11.26., 선고, 84다카2543, 판결).

② 당사자가 특별히 보험약관과 다른 개별약정을 한 경우에는 그 개별약정이 약관에 우선한다. 그 결과 계약 당사자가 명시적으로 약관의 규정과 다른 내용의 약정을 하였다면 약관의 규정을 이유로 그 약정의 효력을 부인할 수는 없는 것이다(대법원 1998.9.8., 선고, 97다53663, 판결).

③ 동일한 보험계약 당사자가 일정한 기간마다 주기적으로 동종계약을 반복 체결하는 계속적 거래관계에 있어서 종전계약의 내용이 된 보험약관을 도중에 가입자에게 불리하게 변경하였다면 보험자로서는 새로운 보험계약 체결시 그와 같은 약관변경사실 및 내용을 가입자인 상대방에게 고지하여야 할 신의칙상의 의무가 있다고 봄이 상당하고, 이러한 고지 없이 체결된 보험계약은 과거와 마찬가지로 종전약관에 따라 체결된 것으로 봄이 타당하다(대법원 1986.10.14., 선고, 84다카122, 판결).

④ 금융감독위원회의 허가를 받지 않거나 신고절차를 거치지 않은 약관이라고 하더라도 강행법규에 위반되는 내용이 아니라면 그 약관의 사법상의 효력에는 영향이 없다(통설). 반대로 약관에 대하여 금융감독위원회의 허가를 받았거나 신고절차를 밟았다고 하더라도 그 약관 내용을 무효로 판단할 수 없는 것은 아니다(대법원 1990.5.25., 선고, 89다카17591, 판결).

정답

05 보험자의 보험약관에 대한 설명의무의 대상에 해당하는 것을 모두 고른 것은? (다툼이 있는 경우 판례에 의함) 기출 24

> 가. 상해보험에서 외과적 수술, 그 밖의 의료처치로 인한 손해를 보장하지 아니한다는 내용의 면책규정
> 나. 업무용 자동차보험에 있어서 피보험자동차의 양도에 관한 통지의무 규정
> 다. 상해보험에서 기왕장해에 대한 감액 규정
> 라. 화물자동차 운수사업에 따라 반드시 가입하여야 하는 적재물배상책임보험약관에서 차량이 육상운송과정이 아닌 선박으로 해상구간을 이동하는 경우의 사고는 보험사고에서 제외된다는 규정
> 마. 주택보증보험계약에서 입주자 모집공고 승인이 취소된 경우 보증계약을 취소하고 잔여 보증기간에 대한 보증료를 환불한다는 규정
> 바. 연금보험에서 연금액의 변동가능성에 관한 규정

① 가, 나, 다
② 가, 다, 바
③ 나, 마, 바
④ 다, 마, 바

05 가. 특정 질병 등을 치료하기 위한 외과적 수술 등의 과정에서 의료과실이 개입되어 발생한 손해를 보상하지 않는다는 것은 일반인이 쉽게 예상하기 어려우므로, 약관에 정하여진 사항이 보험계약 체결 당시 금융감독원이 정한 표준약관에 포함되어 시행되고 있었다거나 국내 각 보험회사가 위 표준약관을 인용하여 작성한 보험약관에 포함되어 널리 보험계약이 체결되었다는 사정만으로는 그 사항이 '거래상 일반적이고 공통된 것이어서 보험계약자가 별도의 설명 없이 충분히 예상할 수 있었던 사항'에 해당하여 <u>보험자에게 명시·설명의무가 면제된다고 볼 수 없다</u>(대법원 2013.6.28., 선고, 2012다107051, 판결).

나. 피보험자동차의 양도에 관한 통지의무를 규정한 보험약관은 거래상 일반인들이 보험자의 개별적인 설명 없이도 충분히 예상할 수 있었던 사항인 점 등에 비추어 <u>보험자의 개별적인 명시·설명의무의 대상이 되지 않는다</u>(대법원 2007.4.27., 선고, 2006다87453, 판결).

다. 정액보험인 상해보험에서는 기왕장해가 있는 경우에도 약정 보험금 전액을 지급하는 것이 원칙이고, 예외적으로 감액규정이 있는 경우에만 보험금을 감액할 수 있으므로, 위 기왕장해 감액규정과 같이 후유장해보험금에서 기왕장해에 해당하는 보험금 부분을 감액하는 것이 거래상 일반적이고 공통된 것이어서 보험계약자가 별도의 설명 없이도 충분히 예상할 수 있는 내용이라거나, 이미 법령에 정하여진 것을 되풀이하거나 부연하는 정도에 불과한 사항이라고 볼 수 없어, 보험계약자나 대리인이 내용을 충분히 잘 알고 있지 않는 한 <u>보험자는 기왕장해 감액규정을 명시·설명할 의무가 있다</u>(대법원 2015.3.26., 선고, 2014다229917, 229924, 판결).

라. 화물운송주선업 등을 영위하는 갑 주식회사가 을 보험회사와 체결한 적재물배상책임보험의 보통약관에서 '보상하는 손해'에 관하여 피보험자가 화주로부터 수탁받은 시점으로부터 수하인에게 인도하기까지의 운송 과정(차량운송 및 화물운송 부수업무) 동안에 발생한 보험사고로 수탁화물에 대한 법률상의 배상책임을 부담함으로써 입은 손해를 보상한다고 규정한 사안에서, 위 보험계약은 화물자동차 운수사업법에 따라 일정 규모 이상의 화물자동차를 소유하고 있는 운송사업자나 특정 화물을 취급하는 운송주선사업자 등이 반드시 가입하여야 하는 의무보험으로서, 보험계약자인 갑 회사로서는 보험금 지급대상이 되는 보험사고가 '차량운송 및 화물운송 부수업무'가 이루어지는 육상운송 과정 동안에 발생한 보험사고에 한정되고 수탁화물을 적재한 차량이 선박에 선적되어 선박을 동력수단으로 해상구간을 이동하는 경우에는 제외된다는 설명을 들었더라도 보험계약을 체결하였을 것으로 보이므로, <u>위 약관조항은 명시·설명의무의 대상이 되는 보험계약의 중요한 내용이라고 할 수 없다</u>(대법원 2016.9.23., 선고, 2016다221023, 판결).

마. 대한주택보증 주식회사의 보증규정과 그 시행세칙의 해당 조항에 입주자모집공고 승인으로 보증기간이 개시된 후 분양률 저조 등의 사유로 입주자모집공고 승인이 취소되어 보증서를 반환하는 경우 보증계약을 해지하고, 입주자모집공고 승인 취소일을 기준으로 잔여 보증기간에 대한 보증료를 환불한다는 내용을 규정하고 있는데, 아파트 건설사업주체인 甲 주식회사 등이 대한주택보증 주식회사와 주택분양보증계약을 체결하면서 계약에 따른 채무를 보증하기 위하여 주택분양보증채무약정을 체결하고 보증료를 지급한 후 관할 관청으로부터 입주자모집공고 승인을 받았으나 입주자모집을 공고하지 않았고, 그 후 위 승인이 취소되자 대한주택보증 주식회사를 상대로 이미 지급한 보증료 전액의 반환을 구한 사안에서, 상법 제649조는 보험사고가 발생하기 전에 보험계약자가 언제든지 계약의 전부 또는 일부를 해지할 수 있고, 이러한 경우 당사자 사이에 다른 약정이 없으면 미경과보험료의 반환을 청구할 수 있도록 정하고 있는데, 위 해당 조항은 이를 풀어서 규정한 것으로 볼 수 있고, 위 해당 조항은 분양보증계약에서 입주자모집공고 승인이 이루어지고 보증기간이 개시된 이후에 승인이 취소됨에 따라 계약의 목적을 달성하기 어려워 계약의 해지를 인정할 만한 상당한 이유를 구체적으로 예시하고, 해지의 효과로서 보증료의 반환범위를 잔여 보증기간에 대한 보증료만 반환하도록 정한 것인데, 이는 거래상 일반적이고 공통된 것으로 계약 상대방인 甲 회사 등이 대한주택보증 주식회사의 설명 없이도 충분히 예상할 수 있었던 사항에 해당하므로, <u>위 해당 조항은 약관의 중요한 내용이 아니어서 설명의무의 대상으로 볼 수 없다</u>(대법원 2018.10.25., 선고, 2014다232784, 판결).

바. 연금보험에서 향후 지급받는 연금액은 당해 보험계약 체결 여부에 영향을 미치는 중요한 사항이므로, 연금보험계약의 체결에 있어 보험자 등은 보험계약자 등에게, 수학식에 의한 복잡한 연금계산방법 자체를 설명하지는 못한다고 하더라도, <u>대략적인 연금액과 함께 그것이 변동될 수 있는 것이면 그 변동가능성에 대하여 설명하여야 한다</u>(대법원 2015.11.17., 선고, 2014다81542, 판결).

정답

06 상법상 보험계약에서 증명책임에 관한 설명으로 옳지 않은 것은? (다툼이 있는 경우 판례에 의함)

기출 25

① 보험계약자나 피보험자의 고의 또는 중과실로 보험사고가 발생하였다는 사실은 보험자가 증명하여야 한다.
② 다른 약정이 없는 한 고지의무위반과 보험사고와의 인과관계의 존부에 대한 증명책임은 보험자가 부담한다.
③ 보험계약자가 이미 알고 있는 약관 내용과 같이 설명의무 등이 적용되지 않는 예외적 사항에 해당한다는 증명책임은 보험자가 부담한다.
④ 승낙전 보험보호의 경우(상법 제638조의2), 청약을 거절할 사유의 존재에 대한 증명책임은 보험자가 부담한다.

07 보험자의 보조자에 관한 설명으로 옳지 않은 것은? (다툼이 있는 경우에 판례에 의함)

기출 19

① 보험목적인 건물에서 영위하고 있는 업종이 변경된 경우 보험설계사가 업종변경 사실을 알았다고 하더라도 보험자가 이를 알았다거나 보험계약자가 보험자에게 업종변경 사실을 통지한 것으로 볼 수 없다.
② 자동차보험의 체약대리상이 계약의 청약을 받으면서 보험료를 대납하기로 약정한 경우 이 약정일에 보험계약이 체결되었다 하더라도 보험자가 보험료를 수령한 것으로 볼 수 없다.
③ 보험자의 대리상이 보험계약자와 보험계약을 체결하고 그 보험료수령권에 기하여 보험계약자로부터 1회분 보험료를 받으면서 2, 3회분 보험료에 해당하는 약속어음을 교부받은 경우 그 대리상이 해당 약속어음을 횡령하였다 하더라도 그 변제수령은 보험자에게 미치게 된다.
④ 보험설계사는 특정 보험자를 위하여 보험계약의 체결을 중개하는 자일 뿐 보험자를 대리하여 보험계약을 체결할 권한이 없고, 보험계약자 또는 피보험자가 보험자에 대하여 하는 고지를 수령할 권한이 없다.

06 고지의무위반사실과 보험사고발생과의 인과관계가 부존재하다는 점에 관한 입증책임은 보험계약자 측에 있다(대법원 1992.10.23., 선고, 92다28259, 판결).
① 보험계약 당시에 보험계약자 또는 피보험자가 고의 또는 중대한 과실로 인하여 중요한 사항을 고지하지 아니하거나 부실의 고지를 한 때에는 보험자는 일정 기간 안에 그 계약을 해지할 수 있다(상법 제651조). 여기서 중대한 과실이란 현저한 부주의로 중요한 사항의 존재를 몰랐거나 중요성 판단을 잘못하여 그 사실이 고지하여야 할 중요한 사항임을 알지 못한 것을 의미하고, 그와 같은 과실이 있는지는 보험계약의 내용, 고지하여야 할 사실의 중요도, 보험계약의 체결에 이르게 된 경위, 보험자와 피보험자 사이의 관계 등 제반 사정을 참작하여 사회통념에 비추어 개별적·구체적으로 판단하여야 하고, 그에 관한 증명책임은 고지의무위반을 이유로 보험계약을 해지하고자 하는 보험자에게 있다(대법원 2013.6.13., 선고, 2011다54631, 4648, 판결).
③ 보험약관의 중요한 내용에 해당하는 사항이라 하더라도 보험계약자나 그 대리인이 그 약관의 내용을 충분히 잘 알고 있다는 점에 대하여도 이를 주장하는 보험자 측에 증명책임이 있다(대법원 2001.7.27., 선고, 99다55533, 판결).
④ 상법 제638조의2 제3항에 의하면 보험자가 보험계약자로부터 보험계약의 청약과 함께 보험료 상당액의 전부 또는 일부를 받은 경우(인보험계약의 피보험자가 신체검사를 받아야 하는 경우에는 그 검사도 받은 때)에 그 청약을 승낙하기 전에 보험계약에서 정한 보험사고가 생긴 때에는 그 청약을 거절할 사유가 없는 한 보험자는 보험계약상의 책임을 지는 바, 여기에서 청약을 거절할 사유란 보험계약의 청약이 이루어진 바로 그 종류의 보험에 관하여 해당 보험회사가 마련하고 있는 객관적인 보험인수기준에 의하면 인수할 수 없는 위험상태 또는 사정이 있는 것으로서 통상 피보험자가 보험약관에서 정한 적격 피보험체가 아닌 경우를 말하고, 이러한 청약을 거절할 사유의 존재에 대한 증명책임은 보험자에게 있다(대법원 2008.11.27., 선고, 2008다40847, 판결).

정답 ❷

07 보험회사 대리점이 평소 거래가 있는 자로부터 그 구입한 차량에 관한 자동차보험계약의 청약을 받으면서 그를 위하여 그 보험료를 대납하기로 전화상으로 약정하였고, 그 다음날 실제 보험료를 지급받으면서는 그 전날 이미 보험료를 납입 받은 것으로 하여 보험약관에 따라 보험기간이 그 전날 24:00 이미 시작된 것으로 기재된 보험료영수증을 교부한 경우 위 약정일에 보험계약이 체결되어 보험회사가 보험료를 영수한 것으로 보아야 할 것이다(대법원 1991.12.10., 선고, 90다10315, 판결).
① 보험설계사가 통지의무의 대상인 '보험사고발생의 위험이 현저하게 변경 또는 증가된 사실'을 안 것만으로는 보험자가 보험사고발생의 위험이 현저하게 변경 또는 증가된 사실을 알았다거나 보험계약자 또는 피보험자가 보험자에게 통지의무를 이행한 것으로 볼 수 없다(대법원 2006.6.30., 선고, 2006다19672, 2006다19689, 판결).
③ 보험자의 대리인이 보험회사를 대리하여 보험계약자와 사이에 보험계약을 체결하고 그 보험료수령권에 기하여 보험계약자로부터 회분 보험료를 받으면서 2, 3회분 보험료에 해당하는 약속어음을 함께 교부받았다면 위 대리인이 그 약속어음을 횡령하였다고 하더라도 그 변제수령의 효과는 보험자에 미친다고 할 것이다. 위 어음이 지급결제 됨으로써 보험료납부의 효과가 생긴다(대법원 1987.12.8., 선고, 87다카1793, 87다카1794, 판결).
④ 보험설계사는 특정 보험자를 위하여 보험계약의 체결을 중개하는 자일뿐 보험자를 대리하여 보험계약을 체결할 권한이 없고, 보험계약자 또는 피보험자가 보험자에 대하여 하는 고지나 통지를 수령할 권한도 없다(대법원 2006.6.30., 선고, 2006다19672, 2006다19689, 판결).

정답 ❷

08 보험계약의 성립에 관한 설명으로 옳지 않은 것은? 기출 25

① 보험자가 보험계약자의 청약에 대한 낙부통지의무가 있음에도 불구하고 그 의무를 해태한 때에는 당해 청약에 대하여 승낙한 것으로 본다.
② 보험계약은 별도의 서면 작성을 필요로 하기 때문에 낙성계약으로 볼 수 없다.
③ 신체검사를 받아야 하는 인보험에서 피보험자가 신체검사를 받지 아니한 경우, 보험자의 승낙 전에 보험사고가 발생하더라도 보험자는 보험계약상의 책임을 지지 않는다.
④ 보험계약자가 청약 이후 보험료의 전부나 일부를 지급하지 아니한 경우, 손해보험자는 다른 약정이 없는 한 낙부통지의무를 부담하지 않는다.

09 상법상 보험계약에서 보험료에 관한 설명으로 옳지 않은 것은? 기출 25

① 보험계약의 전부 또는 일부가 무효인 경우에 보험계약자와 피보험자가 선의이며 중대한 과실이 없는 때에는 보험자에 대하여 보험료의 전부 또는 일부의 반환을 청구할 수 있다.
② 보험계약자는 보험계약이 성립한 후 지체 없이 보험료의 전부 또는 제1회 보험료를 지급하여야 한다.
③ 보험대리상이 보험계약자에 대하여 보험료 대납을 약정하였더라도 보험대리상이 보험자에게 대납을 하기 전까지는 보험료 지급의 효과는 발생하지 않는다.
④ 계속보험료의 미납으로 보험계약이 해지되었더라도 연체 이전에 발생한 보험사고에 대하여 지급한 보험금의 반환은 청구할 수 없다.

● 해설 및 정답

08 보험계약은 보험자와 보험계약자의 의사의 합치만으로 성립하고, 그 성립요건으로서 특별한 요식행위를 요하지 않는 '불요식 낙성계약'이다. 즉 보험계약은 당사자 사이의 의사합치에 의하여 성립되는 낙성계약으로서 별도의 서면을 요하지 아니한다(대법원 1996.7.30., 선고, 95다1019, 판결).
① 보험자가 보험계약자의 청약에 대한 낙부통지의무가 있음에도 불구하고 그 의무를 해태한 때에는 당해 청약에 대하여 승낙한 것으로 본다(상법 제638조의2 제2항).
③ 보험자가 보험계약자로부터 보험계약의 청약과 함께 보험료 상당액의 전부 또는 일부를 받은 경우에 그 청약을 승낙하기 전에 보험계약에서 정한 보험사고가 생긴 때에는 그 청약을 거절할 사유가 없는 한 보험자는 보험계약상의 책임을 진다. 그러나 인보험계약의 피보험자가 신체검사를 받아야 하는 경우에 그 검사를 받지 아니한 때에는 보험자의 승낙 전에 보험사고가 발생하더라도 보험자는 보험계약상의 책임을 지지 않는다(상법 제638조의2 제3항).
④ 보험자가 보험계약자로부터 보험계약의 청약과 함께 보험료 상당액의 전부 또는 일부의 지급을 받은 때에는 다른 약정이 없으면 30일 내에 그 상대방에 대하여 낙부의 통지를 발송하여야 한다(상법 제638조의2 제1항). 따라서 보험계약자가 청약 이후 보험료의 전부나 일부를 지급하지 아니한 경우에 보험자는 다른 약정이 없는 한 낙부통지의무를 부담하지 않는다.

정답 ❷

09 보험회사를 대리하여 보험료를 수령할 권한이 부여되어 있는 보험대리점이 보험계약자에 대하여 보험료의 대납약정을 하였다면 그것으로 곧바로 보험계약자가 보험회사에 대하여 보험료를 지급한 것과 동일한 법적 효과가 발생하는 것이고, 실제로 보험대리점이 보험회사에 대납을 하여야만 그 효과가 발생하는 것은 아니다(대법원 1995.5.26., 선고, 94다60615, 판결).
① 상법 제648조
② 상법 제650조 제1항
④ 계속보험료의 미납으로 인해 보험자가 보험계약을 해지한 경우 이미 지급한 보험금에 대해 반환청구를 할 수 있는 것으로 해석될 여지가 있기는 하지만, 이러한 경우라도 해지예고부 최고에 따라 적법하게 해지되기 전까지 발생한 사고에 대하여 보험자는 보험금 지급책임을 부담하여야 한다. 따라서 이러한 경우에는 보험자는 계속보험료 부지급을 이유로 이미 지급한 보험금의 반환을 청구할 수 없다.

정답 ❸

10 보험계약 당사자간의 특별한 약정의 효력에 관한 설명이다. 옳지 않은 것으로만 묶인 것은? (다툼이 있는 경우 판례에 의함) 기출 20

> 가. 보험자의 책임은 원칙적으로 최초보험료의 지급을 받은 때부터 개시하는데, 당사자간의 다른 약정을 할 수 있다.
> 나. 보험증권의 교부가 있는 날로부터 14일 내에 한하여 그 증권의 정부에 관한 이의를 할 수 있음을 약정할 수 있다.
> 다. 보험계약 성립 전에 보험사고가 이미 발생하였더라도 당사자 쌍방과 피보험자가 이를 알지 못한 때에는 보험자가 책임을 진다는 약정을 할 수 있다.
> 라. 상해보험계약을 체결할 때에 태아를 상해보험의 피보험자로 할 것을 당사자간에 약정을 할 수 없다.
> 마. 보험가액의 일부를 보험에 붙인 경우에 보험자가 보험금액의 한도 내에서 그 손해액을 보상한다는 약정을 할 수 있다.

① 나, 다
② 나, 라
③ 다, 라, 마
④ 가, 마

해설 및 정답

10 가. (○) 보험자의 책임은 당사자간에 다른 약정이 없으면 최초의 보험료의 지급을 받은 때로부터 개시한다(상법 제656조). 즉 당사자의 약정으로 달리 정할 수 있다.
나. (×) 보험계약의 당사자는 보험증권의 교부가 있는 날로부터 일정한 기간 내에 한하여 그 증권내용의 정부에 관한 이의를 할 수 있음을 약정할 수 있으며, 이 기간은 1월을 내리지 못한다(상법 제641조). 즉 기간을 <u>1월 이상</u>으로 해야 한다.
다. (○) 보험계약 당시에 보험사고가 이미 발생하였거나 또는 발생할 수 없는 것인 때에는 그 계약은 무효로 하지만, 당사자 쌍방과 피보험자가 이를 알지 못한 때에는 그러하지 아니하다(상법 제644조). 즉 보험계약 성립 전에 보험사고가 이미 발생하였더라도 당사자 쌍방과 피보험자가 이를 알지 못한 때에는 보험자가 책임을 진다는 약정을 할 수 있다.
라. (×) 상해보험계약을 체결할 때 약관 또는 <u>보험자와 보험계약자의 개별 약정으로 태아를 상해보험의 피보험자로 할 수 있다</u>. 그 이유는 다음과 같다.
상해보험은 피보험자가 보험기간 중에 급격하고 우연한 외래의 사고로 인하여 신체에 손상을 입는 것을 보험사고로 하는 인보험이므로, 피보험자는 신체를 가진 사람(人)임을 전제로 한다(상법 제737조). 그러나 상법상 상해보험계약 체결에서 태아의 피보험자 적격이 명시적으로 금지되어 있지 않다. 인보험인 상해보험에서 피보험자는 '보험사고의 객체'에 해당하여 그 신체가 보험의 목적이 되는 자로서 보호받아야 할 대상을 의미한다. 헌법상 생명권의 주체가 되는 태아의 형성 중인 신체도 그 자체로 보호해야 할 법익이 존재하고 보호의 필요성도 본질적으로 사람과 다르지 않다는 점에서 보험보호의 대상이 될 수 있다. 이처럼 약관이나 개별 약정으로 출생전 상태인 태아의 신체에 대한 상해를 보험의 담보범위에 포함하는 것이 보험제도의 목적과 취지에 부합하고 보험계약자나 피보험자에게 불리하지 않으므로 상법 제663조에 반하지 아니하고 민법 제103조의 공서양속에도 반하지 않는다. 따라서 계약자유의 원칙상 태아를 피보험자로 하는 상해보험계약은 유효하고, 그 보험계약이 정한 바에 따라 보험기간이 개시된 이상 출생 전이라도 태아가 보험계약에서 정한 우연한 사고로 상해를 입었다면 이는 보험기간 중에 발생한 보험사고에 해당한다(대법원 2019.3.28., 선고, 2016다211224, 판결).
마. (○) 보험가액의 일부를 보험에 붙인 경우에는 보험자는 보험금액의 보험가액에 대한 비율에 따라 보상할 책임을 진다. 그러나 당사자간에 다른 약정이 있는 때에는 보험자는 보험금액의 한도 내에서 그 손해를 보상할 책임을 진다(상법 제674조).

정답

11 보험 관련 판례에 대한 설명으로 옳은 것은? 기출 23

① 자동차종합보험계약을 체결하는 경우 피보험자동차의 양도에 따른 통지의무를 규정한 보험약관은 거래상 일반인들이 보험자의 개별적인 설명 없이도 충분히 예상할 수 있는 사항이라고 할 수 없으므로 그 내용을 개별적으로 명시·설명하여야 한다.
② 상법 제680조 제1항 본문에서 정한 피보험자의 손해방지의무에서 손해는 피보험이익에 대한 구체적인 침해의 결과로 생기는 손해뿐만 아니라 보험자의 구상권과 같이 보험자가 손해를 보상한 후에 취득하게 되는 이익을 상실함으로써 결과적으로 보험자에게 부담되는 손해까지 포함한다.
③ 보험계약자 측이 입원치료를 사유로 보험금을 청구하여 이를 지급받았으나, 그 입원치료의 전부 또는 일부가 필요하지 않은 것으로 밝혀져 보험계약의 기초가 되는 신뢰관계가 파괴되었다면, 보험자는 보험계약을 해지할 수 있다.
④ 보험계약자가 피보험자의 상속인을 보험수익자로 하여 체결한 생명보험계약에서 보험수익자로 지정된 상속인 중 1인이 자신에게 귀속된 보험금청구권을 포기한 경우 그 포기한 부분은 다른 상속인에게 귀속된다.

12 상법상 위험변경·증가에 대한 설명으로 옳지 않은 것은? (다툼이 있는 경우 판례에 의함) 기출 21

① 보험기간 중에 보험계약자 또는 피보험자가 사고발생의 위험이 현저하게 변경 또는 증가된 사실을 안 때에는 지체 없이 보험자에게 통지하여야 하는데, 만약 이를 해태한 경우에는 보험자는 그 사실을 안 날로부터 1개월 내에 보험계약을 해지할 수 있다.
② 보험기간 중에 보험계약자, 피보험자 또는 보험수익자의 고의 또는 중과실로 인하여 사고발생의 위험이 현저하게 증가된 때에는 보험자는 그 사실을 안 날로부터 1월 내에 보험계약을 해지할 수 있다.
③ 화재보험계약을 체결한 후에 피보험건물의 구조와 용도에 상당한 변경을 가져오는 증축 또는 개축공사를 허였다면 이는 위험변경·증가에 해당된다.
④ 생명보험계약에 다수 가입하였다는 사실은 상법 제652조 소정의 사고발생의 위험이 현저하게 변경 또는 증가된 경우에 해당된다.

11 보험계약자 측이 입원치료를 지급사유로 보험금을 청구하거나 이를 지급받았으나, 그 입원치료의 전부 또는 일부가 필요하지 않은 것으로 밝혀진 경우, 입원치료를 받게 된 경위, 보험금을 부정 취득할 목적으로 입원치료의 필요성이 없음을 알면서도 입원을 하였는지 여부, 입원치료의 필요성이 없는 입원 일수나 그에 대한 보험금 액수, 보험금 청구나 수령 횟수, 보험계약자 측이 가입한 다른 보험계약과 관련된 사정, 서류의 조작 여부 등 여러 사정을 종합적으로 고려하여 보험계약자 측의 부당한 보험금 청구나 보험금 수령으로 인하여 <u>보험계약의 기초가 되는 신뢰관계가 파괴되어 보험계약의 존속을 기대할 수 없는 중대한 사유가 있다고 인정된다면 보험자는 보험계약을 해지할 수 있고, 위 계약은 장래에 대하여 그 효력을 잃는다</u>(대법원 2020.10.29., 선고, 2019다267020, 판결).
① 피보험자동차의 양도에 관한 통지의무를 규정한 보험약관은 거래상 일반인들이 보험자의 개별적인 설명 없이도 충분히 예상할 수 있었던 사항인 점 등에 비추어 <u>보험자의 개별적인 명시·설명의무의 대상이 되지 않는다</u>(대법원 2007.4.27., 선고, 2006다87453, 판결).
② 상법 제680조 제1항 본문은 "보험계약자와 피보험자는 손해의 방지와 경감을 위하여 노력하여야 한다"라고 정하고 있다. 위와 같은 피보험자의 손해방지의무의 내용에는 손해를 직접적으로 방지하는 행위는 물론이고 간접적으로 방지하는 행위도 포함된다. 그러나 <u>그 손해는 피보험이익에 대한 구체적인 침해의 결과로서 생기는 손해만을 뜻하는 것이고, 보험자의 구상권과 같이 보험자가 손해를 보상한 후에 취득하게 되는 이익을 상실함으로써 결과적으로 보험자에게 부담되는 손해까지 포함된다고 볼 수는 없다</u>(대법원 2018.9.13., 선고, 2015다209347, 판결).
④ 보험계약자가 피보험자의 상속인을 보험수익자로 하여 맺은 생명보험계약이나 상해보험계약에서 피보험자의 상속인은 피보험자의 사망이라는 보험사고가 발생한 때에는 보험수익자의 지위에서 보험자에 대하여 보험금 지급을 청구할 수 있고, 이 권리는 보험계약의 효력으로 당연히 생기는 것으로서 상속재산이 아니라 <u>상속인의 고유재산이다. 이때 보험수익자로 지정된 상속인 중 1인이 자신에게 귀속된 보험금청구권을 포기하더라도 그 포기한 부분이 당연히 다른 상속인에게 귀속되지는 아니한다.</u> 이러한 법리는 단체보험에서 피보험자의 상속인이 보험수익자로 인정된 경우에도 동일하게 적용된다(대법원 2020.2.6., 선고, 2017다215728, 판결).

정답 ③

12 생명보험계약 체결 후 <u>다른 생명보험에 다수 가입하였다는 사정만으로 상법 제652조 소정의 사고발생의 위험이 현저하게 변경 또는 증가된 경우에 해당한다고 할 수 없다</u>(대법원 2001.11.27., 선고, 99다33311, 판결).
① 상법 제652조 제1항(위험변경증가의 통지와 계약해지)
② 상법 제653조 제1항(보험계약자 등의 고의나 중과실로 인한 위험증가와 계약해지)
③ 화재보험에 있어서는 피보험 건물의 구조와 용도뿐만 아니라, 그 변경을 가져오는 증·개축에 따라 보험의 인수 여부와 보험료율이 달리 정하여지는 것이므로 화재보험계약의 체결 후에 건물의 구조와 용도에 상당한 변경을 가져오는 증·개축공사가 시행된 경우에는 그러한 사항이 계약 체결 당시에 존재하고 있었다면 보험자가 보험계약을 체결하지 않았거나 적어도 그 보험료로는 보험을 인수하지 않았을 것으로 인정되는 사실에 해당하여 <u>상법 제652조 제1항 및 화재보험보통약관에서 규정한 통지의무의 대상이 된다고 할 것이고, 따라서 보험계약자나 피보험자가 이를 해태할 경우 보험자는 위 규정들에 의하여 보험계약을 해지할 수 있다</u>(대법원 2000.7.4., 선고, 98다62909, 판결).

정답 ④

13 다음 중 보험계약이 무효인 경우로만 묶인 것은? (제시된 이외의 사정은 고려하지 않음)

기출 20

> 가. 심신상실자의 서면동의하에 그를 피보험자로 하는 사망보험계약이 체결된 경우
> 나. 계약 체결시 의사능력이 있는 심신박약자를 서면동의 없이 피보험자로 하는 사망보험계약이 체결된 경우
> 다. 피보험자가 될 때 의사능력이 있는 단체구성원을 규약에 따라 그의 동의 없이 그를 피보험자로 하는 단체사망보험계약이 체결된 경우
> 라. 만 15세 미만인 자녀를 피보험자로 하는 실손형(비정액형) 상해보험계약이 체결된 경우
> 마. 만 15세 미만인 자녀를 그의 서면동의를 받아 피보험자로 하는 사망보험계약이 체결된 경우

① 가, 나, 다
② 가, 나, 마
③ 나, 다, 라
④ 가, 라, 마

14 보험금청구권의 소멸시효에 관한 설명으로 옳지 않은 것은? (다툼이 있는 경우 판례에 의함)

기출 20

① 보험금 지급에 관하여 약정기간이 없는 경우에는 보험사고발생을 통지 받은 후 지체 없이 지급할 보험금액을 정하고, 그 정하여진 날부터 10일이 경과한 다음 날부터 보험금청구권의 소멸시효가 개시된다.
② 보험자의 보험금청구권의 소멸시효의 주장이 신의성실의 원칙에 반하거나 권리남용에 해당하는 경우에는 보험자는 소멸시효의 완성을 주장할 수 없다.
③ 도급계약에서 정한 채무를 이행하지 않은 경우의 손해를 보상하는 보증보험계약에서 보험금청구권의 소멸시효는 도급계약에서 정한 채무가 이행되지 않은 때부터 진행되는 것이 아니라, 도급계약이 해제된 때 또는 도급계약을 해제할 수 있었던 상당한 기간이 경과한 때부터 진행한다.
④ 책임보험의 보험금청구권의 소멸시효는 약관에 다른 정함이 없는 한, 피보험자의 제3자에 대한 법률상의 손해배상책임이 상법 제723조 제1항이 정하고 있는 변제, 승인, 화해 또는 재판의 방법 등에 의하여 확정됨으로써 그 보험금청구권을 행사할 수 있는 때부터 진행한다.

해설 및 정답

13 가. 심신상실자의 사망을 보험사고로 한 보험계약은 <u>무효로 한다</u>(상법 제732조).
　나. 심신박약자의 사망을 보험사고로 한 보험계약도 <u>무효로 한다</u>. 다만, 의사능력이 있는 심신박약자가 '자기의 사망보험계약'을 체결하는 경우 유효하다(상법 제732조 단서).
　다. 단체보험의 피보험자가 될 때 의사능력이 있는 단체구성원을 규약에 따라 그의 동의 없이 그를 피보험자로 하는 단체사망보험계약이 체결된 경우 <u>유효하다</u>(상법 제732조 단서, 제735조의3).
　라. 상해보험계약에서는 사망보험계약에서의 상법 제732조(15세 미만자, 심신상실자 또는 심신박약자의 사망을 보험사고로 한 보험계약은 무효로 한다)의 규정을 제외하므로, 만 15세 미만인 자녀를 피보험자로 하는 실손형(비정액형) 상해보험계약이 체결된 경우 <u>유효하다</u>(상법 제739조).
　마. 만 15세 미만인 자녀를 피보험자로 하는 사망보험계약이 체결된 경우도 그의 서면동의 여부와 상관없이 <u>무효로 한다</u>(상법 제732조).

정답 ❷

14 ① 보험금청구권은 보험사고가 발생하기 전에는 추상적인 권리에 지나지 아니할 뿐 보험사고의 발생으로 인하여 구체적인 권리로 확정되어 그때부터 그 권리를 행사할 수 있게 되는 것이므로, <u>특별한 다른 사정이 없는 한 원칙적으로 보험금액청구권의 소멸시효는 보험사고가 발생한 때부터 진행한다고 해석해야 할 것이다</u>(대법원 2005.12.23., 선고, 2005다59383, 판결).
　② 채무자의 소멸시효에 기한 항변권의 행사도 우리 민법의 대원칙인 신의성실의 원칙과 권리남용금지의 원칙의 지배를 받으므로, 채무자가 시효완성 전에 채권자의 권리행사나 시효중단을 불가능 또는 현저히 곤란하게 하였거나 그러한 조치가 불필요하다고 믿게 하는 행동을 하였거나, 객관적으로 채권자가 권리를 행사할 수 없는 사실상의 장애사유가 있었거나, 일단 시효완성 후에 채무자가 시효를 원용하지 아니할 것 같은 태도를 보여 채권자로 하여금 그와 같이 신뢰하게 하였거나, 채권자를 보호할 필요성이 크고 같은 조건의 그 채권자들 중 일부가 이미 채무의 변제를 수령하는 등 채무이행의 거절을 인정함이 현저히 부당하거나 불공평하게 되는 등의 특별한 사정이 있는 경우에는, <u>채무자가 소멸시효의 완성을 주장하는 것이 신의성실의 원칙에 반하여 권리남용으로서 허용될 수 없다</u>(대법원 2016.9.30., 선고, 2016다218713, 218720, 판결).
　③ 보증보험계약 약관에 의하면 상대방은 보험금을 청구하기에 앞서 도급계약을 해제하여야 하므로, 보험금청구권의 소멸시효는 계약자가 약정 준공기한 내에 공사를 마치지 못하여 보험사고가 발생한 때부터 진행하는 것이 아니라, <u>상대방이 상당한 기간 내에 도급계약을 해제하였다면 그때부터, 그렇지 않다면 도급계약을 해제할 수 있었던 상당한 기간이 경과한 때부터 진행한다고 할 것이다</u>(대법원 2014.7.24., 선고, 2013다27978, 판결).
　④ 책임보험의 성질에 비추어 피보험자가 보험자에게 보험금청구권을 행사하려면 적어도 피보험자가 제3자에게 손해배상금을 지급하였거나 상법 또는 보험약관이 정하는 방법으로 피보험자의 제3자에 대한 채무가 확정되어야 할 것이고, 상법 제662조가 보험금의 청구권은 2년간 행사하지 아니하면 소멸시효가 완성한다는 취지를 규정하고 있을 뿐, 책임보험의 보험금청구권의 소멸시효의 기산점에 관하여는 상법상 아무런 규정이 없으므로, "소멸시효는 권리를 행사할 수 있는 때로부터 진행한다"고 소멸시효의 기산점에 관하여 규정한 민법 제166조 제1항에 따를 수밖에 없는 바, 약관에서 책임보험의 보험금청구권의 발생시기나 발생요건에 관하여 달리 정한 경우 등 특별한 다른 사정이 없는 한 원칙적으로 책임보험의 보험금청구권의 소멸시효는 피보험자의 제3자에 대한 법률상의 <u>손해배상책임이 상법 제723조 제1항이 정하고 있는 변제, 승인, 화해 또는 재판의 방법 등에 의하여 확정됨으로써 그 보험금청구권을 행사할 수 있는 때로부터 진행된다고 봄이 상당하다</u>(대법원 2002.9.6., 선고, 2002다30206, 판결).

정답 ❶

15 상법상 보험자의 보험계약 해지사유는 모두 몇 개인가? 기출 25

> 가. 미납된 계속보험료에 대한 납입 최고 후 최고에서 정한 상당한 기간 내에 그 보험료의 납입이 없는 때
> 나. 보험계약자나 피보험자가 고의 또는 중과실로 고지의무를 위반한 때
> 다. 초과보험이 보험계약자의 사기로 인하여 체결된 때
> 라. 보험계약자 또는 피보험자가 위험변경증가 통지의무를 해태한 때
> 마. 선박미확정의 적하예정보험에서 보험계약자가 선박의 명칭 등에 관한 통지의무를 해태한 때

① 2개
② 3개
③ 4개
④ 5개

16 다음 설명 중 옳은 것은? (다툼이 있는 경우 판례에 의함) 기출 20

① 당사자간에 보험금 지급의 약정기간이 있는 경우에는 그 기간이 경과한 다음 날부터 소멸시효가 진행한다.
② 보험자가 보험금청구권자의 청구에 대하여 보험금 지급책임이 없다고 잘못 알려 준 경우에는 사실상의 장애가 소멸한 때부터 시효기간이 진행한다.
③ 보험사고발생 여부가 분명하지 아니하여 보험금청구권자가 과실 없이 보험사고의 발생을 알 수 없었던 때에는 보험사고의 발생을 알았거나 알 수 있었던 때로부터 소멸시효가 진행한다.
④ 책임보험에서 약관이 달리 정한 경우가 아니라면 피보험자가 제3자로부터 손해배상청구를 받은 시점에서 보험금청구권의 소멸시효가 진행한다.

15 가. (○) 계속보험료가 약정한 시기에 지급되지 아니한 때에는 보험자는 상당한 기간을 정하여 보험계약자에게 최고하고 그 기간 내에 지급되지 아니한 때에는 그 <u>계약을 해지할 수 있다</u>(상법 제650조 제2항).
    나. (○) 보험계약 당시에 보험계약자 또는 피보험자가 고의 또는 중대한 과실로 인하여 중요한 사항을 고지하지 아니하거나 부실의 고지를 한 때에는 보험자는 그 사실을 안 날로부터 1월 내에, 계약을 체결한 날로부터 3년 내에 한하여 <u>계약을 해지할 수 있다</u>(상법 제651조).
    다. (×) 초과보험이 보험계약자의 사기로 인하여 체결된 때에는 그 <u>계약은 무효로 한다</u>(상법 제669조 제4항).
    라. (○) 보험계약자 또는 피보험자가 위험변경증가 통지의무를 해태한 때에는 보험자는 그 사실을 안 날로부터 1월 내에 한하여 <u>계약을 해지할 수 있다</u>(상법 제652조 제1항).
    마. (○) 선박미확정의 적하예정보험에서 보험계약자가 선박의 명칭 등에 관한 통지의무를 해태한 때에는 보험자는 그 사실을 안 날로부터 1월 내에 <u>계약을 해지할 수 있다</u>(상법 제704조 제1항).

정답 ❸

16 보험금청구권은 보험사고가 발생하기 전에는 추상적인 권리에 지나지 않고 보험사고가 발생하면 구체적인 권리가 되어 그때부터 권리를 행사할 수 있으므로, 보험금청구권의 소멸시효는 특별한 다른 사정이 없는 한 보험사고가 발생한 때부터 진행하는 것이 원칙이다. 그러나 <u>객관적으로 보험사고가 발생한 사실을 확인할 수 없는 사정이 있는 경우에는 보험금청구권자가 보험사고의 발생을 알았거나 알 수 있었던 때부터 보험금청구권의 소멸시효가 진행한다</u>(대법원 2008.11.13., 선고, 2007다19624, 판결).
    ① 보험자는 보험금액의 지급에 관하여 약정기간이 있는 경우에는 그 기간 내에, 약정기간이 없는 경우에는 통지를 받은 후 지체 없이 지급할 보험금액을 정하고, 그 정하여진 날부터 10일 내에 피보험자 또는 보험수익자에게 보험금액을 지급하여야 한다(상법 제658조). 상법 제658조에서 보험금 지급유예기간을 정하고 있더라도 보험금청구권의 소멸시효는 보험사고가 발생한 때로부터 진행하고, 위 <u>지급유예기간이 경과한 다음 날부터 진행한다고 볼 수는 없다</u>(대법원 2005.12.23., 선고, 2005다59383, 판결).
    ② <u>피해자가 스스로 자동차를 운전하다가 사망한 사고에 관해 보험회사가 보험금청구권자에게 그 사고는 면책대상이어서 보험금을 지급할 수 없다는 내용의 잘못된 통보를 하였다고 하더라도 그와 같은 사유는 보험금청구권을 행사하는데 있어서 법률상의 장애사유가 될 수 없고, 또 이로 인하여 보험금청구권자가 보험사고가 발생하였다는 것을 알 수 없게 되었다고 볼 수도 없으므로 보험회사의 보험계약상의 보험금 지급채무는 사고발생 시로부터 2년의 기간이 경과함으로써 시효소멸한다</u>(대법원 1997.11.11., 선고, 97다36521, 판결). 따라서 보험자가 보험금청구권자의 청구에 대하여 보험금 지급책임이 없다고 잘못 알려 준 경우에도 <u>보험사고가 발생한 때부터 소멸시효가 진행한다</u>.
    ④ 책임보험의 성질에 비추어 피보험자가 보험자에게 보험금청구권을 행사하려면 적어도 피보험자가 제3자에게 손해배상금을 지급하였거나 상법 또는 보험약관이 정하는 방법으로 피보험자의 제3자에 대한 채무가 확정되어야 할 것이고, 상법 제662조가 보험금의 청구권은 2년간 행사하지 아니하면 소멸시효가 완성한다는 취지를 규정하고 있을 뿐, 책임보험의 보험금청구권의 소멸시효의 기산점에 관하여는 상법상 아무런 규정이 없으므로, "소멸시효는 권리를 행사할 수 있는 때로부터 진행한다"고 소멸시효의 기산점에 관하여 규정한 민법 제166조 제1항에 따를 수밖에 없는 바, 약관에서 책임보험의 보험금청구권의 발생시기나 발생요건에 관하여 달리 정한 경우 등 특별한 다른 사정이 없는 한 원칙적으로 책임보험의 보험금청구권의 소멸시효는 피보험자의 제3자에 대한 법률상의 손해배상책임이 상법 제723조 제1항이 정하고 있는 <u>변제, 승인, 화해 또는 재판의 방법 등에 의하여 확정됨으로써 그 보험금청구권을 행사할 수 있는 때로부터 진행된다고 봄이 상당하다</u>(대법원 2002.9.6., 선고, 2002다30206, 판결).

정답 ❸

17 보험계약관계의 종료사유(무효, 취소, 해제, 해지)에 관한 설명이다. 보험계약관계의 종료사유 중 장래에 대해서만 효력이 상실되는 것만으로 묶은 것은? (다른 약정은 없는 것으로 가정함)

기출 21

> 가. 손해보험에서 사기에 의한 초과보험, 중복보험
> 나. 15세 미만자를 피보험자로 하는 사망보험
> 다. 보험약관 교부·설명의무위반으로 인한 보험계약관계의 종료
> 라. 보험계약 체결 후 보험료의 전부 또는 제1회 보험료를 계약 성립일로부터 2월 경과시까지 미납한 경우
> 마. 위험변경증가로 인한 보험계약관계의 종료
> 바. 생명보험표준약관상 중대사유로 인한 보험계약관계의 종료

① 가, 다
② 라, 마
③ 가, 나
④ 마, 바

18 보험료의 감액 또는 증액 청구에 관한 설명으로 옳은 것은? 기출 24

① 보험기간 중 특별하게 예기한 위험이 소멸한 경우라도 보험계약자는 보험료의 감액을 청구할 수 없다.
② 손해보험계약에서 보험금액이 보험가액을 현저하게 초과하거나 보험가액이 보험기간 중에 현저하게 감소된 경우 보험계약자만이 보험료의 감액을 청구할 수 있다.
③ 보험기간 중에 사고발생의 위험이 현저하게 변경·증가된 경우에는 보험자는 그 사실을 안 날로부터 1월 내에 보험료의 증액을 청구할 수 있다.
④ 보험사고가 발생하기 전에 보험계약자는 언제든지 보험료의 감액을 청구하거나 보험계약을 해지할 수 있다.

> 해설 및 정답

17 가. **손해보험에서 사기에 의한 초과보험, 중복보험** : 보험계약 성립시부터 무효이다.
     나. **15세 미만자를 피보험자로 하는 사망보험** : 보험계약 성립시부터 무효이다.
     다. **보험약관 교부·설명의무위반으로 인한 보험계약관계의 종료** : 보험계약이 성립한 날로부터 3개월 이내에 그 계약을 취소할 수 있으며(상법 제638조의3 제2항), 보험계약자가 그 보험계약을 취소한 때에는 처음부터 그 계약은 무효로 된다(민법 제141조).
     라. **보험계약 체결 후 보험료의 전부 또는 제1회 보험료를 계약 성립일로부터 2월 경과시까지 미납한 경우** : 보험계약 체결시로 소급하여 해제된 것으로 본다(상법 제650조 제1항).
     마. **위험변경·증가로 인한 보험계약관계의 종료** : 보험계약자 또는 피보험자가 보험기간 중 위험이 현저하게 변경·증가된 그 사실을 안 때에는 지체 없이 보험자에게 통지해야 하는데, 이 의무를 해태한 경우 보험자는 <u>1월 내에 계약을 해지할 수 있다</u>(상법 제652조 제1항). ⇒ **장래에 대해서만 효력 상실**
     바. **생명보험표준약관상 중대사유로 인한 보험계약관계의 종료** : 그 사실을 안 날부터 <u>1개월 이내에 계약을 해지할 수 있다</u>(생명보험표준약관 제30조 제1항). ⇒ **장래에 대해서만 효력 상실**

정답 ❹

18 ③ 상법 제652조 제2항
     ① 보험계약의 당사자가 특별한 위험을 예기하여 보험료의 액을 정한 경우에 보험기간 중 그 예기한 위험이 소멸한 때에는 보험계약자는 그 후의 <u>보험료의 감액을 청구할 수 있다</u>(상법 제647조).
     ② 손해보험계약에서 보험금액이 보험가액을 현저하게 초과하거나 보험가액이 보험기간 중에 현저하게 감소된 경우 <u>보험자 또는 보험계약자</u>는 보험료와 보험금액의 감액을 청구할 수 있다(상법 제669조 제1항, 제3항).
     ④ 보험사고가 발생하기 전에는 보험계약자는 언제든지 계약의 전부 또는 일부를 해지할 수 있다. <u>보험료의 감액은 장래에 대하여서만 그 효력이 있다</u>(상법 제649조 제1항, 제669조 제1항).

정답 ❸

19 다음 중 甲이 보험금의 지급을 청구할 수 있는 경우로서 옳은 것은? 기출 20

① 甲이 무진단계약의 청약과 함께 월납보험료 10만원 중 9만원을 지급하고 보험자의 승낙을 기다렸으나, 30일 내에 낙부통지를 받지 못한 상태에서 31일째 되는 날에 보험사고가 발생한 경우
② 甲이 화재보험계약의 청약을 하면서 보험료 전액을 지급하고 7일만에 인수거절의 통지를 받은 상태에서 10일째 되는 날에 화재가 발생한 경우
③ 甲이 신체검사가 필요한 질병보험에 가입하면서 월납보험료 전액을 지급하였으나, 신체검사를 받지 않은 상태에서 청약일로부터 90일이 경과하고 암 진단을 받은 경우
④ 甲이 자동차보험계약의 청약을 하며 보험료 전액을 지급하였으나, 보험자가 낙부통지를 하지 않은 상태에서 청약 다음 날 보험사고가 발생하고 보험자가 특히 청약을 거절할 사유가 없는 경우

20 보험계약상 보험료의 지급지체의 효과에 관한 설명으로 옳은 것은? 기출 24

① 해지예고부 최고는 보험료의 부지급을 정지조건으로 하여 미리 해지의 의사표시를 하는 것이다.
② 보험료의 지급기일이 도래하기 전에 보험료의 지급에 관한 안내장을 보험계약자에게 보내는 것은 상법상 최고로서의 효력이 있다.
③ 해지예고부 최고를 일반우편으로 송부하는 것으로 그 우편물이 보험계약자 측의 주소지에 도달하였다고 추정할 수 있다.
④ 계약이 성립한 후 보험계약자가 제1회 보험료를 미지급한 경우 이를 이유로 계약을 해지하기 위해서는 이행의 최고를 요건으로 한다.

21 상법상 보험계약의 무효에 관한 설명으로 옳은 것은? 기출 23

① 보험계약 체결 당시에 보험사고가 발생할 수 없는 경우 당사자 쌍방이 이를 알았다면 그 계약은 무효이다.
② 보험계약자의 사기 없이 보험금액이 보험가액을 현저하게 초과한 손해보험계약을 체결한 때에는 그 초과된 부분은 무효이므로 보험계약자는 무효인 부분에 대한 보험료의 반환을 청구할 수 있다.
③ 보험계약자의 사기로 보험금액이 보험가액을 현저하게 초과한 손해보험계약을 체결한 때에는 그 전부가 무효이므로 보험자는 그 사실을 안 때까지의 보험료를 청구할 수 없다.
④ 손해보험계약의 전부가 처음부터 무효인 경우 보험계약자는 그 무효인 사실을 알았더라도 보험자에 대하여 기지급한 보험료 전부의 반환을 청구할 수 있다.

● 해설 및 정답

19 보험자는 청약과 함께 보험료의 일부 또는 전부를 받은 때에는 다른 약정이 없으면 30일 이내에 그 청약의 승낙 여부를 통지해야 하며, 통지를 하지 않고 30일이 경과하면 승낙한 것으로 간주한다. 위 조건을 충족하는 경우 보험자가 승낙하기 전에 보험사고가 발생하더라도 보험자가 그 청약을 거절할 만한 사유가 없는 한 보상책임을 진다.
① 청약과 함께 보험료의 일부(월납 보험료 전액) 또는 전부(일시납 전액)를 지급해야 하는데 월납보험료 10만원 중 9만원을 지급하였으므로, 승낙의제 조건에 충족되지 않아서 보험금의 지급을 청구할 수 없다.
② 보험자로부터 인수거절의 통지를 받으면 보험계약이 성립되지 않으므로 그 이후 보험사고가 발생한 경우 보험자는 보상책임이 없다.
③ 신체검사가 필요한 질병보험에 가입한 경우 보험계약자가 보험계약 청약시에 월납보험료 전액을 지급하였다 할지라도 신체검사를 받기 전에는 보험자는 보험인수 절차를 밟을 수 없기 때문에 청약일로부터 90일이 경과하고 암 진단을 받은 경우에도 보험자는 보상책임이 없다.

정답 ④

20 판례에서, 해지예고부 최고는 최고기간 내의 불이행을 정지조건으로 하는 해지의 의사표시로서 특별히 계약자에게 불이익을 주지 않으므로 유효하다고 하였다(대법원 1992.12.22., 선고, 92다28549, 판결).
② 보험자가 지급기일이 도래하기 전에 보험료의 지급에 관해 통지를 하더라도 이는 단순한 통지일 뿐 상법 제650조 제2항에서 말하는 최고가 되지 못한다. 보험료의 지급에 관한 통지는 이를 '지급기일 이후'에 해야 적법한 최고가 된다.
③ 내용증명우편이나 등기우편과는 달리, 보통우편의 방법으로 발송되었다는 사실만으로는 그 우편물이 상당기간 내에 도달하였다고 추정할 수 없고, 송달의 효력을 주장하는 측에서 증거에 의하여 도달사실을 입증하여야 한다 (대법원 2002.7.26., 선고, 2000다25002, 판결).
④ 보험계약자는 계약 체결 후 지체 없이 보험료의 전부 또는 제1회 보험료를 지급하여야 하며, 보험계약자가 이를 지급하지 아니하는 경우에는 다른 약정이 없는 한 계약 성립 후 2월이 경과하면 그 계약은 해제된 것으로 본다 (상법 제650조 제1항).

정답 ①

21 보험계약 당시에 보험사고가 이미 발생하였거나 또는 발생할 수 없는 것인 때에는 그 계약은 무효로 한다. 그러나 당사자 쌍방과 피보험자가 이를 알지 못한 때에는 그러하지 아니하다(상법 제644조).
② 보험금액이 보험계약의 목적의 가액을 현저하게 초과한 때에는 보험자 또는 보험계약자는 보험료와 보험금액의 감액을 청구할 수 있다(상법 제669조 제1항).
TIP 초과보험에 관한 규제(주관주의 vs 객관주의)
• 주관주의는 보험금액이 보험가액을 초과하는 경우에 선의 또는 악의(사기적인 것)에 따라 그 효력을 달리하는 것으로 선의의 경우에는 당사자에게 보험금액과 보험료의 감액청구권을 인정하고, 악의의 경우에는 보험계약 자체를 무효로 하는 것으로 우리 상법도 이에 따르고 있다.
• 객관주의는 초과보험의 경우에 그 초과부분을 당연히 무효로 하는 것으로 일본 상법이 이에 따르고 있다.
③ 보험계약자의 사기로 보험금액이 보험가액을 현저하게 초과한 손해보험계약을 체결한 때에는 그 계약은 무효로 한다. 그러나 보험자는 그 사실을 안 때까지의 보험료를 청구할 수 있다(상법 제669조 제4항).
④ 보험계약의 전부 또는 일부가 무효인 경우에 보험계약자와 피보험자가 선의이며 중대한 과실이 없는 때에는 보험자에 대하여 보험료의 전부 또는 일부의 반환을 청구할 수 있다. 보험계약자와 보험수익자가 선의이며 중대한 과실이 없는 때에도 같다(상법 제648조). 따라서 보험계약자가 손해보험계약의 전부가 처음부터 무효인 사실을 알았다면 보험자에 대하여 기지급한 보험료의 반환을 청구할 수 없다.

정답

22 상법상 보험계약의 부활에 대한 설명으로 옳지 않은 것은? (다툼이 있는 경우 판례에 의함)

① 보험계약이 부활될 경우 해지 또는 실효되기 전의 보험계약은 효력을 회복하여 보험계약이 유효하게 존속하게 된다. 이 경우 만약 보험계약이 해지되고 부활되기 이전에 보험사고가 발생하였다면 보험자는 보험금을 지급하여야 한다.
② 보험계약자는 일정한 기간 내에 보험자에게 연체보험료에 약정이자를 붙여 지급하고 해당 보험계약의 부활을 청구할 수 있다.
③ 보험계약상의 일부 보험금에 관한 약정 지급사유가 발생한 후에 그 보험계약이 계속보험료 미납으로 해지 또는 실효되었다는 보험회사 직원의 말만 믿고 해지환급금을 수령하였다면 보험계약의 부활을 청구할 수 있다.
④ 보험계약의 부활은 계속보험료를 납입하지 않아 보험계약이 해지되었으나, 해지환급금은 지급되지 않은 경우에 인정되는 제도이다.

23 상법상 보험계약자 등의 고지의무에 관한 설명으로 옳은 것은? (다툼이 있는 경우 판례에 의함)

① 상법은 고지의무의 당사자를 보험계약자, 피보험자, 보험수익자로 명시하고 있다.
② 고지의무의 위반과 보험사고의 발생간에 인과관계가 없는 경우, 보험자는 보험금을 지급하여야 하며 보험계약도 해지할 수 없다.
③ 보험계약 체결시 고지하지 못한 사항이 있으면 계약 체결 이후 일정 기간 내에 보완이 가능하다.
④ 보험자가 고지의무의 대상인 중요사항과 관련된 약관조항에 대한 설명의무를 이행하지 않아 그에 대한 고지의무자의 고지의무위반이 있게 된 경우 보험자는 보험계약을 해지할 수 없다.

● 해설 및 정답

22 보험계약 해지 후 보험사고의 발생에 관하여 보험자는 보상책임이 없다.
② · ④ 계속보험료가 지급되지 않는 경우 보험자의 계약해지에 의하여 보험계약이 해지되고 해약환급금이 지급되지 아니한 경우에 보험계약자는 일정한 기간 내에 연체보험료에 약정이자를 붙여 보험자에게 지급하고 그 계약의 부활을 청구할 수 있다(상법 제650조의2).
③ 보험계약상의 일부 보험금에 관한 약정 지급사유가 발생한 이후에 그 보험계약이 해지, 실효되었다는 보험회사 직원의 말만을 믿고 해지환급금을 수령한 경우, 이를 <u>보험계약을 해지하는 의사로써 한 행위라고 할 수 없다</u>(대법원 2002.7.26., 선고, 2000다25002, 판결).

정답 ❶

23 보험자 및 보험계약의 체결 또는 모집에 종사하는 자는 보험계약의 체결에 있어서 보험계약자 또는 피보험자에게 보험약관에 기재되어 있는 보험상품의 내용, 보험료율의 체계 및 보험청약서상 기재사항의 변동사항 등 보험계약의 중요한 내용에 대하여 구체적이고 상세한 명시 · 설명의무를 지고 있으므로, 보험자가 이러한 보험약관의 명시 · 설명의무에 위반하여 보험계약을 체결한 때에는 그 약관의 내용을 보험계약의 내용으로 주장할 수 없고, 보험계약자나 그 대리인이 그 약관에 규정된 고지의무를 위반하였다 하더라도 이를 이유로 보험계약을 해지할 수 없다(대법원 1996.4.12., 선고, 96다4893, 판결).
① 고지의무의 당사자는 <u>보험계약자와 피보험자</u>이며, 대리인에 의하여 체결되는 경우 그 대리인도 포함한다(상법 제646조).
② 보험자는 고지의무를 위반한 사실과 보험사고의 발생 사이의 인과관계를 불문하고 <u>상법 제651조에 의하여 고지의무위반을 이유로 계약을 해지할 수 있다</u>. 그러나 보험금액청구권에 관해서는 보험사고발생 후에 고지의무위반을 이유로 보험계약을 해지한 때에는 고지의무에 위반한 사실과 보험사고발생 사이의 인과관계에 따라 보험금액 지급책임이 달라지고, 그 범위 내에서 계약해지의 효력이 제한될 수 있다(대법원 2010.7.22., 선고, 2010다25353, 판결).
③ 고지의무의 시기는 보험계약 당시(상법 제651조), 즉 보험계약의 성립시까지이므로, <u>보험계약 체결 이후 일정 기간 내에 고지하지 못한 사항을 보완할 수 없다</u>.

정답 ❹

24 상법상 고지의무에 관한 설명으로 옳지 않은 것은? (다툼이 있는 경우 판례에 의함) 기출 20

① 생명보험계약의 피보험자가 직업을 속인 경우, 지급할 보험금은 실제 직업에 따라 가입이 가능하였던 한도 이내로 자동감축된다는 약관조항은 상법상 고지의무위반시의 해지권 행사요건을 적용하지 않는 취지라면 무효이다.
② 한 건의 보험계약에서 보험금부정취득목적·고지의무위반·사기행위가 경합하는 경우 보험자는 어떤 권한을 행사할지를 선택할 수 있다.
③ 고지의무를 완전히 이행하였더라도 약관의 계약전 발병부담보조항에 의하여 보험금 지급이 거절될 수 있다.
④ 냉동창고건물을 화재보험에 가입시킬 당시 보험의 목적인 건물이 완성되지 않아 잔여공사를 계속하여야 한다는 사실은 고지할 필요가 없다.

24 甲이 손해보험업을 영위하는 乙 주식회사와 냉동창고건물에 관한 보험계약을 체결하였는데, 체결 당시 보험의 목적인 건물이 완성되지 않아 잔여공사를 계속하여야 한다는 사정을 乙 회사에 고지하지 않은 사안에서, 위 냉동창고건물은 형식적 사용승인에도 불구하고 냉동설비공사 등 주요 공사가 완료되지 아니하여 잔여공사를 계속하여야 할 상황이었고, 이러한 공사로 인하여 완성된 냉동창고건물에 비하여 현저히 높은 화재 위험에 노출되어 있었으며, 위험의 정도나 중요성에 비추어 甲은 <u>보험계약을 체결할 때 이러한 사정을 고지하여야 함을 충분히 알고 있었거나 적어도 현저한 부주의로 인하여 이를 알지 못하였다고 봄이 타당하다는 이유로, 고지의무의 위반에 정당한 이유가 있다</u>(대법원 2012.11.29., 선고, 2010다38663, 38670, 판결).

① 피보험자의 직업이나 직종에 따라 보험 가입한도나 보상비율에 차이가 있는 생명보험계약에서 그 피보험자의 직업이나 직종에 관한 사항에 대하여 고지의무위반이 있어 실제의 직업이나 직종에 따른 보험금 가입한도나 보상비율을 초과하여 보험계약이 체결된 경우에 보험회사가 보험금 지급사유의 발생 여부와 관계없이 보험금을 피보험자의 실제 직업이나 직종에 따른 보험금 가입한도나 보상비율 이내로 감축하는 것은 실질적으로 당사자가 의도하였던 보험금 가입한도나 보상비율 중에서 실제 직업이나 직종에 따른 보험금 가입한도나 보상비율을 초과하는 부분에 관한 보험계약을 자동 해지하는 것이라고 할 것이므로, 그 해지에 관하여는 상법 제651조에서 규정하고 있는 해지기간, 고지의무위반 사실에 대한 보험자의 고의나 중과실 여부, 상법 제655조에서 규정하고 있는 고지의무위반 사실과 보험사고발생 사이의 인과관계 등에 관한 규정이 여전히 적용되어야 하고, 만일 이러한 규정이 적용될 여지가 없이 자동적으로 원래 실제 직업이나 직종에 따라 가능하였던 가입한도나 보상비율 범위 이내로 지급하여야 할 보험금을 감축하는 취지의 약정이 있다면 <u>이는 당사자의 특약에 의하여 보험계약자나 피보험자, 보험수익자에게 불리하게 위 상법의 규정을 변경한 것으로서 상법 제663조에 의하여 허용되지 않는다</u>고 할 것이며, 이러한 결론은 비록 보험회사가 보험계약자 측의 직업 또는 직종에 대한 고지의무위반이 있는 경우에 이로 인한 계약해지권을 포기하고 있다고 하여도 달리 볼 것은 아니다(대법원 2000.11.24., 선고, 99다42643, 판결).

② 보험계약을 체결하면서 중요한 사항에 관한 보험계약자의 고지의무위반이 사기에 해당하는 경우에는 보험자는 상법의 규정에 의하여 계약을 해지할 수 있음은 물론 보험계약에서 정한 취소권 규정이나 민법의 일반원칙에 따라 보험계약을 취소할 수 있다. 따라서 보험금을 부정 취득할 목적으로 다수의 보험계약이 체결된 경우에 민법 제103조 위반으로 인한 보험계약의 무효와 고지의무위반을 이유로 한 보험계약의 해지나 취소는 그 요건이나 효과가 다르지만, 개별적인 사안에서 각각의 요건을 모두 충족한다면 위와 같은 구제수단이 병존적으로 인정되고, 이 경우 <u>보험자는 보험계약의 무효, 해지 또는 취소를 선택적으로 주장할 수 있다</u>(대법원 2017.4.7., 선고, 2014다234827, 판결).

③ 대부분의 보험계약자나 피보험자들은 보험계약 체결시 고지의무를 이행하면 자신의 건강·장애 등에 대하여 알릴 의무를 모두 이행한 것으로 이해한다. 그럼에도 불구하고 <u>사고발생 후 보험금을 청구하면, 보험자는 이른바 '계약전 발병부담보조항'을 내세워 지급을 거절하는 경우가 종종 있다.</u> 대다수 보험계약자는 이 조항의 존재를 알지 못하고 있어 보험금을 받으리라는 기대가 깨져버린 후에 보험자와 다투는 사례가 실무상 많이 일어난다. 상법 제638조의 보험계약의 정의와 대법원도 인정하듯 계약전 발병부담보조항을 잘못된 것이라고 하기는 어려우며, 또한 고지의무와는 전혀 다른 제도이다.

정답

25 상법상 고지의무의 대상이 되는 중요한 사항에 관한 설명으로 옳지 않은 것은? (다툼이 있는 경우 판례에 의함) 기출 25

① 중요한 사항이란, 객관적으로 보험자가 그 사실을 안다면 그 계약을 체결하지 아니하든가 또는 적어도 동일한 조건으로는 계약을 체결하지 아니하리라고 평가되는 사항을 말한다.
② 자동차임대업자가 피보험차량을 지입차주로 하여금 자신의 감독을 받지 않고 유상운송에 제공하도록 허용한 것은 중요한 사실에 해당하지 않는다.
③ 질문표가 아닌 보험청약서에 일정한 사항에 대한 답변을 구하는 취지가 포함되어 있다면 그 사항도 중요한 사항으로 추정된다.
④ 동일한 보험목적에 대하여 체결된 다른 보험계약의 존재는 손해보험이든 인보험이든 보험의 종류를 불문하고 고지의무의 대상이 되는 중요한 사항이다.

26 상법상 보험계약자 등의 위험변경증가 통지의무에 관한 설명으로 옳지 않은 것은? (다툼이 있는 경우 판례에 의함) 기출 25

① 화재보험계약 체결 후 피보험건물의 구조와 용도에 상당한 변경을 가져오는 증·개축공사가 시행된 경우에는 위험의 현저한 변경 또는 증가에 해당한다.
② 보험계약자가 고지의무를 위반함으로써 보험계약 성립시 고지된 위험과 보험기간 중 객관적으로 존재하게 된 위험에 차이가 생기게 되었다는 사정만으로 보험기간 중 위험이 새롭게 변경 또는 증가된 것으로 볼 수 있다.
③ 보험설계사가 통지의무의 대상인 보험사고의 위험이 현저하게 변경 또는 증가된 사실을 알게 된 경우 보험자가 안 것으로 볼 수 없다.
④ 자동차보험계약이 체결된 후 피보험자동차의 구조가 현저히 변경된 사실은 통지의무의 대상이 된다.

25 손해보험에 있어서 보험계약자에게 다수의 보험계약의 체결사실에 관하여 통지하도록 규정하는 취지는 부당한 이득을 얻기 위한 사기에 의한 보험계약의 체결을 사전에 방지하고 보험자로 하여금 보험사고발생시 손해의 조사 또는 책임의 범위의 결정을 다른 보험자와 공동으로 할 수 있도록 하기 위한 것일 뿐, 보험사고발생의 위험을 측정하여 계약을 체결할 것인지 또는 어떤 조건으로 체결할 것인지 판단할 수 있는 자료를 제공하기 위한 것이라고는 볼 수 없으므로, 손해보험에 있어서 다른 보험계약을 체결한 것은 상법 제652조 및 제653조의 통지의무의 대상이 되는 사고발생의 위험이 현저하게 변경 또는 증가된 때에 해당되지 않는다(대법원 2003.11.13., 선고, 2001다49630, 판결). 따라서 동일한 보험목적에 대하여 체결된 다른 보험계약의 존재는 손해보험에서는 고지의무의 대상이 되는 중요한 사항에 해당되지 않는다.

① 보험계약자나 피보험자가 보험계약 당시에 보험자에게 고지할 의무를 지는 상법 제651조에서 정한 '중요한 사항'이란, 보험자가 보험사고의 발생과 그로 인한 책임부담의 개연율을 측정하여 보험계약의 체결 여부 또는 보험료나 특별한 면책조항의 부가와 같은 보험계약의 내용을 결정하기 위한 표준이 되는 사항으로서, 객관적으로 보험자가 그 사실을 안다면 그 계약을 체결하지 않든가 적어도 동일한 조건으로는 계약을 체결하지 않으리라고 생각되는 사항을 말하고, 어떠한 사실이 이에 해당하는가는 보험의 종류에 따라 달라질 수밖에 없는 사실인정의 문제로서 보험의 기술에 비추어 객관적으로 관찰하여 판단되어야 한다(대법원 1997.9.5., 선고, 95다25268, 판결).

② 지입차주가 승합차를 렌터카 회사에 지입만 하여 두고 독자적으로 운행하여 일정 지역을 거점으로 통학생들을 등·하교시켜 주는 여객유상운송에 제공한 경우, 그 운행형태는 고지의무의 대상이 되는 중요한 사항에 해당하지 않을 뿐 아니라 이를 고지하지 않은 것에 중대한 과실이 없다(대법원 1996.12.23., 선고, 96다27971, 판결).

③ 보험자가 서면으로 질문한 사항은 보험계약에 있어서 중요한 사항에 해당하는 것으로 추정되고(상법 제651조의2), 여기의 서면에는 보험청약서도 포함될 수 있으므로, 보험청약서에 일정한 사항에 관하여 답변을 구하는 취지가 포함되어 있다면 그 사항은 상법 제651조에서 말하는 '중요한 사항'으로 추정된다(대법원 2004.6.11., 선고, 2003다18494, 판결).

정답 ④

26 보험계약자 또는 피보험자가 고지의무를 위반함으로써 보험계약 성립시 고지된 위험과 보험기간 중 객관적으로 존재하게 된 위험에 차이가 생기게 되었다는 사정만으로는 보험기간 중 사고발생의 위험이 새롭게 변경 또는 증가되었다고 할 수 없다(대법원 2024.6.27., 선고, 2024다219766, 판결).

① 화재보험에 있어서는 피보험 건물의 구조와 용도뿐만 아니라 그 변경을 가져오는 증·개축에 따라 보험의 인수 여부와 보험료율이 달리 정하여지는 것이므로 화재보험계약의 체결 후에 건물의 구조와 용도에 상당한 변경을 가져오는 증·개축공사가 시행된 경우에는 그러한 사항이 계약 체결 당시에 존재하고 있었다면 보험자가 보험계약을 체결하지 않았거나 적어도 그 보험료로는 보험을 인수하지 않았을 것으로 인정되는 사실에 해당하여 상법 제652조 제1항 및 화재보험보통약관에서 규정한 통지의무의 대상이 된다고 할 것이다(대법원 2000.7.4., 선고, 98다62909, 62916, 판결).

③ 보험모집인은 특정 보험자를 위하여 보험계약의 체결을 중개하는 자일 뿐 보험자를 대리하여 보험계약을 체결할 권한이 없고 보험계약자 또는 피보험자가 보험자에 대하여 하는 고지나 통지를 수령할 권한도 없으므로, 보험모집인이 통지의무의 대상인 '보험사고발생의 위험이 현저하게 변경 또는 증가된 사실'을 알았다고 하더라도 이로써 곧 보험자가 위와 같은 사실을 알았다고 볼 수는 없다(대법원 2006.6.30., 선고, 2006다19672, 19689, 판결).

④ 자동차보험에 있어서는 피보험자동차의 용도와 차종뿐만 아니라 그 구조에 따라서도 보험의 인수 여부와 보험료율이 달리 정하여지는 것이므로 보험계약 체결 후에 피보험자동차의 구조가 현저히 변경된 경우에는 그러한 사항이 계약 체결 당시에 존재하고 있었다면 보험자가 보험계약을 체결하지 않았거나 적어도 그 보험료로는 보험을 인수하지 않았을 것으로 인정되는 사실에 해당하여 상법 제652조 소정의 통지의무의 대상이 된다(대법원 1998.11.27., 선고, 98다32564, 판결).

정답 ②

27 보험계약의 무효와 취소에 대한 설명으로 옳지 않은 것은? (다툼이 있는 경우 판례에 의함)

기출 21

① 보험계약 체결 당시에 보험사고가 이미 발생하였거나 발생할 수 없는 경우 그 보험계약은 무효로 한다는 상법 제644조의 규정은 강행규정으로 당사자간의 사이의 협정에 의하여 달리 정할 수 없다.
② 보험계약의 무효란 보험계약이 성립한 때부터 당연히 법률상 효력이 발생하지 않는 것을 의미한다.
③ 보험자가 보험계약이 유효함을 전제로 보험료를 징수하고도 보험사고발생 이후에 비로소 피보험자의 서면동의가 없었다는 사유를 내세워 보험계약 무효를 주장하는 것은 신의성실 또는 금반언의 원칙에 반한다.
④ 甲이 乙의 명의를 도용하여 보험회사와 보증보험계약을 체결하고, 그 보험증권을 이용하여 금융기관으로 乙의 명의로 차용한 금원을 상환하지 않아 보증보험회사가 보험금을 지급한 경우, 그 보험계약을 무효로 보아 보험회사는 부당이득반환청구를 할 수 있다.

28 공동불법행위에 대한 구상권 행사와 관련한 설명으로 옳지 않은 것은? (다툼이 있는 경우 판례에 의함) 기출 21

① 공동불법행위자 중의 1인에 대한 보험자로서 자신의 피보험자에게 손해방지비용을 모두 상환한 보험자는 다른 공동불법행위자의 보험자가 부담하여야할 부분에 대해 직접 구상권을 행사할 수 있다.
② 공동불법행위자들과 각각 보험계약을 체결한 보험자들은 각자 그 피보험자 또는 보험계약자에 대한 관계뿐만 아니라, 그와 보험계약관계가 없는 다른 공동불법행위자에 대한 관계에서도 그들이 지출한 손해방지비용의 상환의무를 부담한다.
③ 보험자들 상호간의 손해방지비용의 상환의무는 진정연대채무의 관계에 있다.
④ 피보험자의 차량소유자의 관리상의 과실과 그 차량의 무단운전자의 과실이 경합되어 교통사고가 발생한 경우, 차량소유자인 피보험자의 보험자가 무단운전자의 부담부분을 배상하면 보험자는 그 부담 부분의 비율에 따라 무단운전자에게 구상권을 행사할 수 있다.

27 타인의 사망을 보험사고로 하는 보험계약에는 보험계약 체결시에 그 타인의 서면에 의한 동의를 얻어야 한다는 상법 제731조 제1항의 규정은 강행법규로서 이에 위반하여 체결된 보험계약은 무효이다. 상법 제731조 제1항의 입법취지에는 도박보험의 위험성과 피보험자 살해의 위험성 외에도 피해자의 동의를 얻지 아니하고 타인의 사망을 이른바 사행계약상의 조건으로 삼는 데서 오는 공서양속의 침해의 위험성을 배제하기 위한 것도 들어있다고 해석되므로, 상법 제731조 제1항을 위반하여 피보험자의 서면동의 없이 타인의 사망을 보험사고로 하는 보험계약을 체결한 자 스스로가 무효를 주장함이 신의성실의 원칙 또는 금반언의 원칙에 위배되는 권리 행사라는 이유로 이를 배척한다면, 그와 같은 입법취지를 완전히 몰각시키는 결과가 초래되므로 특단의 사정이 없는 한 그러한 주장이 신의성실 또는 금반언의 원칙에 반한다고 볼 수는 없다(대법원 1996.11.22., 선고, 96다37084, 판결).
① 보험계약이 체결되기 전에 보험사고가 이미 발생하였을 경우, 보험계약의 당사자 쌍방 및 피보험자가 이를 알지 못한 경우를 제외하고는 그 보험계약을 무효로 한다는 상법 제644조의 규정은, 보험사고는 불확정한 것이어야 한다는 보험의 본질에 따른 강행규정으로, 당사자 사이의 합의에 의해 이 규정에 반하는 보험계약을 체결하더라도 그 계약은 무효임을 면할 수 없다(대법원 2002.6.28., 선고, 2001다59064, 판결).
② 보험계약의 무효란 보험계약이 성립한 때부터 법률상 당연히 효력이 없는 것으로 확정된 것을 말한다.
④ 甲이 계속적 거래로 인한 丙에 대한 채무를 담보하기 위하여 乙의 명의를 도용하여 보험계약을 체결한 후 그 거래대금을 체불함으로써 보험자가 丙에게 보험금을 지급한 경우, 그 보험계약을 무효로 보아 보험자는 부당이득반환청구를 할 수 있다(대법원 1995.9.29., 선고, 94다4912, 판결).

정답 ❸

28 ①·②·③ 공동불법행위로 말미암아 공동불법행위자 중 1인이 손해의 방지와 경감을 위하여 비용을 지출한 경우에 손해방지비용은 자신의 보험자뿐 아니라, 다른 공동불법행위자의 보험자에 대하여도 손해방지비용에 해당하므로, 공동불법행위자들과 각각 보험계약을 체결한 보험자들은 각자 그 피보험자 또는 보험계약자에 대한 관계뿐만 아니라, 그와 보험계약관계가 없는 다른 공동불법행위자에 대한 관계에서도 그들이 지출한 손해방지비용의 상환의무를 부담한다. 또한 이러한 관계에 있는 보험자들 상호간에는 손해방지비용의 상환의무에 관하여 공동불법행위에 기한 손해배상채무와 마찬가지로 부진정연대채무의 관계에 있다고 볼 수 있으므로, 공동불법행위자 중의 1인과 보험계약을 체결한 보험자가 그 피보험자에게 손해방지비용을 모두 상환하였다면, 그 손해방지비용을 상환한 보험자는 다른 공동불법행위자의 보험자가 부담하여야 할 부분에 대하여 직접 구상권을 행사할 수 있다(대법원 2007.3.15., 선고, 2004다64272, 판결).
④ 교통사고에 있어서 차량소유자의 차량 관리상의 과실과 그 차량 무단운전자의 과실이 경합된 경우, 보험자가 그 자동차 소유자와 체결한 보험계약에 따라 피해자들에게 그 손해배상금을 보험금액으로 모두 지급함으로써 차량소유자와 무단운전자가 공동면책이 되었다면, 그 소유자는 무단운전자의 부담 부분에 대하여 구상권을 행사할 수 있고, 보험자는 상법 제682조 소정의 보험자대위의 제도에 따라 차량소유자의 무단운전자에 대한 구상권을 취득한다(대법원 1995.9.29., 선고, 94다61410, 판결).

정답 ❸

29 상법상 보험약관의 교부·설명의무에 관한 설명으로 옳지 않은 것은? (다툼이 있는 경우 판례에 의함) 기출 23

① 보험계약자가 보험계약을 체결할 때 보험자는 보험계약자에게 보험약관을 교부하고 그 약관의 중요한 내용을 설명하여야 한다.
② 보험계약자가 충분히 잘 알고 있는 내용에 대하여도 보험자는 설명의무가 있다.
③ 보험자가 보험약관의 교부·설명의무를 위반한 경우 보험계약자는 보험계약이 성립한 날부터 3개월 내에 그 계약을 취소할 수 있다.
④ 피보험자가 오토바이 사용자인 경우 가입할 수 없도록 한 상해보험의 약관조항에 대하여 보험자가 설명의무를 이행하지 않아서 보험계약자 또는 피보험자가 고지의무를 위반한 경우 보험자는 고지의무 위반을 이유로 보험계약을 해지할 수 없다.

30 보험약관의 설명의무위반의 효과에 관한 설명으로 옳은 것은? (다툼이 있는 경우 판례에 의함) 기출 24

① 보험자가 보험약관의 설명의무에 위반하여 보험계약을 체결한 때 보험계약자가 그 약관에 규정된 고지의무를 위반한 경우 보험자는 이를 이유로 보험계약을 해지할 수 있다.
② 보험자가 약관의 설명의무를 위반한 경우 보험계약자는 일정한 기간 내에 보험계약을 해제할 수 있다.
③ 보험자의 보험약관 설명의무위반시 보험계약자가 보험계약을 취소하지 않았다고 하더라도 그 위반의 하자가 치유되는 것은 아니다.
④ 보험자가 보험계약자에게 설명하여야 할 부분은 약관전체를 의미한다.

29 「약관의 규제에 관한 법률」제3조의 규정에 의하여 보험자는 보험계약을 체결할 때에 보험계약자에게 보험약관에 기재되어 있는 보험상품의 내용, 보험료율의 체계, 보험청약서상 기재사항의 변동 및 보험자의 면책사유 등 보험계약의 중요한 내용에 대하여 구체적이고 상세한 명시·설명의무를 지고 있으므로, 만일 보험자가 이러한 보험약관의 명시·설명의무에 위반하여 보험계약을 체결한 때에는 그 약관의 내용을 보험계약의 내용으로 주장할 수 없지만, <u>보험약관의 중요한 내용에 해당하는 사항이라 하더라도 보험계약자나 그 대리인이 그 내용을 충분히 잘 알고 있는 경우에는 당해 약관이 바로 계약 내용이 되어 당사자에 대하여 구속력을 가지므로 보험자로서는 보험계약자 또는 그 대리인에게 약관의 내용을 따로 설명할 필요가 없다고 볼 것인 바</u>, 이 경우 보험계약자나 그 대리인이 그 약관의 내용을 충분히 잘 알고 있다는 점은 이를 주장하는 보험자 측에서 입증하여야 할 것이다(대법원 2001.7.27., 선고, 99다55533, 판결).
① 상법 제638조의3 제1항
③ 상법 제638조의3 제2항
④ 보험자 및 보험계약의 체결 또는 모집에 종사하는 자는 보험계약의 체결에 있어서 보험계약자 또는 피보험자에게 보험약관에 기재되어 있는 보험상품의 내용, 보험료율의 체계 및 보험청약서상 기재사항의 변동사항 등 보험계약의 중요한 내용에 대하여 구체적이고 상세한 명시·설명의무를 지고 있으므로, 보험자가 이러한 보험약관의 명시·설명의무에 위반하여 보험계약을 체결한 때에는 그 약관의 내용을 보험계약의 내용으로 주장할 수 없고, <u>보험계약자나 그 대리인이 그 약관에 규정된 고지의무를 위반하였다 하더라도 이를 이유로 보험계약을 해지할 수 없다</u>(대법원 1996.4.12., 선고, 96다4893, 판결).

정답

30 상법 제638조의3 제2항에 의하여 보험자가 약관의 교부 및 설명의무를 위반한 때에 보험계약자가 보험계약 성립일로부터 1월 내에 행사할 수 있는 취소권은 보험계약자에게 주어진 권리일 뿐 의무가 아님이 그 법문상 명백하므로, <u>보험계약자가 보험계약을 취소하지 않았다고 하더라도 보험자의 설명의무위반의 법률효과가 소멸되어 이로써 보험계약자가 보험자의 설명의무위반의 법률효과를 주장할 수 없다거나 보험자의 설명의무위반의 하자가 치유되는 것은 아니다</u>(대법원 1996.4.12., 선고, 96다4893, 판결).
① 보험자 및 보험계약의 체결 또는 모집에 종사하는 자는 보험계약의 체결에 있어서 보험계약자 또는 피보험자에게 보험약관에 기재되어 있는 보험상품의 내용, 보험료율의 체계 및 보험청약서상 기재사항의 변동사항 등 보험계약의 중요한 내용에 대하여 구체적이고 상세한 명시·설명의무를 지고 있으므로, 보험자가 이러한 보험약관의 명시·설명의무에 위반하여 보험계약을 체결한 때에는 그 약관의 내용을 보험계약의 내용으로 주장할 수 없고, <u>보험계약자나 그 대리인이 그 약관에 규정된 고지의무를 위반하였다 하더라도 이를 이유로 보험계약을 해지할 수 없다</u>(대법원 1996.4.12., 선고, 96다4893, 판결).
② 보험자가 약관의 설명의무를 위반한 경우 보험계약자는 일정한 기간 내에 <u>보험계약을 취소할 수 있다</u>(상법 제638조의3 제2항).
④ 보험자는 보험계약을 체결할 때에 보험계약자에게 보험약관을 교부하고, 그 <u>약관의 중요한 내용을 설명하여야 한다</u>(상법 제638조의3 제2항).

정답

31 고지의무위반의 효과에 관한 설명으로 옳지 않은 것은? 기출 22

① 고지의무위반이 있는 경우 보험자는 그 사실을 안 날로부터 1월 내에, 계약을 체결한 날로부터 3년 내에 한하여 계약을 해지할 수 있다.
② 고지의무를 위반한 사실이 보험사고발생에 영향을 미치지 아니하였음이 증명된 경우 보험자는 보험금을 지급할 책임이 있다.
③ 고지의무를 위반한 사실이 보험사고발생에 영향을 미치지 아니하였음이 증명된 경우 보험자는 계약을 해지할 수 없다.
④ 판례에 따르면 보험자가 보험약관의 교부·설명의무를 위반한 경우에는 보험계약자 또는 피보험자의 고지의무위반을 이유로 보험계약을 해지할 수 없다고 한다.

32 대법원 판례의 설명으로 옳지 않은 것은? 기출 21

① 평균적인 고객의 이해가능성을 기준으로 객관적이고 획일적으로 해석한 결과 약관조항이 일의적으로 해석되는 경우 작성자불이익의 원칙이 적용되지 않는다.
② 자동차손해배상보장법 제3조의 '다른 사람'의 범위에 자동차를 운전하거나 운전에 보조에 종사하는 자는 이에 해당하지 않는다.
③ 무보험자동차에 의한 상해보험 특약은 상해보험의 성질과 함께 손해보험의 성질도 갖고 있는 손해보험형 상해보험이므로, 하나의 사고에 관하여 여러 개의 무보험상해담보 특약이 체결되고, 그 보험금액의 총액이 피보험자의 손해액을 초과하더라도 상법 제672조 제1항은 준용되지 아니한다.
④ 보험자는 피보험자와 체결한 상해보험의 특별약관에 "피보험자의 동일 신체 부위에 또 다시 후유장해가 발생하였을 경우에는 기존 후유장해에 대한 후유장해보험금이 지급된 것으로 보고 최종 후유장해에 해당되는 후유장해보험금에서 이미 지급받은 것으로 간주한 후유장해보험금을 차감한 나머지 금액을 지급한다"는 사안에서 정액보험인 상해보험에서는 기왕장애가 있는 경우에도 약정 보험금 전액을 지급하는 것이 원칙이며, 예외적으로 감액규정이 있는 경우에만 보험금을 감액할 수 있다.

해설 및 정답

31 고지의무위반과 보험사고발생 사이에 인과관계가 인정되지 아니하는 경우에도 보험자는 고지의무위반을 이유로 보험계약을 해지할 수 있고, 다만, 보험금 지급의무만을 부담하게 된다(서울중앙지법 2004.10.28., 선고, 2004나21069, 판결 : 확정).
① 상법 제651조
② 상법 제655조 단서
④ 보험자 및 보험계약의 체결 또는 모집에 종사하는 자는 보험계약의 체결에 있어서 보험계약자 또는 피보험자에게 보험약관에 기재되어 있는 보험상품의 내용, 보험료율의 체계 및 보험청약서상 기재사항의 변동사항 등 보험계약의 중요한 내용에 대하여 구체적이고 상세한 명시·설명의무를 지고 있으므로, 보험자가 이러한 보험약관의 명시·설명의무에 위반하여 보험계약을 체결한 때에는 그 약관의 내용을 보험계약의 내용으로 주장할 수 없고, 보험계약자나 그 대리인이 그 약관에 규정된 고지의무를 위반하였다 하더라도 이를 이유로 보험계약을 해지할 수 없다(대법원 1996.4.12., 선고, 96다4893, 판결).

정답 ③

32 하나의 사고에 관하여 여러 개의 무보험자동차에 의한 상해담보특약보험이 체결되고, 그 보험금액의 총액이 피보험자가 입은 손해액을 초과하는 때에는, 중복보험에 관한 상법 제672조 제1항의 법리가 적용되어 보험자는 각자의 보험금액의 한도에서 연대책임을 지고 피보험자는 각 보험계약에 의한 보험금을 중복하여 청구할 수 없다(대법원 2007.10.25., 선고, 2006다25356, 판결).
① 보험약관은 신의성실의 원칙에 따라 약관의 목적과 취지를 고려하여 공정하고 합리적으로 해석하되, 개개 계약당사자가 기도한 목적이나 의사를 참작하지 않고 평균적 고객의 이해가능성을 기준으로 보험단체 전체의 이해관계를 고려하여 객관적·획일적으로 해석하여야 하며, 위와 같은 해석을 거친 후에도 약관조항이 객관적으로 다의적으로 해석되고 각각의 해석이 합리성이 있는 등 약관의 뜻이 명백하지 아니한 경우에는 고객에게 유리하게 해석하여야 한다. 즉 약관조항 중 다의적으로 해석될 여지가 있을 경우 계약자 보호를 위하여 우선적으로 작성자불이익의 원칙에 의해 해석한다(대법원 2016.5.12., 선고, 2015다243347, 판결).
② 자동차손해배상보장법 제3조의 '다른 사람'이란 자기를 위하여 자동차를 운행하는 자 및 당해 자동차의 운전자를 제외한 그 이외의 자를 지칭하는 것이다(대법원 2004.4.28., 선고, 2004다10633, 판결).
④ 甲 보험회사와 乙이 체결한 상해보험의 특별약관에 "특별약관의 보장개시 전의 원인에 의하거나 그 이전에 발생한 후유장해로서 후유장해보험금의 지급사유가 되지 않았던 후유장해가 있었던 피보험자의 동일 신체 부위에 또다시 후유장해가 발생하였을 경우에는 기존 후유장해에 대한 후유장해보험금이 지급된 것으로 보고 최종 후유장해상태에 해당되는 후유장해보험금에서 이미 지급받은 것으로 간주한 후유장해보험금을 차감한 나머지 금액을 지급한다"고 정한 사안에서, 정액보험인 상해보험에서는 기왕장해가 있는 경우에도 약정 보험금 전액을 지급하는 것이 원칙이고, 예외적으로 감액규정이 있는 경우에만 보험금을 감액할 수 있으므로, 위 기왕장해 감액규정과 같이 후유장해보험금에서 기왕장해에 해당하는 보험금 부분을 감액하는 것이 거래상 일반적이고 공통된 것이어서 보험계약자가 별도의 설명 없이도 충분히 예상할 수 있는 내용이라거나, 이미 법령에 정하여진 것을 되풀이하거나 부연하는 정도에 불과한 사항이라고 볼 수 없어, 보험계약자나 대리인이 내용을 충분히 잘 알고 있지 않는 한 보험자인 甲 보험회사는 기왕장해 감액규정을 명시·설명할 의무가 있다(대법원 2015.3.26., 선고, 2014다229917,229924, 판결).

정답 ③

33 계약 성립 전에 보험사고가 발생한 경우 보험계약의 청약자를 보호하기 위한 상법 제638조의2의 규정에 관한 설명으로 옳은 것은? 기출 24

① 승낙기간의 경과 전에 보험사고가 발생한 경우에는 보험자의 승낙이 의제되지 않는다.
② 약관상 청약철회규정을 둔 경우에 보험계약자가 청약을 철회하더라도 보험자는 낙부통지의무를 부담한다.
③ 신체검사가 필요한 인보험계약의 경우에는 신체검사를 받은 날부터 통지기간이 기산된다.
④ 승낙기간의 경과로 보험자의 승낙이 의제되기 위해서는 보험계약자와 보험자간에 상시 거래관계를 요건으로 한다.

34 보험사고발생의 현저한 변경 또는 증가에 해당하지 않는 것은? (다툼이 있는 경우 판례에 의함) 기출 24

① 자동차보험계약 체결 후 피보험자동차의 구조가 현저히 변경된 경우
② 화재보험의 목적인 공장건물에 대한 근로자의 점거, 농성이 장기간 계속되고 있는 경우
③ 화재보험계약 체결 후에 건물의 구조와 용도에 상당한 변경을 가져오는 증·개축 공사를 시행한 경우
④ 영업용 자동차보험계약에서 보험가입자인 렌터카회사가 피보험차량을 지입차주로 하여금 렌터카회사의 감독을 받지 않고 독자적으로 렌터카 영업을 하도록 허용한 경우

33 ③ 상법 제638조의2 제1항 단서
① 보험자가 보험계약자로부터 보험계약의 청약과 함께 보험료 상당액의 전부 또는 일부를 받은 경우에 그 청약을 승낙하기 전에 보험계약에서 정한 보험사고가 생긴 때에는 그 청약을 거절할 사유가 없는 한 보험자는 보험계약상의 책임을 진다(상법 제638조의2 제3항).
② 청약의 경우에는 상법 제638조의2 제2항(승낙의제)은 적용되지 않는다. 즉 약관상 청약철회규정을 둔 경우에 보험계약자가 청약을 철회하면 보험자는 낙부통지의무를 부담하지 않는다.
④ 승낙기간의 경과로 보험자의 승낙이 의제되기 위해서는 보험계약자와 보험자간에 상시 거래관계가 없는 경우를 요건으로 한다(상법 제638조의2 제2항).
상시 거래관계가 있는 경우 상법 제53조에서는 "상인이 상시 거래관계에 있는 자로부터 그 영업부류에 속한 계약의 청약을 받은 때에는 지체 없이 낙부의 통지를 발송하여야 한다. 이를 해태한 때에는 승낙한 것으로 본다(승낙의제)"고 규정하고 있다.

정답 ③

34 렌터카 회사가 피보험차량을 지입차주로 하여금 렌터카회사의 감독을 받지 아니하고 독자적으로 렌터카 영업을 하는 것을 허용하는 형태로 차량임대사업을 영위한 때에는, 그 운행 형태는 대여자동차의 본래의 운행 형태와 거의 같은 것이어서 사고위험률이 현저히 높다고 볼 수 없는 점 등에 비추어 볼 때, 영업용 자동차보험계약에 있어 고지의무의 대상이 되는 중요한 사항, 또는 통지의무나 위험유지의무의 대상이 되는 '위험의 현저한 변경이나 증가된 사실'에 해당된다고 인정하기 어렵고, 달리 이를 인정할 자료도 없다(대법원 1997.9.5., 선고, 95다25268, 판결).
① 자동차보험에 있어서는 피보험자동차의 용도와 차종뿐만 아니라 그 구조에 따라서도 보험의 인수 여부와 보험료율이 달리 정하여지는 것이므로 보험계약 체결 후에 피보험자동차의 구조가 현저히 변경된 경우에는 그러한 사항이 계약 체결 당시에 존재하고 있었다면 보험자가 보험계약을 체결하지 않았거나 적어도 그 보험료로는 보험을 인수하지 않았을 것으로 인정되는 사실에 해당하여 상법 제652조 소정의 통지의무의 대상이 되고, 따라서 보험계약자나 피보험자가 이를 해태할 경우 보험자는 바로 상법 규정에 의하여 자동차보험계약을 해지할 수 있다(대법원 1998.11.27., 선고, 98다32564, 판결).
② 화재보험의 목적인 공장건물에 대한 근로자들의 점거, 농성이 장기간 계속되고 있음에도 그 사실을 보험자에게 통지하지 아니한 보험계약자(피보험자)의 행위가, 보험사고 발생의 가능성이 증가한 경우로 인정하였다(대법원 1992.7.10., 선고, 92다13301, 92다13318, 판결).
③ 화재보험에 있어서는 피보험 건물의 구조와 용도뿐만 아니라 그 변경을 가져오는 증·개축에 따라 보험의 인수 여부와 보험료율이 달리 정하여지는 것이므로 화재보험계약의 체결 후에 건물의 구조와 용도에 상당한 변경을 가져오는 증·개축공사가 시행된 경우에는 그러한 사항이 계약 체결 당시에 존재하고 있었다면 보험자가 보험계약을 체결하지 않았거나 적어도 그 보험료로는 보험을 인수하지 않았을 것으로 인정되는 사실에 해당하여 상법 제652조 제1항 및 화재보험보통약관에서 규정한 통지의무의 대상이 된다고 할 것이고, 따라서 보험계약자나 피보험자가 이를 해태할 경우 보험자는 위 규정들에 의하여 보험계약을 해지할 수 있다(대법원 2000.7.4., 선고, 98다62909, 62916, 판결).

정답 ④

35 상법상 보험금청구권자에게 입증책임이 있는 경우가 아닌 것은? (다툼이 있는 경우 판례에 의함)
　기출 20

① 위험변경 증가시의 통지의무위반에 있어서 위험변경 증가가 보험사고의 발생에 영향을 미치지 아니하였다는 사실
② 보험계약자나 그 대리인이 약관내용을 충분히 알지 못하므로 계약 체결시 보험자가 약관내용을 설명하여야 한다는 사실
③ 상해보험계약에 있어서 피보험자가 심신상실 등 자유로운 의사결정을 할 수 없는 상태에서 스스로 사망의 결과를 초래한 사실
④ 상해보험계약에 있어서 사고가 우연하게 발생하였다는 점 및 사고의 외래성과 상해라는 결과와의 사이에 인과관계가 있다는 사실

36 손해보험계약에서 실손보상원칙에 관한 설명으로 옳지 않은 것은? (다툼이 있는 경우 판례에 의함) 　기출 22

① 손해보험계약에서는 피보험자가 이중이득을 얻는 것을 막기 위해 실손보상원칙이 철저히 준수된다.
② 약정보험금액을 아무리 고액으로 정한다 하더라도 지급되는 보험금은 보험가액을 초과할 수 없다.
③ 손해보험계약에 있어 제3자의 행위로 인하여 생긴 손해에 대하여 제3자의 손해배상에 앞서 보험자가 먼저 보험금을 지급한 때에는 피보험자의 제3자에 대한 손해배상청구권은 소멸되지 아니하고 지급된 보험금액의 한도에서 보험자에게 이전된다.
④ 보험계약을 체결할 당시 당사자 사이에 미리 보험가액에 대해 합의를 하지 않은 미평가보험이나 신가보험 등은 실손보상원칙의 예외에 해당한다.

35 보험계약자나 그 대리인이 약관내용을 충분히 알지 못하므로 계약 체결시 보험자가 약관내용을 설명하여야 하며, 그 설명의무를 이행하였다는 입증책임은 보험자 측에 있다.
① 고지의무에 위반한 사실 또는 위험의 현저한 변경이나 증가된 사실과 보험사고발생과의 사이에 인과관계가 부존재한다는 점에 관한 주장·입증책임은 보험계약자 측에 있다(대법원 1997.9.5., 선고, 95다25268, 판결).
③ 피보험자 자신이 사망의 결과를 발생하게 하였다고 하더라도, 피보험자가 자유로운 의사결정을 할 수 없는 상태에서 사망의 결과를 발생하게 하였고, 그 직접적인 원인행위가 외래의 요인에 의한 것이라면 그로 인한 피보험자의 사망은 피보험자의 고의에 의하지 않은 우발적인 사고로서 보험사고인 사망에 해당할 수 있다(대법원 2006.3.10., 선고, 2005다49713, 판결 / 대법원 2008.8.21., 선고, 2007다76696, 판결 / 대법원 2014.4.10., 선고, 2013다18929, 판결). 이러한 사고의 우연성에 관해서는 보험금청구자에게 그 입증책임이 있다(대법원 2010.8.19., 선고, 2008다78491, 판결 / 대법원 2001.11.9., 선고, 2001다55499, 55505, 판결).
④ 보험약관에서 정한 보험사고의 요건인 '급격하고도 우연한 외래의 사고' 중 '외래의 사고'라는 것은 상해 또는 사망의 원인이 피보험자의 신체적 결함, 즉 질병이나 체질적 요인 등에 기인한 것이 아닌 외부적 요인에 의해 초래된 모든 것을 의미하고, 이러한 사고의 외래성 및 상해 또는 사망이라는 결과와 사이의 인과관계에 관하여는 보험금청구자에게 그 증명책임이 있다(대법원 2010.9.30., 선고, 2010다12241, 12258, 판결).

 정답 ❷

36 보험계약을 체결할 당시 당사자 사이에 미리 보험가액에 대해 합의를 한 기평가보험이나 신가보험 등은 실손보상원칙의 예외에 해당한다.
- 기평가보험에서는 보험가액이 사고발생시의 가액을 초과하더라도 사고발생시의 가액을 기준으로 하여 손해액을 산정하지 아니하고, 계약된 금액을 기준으로 손해액을 산정하므로 실손보상원칙의 예외가 인정된다.
- 신가보험은 신품가액에 의하여 손해를 보상하는 계약으로서(상법 제676조 제1항 단서) 피보험자가 신구교환차익을 얻으므로 실손보상원칙에 어긋나지만, 이는 공서양속과 보험의 본래 목적에 위배되지 않으므로 예외적으로 인정하고 있다.

① 실손보상원칙의 구현을 위한 손해보험제도에는 피보험이익제도(상법 제668조), 보험자대위(상법 제681조, 제682조), 타보험조항(other insurance clause) 등이 있다.
② 보험가액은 보험사고가 발생하였을 경우 피보험자가 입을 가능성이 있는 손해(= 피보험이익)를 금전적으로 평가한 것으로서 보험회사가 보상하여야 할 "법률상 보상의 최고한도액"이므로, 실제 지급되는 보험금은 보험가액을 초과할 수 없다.
③ 상법 제682조 제1항 본문은 "손해가 제3자의 행위로 인하여 발생한 경우 보험금을 지급한 보험자는 그 지급한 금액의 한도에서 그 제3자에 대한 보험계약자 또는 피보험자의 권리를 취득한다"라고 하여 보험자대위에 관하여 규정하고 있다. 위 규정의 취지는 피보험자가 보험자로부터 보험금액을 지급받은 후에도 제3자에 대한 청구권을 보유·행사하게 하는 것은 피보험자에게 손해의 전보를 넘어서 오히려 이득을 주게 되는 결과가 되어 손해보험제도의 원칙에 반하게 되고 또 배상의무자인 제3자가 피보험자의 보험금 수령으로 인하여 책임을 면하게 하는 것도 불합리하므로 이를 제거하여 보험자에게 이익을 귀속시키려는데 있다(대법원 2019.11.14., 선고, 2019다216589, 판결).

 정답 ❹

37 손해보험에서 실손보상원칙의 예외에 해당하는 것을 모두 묶은 것은? 기출 23

> 가. 기평가보험(사고발생시의 가액을 현저히 초과하지 아니하는 경우)
> 나. 이득금지
> 다. 제3자에 대해 가지고 있는 권리의 대위
> 라. 신가보험
> 마. 선박보험에서의 보험가액불변경주의

① 가, 나, 다
② 가, 나, 라
③ 가, 다, 마
④ 가, 라, 마

38 상법상 보험계약자 등은 보험기간 중 고의 또는 중대한 과실로 사고발생의 위험을 현저하게 변경 또는 증가시키지 않을 의무를 부담하는데, 이에 관한 설명으로 옳지 않은 것은? (다툼이 있는 경우 판례에 의함) 기출 23

① 사고발생의 위험이 현저하게 변경 또는 증가된 사실이라 함은 그 변경 또는 증가된 위험이 보험계약의 체결 당시에 존재하고 있었다면 보험자가 보험계약을 체결하지 않았거나 적어도 그 보험료로는 보험을 인수하지 않았을 것으로 인정되는 정도의 것을 말한다.
② 보험수익자가 이 의무를 위반한 경우 상법 제653조에 따라 지체 없이 보험자에게 통지하여야 한다.
③ 보험계약자 등이 이 의무위반이 있는 경우 보험자는 그 사실을 안 날로부터 1월 내에 보험료의 증액을 청구하거나 계약을 해지할 수 있다.
④ 피보험자의 직종에 따라 보험금 가입한도에 차등이 있는 생명보험계약에서 피보험자가 위험이 현저하게 증가된 직종으로 변경한 경우 이는 상법 제653조상의 위험의 현저한 변경·증가에 해당한다.

37 가. **기평가보험(사고발생시의 가액을 현저히 초과하지 아니하는 경우)** : 기평가보험에서는 협정보험가액이 사고발생시의 가액을 초과하더라도 사고발생시의 가액을 기준으로 하여 손해액을 산정하지 아니하고, 협정보험가액을 기준으로 손해액을 산정하므로, 실손보상원칙의 예외가 된다.
　나. **이득금지** : 실손보상의 원칙은 보험사고로 인한 손해발생시 피보험자는 실제 손해액만을 보상 받아야 하며, 보험으로 이득을 보아서는 안 된다는 원칙이므로 이득금지의 원칙이라고도 한다.
　다. **제3자에 대해 가지고 있는 권리의 대위** : 보험자가 피보험자의 실손만 보상하더라도 피보험자에게 잔존물이나 제3자에 대한 권리가 남아 있으면 부당이득을 취득하는 결과가 되므로 상법은 보험자에게 대위권의 취득을 인정하여 피보험자에게 이중이득을 금지하고 있다. 즉 실손보상원칙을 적용하고 있는 사례이다.
　라. **신가보험** : 신가보험은 감가상각이 반영된 실제 손해를 보상하는 것이 아니고, 재조달가 전액을 보상하게 되므로 실손보상원칙의 예외가 된다.
　마. **선박보험에서의 보험가액불변경주의** : 선박보험에서는 보험가액이 보험기간 중에 변하지 않는다고 하는 "보험가액불변경주의"를 채택하여 보험계약이 체결되는 시점과 장소에서의 가액을 보험가액으로 협정하는 것이 일반적이다. 이 경우 보험계약이 체결되는 시점의 선박가액을 기준으로 한 손해액과 사고발생시의 보험가액을 기준으로 한 실제 손해액이 다를 수 있으므로 실손보상원칙의 예외가 된다.

정답

38 보험기간 중에 보험계약자, 피보험자 또는 보험수익자의 고의 또는 중대한 과실로 인하여 사고발생의 위험이 현저하게 변경 또는 증가된 때에는 보험자는 그 사실을 안 날부터 1월 내에 보험료의 증액을 청구하거나 계약을 해지할 수 있다(상법 제653조). 즉 상법 제653조에 따라 보험자에게 통지해야 하는 것은 아니다.
① 상법 제652조 제1항 소정의 통지의무의 대상으로 규정된 '사고발생의 위험이 현저하게 변경 또는 증가된 사실'이라 함은 그 변경 또는 증가된 위험이 보험계약의 체결 당시에 존재하고 있었다면 보험자가 보험계약을 체결하지 아니하였거나 적어도 그 보험료로는 보험을 인수하지 아니하였을 것으로 인정되는 사실을 말하는 것이다(대법원 2004.6.11., 선고, 2003다18494, 판결).
③ 상법 제653조
④ 보험기간 중 보험계약자 또는 피보험자가 사고발생의 위험이 현저하게 변경되거나 증가된 사실을 안 경우 즉시 보험회사에 알려야 한다(상법 제652조 제1항 전단).
피보험자의 직종에 따라 보험금 가입한도에 차등이 있는 생명보험계약에서 피보험자가 위험이 현저하게 증가된 직종으로 변경한 경우 상법 제653조상의 위험의 현저한 변경·증가에 해당하므로 보험자는 그 사실을 안 날부터 1월 내에 보험료의 증액을 청구하거나 계약을 해지할 수 있다.

정답

39 보험약관에 "보험금청구권자가 보험금을 청구하면서 증거를 위조 또는 변조하는 등 사기 기타 부정한 행위를 한 때에는 보험자는 보험금을 지급할 책임이 없다"라는 조항이 있는 경우 이에 대한 설명으로 옳지 않은 것은? (다툼이 있는 경우 판례에 의함) 기출 23

① 보험목적의 가치에 대한 견해 차이 등으로 보험계약자가 보험목적의 가치를 다소 높게 신고한 경우 보험자는 면책되지 않는다.
② 보험계약자가 화재로 9억원 상당의 수의와 삼베가 소실되었다고 주장하면서 상당한 양의 허위 증거서류를 제출한 경우 실제로 9억원 상당의 수의와 삼베에 손해가 있었더라도 보험자는 면책된다.
③ 보험목적이 수 개이고 보험금청구권자가 동일인인 경우 그중 하나의 보험목적에 대하여 사기적인 방법으로 보험금을 청구하더라도 다른 보험목적에는 그 면책의 효력이 미치지 않는다.
④ 보험자는 보험계약자에게 보험약관을 교부하고 그 약관의 중요한 내용을 설명하여야 하는데, 위 약관조항은 설명의무의 대상이 아니다.

해설 및 정답

39 "계약자 또는 피보험자가 손해통지 또는 보험금청구에 관한 서류에 고의로 사실과 다른 것을 기재하였거나 그 서류 또는 증거를 위조 또는 변조한 경우에는 피보험자는 손해에 대한 보험금청구권을 잃게 된다"고 규정하고 있는 화재보험 약관조항의 취지는 보험자가 보험계약상의 보상책임 유무의 판정, 보상액의 확정 등을 위하여 보험사고의 원인, 상황, 손해의 정도 등을 알 필요가 있으나, 이에 관한 자료들은 계약자 또는 피보험자의 지배·관리영역 안에 있는 것이 대부분이므로 피보험자로 하여금 이에 관한 정확한 정보를 제공하도록 할 필요성이 크고, 이와 같은 요청에 따라 피보험자가 이에 반하여 서류를 위조하거나 증거를 조작하는 등으로 신의성실의 원칙에 반하는 사기적인 방법으로 과다한 보험금을 청구하는 경우에는 그에 대한 제재로서 보험금청구권을 상실하도록 하려는데 있다. 다만, 위와 같은 약관조항을 문자 그대로 엄격하게 해석하여 조금이라도 약관에 위배하기만 하면 보험자가 면책되는 것으로 보는 것은 본래 피해자 다중을 보호하고자 하는 보험의 사회적 효용과 경제적 기능에 배치될 뿐만 아니라 고객에 대하여 부당하게 불리한 조항이 된다는 점에서 이를 합리적으로 제한하여 해석할 필요가 있으므로, 위 약관조항에 의한 보험금청구권의 상실 여부는 그 취지를 감안하여 보험금청구권자의 청구와 관련한 부당행위의 정도 등과 보험의 사회적 효용 내지 경제적 기능을 종합적으로 비교·교량하여 결정하여야 한다(대법원 2009.12.10., 선고, 2009다56603, 56610, 판결). 즉 판례는 피보험자가 보험금을 청구하면서 사실과 다른 서류를 제출하거나 보험목적물의 가치를 다소 높게 신고한 경우에는 보험금청구권을 상실하지 않는다고 보고 있다.

① 피보험자가 보험금을 청구하면서 실손해액에 관한 증빙서류 구비의 어려움 때문에 구체적인 내용이 일부 사실과 다른 서류를 제출하거나 보험목적물의 가치에 대한 견해 차이 등으로 보험목적물의 가치를 다소 높게 신고한 경우 등까지 이 사건 약관조항에 의하여 보험금청구권이 상실되는 것은 아니라고 해석함이 상당하다 할 것이다(대법원 2007.6.14., 선고, 2007다10290, 판결).

③ 독립한 여러 물건을 보험목적물로 하여 체결된 화재보험계약에서 피보험자가 그중 일부의 보험목적물에 관하여 실제 손해보다 과다하게 허위의 청구를 한 경우에 허위의 청구를 한 당해 보험목적물에 관하여 위 약관 조항에 따라 보험금청구권을 상실하게 되는 것은 당연하다. 그러나 만일 위 약관 조항을 피보험자가 허위의 청구를 하지 않은 다른 보험목적물에 관한 보험금청구권까지 한꺼번에 상실하게 된다는 취지로 해석한다면, 이는 허위 청구에 대한 제재로서의 상당한 정도를 초과하는 것으로 고객에게 부당하게 불리한 결과를 초래하여 신의성실의 원칙에 반하는 해석이 되므로, 위 약관에 의해 피보험자가 상실하게 되는 보험금청구권은 피보험자가 허위의 청구를 한 당해 보험목적물의 손해에 대한 보험금청구권에 한한다고 해석함이 상당하다(대법원 2007.2.22., 2006다72093, 판결).

④ 보험자에게 보험약관의 명시·설명의무가 인정되는 것은 어디까지나 보험계약자가 알지 못하는 가운데 약관에 정하여진 중요한 사항이 계약 내용으로 되어 보험계약자가 예측하지 못한 불이익을 받게 되는 것을 피하고자 하는데 그 근거가 있다고 할 것이므로, 보험약관에 정하여진 사항이라고 하더라도 거래상 일반적이고 공통된 것이어서 보험계약자가 별도의 설명 없이도 충분히 예상할 수 있었던 사항이거나 이미 법령에 의하여 정하여진 것을 되풀이하거나 부연하는 정도에 불과한 사항이라면 그러한 사항에 대하여서까지 보험자에게 명시·설명의무가 인정된다고 할 수 없다(대법원 1998.11.27., 98다32564, 32567, 판결). 즉 상법 제638조의3 제1항에 "보험자는 보험계약을 체결할 때에 보험계약자에게 보험약관을 교부하고 그 약관의 중요한 내용을 설명하여야 한다"고 규정하고 있으므로, 문제의 약관조항은 설명의무의 대상이라고 할 수 없다.

정답 ❷

40 상법상 보험계약의 부활에 관한 설명으로 옳지 않은 것은? (다툼이 있는 경우 판례에 의함) 기출 22

① 계속보험료의 부지급으로 인하여 보험계약이 해지되거나 실효되었을 경우에 발생한다.
② 보험계약자가 해지환급금을 반환받은 경우에는 부활을 청구할 수 없다.
③ 보험계약이 해지된 시점부터 부활이 되는 시점 사이에 발생한 보험사고에 대하여 보험자는 책임을 지지 않는다.
④ 부활계약 체결시의 보험약관이 법률에서 정한 내용과 달리 규정되어 부활 후에도 적용될 경우 보험자는 원칙적으로 해당 약관의 내용에 대하여 설명의무를 이행할 필요가 없다.

41 보험자의 면책사유에 관한 설명 중 옳지 않은 것은? (다툼이 있는 경우 판례에 의함) 기출 23

① 사망을 보험사고로 한 보험계약에서 사고가 보험계약자 또는 피보험자나 보험수익자의 고의로 인하여 발생한 경우에 보험자는 면책되는데, 보험자의 책임이 개시된 시점부터 2년이 경과한 이후 자살에 대하여 보험자가 보상책임을 진다는 보험약관은 무효이다.
② 보험사고가 전쟁 기타의 변란으로 인하여 생긴 때에는 당사자간에 다른 약정이 없으면 보험자는 보험금을 지급할 책임이 없다.
③ 손해보험에서 보험 목적의 성질, 하자 또는 자연소모로 인한 손해는 보험자가 이를 보상할 책임이 없다.
④ 보험약관상 약정면책사유는 원칙적으로 보험약관의 교부·설명의무의 대상이다.

40 부활계약의 청약시 보험자는 보험계약자에게 부활계약을 체결하더라도 실효되었던 종전의 계약의 효력이 되살아나는 것이 아니라, 새로운 보험계약이 체결된다는 점을 설명하고, 만일 약관에서 부활계약 체결시를 기준으로 새로이 고지의무가 발생하는 것으로 정하였다면 이는 <u>부활계약 청약 여부를 결정함에 있어 가장 중요한 사항이므로 계약자나 피보험자에게 명확히 명시하고 설명하여야 한다</u>고 봄이 상당하다(부산지방법원 2015.3.19., 선고, 2013가단232158, 판결).

① 보험계약을 부활하기 위해서는 보험료를 분할하여 지급하기로 하는 보험계약에서 보험계약자가 최초의 보험료를 지급하여 보험자의 책임이 개시되었으나, 제2회 이후의 계속보험료를 지급하지 않음으로 인해 보험계약이 해지되었거나 실효되었을 것을 요건으로 한다.
② 상법 제650조의2
③ 대법원 1987.6.23., 선고, 86다카2995, 판결

정답 ④

41 상법에 의하면 사망보험의 경우에도 보험의 일반원칙에 따라서 보험계약자나 피보험자 및 보험수익자의 '고의'로 인하여 발생한 보험사고에 대하여는 보험자의 면책이 인정되기 때문에, 원칙적으로 피보험자의 자살은 보험자의 책임발생사유가 되지 않는다(상법 제732조의2). 다만 '생명보험표준약관' 제5조에 의하면, <u>보험계약의 보장개시일부터 2년이 지난 후에 자살한 경우에는 보험금을 지급하도록 규정하고 있다</u>. 따라서 보험자의 책임이 개시된 시점부터 2년이 경과한 이후 자살에 대하여 보험자는 보상책임을 진다.

[판례] 서울고법 2015.11.13., 선고, 2014나2043005, 판결
甲이 乙 보험회사와 체결한 보험계약의 재해사망특약 약관에서 보험금을 지급하지 아니하는 보험사고로 '피보험자가 고의로 자신을 해친 경우'를 규정하면서 단서에서 '특약의 보장개시일로부터 2년이 경과된 후에 자살한 경우에는 그러하지 아니하다'(이하 '자살 면책제한조항'이라 한다)고 규정하고 있는데, 甲이 보장개시일로부터 2년이 지난 후 아파트 옥상에서 투신하여 사망한 사안에서, 약관은 원칙적으로 고의에 의한 자살은 특약에서 정한 보험사고인 '재해'에 해당하지 않는다고 정하면서도 예외적으로 자살 면책제한조항을 둠으로써 피보험자가 특약의 보장개시일로부터 2년이 경과된 후 자살한 경우는 특별히 보험사고에 포함시켜 재해사망보험금 지급사유로 본다고 해석하는 것이 합리적이고 약관 해석에서 작성자 불이익의 원칙에도 부합하므로, 乙 보험회사는 甲의 상속인들에게 재해사망보험금을 지급할 의무가 있다.

② 보험사고가 전쟁 기타의 변란으로 인하여 생긴 때에는 당사자간에 다른 약정이 없으면 보험자는 보험금을 지급할 책임이 없다(상법 제660조).
③ 손해보험에서 보험목적의 성질, 하자 또는 자연소모로 인한 손해는 보험자가 이를 보상할 책임이 없다(상법 제678조).
④ 보험자는 보험계약을 체결할 때에 보험계약자에게 보험약관을 교부하고 그 약관의 중요한 내용을 설명하여야 한다(상법 제638조의3 제1항). 약정면책사유는 보험계약자 측에서 보험계약을 체결할 때 알아야 할 중요한 내용에 해당하므로, 원칙적으로 보험자가 설명해야 할 의무가 있다.

정답 ①

42 보험자의 면책사유에 관한 설명으로 옳은 것은? (다툼이 있는 경우 판례에 의함) 기출 24

① 보험사고가 보험계약자 또는 피보험자나 보험수익자의 고의 또는 중대한 과실로 인하여 생긴 때에는 보험자는 보험금액을 지급할 책임이 없다고 규정하고 있는 상법 제659조는 보증보험에도 적용된다.
② 보험사고가 보험계약자 또는 피보험자나 보험수익자의 고의 또는 중대한 과실로 인하여 생긴 때에는 보험자는 보험금 지급책임이 없으므로 손해보험에서 고의만 면책으로 하고, 중과실 사고에 대하여 보험자의 책임을 인정하는 약정은 효력이 없다.
③ 보험계약자 또는 피보험자의 친족이나 피용인 등의 고의 또는 중과실을 보험계약자 등의 고의 또는 중과실과 동일한 것으로 보고 보험자를 면책시키는 대표자책임이론은 판례상 일반적으로 인정되고 있다.
④ 손해보험에서 복수의 피보험자가 있는 경우, 면책사유가 그중 일부의 피보험자에 대하여 적용되는 경우에 이러한 면책사유는 당해 피보험자에게만 개별적으로 적용된다.

43 상법상 손해보험에서 보험자의 면책사유로서 보험계약자 등의 고의 또는 중과실에 관한 설명으로 옳지 않은 것은? (다툼이 있는 경우 판례에 의함) 기출 25

① 자동차대여업자가 무면허운전자에 대하여 위조된 면허증의 복사본을 제시받고 그 원본이나 주민등록증을 확인하지 아니한 것은 중과실에 해당한다.
② 중과실이란, 보험계약자 또는 피보험자가 통상인에게 요구되는 정도의 상당한 주의를 하지 아니하더라도 약간의 주의를 한다면 손쉽게 위법, 유해한 결과를 예견할 수 있음에도 불구하고 이를 간과한 경우로 고의에 가까운 현저한 주의를 결여한 상태를 말한다.
③ 피보험자의 심신미약 상태에서 발생한 사고로 인한 손해는 피보험자의 고의로 인한 손해라 할 수 없다.
④ 고의는 자신의 행위에 의하여 일정한 결과가 발생하리라는 것을 알면서 이를 행하는 심리상태를 말하며, 특별한 사정이 없는 한 미필적 고의를 포함하지 않는다.

42 손해배상책임보험에서 동일한 사고로 피해자에 대하여 배상책임을 지는 피보험자가 복수로 존재하는 경우에는 피보험이익도 피보험자마다 개별로 독립하여 존재하는 것이므로 각각의 피보험자마다 손해배상책임의 발생요건이나 면책조항의 적용 여부 등을 개별적으로 가려서 보상책임의 유무를 결정하는 것이 원칙이다. 따라서 손해배상책임보험약관에 정한 보험사고 해당 여부나 보험자 면책조항의 적용 여부를 판단하는 경우에 특별한 사정이 없는 한 약관에 피보험자 개별적용조항을 별도로 규정하고 있지 않더라도 각 피보험자별로 손해배상책임의 발생요건이나 보험자 면책조항의 적용 여부를 가려 보험사고 해당 여부 또는 면책 여부를 결정하여야 하고, 약관의 규정 형식만으로 복수의 피보험자 중 어느 한 사람에 대하여 보험사고에 해당하지 아니하거나 면책조항에 해당한다고 하여 보험자의 모든 피보험자에 대한 보상책임이 성립하지 아니하거나 모든 피보험자에 대한 보상책임을 면하는 것으로 해석할 것은 아니다. 그리고 이와 같은 법리는 특별한 사정이 없는 한 손해배상책임보험약관에서 보상하는 손해로 우연한 사고로 타인의 신체의 장해 또는 재물의 손해에 대한 법률상의 배상책임을 부담함으로써 입은 손해를 규정하고 있거나 보상하지 아니하는 손해로 피보험자의 고의를 원인으로 하여 생긴 손해를 규정하고 있는 경우에도 마찬가지로 적용된다(대법원 2012.12.13., 선고, 2012다1177, 판결).

① 보증보험의 성질상 상법 제659조의 규정은 보증보험계약이 보험계약자의 사기행위에 피보험자가 공모하였다든지 적극적으로 가담하지는 않았더라도 그러한 사실을 알면서도 묵인한 상태에서 체결되었다고 인정되는 경우를 제외하고는 원칙적으로 보증보험에는 그 적용이 없다(대법원 2001.2.13., 선고, 99다13737, 판결).

② 보험사고가 보험계약자, 피보험자나 보험수익자의 고의 또는 중대한 과실로 인하여 생긴 때에는 보험자는 보험금을 지급할 책임이 없다(상법 제659조). 다만, 사망보험과 상해보험의 경우에는 보험계약자, 피보험자 또는 보험수익자의 중대한 과실로 인한 사고에 대해서도 보험자의 보험금 지급책임을 인정하고 있다(상법 제732조의 2, 제739조). 즉 사망보험과 상해보험에서는 보험사고가 보험계약자 등의 중대한 과실로 인하여 생긴 때에도 보험자는 면책되지 않는다.

③ 대표자책임이론은 보험사고가 보험계약자 또는 피보험자나 보험수익자와 법률상 또는 경제상 특별한 관계에 있는 자(가족이나 고용인 등)의 고의 또는 중대한 과실로 발생한 때에도 보험계약자 등의 고의 또는 중대한 과실과 동일시하여 보험자를 면책시키자는 이론이다. 대표자책임이론은 독일 판례에서 주장되고 있으나, 우리나라의 경우 판례는 특별한 규정이 없는 한 이를 부정하여 보험자의 책임을 인정하고 있다.

정답 ④

43 고의라 함은 자신의 행위에 의하여 일정한 결과가 발생하리라는 것을 알면서 이를 행하는 심리 상태를 말하고, 여기에는 확정적 고의는 물론 미필적 고의도 포함된다고 할 것이다(대법원 2010.1.28., 선고, 2009다72209, 판결).

① 자동차운전자가 자동차대여업자로부터 자동차를 대여 받음에 있어 도로교통법 제77조에 의하여 운전하는 때에 반드시 지녀야 할 운전면허증이나 이에 갈음하는 증명서가 아닌 운전면허증 사본을 제시한다는 것은 극히 이례적인 일이라고 할 것이므로 자동차대여업자로서는 조금만 주의를 기울여 그 원본이나 주민등록증의 제시를 요구하는 등의 방법으로 확인하였더라면 쉽게 그 진위를 가려볼 수 있었을 것인데도 이를 태만히 한 것은 중대한 과실에 속한다고 볼 수 있다(대법원 1994.8.26., 선고, 94다4073, 판결).

② 중대한 과실이란 통상인에게 요구되는 정도의 상당한 주의를 하지 아니하더라도 약간의 주의를 한다면 손쉽게 위법, 유해한 결과를 예견할 수 있는데도 불구하고 만연히 이를 간과함과 같은 거의 고의에 가까운 현저한 주의를 결여한 상태를 의미한다고 할 것이다(대법원 2008.6.12., 선고, 2007다83700, 판결).

③ 피보험자가 사고 당시 심신미약의 상태에 있었던 경우, 사고로 인한 손해가 '피보험자의 고의로 인한 손해'에 해당하지 아니하여 보험자가 면책되지 아니한다(대법원 2001.4.24., 선고, 2001다10199, 판결).

정답 ④

44 약관대출과 계약자배당에 관한 설명으로 옳지 않은 것은? (다툼이 있는 경우 판례에 의함) 기출 24

① 약관대출금은 보험자가 장래에 지급할 보험금이나 해지환급금을 미리 지급하는 선급금과 같은 성격이다.
② 약관대출계약은 보험계약과 별개의 독립계약이 아니라, 보험계약과 일체를 이루는 하나의 계약이다.
③ 계약자배당금은 보험료산정에 있어 예정기초율과 실제와의 차이에서 발생하는 잉여금을 정산, 환원하는 것으로서 주주에게 배당하는 이익배당과 구별된다.
④ 사차익, 이차익, 비차익 등 이원(利源)별로 발생한 이익이 있다면 보험계약자에게 구체적인 계약자배당청구권이 당연히 발생한다.

45 다음 중 옳지 않은 것은? (다툼이 있는 경우 통설·판례에 의함) 기출 24

① 손해보험사고의 발생에 보험계약자 등의 고의 또는 중과실이 있는 경우 보험자가 면책되지만 상법에 보험사고에 대한 과실상계조항은 없다.
② 손해보험계약상 보험계약자와 피보험자의 손해방지와 경감의무위반의 효과에 대하여 상법은 규정하는 바 없다.
③ 이득금지원칙의 취지에 따라, 보험자가 보상할 손해는 손익상계가 이루어진 후의 금액이다.
④ 약관에서 보험계약자 등이 고의로 손해방지의무를 위반하여 손해를 증가시킨 경우에 이를 배상하도록 규정한다면 이는 보험계약자 등의 불이익변경금지원칙에 따라 무효이다.

• 해설 및 정답

44 주식회사인 보험회사가 판매한 배당부 생명보험의 계약자배당금은 보험회사가 이자율과 사망률 등 각종 예정기초율에 기반한 대수의 법칙에 의하여 <u>보험료를 산정함에 있어 예정기초율을 보수적으로 개산한 결과 실제와의 차이에 의하여 발생하는 잉여금을 보험계약자에게 정산·환원하는 것</u>으로서 이익잉여금을 재원으로 주주에 대하여 이루어지는 이익배당과는 구별되는 것이므로, 계약자배당전 잉여금의 규모가 부족한 경우에도 이원(利源)의 분석 결과에 따라 계약자배당준비금을 적립하는 것이 그 성질상 당연히 금지된다고는 할 수 없는 것이나, <u>사차익(死差益)이나 이차익(利差益) 등 이원(利源)별로 발생한 이익이 있다 하여 보험계약자들에게 구체적인 계약자배당금청구권이 당연히 발생하는 것이라고는 볼 수 없고</u>, 보험회사가 약관에서 정한 바에 따라 그 지급률을 결정하여 계약자배당준비금으로 적립한 경우에 한하여 인정되는 것이며, 계약자배당전 잉여금의 규모와 적립된 각종 준비금 및 잉여금의 규모 및 증감 추세를 종합하여 현재 및 장래의 계약자들의 장기적 이익 유지에 적합한 범위 내에서 계약자배당이 적절하게 이루어지도록 하기 위한 감독관청의 규제나 지침이 있는 경우, 보험회사로서는 위 규제나 지침을 넘어서면서까지 계약자배당을 실시할 의무는 없는 것이다(대법원 2005.12.9., 선고, 2003다9742, 판결).

> **TIP** 사차익, 이차익, 비차익
> <u>사차익</u>은 실제위험율이 예정위험율보다 낮은 경우에 발생된다. <u>이차익</u>은 실제 투자결과에 따른 자산운용수익률이 예정이율보다 높은 경우에 발생되며, <u>비차익</u>은 실제 사업운영결과에 따른 사업비율이 예정사업비율 보다 낮은 경우에 발생된다.

①·② 대법원 2007.9.28., 선고, 2005다15598, 전원합의체 판결
③ 대법원 2005.12.9., 선고, 2003다9742, 판결

정답 ④

45 약관에서 보험계약자 등이 고의로 손해방지의무를 위반하여 손해를 증가시킨 경우에 이를 배상하도록 규정한 것은 보험계약자 등의 불이익변경금지원칙과 무관하며, 유효하다.
상법 제680조 제1항에는 "보험계약자와 피보험자는 손해의 방지와 경감을 위하여 노력하여야 한다"고 규정하고 있고, 대법원 판례는 "보험계약자와 피보험자가 고의 또는 중대한 과실로 손해방지의무를 위반한 경우에는 보험자는 손해방지의무위반과 상당인과관계가 있는 손해, 즉 의무위반이 없다면 방지 또는 경감할 수 있으리라고 인정되는 손해액에 대하여 배상을 청구하거나 지급할 보험금과 상계하여 이를 공제한 나머지 금액만을 보험금으로 지급할 수 있다(대법원 2016.1.14., 선고, 2015다6302, 판결)"고 판시하고 있다.

> **TIP** 손해방지의무위반의 효과
> 보험계약자나 피보험자가 손해방지의무를 게을리한 경우의 효과에 대해서는 상법에 아무런 규정이 없다. 학설로는, 의무자의 의무위반을 경과실로 인한 의무위반의 경우와 고의 또는 중대한 과실로 인한 의무위반의 경우로 구분하여, ① <u>경과실로 인한 의무위반의 경우</u>에는 채무불이행에 관한 일반원칙에 따라 보험자는 그로 인한 손해의 배상을 청구하거나 보험금에서 손해액을 공제하면 되고, ② <u>고의 또는 중대한 과실로 인한 의무위반의 경우에는 보험자가 보상책임을 면한다는 견해와 경과실의 경우는 제외하고 의무자의 고의 또는 중대한 과실로 인한 의무위반의 경우에만 보험자는 지급할 보험금에서 보험계약자 또는 피보험자가 손해방지의무를 이행하였을 때에 방지 또는 경감할 수 있었으리라고 인정되는 손해액을 공제 또는 상계하여 지급하면 된다는 견해</u>가 대립하고 있다.

정답 ④

46 손해보험계약에서 보험의 목적이 확장되는 경우에 대한 설명으로 옳지 않은 것은? 기출 21

① 보험자의 책임이 개시될 때의 선박가액을 보험가액으로 하는 선박보험에서 선박의 속구, 연료, 양식 기타 항해에 필요한 모든 물건은 보험의 목적에 포함된 것으로 한다.
② 집합된 물건을 일괄하여 보험의 목적으로 한 때에는 피보험자의 가족과 사용인의 물건도 보험의 목적에 포함된 것으로 한다.
③ 피보험자가 경영하는 사업에 관한 책임을 보험의 목적으로 한 경우에는 그 사업감독자의 제3자에 대한 책임도 보험의 목적에 포함되나, 피보험자의 대리인의 제3자에 대한 책임은 보험의 목적에 포함되지 않는다.
④ 책임보험에서 피보험자가 제3자의 청구를 방어하기 위하여 지출한 재판상 또는 재판 외의 필요비용은 보험의 목적에 포함된 것으로 한다.

47 타인을 위한 보험계약에 관한 설명으로 옳지 않은 것은? (다툼이 있는 경우에는 판례에 의함) 기출 23

① 보험계약자는 타인의 위임이 없더라도 그 타인을 위하여 보험계약을 체결할 수 있다.
② 손해보험에서 보험계약자는 청구권대위의 제3자의 범위에서 배제되지 않는다.
③ 손해보험에서 보험계약자가 그 타인에게 보험사고의 발생으로 생긴 손해의 배상을 한 때에는 보험계약자는 그 타인의 권리를 해하지 아니하는 범위 안에서 보험자에게 보험금액의 지급을 청구할 수 있다.
④ 보험계약자가 타인의 생활상 부양을 목적으로 타인을 보험수익자로 하는 생명보험계약을 체결하였는데, 위 보험계약이 민법 제103조 소정의 선량한 풍속 기타 사회질서에 반하여 무효로 되더라도, 보험자가 이미 보험수익자에게 보험금을 급부한 경우에는 그 반환을 청구할 수 없다.

46 피보험자가 경영하는 사업에 관한 책임을 보험의 목적으로 한 때에는 피보험자의 대리인 또는 그 사업감독자의 제3자에 대한 책임도 보험의 목적에 포함된 것으로 한다(상법 제721조).
① 상법 제696조 제2항
② 상법 제686조
④ 상법 제720조 제1항

정답 ❸

47 보험계약자가 타인의 생활상의 부양이나 경제적 지원을 목적으로 보험자와 사이에 타인을 보험수익자로 하는 생명보험이나 상해보험계약을 체결하여 보험수익자가 보험금청구권을 취득한 경우, 보험자의 보험수익자에 대한 급부는 보험수익자에 대한 보험자 자신의 고유한 채무를 이행한 것이다. 따라서 보험자는 보험계약이 무효이거나 해제되었다는 것을 이유로 보험수익자를 상대로 하여 그가 이미 보험수익자에게 급부한 것의 반환을 구할 수 있고, 이는 타인을 위한 생명보험이나 상해보험이 제3자를 위한 계약의 성질을 가지고 있다고 하더라도 달리 볼 수 없다(대법원 2018.9.13., 선고, 2016다255125, 판결).
① 보험계약자는 위임을 받거나 위임을 받지 아니하고 특정 또는 불특정의 타인을 위하여 보험계약을 체결할 수 있다(상법 제639조 제1항).
② 타인을 위한 손해보험계약의 경우, 보험계약자도 제3자에 해당하는지에 대해 보험계약자는 보험료 지급의무를 진다는 점을 들어 제3자가 될 수 없다는 견해(부정설)도 있으나, 청구권대위는 사고발생을 야기한 자의 면책방지도 그 취지로 하므로 보험계약자가 과실로 사고를 발생시킨 경우 보험계약자라 해서 예외가 될 수 없다는 점에서 제3자에 해당한다는 견해(긍정설)가 있다. 이에 대한 대법원 판례는 보험계약자는 비록 보험계약 당사자로서 보험료 지급의무를 지지만, 사고발생자의 면책방지라는 보험자대위규정의 취지와 타인을 위한 손해보험계약에서는 피보험자의 이익이 보험계약의 목적이 되는 것이므로, 보험계약자가 당연히 제3자의 범위에서 제외되는 것은 아니라고 하였다.
[판례] 대법원 1990.2.9., 선고, 89다카21965, 판결
타인을 위한 손해보험계약은 타인의 이익을 위한 계약으로서, 그 타인(피보험계약자)의 이익이 보험의 목적이 되는 것이지 여기에 당연히(특약 없이) 보험계약자의 보험이익이 포함되거나 예정되어 있는 것은 아니라 할 것이므로, 피보험이익의 주체가 아닌 보험계약자는 비록 보험자와의 사이에서는 계약 당사자이고 약정된 보험료를 지급할 의무자이지만 그 지위의 성격과 보험자대위규정의 취지에 비추어 보면 보험자대위에 있어서 보험계약자와 보험계약자 아닌 제3자와를 구별하여 취급하여야 할 법률상의 이유는 없는 것이며, 따라서 타인을 위한 손해보험계약자가 당연히 제3자의 범주에서 제외되는 것은 아니다.
③ 손해보험계약의 경우에 보험계약자가 그 타인에게 보험사고의 발생으로 생긴 손해의 배상을 한 때에는 보험계약자는 그 타인의 권리를 해하지 아니하는 범위 안에서 보험자에게 보험금액의 지급을 청구할 수 있다(상법 제639조 제2항).

정답 ❹

48 타인을 위한 보험계약에 관한 설명으로 옳은 것은? 기출 24

① 타인을 위한 보험계약의 경우 타인은 보험계약자의 동의 없이는 보험금청구권을 행사할 수 없다.
② 타인을 위한 손해보험의 경우 타인의 위임이 없는 때에는 보험계약자는 이를 보험자에게 고지하지 않아도 된다.
③ 보험계약자가 보험료의 지급을 지체한 때에는 보험수익자는 그 권리를 포기하지 아니하는 한 보험료를 지급할 의무가 있다.
④ 타인을 위한 인보험의 경우 그 타인을 구체적으로 특정하여야 한다.

49 손해보험계약에서 보험자는 보험사고로 인하여 생긴 피보험자의 재산상의 손해를 보상할 책임이 있으며, 보험사고와 피보험자가 직접 입은 재산상의 손해 사이에는 상당인과관계가 있어야 한다는 것이 판례와 통설의 견해이다. 이때 상당인과관계에 관한 설명으로 옳지 않은 것은? (다툼이 있는 경우 판례에 의함) 기출 22

① 화재보험에 가입한 경우 화재가 발생하여 이를 진압하기 위해 뿌려진 물에 의해 보험의 목적물에 손해가 생긴 경우 보험사고와 손해 사이에는 상당인과관계가 인정되므로 보험자는 보상의무가 있다.
② 보험자가 벼락 등의 사고로 특정 농장 내에 있는 돼지에 대하여 생긴 손해를 보상하기로 하는 손해보험계약을 체결한 경우, 벼락으로 인해 농장에 전기공급이 중단되어 돼지들이 질식사하더라도 벼락에 의한 손해 발생의 확률은 현저히 낮으므로 위 벼락과 돼지들의 질식사 사이에 상당한 인과관계가 있다고 인정하기 힘들다.
③ 화재로 인한 건물수리시에 지출한 철거비와 폐기물처리비는 화재와 상당인과관계가 있는 건물수리비에 포함된다.
④ 근로자가 평소 누적된 과로와 연휴동안의 과도한 음주 및 혹한기의 노천작업에 따른 고통 등이 복합적인 원인이 되어 심장마비를 일으켜 사망하였다면 그 사망은 산업재해보상보험법상 소정의 업무상사유로 인한 사망에 해당한다.

> 해설 및 정답

48 ③ 상법 제639조 제3항
① 타인을 위한 보험계약에 있어서 피보험자는 직접 자기 고유의 권리로서 보험자에 대한 보험금지급청구권을 취득하는 것이므로 특별한 사정이 없는 한 <u>피보험자는 보험계약자의 동의가 없어도 임의로 권리를 행사하고 처분할 수 있다</u>(대법원 1992.11.27., 선고, 92다20408, 판결).
② 타인을 위한 손해보험의 경우 그 타인의 위임이 없는 때에는 <u>보험계약자는 이를 보험자에게 고지하여야 한다</u>(상법 제639조 제1항).
④ 타인을 위한 인보험(상해보험)에서 <u>보험수익자는 그 지정행위 시점에 반드시 특정되어 있어야 하는 것은 아니고</u>, 보험사고발생시에 특정될 수 있으면 충분하므로, 보험계약자는 이름 등을 통하여 특정인을 보험수익자로 지정할 수 있음은 물론 '배우자' 또는 '상속인'과 같이 보험금을 수익할 자의 지위나 자격 등을 통하여 <u>불특정인을 보험수익자로 지정할 수도 있다</u>(대법원 2006.11.9., 선고, 2005다55817, 판결).

정답 ❸

49 보험자가 벼락 등의 사고로 특정 농장 내에 있는 돼지에 대하여 생긴 보험계약자의 손해를 보상하기로 하는 손해보험계약을 체결한 경우, 농장 주변에서 발생한 벼락으로 인하여 그 농장의 돈사용 차단기가 작동하여 전기공급이 중단되고 그로 인하여 돈사용 흡배기장치가 정지하여 돼지들이 질식사하였다면, <u>위 벼락사고는 보험계약상의 보험사고에 해당하고 위 벼락과 돼지들의 질식사 사이에는 상당인과관계가 인정된다</u>(대법원 1999.10.26., 선고, 99다37603, 37610, 판결).
① 보험자가 보상해야 할 손해는 화재와 상당인과관계가 있는 모든 손해를 포함한다. 화재보험표준약관에서는 화재에 따른 직접손해뿐만 아니라, 화재진압과정에서 발생하는 소방손해, 화재에 따른 피난손해를 보상한다(화재보험표준약관 제3조 제1항).
③ 대법원 2003.4.25., 선고, 2002다64520, 판결
④ 대법원 1990.2.13., 선고, 89누6990, 판결

정답 ❷

50 상법상 피보험이익에 관한 설명으로 옳은 것은? (다툼이 있는 경우 통설·판례에 의함)

기출 24

① 보험계약의 유효를 전제로 보험료를 받은 보험자가, 보험사고발생 후에 비로소 피보험이익이 없다는 이유로 보험계약의 무효를 주장하여도 특별한 사정이 없는 한 신의칙위반은 아니다.
② 창고보험처럼 보험기간 중에 물건의 수시교체가 이루어지는 총괄보험의 경우는 사고발생시에도 피보험이익의 객체를 확정할 수 없지만 화재나 도난에 대한 대비책으로 적법한 보험제도이다.
③ 피보험이익은 보험계약 성립의 절대적 요건이므로 피보험이익이 없어 보험계약이 무효가 되는 경우라면 보험자는 보험계약자에게 고의가 있어도 보험료를 반환하여야 한다.
④ 조건부이익은 보험계약 체결시에 확정할 수 있어야 피보험이익으로 인정된다는 점에서 장래의 이익과 다르다.

51 손해보험계약에서 손해방지의무와 관련된 설명으로 옳지 않은 것은? (다툼이 있는 경우 판례에 의함) 기출 19

① 손해보험계약에서 보험계약자와 피보험자는 보험사고발생 후에 손해의 방지와 경감을 위하여 노력하여야 한다.
② 보험계약자 또는 피보험자가 손해경감을 위해 지출한 필요·유익한 비용은 보험금액의 범위 내에서 보험자가 부담한다.
③ 보험사고의 발생 전에 사고발생 자체를 미리 방지하기 위해 지출한 비용은 손해방지비용에 포함되지 않는다.
④ 책임보험에서 피보험자가 제3자로부터 청구를 방지하기 위해 지출한 방어비용은 손해방지비용과 구별되는 것이므로 약관에 손해방지비용에 관한 별도의 규정을 두더라도 그 규정이 당연히 방어비용에 적용된다고 할 수 없다.

● 해설 및 정답

50 ① 피보험이익이 없다면 보험계약은 당연무효가 되므로 특별한 사정이 없는 한 신의칙위반이라고 볼 수 없다.
② 피보험이익은 적어도 사고발생시에는 확정할 수 있어야 한다. 즉 총괄보험의 경우, 집합된 물건을 일괄하여 보험의 목적으로 한 때에는 그 목적에 속한 물건이 보험기간 중에 수시로 교체된 경우에도 보험사고 발생시에 현존하는 물건은 보험의 목적에 포함된 것으로 한다(상법 제687조).
③ 보험계약이 무효가 되는 경우라면 보험자는 반대의 특약이 있는 경우라도 보험료를 반환할 필요가 없다(민법 제746조). 다만, 보험계약자·피보험자이 선의이거나 중대한 과실이 없는 경우에는 반환을 청구할 수 있다.
④ 피보험이익은 보험계약 체결 당시에 이미 확정되거나, 보험사고의 발생시까지 확정되어야 한다. 이익은 확정될 수 있다면 현재의 이익뿐 아니라, 장래의 이익이나 조건부이익 등을 보험계약의 목적으로 할 수 있다.

정답 ❶

51 ①·② 보험계약자와 피보험자는 손해의 방지와 경감을 위하여 노력하여야 하며, 이를 위하여 필요 또는 유익하였던 비용과 보상액이 보험금액을 초과한 경우라도 보험자가 이를 부담한다(상법 제680조 제1항).
③ 상법 제680조 제1항이 규정한 손해방지비용이라 함은 보험자가 담보하고 있는 보험사고가 발생한 경우에 보험사고로 인한 손해의 발생을 방지하거나 손해의 확대를 방지함은 물론 손해를 경감할 목적으로 행하는 행위에 필요하거나 유익하였던 비용을 말하는 것으로서, 이는 원칙적으로 보험사고의 발생을 전제로 한다(대법원 2002.6.28., 선고, 2002다22106, 판결). 따라서 보험사고의 발생 전에 사고발생 자체를 미리 방지하기 위해 지출한 비용은 손해방지비용에 포함되지 않는다.
④ 상법 제680조 제1항에 규정된 '손해방지비용'은 보험자가 담보하고 있는 보험사고가 발생한 경우에 보험사고로 인한 손해의 발생을 방지하거나 손해의 확대를 방지함은 물론 손해를 경감할 목적으로 행하는 행위에 필요하거나 유익하였던 비용을 말하는 것이고, 같은 법 제720조 제1항에 규정된 '방어비용'은 피해자가 보험사고로 인적·물적 손해를 입고 피보험자를 상대로 손해배상청구를 한 경우에 그 방어를 위하여 지출한 재판상 또는 재판 외의 필요비용을 말하는 것으로서, 위 두 비용은 서로 구별되는 것이므로, 보험계약에 적용되는 보통약관에 손해방지비용과 관련한 별도의 규정을 두고 있다고 하더라도, 그 규정이 당연히 방어비용에 대하여도 적용된다고 할 수는 없다(대법원 2006.6.30., 선고, 2005다21531, 판결).

정답 ❷

52 상법상 보험계약자와 피보험자의 손해방지의무에 관한 설명으로 옳은 것은? (다툼이 있는 경우 판례에 의함) 기출 25

① 보험자는 고의 또는 과실로 손해방지의무를 위반한 자에 대하여 이와 상당인과관계 있는 손해의 배상을 청구하거나, 또는 지급할 보험금과 상계하여 이를 공제한 나머지 금액만을 보험금으로 지급할 수 있다.
② 손해방지의무는 보험사고의 발생을 전제로 손해확대의 방지를 위한 것이므로, 보험사고가 발생한 것과 같게 볼 수 있는 상태가 생겼을 때에는 손해방지의무를 부담하지 않는다.
③ 손해방지비용에는 손해를 경감할 목적으로 행하는 행위에 필요하거나 유익한 비용이 모두 포함되므로, 배상책임보험에서 추가적 누수를 방지하기 위한 방수공사 비용 및 누수 정밀검진 비용도 이에 해당한다.
④ 여기서 손해는 피보험이익에 대한 구체적인 침해의 결과로 생기는 손해는 물론이고, 보험자의 구상권과 같이 보험자가 손해를 보상한 후에 취득한 이익을 상실함으로써 보험자에게 부담되는 손해까지 포함된다.

52 '손해방지비용'이란 보험자가 담보하고 있는 보험사고가 발생한 경우에 보험사고로 인한 손해의 발생을 방지하거나 손해의 확대를 방지함은 물론 손해를 경감할 목적으로 하는 행위에 필요하거나 유익하였던 비용을 말하는 것으로서, 원칙적으로 보험사고의 발생을 전제로 한다. 누수 부위나 원인은 즉시 확인하기 어려운 경우가 많고, 그로 인한 피해의 형태와 범위도 다양하다. 또한 <u>누수와 관련하여 실시되는 방수공사에는 누수 부위나 원인을 찾는 작업에서부터 누수를 임시적으로 막거나 이를 제거하는 작업, 향후 추가적인 누수를 예방하기 위한 보수나 교체 작업 등이 포함된다.</u> 따라서 방수공사의 세부 작업 가운데 누수가 발생한 후 누수 부위나 원인을 찾는 작업과 관련된 탐지비용, 누수를 직접적인 원인으로 해서 제3자에게 손해가 발생하는 것을 미리 방지하는 작업이나 이미 제3자에게 발생한 손해의 확대를 방지하는 작업과 관련된 공사비용 등은 손해방지비용에 해당할 수 있다[대법원 2022.3.31., 선고, 2021다201085(본소), 2021다201092(반소), 판결].

① 보험계약자와 피보험자가 <u>고의 또는 중대한 과실</u>로 손해방지의무를 위반한 경우에는 보험자는 손해방지의무위반과 상당인과관계가 있는 손해, 즉 의무위반이 없다면 방지 또는 경감할 수 있으리라고 인정되는 손해액에 대하여 배상을 청구하거나 지급할 보험금과 상계하여 이를 공제한 나머지 금액만을 보험금으로 지급할 수 있으나, 경과실로 위반한 경우에는 그러하지 아니하다(대법원 2016.1.14., 선고, 2015다6302, 판결).

② 손해방지비용이라 함은 보험자가 담보하고 있는 보험사고가 발생한 경우에 보험사고로 인한 손해의 발생을 방지하거나 손해의 확대를 방지함은 물론 손해를 경감할 목적으로 행하는 행위에 필요하거나 유익하였던 비용을 말하는 것으로서, 이는 원칙적으로 보험사고의 발생을 전제로 하는 것이나, <u>보험사고가 발생한 것과 같게 볼 수 있는 상태가 생겼을 때에도 그 때부터 피보험자의 손해방지의무는 생겨난다고 보아야 한다</u>(대법원 2003.6.27., 선고, 2003다6958, 판결).

④ 상법 제680조에 규정된 피보험자의 손해방지의무의 내용에는 손해를 직접적으로 방지하는 행위는 물론이고 간접적으로 방지하는 행위도 포함된다고 할 것이나, 그 '손해'는 피보험이익의 구체적인 침해의 결과로서 생기는 손해만을 의미하는 것으로 보아야 할 것이고, 보험자의 대위권 또는 구상권과 같이 보험자가 손해보상 후에 <u>취득하게 되는 이익을 상실하게 됨으로써 결과적으로 보험자에게 부담되는 손해까지도 포함되는 것으로 보기는 어렵다</u>(서울고등법원 1999.2.3., 선고, 98나36360, 판결).

정답 ③

53 손해방지비용에 대한 설명으로 옳지 않은 것은? (다툼이 있는 경우 판례에 의함) 기출 23

① 손해방지의무의 이행을 위해 필요 또는 유익하였던 비용과 보험계약에 따른 보상액의 합계액이 보험금액을 초과한 경우라도 보험자는 이를 부담한다.
② 보험사고발생 이전에 손해의 발생을 방지하기 위해 지출된 비용은 손해방지비용에 포함되지 않는다.
③ 보험사고발생시 또는 보험사고가 발생한 것과 같이 볼 수 있는 경우에 피보험자의 법률상 책임 여부가 판명되지 아니한 상태에서 피보험자가 손해확대방지를 위해 긴급한 행위로서 필요 또는 유익한 비용을 지출하였다면 이는 보험자가 부담하여야 한다.
④ 보험계약에 적용되는 보통약관에 손해방지비용과 관련한 별도의 규정이 있다면, 그 규정은 당연히 방어비용에 대하여도 적용된다고 할 수 있다.

54 소멸시효에 관한 설명으로 옳지 않은 것은? (다툼이 있는 경우 판례에 의함) 기출 23

① 보험계약자가 다수의 계약을 통하여 보험금을 부정 취득할 목적으로 체결한 보험계약이 민법 제103조에 의하여 무효인 경우, 보험금에 대한 부당이득반환청구권에 대하여는 2년의 소멸시효기간이 적용된다.
② 무효인 보험계약에 따라 납부한 보험료에 대한 반환청구권은 특별한 사정이 없는 한 각 보험료를 납부한 시점부터 소멸시효가 진행된다.
③ 보험료채권의 지급확보를 위하여 수표를 받은 경우, 수표에 대한 소송상의 청구는 보험료채권의 소멸시효 중단의 효력이 있다.
④ (구) 상법 제662조에서 보험금청구권에 대하여 2년의 단기소멸시효를 규정하면서 그 기산점을 별도로 정하지 않은 것은 보험금청구권자의 재산권을 침해하지 않는다.

53 상법 제680조 제1항에 규정된 '손해방지비용'은 보험자가 담보하고 있는 보험사고가 발생한 경우에 보험사고로 인한 손해의 발생을 방지하거나 손해의 확대를 방지함은 물론 손해를 경감할 목적으로 행하는 행위에 필요하거나 유익하였던 비용을 말하는 것이고, 같은 법 제720조 제1항에 규정된 '방어비용'은 피해자가 보험사고로 인적·물적 손해를 입고 피보험자를 상대로 손해배상청구를 한 경우에 그 방어를 위하여 지출한 재판상 또는 재판 외의 필요비용을 말하는 것으로서, 위 두 비용은 서로 구별되는 것이므로, 보험계약에 적용되는 보통약관에 손해방지비용과 관련한 별도의 규정을 두고 있다고 하더라도, 그 규정이 당연히 방어비용에 대하여도 적용된다고 할 수는 없다(대법원 2006.6.30., 선고, 2005다21531, 판결).
① 상법 제680조 제1항
② 상법 제680조 제1항이 규정한 손해방지비용이라 함은 보험자가 담보하고 있는 보험사고가 발생한 경우에 보험사고로 인한 손해의 발생을 방지하거나 손해의 확대를 방지함은 물론 손해를 경감할 목적으로 행하는 행위에 필요하거나 유익하였던 비용을 말하는 것으로서, 이는 원칙적으로 보험사고의 발생을 전제로 하는 것이므로, 보험사고발생 이전에 손해의 발생을 방지하기 위해 지출된 비용은 손해방지비용에 포함되지 않는다(대법원 2002.6.28., 선고, 2002다22106, 판결).
③ 보험사고발생시 또는 보험사고가 발생한 것과 같게 볼 수 있는 경우에 피보험자의 법률상 책임 여부가 판명되지 아니한 상태에서 피보험자가 손해확대방지를 위한 긴급한 행위를 하였다면 이로 인하여 발생한 필요·유익한 비용도 상법 제680조 제1항의 규정에 따라 보험자가 부담하여야 한다(대법원 2003.6.27., 선고, 2003다6958, 판결).

정답

54 보험계약자가 다수의 계약을 통하여 보험금을 부정 취득할 목적으로 보험계약을 체결하여 그것이 민법 제103조에 따라 선량한 풍속 기타 사회질서에 반하여 무효인 경우 보험자의 보험금에 대한 부당이득반환청구권은 상법 제64조를 유추적용하여 5년의 상사 소멸시효기간이 적용된다고 봄이 타당하다(대법원 2021.7.22., 선고, 2019다277812, 전원합의체 판결).
② 상법은 보험료반환청구권에 대하여 2년간 행사하지 아니하면 소멸시효가 완성한다는 취지를 규정할 뿐(제662조) 소멸시효의 기산점에 관하여는 아무것도 규정하지 아니하므로, 소멸시효는 민법 일반 법리에 따라 객관적으로 권리가 발생하고 그 권리를 행사할 수 있는 때로부터 진행한다. 그런데 상법 제731조 제1항을 위반하여 무효인 보험계약에 따라 납부한 보험료에 대한 반환청구권은 특별한 사정이 없는 한 보험료를 납부한 때에 발생하여 행사할 수 있다고 할 것이므로, 위 보험료반환청구권의 소멸시효는 특별한 사정이 없는 한 각 보험료를 납부한 때부터 진행한다(대법원 2011.3.24., 선고, 2010다92612, 판결).
③ 보험료채권의 지불확보의 방법으로 수표가 수수되었을 경우에는 수표금채권과 보험료채권은 표리의 관계에 있어 전자 권리의 소송상 청구는 보험료채권의 소멸시효 중단의 효력이 있다고 해석함이 정당하다(대법원 1961.11.9., 선고, 4293민상748, 판결).
④ 심판대상조항이 보험금청구권의 소멸시효 기산점을 명시하지 않은 결과 원칙적으로 보험사고가 발생한 때부터 2년이 경과하면 소멸시효가 완성한다고 하더라도, 이는 객관적사유에 의해 권리관계를 명확하고 신속하게 확정함으로써 안정적이고 효율적으로 보험재정을 운용하기 위한 것으로서 합리적인 이유가 있으며, 소멸시효 중단 또는 정지 규정이나 법원의 해석 등을 통하여 구체적인 사안에서 나타날 수 있는 불합리한 결과를 보완할 수 있다.
따라서 심판대상조항에 규정된 소멸시효기간이 지나치게 단기간이거나 불합리하여 국민의 보험금청구를 현저히 곤란하게 만들거나 사실상 불가능하게 한다고 볼 수 없으므로, 심판대상조항이 입법형성의 한계를 넘어 재산권을 침해한다고 볼 수 없다(헌법재판소 2022.5.26., 선고, 2018헌바153, 전원재판부 결정).

정답

55 손해가 제3자의 중과실로 인하여 발생한 경우에 보험금을 지급한 보험자는 그 지급한 금액의 한도에서 그 제3자에 대한 보험계약자 또는 피보험자의 권리를 취득하는데, 다음의 보기 중 이러한 제3자에 해당하는 자는 모두 몇 명인가? (다툼이 있는 경우 판례에 의함) 기출 25

> 가. 배상책임보험에서 피보험자의 업무에 종사하는 피용자
> 나. 자동차보험의 기명피보험자를 위하여 자동차를 운전하는 자
> 다. 자동차보험의 기명피보험자로부터 승낙을 얻어 자동차를 사용·관리하는 자
> 라. 건물 소유자의 화재보험에서 그 소유자와 생계를 같이 하는 형제
> 마. 건물 소유자의 화재보험에서 그 건물의 임차인
> 바. 건물 임차인이 건물 소유자를 위한 화재보험계약을 체결한 경우 그 임차인

① 1명
② 2명
③ 3명
④ 4명

56 청구권대위에 대한 설명으로 옳지 않은 것은? (다툼이 있는 경우 판례에 의함) 기출 23

① 보험자의 제3자에 대한 보험자대위가 인정되기 위해서는 보험자가 피보험자에게 보험금을 지급할 책임이 있고 이에 따라 보험금이 지급된 경우에 한한다.
② 정액보험인 인보험의 경우에는 청구권대위가 인정되지 않는다. 다만, 상해보험계약의 경우에 당사자간에 다른 약정이 있는 때에는 보험자는 피보험자의 권리를 해하지 아니하는 범위 안에서 그 권리를 대위하여 행사할 수 있다.
③ 피보험자의 입장에서 볼 때 공동불법행위자는 제3자에 포함되지 않으므로, 보험자는 손해배상금을 지급하여 다른 공동불법행위자들이 공동면책된 경우라 하더라도 공동불법행위자들에 대한 피보험자의 구상권을 대위 행사할 수 없다.
④ 보험사고를 야기한 제3자가 보험계약자 또는 피보험자와 실질적으로 공동생활을 함께하는 가족, 즉 동거가족인 경우 그 가족의 과실로 인해 손해가 생겼다면, 보험자대위는 적용되지 않는다.

55 가. (×) 배상책임보험에서 피보험자의 업무에 종사하는 피용자는 '제3자'가 아닌 '피보험자'로 인정하고 있다. 즉 상법 제682조의 보험자대위는 보험사고로 인한 손해가 제3자의 행위로 인하여 생긴 경우에 보험금액을 지급한 보험자가 보험계약자 또는 피보험자의 그 제3자에 대한 권리를 취득하는 제도이므로 보험계약의 해석상 보험사고를 일으킨 자가 '제3자'가 아닌 '피보험자'에 해당될 경우에는 보험자는 그 보험사고자에 대하여 보험자대위권을 행사할 수 없다(대법원 1993.6.29., 선고, 93다1770, 판결).
[판례] 부산고등법원 2009.4.14., 선고, 2008나18260, 판결
사용관계를 이유로 사용자에 대하여 상법 제682조의 보험자대위를 행사하기 위해서는, 적어도 사용자가 피용자의 손해발생 행위에 개입하여 그 행위를 지시·관리·감독하는 등 스스로의 행위로 손해발생에 독자적으로 기여하거나(작위), 손해발생의 기여에 있어 작위와 동일시 할 수 있을 정도로 피용자에 대한 지휘나 감독을 현저히 태만히 한 경우(부작위)와 같은 사정이 있어야 한다.

나. (×) 자동차보험의 기명피보험자를 위하여 자동차를 운전하는 자는 '운전피보험자'로 제3자에서 제외된다.
다. (×) 자동차보험의 기명피보험자로부터 승낙을 얻어 자동차를 사용·관리하는 자는 '승낙피보험자'로 제3자에서 제외된다.
라. (×) 건물 소유자의 화재보험에서 그 소유자와 생계를 같이 하는 형제는 제3자에 포함되지 않는다(대법원 2007.10.26., 선고, 2005다49027, 판결).
마. (○) 건물 소유자의 화재보험에서 그 건물의 임차인은 '제3자'에 해당하므로 임차인의 과실로 화재가 발생한 경우, 임차인은 보험자대위의 대상이 될 수 있다.
바. (○) 건물 임차인이 건물 소유자를 위한 화재보험계약을 체결한 경우 그 임차인은 보험계약자로서 보험회사는 보험사고가 발생한 경우에 보험계약자인 임차인이 그 건물의 소유자에 대하여 손해배상책임을 지는지 여부를 묻지 않고 그 건물의 소유자에게 보험금을 지급하기로 하는 제3자를 위한 보험계약을 체결하였다고 본다(대법원 1997.5.30., 선고, 95다14800, 판결).

정답

56 공동불법행위의 경우 공동불법행위자들과 각각 보험계약을 체결한 보험자들은 각자 그 공동불법행위의 피해자에 대한 관계에서 상법 제724조 제2항에 의한 손해배상채무를 직접 부담하는 것이므로, 이러한 관계에 있는 보험자들 상호간에는 공동불법행위자 중의 1인과 사이에 보험계약을 체결한 보험자가 피해자에게 손해배상금을 보험금으로 모두 지급함으로써 공동불법행위자들의 보험자들이 공동면책되었다면 그 손해배상금을 지급한 보험자는 다른 공동불법행위자들의 보험자들이 부담하여야 할 부분에 대하여 직접 구상권을 행사할 수 있다(대법원 1998.12.22., 선고, 98다40466, 판결).
① 보험자의 제3자에 대한 보험자대위가 인정되기 위해서는 피보험자의 손해가 제3자의 행위로 인한 것이어야 하고, 보험자가 피보험자에게 보험금을 지급하여야 하며, 제3자에 대한 피보험자의 권리가 존재해야 한다.
② 상법 제729조(제3자에 대한 보험대위의 금지)
④ 보험계약자나 피보험자의 제3자에 대한 보험자대위가 그와 생계를 같이 하는 가족에 대한 것인 경우 보험자는 그 권리를 취득하지 못한다. 다만, 손해가 그 가족의 고의로 인하여 발생한 경우에는 그러하지 아니하다(상법 제682조 제2항). 즉 동거가족인 경우 그 가족의 과실로 인해 손해가 생겼다면, 보험자대위는 적용되지 않는다.

정답

57 보험계약에서 보험자대위권 및 구상권에 관한 설명으로 옳지 않은 것은? (다툼이 있는 경우 판례에 의함) 기출 25

① 책임보험에서 구상권을 가지는 공동불법행위자는 구상권 행사의 상대방인 다른 공동불법행위자의 보험자에 대하여 상법 제724조 제2항에 의하여 직접 구상권을 행사할 수 있다.
② 보증보험은 보증의 실질을 갖기 때문에 구상에 관한 특별한 약정이 없더라도 보험자는 공동보증인으로서 민법 제448조에 따라 구상권을 행사할 수 있다.
③ 재보험계약의 경우 원보험자가 제3자에 대해서 보험자대위권을 갖고 있을 때, 재보험자가 원보험자에게 재보험금을 지급하면 그 지급한 금액의 범위 내에서 보험자대위권이 재보험자에게 이전한다.
④ 인보험계약의 보험자는 보험자대위권을 가지지 않으며, 불이익변경금지의 원칙상 당사자간에 다른 약정이 있는 경우에도 마찬가지이다.

58 보험위부에 대한 설명으로 옳지 않은 것은? (다툼이 있는 경우 판례에 의함) 기출 21

① 추정전손의 판단 기준시점은 위부통지시의 사실관계가 아니고, 보험금 청구소송의 제소시에 존재하는 사실관계에 의하여 그 여부가 판단된다.
② 추정전손을 판단하는 주요 근거로의 선박수리비는 해당 보험사고로 인하여 발생한 손해에 한정되어야 하며, 보험사고로 인하여 발생하지 않은 수리비는 제외된다.
③ 선박이 좌초 후 선원들이 하선으로 인해 원주민이 선박을 약탈하는 손해가 발생한 경우, 원주민의 약탈은 선행하는 주된 보험사고인 좌초에 기인하여 발생한 것이 아닌 선원의 부주의에 의한 별건의 손해로서 추정전손의 계산에 포함되지 않는다.
④ 선박이 수선불능이며, 다른 선박으로 적하의 운송을 할 수 없는 경우에는 원칙적으로 선박에 적재된 적하도 위부할 수 있다.

57 인보험계약의 보험자는 보험사고로 인하여 생긴 보험계약자 또는 보험수익자의 제3자에 대한 권리를 대위하여 행사하지 못한다. 그러나 <u>상해보험계약의 경우에 당사자간에 다른 약정이 있는 때에는 보험자는 피보험자의 권리를 해하지 아니하는</u> 범위 안에서 그 권리를 대위하여 행사할 수 있다(상법 제729조).

① 공동불법행위자의 1인을 피보험자로 하는 보험계약의 보험자가 보험금을 지급하고 상법 제682조에 의하여 취득하는 피보험자의 다른 공동불법행위자에 대한 구상권은 피보험자의 부담 부분 이상을 변제하여 공동의 면책을 얻게 하였을 때에 다른 공동불법행위자의 부담 부분의 비율에 따른 범위에서 성립하는 것이고(대법원 2006.2.9., 선고, 2005다28426, 판결), 공동불법행위자들과 각각 보험계약을 체결한 보험자들은 각자 그 공동불법행위의 피해자에 대한 관계에서 상법 제724조 제2항에 의한 손해배상채무를 직접 부담하는 것이므로, 이러한 관계에 있는 보험자가 그 부담 부분을 넘어 피해자에게 손해배상금을 보험금으로 지급함으로써 공동불법행위자들의 보험자들이 공동면책되었다면 그 손해배상금을 지급한 보험자는 다른 공동불법행위자들의 보험자들이 부담하여야 할 부분에 대하여 직접 구상권을 행사할 수 있다(대법원 1998.9.18., 선고, 96다19765, 판결).

② 보험계약자인 채무자의 채무불이행으로 인하여 채권자가 입게 되는 손해의 전보를 보험자가 인수하는 것을 내용으로 하는 보증보험계약은 손해보험으로, 형식적으로는 채무자의 채무불이행을 보험사고로 하는 보험계약이나 실질적으로는 보증의 성격을 가지고 보증계약과 같은 효과를 목적으로 하므로, 민법의 보증에 관한 규정, 특히 민법 제441조 이하에서 정한 보증인의 구상권에 관한 규정이 보증보험계약에도 적용된다(대법원 1997.10.10., 선고, 95다46265, 판결).

③ 보험자가 피보험자에게 보험금을 지급하면 보험자대위의 법리에 따라 피보험자가 보험사고의 발생에 책임이 있는 제3자에 대하여 가지는 권리는 지급한 보험금의 한도에서 보험자에게 당연히 이전되고(상법 제682조), 이는 재보험자가 원보험자에게 재보험금을 지급한 경우에도 마찬가지이다. 따라서 재보험관계에서 재보험자가 원보험자에게 재보험금을 지급하면 원보험자가 취득한 제3자에 대한 권리는 지급한 재보험금의 한도에서 다시 재보험자에게 이전된다(대법원 2015.6.11., 선고, 2012다10386, 판결).

정답 ❹

58 선박 좌초 후 선원의 이선으로 인해 원주민이 선박을 약탈한 경우, 원주민의 약탈은 선행의 주된 보험사고라 할 수 있는 좌초의 기회에, 좌초에 기인하여 발생한 것이라는 점에서 좌초와 약탈을 단일사고, 특히 이 사건 보험약관 제12.2조 후단의 <u>동일한 사고로부터 생기는 일련의 손해(Sequence of damages arising from the same accident)에 해당한다</u>(대법원 1989.9.12., 선고, 87다카3070, 판결).

① 추정전손에 해당하는지 여부에 대한 판단의 기준시점은 보험자가 피보험자로 하여금 위부통지 혹은 그 통지에 대한 거절시점에서 소송이 제기된 것과 같은 지위에 있게 되는 것에 명시적으로 동의하지 않는 이상, <u>위부통지시의 사실관계가 아니고, 보험금 청구소송의 제소(at the commencement of the action)시에 존재하는 사실관계에 의하여 그 여부가 판단된다</u>(대법원 2002.6.28., 선고, 2000다21062, 판결).

② 영국 해상보험법 제55조 제1항이 "보험자는 보험증권에서 달리 약정하지 않는 한, 부보위험(付保危險)에 근인(近因)하여 발생한 손해(loss proximately caused by a peril against)에 대하여서만 책임을 지고, 부보위험에 근인하여 발생하지 아니한 손해에 대하여는 책임을 지지 아니한다"고 규정하고 있는 취지와 피보험자가 입은 재산상의 손해는 보험사고와 상당인과관계가 있는 것이어야 한다는 원칙에 비추어, <u>선박의 수리비는 해당 보험사고로 인하여 발생한 손해에 한정되어야 하고, 보험사고로 인하여 발생하지 않은 수리비는 제외되어야 할 것이다</u>(대법원 2002.6.28., 선고, 2000다21062, 판결).

④ 선박이 수선불능으로 된 때에는 원칙적으로 선박에 적재한 적하도 함께 보험위부를 할 수 있다. 다만, 이 경우 선장이 지체 없이 다른 선박으로 적하의 운송을 계속한 때에는, 피보험자는 적하의 보험위부를 할 수 없다(상법 제712조).

정답 ❸

59 잔존물대위와 보험위부를 설명한 것으로 옳지 않은 것은? 기출 24

① 잔존물대위는 보험의 목적에 현실전손이 발생하여야 하며, 손해에 대하여 전부 보상한 보험자가 법률상 당연히 대위권을 취득한다.
② 보험위부는 피보험자의 특별한 의사표시가 있어야 하며, 위부권은 형성권이다.
③ 잔존물대위와 달리 보험위부는 해상보험에서 인정되며, 두 가지 모두 인보험에 적용될 수 없다.
④ 보험자가 위부를 승인하지 아니한 때에도 피보험자는 위부의 원인을 증명하지 않고 보험금액의 지급을 청구할 수 있다.

60 상법상 손해보험에서 보험목적의 양도에 관한 설명으로 옳은 것은? (다툼이 있는 경우 판례에 의함) 기출 25

① 피보험자가 보험의 목적을 양도한 때에는 양수인은 보험계약상의 권리와 의무를 승계한 것으로 본다.
② 보험목적의 양도란 보험목적이 특정승계의 방법에 의해 물권적으로 이전하는 경우는 물론이고, 상속이나 합병처럼 포괄승계되는 경우도 포함된다.
③ 특별한 약정이 없는 한 보험목적의 양도인 또는 양수인은 보험자에 대하여 양도일로부터 1월 이내에 서면으로 그 사실을 통지하여야 한다.
④ 양도인 또는 양수인이 보험목적의 양도 사실을 지체 없이 통지하지 않은 것만으로는 위험이 변경증가된 것이 아니므로, 보험자는 위험변경증가 통지의무위반을 이유로 해지권을 행사할 수 없다.

● 해설 및 정답

59 보험자가 위부를 승인하지 아니한 때에는 <u>피보험자는 위부의 원인을 증명하지 아니하면 보험금액의 지급을 청구하지 못한다</u>(상법 제717조).
　① 보험의 목적이 전부 멸실한 경우에 보험금액의 전부를 지급한 보험자는 그 목적에 대한 피보험자의 권리를 당연히 취득하는데, 이를 '<u>잔존물대위</u>'라 한다(상법 제681조).
　② 잔존물대위는 목적물에 대한 권리이전의 효과가 법률상 당연히 발생하지만, 보험위부는 <u>피보험자의 특별한 의사표시가 있어야 하며, 단독행위로서 형성권</u>에 해당한다.
　③ 보험위부는 피보험자가 보험목적에 대한 모든 권리를 보험자에게 위부하고 보험자에 대하여 보험금액의 전부를 청구할 수 있는 <u>해상보험 특유의 제도</u>이다. 원칙적으로 잔존물대위와 보험위부는 모두 손해보험에서만 인정된다.

정답 ❹

60 화재보험의 목적물이 양도된 경우 그 양도로 인하여 현저한 위험의 변경 또는 증가가 있고 동시에 보험계약자 또는 피보험자가 양도의 통지를 하지 않는 경우에는 보험자는 통지의무위반을 이유로 당해 보험계약을 해지할 수 있으나, <u>보험목적의 양도로 인하여 현저한 위험의 변경 또는 증가가 없는 경우에는 양도의 통지를 하지 않더라도 통지의무위반을 이유로 당해 보험계약을 해지할 수 없다</u>고 봄이 상당하다(대법원 1996.7.26., 선고, 95다52505, 판결).
　① 피보험자가 보험의 목적을 양도한 때에는 양수인은 보험계약상의 권리와 의무를 승계한 것으로 <u>추정한다</u>(상법 제679조 제1항).
　② 보험목적의 양도란 피보험자가 보험의 목적인 물건을 개별적으로 타인에게 양도하는 것을 말하며, 보험목적이 물권적 양도방법에 의해 양도되어야 하고, <u>상속이나 합병처럼 포괄승계되는 경우는 제외</u>된다.
　③ 보험의 목적의 양도인 또는 양수인은 보험자에 대하여 <u>지체 없이 그 사실을 통지하여야 한다</u>(상법 제679조 제2항).

정답 ❹

61 상법상 초과보험에 관한 설명으로 옳지 않은 것은? (다툼이 있는 경우 판례에 의함) 기출 25

① 초과보험계약의 당사자가 선의인 경우, 보험계약자는 보험료의 감액을 청구할 수 있는데, 보험료의 감액은 장래에 대하여만 그 효력이 있다.
② 초과보험에서 보험계약의 목적의 가액은 사고발생 당시의 가액에 의하여 정하는 것으로 상법에 규정되어 있다.
③ 보험계약자의 사기로 초과보험계약이 체결된 경우, 초과보험 여부 및 보험계약자의 사기 여부에 대한 증명책임은 보험자가 부담한다.
④ 보험계약자가 초과보험 상태를 의도적으로 유발한 후 보험자에게 보험목적물의 가액을 묵비한 채 보험금을 청구하여 보험금을 받은 경우, 이는 형법상 사기죄의 기망행위에 해당한다.

62 상법상 일부보험에 관한 설명으로 옳지 않은 것은? 기출 24

① 당사자간에 다른 약정이 없는 때에는 보험자는 보험금액의 보험가액에 대한 비율에 따라 보상할 책임을 진다.
② 분손의 경우에 다른 약정이 없는 때에는 손해액에 부보비율을 곱하여 산출되는 금액을 지급한다.
③ 보험계약 체결 이후 보험의 목적의 물가 상승으로 보험금액이 보험가액에 미달하는 자연적 일부보험의 경우는 일부보험으로 다룰 수 없다는 견해가 있다.
④ 비율보험에는 일부보험에 관한 상법 규정이 준용된다.

● 해설 및 정답

61 초과보험을 결정하는 보험가액의 산정은 <u>계약 당시에 의하여 정한다</u>(상법 제669조 제2항). 그러나 물가의 하락으로 <u>보험가액이 보험기간 중에 현저하게 감소된 때에는 그때를 기준으로 한다</u>(상법 제669조 제3항).
① 보험금액이 보험계약의 목적의 가액을 현저하게 초과한 때에는 보험자 또는 보험계약자는 보험료와 보험금액의 감액을 청구할 수 있다. 그러나 보험료의 감액은 장래에 대하여서만 그 효력이 있다(상법 제669조 제1항).
③ 상법 제669조 소정의 초과보험계약이라는 사유를 들어 사고발생 당시의 보험가액을 한도로 한 보험금지급의무의 제한을 주장하는 경우 그 입증책임은 이를 주장하는 보험자가 부담하여야 한다(대법원 1999.4.23., 선고, 99다8599, 판결).
④ 보험계약자가 보험계약 체결시 보험금액이 목적물의 가액을 현저하게 초과하는 초과보험 상태를 의도적으로 유발한 후 보험사고가 발생하자 초과보험 사실을 알지 못하는 보험자에게 목적물의 가액을 묵비한 채 보험금을 청구하여 보험금을 교부받은 경우, 보험자가 보험금액이 목적물의 가액을 현저하게 초과한다는 것을 알았더라면 같은 조건으로 보험계약을 체결하지 않았을 뿐만 아니라 협정보험가액에 따른 보험금을 그대로 지급하지 아니하였을 관계가 인정된다면, 보험계약자가 초과보험 사실을 알지 못하는 보험자에게 목적물의 가액을 묵비한 채 보험금을 청구한 행위는 사기죄의 실행행위로서의 기망행위에 해당한다(대법원 2015.7.23., 선고 2015도6905, 판결).

정답

62 비율보험은 보험자의 손해보상한도가 보험가액의 일정한 비율로 정해진 보험을 말한다. 비율보험은 보험가액의 일정한 비율로 보험금액이 되는 전액보험이라는 점에서 일부보험과 구별된다.
① 상법 제674조
② 전손의 경우에는 당사자가 약정한 보험금액의 전액이 지급되지만, 분손의 경우에는 손해액에 부보비율을 곱하여 산출되는 금액을 지급한다.
③ 보험의 목적의 물가 상승으로 보험금액이 보험가액에 미달하는 자연적 일부보험의 경우는 손해액의 일부만이 보험자의 보상액이 되므로 당사자 사이에 분쟁이 발생할 소지가 있다.

정답

63 甲은 자기가 소유한 보험가액 1,000만원인 도자기의 파손에 대하여 乙보험회사와 400만원, 丙보험회사와 600만원, 丁보험회사와 1,000만원을 보험금액으로 하여 각각 손해보험계약을 체결하였다. 이후 도자기가 사고로 전부 파손되어 보험금을 청구하였다. 아래 설명 중 옳지 않은 것은? (단, 당사자간에 중복보험과 일부보험에 관하여 다른 약정이 없다고 가정함) 기출 20

① 乙보험회사는 200만원의 보상책임을 진다.
② 丙보험회사는 600만원의 한도 내에서 연대책임을 진다.
③ 丁보험회사는 500만원의 보상책임을 진다.
④ 甲이 丁보험회사에 대한 보험금 청구를 포기한 경우 乙보험회사와 丙보험회사는 각각 400만원, 600만원의 보상책임을 진다.

64 다음의 사례에서 상법상 중복보험에 관한 설명으로 옳은 것은? (다른 약정이 없으며, 다툼이 있는 경우 판례에 의함) 기출 25

> 甲은 자신이 소유하는 보험가액 20억원의 가옥에 대하여, A보험회사와 보험금액 16억원, B보험회사와 보험금액 14억원, C보험회사와 보험금액 10억원으로 하는 화재보험계약을 순차적으로 체결하였는데, 이후 위 가옥이 화재로 인하여 전소하자 甲은 위 보험회사들에게 보험금을 청구하려고 한다.

① 甲이 C회사를 기망하여 보험에 가입한 경우, 甲과 C회사 사이의 보험계약만 무효가 되므로, C회사는 그 사실을 안 때까지 납입받은 보험료를 반환해야 한다.
② 甲이 B회사에게 20억원을 청구한 경우, B회사는 일단 20억원을 보상하고 A회사와 C회사에게 각각의 부담 부분인 8억원과 5억원을 구상할 수 있다.
③ 甲이 A회사에 대한 권리를 포기하면, 보험가액 20억원에 대하여 B회사와 C회사가 7 : 5의 비율로 보상할 책임이 있다.
④ B회사가 파산하여 무자력이 된 경우, 보험가액 20억원에 대하여 A회사와 C회사는 각각 16억원과 10억원의 한도 내에서 연대책임을 진다.

• 해설 및 정답

63 동일한 보험계약의 목적과 동일한 사고에 관하여 수 개의 보험계약이 동시에 또는 순차로 체결된 경우에 그 보험금액의 총액이 보험가액을 초과한 때에는 중복보험에 해당된다(상법 제672조 제1항). 중복보험의 경우 보험자는 각자의 보험금액의 한도에서 연대책임을 지며, 각 보험자의 보상책임은 각자의 보험금액의 비율에 따른다. 또한 보험자 1인에 대한 권리의 포기는 다른 보험자의 권리의무에 영향을 미치지 아니한다(상법 제673조).
따라서, 甲이 丁보험회사에 대한 보험금 청구를 포기한 경우 乙보험회사와 丙보험회사의 보상책임은 변함이 없다.

즉, 乙보험회사의 보상책임액 $= 1,000$만원 $\times \dfrac{400\text{만원}}{400\text{만원} + 600\text{만원} + 1,000\text{만원}} = \mathbf{200}$**만원**

丙보험회사의 보상책임액 $= 1,000$만원 $\times \dfrac{600\text{만원}}{400\text{만원} + 600\text{만원} + 1,000\text{만원}} = \mathbf{300}$**만원**

참고로, 丁보험회사에 대한 보험금 청구를 포기하지 않은 경우

丁보험회사의 보상책임액 $= 1,000$만원 $\times \dfrac{1,000\text{만원}}{400\text{만원} + 600\text{만원} + 1,000\text{만원}} = \mathbf{500}$**만원**

정답 ❹

64 보험금액의 총액이 보험가액을 초과하는 중복보험일 경우 보험자는 각자의 보험금액의 한도에서 연대책임을 진다. 보험가액 20억원의 가옥이 전소하였으므로 손해액 20억원에 대하여 B보험회사가 파산하여 무자력이 된 경우, A보험회사는 20억원 × 16억원 / 20억원 = 16억원,
C보험회사는 20억원 × 10억원 / 20억원 = 10억원의 한도 내에서 연대책임을 진다.
① 甲이 C보험회사를 기망하여 보험에 가입한 경우, 甲과 C보험회사 사이의 보험계약만 무효가 되므로, C보험회사는 그 사실을 안 때까지 납입받은 보험료를 반환해야 하는 것이 아니라 보험료를 청구할 수 있다(상법 제672조 제3항).
② 甲이 B보험회사에게 20억원을 청구한 경우, B보험회사는 자신의 보험금액의 한도에서 연대책임을 지므로 일단 14억원을 보상하고, B보험회사의 분담금액인 7억원을 초과하는 금액에 대해서는 A보험회사와 C보험회사에게 각각 구상할 수 있다.
 • A보험회사의 분담금액 = 20억원 × 16억원 / 40억원 = 8억원
 • B보험회사의 분담금액 = 20억원 × 14억원 / 40억원 = 7억원
 • C보험회사의 분담금액 = 20억원 × 10억원 / 40억원 = 5억원
③ 중복보험에 의한 수개의 보험계약을 체결한 경우에 보험자 1인에 대한 권리의 포기는 다른 보험자의 권리의무에 영향을 미치지 아니하므로(상법 제673조), 손해액 20억원에 대하여 A보험회사 : B보험회사 : C보험회사 = 8 : 7 : 5의 비율로 보상할 책임이 있다. 따라서 甲이 A보험회사에 대한 권리를 포기하였으므로, A보험회사의 분담금액 8억은 받지 못하고, B보험회사는 분담금액 7억원, C보험회사는 분담금액 5억원에 대해 책임을 진다.
문제의 지문처럼 손해액 20억원에 대하여 B보험회사와 C보험회사가 7 : 5의 비율로 보상하면,
 • B보험회사의 분담금액 = 20억원 × 7 / 12 ≒ 11.67억원
 • C보험회사의 분담금액 = 20억원 × 5 / 12 ≒ 8.33억원
으로 된다.

정답 ❹

65 甲은 자신 소유의 보험가액 1억원의 건물에 대하여 乙보험회사와 보험금액 9,000만원, 丙보험회사와 보험금액 6,000만원의 화재보험계약을 순차적으로 체결하였다. 甲은 두 보험의 보험기간 중에 보험목적에 대한 화재로 인하여 5,000만원의 실손해를 입었다. 다음은 각 보험자의 책임액과 그 한도에 관한 설명이다. (   ) 안에 들어갈 금액을 ㉠, ㉡, ㉢, ㉣의 순서에 따라 올바르게 묶인 것은? (단, 당사자간에 중복보험과 일부보험에 관하여 다른 약정이 없다고 가정함)

기출 19

> 乙은 (㉠), 丙은 (㉡)의 보상책임을 지고,
> 乙은 (㉢), 丙은 (㉣)의 한도 내에서 연대책임을 진다.

① 3,000만원, 2,000만원, 4,500만원, 3,000만원
② 3,000만원, 2,000만원, 9,000만원, 6,000만원
③ 5,000만원, 4,000만원, 9,000만원, 6,000만원
④ 4,500만원, 3,000만원, 4,500만원, 3,000만원

66 선박의 감항능력에 대한 설명으로 옳지 않은 것은? (다툼이 있는 경우 판례에 의함) 기출 23

① 선박 또는 운임을 보험에 붙인 경우에 발항 당시 안전하게 항해를 하기에 필요한 준비를 하지 아니하거나 필요한 서류를 비치하지 아니함으로써 인하여 생긴 손해에 대해 보험자는 면책된다.
② 적하보험의 경우에는 선박의 감항능력 흠결에 따른 면책이 적용되지 아니한다.
③ 감항능력은 특정한 항해에서 통상적인 위험을 견딜 수 있는 능력을 의미하므로 선박의 감항능력 판단에 있어 절대적·확정적 기준이 된다.
④ 출항준비를 하는 자가 위험지역이 표시된 최신 해도를 비치하지 아니하였고, 이를 알고 있음에도 불구하고 그대로 출항하였다면 감항능력 결여로서 보험자는 면책된다.

65 주어진 문제에서 화재로 인하여 5,000만원의 실손해가 발생하였으므로
- 일부보험의 경우 보험자는 보험금액의 보험가액에 대한 비율에 따라 보상할 책임을 지므로(상법 제674조),

  乙보험회사의 보상한도액은 5,000만원 $\times \dfrac{9,000만원}{1억원} = 4,500만원$,

  丙보험회사의 보상한도액은 5,000만원 $\times \dfrac{6,000만원}{1억원} = 3,000만원$이다.

- 중복보험의 경우 보험자는 각자의 보험금액의 한도에서 연대책임을 지고, 각 보험자의 보상책임은 각자의 보험금액의 비율에 따라 보상책임을 지므로(상법 제672조 제1항),

  乙보험회사의 보상책임액은 5,000만원 $\times \dfrac{4,500만원}{(4,500만원 + 3,000만원)} = 3,000만원$,

  丙보험회사의 보상책임액은 5,000만원 $\times \dfrac{3,000만원}{(4,500만원 + 3,000만원)} = 2,000만원$이다.

정답 ❶

66 영국 해상보험법상의 법리에 의하면, 해상보험의 경우 감항성 또는 감항능력(seaworthiness)은 '특정의 항해에서 통상적인 위험에 견딜 수 있는 능력(at the time of the insurance able to perform the voyage unless any external accident should happen)'을 의미하는 <u>상대적인 개념으로서, 어떤 선박이 감항성을 갖추고 있느냐의 여부를 확정하는 확정적이고 절대적인 기준은 없고, 특정 항해에서의 특정한 사정에 따라 상대적으로 결정되어야 한다</u>(대법원 2002.6.28., 선고, 2000다21062, 판결).
① 선박 또는 운임을 보험에 붙인 경우에는 발항 당시 안전하게 항해를 하기에 필요한 준비를 하지 아니하거나 필요한 서류를 비치하지 아니함으로 인하여 생긴 손해는 보상할 책임이 없다(상법 제706조 제1호).
② 선박보험, 운임보험에서 감항능력 주의의무위반으로 생긴 손해의 경우 보험자는 면책되지만(상법 제706조 제1호), 적하보험의 경우에는 적용되지 않는다. 다만, 적하를 보험에 붙인 경우에는 용선자, 송하인 또는 수하인의 고의 또는 중대한 과실로 인하여 생긴 손해는 보상할 책임이 없다(상법 제706조 제2호).
④ 선박기간보험에 있어 감항능력 결여로 인한 보험자의 면책요건으로서 영국해상보험법 제39조 제5항 후문에서 정한 피보험자의 악의(privity)는 영미법상의 개념으로서 피보험자가 선박의 감항능력 결여의 원인이 된 사실뿐 아니라, 그 원인된 사실로 인해 해당 선박이 통상적인 해상위험을 견디어 낼 수 없게 된 사실, 즉 <u>감항능력이 결여된 사실을 알고 있는 것을 의미하는 것으로서, 감항능력이 없다는 것을 적극적으로 아는 것(positive knowledge of unseaworthiness)뿐 아니라, 감항능력이 없을 수도 있다는 것을 알면서도 이를 갖추기 위한 조치를 하지 않고 그대로 내버려두는 것(turning the blind eyes to unseaworthiness)까지 포함하는 개념이고</u>(대법원 2002.6.28., 선고, 2000다21062, 판결), 여기에서 피보험자 자신의 악의뿐만 아니라 그의 분신(alter ego)으로 간주될 수 있는 자의 악의도 포함된다(대법원 2005.11.10., 선고, 2003다31299, 2003다31305, 판결). 따라서 출항준비를 하는 자가 위험지역이 표시된 최신 해도를 비치하지 아니하였고, 이를 알고 있음에도 불구하고 그대로 출항하였다면 감항능력 결여로서 보험자는 면책된다.

정답 ❸

67 해상보험에 관한 설명으로 옳은 것은? 기출 24

① 선박이 정당한 사유 없이 보험계약에서 정한 항로를 이탈한 경우라도 손해발생 전에 원항로로 돌아온 경우에는 보험자는 그 후에 발생한 보험사고에 대하여 보상하여야 한다.
② 적하를 보험에 붙인 경우에 보험계약자 또는 피보험자의 책임 있는 사고로 인하여 선박을 변경한 때에는 그 변경 후의 사고에 대하여 책임을 지지 아니한다.
③ 항해 도중에 불가항력으로 보험의 목적인 적하를 매각한 때에는 매수인이 그 대금을 지급하는 한 보험자는 따로 보상할 책임이 없다.
④ 보험자는 보험의 목적의 안전이나 보존을 위하여 지급할 특별비용이 보험금액의 한도를 넘더라도 보상할 책임이 있다.

68 해상보험계약의 준거법약관에 관한 설명으로 옳지 않은 것은? (다툼이 있는 경우 판례에 의함) 기출 21

① 해상보험계약의 준거법약관은 해상보험의 보험금 분쟁에 대한 보험자의 책임 유무와 보험금 정산에 관한 사항은 영국의 법률과 관습에 따르도록 규정한 것이다.
② 해상보험계약의 준거법약관은 당사자 자치(party autonomy)의 원칙에 근거하고 있다.
③ 해상보험계약의 준거법약관을 통해 외국법을 준거법으로 지정한 경우, 약관의 규제에 관한 법률이 국제적 강행규정으로서 적용되는 것은 아니다.
④ 영국법의 적용을 받는 영국 런던 보험자협회에서 규정한 갑판적재약관(On-Deck Clause)의 담보범위에 관한 내용은 약관의 규제에 관한 법률 제3조 제3항 및 제4항의 입법 취지에 따라, 고객이 약관의 내용을 충분히 알고 있다 하더라도 고객에게 약관의 내용을 따로 설명하여야 한다.

67 ② 상법 제703조
① 선박이 정당한 사유없이 보험계약에서 정하여진 항로를 이탈한 경우에는 <u>보험자는 그때부터 책임을 지지 아니한다</u>. 선박이 손해발생 전에 원항로로 돌아온 경우에도 같다(상법 제701조의2).
③ 항해 도중에 불가항력으로 보험의 목적인 적하를 매각한 때에는 <u>보험자는 그 대금에서 운임 기타 필요한 비용을 공제한 금액과 보험가액과의 차액을 보상하여야 한다</u>. 매수인이 대금을 지급하지 아니한 때에는 보험자는 그 금액을 지급하여야 한다(상법 제709조 제1항, 제2항).
④ 보험자는 보험의 목적의 안전이나 보존을 위하여 지급할 특별비용을 <u>보험금액의 한도 내에서 보상할 책임이 있다</u>(상법 제694조의3).

정답 ②

68 약관의 규제에 관한 법률 제3조 제3항이 사업자에 대하여 약관에 정하여져 있는 중요한 내용을 고객이 이해할 수 있도록 설명할 의무를 부과하고, 제4항이 이를 위반하여 계약을 체결한 경우에는 해당 약관을 계약의 내용으로 주장할 수 없도록 한 것은, 고객으로 하여금 약관을 내용으로 하는 계약이 성립되는 경우에 각 당사자를 구속하게 될 내용을 미리 알고 약관에 의한 계약을 체결하도록 함으로써 예측하지 못한 불이익을 받게 되는 것을 방지하여 고객을 보호하려는데 입법 취지가 있다. 따라서 <u>고객이 약관의 내용을 충분히 잘 알고 있는 경우에는 약관이 바로 계약내용이 되어 당사자에 대하여 구속력을 가지므로, 사업자로서는 고객에게 약관의 내용을 따로 설명할 필요가 없다</u>(대법원 2016.6.23., 선고, 2015다5194, 판결).
① 해상보험증권 아래에서 야기되는 일체의 책임문제는 영국의 법률 및 관습에 의하여야 한다는 영국법준거약관은 오랜 기간 동안에 걸쳐 해상보험업계의 중심이 되어온 영국의 법률과 관습에 따라 당사자간의 거래관계를 명확하게 하려는 것으로서 우리나라의 공익규정 또는 공서양속에 반하는 것이라거나 보험계약자의 이익을 부당하게 침해하는 것이라고 볼 수 없으므로 유효하다(대법원 1991.5.14., 선고, 90다카25314, 판결).
② 해상보험계약의 준거법약관은 당사자간의 사적 자치의 원칙에 근거하며, '불이익변경금지의 원칙'이 적용되지 않는다.
③ 약관의 규제에 관한 법률의 입법 목적을 고려하면, 외국법을 준거법으로 하여 체결된 모든 계약에 관하여 당연히 약관의 규제에 관한 법률을 적용할 수 있는 것은 아니다(대법원 2010.8.26., 선고, 2010다28185, 판결).

정답 ④

69 해상보험의 워런티(warranty)에 관한 설명으로 옳지 않은 것은? (다툼이 있는 경우 판례에 의함) 기출 22

① 선박이 발항 당시 감항능력을 갖추고 있을 것을 조건으로 하여 보험자가 해상위험을 인수하였다는 것이 명백한 경우, 보험사고가 그 조건의 결여 이후에 발생한 경우에는 보험자는 조건 결여의 사실, 즉 발항 당시의 불감항 사실만을 입증하면 그 조건 결여와 손해발생 사이의 인과관계를 입증할 필요 없이 보험금 지급책임이 없다.
② 보험증권에 그 준거법을 영국의 법률과 관습에 따르기로 하는 규정과 아울러 감항증명서의 발급을 담보한다는 내용의 명시적 규정이 있는 경우, 부보선박이 특정 항해에 있어서 그 감항성을 갖추고 있음을 인정하는 감항증명서는 매 항해시마다 발급받아야 하는 것이 아니라, 첫 항차를 위해 출항하는 항해시 발급받으면 그 담보조건이 충족된다.
③ 2015년 영국보험법(The Insurance Act 2015)에 따르면 보험자는 워런티 위반일로부터 장래를 향해 자동적으로 보험자의 보상책임이 면제되는 것이 아니라 위반 내용의 치유시까지만 면책된다.
④ 2015년 영국보험법(The Insurance Act 2015)에 따르면 보험자는 보험계약자가 워런티의 불이행과 보험사고발생 사이에 인과관계가 없었음을 증명한 때에는 보험금 지급책임이 있다.

70 재보험에 관한 설명으로 옳지 않은 것은? (다툼이 있는 경우 판례에 의함) 기출 21

① 책임보험에 관한 규정은 그 성질에 반하지 않는 범위 내에서 재보험계약에 준용된다.
② 재보험자가 원보험자에게 보험금을 지급하면 지급한 재보험금의 한도 내에서 원보험자가 제3자에 대하여 가지는 권리를 대위취득한다.
③ 재보험자가 보험자대위에 의하여 취득한 제3자에 대한 권리의 행사는 재보험자가 이를 직접 하지 아니하고, 원보험자가 재보험자의 수탁자의 지위에서 자기명의로 권리를 행사하여 그로써 회수한 금액을 재보험자에게 재보험금의 비율에 따라 교부하는 방식으로 이루어지는 것이 상관습이다.
④ 재보험자의 보험자대위에 의한 권리는 원보험자가 제3자에 대한 권리행사의 결과로 취득한 출자전환 주식에 대하여는 미치지 아니한다.

69 보험증권에 그 준거법을 영국의 법률과 관습에 따르기로 하는 규정과 아울러 감항증명서의 발급을 담보한다는 내용의 명시적 규정이 있는 경우, 이는 영국 해상보험법 제33조 소정의 명시적 담보에 관한 규정에 해당하고, 명시적 담보는 위험의 발생과 관련하여 중요한 것이든 아니든 불문하고 정확하게(exactly) 충족되어야 하는 조건(condition)이라 할 것인데, 해상보험에 있어서 감항성 또는 감항능력이 '특정의 항해에 있어서의 통상적인 위험에 견딜 수 있는 능력(at the time of the insurance able to perform the voyage unless any external accident should happen)'을 의미하는 상대적인 개념으로서 어떤 선박이 감항성을 갖추고 있느냐의 여부를 확정하는 확정적이고 절대적인 기준은 없으며, 특정 항해에 있어서의 특정한 사정에 따라 상대적으로 결정되어야 하는 점 등에 비추어 보면, 부보선박이 특정 항해에 있어서 그 감항성을 갖추고 있음을 인정하는 감항증명서는 매 항해시마다 발급받아야 비로소 그 담보조건이 충족된다(대법원 1996.10.11., 선고, 94다60332, 판결).

① 선박이 발항 당시 감항능력을 갖추고 있을 것을 조건으로 하여 보험자가 해상위험을 인수한다는 취지임이 문언상 명백하므로, 보험사고가 그 조건의 결여 이후에 발생한 경우에는 보험자는 조건 결여의 사실, 즉 발항 당시의 불감항 사실만을 입증하면 그 조건 결여와 손해발생(보험사고) 사이의 인과관계를 입증할 필요 없이 보험금 지급책임을 부담하지 않게 된다(대법원 1995.9.29., 선고, 93다53078, 판결).

③ 워런티(warranty) 위반시 보험자의 보험금 지급의무가 위반일로부터 장래를 향해 자동적으로 면책된다는 기존의 법리를 폐지하고, 위반일로부터 치유될 때까지 한시적으로 정지시키는 것으로 변경되었다.

④ 워런티 위반과 보험사고발생 사이에 인과관계를 요구하는 조건이 신설되어 보험계약자가 워런티의 불이행과 보험사고발생 사이에 인과관계가 없음을 증명한 때에 보험자는 보험금 지급책임이 있다.

> **TIP** 워런티(warranty)
> 워런티란 보험계약자가 어떤 특정한 일이 행해지거나 행해지지 않을 것 또는 어떤 조건이 충족될 것이라고 약속하거나 특정한 사실 상태의 존재를 긍정하거나 부정하는 것을 의미한다.

정답

70 재보험자의 보험자대위에 의한 권리는 원보험자가 제3자에 대한 권리행사의 결과로 취득한 출자전환 주식에 대하여도 미친다(대법원 2015.6.11., 선고, 2012다10386, 판결).

① 상법 제726조

② 보험자가 피보험자에게 보험금을 지급하면 보험자대위의 법리에 따라 피보험자가 보험사고의 발생에 책임이 있는 제3자에 대하여 가지는 권리는 지급한 보험금의 한도에서 보험자에게 당연히 이전되고(상법 제682조), 이는 재보험자가 원보험자에게 재보험금을 지급한 경우에도 마찬가지이다. 따라서 재보험관계에서 재보험자가 원보험자에게 재보험금을 지급하면 원보험자가 취득한 제3자에 대한 권리는 지급한 재보험금의 한도에서 다시 재보험자에게 이전된다(대법원 2015.6.11., 선고, 2012다10386, 판결).

③ 재보험자가 보험자대위에 의하여 취득한 제3자에 대한 권리의 행사는 재보험자가 이를 직접 하지 아니하고 원보험자가 재보험자의 수탁자의 지위에서 자기 명의로 권리를 행사하여 그로써 회수한 금액을 재보험자에게 재보험금의 비율에 따라 교부하는 방식에 의하여 이루어지는 것이 상관습이다(대법원 2015.6.11., 선고, 2012다10386, 판결).

정답

71 보증보험에 관한 설명으로 옳지 않은 것은? (다툼이 있는 경우 판례에 의함) 기출 25

① 보증보험은 채무자인 피보험자가 채권자인 보험계약자에게 계약상 채무불이행 또는 법령상의 의무불이행으로 손해를 입힌 경우에 보험자가 그 손해를 보상하는 것을 목적으로 하는 보험이다.
② 보증보험은 타인을 위한 보험이라는 점에서 자기를 위한 보험인 신용보험과 구별된다.
③ 보증보험자는 채권자에 대하여 최고·검색의 항변권을 행사할 수 없다.
④ 피보험자가 보험계약자의 사기행위에 공모하였다든지 그러한 사실을 알면서도 묵인한 상태에서 계약이 체결된 경우를 제외하면, 보험계약자의 고의나 중과실에 의한 보험자 면책규정(상법 제659조)은 보증보험에 적용되지 않는다.

72 보증보험에 관한 설명으로 옳지 않은 것은? 기출 24

① 보험기간을 주계약의 하자담보책임기간과 동일하게 정한 경우 특단의 사정이 없으면 하자담보기간 내에 발생한 하자에 대하여는 비록 보험기간이 종료된 후에 보험사고가 발생하였다고 하여도 보증보험자가 책임을 진다.
② 보증보험은 언제나 타인을 위한 보험계약으로서, 보험자가 계약을 해지할 때에는 보험약관에 별도의 정함이 없는 한 피보험자가 아니라 보험계약자에 대하여 해지권을 행사하여야 한다.
③ 보증보험은 그 실질이 민법의 보증이므로 보증보험계약에 관하여는 보증채무에 관한 민법의 규정을 모두 준용한다.
④ 보증보험의 보험사고는 보험계약자의 고의 또는 과실을 전제로 하는 불법행위 또는 채무불이행 등으로 발생하는 것이므로 보험자가 면책되지 아니하나, 피보험자의 고의사고의 경우에는 보험자가 면책된다.

71 보증보험은 채무자인 보험계약자가 채권자인 피보험자에게 계약상 채무불이행 또는 법령상의 의무불이행으로 손해를 입힌 경우에 보험자가 그 손해를 보상하는 것을 목적으로 하는 보험이다(대법원 1999.2.9., 선고, 98다49104, 판결).
② 보증보험에서 보험의 혜택을 누리는 자는 타인인 피보험자이므로 보증보험계약에 대해서는 상법상 '타인을 위한 보험'에 관한 규정이 적용되며, '자기를 위한 보험'인 신용보험과 구별된다. 즉 신용보험은 채권자 자신이 보험계약자 겸 피보험자로서 피보증인의 채무의 이행, 그 밖의 행위로 인하여 생긴 손해의 보상을 위하여 체결되는 자기를 위한 보험이다.
③ 민법 제437조 본문에 의하면 채권자가 보증인에게 채무의 이행을 청구한 때에는 보증인은 주채무자의 변제자력이 있는 사실 및 그 집행이 용이할 것을 증명하여 먼저 주채무자에게 청구할 것과 그 재산에 대하여 집행할 것을 항변할 수 있다고 규정하므로 보증인의 최고와 검색의 항변권은 보증인이 주채무자에게 변제자력이 있고 집행이 용이한 사실을 입증할 때에 성립될 수 있고, 단순히 주채무자에게 먼저 청구할 것을 항변할 수 없다 할 것이다(대법원 1968.9.24., 선고, 68다1271, 판결).
④ 보증보험계약에 관하여는 보험계약자의 사기, 고의 또는 중대한 과실이 있는 경우에도 이에 대하여 피보험자에게 책임이 있는 사유가 없으면 제651조(고지의무위반으로 인한 계약해지), 제652조(위험변경증가의 통지와 계약해지), 제653조(보험계약자 등의 고의나 중과실로 인한 위험증가와 계약해지) 및 제659조 제1항(보험자의 면책사유)을 적용하지 아니한다(상법 제726조의6 제2항). 따라서 피보험자가 보험계약자의 사기행위에 공모하였다든지 그러한 사실을 알면서도 묵인한 상태에서 계약이 체결된 경우를 제외하면, 보험계약자의 고의나 중과실에 의한 보험자 면책규정(상법 제659조)은 보증보험에 적용되지 않는다(대법원 1995.7.14. 선고 94다10511 판결).

정답

72 보증보험이란 피보험자와 어떠한 법률관계를 가진 보험계약자(주계약상의 채무자)의 채무불이행으로 인하여 피보험자(주계약상의 채권자)가 입게 될 손해의 전보를 보험자가 인수하는 것을 내용으로 하는 손해보험으로서, 형식적으로는 채무자의 채무불이행을 보험사고로 하는 보험계약이나 실질적으로는 보증의 성격을 가지고 보증계약과 같은 효과를 목적으로 하는 것이므로, 민법의 보증에 관한 규정, 특히 보증인의 구상권에 관한 민법 제441조 이하의 규정이 준용된다(대법원 2012.2.23., 선고, 2011다62144, 판결).
① 보증보험증권에 보험기간이 정해져 있는 경우에는 보험사고가 그 기간 내에 발생한 때에 한하여 보험자가 보험계약상의 책임을 지는 것이 원칙이지만, 보증보험계약의 목적이 주계약의 하자담보책임기간 내에 발생한 하자에 대하여 보험계약자의 하자보수의무 불이행으로 인한 손해를 보상하기 위한 것임에도 보험기간을 주계약의 하자담보책임기간과 동일하게 정한 경우 특단의 사정이 없으면 위 보증보험계약은 그 계약의 보험기간, 즉 하자담보책임기간 내에 발생한 하자에 대하여는 비록 보험기간이 종료한 후 보험사고가 발생하였다고 하더라도 보험자로서 책임을 지기로 하는 내용의 계약이라고 해석함이 타당하다(대법원 2021.2.25., 선고, 2020다248698, 판결).
② 보증보험계약에 있어서 보험계약자의 고지의무위반을 이유로 한 해지의 경우에 계약의 상대방 당사자인 보험계약자나 그의 상속인(또는 그들의 대리인)에 대하여 해지의 의사표시를 하여야 하고, 보험금 수익자에게 해지의 의사표시를 하는 것은 특별한 사정(보험약관상의 별도기재 등)이 없는 한 효력이 없다고 할 것이며, 이러한 결론은 그 보증보험계약이 상행위로 행하여졌다거나 혹은 보험계약자의 소재를 알 수 없다는 이유만으로 달라지지는 않는다(대법원 2002.11.8., 선고, 2000다19281, 판결).
④ 보증보험의 경우에는 주계약상의 채무자인 보험계약자의 채무불이행을 보험사고로 하는 특성상 보험계약자의 고의 또는 중대한 과실로 생긴 보험사고에도 보험자는 보험금 지급책임을 부담한다. 판례도 "보험계약자의 고의 또는 중과실로 인한 보험사고의 경우 보험자의 면책을 규정한 상법 제659조 제1항은 보증보험의 경우에는 특별한 사정이 없는 한 그 적용이 없다"고 판시하였다. 다만, 피보험자의 고의사고의 경우에는 보험자가 면책된다(상법 제726조의6 제2항, 상법 제659조 제1항).

정답

73 자동차보험에 있어 승낙피보험자에 대한 설명으로 옳지 않은 것은? (다툼이 있는 경우 판례에 의함) 기출 23

① 렌터카 회사로부터 차량을 빌린 경우 차량을 빌린 사람은 승낙피보험자이다.
② 자동차를 매수하고 소유권이전등록을 마치지 아니한 채 자동차를 인도받아 운행하면서 매도인과의 합의 아래 그를 피보험자로 한 자동차종합보험계약을 체결하였다 하더라도 매수인은 기명피보험자의 승낙을 얻어 자동차를 사용 또는 관리하는 승낙피보험자로 볼 수 없다.
③ 승낙피보험자는 기명피보험자로부터 명시적·개별적 승낙을 받아야만 하는 것이 아니고, 묵시적·포괄적인 승낙이어도 무방하다.
④ 보험계약의 체결 후에 매매가 이루어져 기명피보험자인 매도인이 차량을 인도하고 소유권이전등록을 마친 경우 그 기명피보험자는 운행지배를 상실한 것이므로, 매수인이 기명피보험자의 승낙을 얻어서 자동차를 사용 또는 관리 중인 승낙피보험자로 볼 수 없다.

74 상법상 운송보험에 관한 설명으로 옳은 것은 모두 몇 개인가? 기출 25

> 가. 보험자는 다른 약정이 없으면 운송인이 운송물을 수령한 때로부터 수하인에게 인도할 때까지 생길 손해를 보상할 책임이 있다.
> 나. 보험가액에 관하여 합의를 한 경우가 아니면, 운송물의 보험에 있어서는 발송한 때와 곳의 가액 및 도착지까지의 운임 기타의 비용을 보험가액으로 한다.
> 다. 운송물의 도착으로 인하여 얻을 이익은 특별한 약정이 없더라도 보험가액 중에 산입한다.
> 라. 보험계약은 다른 약정이 없으면 운송의 필요에 의하여 일시운송을 중지하거나 운송의 노순을 변경한 경우에도 그 효력을 잃지 아니한다.
> 마. 보험사고가 송하인 또는 수하인의 경과실로 인하여 발생한 때에는 보험자는 이로 인하여 생긴 손해를 보상할 책임이 있다.

① 1개
② 2개
③ 3개
④ 4개

해설 및 정답

73 자동차를 매수하고 소유권이전등록을 마치지 아니한 채 자동차를 인도받아 운행하면서 매도인과의 합의 아래 매도인을 피보험자로 한 자동차종합보험계약을 체결하였다면, <u>그 매수인은 자동차종합보험계약의 약관에 따른 기명피보험자의 승낙을 얻어 자동차를 사용 또는 관리 중인 자, 즉 승낙피보험자에 해당된다</u>(대법원 1994.6.14., 선고, 94다15264, 판결).
① 렌터카 회사로부터 차량을 빌린 경우 렌터카 회사는 기명피보험자이고, 차량을 빌린 사람은 승낙피보험자이다.
③ 자동차종합보험 보통약관에서 피보험자를 보험증권에 기재된 기명피보험자, 기명피보험자의 승낙을 얻어 피보험자동차를 사용·관리 중인 승낙피보험자 등으로 열거하여 규정하고 있는 경우 <u>승낙피보험자는 기명피보험자로부터의 명시적·개별적 승낙을 받아야만 하는 것이 아니고 묵시적·포괄적인 승낙이어도 무방하나, 그 승낙은 기명피보험자로부터의 승낙임을 요하고, 기명피보험자로부터의 승낙인 이상 승낙피보험자에게 직접적으로 하건 전대를 승낙하는 등 간접적으로 하건 상관이 없다</u>(대법원 1993.1.19., 선고, 92다32111, 판결).
④ 차량 매수인이 매도인의 승낙을 얻어 기명피보험자를 매도인으로 하고 주운전자를 매수인으로 하여 보험회사와 사이에 체결한 자동차종합보험계약이 유효하게 성립하였다 하더라도, <u>매도인이 차량에 대한 운행지배 관계 및 피보험이익을 상실한 것으로 인정되는 경우에 있어서는 매수인을 약관에 정한 기명피보험자의 승낙을 얻어 자동차를 사용 또는 관리 중인 자로 볼 수 없고</u>, 매도인이 매수인에게 차량을 인도하였을 뿐 아니라 당해 차량사고 이전에 그 소유명의까지 이전해 주었다면, 특별한 사정이 없는 한 매도인은 사고 당시 차량에 대한 운행지배 및 피보험이익을 상실한 것으로 보아야 한다(대법원 1996.7.30., 선고, 96다6110, 판결).

 ❷

74 가. (○) 보험자는 다른 약정이 없으면 운송인이 운송물을 수령한 때로부터 수하인에게 인도할 때까지 생길 손해를 보상할 책임이 있다(상법 제688조).
나. (○) 보험가액에 관하여 합의를 한 경우가 아니면, 운송물의 보험에 있어서는 발송한 때와 곳의 가액 및 도착지까지의 운임 기타의 비용을 보험가액으로 한다(상법 제689조 제1항).
다. (×) 운송물의 도착으로 인하여 얻을 이익은 <u>약정이 있는 때에 한하여</u> 보험가액 중에 산입한다(상법 제689조 제2항).
라. (○) 보험계약은 다른 약정이 없으면 운송의 필요에 의하여 일시운송을 중지하거나 운송의 노순을 변경한 경우에도 그 효력을 잃지 아니한다(상법 제691조).
마. (○) 보험사고가 송하인 또는 수하인의 <u>고의 또는 중대한 과실</u>로 인하여 발생한 때에는 보험자는 이로 인하여 생긴 손해를 보상할 책임이 없다(상법 제692조). 따라서 보험사고가 송하인 또는 수하인의 <u>경과실로 인하여 발생한 때에는 보험자는 이로 인하여 생긴 손해를 보상할 책임이 있다.</u>

 ❹

75 상법상 화재보험에 관한 설명으로 옳은 것은? (다른 약정은 없으며, 다툼이 있는 경우 판례에 의함) 기출 25

① 집합보험의 경우 피보험자의 가족과 사용인의 물건도 보험의 목적에 포함된 것으로 하고, 이러한 보험은 그 가족 또는 사용인을 위하여서도 체결한 것으로 추정한다.
② 집합보험의 목적에 속한 물건이 보험기간 중에 수시로 교체된 경우, 그 물건은 보험사고의 발생 시점에 현존하더라도 보험의 목적에 포함되지 않는다.
③ 양도담보권자는 양도담보의 목적물이 화재로 소실된 경우, 양도담보 설정자의 화재보험금청구권에 대하여 압류 및 추심명령으로 추심권을 행사할 수 없다.
④ 화재의 소방 또는 손해의 감소에 필요한 조치를 하는 자에 대한 제한이 없으므로, 보험자는 소방관의 이러한 조치로 인하여 생긴 손해도 보상해야 한다.

76 책임보험에 관한 설명으로 옳은 것은? (다툼이 있는 경우 판례에 의함) 기출 21

① 책임보험에서 배상청구가 보험기간 내에 발생하면 배상청구의 원인인 사고가 보험기간 개시 전에 발생하더라도 보험자의 책임을 인정하는 배상청구기준 약관은 유효하다.
② 책임보험계약에서는 보험가액을 정할 수 없으므로, 수 개의 책임보험계약이 동시 또는 순차적으로 체결된 경우에 그 보험금액의 총액이 피보험자의 제3자에 대한 손해배상액을 초과한 경우라도 중복보험의 법리를 적용할 수 없다.
③ 보험사고에 관한 학설 중 손해사고설에 따르면, 제3자에 대해 책임지는 원인사고를 보험사고로 보기 때문에 피보험자가 제3자로부터 배상청구를 받을 때에는 보험자에게 통지를 발송할 필요가 없다.
④ 책임보험의 목적은 피보험자의 제3자에 대한 손해배상책임에 한하므로, 제3자의 청구를 막기 위한 방어비용은 보험의 목적에 포함되지 않는다.

● 해설 및 정답

75 보험자는 화재의 소방 또는 손해의 감소에 필요한 조치로 인하여 생긴 손해를 보상할 책임이 있다(상법 제684조).
① 집합된 물건을 일괄하여 보험의 목적으로 한 때에는 피보험자의 가족과 사용인의 물건도 보험의 목적에 포함된 것으로 한다. 이 경우에는 그 보험은 그 가족 또는 사용인을 위하여서도 체결한 것으로 본다(상법 제686조).
② 집합된 물건을 일괄하여 보험의 목적으로 한 때에는 그 목적에 속한 물건이 보험기간 중에 수시로 교체된 경우에도 보험사고의 발생시에 현존한 물건은 보험의 목적에 포함된 것으로 한다(상법 제687조).
③ 양도담보권자는 양도담보 목적물이 소실되어 양도담보 설정자가 보험회사에 대하여 화재보험계약에 따른 보험금청구권을 취득한 경우에도 담보물 가치의 변형물인 화재보험금청구권에 대하여 양도담보권에 기한 물상대위권을 행사할 수 있다(대법원 2009.11.26., 선고, 2006다37106, 판결). 따라서 양도담보권자는 양도담보의 목적물이 화재로 소실된 경우, 양도담보 설정자의 화재보험금청구권에 대하여 압류 및 추심명령으로 추심권을 행사할 수 있다.

정답

76 배상청구기준 약관은 소급담보일자(Retroactive date)와 보고기간연장(Extended Reporting Period)으로 보험자의 책임기간을 확장할 수 있다. 소급담보일자기준의 경우, 보험사고가 보험기간 안에 발생하여야 하며, 추가로 소급담보일자를 지정하여 소급담보일자 이후에 발생한 보험사고도 보험기간 중에 배상청구가 이루어진 경우 보상하도록 하고 있다.
② 피보험자가 동일한 사고로 제3자에게 배상책임을 짐으로써 입은 손해를 보상하는 수 개의 책임보험계약이 동시 또는 순차로 체결된 경우에 그 보험금액의 총액이 피보험자의 제3자에 대한 손해배상액을 초과하는 때에는 중복보험의 규정을 준용한다(상법 제725조의2).
③ 손해사고설은 피보험자가 제3자에 대하여 배상책임을 부담하는 원인이 되는 사고가 발생한 때를 보험사고로 보는 입장이다(다수설). 피보험자가 제3자로부터 배상청구를 받은 때(상법 제722조)에는 지체 없이 보험자에게 그 통지를 발송하여야 한다.
④ 피보험자가 제3자의 청구를 방어하기 위하여 지출한 재판상 또는 재판 외의 필요비용은 보험의 목적에 포함된 것으로 한다(상법 제720조 제1항).

정답

77 책임보험계약상 보험자의 손해보상의무에 관한 설명으로 옳지 않은 것은? (다툼이 있는 경우 판례에 의함) 기출 22

① 자동차손해배상보장법에 기초한 대인배상Ⅰ에서 보험계약자나 피보험자의 고의에 의한 사고와 관련하여 피해자는 보험자에게 보험금 지급청구를 할 수 있고, 보험자는 지급의무를 부담한다.
② 피해자와 피보험자 사이에 판결에 의하여 확정된 손해액은 그것이 피보험자에게 법률상 책임이 없는 부당한 손해라 하더라도 보험자는 원본이든 지연손해금이든 피보험자에게 지급할 의무가 있다.
③ 변제, 승인, 화해 또는 재판 등에 의한 확정책임이 없으면 보험자는 보험금채무의 이행지체에 빠지지 않는다.
④ 피보험자가 보험금을 청구하기 위해서는 그 금액이 확정되어야 그 권리를 행사할 수 있으며, 보험금청구권을 행사할 수 있는 때로부터 진행하여 3년의 시효에 걸린다.

78 상법상 책임보험에서 제3자의 직접청구권에 관한 설명으로 옳지 않은 것은? (다툼이 있는 경우 판례에 의함) 기출 25

① 피보험자가 책임을 질 사고로 입은 손해에 대하여 제3자가 보험자에게 직접 보상을 청구하는 경우, 보험자는 피보험자가 그 사고에 관하여 가지는 항변으로써 제3자에게 대항할 수 있다.
② 제3자는 피보험자에 대한 손해배상청구권과 책임보험자에 대한 직접청구권을 임의로 선택하여 행사할 수 있다.
③ 보험약관의 보험금 지급기준이 보험자의 책임한도액을 정한 것이 아니라 보험금 지급기준에 불과한 경우에는 보험자는 직접청구권을 행사하는 제3자에게 이 약관조항을 이유로 대항할 수 없다.
④ 특별한 기간의 약정이 없는 한 보험자는 피보험자로부터 제3자에 대한 채무확정의 통지를 받은 때 지체 없이 보험금을 지급하여야 한다.

77 보험회사와 피보험자 사이에 체결된 보험계약의 보험약관에 의하면 보험회사는 피해자와 피보험자 사이에 판결에 의하여 확정된 손해액은 그것이 피보험자에게 법률상 책임이 없는 부당한 손해라는 등의 특단의 사유가 없는 한 원본이든 지연손해금이든 모두 피해자에게 지급할 의무가 있다(대법원 1994.1.14., 선고, 93다25004, 판결).
① 보험계약자 또는 피보험자의 고의로 인한 손해는 「대인배상Ⅰ」에서 보상하지 않는다. 다만, 「자동차손해배상보장법」 제10조의 규정에 따라 피해자가 보험자에 직접청구를 한 경우, 보험자는 자동차손해배상보장법령에서 정한 금액을 한도로 피해자에게 손해배상금을 지급한 다음 지급한 날부터 3년 이내에 고의로 사고를 일으킨 보험계약자나 피보험자에게 그 금액의 지급을 청구한다(자동차보험 표준약관 제5조).

> **TIP** 자동차손해배상보장법 제10조 제1항
> 보험가입자 등에게 손해배상책임이 발생하면 그 피해자는 대통령령으로 정하는 바에 따라 보험회사 등에게 「상법」 제724조 제2항에 따라 보험금 등을 자기에게 직접 지급할 것을 청구할 수 있다.

③ 변제, 승인, 화해 또는 재판의 방법 등에 의하여 확정됨으로써 그 보험금청구권을 행사할 수 있는 때로부터 진행된다고 봄이 상당하다(대법원 2002.9.6., 선고, 2002다30206, 판결).
④ 보험금청구권은 보험사고가 발생하기 전에는 추상적인 권리에 지나지 않고 보험사고가 발생하면 구체적인 권리가 되어 그때부터 권리를 행사할 수 있으므로, 보험금청구권의 소멸시효는 특별한 다른 사정이 없는 한 보험사고가 발생한 때부터 진행하는 것이 원칙이며(대법원 2008.11.13., 선고, 2007다19624, 판결), 3년간 행사하지 않으면 시효의 완성으로 소멸한다(상법 제662조).

정답

78 특별한 기간의 약정이 없는 한 보험자는 피보험자로부터 제3자에 대한 채무확정의 통지를 받은 때 통지를 받은 날로부터 10일 내에 보험금액을 지급하여야 한다(상법 제723조 제1항, 제2항).
① 제3자는 피보험자가 책임을 질 사고로 입은 손해에 대하여 보험금액의 한도 내에서 보험자에게 직접 보상을 청구할 수 있다. 그러나 보험자는 피보험자가 그 사고에 관하여 가지는 항변으로써 제3자에게 대항할 수 있다(상법 제724조 제2항).
② 책임보험계약에서 피보험자(가해자)가 제3자(피해자)에게 손해배상책임을 지는 사고가 생긴 경우, 피보험자는 제3자에게 손해배상금을 지급한 후 그 지급금액의 범위 내에서 보험자에게 보험금을 청구하는 경우가 많겠지만, 제3자의 보험자에 대한 직접청구권은 상법 제724조에 의하여 발생하고 피해자인 제3자의 가해자인 피보험자에 대한 손해배상청구권은 민법 제750조, 제756조, 자배법 등에 의하여 발생하기 때문에, 각각 발생의 법적 근거가 다르다. 따라서 양 청구권은 별개 독립한 것으로서 병존하며, 제3자는 그중 하나의 청구권을 임의로 선택하여 행사할 수 있다.
③ 상법 제724조 제2항에 의하여 피해자에게 인정되는 직접청구권의 법적 성질은 보험자가 피보험자의 피해자에 대한 손해배상채무를 병존적으로 인수한 것으로서 피해자가 보험자에 대하여 가지는 손해배상청구권이고 피보험자의 보험자에 대한 보험금청구권의 변형 내지 이에 준하는 권리는 아니다. 이러한 피해자의 직접청구권에 따라 보험자가 부담하는 손해배상채무는 보험계약을 전제로 하는 것으로서 보험계약에 따른 보험자의 책임한도액의 범위 내에서 인정되어야 한다는 취지일 뿐, 법원이 보험자가 피해자에게 보상하여야 할 손해액을 산정하면서 자동차종합보험약관의 지급기준에 구속될 것을 의미하는 것은 아니다(대법원 2019.4.11., 선고, 2018다300708, 판결). 따라서 보험약관의 보험금 지급기준이 보험자의 책임한도액을 정한 것이 아니라 보험금 지급기준에 불과한 경우에는 보험자는 직접청구권을 행사하는 제3자에게 이 약관조항을 이유로 대항할 수 없다.

정답

79 책임보험계약상 제3자의 직접청구권의 소멸시효에 관한 설명으로 옳지 않은 것은? (다툼이 있는 경우 판례에 의함) 기출 22

① 피해자가 보험자에게 갖는 직접청구권은 피해자가 보험자에게 가지는 손해배상청구권이므로 민법 제766조에 따라 피해자 또는 그 법정대리인이 그 손해 및 가해자를 안 날로부터 3년간 이를 행사하지 아니하면 시효로 소멸한다.
② 보험사고가 발생한 것인지의 여부가 객관적으로 분명하지 아니하여 보험금청구권자가 과실 없이 보험사고의 발생을 알 수 없었던 경우에는 보험금청구권자가 보험사고의 발생을 알았거나 알 수 있었던 때로부터 소멸시효가 진행한다.
③ 불법행위로 인한 손해배상청구권의 단기소멸시효의 기산점인 '손해 및 가해자를 안 날'이란 손해의 발생, 위법한 가해행위의 존재, 가해행위와 손해의 발생과의 상당인과관계가 있다는 사실을 인식한 것으로 족하고, 현실적이고 구체적인 인식까지 요하는 것은 아니다.
④ 제3자가 보험자에 대하여 직접청구권을 행사한 경우에 보험자가 제3자와 손해배상금액에 대하여 합의를 시도하였다면 보험자는 그 때마다 손해배상채무를 승인한 것이므로 제3자의 직접청구권의 소멸시효는 중단된다.

80 자동차손해배상보장법 제3조의 '운행'에 관한 설명으로 옳지 않은 것은? (다툼이 있는 경우 판례에 의함) 기출 25

① 추운 겨울에 승용차의 시동을 켜놓고 잠을 자다가 뒷좌석 부근에서 발화된 화재로 사망한 사고는 운행 중의 사고에 해당하지 않는다.
② 불법주차된 덤프트럭 뒤에서 길을 횡단하려고 갑자기 뛰어나온 피해자를 주행 중인 자동차가 충격하여 상해를 입힌 경우, 덤프트럭 운전자의 불법주차는 운행성이 인정되지 않는다.
③ 구급차로 환자를 병원에 후송한 후 구급차에 비치된 간이침대로 환자를 하차시키던 중 이를 잘못 조작하여 환자를 땅에 떨어뜨려 상해를 입게 한 경우, 자동차의 운행으로 인한 사고에 해당한다.
④ 인부가 정차 중인 화물차량에 통나무를 내려놓는 충격으로 인하여 지면과 적재함 후미 사이에 걸쳐 설치된 발판이 떨어지는 바람에 발판을 딛고 적재함으로 올라가던 다른 인부가 땅에 떨어져 입은 상해는 운행 중 사고에 해당하지 않는다.

79 불법행위로 인한 손해배상청구권의 단기소멸시효의 기산점이 되는 민법 제766조 제1항의 '손해 및 가해자를 안 날'이라고 함은 손해의 발생, 위법한 가해행위의 존재, 가해행위와 손해의 발생과의 사이에 상당인과관계가 있다는 사실 등 불법행위의 요건사실에 대하여 현실적이고도 구체적으로 인식하였을 때를 의미한다. 나아가 피해자 등이 언제 위와 같은 불법행위의 요건사실을 현실적이고도 구체적으로 인식한 것으로 볼 것인지는 개별적 사건에 있어서의 여러 객관적 사정을 참작하고 손해배상청구가 사실상 가능하게 된 상황을 고려하여 합리적으로 판단하여야 한다(대법원 2010.5.27., 선고, 2010다7577, 판결).
① 대법원 2005.10.7., 선고, 2003다6774, 판결
② 대법원 1993.7.13., 선고, 92다39822, 판결
④ 대법원 1993.6.22., 선고, 93다18945 판결

정답

80 야간에 소형화물차를 운전하던 자가 편도 1차로의 도로상에 미등이나 차폭등이 꺼진 채 우측 가장자리에 역방향으로 불법주차된 덤프트럭을 지나쳐 가다가 덤프트럭 뒤에서 길을 횡단하려고 갑자기 뛰어나온 피해자를 충격하여 상해를 입힌 사안에서, 위 덤프트럭 운전자의 불법주차와 위 교통사고 사이에 상당인과관계가 있다(대법원 2005.2.25., 선고, 2004다66766, 판결). 따라서 불법주차된 덤프트럭 뒤에서 길을 횡단하려고 갑자기 뛰어나온 피해자를 주행 중인 자동차가 충격하여 상해를 입힌 경우, 덤프트럭 운전자의 불법주차는 운행성이 인정된다.
① 자동차에 타고 있다가 사망하였다 하더라도 그 사고가 자동차의 운송수단으로서의 본질이나 위험과는 전혀 무관하게 사용되었을 경우까지 자동차의 운행 중의 사고라고 보기는 어렵다(대법원 2000.1.21., 선고, 99다41824, 판결). 따라서 추운 겨울에 승용차의 시동을 켜놓고 잠을 자다가 뒷좌석 부근에서 발화된 화재로 사망한 사고는 운행 중의 사고에 해당하지 않는다.
③ 구급차로 환자를 병원에 후송한 후 구급차에 비치된 들것(간이침대)으로 환자를 하차시키던 도중 들것을 잘못 조작하여 환자를 땅에 떨어뜨려 상해를 입게 한 경우, 이는 자동차의 운행으로 인하여 발생한 사고에 해당한다(대법원 2004.7.9., 선고, 2004다20340, 20357, 판결).
④ 인부가 정차 중인 화물차량에 통나무를 내려놓는 충격으로 인하여 지면과 적재함 후미 사이에 걸쳐 설치된 발판이 떨어지는 바람에 발판을 딛고 적재함으로 올라가던 다른 인부가 땅에 떨어져 입은 상해는 운행 중 사고에 해당하지 않는다(대법원 1993.4.27., 선고, 92다8101, 판결).

81 상법상 상해보험에 관한 설명으로 옳지 않은 것은? (다툼이 있는 경우 판례에 의함) 기출 25

① 태아를 피보험자로 하는 상해보험에서 보험기간이 개시된 이상 출생 전이라도 태아가 보험계약에서 정한 우연한 사고로 상해를 입었다면 이는 보험기간 중에 발생한 보험사고에 해당한다.
② 부부싸움 중 극도의 흥분되고 불안한 정신적 공황상태에서 베란다 밖으로 몸을 던져서 사망한 경우, 이 사고는 피보험자의 고의에 의하지 않은 우발적인 사고에 해당한다.
③ 보험계약자가 자신의 15세 미만의 자녀의 상해를 보험사고로 하여 체결한 상해보험계약은 무효이다.
④ 자동차상해사망보험의 법적 성격은 상해보험이므로, 자동차상해보험 중 피보험자가 상해의 결과 사망에 이른 때에 지급되는 사망보험금을 분리하여 이를 생명보험에 속한다고 볼 수 없다.

81 상법 제732조에서 "15세 미만자의 사망을 보험사고로 한 보험계약은 무효로 한다"고 규정하고 있지만, 상해보험의 경우 보험계약자가 자신의 15세 미만의 자녀를 피보험자로 하여 보험계약을 체결할 수 있다.
[판례] 대법원 2024.11.14., 선고, 2024다238392, 판결
상해보험은 신체의 상해에 관한 보험사고가 생길 경우에 보험금액 기타의 급여를 지급하는 보험으로서(상법 제737조) 상해보험에 관하여는 상법 제732조를 제외하고 생명보험에 관한 규정이 준용된다(상법 제739조). 상법 제731조 제1항은 "타인의 사망을 보험사고로 하는 보험계약에는 보험계약 체결시에 그 타인의 서면에 의한 동의를 얻어야 한다"고 규정하고 있다. 상법 제731조 제1항은 도박보험의 위험성이나 피보험자에 대한 위해의 우려 또는 피보험자의 동의 없이 타인의 사망 또는 신체 상해를 사행계약의 조건으로 삼는 데서 오는 공서양속 침해의 위험 등을 배제하고자 하는 데에 그 입법취지가 있다.

이러한 상법 규정의 문언과 입법취지를 고려하면, 타인의 신체 상해를 보험사고로 하는 이른바 '타인의 상해보험계약'을 체결하는 경우에는 보험계약 체결시에 그 타인의 서면동의를 얻어야 한다. 나아가 상법 제731조 제1항은 강행법규로서, 보험계약자가 이를 위반하여 타인의 상해보험계약을 체결하면서 보험계약 체결시에 그 타인의 서면동의를 얻지 않았다면 그 보험계약은 무효로 보아야 한다. 그리고 피보험자의 서면동의 없이 타인의 신체 상해를 보험사고로 하는 보험계약을 체결한 사람 스스로 보험계약의 무효를 주장하는 것이 신의성실의 원칙 또는 금반언의 원칙에 위반되는 권리 행사라는 이유로 이를 배척한다면 위와 같은 입법취지를 완전히 몰각시키는 결과가 초래되므로, 특단의 사정이 없는 한 그러한 주장이 신의성실 또는 금반언의 원칙에 반한다고 볼 수 없다.

① 약관이나 개별 약정으로 출생 전 상태인 태아의 신체에 대한 상해를 보험의 담보범위에 포함하는 것이 보험제도의 목적과 취지에 부합하고 보험계약자나 피보험자에게 불리하지 않으므로 상법 제663조에 반하지 아니하고 민법 제103조의 공서양속에도 반하지 않는다. 따라서 계약자유의 원칙상 태아를 피보험자로 하는 상해보험계약은 유효하고, 그 보험계약이 정한 바에 따라 보험기간이 개시된 이상 출생 전이라도 태아가 보험계약에서 정한 우연한 사고로 상해를 입었다면 이는 보험기간 중에 발생한 보험사고에 해당한다(대법원 2019.3.28., 선고, 2016다211224, 판결).

② 부부싸움 중 극도의 흥분되고 불안한 정신적 공황상태에서 베란다 밖으로 몸을 던져 사망한 경우, 위 사고는 자유로운 의사결정이 제한된 상태에서 망인이 추락함으로써 사망의 결과가 발생하게 된 우발적인 사고로서 보험약관상 보험자의 면책사유인 '고의로 자신을 해친 경우'에 해당하지 않는다(대법원 2006.3.10., 선고, 2005다49713, 판결).

④ 자동차상해보험은 피보험자가 피보험자동차를 소유·사용·관리하는 동안에 생긴 피보험자동차의 사고로 인하여 상해를 입었을 때에 보험자가 보험약관에 정한 사망보험금이나 부상보험금 또는 후유장해보험금 등을 지급할 책임을 지는 것으로서 인보험의 일종이기는 하나, 피보험자가 급격하고도 우연한 외부로부터 생긴 사고로 인하여 신체에 상해를 입은 경우에 그 결과에 따라 보험약관에 정한 보상금을 지급하는 보험이어서 그 성질상 상해보험에 속한다(대법원 2004.7.9., 선고, 2003다29463, 판결). 따라서 자동차상해보험 중 피보험자가 상해의 결과 사망에 이른 때에 지급되는 사망보험금 부분을 분리하여 이를 생명보험에 속한다고 볼 수 없다.

정답

82 다음 설명 중 옳지 않은 것은? (다툼이 있는 경우 판례에 의함) 기출 24

① 피보험자가 소형트럭 차량 운행 중 비가 내리자 시동을 켠 채 운전석 지붕에 올라가 적재함에 방수비닐을 덮다가 미끄러져 추락하는 사고로 후유장해를 입은 경우 피보험자동차의 운행으로 인한 자기신체사고로 보아야 한다.
② 원인불명의 화재사고에서, 화재로 인한 임차인의 임차목적물 부분의 손해에 대하여는 임차인이 귀책사유가 없음을 입증하여야 한다.
③ 원인불명의 화재사고에서, 화재가 임차목적물에서 발생하여 임차하지 않은 목적물까지 타버린 경우에 임차하지 않은 부분의 손해에 대하여는 임대인에게 입증책임이 있다.
④ 보험자는 이른바 임의비급여 진료를 받은 피보험자들에게 지급한 보험금에 대하여 해당 진료비를 받은 병원을 상대로 채권자대위소송을 통해 부당이득반환을 받을 수 있다.

82 대법원 2022.8.25., 선고, 2019다229202, 전원합의체 판결

보험자는 이른바 임의비급여 진료를 받은 피보험자들에게 지급한 보험금에 대하여 해당 진료비를 받은 병원을 상대로 채권자대위소송을 통해 부당이득반환을 받을 수 없다(다수의견). 대법원 2022.8.25., 선고, 2019다229202, 전원합의체 판결에서 대법원은 대위청구를 각하하였다.

[다수의견]
피보험자가 임의비급여 진료행위에 따라 요양기관에 진료비를 지급한 다음 실손의료보험계약상의 보험자에게 청구하여 진료비와 관련한 보험금을 지급받았는데, 진료행위가 위법한 임의비급여 진료행위로서 무효인 동시에 보험자와 피보험자가 체결한 실손의료보험계약상 진료행위가 보험금 지급사유에 해당하지 아니하여 보험자가 피보험자에 대하여 보험금 상당의 부당이득반환채권을 갖게 된 경우, 채권자인 보험자가 금전채권인 부당이득반환채권을 보전하기 위하여 <u>채무자인 피보험자를 대위하여 제3채무자인 요양기관을 상대로 진료비 상당의 부당이득반환채권을 행사하는 형태의 채권자대위소송에서 채무자가 자력이 있는 때에는 보전의 필요성이 인정된다고 볼 수 없다.</u>

[대법관 김재형, 대법관 박정화, 대법관 안철상, 대법관 이동원, 대법관 이흥구의 반대의견]
요양기관의 피보험자에 대한 진료행위가 위법한 임의비급여 진료행위에 해당하는 경우 그 계약은 효력이 없다. 이러한 경우 보험자가 피보험자에 대하여 갖는 보험금 상당의 부당이득반환채권과 피보험자가 요양기관에 대하여 갖는 진료비 상당의 부당이득반환채권 사이에는 밀접한 관련성이 있다. 채권자인 보험자가 자신의 부당이득반환채권을 보전하기 위하여 채무자인 피보험자를 대위하여 제3채무자인 요양기관을 상대로 진료비 상당의 부당이득반환채권을 청구하는 채권자대위권 행사는 채권의 현실적 이행을 위한 유효·적절한 수단으로서 채무자의 자유로운 재산관리행위에 대한 부당한 간섭에 해당한다고 볼 수 없다. 따라서 <u>채무자의 자력 유무와 관계없이 채권자대위권 행사요건인 보전의 필요성이 인정된다고 봄이 타당하다.</u>

① '갑'이 '을' 보험회사와 체결한 영업용 자동차보험계약의 피보험차량인 트럭의 적재함에 화물을 싣고 운송하다가 비가 내리자 시동을 켠 상태로 운전석 지붕에 올라가 적재함에 방수비닐을 덮던 중 미끄러져 상해를 입은 사안에서, 위 사고는 전체적으로 피보험차량의 용법에 따른 사용이 사고발생의 원인이 되었으므로 보험계약이 정한 보험사고에 해당하는데도, '갑'이 차량 지붕에서 덮개작업을 한 것은 차량 지붕의 용법에 따라 사용한 것이 아니고, 방수비닐이 차량의 설비나 장치에 해당하지 아니한다는 이유 등으로 위 사고를 '갑'이 <u>차량을 소유, 사용, 관리하는 동안 생긴 사고에 해당하지 아니한다고 본 원심판결에 법리오해 등의 잘못이 있다</u>고 한 사례이다(대법원 2023.2.2., 선고, 2022다266522, 판결).

② 임대차 목적물이 화재 등으로 인하여 소멸됨으로써 임차인의 목적물 반환의무가 이행불능이 된 경우에, 임차인은 이행불능이 자기가 책임질 수 없는 사유로 인한 것이라는 증명을 다하지 못하면 목적물 반환의무의 이행불능으로 인한 손해를 배상할 책임을 지며, 화재 등의 구체적인 발생 원인이 밝혀지지 아니한 때에도 마찬가지이다. 또한 이러한 법리는 임대차 종료 당시 임대차 목적물 반환의무가 이행불능 상태는 아니지만 반환된 임차 건물이 화재로 인하여 훼손되었음을 이유로 손해배상을 구하는 경우에도 동일하게 적용된다[대법원 2017.5.18., 선고, 2012다86895(본소), 2012다86901(반소), 전원합의체 판결].

③ 임차 외 건물 부분이 구조상 불가분의 일체를 이루는 관계에 있는 부분이라 하더라도, 그 부분에 발생한 손해에 대하여 임대인이 임차인을 상대로 채무불이행을 원인으로 하는 배상을 구하려면, 임차인이 보존·관리의무를 위반하여 화재가 발생한 원인을 제공하는 등 화재 발생과 관련된 임차인의 계약상 의무위반이 있었고, 그러한 의무위반과 임차 외 건물 부분의 손해 사이에 상당인과관계가 있으며, <u>임차 외 건물 부분의 손해가 의무위반에 따라 민법 제393조에 의하여 배상하여야 할 손해의 범위 내에 있다는 점에 대하여 임대인이 주장·증명하여야 한다</u>[다수의견 ; 대법원 2017.5.18., 선고, 2012다86895(본소), 2012다86901(반소), 전원합의체 판결].

정답

83 상법상 상해보험에 관한 설명으로 옳지 않은 것은? (다툼이 있는 경우 판례에 의함) 기출 25

① 외래의 사고와 피보험자의 기왕증이 공동원인이 되어 상해에 영향을 미친 경우에도 사고로 인한 상해와 그 결과인 후유장해 사이에 인과관계가 있다고 인정되면 보험금을 지급할 의무가 발생한다.
② 피보험자가 술을 마시고 잠을 자다가 구토를 하여 기도 폐색으로 질식해서 사망한 경우 사고의 외래성이 인정된다.
③ 정액보험형 상해보험의 보험계약자가 보험수익자를 지정한 결과 피보험자와 보험수익자가 일치하지 않게 되었다면 보험수익자의 지정행위는 무효가 된다.
④ 사고의 급격성, 우연성, 외래성 및 사고와 신체 손상과의 인과관계에 대한 증명책임은 보험금을 청구하는 자가 부담한다.

84 상법상 질병보험에 관한 설명으로 옳지 않은 것은? (다툼이 있는 경우 판례에 의함) 기출 25

① 질병보험에는 그 성질에 반하지 아니하는 범위에서 생명보험 및 상해보험에 관한 조문을 준용한다.
② 질병보험의 보상방식은 정액 보상방식과 비정액 보상방식이 모두 허용된다.
③ 질병보험계약에서 보험사고가 보험계약자 또는 피보험자나 보험수익자의 중대한 과실로 인하여 발생한 경우 보험자는 면책된다.
④ 둘 이상의 보험수익자 중 일부가 고의로 피보험자의 질병을 야기하였다면, 보험자는 다른 보험수익자에 대한 보험금 지급책임을 면하지 못한다.

83 정액보험형 상해보험의 경우 보험계약자가 보험수익자를 지정한 결과 피보험자와 보험수익자가 일치하지 않게 되었다고 하더라도, 그러한 이유만으로 보험수익자 지정행위가 무효로 될 수는 없다(대법원 2006.11.9., 선고, 2005다55817, 판결).

① 상해보험은 피보험자가 보험기간 중에 급격하고 우연한 외래의 사고로 인하여 신체에 손상을 입는 것을 보험사고로 하는 인보험으로서, 일반적으로 외래의 사고 이외에 피보험자의 질병 기타 기왕증이 공동 원인이 되어 상해에 영향을 미친 경우에도 사고로 인한 상해와 그 결과인 사망이나 후유장해 사이에 인과관계가 인정되면 보험계약 체결시 약정한 대로 보험금을 지급할 의무가 발생하고, 다만 보험약관에 계약체결 전에 이미 존재한 신체장해, 질병의 영향에 따라 상해가 중하게 된 때에는 그 영향이 없었을 때에 상당하는 금액을 결정하여 지급하기로 하는 내용이 있는 경우에는 지급될 보험금액을 산정함에 있어서 그 약관 조항에 따라 피보험자의 체질 또는 소인 등이 보험사고의 발생 또는 확대에 기여하였다는 사유를 들어 보험금을 감액할 수 있다(대법원 2005.10.27., 선고, 2004다52033, 판결).

② '급격하고도 우연한 외래의 사고'를 보험사고로 하는 상해보험에 가입한 피보험자가 술에 취하여 자다가 구토로 인한 구토물이 기도를 막음으로써 사망한 경우, 보험약관상의 급격성과 우연성은 충족되고, 나아가 보험약관상의 '외래의 사고'란 상해 또는 사망의 원인이 피보험자의 신체적 결함, 즉 질병이나 체질적 요인 등에 기인한 것이 아닌 외부적 요인에 의해 초래된 모든 것을 의미한다고 보는 것이 상당하므로, 위 사고에서 피보험자의 술에 만취된 상황은 피보험자의 신체적 결함, 즉 질병이나 체질적 요인 등에서 초래된 것이 아니라 피보험자가 술을 마신 외부의 행위에 의하여 초래된 것이어서 이는 외부적 요인에 해당한다고 할 것이고, 따라서 위 사고는 위 보험약관에서 규정하고 있는 '외래의 사고'에 해당하므로 보험자로서는 수익자에 대하여 위 보험계약에 따른 보험금을 지급할 의무가 있다(대법원 1998.10.13., 선고, 98다28114, 판결).

④ 사고의 우발성과 외래성 및 상해 또는 사망이라는 결과와 사이의 인과관계에 관해서는 보험금청구자에게 그 증명책임이 있다(대법원 2010.5.13., 선고, 2010다6857, 판결).

 정답 ③

84 상법 제659조에서는 보험사고가 피보험자 등의 고의 또는 중대한 과실로 인하여 생긴 때에는 보험자가 면책되는 것으로 규정하고 있으나, 한편 상법 제732조의2는 "사망을 보험사고로 한 보험계약에는 사고가 보험계약자 또는 피보험자나 보험수익자의 중대한 과실로 인하여 생긴 경우에도 보험자는 보험금액을 지급할 책임을 면하지 못한다"고 규정하여 사망보험의 경우에는 위 상법 제659조의 적용을 배제하고 사고가 피보험자의 중과실로 인한 경우라도 면책되지 않는 것으로 규정하고 있다(서울고등법원 2005.8.12., 선고, 2004나72688, 판결). 따라서 질병보험계약도 인보험이므로 보험사고가 보험계약자 또는 피보험자나 보험수익자의 중대한 과실로 인하여 발생한 경우 보험자는 면책되지 않는다.

① 질병보험에는 그 성질에 반하지 아니하는 범위에서 생명보험 및 상해보험에 관한 조문을 준용한다(상법 제739조의3).

② 생명보험은 정액보상방식을, 손해보험은 실손보상방식(비정액보상방식)을 원칙으로 하며, 제3보험인 질병보험은 정액보상방식과 실손보상방식(비정액보상방식)의 특성을 동시에 갖고 있다. 정액보상방식은 다른 보험 유무와 상관없이 보험을 가입할 때 정해진 금액을 전액 보상받는 방식이고, 실손보상방식(비정액보상방식)은 실제로 발생한 '손해'에 비례해서 보험금을 지급하는 방식으로, '비례보상방식'이라고도 한다(예 실손의료보험, 화재보험).

④ 둘 이상의 보험수익자 중 일부가 고의로 피보험자의 질병을 야기하였다면, 보험자는 다른 보험수익자에 대한 보험금 지급책임을 면하지 못한다(상법 제732조의2 제2항).

 정답 ③

85 인보험계약에서 중과실면책에 관한 설명으로 옳지 않은 것은? (다툼이 있는 경우 판례에 의함)

기출 23

① 피보험자가 비록 음주운전 중 보험사고를 당하였다고 하더라도 그 사고가 고의에 의한 것이 아닌 이상 보험자는 음주운전 면책약관을 내세워 보험금 지급을 거절할 수 없다.
② 사망보험의 중과실면책 조항은 상해보험계약과 질병보험계약에도 준용된다.
③ 인보험계약 당사자가 보험계약자 등의 중과실로 인한 보험사고에 대해 보험자가 면책되도록 하는 약정을 하였다면 이러한 약정은 상법 제663조 불이익변경금지 위반으로 무효이다.
④ 무면허운전은 고의적인 범죄행위이고, 그 고의는 직접적으로 사망이나 상해에 관한 것이어서 보험자는 면책된다.

85 상법상 생명보험과 상해보험 같은 인보험에 관하여는 보험자의 면책사유를 제한하여 비록 중대한 과실로 인하여 생긴 것이라 하더라도 보험금을 지급하도록 규정하고 있는 점이나, 인보험이 책임보험과 달리 정액보험으로 되어 있는 점에 비추어 볼 때 인보험에 있어서의 무면허 면책약관의 해석이 책임보험에 있어서의 그것과 반드시 같아야 할 이유가 없으며, 무면허운전의 경우에는 면허 있는 자의 운전이나 운전을 하지 아니하는 자의 경우와 달리 보험사고발생의 가능성이 많을 수도 있으나, 그 정도의 사고발생 가능성에 관한 개인차는 보험에 있어서 구성원간의 위험의 동질성을 해칠 정도는 아니고, 또한 <u>무면허운전이 고의적인 범죄행위이기는 하나, 그 고의는 특별한 사정이 없는 한 무면허운전 자체에 관한 것이고 직접적으로 사망이나 상해에 관한 것이 아니어서 그로 인한 손해보상을 해준다고 하여 그 정도가 보험계약에 있어서의 당사자의 선의성·윤리성에 반한다고는 할 수 없으므로</u>, 인보험에 해당하는 상해보험에 있어서의 <u>무면허운전 면책약관이 보험사고가 전체적으로 보아 고의로 평가되는 행위로 인한 경우뿐만 아니라 과실(중과실 포함)로 평가되는 행위로 인한 경우까지 포함하는 취지라면 과실로 평가되는 행위로 인한 사고에 관한 한 무효라고 보아야 한다</u>(대법원 1998.3.27., 선고, 97다27039, 판결).

① 상법 제732조의2, 제739조, 제663조의 규정에 의하면 사망이나 상해를 보험사고로 하는 인보험에 관하여는 보험사고가 고의로 인하여 발생한 것이 아니라면 비록 중대한 과실에 의하여 생긴 것이라 하더라도 보험금을 지급할 의무가 있다고 할 것인데, 음주운전에 관하여 보면, 음주운전의 경우는 술을 먹지 않고 운전하는 자의 경우에 비하여 보험사고발생의 가능성이 많음은 부인할 수 없는 일이나 그 정도의 사고발생 가능성에 관한 개인차는 보험에 있어서 구성원간의 위험의 동질성을 해칠 정도는 아니라고 할 것이고, 또한 음주운전이 고의적인 범죄행위이기는 하나 그 고의는 특별한 사정이 없는 한 음주운전 자체에 관한 것이고 직접적으로 사망이나 상해에 관한 것이 아니어서 그 정도가 결코 그로 인한 손해보상을 가지고 보험계약에 있어서의 당사자의 신의성·윤리성에 반한다고는 할 수 없으므로, 상해보험 약관 중 <u>"피보험자가 음주운전을 하던 중 그 운전자가 상해를 입은 때에 생긴 손해는 보상하지 아니한다"고 규정한 음주운전 면책약관이 보험사고가 전체적으로 보아 고의로 평가되는 행위로 인한 경우뿐만 아니라 과실(중과실 포함)로 평가되는 행위로 인한 경우까지 보상하지 아니한다는 취지라면 과실로 평가되는 행위로 인한 사고에 관한 한 무효라고 보아야 한다</u>(대법원 1998.3.27., 선고, 97다48753, 판결).

② 사망을 보험사고로 한 보험계약에서는 사고가 보험계약자 또는 피보험자나 보험수익자의 중대한 과실로 인하여 발생한 경우에도 보험자는 보험금을 지급할 책임을 면하지 못한다(상법 제732조의2).
상법 제739조(준용규정)에서 상해보험에 관하여는 제732조(15세 미만자 등에 대한 계약의 금지)를 제외하고 생명보험에 관한 규정을 준용한다고 규정하고 있고, 상법 제739조의3(질병보험에 대한 준용규정)에서 질병보험에 관하여는 그 성질에 반하지 아니하는 범위에서 생명보험 및 상해보험에 관한 규정을 준용한다고 규정하고 있으므로 <u>상법 제732조의2(중과실로 인한 보험사고 등) 조항은 상해보험계약과 질병보험계약에도 준용된다</u>.

③ 사망 또는 상해를 보험사고로 하는 인보험계약의 보험자는 상법 제732조의2 및 제739조에 따라 보험사고가 고의로 인하여 발생한 것이 아니라면 비록 중대한 과실에 의하여 생긴 것이라 하더라도 보험금을 지급하여야 하고, 같은 법 제663조는 당사자간의 특약으로 위 각 규정을 보험계약자 또는 피보험자나 보험수익자에게 불이익하게 변경하지 못하도록 되어 있으므로, <u>사망 또는 상해를 보험사고로 하는 인보험계약의 약관이 피보험자의 무면허운전을 면책사유로 규정하고 있는 경우 그 무면허운전 면책약관이 전체적으로 보아 고의 또는 고의에 준하는 행위로 인한 경우뿐만 아니라 중과실을 포함한 과실로 평가되는 행위로 인한 경우까지 면책된다는 취지라면, 그 보험계약의 무면허운전 면책약관은 그 사고가 피보험자의 고의 또는 고의에 준하는 행위로 인한 것이 아닌 과실(중과실 포함)로 평가되는 행위로 인한 사고에 관한 한 같은 법 제732조의2, 제739조 및 제663조에 반하여 무효이다</u>(서울지법 1995.8.3., 선고, 95가합9025, 판결).

정답 ④

86 인보험계약에서 담보되는 보험사고에 관한 설명으로 옳지 않은 것은? (다툼이 있는 경우 판례에 의함) 기출 24

① 암 진단이 확정되어 있음에도 불구하고 암으로 인한 사망을 보험사고로 하여 체결된 보험계약은 보험사고가 확정된 암과 관련하여 발생한 경우에 한하여 보험계약이 무효이다.
② 암 진단의 확정 및 그와 같이 확진이 된 암을 직접적인 원인으로 한 사망을 보험사고의 하나로 하는 보험계약에서 피보험자가 보험계약일 이전에 암 진단이 확정되어 있었던 경우에는 보험계약을 무효로 한다는 약관조항은 유효하다.
③ 부부싸움 중 극도로 흥분되고 불안한 정신적 공황상태에서 베란다 밖으로 몸을 던져서 사망한 경우, 이 사고는 우발적인 우연한 사고다.
④ 상해보험계약에 의하여 담보되는 보험사고의 우연성에 관하여 보험금청구권자에게 그 입증책임이 있다.

87 복수의 무보험자동차 상해보험이 중복보험에 해당하는 경우의 구상관계에 관한 설명으로 옳지 않은 것은? (다툼이 있는 경우 판례에 의함) 기출 24

① 중복보험의 합계금의 총액이 피보험자가 입은 하나의 사고로 인한 손해액을 초과하는 경우 보험자는 각자의 보험금액 한도에서 '부진정' 연대책임을 지고, 각 보험자는 각자의 보험금액에 따른 보상책임을 진다.
② 중복보험자 가운데 하나가 단독으로 피보험자에게 보험약관에서 정한 보험금 지급기준에 따라 정당하게 산정된 보험금을 지급하였다면 다른 보험자를 상대로 각자의 보험금액비율에 따른 분담금의 지급을 청구할 수 있다.
③ 단독으로 보험금을 지급한 보험자는 당사자간에 보험자대위에 동의하는 약정이 있는 때에 한하여 피보험자의 권리를 해하지 아니하는 범위 안에서 그 권리를 대위하여 행사할 수 있다.
④ 단독으로 보험금을 지급한 보험자는 보험자대위청구권과 중복보험 분담금청구권이 그 요건을 모두 갖춘 경우라도 분담금청구권을 먼저 행사하여야 한다.

86 ①·② 보험사고의 객관적 확정의 효과에 관하여 규정하고 있는 상법 제644조는 사고발생의 우연성을 전제로 하는 보험계약의 본질상 이미 발생이 확정된 보험사고에 대한 보험계약은 허용되지 아니한다는 취지에서 보험계약 당시 이미 보험사고가 발생하였을 경우에는 그 보험계약을 무효로 한다고 규정하고 있고, 암 진단의 확정 및 그와 같이 확진이 된 암을 직접적인 원인으로 한 사망을 보험사고의 하나로 하는 보험계약에서 피보험자가 보험계약일 이전에 암 진단이 확정되어 있는 경우에는 보험계약을 무효로 한다는 약관조항은 보험계약을 체결하기 이전에 그 보험사고의 하나인 암 진단의 확정이 있었던 경우에 그 보험계약을 무효로 한다는 것으로서 상법 제644조의 규정 취지에 따른 것이라고 할 것이므로, 상법 제644조의 규정 취지나 보험계약은 원칙적으로 보험가입자의 선의를 전제로 한다는 점에 비추어 볼 때, 그 약관조항은 그 조항에서 규정하고 있는 사유가 있는 경우에 그 보험계약 전체를 무효로 한다는 취지라고 보아야 할 것이지, 단지 보험사고가 암과 관련하여 발생한 경우에 한하여 보험계약을 무효로 한다는 취지라고 볼 수는 없다(대법원 1998.8.21., 선고, 97다50091, 판결).
③ 부부싸움 중 극도의 흥분되고 불안한 정신적 공황상태에서 베란다 밖으로 몸을 던져 사망한 경우 그 사망은 피보험자의 고의에 의하지 않은 우발적인 사고로서 보험사고인 사망에 해당한다(대법원 2015.6.23., 선고, 2015다5378, 판결).
④ 상해보험에서 담보되는 위험으로서 상해란 외부로부터의 우연한 돌발적인 사고로 인한 신체의 손상을 말하는 것이므로, 그 사고의 원인이 피보험자의 신체의 외부로부터 작용하는 것을 말하고 신체의 질병 등과 같은 내부적 원인에 기한 것은 제외되며, 이러한 사고의 외래성 및 상해 또는 사망이라는 결과와 사이의 인과관계에 관해서는 보험금청구자에게 그 입증책임이 있다(대법원 2001.8.21., 선고, 2001다27579, 판결).

정답 ❶

87 ① 하나의 사고에 관하여 여러 개의 무보험자동차특약 보험계약이 체결되고 그 보험금액의 총액이 피보험자가 입은 손해액을 초과하는 때에는 손해보험에 관한 상법 제672조 제1항이 준용되어 보험자는 각자의 보험금액의 한도에서 연대책임을 지고, 이 경우 각 보험자 사이에서는 각자의 보험금액의 비율에 따른 보상책임을 진다. 위와 같이 상법 제672조 제1항이 준용됨에 따라 여러 보험자가 각자 보험금액 한도에서 연대책임을 지는 경우 특별한 사정이 없는 한 그 보험금 지급책임의 부담에 관하여 각 보험자 사이에 주관적 공동관계가 있다고 보기 어려우므로, 각 보험자는 그 보험금 지급채무에 대하여 부진정연대관계에 있다. 이때 피보험자는 여러 보험자 중 한 보험자에게 그 보험금액 한도에서 보험금 지급을 청구할 수 있고, 그 보험자는 그 청구에 따라 피보험자에게 보험금을 지급한 후 부진정연대관계에 있는 다른 보험자에게 그 부담부분 범위 내에서 구상권을 행사할 수 있다(대법원 2024.2.15., 선고, 2023다272883, 판결).
②·③·④ 하나의 사고에 관하여 여러 개의 무보험자동차에 의한 상해담보특약이 체결되고 그 보험금액의 총액이 피보험자가 입은 손해액을 초과하는 때에는 손해보험에 관한 상법 제672조 제1항이 준용되어 보험자는 각자의 보험금액의 한도에서 연대책임을 지고, 이 경우 각 보험자 사이에서는 각자의 보험금액의 비율에 따른 보상책임을 진다. 이러한 경우 중복보험자 중 1인이 단독으로 피보험자에게 보험약관에서 정한 보험금 지급기준에 따라 정당하게 산정된 보험금을 지급하였다면 상법 제672조 제1항에 근거하여 다른 중복보험자를 상대로 각자의 보험금액의 비율에 따라 산정한 분담금의 지급을 청구할 수 있다. 그리고 이러한 청구권은 상법 제729조 단서에 근거하여 당사자 사이에 다른 약정이 있어 피보험자의 권리를 해하지 아니하는 범위 안에서 피보험자에 대한 배상의무자를 상대로 행사할 수 있는 보험자대위에 의한 청구권과 별개의 권리이므로, 그 중복보험자는 각 청구권의 성립 요건을 개별적으로 충족하는 한 어느 하나를 먼저 행사하여도 무방하고 양자를 동시에 행사할 수도 있다. 따라서 보험금을 단독으로 지급한 중복보험자가 다른 중복보험자로부터 분담금 전부 또는 일부를 지급받아 만족을 얻었다고 하더라도 피보험자에 대한 배상의무자를 상대로 보험자대위에 의한 청구권을 행사할 수 있고, 다만, 그 범위는 보험약관에 따라 정당하게 산정되어 지급된 보험금 중 그 보험금에서 위와 같이 만족을 얻은 부분을 제외한 나머지 금액의 비율에 상응하는 부분으로 축소된다고 봄이 타당하다(대법원 2023.6.1., 선고, 2019다237586, 판결).

정답 ❹

88 타인의 생명보험계약에서 피보험자의 동의의 철회에 관한 설명으로 옳지 않은 것은? (다툼이 있는 경우 판례에 의함) 기출 23

① 피보험자는 계약 성립 전까지 동의를 철회할 수 있다.
② 보험수익자와 보험계약자의 동의가 있을 경우 계약의 효력이 발생한 후에도 피보험자는 동의를 철회할 수 있다.
③ 계약 성립 이후에는 피보험자가 서면동의를 할 때 전제가 되었던 사정에 중대한 변경이 있는 경우에도 피보험자는 동의를 철회할 수 없다.
④ 동의 행위 자체에 흠결이 있었다면 민법의 원칙에 따라 그 동의에 대해 무효 또는 취소를 주장할 수 있다.

89 상법상 타인의 생명보험에서 피보험자의 동의에 관한 설명으로 옳지 않은 것은? (다툼이 있는 경우 판례에 의함) 기출 25

① 보험자의 직원으로 근무하며 영업실적을 올리려고 자신의 배우자의 동의 없이 그를 보험계약자이자 피보험자로 하고 동료 직원으로 하여금 배우자를 대신하여 서명하게 하여 체결한 생명보험계약은 타인의 생명보험계약이 아니다.
② 타인의 생명보험계약에서 사망보험금 청구권을 피보험자가 아닌 자에게 양도하는 경우에는 피보험자의 서면동의를 얻어야 한다.
③ 피보험자인 타인의 서면동의는 그 타인이 보험청약서에 자필서명하는 것만을 의미하지는 않으므로, 타인으로부터 특정한 보험계약에 관하여 서면동의를 할 권한을 구체적·개별적으로 수여받았음이 분명한 사람이 권한 범위 내에서 타인을 대행하여 서면동의를 한 경우 그 서면동의는 유효하다.
④ 보험계약자가 15세 미만인 타인의 사망을 보험사고로 하는 보험계약을 체결하는 경우 그 타인의 서면동의가 있더라도 그 보험계약은 무효이다.

88 상법 제731조, 제734조 제2항의 취지에 비추어 보면, 보험계약자가 피보험자의 서면동의를 얻어 타인의 사망을 보험사고로 하는 보험계약을 체결함으로써 보험계약의 효력이 생긴 경우, 피보험자의 동의 철회에 관하여 보험약관에 아무런 규정이 없고 계약 당사자 사이에 별도의 합의가 없었다고 하더라도, <u>피보험자가 서면동의를 할 때 기초로 한 사정에 중대한 변경이 있는 경우에는 보험계약자 또는 보험수익자의 동의나 승낙 여부에 관계없이 피보험자는 그 동의를 철회할 수 있다</u>(대법원 2013.11.14., 선고, 2011다101520, 판결).
① 피보험자의 서면동의는 계약 성립 전에는 철회할 수 있지만, 일단 서면으로 동의하여 계약의 효력이 생긴 후에는 임의로 철회할 수 없다.
② 보험수익자와 보험계약자의 동의가 있으면 철회할 수 있다. 생명보험표준약관에서는 "사망을 보험금 지급사유로 하는 계약에서 서면으로 동의를 한 피보험자는 계약의 효력이 유지되는 기간에는 언제든지 서면동의를 장래를 향하여 철회할 수 있다"고 규정하고 있다.
④ 보험계약의 체결시 피보험자의 동의가 흠결되면, 해당 보험계약은 확정적 무효로 해석한다.

정답 ③

89 상법 제731조 제1항은 타인의 사망을 보험사고로 하는 보험계약에 있어서 도박보험의 위험성과 피보험자 살해의 위험성 및 선량한 풍속 침해의 위험성을 배제하기 위하여 마련된 강행규정인 바, 제3자가 타인의 동의를 받지 않고 타인을 보험계약자 및 피보험자로 하여 체결한 생명보험계약은 보험계약자 명의에도 불구하고 실질적으로 타인의 생명보험계약에 해당한다(대법원 2010.2.11., 선고, 2009다74007, 판결). 따라서 보험자의 직원으로 근무하며 영업실적을 올리려고 자신의 배우자의 동의 없이 그를 보험계약자이자 피보험자로 하고 동료 직원으로 하여금 배우자를 대신하여 서명하게 하여 체결한 생명보험계약은 <u>타인의 생명보험계약에 해당한다</u>.
② 타인의 생명보험계약에서 사망보험금 청구권을 피보험자가 아닌 자에게 양도하는 경우에는 피보험자의 서면동의를 얻어야 한다(상법 제731조 제1항).
③ 타인의 사망을 보험사고로 하는 보험계약에 있어 피보험자인 타인의 동의는 각 보험계약에 대하여 개별적으로 서면에 의하여 이루어져야 하고 포괄적인 동의 또는 묵시적이거나 추정적 동의만으로는 부족하나, 피보험자인 타인의 서면동의가 그 타인이 보험청약서에 자필 서명하는 것만으로 의미하지는 않으므로, 타인으로부터 특정한 보험계약에 관하여 서면동의를 할 권한을 구체적·개별적으로 수여받았음이 분명한 사람이 권한 범위 내에서 타인을 대리 또는 대행하여 서면동의를 한 경우에도 그 타인의 서면동의는 적법한 대리인에 의하여 유효하게 이루어진 것이다(대법원 2006.12.21., 선고, 2006다69141, 판결).
④ 15세 미만자, 심신상실자 또는 심신박약자의 사망을 보험사고로 한 보험계약은 무효로 한다(상법 732조). 따라서 보험계약자가 15세 미만인 타인의 사망을 보험사고로 하는 보험계약을 체결하는 경우 그 타인의 서면동의가 있더라도 그 보험계약은 무효이다.

정답 ①

90 상법상 타인을 위한 생명보험에 관한 설명으로 옳은 것은? (다툼이 있는 경우 판례에 의함)
기출 25

① 보험계약자가 자신을 보험수익자로 지정한 후 보험수익자를 타인으로 변경한 경우에는 타인을 위한 보험계약이 되지 않는다.
② 보험계약자는 보험자나 보험수익자의 동의를 받지 않고 보험수익자 변경권을 행사할 수 있고 그 행사에 의해 변경의 효력이 즉시 발생한다.
③ 보험수익자는 수익의 의사표시를 한 경우에 보험금청구권을 갖는다.
④ 보험수익자는 보험계약의 당사자가 아니므로 보험사고발생을 안 경우에도 보험자에게 보험사고발생사실을 통지할 의무를 부담하지 않는다.

91 甲이 남편 乙을 피보험자로, 자신을 보험수익자로 하는 사망보험계약을 체결하였다. 이 과정에서 보험설계사는 약관상의 피보험자의 서면동의조항(상법 제731조)에 관하여 설명하지 않은 채 乙의 동의 없이 서명을 위조하였다. 이 보험계약에 관한 설명으로 옳지 않은 것은? (다툼이 있는 경우 판례에 의함) 기출 24

① 타인의 사망을 보험사고로 하는 보험계약에 있어서 보험계약 체결시 그 乙의 서면동의를 얻어야 한다는 상법 규정은 강행법규로서 이 규정을 위반한 보험계약은 무효이다.
② 서면동의조항을 위반하여 계약을 체결한 자가 스스로 무효를 주장한다고 해도 이러한 주장이 신의성실의 원칙 또는 금반언의 원칙에 반하는 것은 아니다.
③ 甲이 모집과정에서 보험설계사의 주의의무 해태 내지 불법행위로 인하여, 보험사고에도 불구하고 보험금을 지급받지 못하게 되었다면, 보험자는 보험계약자에게 그 보험금 상당의 손해를 배상할 책임이 있다.
④ 乙이 보험계약 성립 이후에 이 계약을 추인한다면 그 보험계약이 유효하고 甲은 보험사고발생시 보험자에 대하여 보험금청구권을 행사할 수 있다.

해설 및 정답

90 보험계약자는 보험수익자를 변경할 권리가 있다(상법 제733조 제1항). 이러한 보험수익자 변경권은 형성권으로서 보험계약자가 보험자나 보험수익자의 동의를 받지 않고 자유로이 행사할 수 있고 그 행사에 의해 변경의 효력이 즉시 발생한다(대법원 2020.2.27., 선고, 2019다204869, 판결).
① 보험계약자가 자신을 보험수익자로 지정(자기를 위한 보험계약)한 후 타인(제3자)을 보험수익자로 지정하고 변경할 수 있으므로, 보험수익자를 타인으로 변경한 경우에는 '타인을 위한 보험계약'이 된다.
③ 피보험자 또는 보험수익자는 수익의 의사표시 없이도 당연히 계약의 이익을 받으므로(상법 제639조 제2항), 보험사고가 발생하면 직접 보험자에 대하여 보험금지급청구권을 갖는다.
④ 보험계약자 또는 피보험자나 보험수익자는 보험사고의 발생을 안 때에는 지체 없이 보험자에게 그 통지를 발송하여야 한다(상법 제657조 제1항). 따라서 보험수익자는 보험사고발생을 안 때에는 보험자에게 보험사고발생사실을 통지할 의무를 부담한다.

91 상법 제731조 제1항에 의하면 타인의 생명보험에서 피보험자가 서면으로 동의의 의사표시를 하여야 하는 시점은 '보험계약 체결시까지'이고, 이는 강행규정으로서 이에 위반한 보험계약은 무효이므로, 타인의 생명보험계약 성립 당시 피보험자의 서면동의가 없다면 그 보험계약은 확정적으로 무효가 되고, 피보험자가 이미 무효가 된 보험계약을 추인하였다고 하더라도 그 보험계약이 유효로 될 수는 없다(대법원 2006.9.22., 선고, 2004다56677, 판결).
① 타인의 사망을 보험사고로 하는 보험계약에는 보험계약 체결시에 그 타인의 서면에 의한 동의를 얻어야 한다는 상법 제731조 제1항의 규정은 강행법규로서 이에 위반하여 체결된 보험계약은 무효이다(대법원 1996.11.22., 선고, 96다37084, 판결).
② 상법 제731조 제1항의 입법취지에는 도박보험의 위험성과 피보험자 살해의 위험성 외에도 피해자의 동의를 얻지 아니하고 타인의 사망을 이른바 사행계약상의 조건으로 삼는 데서 오는 공서양속의 침해의 위험성을 배제하기 위한 것도 들어있다고 해석되므로, 상법 제731조 제1항을 위반하여 피보험자의 서면동의 없이 타인의 사망을 보험사고로 하는 보험계약을 체결한 자 스스로가 무효를 주장함이 신의성실의 원칙 또는 금반언의 원칙에 위배되는 권리 행사라는 이유로 이를 배척한다면, 그와 같은 입법취지를 완전히 몰각시키는 결과가 초래되므로 특단의 사정이 없는 한 그러한 주장이 신의성실 또는 금반언의 원칙에 반한다고 볼 수는 없다(대법원 1996.11.22., 선고, 96다37084, 판결).
③ 타인의 사망을 보험사고로 하는 보험계약의 체결에 있어서 보험모집인은 보험계약자에게 피보험자의 서면동의 등의 요건에 관하여 구체적이고 상세하게 설명하여 보험계약자로 하여금 그 요건을 구비할 수 있는 기회를 주어 유효한 보험계약이 체결되도록 조치할 주의의무가 있고, 그럼에도 보험모집인이 위와 같은 설명을 하지 아니하는 바람에 위 요건의 흠결로 보험계약이 무효가 되고 그 결과 보험사고의 발생에도 불구하고 보험계약자가 보험금을 지급받지 못하게 되었다면 보험자는 보험업법 제102조 제1항에 기하여 보험계약자에게 그 보험금 상당액의 손해를 배상할 의무가 있다(대법원 2007.9.6., 선고, 2007다30263, 판결).

92 동일인이 다수의 생명보험계약을 체결한 경우 그 사실에 대한 고지 또는 통지에 관한 설명으로 옳지 않은 것은? (다툼이 있는 경우 판례에 의함) `기출 24`

① 보험자가 생명보험계약을 체결하면서 다른 보험계약의 존재 여부를 청약서에 기재하여 질문하였다고 하더라도 다른 보험계약의 존재 여부는 고지의무의 대상이 아니다.
② 생명보험계약을 체결한 후 다른 생명보험계약을 다수 가입하였다는 사정만으로 보험계약자 또는 피보험자에게 위험변경증가에 대한 통지의무가 있다고 볼 수 없다.
③ 보험계약 체결 후 동일한 위험을 담보하는 보험계약을 체결할 경우에 이를 통지하도록 하고, 이 통지의무를 위반한 경우에 보험자는 그 보험계약을 해지할 수 있다는 약정은 유효하다.
④ 보험자가 다른 보험계약의 존재 여부에 관한 고지의무위반을 이유로 보험계약을 해지하려면 보험계약자 또는 피보험자가 다른 보험계약의 존재를 알고 있는 것 외에 그것이 고지를 요하는 중요한 사항에 해당한다는 사실을 알고도 또는 중대한 과실로 알지 못하여 고지의무를 다하지 아니한 사실을 입증하여야 한다.

93 甲은 자신을 피보험자, 남편 乙을 보험수익자로 하는 사망보험계약을 체결하였다. 그 후 보험기간 중에 보험수익자를 법정상속인으로 변경한 후 사망하였다. 이 보험계약에 관한 설명으로 옳은 것은? (다른 약정이 없다고 가정하고, 다툼이 있는 경우 판례에 의함) `기출 24`

① 甲이 보험수익자를 변경하는 행위는 보험자의 동의가 있어야 유효하다.
② 甲이 보험수익자 중 1인의 고의에 의하여 사망하였다면 보험자는 다른 보험수익자에 대한 보험금 지급책임을 면하지 못한다.
③ 보험수익자로 변경·지정된 수인의 법정상속인 중 1인이 보험금청구권을 포기한 경우 그 포기한 부분은 당연히 다른 상속인에게 귀속된다.
④ 甲이 사망할시에 법정상속인이 수인인 경우에 보험금청구권이 보험수익자의 고유재산이므로 각 상속인은 균등한 비율로 보험금청구권을 갖는다.

92 ①·④ 보험자가 생명보험계약을 체결함에 있어 다른 보험계약의 존재 여부를 청약서에 기재하여 질문하였다면 이는 그러한 사정을 보험계약을 체결할 것인지의 여부에 관한 판단자료로 삼겠다는 의사를 명백히 한 것으로 볼 수 있고, 그러한 경우에는 <u>다른 보험계약의 존재 여부가 고지의무의 대상이 된다</u>고 할 것이다. 그러나 그러한 경우에도 보험자가 다른 보험계약의 존재 여부에 관한 고지의무위반을 이유로 보험계약을 해지하기 위하여는 보험계약자 또는 피보험자가 그러한 사항에 관한 고지의무의 존재와 다른 보험계약의 존재에 관하여 이를 알고도 고의로 또는 중대한 과실로 인하여 이를 알지 못하여 고지의무를 다하지 않은 사실이 입증되어야 할 것이다. 그러나 그러한 경우에도 보험자가 다른 보험계약의 존재 여부에 관한 고지의무위반을 이유로 보험계약을 해지하기 위하여는 <u>보험계약자 또는 피보험자가 그러한 사항에 관한 고지의무의 존재와 다른 보험계약의 존재에 관하여 이를 알고도 고의로 또는 중대한 과실로 인하여 이를 알지 못하여 고지의무를 다하지 않은 사실이 입증되어야 할 것이다</u>(대법원 2001.11.27., 선고, 99다33311, 판결).

② 생명보험계약 체결 후 다른 생명보험에 다수 가입하였다는 사정만으로 상법 제652조 소정의 사고발생의 위험이 현저하게 변경 또는 증가된 경우에 해당한다고 할 수 없다(대법원 2001.11.27., 선고, 99다33311, 판결).

③ 보험계약 체결 당시 다른 보험계약의 존재 여부에 관하여 고지의무가 인정될 수 있는 것과 마찬가지로 보험계약 체결 후 동일한 위험을 담보하는 보험계약을 체결할 경우 이를 통지하도록 하고, 그와 같은 통지의무의 위반이 있으면 보험계약을 해지할 수 있다는 내용의 약관은 유효하다고 할 것이다(대법원 2001.11.27., 선고, 99다33311, 판결).

정답 ❶

93 둘 이상의 보험수익자 중 일부가 고의로 피보험자를 사망하게 한 경우 보험자는 다른 보험수익자에 대한 보험금 지급책임을 면하지 못한다(상법 제732조의2 제2항).

① 보험수익자의 지정·변경권은 <u>보험자의 동의를 요하지 않고 보험계약자의 일방적 의사표시만 있으면 되므로 형성권이며, 단독행위이다</u>(대법원 2020.2.27., 선고, 2019다204869, 판결).

③ 보험계약자가 피보험자의 상속인을 보험수익자로 하여 맺은 생명보험계약이나 상해보험계약에서 피보험자의 상속인은 피보험자의 사망이라는 보험사고가 발생한 때에는 보험수익자의 지위에서 보험자에 대하여 보험금 지급을 청구할 수 있고, 이 권리는 보험계약의 효력으로 당연히 생기는 것으로서 상속재산이 아니라 상속인의 고유재산이다. 이때 <u>보험수익자로 지정된 상속인 중 1인이 자신에게 귀속된 보험금청구권을 포기하더라도 그 포기한 부분이 당연히 다른 상속인에게 귀속되지는 아니한다</u>. 이러한 법리는 단체보험에서 피보험자의 상속인이 보험수익자로 인정된 경우에도 동일하게 적용된다(대법원 2020.2.6., 선고, 2017다215728, 판결).

④ 상해의 결과로 피보험자가 사망한 때에 사망보험금이 지급되는 상해보험에서 보험계약자가 보험수익자를 단지 피보험자의 '법정상속인'이라고만 지정한 경우, 특별한 사정이 없는 한 그와 같은 지정에는 장차 상속인이 취득할 보험금청구권의 비율을 상속분에 의하도록 하는 취지가 포함되어 있다고 해석함이 타당하다. 따라서 <u>보험수익자인 상속인이 여러 명인 경우, 각 상속인은 특별한 사정이 없는 한 자신의 상속분에 상응하는 범위 내에서 보험자에 대하여 보험금을 청구할 수 있다</u>(대법원 2017.12.22., 선고, 2015다236820, 236837, 판결).

정답 ❷

94 상해보험계약에서 보험자의 책임에 관한 설명으로 옳지 않은 것은? (다툼이 있는 경우 판례에 의함) 기출 23

① 상해사망보험계약에서 면책약관으로 "선박승무원, 어부, 사공, 그 밖에 선박에 탑승하는 것을 직무로 하는 사람이 직무상 선박에 탑승하고 있는 동안 상해 관련 보험금 지급사유가 발생한 때에는 보험금을 지급하지 않는다"는 내용을 규정하고 있다면, 선원인 피보험자가 선박에 기관장으로 승선하여 조업차 출항하였다가 선박의 스크루에 그물이 감기게 되자 선장의 지시에 따라 잠수장비를 착용하고 바다에 잠수하여 그물을 제거하던 중 사망한 경우 보험자는 면책된다.
② 후유장해보험금의 청구권 소멸시효는 후유장해로 인한 손해가 발생한 때로부터 진행하고, 그 발생시기는 소멸시효를 주장하는 자가 입증하여야 한다.
③ 상해보험에 있어 계약 체결 전에 이미 존재하였던 기왕증 또는 체질의 영향에 따라 상해가 중하게 된 때에는 보험자는 약관에 별도의 규정이 없다 하더라도 피보험자의 체질 또는 소인 등이 보험사고의 발생 또는 확대에 기여하였다는 사유를 들어 보험금을 감액할 수 있다.
④ 상해보험에서 기여도에 따른 감액조항이 보험약관에 명시되어 있는 경우 그 사고가 후유증이라는 결과 발생에 대하여 기여하였다고 인정되는 기여도에 따라 그에 상응한 배상액을 가해자에게 부담시켜야 할 것이므로 그 기여도를 정함에 있어서는 기왕증의 원인과 정도, 기왕증과 후유증과의 상관관계, 피해자의 연령과 직업 및 건강상태 등 제반사정을 종합적으로 고려하여 합리적으로 판단하여야 한다.

94 상해보험은 피보험자가 보험기간 중에 급격하고 우연한 외래의 사고로 인하여 신체에 손상을 입는 것을 보험사고로 하는 인보험으로서, 일반적으로 외래의 사고 이외에 피보험자의 질병 기타 기왕증이 공동 원인이 되어 상해에 영향을 미친 경우에도 사고로 인한 상해와 그 결과인 사망이나 후유장해 사이에 인과관계가 인정되면 보험계약 체결시 약정한 대로 보험금을 지급할 의무가 발생하고, 다만, <u>보험약관에 계약 체결 전에 이미 존재한 신체장해, 질병의 영향에 따라 상해가 중하게 된 때에는 그 영향이 없었을 때에 상당하는 금액을 결정하여 지급하기로 하는 내용이 있는 경우에는 지급될 보험금액을 산정함에 있어서 그 약관 조항에 따라 피보험자의 체질 또는 소인 등이 보험사고의 발생 또는 확대에 기여하였다는</u> 사유를 들어 보험금을 감액할 수 있다(대법원 2005.10.27., 선고, 2004다52033, 판결).

① 甲 보험회사가 乙과 체결한 보험계약 중 상해사망 담보는 피보험자인 乙이 보험기간 중 상해사고로 사망한 경우 보험가입금액을 지급하는 것을 보장 내용으로 하고, 면책약관으로 '선박승무원, 어부, 사공, 그 밖에 선박에 탑승하는 것을 직무로 하는 사람(이하 이들을 통틀어 '선박승무원 등'이라고 한다)이 직무상 선박에 탑승하고 있는 동안 상해 관련 보험금 지급사유가 발생한 때에는 보험금을 지급하지 않는다'는 내용을 규정하고 있는데, 乙이 선박에 기관장으로 승선하여 조업차 출항하였다가 선박의 스크루에 그물이 감기게 되자 선장의 지시에 따라 잠수장비를 착용하고 바다에 잠수하여 그물을 제거하던 중 사망한 사안에서, 위 면책약관은 선박의 경우 다른 운송수단에 비하여 운행 과정에서의 사고발생 위험성이나 인명피해 가능성이 높은 점을 고려하여 규정된 것으로, '선박승무원 등이 직무상 선박에 탑승하고 있는 동안'을 면책사유로 정하고 있을 뿐 특정한 행위를 면책사유로 정하고 있지 않고, 이러한 면책약관의 문언이나 목적, 취지 등을 종합하여 보면, 선박승무원 등이 선박에 탑승한 후 선박을 이탈하였더라도 선박의 고장 수리 등과 같이 선박 운행을 위한 직무상 행위로 일시적으로 이탈한 경우로서 이탈의 목적과 경위, 이탈 거리와 시간 등을 고려할 때 전체적으로 선박에 탑승한 상태가 계속되고 있다고 평가할 수 있는 경우에는 면책약관이 적용될 수 있으며, 위 사고는 <u>선원인 乙이 선박에 탑승하고 있는 동안 발생한 선박의 고장 혹은 이상 작동을 점검·수리하기 위하여 선장의 지시에 따라 일시적으로 선박에서 이탈하여 선박 스크루 부분에서 작업을 하다가 발생한 것으로 전체적으로 乙이 직무상 선박에 탑승하고 있는 동안 발생한 사고라고 할 것이므로 면책약관이 적용된다고 볼 여지가 충분하다</u>(대법원 2023.2.2., 선고, 2022다272169, 판결).

② 피해자가 부상을 입은 때로부터 상당한 기간이 지난 뒤에 후유증이 나타나 그 때문에 수상시에는 의학적으로도 예상치 아니한 치료방법을 필요로 하고 의외의 출비가 불가피하였다면 위의 치료에 든 비용에 해당하는 손해에 대하여서는 그러한 사태가 판명된 시점까지 손해배상청구권의 시효가 진행하지 아니하고, 따라서 <u>후유장해의 발생으로 인한 손해배상청구권에 대한 소멸시효는 후유장해로 인한 손해가 발생한 때로부터 진행된다고 할 것이고, 그 발생시기는 소멸시효를 주장하는 자가 입증하여야</u> 한다(대법원 1992.5.22., 선고, 91다41880, 판결).

④ 교통사고로 인한 피해자의 후유증이 그 사고와 피해자의 기왕증이 경합하여 나타난 것이라면, 그 사고가 후유증이라는 결과발생에 대하여 기여하였다고 인정되는 정도에 따라 그에 상응한 배상액을 부담케 하는 것이 손해의 공평한 부담이라는 견지에서 타당하고, 법원은 <u>그 기여도를 정함에 있어서 기왕증의 원인과 정도, 기왕증과 후유증과의 상관관계, 피해자의 연령과 직업, 그 건강상태 등 제반 사정을 고려하여 합리적으로 판단하여야</u> 할 것이다(대법원 1992.5.22., 선고, 91다39320, 판결).

정답 ③

95 다음 설명 중 옳지 않은 것은? (다툼이 있는 경우 판례에 의함) 기출 24

① 상해보험에 가입한 피보험자가 오토바이 운행사실을 알리지 않은 것은 상법상 위험변경·증가시의 통지의무위반에 해당한다고 명시한 약관조항은 법령에 정해진 것을 되풀이한 것에 불과하므로 보험자는 해당 약관조항에 대하여 설명할 의무가 없다.

② 장해분류표에서 "심한 추간판탈출증"을 "추간판을 2마디 이상 수술하고 … 하지의 현저한 마비 또는 대소변의 장해가 있는 경우"라고 정의한 경우 피보험자가 추간판을 2마디 이상 수술하였다는 사정만으로 "심한 추간판탈출증"에 해당한다고 본 것은 잘못이다.

③ 보험계약자가 보험금부정취득 목적으로 체결한 다수보험 계약이 선량한 풍속 기타 사회질서에 반하여 무효인 경우 보험자의 지급보험금에 대한 부당이득반환청구권의 소멸시효는 5년이다.

④ 모텔 투숙객의 방에서 화재가 발생한 경우, 객실의 지배는 투숙객이 아닌 숙박업자에게 있으므로 발생원인이 불명한 화재로 인하여 객실에 발생한 손해는 숙박업자에게 귀속되고, 숙박업자에게 보험금을 지급한 보험자가 투숙객의 배상책임보험자에게 구상권을 행사할 수는 없다.

95 '갑'과 '을' 보험회사가 체결한 보험계약의 약관에서 '이륜자동차를 계속적으로 사용하게 된 경우'를 보험계약 후 알릴의무의 대상으로 규정하는 조항을 두고 있는데, 위 약관 조항에 대한 '을' 회사의 명시·설명의무가 면제되는지 문제된 사안에서, '갑'이 "이륜자동차를 계속적으로 사용하게 된 경우는 사고발생의 위험이 현저하게 변경 또는 증가된 경우에 해당하여 '을' 회사에 통지하여야 하고, 이를 이행하지 않을 경우 계약이 해지될 수 있다"는 사정까지 예상할 수는 없었고, 위 약관 조항의 내용이 단순히 법령에 의하여 정하여진 것을 되풀이하거나 부연하는 정도에 불과하다고 보기도 어려우므로, 위 약관 조항에 대한 '을' 회사의 명시·설명의무는 면제되지 않는다(대법원 2021.8.26., 선고, 2020다291449, 판결).

② 원고가 보험회사인 피고를 상대로 후유장해 보험금 지급사유인 '심한 추간판탈출증'에 해당하는 보험금의 지급을 구한 사건에서, 장해분류표 '총칙'의 정의 조항과 '장해분류별 판정기준' 중 추간판탈출증과 관련한 여러 조항을 포함하여 약관의 전체적인 논리적 맥락 속에서 '심한 추간판탈출증'을 정한 약관 조항의 의미를 살펴보면, '추간판을 2마디 이상 수술'한 것만으로도 그에 해당하는 것으로 규정하고 있다고 해석할 여지는 없고, '추간판을 2마디 이상 수술하고 하지의 현저한 마비 또는 대소변의 장해가 있는 경우'에 '심한 추간판탈출증'에 해당한다고 일의적으로 해석할 수밖에 없다는 이유로, 약관 조항의 뜻이 명백하지 않은 경우라고 보아 피보험자인 원고에게 유리하게 원고가 '추간판을 2마디 이상 수술'하였다는 사정만으로 '심한 추간판탈출증'에 해당한다고 판단한 원심을 파기환송한 사안이다(대법원 2021.10.14., 선고, 2018다279217, 판결).

③ 보험계약자가 다수의 계약을 통하여 보험금을 부정 취득할 목적으로 보험계약을 체결하여 그것이 민법 제103조에 따라 선량한 풍속 기타 사회질서에 반하여 무효인 경우 보험자의 보험금에 대한 부당이득반환청구권은 상법 제64조를 유추적용하여 5년의 상사 소멸시효기간이 적용된다고 봄이 타당하다(대법원 2021.7.22., 선고, 2019다277812, 전원합의체 판결).

④ 객실을 비롯한 숙박시설은 특별한 사정이 없는 한 숙박기간 중에도 고객이 아닌 숙박업자의 지배 아래 놓여 있다고 보아야 한다. 그렇다면 임차인이 임대차기간 중 목적물을 직접 지배함을 전제로 한 임대차 목적물 반환의무 이행불능에 관한 법리는 이와 전제를 달리하는 숙박계약에 그대로 적용될 수 없다. 고객이 숙박계약에 따라 객실을 사용·수익하던 중 발생 원인이 밝혀지지 않은 화재로 인하여 객실에 발생한 손해는 특별한 사정이 없는 한 숙박업자의 부담으로 귀속된다고 보아야 한다(대법원 2023.11.2., 선고, 2023다244895, 판결).

정답

96 보험사고의 우연성에 관한 설명으로 옳은 것은? (다툼이 있는 경우 판례에 의함) 기출 20

> 가. 피보험자가 술에 취한 상태에서 출입이 금지된 지하철역 승강장의 선로로 내려가 전동열차에 부딪혀 사망한 사안에서 피보험자에게 중과실이 있더라도 보험약관상의 우발적 사고에 해당한다.
> 나. 피보험자가 자유로운 의사결정을 할 수 없는 상태에서 자살로 사망한 경우에 그 사망은 고의에 의하지 않은 우발적 사고라고 할 수 있다.
> 다. 급격하고 우연한 외래의 사고를 보험사고로 하는 상해보험에 가입한 피보험자가 술에 취하여 자다가 구토로 인한 구토물이 기도를 막음으로써 사망한 경우에 보험약관상의 급격과 우연성을 충족되므로 보험자로서는 보험금을 지급할 의무가 있다.
> 라. 암으로 인한 사망 및 상해로 인한 사망을 보험사고로 하는 보험계약에서 "피보험자가 보험계약일 이전에 암 진단이 확정되어 있었던 경우 보험계약을 무효로 한다"는 약관조항은 피보험자가 상해로 사망한 경우에도 유효하다.

① 가, 다
② 나, 라
③ 가, 나, 다
④ 가, 나, 다, 라

해설 및 정답

96 가. 피보험자가 술에 취한 상태에서 출입이 금지된 지하철역 승강장의 선로로 내려가 지하철역을 통과하는 전동열차에 부딪혀 사망한 경우, 피보험자에게 판단능력을 상실 내지 미약하게 할 정도로 과음을 한 중과실이 있더라도 보험약관상의 보험사고인 우발적인 사고에 해당한다(대법원 2001.11.9., 선고, 2001다55499, 55505, 판결).
나. 사망을 보험사고로 하는 보험계약에서 자살을 보험자의 면책사유로 규정하고 있는 경우에, 자살은 자기의 생명을 끊는다는 것을 의식하고 그것을 목적으로 의도적으로 자기의 생명을 절단하여 사망의 결과를 발생케 한 행위를 의미하고, 피보험자가 정신질환 등으로 자유로운 의사결정을 할 수 없는 상태에서 사망의 결과를 발생케 한 경우까지 포함하는 것은 아니므로, 피보험자가 자유로운 의사결정을 할 수 없는 상태에서 사망의 결과를 발생케 한 직접적인 원인행위가 외래의 요인에 의한 것이라면, 그 사망은 피보험자의 고의에 의하지 않은 우발적인 사고로서 보험사고인 사망에 해당할 수 있다(대법원 2015.6.23., 선고, 2015다5378, 판결).
다. '급격하고도 우연한 외래의 사고'를 보험사고로 하는 상해보험에 가입한 피보험자가 술에 취하여 자다가 구토로 인한 구토물이 기도를 막음으로써 사망한 경우, 보험약관상의 급격성과 우연성은 충족되고, 나아가 보험약관상의 '외래의 사고'란 상해 또는 사망의 원인이 피보험자의 신체적 결함, 즉 질병이나 체질적 요인 등에 기인한 것이 아닌 외부적 요인에 의해 초래된 모든 것을 의미한다고 보는 것이 상당하므로, 위 사고에서 피보험자의 술에 만취된 상황은 피보험자의 신체적 결함, 즉 질병이나 체질적 요인 등에서 초래된 것이 아니라, 피보험자가 술을 마신 외부의 행위에 의하여 초래된 것이어서, 이는 외부적 요인에 해당한다고 할 것이고, 따라서 위 사고는 위 보험약관에서 규정하고 있는 '외래의 사고'에 해당하므로 보험자로서는 수익자에 대하여 위 보험계약에 따른 보험금을 지급할 의무가 있다(대법원 1998.10.13., 선고, 98다28114, 판결).
라. 보험사고의 객관적 확정의 효과에 관하여 규정하고 있는 상법 제644조는 사고발생의 우연성을 전제로 하는 보험계약의 본질상 이미 발생이 확정된 보험사고에 대한 보험계약은 허용되지 아니한다는 취지에서 보험계약 당시 이미 보험사고가 발생하였을 경우에는 그 보험계약을 무효로 한다고 규정하고 있고, 암 진단의 확정 및 그와 같이 확진이 된 암을 직접적인 원인으로 한 사망을 보험사고의 하나로 하는 보험계약에서 피보험자가 보험계약일 이전에 암 진단이 확정되어 있는 경우에는 보험계약을 무효로 한다는 약관조항은 보험계약을 체결하기 이전에 그 보험사고의 하나인 암 진단의 확정이 있었던 경우에 그 보험계약을 무효로 한다는 것으로서 상법 제644조의 규정 취지에 따른 것이라고 할 것이므로, 상법 제644조의 규정 취지나 보험계약은 원칙적으로 보험가입자의 선의를 전제로 한다는 점에 비추어 볼 때, 그 약관조항은 그 조항에서 규정하고 있는 사유가 있는 경우에 그 보험계약 전체를 무효로 한다는 취지라고 보아야 할 것이지, 단지 보험사고가 암과 관련하여 발생한 경우에 한하여 보험계약을 무효로 한다는 취지라고 볼 수는 없다(대법원 1998.8.21., 선고, 97다50091, 판결).

정답 ❹

97 상법상 타인을 위한 생명보험에서 보험수익자의 지정·변경에 관한 설명으로 옳지 않은 것은? (다툼이 있는 경우 판례에 의함) 기출 25

① 타인의 사망보험에서 보험수익자를 지정 또는 변경하려면 그 타인의 서면동의를 얻어야 한다.
② 보험수익자 변경의 의사표시가 객관적으로 확인되더라도 그러한 의사표시가 보험자나 보험수익자에게 도달하지 않았다면 보험수익자 변경의 효과는 발생하지 않는다.
③ 보험수익자가 보험존속 중에 사망하였고 보험계약자도 지정권을 행사하지 아니하고 사망한 때에는 보험수익자의 상속인을 보험수익자로 한다.
④ 보험계약자가 보험수익자 지정권을 행사하지 아니하고 사망한 때에는 피보험자를 보험수익자로 한다.

해설 및 정답

97 보험수익자 변경권의 법적 성질과 상법 규정의 해석에 비추어 보면, 보험수익자 변경은 상대방 없는 단독행위라고 봄이 타당하므로, 보험수익자 변경의 의사표시가 객관적으로 확인되는 이상 그러한 의사표시가 보험자나 보험수익자에게 도달하지 않았다고 하더라도 보험수익자 변경의 효과는 발생한다(대법원 2020.2.27., 선고, 2019다204869, 판결).

① 타인의 사망을 보험사고로 하는 보험계약에는 보험계약 체결시에 그 타인의 서면에 의한 동의를 얻어야 한다(상법 제731조 제1항). 또한 이 규정은 보험수익자의 지정 또는 변경에도 준용(상법 제734조 제2항)하므로, 타인의 사망보험에서 보험수익자를 지정 또는 변경하려면 그 타인의 서면동의를 얻어야 한다.

③ 보험수익자가 보험존속 중에 사망한 때에는 보험계약자는 다시 보험수익자를 지정할 수 있다. 이 경우에 보험계약자가 지정권을 행사하지 아니하고 사망한 때에는 보험수익자의 상속인을 보험수익자로 한다(상법 제733조 제3항).

[판례] 대법원 2025.2.20., 선고, 2022다306048, 2022다306055, 2022다306062, 판결
생명보험에서 보험계약자는 보험수익자를 지정·변경할 권리를 가지고 있고(상법 제733조 제1항), 지정된 보험수익자(이하 '지정 보험수익자'라 한다)가 보험존속 중 사망한 경우 보험계약자는 다시 보험수익자를 지정할 수 있되 보험계약자가 지정권을 행사하지 아니하고 사망하거나 보험계약자가 지정권을 행사하기 전에 보험사고가 생긴 때에는 지정 보험수익자의 상속인을 보험수익자로 한다(상법 제733조 제3항, 제4항). 상법 제733조 제3항, 제4항은 보험계약자가 재지정권을 행사하지 못하여 보험수익자에 흠결이 생긴 경우 보험계약자가 지정 보험수익자에게 보험금청구권을 취득하도록 한 원래의 의사를 우선 고려하고자 하는 취지이다.
이러한 상법 제733조 제3항, 제4항의 법 문언과 규정 취지를 고려하면, 지정 보험수익자 사망 후 보험계약자가 재지정권을 행사하기 전에 보험계약자가 사망하거나 보험사고가 발생하고, 보험계약자 사망 또는 보험사고 발생 당시 지정 보험수익자의 상속인이 생존하고 있지 아니한 경우에는 그 상속인의 상속인을 비롯한 순차 상속인으로서 보험계약자 사망 또는 보험사고발생 당시 생존한 자가 보험수익자가 된다고 봄이 타당하다. 또한 보험수익자가 되는 상속인이 여럿인 경우 그 상속인들은 법정상속분 비율로 보험금청구권을 취득한다.

④ 보험계약자가 보험수익자 지정권을 행사하지 아니하고 사망한 때에는 피보험자를 보험수익자로 하고 보험계약자가 보험수익자 변경권을 행사하지 아니하고 사망한 때에는 보험수익자의 권리가 확정된다(상법 제733조 제2항).

98 상법상 생명보험에서 보험자의 면책사유에 관한 설명으로 옳지 않은 것은? (다툼이 있는 경우 판례에 의함) 기출 25

① 보험사고발생에 기여한 복수의 원인이 존재하는 경우 그 중 하나가 피보험자 등의 고의행위임을 주장하여 보험자가 면책되기 위해서는, 그 고의행위가 공동원인의 하나이었다는 점을 입증하면 되고 보험사고발생의 유일하거나 결정적 원인이었음을 입증할 필요는 없다.
② 둘 이상의 보험수익자 중에서 일부가 고의로 피보험자를 사망하게 한 경우 보험자는 다른 보험수익자에 대하여 보험금 지급책임을 부담한다.
③ 사망보험계약에서 보험사고가 보험계약자 또는 피보험자나 보험수익자의 중대한 과실로 인하여 발생한 경우 보험자는 면책되지 않는다.
④ 피보험자의 정신질환을 독립된 면책사유로 규정한 보험약관에 의해 생명보험계약이 체결된 경우, 피보험자가 정신질환에 의하여 자유로운 의사결정을 할 수 없는 상태에 이르렀고 이로 인하여 보험사고가 발생하였다면 이 면책조항에 의하여 보험자는 보험금 지급의무를 면한다.

99 단체생명보험에 관한 설명으로 옳지 않은 것은? (다툼이 있는 경우 판례에 의함) 기출 24

① 피보험자가 보험사고 이외의 사고로 사망하거나 퇴직 등으로 단체의 구성원으로서 자격을 상실하면 그에 대한 단체보험계약에 의한 보호는 종료된다.
② 단체보험계약은 단체 구성원이 보험수익자가 되는 타인을 위한 보험계약이어야 한다.
③ 단체규약으로 피보험자 또는 그 상속인이 아닌 자를 보험수익자로 지정한다는 명시적인 정함이 없는 경우, 피보험자의 서면동의 없이 피보험자 또는 그 상속인이 아닌 자를 보험수익자로 지정하였다면 그 지정은 무효이다.
④ 단체보험계약자인 회사의 직원이 퇴사 후 사망하는 보험사고가 발생한 경우, 회사가 그 직원에 대한 보험료를 퇴직 후 계속 납입하였더라도 퇴사와 동시에 단체보험의 피보험자의 지위가 종료되는데 영향을 미치지 아니한다.

98 보험약관에서 '피보험자 등의 고의에 의한 사고'를 면책사유로 규정하고 있는 경우 여기에서의 '고의'라 함은 자신의 행위에 의하여 일정한 결과가 발생하리라는 것을 알면서 이를 행하는 심리 상태를 말하는 것으로서 그와 같은 내심의 의사는 이를 인정할 직접적인 증거가 없는 경우에는 사물의 성질상 고의와 상당한 관련성이 있는 간접사실을 증명하는 방법에 의하여 입증할 수밖에 없고, 무엇이 상당한 관련성이 있는 간접사실에 해당할 것인가는 사실관계의 연결상태를 논리와 경험칙에 의하여 합리적으로 판단하여야 할 것임은 물론이지만, 보험사고의 발생에 기여한 복수의 원인이 존재하는 경우, 그 중 하나가 피보험자 등의 고의행위임을 주장하여 보험자가 면책되기 위하여는 그 행위가 단순히 공동원인의 하나이었다는 점을 입증하는 것으로는 부족하고 피보험자 등의 고의행위가 보험사고 발생의 유일하거나 결정적 원인이었음을 입증하여야 할 것이다(대법원 2004.8.20., 선고, 2003다26075, 판결).
② 둘 이상의 보험수익자 중 일부가 고의로 피보험자를 사망하게 한 경우 보험자는 다른 보험수익자에 대한 보험금 지급책임을 부담한다(상법 제732조의2 제2항).
③ 사망보험계약에서 보험사고가 보험계약자 또는 피보험자나 보험수익자의 중대한 과실로 인하여 발생한 경우 보험자는 면책되지 않는다(상법 제732조의2 제1항).
④ 이러한 면책사유를 둔 취지는 피보험자의 정신질환으로 인식능력이나 판단능력이 약화되어 상해의 위험이 현저히 증대된 경우 그 증대된 위험이 현실화되어 발생한 손해는 보험보호의 대상으로부터 배제하려는 데에 있고 보험에서 인수하는 위험은 보험상품에 따라 달리 정해질 수 있는 것이어서 이러한 면책사유를 규정한 약관조항이 고객에게 부당하게 불리하여 공정성을 잃은 조항이라고 할 수 없으므로, 만일 피보험자가 정신질환에 의하여 자유로운 의사결정을 할 수 없는 상태에 이르렀고 이로 인하여 보험사고가 발생한 경우라면 위 면책사유에 의하여 보험자의 보험금 지급의무가 면제된다(대법원 2014.4.10., 선고, 2013다18929, 판결).

정답

99 단체보험의 경우 보험수익자의 지정에 관하여는 상법 등 관련 법령에 별다른 규정이 없으므로 보험계약자는 단체의 구성원인 피보험자를 보험수익자로 하여 타인을 위한 보험계약으로 체결할 수도 있고, 보험계약자 자신을 보험수익자로 하여 자기를 위한 보험계약으로 체결할 수도 있을 것이며, 단체보험이라고 하여 당연히 타인을 위한 보험계약이 되어야 하는 것은 아니므로 보험수익자를 보험계약자 자신으로 지정하는 것이 단체보험의 본질에 반하는 것이라고 할 수 없다(대법원 1999.5.25., 선고, 98다59613, 판결).
① 피보험자가 보험사고 이외의 사고로 사망하거나 퇴직 등으로 단체의 구성원으로서의 자격을 상실하면 그에 대한 단체보험계약에 의한 보호는 종료되고, 구성원으로서의 자격을 상실한 종전 피보험자는 보험약관이 정하는 바에 따라 자신에 대한 개별계약으로 전환하여 보험 보호를 계속 받을 수 있을 뿐이다(대법원 2007.10.12., 선고, 2007다42877, 42884, 판결).
③ 단체의 규약으로 피보험자 또는 그 상속인이 아닌 자를 보험수익자로 지정한다는 명시적인 정함이 없음에도 피보험자의 서면동의 없이 단체보험계약에서 피보험자 또는 그 상속인이 아닌 자를 보험수익자로 지정하였다면 그 보험수익자의 지정은 구 상법 제735조의3 제3항에 반하는 것으로 효력이 없고, 이후 적법한 보험수익자 지정 전에 보험사고가 발생한 경우에는 피보험자 또는 그 상속인이 보험수익자가 된다(대법원 2020.2.6., 선고, 2017다215728, 판결).
④ 단체보험 계약자 회사의 직원이 퇴사한 후에 사망하는 보험사고가 발생한 경우, 회사가 퇴사 후에도 계속 위 직원에 대한 보험료를 납입하였더라도 퇴사와 동시에 단체보험의 해당 피보험자 부분이 종료되는데 영향을 미치지 아니한다(대법원 2007.10.12., 선고, 2007다42877, 42884, 판결).

정답

100 단체생명보험에 관한 설명으로 옳지 않은 것은? (다툼이 있는 경우 판례에 의함) 기출 24

① 단체가 구성원의 전부 또는 일부를 피보험자로 하는 생명보험계약을 체결함에 있어서, 상법 제735조의3에서 규정하고 있는 '규약'을 구비하지 못한 경우, 피보험자의 서면동의가 있었던 시점부터 보험계약으로서의 효력이 발생한다.

② 타인의 사망을 보험사고로 하는 단체보험계약에 있어서, 보험계약의 유효요건으로서 피보험자가 서면으로 동의의 의사를 표시하거나 그에 갈음하는 규약의 작성에 동의하여야 하는 종기는 보험계약 체결시까지이다.

③ 상법 제735조의3에서 규정하고 있는 규약이나 상법 제731조에서 규정하고 있는 서면동의 없이 단체보험계약을 체결한 자가 그 보험계약의 무효를 주장하는 것은 신의칙 또는 금반언의 원칙에 반한다.

④ 상법 제735조의3에서 단체보험의 유효요건으로 요구하는 '규약'의 의미는 단체협약, 취업규칙, 정관 등 그 형식을 막론하고 단체보험의 가입에 관한 단체내부의 협정에 해당하는 것으로서, 반드시 당해 보험가입과 관련한 상세한 사항까지 규정하고 있을 필요는 없다.

해설 및 정답

100 타인의 사망을 보험사고로 하는 보험계약에 피보험자의 서면동의를 얻도록 되어 있는 상법 제731조 제1항이나 단체가 구성원의 전부 또는 일부를 피보험자로 하는 생명보험계약을 체결하는 경우 피보험자의 개별적 동의에 갈음하여 집단적 동의에 해당하는 단체보험에 관한 단체협약이나 취업규칙 등 규약의 존재를 요구하는 상법 제735조의3의 입법 취지에는 이른바 도박보험이나 피보험자에 대한 위해의 우려 이외에도 피해자의 동의 없이 타인의 사망을 사행계약상의 조건으로 삼는 데서 오는 공서양속의 침해의 위험성을 배제하고자 하는 고려도 들어 있다 할 것인데, 이를 위반하여 위 법조 소정의 규약이나 서면동의가 없는 상태에서 <u>단체보험계약을 체결한 자가 위 요건의 흠결을 이유로 그 무효를 주장하는 것이 신의성실의 원칙 또는 금반언의 원칙에 위배되는 권리행사라는 이유로 이를 배척한다면 위 입법 취지를 몰각시키는 결과를 초래하므로 특단의 사정이 없는 한 그러한 주장이 신의성실 등의 원칙에 반한다고 볼 수는 없다</u>(대법원 2006.4.27., 선고, 2003다60259, 판결).

① 상법 제735조의3은 단체가 '규약'에 따라 구성원의 전부 또는 일부를 피보험자로 하는 생명보험계약을 체결하는 경우에는 제731조를 적용하지 아니한다고 규정하고 있으므로 위와 같은 단체보험에 해당하려면 위 법조 소정의 '규약'에 따라 보험계약을 체결한 경우이어야 하고, 그러한 '규약'이 갖추어지지 아니한 경우에는 강행법규인 상법 제731조의 규정에 따라 <u>피보험자인 구성원들의 서면에 의한 동의를 갖추어야 보험계약으로서의 효력이 발생한다</u>(대법원 2006.4.27., 선고, 2003다60259, 판결).

② 타인의 사망을 보험사고로 하는 보험계약에 있어서 <u>피보험자가 서면으로 동의의 의사표시를 하거나 그에 갈음하는 규약의 작성에 동의하여야 하는 시점은 상법 제731조의 규정에 비추어 보험계약 체결시까지이다</u>(대법원 2006.4.27., 선고, 2003다60259, 판결).

④ 상법 제735조의3에서 단체보험의 유효요건으로 요구하는 '규약'의 의미는 <u>단체협약, 취업규칙, 정관 등 그 형식을 막론하고 단체보험의 가입에 관한 단체내부의 협정에 해당하는 것으로서, 반드시 당해 보험가입과 관련한 상세한 사항까지 규정하고 있을 필요는 없고</u>, 그러한 종류의 보험가입에 관하여 대표자가 구성원을 위하여 일괄하여 계약을 체결할 수 있다는 취지를 담고 있는 것이면 충분하다 할 것이지만, 위 규약이 강행법규인 상법 제731조 소정의 피보험자의 서면동의에 갈음하는 것인 이상 취업규칙이나 단체협약에 근로자의 채용 및 해고, 재해부조 등에 관한 일반적 규정을 두고 있다는 것만으로는 이에 해당한다고 볼 수 없다(대법원 2006.4.27., 선고, 2003다60259, 판결).

정답 ③

참고도서 및 사이트

- 보험계약법, 최영호 저, 보험연수원, 2024
- 보험계약법, 최영호 저, 도서출판 청람, 2023
- 보험계약법, 박후서 저, 배움, 2024
- 보험계약법, 인스TV 보험교육원 저, 고시아카데미, 2024
- 보험계약법, 김석주 저, 이패스코리아, 2024
- 보험계약법 판례집, 김석주 편저, 이패스코리아, 2024
- 보험계약법, 김석기 저, 한국손해사정연구원, 2020
- 보험계약법, 이윤석 저, 한국손해사정연구원, 2019

- 법제처 www.moleg.go.kr
- 보험연수원 www.in.or.kr
- 보험개발원 www.kidi.or.kr
- 금융감독원 www.fss.or.kr
- 한국손해사정사회 www.kicaa.or.kr
- 보건복지부 www.mohw.go.kr
- 고용노동부 www.moel.go.kr
- 국민건강보험공단 www.nhic.or.kr
- 국민연금공단 www.nps.or.kr
- 근로복지공단 www.kcomwel.or.kr

2026 시대에듀 손해사정사 1차
보험계약법 한권으로 끝내기

개정2판1쇄 발행	2026년 01월 15일(인쇄 2025년 09월 24일)
초 판 발 행	2024년 01월 05일(인쇄 2023년 10월 19일)
발 행 인	박영일
책 임 편 집	이해욱
편 저	김명규・강문우・김창영
편 집 진 행	서정인
표지디자인	하연주
편집디자인	장성복・윤준하
발 행 처	(주)시대고시기획
출 판 등 록	제10-1521호
주 소	서울시 마포구 큰우물로 75 [도화동 538 성지 B/D] 9F
전 화	1600-3600
팩 스	02-701-8823
홈 페 이 지	www.sidaegosi.com
I S B N	979-11-434-0046-8 (14320)
정 가	26,000원

※ 이 책은 저작권법의 보호를 받는 저작물이므로 동영상 제작 및 무단전재와 배포를 금합니다.
※ 잘못된 책은 구입하신 서점에서 바꾸어 드립니다.

의심은 실패보다 더 많은 꿈을 죽인다.

- 카림 세디키 -

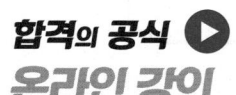 혼자 공부하기 힘드시다면 방법이 있습니다.
시대에듀의 동영상 강의를 이용하시면 됩니다.
www.sdedu.co.kr → 회원가입(로그인) → 강의 살펴보기

재직자국비지원

시대에듀 원격평생교육원

평생능력개발 기반을 마련한
국민내일배움카드

훈련을 희망하는 국민들은 누구나! 신청가능합니다.

 5년간 최대 500만원 지원   **과정별 수강비 지원**

국민내일배움카드로 자격증을 취득한다! 손해평가사

- 공정하고 객관적인 농업재해보험의 손해평가!
- 피해사실의 확인!
- 보험가액 및 손해액의 평가!

▶ 수강문의 : 02-719-7985
▶ 카드 발급문의 : 1350(고용노동부 국번없음)
▶ 시대에듀 원격평생교육원 : cyber.sdedu.co.kr

손해사정사

현직 손해사정사의 이론중심 전략강의로 **단기간 합격**을 보장합니다.

1차 시험 이렇게 공부하라!

- **회독과 반복**
  생소한 개념, 어려운 용어 **반복적으로 학습**

- **선택과 집중**
  자신있는 과목에 **집중**하여 평균 점수 올리기

- **정답과 오답**
  오답을 놓치지 않고 따로 정리하여 오답확률↓

시대에듀 합격 전략 커리큘럼과 함께하면 1차 합격! 아직 늦지 않았습니다.

- **기본이론**
  기본 개념 확립을 위한 핵심이론 학습

- **문제풀이**
  단원별 문제풀이로 문제해결능력 향상

- **기출문제해설**
  최근 기출문제 분석으로 출제 포인트 집중학습

핵심 3단계 구성으로
한방에 끝내는 합격 이론서
1차 한권으로 끝내기

핵심이론 + **기출유형문제** + **기출분석문제**

기본개념을 요약한 실전핵심 NOTE
최신 개정법령을 반영한 핵심이론
시험에 출제될 가능성이 높은 기출유형문제
대표 문제만 엄선한 기출분석문제 100선

손해사정사
시험의 처음과 끝

시대에듀의 손해사정사 수험서

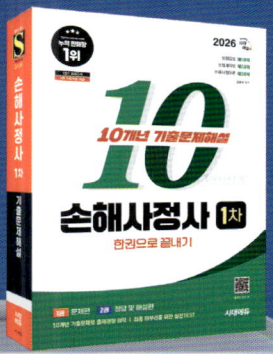

손해사정사 1차 보험업법
한권으로 끝내기(4×6배판)

손해사정사 1차 보험계약법
한권으로 끝내기(4×6배판)

손해사정사 1차 손해사정이론
한권으로 끝내기(4×6배판)

손해사정사 1차
기출문제해설(4×6배판)

신체손해사정사 2차
한권으로 끝내기(4×6배판)

신체손해사정사 2차
기출문제해설(4×6배판)

차량손해사정사 2차
한권으로 끝내기(4×6배판)

재물손해사정사 2차
한권으로 끝내기(4×6배판)

※ 본 도서의 이미지는 변경될 수 있습니다.